图解珍藏版

世界五千年

赵文博　编

第一卷

辽海出版社

图书在版编目(CIP)数据

世界五千年/赵文博 编.－－沈阳:辽海出版社，2014.6

ISBN 978－7－5451－3121－5

Ⅰ．①世… Ⅱ．①赵… Ⅲ.①世界史—通俗读物

Ⅳ.①K109

中国版本图书馆 CIP 数据核字（2014）第 148732 号

责任编辑：柳海松　段扬华　冷厚诚
责任校对：顾　季
装帧设计：三石工作室

出版者：辽海出版社
　　地　　址：沈阳市和平区十一纬路 25 号
　　邮政编码：110003
　　电　　话：024－23284473
　　E－mail：dyh550912@163.com
印刷者：北京德福泰印务有限公司印刷
发行者：辽海出版社

幅面尺寸：170mm×250mm
印　　张：96
字　　数：1500 千字

出版时间：2014 年 7 月第 1 版
印刷时间：2014 年 7 月第 1 次印刷
定　　价：696.00 元（全四册）

前　言

　　世界历史从古老文明的第一声号子，到电子时代的第一束激光，经历了五千年的漫长而又耐人寻味的过程，其间既有繁荣辉煌，也有曲折艰难，过去的历史的积累，铸成了今天灿烂的现代文明。通过学习和了解世界历史，我们可以从大历史的兴衰演变中体会生存智慧，从叱咤风云的历史人物经历中感悟人生真谛。

　　博古通今一直是中国人的追求，因为历史蕴含着经验与真知，无论是王朝帝国的兴衰成败、历史人物的功过是非，还是重大事件的曲折内幕、伟大创新背后的艰辛……这些过往的历史无不折射出做人与做事的道理。学习历史，了解历史，小到个人，是充实自己头脑、得到人生启迪的需要；大到国家，是在世界民族之林立于不败之地的前提。

　　古人记述历史的范围受限于他们当时所能认识的世界，然而在科技发达的今天，世界越来越像一个大村庄，任何一个国家和地区都是世界历史体系中的一部分。对每一个读者来说，只有了解整个世界历史的进程，掌握人类社会整体发展的各个阶段，树立全球史观，才能正确看待现代人类面临的各种社会现象和社会问题。

　　但五千年间发生的历史事件、出现的历史人物错综复杂、头绪繁多，普通读者很难找到入门之捷径。历史知识的普及对历史读物的通俗性和趣味性提出了很高的要求，而从目前有关世界历史的研究和出版状况来看，却并不乐观，过于深奥、抽象的专业史学论著常使普通读者读起来味同嚼蜡。如何使历史从神圣的殿堂走入民间？如何能使读者如欣赏文学作品般欣赏历史？本书在这方面做了努力。

　　为了帮助读者在较短时间内了解世界历史的进程，丰富知识储备，我们精心编撰了这部《世界五千年》。本书以时间为序，选取了世界五千年中的重大事

件、风云人物、辉煌成就、灿烂文化等内容，力求在真实性、趣味性和启迪性等方面达到一个新的高度，并通过科学的体例与创新的版式，全方位、新视角、多层面地阐释世界历史。全书精彩扼要地讲述世界历史演进的基本脉络和各大文明的发展历程，为读者讲述最想知道的、最需要知道的、最应该知道的历史知识，帮助读者从宏观上把握世界历史，进而掌握人类历史发展的内在规律。

本书还精心选配了数百幅内容涵盖面广、表现形式丰富的图片，包括出土文物、历史遗迹、战争示意图、名人画像等，与文字内容互为补充与诠释，使读者仿佛置身于一座真实立体的历史博物馆，更加直观地了解世界历史。简洁精要的文字，配以多元化的图像，打造出一个立体直观的阅读空间，使读者获得图与文赋予的双重享受。

在这里，我们用通俗流畅的语言来解读重大的历史事件、鲜活的历史人物、丰富的多元文化，把厚重的五千年历史通过简洁明了的形式表达出来。阅读本书，读者可以在轻松愉悦中了解人类历史发展进程，增长知识和胆略，提高历史修养，进而用世界胸怀和历史眼光更好地把握现在，展望未来。

目　录

古代文明

争战中的帝国

中世纪

图解版

世界五千年

绪

论

四

资产阶级革命

工业革命带来的变革

图解版 世界五千年

绪 论

七

图解版

世界五千年

绪

论

一〇

图解版

世界五千年

绪

论

二

古罗马王朝史

亚历山大王朝史

印加王朝史

阿拉伯哈里发王朝史

蒙古帝国王朝史

古代文明

　　人类在长期的生产和生活实践中，不仅创造了物质财富，而且创造了文学、天文、地理、医药、艺术、宗教等原始的精神文明，这些都是群星璀璨的早期文明的主要内容。从人类发展的轨迹看，在原始社会之后的最初的阶级社会中，文明古国是人类最早的初始文明的源头，它们分别是尼罗河畔的古埃及、两河流域的西亚古国、印度河流域的古印度以及古中国、古希腊、古罗马。这时候，人类社会进入了早期文明的繁荣时代。

古埃及王国的统一

古希腊著名的历史学家希罗多德曾说："埃及是尼罗河的礼物。"事实也证明，没有尼罗河，就没有古埃及的辉煌文明。

尼罗河全长 6600 千米，是世界第一长河，发源于非洲中部的高原，从南向北，流入地中海。它流经埃及的那一段只占全长的 1/6。

一般来说，河水泛滥不是件好事，但对于古埃及人来说，那却是尼罗河赐给他们的礼物。每年的 7 月，尼罗河的发源地就进入了雨季，暴雨使尼罗河的水位大涨。7 月中旬的时候，水势最大，洪水漫过河堤，淹没了尼罗河两岸的的沙漠。11 月底，洪水渐渐退去，给两岸的土地留下厚厚的肥沃的黑色淤泥，聪明的古埃及人就在这层淤泥上种植庄稼。虽然埃及大部分土地都是沙漠，干旱少雨，但是由于古埃及人靠着尼罗河，根本不用为农业灌溉发愁，所以古埃及人称尼罗河为"母亲河"，尼罗河两岸也成了古代著名的粮仓。

古埃及人是由北非的土著人和来自西亚的塞姆人融合形成的。大约在距今6000 年左右，古埃及从原始社会进入了奴隶社会，尼罗河两岸出现了 42 个奴隶制城邦（以一个城市为中心，连同周围的农村构成的小国）。古埃及人称之为"塞普"，古希腊人称之为"诺姆"，中国翻译成"州"。

这些奴隶制城邦经过长期的战争，逐渐形成两个王国。南部尼罗河上游的谷地一带的王国叫做上埃及王国，国徽是白色的百合花，保护神是鹰神，国王戴白色的王冠，由 22 个城邦组成。北部尼罗河下游三角洲一带的王国叫下埃及王国，国徽是蜜蜂，保护神是蛇神，国王戴红色的王冠，由 20 个城邦组成。

两个王国为了争霸、统一，经常发生战争。大约在公元前 3100 年，上埃及在国王美尼斯的统治下，逐渐强大起来。美尼斯亲率大军，征讨下埃及，下埃及迎战，两军在尼罗河三角洲展开激战。美尼斯率领军队与下埃及的军队厮杀了三天三夜，终于取得了胜利。下埃及国王和一群俘虏跪在美尼斯面前，双手捧着红色的王冠，毕恭毕敬地献给美尼斯，表示臣服。美尼斯接过王冠，戴在头上，上埃及的军队举起兵器，齐声呐喊，庆祝胜利。从此，埃及成为统一的国家。

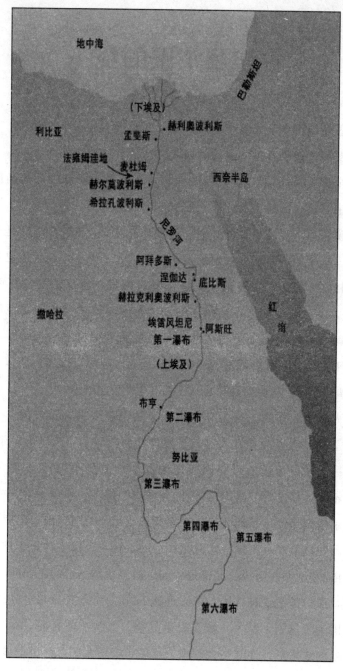

尼罗河流域位置图

尼罗河畔的肥沃土地孕育了古埃及文明。

为了纪念这次胜利，加强对下埃及的控制，美尼斯就在决战胜利的地点修建了一座城市——白城，希腊人称之为孟菲斯，遗址在今埃及首都开罗附近。美尼斯还派奴隶在白城周围修建了一条堤坝以防止尼罗河泛滥时将城市淹没。埃及统一后，下埃及人从未停止过反抗，直到 400 年后，统一大业才真正完成。

美尼斯是古埃及第一位国王，他自称"两国的统治者""上下埃及之王"，有时候戴白冠，有时候戴红冠，有时候两冠合戴，象征着上下埃及的统一。在埃及史上，美尼斯统治的王国被称为"第一王朝"，是古埃及文明兴起的标志。现在，开罗的埃及博物馆里有一块《纳美尔（美尼斯的王衔名）记功石板》，用浮雕记录了美尼斯征服下埃及，建立统一王国的丰功伟绩，这是目前为止埃及发现的最古老的石刻历史记录。因为古埃及的国王被称为法老（原意为宫殿，相当于称呼中国皇帝的"陛下"），所以此后长达 3000 年的时间被称为法老时代。第三代国王阿哈首次采用王冠、王衔双重体制，就是王冠为红白双冠，王衔是树、蜂双标，分别代表上下埃及，并定都于孟菲斯。从公元前 3100 年美尼斯统一埃及到公元前 332 年埃及被亚历山大征服，法老时代的埃及一共经历了 31 个王朝。

古埃及人拥有辉煌的古代文明。他们创造了象形文字，在天文学、几何学、解剖学、建筑学、历法方面也有很高的成就，对西亚、希腊和欧洲有很大的影响，为人类文明做出了不可磨灭的巨大贡献。在美尼斯之后的 2000 年里，埃及无论从财富还是从文化角度，都是当时世界上最先进的国家。

·古埃及人的后裔·

古埃及人的后裔现在叫科普特人（古希腊语中"埃及人"的意思），约占埃及人口的 15%，信仰基督教。他们平时讲阿拉伯语，科普特语仅在宗教场合使用。科普特人主要从事商业和技术性工作，联合国前秘书长布特罗斯·加利就是科普特人。

胡夫金字塔

埃及有句谚语说：人类惧怕时间，而时间惧怕金字塔。单从字面意义上看，

金字塔让我们感到震惊，它的古老似乎已经无法用时间的长短来衡量，再从它的内涵看，它已经成为埃及文明的象征，是人类文明的绝唱，这无疑是时间赋予金字塔的辉煌。可是如果时光倒转到 4000 多年以前，金字塔不过是埃及国王的坟墓而已。

在古埃及第三王朝之前，埃及法老的坟墓还不是金字塔，而是一种用泥砖建成的长方形的坟墓，古埃及人叫它"马斯塔巴"。到了第三王朝时期，法老们本也想将马斯塔巴作为死后的永久性住所的，可是，埃及人在那一时期却产生了国王死后要成为神，他的灵魂要升天的观念。于是，人们在设计法老坟墓时，就把它设计成了角锥体——升天的梯子。这在《金字塔铭文》中是有记载的：为他（法老）建造起上天的天梯，以便他可由此上到天上。《金字塔铭文》中还有这样一句话：天空把自己的光芒伸向你，以便你可以去到天上，犹如拉的眼睛一样。"拉"就是古埃及太阳神的名字，也就是说，角锥体金字塔形式又表示对太阳神的崇拜——在金字塔棱线的角度向西方看去，可以看到金字塔就像撒向大地的太阳光芒。

金字塔，在阿拉伯语中意为"方锥体"，是一种方底、尖顶的石砌建筑物，因为它规模宏大，从四面看都呈等腰三角形，很像汉语中的"金"字，所以，中文形象地把它译为"金字塔"。迄今发现的埃及金字塔共约 80 座，其中最大的胡夫大金字塔，被称为古代世界七大奇迹之首。

胡夫金字塔，位于埃及首都开罗西南约 10 千米的吉萨高地，它是世界上规模最为宏大，也是较为古老的金字塔，始建于埃及第四王朝第二个法老胡夫统治时期，被认为是胡夫为自己建造的陵墓。根据古埃及宗教理论：人死之后灵魂可以继续存在，只要保护好尸体，3000 年以后就会在极乐世界复活并从此获得永生。因此，古埃及的每位法老从登基之日起，便着手为自己修建陵墓，以求死后超度为神。胡夫统治时期正逢古埃及盛世，因此其陵墓规模也空前绝后。

胡夫金字塔原高 146.5 米，后因顶端受到风雨侵蚀，现在的高度仅为 136.5 米，大致相当于 40 层楼房那么高。在 1889 年法国巴黎的艾菲尔铁塔建成以前，几千年来它一直是世界上最高的建筑。整个塔身呈正四棱锥形，底面为正方形，占地 5 公顷，4 个斜面分别对着东、西、南、北 4 个方位，误差不超过 3 分，底边原长 230.35 米，由于年深月久的侵蚀，塔身外层石灰石存在一定程度的脱

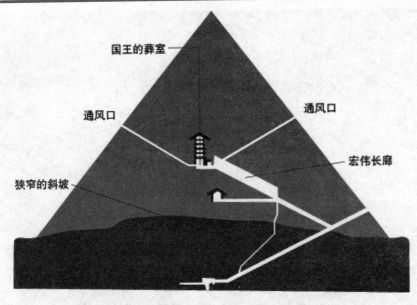

大金字塔内部结构示意图

落，目前底边缩短为 227 米，倾斜角度为 51 度 52 分。胡夫金字塔通身由近 230 万块巨石砌成，每块石头重量在 1.5～160 吨之间，石块的接合面经过认真打磨，表面光滑，角度异常准确，以至于石块间都不用任何黏合物，全部自然拼接，在没有被风蚀、破坏的地方，石缝中连薄薄的刀片也难以插入，可以想见其工艺的精湛。

·狮身人面像·

埃及的狮身人面像离胡夫金字塔约 350 米远，坐落在哈夫拉金字塔（胡夫之子哈夫拉的陵墓）的东侧，似乎是陵墓的守护者，但更可能是死后与太阳神结为一体的哈夫拉王的象征。它高约 20 米，长为 57 米，如果把匍匐在地的两只前爪计算在内，共有 73.5 米长。它的耳、鼻长度超过一个普通人的身长。其胡须据说全长 4 米，重约 30 吨。千百年来，这座半人半兽的怪物不断引起人们的遐想，认为它的形象很可能象征着人的智慧和狮子的勇敢的结合，象征着国王凛然不可侵犯和凌驾一切的权威。它表现了古代埃及人的伟大智慧和创造力。

胡夫金字塔的入口在北侧面，距地面 18 米，从入口通过甬道可以深入神秘的地下宫殿，该甬道与地平线呈 30 度夹角，与北极星相对。由此可见，北极星在古埃及人的心目中有着某种特殊的意义。沿甬道上行则能到达国王殡室，殡室

金字塔及狮身人面像

长 10.43 米，宽 5.21 米，高 5.82 米，与地面的垂直距离为 42.82 米，墓室中仅存一具红色花岗岩石棺，别无他物，这也正是后来某些考古学家怀疑金字塔不是作为法老陵墓的一个重要论据。

根据古希腊历史学家希罗多德等人估计，法老胡夫至少动用了 10 万奴隶，耗时 20～30 年时间才建造完成金字塔。但最新的权威考古学家发现：金字塔应由劳工建造而非奴隶，其主体部分为贫民和工匠，采用轮流工作制，每个工期约为 3 个月。因为考古人员在金字塔附近地区发现了建造者们的集体宿舍等生活设施的遗迹和墓地，以及大量用于测算、加工石料的工具（作为随葬品），而奴隶是不会享有这种待遇的。

胡夫金字塔、哈夫拉金字塔和门卡乌拉金字塔在吉萨高地一字排开，组成灰黄色的金字塔群。这些单纯、高大、厚重的巨大四棱锥体高傲地屹立在浩瀚的沙海中，向世人夸耀着古埃及人在天文学、数学、力学等领域的极高造诣以及古埃及劳动人民的智慧和伟大。

在哈夫拉金字塔旁边有一座高约 20 米、长约 46 米的气势磅礴的狮身人面像，它来自于设计师的灵感。

公元前 2500 年左右的某天，工匠们正在吉萨高地忙着修建金字塔时，法老哈夫拉前来巡视。一切似乎都很满意，正当法老要转身离开的时候，他看到了一座光秃秃的小山。自己的陵墓旁边竟然有这么一个倒胃口的东西，他很不高兴。建筑师慌忙向他解释：这座小山包的石头里含有贝壳之类的杂质，无法使用，因此放弃了对它的开采。但是，法老不想听这样的解释，他要的是一座完美的，和周围景物谐调的金字塔。于是，设计师们开始了苦思冥想——埃及古代神话给了他们灵感。他们把小山包设计成哈夫拉的头像和狮子的身躯，既体现了法老的威严，又显示了狮子的勇猛，法老哈夫拉看后赞不绝口。

苏美尔城邦的兴衰

在亚洲的西部，有两条大河，东边的叫底格里斯河，西边的叫幼发拉底河，它们都发源于今天土耳其境内的亚美尼亚高原，在下游交汇成阿拉伯河，流入波斯湾。希腊人称底格里斯河和幼发拉底河之间的地区为"美索不达米亚"，意思是"两河之间的地方"，因此这里又叫两河流域。美索不达米亚可以分为南北两部分。北部以亚述城为中心，称为西里西亚，简称亚述，又叫上美索不达米亚，这里地势较高，丘陵起伏；南部以巴比伦城为中心，称为巴比伦尼亚，意为"巴比伦的国土"，又称下美索不达米亚，地低较低，湖泊沼泽众多，两条大河在这里交汇，形成三角洲。巴比伦尼亚又分为南北两个地区，北部为阿卡德人居住的地区，南部为苏美尔人居住的地区。每年春天，亚美尼亚高原的积雪融化，两河河水暴涨，美索不达米亚地区洪水泛滥成灾，尤其是地势较低的下游一带，几乎全部被淹没。泛滥的洪水退去之后，留下了大量的淤泥，使两河地区的土地变得非常肥沃，这里的人们和古埃及人一样，享受着大河的恩赐。再加上这里日照充足，水源丰沛，所以庄稼年年丰收，农业非常发达。

苏美尔人的黄金头盔

乌尔一座陵墓中的黄金短剑及剑鞘

美索不达米亚地区最早的文明是由苏美尔人创造出来的。大约在公元前4000年，苏美尔人迁徙到这里。大约在公元前2900年，苏美尔人建立了许多奴隶制城邦，进入全盛时代。这些城邦都是由一个中心城市连同周围的农村组成，面积不大，居民少的两三万人，多的十几万人。每个城市的中心都建有这个城市的保护神的庙宇，城中还建有王宫，周围是城墙。城邦由掌管祭祀的僧侣或国王统治，国王被称为卢伽尔、拍达西、恩或恩西，他的权力受贵族会议和民众会议的制约。城邦的统治阶级是贵族奴隶主，被统治阶级是手工业者（自由民）和奴隶。苏美尔人的城市临河而建，被一片片的湖泊沼泽包围。城市之间都有运河相连，商人们乘着满载货物的大船来往于各个城市之间进行贸易。

随着经济的不断发展，各城邦之间为了争夺奴隶、财富和土地，展开了激烈的战争。这些城邦一面自相残杀，一面抵抗周围山地的民族和来自阿拉伯沙漠的游牧民族的侵扰。苏美尔人中最强大的城邦是乌尔、拉格什、乌鲁克、乌玛，他们之间的战争尤其激烈和残酷。

手持战斧的苏美尔战士

公元前 3000 年左右的时候，乌尔是苏美尔地区的一个大都市，号称"月神之城"。因为月神南娜和他的妻子宁伽尔是乌尔的保护神，他们的庙宇建在乌尔城的中心 25 米高的 3 层台阶上，周围是繁华的市场和拥挤的民房。乌尔城大约有 3 万多人居住，宽阔的护城河同附近的幼发拉底河相连。

苏美尔城邦衰落后，北部阿卡德人在国王萨尔贡一世的率领下，征服了所有苏美尔人的城邦，完成了下美索不达米亚的统一。

苏美尔人创造了非常辉煌的文明。苏美尔人根据月亮的盈亏制定了太阴历，把一年分为 12 个月，每个月 29 天或 30 天，每年 354 天。他们排干沼泽，开凿沟渠，扩大耕种面积。苏美尔人首先发明了犁，在三角洲富饶肥沃的土地上辛勤耕作，种植小麦和大麦，制作了大量色彩艳丽的各种陶器。他们的数学也达到了极高的水平，计数采用六十进位制，1分钟60秒，1小时60分钟，就是从那时沿袭而来的。而一天24小时、360度的圆周也同样来自于苏美尔人的文明。他们还发明了楔形文字，记录下了许多神话和史诗，建立了一套完备的法律体系，著名的《汉谟拉比法典》就是根据苏美尔法典订立的。他们还是最早使用车辆运输的民族，使用牛拉的四轮货车，比古埃及人要早2000多年。

萨尔贡的征服

苏美尔人建立的各个城邦如乌尔、拉格什、乌鲁克、乌玛等，为了争夺霸权、奴隶和财富，混战不止，大大地消耗自身的实力，这为萨尔贡的统一创造了条件。

萨尔贡是阿卡德人，出生于阿卡德人建立的基什城邦附近，是一个私生子。刚出生不久就被狠心的母亲装在芦苇篮子里，用沥青封好篮子口，丢弃在幼发拉底河里。庆幸的是，萨尔贡没有淹死，他被来河边取水的宫廷园丁阿基救了起来，收为养子。萨尔贡在养父的抚养下长大成人，并继承了养父的职业。他技艺高超，多才多艺，后来又做了基什国王的厨师。他利用接触国王的机会，处处留心，熟悉了军政事务。基什是阿卡德地区最强大的城邦，不断对外发动战争，成了阿卡德地区的霸主。

萨尔贡王石碑断片

当时，苏美尔地区最大的城邦是乌玛。乌玛军队在他们的英勇善战的卢伽尔（国王）扎吉西的率领下，南征北战，基本上统一了苏美尔地区，只剩下拉格什和北部阿卡德地区的基什还没有屈服，仍然在顽强抵抗。为了彻底统一两河流域，卢伽尔扎吉西决心征服这两个城邦。

面对强悍的乌玛军队，基什的贵族们惊惶失措，被打得大败，人民对国王失去信心，国家危在旦夕。公元前2371年，萨尔贡乘机发动武装起义，当上了基什国王。萨尔贡继位后，组建起世界上第一支5400人的常备军，牢牢掌握了军权。由于根基尚未稳固，他仍沿用基什国号。后来，他新建了阿卡德城（今伊拉克首都巴格达附近），并迁都该城，改国号为阿卡德。

拉格什是当时苏美尔地区一个很强大城邦，包括奴隶在内有15万人。拉格什的军队以步兵为主，分为重装步兵和轻装步兵。军队的基本编制为队，每队有20～30人，按公民的职业编组命名，比如农人队、牧人队等。

显示王室军威的军旗

旗中图案详细描绘了公元前2500年强大的乌尔军队的一次大捷。

这时，卢伽尔扎吉西正率领温玛、乌鲁克两个城邦的联军与拉格什激战，双方血战多日，战场上尸骨如山。拉格什军队中的不少队只剩下了几个人，被迫将各种职业的人混编成队继续作战。

被拉格什拖住的卢伽尔扎吉西无力对付萨尔贡，只好派使者前去和萨尔贡谈判。雄心勃勃的萨尔贡当然不会屈服，所以谈判破裂，萨尔贡立即率领军队挥师南下进攻扎吉西。

这时，扎吉西率领的联军已经攻克了拉格什，但拉格什人并没有屈服，仍然在进行着顽强的巷战。听说谈判破裂，扎吉西马上率领大军离开拉格什，北上迎击萨尔贡。卢伽尔扎吉西率领50个苏美尔城邦的联军，大约一两万人，与萨尔贡的5000军队展开决战。萨尔贡虽然在兵力上处于劣势，但军队武器装备精良，训练有素，战斗力很强，而且军队指挥统一，以逸待劳。反观卢伽尔扎吉西的军队，虽然人数众多，但指挥不统一，成分复杂，素质参差不齐，主力又在拉格什征战多日，没有得到充分的休息和补充，已成疲惫之师。而且拉格什人并未屈服，扎吉西是腹背受敌。在战争中，萨尔贡显示出杰出的军事才能，以少胜多，大败苏美尔联军。他用套狗的绳子拴在被俘虏的卢伽尔扎吉西的脖子上，牵到神庙里，当做献给恩利尔神的祭品活活烧死。

·苏美尔地区主要人物·

萨尔贡（约公元前2371～前2316年），阿卡德国王，第一次统一两河流域。

乌尔纳木（约公元前2113～前2096年），乌尔王，驱走库提人，建立乌尔第三王朝，颁布世界上第一部法典——《乌尔纳姆法典》。

汉谟拉比（约公元前1792～前1750年），统一两河流域，建立起巴比伦王国，颁布《汉谟拉比法典》。

战胜卢伽尔扎吉西后，萨尔贡乘胜进攻，率领军队继续南下，深入苏美尔各地，经过34次战争，先后战胜了拉格什、乌尔、乌鲁克等城邦，征服了苏美尔，第一次统一了两河流域，建立了强大的阿卡德王国。接着，他继续东征西讨，征服了埃兰（今伊朗库齐斯坦一带）、小亚细亚东部、叙利亚、阿拉伯半岛东岸等地，自称"天下四方之王"或"大地之王"。

萨尔贡在征服了苏美尔后，几乎全盘接受了苏美尔的楔形文字和宗教。他以10日行程范围作为1个行政区，派王族子弟和归顺的苏美尔贵族担任总督。他统一了度量衡，大力兴修水利，建立了庞大的灌溉网络，大力发展商业，使阿卡德王国成为当时世界上最富强的国家。

萨尔贡对苏美尔人的征服是有记载的历史上第一次游牧民族对定居的农业文明的征服。在以后的4000多年里，类似的征服在世界各地还发生了许多次，古代史的很大一部分就是由这些入侵构成的。

印度哈拉帕文化

古印度和古埃及、古巴比伦、古代中国并称为古代四大文明古国。古代的印度人民在印度河流域创造了辉煌灿烂的文明。印度河全长3200千米，河水丰沛，印度河冲积平原土地肥沃，适合农业生产，为古印度文明的产生和发展提供了有利的条件。

古印度指今天的印度、巴基斯坦、孟加拉、不丹、尼泊尔等南亚次大陆的国家合称。中国在西汉时称它为"身毒"，东汉时称"天竺"，唐朝时才称它为"印度"。

印度的远古文明直到1922年才被印度考古学家发现。因为遗址最先在哈拉帕（今巴基斯坦旁遮普省境内）发现，所以古印度文明通称为"哈拉帕文化"。由于发现的遗址主要集中在印度河流域，因此又称为"印度河文明"。"哈拉帕文化"陆续发现了250多处遗址，分布的区域十分广大，东起今印度的北方邦，南达今印度的古吉拉特邦，西到今巴基斯坦的俾路支省，北抵今巴基斯坦的旁遮普省，北部以哈拉帕为中心，南部以摩亨佐·达罗（今巴基斯坦信德省境内）为中心，东西约1550千米，南北约1100千米，面积超过古埃及和苏美尔文明的总和。

哈拉帕文化存在的时间约在公元前2500～前1750年，大体上与我国文献记载的夏朝（公元前21～前16世纪）同时。

一般认为，哈拉帕文明的创造者是印度的原始居民达罗毗荼人，但也有专家认为是从中亚侵入印度的雅利安人，还有的认为是来自西亚的苏美尔人。根据遗址中出土的人骨和各类人像分析，专家们发现当时印度河流域的居民有蒙古利亚人种、原始大洋洲人种和地中海人种等。由此可知，哈拉帕文明是几个种族的人共同创造的文明。

从遗址的发掘来看，哈拉帕文明属于青铜时代的城市文明，哈拉帕和摩亨佐·达罗两座城市的面积和布局很相似，其中摩亨佐·达罗保存得更完整。摩亨佐

·达罗城占地约85万平方米，人口大概有3万～4万人，城市分为卫城和下城两部分。卫城有护城河和城墙，城墙上建有塔楼，还有公共建筑和大型粮仓。城中心有一个大水池，专家分析这可能与城中居民举行宗教仪式有关。下城的街道成南北或东西走向，或平行排列，或直角交叉，建筑物的墙角都砌成圆形。城中街道两旁的房屋一般用烧制的红砖砌成，排列非常整齐，分为居住区、商业区和手工业区，其中有住宅、店铺、饭馆等。从挖掘的墓葬来看，当时已经有了贫富分化。富人住在两三层的楼房里，庭院宽敞，甚至小孩子的玩具上都镶着金银珠宝。而穷人则住在低矮的简陋小屋里，只能使用由泥土和贝壳制的粗劣的生活用品。

摩亨佐·达罗的舞者

·吠陀文学·

约公元前 20 世纪中叶，印度吠陀文学开始出现。"吠陀"一词原意为"知识"，后转化为对婆罗门教、印度教经典的总称。从广义上来说，它是古代西北印度用梵文写成的对神的诵歌和祷文的文集，其中包括《吠陀本集》《梵书》《森林书》《奥义书》等。从狭义上讲，吠陀仅指《吠陀本集》，共分 4 部：一为《梨俱吠陀》；二为《娑摩吠陀》，将《梨俱吠陀》中的绝大部分赞歌配上曲调，供祭祀时歌唱，共载入赞歌 1549 首；三为《耶柔吠陀》，主要说明出自《梨俱吠陀》的赞歌在祭祀时如何运用；四为《阿闼婆吠陀》，共 20 卷，载入赞歌 730 首，记录了各种巫术和咒语，其中杂有科学的萌芽。吠陀经书在世界文学史上占有一定地位，也是研究印度古代史的重要资料。

哈拉帕文明遗址还出土了大量的铜器和青铜器，如斧、镰、锯、刀、渔叉等，表明当时人们已经学会了冶炼金、银、铜、青铜、铅等金属，但没有发现铁器。居民们以从事农业和畜牧业为生，农作物主要有大麦、小麦、棉花、椰枣等，牲畜主要有牛、羊、马猪等。

城市的繁荣使哈拉帕文明的商业盛极一时，国际贸易特别频繁。遗址里发现的大量文物充分证明了它与波斯、两河流域、中亚，甚至缅甸、中国都有贸易往来。在波斯湾的巴林岛（古代称为狄尔蒙）发现了许多哈拉帕文明物品，表明巴林岛在当时是美索不达米亚和印度河流域之间进行海运贸易的一个中转站。从楔形文字的记载和两河流域出土的文物来看，当时哈拉帕文明出口的商品主要有铜、木料（如柚木）、石料（如闪长石、雪花石膏）、象牙制品、天青石、红玛瑙、珍珠等。

哈拉帕文明已经出现了文字，主要刻在石头、陶器和象牙制成的印章上，但这种文字至今没有被解读。

哈拉帕文明存在了几百年之后逐渐衰亡，但衰亡的原因至今还不清楚。有的专家认为是遭到了雅利安人的入侵，因为城市中的巷道和房屋中发现了很多带有刀痕的骸骨，有的骸骨呈痛苦挣扎状，而且城市也遭到了毁坏。有的说是火山爆发，大量的泥浆把城市吞没。还有的说是过度开垦和放牧，导致土地退化，致使哈拉帕文明衰亡。

埃及象形文字

　　古埃及的象形文字大约形成于公元前 3500 年左右，它们是描摹物体形象的符号，所以被称为象形文字，古埃及人认为象形文字是月亮神的发明。象形文字通常被刻在神庙的墙上，主要是神庙中的僧侣（祭司）使用，所以古希腊人称它为"圣书"。古埃及中王国时期，开始以用细小的芦苇制成"笔"，在纸草上写字，由此象形文字出现了一种简化的僧侣体。公元前 7 世纪左右，僧侣体又演变出一种书写速度更快的世俗体，罗马统治期间又演化成科普特文字。

长着朱鹭头的托特神代表着书写艺术。据说在开天辟地之时，他把文字引入埃及。早在公元前 3100 年，尼罗河两岸开始种植纸草，用它制成像羊皮纸一样的书写材料。

古埃及衰落后，埃及相继被波斯人、马其顿人、罗马人和阿拉伯人征服。这些统治者游览埃及的神庙等宏伟建筑时，在墙壁、石柱上发现了很多类似文字的图画，但他们对这些东西丝毫不感兴趣，所以根本不去研究它。到了公元4世纪，只有很少的埃及僧侣还能够读懂这些象形文字。公元391年，罗马皇帝狄奥多西一世下令，关闭罗马帝国境内所有的非基督教神庙，从此埃及再也没有建造过刻有象形文字的神庙，最后写下的象形文字的地方是埃及南方于公元391年修建的一座神庙。这批僧侣去世后，再也没有人认识这些文字了，象形文字变成死文字，完全被人们遗忘。虽然后来欧洲的旅行家在埃及挖掘了很多文物，带回了欧洲，但由于无法解读上面的文字，只能把它当成一种装饰品。就算有人对象形文字发表见解，也多是无根据的猜测。

1799年，拿破仑率领军队远征埃及。一个叫布夏尔的法国军官带领士兵在埃及的罗塞塔城挖战壕时，发现一块黑色玄武岩石碑。石碑上刻着3种文字，最上面的是古埃及的象形文字，中间的是古埃及的世俗体象形文字，下面是希腊文，这就是被后人称为"罗塞塔碑"的著名石碑。

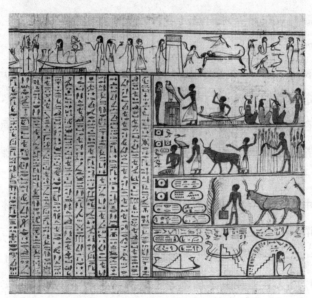

用象形文字写就的祭祀纸草

法国的《埃及通讯》刊载了发现"罗塞塔碑"的消息后，立即引起了轰动。各国学者纷纷试图破译石碑上的象形文字。当时，有很多人懂希腊文，所以石碑上的希腊文很快就被读懂了。人们知道这块石碑刻写的内容是：公元前196年，古埃及托勒密王朝的法老托勒密五世在登基后不久，取消了古埃及孟菲斯城僧侣们所欠的税款，并为神庙开辟了新的财源，对神庙采取了一些保护措施。僧侣们为了表达自己对法老的感激之情，就写了一封歌功颂德的感谢信，用3种文字刻在这块黑色玄武岩碑石上。

人们虽然知道了罗塞塔石碑的内容，但却没有弄懂那些象形文字的意义。但石碑上同样的内容用3种文字记载，为释读古埃及象形文字提供了宝贵的钥匙。

"罗塞塔碑"引起了年仅11岁的法国语言天才让·法兰西斯·商博良的极大兴趣，他决心揭开古埃及象形文字之谜。经过20多年的努力，1822年，商博良终于破译了象形文字。这一研究成果的公布，标志着埃及学的诞生，商博良也因此被人们称为埃及学之父。到19世纪30年代，人们几乎完全破译了象形文字。

象形文字由表意文字、表音文字和部首文字三部分组成。表意文字是用图画来表示事物，大约有500～600个。表音文字也是一些图画，共有24个子音，构成了大量的双子音和三子音。部首文字类似汉字中的偏旁部首，主要作用是区分不同范畴的事物，绝大多数的象形文字都有部首文字。

象形文字最初仅仅是一种图画文字，后来发展成象形文字。它用图形来表示事物或概念，如表示水就画波浪线"≈"，星星就画"★"。还有一些表意字，如画许多小蝌蚪表示"多"，牛在水边奔跑表示"渴"。要写一个句子，那就把这些象形文字按一定的顺序排列在一起。比如一块纪念公元前3000多年前法老美尼斯统一埃及的石板上，刻着他用权杖打一个跪着的俘虏，俘虏上面有一只鹰，鹰的一只爪子抓着一根从俘虏鼻子穿过的绳子，另一只爪子踩着6棵植物，这表示美尼斯抓获了6000名俘虏。

象形文字中的表意字多刻在神庙的墙壁上或石碑上，而僧侣体和世俗体则写在纸草上。所谓纸草就是尼罗河边生长的又宽又大的高秆植物，古埃及人把它割下后压平、晒干，就成了"纸草"。笔由细小的芦管制成，而墨汁则是用植物的浆液制成。古埃及人就是用这样的书写工具为后人留下了丰富的文化遗产。

最早的起义

自从商博良破译了古埃及的象形文字后，人们从大量的文献中了解了古埃及的历史。其中珍藏在欧洲的两个博物馆中的两部残缺不全的纸草卷文书，记载了爆发在古埃及的世界上最早的一次奴隶大起义，这次起义大概发生于公元前1750年。

公元前2400年左右，古埃及的古王国崩溃，又过了300多年，大约在公元前2000年左右，古埃及建立了中王国，定都底比斯。法老、贵族、祭祀和奴隶主们对内疯狂地压榨奴隶，获取了大量的财富；对外则发动侵略战争，掠夺邻国的财富。奴隶们再也无法忍受了，一场全国性的大起义终于爆发，同时参加的还有一些同样受剥削、同样活不下去的农民。

由于资料的欠缺，人们无法得知起义领袖的名字，甚至连起义过程的记载也不是很清楚。但从残存的文献上人们依然可以看出这次持续了40年之久的大起义的威力。

起义开始只是一些零星的、分散的暴动，最后才发展成为全国性的大起义。纸草卷上记载："起义者势不可挡，像洪水一样包围了首都底比斯。法老的军队被击败了，龟缩到城中不敢迎战。"

"起义者在一小时之内就占领了底比斯城，闯入王宫中大肆抢劫，财宝被抢劫一空，然后四处放火，火光冲天，王宫的大门、石柱、屋子等统统被烧毁，昔日富丽堂皇的王宫只剩下一些残垣断壁……"

·法老·

法老是古埃及时期对国王的尊称，是埃及语的希伯来文音译，意为大房屋。在古王国时代仅指王宫，并不涉及国王本身。从新王国第18王朝图特摩斯三世起，逐渐演变成对国王的一种尊称。第22王朝（公元前945～前730年）以后，成为国王的正式头衔。但习惯上把古埃及的所有国王通称为法老。法老作为古埃及的最高统治者，掌握全国的军政、司法、宗教大权，并被无限神化。法老自称是太阳神阿蒙之子，是神在地上的代理人和化身。

　　法老死后，其尸体被制成干尸，即"木乃伊"，放在金字塔内部的墓室中。金字塔即埃及法老的陵墓。古埃及新王国第19王朝的法老拉美西斯二世统治埃及67年，是古埃及史上统治时间最长、影响最大的法老，其在位时期是古埃及帝国臻于鼎盛的时期。

鹰神荷鲁斯栖息在国王哈夫拉的御座上

　　"竟然发生了不可思议的事情，法老被起义者抓走了……"

　　"各地的官员都逃跑了，王宫里的官员都被赶出来，他们威严扫地。"

　　"昔日庄严肃穆的大审判厅竟然变成了一个任人出入的地方，穷人毫无顾忌地穿梭其中。"

　　"那庄严肃穆的审判厅啊，昔日神圣的法令被起义者随意扔在地上，抛到十字路口，人人践踏，贱如废纸。法官毫无尊严地被赶到全国各地去了。"

"富庶的尼罗河三角洲在哭泣，因为国王的粮仓已经被起义者占领，变成了穷人们的财产了。穷人们纷纷取走其中的粮食。"

"起义者抢走了富人们的财产，分发给穷人们。富人们遭受了重大损失，哭泣不止，而穷人们则欢天喜地。"

"他们（起义者）做成了铜箭，用血来强求面包，法老的军队一败涂地。"

"全国像制作陶器时的轮子一样旋转起来，所有的人都被卷入其中……"

从文献中我们可以看到，起义军只是沉重打击了统治者，剥夺了统治者的财富，但没有建立自己的政权，而且在经济建设方面也毫无建树，没有发展生产，全国发生了大饥荒。

文献还记载了这些情况："大河几乎要干涸，河床里的土地比河水还多，人们可以涉水过河。"

"所有的农田里的庄稼都枯萎了，没有人种植、灌溉。人们没有衣服，没有食物，没有油脂，没有奶油……人们食不果腹、衣不遮体，饱受饥饿和寒冷的折磨……"

起义者虽然推翻了法老和奴隶主贵族的反动统治，但没有建设自己的新生活，胜利如同昙花一现般短暂。埃及各地的奴隶主贵族们重新集合力量，向起义者发起了反攻，起义失败了。法老和贵族们又回到了首都底比斯，重新修建了富丽堂皇的王宫，恢复了昔日的荣华富贵。而奴隶和农民依旧终日劳作，受着残酷的剥削。

这次大起义严重削弱了古埃及的实力，亚洲的喜克索人乘虚而入，侵入埃及。喜克索人乘着马车作战，速度很快，旋风般冲入埃及队伍中，冲乱了埃及人的阵形，然后大肆砍杀。埃及人乱作一团，纷纷逃跑。喜克索人又乘胜追击，埃及人死伤惨重。当时的埃及人还不会使用战车作战，只有步兵，而步兵根本无法抵挡冲击力极强的马车。喜克索人占领了埃及大片的领土，掠夺了大量的财富和奴隶，成了埃及的主人。直到150年后，底比斯的统治者阿摩西斯向喜克索人学习，建立了强大的战车部队，并对侵略者们发动了一系列的反攻，才将他们全部赶出埃及，收复了失地，建立了新王国。

《汉谟拉比法典》

古巴比伦王国是继阿卡德王国之后两河流域出现的又一个强大的奴隶制国家，第六代国王汉谟拉比在位（公元前 1792～前 1750 年）时，古巴比伦王国到达极盛，他自称"宇宙四方之王"。

汉谟拉比每天在宫殿里要处理大量的申诉案件。由于古巴比伦王国地域广大，人口众多，所以案件堆积如山，汉谟拉比焦头烂额也应付不过来。他就把过去苏美尔人和周边其他一些国家、民族的法律收集起来，经过修改，再加上当时古巴比伦人一些约定俗成的习惯，编成了一部法典。汉谟拉比命令石匠把这部法典刻在石柱上，竖在首都巴比伦城的马尔都克大神殿里，让臣民们观看。这个石柱高 2.25 米，上部有一块浮雕，雕着两个人。坐着的是太阳神沙马什，站着的是汉谟拉比。他正在从太阳神手中接过象征着权力的权杖，表示自己的权力是太阳神授予的，人民必须服从他的命令，否则将受到神的惩罚。浮雕下面用巴比伦楔形文字密密麻麻地刻满了法律，一共 282 条，分 51 栏 4000 行，大约有 8000多字。汉谟拉比在法典的序言中写道："安努与恩里尔（古巴比伦的神）为人类造福，命令我，荣耀而敬神的国王，汉谟拉比，发扬正义，消灭邪恶不法的人，恃强而不凌弱，使我如同沙马什一样，统治百姓，光耀大地。"

当时古巴比伦的统治阶级是奴隶主，被统治阶级是自由民和奴隶。法典上的法律条文主要就是处理三者之间的关系的，处理的原则是以牙还牙，以眼还眼。比如两个人打架，如果其中的一人被打瞎了一只眼睛，按照法典的规定，对方的一只眼睛应该被弄瞎。但是，法典对奴隶主、自由民、奴隶有着不同的规定：如果奴隶主把自由民的眼睛弄瞎，那么只要赔偿银子 1 迈拉（重量单位）就没事了。如果把奴隶的眼睛弄瞎了，则无须任何赔偿。如果奴隶不承认他的主人，而主人拿出这个奴隶属于自己的证明，那么这个奴隶就要处以被割去双耳的刑罚，如果奴隶打了自由民的嘴巴也要割去双耳。自由民医生给奴隶主治病，如果在开刀的时候奴隶主死了，那么医生就要被砍掉双手。

这部法典还体现了一定的公正精神。比如它规定如果有人"打了居高位的人嘴巴"，那么执法者只能给予犯罪人"鞭笞六十"的处罚，而不能按照"居高位的人"的意愿或执法者自己的意愿去随心所欲地处罚。

法典不鼓励告密，其中的一、三、五条规定："如果一个自由民控告另一个自由民杀人，但是经查证是诬告，那诬告者处以死刑。""如果一个法官做出了判决，但后来又更改了判决，那么将被处以原诉讼费12倍的罚金，并撤销其法官的职位。"

为了巩固奴隶主的统治，法典还有一些严厉的条款：逃避兵役者一律处死；破坏桥梁水利者将受到严惩甚至处死；帮助奴隶逃跑或藏匿逃亡奴隶，一律处死；如果违法的人在酒店里进行密谋，店主没有把这些人捉起来，店主要处死。

另外法典还很有人情味，例如："如果某人领养了一个婴儿，并将他抚养成人，孩子的亲生父母不能将他领回。""如果一位贵族因为妻子不能生养而要离婚，那么要先偿还她出嫁时所付出的全部代价和所有嫁妆。""如果丈夫出远门，但没有留下足够的养家费用，妻子可以改嫁。"

刻有《汉谟拉比法典》的石柱

法典中甚至还有这样在今天看来很荒唐的规定：如果泥瓦匠给人盖房子，房子塌了，压死了这家人的儿子，那么泥瓦匠要用自己的儿子抵命！还有一些法律条文很有趣，比如法典规定："如果没有抓获强盗，遭抢劫者在神灵的面前发誓并说出自己的损失，发生抢劫案的地区的官员需偿还遭抢劫者损失。""如果死了一个人，地方官员亦须付银子1迈拉给死者亲属。"

《汉谟拉比法典》是世界上第一部较完备的成文法典，广泛地调整着当时的古巴比伦社会生活的各个方面，使古巴比伦王国成为古代东方奴隶制国家中统治最严密的国家之一。

腓尼基人环航非洲

腓尼基人是一个相当古老的民族，生活在地中海东岸，大致相当于今天的黎巴嫩和叙利亚沿海一带，曾创造过高度文明，在公元前10～前8世纪达到鼎盛。

历史上，腓尼基人开创了举世瞩目的航海业，这跟他们所处的地理环境有很大关系。腓尼基人居住的地方，前面是浩瀚的大海，背靠高大的黎巴嫩山，没有适宜耕作的土地，注定了腓尼基人不能成为农耕民族。他们转而发展手工业，制造出精美的玻璃花瓶、珠宝饰物、金属器皿及各种武器等。要拿这些手工制品与异域民族产品进行交易，就需要腓尼基人在汹涌澎湃的大海上闯出一条路来。

于是，勇敢的腓尼基人驾驶自制的船只向茫茫的地中海开进了。据说，腓尼基人是从埃及人和苏美尔人那里学到的造船工艺。所造的船船身狭长，前端高高翘起，中部建有交叉的桅杆，两侧设双层樯橹，通体看起来轻巧、结实。这种船主要靠船桨划行，有时也能拉起风帆，可同时搭载3～6人。大概由8到10只船组成一支船队。英国大不列颠博物馆珍藏一幅反映腓尼基船队航海盛况的浮雕，栩栩如生地刻画了腓尼基人航海情况。

腓尼基人凭借高超的造船技术和娴熟的驾船技巧，怀着无比坚定的决心，航行到地中海的每一个港口，同当地的居民做各种各样的交易。腓尼基人自产的一种红紫色染料有着很好的销路，以至于古希腊人称腓尼基为"绛紫色的国度"。根据后来史学家考证，腓尼基商人并不局限于地中海，他们的商船队曾经一度穿过直布罗陀海峡，进入波涛汹涌的大西洋，至今该海峡还有以腓尼基神名命名的坐标——美尔卡尔塔坐标。腓尼基人由此向北直达今法国的大西洋海岸和英国的不列颠群岛；向南侧一直航行到非洲南端的好望角，据说他们还曾环绕整个非洲航行。

腓尼基的船只

腓尼基船只短而宽，并且很坚固。它们是用生长在腓尼基山坡上的雪松木制成的。

由独桨、独帆驱动船只前进。

在北非，至今流传这样一个故事：古埃及的法老尼科召见了几位腓尼基航海勇士，对他们说："你们腓尼基人自称最善于远航，真是如此吗？你们要说'是'，那么现在你们就进行航行，从埃及出发，沿海岸线一直向前，要保证海岸总在船的左侧，最后回到埃及来见我。到时候我有重赏，如果你们觉得做不到，就实说，我也不惩罚你们，只是以后不要妄自吹嘘善远航了。"法老知道想开辟新航道，要冒很大风险，觉得腓尼基人不会真的去做。没想到这些腓尼基人慨然领诺，接受挑战，而且很快组织起一支船队出发了。3年过去了，他们杳无音讯，法老以为这几个狂妄的腓尼基人早已葬身鱼腹。万没料到3年后的某一天，这几个腓尼基人真的回到了埃及。开始尼科不相信他们，但他们一五一十地向法老讲了沿途见闻，还献上收集到的奇珍异宝，最后法老终于折服了。

腓尼基人环非洲航行，堪称人类航海史上的一次壮举。当时欧洲流行的说法是：大西洋就是世界的尽头，没有人能穿越直布罗陀海峡。但伟大的腓尼基航海勇士却跨越地中海，北抵英吉利，南过好望角，进入印度洋，无愧于世界航海业开拓者的称号。

腓尼基的玻璃瓶

腓尼基人擅长制作玻璃制品，例如花瓶和珠宝。

他们把沙子和纯碱混合成糊状，然后加上染料

在高温下烧制。

腓尼基人的航海取得了丰硕的成果，具有十分重要的历史意义。首先，他们为自己建立了海上霸权，垄断了航路和贸易。他们在地中海沿岸建立一系列商站殖民地，其中很多商站发展成著名商城，进而成为强大的城邦国家，如北非的迦太基城（今突尼斯）就一度威胁罗马人。其次，腓尼基人的远航为后来的世界航行提供了第一手航海资料和宝贵的经验，同时扩大了世界各地经济联系和文化交流。

米诺斯的迷宫

传说在远古的时代，大海中有一个克里特岛，由一位叫米诺斯的国王统治着。米诺斯的儿子安得洛革斯在雅典参加奥运会时被人谋杀，为了给儿子复仇，米诺斯派兵攻打雅典。神也降罪于雅典，城中到处都是灾荒和瘟疫。雅典人被迫

向米诺斯求和，米诺斯要求雅典人每隔 9 年送 7 对青年男女到克里特岛。

为什么米诺斯要雅典人送青年男女呢？原来米诺斯在克里特岛建了一座巨大的迷宫，迷宫纵横交错，进去根本别想出来。在迷宫里，米诺斯养了一只人身牛头的吃人怪物——米诺牛。雅典每次送来的 7 对青年男女都要给米诺牛吃，雅典人深受其害。

26 年后，米诺斯派人到雅典索要第三次贡品——7 对青年男女，青年男女的家长和他们的孩子抱头痛哭。雅典国王爱琴的儿子提修斯看到人们遭受不幸，心中深感不安。他要求和青年男女一起出发，前往克里特岛，决心杀死米诺牛。

克里特母神

这位神是米诺斯宗教的核心。落在头上的鸽子象征着她的神圣，手中紧握着扭动的蛇则是提醒信徒记起她与地狱的联系。

在雅典人的哭声中，载着包括提修斯在内的7对青年男女的帆船缓缓驶航，驶向克里特岛。临别前，提修斯和父亲约定，如果杀死了米诺牛，返航时他就把船上的黑帆换成白帆。

提修斯领着童男童女在克里特岛上岸后，来到米诺斯的王宫。在米诺斯国王验收时，他的女儿——美丽聪明的阿里阿德涅公主对英俊潇洒的提修斯一见倾心，与他约会，向提修斯表达了自己的爱慕之情，提修斯也非常喜欢公主。当公主知道提修斯的使命后，表示愿意帮助他杀死米诺牛，并送给他一把威力无边的魔剑和一个线球。

提修斯率领青年男女进入迷宫后，将线球的一端系在迷宫的入口处，然后拿着线团，边走边放线，经过蜿蜒曲折的走廊，进入迷宫。在迷宫深处，提修斯发现了吃人的怪物米诺牛，和它展开了激烈的搏斗。他敏捷地跳起来，一手抓住米诺牛的牛角，一手拿着阿里阿德涅公主给的魔剑，奋力刺进米诺牛的胸膛，将它杀死。然后提修斯率领带着青年男女，沿着来时留下的线终于走出了迷宫。

米诺斯王宫遗址壁画

湿壁画是一种绘于泥灰墙上的绘画艺术，这种创作手段是米诺斯文明的主要艺术形式。

为了防止米诺斯国王的追击，他们凿沉了克里特岛港口所有的船，然后乘着他们来时的帆船返航。提修斯本想带着公主一起回雅典，但这时神要求提修斯必须放弃自己的爱情，否则将惩罚他。提修斯无可奈何，只好将公主留在岛上。沉浸在悲伤之中的提修斯忘了与父亲的约定：将黑帆换成白帆。经过几天的航行，他们回到了祖国雅典。国王站在悬崖上望眼欲穿，等待儿子归来。当他看到归来的帆船仍然挂着黑帆时，以为儿子被米诺牛吃掉了，悲痛欲绝，于是跳海自杀。为了纪念这位爱琴国王，人们就把那片海叫做爱琴海。而那头被提修斯杀死的米诺牛，被神升到了天上，成为冬夜星空中的金牛座。

·欧洲名称的传说·

传说腓尼基公主欧罗巴在长满鲜花的草地上与姑娘们玩耍，离姑娘们不远的地方有一群牛在安静地吃草。一头白色的大公牛，朝公主欧罗巴走来，温顺地让欧罗巴骑在背上。突然，大白公牛如飞一样奔跑，越过大海。第二天傍晚，来到一个岛上，在一棵大树下停住，欧罗巴跳下牛背，忽见一个伟健的男子站在面前，向她求婚。原来这头大白公牛是不可征服的神——宙斯的化身。欧罗巴做了宙斯的妻子，生了几个儿子。这块大地也以欧罗巴的名字命名，它就是欧洲。先民们以石灰石浮雕记录下这美丽的传说。

这个神话故事被《荷马史诗》和其他文学作品大加描写，人们对米诺斯迷宫非常神往，但大都认为那只是个神话罢了。后来，一个叫阿瑟·伊文思的英国儿童听了这个神话后，深深着迷，立志长大后找到米诺斯迷宫。

1900年，已经成为考古学家阿瑟·伊文思率领考古队来到了爱琴海中的克里特岛，寻找传说中的米诺斯迷宫。经过3年的发掘，阿瑟·伊文思终于在克里特岛的克诺索斯附近一座叫做凯夫拉山的缓坡上发现了米诺斯王宫的遗址，找到了传说中的米诺斯迷宫。迷宫的墙上有许多壁画，壁画色泽鲜艳，内容丰富。其中有一幅壁画画着斗牛的内容，和神话中所说的迷宫里吃青年男女的人头牛身怪物米诺牛的故事隐隐相符。

地下迷宫的发现，让人们见识了公元前15世纪克里特岛曾有过的灿烂文明。这个文明发源于公元前2600年左右，于公元前1700年左右达到全盛，公元前1450年左右突然消失。考古学家认为，当时克里特岛发生了强烈的地震，造成了巨大的损失和人员伤亡，后来又发生了内战，实力大损。北方的希腊人乘机占领了克里特岛，克里特文明灭亡。

铁列平改革

赫梯王国是上古时期西亚地区的一个强国。

赫梯王国最初的领土仅有小亚细亚东部的哈里斯河（今土耳其基齐尔－伊尔马克河）中上游一带，最初的居民是讲赫梯语的哈梯人（又称原始赫梯人）。这里地处高原，雨量很少，不适合农耕，所以哈梯人主要从事畜牧业。大约在公元前2000年左右，中亚大草原的涅西特人迁徙到小亚细亚，征服了当地的哈梯人，并与之融合，形成了赫梯人。他们的语言是涅西特语，也称赫梯语。赫梯王国多山，矿藏（银、铜、铁等）丰富，具备发展金属冶炼的有利条件，引起邻国亚述的垂涎。公元前19世纪，亚述人在赫梯王国境内建立了许多的殖民地城邦。

在公元前18世纪，赫梯人建立了几个城邦，并且互相攻打，争夺霸权。其中最大的城邦有库萨尔、涅萨和察尔帕。经过长期的征战，库萨尔王阿尼塔征服了涅萨，俘虏了涅萨王，并定都于此。后来阿尼塔未经战斗，便使普鲁汗达王投降，至此库萨尔成为实力最强的赫梯城邦，为赫梯王国的雏形。随后，赫梯王国开始对外侵略扩张，将亚述人的势力全部排挤出小亚细亚。阿尼塔的继承人拉巴尔纳一世继续征服其他城邦，拉巴尔纳一世的孙子穆尔西里一世时将首都迁到哈梯人的城邦哈图萨斯（今土耳其波尔兹科伊），这标志着涅西特人和哈梯人最终融合。

公元前1600年左右，穆尔西里一世率军南下，攻克了喜克索人在叙利亚建立的城邦哈尔帕，不久喜克索人就在埃及和赫梯的南北夹击下崩溃，赫梯人乘机占领了叙利亚和巴勒斯坦。此时，古巴比伦王国已经衰落，赫梯人不断南下抢掠，令古巴比伦王国不胜其扰。公元前1595年，赫梯人攻克巴比伦城，将财宝洗劫一空，古巴比伦王国灭亡，赫梯回师时又击败了胡里人。从此赫梯威名远震，疆域东至两河流域北部，南达叙利亚，西到地中海，北抵库麦什马哈什河，成为西亚地区的一个大国。

赫梯人每征服一个地区，就派赫梯王国的王子前去统治，所以那里的居民就

赫梯人的牧鹿形银制礼仪用饮水杯

被称为"王子们的奴隶"。在赫梯王子们的残暴统治下，赫梯统治者和当地居民矛盾很深，终于导致了"王子们的奴隶"起义，但起义在穆尔西里一世和各地王子的联合镇压下失败。

赫梯王室内部矛盾也很尖锐，为了争夺王位，常常自相残杀，连穆尔西里一世都被他的弟弟所杀，赫梯王国在内战和各地的叛乱中渡过了几十年。公元前16世纪末，铁列平即位。为防止王室骨肉相残和贵族争权夺利，保持国家稳定，铁列平不得不进行改革。改革的主要内容为确定王位继承人制度，铁列平规定，王位应由国王的儿子按长幼顺序来继承，即长子优先，然后才轮到其他的儿子。如果没有儿子，那王位就要由国王长女的丈夫继承，其他人均无权继承王位。这就确立了王位的世袭制，防止了王室的自相残杀和贵族的篡位野心。

他还规定由贵族会议保证王位继承法的贯彻执行。王子犯法，不能株连他的亲属，也不得剥夺他们的财产和奴隶。不经贵族议会同意，国王不能杀害任何一个兄弟姐妹，王室的内部纠纷由贵族会议裁决。铁列平改革标志着赫梯国家形成过程的完成，使赫梯王权得到巩固，国势日益强盛。公元前15世纪末至公元前

一对恩爱的赫梯夫妇的雕塑被刻在他们自己的棺木盖上，这样便可以在未来给予他们的灵魂一个栖息之地。

13 世纪中期，是赫梯王国最强盛的时期。

当时埃及也是中东地区的一个强国，两国为了争夺叙利亚地区，展开了长期的争霸战争。公元前 1299 年，埃及法老拉美西斯二世亲率由战车和步兵组成的军队攻入巴勒斯坦，准备夺取叙利亚，赫梯国王穆瓦塔尔率领十几个西亚小国的联军在卡迭石迎战。赫梯人在黄昏时偷袭了埃及人，埃及人猝不及防，损失惨重。后来由于法老预备队及时赶到，埃及人才避免了全军覆没。赫梯人进攻受阻，被迫撤走，埃及人由于伤亡过大，也无力追赶。双方只好讲和，赫梯国王把公主嫁给埃及法老，两国实行和亲。赫梯人在一块银板上面雕刻着双方结束战争、缔结和约的条文，来到埃及首都孟菲斯，两国签订和约。这是我们所知道的有记载的历史上第一个国际条约，称为"银板和约"。

长期与埃及争霸，大大消耗了赫梯的国力。公元前 13 世纪末，"海上民族"

入侵地中海东岸地区，被赫梯征服的小国也纷纷起兵反抗，赫梯王国瓦解，首都哈图萨斯被焚毁。公元前8世纪，残存的赫梯王国被亚述帝国所灭。

楔形文字

就在古埃及人使用象形文字记录他们的历史的同时，两河流域南部的苏美尔人也在正在使用他们发明楔形文字记录苏美尔文明的辉煌。

公元前2500年的一天清晨，太阳从东方升起，照耀着苏美尔人的城邦尼普尔。城中的贵族子弟们吃过早饭后，骑着马或乘着车在仆人的陪同下来到城中心神庙旁的学校上课。早来的学生正在温习昨天学的知识。他们拿着厚厚的"书"——重约1公斤的泥板——大声地朗读，拿着"笔"——削尖的芦苇秆或木棒——在半湿的泥板上练习写字。

阿卡德语写就的一块泥板

公元前2350年后，操阿卡德语的民族控制了美索不达米亚的大部分地区。

　　泥板上早已划好了一个个整齐的格子，学生们拿着笔一笔一画认真书写。由于泥板很松软，所以芦苇秆和木棒在书写时，落"笔"处印痕比较深比较宽，提"笔"处比较狭比较窄，文字的每一划头尖尾宽，形状很像木楔，所以这种文字就叫楔形文字。英语 cuneiform 一词，是 cuneus（楔子）和 forma（形状）两个单词构成的复合词，"楔形文字"这个名称就来源于此。

　　不一会，老师走进了教室。老师是一位穿羊毛短衣、圆脑袋、短脖子，头发和胡子都刮得光光的中年男人。他走上讲台，清了清嗓子，对下面的学生们说："同学们，现在我们开始上课。"老师拿出一块半湿的泥板，在上面写了一个"牛"字和一个"山"字。一个学生奇怪地问道："老师，你写的第一个字是牛，第二个字是山。可这两个字合在一起是什么意思啊？"老师说："你想想啊！不是家里养的牛，山上的牛是什么牛啊？"那个学生恍然大悟，说："是野牛！"老师笑着说："不错！不错！你很聪明。对，这个字就是野牛的意思。"

　　老师又写了一个"鸟"字和一个"蛋"字，然后问学生："大家猜一猜，这是什么字？"学生们都陷入了冥思苦想之中。过了一会儿，一个学生说："噢！老师！我猜出来了，是'生'！"老师赞许地点了点头说："对了。其实我们苏美尔人的很多字都是两个字组合在一起的。比如'天'字加'水'就是'雨'字，'眼'字加'水'字就是'泪'字。"

　　老师微笑着看了学生们一眼，提起笔在泥板上写了一个"足"字和"犁"字。学生们齐声说："老师，这两个字我们已经学过了，是'足'字和'犁'字啊。"老师说："不错，是'足'和'犁'字。但'足'字除了可以表示足的意思之外，还可以表示'行走'和'站立'的意思。而'犁'字除了表示'犁'之外还有'耕田'和'耕田的人'的意思。这是一字多义，大家要记住啊。另外'箭'字还有'生命'的意思，它们的发音也相同，大家在使用时一定要注意。大家都是男的，在写自己的名字时应该在前面画一个倒三角形作为标记，表示你是男人。"

　　"下面我讲一讲我们苏美尔人的书写规则。"老师继续说道，"在很多年以前，我们的书写规则时从右向左，从上向下书写的。但是这样手臂和袖子很容易把刚刚写好的字抹掉，所以我们现在就改为从左往右书写，这样就不会在出现那种情况了。"

"老师，我们的文字好复杂啊，真让人头疼啊！"学生们愁眉苦脸地向老师诉苦。

"不要紧！大家多加练习就一定能掌握。"老师笑着说。他拍了拍手，几个奴隶抬着很多块大泥板走了进来。

·古代亚非地区的文字·

古代埃及的文字：象形文字。它是用图形表示事物，后来，这些符号也表示一定的音节，形成于公元前3000年左右。

古代西亚的文字：楔形文字。产生于约公元前3000年，是苏美尔人创造的。是用小棒在潮湿的泥板上压出字迹，造形极似楔子的形状。在两河流域广泛传播。

腓尼基人的古代文字：公元前2000年左右，腓尼基人在埃及文字和西亚文字的影响下，创立了22个拼音字母，为后来欧洲的字母文字奠定了基础。

中国的甲骨文：甲骨文是一种象形文字。考古发现，我国商朝时期已经有了较为成熟的文字，这些文字刻写在龟甲和兽骨上，因此称为甲骨文。甲骨文记载的大多是商朝的宫廷卜辞，内容涉及许多商朝历史上的重大事件。

"这块是词汇表，发音相同的词汇都写在这上面。大家如果搞不清楚可以来看看，也可以抄下来回家复习，这都是拼写的规范。"老师说，"这一块是植物名称表，这一块是动物名称表，这一块是矿物名称表，这一块是地理名称表……"

学生们开始埋头在泥板上抄写。过了一会儿，一个学生说："老师我抄完了。"老师走过去一看，说："你的字写得很好，将来肯定是一个合格的书吏。现在你把你写的拿到太阳地下晒干，然后再放在火上烤烤，就是一本很好的书了。"

除了苏美尔人以外，亚洲西部的阿卡德人、埃兰人、胡里安人、赫梯人、乌拉尔图人、巴比伦人、亚述人等许多民族也使用楔形文字。随着巴比伦和亚述的强大，楔形文字成为西亚地区的通用的国际文字，但巴比伦和亚述的灭亡，加上这种文字极为复杂，公元1世纪时就消亡了。

《吉尔伽美什》史诗

《吉尔伽美什》是人类历史上第一部史诗，是古代两河流域文学作品的代表作。早在 4000 多年前就在苏尔美人的口中代代流传，到了古巴比伦王国时期才以文字的形式记载下来。

史诗的主人公吉尔伽美什是乌鲁克城（今伊拉克南部）的一位英雄。他"三分之二是神，三分之一是人"，力大无比，四处闯祸。后来他成为了乌鲁克城的统治者，更加不可一世，荒淫暴虐，人民苦不堪言，纷纷向天神哭诉。于是天神派恩奇下凡，去制服吉尔伽美什。恩奇是一个浑身长毛，生活在草原上整日与野兽为伍的半人半兽的野人。他心地善良，经常帮助野兽逃脱猎人的追捕。后来，他听到吉尔伽美什的事，就来找他决斗。

两人展开了激烈的搏斗，最终不分胜负，惺惺相惜，他们结成了莫逆之交。从此，吉尔伽美什弃恶从善，两人开始携手为乌鲁克的人民造福。他们打死了吃人的狮子，做了很多好事。

乌鲁克四周是一片平原，树木很少，人民建造房屋时缺少木材。吉尔伽美什和恩奇就一起来到森林里为人民伐木。但森林里住着一个叫芬巴巴的妖怪，不让他们砍树。两人与妖怪展开大战，终于将它杀死。在回去的路上，一位女神从天而降，来到吉尔伽美什的面前，说："请过来，做我的丈夫吧，吉尔伽美什！如果你接受了我的爱情，就能享受无尽的荣华富贵。"原来吉尔伽美什斩妖除魔的英雄行为赢得了女神的爱慕。但吉尔伽美什非常讨厌女神，严词拒绝了她的求爱。女神觉得受到了莫大的侮辱，气冲冲地飞回天上，派了一头天牛前去报复吉尔伽美什。

这头天牛庞大无比，非常凶残，能口吐烈火，一下子就能烧死几百人，老百姓深受其害。吉尔伽美什和恩奇非常气愤，拳脚雨点般地打在天牛身上，它很快就奄奄一息了。女神看到后，急忙下凡前来抢救天牛，但为时已晚，天牛已经被两位英雄打死了。

记述史诗《吉尔伽美什》的一块泥板

·《吉尔伽美什》史诗的发现·

19世纪中叶，大英博物馆的乔治·史密斯在亚述古都尼尼微挖掘出《吉尔伽美什》史诗的12块泥板。后经学者们整理，到20世纪20年代，史诗的翻译和注释已基本完成，我国也出版了中译本。《吉尔伽美什》史诗的泥板现藏于英国大英博物馆。

女神见自己的报复计划失败了，坐在乌鲁克的城头痛哭不止，吉尔伽美什和恩奇却哈哈大笑。恩奇把天牛的一条腿撕下来，随手扔到女神的脸上，溅了她一脸污血。

恩奇大笑这说："你听着，要是我抓住了你，就像对付这头牛一样对付你！"女神气得脸色都白了。

　　恩奇又刨开天牛的肚子，拽出天牛的像绳子一样又粗又长的肠子，对女神说："要是我抓住你，就用天牛的肠子把你捆起来！"女神气得浑身发抖，飞回了天上。

　　回到天上后，女神向神仙们哭诉。女神的父亲天神安努非常生气，决心为女儿报仇。他施展法力，使恩奇得了重病，变得又瞎又聋，还受到噩梦的折磨，没过多久就死了。一直守护在他身旁的吉尔伽美什伤心欲绝，眼泪像瀑布一样流了下来，同时也开始对死亡产生了无限恐惧。

　　在埋葬了好友之后，吉尔伽美什决心去寻找人类的始祖、大洪水中唯一幸存的人乌特·纳比西丁，向他请教永生的秘密。

　　人们劝他："你是找不到人类始祖的，还是不要去了"。吉尔伽美什不听，穿越了大沙漠，躲过了大蝎子的攻击。没有路的时候，他就钻进地洞，继续赶路。一天，吉尔伽美什来到大海边，在一位渔夫的帮助下乘船来到了人类始祖的居住地——幸福之岛。

　　"人为什么要死呢？"吉尔伽美什问人类始祖乌特·纳比西丁。

　　"孩子，世界上哪有不坏的房屋？哪有永不分离的兄弟？上天规定每个人注都是要死的。"乌特·纳比西丁回答道。

　　"那你怎么没有死？"

　　"当年大洪水暴发前，一个好心大神提醒了我，所以我没有死，后来就成了人类的始祖。"

　　"那怎样才能永远不死呢？"

　　"海底有一株青春草，吃了后可以永生。"

　　吉尔伽美什听了大喜，告别了人类始祖乌特·纳比西丁，跳入海中，采到了青春草。当他正想吃掉时，忽然想起了乌鲁克城中的善良百姓，决定把青春草带回去，让大家都长生不老。

　　在回去的途中，吉尔伽美什把青春草放在泉水边，自己跳进去洗了个澡。当他爬上岸时，发现青春草不见了。他急忙四处寻找，只见一条老蛇正在吞食青春草，吉尔伽美什急忙跑过去，老蛇却蜕掉了一层皮，精神焕发地逃走了。吉尔伽美什只好垂头丧气地回乌鲁克去了。

　　《吉尔伽美什》语言优美，情节曲折，生动地反映了当时的人们探索生死奥秘的愿望和希望掌握自己命运的理想，是世界文学宝库中的珍品。

图特摩斯三世

图特摩斯三世（公元前 1516 年～前 1425 年），是古埃及新王国第十八王朝时期一位以尚武著称的法老（公元前 1479 年～前 1425 年在位），后世的历史学家称他为"第一个曾经建立具有任何真正意义的帝国的人，也是第一位世界英雄"。

图特摩斯三世出生于公元前 1516 年，他是图特摩斯二世和一个叫伊西丝的后妃的儿子。图特摩斯二世体弱多病，所以他的异母妹、王后哈特谢普苏特掌握了实权。哈特谢普苏特认为图特摩斯三世没有纯正的王室血统，不能成为法老，但是图特摩斯二世只有这一个儿子。公元前 1504 年，图特摩斯二世去世，年仅 12 岁的图特摩斯三世即位。王后哈特谢普苏特趁他年幼，大权独揽。4 年后，太后暗令阿蒙神庙祭司假传神喻篡位，图特摩斯三世被迫退位，进入阿蒙神庙学习。在阿蒙神庙中，图特摩斯三世如饥似渴地学习，称为一个知识渊博的人。

后来，太后允许他参军。图特摩斯三世经过刻苦练习，成为一个武艺高强的人。他善于骑马射箭，令将士们非常佩服。他从不过问政治，平时也沉默寡言。太后为进一步考验图特摩斯三世，让他率军远征古埃及南部的努比亚（今苏丹）。他指挥有方，大获全胜，凯旋时献上缴获的奇珍异宝，并立即交出兵权。从此，太后不再对他存有戒心。图特摩斯三世趁机训练了一支由自己直接掌控的 25000 人的军队。

埃及的西亚属地叙利亚和巴勒斯坦在米坦尼王国支持下突然宣布脱离埃及独立。太后大惊失色，急忙调兵遣将，准备平叛。图特摩斯三世乘机率军发动政变，杀死太后和她的亲信，夺取了王位。为了报复太后，让她从历史上消失，图特摩斯三世下令将所有太后的石像和刻有太后名字的纪念碑销毁，想把她留下的痕迹从埃及大地上彻底抹去。

古埃及谷物收获图

·图特摩斯三世的陵墓·

图特摩斯三世去世后，埋在了帝王谷中。为了防范盗墓贼，墓室的入口建在了悬崖上。陵墓内的线条构图十分漂亮，柱子上刻着精美的图案，整个陵墓像一幅巨大的纸草卷画轴。后来陵墓还是被盗了，庆幸的是他的木乃伊由于及时抢救而幸免于难。

图特摩斯三世亲政后，面对的第一拨敌人是西亚以卡捷什国王为首、一共有330个王公和他们的部下参加的反埃及同盟。公元前1482年5月，他亲率大军向卡捷什联盟发起了进攻，双方在巴勒斯坦北部重镇美吉多城展开决定性的战斗。在出征前，埃及军队到美吉多有三条道路可以选择：第一条路是经"大马士革大道"向东，到基松河后再转向北，而后从山路到达美吉多，但这条路路程太长，图特摩斯三世放弃了；第二条路是经阿鲁那抵达美吉多南部，卡捷什同盟军认为埃及军队将从这条路进攻，所以在城南布下重兵。显然，如果埃及军队经此路进攻，必将损失惨重。图特摩斯三世进过深思熟虑后，决定进行一次大冒险，选择另一条崎岖的山路绕到美吉多城北，从背后出其不意地发起攻击。

但这个计划遭到保守的将军们的反对，图特摩斯三世非常生气，说："如果谁害怕，那就回埃及去。"于是将军们不再说话了。黎明时，埃及军队出发，图特摩斯三世走在军队的最前面，经过一天的急行军，埃及军队在傍晚抵达美吉多城北，而敌人丝毫没有觉察。

第二天早上，图特摩斯三世把埃及军队分为一支中间部队和两支侧翼部队，向卡捷什同盟军发起进攻。埃及军队弓箭手在前，步兵居中，最后是500辆快如疾风的骏马驾驶的战车。进攻时，弓箭手们射出一排排遮天蔽日的利箭，敌人死伤无数，阵形大乱。图特摩斯三世看准时机，命令战车以排山倒海之势发起猛攻。当埃及的战车接近敌人的战车时，士兵们在统一号令下同时弯弓搭箭，射向敌人。敌军车阵大乱，埃及步兵随后赶上，配合车兵作战。战场上到处是翻倒的战车、马匹和士兵的尸体，到处可以听到敌人伤兵痛苦的呻吟。如果此时埃及军队乘胜进攻，那么美吉多城必定唾手可得。但埃及士兵只顾抢夺敌人留下金银财物，掠取战利品和捆绑俘虏。结果，一些敌人逃到城墙下抓住城上守兵扔下来的绳索，逃回城去。

古埃及墓室壁画复原图

此图描绘的是埃及的一次家庭聚会，左边的夫妻正在接受儿女们奉上的各种食物。图中的女子戴着新王国时期流行的长而精致的假发，穿着肥大的长裙。

图特摩斯三世只好下令围城，埃及人砍光了城郊果园中的果树，断绝了城中的粮食和水源，敌人被迫投降，西亚再次臣服于埃及。

图特摩斯三世在位期间，共取得了 17 场战役的胜利，后世的历史学家称他为"埃及的拿破仑"。他在位期间，埃及的版图东起西亚地区，南至努比亚境内的尼罗河第四瀑布，西至利比亚，北抵幼发拉底河上游的卡赫美士城，成为历史上第一个地跨北非和西亚的大帝国。

迈锡尼的狮子门

《荷马史诗》中记载了这样一个神话故事：有一天，小亚细亚（今土耳其）特洛伊的王子帕里斯到希腊城邦斯巴达访问，斯巴达王举行盛大的宴会欢迎他。斯巴达的王后海伦，世界上最美丽的女人，也出席了宴会。帕里斯被海伦的美貌迷得神魂颠倒，而海伦也非常喜欢年轻英俊的帕里斯。为了占有海伦，帕里斯趁斯巴达王外出之时，拐带海伦，乘船逃回了特洛伊。

斯巴达王认为这是个奇耻大辱，就去找他的哥哥迈锡尼国王阿伽门农商量。阿伽门农邀请了很多希腊城邦的国王来开会，会上大家一致决定组成希腊联军，由阿伽门农率领，跨过爱琴海，讨伐特洛伊，夺回海伦。

但就在出征前，阿伽门农在阿耳忒弥斯神庙杀死了女神的宠物鹿，触怒了女神。女神对阿伽门农说，只有用他的长女伊菲革涅亚来祭祀，才可以被宽恕，否则就要降罪于希腊。

阿伽门农不顾妻子克丽滕涅斯特拉的苦苦哀求，毅然杀死长女伊菲革涅亚，然后率领希腊联军跨海东征。战争持续了整整 10 年，希腊联军和特洛伊人打得难分难解。最后，希腊人想出一条妙计，他们假装失败，乘船退到海上，留下一匹巨大的木马。特洛伊人以为希腊人被打败了，欣喜若狂，将木马作为战利品运回城内。因为城门太矮，特洛伊人拆掉一段城墙才将木马运进城里。然后，他们开始庆祝胜利，又唱又跳，个个喝得烂醉如泥。深夜，藏在木马肚子里的希腊人纷纷跳出来，而海上的希腊人也杀了个回马枪，里应外合，一举攻克了特洛伊，将它夷为平地，夺回了海伦。

迈锡尼建筑中的狮子门，以宏伟坚固著称。

阿伽门农娶了特洛伊公主为妾，率军回到了阔别已久的故乡迈锡尼。但他万万没有想到，等待着他的竟是死亡。原来，他的妻子仍然怨恨他杀害女儿，就与堂弟私通，密谋杀死阿伽门农。

阿伽门农回国后，在豪华的宫殿中举行了盛大的晚宴，他的妻子与堂弟便趁机将其杀死，阿伽门农的儿子逃走。8年后，阿伽门农的儿子长大成人，与姐姐一起杀死了母亲和舅舅，为父亲报了仇。

古希腊悲剧家埃斯库罗斯在他的著名悲剧《阿伽门农》中讲述了这个悲惨的故事，这个父杀女、妻杀夫、子杀母的悲剧千百年来震撼了无数的人。

但历史上是否有迈锡尼这个国家？是否有阿伽门农这个人呢？如果有，那迈锡尼的遗址在哪里？阿伽门农的坟墓在哪里？公元前2世纪，希腊历史学家波桑尼阿斯曾经游览过迈锡尼的遗址，他在游记中写道："迈锡尼至今仍保留着的一部分城墙和狮子门……还有一座阿伽门农的陵墓……"

·迈锡尼文明·

公元前16～前12世纪，希腊人在继承了克里特文明的基础上，创造了迈锡尼文明。迈锡尼在与特洛伊的战争中元气大伤，被北方的多利亚人（希腊人的另一支）所灭。1999年，联合国科教文组织将迈锡尼古城遗址列入世界文化遗产。

阿伽门农的金面具

这个漂亮的黄金面具应该属于一个迈锡尼国王。当国王被埋葬后，脸上就戴上面具。考古学家曾经认为这个金面具属于阿伽门农——特洛伊战争中的英雄。

后世许多历史学家来到希腊伯罗奔尼撒半岛试图寻找迈锡尼的遗址，但都无功而返。1870年，坚信《荷马史诗》是真实历史并崇拜阿伽门农的德国考古学家施利曼和他的妻子在这一地带发掘，终于在1876年发现了迈锡尼遗址和阿伽门农的坟墓，向世人证实了《荷马史诗》中所叙述的特洛伊战争的真实性。

迈锡尼的遗址在一个高丘上，呈三角形，占地面积约3万平方米。遗址的城墙周长900米，城墙平均厚度达6米，都用巨石砌成，但目前只残存正门"狮子门"一段了。"狮子门"高4米，宽3.5米，门柱用整块的石头凿成；门柱子上有一块横梁，横梁上面放着一块三角形的大石板，石板中间雕刻着一个祭坛，祭坛上有一根石柱，石柱两旁各有一只雌狮子浮雕（雌狮子是迈锡尼宗教地母神的象征）。两只雌狮子的前爪搭在祭台上，昂首向天，呈怒吼状，威风凛凛。这个庄严肃穆的狮子门，历经3000年的风吹雨打依然屹立不倒，以至于后来的希腊人看到狮子门时，还以为是神话中的独眼巨人修建的呢。

在距离狮子门 12 米的地方，施利曼又挖掘出了阿伽门农的坟墓。阿伽门农的尸体旁摆放着镶金嵌银的武器，脸上罩着黄金面具，穿着黄金铠甲。接着，施利曼又发现了迈锡尼的王宫，找到了许多珍贵的文物。在施利曼等考古学家的努力下，埋没已久的迈锡尼文明在终于重见天日，向人们展现了它昔日的辉煌。

埃赫那吞的宗教改革

埃赫那吞原名阿蒙霍特普四世，是古埃及第十八王朝的法老阿蒙霍特普三世的儿子。

埃及阿蒙（埃及人供奉的神）神庙的僧侣自从图特摩斯三世时期起，势力不断膨胀。他们住在高大的神庙中，拥有大片土地和众多的奴隶，还经常干涉朝政，越来越不把法老放在眼里。

当时古埃及全国虽有一个主神阿蒙，但各地还有很多地方神和自然神，崇拜对象也很多，如土地、河流、雨水、泉水、风、雷、电和飞禽走兽等，甚至是一副弓箭、木制雕刻品、一块石头。

后来埃赫那吞的父亲阿蒙霍特普三世退位，埃赫那吞登基，成为埃及法老。埃赫那吞立刻颁布命令，将自己偏爱的希利奥波里城的地方神阿吞（太阳神）取代阿蒙成为全国最高的神，全埃及的臣民必须供奉新神，停止供奉其他的神。阿吞神的形象和其他神不同，它不是人或兽的样子，而是一个太阳，太阳中放射出许多手，象征太阳神的光芒。它是创造之神，宇宙之神，世间一切生命之源泉。埃赫那吞还自称是阿吞神唯一的儿子，他和王后尼弗尔提提是阿吞和人民之间的唯一传言人，因此和阿吞一起接受人民的崇拜。他还把自己的名字阿蒙霍特普（阿蒙的钟爱者的意思）改成埃赫那吞（阿吞的光辉的意思），把王后改名为涅菲尔涅菲拉吞（美中之美是阿吞的意思）。过去祭祀阿蒙神有很多繁文缛节，埃赫那吞又下令将祭祀的仪式大大简化。阿吞神庙是一个露天的柱式大厅，祭祀的人们可以直接感受太阳神阿吞的照耀，直接和它进行交流，而不再像过去那样被阻隔在神庙的外面。

在全国推行新神取缔旧神的同时，埃赫那吞开始大力清除阿蒙神庙僧侣的势力。他下令关闭全国各地所有的非阿吞神庙；派大批军队将僧侣赶出神庙，强令还俗为民；将其他神庙的土地和奴隶全部没收，划归阿吞神庙所有；严禁僧侣参政，违反命令的僧侣立即处死。公共建筑物和纪念物上刻的阿蒙的名字必须立即凿掉，推倒一切阿蒙的神像。全国每个城市至少必须建一座阿吞神庙，庙中供奉阿吞神和埃赫那吞及王后的雕像，各级地方官员必须要带头向阿吞神庙献祭，并宣誓永远效忠于英明、伟大的造物主阿吞及法老和王后。

奥西里斯原本是农业之神，可是当他被嫉妒的哥哥塞特杀死之后，就变成了地狱之神和重生之神。埃及人认为尼罗河每年的定期泛滥就是其妻子伊西斯纪念他的涕泣之泪。

由于首都底比斯的守旧势力太大，埃赫那吞宣布将首都迁到底比斯以北300千米、尼罗河东岸的阿马纳摩，为新都定名为"埃赫塔吞"（意为阿吞光辉照耀之地）。

埃赫那吞的宗教改革引起了阿蒙神庙的僧侣们极大的恐慌。看到自己的特权和财产被剥夺，他们急得如热锅上的蚂蚁，于是就请已退位的老法老阿蒙霍特普三世和太后劝劝埃赫那吞，停止宗教改革。

老法老和王后劝埃赫那吞说："孩子，你废除了阿蒙，引起了很多僧侣的不满。现在整个埃及都在议论这件事，闹得沸沸扬扬的，国家已经到了动乱的边缘。你还是悬崖勒马吧！"

埃赫那吞说："尊敬的父王母后，现在绝对不能停止！那些僧侣的势力太大了，嚣张跋扈，为所欲为，还经常干涉朝政，这样下去怎么行啊？如不改革迟早会酿成大祸的！我需要的是一群听从我的命令的僧侣，而不是和我争权的僧侣！"老法老和王后见他主意已定，就不再劝了。

那群僧侣见一计不成，又生一计。为了恢复他们失去的天堂，他们竟丧心病狂，决定刺杀埃赫那吞。

一天，埃赫那吞乘车出宫去阿吞神庙祭祀，突然有一个人跪在车前，说有冤情要向法老陈述。埃赫那吞命令那个人来自己的车前，派书吏去接状子。书吏还没有走到那人面前，那人猛地从状子中抽出一把锋利的匕首，刺向埃赫那吞。埃赫那吞大惊失色，急忙躲避。法老的卫士怒吼着用手中的长矛将刺客刺死。这件事以后，埃赫那吞更加坚定了的宗教改革的决心。

公元前1362年，埃赫那吞病死。他的后继者很快恢复了旧的传统，阿蒙神又卷土重来，埃赫那吞的宗教改革以失败告终。

埃赫那吞死后，葬在阿马尔纳附近的山谷。由于埃赫那吞的改革触犯了僧侣的利益，他们将埃赫那吞的名字从建筑物上抹去，他的陵墓也遭到严重的洗劫和破坏。他的墓穴中的头像的左眼被挖掉了，装着他的内脏的瓶子也被砸开。

银板合约

公元前14世纪，小亚细亚的赫梯人崛起。他们趁埃及因宗教改革发生内乱之机，先后从埃及手中夺取了中东的叙利亚和巴勒斯坦地区，又攻陷古巴比伦帝国的首都巴比伦城（今伊拉克首都巴格达）。埃及法老拉美西斯二世决定夺回失地。

公元前1312年的一天，赫梯国王穆瓦塔尔正在和王公大臣们开会，一位书吏跑进来对国王说："陛下，我们派往埃及的间谍回来了，他带回了重要情报！"

"陛下，大事不好！埃及人要来攻打我们！"间谍焦急地说。

"什么!?"间谍的话使在座的大臣们大吃一惊。

"说得详细一点！"国王很快从惊慌中冷静下来。

"埃及法老拉美西斯二世组建了阿蒙军团、赖军团、塞特军团和普塔赫军团四个军团，还有一部分努比亚人、沙尔丹人等组成的雇佣军，共两万多人，近日将进攻我国，企图夺回叙利亚！"间谍一口气说完。

"大家商量一下，我们该如何应敌？"国王扫了王公大臣们一眼。

"埃及人远道而来，长途跋涉，士兵一定非常疲劳。我们应该坚壁清野，以逸待劳，坚守不出，诱敌深入，等埃及人兵疲马困的时候，再给他们致命一击，全歼敌人！"国王的弟弟哈吐什尔说。

赫梯人的战车模型

这种战车广泛地被其他远东国家仿制，数个世纪里它在交战中起到决定性作用。

"说得不错！"国王满意地点了点头。

经过仔细商议，赫梯国王和王公大臣们制定了扼守叙利亚要塞卡迭石，在城中结集重兵，以逸待劳，诱敌深入，待埃及人进入伏击圈后，再两翼包抄，最终围歼埃及人的作战计划。随后两万多赫梯人结集卡迭石城内外，等待埃及人的到来。

埃及法老拉美西斯二世坐在战车上踌躇满志，埃及的4个军团分成4个梯队前进。拉美西斯二世率阿蒙军团行进在最前面，赖军团、普塔赫军团和塞特军团紧跟其后。当埃及人行进到距卡迭石以南的萨布吐纳渡口时，法老的卫兵报告："报告陛下，有两个赫梯人的逃兵前来投奔我们！"

两个赫梯人交代，赫梯主力还远在卡迭石以北百里之外，在埃及大兵压境的情况下，卡迭石兵微将寡，士气低落。叙利亚的王公们慑于埃及人的军威，都想归顺埃及。

"太好了！来人，传我的命令，我和卫队快速前进拿下卡迭石，其余的兵团继续前进。"法老说完，领着精锐的法老卫队向北狂奔而去。傍晚时，卡迭石已经遥遥在望了。法老命令就地扎营，明天一早入城。

法老正在营中做着入城的美梦，突然卫兵进来报告："陛下，抓住了两个赫梯人的探子！但他们嘴紧得很，什么都不说。"

"给我打！狠狠地打！"法老说。

不一会，被打得皮开肉绽的探子老老实实地交代了他们布置的一切。法老听后犹如五雷击顶，原来赫梯人已经趁夜将他们包围了。

"传令下去！立即向南突围！"法老焦急地喊。

埃及人呐喊着，向南拼死冲杀，赫梯人猝不及防，被杀得大败，士兵们四处溃逃。眼看法老就要逃出包围圈，赫梯人在国王的亲自指挥下发起了反冲锋，法老卫队的人数少，抵挡不住，被迫后退，赫梯人占领了埃及人的营地。法老急中生智，把自己养的宠物狮子放了出来，赫梯骑兵的马一见狮子，吓得扭头就跑。法老又命人大撒金银财宝，赫梯士兵一见，丢下兵器争抢财宝，乱作一团，法老趁机逃走。

赫梯国王杀了几个抢金银财宝的士兵，整顿了军纪，向法老发起了追击。正在着千钧一发之时，埃及的赖军团、普塔赫军团赶到了，双方展开了激烈的战斗，杀得难分难解，卡迭石城外尸骨如山，血流成河。赫梯人抵挡不住，只好撤退，但埃及人也无力追赶了。

卡迭石大战后，双方又进行了长达16年的战争，两国损耗巨大，无力再战，只好议和。

公元前1296年，赫梯国王死后，他的弟弟哈吐什尔即位，派出使团去埃及讲和。两国在埃及首都孟菲斯签订了和约。和约刻在一块银板之上，因此又叫"银板和约"。银板上写着"伟大而勇敢的赫梯国王哈士西尔"和"伟大而勇敢的埃及法老拉美西斯二世"共同宣誓互相信任，永不交战等内容。和约有18条，是留传至今的最早的一份战争和约。

拉美西斯二世

拉美西斯二世于公元前1304～前1237年在位，他的这尊雕塑
竖立在阿布辛贝神庙的前面。这是他建造的表现他的权威的许
多纪念物之一。

刻在银板上的和约用赫梯语和当时通用的巴比伦楔形文字书写，法老又将和
约内容用埃及象形文字刻在埃及卡纳克和底比斯神庙的墙壁上。后来在赫梯王国
首都哈图萨斯遗址中发现了用巴比伦楔形文字书写的泥板副本。

图坦卡蒙墓的发掘

图坦卡蒙是古埃及新王国时期的法老，公元前1334～前1323年（一说公元前1336～前1327年）在位。他出身平民，因貌美被第十七代法老埃赫那吞选为驸马（一说是埃赫那吞的儿子），埃赫那吞死后继承王位。他原叫图坦卡吞，意思是"阿吞的形象"，后来改名为图坦卡蒙，意思是"阿蒙的形象"，说明他从崇拜阿吞神转为崇拜阿蒙神。公元前1334年，年幼的图坦卡蒙登基，19岁突然神秘地死去。他死以后，重臣埃耶继任为法老，并娶了他的王后。但不久大将军霍连姆赫布将埃耶杀死，成为埃及的法老。古埃及很多的建筑物、文献中，图坦卡蒙的姓名和徽号都被人为地抹去，这使得后世的人们对这位英年早逝的法老知之甚少，甚至连盗墓贼都将他遗忘了……

1922年秋天，英国考古学家霍华德·卡特和卡尔纳·冯伯爵率领一支考古队来到了古埃及法老陵墓最集中的帝王谷。帝王谷位于埃及古底比斯西南的德尔巴哈里山谷中，这里极为隐秘，人迹罕至。古埃及的法老们把自己的陵墓建在帝王谷两旁陡峭的悬崖上，陵墓完工后杀掉所有参与建设的人，所以知道这里的人很少。19世纪初期以来，欧美的考古学家纷纷来到这里，寻找数千年前的法老们的陵墓，但大都空手而归。1881年，德国考古学家布鲁斯在帝王谷的一个山洞里发现了一个巨大的墓葬群，里面有40多具古埃及法老的木乃伊，包括著名的雅赫摩斯一世、图特摩斯三世和拉美西斯二世，成为当时轰动世界的重大考古发现。

卡特和卡尔纳·冯伯爵等人整整考察了5年，才发现图坦卡蒙的陵墓。让他们惊奇的是，这位年轻的法老的陵墓保存得非常完整，从来没有被盗墓贼光顾过。墓室的入口刻着一句令人毛骨悚然的诅咒："死神奥西里斯的使者阿努比斯，将会用死亡的翅膀接触打扰法老安眠的人。"图坦卡蒙墓室又窄又小，装饰也很潦草，墓穴的壁画上泼溅了许多颜料，好像还没有建好就匆匆下葬了。陪葬品也不是为他专门制作的，这些陪葬品本来刻着别人的名字，被抹去后再加上图坦

木乃伊面具

图坦卡蒙是死于 3500 年之前的一个法老。1922 年，他的坟墓被发掘。
紧裹着的木乃伊戴着一张黄金面具。木乃伊被置于一个三层的装饰精
美的木制人形棺材里，最里面是石棺。

卡蒙的名字。他的木乃伊的制作也不像其他法老那样用防腐香料浸体，而是将成
桶的香料倒在木乃伊上。但墓室中仍然有为数众多的珍贵的文物，是迄今为止出
土文物最多的法老陵墓。图坦卡蒙的陵墓里出土的文物有镶着象牙的箱子、镀金
扇黑檀扇、银喇叭、雪花石膏花瓶、雪花石膏碗、镶着宝石的金指环、项圈和手
镯，每一样都价值连城。其中最珍贵的当数图坦卡蒙的金面具。

图坦卡蒙安息在 4 个大小相套的棺材里，棺材上都镶着各种名贵的宝石，刻
着祝愿法老安息的象形文字，每副棺材里都填满了奇珍异宝。最外面的是镶着蓝

色洋瓷的金木棺材，第二副和第三副都是色彩艳丽的人形贴金木棺材。最后的人形棺材长 1.83 米，用 22K 黄金打造，最厚的地方足有 3 厘米，重达 110.9 公斤！这个按照图坦卡蒙形象打造的人形棺材，两手交叉在胸前，右手拿着君主的节杖，左手拿着奥西里斯的神鞭，前额上宝石镶成蛇和鹰的形状。在古埃及，蛇是守护法老的神，鹰象征着"太阳神"荷鲁斯，据说它们能够喷出烈火消灭法老的敌人。当卡特等人打开最后一个棺材时，他们都被眼前的景象惊得目瞪口呆！图坦卡蒙的木乃伊用薄薄的布裹着，身上布满了宝石和护身符，戴着一个重达 11 公斤的金面具。金面具"额头"上雕刻着鹰和蛇，用纯金浇铸而成，刻画逼真，做工精巧、栩栩如生，面具由蓝色玻璃、石英石和黑曜石装饰而成，还刻有修剪齐整的胡须，重现了图坦卡蒙生前的面貌，堪称无价之宝。

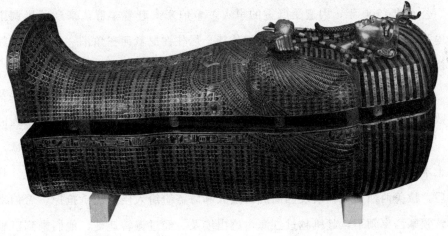

图坦卡蒙的人形棺

在图坦卡蒙身边还并排放置了两个婴儿木乃伊，一具约有 5 个月，另一具显然是一出生就死了，她们都是图坦卡蒙夭折的女儿。除了金棺和金面具外，常常被人提及的还有 4 个雪花石膏罐子。雪花石膏罐子的盖子上印着是图坦卡蒙头像，里面放着法老的肝、肺、胃和肠子。

图坦卡蒙墓中的稀世珍宝仅清理造册就用了 4 年的时间，通过这些文物，人们了解到了公元前 14 世纪埃及法老殡葬的真实情况。

犹太王大卫

　　4000多年前，一个叫闪族的游牧民族生活在几乎全是沙漠的阿拉伯半岛上，为了生存，他们赶着羊群从一个绿洲走到另一个绿洲。在阿拉伯半岛的北面，两河流域到地中海东岸宛如新月的弧形地区，被称为新月沃地。这里水量丰沛，土地肥沃，草木茂盛，尤其是地中海东岸的巴勒斯坦地区，更是被称为"流着牛奶和蜂蜜的土地"。闪族中一支叫希伯来（即以色列人）的部落为了夺取这片土地，和居住在这里的迦南人展开大战，结果被打得大败。

　　公元前1700年，因遭受严重的旱灾，希伯来人赶着羊群，来到了风调雨顺的埃及，受到统治埃及的喜克索人的优待，居住在尼罗河三角洲一带，变游牧为农耕。

　　希伯来人在埃及过了几百年的安定生活。不料，生活在尼罗河上游的埃及人打败了喜克索人，将他们全部赶出埃及。"城门失火，殃及池鱼"，希伯来人的地位一落千丈，成为奴隶。公元前1300年，埃及法老拉美西斯二世穷奢极欲，大兴土木，建造富丽堂皇的宫殿，强迫希伯来人从事艰苦的建造和运输工作。几十年后，拉美西斯病死，埃及四周的野蛮人和海盗纷纷入侵，烧杀抢掠，希伯来人在首领摩西率领下，趁机越过红海，逃出埃及。经过辗转迁徙，他们来到巴勒斯坦一带定居下来。

　　当时巴勒斯坦除了迦南人以外，还有一支从海上迁徙过来的腓力斯人。为了生存，希伯来人同这两个民族展开了激烈的战斗。

　　公元前1000年的一天，希伯来人在国王扫罗（出身以色列部落）的率领下，在一个山谷和腓力斯人对峙。这时，从腓力斯军营中走出来一个叫哥利亚的壮汉。只见他身材高大，虎背熊腰，身披铠甲，手握长矛。他走到希伯来人的军营前，用长矛指着希伯来人说："来啊，希伯来人！来和我决一死战！如果你们打败了我，我们腓力斯人就全当你们的奴隶。如果我打败了你们，你们就必须成为我们的奴隶！"希伯来人见哥利亚身材高大，都非常害怕，没有一个人敢前去迎战，连希伯来人的首领扫罗也面带惧色。一连几天，哥利亚都在希伯来人的军营前叫阵，腓力斯人也呐喊助威，大骂不敢迎战的希伯来人是胆小鬼。希伯来人又羞又怒，但始终没有一个人敢去迎战。

带领以色列人走出埃及的摩西

这时一个叫大卫的牧童来给在军营的 3 个哥哥送饭。他听到哥利亚的叫骂声后，问哥哥是怎么回事。大卫听完哥哥的讲述，非常生气，说："有什么好怕的?! 让我去迎战，杀死那个狂妄的大块头，煞煞腓力斯人的威风！"

国王扫罗对他说："你还是个小孩子，而哥利亚是个大力士，你根本打不过他！"大卫轻蔑地说："没什么好怕的！我放羊的时候，一只狮子来吃我的羊，结果被我赤手空拳打死。难道哥利亚比狮子还厉害吗？"扫罗听了非常吃惊，同意他明天迎战哥利亚。

第二天早晨，大卫去小溪边捡了 5 块鹅卵石，拿着他的牧羊杖和甩石鞭，走到在希伯拉军营前叫阵的哥利亚面前。哥利亚见希伯来人派了一个牧童来迎战，不禁哈哈大笑，对大卫说："你们希伯来人都死绝了吗？怎么派了一个牧童来迎战？你要是不想死的话，还是回去放羊吧！"其他的腓力斯人也哈哈大笑起来。大卫平静地说："你攻击我，用的是长矛；而我攻击你，靠的是上帝。"

哥利亚大喝一声，舞动长矛，冲向大卫。大卫不慌不忙，掏出一块鹅卵石，放在甩石鞭上，然后奋力一甩。"嗖"的一声，鹅卵石像流星一样飞出，正中哥利亚的额头。哥利亚顿时血流如注，惨叫一声，倒地而亡。腓力斯人大吃一惊，希伯来人趁机杀出，大获全胜。

后来扫罗不幸战死，希伯来长老们经过商议，推举出身犹太部落的大卫为以色列犹太国王。

大卫登基后，率领军队从石头做的下水道中出其不意地攻占了迦南人的一个叫耶布斯的城市，并改名为"耶路撒冷"（意为大卫城或和平之城），作为以色列犹太王国的首都。

大卫在位约 40 年，打败了周围很多民族。当时，犹太王国国土空前辽阔，盛极一时。

荷马和《荷马史诗》

荷马是西方古代最伟大的史诗作家，他创作了欧洲历史上最早的文学作品《荷马史诗》。大约公元前 9～前 8 世纪，荷马出生在古希腊爱奥尼亚。他自幼双目失明，但听觉异常灵敏，且有一副好嗓子。8岁时，出于爱好也是为了谋生，他跟从当地著名的一名流浪歌手学艺。经过多年的勤学苦练，荷马成了一名十分出色的盲人歌手。

老师去世后，荷马背着老师留下的七弦竖琴独自一人到各地卖艺。他四处漂泊，几乎踏遍了希腊的每一寸土地。每到一处，他一边弹琴，一边给人们吟唱自己创作的史诗。他的诗在七弦竖琴的伴奏下，美妙动听，情节精彩，很受人们的欢迎。几年下来，荷马成了一个家喻户晓的人物。其他歌手见荷马的史诗那么受欢迎，也争相传唱。这样，荷马的史诗便在民间广泛流传开来。到公元前6世纪中叶，雅典城邦的统治者组织学者把口头流传的荷马史诗整理成文字，就是现在人们读到的《荷马史诗》。

《荷马史诗》包括《伊利亚特》和《奥德赛》两部分，共48卷。《伊利亚特》共24卷，15693行，以特洛伊战争为题材，反映了希腊氏族社会转折时期的社会生活图景。特洛伊是小亚细亚西北部的古城，地处海运交通要冲，相当富庶繁荣。传说那里国王的儿子伊罗斯建造了一座坚固的城堡，因此特洛伊又名伊利昂，意思是"伊罗斯的城堡"。而《伊利亚特》的名称就由此而来，意思是"伊利昂之歌"，它讲述的是希腊人对特洛伊的远征中的一场最重要的战役。希腊联军统帅阿伽门农抢了阿波罗神庙祭司的女儿，阿波罗为此用神箭射死了很多希腊人，并把瘟疫降临到了希腊军营。勇猛善战的希腊英雄阿基里斯坚决要求阿伽门农释放祭司的女儿，后来遭到了阿伽门农的羞辱。大怒之下，阿基里斯拒绝出战，希腊人因此屡战屡败。这给了特洛伊人喘息的机会，他们的统帅赫克托尔大举反攻，把希腊人打到了海边，并要乘势烧毁希腊人的舰船。危急时刻，帕特洛克罗斯借用阿基里斯的盔甲和盾牌扰乱了特洛伊人的斗志，并击溃了他们的进攻。但就在反攻到特洛伊城门的时候，赫克托尔杀死了帕特洛克罗斯，并夺走了盔甲和盾牌。亲密战友的死让阿基里斯非常悔恨，他重新上阵，杀死了赫克托尔，为帕特洛克罗斯举行了隆重的葬礼。

·天神宙斯·

宙斯是希腊神话中的主神，克洛诺斯和瑞亚之子，第三任神王，掌管天界，是奥林匹斯山的统治者。宙斯以贪花好色著称，奥林匹斯的许多神和希腊英雄都是他和不同女人生下的子女。他以雷电为武器，维持着天地间的秩序，公牛和鹰是他的标志。他的兄弟波塞冬和哈得斯分别掌管海洋和冥界；女神赫拉是宙斯的最重要的一位妻子。

宙斯的象征物是雄鹰、橡树和山峰；他最爱的祭品是母山羊和牛角涂成金色的白色公牛。宙斯作为天空之神，掌握风雨等各种天象，霹雳、闪电等是他用来向人类表达自己意志的手段。他掌握人间一切事务，与命运之神混同，但有时他自己也不得不听从命运支配。

荷马与诸神　浅浮雕

在这个公元前 2 世纪晚期以"荷马之神化"著称的浅浮雕中，诗人端坐在浮雕底部左侧的王位上。在"神话神""历史神"率领、"物理神""自然神"陪伴下，这些戏剧人物走向荷马献上祭牲。浮雕上部，宙斯和阿波罗被刻画成和众缪斯在一起，反映了诸希腊化王国对文学不断增长的兴趣。

《奥德赛》共 24 卷，12110 行，描写的是特洛伊战争结束后，希腊英雄、伊大卡国的奥德赛国王返回故乡和复仇的经历。战争结束后，奥德赛和他的同伴因为遇到风暴而开始了在海上的 10 年漂流生活，他们先后遇到了食枣人、吃人的独眼巨人、风神和仙女吕普索等人，并被吕普索强留了 7 年。后来，在大海女神的帮助下，他们漂到了法雅西亚国王的岛上，法雅西亚国王最后帮助他们返回了家乡伊大卡岛。在奥德赛漂流的最后 3 年中，有 100 多人聚集在他的家中，向她美丽的妻子珀涅罗珀求婚，但遭到拒绝。这些人终日在王宫宴饮作乐，挥霍奥德赛的财产。奥德赛回到伊大卡岛后，先和儿子见了面，然后化装成乞丐进了自己的王宫，借机逐个杀死了向他妻子求婚的人，夺回了自己的财产，最后与珀涅罗珀团聚，重登伊大卡国的王位。

公元前 6 世纪的双耳陶罐

上面的画面再现了《伊利亚特》中的一个情节：希腊武

士、英雄阿喀琉斯和埃阿斯正在掷鹅骰游戏。虽然两人看

上去都专心致志于游戏之中，但都手执长矛，严阵以待，

随时准备重新开启对特洛伊的战争。

《荷马史诗》规模宏大，构思巧妙，结构严谨，语言生动形象，所写人物栩栩如生，具有极高的文学价值。2000 多年来，《荷马史诗》一直在西方的古典文学中享有崇高地位，被认为是欧洲文学的源头。西方许多诗歌、戏剧、小说都取

材于《荷马史诗》，专门研究《荷马史诗》的著作也不计其数。《荷马史诗》也是一部反映古希腊从氏族公社时期过渡到奴隶制社会的社会史、风俗史，在历史、地理、考古学和民俗学方面都有很高价值。这部史诗歌颂了许多英雄人物，肯定了人的尊严和价值，体现了人文主义的思想。由于创作了伟大的《荷马史诗》，荷马名扬千古。

古印度的种姓制

公元前 2000 年左右，中亚的游牧民族南下，进入印度河中游一带，征服了当地的土著居民达罗毗荼人。这些征服者肤色较白，自称"雅利安人"，意为出身高贵的人，以区别于皮肤黝黑的达罗毗荼人。

由于征服者雅利安人有天生的种族优越感，于是他们将肤色黝黑的达罗毗荼族视为劣等种族。再加上雅利安人内部贫富分化，就逐渐形成了种姓制度。"种姓"一词在印度的梵文中就是颜色或品质的意思，后来这种制度又与印度教相结合。

在这一制度下，古代印度人被分为 4 个种姓：婆罗门、刹帝利、吠舍和首陀罗。前一种姓高于后一种姓，他们的权利、义务、职业都不相同。

婆罗门是祭司阶层，他们出身于雅利安人中的僧侣阶层，掌握神权，主持祭祀，负责占卜祸福，社会地位最高，能主宰一切。刹帝利是雅利安人的军事贵族，包括国王和各级武士、官吏，掌握国家除神权之外的一切权力，是世俗的统治者。婆罗门和刹帝利是高级种姓，属于统治阶级，他们占有社会的大部分财富，依靠剥削其他两个种姓为生。吠舍是雅利安人的中下阶层，是普通的劳动者，主要从事农牧业、手工业和商业。他们是自由民，向国家缴纳赋税。首陀罗是被征服的达罗毗荼人，也有贫困的雅利安人，从事手工业和农牧业，他们是奴隶阶层。

各个种姓之间等级森严，界限分明，职业世袭。各种姓之间绝对不能通婚，如果不同种姓的男女通婚，他们和他们所生的子女不属于任何种姓，被称为贱民，也叫不可接触者。贱民在 4 个种姓之外，地位最低，最受鄙视和压迫，只能

婆罗门教主神梵天

梵天创造世界，有四脸四臂，能眼观四面八方，是
至高无上的神。图中的他骑在一只野鹅上，飞翔的
野鹅象征着灵魂的解放。

从事那些被认为是最低贱的工作，在农村中当雇农或在城市中抬尸体、清理粪便
与垃圾、屠宰、洗衣、清扫等。他们的身体和他们用过的东西都被视为是最龌龊
的，不能与婆罗门接触，不能与其他种姓的人共用一口水井、共进同一座寺院。
婆罗门如果接触了贱民，则认为是一件倒霉的事，回去之后要举行净身仪式。贱
民要佩带特殊的标记，出去时手里要敲打一些破瓦罐之类的东西或嘴里要不断发
出特殊的声音，提醒其他种姓的人及时躲避。

　　为了维护高种姓的利益，婆罗门宣称把人分为 4 个种姓是梵天（造物主）的
意志。印度教的圣经《吠陀》中说，梵天用他的嘴造出了婆罗门，用双手造出了
刹帝利，用双腿造出了吠舍，用双脚造出了首陀罗。婆罗门僧侣还宣称：凡是安

分守己的人，来世才能升为较高种姓，否则就会降为较低种姓。

森严的种姓制度

印度的种姓制度沿袭了许多世代，而且越来越复杂，演变出了数以千计的亚种姓。"萨蒂制"产生于种姓制度。"萨蒂"印度语意为"寡妇自焚为丈夫殉葬"，如图所示。

·《奥义书》·

《奥义书》是婆罗门教的一部哲学著作。它有很多部，是父传子、师传高徒的密义。此派哲学认为"梵"为世界的本质，万物均从此而生，"我"即灵魂，乃梵之化身，住于人和一切生物体内。《奥义书》的要旨即梵我合一，梵即我，我即梵。《奥义书》和在其以后出现的哲学六宗（胜论派、正理派、数论派、瑜伽派、弥曼差派、吠檀多派），均为婆罗门系统的正统哲学。《奥义书》则是所有宗派中最高的权威著作。

4个等级在法律面前是不平等的，如果刹帝利辱骂了婆罗门，要罚款100帕那（古印度货币单位）；如果吠舍骂了婆罗门，就要罚150到200帕那；要是首陀罗骂了，那就要用滚烫的热油灌入他的口中和耳中。如果婆罗门骂刹帝利，只罚款50帕那；骂吠舍，罚款25帕那；骂首陀罗，罚款12帕那。高级种姓的人如果杀死了一个首陀罗，仅用牲畜赔偿，或者简单地净一次身就没事了。

为了镇压吠舍和首陀罗两个低种姓的反抗，婆罗门和刹帝利还制定了许多残酷的刑罚。比如，低种姓的人如果用身体的某一部分伤害了高种姓的人，就必须将那一部分肢体砍掉。比如，动手的要砍手，动脚的要砍脚。

每个种姓都有处理自己种姓内部的事务的机构，以监督本种姓的人是否严格遵守规定和传统习惯。如果有人触犯了，轻则由婆罗门处罚，重则开除出本种姓，沦为贱民。

被开除出种姓的人成为贱民后，只能居住在村外，远离其他种姓，和其他贱民生活在一起。贱民只能和贱民通婚，不仅他们要从事低贱的工作，而且他们的后代子孙也要从事低贱的工作。

印度的种姓制度实质上是一种阶级制度，在人民之间制造隔阂和对立，阻碍了社会经济的发展，严重削弱了印度的民族凝聚力，是造成印度屡次被外族征服和印度社会发展迟缓的重要原因之一。现在印度虽然从法律上废除了种姓制度，但在日常生活中还有浓厚的残余，仍有1.6亿，约占印度总人口的16％的低种姓的人受着压迫和剥削。

军事强国亚述

亚述人是居住在两河流域北部（今伊拉克摩苏尔地区）的一个由胡里特人和塞姆人融合而成的民族，他们长脸钩鼻、黑头发、毛发较多、皮肤黝黑。

亚述人的四周都是强大先进的民族，屡屡遭到他们侵略和压迫，曾先后被苏美尔人、赫梯人统治。为了生存，亚述人形成了强悍好斗的习性。亚述人的居住地有丰富的铁矿，他们在掌握炼铁技术后学会了铸造铁兵器，武器装备比周边其他民族的装备要精良得多。苏美尔人、赫梯人衰落后，亚述人乘势而起，开始四出征伐。

公元前8世纪时，亚述人建立了强大的军队，军队分为车兵、骑兵、重装步兵、轻装步兵、工兵、辎重兵等。亚述军队装备精良、训练有素，在与周边的民族作战时，他们将各兵种进行编组，互相配合，发挥最大优势，战斗力倍增。如果在行军中遇到河流，亚述人就把充气皮囊连在一起，铺在河面上，一直铺到对岸，在上面再铺上树枝，很快就建成了一座浮桥，使军队可以迅速通过。在攻城时，面对高大的城墙，当时很多民族都望而兴叹，束手无策，但亚述人拥有先进的攻城槌，可以将敌人的城墙撞塌，还有可以投掷巨石和燃烧的油桶的投石机。

公元前 13 世纪的亚述石碑

亚述王图库尔蒂—尼努尔塔一世在书写之神纳布的祭坛
前向文字表示敬意。

凭借强悍的士兵和精良的装备，亚述人征服了大片的领土。公元前 732 年，亚述人又南下击败叙利亚人，包围了叙利亚的首都大马士革。他们将俘虏的叙利亚将军绑在木桩上，打得皮开肉绽，血肉模糊，然后带到大马士革城外，企图吓倒叙利亚人。但叙利亚人凭借高大坚固的城墙拼命抵抗，誓死不降。

亚述王发怒了，一声大喝："把投石机推上来！"士兵们将数十辆投石机推到大马士革城下，然后将巨石和点燃的油桶放在投石机上。投石机上有特制的转盘，士兵们转动转盘，绞动用马鬃和橡树皮编成的绳索。转盘飞快地旋转，士兵们猛一松手，绳索一下子放开，巨石和燃烧的油桶呼啸着飞向大马士革的城墙。"轰！轰！"巨石打在城墙上，尘土飞扬，顿时出现了几个大洞。油桶飞到城内，引燃了很多房屋，引起一片恐慌。

看着千疮百孔的城墙，亚述王得意地哈哈大笑。"把投石机推下去，换攻城

这是一幅刻在亚述宫墙上的浮雕，再没有什么比与雄狮竞斗这种血腥的体育运动更令亚述国王兴奋了。

槌！"亚述王又下了一道命令。士兵们迅速将投石机撤下，又把攻城槌推了上来。攻城槌是一辆大车，大车上有高大的架子，用铁链悬挂着一根巨大的原木，原木的一端是尖锐的铜头，另一端是一根又粗又韧的皮带。亚述人推着攻城槌来到大马士革城下，叙利亚士兵慌忙向下发射带火的箭，"嗖！嗖！嗖！"火箭像雨点一样射向亚述人和攻城槌。亚述人举起盾牌，挡住了火箭。弓箭手们弯弓搭箭，向城上射去，许多叙利亚士兵中箭坠城，剩下的人纷纷躲到城墙后面。亚述人扑灭了射在攻城槌上的火箭，拉动皮带，然后猛地放手。攻城槌带着巨大的冲击力撞向已经千疮百孔的城墙，"轰隆！轰隆！"眼看城墙就要倒塌了。叙利亚人心急如焚，他们垂下一个大钩子，企图将攻城槌钩翻。亚述人见状，蜂拥而上，抓住大钩子，用力向下拉，城墙上的叙利亚人惨叫着摔下城墙。几十个攻城槌一起撞击城墙，巨大的声音好像天上的雷声。不一会儿，大马士革的城墙坍塌了。

"冲啊！"亚述王大喊。身穿铠甲，头戴铁盔，手拿盾牌和利剑的亚述士兵咆哮着，呐喊着，像洪水一样从城墙的缺口处冲入城内。叙利亚人仍不投降，他们与亚述人进行了激烈巷战，终因寡不敌众而失败。亚述人把俘虏的成年叙利亚男子集中起来，敲碎他们的头颅，割断他们的喉咙，抢走他们的财产和妻女，焚烧他们的房屋。

经过几代人的征战杀伐，亚述帝国的疆域东达波斯湾，南到尼罗河，西抵地中海，北至高加索山，成为一个疆域辽阔的大帝国。由于亚述人的统治极其残暴，激起了被征服的各民族的强烈反抗。公元前612年，米底和巴比伦联军攻陷了亚述首都尼尼微，最后一个亚述王自焚而死，亚述帝国灭亡。

斯巴达的教育

古希腊是由很多城邦组成的。所谓城邦，就是以城市为中心，连同周围的农村组成的国家。古希腊最强大的城邦是雅典和斯巴达。斯巴达位于希腊南部的伯罗奔尼撒半岛的拉哥尼亚地区。拉哥尼亚地区三面环山，一面临海，中间是土地肥沃的平原，适合农业生产，"斯巴达"原意就是"可耕种的平原"。大约在公元前11世纪，一支叫做多利亚人的部落，南下占领拉哥尼亚，征服了当地的居民，并定居在这里，斯巴达人就是多利亚人。

斯巴达全国大约有25万人，分为三类：

第一种是斯巴达人，人数将近3万，属于统治阶级，占有土地和奴隶，不从事任何生产，只进行军事训练。

第二种是庇里阿西人（意为"住在周边的人"），人数约3万，受斯巴达人的统治，属于半自由民，有人身自由但没有公民权，不能参加选举等政治活动。他们居住在城市的周围，拥有土地、店铺，主要从事手工业和商业，给斯巴达人纳税、服役。

第三种人是希洛人，他们是拉哥尼亚的原始居民，被斯巴达人征服后成为奴隶，原来人数不多。后来斯巴达人又征服了邻邦美塞尼亚，将大量的战俘也归为希洛人，希洛人的人数大大增加了，大约有20万。希洛人是斯巴达的国有奴隶，不归个人所有。斯巴达人不能随意处死奴隶，但可以以国家的名义进行集体屠杀。他们被固定在土地上，从事农业劳动，每年将一半收成交给斯巴达人，过着食不果腹，衣不遮体的悲惨生活。

由于斯巴达人人数少，而奴隶众多，强敌环伺，为了防止奴隶反抗和外邦入侵，斯巴达实行了一种独特的政治制度，过着军事化的生活。他们实行"两王制"，就是国家有两个国王，但他们只有在打仗时才拥有无限的权力。打仗时，一位国王担任统帅，另一位国王留守。平时国家事务由30人组成的"长老会议"

战斗中负伤的战士在包扎伤口

决定。

斯巴达人一生下来，他们的父母就用烈酒而不是水给他们洗澡，以检验婴儿的体质。如果婴儿发生抽风或失去知觉，那就任他死去。进过检验之后，斯巴达人的父母还要把婴儿送到长老那里，那些有残疾、瘦弱的或长老认为不健康的婴儿，将会被扔到山谷中。之所以这样，是因为斯巴达人认为只有健康的婴儿才能成长为强壮的战士。

在 7 岁以前，斯巴达人和父母生活在一起。斯巴达的父母从来不对孩子娇生惯养，而是教育他们知足、愉快，不计较食物的好坏，不怕黑暗，不怕孤独，不啼哭，不吵闹。

7 岁以后，斯巴达人离开家庭，编入少年团队接受严格的军事训练。队长是从年满 20 岁的青年中选拔出来的最勇敢、最坚强的人，孩子们要对他绝对服从，增强勇气、体力和残忍性。他们每天练习跑步、拳击格斗、掷铁饼、击剑等。为了训练孩子们忍耐性，每年的节日敬神时，都要鞭打他们。孩子们跪在神像前，让成年人用皮鞭用力抽打，不许求饶，不许喊叫，咬牙忍耐。到了 12 岁以后，训练更加严格。全年无论冬夏，只穿一件单衣，到了冬天他们还要脱光衣服到冰天雪地里跑步，不许打哆嗦，甚至不许表现出畏缩的样子。他们没有被褥，只有一块自己编制的芦苇草垫。他们的食物也很少，根本吃不饱，这是为了训练他们去偷窃——主要是庇里阿西人的食物。如果偷到了，会受到表扬，反之就会受到惩罚。传说有一位斯巴达少年偷了一只狐狸，为了不让人发现，藏在了衣服里。狐狸咬他，他强忍着不出声，最后被活活咬死。

斯巴达城邦陶瓶

瓶体上描绘了一位女性在哀悼死去的战士的情景。

到了 20 岁，斯巴达人就结束了教育阶段，成为一名正式的军人，开始接受正规的军事训练。斯巴达人的主要战术是方阵，这种战术不仅要求战士的勇敢，还要求相互配合和纪律严明，以保证在战争中进退自如。经过长达 10 年的训练，到 30 岁的时候，斯巴达人就可以离开军队结婚了，但还必须参加一个叫"斐迪提亚"的民兵组织，他们 15 人为一组，平时训练，一起出操，战时一起战斗，直到 60 岁退役。在战斗前，他们的母亲都会送给他们一面大盾，对他们说要么凯旋而归，要么战死躺在上面。

斯巴达人的独特的教育使斯巴达成为希腊数一数二的军事强邦。

大政治家梭伦

梭伦（约公元前 630 年～前 560 年），是古希腊著名的政治改革家和诗人，出身于雅典萨拉米斯岛的一个贵族家庭。年轻时他离家经商，到过许多地方，游览了众多的名胜古迹，考察了各地的风土人情，结识了许多希腊及世界各地的著名学者，获得了渊博的知识。在此期间，他还广泛接触了广大的平民，了解了社会的不公，这对他以后执政改革产生了重要的影响。

一次，他看见一个衣衫褴褛的乞丐站在街上乞求人们的施舍。一个富人走过来，乞丐急忙上前乞讨。谁知富人非但没有给他东西，反而厌恶地朝乞丐脸上吐了一口。这件事对梭伦刺激很大，从此以后，梭伦经常用自己赚来的钱接济穷人，这为他在平民中赢得了很高的声誉。

梭伦在游历中写过许多著名诗篇，他在诗中猛烈谴责、抨击贵族们的贪婪、残暴和专横，比如："作恶的人能致富，而好人反倒受穷；但是，我们不愿用我们的道德和他们的财富交换，因为道德是永存的，而财富每天都在换主人。"这些诗篇为他赢得了"雅典第一位诗人"的美誉。

梭伦虽然出身于贵族家庭，但他却强烈反对贵族垄断国家大权，不满他们视国家大事为儿戏，不满他们随意判案、草菅人命，不满他们践踏法律的公正……他的内心深处充满了对公平和正义的渴望，希望能救民于水火。

萨拉米斯岛位于雅典的出海口，是雅典进行海上贸易的重要中转站。邻邦麦加拉为了争夺萨拉米斯岛，同雅典展开大战，雅典战败。懦弱无能的雅典当局不思备战雪耻，反而发布公告严禁人们谈论收复萨拉米斯岛，违者格杀勿论。人们虽然不满，但慑于法令，都噤口不言。梭伦查阅了大量的文献资料，从历史传统、风俗习惯等各个方面考证出萨拉米斯应归属雅典所有，他对雅典当局的这种懦弱行为非常愤慨。为了唤醒雅典人的爱国热情，收复失地，同时避开不公正的法律制裁，他想出了一条妙计。

一天清晨，梭伦头戴花环，来到雅典的中心广场。只见他面色苍白，双手不停地击打胸部，嘴里还歇斯底里地大喊大叫。人们以为他疯了，纷纷围过来。梭伦见围观的人多了，便开始大声朗诵自己的诗篇《咏萨拉米斯》："啊，我们的萨拉米斯，它是多么的美丽啊，我们是多么的留恋啊！让我们进军萨拉米斯，为收复这座海岛而战吧！血洗雅典人的耻辱！让萨拉米斯重回我们的怀抱吧！"

·城邦形成·

希腊城邦约有二三百个，形成的途径和背景各不相同，但有如下几个基本的共同特点：小国寡民；多数以一个设防城市为中心，结合周围农区组成；均有一个小范围的、极端封闭的公民集体；希腊城邦在政体

雅典城的保护神——雅典娜

中均包含民主制成分，共和政体居多；城邦军事制度的主体是公民兵制；城邦无独立的祭司阶层，公职人员兼祭司职能。除古希腊外，意大利、腓尼基等地中海沿岸地区也曾出现过与古希腊城邦相同的早期国家形态，比如早期罗马的公民公社，这类国家有时也被称为城邦。

围观的都是工匠、商人、作坊主等城市居民，对他们来说海外贸易的停顿，

就意味着破产和陷入贫困。因此，他们都积极主张再次开战，并且强烈支持梭伦。在梭伦的努力下，停战法令终于被废除。梭伦率军进攻萨拉米斯岛，大获全胜。这次战争的胜利为梭伦在群众中赢得了更高的威望，不久他当选为雅典的执政官。

当上执政官后，梭伦深入人民中间，了解他们的疾苦，为了使雅典繁荣富强，梭伦认识到必须进行改革。他改革的第一项内容就是颁布《解负令》，废除了用人身抵押的一切债务，解放因债务而沦为奴隶的人，并禁止以后以人身为债务抵押。

梭伦还根据财产多少将雅典公民分为四类：凡年收入达到麦子500斗者为第一等级，称为"五百麦斗级"；凡年收入达到300斗者为第二等级，称为"骑士级"，第一和第二等级都可以担任高级官员；凡年收入达到200斗者为第三等级，称为"双牛级"，可以担任低级官职；年收入在200斗以下者为第四等级，称为"日佣级"，不能担任任何职位。在规定了权力的同时，还规定了与四个等级相对应的义务。每个等级的公民必须自备武装服兵役，保卫国家。第一、二等级担任骑兵，第三等级担任重装步兵，第四等级担任轻装步兵或在海军中服役，并发给饷银。

梭伦的改革，沉重打击了没落的贵族，有利于雅典工商业的发展，为雅典的奴隶制民主奠定了基础。梭伦任满后，周游列国，到过埃及、小亚细亚和塞浦路斯等地，晚年他回到故乡，从事写作。去世后，人们将他的骨灰撒在美丽的萨拉米斯岛上。

巴比伦之囚

公元前10世纪，以色列犹太国王所罗门死后，他的儿子罗波安即位。由于罗波安平庸无能，导致国家一分为二：北部为以色列王国，首都撒玛利亚；南部为犹太王国，首都仍在耶路撒冷。

公元前722年，亚述帝国国王萨尔贡二世率军进攻以色列王国，攻陷了撒马利亚后将它夷为平地，虏走了包括以色列王和很多贵族在内的27000多以色列人，将他们流放到很远的地方，并把其他民族迁移到这里。存在了 200 年左右的以色列王国从此灭亡。

以色列王国的灭亡，令犹太王国大为惊恐。为了免遭覆辙，犹太王用低三下四的语气写了一封信，派使者送给亚述帝国国王萨尔贡二世，同时奉上 24 吨黄金。萨尔贡二世龙颜大悦，决定不再征讨犹太王国，犹太王国的君臣这才松了一口气，从此犹太王国成为亚述帝国的一个附庸国。由于此时希伯来人只剩下一个犹太王国了，所以希伯来人从此也叫犹太人。

所罗门王

所罗门国王是大卫之子，以智慧而闻名，他建造了犹太人的第一座会堂。

后来新巴比伦王国兴起，灭亡了亚述，犹太王国又成了新巴比伦王国的附庸。为了称霸西亚，新巴比伦与埃及展开了长期的激烈的争霸战争。公元前 601 年，新巴比伦王尼布甲尼撒二世率军与埃及人大战，双方都损失惨重，新巴比伦军队被迫撤回巴比伦。一直臣服于新巴比伦的犹太国王约雅敬见风使舵，趁机脱离新巴比伦，归顺了埃及。

尼布甲尼撒二世得知这个消息后大为震怒，咬牙切齿地发誓说要踏平耶路撒冷。公元前589年，犹太国王约雅敬病死，他的儿子约雅斤即位。尼布甲尼撒二世认为进攻犹太王国的时机已到，亲率大军围攻耶路撒冷。经过两个多月围困，在犹太人内部的亲巴比伦势力强烈要求下，犹太国王约雅斤率领大臣出城投降。尼布甲尼撒二世废黜了约雅斤，封约雅斤的叔叔西底家为犹太王，西底家宣誓效忠新巴比伦王国。随后，尼布甲尼撒二世下令将大部分犹太王室成员和能工巧匠押往新巴比伦的首都巴比伦，并对耶路撒冷的犹太教神庙大肆抢劫。

先知以西结

在犹太历史上，上帝通过先知做出启示。以西结是被放逐到巴比伦的一个先知，他劝诫那些流亡同伴要始终保持对于上帝的信仰。

公元前588年，埃及向新巴比伦发动了大举进攻。犹太国王西底家认为摆脱新巴比伦的时机已到，起来响应埃及人。犹太先知耶利米和亲巴比伦大臣极力反对，但西底家根本听不进去。不久，尼布甲尼撒二世率军击败埃及人，再次围攻耶路撒冷。这次围攻长达18个月，城内缺衣少食，疾病流行，再加上内部分裂，公元前586年，耶路撒冷再次陷落。

尼布甲尼撒二世非常痛恨犹太王国的一再反叛，在犹太国王西底家的面前令人杀死了他的几个儿子，又刺瞎了他的双眼，用铜链锁着西底家押到巴比伦游街示众。尼布甲尼撒二世下令将耶路撒冷所有的贵族、祭司、商人、工匠、贫民一律押到巴比伦，史称"巴比伦之囚"。耶路撒冷四面城墙被巴比伦人推倒，犹太人的宫殿、神庙和民宅被焚烧，全城被洗劫一空，最后被夷为平地，犹太王国灭亡。

耶路撒冷圣殿

所罗门国王在耶路撒冷建造了第一座会堂，它逐渐成为犹太教徒朝拜的中心。所罗门所建的圣殿于公元前587年被巴比伦人毁掉了，后来希罗德国王又在原地重建。公元70年，罗马人再次毁坏了它。如今的西墙就是它的全部残骸遗迹。

沦为囚徒的犹太人在巴比伦被迫终日从事繁重的体力劳动，过着暗无天日的生活。直到尼布甲尼撒二世去世，他们才结束了苦难，重获自由，但仍然不许回耶路撒冷。当时巴比伦是一个国际化的大都市，犹太人聪明勤劳，很多人通过经商、放高利贷，成为了富人。他们住在犹太社区里，很多犹太的文化习俗都得以保留。虽然犹太人在这里生活不错，但他们心怀故国，思乡之情越来越重，他们坚信，苦难的日子很快就会过去，上帝耶和华一定会派救世主降临人间拯救他们，让他们重返故土，复兴犹太王国。

不久，波斯帝国崛起，灭亡了新巴比伦王国。为了以耶路撒冷为跳板，进攻埃及，波斯王居鲁士允许犹太人返回家园，重建耶路撒冷，还把尼布甲尼撒二世从耶路撒冷耶和华圣殿里掠夺来的5400件金银器皿交给犹太人带回。犹太人欣喜若狂，他们在《圣经》中称居鲁士为"上帝的工具"，上帝保佑他"使各国臣俯在他面前"。巴比伦的4万多犹太人组成了一支浩浩荡荡的队伍，开始踏上返乡之路。这些在异国他乡受尽苦难的犹太人跋山涉水，终于望见了旧都耶路撒冷的废墟。他们激动万分，长跪不起，号啕大哭，仰头向天，展开双臂高声感谢拯救了他们的上帝耶和华，欢呼"巴比伦之囚"的时代终于过去。

古巴比伦城和空中花园

巴比伦城，曾是两河文明的象征，也是两河文明的发源地。城中的空中花园，更是令人叹为观止。

巴比伦城位于美索不达米亚平原中部，依幼发拉底河而建，在今天的伊拉克首都巴格达以南约90千米的地方。始建于公元前3000年，是古巴比伦王国的政治、经济中心，也是当时的军事要塞。幼发拉底河穿城而过，为城市居民提供了水源和天然的城防屏障。

古巴比伦城总体呈正方形，边长达4千米，该城有一条长达18千米、高约3米的城墙。城墙之间由沟堑相接，并设置300余座塔楼（每隔44米就有一座）以增强防御效果。古巴比伦的城墙还有一个鲜明的特色，它分为内外两重。其中外城墙又分为三重，厚度不均，大约在3.3至7.8米之间，上面建有类似中国长城垛口的战垛，以方便隐蔽射箭。内城墙分为两层，两层中间设有壕沟。巴比伦城也有护城河，是在内、外城之间，河面最宽处达80米，最窄的地方也不下20米。一旦被敌人攻破外城墙，进入两城墙的中间地带，可以决开幼发拉底河的一处堤坝，放水淹没这一地带，让敌人成为名副其实的"城"中之鳖，真可谓固若金汤。

古巴比伦还有著名的伊什塔尔门和"圣道"。伊什塔尔门是该城的北门，以掌管战争的女神伊什塔尔的名字命名。其门框、横梁和门板都是纯铜浇铸而成，是货真价实的铜墙铁壁。这座城门高可达12米，门墙和塔楼上嵌有色彩艳丽的琉璃瓦。整座城门显得雄伟、端庄，而且华丽、辉煌。从伊什塔尔门进去，便是贯穿南北的中央大道——圣道。由于它是供宗教游行专用的，故而得名。整条圣道由一米见方的石板铺砌而成，中央部分为白色和玫瑰色相间排布而成，两侧为红色，石板上刻有宗教铭文。圣道两旁的墙壁上饰有白色，黄色的狮子像。

马杜克龙

像龙的样子的马杜克是巴比伦的最高神。巴比伦人供奉许多神，除了马杜克，还包括战争与爱神伊什塔尔。

巴比伦城中最杰出的建筑还当属空中花园，古希腊人称之为世界七大奇观之一。关于花园的修建还有一段动人的故事。

相传，在公元前604年～前562年间，古巴比伦国王尼布甲尼撒二世在位之初娶了米底公主赛米拉斯。由于两国是世交，二人的婚姻是双方的父亲定下的，在今天看来，有包办之嫌。尽管如此，新娘赛米拉斯对尼布甲尼撒印象也不错，只是巴比伦这个鬼地方令她生厌，因为美索不达米亚平原黄土遍地、沙尘满天，有时天气还酷热难耐。而在她的家乡，却是山清水秀，鸟语花香，还拥有郁郁葱葱的森林，且气候宜人。久而久之，王后思乡成病，终日愁苦，一度饮食俱废，花容月貌的王后很快憔悴不堪。为治愈王后的这块"心病"，尼布甲尼撒二世下令建造空中花园，园中的景致均仿照公主的故乡而建。今天的空中花园遗址位于伊拉克首都巴格达西南90千米处，由一层一层的平台组成，从台基到顶部逐渐变小。上面种满各种鲜花和林木，其间点缀有亭台、楼阁，最难得的是在20多米高的梯形结构的平台上还有溪流和瀑布，来此参观的人们无不啧啧称奇。

空中花园

尼布甲尼撒二世为他的妻子爱美提斯修建了著名的空中花园，目的是让她看到她家乡米底的绿色丘陵景色。这是古代著名的奇观之一，但现在没有人亲眼看到过这座花园是什么样子。

·巴别塔·

今天的伊拉克首都巴格达附近，在5000年曾屹立着一座无比壮观的巨塔——巴别塔。据《圣经》记载，大洪水退去后，挪亚的子孙想造一座通天巨塔来传扬自己的名声。神怕人类从此不再敬神，于是变乱了语言，使人们无法交流，从而不能齐心合力建塔。"变乱"一词在希伯来文中是"巴别"，因此这座塔又被称为巴别塔。

巴别塔建于公元前17世纪，高近90米，分成7层，底层边长也近90米，顶层是供奉马杜克神的神庙。用深蓝色釉砖砌成的塔身外有条螺旋形的阶梯盘旋而上，直通金色的神庙。公元前1234年，巴别塔被攻占巴比伦的亚述人摧毁。后来，新巴比伦的尼布甲尼撒二世曾重建该塔，但他去世后，巴比伦又渐渐衰落。公元前484年，巴别塔再次毁于战火。虽然人们如今已基本复原了它的外观，然而其整体的设计和结构仍是一个谜。

居鲁士大帝

公元前7世纪左右，在今天伊朗高原西部生活着两个部落，北部为米底，南部为波斯。公元前612年，米底和新巴比伦联军，灭亡了残暴的亚述帝国。从此，米底统治了伊朗和亚述，成为西亚的一个强国，波斯人也臣服于它。

一天，米底国王阿斯提阿格斯做了一个梦，梦见女儿曼丹妮的后代成为了亚洲的统治者。于是阿斯提阿格斯没有把女儿嫁给米底贵族，而把她嫁给一个温顺老实的波斯贵族冈比西斯。他认为这样一来就可以高枕无忧了。

曼丹妮怀孕后，阿斯提阿格斯又做了一个梦，梦见一根巨大的葡萄藤从女儿的肚子里长出来，覆盖了整个亚洲。他找来一个僧侣，要他解梦。僧侣说，曼丹妮的后代必将统治亚洲。阿斯提阿格斯非常害怕，下令孩子一出生就立即处死。

不久，曼丹妮生下一个男孩，就是居鲁士。阿斯提阿格斯命令大臣哈尔帕哥斯把孩子带到宫外处死。哈尔帕哥斯不忍心，就把孩子给了一个牧民，让他来执行。牧民的孩子一出生就死了，于是他的妻子就偷梁换柱，瞒过了哈尔帕哥斯，收养了居鲁士。

居鲁士长到10岁的时候，一次和村里的孩子玩游戏。孩子们推举他为"国王"，一个没落贵族的孩子不服，居鲁士就命令"卫兵"鞭打他，后来事情闹大了，连国王都亲自过问，结果发现了居鲁士的身份。阿斯提阿格斯把僧侣找来，僧侣说居鲁士已经在游戏中当了"国王"，就不会再现实中再当国王了。居鲁士因此得以回到波斯，回到了亲生父母的身边。由于哈尔帕哥斯没有完成任务，阿斯提阿格斯非常生气，就下令杀死他的儿子。从此，哈尔帕哥斯对阿斯提阿格斯怀恨在心。

公元前559年，居鲁士统一了波斯的10个部落，成为波斯人的首领。哈尔帕哥斯就秘密联络居鲁士，密谋灭亡米底，为子报仇。

贡品

每一年，来自行省的代表都聚到波斯波利斯的王宫。每个人带来进贡给国王的礼品——从印度来的金子、从亚述来的马、从大夏来的双峰骆驼等。

公元前 553 年，居鲁士决定起兵反抗米底。为了让波斯人团结在自己周围，他命令所有的波斯人都回家取来镰刀，来到一大片长满荆棘的土地上，让他们在一天之内将荆棘清除干净。波斯人不敢违抗命令，只好埋头苦干，一天下来累得要死。

第二天，居鲁士又把波斯人召集到一起，杀猪宰羊，拿出美酒款待他们，波斯人非常高兴。居鲁士高声问："你们喜欢昨天还是今天？"波斯人回答说："我们喜欢今天！"居鲁士乘机说："如果你们愿意听我的命令，那么就会永远和今天一样，反之你们就将会永远和昨天一样！我们波斯人不比米底人差，为什么要受他们压迫？我们要反抗阿斯提阿格斯！"波斯人早就对米底人的统治深恶痛绝，听了居鲁士的话，纷纷响应。阿斯提阿格斯闻讯，急忙令哈尔帕哥斯率军讨伐居鲁士。不料哈尔帕哥斯阵前倒戈，投降了居鲁士。阿斯提阿格斯气急败坏，亲自率军前来，结果战败被俘。

公元前 550 年，居鲁士正式建立了波斯帝国。波斯的西边是吕底亚国。吕底亚王见波斯崛起，非常害怕，决定趁波斯刚刚立国，一举消灭它。居鲁士率军迎战，吕底亚的骑兵的坐骑是马，而波斯骑兵的坐骑是骆驼。马闻到骆驼身上的刺鼻气味后，掉头就跑，吕底亚军队乱作一团。波斯人乘机进攻，大获全胜，吕底亚国灭亡，成为波斯帝国的一个省。

灭掉吕底亚后，居鲁士又把目光投向了新巴比伦。巴比伦城高大坚固，城墙

波斯国王居鲁士朴实的陵墓

是用挖护城河的淤泥烧成的砖、中间再加上沥青砌成的，城门用青铜浇铸，所以巴比伦王非常轻敌，认为居鲁士根本无法攻克巴比伦。当时，巴比伦的统治阶级分为王室、贵族和祭司三部分，他们之间争权夺利，钩心斗角。居鲁士得知后，派间谍秘密潜入巴比伦城，送给贵族和祭司很多金银，希望他们能做内应，并保证城破后保证他们的安全。贵族和祭司见钱眼开，半夜里打开城门，波斯人一拥而入，攻陷了巴比伦城。新巴比伦王国灭亡了，波斯成了西亚的霸主。

为了征服埃及，居鲁士释放了"巴比伦之囚"犹太人，让他们回去重建耶路撒冷，以此作为西进的跳板。为了消除后顾之忧，居鲁士亲率大军企图征服波斯东面的马萨革泰人，但不幸阵亡，他的儿子冈比西斯二世继任为波斯王。

大流士一世改革

冈比西斯死后，波斯王位由假扮王子的拜火教僧侣高墨达篡夺。可是，8个月以来，新王从不召见大臣。大臣们虽然都很惧怕他，但对这样奇怪的事情也不免在私底下议论："为什么新国王不在公众场合露面呢？"也有人传说巴尔迪亚就是拜火教僧侣高墨达。就在人们将信将疑的时候，冈比西斯的一个王妃发现新王没有耳朵。她的父亲欧塔涅斯知道后马上断定新王的确是僧侣高墨达，因为在居鲁士在位时，这个高墨达由于过失被居鲁士下令割去了双耳。欧塔涅斯把这一消息告诉了另外6名波斯贵族。七个人商议决定发动政变，夺回政权。

没几天新王不是真正王子的消息传遍了整个都城，高墨达也听说了。他见真相已经败露，就仓皇逃走，最后在米底被欧塔涅斯和大流士一世等人杀死。

假王既然已经死了，就得再选出一个人来做国王，七个人经过不停争论，欧塔涅斯决定退出王位的竞争，其余6人商定找一天在郊外集合，谁的马先叫谁就当国王。结果，大流士一世在马夫的帮助下当上了波斯王。

大流士一世继位后，面临着严峻的形势。帝国本部的波斯贵族拥兵自立，自称是王位的合法继承人，刚被征服的地区也趁机纷纷独立。

大流士一世经过大小18场战争，残酷镇压了各地的叛乱，重新统一了帝国。

公元前520年9月，踌躇满志的大流士一世巡行各地，为了标榜自己，大流士一世在克尔曼沙以东32千米的贝希斯顿村旁的悬崖峭壁上刻石记功，留下了著名的《贝希斯顿铭文》。这个铭文的上半部分是大流士一世的雕像，他左脚踏着倒地的高

大流士

大流士一世在公元前522～前486年统治波斯帝国。他是军队的首领，也是个明智的统治者。他在统治期间建造了波斯波利斯，帝国达到了最强盛。

古代文明

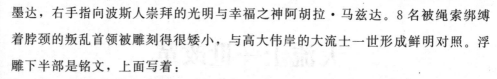

墨达，右手指向波斯人崇拜的光明与幸福之神阿胡拉·马兹达。8名被绳索绑缚着脖颈的叛乱首领被雕刻得很矮小，与高大伟岸的大流士一世形成鲜明对照。浮雕下半部是铭文，上面写着：

"我，大流士，伟大的王，万邦之王，波斯之王，诸省之王，叙斯塔斯帕之子，阿尔沙马之孙，阿黑门尼德……按阿胡拉·马兹达的意旨，我是国王。"

《铭文》用波斯、埃兰、巴比伦三种文字刻于贝希斯顿山距地面105米高处的悬崖上，宣扬了大流士一世的功业和他的神圣不可侵犯的权力。

·波斯的 4 个国都·

波斯波利斯：波斯波利斯是古代波斯帝国的行宫和灵都（宗教祭祀中心），兴建于公元前518年。大流士一世将波斯波利斯建成一座拥有宏伟巨大宫殿群的城市，整个城市巧妙地利用地形，依山造势，十分雄伟。公元前330年被亚历山大大帝攻占后摧毁。

苏撒：原为埃兰人的都城，波斯征服埃兰后，为安抚埃兰人，将其升为国都。每年的秋冬季节，波斯君王通常会在苏撒处理军国大政。

埃克巴塔那：原米底王国的重要城市，被波斯帝国占领后定为国都，是君主们发号施令、执行法律和进行外交活动的首都。天气转暖以后，波斯帝王便带着侍从到埃克巴塔那居住。

巴比伦：巴比伦是波斯帝国的经济中心，是帝国的粮仓，也是帝国内陆交通网上的枢纽。在帝国统治时期，巴比伦一直是一座极为繁华的都市。

稳定了国内局势后，大流士一世把主要精力放在了对外征服上。公元前517年，他派兵夺取了印度河流域西北部的地区，建立起帝国的第20个行省。公元前513年，他率兵亲征黑海北岸，征服了色雷斯，然后海陆两路并进，指向多瑙河下游和黑海北岸的西徐亚人。大流士一世的部队遭到了西徐亚人的有效抵抗，损失8万之众，最后被迫撤退。公元前500年，大流士一世前往希腊在小亚细亚的殖民城邦米利都，镇压当地反波斯的起义。攻下米利都后，他借口雅典的海军支援了米利都而出兵希腊，从而揭开了长达50年的希波战争的序幕。公元前492年，大流士一世派他的女婿马尔多尼率战船600艘出征希腊，但在中途遭遇风暴，损失惨重，无功而返。公元前490年，大流士一世再次兴兵从海上进攻希

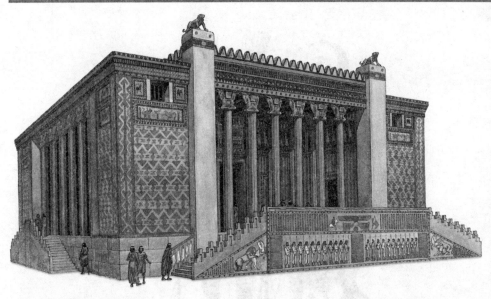

波斯波利斯城内的宫殿

在波斯波利斯城内巨大的宫殿。大流士一世和薛西斯一世在波斯波利斯城修建了宏伟的宫殿。沿着巨大的楼梯向上进入宫殿，楼梯是如此宽大，可以供8匹马并排行走。从帝国各地来的人们向坐在高高王位上的国王敬献贡品。

腊，并在马拉松成功登陆，但拥有强大骑兵的波斯军却被全部由步兵组成的雅典军打得惨败而归。虽屡遭挫败，但大流士一世始终没放弃征服希腊建立世界帝国的念头，不过时间已经不允许他实现自己的愿望了。公元前486年，正当他策划再度出兵希腊时，埃及爆发大规模起义，大流士一世亲自前往镇压，未及成功便死了。

大流士一世在位期间，为巩固中央集权，他在政治、经济、军事等方面进行了一系列卓有成效的改革。政治上，他在被征服地区普遍设行省、置总督，对行省采用分权但却相互制约的统治方法，同时尊重被征服地区的宗教、法律和习俗，建立起了有效的中央集权体系。经济上，他实行新的税收制度，统一货币和度量衡。军事上，他自任军队最高统帅，各行省军政分权，建立了以波斯人为核心的步兵和骑兵，和以腓尼基水手为骨干，拥有600～1000艘战船的舰队。为便于调遣各行省军队和传递情报，不惜重金修筑"御道"，设驿站，备驿马，在波斯全境形成驿道网。驿道虽然是出于行政目的修建的，但也极大地便利了商业的发展。此外，他还派人勘察了从印度河到埃及的航路，开凿了尼罗河支流到红海

波斯贵族

站在两个士兵之间的是波斯贵族。大流士从贵族家

庭中任命行省的管理者以及总督。

的运河。大流士一世是世界历史上著名的改革家，他的改革奠定了波斯帝国数百年的基业。

大流士一世在位期间是波斯帝国的鼎盛时期，他征服了印度河流域和巴尔干半岛的色雷斯地区，使波斯帝国成为古代世界第一个地跨亚非欧三大洲的大帝国。

《摩诃婆罗多》

在印度一年一度的庙会上，艺人们都要朗诵古诗《摩诃婆罗多》。因为它太长了，所以艺人只能朗诵其中的精彩片断，而听众则常常会被感动得泪流满面。

这首古诗就是著名的《摩诃婆罗多》。"摩诃婆罗多"的意思是"伟大的婆罗多家族的故事"，据说作者是印度传说中的大圣人毗耶娑，长达 20 多万行，相当于《荷马史诗》的 8 倍，是世界上最长的史诗。

《摩诃婆罗多》讲的是古代印度两个家族从互相厮杀到化干戈为玉帛的故事。相传古印度有一个呵国，国王叫持国，是个瞎子，所以国家大事都由他弟弟般度主持。持国有 100 个儿子，他们组成了一个家族，叫俱卢族，太子难敌是家族首领。般度有 5 个儿子，也组成了一个家族，叫般度族。

·古印度的吠陀经典·

印度的吠陀经典可分为 4 种：吠陀本集、《梵书》、《森林书》、《奥义书》。

吠陀本集共有 4 种，即《梨俱吠陀》《耶柔吠陀》《娑摩吠陀》和《阿闼婆吠陀》。吠陀本集中有大量的神话传说，其中也有对世界形成的合理猜测。

《梵书》，传授《吠陀》的各个派别编订的文献，记载祭典方法，其中也有一些神话传说。

《森林书》，描述礼拜上天和灵性修持的各种方法。据说，这些书只在森林中秘密传授，因而得名。

《奥义书》，各派《奥义书》现在大概有 100 多部。这些书除了神秘主义的说教外，还包含有许多哲学思想，可以说是印度吠陀经典的精华部分。

般度的 5 个儿子各个武艺高强，遭到了俱卢族的嫉妒。般度死后，俱卢族和般度族为了争夺王位，展开了钩心斗角的斗争。太子为了登上王位，阴谋杀害般度族五兄弟。一次，太子对五兄弟说："我最亲爱的五位兄弟，父王在清净的地方建立一座房子，你们从今天起搬到那里去住吧。"五兄弟不知道这是个阴谋，爽快地答应了。他们哪里知道这间房子是用易燃的树胶做成的！当五兄弟住进去后，太子立即命人将房子点燃。顷刻间，房子浓烟滚滚，燃起熊熊烈焰，不一会儿就烧成了灰烬。太子得意地大笑起来，以为烧死了五兄弟，王位就唾手可得了。

几年后，呵国举行盛大的庆典，老国王接受群臣和外国使节的朝贺。这时，朝官禀报说盘国国王的 5 个驸马前来拜见，老国王下令让他们觐见。等他们来到大殿上时，大家都惊呆了，原来是般度族的五兄弟！

太子更是吃惊，他们不是烧死了吗？怎么成了盘国的驸马？原来当年太子派人去烧树胶屋子的时候，有人偷偷地将太子的阴谋告诉了五兄弟。五兄弟急忙从地道逃跑，才躲过了大难。他们逃到一片森林，风餐露宿，最后辗转来到了盘国。此时盘国公主正在比武招亲，印度半岛上许多国家的王公贵族都来了。盘国国王指着一张弓说："你们谁要能拉开这张弓，并射中靶子，就可以和公主成亲。"许多人纷纷上前，但没有一个人能拉开这张弓。最后，五兄弟中的一人上前，说："让我试试！"他用力一拉，弓如满月，一松手，箭如流星，正中靶心——一条旋转的鱼的眼睛。

全场掌声雷动，公主亲自把花冠戴在他头上。按盘国的风俗，公主同时嫁给了五兄弟。盘国实力强大，五兄弟以此为后盾，昂首挺胸回到呵国兴师问罪。呵国国王无可奈何，只好同意把一半国土分给他们。由于太子从中作梗，五兄弟分到的只是一大片荒芜的土地。后来太子连这些荒凉的土地也不想给他们了，就提议掷骰子，如果谁输了，就流放12年，而且第13年也不能被别人认出来，才能得到一半的国土。五兄弟无可奈何，只好同意，结果输了，便躲到森林里去了。12年过去了，五兄弟乔装打扮，来到另一个国家的王宫里干活。一年后，他们派使者到了呵国，索要一半国土，遭到了太子的粗暴拒绝。

五兄弟实在是忍无可忍了，他们联络了很多国家攻打呵国。太子也不甘示弱，联合了很多国家迎战，整个印度半岛一片刀光剑影。惨烈的战斗进行了18天，太子大败，他的99个兄弟全部被杀。太子只身逃亡，五兄弟穷追不舍。正跑着，突然前面出现了一个大湖，太子略一犹豫，纵身跳入了湖中。五兄弟追到湖边，四处寻找太子。忽然，他们发现湖面上有一根芦苇管，原来太子躲在了湖底，用芦苇管来呼吸。五兄弟用尖酸刻薄的语言侮辱太子，太子实在受不了了，就跳出来和他们决斗，结果被杀。

俱卢族的战士决心为太子报仇，他们在晚上乘般度族战士熟睡之机发动偷袭，将他们全部杀死，只有五兄弟逃走。第二天，五兄弟看到战场上尸骨如山，血流成河，感到万分悲痛，决定和俱卢族讲和。两族终于化干戈为玉帛。

《摩诃婆罗多》广泛地反映了古代印度各阶层人民的生活，被誉为古代印度社会的百科全书。

《摩诃婆罗多》的插图

《摩诃婆罗多》主要描写的是俱卢和般度两个家族之间发生的长期争斗，其中有很多关系到历史的传说。有一个传说讲到了恒河的起源，另一个传说描写了"大洪水"的情况。

狼孩与罗马城

希腊人攻陷特洛伊城后，一部分特洛伊人逃了出来，乘船来到了意大利半岛中部的台伯河入海口一带定居下来。这里土地肥沃，森林茂盛，特洛伊人在这里建立了一个城镇，起名叫亚尔巴龙伽。

亚尔巴龙伽国王的弟弟叫阿穆留斯，他野心勃勃，处心积虑地想谋朝篡位，取哥哥而代之。终于他发动了政变，流放了哥哥，自己当上了国王。为了防止哥哥的后代夺取王位，他杀死了侄子，强迫侄女去当祭司，当时祭司是不允许结婚的。这样一来，就不会有人和自己争夺王位，可以高枕无忧了。

不料，战神玛尔斯使阿穆留斯的侄女怀孕，并生下了一对孪生子。阿穆留斯知道后又惊又怒，立即下令将侄女处死，并派人将孪生子扔到台伯河里去。

当时台伯河正在泛滥，奉命将孪生子扔到河里去的奴隶，将装有孪生子的篮子放在河边就回去了，他觉得一会儿河水上涨就会把两个孩子淹死。这时，一匹来河边喝水的母狼，听到孪生子的哭声。顺着哭声，母狼来到篮子边。可能是母狼刚刚失去幼崽，见到两个小孩起了怜爱之心，它不仅没有吃他们，还把他们带回山洞，给他们喂奶。

不久，一个牧人经过山洞，发现了孪生子，将他们带回来抚养。经过多方打听，牧人终于得知了孪生子的身世。牧人给两个孩子取名，哥哥叫罗慕路斯，弟弟叫勒莫斯。时间一天天过去，两个孩子渐渐长成健壮的青年。牧人就将他们的身世告诉了兄弟二人，兄弟二人发誓一定要替舅舅和母亲报仇。他们勤奋习武，渐渐地在这一带有了威望，许多人前来投奔。

一次，他们和另外一群牧人发生了冲突。弟弟勒莫斯不幸被抓住了，被押到一个老人面前。老人看见勒莫斯的相貌，突然吃了一惊，问道："孩子，能跟我讲讲你的身世吗？"勒莫斯见老人慈眉善目，没有什么恶意，就把自己的身份告诉了他。老人听完，顿时泪流满面，说："孩子，我就是你的外祖父啊！"

勒莫斯和外祖父经过商议，率领外祖父的人马和哥哥罗慕路斯联合起来，浩浩荡荡地向亚尔巴龙伽进军。许多痛恨阿穆留斯残暴统治的人纷纷拿起武器加入

伊特拉斯坎母狼青铜雕像公元前480年

这只机敏、警惕的母狼，成为罗马的象征。公元前480年铸成的母狼青铜雕像并不包括双胞胎，他们是文艺复兴时期意大利一个雕塑家加上去的。母狼是罗马的图腾，是象征战神的神圣动物，它拯救了罗马城的创建者罗慕路斯和勒莫斯。

他们的队伍，阿穆留斯很快被处死，兄弟俩的外祖父复位。

可兄弟俩不愿意依靠外祖父，决定另建一座新城。他们把新城的城址选在了母狼喂养他们的台伯河畔的帕拉丁山冈上。新城建好后，在以谁的名字命名的问题上，兄弟俩发生了争执，并展开了决斗。最后，哥哥罗慕路斯杀死了弟弟勒莫斯，将新城以自己的名字命名，取名为罗马城，时间是公元前753年4月21日，这一天成为古罗马人的开国纪念日。

罗马城建立后，很多逃亡者、流浪汉，甚至盗贼都来到这里。他们好勇斗狠，崇尚武力，使周围的部落对他们畏而远之。由于罗马城男多女少，罗慕路斯向周围的部落求婚，但都遭到了拒绝。

罗慕路斯无奈，只好使用计谋。他派人向周围的部落发出邀请，希望他们来参加罗马的节日宴会。到了节日那天，周围的部落来了很多人，其中以萨宾人最多。他们又吃又喝，玩得非常高兴，整个罗马城到处欢歌笑语。突然，罗慕路斯

萨宾妇女

罗马建城之初经常与其邻近的萨宾部落发生激烈冲突，这幅画表现的是萨宾妇女调停罗马人与萨宾人争斗的情景。

发出了号令，罗马人将早已看中的姑娘抢回家去成亲。

　　这就是关于罗马城的传说。在罗马博物馆里，现在仍保存着一尊铜像：一只母狼瞪着双眼，露着尖牙，警惕地望着前方。在它的身下，有两个男婴正在吃奶。

激战马拉松

　　波斯帝国从居鲁士起，经过几代人的不断扩张，到了大流士一世时，已经成了一个横跨亚非欧的大帝国。

　　大流士一世垂涎于希腊城邦的繁荣富庶，于是在公元前 492 年春天，派了

300 艘战舰、20000 多名士兵远征希腊，历史上著名的希波战争爆发了。不料波斯大军在横渡爱琴海时遇上了风暴，战船和士兵全都葬身海底，未经一战就全军覆没。

但波斯王大流士一世贼心不死。第二年春天，他派出很多使者到希腊各城邦索要水和土，意思是要他们表示臣服，如果不给就将他们的城邦夷为平地。大多数城邦被波斯的恐吓吓坏了，急忙献上水和土。但希腊城邦中最强大的雅典和斯巴达根本不把波斯放在眼里，雅典人把波斯使者从高山上扔到大海里，斯巴达人把波斯使者押到水井边，指着水井说："水井里有水也有土，你自己去取吧！"说完就把波斯使者扔到了井里。大流士一世得知雅典和斯巴达拒绝投降，非常愤怒，立即下令第二次远征希腊。

当时波斯是横跨亚非欧的大帝国，而雅典和斯巴达则是希腊的两个小小的城邦，实力悬殊，而且雅典和斯巴达之间还很不团结。为了共同抵抗波斯人，雅典派出了长跑健将斐里庇第斯去斯巴达求援。雅典和斯巴达相距 240 千米，斐里庇第斯仅用了两天两夜就赶到了斯巴达。不料斯巴达王说："按照我们的风俗，只有等到月圆才能出兵打仗，否则就会出师不利。"斐里庇第斯动之以情晓之以理，最后苦苦哀求斯巴达王，可斯巴达王就是不同意出兵。斐里庇第斯无可奈何，只好连夜赶回雅典。

当雅典人听到斯巴达人拒绝出兵救援的消息后，他们并没有气馁。雅典执政官发出了全民动员令，甚至连奴隶也编入了军队，积极备战。

公元前 490 年，波斯大军渡过爱琴海，在雅典城外的马拉松平原登陆。当时希腊人的兵役制度是根据公元前 600 年改革家梭伦的法律制定的。

雅典人分成四个等级，第一等人是最有钱的人，在军队中担任将领。第二等人是乡村贵族，他们组成骑兵。第三等人是作坊主和富农，他们自己准备兵器和盔甲，在军队中组成重甲兵。他们的武器是长达 2 米标枪、希腊短剑和盾牌。第四等人是城市中的手工业者和普通的农民，在军队中组成轻甲兵，武器是标枪和弓箭，或者充当海军战船上的划桨手。

雅典军队大概有 1 万人，他们都决心保家卫国，愿意与波斯侵略者决一死战，所以士气高昂，战斗力很强。

反观波斯，虽然有 10 万军队，在数量比雅典人多得多，但他们主要是由奴

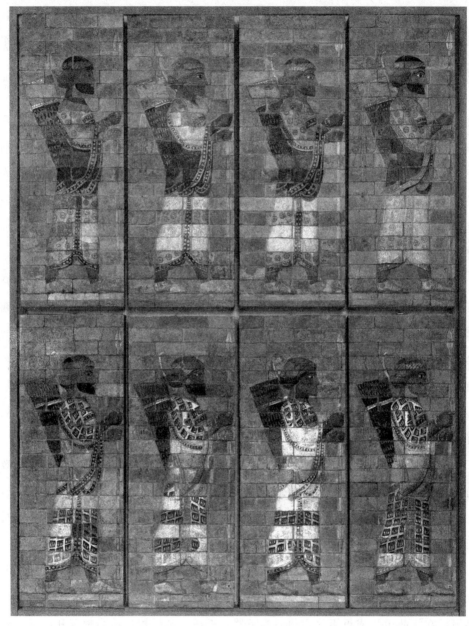

这些彩色瓷砖构成的图案是波斯常备军精英 1 万名不死队成员。强有力的军备，是波斯帝国称霸的基础。

隶和雇佣军（大部分是被征服的希腊人）仓促组成，士气低落，装备很差，纪律松弛。真正称得上精锐的只有波斯王的 1 万御林军。

雅典人在统帅米太亚德的率领下奔赴马拉松，迎战波斯人。马拉松平原三面环山，一面临海，波斯人就在平原上扎营。米太亚德看了地形以后，命令雅典人登上高山，占领制高点。

这幅画表现了一个希腊人被击倒后反戈一击，举剑砍向波斯人的情景。

公元前490年9月12日清晨，决战前夕，米太亚德对雅典人说："雅典是永保自由，还是戴上奴隶的枷锁，就看你们的了。"将士们高呼："誓死不做奴隶！"

雅典人沿着山坡冲下，杀向波斯人的军营，波斯人猝不及防，一片混乱。米太亚德趁机排兵布阵，他将军队主力放在两翼，中间则是战斗力很强的重甲兵。不一会波斯人杀了过来，用骑兵冲击雅典人的重甲兵。雅典人不断后退，波斯人步步进逼，战线不断拉长。米太亚德一声令下，雅典人的两翼的主力杀声震天，夹击波斯人，波斯人大败，损失了1/3的兵力，其余的纷纷爬上海边的战船，狼狈逃走，雅典人大获全胜。

米太亚德为了让雅典人尽快知道捷报，派斐里庇第斯去传送消息。斐里庇第斯在战斗中受了伤，从斯巴达回来后又没有得到充分的休息，但他还是毅然接受了任务。他飞快地跑到雅典的中央广场，对等在那里的焦急的雅典人说："大家欢呼吧，我们胜利了！"说完就倒在了地上，再也没有起来。

为了纪念斐里庇第斯，1896年举行第一届奥运会时，人们把从马拉松到雅典的 40195 米的长跑定为比赛项目，这就是著名的马拉松长跑。

温泉关之战

波斯王大流士死后，他的儿子薛西斯登上王位。为了实现父亲的遗愿，薛西斯积极备战，发誓要踏平希腊，血洗马拉松战败之耻。

经过多年的准备，公元前 480 年，也就是马拉松之战后的第 10 年，薛西斯动员了波斯帝国的全部兵力，共数十万大军，海陆并进，浩浩荡荡，向希腊杀去。

波斯军队来到赫勒斯滂海峡（今土耳其达达尼尔海峡）时，薛西斯下令修建浮桥。埃及人和腓尼基人很快各自修建了一座索桥，不料这时狂风大起，将索桥刮断。薛西斯大怒，将架桥的埃及人和腓尼基人全部处死。他还下令把铁索抛进海里，想要锁住大海，并派人鞭打大海 300 下，以报复大海阻止他前进。

工匠们将 360 艘木船排在一起，用粗大的绳索相连，在上面铺上木板，两边安上栏杆以防人马落水，架成了一座浮桥。波斯王薛西斯乘坐由 8 匹白马拉的战车，在 1 万头戴花环的御林军——"不死军"的护卫下，趾高气扬地跨过海峡，其余的波斯大军用了七天七夜才全部渡过海峡。

波斯大军跨过海峡后，迅速席卷了北希腊，直逼中希腊。在大敌当前的情况下，希腊各城邦团结起来。30 多个希腊城邦组成抵抗波斯联盟，推举陆军最强大的斯巴达为盟主，斯巴达国王列奥尼达担任统帅，组建希腊联军（实际组织者是雅典），迎战波斯。

公元前 480 年 6 月，波斯军队来到希腊北部的德摩比勒隘口。德摩比勒隘口是北希腊通往中希腊的唯一通道，它西面是陡峭的高山，东面是一片通到大海的沼泽，最狭窄处仅能通过一辆战车，可谓"一夫当关，万夫莫开"，非常险要。因为关前有两个硫黄温泉，所以又叫温泉关。当时希腊人正在举行奥林匹亚运动会，按照风俗习惯，运动会高于一切，在运动会期间禁止一切战争。所以温泉关只有 7000 名战士守卫。斯巴达国王列奥尼达听到波斯人逼近的消息后，急忙率 300 名勇士赶来支援。他将 6000 名战士部署在温泉关一线，1000 名战士部署在温泉关后面的小道，以防波斯人从背后偷袭。

列奥尼达在温泉关战役中

在温泉关战役中被敌人重重包围时，列奥尼达解散了他的部队，只留下
300 名近卫队员战斗到全军覆没。关于斯巴达人永不投降的传说就来源
于他的事迹。

　　薛西斯写信给列奥尼达，说波斯军队多得很，射出去的箭遮天蔽日，企图吓
倒希腊人。斯巴达人哈哈大笑说："那真是太好了，我们可以在荫凉地里杀个痛
快了！"薛西斯派探子去侦察希腊人的情况，探子回来禀报说，希腊人把武器堆
在一边，有的梳理头发，有的做操，丝毫没有打仗的样子。薛西斯感到很奇怪，
一个希腊叛徒说："这是斯巴达人的风俗，表示他们要决一死战了。"薛西斯冷哼

一声，认为这点儿人根本不可能和他的大军相抗衡。

薛西斯下令进攻，波斯人一拥而上，企图夺取隘口。斯巴达人居高临下，手持长矛，向波斯人猛刺。由于山道狭窄，无法发挥波斯军队人多的优势，一批又一批的波斯人死在山道上，尸体堆成了一座小山，仍然没有攻下关口。薛西斯大怒，命令自己的"不死军"前去进攻，结果还是无法攻克。

正在薛西斯一筹莫展之时，那个希腊叛徒说："尊敬的大王，我知道有一条路可以绕到温泉关的后面。"薛西斯闻讯大喜，急忙命令叛徒带路，派一部分波斯军队连夜偷袭。由于防守小路的希腊人连续几天没有战斗，所以都放松了警惕，直到黎明时波斯人的脚步声才将他们吵醒。希腊人慌忙拿起武器抵抗，但由于寡不敌众，被迫撤走。波斯人也不追赶，而是赶往温泉关，夹击斯巴达人。列奥尼达见大势已去，为了保存实力就命令其他城邦的希腊人撤退，而留下300名斯巴达勇士拖住敌人。

腹背守敌的斯巴达人宁死不屈，他们占据一个小丘，拼死抵抗。长矛折断了，就用短剑，短剑折断了就用石头砸、用拳打、用脚踢、用牙咬。斯巴达人没有一个投降，没有一个逃跑，最后全部壮烈牺牲。

后人在温泉关树立了一个狮子石像，纪念那些阵亡的斯巴达勇士，上面刻着："来往的过客啊，请带话给斯巴达人。我们忠实地遵守了诺言，为国捐躯，长眠于此。"

萨拉米斯海战

攻占温泉关以后，波斯陆军直扑雅典城。但是，在那里他们却什么都没见到，整座城池空空如也。波斯王薛西斯不由得大为光火，一气之下让人将这座当时最大、最富庶的城市置于火海之中。

雅典城的居民怎么突然消失了呢？原来，雅典和其他城邦的人都接受了海军统帅提米斯托克利的建议，所有的妇女儿童都坐船到亚哥斯的特洛辛和本国的萨拉米斯岛上去躲避，所有的男人都乘着战船，集中到萨拉米斯海湾。当时希腊流传着太阳神的一个预言：希腊的命运要靠木墙才能拯救。根据这个预言，提米斯

托克利认为希腊的未来在海上，太阳神所说的木墙就是指大船。

与此同时，波斯海军来到雅典的外港比里犹斯，它与直扑雅典的波斯陆军遥相呼应，那势头简直就要踏平整个希腊。

面对波斯军队的嚣张气焰，集中在雅典城南萨拉米斯海湾的希腊联合舰队对能否打败波斯大军毫无信心，有些城邦的人甚至打算把船驶离海湾，去保卫自己的家乡。

在此危急时刻，提米斯托克利召开军事会议，商讨作战方略。在会上，提米斯托克利说希腊联军完全有战胜波斯大军的可能，但前提是把战船集中在萨拉米斯海湾和波斯海军决战。他的依据是波斯战舰笨重，而港湾狭窄水浅，就算波斯军队在数量上占优势，但是在这种情况下他们的优势根本就无法发挥出来，况且，波斯水手们也不熟悉海湾水情和航路。而希腊人正相反，战船体积小，机动灵活，适合在这个狭窄的浅水湾中作战，加上水兵们在本国海湾作战，熟悉水情、航路，能充分发挥力量。

公元前 480 年 9 月 20 日，萨拉米斯海战正式开始。

欧利拜德斯按照提米斯托克利的建议，立即进行战争准备。他派遣科林斯支队据守西面海峡，斯巴达战舰为右翼，雅典战舰为左翼，其他城邦的战舰在中央，开始向波斯海军发起攻击。

薛西斯封锁萨拉米斯海峡后，首先派 800 艘先锋战舰分成三线一字摆开，向萨拉米斯海峡东端进攻。可是，海峡中间的普西塔利亚岛打乱了波斯军的阵形，波斯海军只好将纵队一分为二进行攻击，再加上波斯战船体大笨重，在狭窄的海湾运转困难，前进不得，后退无路，自相碰撞，乱作一团。

相反，希腊军舰却能在波斯军舰中任意穿梭。因为，希腊战舰大多是三层桨军舰，这样的战舰既快速，又灵活。

希腊联军抓住时机，充分发挥着自己战舰的优势，猛烈攻击波斯舰队。雅典的每艘战舰上载有 18 个陆战队员，他们不断地向敌舰发射火箭、投掷石块。波斯战舰陷入一片火海，波斯人惊恐万分。更令波斯人惊慌的是雅典船只坚固的构造和特殊结构。雅典战舰船头镶嵌铜冲角，船身安装一根 5 米的包铜横木。它们用铜冲角把波斯战舰撞得支离破碎；当它们紧贴波斯舰飞速冲过时，横木像锋利的刀子一样削断敌舰的木桨。波斯军队只能被动挨打了。

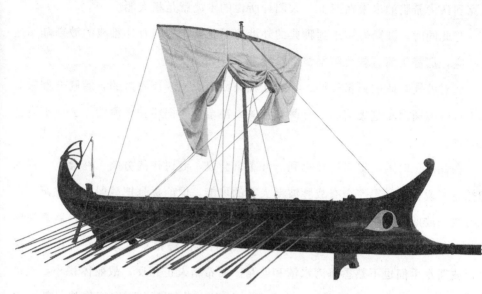

公元前5世纪，雅典人用来控制爱琴海的3层桨战舰是一种张帆航行、在战斗时靠舵手加力的坚固船只。

经过七八个小时的激战，萨拉米斯海战结束。希腊联军大获全胜，击沉波斯战舰200余艘，缴获50余艘，希腊舰队仅损失40艘战船。

此后，以雅典为首的希腊转入进攻，并乘机扩张海上势力，逐渐建立起雅典在爱琴海的霸权。

公元前449年，希腊和波斯在波斯首都签署了《卡利亚斯和约》，希波战争结束。

萨拉米斯海战是世界上最早的大规模海战，是希波战争的转折点，是世界海战史上以少胜多，以弱胜强的典型战例。这一战役使希腊人取得了制海权，而波斯人走向了衰落。

雅典的民主

希波战争结束后，希腊进入了最发达、最繁荣的时期，历史学家把这个时期称为希腊历史上的"黄金时代"。在希腊的城邦中，又以雅典最为发达繁荣。

在希波战争时，以雅典海军为主力的希腊海军大败波斯海军。战后，雅典控制了爱琴海沿岸地区，组建海上同盟——提洛同盟，势力扩展到地中海和黑海沿岸，成了一个海上霸主。随着海上势力的扩张，雅典获取了大量的奴隶，各行各业广泛使用奴隶劳动，经济得到了快速发展。整个雅典的奴隶曾经达到40万，占了人口的绝大多数。

在当时的雅典，除了奴隶和奴隶主之间的矛盾以外，还有奴隶主内部的贵族派（贵族奴隶主）与民主派（工商业奴隶主）和自由民之间的矛盾。贵族派极力限制民主派和自由民的权力，维护自己的既得利益，而民主派和自由民则千方百计的要扩大自己的权力，削弱贵族派的权力。当时雅典当政的是著名的政治家伯里克利，他虽然出身贵族，但却站在民主派一边，经过几个回合的较量，在广大雅典公民的支持下，由贵族派把持的掌握雅典大权的元老院不得不将权力移交给民主派控制的公民大会。

伯里克利像

伯里克利为了了解民意，经常深入广大的群众，和他们交谈，倾听他们的意见。遇到和他不同意见的人当众辱骂他，他也不生气，也不逮捕对方。一天下午，一个贵族跟在他后面，指着他大骂："你这个疯子！你这个混蛋！你出身贵族，却忘掉了自己的阶级，反倒去向那些下等的百姓献媚！"这个贵族一直跟着伯里克利，边走边骂，直到伯里克利的家门口。这时天已经黑了，伯里克利让仆人举着火把把那个贵族送回家。在伯里克利时期，雅典达到了全盛，所以这一段时期又称为"伯里克利时代"。

公民大会是雅典的最高权力机关，凡是年满20岁的雅典男性公民都有权参加，但妇女、奴隶和外邦人则无权参加。每10天公民大会都要举行一次会议，讨论关于内政、外交、战争、和平等重大问题，每一个公民都可以上台发表自己的意见。会议开始前，祭坛上先要杀死一头小猪，然后由祭司拿着绕场一圈，以消除不洁。接着会议主持人登台宣读提案，再由支持或反对提案的人轮番上台发表演讲。台下的听众则用欢呼和嘘声来表示赞成和反对，但决不能打断发言者的演讲，否则将会被驱逐出会场，甚至罚款。上台演讲的人也要尊重别人，不得侮辱和诽谤在场的人，否则会被禁止发言和剥夺荣誉。如果几个人同时要求发言，则将按年龄大小排序。它的常设机构是500人会议，成员由贵族奴隶主、工商业奴隶主和自由民组成。公民大会最重要的会议是选举大会。到了这天，会场上座无虚席，雅典人都以平生没有担任过任何公职为耻，所以参选的热情非常高涨。以前雅典的法官、军人、议员和公职人员都没有薪俸，连当兵都要自己购买盔甲、武器和马匹，所以这些职位都被有钱人把持着。伯里克利执政后，宣布军人和公职人员由国家发给薪俸，这样一来，普通公民就可以担任法官、军人、议员和其他公职人员了，这就扩大了普通公民的民主权利。选举大会主要选举10名将军、10名步兵统帅、两名骑兵统帅和一名司库员。这些职位涉及军队和国库，非常重要，当大会主持人念到候选人名字时，公民举手表决，得票最多的人当

雅典公民投票时使用的陶片

陶片上刻有将要被放逐（逐出雅典）的公民的名字。公元前5世纪，雅典为限制个人权力而滥用陶片放逐制度，很显然，阴谋限制了放逐陶片的有效性。

选。另外，其他的官员如执政官、法官、监狱官等，用抽签的方式决定。

抽签在神庙中进行。神庙中放着两个箱子，一个箱子里放着候选人的名字，另一个箱子里放着黑豆和白豆。抽签时，主持人先抽出一个候选人的名单，在另一个箱子里拿一个豆子。如果拿到的是白豆，那么这个候选人就当选了，反之就是落选。

在选举大会两个月后，原来的公职人员开始向新当选的公职人员移交权力。

雅典的民主制度在当时属于一种非常进步的制度，但仍是奴隶制下的民主，归根到底是为统治阶级服务的，具有很大的局限性。

伯罗奔尼撒战争

希波战争后，雅典不断向外扩张，并把提洛同盟成员国变成自己的附庸，控制爱琴海，形成与斯巴达争霸希腊的局面。斯巴达则针锋相对，与雅典争相干预他邦内政，冲突不断发生。公元前435年，科林斯与其殖民地克基拉发生争端。公元前433年，雅典出兵援助克基拉，逼科林斯退兵。公元前432年，雅典以科林斯殖民地波提狄亚隶属提洛同盟为由，要求它与科林斯断绝关系，双方矛盾加剧。同年秋，伯罗奔尼撒同盟各邦开会，在科林斯代表鼓动下，要求雅典放弃对提洛同盟的领导权，遭拒绝。

面对与雅典的争端，斯巴达决定采取发挥陆军优势，鼓动提洛同盟成员国叛离，削弱和孤立雅典的战争策略，因为，斯巴达训练有素的重甲方阵步军和骑兵在陆战中将占有绝对的优势。

公元前431年，伯罗奔尼撒同盟成员底比斯袭击雅典盟邦布拉底引发战火。5月，斯巴达国王率领精锐部队6万余人，向阿提卡进军，伯罗奔尼撒战争全面爆发。

雅典的统帅伯里克利是位杰出的政治家和军事家，他对局势认识很清楚。他知道，要想在战争中胜利或逼和斯巴达，必须避其长击其短。于是，他采取陆上取守势，海上则取攻势的对策，命令陆战队以守为主，派舰船侵袭伯罗奔尼撒半岛沿海地区。

伯罗奔尼撒战争绘画

几乎所有希腊的城邦都参加了这场战争，其战场涉及了当时整个希腊语世界。这场战争结束了雅典的黄金时代，结束了希腊的民主时代，强烈地改变了希腊国家的命运。

就在斯巴达不断对阿提卡进攻时，雅典的海军在伯罗奔尼撒半岛开始登陆，严密封锁伯罗奔尼撒半岛海岸港口，断绝斯巴达海上与外界的联系，并煽动斯巴达的奴隶希洛人举行起义，使斯巴达陆上进攻受到极大牵制。整个战争按照雅典人的预想进行。

但不幸却降临在雅典人头上，公元前430年，雅典城内发生严重瘟疫，死者甚众，雅典统帅伯里克利也在这场瘟疫中丧生。他的去世使雅典从防御战争变成新任统帅克里昂主张的侵略性战争。公元前425年，雅典海军占领了美塞尼亚西岸的皮洛斯及其附近的斯法克蒂里亚小岛，斯巴达陷入困境。为避开强大的雅典海军主力，斯巴达国王命令柏拉西达将军率领一支精锐部队由小道穿过希腊半岛，向北绕到雅典背后进行攻击，对雅典同盟进行说服，并攻下安菲波利斯。

公元前422年，双方在安菲波利斯展开对决。斯巴达骑兵一举杀死雅典统帅克里昂，但斯巴达统帅伯拉西达也在乱军中被杀死。

双方失去统帅，战争只好暂时停止。公元前421年，雅典主和派首领尼西阿斯与斯巴达缔结《尼西阿斯和约》。条约规定：交战双方退出各自占领地，交换战俘，保持50年和平。

然而，导致战争的基本矛盾依然存在，雅典和斯巴达在希腊争霸的野心并没有消除。和约签订的第 6 个年头，雅典调集 134 艘三桨战船、130 艘运输船、5100 名重步兵、1300 名弓弩手共约 2.7 万人，组成雄壮的远征军由亚西比德统率向西西里进发。

但惊人的意外发生了，雅典方面突然命令亚西比德回国受审。原来，雅典城内的海尔梅斯神像被人毁掉，亚西比德因一贯不敬神而被诬陷，还将被判处死刑。亚西比德一怒之下逃往斯巴达。对雅典战略战术一清二楚的亚西比德的投降使战势发生了转变，斯巴达在埃皮波拉伊重创雅典军。雅典军无奈只好撤军，但撤军当晚发生月蚀，相信月蚀会带来凶险的雅典士兵不肯登船撤退。斯巴达抓住时机，封锁港口，切断陆上要道，包围了雅典军队。公元前 413 年 9 月，雅典全军覆没，经此严重打击，雅典渐失其海上优势。

公元前 411 年，雅典海军在阿拜多斯，次年在基齐库斯，先后打败斯巴达海军。斯巴

古希腊青铜御手像

达则寻求波斯援助，增建舰队，要与雅典海军作最后的较量。公元前 405 年，斯巴达海军在波斯人的援助下一举全歼雅典海军，从此斯巴达成为希腊的霸权国。公元前 404 年，雅典投降，被迫接受屈辱的和约：取消雅典海上同盟（即提洛同盟）；拆毁长墙工事；除保留 12 艘警备舰外，其余的全部交出。

伯罗奔尼撒战争使斯巴达成为希腊的霸权国，但整个希腊遭到严重破坏，繁荣富强的希腊从此一蹶不振。这场战争是希腊城邦开始衰亡的标志，是古典时代的结束。

但斯巴达的霸权没有维持多久，由于斯巴达对其他城邦的肆意压榨，再加上波斯的挑拨离间，希腊各城邦之间陷入了长期的内战，最终都被希腊北部的马其顿王国征服。

"疯子"德谟克利特

两千多年前，雅典是一个很民主的城市，执政官的判决基本上都是以民众的意见为依据，也就是说，只要有一群人认为某个人有罪，这个人多半就逃脱不了罪责。

德谟克利特就曾经遭遇过这样的民主审判。他是被自己的族人送上法庭的，其族人的控词是：每日研究世界由原子组成的邪说，不理家政。他的族人的要求是送他进疯人院，因为这样，他们就可以侵占他的财产了。

法庭依法办事，请来西方医圣希波克拉底。经过法庭辩论，德谟克利特的族人的愿望落空了，因为希波克拉底诊断的结果是：德谟克利特不但不是疯子，还是一个智慧出众的哲学家。

的确，经过历史验证，德谟克利特不但是一位杰出的哲学家，还被马克思称为"古希腊第一个百科全书式的学者。"他一生的研究涉及天文、地理、生物、物理、数学、逻辑等诸多领域，并且有许多创见和专著。

·古希腊哲学·

古希腊哲学是公元前6~前5世纪出现在希腊本土以及地中海沿岸，特别是小亚细亚西部、意大利南部的哲学学说。又称古希腊罗马哲学，是西方哲学最初发生和发展的阶段，是以后西方各种唯物主义和唯心主义、辩证法和形而上学的思想的基础。古代希腊哲学中出现了形形色色的唯心主义和形而上学，如诡辩论、怀疑论、神秘主义、相对主义、折衷主义及各种颓废没落的人生哲学，一直影响着以后的各种消极思想。

古希腊哲学大体可以分为3个阶段：自然哲学时期、人本主义和系统哲学时期、希腊化和罗马哲学时期，代表人物有：德谟克利特、伊壁鸠鲁和卢克莱修、赫拉克利特、苏格拉底、柏拉图、亚里士多德等。

德谟克利特出生于色雷斯的阿布德拉，从小时候就对自然科学产生了浓厚的兴趣，热衷于学习和思考。他曾经师从波斯术士和星象家，初步了解了一些神

学、天文学知识。在这一阶段，他还注意培养自己的自制力和想象力。

德谟克利特成年以后，先后游历埃及、巴比伦、印度和雅典等文明中心，学习哲学、数学和水利等。及至他回到家乡阿布德拉时也有很高的学问，并被公推为该城的执政官。即便在从政期间，他也从未丢下对哲学、自然科学的研究工作。

德谟克利特在原子论领域作出的贡献离不开其恩师留基伯的引导和教诲。正如牛顿所说，只有站在巨人的肩膀上，你才能看得更远，取得更大的成就。德谟克利特完全继承了老师的原子学说，认为原子从来就存在于虚空之中，无始无终；原子和虚空构成了宇宙万物，原子本身是最小的、不可再分的物质粒子。"原子"一词在希腊语中的本意即为不可分割。这种观点在当时是很先进的，对后来的科学原子论的形成也有一定启发作用。

德谟克利特在继承老师的成果基础上，又进一步提出：原子虽不可分，用肉眼不能观测到，但在体积、形状、性状和位置排列的特征方面仍存在差异，他举例说水之所以能够流动，就因为水原子表面光滑，彼此之间易于滑动；而铁的形状非常稳定，则源于其原子表面凹凸不平，原子之间易于啮合而非常稳固。德谟克利特还从原子的角度解释了"生"与"死"。他说原子虽然不生不灭、不增不减，但它们所构成的化合物却由于原子的排列次序等不同而性质经常发生改变，从而使一种物质演变为另一种物质。于是人们由此产生了"生"与"死"的概念。这一点与事实基本吻合，体现了德谟克利特的研究水平。

医学之父

希波克拉底是最伟大的古希腊医生，他的影响一直持续到了今天。据说他写下了超过70本的有关医学的书。希波克拉底概括出了医生应该对病人和社会所担当的责任，到今天依然是医生们所追求的目标。

德谟克利特根据他的原子理论发展了天体演化学说。他认为在原始的宇宙旋涡运动中，质量较大的原子逐渐成为旋涡的中心，由于自身旋转而形成球状聚合体，如地球。同时质量较小的原子则围绕该中心旋转，宇宙空间的部分原子由于高速旋转而日趋干燥，最终燃烧形成恒星体。

德谟克利特理论的进步性还表现为：他否定了神的存在。他认为神是原始人由于自然知识贫乏，对自然现象解释不清，产生莫名恐惧而臆造出来的。他还解释说，所谓灵魂也是由原子构成的物体，一旦原子之间的结合方式改变，这种物体也会消亡。

德谟克利特的原子论虽然先进（在当时看来）但与现代科学原子论仍有着本质的差别。它只能算是哲学领域的原子理论，因为他的结论产生于思维和直觉，而现代科学理论都建立在定量试验和严密的数学推理的基础上。同时他一直认为原子不可再分，与事实不符，这不能不说是一个遗憾。但在他生活的时代，达到这样的认识水平已属难能可贵。

苏格拉底之死

公元前 399 年 6 月一天的傍晚，在雅典监狱中，一位年届七旬的老人与妻子、家属做最后的道别。这位老人，散发赤足，衣衫褴褛，但是神情却非常镇定，丝毫看不出将要被处以死刑。妻子和家属走后，他又与几个朋友交流起来。

不知过了多久，一个狱卒端着一杯毒汁走了进来，老人接过杯子一饮而尽，然后，安详地躺在床上。突然，他好像想起了什么似的，翻了个身面向他的朋友说："我曾吃过邻居的一只鸡，还没给钱，请替我还给他。"说完永远地闭上了双眼。

这位老人就是大哲学家苏格拉底。苏格拉底到底是什么原因被判处死刑的呢？

苏格拉底（公元前 470～前 399 年），既是古希腊著名的哲学家，又是一位个性鲜明、从古至今被人毁誉不一的著名历史人物。他的

苏格拉底像

父亲是石匠和雕刻匠，母亲是接生婆，一家人生活十分贫困。

苏格拉底生活在雅典由盛到衰的时期，雅典人在经历过一段繁荣富足的生活后，开始变得奢侈淫逸、道德败坏，经常和周边城市发生战争。19岁时，苏格拉底第一次参加战争，那是为了保卫雅典。他在战场上表现得十分英勇，曾三次冒死救出他的战友。和他一起作战的战友都说，与苏格拉底在一起就会感到安全。从战场上回来后，苏格拉底开始对雅典城的状况进行深入思考。苏格拉底认为要想改变雅典的衰颓现状，就必须先提高雅典人的道德水平，造就治国人才。于是，苏格拉底开始研究哲学并从事教育工作。他培养出许多有成就的人，如柏拉图、色诺芬等著名的哲学家。

苏格拉底之死

苏格拉底因坚持自己的信念将被判处鸩刑，但他神色安然，面无惧色。他的手指向更高的天国，表明那是他的最终归宿。

为了提高自己的学识，苏格拉底潜心读书，他读遍希腊的政治、历史书籍，眼界变得十分开阔。不过苏格拉底并不满足于书本上的知识，他觉得要想从整体上提高自己，还得不断吸取别人的思想。于是，他四处去拜访当时有名的学者，还不断地请别人到自己家中来谈天。当时，苏格拉底已经娶妻生子，由于他整体总是忙着做学问，没有时间帮妻子做家务、照看孩子，这使得整天忙碌的妻子对他十分不满。

一次，妻子正在洗衣服，刚会走路的儿子因没人照看，在一边大声哭。妻子便大声喊正在和两个学者交流学问的苏格拉底去看一下。苏格拉底谈到了兴头上，根本没听见妻子叫他。暴躁的妻子控制不住心中的怒火，便将一盆洗衣水向苏格拉底泼去。客人感到非常尴尬，然而浑身湿淋淋的苏格拉底却幽默地对客人说："没事，雷声过后，必有大雨嘛！"接着，他抖了抖身上的水，继续刚才的话题。

成名以后的苏格拉底依然过着艰苦的生活。一年四季他都穿着一件普通的单衣，经常赤着脚，吃饭也不讲究，所有精力都用来做学问。他经常公开发表演说或与人辩论，辩论中他经常采用问答形式帮助对方纠正、放弃原来的错误观念，启发人们进行思考。

公元前404年，伯罗奔尼撒战争以雅典的失败而告终，三十僭主的统治取代了民主政体，依靠雇佣军起家的克利提阿斯成了最高统治者。

克利提阿斯是苏格拉底的学生。有一次，为了霸占一个富人的财产，克利提阿斯让苏格拉底带4个人去逮捕那个人。苏格拉底当众违逆了克利提阿斯的命令，并且拂袖而去。不仅如此，苏格拉底还多次在公开场合谴责克利提阿斯的暴行。这无疑会惹恼克利提阿斯，于是，苏格拉底被勒令不准再接近青年。对于克利提阿斯的命令与恐吓，苏格拉底根本不加理睬。

后来，"三十僭主"的统治被推翻了，民主派重掌政权。苏格拉底被人诬告与克利提阿斯关系密切，反对民主政治，用邪说毒害青年，苏格拉底因此被捕入狱。大约公元前399年，苏格拉底因"不敬国家所奉的神，并且宣传其他的新神，败坏青年"的罪名被判处死罪。其实，说到被判入狱的真正原因，是他的言论自由的主张与雅典民主制度发生了严重冲突。

·苏格拉底方法·

为了达到道德教育的目的，有效地传授知识，苏格拉底创立了一套独到的教学法，被后人称为"苏格拉底方法"。所谓"苏格拉底方法"，是指在与学生谈话的过程中，并不直截了当地把学生所应知道的知识告诉他，而是通过讨论问答甚

至辩论方式来揭露对方认识中的矛盾，逐步引导学生自己最后得出正确答案的方法。

按照古希腊的民主制度，每一位雅典公民都能够充分地行使自己的权利，政府还在关键性投票中采用给与参与者一天口粮的方式鼓励公民参与。审判苏格拉底的是由 501 个雅典普通公民组成的陪审法院，也就是公民大会。苏格拉底的审判大会经历了初审和复审，初审中 500 个公民进行了投票，结果以 280 票对 220 票判处苏格拉底有罪；复审是决定苏格拉底是否该判死刑。复审之前，苏格拉底有为自己脱罪的辩护权利，但苏格拉底的临终辩辞不但没有说服希腊民众，相反还激怒了他们，结果是 360 票对 140 票判苏格拉底死罪。

收监期间，苏格拉底的朋友买通了狱卒，劝他逃走，但他决定献身，拒不逃走。最后在狱中服毒受死，终年 71 岁。

作为一个伟大的哲学家，苏格拉底使哲学真正在人们生活中发挥了作用，为欧洲哲学研究开创了一个新的领域，对后世的西方哲学产生了极大的影响。

博学的亚里士多德

一位学生问老师："老师，运动的来源是什么？"老师答道："犁耕地的运动来源于农夫的手；农夫手的运动来源于他的大脑；大脑的运动来源于他的食欲；食欲来源于人的本能；而本能只能是来源于神。"这位机智的老师就是被恩格斯称为"最博学的人"的亚里士多德。

亚里士多德（公元前 384～前 322 年）出生、成长在一个充满着高贵而又有医学气氛的家庭。依照传统，亚里士多德本该继承父亲的衣钵，但他却在医药的熏陶中，表现出对科学的爱好。公元前 367 年，亚里士多德拜柏拉图为师，进入柏拉图的学园，钻研各种知识长达 20 年之久，成为同学中的佼佼者，被柏拉图称为"学园的精英"。柏拉图去世后，亚里士多德来到小亚细亚的阿索斯城，在城主赫尔麦阿伊斯的宫廷做客，并娶了城主的侄女皮提阿斯为妻，生有一女，与自己的母亲同名。皮提阿斯死后，亚里士多德与他的侍女赫尔皮利斯同居，得一子，取名尼科马霍斯。

亚里士多德的思想的影响之大超越了时代和流派，他的《诗学》被认为是西方美学重要的奠基之作。

公元前343年，亚里士多德被聘为马其顿国王腓力二世的儿子、13岁的王子亚历山大的老师。公元前335年，亚里士多德结束了在马其顿的寓居生活，回到希腊，在雅典阿波罗圣林的吕克昂体育场开办了一所学园，并得到了已经继任马其顿国王的亚历山大的巨额经费支持。因为他经常率领弟子在学园的林荫道上边散步、边讲课，所以他的学派被称为"逍遥学派"。亚里士多德大部分作品就是在他主持学园的13个年头里完成的。

亚里士多德是古代世界中最博学的人。他创造性地总结了前人的研究成果，对当时已知的各个学科如伦理学、政治学、经济学、战略学、修辞学、文学、物理学、医学等都做出了有意义的探索，并开辟了逻辑学、动物学等新领域。可以毫不夸张地说，亚里士多德的研究成果代表了古希腊科学的最高水平。

作为形式逻辑的创始人，亚里士多德提出了归纳和演绎的思维方法，提出并阐释了同一律、矛盾律和排中律这些思维的基本规律，他所规定或发现的原则和范畴以及所使用的某些专门词语，至今仍为逻辑学教科书所采用。作为动物学的开创者，他的许多观察和实验，得到了后来的生物学家和医学家的首肯。林耐和居维叶是达尔文所崇拜的偶像，但达尔文说，这两人比起亚里士多德，只不过是小学生而已。在哲学上，亚里士多德肯定客观世界是真实的存在，认为人类的认识来源于对外界事物的感觉。他创立了自己的"四因说"（质料因、动力因、形式因和目的因），认为一切事物的产生、运动、和发展，都不外是这 4 种原因的作用的结果。在政治学方面，亚里士多德详细地比较研究了君主、贵族、共和、僭主、寡头和平民 6 种政体，他主张法治，认为"法律是不受情欲影响的理智"。文学方面，他广泛考察了美学和文艺理论的一系列问题，如文艺的产生和分类、文艺与现实的关系等，认为文艺有深刻的社会意义。此外，亚里士多德的学说对基督教影响甚巨，13 世纪中期，亚里士多德的著作成为英、法、德、意等地区基督教学校的必修科目，而 14 世纪巴黎的文教法令则规定，学校除圣经外，所有的世俗知识都应该在亚里士多德的著作中寻求指导。

公元前 323 年，亚历山大大帝病死后，雅典成为当时反马其顿运动的中心。由于是亚历山大的老师，亚里士多德被迫从雅典出逃，前往优卑亚岛的卡尔喀斯城避居，并于次年辞世，享年 63 岁。

亚里士多德对世界的贡献是空前绝后的，绝对称得上是伟大的、百科全书式的科学大师。因此，后人将他与其师柏拉图还有苏格拉底并称为古希腊三贤，也有人将这三人喻为"古希腊科学史上的三座高峰"。

· 《伊索寓言》 ·

《伊索寓言》是世界上最古老的寓言故事集。相传它的作者伊索是古希腊的一个奴隶，他以其才智受到主人的赏识，被允许可以四处游历。他所创作的小故事加上民间流传的故事，经后人的整理汇编得以流传下来。

《伊索寓言》的内容极为丰富，大多采用拟人化的手法，用一个简短的动物故事来说明一个道理或人生经验，表达了作者对社会和自然界的看法。其中的《龟兔赛跑》《狐狸与葡萄》《乌鸦与狐狸》《农夫和蛇》等在中国广为流传，成了人们熟知的典故。

雅典学院

此壁画是拉斐尔为梵蒂冈教皇宫殿所绘。图中柏拉图和亚里士多德师徒正在门厅闲谈，其他不同地域和不同学派的著名学者在自由地讨论。画面以柏拉图与亚里士多德为中心，而这师生二人同是历史上最伟大的思想家。

古希腊的戏剧节

在古希腊，除了奥林匹亚竞技会，就属雅典戏剧节最重要了。每年的 3 月底 4 月初，葡萄丰收的时候，雅典就会祭祀酒神狄俄尼索斯，并在此期间举行戏剧比赛，许多雅典人、外邦人甚至外国人都赶来观看。

雅典当时约有 30 万人口，但只有 4 万公民（18 岁以上的男性自由民）。在戏剧节期间，雅典城不仅政府机关放假，店铺歇业，老人、妇女、儿童、奴隶甚至连囚犯都被押着出来看戏。到了伯里克利当政时期，为了鼓励公民看戏，曾下令颁发看戏津贴，所以穷人也有机会来看戏了。而最尊贵最风光的人则是狄俄尼索斯的祭司，此外还有雅典的官员，友邦的使节、贵宾。

剧场在雅典城里的一个小山下，大概能容纳 2 万人。整个剧场依山坡走势凿成，一级级的观众席位一直排到山脚下，舞台的平地用大理石和木料筑成，席位间有供人行走的通道。整个剧场呈半圆形的扇面状，所以又被称为圆形剧场。观众席前面是圆形舞台，另一边是歌队的乐台。

俄狄浦斯与斯芬克斯

这是《俄狄浦斯王》中经典的一幕。斯芬克斯以狮身人
面的形象出现，显出一种扭曲的美，与俄狄浦斯健壮
的身体和英雄的举动形成了鲜明的对比。

戏剧节原来只演悲剧，后来也允许演喜剧。在戏剧演出之前，编剧、演员、歌队的队长和观众见面，观众们将用橄榄枝编的花环戴在他们的头上。介绍仪式完了之后，观众都露天而坐，纷纷入席，演员则开始登台表演。在一天内舞台上要演好多场戏剧，而且中间不休息，所以观众看戏的时候，都带着葡萄酒和各种美味的食物。如果戏演得好，大家就聚精会神地看，鼓掌喝彩；如果戏演得很一般，大家就在座位上喝酒吃肉；如果戏演得很差，那么观众可就不客气了，他们就将果皮、瓦罐、石头扔到舞台上，把演员们轰下去，要求换下一出戏。

戏剧开始后，随着乐队奏起悠扬的音乐，观众们很快安静下来。当时的乐队只有两个乐师，一个弹奏竖琴，一个吹双管笛。音乐响起后，由 12 个人组成的歌队放开歌喉，开始演唱。随着歌声响起，演员们陆续登台，表演戏剧。原来舞台上只有一个演员，并且只穿一身衣服。扮演不同角色时，演员就换上不同的面具，一个人站在台上自言自语。后来古希腊"悲剧之父"的埃斯库罗斯首创有两个演员穿上不同的漂亮衣服同时登台表演，这样一来，两个演员就可以在台上对话了。他还使用高底靴等道具，使戏剧更具有观赏性。到了有"戏剧艺术的荷马"之称的索福克勒斯时，台上又增加了一个演员，使人物之间的冲突表现得更加激烈。

公元前 484 年春，埃斯库罗斯在戏剧比赛中第一次获胜。他从小就具有正义感和爱国热情，曾参加过马拉松之战，抵抗过波斯侵略者。一生共创作了 70 个剧本，13 次获奖。他的代表作《被囚的普罗米修斯》中的所塑造的偷火的普罗米修斯成了人类文明的象征。他死后，他的儿子把他的遗作拿出来上演，依然大受观众欢迎。后来又出现一个戏剧奇才——索福克勒斯，他一生创作了 123 个剧本，参加了 30 次比赛，24 次获奖。他的代表作《俄狄浦斯王》成为后世美学讨论不尽的话题，首开欧洲悲剧之先河。为了表彰索福克勒斯对戏剧的贡献，伯里克利授予他"雅典十大将军"之一的光荣称号。欧里庇德斯被称为"舞台上的哲学家"，是继索福克勒斯之后的又一个戏剧天才，他把悲剧的主角变为普遍人物，并开始将喜剧融入悲剧，对以后的古罗马喜剧和近代欧洲戏剧都产生了深远的影响。他一生共创作了 92 个剧本，5 次获奖，代表作《美狄亚》被认为是世界戏剧舞台的典范。埃斯库罗斯、索福克勒斯和欧里庇德斯被称为古希腊三大悲剧诗人。

此外还有被称为"喜剧之父"的阿里斯托芬。他生活在希腊历史上的多事之秋，在他的戏剧里，他把当时社会上的种种丑恶现象进行了无情的讽刺和挖苦，嘲笑了当时很多贵族。他一生共写过 44 部喜剧，传世的有 11 部，代表作是《鸟》。

太阳落山了，戏剧也结束了。人们三三两两地走在回家的路上，还意犹未尽地议论着戏剧的内容。在清澈如水的月光照耀着的雅典的大街小巷，人们还在高声吟咏着戏剧中的经典对白……

奥林匹亚竞技会

公元前 480 年 6 月，波斯王薛西斯率领大军横扫希腊北部，逼近温泉关。他惊讶地发现只有几千希腊人守卫在这里，一个希腊叛徒告诉他："希腊人正在举行奥林匹亚竞技会，在此期间希腊人禁止一切战争。"薛西斯才恍然大悟。

古希腊的奥林匹亚竞技会起源于公元前 776 年，这也成为希腊纪年的开始，每隔 4 年在希腊南部的奥林匹亚举行，在此期间，希腊各城邦一律休战，甚至在外敌入侵时也将竞技会放在第一位。

关于奥林匹亚竞技会的来源，有好几个传说。第一个传说是宙斯的儿子大力神赫拉克勒斯同别的神打仗，获得了胜利，就在奥林匹亚举行祭祀父亲宙斯的盛会。结果在会上，赫拉克勒斯与兄弟们争吵起来，发生争斗，后来就演变成奥林匹亚竞技会。

第二个传说是古希腊伊利斯城邦国王依斐多在位时，因与斯巴达争夺奥林匹亚而爆发战争，人民苦不堪言。依斐多便向太阳神阿波罗祈祷，希望停止战争。阿波罗告诉他，只要在奥林匹亚举行竞技会，就可免除战争之苦。于是战争双方订立《神圣休战条约》，将奥林匹亚定为竞技场和和平圣地，提倡"不用武器和流血，而用力量和灵敏来确立人的尊严。"条约规定在竞技会举行期间，希腊各城邦都要实行"神圣休战"，如果有人或城邦挑起战争，将受到严厉惩罚，从此开始了 4 年一次的奥林匹亚竞技会。

帕拉伊斯特拉遗址

奥林匹亚考古遗址中的许多建筑和设施都是为体育比赛修建的。帕拉伊斯特拉是一座
四边形建筑，里面有用柱廊围成的供训练用的中庭，中庭四周有浴室、更衣室等设施。

　　第三个传说流传最广，传说伊利斯国王的女儿希波达弥亚，以美貌闻名希
腊，很多希腊青年前来求婚。但神警告伊利斯国王，如果他的女儿结婚，那么他
就会死，于是国王决定杀死所有求婚者。国王向求婚者们说，要娶公主必须和他
赛车，谁赢了他就可以娶公主，但在比赛时被他追上将会被他的长矛刺死。仗着
从战神那儿得来的宝马，国王接连刺死了 13 个失败者。海神的儿子珀罗普斯对
希波达弥亚一见倾心，决定冒险。他说人总是要死的，与其愁苦地坐等暮年的到
来而一事无成，不如去做一次光荣的冒险。海神被儿子感动了，送给他"永不疲
倦"的四马飞车。国王的车夫同情珀罗普斯，在国王的马车上做了手脚，结果在
比赛时，国王翻车摔死，珀罗普斯取得了胜利，娶希波达弥亚为妻，并成了伊利
斯国王。为了庆祝胜利，珀罗普斯在奥林匹亚的宙斯神庙前举行了盛大的竞技
会，传说这就是第一届奥林匹亚竞技会。

　　奥林匹亚竞技会在开赛前，要先在希腊神话的主神宙斯的神庙前举行盛大的

祭祀，然后再开始竞技。参加比赛的人必须是希腊人，妇女、奴隶、犯叛国罪者、对神不敬者和外国人都无权参加。最早的竞技项目只有一项200码（约182米）的短跑，后来逐渐增加了摔跤、铁饼、标枪、跳远、射箭、赛马和赛车等项目。其中最受观众欢迎的是赛车，比赛时，骏马奔腾，车轮滚滚，观众欢呼不已，方圆几十里都可以感受到热烈的气氛。但由于比赛规定参赛选手必须自备马匹和车辆，所以只有贵族和富人才能参加。

比赛结束后，人们把用月桂枝叶编成的桂冠戴在获胜者头上，以示祝贺。带桂冠的胜利者比戴王冠的国王还要受人尊敬，在竞技会闭幕式上，将举行盛大的宴会来款待他们。获胜者回到自己的城邦后，人民将他看做凯旋的英雄，有的城邦还专门举行凯旋式，让他们像征服者那样入城。如果是一个雅典人获胜，他还可以获得500银币的奖励。

由于奥林匹亚竞技会上的选手们都赤身竞技，所以严禁妇女观看和参赛。一经发现，妇女将会被抛下悬崖。传说有个名叫费列尼卡的妇女，出身于体育世家。她身体强壮，喜爱竞技，是儿子的角力教练。当她的儿子进入角力决赛时，她非常激动，女扮男装到赛场观看。最终她的儿子获得冠军，她情不自禁地跑向竞技场向儿子祝贺。结果暴露了自己的身份，招致杀身之祸。后来因为她家世代对竞技会作出过巨大贡献，才免于一死。

公元394年，信奉基督教的罗马皇帝狄奥多西认为奥林匹亚竞技会是异教徒活动，所以下令禁止举办。直到1896年，追述古希腊竞技精神的奥林匹克运动会才再次举行。

和平撤离

公元前494年的一天，一队愤怒的罗马人携带武器和生活用品浩浩荡荡离开罗马城，向城东的圣山走去。

"哼！太令人气愤了！一个不把保卫者当公民的城市，有什么值得留恋的！我们离开这里，寻找新生活！"一个罗马人气愤地说。

"我们拼命作战，保卫罗马，可战利品却全被那些贵族占有！我们在前线浴血奋战的时候，他们还在家里享福呢！凭什么！"另一个罗马人也很气愤。

"走！离开罗马！再有外敌入侵，让那些贵族自己去保卫吧！"这队罗马人边走边说。看到他们离开罗马，其他的罗马平民也加入了他们的行列。

罗马执政官出行图

这是怎么回事呢？原来罗马城经过不断发展，一小部分富裕的平民上升为贵族，而罗马城中人数最多的是平民，平时发动对外战争和保卫罗马主要靠的是平民组成的罗马军团。罗马实行的是公民兵制，每一个平民都要参军。罗马为了扩张，对外战争不断，平民们常年在战场上奋勇杀敌，流血牺牲。他们的田地无人耕种，应交纳的赋税无法完成，欠下大量债务，不少战士的家庭破产。但是，贵族们却想方设法剥削平民，使他们破产。这样，他们就可以占有平民的土地，甚至把他们变成自己的奴隶。

终于，平民们实在无法忍受了，纷纷结队出走，就出现了本文开始时的一幕。平民的大量撤离，大大削弱了罗马的武装力量，北方的高卢人得知这一消息，立即派大军南下，进攻罗马。这一下子罗马贵族可慌了神，他们急忙派代表去和平民们谈判。

· 《十二铜表法》·

《十二铜表法》是古罗马第一部成文法典。公元前454年，罗马元老院被迫接受人民会议要求制定法典的决议，选出10人组成的编纂法典委员会，负责制定法典。公元前451年，委员会制定了法律十表，第二年又补充了两表，公布于罗马广场。因为各表都由青铜铸成，所以习惯上称为《十二铜表法》。其主要内容包括传唤、审判、债务、家父权、继承及监护、所有权及占有、房屋及土地、私犯、公法、宗教法、前五表补充和后五表补充。法典明文规定了奴隶主贵族的利益和维护私有制，保护罗马公民的私有财产。此外法典还禁止贵族与平民通婚。

通过多次的协商，平民与贵族达成协议：罗马政府设置保民官和平民大会。罗马保民官从平民中选举，其职责是保障平民的权利。他的人身权利神圣不可侵犯，任何人不得伤害。保民官权力极大，有权出席元老院会议，否决任何人的裁判和提议。后来，平民又获得了担任市政官、军团司令官的权利。平民大会起初只对平民有效，经过斗争，贵族们最终承认平民大会决议对全体罗马人生效。和平撤离取得了初步的胜利。

平民的权利虽然有了一定的保障，但在实际生活中，贵族侵犯平民利益的事情还是经常发生。平民一旦与贵族发生争执，就得依据罗马的传统习惯（有法律效力）进行处理，而习惯的解释权掌握在罗马贵族手里，这对平民相当不利。

公元前462年，罗马保民官建议，编纂一部成文法典，建设公平的法律制度。提议遭到罗马贵族的反对，为了支持保民官，也是为了争取更多的权利，平民们再一次选择了撤离。经过多次的斗争和反复的谈判，罗马贵族终于妥协。公元前450年，罗马制定并颁布了著名的《十二铜表法》，它是罗马传统习惯的汇编，虽然维护的是罗马贵族的利益，但成文法的公布，有效地限制了贵族们对法律的任意曲解，这在人类历史上是一个伟大的进步。

平民的斗争与贵族的妥协，提高了国家的凝聚力，罗马走向强大。此后100多年间，罗马不断发动对外战争，征服了大量的部落，疆域不断扩大。随着社会财富的增加，平民与贵族的矛盾转移到经济领域，平民们经过10年斗争，公元前367年，罗马通过了李锡尼和赛克斯都法案，其内容为：平民所欠债务，已付

利息作为偿还本金计算，未偿还部分分 3 年归还；占有公有地的最高限额为 500 犹格；两个执政官之一须为平民担任。这一法案的通过，是平民斗争的重大胜利，平民由此获得了担任罗马所有高级官职的权力。

公元前 287 年，平民举行了最后一次撤离，罗马贵族再一次妥协。这次斗争得结果是颁布了一项法律，重申平民会议对全体公民都有法律效力，平民对贵族的斗争取得了巨大的胜利。

争战中的帝国

在亚洲、地中海区域等地兴起的一些奴隶制国家的基础上，经过长时间的分化组合，终于形成了秦汉帝国、波斯帝国、亚历山大帝国、安息帝国、贵霜帝国、罗马帝国等一些地域辽阔的中央集权的专制帝国。

这些帝国大都是依靠武力建立起来的，虽然它们的建立过程给被征服地区的人民带来了灾难，破坏了各民族独立发展的历史进程，但在另一方面却使世界各地的政治、经济和文化的联系更进一步加强，加速了人类历史从分散走向整体的进程。同样，在各种矛盾激化的情况下，这些帝国最终又走向解体和灭亡。

罗马军团

王政时代，罗马军队主要是由氏族部落组成，有 3000 步兵和 300 骑兵。公元前 6 世纪，罗马人学会了重装步兵方阵。塞尔维乌斯按照地域和财产进行改革，建立了公民兵制，规定凡是 17～60 岁的罗马公民都有自备武器服兵役的义务，这样就扩大和改组了军队。

共和国初期，罗马军队分为两个军团，分别由两个执政官指挥。每个军团的主力是 3000 重装步兵，另外还配有少量轻装步兵和骑兵。

公元前 4 世纪，为了适应长期战争的需要，罗马著名军事统帅卡路米斯进行了军事改革，开始实行军饷制。罗马军团被分成 30 个连队，每个连队有两个百人队。同时，他废除了原来按财产等级列队的传统，按照年龄和经验把军队分为枪兵、主力兵和后备兵，排成三队。第一排是年轻的投枪兵，第二排是有经验的主力兵，第三排是最有经验的老兵。作战时，第一排的投枪兵先向敌人投掷长枪，这种长枪长达 2 米，装着锋利的金属矛头，再加上强大的冲击力，足以刺穿敌人的盾牌和铠甲。投枪兵投掷完长枪后，迅速后撤。第二排主力兵上前手持盾牌和利剑，同敌人展开厮杀。如果不能取胜，那么最有经验和战斗力最强的老兵们就投入战斗。

罗马军队有一个规定，军队在野外宿营时，哪怕是只住一晚也要也必须挖壕沟，筑高墙，以防备敌人偷袭。他们纪律严明，如果有人胆敢违抗命令，立即处死。打仗时，如果全队都当了逃兵，那么罗马将军就将他们排成一排，每隔 9 个人处死 1 个。如果作战有功，不管是士兵还是军官，都有赏赐。

公元前 2 世纪，罗马占领迦太基后，将那里变成了罗马的阿非利加行省。罗马的商人来到这里掠夺搜刮，并向紧邻迦太基的努米比亚国渗透，激起了当地人民的强烈愤怒。努米比亚国王朱古达派军队对当地的罗马人大肆屠杀，于是罗马向努米比亚宣战。朱古达用金钱贿赂罗马将领，罗马士兵为了金钱甚至把武器卖给努米比亚人。这场战争一连拖了好几年，罗马始终无法战胜努米比亚，引起了罗马民众的强烈不满。罗马贵族马略当选为罗马执政官，并担任军事统帅。

罗马战车

这种战车并没有在战争中大量使用，它只是公众游戏中的景象，这种游戏在罗马帝国中的主要城市举办。

　　为了战胜努米比亚，马略进行了一系列的军事改革：一，用募兵制代替征兵制。当时罗马平民要有一定的财产才能当兵，符合这一要求的人并不多。为了扩大兵源，马略采用了募兵制，吸引了大批的无产者参军。二，延长服兵役的时间。以前打仗的时候，罗马军队都是临时征集的，打完仗后就解散回家。公民服完16次兵役后就解除义务。马略将公民的兵役时间规定为16年，这就将民兵变成了职业化军人。三，给士兵发军饷。士兵服兵役期间，必须脱离生产，为了使士兵的生活有保障，马略规定士兵可以从国家那里领取军饷。战争胜利后，士兵还可以获得战利品。四，有了充足的兵源后，马略对罗马的军团制度进行了大规模调整。用联队军团代替了三列军团。五，改进武器装备，给重甲兵配备标枪和短剑。六，严格训练，最大限度增强军队的战斗力。

　　经过改革，马略率领罗马军团很快战胜了努米比亚，接着又战胜了日耳曼人，镇压了西西里岛的奴隶起义。罗马就凭着这支勇猛作战的军队征服了地中海沿岸的土地，将地中海变成了罗马的内湖，成了一个横跨亚非欧三大洲的大国。

罗马军团士兵

罗马军队中训练最好的是 15 万名罗马军团士兵。他们

训练有素，装备精良。

马其顿的年轻统帅

马其顿原来是希腊北部一个落后的奴隶制王国，它积极吸收与它相邻的先进希腊文化和技术，采用希腊文字，逐渐强大起来。公元前4世纪，马其顿国王腓力二世征服了国内没有降服的部落，占领了沿海的海港，实力越来越强。

有一次，腓力二世买了一匹高头大马，在城郊的练马场试马。许多骑手都轮番上阵，企图驯服这匹烈马。但骑手们一骑上马背，烈马就前蹄腾空，又蹦又跳，狂嘶不已，将骑手一个个摔倒地上，在场的人都哈哈大笑。腓力二世见没有一个人能驯服这匹烈马，正想下令让人牵走，忽然听到身旁12岁的儿子亚历山大说："不是驯服不了，只是因为他们的胆子太小了。"腓力二世生气地说："不许讥笑比你年长的人！因为你也驯服不了！""我去试试！"腓力二世正想阻止，但亚历山大已经向烈马跑去了。

亚历山大头像

亚历山大一手牵着缰绳，一手轻轻抚摸着马的鬃毛。他发现马非常害怕自己的影子，就慢慢地把马头转过来朝向太阳。突然，亚历山大以迅雷不及掩耳之势一跃而起，跳上了马背。受惊的烈马人立而起，仰天长嘶，企图将亚历山大掀下马背，但亚历山大牢牢地抓着缰绳，双腿紧紧夹着马腹，稳如泰山。烈马又开始疯狂跳跃，在场的人脸都吓白了，可亚历山大却毫无惧色。烈马长嘶一声，风驰电掣般向远方跑去，眨眼间就在人们的视线中消失。腓力二世焦急万分，急忙派人前去追赶。过了一会儿，满身大汗的亚历山大骑着马回来了，那匹烈马十分驯服地听从他的指挥，全场的人都惊呆了。从此，腓力二世决定将胆识过人的亚历山大培养成自己的接班人。

　　腓力二世不惜重金，请全希腊最著名的学者亚里士多德担任亚历山大的家庭教师。亚里士多德努力教导他去热爱希腊文化，征服科学的世界，但亚历山大想征服的却是现实中的世界。他非常喜欢读《荷马史诗》，枕边就放着《伊利亚特》。亚历山大最崇拜希腊神话中的英雄阿基里斯，希望有朝一日能像他一样，建立丰功伟绩。

金橡叶花冠

亚历山大从他的父亲腓力二世那里得到的佩饰。

当时希腊各城邦内战不止，实力受到严重的削弱。腓力二世看准时机，发动战争，企图征服全希腊，成为希腊之王。公元前338年，腓力二世和亚历山大与雅典和底比斯两个城邦的军队在希腊中部的喀罗尼亚相遇。交战前，马其顿排成了一个16排的方阵。方阵中的每个士兵都一手拿着一面可以遮住全身的大盾，一手拿着一根长达5米的长矛。后排的士兵将长矛放在前排士兵的肩上，前方和两侧是骑兵。腓力二世将马其顿的骑兵集合起来，形成强大的进攻力量。他亲自担任统帅，指挥右翼，任命亚历山大为副统帅，指挥左翼。

战斗开始后，双方杀得难分难解。底比斯的"神圣部队"突破了腓力二世的右翼，贪功冒进，导致战线拉长。亚历山大抓住战机，率领骑兵迅猛出击，将希腊人打得大败。这场战争后，希腊人再也无力抵抗马其顿人了，希腊并入了马其顿王国。公元前336年，腓力二世在女儿的婚礼上不幸遇刺身亡，年仅20岁的亚历山大继任为马其顿国王。

希腊各城邦见腓力二世死了，纷纷摆脱马其顿，宣告独立。年轻的亚历山大此时显示出了他的雄才大略，他迅速平定了宫廷内乱，镇压了国内叛乱的部族，随后将矛头指向了反叛的希腊城邦。

当时希腊各城邦分为反马其顿派和亲马其顿派。反马其顿派希望重获独立，而亲马其顿派则希望马其顿统一希腊，然后远征东方，掠夺波斯的财富。亚历山大亲率大军进攻反马其顿的底比斯城邦，将它变成一堆瓦砾，把城中居民统统变卖为奴隶。希腊各城邦害怕了，又纷纷表示归附。

公元前334年，亚历山大率领3.5万军队和160艘战舰远征波斯。临行前，他将自己的所有财产都分给将士。将士们问他："陛下，您把财产都分给我们，那您给自己留下了什么呢？"

"希望！"亚历山大说，"我把希望留给自己，它将带给我无穷无尽的财富！"

将士们被亚历山大的豪言壮语感动，他们齐声呐喊，誓死追随亚历山大，从此踏上远征之路。

征服波斯

公元前 334 年，亚历山大率领一支包括步兵 3 万人，骑兵 5000 人和 160 艘战舰组成的马其顿和希腊各邦联军，浩浩荡荡地渡过赫勒斯滂海峡，登陆小亚细亚，踏上了波斯的领土。

当时波斯国王大流士三世昏庸无能，国内政治腐败，内部矛盾重重。大流士三世闻讯大为惊恐，急忙派 2 万波斯人和 2 万希腊雇佣军前去迎战。两军在马尔马拉海南岸的格拉尼科斯附近交战，波斯军队占据了河对岸的高地，以逸待劳。亚历山大不顾部队长途跋涉的疲劳，率军强行过河，向波斯军队发起进攻。波斯军队一触即溃，士兵们纷纷逃亡，2000 人被俘，而亚历山大的军队只损失了百余人。

首战告捷后，亚历山大继续南下，扩大战果。公元前 333 年，亚历山大在伊苏斯迎战大流士三世亲自率领的 16 万波斯大军。大流士三世率领军队迂回到亚历山大的后方，企图围歼亚历山大。在这危急时刻，亚历山大当机立断，亲自率领精锐骑兵，向大流士三世率领的中军发起冲锋。马其顿骑兵锐不可当，势如破竹，波斯人或死或逃。大流士三世吓得魂飞魄散，急忙掉转马头，落荒而逃，连自己的弓、盾和王袍都丢掉了。其他的波斯将领见国王跑了，都无心再战，也纷纷逃亡。远征军趁机大举进攻，大获全胜。这场战役，波斯人损失了 10 万步兵、骑兵，辎重全部丧失，连大流士的母亲、妻子和两个女儿也被俘虏，而远征军仅损失 5000 人。亚历山大看到大流士三世豪华的帐篷后，羡慕不已，说："这才像个国王啊。"这场战役后，远征军获得战争主动权。

为了赎回自己的母亲和妻女，大流士三世派使者前去觐见亚历山大。使者战战兢兢地说："尊敬的亚历山大陛下，为了两国的和平，我们大流士三世陛下愿意将我们美丽的公主嫁给您，并将幼发拉底河以西的全部领土和 10000 塔兰特作为嫁妆，请求您放回我们大流士三世的母亲和妻女，并各自停战。不知陛下意下如何？"

这是一幅表现不戴头盔的亚历山大大帝追击大流士战马的图画。

亚历山大还没有回答，一旁的大将帕曼纽两眼放光，兴奋地说："这么丰厚的条件！如果我是亚历山大，我肯定会同意的！"

亚历山大轻蔑地看了他一眼说："可惜我不是愚蠢的帕曼纽。我是亚历山大，我不会答应的。我要得是整个波斯帝国，而不是部分！我要做全亚洲的统治者！回去告诉大流士，要么投降，要么继续和我战斗！"使者灰溜溜地回去了。

公元前332年，亚历山大沿地中海东岸挥军南下，进入埃及，将埃及从波斯人的手中解放出来。埃及祭司为了表达对亚历山大的感激之情，宣布他为"阿蒙神之子"，亚历山大又自封为埃及法老，还在尼罗河口兴建一座城市，并以自己的名字命名，这就是今天的亚历山大港。

战败的大流士逃到幼发拉底河，在这里重整旧部，又招募军队，准备与亚历山大决一死战。10月1日，在尼尼微附近的高加米拉原野，大流士三世的军队与亚历山大军队再次相遇。大流士对此役做了充分的准备，他调集4万骑兵，100万步兵，还有200辆装有刀剑的战车及15头战象，布置于开阔的高加米拉平原。大流士认为这是最适宜骑兵、战车作战的地方，他命令士兵铲平地面，移走障碍物，高加米拉平原显得更加空旷了。大流士吸取了伊苏斯战役的教训，还给士兵配备了更长的矛，并在战车上装备长刀，试图突破亚历山大的方阵。

大流士将军队分为两个方阵排列：第一方阵为主力部队，排成前后两条战线。战线的左、右翼骑兵和步兵混合在一起，中央由大流士亲率皇族弓箭兵、步兵和骑兵及其他城邦联军组成纵深队形。第二方阵排列在第一方阵正前方。方阵的中央为 15 头战象和 50 辆战车，大流士的御林军骑兵紧跟其后；方阵左翼为 100 辆战车及西亚骑兵；右翼为 50 辆战车及亚美尼亚和卡帕多西亚骑兵。

亚历山大趁大流士尚在设防之际，亲率一支精锐骑兵勘察地形，巡视敌情，把敌军的战略部署搞得清清楚楚。后方部队则一边加固防御工事，一边休养整顿。

当波斯和马其顿军队接近时，亚历山大并没有直接进攻，而是向波斯军的左翼斜向移动。大流士担心亚历山大攻击左翼，也跟着平行移动。渐渐地，队伍走出了波斯人特意平整过的地带。这时大流士开始警觉起来，他担心精心准备的战车失去作用，便立即命令左翼部队赶紧绕过亚历山大的右翼，阻止其继续右移。双方侧翼骑兵开始了激战。数量明显占优的波斯军，因为骑兵和马匹都有铠甲保护，致使亚历山大骑兵伤亡惨重，败下阵来。亚历山大急忙调骑兵支援，勇猛的骑士连续向波斯军左翼发起冲锋，终于将敌人击退。

大流士看到其左翼的击战正酣，趁势发动长刀战车冲向对方的方阵，试图冲散敌人。当他们接近时，马其顿方阵前方的弓弩手、标枪手上前迎战，有效地阻止了大流士的进攻。

大流士下令右翼开始进攻敌人左翼，亚历山大则命令攻击那些迂回到马其顿右翼的敌军，两翼骑兵的进攻使大流士中央部队现出了一个漏洞。亚历山大亲自率领马其顿方阵和骑兵，还有预备方阵向内旋转，形成一个劈尖，直插大流士的阵营。波斯军顿时乱了阵脚，被冲得七零八落，再也组织不起有效的进攻。大流士见大势已去，仓皇逃走。

公元前 330 年春，亚历山大引兵北上追击大流士，大流士被其部将谋杀，古波斯帝国阿黑门尼德王朝灭亡。

亚历山大之死

大流士死后，波斯帝国灭亡，亚历山大的军队占领了波斯全境。按理说，以进攻波斯为目标的东征该结束了，但是，亚历山大的野心太大，仅仅占领波斯不能让他满足，他要征服世界，他要做万王之王。于是，他借口追击波斯残余势力继续率军东进，于公元前329年侵入巴克特里亚，抓获背叛并杀死大流士的拜苏斯，将他处死。中亚地区的民族都骁勇善战，他们不服从亚历山大，不断反抗。花费了两年多的时间，亚历山大才将各地的反抗镇压下去。

在一次突围中，亚历山大骑着爱马布斯法鲁斯率军粉碎了波斯军队的进攻。该图见于他的下属西顿王的石棺。

安定好中亚后，公元前327年，亚历山大率军3万沿喀布尔河经开伯尔山口侵入印度。当时的印度，小国林立，内斗不止。印度河上游的旦叉始罗王与东邻的波鲁斯王严重不合，看亚历山大兵强马壮，旦叉始罗王便给他送来金银、牛羊、粮食，引诱亚历山大进攻波鲁斯。公元前324年4月，亚历山大从上游偷渡成功，在卢姆河畔消灭波鲁斯王大军两万余人，波鲁斯王投降。远征军抵达希发西斯河时，军中疫病流行，多年远途苦战加上久别故乡的疲惫，使将士们再也不愿前进了。亚历山大下令东进，但反复劝说，众将士仍不肯接受命令。无奈之下，亚历山大大帝被迫停止东征，传令撤军。公元前324年春，东征军返回巴比伦。

通过10年的征战，亚历山大建立起幅员空前的大帝国，帝国西起巴尔干半岛、尼罗河，东至印度河这一广袤地域，建都巴比伦。

亚历山大热爱希腊文化，在远征之前，他认为，只有希腊才是文明开化的民族，其他民族都是没有开化的野蛮民族；希腊文化是世界上最优秀的文化，其他地区没有真正的文化可言。因此，他东征的一个重大使命就是传播希腊文化，让世界上的其他民族共浴希腊文明的光辉。在东侵过程中，他沿途建设了许多希腊风格城市，有好几座还是以他自己的名字命名的，最著名的是埃及的亚历山大城，今天已经发展为埃及最大的海港。

但是，世界并不像亚历山大想象的一样，东方民族也同样是富有智慧和创造力的，也同样创造了灿烂的文明。亚历山大在东征时开始认识到这些，并逐步痴迷于东方文化。波斯人的君主体制，东方的奢华宫殿，东方的宗教都曾打动过他。因此，在传播希腊文化的同时，他也尊重其他地区的文化，并努力推动不同文化间的交流。为推动各民族的交流与信任，他自己就娶了大夏贵族罗可珊娜、波斯王大流士的女儿斯塔提拉等不同民族的妻子。他还鼓励马其顿将士和东方女子结婚，并宣布这样可以享受免税权利。他曾在苏撒举办盛大奢华的婚礼，那是他和斯塔提拉的婚礼，同时也是1万多名将士与东方女子的婚礼，亚历山大向这些新人们赠送了许多礼物。

· 亚历山大的遗产 ·

英雄长逝，靠武力征服建立起来的庞大的亚历山大帝国也随之瓦解。他的部将展开争权斗争，经长期混战，在原来帝国版图内形成了几个独立的王国，主要有马其顿希腊王国、埃及的托勒密王国和西亚塞琉古王国领域最大。它们分别在公元前168年、公元前30年、公元前64年并入罗马的版图。

从印度退兵后，亚历山大并不甘心，他在巴比伦整编军队，计划征服印度，进军迦太基，入侵罗马。但天并不遂人愿，公元前323年，这位不可一世的大帝突然死亡。关于他的死，众说纷纭，至今尚未有定论，成为历史上最大的悬案之一。亚历山大之死，大体有三种说法：第一种看法认为由于亚历山大由于长期在沼泽地区作战而染上恶性疾病去世；第二种看法是在首都巴比伦，亚历山大在一次宴会上喝得大醉以后，突然发烧，从此一病不起，不久去世；第三种说法是被部将安提帕特鲁毒死。

亚历山大是世界历史上的最伟大的人物之一，也是最具传奇色彩的、富有戏剧性的人物。他胸襟博大，满腔热情，充满了穿凿世界的朝气；他英勇善战，无往不胜，建立起不朽的事业；他年轻有为，英气勃勃，但又英年早逝，为后人留下许多想象。亚历山大的远征和亚历山大帝国的建立，当时给被征服地的人民带来灾难，但从历史角度看，它促进了东西方的文化交流，促进了东西方民族的了解与融合，推动了历史的发展。

希腊化时期神庙中残留的柱子，充分体现了这一时期的建筑特色。亚历山大的东侵使地中海东部地区进入"希腊化时期"，古典希腊文化流布于各地。

孔雀王朝的阿育王

阿育王是古印度摩揭陀国孔雀王朝的第三代国王，他笃信佛教，所以被佛教典籍称为"无忧王"。

公元前327年，马其顿帝国亚历山大大帝率军越过兴都库什山脉，入侵古印度，遭到印度人的顽强抵抗。公元前325年，亚历山大从印度河流域退走，但他在旁遮普设立了总督，并留下了一支军队。

当时恒河平原最强大的国家是难陀王统治下的摩揭陀国。公元前327年，该国出身刹帝利的一名叫旃陀罗笈多的贵族青年，揭竿而起，组织了一支军队抗击马其顿的军队。公元前324年，他率军直抵摩揭陀国首都华氏城（今印度巴特那），推翻了难陀王的统治，定都华氏城。因为他出身于一个饲养孔雀的家族，所以就把他建立的新王朝叫做孔雀王朝。旃陀罗笈多建国后大肆对外扩张，吞并周边许多国家。孔雀王朝的版图不断扩大，军事势力也很强，拥有3万骑兵、60万步兵和9000头战象。

公元前298年，旃陀罗笈多逝世，他的儿子频头沙罗登基。频头沙罗在位期间，继续对外扩张，消灭了16个大城君主，继续扩大帝国的版图。但这时孔雀王朝的统治并不稳定，各地经常发生叛乱。

公元前273年，频头沙罗病逝，死前没有立太子，为了夺取王位，王子和公主们展开了残酷的厮杀。

王子之一的阿育王18岁时，被父王任命为阿般提省总督。不久西北部重镇叉始罗城叛乱，他又被任命为该地总督，率军前往镇压，叉始罗城闻风而降，从此阿育王崭露头角，积累了政治资本。父王病逝后，阿育王在大臣们的支持下，加入了争夺王位的斗争。经过4年的拼杀，阿育王杀死了99个兄弟姐妹，最终获得了胜利。公元前269年，阿育王举行了灌顶仪式（印度当时的登基仪式），成为孔雀王朝的第三代君主。

阿育王残暴成性，杀人无数。即位后，他专门挑选最凶恶的酷吏设立了"人间地狱"，残害国内百姓。对外则沿着祖父和父亲的步伐，继续对外侵略扩张，征服了湿婆国等很多国家。其中南征羯陵伽的战争，最为激烈。

羯陵伽位于今孟加拉湾沿岸，是古印度的一个强国，拥有骑兵1万，步兵6万，战象几百头，而且经济繁荣，海外贸易十分发达。公元前262年，阿育王率大军亲征羯陵伽。羯陵伽虽然实力强大，但面对实力数倍于己的孔雀王朝，最终还是失败了。15万羯陵伽人被俘，10万人被杀。杀人如麻的阿育王看到尸骨如山、血流成河的场面，也十分震惊。羯陵伽被征服后，孔雀王朝的领土又进一步扩大。整个南亚次大陆，东临阿撒姆西界，南至迈索尔，西抵兴都库什山，北起喜马拉雅山南麓，除了南端外，全部成为孔雀王朝的领土。孔雀王朝成为印度历史上第一个基本统一印度的王朝。

栏盾上的孔雀装饰

孔雀长久以来被印度尊为国鸟，象征着吉祥如意。据有些学者所称孔雀王朝"Maurya"就是由"mayura（孔雀）"这个单词发展而来的。这个图案见于桑奇大塔第2塔栏盾上的大印章上。

羯陵伽战争中尸山血海的惨状对阿育王震撼极大，他深感痛悔，从小埋藏在心中的佛性，终于被恻隐之心唤醒。战争结束后，他与佛教高僧优波毯多次长谈，大受感召，决心皈依佛教。此后阿育王转变了原有的治国方针，宣布以后不再发动战争。他发布敕令说：他对羯陵伽人民在战争中所遭受的苦难"深感悔恨"，今后"战鼓的响声"沉寂了，代替它的将是"法的声音"。

阿育王宣布佛教为印度的国教，下令在印度各地树立石柱、开凿石壁，将他的诏令刻在上面。他还召集大批佛教高僧，编纂整理佛经，在各地修建了许多寺院和佛塔。同时派出王子和公主在内的大批使者和僧侣到邻国去传教。在他的支持下，佛教日益传播，后来还传到了锡兰（今斯里兰卡）、埃及、叙利亚、缅甸、泰国和中国等地，成为世界性的宗教。对佛教发展历史来说，阿育王是仅次于释迦牟尼的重要人物。

第一次布匿战争

迦太基人是地中海西岸腓尼基人的后代。公元前4世纪，地中海的贸易被希腊人控制着，迦太基人就和罗马人结盟，共同对付希腊人。击败了希腊人后，为了争夺富庶的西西里岛和地中海的霸权，迦太基和罗马反目成仇，进行了三次大战。罗马人把迦太基人叫做布匿人，所以这三场战争在历史上被称为"布匿战争"。

罗马对外扩张时期，改进了战术，大量使用弓箭和投枪等投射武器，可以在远离敌阵的地方杀伤敌方阵中士兵。先前，罗马人曾排出长矛方阵与高卢人作战，当高卢的剑盾兵攻破了罗马人的侧翼后，罗马军队毫无反抗能力，只能在阵位上被杀死。这次惨败令罗马人意识到，长矛阵如果被突破就很难抵抗剑兵的进攻。于是，他们对方阵进行了革命性的改进，推演出罗马小步兵方阵的战术。

公元前275年，罗马人击败皮洛士以后，很快统一了意大利半岛。随后，他们开始越过海峡，向海外扩张。公元前264年，西西里岛上的两个小城邦叙拉古和墨西拿发生争端，迦太基和罗马同时介入，双方为了各自的利益互不相让，展开激战。凭借战斗力极强的罗马军团，罗马人占领了富庶的西西里岛的大部分，并于公元前262年攻占了迦太基在西西里岛西南岸的据点阿格里真托，但西西里岛西部和沿海的一些要塞仍控制在迦太基人手中，他们凭着海军优势封锁了西西里海岸和意大利半岛。

乌鸦座和塔

罗马人发明了抓钩武器"乌鸦座"，看起来就像巨大的乌鸦嘴。它是带钩子的踏板，能坠落到敌船的甲板上。特制的双船体的攻击船能用攻击塔射击敌人。

罗马人在陆上的胜利，并不能击败迦太基的海上舰队。公元前261年，罗马人做了极为勇敢的决定，迅速建立一支拥有120艘大型战舰的海军。公元前260年，尚未成熟的罗马海军企图攻占梅萨纳，结果失败。这使罗马人认识到不做战术改良是战胜不了在海军方面训练有素、机动性和作战经验都优于自己的迦太基军队。

那么如何在海战中发挥罗马军团的陆上优势呢？

罗马人发明了新的海上战术：他们在战船上装一个在桥板顶端下面安有长钉的木板桥，也叫接舷吊桥，又称"乌鸦"。前进时，木板桥可以直立起来，用来阻挡敌人投掷的武器；接近敌船时，板桥可以左右摆动，当它落在敌船甲板上时，钉子马上把敌人船只抓住。这时，罗马军团就可以迅速通过板桥，与对方展开肉搏战。

罗马人对所有战船做了改进后，便开始向西西里北部进发，在米列海（今米拉附近）与迦太基海军相遇。用这种木板桥，罗马兵团把迦太基将士打得落花流水，这一次战役使罗马不仅在陆上，而且在海上也成了强国。

公元前256年，罗马人派出一支拥有约5万人、330艘战船的庞大军队，开始进攻迦太基。不甘失败的迦太基海军调集更庞大的舰队在埃克诺穆斯海角攻击罗马战船，可是当两军遭遇时，"乌鸦"板桥又显示出了极大的威力，迦太基损失惨重。但是，远征迦太基本土的罗马陆军惨败，统帅雷古卢斯被俘获。前来接应的罗马海军收拾残兵败将，然后返航。不幸的是，罗马舰队在回国途中遭到暴风雨的袭击，损失惨重。罗马人进军非洲的计划虽然被失败，但他们击败了迦太基强大的海军，获得了中部地中海的控制权。

公元前242年，罗马统帅卡托拉斯指挥200艘战船向西西里岛的利利贝奥和德里帕那发起突然进攻。迦太基闻讯非常震惊，立即派400艘战船出海，企图夺回这些港口。两军在爱加特斯岛附近展开激战，虽然迦太基战舰数量占优，但罗马"乌鸦"战船击沉迦太基战舰50艘，降俘70艘。结果，罗马大胜，迦太基被迫求和。

根据合约，迦太基把西西里岛及其与意大利之间的岛屿全部让给罗马，并赔款3200塔兰特。第一次布匿战争以迦太基的失败而告终。

坎尼之役

第一次布匿战争以迦太基的失败告终，迦太基被迫割让西西里岛，付给罗马大量的赔款。迦太基人不甘心失败，卧薪尝胆，决心再与罗马一争高下。公元前237年，迦太基统帅哈密尔卡带着自己的儿子汉尼拔来到西班牙建立新迦太基城，作为反击罗马的基地。为了复仇，哈密尔卡对儿子进行了严格的训练。汉尼拔9岁时，父亲命令他跪在祭坛前发誓：决不与罗马人为友，一定要为迦太基报仇。在父亲和姐夫的教导下，汉尼拔成长为一名优秀的统帅。他胆识过人，足智多谋，而且善于用兵，深受部下的爱戴。有人曾这样描述汉尼拔：没有一种劳苦可以让他身体疲倦和精神沮丧，酷暑和寒冬他都可以忍受。深夜里，他经常裹着一个薄毯子和普通士兵睡在一起。无论是在骑兵还是在步兵中，总是冲在最前面。战斗时，他总是第一个投入战斗。战斗结束后，他总是最后一个离开战场。

后来父亲战死，25 岁的汉尼拔成了迦太基驻西班牙的最高统帅。完成了作战准备后，汉尼拔开始进攻罗马在西班牙的盟友——萨贡姆城。罗马对汉尼拔发出警告，但汉尼拔不屑一顾，很快攻占了萨贡姆城。公元前 218 年，罗马对迦太基宣战，第二次布匿战争开始。

汉尼拔闪电般地击败了在西班牙的罗马人，随后，率领 5 万步兵、1.2 万骑兵和 37 头战象，从新迦太基城出发，开始了远征。当他们到达意大利北部时，全军只剩下 2 万步兵，6000 多没有马的骑兵和一头战象了。与罗马有仇的高卢人纷纷加入汉尼拔的队伍。

经过短暂的修整，汉尼拔的大军主动出击。罗马人惊惶失措，以为汉尼拔是从天而降，仓卒迎战，结果被打得大败，连罗马人的执政官都被杀死。

汉尼拔的"坦克"

最著名的战象属于迦太基统帅汉尼拔。公元前 216 年，在意大利南部与罗马人进行的坎尼战役中，他使用了从西班牙带来的大象。

·第三次布匿战争·

第二次布匿战争之后，罗马与迦太基休战了 50 多年。公元前 149 年，罗马见迦太基通过贸易逐渐恢复了元气，非常担心迦太基复兴。于是要求迦太基抛弃港口城市，搬入北非内陆，这一要求遭到断然拒绝。罗马立即对迦太基宣战，出兵 8.4 万，围攻迦太基城。迦太基人奋起抵抗，罗马人无法取胜。公元前 147 年，罗马执政官小西庇阿亲临前线指挥，断绝迦太基与外界的联系。第二年春天，罗马人发动总攻，攻克迦太基。迦太基港口被毁灭，5 万残存居民沦为奴隶，罗马完全吞并了迦太基。

公元前 216 年，8 万罗马大军与 6 万汉尼拔大军在坎尼（今意大利奥方托河入海口附近）相遇，一场大战不可避免。战前，汉尼拔派 500 名士兵前去诈降，罗马人将他们缴械后安置到了罗马人的阵后。汉尼拔将战斗力较弱的步兵摆在中央，两翼则配备战斗力较强的骑兵。整个汉尼拔大军呈月牙状分布，突出的一面朝向罗马人，背靠大海列阵。战斗开始后，罗马人向汉尼拔发起了猛烈进攻，迦太基步兵抵挡不住逐渐后撤，而骑兵则坚守阵地。月牙阵突出的部分慢慢收缩，罗马人进入了口袋阵。这时，汉尼拔立即指挥两翼精锐骑兵迅速向罗马人的后方包抄，步兵停止后退，开始反攻。先前诈降的 500 名迦太基士兵也从怀里掏出匕首，杀向罗马人，堵住罗马人的退路。排山倒海一样的迦太基骑兵迅速击败了罗马人的骑兵，开始猛攻罗马人的中央步兵。罗马人顿时陷入了重重包围之中。恰在这时，猛烈的海风吹来，扬起了满天尘土，迷住了罗马人的眼睛。几万罗马人乱成一团，不成阵式，根本无法发挥出战斗力。罗马人向前受大风的阻挡和迦太基步兵的反击，两翼受到迦太基骑兵的夹击，后面又遭到迦太基士兵的进攻，溃不成军。

这场战役整整持续了 12 个小时，直到黄昏后才结束。罗马人有 5.4 万人战死，1.8 万人被俘，1.4 万人突围逃走，而汉尼拔只损失了 6000 人。坎尼战役成为历史上著名的以少胜多的辉煌战役。

后来，罗马人改变战略，开始进攻迦太基本土，汉尼拔被迫回援，结果战败，第二次布匿战争又以迦太基的失败告终。汉尼拔为了躲避罗马人的追杀，四处逃亡，最后被逼自杀。52 年后，罗马人发动了第三次布匿战争，彻底灭亡了迦太基。

张骞出使西域

　　中国汉武帝时的张骞，曾两次出使西域，开辟了丝绸之路，加强了中原与西域的联系，促进了西汉王朝和中、西亚各国经济文化的交流和发展。张骞凿空西域，在中国历史、亚洲历史以及东西方交通史上，都有着深远的意义和巨大影响。

　　西汉时期，北方的游牧民族匈奴一直是西汉最大的威胁。他们不断地南下，掠夺人口、牲畜和财物，侵扰汉朝的北部边境，有一次甚至逼进首都了长安附近的甘泉宫。汉朝虽想进行军事反击，但由于汉初实力不够，而无法实现，因此，一直以和亲的方式羁縻匈奴。到了汉武帝的时候，汉朝进入全盛时期，国富兵强，汉武帝开始筹划反击匈奴。

　　此恰逢匈奴单于杀死游牧民族大月氏人的王，继位者很想报杀父之仇。汉武帝探知这一消息，决定利用这一有利时机，派人去联络大月氏，夹击匈奴。公元前139年，在武帝身边担任郎官的张骞毛遂自荐，带领堂邑父和随从100多人，第一次出使西域。

　　张骞此行充满了危险。当时匈奴的势力已经延伸到西域，控制了天山一带和塔里木盆地的东北部以及河西走廊地区。河西走廊是通往大月氏的唯一通道，张骞一行刚一进入，就遇见匈奴骑兵。张骞等人被捕后，匈奴兵来夺张骞的旌旗，张骞义正词严地说："旌旗是我出国的凭证，你们胆敢侮辱我！"匈奴兵无奈，只好把他押去见单于。单于扣下张骞、堂邑父以及他们所带财物，把他的随行人员分到各个部落去当奴隶。匈奴人不断地提审盘问张骞，却一无所得。单于软硬兼施，下令把张骞和堂邑父押送到匈奴西边的游牧地区，表面上优礼相待，暗地里则严加看管，还指派一名美女给张骞当妻子。

　　但张骞不忘使命，公元前129年，他抛下妻儿，逃离匈奴，继续西行，终于到达了大月氏。可是西迁的大月氏征服了富饶的大夏以后，已不想再与匈奴交战了。张骞在大夏地区考察了一年多，起程回汉。归途中虽然改走天山南路，但还

是不幸地再次被匈奴俘获，又被扣留了一年多。直到公元前126年，张骞等人才趁着匈奴内乱，带着妻子和儿子，逃了出来，回到汉朝。

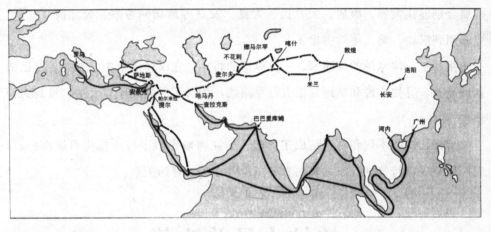

丝绸之路示意图

丝绸之路跨经 6 个亚洲国家，最大的威胁来自中亚地区占山为王的强盗，为保护驼队和线路的畅通，安息士兵常在本国道路上巡视。

张骞第一次出使西域，虽然没有完成使命，但是却开辟了举世闻名的丝绸之路，为进一步发展汉朝和西方之间的友好关系，促进国际间的经济文化交流，作出了不可磨灭的巨大贡献。

丝绸之路的开辟，使得西域的葡萄、苜蓿、胡桃、芝麻、石榴、黄瓜、大蒜、胡萝卜、蚕豆等，在中原地区生根落户；西方的毛皮、毛织品、玻璃以及名马、骆驼、狮子、鸵鸟等珍禽异兽也都源源东来；中原地区的丝绸、铁器、农产品、铸铁技术、井渠灌溉方法等也相继传到了西域、波斯、印度等地。这种频繁的经济、文化交流，促进了西域的进步，也极大地丰富了中原人民的物质文化生活。

公元前122年，张骞在汉武帝的支持下，连续派出了十几批使者试图打通去往身毒（印度的古称）的道路，继续寻找前往西方的道路。这一举动虽然没有达到预期效果，却恢复了内地和西南的交通，加强了汉族和西南各少数民族之间的友好关系，为后来汉朝开发经营西南地区奠定了基础。

汉朝取得对匈奴战争的胜利后，为了进一步发展汉朝和西域各族的友好关系，加强和中亚、西亚各国的联系，孤立打击匈奴在西域的残存势力，公元前

119 年，张骞建议汉武帝联合乌孙，共同对付匈奴。汉武帝采纳了他的建议，再次派他出使西域。但是由于乌孙的内乱，汉乌联合之事被搁置下来。张骞只好派部属分别前往大宛、康居、大月氏、大夏、安息等地访问考察。公元前 115 年，张骞回到汉朝，第二年就去世了。

张骞是一位卓越的探险家、一位英勇的将军。在汉匈战争中，他凭借自己的西域经验，寻找水源和草地，指点行军路线，为汉军的胜利屡立大功，被封为博望侯。

后来，汉朝不仅和乌孙结成了同盟，还在西域设置了行政机构西域都护府，对西域地区进行管辖。汉朝和西方各国也建立起友好的关系。

格拉古兄弟改革

公元前 2 世纪中叶，罗马不断对外扩张，占领了大片的领土，成为了地中海的霸主。罗马先后在地中海沿岸设立了西西里、撒丁、山南高卢、远西班牙、近西班牙、阿非利加、伊利里亚、马其顿和亚细亚 9 个行省，高卢南部、多瑙河以南地区、小亚细亚北部和叙利亚等地区虽然没有被直接吞并，但都属于罗马的势力范围。

但大规模的扩张也给罗马带来了一系列的问题。首先是兵源不足，罗马的士兵都是从有耕地的平民中征发的。平民拥有选举权，平时垦荒或耕种从罗马政府那里分来的土地；战时自备武器装备，应征入伍。在罗马对外扩张中，这些平民立下了汗马功劳。但是，随着征服土地的扩大，罗马的奴隶主们拥有很多大庄园，使用大量的奴隶劳动。许多平民无力与他们竞争，土地被兼并，纷纷破产，甚至一贫如洗。根据罗马的兵役法，服兵役的人必须自备服装、武器，但失去土地的平民根本无力购买，因此也无法当兵，使罗马的军队数量越来越少。根据公元前 154 年的人口调查，适合服兵役的罗马平民的人数，约为 32.4 万人，而到了公元前 136 年，这一人数已经下降到了 31.8 万人。与此相反的是，被罗马征服的土地上，起义此起彼伏，愈演愈烈，罗马贵族认识到要巩固辽阔的疆域，进行行之有效的统治，镇压被征服地区的反抗，必须有一支数量庞大的军队。于是在公元前 2 世纪下半叶，以格拉古兄弟为首的一些开明的罗马贵族便开始发动了一场以解决土地问题为中心内容的，旨在复兴农民进而复兴军队的改革运动。

罗马人认为农业是最高贵的职业，但当自给自足无法实现时，人们发现奴隶和佃农耕种了大部分土地，城市地主在榨取他们的劳动成果。

提比略·格拉古出身于一个显赫的贵族家庭，他本人参加过多次战争，立下了赫赫战功，在罗马人中声望很高，并于公元前133年当选为保民官。当上保民官后，提比略·格拉古便颁布了自己的改革方案。方案规定：任何罗马人占有的土地不得超过 500 犹格（罗马的土地单位，1 犹格等于 0.25 公顷），他的儿子成年后可再拥有 250 犹格，但每家拥有的土地总共不得超过 1000 犹格。超过部分将由国家收购，再由国家划分成每块 30 犹格的小块土地，无偿分给无地平民，不得买卖或转让。提比略·格拉古还成立了一个特别委员会，负责收回和分配土地。这个法案遭到了占有大片土地的守旧贵族的强烈反对，但得到了广大平民的大力支持。经过激烈斗争，公民大会通过了该法案。

为了彻底贯彻法案的实施，提比略·格拉古决定竞选下一届保民官，而守旧贵族则决定在竞选大会上刺杀提比略·格拉古。守旧贵族纳西卡率领一批打手，暗藏凶器，潜入会场。有人将这一情况告诉了提比略·格拉古，提醒他回避。但提比略·格拉古认为现在回避，人民会失望的，就拒绝了。他把双手放在头上，做出了一个生命受到威胁的姿势。守旧贵族大喊："提比略·格拉古要我们给他一顶王冠！"纳西卡和他的打手掏出凶器，大声说："提比略·格拉古背叛了罗马，爱国者跟我来！"纳西卡和他的打手气势汹汹地冲上前去，与提比略·格拉古的支持者展开了激战，包括提比略·格拉古在内的300多人倒在血泊之中。守旧贵族的暴行激起了人民的强烈愤怒，纳西卡狼狈逃出罗马，最后死在了小亚细亚。元老院慑于众怒，也不敢废除土地改革法案。提比略死后的6年里，先后有8万平民分到了土地。

公元前124年，提比略·格拉古的弟弟盖约·格拉古当选为下一年的保民官。他比提比略·格拉古更激进，对人民更具吸引力。守旧贵族惊呼："提比略·格拉古又回来了。"

盖约·格拉古上台后，继续执行哥哥的法案。但此时罗马的土地已经不多了，于是他提出在意大利和北非再建3个移民区，以解决土地问题，得到了平民的大力支持，而守旧贵族对盖约·格拉古更加痛恨。

在一次大会上，一个守旧贵族大肆侮辱盖约·格拉古，结果被愤怒的盖约·格拉古的支持者所杀。以此为借口，守旧贵族开始大肆报复，3000人被杀，盖约·格拉古被迫逃亡，最后绝望自杀。格拉古兄弟改革最终失败。

公元前1世纪的罗马货币

斯巴达克起义

公元前 2 世纪，罗马横跨欧、亚、非三大洲。连年的扩张，使大批的战俘和被征服的居民成为罗马人的奴隶，奴隶们被称为"会说话的工具"。奴隶主为了取乐，建造巨大的角斗场，强迫角斗士手握利剑、匕首，相互拼杀，或者让角斗士与狮子等猛兽搏斗。一场角斗戏下来，场上留下的是一具具奴隶尸体。

公元前 80 年，希腊东北部的色雷斯（今保加利亚、土耳其的欧洲部分）被罗马征服，战将斯巴达克被俘后沦为奴隶，成为一名供罗马贵族娱乐的角斗士。在卡普亚城一所角斗士学校，斯巴达克遭受了非人的待遇。公元前 73 年，在忍无可忍的情况下，斯巴达克向他的伙伴们说："宁为自由战死在沙场，不为贵族老爷们取乐而死于角斗场。"角斗士们在斯巴达克的鼓动下，拿起厨房里的刀和铁叉，为了争取自由，斯巴达克秘密带领 78 名角斗士杀死卫兵，逃到维苏威深山里，斯巴达克被推选为起义首领。斯巴达克起义爆发后，许多逃亡的奴隶和农民纷纷加入，起义军很快发展到 1 万人。起义军不断出击，势力日益壮大起来，影响范围也越来越广。

得知奴隶起义的消息，罗马元老院急忙派克狄乌斯率 3000 人前去围剿。维苏威山是断崖山，山后是悬崖峭壁，克狄乌斯封锁了山路，企图把起义军困死在山上。斯巴达克一边命人在前面吸引敌人的注意力，一边命主力用野葡萄藤编成绳梯，夜里顺着绳梯下山，绕到敌后，向正在沉睡的罗马军队发动进攻。罗马军在起义军的突然袭击下乱作一团，溃不成军，克狄乌斯慌忙逃脱。起义军名声大振，队伍进一步扩大。

起义军队伍壮大起来后，斯巴达克决定将队伍转移到罗马兵力较弱的意大利北部。罗马元老院命瓦利尼乌斯率领 1.2 万大军分三路截击。斯巴达克采取各个击破的策略，先后打败两路大军。两路失败的罗马军与第三路军汇合后继续反攻，将起义军困在山洞里，起义军正好得到了休整机会。休整完毕，起义军在营中点起篝火，吹响号角，迷惑敌人，然后趁夜色从崎岖的小道突破重围。天亮后，罗马军才知中计，急忙追赶。起义军又利用有利地势设下埋伏，打了罗马军队一个措手不及。

公元前72年，斯巴达克的军队发展到1.2万人，斯巴达克按照罗马军队的形式对部队进行了改编，除了由数个军团组成的步兵外，还建立了骑兵、侦察兵、通信兵和小型辎重部队。此外，斯巴达克还组织制造武器，对士兵进行训练，并制定了严格的兵营和行军生活规章。起义军声威大震，控制了整个坎佩尼亚平原。斯巴达克决定继续北上，但和他的副手克里克苏产生分歧，克里克苏拒绝北上，带领部分人马原地留守。

斯巴达克雕像

罗马元老院对起义军的发展极为担忧，遂命两个军团对起义军进行围剿。罗马军首先给了留守的克里克苏部致命一击，克里克苏阵亡。然后，又兵分两路夹击斯巴达克军。斯巴达克集中兵力先打击堵截的罗马军团，后乘胜回头对追兵发起了猛攻，罗马军团再次惨败。

竞技场上的厮杀

　　取得这场胜利后，斯巴达克不再向北转移，而是挥师南下，向西西里岛进军。罗马元老院惊慌失措，派克拉苏统帅 6 个军团约 9 万人镇压起义军。这时斯巴达克大军已挺进到意大利半岛的南部，准备从这里渡海去西西里岛，到那里建立政权。但是被西西里收买而毁约的海盗没有给他们提供船只，斯巴达克只好组织起义军编制木筏，海上的风暴又使他放弃了这个计划。这时罗马大军赶到，在起义军后方挖了一条大壕沟，切断了起义军退路。起义军回师反攻，用土和树木填平了壕沟，突破罗马军队的防线，但起义军也损失惨重，2/3 的战士牺牲。

　　公元前 71 年春，起义军试图占领意大利南部的重要港口布尔的西，乘船渡海驶向希腊，进而到色雷斯。罗马元老院想尽快将起义镇压下去，就分别从西班牙和色雷斯将庞培的大军和路库鲁斯的部队调来增援克拉苏。为了不让罗马军队会合，斯巴达克决定对克拉苏的军队发起总决战。

　　在阿普里亚省南部的激战中，斯巴达克军队虽在数量上比罗马军队少得多，但他们仍然英勇战斗。斯巴达克身先士卒，骑在马上左冲右突，杀伤两名罗马军官。他决心杀死克拉苏，但由于大腿受了重伤，只好在地上屈着一条腿继续战斗。在罗马军队的疯狂围攻下，6 万名起义者战死，斯巴达克也壮烈牺牲。此后，斯巴达克的余部继续战斗达 10 年之久。

　　斯巴达克起义虽然失败，但它沉重地打击了罗马统治，对罗马的政治、经济、军事都产生了深远的影响，其不畏强暴、前仆后继寻求解放的斗争精神谱写了奴隶解放的光辉诗篇。

古罗马大竞技场

大竞技场作为罗马帝国繁荣时期的建筑物，除了是戏剧演出的圣地，它还经常作为角斗表演的场所（如上图）。曾有人对它做出这样评价："只要古罗马竞技场还矗立着，罗马就巍然不动。一旦竞技场倒塌，罗马也就倒下；一旦罗马倒塌，世界也就完了。"

恺撒大帝

"今天的收获真不小，竟然抓到了一个衣着如此光鲜的'贵重货'。"地中海的海盗们高兴极了。海盗们知道这个穿着华贵衣服的人就是这伙人的头，于是就对其他被俘的人说："你们赶紧回去取 20 塔兰特，然后来赎回你们的主人。"这位被称为主人的人听了海盗的话，不慌不忙地说："我的身价应值 50 塔兰特。"

海盗得到钱后，果然把这个衣着光鲜的家伙给放了。这一回，这个人反倒不依不饶地说："你们听着，将来我要率领一支舰队消灭你们。"海盗们不以为然。几年后，这股海盗果真被一支舰队打败了。临死时，强盗们认出了那个下达"把他们钉在十字架上"命令的人，正是他们曾经俘获并向他索要 20 塔兰特的衣着光鲜的人。

这位海盗的俘虏，就是古罗马共和国末期著名的统帅和政治家恺撒（约公元前 100～前 44 年）。在历史上，能同时拥有政治、军事、文学、雄辩等诸多才能于一身的人，除了恺撒之外，恐怕再找不出第二个人了。

恺撒是古罗马历史上最有成就的伟人，有人断言，若不是他在英年时突然被刺身亡，罗马的历史将可能改写，甚至他的成就将可能超过著名的马其顿国王亚历山大大帝。

表现恺撒被刺死的绘画。尽管事先受到威胁，恺撒还是没带武器便来到元老院，在凶手中，他认出布鲁图斯——他之前非常信任的人。

恺撒生性好学，加之出身贵族，所以自幼就受到了非常良好的教育。他跟随一位高卢人老师学习了拉丁文、希腊文和修辞学，这位老师对他的性格塑造有着不可磨灭的影响。少年时期的恺撒就怀有非凡的抱负和志向，他幻想权力和荣誉，希望为风云变幻的罗马共和国建功立业，13 岁时，他就当选为朱庇特神（即宙斯）的祭司。公元前 84 年，恺撒奉父命与珂西斯汀结婚，父亲去世后，他与珂西斯汀离婚，另娶了当时平民党的领导者金拉的女儿可妮丽娜为妻。独裁者苏拉在取得统治权后，杀死了自己的政敌金拉，但他非常赏识年轻有为的恺撒，要求恺撒和可妮丽娜离婚，被恺撒拒绝。一气之下，苏拉没收了恺撒的世袭财产和他妻子的嫁妆，并且要处死恺撒，恺撒闻讯，逃离罗马，直到公元前78年苏拉死后，才返回罗马。

·独裁者苏拉·

苏拉（公元前138～前78年），古罗马军事家、政治家。早年为马略部将，曾参加朱古达战争和罗马对日耳曼人的战争。公元前88年，苏拉当选为执政官。此后，他与马略反目成仇。公元前87年，苏拉率军远征东方，马略和金拉乘机夺权，苏拉在战场上获胜后率军回师意大利，击败反对派。公元前82年，苏拉占领罗马城，彻底肃清了马略和金拉的追随者，迫使公民大会选举他为无任期限制的独裁官，集军政大权于一身。他将没收的土地划为12万块，分给老兵，由此获得了军队的支持。苏拉依靠军队实行独裁，沉重打击了共和制，为以后恺撒等人的独裁开了先河。

回到罗马后，恺撒迅速在政坛崛起，以雄辩、慷慨、热心公务的作风和改革派的形象赢得了公众的好感，并在广大平民和部分上层人士中赢得威望。公元前73年，他被选入最高祭司团，此后，又历任财政官、市政官、大祭司长、大法官等高级职务，并于公元前60年与担任执政官的庞培和克拉苏结成"三头同盟"。在后两者的支持下，恺撒于公元前59年登上了罗马执政官的宝座，任满后出任高卢总督（公元前58～前49年）。就任高卢总督期间，恺撒建立起了一只能征善战、完全听命于自己的强大的军队，这支军队征服了高卢全境，越过莱茵河奔袭德意志地区，并两次渡海侵入不列颠群岛，为恺撒赢得了赫赫战功。恺撒势力的迅速增长，引起了元老院贵族的惊恐。

克拉苏死后，庞培与元老院合谋，企图解除恺撒的军权。恺撒决定兵戎相见，经过5年内战（公元前49～前45年），他消灭了以庞培为首的敌对势力，征服了罗马全境，被宣布为独裁者，获得了至高无上的统治权力，成为没有君主称号的君主。凭借手中的权力，恺撒进行了包括土地制度、公民权、吏治法纪和政治体制在内的多方改革，建立起高度的中央集权，初步形成了一个以罗马为中心的庞大帝国，而且其中的一些措施对后世影响深远。他曾让属下在墙上写出罗马发生的重大事件和元老院会议的报告书，成为现代报纸最原始的雏形；他主持制定的儒略历，有些国家到20世纪还在应用，而现行的国际通用的公历也是在这

个历法的基础上改革而成的；他曾为当时众多的马车制定单向通行的制度，成为现代交通管理的溯源；他所写的《高卢战记》更是为后人留下了了解当时外高卢、莱茵河东岸的山川形势、风俗人情等的最早的第一手材料。

恺撒的独裁权力始终为元老院的贵族反对派所不满，于是他们勾结起来预谋刺杀恺撒。

公元前44年3月15日，恺撒没带卫队，只身一人来到元老院开会。当他落座后，一个刺客假装汇报情况来到他面前，突然拔出藏在胸前的匕首刺向恺撒。恺撒毫无防备，应声倒地。其他阴谋者一拥而上，连刺恺撒23刀。当恺撒看到他最宠爱的义子布鲁图也持刀向他刺来时，便绝望地喊道："孩子，连你也要杀我吗？"然后便不再抵抗，用长袍把头蒙住，任由大家刺杀，至死维护自己的尊严。

恺撒虽然死了，但罗马帝国的车轮已经运转起来，恺撒的甥孙、年轻的屋大维最终取得了罗马的统治权，成为罗马历史第一个皇帝，被尊称为"奥古斯都"（神圣之意），开创了罗马帝国。

埃及女王克里奥帕特拉

克里奥帕特拉是埃及托勒密王朝的国王托勒密十二世的女儿，传说她出生时，整个王宫一片红光。埃及的预言家们预言这个女孩将会是托勒密王朝甚至是古埃及的一位重要人物，埃及的生死存亡都将寄托在她身上。国王和王后听了非常高兴，他们对克里奥帕特拉非常宠爱。父母的娇生惯养，使她从小就有很强的占有欲。她聪明美丽，受过良好的宫廷教育，会说很多种语言。

托勒密十二世去世后，按照埃及的规定，克里奥帕特拉与弟弟托勒密十三世结婚，共同统治埃及。托勒密十三世是个懦弱无能的人，精明能干的克里奥帕特拉一点都不喜欢他。由于性格不合，两人经常发生冲突。克里奥帕特拉想大权独揽，与托勒密十三世发生了激烈的权力争夺。在这场斗争中，克里奥帕特拉失败了，被迫逃亡叙利亚。但克里奥帕特拉不甘心失败，她积极地招兵买马，时刻准备杀回埃及。

·埃及托勒密王朝·

亚历山大帝国解体后，原亚历山大的部将托勒密·索特尔自立为埃及国王，定都亚历山大里亚，从此埃及进入了托勒密王朝时期。托勒密王朝全盛时拥有包括埃及本土、地中海部分岛屿、小亚细亚一部分、叙利亚和巴勒斯坦部分地区。它的统治阶级主要是希腊人和马其顿人，他们控制了国家从中央和地方各级政权。由于长期同塞琉古王国和马其顿王国争霸，再加上奴隶起义不断，托勒密王朝逐渐走向衰落。公元前30年，托勒密王朝被罗马所灭。

公元前48年，罗马大将庞培与恺撒争权，失败后逃到埃及。恺撒追击庞培，率军来到埃及。克里奥帕特拉闻讯回国，打算借助罗马人的力量重登埃及王位。一天晚上，恺撒正在亚历山大城的豪华宫殿里看书，一个侍卫进来禀报说："尊敬的将军，埃及女王派人送给您一张毛毯。"恺撒让侍卫送进来。侍卫转过身拍了拍手，只见两个埃及人扛着一卷毛毯走了进来，然后放在地上就退了出去。这时，毛毯慢慢展开，恺撒惊奇地发现，里面竟然出现一个绝色的美人。恺撒屏退左右，毯中人向他自我介绍，说自己就是埃及女王克里奥帕特拉。恺撒早就听说埃及女王是个美人，今夜一见，果然名不虚传。恺撒礼貌地问："尊敬的女王陛下，您这么晚找我有什么事？"克里奥帕特拉也不绕弯子，直截了当地说："我是想让你帮我重登埃及王位。"克里奥帕特拉美丽的容颜、曼妙的身姿、迷人的微笑，在灯光的映照下犹如仙女下凡，恺撒立刻就爱上了女王。罗马军队轻而易举地击败了托勒密十三世的军队，在恺撒的扶植下，克里奥帕特拉重登王位，成为大权独揽、至高无上的埃及女王。

后来恺撒回师，克里奥帕特拉也来到了罗马。克里奥帕特拉坐在巨大的狮身人面像的模型上，由很多侍卫抬着经过凯旋门时，整个罗马都轰动了。罗马人倾城而出，争相目睹女王的风采。克里奥帕特拉为恺撒生了一个儿子，取名"小恺撒"。克里奥帕特拉和她的孩子住在罗马郊外的别墅，恺撒经常去那儿看望他们。不料几年后，恺撒遇刺身亡，女王伤心地回到了埃及。

恺撒死后，女王急于再找一个靠山，她看上了原恺撒手下的大将安东尼。此时的安东尼已经是罗马政坛上的三巨头之一，手握大权，管辖着罗马的东方行省。一天，安东尼率领军队来到埃及，传唤女王，要质问她为什么在为恺撒报仇的事上没有尽心尽力。

克里奥帕特拉之死

海战的失利和安东尼的死，使艳后失去了活下去的勇气。

当埃及女王的金色大船一靠岸，安东尼远远地看见了女王的绝世容颜，顿时神魂颠倒，他将自己的衣服整理了很多遍才登上女王的大船。一见到美丽的女王，安东尼顿时将质问女王的事情抛到了九霄云外，很快坠入情网。不久，女王给安东尼生了一对双胞胎，安东尼将罗马的领土封给了埃及女王的儿子。这一行为引起了罗马人的强烈愤怒，他们纷纷指责安东尼是卖国贼，要求出兵讨伐他，恺撒的养子屋大维趁机率领军队讨伐安东尼。

安东尼和女王的联军在亚克兴海与屋大维展开激战，双方杀得难分难解。正在这时，女王突然率领自己的60多艘战舰撤退，安东尼见女王离去，斗志全无，也率领舰队返航。安东尼的很多部下见状，都投降了屋大维。

第二年夏天，屋大维率领大军在埃及登陆，绝望的安东尼拔剑自杀，克里奥帕特拉被俘。她还想用自己的美色诱惑屋大维，可屋大维对她不屑一顾，并扬言要把她押回罗马游街示众。克里奥帕特拉不愿受辱，想一死了之。她恳求自己死后能和安东尼合葬在一起，屋大维答应了。克里奥帕特拉在自己的王宫里，打扮得漂漂亮亮，平静地躺在象牙床上，将一条小毒蛇放在自己身上。小毒蛇轻轻咬了女王一口，不一会儿，38岁的女王就永远闭上了眼睛。

元首屋大维

"我接受了一座用砖建造的罗马城，却留下一座大理石的城。"这是罗马帝国的创建者奥古斯都充满自豪感时说的一句话。奥古斯都平生的志向就是要让罗马人从战争中解放出来，"永远过和平的生活"。他也的确实现了自己的诺言，在他统治的43年里，古罗马经济进入了史上最繁荣的时期。鉴于他伟大的功绩，公元14年8月，当他死去时，罗马元老院将他列入了"神"的行列，并且将8月称为"奥古斯都"，以纪念他。

奥古斯都原名盖乌斯·屋大维，奥古斯都是罗马元老院授予他的尊号，是神圣、庄严、伟大的意思。屋大维4岁时，父亲去世，他的母亲改嫁给马尔库斯·腓力普斯，从此，屋大维由继父抚养。12岁时，他在外祖母尤利娅的葬礼上致悼词，第一次在公众场合露面。15岁时，他被选入大祭司团。恺撒被刺时，他19岁，正在阿波罗尼亚城（今阿尔及利亚境内）接受教育，为恺撒远征帕提亚（今伊朗一带）做准备。恺撒在遗嘱里将自己财产的3/4赠与了屋大维，并将屋大维立为自己的继承人。

得悉恺撒的死讯后，屋大维返回罗马，利用恺撒对自己的恩宠及恺撒的影响力开始了谋求罗马统治权的活动。他向恺撒的部将、当时掌握实权的执政官安东尼提出继承恺撒权力的要求，但遭到拒绝。

屋大维知道要想获得政权，必须拥有一支属于自己的军队。为此，他四处募集资金，甚至拍卖家产，招募恺撒旧部，不到一年的时间，屋大维便建立了自己的军事力量。公元前43年，他趁安东尼出兵在外，率军进入罗马，获得了元老院的支持。此后，屋大维、安东尼、雷必达三位实力相当的人物达成协议，缔结盟约，共同执政，史称"后三头"政治同盟。在清除了一系列反对势力后，后三头重新划分势力范围，屋大维用计剥夺了雷必达的权力，兼并了他的军队，成为罗马实力最强的人物。公元前42年，拥有罗马东方行省的安东尼来到埃及，拜倒在埃及女王克里奥帕特拉的石榴裙下。不久，克里奥帕特拉为他生下一对双胞胎，高兴过头的安东尼竟然宣布把罗马的东方行省赠给克里奥帕特拉及其子女。

屋大维像

这个踌躇满志的青年，19 岁时继承恺撒的伟业，31 岁时统治罗马世界，治理帝国达半个世纪之久。这尊大理石雕像雕刻的屋大维显得平静而庄严，做出凯旋的胜利姿势，其脚边的丘比特象征着他的伟大诞生。

这一行为激起了绝大多数罗马人的愤慨。罗马元老院和人民大会不能容忍安东尼，宣布剥夺他的权力，并授权屋大维率兵讨伐。公元前 31 年，屋大维与安东尼在亚克兴海决战，安东尼失败，逃回埃及后自杀。屋大维进军埃及，克里奥帕特拉企图笼络屋大维，失败后也自杀身亡，埃及成为罗马的一个行省。公元前 29 年，屋大维肃清了自己的敌对势力，成为罗马唯一的统治者。

宝石浮雕

奥古斯都坐在一位象征着罗马的女神身旁，正在接受
花环加冕。

　　凯旋罗马后，屋大维接受了"元老院首席公民"（即元首）和"元帅"的称号，并于公元前28年当选为罗马执政官。与恺撒不同的是，屋大维在共和政府的形式下进行了实质上的独裁统治，这成为他在罗马执政42年的重要原因。公元前27年1月13日，他召开元老院会议，在会上宣布交出独裁权力并恢复"共和国"制度，此举使心怀感激的元老院在三天后授给他"奥古斯都"的尊号。但是，他又装作应元老院和人民的请求，接受了完全违背共和制原则的绝对权力，创立了独裁的元首制。公元前13年，奥古斯都被选为祭司长，成了罗马宗教的首脑。这样，他总揽了行政、军事、司法和宗教大权，实际上成为罗马帝国的第一个皇帝，那一年，他36岁。

·亚克兴海战·

　　公元前31年，屋大维率军8万、战船400艘东征，安东尼和埃及女王率军10万人、战船500艘迎战，双方在亚克兴海对阵。屋大维占领科罕岛和莱夫卡斯岛，对安东尼军南北夹击，并派战船袭扰安东尼的后方补给线。安东尼见形势不利，便决心在海上与屋大维决战。双方采用的都是左、中、右三翼编成一线展开的阵形，安东尼首先率右翼编队迂回敌方左翼，女王率预备队尾随接应，屋大维则派海军名将阿格里帕指挥左翼编队迎战。阿格里帕的左翼编队充分发挥船体轻、航速快、机动灵活的优势，与安东尼大型舰船作战，占据优势。激战中，安东尼中央和右翼编队部分船只见势掉头回航，不明真相的埃及女王也下令舰队脱离战场。安东尼见状，无心再战，下令撤退。这一战，安东尼损失战船300余艘，陆军全部投降，从此丧失了与屋大维争霸的实力。

建立元首制后，奥古斯都将罗马各行省分为由元老院任命总督管辖的元老院行省和直属元首的行省，同时继承了恺撒的制度，在行省中推行自治市制度，把公民权授予行省上层分子，又将大批退伍士兵移居各行省，从而大大加强了对全国各个地区的控制力度。奥古斯都建立了一支强大的正规化的常备军，依靠这支军队，征服了高卢和西班牙，占领了从莱茵河到易北河的全部地区，把地中海变成了罗马的内湖，极大拓展了帝国的疆域。

尽管奥古斯都比较长寿，但他却一直受到疾病的困扰和折磨。他患有严重的皮肤病、风湿病、关节炎等多种疾病，怕冷却又不敢晒太阳。他饮食清淡，遇有宴会，他要么预先吃饱，要么宴会后单独再吃，而不动宴席上的东西。像中古的圣哲一样，他用精神支持肉体，建立了自己的千秋伟业。

公元14年，奥古斯都巡视南意大利，在路上因病死去，享年77岁。

"魔鬼"尼禄

公元37年12月5日，尼禄出生于罗马。他的父亲是一个臭名昭著的大贪官，母亲阿格里披娜是罗马皇帝的侄女。3岁的时候，尼禄的父亲病死，他的母亲用美色诱惑自己的叔叔，当上了皇后。

阿格里披娜是一个野心勃勃、权力欲极强的女人，她处心积虑怂恿老皇帝将太子废掉，立尼禄为太子。为了让尼禄的地位更巩固，她又撺掇老皇帝将公主屋大维娅嫁给了尼禄。

阿格里披娜以为这样一来，只要老皇帝一死，罗马皇帝的宝座就是尼禄的。

但事情的发展并不如意，老皇帝的身体非常健康，并且经常怀念废太子。阿格里披娜急得团团转，最后她竟勾结近卫军将老皇帝毒死。就这样，年仅17岁的尼禄登基，成为罗马皇帝。

尼禄在元老院的第一篇演说受到了元老们的普遍称赞，元老们一致认为尼禄将是一个非常有作为的皇帝，罗马帝国的一个新的黄金时代即将到来。尼禄上台后，起初施行仁政，下令禁止血腥的竞技，废除极刑，减少赋税，允许奴隶们控诉虐待他们的主人等，他甚至宽恕写诗讽刺他的诗人，赦免阴谋反对他的人。

尼禄当上皇帝后，阿格里披娜得意洋洋，以为整个罗马都是她的了。她平时专横跋扈，不可一世，经常干涉朝政和尼禄的生活。尼禄不喜欢自己的妻子，而喜欢一个美丽的女奴隶。他的母亲斥责他，尼禄生气地说："我是罗马皇帝，我想怎么样就怎么样！"阿格里披娜大怒说："你别忘了，是谁让你当上皇帝的！我能让你当上皇帝，也能让你哥哥当上皇帝！"尼禄惊恐万分，彻夜难眠，便下令将他的哥哥秘密处死。为了消除后患，尼禄又决定对自己的母亲下毒手。

一天，尼禄扶着母亲登上一艘豪华的大船上，给母亲说了很多好话，还亲自斟酒，不停地道歉。阿格里披娜非常高兴，认为儿子回心转意了。尼禄走后不久，"轰"的一声巨响，船身猛地倾斜到一边，吓得阿格里披娜魂飞魄散，急忙跳水逃生，游了半天才上岸，在众人的搀扶下，回到了自己的别墅。惊魂未定的阿格里披娜还没来得及喘口气，几个五大三粗的士兵就闯入别墅，大声说："我

尼禄（公元54～68年在位）头像

相传尼禄幼年丧父，由其母抚养成人。在其当政之初因母后对其管教严厉，引起尼禄怨恨，公元59年，他策划了一起杀母事件。之后又亲小人，远贤臣，火烧罗马城，其残暴令人发指。

尼禄自杀

尼禄的残暴使他众叛亲离，在"祖国之敌"的声讨中，这位帝国皇帝无奈地选择了自杀。此画表现了尼禄临死前近臣惊乱的情景。

们奉皇帝之命前来杀你！"阿格里披娜还没来得及说话，一把锋利的刀就插进了她的胸膛。派人杀死了自己的母亲后，尼禄又派人杀死了老师和妻子。从此以后，再也无人能节制他，尼禄性格大变，整天过着荒淫无耻的生活。

公元 64 年夏季的一天，精神极度空虚的尼禄做了一个令人震惊的举动：火烧罗马城。全罗马城 14 个区有 10 个区都燃起了熊熊烈火，罗马人奔跑着、惊呼着，仿佛世界末日来临。尼禄站在皇宫的最高处，看着满城冲天大火的壮观景象，兴奋得手舞足蹈。他不仅不派人去救火，反而触景生情，用忧伤的语调高声朗诵特洛伊毁灭的诗篇。

大火过后，人民无处安身，生活在饥寒交迫之中。可尼禄根本不管这些，下令修建自己的皇宫。皇宫内部用金银珠宝装饰得富丽堂皇，餐厅里有镶着象牙的可以转动的天花板，不停地撒下花瓣和香水。浴池可以引进海水，也可以引进泉水。当这座富丽堂皇、豪华别致的建筑竣工后，尼禄兴奋地说道："这才像个人住的地方啊。"

人民猜测是尼禄放火烧毁了罗马，纷纷议论。尼禄非常生气，派士兵杀死了很多非议他的人，并嫁祸基督徒，大肆迫害他们。

尼禄觉得自己是个艺术家，经常上台表演。他在皇宫举办了很多场豪华演出，自己扮演朗诵者、歌手、演奏师甚至角斗士登台表演。在演出时，他下令紧闭剧场大门，不许观众中途退场。观众们实在无法忍受他那刺耳的歌声和拙劣的演技，纷纷翻墙逃跑。

尼禄见在罗马没有人"欣赏"他的"才华"，就率领庞大的剧团到希腊去演出。希腊人赞扬了他，尼禄非常高兴，觉得希腊人懂艺术，就赐予希腊自治权。

罗马人再也无法忍受尼禄的暴政了。公元 68 年，罗马的西班牙和高卢行省的总督号召人民起来反抗，尼禄的近卫军也纷纷响应。众叛亲离的尼禄逃出罗马城，在郊外的一所别墅中自杀。临死前，尼禄仰天长叹："一个多么伟大的艺术家就要死了！"

罗马和平

公元 14 年，罗马第一任皇帝屋大维死后，他的养子提比略继位，从此罗马帝国开始了帝位传承制。公元 1～2 世纪，罗马帝国主要经历了三个王朝：朱里亚·克劳狄王朝、弗拉维王朝和安敦尼王朝。这三个王朝是罗马帝国的鼎盛时期，被称为"罗马和平"。

在这一时期，罗马的生产工具和技术有了很大的提高。农业出现了带轮子的犁和割谷机。工业上出现了水磨，大大减轻了人力和畜力的劳动强度。在矿山中开始使用人工排水的机械。手工业的发展尤为显著，不仅门类增多，而且分工十分精细。传统的手工业，比如阿列提乌姆的制陶业，阿普亚的青铜制造业，莫纳德的制灯业等规模不断扩大，产量很多，远销各地。玻璃制造业也得到了大力推广，同时出现了丝织业。在这一时期，除了罗马城外还出现了很多大城市，比如不列颠的伦丁尼姆（今伦敦）、高卢的鲁格敦（今里昂）等，迦太基等一些曾被摧毁的城市也开始恢复，阿普亚和那不勒斯是手工业和商业的中心，而亚历山大里亚（今埃及的亚历山大港）则是商品的集散地和内外贸易的枢纽。首都罗马成了整个帝国的交通中枢，它和许多大城市都有道路相连，西方谚语"条条大道通罗马"就是从那时流传下来的。

当时罗马对外有三条贸易通道。第一条是从意大利半岛经海路来到亚历山大港，登岸后由陆路经过红海东岸阿拉伯半岛上的也门，然后乘着船借着季风抵达印度，最后再把印度的宝石、香料和纺织品运回罗马。第二条是北上到达北海和波罗的海沿岸，用罗马的金属制品换取这里的琥珀、奴隶和毛皮。第三条是通过丝绸之路与中国进行贸易往来。中国的丝绸在罗马属于奢侈品，罗马的上流社会以穿中国丝绸制的衣服为荣。每逢庆典和节日，罗马的贵族和富人都会身穿绫罗绸缎出席。

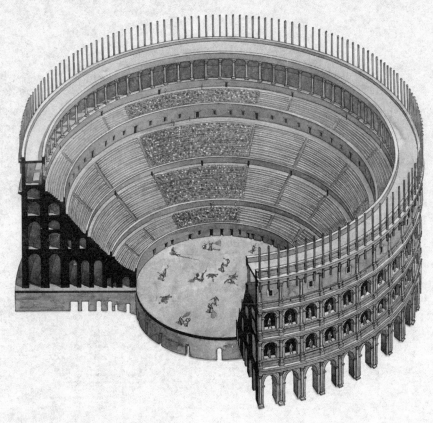

罗马椭圆形剧院

罗马的皇帝举行大型的活动来博取罗马人民的欢心。罗马城的椭圆形剧院是最大的。它在公元80年开放，能够容纳5万名观众一起看角斗士的表演。

气势宏伟的罗马万神庙内景

罗马的文化也取得了辉煌的成就。当时的诗人备受皇帝的宠爱，社会地位很高。其中最有名的有三位诗人：维吉尔、贺拉西和奥维德。维吉尔一生虽然只写了三部作品，但影响巨大。其中以他模仿荷马史诗写成的《埃涅伊德》最为著名。《埃涅伊德》讲的是特洛伊王子在特洛伊被攻陷后，带着族人千辛万苦，漂洋过海来到意大利半岛，经过了一系列的战争，创建罗马城的故事。贺拉西擅长写讽刺诗和抒情诗，他的抒情诗《颂歌》堪称抒情诗的典范。奥维德以写爱情诗见长，他的代表作是以古希腊罗马的神话为题材的《变形记》。此外，历史学家李维等人呕心沥血，写成了 24 卷的《罗马史》，时间跨度从罗马的起源到图拉真皇帝，所记历史长达 900 年。书中还记述了罗马起源和王政时代的传说，地中海周围国家的情况以及罗马征服这些国家的过程，具有很高的史学价值。

　　罗马的建筑艺术是人类艺术的瑰宝。现存的最著名的罗马建筑是建于公元 81 年的提图斯皇帝凯旋门。它是为纪念罗马镇压犹太人而建的，在高达 24 米的浮雕板上，雕刻着罗马皇帝乘坐四轮马车凯旋的情景。而树立在罗马广场上的图拉真记功柱，一共刻了两千多个人物，描绘了图拉真皇帝的赫赫战功，是罗马石刻艺术中的珍品。

　　罗马椭圆形剧院是现存罗马建筑中最壮观的。它建于公元 80 年，剧场内不仅可以表演陆战，舞台还可以灌上水，表演海战，所以又有水陆剧场之称。剧院共分 4 层，有 80 个出口，能容纳 5 万观众。站在剧院的最高处，整个罗马的景色尽收眼底。

　　在科学技术方面，罗马也取得了很大的成就。农业学家科路美拉写了《论农业》、斯特拉波写了《地理志》，科学家普林尼写了长达 37 卷、百科全书式的《自然史》。此书又名《博物志》，发表于公元 77 年，这部巨著是对罗马时代自然知识百科全书式的总结，内容涉及天文、地理、动物、植物、医学等科目。普林尼以古代世界近 500 位作者的 2000 多本著作为基础，分 3 万多个条目汇编而成，范围极为广博。普林尼的基本哲学观点是人类中心论，这一哲学立场贯穿在他的《博物志》中，得到了日益兴盛的基督教的认同，从而大大有助于这部著作的流传。无论如何，《博物志》出自一位对大自然充满好奇心的人之手，它诱使人们保持对大自然的新奇感。这种对自然的好奇和关注的态度，是自然科学得以发展的内在动力。他为了详细记录维苏威火山喷发的情景，亲临现场，不幸遇难，为

科学献出了宝贵的生命。

但罗马的繁荣是建立在残酷剥削奴隶的基础上的，这种繁荣维持不了多久。到了公元 2 世纪末，罗马帝国就开始出现了危机。

火山灰下的庞贝城

庞贝城坐落在意大利半岛西海岸的平原上，离罗马大概有 240 千米。这里风景如画，气候温和，公元前 6 世纪，人们就在这里修建了庞贝城。人们在庞贝城外开垦土地，种植橄榄、柠檬、葡萄等农作物，生活美满幸福。但美中不足的是，城北有一座休眠火山——维苏威火山。公元 62 年，意大利发生过一次地震，庞贝城的一些建筑受到了损坏。但人们没有太在意，修复建筑后依然生活在这里。

公元 79 年 8 月 24 日的午后，灾难突然降临，维苏威火山竟然爆发了。火山口喷出滚滚的浓烟，直入云霄，中间还夹杂着巨大的石块和大量的灰尘，并且不停地发出震耳欲聋的爆炸声。顷刻间，天昏地暗，地动山摇，仿佛世界末日来临了一样。原先风平浪静的那不勒斯湾的海水激荡起来，巨大的海浪疯狂地拍打着陆地。从火山口喷出的熔岩，落到地上时已经变成了坚硬的石块，整个地区都被石块和灰尘覆盖。接着下起了倾盆大雨，大雨又引发了山洪暴发。山洪夹杂着无数的石块、泥土，形成一股巨大的泥石流，向坐落在低处的庞贝城冲来。庞贝城的居民很快从震惊中清醒过来，他们哭喊着争相逃命，有两万人逃到了外地，还有两千人不幸葬身泥石流，庞贝城也被泥石流所吞没。与庞贝城同时被泥石流淹没的还有城北的两个小镇，一个叫赫库兰尼姆，一个叫斯台比亚，它们从此消失于历史之中。

·赫库兰尼姆·

赫库兰尼姆位于维苏威火山西麓，西临那不勒斯湾，距那不勒斯 10 千米。公元 79 年，与庞贝城一起为维苏威火山大喷发所湮没。1709 年被发现，古城筑于一块高地上，四周建有城墙，城外有两条溪流，面积共有 11.84 公顷，估计当时人口有 5000 人。现在在废墟上建立了城市雷西纳。

阿波罗神庙和维苏威火山

在远处巍然屹立的维苏威火山的衬托下，古老神庙前的雕像似在述说那段不幸的历史。

在此后的 1000 多年里，人们渐渐遗忘了庞贝古城，只是在翻阅古罗马历史文献和传说中，知道历史上曾有过这么一个古城，但它的地理位置在哪里，是什么样子的，人们一无所知。

1720 年的一天，一群意大利农民在维苏威火山附近挖渠。突然，"当啷"一声，铁锹似乎碰到了东西。一个农民捡起那个挖出来的东西一看，兴奋地大叫："金币！我挖到了金币！"大家一听，都扔掉手中的工具跑过来看。

很快，维苏威火山下挖出金币的消息就传开了。人们一窝蜂似的来到这里挖宝贝，挖出了很多东西，有古罗马时期的钱币、陶器、经过雕琢的大理石碎块等。直到 1748 年有人挖出了一块刻有"庞贝"字样的石块，人们才知道，这下面就是罗马古城——庞贝。意大利政府立即组织人员进行有计划的挖掘。

1927 年，又挖掘出了庞贝城北的赫库兰尼姆和斯台比亚。经过 200 多年断断续续的挖掘，庞贝——这座在地下沉睡了近 1900 年的古城终于重见天日。

由于整个庞贝城被 6 米厚的火山灰、熔岩和泥石掩埋、封闭，防止了风化，所以城市里的建筑、街道、物品大都完整无损地保存下来了。今天，庞贝古城已经成了意大利的一个著名旅游景点。当人们走进这座庞贝古城，仿佛是乘坐时间机器回到了古罗马时代。

庞贝城遗址面积大约有 1.8 平方千米，四面石砌的城墙共长 4800 多米，有 8 座城门和 16 个塔楼。城内南北和东西走向各有两条大街，使全城呈井字状，分为 9 个街区。街道宽 10 米，每个十字路口都有雕花石砌成的水池，池里的水是从城外的山上通过渡槽引入城中的。大街两旁有酒馆、商店、水果摊、手工作坊等等。由于年代久远，货架上的商品、水果早已风干，青铜制品也锈迹斑斑了。

城西南有一个长方形的广场，广场附近是庞贝城的政治、经济和宗教中心，有议会厅、法院、监狱、神庙，还有商人们签合同的场所。广场东南是两座公共建筑：竞技场和大剧院。这两个建筑规模很大，尤其是竞技场，足以容下两万人，相当于全城的人口。

庞贝古城中最使人震惊的是那些受难者的石膏像。当年火山爆发时，来不及逃走的人们被泥石流吞没，窒息而死。时间久了，人体就枯干了、消失了，只剩下一些空壳。考古学家就石膏浆灌到里面，制成了很多和真人一样大小的石膏像。这些石膏像逼真地反映了当时遇难者的各种神情，许多人绝望地掩面哭泣，一个小女孩紧紧地抱着妈妈，一个乞丐茫然地站在街头……

庞贝古城渐渐地掀开了它的神秘面纱，向人们展现出了公元1世纪时罗马帝国城市的面貌。

迦腻色迦宏佛

迦腻色迦是贵霜帝国全盛时期的君主，他不但是一位政治家、军事家，而且还是佛教的保护人。在佛教的护法王中，他的排名仅次于阿育王。

贵霜帝国是大月氏人建立的帝国。大月氏人原来生活在中国西部河西走廊的敦煌、祁连山一带，势力一度非常强大。公元前2世纪时，他们被匈奴人打败，被迫西迁，途经中亚，最后来到印度。在民族大迁徙过程中，一位叫丘就却的首领先后消灭了其他4个部落的首领，统一了大月氏，自立为王，建立了贵霜帝国。丘就却建国后，北上征服了花剌子模，南下征服了喀布尔，势力遍及整个中亚。丘就却死后，他的儿子阎膏珍即位，开始向印度进军。

当时的印度处于四分五裂的状态，根本无力抵御大月氏人的进攻，大月氏人很快就占领了恒河流域的大片土地。阎膏珍死后，贵霜帝国爆发了激烈的王位争夺战，最后曾率兵进攻印度的将领迦腻色迦乘势而起，取得了胜利，登上了贵霜帝国的王位。

当时贵霜南面的印度王公之间混战不断，无力抵御强盛的贵霜帝国；而西面的安息帝国（在今伊朗）早已腐朽不堪，根本不是贵霜帝国的对手。迦腻色迦向西、南、东三个方向扩张，在南面，贵霜帝国疆界从恒河一直推进到纳巴达河，深入南亚次大陆。向西打败了安息国，将领土扩张到伊朗东部。迦腻色迦将都城迁到富楼沙（今巴基斯坦北部白沙瓦），贵霜帝国的重心转移到印度。

但是向东，贵霜帝国却被中国的东汉打败。公元90年，贵霜帝国派7万大军进攻东汉驻守的西域。当时班超驻守西域，他冷静地分析了敌我双方的情况。班超利用贵霜军劳师远征、军粮不足的缺点，命令汉军坚壁清野，退城坚守。贵霜军队强攻不克，渐渐的耗尽粮草，只好派兵向西域的龟兹国求援。班超派汉军在半路埋伏，将贵霜军杀得全军覆没，迫使贵霜军退回葱岭以西，被迫求和。班

塔赫特·巴希佛教遗址。地处古"丝绸之路"交通要道，公元 2 世纪时由贵霜帝国的迦腻色迦王兴建，一直到公元 5 世纪都是繁荣的佛教圣城。

超释放了所有的俘虏，两国重归于好。

贵霜帝国位于丝绸之路的中段，所以商旅众多，贸易往来非常频繁，贵霜帝国同当时东西方许多大国都有密切的贸易往来和联系，东至中国的东汉、西至罗马帝国，使节来往频繁。中国的丝绸、瓷器、铁器，印度的香料、珠宝等都要经过贵霜帝国销往罗马，贵霜帝国从中获取了高额的利润。

经济的发达带动了文化的发达。迦腻色迦信奉佛教，所以他大力宣扬佛教。他命人在首都富楼沙修建了很多寺院，雕刻了许多佛像。他将一些著名的佛教学者召到王宫，奉为上宾，还召开佛教大会，将各派高僧聚于一堂。这次大会是佛教历史上第四次大会，规模超过前面三次。会上对佛经重新做了修订和解释，写成了多达 200 卷的《大毗婆沙论》。这次大会后，贵霜帝国人人信佛，佛教得到了极大的发展。贵霜帝国境内到处都是寺院，到处都是高僧，成为当时世界上佛教的中心。

释迦如来坐像

贵霜帝国崇信佛教，使产生于印度的佛教得到更大发展和广泛传播。

在迦腻色迦时代，佛教分裂为大众部佛教和上座部佛教。大众部佛教主张普救众生，宣扬大慈大悲，建立西方佛国净土。而上座部佛教追求个人的解脱，进入超脱的境界，不再受轮回之苦。迦腻色迦对佛教各派别实行兼容并包的政策，在他身边的佛教高僧，有大众部也有上座部。此外，迦腻色迦还实行宽容的宗教政策，允许其他的宗教如印度教、希腊宗教存在和传播。

迦腻色迦不只在国内大力推广佛教，还利用自己处于丝绸之路中段的便利条件向外传播。北传的路线以大众部佛教为主，经过西域传到中国内地，然后再由中国传到朝鲜、日本和越南等国。南传的路线则以上座部佛教为主，经过锡兰，传入缅甸、泰国、柬埔寨、老挝和中国的云南等地。

迦腻色迦好大喜功，他在位期间一方面大兴土木，建造了很多地寺院，一方面派兵对外进行侵略战争，这遭到了老百姓地强烈反对。

公元 102 年，迦腻色迦被厌战的部下所杀，贵霜帝国也随之衰落，公元 5 世纪时被白匈奴所灭。

君主制的开创

屋大维开创的罗马帝国，我们虽然称领导人为"皇帝"，但实际上，直到戴克里先执政之时，才将"元首"改为"皇帝"，正式确立了君主制。而此时的罗马帝国，已经蒙上了衰败的阴影。公元 1～2 世纪，罗马帝国强盛一时，可惜好景不长，罗马帝国出现了严重的危机，经济凋敝，政局动荡。但罗马皇帝为了炫耀帝国的富足，还经常在各种节日和纪念日举行盛大的庆祝活动。公元 106 年，罗马皇帝图拉真为纪念他在达西亚的胜利，竟然连续举行了 123 天的节日娱乐。皇宫里更是腐化堕落，仅御用美容师就有数百人之多。上行下效，罗马的各级官员和富人们也都挥金如土，过着穷奢极欲、荒淫无度的生活。

与此同时，统治者内部争权夺利的斗争也越来越激烈。今天一个皇帝刚上台，结果明天就被杀掉了，又重新换了一个皇帝。在公元 235 年以后的 50 年中，竟一连换了 10 个皇帝，罗马帝国的衰落已经无可挽回了。

公元 284 年深秋，一个阳光灿烂的午后，小亚细亚北部的一条大路上，一支罗马大军正在返乡的途中，他们从波斯人那里掠夺了大量的金银财宝和其他物品，每个人都发了大财。但不幸的是御驾亲征的皇帝凯旋途中病死，而继位不到一个月的新帝也得了重病，不得不蒙着被子躺在担架上，让几个士兵抬着走。一路上，士兵们一直闻到一股臭味，但始终不知道从哪里发出的，大家都很纳闷。

"快走！快走！"近卫军长官阿培尔骑着马来到在担架旁，对抬担架的士兵大声呵斥，"要是你们走得慢，耽误了皇帝的病情，小心你们的脑袋。"阿培尔恶狠狠地说。几个抬担架的士兵敢怒不敢言，只好加快了脚步。"等等，"阿培尔忽然翻身下马，轻轻地揭开了被子一角，往里面看了看。就在阿培尔揭开被子的时候，那几个抬担架的士兵闻到一股强烈的臭味。虽然现在已经是深秋了，但天气依然很热，臭味显得越发强烈。

四帝雕像

在内忧外患的危机中，戴克里先取消元首制，创立了"四帝共治制"，分管帝国的东西两半。图中前面两位是戴克里先和马克西米安，二人共同称帝，统治罗马西部。

傍晚，大军来到尼科美地城休息。一个抬担架的士兵悄悄地问同伴："你说奇怪不奇怪，皇帝既不吃药又不吃东西，病能好吗？"另一个士兵想了想，来到担架旁边说："陛下，你想吃点什么？"但用被子蒙着的皇帝丝毫没有反应。这名士兵小心翼翼地揭开被子一看，不由得惊呼："啊！皇帝陛下死了！"附近的士兵一听到喊声，都围了过来。原来一路上的臭味，是皇帝的尸体发出来的。

·隶农制的盛行·

共和末期，奴隶主为了缓和与奴隶之间的矛盾，提高经济收益，开始实行隶农制。到帝国黄金时代，隶农制开始流行。隶农最初是指自耕农，即以自力耕种自己土地的农民或殖民地的移民者。当时的大土地所有者把土地分成小块，分租给佃耕者，佃耕者中有契约租户和世袭佃户，其中也有奴隶。这些佃农，以及以交付定量收获物为条件从主人手中获得小块份地的奴隶，都属于隶农，这种生产关系称为隶农制。隶农最初向地主交纳货币租，后又交纳占收成1/3左右的实物租。隶农制的盛行反映了罗马的奴隶制经济已有衰落的趋势。

"是谁杀害了皇帝？把凶手找出来！"士兵们怒吼着，纷纷要求严惩凶手。

阿培尔走过来，向士兵大吼道："吵什么吵？！难道你们想造反吗？皇帝死了重选一个不就行了。谁要再敢闹事，就地处决！现在马上回营房去！"士兵们都默不作声。

这时皇帝卫队长戴克里先冷笑着："阿培尔，你说得轻巧！该处决的不是别人，而是你！是你杀死了两位皇帝！"阿培尔见自己的罪行暴露，拔出宝剑刺向戴克里先。戴克里先毫不示弱，拔剑迎战，将阿培尔杀死。戴克里先的举动赢得了士兵们的拥护，被拥立为罗马帝国的新皇帝。

戴克里先当上皇帝后，没有返回罗马，而是在尼科美地城大兴土木，以此为首都，建造了奢华的皇宫。戴克里先被奉为天神，皇权也大大加强了，"元首"的称号正式改称为君主。这种君主制成了罗马帝国后期相袭的一种统治形式。

戴克里先无力应付频繁的奴隶起义和外族入侵，就委托好友马克西米连治理帝国的西部，马克西米连定都意大利的米兰。于是罗马帝国就出现了两个皇帝，一切命令都用他们的名义发出。后来，他们又让自己的女婿担任自己的副职，各自统治罗马帝国的一部分，历史上称为"四帝共治制"。这种制度虽然不

失去了装饰性的库里亚（右前建筑）以及国家档案馆（正面带拱门建筑）

库里亚是罗马共和国乃至帝制时期元老院的会场；国家档案馆存放着当时罗马所有的官方文件和一部分财富。

利于中央集权，但却巩固了边疆，扩大了领土。

公元305年，戴克里先和马克西米连同时退位。继承戴克里先帝位的君士坦丁于公元330年把首都迁到拜占庭，改名为君士坦丁堡（今土耳其伊斯坦布尔），号称"新罗马"。公元395年，罗马帝国分裂为东、西两个帝国，即以君士坦丁堡为首都的东罗马帝国（又称拜占庭帝国）和以罗马城为首都的西罗马帝国。

巴高达运动

公元5世纪初，罗马一位不知名的剧作家写了一个喜剧，在演出时受到了热烈欢迎。剧中的主角叫奎罗卢斯，他家境贫寒，生活困顿。于是他向神灵祈祷，祈求神灵能够让他到一个能够安居乐业的地方生活。神告诉他说，要想安居乐业，那你最好到罗亚尔一带去当"强盗"。那里没有法官，也不实行罗马法律，公正无私的"强盗"组成公社和法院，所有的案件由农民审理，由士兵判决，死罪在橡树之下宣布。到那里去就能实现愿望。这一喜剧深刻揭示了当时罗马帝国存在的种种弊端。

公元3世纪的时候，罗马帝国日趋没落，出现了严重的经济危机，田地荒芜，城乡凋敝，人口减少，人民困苦不堪。但统治者和富人们依然挥霍无度，过着醉生梦死的生活，一年要过180个节日，整天观赏角斗、赛车，虚度光阴。尽管一些有识之士认识到如果一直这样下去的话将会导致罗马灭亡，但统治者依然我行我素。

放纵的罗马皇帝

成堆的玫瑰花瓣，掩盖着放纵的狂欢。罗马帝国的衰败，并非源于早期的穷兵黩武，而是根源于后来的繁荣稳定导致的罪恶丛生、道德沦丧。

令人担心的事情终于出现了。公元186年，高卢（今法国、比利时、瑞士、卢森堡一带）爆发了声势浩大的"巴高达"奴隶起义。"巴高达"在高卢语中是战士的意思，起义首领是一个叫马特努斯的士兵。马特努斯不满罗马的腐朽统治，率领几百名奴隶发动了起义。起义军攻占了很多城镇和田庄，打开监狱，放出囚犯，焚烧奴隶名单和债券，官员、贵族和奴隶主纷纷逃亡。起义的声势越来越大，马特努斯提出了"让奴隶主变成奴隶"的口号，受到了许多奴隶的积极拥护，许多农民、牧民也纷纷加入起义军的队伍，农民当步兵，牧民当骑兵。起义军席卷了高卢大部分地区，甚至攻克了重镇奥古斯托敦。罗马皇帝听说后，又惊又怒，急忙派军队前去镇压。马特努斯将军队化整为零，分成许多小股部队，乔装改扮翻越阿尔卑斯山，在约定的日子会合，攻克罗马城，杀死罗马皇帝。但不幸的是，由于叛徒的告密，计划失败。公元188年，起义被罗马军队残酷镇压。

公元283年，在高卢塞纳河和罗亚尔一带，巴高达起义再次爆发，很快全高卢都陷入了起义风暴之中。起义军的力量迅速扩大，攻克了许多城镇和农庄。巴高达的两位首领埃里安和阿芒德在各自的控制区登基称帝，管理地方事务，铸造钱币，宣布脱离罗马帝国，对罗马的统治构成了严重的威胁。罗马皇帝戴克里先立即派马克西米连率军前去镇压。在敌众我寡的情况下，起义军效仿当年马特努斯的方法，将军队化整为零，不断派小股军队袭击、骚扰罗马军队。罗马人不堪其扰，斗志全无，竟然纷纷临阵脱逃。马克西米连大怒，杀死了许多逃跑的士兵，强迫士兵们打仗。马克西米连率领罗马军队将起义军分割包围，各个击破。渐渐的，在罗马人的优势兵力进攻下，起义军败退到马恩河与塞纳河交汇处的一个城堡坚守。在罗马军队的长期围攻下，城堡陷落，很多巴高达战士英勇战死，但突围的巴高达战士仍然坚持在高卢各地坚持斗争。

公元408年，巴高达运动再起，罗马统帅撒拉率领一直罗马大军从高卢返回意大利。在经过阿尔卑斯山时，巴高达战士袭击了毫无防备的罗马人。罗马人的武器辎重全部落入了起义军手中，从此起义军的武器装备大为改善，战斗力大大增强。公元435年，巴高达首领巴托率领起义大军向罗马人发动了更大规模的进攻，在高卢的许多地方建立了政权。在巴高达起义的影响下，罗马帝国统治下的西班牙、北非、色雷斯、多瑙河流域等地也爆发了声势浩大的起义。公元449年，罗马大军再次击败起义军。起义军余部被迫转移到西班牙，继续进行斗争。

巴高达起义沉重打击了罗马帝国的统治秩序，恢复了自由的农村公社生活，比公元前1世纪的斯巴达克起义更加声势浩大，具有更加广泛的群众基础，加速了罗马帝国的灭亡。

农耕图

罗马农业上的衰落给经济带来严重的损失。

君士坦丁大帝

公元 312 年的一天夜里，正在为第二天的大战而忧心忡忡君士坦丁，站在罗马附近的米尔维亚桥上眺望着星空。突然，他看到苍茫的天空中出现了 4 个火红色的十字架，还伴随着这样的字样：依靠此，你将大获全胜。

这个情节是那么遥远而虚幻，以至于后人对它的真实性产生怀疑。但是，不管它是真是假，的确从那一年之后，世界历史发生了一个影响极为深远的变化，并且这个变化就来源于君士坦丁。

100 英尺高的宏伟的尼克拉堡巍然耸立，成为帝国时期罗马国力强盛的有力证明，但它的建筑初衷——由于恐惧而大量修建城堡与城墙，却是罗马衰败的征兆。

君士坦丁是私生子，出生于公元 280 年，父亲是位著名的将军，后来被士兵拥立为奥古斯都，母亲是一个小旅店的女仆。他小时候没有受过多少教育，只懂得一些希腊文。十几岁他就随父亲从军，参加抵御外族入侵的战争。由于有勇有谋，他很快就成长为一名高级将领。公元 306 年，父亲死后，君士坦丁继任"奥古斯都"。此时罗马帝国出现两个奥古斯都并存的局面，君士坦丁是西部奥古斯都，东部奥古斯都为李基尼乌斯。

公元 313 年，君士坦丁与李基尼乌斯在米兰会晤，共同颁布了著名的"米兰敕令"。"米兰敕令"承认基督教的合法地位，并归还以前没收的教堂和财产。从此，基督教由受迫害的秘密宗教转变为受政府保护的合法化宗教，迅速在罗马帝国传播开来。此后，君士坦丁与李基尼乌斯为争夺统治权，进行了 10 年的战争。公元 323 年，君士坦丁击败李基尼乌斯，成为唯一的奥古斯都，重新统一了罗马帝国。

争战中的帝国

君士坦丁夺取全国政权后，在行政、军事、宗教等方面进行了一系列改革，以加强中央集权的专制统治。他取消以前的四帝共治制，委派自己的亲信治理帝国各个部分，加强对地方的控制。他在行省中施行军政分开的政策，军事首长直接向皇帝负责，从而使皇帝完全掌握了军事大权。宗教方面，他对基督教进行保护和利用，把基督教变为帝国政权的可靠支柱。公元 323 年，为了解决基督教的内部纷争，君士坦丁在尼西亚召集了基督教第一次宗教大集结，统一了基督教的教义和组织，使基督教成为维护专制统治的工具。通过这一系列措施，君士坦丁把罗马的君主专制制度提高到一个新阶段。

君士坦丁大帝头像

随着帝国重心的东移，君士坦丁于公元 330 年把首都从罗马迁到东方的拜占庭，取名君士坦丁堡，意为君士坦丁之城。为营建新都，他大兴土木，从帝国各地调集石料、木料，用于建造宫殿、教堂、图书馆和大学等。他还大力提倡文学和艺术，采用各种措施吸引世界各地的杰出人才来到君士坦丁堡，使君士坦丁堡成为当时的文化中心。此后，君士坦丁堡一直是东部罗马帝国的首都。

政治上风光无限的君士坦丁，在家庭生活中却很不幸。他娶了两个妻子，第一个妻子明妮弗纳为他生了大儿子卡洛斯普士后便死去，第二个妻子弗西蒂生有三男三女。公元 326 年，弗西蒂向君士坦丁哭诉，说卡洛斯普士调戏自己，君士坦丁一怒之下杀了卡洛斯普士。在得知弗西蒂所说的不符合事实后，他又杀了弗西蒂。除杀了儿子和妻子之外，君士坦丁还以"谋反罪"处死了妹妹的儿子。

君士坦丁在统治期间，虽然宣布基督教合法，鼓励臣民们与他一同接受这个新信仰，但从没有公开承认自己是基督徒。直到公元 335 年 5 月 22 日，君士坦丁身患重病，自知将不久于人世，才请了一位基督教牧师给自己洗礼，据说是为了藉此洗净一生的罪恶。然后，这位年届 64 岁、疲惫不堪的君主，脱去了皇帝的紫袍，换上初信圣徒所穿的白长衣，安然辞世。

君士坦丁的专制统治与改革措施，使罗马帝国得到暂时的稳定，但无法挽救罗马奴隶制社会的没落。君士坦丁死后，统治集团内部发生争夺帝位的长期混战，到狄奥多西一世时才重新恢复统一。

华美的圣母油画

在遭受了长达300年的迫害后，公元313年，基督教终于成为罗马的国教。从此以后，虽然基督教艺术和其所表现出的人物形象大方光彩，华美异常，但基督教实际上却走入了一个偏离基本教义的黑暗时期。

公元395年，狄奥多西一世死后把帝国分给两个儿子，由此罗马帝国正式分裂为的君士坦丁堡为都城的东罗马帝国和以罗马为都城的西罗马帝国。公元476年，日益衰落的西罗马帝国被日耳曼人所灭，而东罗马帝国转入封建社会后，又继续存在了近千年。

笈多王朝崛起

笈多王朝是中世纪统一印度的第一个封建王朝（约公元 320～540 年）。

公元 4 世纪，印度北部小国林立，战乱不止。位于恒河上游比哈尔地区的一个小国趁机兴起，因为这个小国由笈多家族统治，所以历史上称其为笈多王朝。笈多王朝的君主号令一方，自称"摩诃罗韬"（众王之王）。笈多王朝所在地是当年孔雀王朝兴起的地方，笈多王朝第一代君主旃陀罗·笈多一世对阿育王的丰功伟绩非常神往，希望自己有一天能成为阿育王那样伟大的君主。

公元 308 年，旃陀罗·笈多与附近梨车王国公主鸠摩罗提毗结婚，笈多王朝和梨车王国合并，原梨车王国统治的华氏城及其附近地区并入了笈多王朝，笈多王朝的实力和政治地位大大增强。公元 320 年，旃陀罗·笈多一世正式建立笈多王朝，定都吠舍离。随着笈多王朝的国势蒸蒸日上，许多小国纷纷归附。

阿旃陀第 17 窟的壁画

笈多王朝时期，佛教也有一定发展，阿旃陀石窟就是当时佛教徒修建的修行之地，是一座古印度艺术的宝库。

公元 330 年，旃陀罗·笈多和梨车王国公主鸠摩罗提毗之子沙摩陀罗·笈多（海护王，约公元 330～约 380 年在位）即位。他即位后，开始了大规模的扩张。

首先，沙摩陀罗·笈多率军西上，征服了恒河上游一带和印度河流域，巩固了笈多王朝的后方，解除了笈多王朝的后顾之忧。随后，沙摩陀罗·笈多率军沿恒河挥师东下，一路夺关斩将，势如破竹，占领了富庶肥沃的恒河三角洲一带，笈多王朝的国力大增。至此，北印度基本统一。沙摩陀罗·笈多又海陆并进，大举进攻南印度，征服了奥里萨和德干东部，兵锋一度抵达帕拉瓦王国的都城，南印度德干高原的很多文明程度较落后的小国纷纷向笈多王朝称臣纳贡。至今保存的称颂沙摩陀罗·笈多赫赫战功的阿拉哈巴石柱刻文，是由大臣诃梨先那所写，记述了沙摩陀罗·笈多攻灭了印度西部9国，震撼了整个印度的事。

除了在陆地上征伐外，沙摩陀罗·笈多还向海外扩展势力。马来半岛、苏门答腊岛和爪哇等地，都有笈多王朝使臣的足迹。

建立了庞大帝国的沙摩陀罗·笈多，志得意满地举行了一次马祭祀（就是用马作为供品）。按照印度的风俗，只有征服了大片领土的国王才有资格举行马祭祀，以显示自己的丰功伟绩。

沙摩陀罗·笈多征战和处理国家大事之余，还写了不少诗，因此获得了"诗人国王"的雅号。他重用文人，鼓励学术，扶持文化，当时有很多大臣就是著名的学者，如梵文诗人与戏剧作家迦梨陀婆和天文学家巉日和等。沙摩陀罗·笈多信奉婆罗门教，但他对其他宗教也不排斥，对包括佛教在内的其他宗教采取宽容态度。

公元380年，海护王去世，他的儿子旃陀罗·笈多二世（超日王）继位。旃陀罗·笈多二世也是一个非常有作为的帝王，他迁都华氏城，继续其父未竟的事业，经过一系列的战争与联姻，几乎统一了印度，将笈多王朝推向了繁荣的顶峰。

·《摩奴法论》·

《摩奴法论》是印度第一部正统的权威性法典。相传该法论为"人类的始祖"摩奴所编，故而得名，实际它是婆罗门的祭司根据《吠陀经》与传统习惯而编成。成书年代大致在公元前2～公元2世纪之间。《摩奴法论》全书共12章，前6章以婆罗门为主要对象，论述一个教徒一生需经过"四行期"的行为规范考核。后6章阐述国王的行为规范和国家的职能。该书内容广泛，包罗万象，涉及个人、家庭、妇女地位、婚姻、道德、教育、宗教、习俗、王权、行政、司法、制度，乃至经济、军事和外交等。它构成以四种姓制度为基础的印度阶级社会的一种法治模式和理论执法依据。

笈多王朝在中央地区的孟加拉、比哈尔实行中央集权制，其他地区则由国王委派总督或任命地方王公治理，处于一种半独立状态。笈多王朝的官僚机构比较简单，文武不分，往往一人身兼数职，婆罗门教的高级僧侣在政府机构中也占有一定比例。朝廷没有固定的军队，打仗时临时招募或由各地的总督和地方王公提供兵源。

笈多王朝的对外贸易非常发达，北经波斯，抵达地中海；南经阿拉伯海，进入红海，与罗马帝国进行商业和文化交往；东越帕米尔高原，进入中国新疆和甘肃一带；向东南进入中南半岛和马来半岛、苏门答腊岛和爪哇等地，抵达中国广州，与中国进行商业和文化交流。

公元 5 世纪初，旃陀罗·笈多二世在位期间，我国东晋著名僧人、旅行家法显历尽千辛万苦，长途跋涉，翻越帕米尔高原，经中亚抵达印度，以求取佛教真经，并在印度居住游历了 6 年，足迹遍及 30 多个国家。后来法显根据自己在华氏城和印度其他地方的见闻写了一本《佛国记》，书中描写了当时笈多王朝社会的繁荣和文化的发达，成为研究印度这一时期历史的重要文献资料。

匈奴骑兵横扫欧洲大陆

匈奴是中国北方的一个少数民族，在与汉朝的长期战争中元气大伤，分裂为南匈奴和北匈奴两部。南匈奴归附汉朝，北匈奴在汉朝的打击下，被迫于公元 91 年开始西迁。

匈奴人来到中亚后，在这里停留了很多年，恢复了元气后继续西迁，闯入了欧洲，开始了征服的步伐。首当其冲的是阿兰人。阿兰人是一支游牧民族，在伏尔加河和顿河之间建立了强大的王国。阿兰王倾全国之兵在顿河沿岸与匈奴人展开大战，但以战车为主力的阿兰人敌不过灵活勇敢的匈奴骑兵，阿兰人惨败，阿兰王战死，阿兰国灭亡，整个欧洲为之震动。

匈奴人的铁蹄并没有停下来，在欧洲人还没有来得及为阿兰的灭亡哀悼时，大难已经临头了。阿兰国西面是东哥特王国，东哥特老国王赫曼立克急忙组织军队抵抗。匈奴人身材矮小，但结实粗壮，擅长骑马作战，来去如风。他们远处箭射，近处刀砍，打得过就打，打不过就跑，不以逃跑为耻辱。东哥特人身材高大，他们打仗时组成一个方阵，远时投掷长矛，近时用长剑劈砍。在灵活机动的匈奴骑兵面前，这种方阵只有挨打的分。结果东哥特人全军覆没，老国王赫曼立克自杀。赫曼立克之子呼纳蒙特率部投降，其余的人向西逃到了西哥特王国。匈奴人尾随而来。

外族军队的入侵，使罗马帝国的领土支离破碎，图为匈奴士兵使用的铃首青铜短剑。

西哥特国王阿撒那立克从逃来的东哥特人口中得知东哥特亡国后，立刻在德聂斯德河组织防御，企图阻止匈奴人渡河。不料匈奴人识破了阿撒那立克的计谋，兵分两路，一部分假装渡河，一部分绕到河的上游偷渡，然后沿河而下夜袭敌营，打了西哥特人一个措手不及。西哥特人急忙遣使请求罗马皇帝让他们进入罗马帝国避难。在得到许可后，大约20余万众渡过多瑙河进入罗马境内。

匈奴人进占匈牙利草原后，暂时在那里定居下来。公元5世纪初，匈奴人渡过多瑙河，进攻东罗马帝国的色雷斯地区。东罗马帝国的色雷斯总督抵挡不住，向匈奴国王乌尔丁乞和。乌尔丁在接见他时，趾高气扬地指着太阳说："凡是太阳所能照射到的地方，只要我愿意，都能征服。"后来匈奴人还打到了东罗马首都君士坦丁堡城下，迫使东罗马帝国签订了城下之盟，答应从公元431年起，每年向匈奴进贡黄金350磅（4年后，增至700磅），将大片领土割让给匈奴，并允许匈奴人在多瑙河边一些东罗马城市进行互市。

·阿兰人·

阿兰是中亚地区的古代游牧民族，又称奄蔡，阿兰为其音译。西汉时期，该民族在咸海西北、里海北部草原游牧；东汉时期被康居国征服。后来，与中国作战失败的北匈奴西迁，阿兰人也随之逐渐西迁。三四世纪时，一部分阿兰人来到欧洲，在伏尔加河与顿河之间地区定居并建立政权，另一部分则留在高加索以北地区。公元 4 世纪中期，匈奴人打垮居住在欧洲的阿兰人。公元 5 世纪中期，匈奴王阿提拉挟裹阿兰人西征。匈奴帝国解体后，阿兰人逐渐与欧洲居民融合。

公元 444 年，匈奴帝国正式建立。它的疆域横跨亚、欧两洲，东起咸海，南到巴尔干半岛，西至莱茵河，北抵波罗的海，首都在今天匈牙利的布达佩斯一带。当时欧洲各个国家每年都派使者来向匈奴王进贡，以祈求得到平安。

公元 449 年，西罗马帝国皇帝瓦伦提尼安的妹妹奥诺莉娅和侍卫长私通被人发现，愤怒的瓦伦提尼安将她囚禁到一个修道院里。奥诺莉娅暗中写信给匈奴大帝阿提拉，并赠送了一个戒指，表示自己对他的仰慕和愿意以身相许。早已对富庶的西罗马帝国垂涎三尺的阿提拉立刻向西罗马皇帝提出要与奥诺莉娅结婚，并要西罗马帝国割让一半的国土作为嫁妆。这个要求遭到西罗马皇帝的拒绝，阿提拉以此为借口，率领 50 万大军发动了对西罗马的战争。

西罗马皇帝也不甘示弱，联合日耳曼各部落在高卢的沙隆与匈奴人展开了一场大战。为了生存，日耳曼人尤其是西哥特人拼死作战，与匈奴人杀得难分难解。匈奴人向罗马联军射出了遮天蔽日的箭雨，然后骑兵风驰电掣般地插入联军阵中。西哥特人的老国王中箭而死，西哥特人悲愤异常，个个都奋不顾身，冲上前去与匈奴人拼命。战斗持续了仅仅 5 个小时，双方就战死了 16 万人。阿提拉见难以取胜，遂率军回国。公元 453 年夏天，阿提拉突然病死。他的儿子们争权夺势，互相厮杀，匈奴帝国也随之瓦解。

民族大迁徙

罗马人征服高卢之后，在帝国的北部，相当于今天欧洲的北起波罗的海、南到多瑙河、西至莱茵河、东至维斯杜拉河之间的广大地区，生活着日耳曼人，人口大约有 500 多万。那时，他们还处于原始社会阶段，以畜牧业、狩猎为生，相对于罗马人来说，他们要落后得多，所以被称为"蛮族"。

日尔曼人分为很多部落，有东哥特人、西哥特人、汪达尔人、盎格鲁人、撒克逊人、勃艮第人、法兰克人等等。在罗马帝国强大的时候，为了保障自身的安全，罗马人有时主动出击，攻打日耳曼人；有时又允许一部分日耳曼人进入北部边境，帮助罗马人守卫边疆；有时不断挑拨离间日耳曼各部落之间的关系，让他们自相残杀。在与罗马人的接触中，日耳曼人逐渐掌握了先进的生产工具和武器，生产力水平不断提高。随着人口的增加，为了生存和满足自己对财富的渴望，日耳曼各部落的首领率领族人不断袭击已经衰落的罗马帝国。

首先进入罗马的是西哥特人。当时，来自东方的匈奴人击败了东哥特人，继续向西进军。西哥特人犹如惊弓之鸟，在得到罗马皇帝瓦伦斯的允许后，他们渡过多瑙河进入罗马帝国避难，从此掀开了欧洲民族大迁徙的序幕。

迁入罗马帝国的西哥特人经常受到罗马官员的欺压，公元 387 年，忍无可忍的西哥特人举行了武装起义。罗马皇帝瓦伦斯亲自率兵镇压，结果在亚得里亚堡（今土耳其乔尔卢城北）全军覆没，自己也被西哥特人所杀，全欧洲为之震惊。这一仗，打破了罗马人不可战胜的神话，大大鼓舞了其他日耳曼部落的信心。这次起义虽然被后继的罗马皇帝狄奥多西镇压，但罗马帝国已无力彻底消灭西哥特人，狄奥多西只好极力笼络西哥特人，准许他们定居巴尔干半岛，并保证供给足够的粮食。公元 395 年，狄奥多西去世，罗马帝国分裂为东、西两个帝国，西哥特人在首领阿拉里克的率领下趁机再次起义，在马其顿和希腊大肆掠夺。

罗马的末日

绘画表现的是公元 410 年，西哥特人劫掠罗马城的惊恐场面。

·哥特人·

哥特是日耳曼人最东部的部落，是一个剽悍善战的民族。从公元初年开始，他们就居住在南多瑙河盆地和黑海沿岸的土地，以第聂伯河为界，以东为东哥特，以西为西哥特。当匈奴人从中亚往西边迁移时，东哥特人被打败，余部穿过巴尔干来到意大利半岛，公元 493 年占领了意大利半岛，建立王国。公元 555 年，被拜占庭帝国击败吞并。西哥特人受匈奴人挤压，西行攻破罗马城，后在西班牙建立西哥特王国，公元 8 世纪时被来自北非的摩尔人征服，最终与伊比利亚的拉丁民族融为一体。

公元 401 年，阿拉里克率领西哥特人进军意大利半岛。罗马帝国虽然已经衰落了，但意大利本土一直是安全的。西哥特人的到来，令罗马人大为惊恐。罗马将军斯底里哥调集了许多军队，终于赶跑了阿拉里克，罗马人这才长出一口气。公元 410 年，阿拉里克率领西哥特人卷土重来，这一次，他攻克了罗马。西哥特人在罗马城中大肆劫掠了三天三夜，扬长而去。阿拉里克死后，继任的阿多尔福与罗马言和，并接受了罗马将军的封号。公元412年，西哥特人进军高卢，占领了南高卢的阿奎丹地区，不久又占领了西班牙。公元419年，西哥特人建立了以图卢兹为中心的第一个"蛮族"王国——西哥特王国。从此，西哥特人结束了长达半个世纪的迁徙，在南高卢和西班牙定居下来。

在罗马人和西哥特人交战的时候，另一支日耳曼部落汪达尔人乘虚而入，抢掠了高卢后，进入西班牙定居。公元416年，西哥特人向汪达尔人发动进攻，汪达尔人抵挡不住，只好渡过直布罗陀海峡，进入北非。经过10年的征战，汪达尔人战胜了那里的罗马军队，占领了罗马的阿非利加行省，定都迦太基，建立了汪达尔王国。此后，汪达尔人又占领了西西里岛、撒丁岛、科西嘉岛等地。公元455年，汪达尔人渡海攻克了罗马城，将全城的文物破坏殆尽。

法兰克人和勃艮第人则越过莱茵河，进入高卢。公元457年，勃艮第人在高卢东南部建立了勃艮第王国，定都里昂。公元486年，法兰克人在首领克洛维率领下，击败罗马军队，占据高卢北部，建立法兰克王国。

公元5世纪中叶，盎格鲁人、撒克逊人横渡英吉利海峡，在大不列颠岛登陆，打败了当地的凯尔特人，占据大不列颠岛的东部和南部，建立许多小王国。

匈奴帝国灭亡后，东哥特人获得独立。他们进军意大利，占领了拉文那一带，建立东哥特王国，后被拜占庭帝国所灭。

公元568年，伦巴第人又占领意大利半岛的北部，建立了伦巴第王国，定都拉文那，为欧洲民族大迁徙画上了一个句号。

西罗马帝国覆灭

罗马城虽然经过了外族的两次洗劫，但还拥有很多金银财宝，很多外族还想再去抢劫，比如北非的汪达尔人。

汪达尔人不是北非的土著居民，他们是日耳曼人的一支，原来居住在斯堪的那维亚半岛南部。公元3世纪的时候，他们南下中欧，重金贿赂罗马皇帝君士坦丁，获得了在罗马帝国境内居住的权力。后来匈奴人来到欧洲，汪达尔人被迫西迁，加入了民族大迁徙的洪流之中。他们先是来到高卢境内，接着又翻越了比利牛斯山，到达西班牙，摧毁了当地的罗马政权，在那里建立了汪达尔王国。

公元416年，西哥特人进攻西班牙，汪达尔人被迫南迁。当时，汪达尔人的首领名叫盖赛里克，身材不高，但足智多谋。他决定避开势力强大的西哥特人，转移到罗马人统治力量薄弱的北非地区。

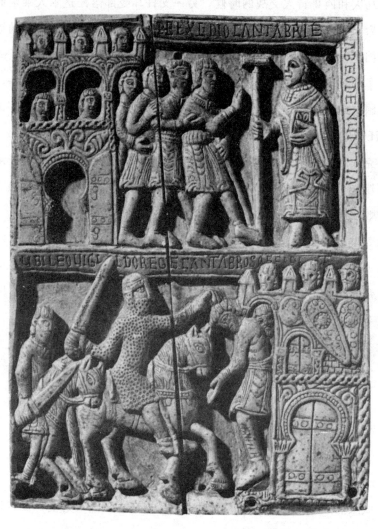

公元419年，西哥特人在法国西南建立了西哥特王国。这幅浮雕下图表现的是哥特人对罗马人的胜利，上图是西哥特王国开始建立政权。

到达北非后，汪达尔人一路向东，沿途烧杀抢掠。当时北非的柏柏尔人正在反抗罗马人，他们把汪达尔人视为解放者，积极支持汪达尔人同罗马人作战，使罗马人在北非的政权土崩瓦解。公元438年，汪达尔人占领了北非的迦太基，并建都于此，建立了汪达尔王国。北非是罗马的粮食供应地，这里沦陷后，罗马顿时出现了粮荒，而汪达尔人则势力大增。罗马人被迫同汪达尔人签订条约，承认他们对北非地区的占领，还把罗马的公主嫁给汪达尔王子。

但盖赛里克并不满足，他占领了罗马在非洲的全部领土后，把目光投向了罗马城，他想像阿拉里克一样攻陷罗马城，掠夺财富。为此，盖赛里克建立了一支强大的舰队，并日夜不停地训练。汪达尔人的舰队相继占领了撒丁岛、西西里岛等地中海主要岛屿，成为继迦太基和罗马之后的地中海霸主。

公元455年，盖赛里克率领庞大的汪达尔舰队开始渡海北征，进攻罗马城。当汪达尔人的舰队到达台伯河的入海口处时，整个罗马城陷入了一片恐慌之中。

几辆豪华的马车从罗马皇宫疾驶而出，向城门口冲去。

"开门！快开门！"西罗马皇帝从马车中伸出头，对守门的卫兵大声说。

这时旁边的罗马人认出了皇帝，大喊："不好了！皇帝要逃跑了！"很多罗马人听到喊声赶了过来，将皇帝的车队围得水泄不通。

"让开！让开！"西罗马皇帝愤怒地大喊大叫。

"你不能走！你是罗马皇帝！你必须带领我们抵抗汪达尔人，和罗马共存亡！"一个罗马人义愤填膺。

·基督教的兴起与传播·

基督教以《圣经》为主要经典。公元前1世纪，罗马四处征战，不堪忍受罗马残暴统治的人民纷纷起义，但遭镇压。基督教由此而生，相传由拿撒勒人耶稣创建。耶稣构建思想体系，培训门徒，四处传教，最后被罗马的叙利亚巡抚彼拉多钉死在十字架上。基督教在公元1世纪中叶到公元2世纪得到广泛传播，教会组织、经典文献、宗教仪典逐渐完善。到公元2世纪中叶，在已编定的《新约大全》中增加了泛爱、忍耐等内容。于是，基督教开始演变成统治阶级可以接受的宗教，为罗马帝国政府所容忍。公元4世纪，君士坦丁改变过去的镇压政策，颁布《米兰敕令》，正式宣布基督教合法。公元392年，罗马皇帝正式确认基督教为国教。基督教于 1054 年分化为东正教与天主教，16 世纪后天主教继续分化。

"罗马守不住了，你们也快跑吧！开门！快开门！"西罗马皇帝急不可待地说。愤怒的罗马人一拥而上，将皇帝活活打死。

很快，汪达尔人的舰队就来到罗马城下。此时的罗马人早已没有了他们祖先当年的勇武，汪达尔人很快就攻克了罗马，并在城中开始了大规模抢劫。皇宫、国库、教堂、富人的宅邸甚至一般人的家都被汪达尔人洗劫一空。他们把掠夺来得金银财宝、丝绸、瓷器、华丽的装饰品装满了他们的大船，并且将 3 万罗马人掠为奴隶，盖赛里克还抢走了罗马公主。最后汪达尔人四处放火，将罗马城付之一炬。几百年来，罗马人留下的无数建筑珍品和文明成果就这样被熊熊大火吞没。罗马，这座昔日繁华富丽的城市，在经历了这场浩劫之后已是满目疮痍，一片凄凉。后来的欧洲把疯狂破坏文明成果的野蛮行为称为"汪达尔主义"。

此时的西罗马帝国已经四分五裂，勃艮第人占领了高卢，西哥特人占据着西班牙，汪达尔人统治着北非，意大利半岛被东哥特人控制着，连西罗马皇帝都是东哥特人的傀儡。

公元 476 年，日耳曼雇佣军的长官奥多里克废黜了最后一个罗马皇帝罗慕洛·奥古斯都，西罗马帝国灭亡。年轻的罗慕洛·奥古斯都手中没有一兵一卒，他无力反抗，只好命随从把东西搬上车，默默地离开了皇宫。

英里城堡

由于哈德良长城的保护，在哈德良长城英里城堡的周围发展起来了一些小城镇，有商店、市场、酒馆和浴池。许多守卫长城的罗马士兵在城镇里安了家。

中世纪

　　中世纪始于 5 世纪，迄于 15 世纪，横跨历史长河 1000 年，在罗马帝国古老的黄金时代和文艺复兴的新黄金时代之间，构成了人类社会最重要的转型期。波澜壮阔的民族大迁徙使人类社会开始从分散走向整体，同时，国家和社会体制也发生了变化。封建化的兴起与早期封建国家的建立，奠定了近代世界历史格局的基础，人类历史开始进入一个新的发展时期。

法兰克国王克洛维

法兰克人是日耳曼人的一支，生活在罗马帝国的北方。公元 3 世纪中叶，法兰克人不断渡过莱茵河，闯入罗马帝国境内，大肆屠杀抢掠，让罗马人很是头疼。但同时也有些法兰克人被罗马人招募，充当雇佣兵。公元 4 世纪时，法兰克人分为两支：一支是海滨法兰克人（萨利克法兰克人），住在莱茵河口附近和索姆河流域；另一支是河滨法兰克人（里普阿尔法兰克人），住在以今德国科隆为中心的莱茵河两岸。"法兰克"在日耳曼语中是"大胆"的意思，法兰克人都是不怕死的勇士，他们打起仗来个个奋不顾身。墨洛温家族是法兰克人中最尊贵的家族，他们都长发披肩，以显示自己高贵。

公元 5 世纪前期，当时高卢中北部包括巴黎在内广大区域，由西罗马帝国的将军西阿格里乌斯统治着。这里与意大利的联系早被切断，实际上已经独立，西阿格里乌斯自称"罗马人的王"。

公元 481 年，15 岁的克洛维在父亲死后，成为了法兰克人的首领。克洛维像多数法兰克人一样强悍好斗，以战斗作为自己的爱好和事业。他性格残忍，善于玩权术，经常果断铲除威胁自己的人，具有一个政治家的长远的战略眼光。

公元 486 年，一支海滨法兰克人在克洛维率领下越过阿登森林（在今比利时境内）南下，联合另一支海滨法兰克人，在苏瓦松击败西阿格里乌斯的军队。西阿格里乌斯仓皇南逃，投奔了西哥特人。克洛维派使者前去索要西阿格里乌斯，西哥特人把他套上镣铐送交克洛维。击败西阿格里乌斯后，克洛维占领了包括巴黎和卢瓦尔河以北大片土地，建立了法兰克王国，他本人也从一个部落联盟首领变成真正的国王，开始了以他非常受人尊敬的祖父墨洛温名字命名的墨洛温王朝。

·采邑制·

采邑制是中世纪早期西欧的一种封建土地所有制。墨洛温王朝末期由于大土地所有制的发展，自由农大量破产，国家无可用之兵，中央的政治、经济、军事力量衰落。公元 8 世纪 30 年代，宫相查理·马特改变无条件分赠土地的办法，实行采邑制。没收叛乱贵族和部分教会土地封给官员和将领，受封者必须服兵役和履行封臣义务，而且只限本人，不得世袭。双方如有一方死亡，或封臣不履行义务，分封关系终止。如愿继续以前的关系，必须重新分封。通过采邑制，建立了以土地关系为纽带的国王与受封者之间的主从关系，加速了自由农民的农奴化进程，为形成阶梯式的封建等级制奠定了基础。骑兵逐渐代替步兵，兴起骑士阶层，中小地主力量加强，且提高了国家的政治与军事力量。公元 9 世纪以后，采邑逐渐变成世袭领地。

法兰克王国的建立标志着法兰克人从部落联盟演化到了国家阶段，而克洛维也从一个部落首领变成了国王。著名的"苏瓦松花瓶"故事反映了这一过程。

一次，克洛维的部下洗劫了兰斯教堂，抢走了教堂的大量财物。兰斯教堂的主教找到克洛维，希望他能够归还一个被奉为圣杯的大花瓶。克洛维说："我们法兰克人要在苏瓦松分配战利品，如果我抽签抽中的是那只花瓶的话，一定奉还。"到了苏瓦松，所有的战利品都摆在地上。在分配战利品时，克洛维对在场的法兰克人说："我勇敢的战士们，我请求你们在我抽到的东西之外，再把那个花瓶给我。"许多法兰克人都说："可以，尊敬的国王。所有的战利品都是您的，只要您认为合适，您就取走吧！因为谁也没有强大到敢向您说个不字。"但一个战士站出来说："除非你抽到花瓶，否则你根本无权得到这只花瓶！"说完挥起斧头将花瓶砍了个稀巴烂。

一年后，克洛维命令军队全副武装到校场集合，以检阅军队。克洛维走到打碎花瓶的那个战士面前时，看了看他的武器，故意生气地说："谁带来的武器也不像你的武器那样保管不当，无论是你的投枪还是斧头，都无法使用。"说完克洛维拿起那个战士的斧头扔到了地上。在那个战士弯腰去捡拾斧头时，克洛维抢起自己的斧头，劈开他的头，那名战士当场横尸校场，在场的法兰克人无不震惊。克洛维对着尸体说："你在苏瓦松的时候就是这样对待花瓶的。"由此，克洛维树立了自己的权威，从一个部落联盟首领变成了一个具有生杀予夺大权的国王。

骑士制度兴起于 8 世纪，当时的统治者有足够财富可以向骑士们提供

战马、武器与盔甲，以使他们在战争中效忠法兰克王国。

  27 岁的时候，克洛维和信奉基督徒的勃艮第公主结婚，但那时他本人并不是基督徒。公元 496 年，克洛维与阿勒曼人激战时，身陷重围。绝望中，他想到了上帝，于是他跪下向上帝祈祷，发誓如果能够转败为胜，他将带领全体法兰克人皈依基督教。奇迹发生了，阿勒曼人发生内乱，杀死了阿勒曼国王，并且全部向克洛维投降。克洛维大为惊奇，认为是上帝在帮助自己，于是在当年圣诞节率领 3000 名法兰克战士接受了洗礼，皈依基督教。从此，克洛维受到了罗马教会的大力支持，他继续扩张，几乎占领整个高卢。

查士丁尼镇压尼卡起义

公元359年，罗马皇帝狄奥多西去世。临死前，他把罗马帝国分为东、西两个部分，让自己的两个儿子各自为帝。

西罗马帝国的首都仍然在罗马，领土包括现在的意大利、法国、英国、伊比利亚半岛、奥地利、匈牙利以及北非的阿尔及利亚、突尼斯、利比亚。

东罗马帝国定都君士坦丁堡（原名拜占庭，今土耳其伊斯坦布尔），所以又叫拜占庭帝国。东罗马帝国统治着从黑海到亚得里亚海之间的广大地区，包括东南欧一带、巴尔干半岛、小亚细亚、中东地区和外高加索一部分。

公元476年，西罗马帝国灭亡，而东罗马帝国却继续存在了将近1000年。

查士丁尼大帝及廷臣

这是拜占庭时期最著名的镶嵌画之一，描绘的是查士丁尼大帝在大主教的陪伴下主持教堂奉献礼的情景。

君士坦丁堡位于亚、欧两洲的交界处，扼守从黑海进入地中海的大门，地理位置十分重要。当西欧陷入混乱与纷争的时候，东罗马帝国依然非常强盛，君士坦丁堡当时有 80 万人口，是世界上最大的城市之一，海外贸易非常发达，城内的建筑辉煌壮丽，港口停泊着来自世界各国的船只，一片繁荣景象。

但君士坦丁堡里的很多手工业者和城市贫民在皇帝查士丁尼和他的一大群贪官污吏的统治下仍然过着悲惨的生活，他们生活艰辛，毫无政治权利可言，只有从古罗马时期流传下来的市民娱乐活动才能使他们享有片刻的欢乐。

当时最大的市民娱乐活动是马车比赛。无论是皇帝、贵族、地主、商人还是普通市民，都非常喜欢。每次比赛的时候，从皇帝到市民都聚集到能容纳五六万人的赛车场观看比赛。在东罗马帝国，皇帝的地位是至高无上的，平时人们见了他都要跪下磕头，吻他的靴子。只有到了马车比赛的时候，群众才可以趁机大声喊叫，表达对他的不满。

马车是分队进行比赛的，车夫们都穿着不同颜色的衣服，有蓝色、绿色、红色等，人们也分别支持不同的队。渐渐的，这种支持变成了政治派别。其中蓝队的支持者是元老贵族和地主，而绿队的支持者则是大商人和高利贷者。这两派都有广大的群众支持，这些群众憎恨皇室和各级官僚，每次比赛的时候，他们就联合起来，大声吵闹，矛头直指那些臭名昭著的贪官污吏，赛车场渐渐变成了群众游行示威的场所。

公元 532 年的一天，查士丁尼带着皇后和文武百官来参加赛车会。皇帝属于蓝派，所以绿派的群众就向他高喊"尼卡！尼卡！（胜利的意思）"想打掉皇帝的威风。许多平日里备受欺压的群众也纷纷站起身来，高举着拳头，挥舞着手臂，高喊打倒贪官污吏的口号。全场的局势快要失控了，一场政治风暴即将来临。查士丁尼见状，急忙令卫兵逮捕了几个带头的群众。这一下全体群众都被激怒了，他们起来齐声高喊"尼卡！尼卡！"上前和士兵搏斗。群众冲出赛车场，拿起刀枪火把，冲进政府、教堂和贵族的房屋，四处点火。著名的索菲亚大教堂、宙克西普浴池甚至一部分皇宫建筑都被点燃。起义的群众还冲进监狱，释放了所有被关押的老百姓。人们手拿刀枪，高举火把，围着皇宫高呼，要求处死那些臭名昭著的大贪官。躲在皇宫中的查士丁尼无奈，只好将那几个贪官免职，但群众并没有散去。

拜占庭武士像

查士丁尼见局势失控，就决定逃走，但遭到了皇后的反对，大臣们也提醒皇帝，城外还有忠于皇帝的大军。查士丁尼急忙派人偷偷溜出城，命令驻扎在城外的刚从波斯前线回来的贝利萨留将军和正从外地赶来的蒙德将军进城镇压起义。查士丁尼假装对群众闹事不介意，通告全城起义的群众，请大家欣赏一场更大规模的马车比赛。起义者上了当，来到了赛车场。

贝利萨留和蒙德率领着军队秘密进城，将赛车场团团围住，贝利萨留抽出宝剑，下令士兵屠杀在赛车场内的起义者。这些装备精良、训练有素的士兵，挥舞着大刀长矛，疯狂地向起义者砍去。一时间，赛车场内惨叫声、呻吟声汇成了一片，大地上鲜血横流。一些逃出场外的起义者又遭到了蒙德率领的军队的屠杀。那一夜，有4万起义者被杀害，君士坦丁堡成了人间地狱，"尼卡"起义就这样失败了。从此以后，拜占庭帝国处于查士丁尼更加残酷的统治之中。

拜占庭的扩张

西罗马帝国灭亡后，东罗马帝国皇帝就以罗马帝国的继承者自居，并以恢复古罗马帝国的版图为己任。当时被视为"蛮族"的日耳曼人在原西罗马帝国的领土上建立了很多小王国，他们信奉基督教的阿利乌斯教派，这是自认为信奉基督教正统、以基督教正统保护者自居的东罗马皇帝所不能容忍的。查士丁尼即位后，立志消灭信仰异端的蛮族国家，实现罗马帝国在政治和宗教上的统一。

东罗马帝国是古罗马帝国工商业繁荣的地区，首都君士坦丁堡位于亚欧大陆的交界处，可以收取高额的过路费，丝绸专卖使政府获利丰厚。查士丁尼又在全国征收土地税，每年可得黄金3000磅，使得东罗马帝国的经济实力非常强大。经过多年的准备，查士丁尼开始了自己雄心勃勃的收复罗马帝国计划，发动了大规模的战争。

·永久和约·

公元6世纪初，波斯与拜占庭在领土问题上的矛盾激化，边境冲突不断。公元527年查士丁尼一世即位后，任命贝利萨留为统帅，与波斯开战。战争初期，拜占庭军失利。公元530年，波斯集中4万精兵进攻美索不达米亚重镇德拉。贝利萨留指挥训练很差的罗马人和雇佣兵一举挫败波斯军。翌年，双方转战叙利亚，互有胜负。查士丁尼为从日耳曼人手中夺回原属西罗马帝国的西欧、北非疆土，决定与波斯和解。公元532年，查士丁尼以向波斯赔款1.1万磅黄金为条件，与波斯王库斯鲁一世缔结停止战争的和约，史称"永久和约"。

　　为了解除后顾之忧，查士丁尼不惜赔款1.1万磅黄金，与波斯签订了"永久和约"。稳定了东方后，查士丁尼开始对西方发动大规模的战争。当时西部的外族国家，如汪达尔王国、东哥特王国、法兰克王国等国动荡不安，国内矛盾十分尖锐。这些外族王国文化落后，所以他们努力学习罗马的先进文化，受罗马文化影响很深，以至于他们认为罗马皇帝是人间的上帝。在东罗马帝国大军兵临城下的时候，他们不是联合起来共同对敌，反而互相掣肘，自相残杀。

拜占庭的纯金皇冠闪闪发光，上面有珍珠、宝石和珠宝挂饰。它的珐琅饰板刻画了11世纪的皇帝迈克尔七世及基督和众神。

　　公元533年，查士丁尼派大将贝利萨留率领1.6万人从君士坦丁堡出发，开始了长达20多年的征服战争。

　　贝利萨留大军的矛头首先指向的是北非的汪达尔王国。汪达尔人本来与东罗马帝国签订过和平条约，两国长期以来平安无事。但信仰阿利乌斯教派的汪达尔人无法容忍信仰基督教正统的罗马人，所以对汪达尔王国境内的罗马人大肆迫害，有的关进监狱，有的卖为奴隶，并没收了罗马人的土地和财产。很多罗马人纷纷逃到君士坦丁堡，向查士丁尼求救，希望他能消灭蛮族、铲除异端，这正好给了查士丁尼一个发动战争的借口。

贝利萨留率领军队在北非登陆，向汪达尔王国的首都迦太基推进。此前，汪达尔国王盖利麦一直没有认真备战，听到东罗马人登陆的消息才匆忙率军前去迎战，双方在迦太基城附近展开决战。开始的时候汪达尔人占了上风，但盖利麦的兄弟不幸阵亡，悲伤过度的盖利麦抱着弟弟的尸体号啕大哭，竟然放弃了军队的指挥权。失去指挥的汪达尔大军顿时陷入了一片混乱之中，贝利萨留趁机发起反攻，东罗马人反败为胜。此后，汪达尔人再次进攻东罗马人，又遭失败。东罗马人攻陷迦太基，汪达尔王国灭亡。盖利麦带人逃到努米比亚，投奔了柏柏尔人。

查士丁尼把被汪达尔人剥夺的罗马人的财产全部归还，恢复了古罗马时代的旧制度。

征服汪达尔之后，查士丁尼又把矛头转向了东哥特王国。公元535年，查士丁尼以调解东哥特王国内部纷争和解救因不同信仰而被迫害的罗马人为借口，出兵被东哥特人占领的意大利。贝利萨留率领8000人先占领了西西里岛，很快又登陆意大利半岛。东哥特国王迪奥达特惊惶失措，想向东罗马人投降，结果被部下所杀。东哥特人推举将军维提格斯为新国王。维提格斯决定避敌锋锐，率主力撤到北方的首都拉文那。公元536年12月，贝利萨留进军罗马，教皇和居民开城投降。

公元537年2月，维提格斯率军南下围攻罗马，贝利萨留坚守不战。东哥特人久攻不克，士气低落，再加上军中瘟疫，只好撤退。公元540年，贝利萨留率军北上，攻陷东哥特首都拉文那，俘虏维提格斯。公元545年，东哥特人在新国王托提拉的率领下攻陷罗马，但他却向查士丁尼求和，这给了东罗马人以喘息之机。公元552年，东罗马人在意大利中部塔地那战役大败东哥特人，托提拉阵亡。公元554年，东罗马人彻底消灭了东哥特的残部，收复了整个意大利半岛。同年，东罗马帝国又利用西哥特王国的内讧，占领了西班牙的东南沿海地区。至此，东罗马帝国恢复了大部分罗马帝国的版图。但东罗马军队在意大利疯狂的搜刮掠夺，不仅遭到蛮族而且也遭到罗马人的痛恨。

公元565年查士丁尼去世。不久，东罗马帝国被征服地区大都丧失。

10世纪的拜占庭士兵，身着罗马“战裙”、护心，头戴铁盔，
兵器在握，随时准备投入战斗。

戒日王

　　笈多王朝灭亡后，印度又陷入小国林立，混战不止的局面。经过多年的战争，出现了四大强国：以德里为中心的坦尼沙王国、以曲女城为中心的穆里克王国、恒河三角洲的高达王国和昌巴尔河流域的摩腊婆王国。其中坦尼沙和穆里克为一方，高达和摩腊婆结盟。

　　戒日王是坦尼沙国王波罗·瓦尔那的次子，他有一个哥哥和一个姐姐，哥哥罗贾伐弹那英勇善战，姐姐拉芝修黎嫁给了穆里克国王格拉巴伐尔曼，两国关系更加紧密。

　　公元604年，年仅15岁的戒日王随哥哥罗贾伐弹那率军征伐侵扰王国西部的白匈奴，不料老国王波罗·瓦尔那突然病逝。高达王国和摩腊婆王国联合起来，趁机进攻坦尼沙王国的盟国穆里克王国，穆里克国王格拉巴伐尔曼战败被杀，戒日王的姐姐、王后拉芝修黎被俘，穆里克王国灭亡。两国军队继续推进，直逼坦尼沙。在这危急时刻，戒日王随哥哥罗贾伐弹那立即率军快速返回德里，罗贾伐弹那继承王位，率骑兵进攻曲女城，戒日王留守国内。罗贾伐弹那英勇善战，高达和摩腊婆联军大败。于是就派使者前去假装求和，毫无政治斗争经验的罗贾伐弹那放松了警惕，结果被高达国王设赏迦派人暗杀。坦尼沙军队顿时群龙无首，两国趁机发起进攻，坦尼沙军队由胜转败。

　　留守国内的戒日王立即登基，倾全国之兵与两国联军决一死战。在国破家亡的危局面前，坦尼沙士兵以一当十，奋勇作战，两国联军大败。就在戒日王取得节节胜利的时候，忽然得到姐姐拉芝修黎逃脱的消息。戒日王立即率兵撤出战场，四处寻找姐姐，终于在文迪亚山林中找到了她。没有了后顾之忧的戒日王率军重返战场，一再击败两国联军。穆里克王国复国，由戒日王的姐姐拉芝修黎担任女王，实权由戒日王掌握。公元612年，坦尼沙王国和穆里克王国正式合并，戒日王任国王，并迁都曲女城，这一年就是戒日王朝的开端。

　　为了报姐夫、哥哥被杀之仇和统一印度，戒日王积极扩充军备。他将全国军队分为象兵、车兵、骑兵和步兵四大兵种。象兵以大象为主要作战工具，大象身上披着厚厚的铠甲，象背上坐着一个象夫，指挥大象。作战时，象夫发号施令，一群大象嘶吼着，向敌人冲去。遇到敌人的步兵或骑兵，大象用鼻子卷起来一甩，就能将敌人摔出几丈远。

在佛教流行的同时，印度教也重新崛起。

车兵是由 4 匹马拉着一辆车，车夫负责驾车，车上的士兵在敌人离得远时放箭，离得近时用长矛和刀剑劈刺。

骑兵和步兵都是身强力壮的年轻人，他们身穿重甲，手持盾牌和锋利的刀剑，勇猛善战。

凭借着这样一支军队，戒日王南征北战，四处征讨，开始了轰轰烈烈的统一印度的战争。位于印度东北的迦摩缕波王国和印度西部的伐腊比王国先后投降，但戒日王在进攻高达王国时遇到了激烈的抵抗。经过激战，戒日王朝的军队杀死高达国王设赏迦，高达国灭亡，戒日王统一了北印度。

随后，戒日王又把目光投向了南印度的遮娄其王国。戒日王率军抵达那马达河，遮娄其国王补罗稽舍二世率军严防死守，大败戒日王。戒日王只好与补罗稽舍二世议和，约定两国以那马达河为界，随后率军返回北印度，从此以后再也没有南征。但戒日王建立的戒日帝国是继孔雀王朝、笈多王朝之后又一个基本统一北印度的政权，在印度历史上他是与孔雀王朝的阿育王、笈多王朝的海护王齐名的人物。

戒日王笃信佛教，在全国各地建了大量的佛寺、佛塔，仅首都曲女城就建了100座佛寺。当时佛教各派别争论不休。戒日王就每5年举行一次"无遮大会"（宗教大会），让他们辩论。来自唐朝的高僧玄奘在大会上驳倒了所有的僧人，取得胜利。

公元641～647年，戒日王多次派使臣出使唐朝，唐太宗也派王玄策等人率领外交使团回访，戒日王亲自出迎，接受国书，并赠给中国火珠、郁金和菩提树等，与唐朝保持友好关系。

公元647年，戒日王去世，国内大乱，宰相阿罗那顺趁机篡位，戒日帝国由此瓦解，北印度再次陷入分裂状态。

玄奘取经

玄奘从小聪明颖悟，对佛学非常感兴趣。父亲去世后，经常跟着在洛阳净土寺出家的哥哥去听高僧说法，逐渐有了出家的念头。玄奘13岁时，在净土寺剃度为僧，开始学习佛法。18岁时，玄奘为了躲避战乱辗转到了成都。5年后，东出剑门、三峡，开始到各地访求良师益友。10年后，玄奘已经精通了许多佛教典籍。公元627年，玄奘为了彻底解决对佛教教义的疑问，在没有拿到通关证件的情况下，孤身一人踏上了西去印度求取佛法真经的万里征程。

玄奘西行，先后经过凉州、瓜州、玉门关、伊吾、高昌、焉耆、屈支、素叶、铁门关、吐火罗国等地，一路上风餐露宿，翻山越岭，穿越戈壁滩、大沙漠，最后终于到达了北印度边境。

当时的印度分为东、西、南、北、中五部分，玄奘先到北印度的佛教圣地犍陀罗国，又长途跋涉来到上座部佛教的发源地迦湿弥罗国。玄奘在王城的韬耶因陀罗寺住了两年，向一位年近古稀的高僧学习上座部经典、声明学（语言文字学）和因明学（逻辑学），并遍读寺中的佛经。离开迦湿弥罗国后，玄奘途经戒日王朝国都曲女城，最后到达印度最大的佛教寺院、印度佛教的最高学府、学术文化的中心——那烂陀寺。在这里，玄奘拜寺院德高望重的住持戒贤法师为师，潜心研究佛法，学习《瑜伽论》。遍读所有的经论后，玄奘辞别戒贤法师到各地去游学。公元640年，玄奘回到那烂陀寺，戒贤法师让他主持全寺的讲席。

玄奘像

在此期间还发生了一件让玄奘名震异域的大事。公元641年，上座部大师借戒日王出征之机，著《破大乘论》讽刺大乘教义，引发了佛教界的辩论大会。玄奘用梵文写了《制恶见论》，指出《破大乘论》中的谬误。玄奘还被大家推举为主讲人，印度18个国家的各教派僧侣教徒6000多人前来赴会，赶来听中国的法师玄奘讲经说法的多达5万余人。

玄奘将《制恶见论》挂在会场门口，依照印度的习惯声明："如果有人能找出一处谬误，当斩首以谢。"结果无人能够反驳玄奘，印度人对玄奘都心悦诚服。

于是，戒日王按照印度习俗，让辩论胜利者玄奘骑象游行一周。

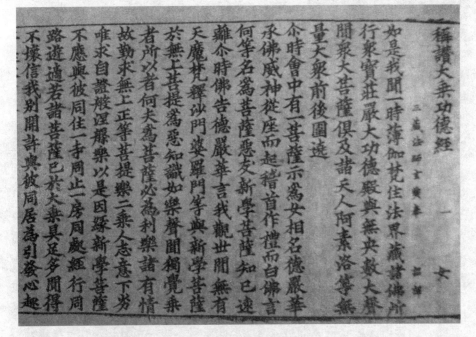

玄奘译《功德经》内页

之后不久，玄奘踏上归途。公元645年，终于回到了阔别10多年的长安，并在弘福寺开始了大规模的佛经翻译事业。玄奘不仅精通佛教教义，而且通晓梵文。他遵循"既须求真，又须喻俗"的翻译原则，用了19年时间，主持翻译了佛教经论74部，1300多万字，是中国佛教翻译史上翻译最多的一个人，开启了我国翻译史的新时代。玄奘翻译的佛经不仅丰富了我国的文化宝库，还为印度保存了许多珍贵资料，他将印度本土已经失传的《大乘起信论》由中文翻译成梵文，再传回印度，并应印度迦摩缕波国王之请，将中国古代的哲学巨著《老子》译成梵文，传到印度。玄奘的译著成为中印两大民族的共同遗产。

玄奘的《大唐西域记》记载了他亲身游历过的110个国家，以及他听说的28个国家的山川形势、地理位置、历史沿革、风土人情、宗教物产等，是研究中亚、南亚等国古代历史地理的重要文献。书中奇异惊险的故事成为作家们创作的素材，他们据此创作出许多文学作品，如：《唐三藏西天取经》《西游记》等。近代的考古学者还曾经依据《大唐西域记》的记载，发掘出王舍城、那烂陀寺等遗迹，对于研究中亚、南亚的历史有着不可替代的重要意义。

玄奘译经处，位于今陕西宜君县玉华寺内。

玄奘毕生致力于佛教教义的研究和佛经翻译事业，为我国以及世界佛教的发展做出了巨大贡献。我国的法相宗就是在他的影响下出现的，而日、韩等国的法相宗也深受他的影响。

公元 664 年，玄奘病逝。

印度教的形成

印度教是世界主要宗教之一，拥有 10 亿信徒，印度教的教徒主要分布在今印度、巴基斯坦、孟加拉国、尼泊尔、斯里兰卡等南亚国家，此外在东南亚和非洲也有很多信徒。印度教一词是 19 世纪的欧洲殖民者创造的，而自古以来印度人以多种名称来称呼自己的宗教，比如"永恒的法""吠陀信仰""毗湿奴信仰""湿婆信仰"等。

印度教又称为新婆罗门教，它是在婆罗门教的基础上融合了佛教等印度其他一些宗教的教义形成的。印度教的形成过程时间很长，从公元4世纪的笈多王朝开始，又经过公元8～9世纪的印度著名宗教思想家商羯罗的改革才最终定型。

印度教的基本特征和文化传统依旧延续了古婆罗门教。

·耆那教·

耆那教几乎与佛教同时兴起，耆那教的第24祖筏陀摩那被尊为该教真正的创建者。"耆那"意为胜利者，是他的称号之一，耆那教由此而得名，其弟子们尊称他为大雄。耆那教否定古婆罗门教吠陀天启、祭祀万能、婆罗门至上等教义，相对提出吠陀并非真知，祭祀杀生只会增加罪恶，宣传种姓平等；主张灵魂解脱，业报轮回和非暴力等。还认为，人只有严格实行戒律，经过苦行修炼，才能获得"解脱"。目前耆那教在印度有一定的社会影响，教徒有几百万。

婆罗门教是古代印度的宗教之一，它起源于公元前2000多年前印度西北部的雅利安人信奉的吠陀教。吠陀教以《吠陀》为经典教义，信奉多神，其中梵天、毗湿奴和湿婆为三大主神，分别代表宇宙的创造、护持和毁灭。婆罗门教把人分为4个种姓，即婆罗门、刹帝利、吠舍和首陀罗，除此之外还有不可接触的人（贱民）。4个种姓之间不能通婚，并且世代相传，不可更改。

在婆罗门教中，前三个种姓被称为"再生姓"，意思是还有第二次生命，第四个种姓被称为"一生姓"，意思是只有一次生命。婆罗门教认为人死后有轮回，一个人的转世形态取决于他今世对婆罗门教的虔诚程度，如果严格履行教规，那么来生可以变成神，差一点的可以变成婆罗门、刹帝利和吠舍，如果不履行教规，那么将会变成贱民、畜生甚至下地狱。

到了阿育王和迦腻色迦时期，由于这两个帝王极力推崇佛教，广建寺院，宣扬众生平等的佛教成了当时的国教，备受尊崇，而婆罗门教由于顽固坚持落后的种姓制度结果遭到了人民的唾弃，逐渐衰微。

为了适应新的形势，婆罗门教进行了一系列的改革，融合了佛教、耆那教和婆罗门教教义的新婆罗门教诞生了。因为它的主要教义仍然源自婆罗门教，所以

湿婆与妻子雪山神女青铜像

被称为新婆罗门教。从此以后，新婆罗门教发出勃勃生机，走向复兴，并最终发展成为拥有亿万信徒，能真正代表印度的宗教。

印度教包罗万象，融合了众多宗教的教义，因此它不像伊斯兰教和佛教一样拥有一个完整的体系。印度教教派众多，甚至多到无法统计的地步。其中有 4 个主要教派：一是尸摩多派，又称传统主义派，他们崇拜古婆罗门教，奉行多神信仰。这一派的教徒在印度教徒中占多数。二是毗湿奴派，该派教徒崇拜印度教中的能创造和毁灭的毗湿奴，主要流行于印度北部和西海岸地区。三是湿婆派，这一派的教徒崇拜毁灭、苦行和舞蹈之神湿婆。四是性力派，这一派的教徒崇拜湿婆的妻子难近母，主要流行于孟加拉、尼泊尔和印度的喀拉拉邦。

但印度教还是有一致信仰的：第一，所有的印度教教派都以《吠陀》为宗教经典。第二，信奉多神。他们虽然只向本教派的主神行礼，但他们也不否认其他教派的神，只认为其他神比自己教派的主神低一级而已。第三，相信轮回之说。

善有善报，来世可以升天；恶有恶报，来世变为畜类。每一次轮回都要经历一次苦难。

为了来世的幸福，印度教教徒们往往陷于苦修，高举手臂行走、吞吃蛇蝎、脖子上套着铁枷。另外，印度教徒还吃素，不杀生，视牛为圣物，认为水可以驱除污秽、洗掉罪孽。他们把恒河视为圣河，最大的愿望就是去恒河洗浴，认为死于恒河岸边是一件幸福的事。恒河岸边的瓦拉纳西是印度教的圣城，有 3000 多年的历史，城中寺院林立，每天都有数以万计的印度教徒前来朝拜。

湿婆的十种化身，湿婆是古印度神话中的音乐、舞蹈之神。

日本大化革新

日本位于东海之中，是由本州、九州、四国等大岛和很多小岛组成的岛国。公元 3 世纪以后，本州岛出现了一个较强大的国家大和，它的最高统治者自称天皇。经过不断扩张，大和逐渐占领了很多地区。到公元 5 世纪时，大和已经统一了日本的大部分地区，定都平城京（今日本奈良）。

公元 7 世纪的时候，大和国的朝政被权臣苏我家族把持着。苏我家族的族长苏我虾夷和他的儿子苏我入鹿架空天皇，疯狂兼并土地，激起了其他贵族，尤其是皇极女天皇的儿子——中大兄皇子的强烈不满。中大兄皇子经常接触一些从唐朝回来的留学生，从他们口中，中大兄皇子得知了唐朝的中央集权和繁荣富强，心中非常向往。为了夺回政权，中大兄皇子联络了一些同样对苏我家族势力不满的大臣，开始密谋除去苏我家族的势力。

· 天皇 ·

天皇是对日本最高统治者的称呼，是日本国家的标志。原来日本国王的正式称呼是"大王"，公元607年，日本推古天皇派小野妹子出使隋朝，在国书中有"东天皇敬白西皇帝"的句子，这是日本首次使用"天皇"一词。日本古代天皇制从公元593年推古天皇即位至今，约有1400多年。在漫长的历史中，天皇一直处于象征地位，是贵族和幕府将军的傀儡，实际掌权的时间不多。第二次世界大战后，日本宪法第1条规定：天皇是日本国家和国民统合的象征。无实权，且不具有选举、被选举、纳税、户籍等一切公民权。

公元645年六月，高句丽、新罗和百济三国的使者前来给大和国天皇进贡贡品。文武百官身穿朝服，肃立在两旁。大殿上只有天皇、苏我虾夷和苏我入鹿坐着。

这时，老奸巨猾的苏我虾夷忽然发现中大兄皇子没来，就懒洋洋地问皇极女天皇："中大兄皇子怎么没来啊？"

"哦，可能一会儿就到吧。"天皇有些害怕地说。

苏我虾夷早就知道中大兄皇子对自己家族把持朝政不满，又听说中大兄皇子最近在一个寺院操练军队，心中突然有一种不祥的预感。他站起身，说自己身体不适，要回去了。

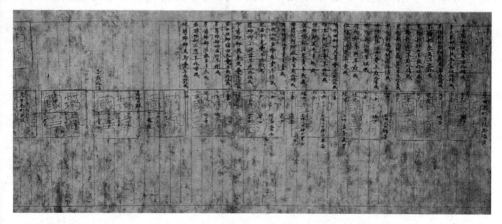

为了筹措资金，天皇对新的土地所有者征收赋税。此文件登记着筑前国的物部家族的27个成员的姓名、年龄以及每个人的纳税等级。

临走时，他回头向儿子苏我入鹿使了个眼色，意思是要他注意点。苏我入鹿微微点了点头。

"使臣到！"随着朝官的禀报，大殿上鼓乐齐鸣，大臣们立在两旁。三国使者捧着贡品缓缓走进大殿。这时，苏我入鹿发现中大兄皇子竟然跟着三国使者一起走了进来。中大兄一走进大殿，就高声命令侍卫把大殿的大门关上，任何人不得进出。

"你在搞什么名堂！"苏我入鹿非常生气，站起来大声斥责中大兄皇子。

大中兄皇子也不答话，猛地拔出刀，冲上前去，向苏我入鹿猛砍。苏我入鹿大吃一惊，急忙拔刀自卫。没过几个回合，苏我入鹿的刀就被中大兄皇子震落。苏我入鹿见大势不好，急忙向门口冲去，中大兄皇子一个箭步冲上去，将刀刺入了他的后背。苏我入鹿惨叫一声，趴在地上一动不动。

大殿上的文武百官吓得脸色都白了，躲在角落里恐惧地看着这一幕，简直不敢相信自己的眼睛。三国使者捧着贡品，立在大殿上吓得一动都不敢动。杀死苏我入鹿后，中大兄皇子大喊一声，大殿外的侍卫一拥而入，将投靠苏我家族的大臣五花大绑，押了下去。

中大兄皇子笑着对三国使者说："现在没事了，给天皇献贡品吧。"三国使者这才哆哆嗦嗦地走上前，给天皇献上贡品后，急急忙忙退出了大殿。

中大兄皇子立即冲出大殿，跨上战马，率领宫廷卫队直奔苏我家，同时派人占领京城的交通要道。苏我虾夷的家臣和卫队早就不满他们父子的恶行，见了中大兄皇子的军队一哄而散，众叛亲离的苏我虾夷在绝望中自杀。

政变后的第三天，中大兄皇子逼迫自己的母亲皇极女天皇退位，拥立自己的舅舅登基，就是孝德天皇，自己以皇太子的身份摄政，开始启用从唐朝归来的留学生。孝德天皇即位后，迁都难波（今大阪），仿效唐朝建年号"大化"。

公元 646 年，孝德天皇颁布《改新诏书》，仿效唐朝进行改革，史称"大化革新"。新政权废除了奴隶主贵族世袭制，改为封建的中央集权官僚制度；废除奴隶主贵族私自占有土地和拥有部民（奴隶）的制度，土地收归国有，贵族以后从国家那里领取俸禄，部民改称公民，从属国家；建立从中央到地方的行政组织和军事、交通制度，将兵权收归国有；实行班田收授法，每 6 年授田一次，土地不得买卖，死后国家收回，受田人必须承担一定的租税和徭役。

大化革新时所绘制的地产地图

大化革新是日本历史上一个的重要事件。通过大化革新，抑制了奴隶主贵族的特权，解放了部民，完善了国家制度，促进了日本生产力的发展，是日本从奴隶社会走向封建社会的转折点。

鉴真东渡

鉴真（公元688～763年），俗姓淳于，扬州江阳县（今江苏扬州）人。他父亲是个虔诚的佛教居士，经常到扬州大云寺拜佛。在家庭的影响下，鉴真从小就对佛教产生浓厚兴趣。

鉴真14岁那年，有一次随父亲到大云寺拜佛，被庄重、慈祥的佛像所感动，随即向父亲提出要求出家为僧。父亲见他心意已决，就同意了。于是鉴真拜大云寺智满禅师为师，法名鉴真。18岁又拜道岸律师为师，立志弘扬佛法。两年后，鉴真随道岸律师到长安、洛阳与高僧学习佛法。在学习佛法的同时，他对建筑、医药等也很有研究。在长安期间，鉴真还曾入宫为唐中宗讲佛法。

日本奈良法隆寺内的五重塔

　　26 岁的时候，鉴真回到了扬州。此时，他已经成为对佛学具有很深造诣的高僧，担任扬州大明寺住持。他还筹划修缮了崇福寺、奉法寺的大殿。鉴真在扬州当了 40 年的住持，弘扬佛法，收了 4 万门徒，弟子遍布江南，其中不少人成为高僧，江淮人称他为"授大师。"

　　唐朝时候，中国在各方面都领先于世界，所以世界上很多国家都派留学生来中国学习。日本经常向唐朝派遣唐使，每次都有很多留学生随同前来，返回时也都有学成的留学生一同回国。

　　每次随遣唐使来中国的留学生少的一二十人，多的二三十人。这些留学生在中国少的住上几年，多的甚至住了 40 年。他们回国后，大力传播中国的先进文化，积极推动日本社会文化的发展。

　　天宝元年（公元 742 年），日本的两位僧人荣睿、普照随遣唐使来到中国学习佛法。一次偶然的机会，他们认识了鉴真的徒弟道航，知道了鉴真。两人特地从长安赶到扬州拜见鉴真。听了鉴真大师宣讲的佛法后，荣睿和普照大为感动，十分敬服。从此两人就在扬州住了下来，随鉴真学习佛法。

　　在学习的过程中，两人越发感到鉴真见识的渊博，于是萌生了请鉴真到日本传播佛法的想法。两人向鉴真说了他们的心愿，当时鉴真已经 55 岁了，为了弘扬佛法，传播中国的先进文化，欣然接受了邀请，决定东渡日本。

日本奈良唐招提寺

　　第一次东渡是在公元 742 年冬。鉴真和 21 名弟子，以及 4 名日本僧人准备东渡。当时唐朝政府严禁私自出国，但日本僧人有宰相李林甫的公函，因此地方官员没有阻拦。临行前，鉴真的弟子道航和师弟如海开玩笑说："只有我们这些修行深的人才可以去弘扬佛法，像你这样修行浅的就不要去了。"如海听了非常生气，就跑到官府诬告道航等人出海是为了勾结海盗攻打扬州。官府大惊，逮捕了所有的僧人，虽然后来查明真相，但是却没收了船只。第一次东渡就这样失败了。

第二次东渡是在公元744年，鉴真和14名僧人，85名工匠，买了一艘船，再次出海。结果刚到长江口就被风浪打沉，船修复出海后又遭大风，飘到舟山群岛一小岛，5天后他们返回余姚（今浙江宁波）阿育王寺。由于各地寺院纷纷邀请鉴真前去讲法，第二次东渡也搁下了。

第三次东渡。越州（今浙江绍兴）僧人为了挽留鉴真，向官府控告日本僧人荣睿，官府将荣睿投入大牢。鉴真只好作罢。

· 绳文式和弥生式文化 ·

日本最古的文化是新石器时代文化，第一个新石器文化遗址是于1877年发现的大森贝冢（在今东京境内）。考古发掘表明，大约一两万年到9000年前，日本人民已能制造磨光石器和黑色陶器。这种陶器用手捏制，外部带有草绳花纹，被称为"绳文陶器"。故这一时期的文化也被称为"绳文式文化"。大约从公元前300年到公元300年，日本进入弥生式文化时期。这一时期发掘出的陶器的特点是器身薄硬，形状统一，颜色为褐色。弥生式文化时代，日本农业有所进步，主要种植作物是水稻。

第四次东渡。鉴真的徒弟灵佑担心师父安危，苦劝官府，希望官府能够阻拦。结果在官府的阻拦下，鉴真又没有去成。

第五次东渡。鉴真等人乘船出海，结果遇上大风，将他们吹到了海南岛。1年多之后，鉴真等人才返回扬州。5次东渡的挫折，再加上鉴真已是63岁的老人，他得了眼病，不久就失明了。但鉴真志向不改，发誓一定要去日本。

公元753年，鉴真终于随日本遣唐使一起抵达日本，受到日本举国上下的热烈欢迎。日本天皇封他为大僧都，成为日本律宗（佛教的一支）始祖。

鉴真到日本后，除了传播佛法，他随行的人员还将中华建筑、医药、雕刻、绘画等技术传授给日本人，日本医道把鉴真奉为医药始祖，药袋上都贴有鉴真的图像。鉴真在日本生活了10年，于公元763年在日本首都奈良唐招提寺面向西方安详圆寂，终年76岁。

郭沫若曾写诗称赞："鉴真盲目航东海，一片精诚照太清。舍己为人传道艺，唐风洋溢奈良城。"

攻占叙利亚

公元633年秋，3000名阿拉伯人从阿拉伯半岛出发，向北方的叙利亚进发。在死海南面的洼地上，阿拉伯远征军与东罗马军队展开了一场大战，东罗马军队几乎全军覆没。东罗马皇帝闻讯大怒，派自己的弟弟率领大批军队前来反击。这一次，东罗马军队将阿拉伯远征军打败了。

哈里发伯克尔当然不会认输，他立即命令正在伊拉克作战的、号称"安拉之剑"的哈立德再次进攻叙利亚。为了出其不意地打击敌人，哈立德决定率军横穿大沙漠，奇袭叙利亚的首府大马士革，然后挥师东进，进攻东罗马的军队。

公元634年初，哈立德挑选了800精锐骑兵，每人骑着一匹骆驼，只带少量的马匹出发。每匹马上都放着两个装满水的大皮囊。

"尊敬的将军，我们骑兵都是骑马打仗的。现在只有几匹马，我们怎么打仗啊？"一个战士非常困惑。

"只有骆驼才能穿越干旱的大沙漠，马不行。"哈立德说。

骑兵们骑着骆驼在大沙漠中整整走了一天，又饥又渴。哈立德命令将士们停下休息："宰掉10只骆驼吃肉，从马背上取水喝。"

"将军，那马怎么办？它们也要喝水啊？"那个战士又问道。

"骆驼胃里多的是水，可以让马喝。"哈立德笑着说。

原来哈立德考虑到如果穿越沙漠马匹带多了，饮水也要多，时间一长，饮水就会发生困难。而多带骆驼就解决了这个问题，骆驼肉可以给人吃，骆驼胃里的水可以给马喝。

经过艰苦跋涉，哈立德的骑兵终于走出了沙漠。东罗马军队根本没有料到阿拉伯人的援军来得这么快，以为他们是从天而降，顿时乱了阵脚。哈立德将这一地区的阿拉伯军队划归自己统一指挥，阿拉伯军队士气大振，接连打败东罗马军队，将叙利亚首府大马士革围得水泄不通。

骑马的倭马亚王朝哈里发复原图

阿拉伯是游牧民族，军队以骑兵和骆驼兵为主，主要武器是投枪，

擅长沙漠作战，军队组织严密，骑兵部队机动快速，从而能达成

作战的突然性。但阿拉伯军队不善用弓、剑、长矛和攻城器械，

攻城的方法只是强攻、策反和封锁。

一年以后，大马士革城内的粮食已经吃光了，可东罗马的援军还没来，城中的居民决定向哈立德投降。第二天，大马士革的大主教代表全体大马士革居民，站在城头向哈立德喊话："尊敬的哈立德将军，胜利已经在您的眼前，如果我们放弃抵抗，您是否能保证我们大马士革人民的生命安全？"

哈立德骑着马来到城下，对大主教喊："只要你们投降，我向你们保证，决不会伤害你们！并保证你们的财产和教堂，决不进入你们的房屋。只要你们缴纳少量的人头税！"大主教觉得这个条件完全可以接受，就与哈立德签订了和约。阿拉伯人浩浩荡荡地开进了大马士革。

阿拉伯的行政官员管理着帝国每一个角落，在那里发行各式各样的货币。

东罗马皇帝不甘心失去叙利亚，他和弟弟率领 10 万大军进攻哈立德，企图收复大马士革。当时哈立德手下只有 2 万人，敌众我寡。为了避敌锋锐，哈立德主动放弃大马士革，退到约旦河的支流雅尔穆克河一带，东罗马军队不费吹灰之力就占领了大马士革。东罗马皇帝下令继续进军，企图一举歼灭阿拉伯人。

公元 636 年 8 月，双方展开了决战。东罗马军队虽然多，但大部分都是抓来的奴隶，用铁索捆着被押上战场的。阿拉伯人虽然人数少，但士气高昂。

结果一经交战，东罗马军队被消灭了 7 万多人，连东罗马皇帝的弟弟都被杀了。东罗马的皇帝狼狈逃回君士坦丁堡，他哀叹道："多么美丽的叙利亚啊，可惜已经属于敌人了。"

此后，阿拉伯人乘胜进军，占领了大片领土，建立了一个地跨亚、非、欧三洲的大帝国。

"医中之王" 阿维森纳

阿维森纳又名伊本·西拿，公元 980 年出生在阿拉伯帝国布哈拉（今中亚乌兹别克斯坦境内）附近的一个小镇上，他的父亲是一名有学识的税务官。阿维森纳兄弟三人，他排行老二。

阿维森纳从小就聪明好学，10 岁的时候，他就学完了学校里的所有课程，并能背诵《古兰经》以及许多阿拉伯文学著作。后来在一位哲学老师的指导下，阿维森纳开始学习古希腊的医学、数学、哲学和天文学著作，为日后成为一名著名的医学家打下了坚实的基础。

阿维森纳

阿维森纳是一位在阿拉伯帝国工作的波斯人。他的著作《医典》在若干世纪里被阿拉伯世界和欧洲的人们广为使用。

由于阿维森纳聪明过人，再加上他勤奋努力，16岁的时候已经成为一个小有名气的医生了。一次，国王突然得了一种奇怪的病，整天胡言乱语，疯疯癫癫。御医们绞尽脑汁，使出浑身解数也没有治好国王的病。王室又派人从各地请来许多名医，还是没有治好国王的病。当时年仅18岁的阿维森纳听说后，自告奋勇前往王宫，请求给国王治病。很多行医几十年的著名医生都没有办法，更何况一个十八九岁的年轻人？王宫的侍卫根本不让阿维森纳进去，任凭他怎么说也不行。阿维森纳只好拿出纸和笔，将药方写下来，请侍卫传给御医。侍卫见他态度诚恳，就将药方传了进去。御医们一看，非常吃惊，急忙让侍卫把阿维森纳带进来。在阿维森纳的治疗下，不几天，国王的病就大大减轻，一个月后彻底好了。

为了感谢阿维森纳，国王任命他为御医，并赐给他很多金钱。阿维森纳请求国王允许他去王宫的图书馆读书，国王答应了。在当时，只有非常有学问的人才可能进入王室图书馆。阿维森纳抓住这个机会，每天很早就来到图书馆，直到天黑才回去。困了，就小睡一会儿；渴了，就喝点果酒；饿了，就吃点东西；天黑了，点根蜡烛继续学习。在不长的时间内，阿维森纳就把图书馆里所有的书都看完了。从此以后，阿维森纳的学识更加渊博，医术更加高明。人们纷纷来找他看病，连很多有名的医生也前来向他学习。后来这座图书馆发生了火灾，成千上万册的图书被烧毁。人们虽然很惋惜，但也感到非常庆幸，都说："智慧的宝藏并没有毁灭，它早已转移到'学者大师'阿维森纳的大脑中去了。"

后来布哈拉遇到了战乱，阿维森纳背井离乡，开始了长达15年的四处流浪、江湖行医的生活。1014年，阿维森纳定居哈马丹（在今伊朗境内）。国王的侄子得了怪病，整天躺在床上不吃不喝，只是望着天花板发呆。王宫里的御医们都束手无策，只好请阿维森纳来。阿维森纳坐在王侄的床边给他一边给他号脉，一边让一个熟悉哈马丹情况的人大声说出每条大街小巷的名字。当说到一条大街时，王侄的脉搏突然剧烈跳动了一下。阿维森纳让那人把这条街上的人名挨个说一遍。当说到一个姑娘的名字时，王侄的脉搏跳得更剧烈了。阿维森纳站起身，对国王说："这个年轻人得了相思病，最好的治疗方法就是让他和心爱的人结婚，否则他就会因为悲伤而死去。"国王听了，只好同意。王侄听说可以和自己心爱的人结婚的消息，病很快就痊愈了。王宫里的御医对阿维森纳佩服得五体投地。

国王听说阿维森纳非常博学，就任命他为宰相。但由于他为人刚正不阿，不善于应酬，因此得罪了朝中权贵，经常受到排挤。有一次，国家发生动乱，王室卫队诬陷他暗藏奸党，突然闯进他家，把财物洗劫一空。幸好阿维森纳从后门逃走，才逃过一劫。国王死后，王子们为争夺王位展开激烈的斗争。有人指控阿维森纳不信真主，散布邪教，他因此入狱。直到新国王登基，查明真相后，才被释放出来。出狱后，阿维森纳被任命为国王的随从医官和科学顾问。

为了探索医学的奥秘和解除人们的痛苦，阿维森纳笔耕不辍。他先后写成《医典》《活着的人们，死亡之子》《指导大全》和《心脏病的治疗》等几十种作品。晚年，他白日行医，给人治病和著书立说，晚上给徒弟们上课。由于劳累过度，再加上经常亲身试药，他的身体日渐衰弱。1037年，阿维森纳以军医的身份随军出征，不幸病死，年仅57岁。至今伊朗的哈马丹还有他的坟墓。

·《医典》·

阿维森纳的《医典》是阿拉伯医学的结晶，是一部医学百科全书。它不仅有医学原理和治疗方法，还有药学部分。药学部分分析了760多种药物的药效，为后人提供了丰富的参考。《医典》对当时的一些疑难杂症进行了精辟的论述，如脑膜炎、中风和胃溃疡等。他还论述了水流和土壤在传播疾病时所起的作用，提出传播肺结核、鼠疫、天花等病的是肉眼看不见的病原体的"细菌学说"。《医典》被翻译成拉丁文、希伯来文和英文等多种文字，在西方影响深远。一直到17世纪，《医典》都是欧洲各国医学院的主要医学教科书和参考书。

《一千零一夜》

古时候，在中国和印度之间有个叫萨桑的岛国，国王叫山鲁亚。一天，国王看见王后和奴仆们说笑，怀疑王后有不贞行为，于是就杀掉了她。从此以后，国王每天都要娶一个新娘，第二天早晨就把新娘杀死。

就这样国王一连娶了1000个女子，又杀了1000个女子。老百姓纷纷带着女儿逃出京城。国王命令宰相每天要送一个女子进宫，否则就将他治罪。可有女儿的老百姓早已逃得一干二净，去哪里找啊？宰相愁眉苦脸地回到家里，他的女儿桑鲁卓问道："爸爸，你遇到什么事了？"

宰相说："国王要每天娶一个新娘子，可有女儿的人家都逃走了，我去哪里去找啊？"

桑鲁卓不仅美貌出众，而且博学多才，非常聪明。为了救父亲和国内年轻的姐妹，她毅然要求进宫。宰相起初不同意，但看到女儿心意已决，只好同意。

到了晚上，桑鲁卓对国王说："尊敬的陛下，请允许我给您讲一个故事吧。"国王答应了。桑鲁卓就开始讲故事，国王被故事曲折动人的情节深深打动了，故事还没有讲完，天就亮了。桑鲁卓对国王说："尊敬的国王，如果您能够开恩不杀我的话，那么明天晚上我会给您把故事讲完，还要再讲一个更精彩的故事！"国王同意了。

一艘由阿拉伯人乘坐、印度船员掌舵的船只正航行到他们已知世界的各个地方去做生意。

到了晚上，桑鲁卓给国王把昨晚的故事讲完，接着又讲了一个精彩的故事，国王听得入迷了，讲到最精彩处，恰好又到了天亮。桑鲁卓又说："尊敬的国王，如果您能开恩不杀我的话，明天晚上我会给您完，再讲一个更精彩的故事。"国王为了听故事，又没有杀桑鲁卓。从此以后，桑鲁卓每天夜里都给国王讲一个曲折离奇、引人入胜的故事，一直讲了1001夜。终于，国王翻然醒悟，发誓以后再也不乱杀人了，随即册封桑鲁卓为皇后，并与她白头偕老。

后人就把桑鲁卓讲的故事收集起来，编成了《一千零一夜》，我国又称为《天方夜谭》。

举世闻名的阿拉伯文学是世界文学艺术宝库之一，其中对世界文学有重要贡献的要数《一千零一夜》。它是中世纪中期近东各国、阿拉伯地区广大艺人、文人、学士经过几百年收集、加工、提炼、编纂而成的。这部书以 6 世纪的波斯故事为线索，吸收了印度、希腊、希伯来、埃及等地的童话和寓言故事，到 14 世纪最后编定，成为一部童话和故事集。其中的故事很富于启迪意义，在许多篇章中歌颂了劳动人民纯朴善良的高尚品质和爱憎分明的感情，揭露和鞭笞了封建社会的黑暗。《一千零一夜》描述的新兴阿拉伯商人经商航海、追求财富的冒险故事也精彩纷呈。同时，也反映了阿拉伯世界各民族人民的社会生活与风俗习惯，是研究阿拉伯历史的宝贵参考资料。可以说，《一千零一夜》是世界文学史上的一颗明珠，它对后来西方各国的文学、音乐、戏剧和绘画都产生了深远的影响。

阿拉伯艺术也别具特色，这在其建筑中表现得尤为突出。由于禁止偶像崇拜，人物和动物的造型艺术比较缺乏。

为了弥补这方面的不足，艺术家独具匠心，利用阿拉伯字母和几何图案进行巧妙构思，使阿拉伯的绘画、雕刻、镶嵌艺术具有抽象化的特点。阿拉伯建筑艺术对欧洲产生了深刻的影响。

阿拉伯人既是文化的创造者，也是文化的传播者，中国古代的罗盘针、造纸术、火药和印度的代数学、十进位法，都是通过阿拉伯人传到西方的。同时，阿拉伯人在古希腊、古罗马文化与欧洲文艺复兴之间建立了纵向联系，在欧洲文化发展史上也起到了承前启后的作用。

《一千零一夜》中有很多精彩的故事，比如《阿拉丁神灯》《阿里巴巴和四十大盗》《渔翁和金鱼的故事》《辛伯达航海旅行的故事》等，都是其中的名篇。

查理大帝

圣诞节之夜，罗马圣彼得大教堂灯火辉煌，装饰一新。随着庄严的音乐声响起，高大魁梧、仪态威严的国王开始在圣坛前作祈祷。站在一旁的教皇把一顶金冠戴在了他的头上，并带头高呼："上帝为查理皇帝加冕，敬祝他万寿无疆和永远胜利！"众位教士也跟着欢呼起来。这就是当时开始称霸西欧的法兰克国王查理一世加冕的盛况。

查理，或称查理曼，出生于公元 742 年，其父矮子丕平当时是法兰克王国墨洛温王朝的宫相（相当于中国的宰相）。丕平是位很有谋略的政治家，在他的影响下，查理从小便渴望拥有权力。公元 751 年，丕平建立了加洛林王朝，查理和哥哥卡洛曼一起被确立为王位继承人。查理经常随父亲四处征战，积累了丰富的军事经验。公元 768 年，他的父亲患水肿病死于巴黎，留下查理和卡洛曼两个儿子，法兰克人召开民众大会，推举这两兄弟为国王，平分全部国土。但卡洛曼放弃了对王国的监管，进修道院当了僧侣，三年后去世。公元 771 年，查理被拥戴为法兰克唯一的国王。

查理对基督教极为热诚和虔信，在他统治时期，曾下令教会和修院办学，并在宫中成立学院，广泛招聘僧侣学者前来讲学。他还从中等人家和低微门第人家中挑选子弟，与贵族子弟共同接受教育。甚至任命出身贫穷，学习优异的青年教士为主教。

查理不仅大力推行文化教育，他本人也酷爱学术。他喜欢历史，研究天文学，还向旅行家学习地理知识，并喜欢听文法演讲，甚至编了一本日耳曼语文法。他曾经与聘请来的各国著名学者组成小团体，与其中每个成员都平等相待、自由交往，并以绰号代替真名，查理就给自己取了一个"戴维德"的名字。

在定都亚琛后，他大兴土木，修建了许多金碧辉煌的宫殿和教堂，所有的大理石柱都是从遥远的罗马等地拆除古代建筑运来的。随着建筑的兴盛，绘画、雕刻等艺术也有所发展。查理还派人搜集和抄写了许多拉丁文和希腊文手稿，虽然他对抄本内容一无所知，但为后代保留了许多古典作家的著作。因为查理大帝统治的王朝叫加洛林王朝，所以后来的历史学家又把查理时代的文化繁荣称为"加洛林文化"。

查理统治法兰克王国时期，开始了大规模的扩张领土行动。他是个典型的中世纪骑士，身材魁梧，精力过人，从不知疲劳，把一生的大部分时间都用在了战争上。他一生共发动了 50 多次远征，并亲自参加了其中 30 次远征。

公元 774 年，查理出兵意大利北部，征服了伦巴德人。随后他又跨过易北河，与萨克森人展开了长达 33 年的拉锯式战争，并最后征服萨克森人，迫使他们改信基督教。对萨克森人的征服使基督教的传播范围空前扩大，查理在基督教世界的威望也与日俱增。公元 778 年，查理率军进入伊比利亚半岛，打败统治西

查理大帝崇尚武力，公元 8 世纪，他曾向南征服伦巴德武士，向北打败了萨克森人，是欧洲历史上最伟大的政治人物之一。

班牙的阿拉伯人，攻克巴塞罗那城。

　　通过几十年的征战，法兰克王国领土已经扩大到了相当于今天的法国、瑞士、荷兰、比利时、奥地利以及德国、意大利的大部分地区，成为当时欧洲空前强大的国家。公元 800 年，查理进军罗马，援救被罗马贵族驱逐的教皇利奥三世，并被教皇加冕为"罗马人皇帝"。从此，法兰克王国成为"查理帝国"，查理国王则成了"查理大帝"。他把自己的帝国当做了古代罗马帝国的继续，有些历史学家甚至认为，查理的加冕标志着神圣罗马帝国的诞生。

·《凡尔登条约》·

　　查理之子"虔诚者"路易在位时（公元 814～840 年），他的儿子就曾举行叛乱。路易死后，长子罗退尔即位，另外两个儿子日耳曼人路易和"秃头"查理联合起来反对罗退尔，内战爆发。公元 842 年，罗退尔战败求和。公元 843 年，兄弟三人在凡尔登签订条约。根据条约，法兰克王国一分为三，这个条约就是《凡尔登条约》。三人还约定，罗退尔仍保留皇帝称号，"秃头"查理和日耳曼人路易

公元800年圣诞日，教皇利奥三世在罗马圣彼得教堂为查理加冕称帝，宣称这个外族首领为"伟大的罗马人皇帝"，标志着西欧基督教化即罗马和日耳曼的融化基本完成。有人认为查理大帝的加冕标志着神圣罗马帝国的开端，然而大多数人还是认为那时的帝国应该叫做法兰克帝国。

则有国王的称号。

到晚年时，他的军队已无力再继续征伐，甚至对阿拉伯人的侵扰也无能为力。年迈的查理已无当年的雄心壮志，把希望寄托在儿子身上。公元814年，查理大帝因病逝世，他的儿子"虔诚者"路易继位。"虔诚者"路易死后不久，他的三个儿子缔结和约，把帝国一分为三。以后的西欧几个主要国家就是在此基础上逐渐发展起来的：东法兰克王国形成了以后的德国，西法兰克形成了以后的法国，东、西部之间偏南的地区形成了以后的意大利。法兰克人的语言也出现明显的分化，逐步形成了法语、德语和其他西欧国家的民族语言。

诺曼征服战

英国自公元789年便成为维京人疯狂劫掠的目标，1013年，丹麦王斯汶大举入侵不列颠，攻占了伦敦，建立了包括英国、丹麦和挪威在内的北欧帝国。丹麦王国衰落后，长期流亡在诺曼底的英国王子爱德华被迎回英国，继承了王位。爱德华曾宣誓永保童贞，因而没有儿子，在表弟诺曼底公爵威廉访问英国时，爱德华将王位继承权暗许给威廉，但在他临终时，却由哈罗德继承了王位。诺曼底公爵威廉听说后极不甘心，决定以武力夺回王位继承权。

威廉以讨伐背信弃义的篡位者为名在欧洲各国进行游说，得到了教皇、神圣罗马帝国皇帝和丹麦国王的支持，教皇还赐给他一面神圣的"圣旗"。不久，威廉便组织了一支6000余人的军队，其中有2000余名骑兵、3000余名步兵和450艘战舰。整个部队集结在索姆河口的圣瓦莱里，只等风向转南即可出发。

黑斯廷斯战役挂毯画

威廉一世在这场战役中实现了"诺曼征服"，建立了诺曼王朝。

1066年9月27日，威廉下令横渡英吉利海峡，向英国挺进。而这时，英国国王哈罗德正在约克庆祝胜利。原来，当威廉正积极准备攻打英国的时候，挪威国王哈拉尔和托斯蒂格联合在一起，入侵英格兰北部的约克。托斯蒂格想向哈罗德要求王位的继承权，而哈拉尔却想趁火打劫。他们一路烧杀抢掠，向约克前进。哈罗德听到哈拉尔入侵的消息后，立即率兵救援约克。经过一场苦战，敌军全部被歼，哈拉尔和托斯蒂格也被杀。

9月28日，威廉顺利渡过海峡并在佩文西登陆，在黑斯廷斯建立营地，并开始向四周洗劫，用来补给。10月1日，哈罗德闻讯赶紧率领亲兵返回伦敦，11月13日夜，哈罗德率领各地兵力6000余人，到达巴特尔，并占据了附近的一个高地，威廉的军队也向这边前进。14日，双方会战开始，哈罗德在山冈的顶部指挥，两侧是他的亲兵，山脊的两翼则主要为民兵。为防止骑兵的冲击，哈罗德将士兵组成一个"防盾的墙壁"，两翼又有险陡的洼地防止敌人迂回攻击，这样，哈罗德军队就能有效地维持阵形。威廉将部队排成左中右三部分，每一部分又有三个梯队，前面为弓弩兵，中间是重装备步兵，后面为骑兵，而队伍的正前方，打出了教皇赐予的"圣旗"。

在一副以鲸鱼骨雕成的早期盎格鲁—撒克逊基督徒的棺材上，留有罗马异教与基督教的象征符号的奇异混合，显示了公元8世纪早期不列颠文化中的复杂性。

威廉军队开始缓缓向山坡进攻，直扑英军的盾墙。两军接近时，威廉军前面的弓弩手开始进攻，但由于地势处下风，并没有给对方造成太多的伤亡。而英勇的英军则向威廉军投掷长矛、标枪和石块，犹如疾雨，对威廉军造成极大的威胁，造成了严重伤亡。威廉军左路兵向山坡进攻，敌人突然从上而下猛攻下来，左路军队随之溃逃，对中路军的士气造成了很大影响。威廉重新排好阵形，让骑兵分成小队，试图攻破盾墙，但英军的步兵手持战斧，打得诺曼骑兵纷纷落马，败阵而逃。

威廉见无法攻破盾墙，急中生智，决定佯退，以引诱敌人离开山坡。他先让步兵撤回安全地带，再让骑兵引诱敌人。原本占上风的哈罗德见敌人伤亡惨重开始全线撤退，认为这是消灭威廉的大好机会。于是，哈罗德命军队全线压上，向前迅速追击。威廉继续后退，从谷底退向山坡，步兵却向两侧转移。等到占据居高临下的有利地势后，威廉立即下令进行反攻。这时，英军的盾墙因为移动而漏洞百出。诺曼军一鼓作气杀入敌军，哈罗德猝不及防，被砍死。失去主帅的英军溃不成军，威廉最终赢得了会战的胜利。

接着，威廉大军直逼伦敦，势不可挡。伦敦早已做好了投降的准备，威廉如愿以偿地登上了英国的王位。

诺曼征服战后，封建制度移植到英国，英国建立起中央集权政府。从此，英国历史上的诺曼王朝开始了。

圣像破坏运动

公元 8 世纪的时候，拜占庭帝国（东罗马帝国）处于内忧外患之中。外患是阿拉伯帝国的崛起，不断蚕食拜占庭帝国的领土。在与阿拉伯人的战斗中，拜占庭帝国一再失败。内忧则是教会。拜占庭帝国信仰基督正教，教会占有大片的土地和财富，疯狂地聚敛钱财，他们从不参加劳动，也不缴税，还享有种种特权。与此同时，帝国内无地或少地的平民却越来越多。这导致了帝国劳动力和兵源锐减，引起了国库空虚的拜占庭帝国政府的不满和社会各阶层的怨恨。随着势力不断膨胀，教会的野心也越来越大，甚至想控制帝国政府，这引起了帝国统治阶级的高度戒备。

公元 716 年，在阿拉伯人的不断进攻下，拜占庭帝国的亚洲部分几乎丧失殆尽。阿拉伯人趁势水陆并进，围攻拜占庭帝国的首都君士坦丁堡。城中军民一片恐慌，拜占庭皇帝狄奥多西急得像热锅上的蚂蚁。这时候，拜占庭小亚细亚总督利奥站了出来。

利奥是个颇有野心的人，出生在叙利亚。当年，他向拜占庭帝国皇帝进献500只羊，因而受到了重用。后来利奥凭借自己的军功步步高升，当上了小亚细亚总督。拜占庭帝国的很多皇帝都是靠军功步步高升，最后发动政变当上皇帝的。在利奥看来，阿拉伯人的进攻倒是给了自己一个当皇帝的机会。

位于伯利恒的圣诞大教堂中的圣母与圣子像，类似的圣像所引发的矛盾成为从公元726年开始分裂拜占庭帝国的主要原因。这一年，皇帝利奥三世谴责那些对圣像礼拜的人为盲目的圣像崇拜者。东正教徒因此事陷入严重的分裂中，直到公元843年官方恢复圣像崇拜为止。

利奥率领部队击退了阿拉伯人的进攻。随后，他带着亲兵卫队，强迫皇帝狄奥多西退位，他本人登上了宝座。公元717年，不甘失败的阿拉伯人出动20万大军、1800艘战舰，再次进逼君士坦丁堡。利奥立即部署兵力，凭借君士坦丁堡高大的城墙与敌军周旋，同时派人向保加利亚求援。在海上，虽然拜占庭的舰队比阿拉伯人的要少得多，但他们毫不畏惧。快接近阿拉伯人的舰队时，拜占庭军舰上的弩炮和弓箭一起发射，火箭像雨点一样飞向阿拉伯人的舰队。阿拉伯人急忙用水救火，可奇怪的是火遇水反而着得更旺，不一会儿，阿拉伯的舰队就被烧了个精光。原来，拜占庭人用了一种秘密武器——希腊火（今已失传）。陆上的保加利亚援军也趁机进攻阿拉伯人，最后阿拉伯的20万大军只剩下5艘战舰和不到3万人，大败而回。

击败阿拉伯人的进攻后，利奥急需巩固自己的统治，这首先就要拿出金钱或土地，奖励作战有功的将士，以换取他们继续支持自己。于是利奥开始打教会的主意，早期的基督教强调精神信仰，禁止偶像崇拜。但后来基督教逐渐走上了偶像崇拜的道路，在修道院供奉起了圣像和圣人遗骨。利奥以此借口，于公元726年，宣布反对圣像崇拜，发起了声势浩大的"圣像破坏运动"。

圣像破坏运动得到了军事贵族，广大士兵、平民和一些开明僧侣的支持，但遭到高级教士、旧贵族及修士们的激烈反对，双方的斗争十分激烈。利奥下令取缔圣像、圣物、圣迹崇拜，对教会严加控制，强行没收教会、修道院占有的大片土地和财产，强迫僧侣还俗参加生产劳动，承担国家赋税和徭役。反对派则组织起来，发动武装叛乱。

公元731年，主张圣像崇拜的罗马教皇宣布开除利奥三世和所有圣像破坏者的教籍，而利奥则针锋相对，毫不示弱，宣布剥夺罗马教皇在意大利南部的征税权和对伊利里亚的管辖权。利奥去世后，君士坦丁五世继位，圣像破坏运动达到高潮。当时，拜占庭大规模没收教产分赠新兴的军事贵族和士兵，驱逐甚至处决敢于反对的教士。公元787年，伊琳娜女皇召开尼西亚宗教会议，谴责破坏圣像的行为，圣像破坏运动一度停止，但利奥五世即位后又恢复了这一运动。公元843年秋天，狄奥多拉宣布恢复圣像崇拜，该运动彻底宣告结束。

在这场运动中，以利奥为首的一些军事贵族和士兵得到了大片土地，拜占庭帝国的国库大大充实，拜占庭帝国又重新崛起。

基辅罗斯的盛衰

斯拉夫人是居住在欧洲的一个古老的民族。他们身材高大，吃苦耐劳，在公元八九世纪的时候，他们建立了很多以城市为中心的公国（国家元首是公爵，又

公元 9 世纪末，诺夫哥罗德公国的大公奥列格率领大军南下，攻占了基辅，并占领了附近的广大地区，建立了基辅罗斯（罗斯是斯拉夫人的自称），就任第一任"罗斯大公"。奥列格凭借着强大的武力不断向外扩张，占领了大片的领土，使基辅罗斯成为欧洲的一个强国。他死后，继任的是伊戈尔。伊戈尔为了对外继续武力扩张，对内残酷剥削，激起了老百姓的强烈不满。

保加利亚卡赞勒克古墓的内景，月亮形状的墓门设计展现了斯拉夫人早期的宗教信仰。

每年冬季，伊戈尔都要带着大批士兵到各个村子挨家挨户的征收毛皮、蜂蜜、粮食等"贡物"，然后在第二年春天乘船顺着第聂伯河而下，运到拜占庭去卖，换取丝绸、呢绒、香料和金银器皿等物。

公元 945 年的一天，伊戈尔又带领士兵去村子里征收"贡物"。士兵们把大量的贡物装上车准备返回基辅的时候，伊戈尔脸上露出了不满的神情："今年的贡物怎么这么少？走，再去村子里转转去。"说完带着几个士兵再次来到村子里。

村民看到伊戈尔又回来了，都非常气氛。一个老人说："豺狼都有来找牛羊的习惯，乡亲们，你们说我们该怎么办？"

"杀死这群恶狼！"村民们都愤怒地说。

当伊戈尔发现一大群村民拿着斧头、大棒向他冲过来，还抖着威风说："你们想干什么？想造反吗？"话刚落音，村民们就围着伊戈尔和几个士兵你一斧头、我一棒子将他们打得稀烂，伊戈尔当场毙命。

伊戈尔死后，他的妻子奥莉佳摄政。她是个心狠手辣的女人，派出了大批军队，血洗了村庄，将老幼妇孺统统杀死，将年轻人统统卖为奴隶，最后将村庄付之一炬，烧成了灰烬。伊戈尔的儿子斯维亚托斯拉夫长大后成为基辅罗斯的大公。他比伊戈尔更崇尚武力，据说他剃着光头，只留一撮头发，耳朵上戴着一个大耳环，狰狞可怕。他经常拿着一把大刀率领士兵动征西讨，来去如风，打仗时他从来不带辎重和炊具，就靠掠夺。他身体强壮，常常以马鞍为枕头，席地而睡，吃半生不熟的马肉。

基辅的圣索菲亚大教堂

公元967年，斯维亚托斯拉夫和拜占庭帝国结盟，共同攻打保加利亚，大获全胜，占领了保加利亚的首都。斯维亚托斯拉夫被胜利冲昏了头脑，他妄想在保加利亚的首都住下来，然后再进攻拜占庭帝国和西欧。

"到那个时候，希腊的黄金、捷克的白银、匈牙利的战马、拜占庭的丝绸……一切好东西都任我享用！哈哈哈哈！"他有点得意忘形。

但是拜占庭帝国的突袭打碎了斯维亚托斯拉夫的美梦。原来拜占庭帝国一直对基辅罗斯充满戒心，害怕它强大后会进攻自己，于是派遣军队袭击了他们。斯维亚托斯拉夫没有防备，仓促迎战，被打得大败，只好率领残兵败将狼狈逃回基辅。

为了解决后患，拜占庭帝国把斯维亚托斯拉夫的行踪告诉了基辅罗斯的敌人突厥人。突厥人在半路上伏击了斯维亚托斯拉夫，这支刚被打败的军队根本无力迎战，结果全军覆没。突厥人还将斯维亚托斯拉夫的头割下来，当成盛酒的容器。

从此以后，基辅罗斯元气大伤，一蹶不振，国家分裂成三个小国，混战达40多年，同时南方草原的突厥人也不断袭击他们，掠夺他们的财产，杀死他们的人民，给罗斯人带来的深重的灾难。

在突厥人的打击下，基辅罗斯最终解体了，分裂成了许多公国。13世纪时，基辅罗斯被蒙古人征服。

美洲玛雅文化

玛雅人是印第安人的一支，生活在今墨西哥南部的尤卡坦半岛和中美洲一带，创造了辉煌的文明。

玛雅人是美洲唯一留下文字的民族。早在公元1世纪的时候，玛雅人就已经发明了象形文字。玛雅人的词汇非常丰富，大概有3000多个，是一种非常成熟的文字。当时文字被祭司垄断，祭司用头发制成毛笔，用无花果树的树皮做成纸，将他们的历法、编年史、祈祷文、风俗、科学、神话等记录下来。可惜的是，西班牙入侵美洲后，认为玛雅人的书是"魔鬼的书籍"，强迫玛雅人将他们的历史文献交上来，然后付之一炬，给后世的研究工作造成了无可挽回的巨大的损失，现在存留下来的玛雅文抄本仅有3部。除了这3本书之外，考古学家们还在玛雅古城的废墟中挖掘出了大量的石碑，古城中城墙上、宫殿上、庙宇中，还刻有大量的文字。

玛雅士兵雕像

· 奇琴伊察 ·

奇琴伊察是玛雅文明后古典期（公元 900～1520 年）的重要城市。"奇琴伊察"就是"伊察人之井边"的意思。所谓"伊察人"，其实就是北迁来到尤卡坦半岛的玛雅人。他们在这里建造了奇琴伊察这座祭祀和生产中心，后来便发展为新帝国的首都，使已走向衰败的玛雅文明一度出现复兴。

在奇琴伊察城市中心有一座以羽蛇神库库尔坎命名的金字塔。金字塔的北面两底角雕有两个蛇头。每年春分、秋分，太阳落山时，可以看到蛇头投射在地上的影子与许多个三角形连套在一起，成为一条动感很强的飞蛇，象征着在这两天羽蛇神降临和飞升。因此这座沉浸在狂热信仰中的城市，又被称为"羽蛇城"。1441 年，统治着尤卡坦半岛东部和北部长达两个多世纪的奇琴伊察被西班牙人占领。从那以后，显赫一时的"羽蛇城"渐渐被荒野丛林所吞没。

400 多年后，美国人爱德华·赫伯特·汤普逊发现了这座被遗弃了的城市。

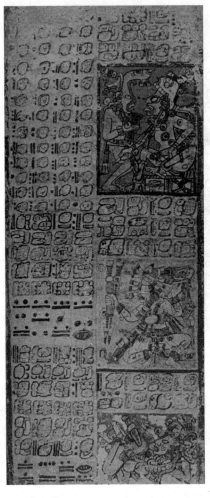

玛雅手稿

材料为树皮，以黑红两种颜料写成，

其中方中带圆的符号即为玛雅人的

象形文字。

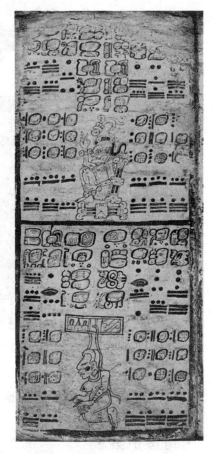

玛雅人的算术图谱

玛雅人的天文学知识非常丰富。他们已经计算出太阳年的时间是 365.2420 日，这个结果在当时是遥遥领先于世界其他民族的。玛雅人将一年分为 18 个月，每个月 20 天，另外还有 5 天禁忌日，一共 365 天。墨西哥海岸的玛雅人金字塔中供奉着 365 个神像，象征着一年 365 天。玛雅人的历法与农业息息相关，分为

"播种月""收割月""举火月"（用火烧荒地）等等。他们可以精确地算出日食发生的时间，可以算出月亮和星星的运转周期。而且玛雅人测出金星的运转周期为584天，比现在科学家测出的583.92天只差了一点点。

在数学方面，玛雅人也取得了辉煌的成就。他们用点表示一，用横表示五，画一个贝壳表示零。玛雅人的零的概念虽然比印度人要晚，但却比欧洲人早800年。当欧洲人还在将165记成"100加上60再加上5"的时候，玛雅人已经开始直接使用1、6、5三个符号表示了。

玛雅人在农业上为世界人民作出了巨大的贡献。他们培植出了玉米、西红柿、土豆、红薯、辣椒、南瓜等农作物。后来，这些农作物传遍了全世界。

在建筑方面，玛雅人也成就非凡。在古埃及，金字塔是法老的坟墓，而玛雅人的金字塔则是祭坛。玛雅金字塔高达几十米，全部用巨大的石头砌成，四周有阶梯，装饰着精美的浮雕，一直通到塔顶，塔顶是祭祀用的祭坛。在发掘的一座玛雅人城市的中央广场周围，建造有四座高大的神庙，最高的达75米。神庙呈三角形，顶上建有一座神殿，气势雄伟。玛雅人每隔20年就在城市里树立一根石柱，上面刻满了象形文字，记载了这20年里发生的大事。迄今为止，一共发现了几百个柱子，最早的石柱建于公元292年。公元800年后，玛雅文明突然衰落，再没有树立石柱。此后，玛雅文字失传，玛雅人的后代在文化方面已经退化，对他们伟大祖先创造的辉煌文化一无所知。

玛雅文明是美洲古代印第安文明的杰出代表，吸引着一代又一代的历史学家前去研究。

到加纳做生意

生活在撒哈拉以南的是黑人，所以撒哈拉以南的非洲又称为"黑非洲"。

在古代，黑非洲有一个加纳王国，以盛产黄金而闻名于世。为了赚取高额利润，很多阿拉伯商人不惜冒着生命危险，穿越茫茫的撒哈拉大沙漠，来这里做生意。

11世纪的时候，一个叫贝克利的摩洛哥学者对这个黄金之国产生了浓厚的

兴趣，正巧他的一位朋友要去加纳做生意，贝克利就随商队一起出发了。

无边无际的撒哈拉大沙漠，一眼望不到边，沙漠中没有一株植物，有的只是渴死的人和骆驼的白骨，令人不寒而栗。贝克利朋友的商队里有很多的骆驼，除了货物之外，还驮着大量盛着清水的皮囊。经过了几个月的长途跋涉，一天早上，朋友指着南方的一片黑影对贝克利说："看！奥达格斯特到了。"朋友向贝克利解释，奥达格斯特是黄金之国加纳北方的一个边境城市，是北方的门户。所有来加纳做生意的阿拉伯商人都要经过这里，缴纳进口货物的税款。看到奥达格斯特，商队里的阿拉伯人顿时发出一阵欢呼，因为他们终于走出了撒哈拉大沙漠。大家振奋精神，赶着骆驼，很快来到了城下。

来到城门口，他们看到很多商队正在排队进城。城门口是加纳的税务官，负责征收进入加纳的货物的税款。按照规定，商人运进一驮（一头骆驼所驮的货物）食盐征收 1 个金币，运出一驮食盐要征收 2 个金币，一驮铜征收 5 个金币，一驮杂货则要征收 10 个金币。过了一会儿，轮到贝克利朋友的商队缴纳税款了。税务官仔细检查了他们所携带的货物，征收了金币后就让他们进城了。

货物交易的场所不在奥达格斯特，而在加纳的首都昆比（今马里共和国首都巴马科以北），所以商队稍事休息后，马不停蹄地向昆比赶去。

贝克利骑在骆驼上，仔细观赏加纳的风土人情。在通往昆比的大路两旁，有很多村庄，村庄里盖着一座座圆形的草房子。黑人男子都不留胡子，女子都不留头发，他们手持农具在田间地头辛勤地劳作着，庄稼长势喜人。在河边，有很多黑人正在淘金。向朋友打听之后贝克利才知道，原来在加纳，从山里开采出来的大块黄金都归国王所有，而平民只能得到从砂石里淘取的少量的黄金。国王拥有很多的黄金，最大的一块可以做拴马石。

经过几天的跋涉，商队终于来到昆比。昆比有 3 万人，是一个大城市，有宽阔的街道，高大的建筑。经朋友介绍，贝克利才知道，原来昆比分为两部分，一部分专供来加纳做生意的阿拉伯人居住；另一部分是加纳国王居住的地方，由高大豪华的宫殿和一些圆顶的官邸组成。

忽然贝克利听到一阵欢快的鼓声，街上的人们纷纷站在路旁，兴奋地望着鼓声传来的方向。"是国王巡游！"朋友一边拉着贝克利站到路边，一边对他说。

只见两排雄赳赳气昂昂的士兵手持长矛走在前面开道，命令百姓回避。国王

表现加纳人淘洗金沙的图画

骑着一匹高头大马，头上戴着一顶高大的黄金王冠，脖子上带着金项链，手腕上带着金手镯，身上的衣服更是镶满了黄金。贝克利仔细一看，连马鞍都是黄金的！真不愧是"黄金之国"的国王啊！

　　第二天一大早，贝克利就和朋友来到市场做生意。市场是一片大空地，商人们把食盐、铜、布匹等物放在地上，然后离开。不一会儿，加纳人走上前，来到自己看中的货物前，放下一定数量的黄金，然后离开。这时阿拉伯人回到自己的货摊前，如果觉得满意，就拿起黄金离开；如果不满意，就退回去。加纳人又走过来，如果看见货物旁边的黄金被拿走了，就表示成交了，就把货物拿走。如果黄金没有拿走，就表示货物的主任嫌出价太低，要求加钱，这时加纳人就可以选择继续加钱或放弃购买。阿拉伯人把这种做生意的方式叫做"哑巴交易"。

贝克利的朋友对这次交易非常满意，过了几天，他们买了当地的象牙等物品后就回国了。回到国内，贝克利根据自己在黄金之国的所见所闻，写成了《非洲见闻》一书，成为对非洲古代文明较早的记载。

欧洲的教会

在古代东方，皇帝、国王是一国之主，说一不二。但在中世纪的欧洲，势力最大的不是皇帝、国王，而是教皇。为什么会出现这种情况呢？

罗马帝国的末期，罗马皇帝为了从精神上控制人民，巩固自己的统治，大力宣传基督教。基督教因此发展很快，传遍了罗马帝国全境，并按照罗马帝国的行省分为很多个教区。其中首都罗马教区的地位最高，它的教长称为教皇。罗马帝国灭亡以后，欧洲进入了中世纪。在中世纪，欧洲各个王国之间和内部混战不休，社会动荡，局势混乱。由于欧洲的各个民族都信奉基督教，教会在人民中的影响很大，有时只有教会才能组织起群众。在基督教的传说中，耶稣最重要的门徒彼得是第一任教皇。耶稣把象征统治世界的钥匙交给他时说："凡是你在地上捆绑的，上帝都要捆绑；凡是你在地上释放的，上帝都要释放。"每一个基督教徒都要对耶稣的话绝对服从，所以教徒们也绝对服从教皇。

各国国王为了维持自己的统治，纷纷支持教会。法兰克的"矮子丕平"在教皇和教会的支持下，当上了法兰克王国的国王。为了报答教皇，他两次进军意大利，击败了威胁教皇的伦巴德人，把占领的伦巴德王国的领土献给教皇，教皇就在这块土地上建立了教皇国，史称"丕平献土"。从此以后，教皇既是基督教的最高领袖，又是教皇国的君主，势力更加强大了。公元800年的圣诞节，丕平的儿子查理来到罗马的圣彼得大教堂。在他祈祷的时候，教皇突然把一顶皇冠戴在查理的头上，并大声宣布："上帝为查理皇帝加冕，祝他万寿无疆，保佑他永远胜利！"查理又惊又喜，从此以后就正式称为皇帝，成为教皇的忠实保护者。

中世纪的时候，欧洲人绝大多数目不识丁，甚至连国王、贵族都不会写自己的名字。在识字的人中，教士占了大多数。他们以《圣经》为最高真理，只传播符合基督教教义的文化知识，所有的文学、艺术、法律、哲学，统统都是为教会和神学服务的。一个人从出生、长大、成年、结婚、生子、老死，处处都要受到教会的控制。如果有人胆敢违反教会的教条，将会寸步难行，甚至会被关进教会的监狱，处以残酷的刑罚。最严重的惩罚是被开除教籍，如果一个人失去教籍，那么这个人就会失去一切社会关系和地位，失去一切保障。普通老百姓要是失去了教籍，就会倾家荡产；国王失去了教籍，就会失去王位，所以每个人都害怕教皇。

装饰豪华的《福音书》象牙装订板

由于以上种种原因，教皇凌驾于欧洲各国皇帝、国王之上。皇帝、国王登基，必须由教皇进行加冕才算合法；与教皇同行时，教皇骑马，皇帝和国王则要步行。觐见教皇时，皇帝、国王必须下跪行礼，以示尊敬。

教皇任命了很多教区的主教，在各国建立了很多教堂、修道院和神学院。行走于中世纪的城市和乡村，最高大、最宏伟的建筑就是教堂。教皇不仅直接统治着教皇国，他还通过各国的主教霸占了西欧各国1/3的最好的土地，残酷地剥削耕种这些土地上的农民。每年各国的居民都要向教皇缴纳"什一税"，就是每人把收入的1/10交给教会，还要应付教会的种种临时摊派。为了聚敛钱财，教士们挖空心思搜刮人民的钱财，"赎罪券"就是其中之一。按基督教的说法，人生来就是有罪的，要想死后进入天堂，必须忏悔并做善功赎罪，但仅有这些还是不够的，所以必须购买赎罪券来弥补。在西欧各国，尤其是富裕的德意志地区，教士们走街串巷，像小贩一样高声叫卖赎罪券。教士们说，购买赎罪券后，将钱币投入教会的钱箱中，当听到"叮当"一声时，这个人的灵魂就得救了。教皇和教士们靠剥削和欺骗，聚敛了大量的钱财，过着非常奢侈的生活。

教皇和教会在中世纪不断发展壮大，成为西欧封建社会的支柱和最大的封建主。

卡诺莎之行

在中世纪的欧洲，原先各国主教的任免权都掌握在各国皇帝、国王的手里，罗马教廷无权干涉。对此，罗马教廷一直心怀不满，时刻想改变这种状况。1056年，年仅6岁的亨利登上德国皇帝的宝座，他就是亨利四世。罗马教廷欺负亨利四世年纪小，就趁机反对德国皇帝任免主教，以削弱德国皇帝的权力。1073年，新当选的教皇格列高利七世发布教皇令，宣布教皇的权力高于一切，不仅可以任免主教，还可以惩罚、审判和任免皇帝、国王，但谁也不能审判教皇。西欧各国的皇帝、国王虽然对此不满，但由于害怕教皇的强大势力，只好表示赞成。当亨利四世23岁时，年轻气盛的他再也无法忍受教皇对自己的限制了，于是一场教皇的教权和皇帝的王权之间的激烈冲突爆发了。

1075年，亨利四世无视教皇禁止各国国王任免主教的禁令，一口气任命很多德国境内的主教。教皇得知后，写信给亨利四世，要他立即撤销委任，并写信忏悔，否则就开除他的教籍。亨利四世对此不屑一顾，还召开宗教大会，宣布废黜教皇，并写信辱骂教皇。教皇大怒，宣布开除亨利的教籍，剥夺他的皇帝资格，并号召德国人和西欧各国反对亨利。德国国内一些反对亨利四世的贵族和教士纷纷站出来，要求亨利放弃皇帝的职位，宣布效忠教皇，并且在一年内求得教皇的赦免令，否则就将剥夺他的皇帝资格。这时西欧各国的国王也纷纷表示拥护教皇，反对亨利四世，亨利四世一下子陷入了四面楚歌的境地。不久亨利四世听到了一个更不幸的消息：教皇已经到达意大利北部的卡诺莎城堡，等候德国反对亨利的贵族派军队来接他去参加制裁亨利的会议。

在奥托之后，所有的德国国王都由教皇加冕，拥有"神圣罗马皇帝"的称号，图为加冕后的奥托三世接受朝拜。

亨利四世冷静地分析了一下自己目前的处境，觉得现在还没有同教皇抗衡的能力，眼下最要紧的就是保住自己的皇位。

1077年1月，亨利四世带着妻儿和几个贵族，前去卡诺莎城堡向教皇谢罪求饶。当时大雪纷飞，寒风呼啸，滴水成冰，亨利等人艰难地翻过阿尔卑斯山，来到了卡诺莎城堡。按照当时谢罪的规定，亨利摘下了皮帽、脱掉了大衣和靴子，披上了一条忏悔罪人用的麻衣，跪在城堡外的雪地里，向教皇忏悔。

连续三天，亨利在冰天雪地里冻得瑟瑟发抖，痛哭流涕地表示对教皇忏悔。到了第四天，教皇才勉强接见亨利。

看着跪在地上的亨利，教皇仍旧怒气难消。他冷哼一声说："我已经开除了你的教籍，你不是已经废黜了我、骂我是假僧侣吗？那你还来干什么？"

亨利诚惶诚恐地说："尊敬的教皇，我已经承认自己的错误了。我是特地赶来向您忏悔的，请您原谅我的无知和狂妄，请您宽恕我。我已经撤销了冒犯您的命令，并写了服从您的保证书，请您过目。"说完，亨利从怀中掏出几张纸，哆哆嗦嗦递给教皇。

亨利四世跪求教皇

教皇这才满意，在场的主教和贵族也都纷纷表示愿意为亨利作证。亨利当场写了一份誓词，表示永远忠于上帝，永远忠于教皇。恢复教籍后，亨利就离开了卡诺莎城堡，回德国去了。在西方，"卡诺莎之行"就是投降的代名词。

回到德国以后，亨利卧薪尝胆，力量逐渐壮大，消灭了德国境内的反对势力。1080 年，感到上当的教皇又一次开除了亨利的教籍。这时，羽翼丰满的亨利也再次宣布废黜教皇，并率兵进攻意大利，围攻罗马。教皇仓皇南逃，不久病死。

《自由大宪章》

在英国首都伦敦西北 30 千米处的泰晤士河畔耸立着一座温莎古堡。古堡周围绿草成茵，不远处是大片茂密的森林，宛如一个美妙的童话世界。

1215 年 6 月 15 日的早晨，一阵清脆的马蹄声打破了早晨的宁静，一群贵族骑着马来到温莎古堡外，摆上了一张桌子和几把椅子，然后站在那里静静等候。而他们身后的不远处的茂密森林里，隐藏着几千身穿重甲，手拿利剑的士兵。

上午 9 点，"吱呀"一声，厚重的古堡大门缓缓打开，英国国王约翰在教皇的使者、坎特伯雷大主教和卫士们的陪同下，缓缓来到桌子前。贵族们一起向约翰行礼，约翰漫不经心地下了马，坐到了一把椅子上。贵族们则坐到约翰的对面。一个贵族从怀里掏出一张羊皮纸，递给约翰，说："国王陛下，请您过目。"约翰接过来，漫不经心地看着，但越看越生气，脸色变得铁青。

"啪！"的一声，约翰把羊皮纸拍在桌子上，猛地站起身来，对贵族们大声咆哮："我是你们的国王！难道我还要受到你们的限制吗？"

·《自由大宪章》的主要内容·

国王尊重教会的选举自由不受侵犯；归还以前国王侵占的领主土地、抵押物和契据；不经领主代表会议同意，国王无权增加税款和征收税款；不经领主法庭的同意，国王不得任意逮捕贵族和剥夺他们的土地、财产；保障领主和骑士的采邑继承权。大宪章还规定，从大封建主中选出 25 名代表，组成大宪章监督委员会，以监督国王执行大宪章的情况。

"国王陛下，我们是英国所有贵族的代表，这张羊皮纸上的要求是我们一致提出的。您必须接受，必须在上面签字，否则我们将不再承认您是我们的国王！"贵族们毫不退缩，针锋相对地说。这时，国王的侍卫长快步来到国王身边，在他耳边悄悄说了几句话。约翰的脸色"刷"地一下变得惨白，他的双眼恐惧地望着远处的森林，隐隐约约可以看见刀光剑影。冷汗一下子从他的额头冒了出来，再看看那些贵族们，似乎是有备而来。约翰一下子瘫坐在椅子上，叹了一口气说：

"好吧，我答应你们的条件，同意签字，只要你们承认我是你们的国王。"贵族们一听，欣喜万分，一个贵族快步走上前去，递给国王一根鹅毛笔。约翰接过笔，飞快地在羊皮纸上签了字，然后狠狠地把鹅毛笔摔在桌子上，站起身骑上马，头也不回地回温莎古堡去了。贵族们拿着羊皮纸，发出阵阵欢呼。

国王是一国之君，地位至高无上，怎么还有人敢向国王提出条件呢？这就要从头说起。英国国王亨利二世年老体弱，认为自己已经不可能再有儿子了，所以他就把自己的土地和财产分给了5个儿子。没想到1167年的圣诞夜，他的妻子竟然又给他生了一个儿子，老亨利惊喜万分。因为儿子和上帝的儿子耶稣同一天出生，所以老亨利非常溺爱他，给他取名约翰。由于老亨利已经将所有的土地和财产都分给了其他5个儿子，小约翰已经无地可封了，所以家人都叫他"无地王约翰"。

英国国王约翰像

亨利二世死后，他的第三个儿子狮心王理查继承王位。狮心王理查在位10年，绝大部分时间都在国外打仗，并于1199年战死。狮心王理查死后，英国王位出现两名继承人：约翰和他的侄子亚瑟。约翰用武力囚禁了亚瑟，不久亚瑟就音信全无，约翰顺利登上了王位。人们引论纷纷，认为是约翰杀死了亚瑟。

约翰在位期间，为争夺诺曼底，同法国展开了一场大战，结果以惨败而告终。英国丧失了在欧洲大陆的全部领地。

在内政方面，约翰横征暴敛，引起了贵族、市民们的强烈不满，贵族们纷纷割据。英国大主教病死后，在继任的人选上，约翰和教皇英诺森三世又产生了激烈的冲突。为了教训一下约翰，教皇下令全英国的教士一律停止活动。在长达6年的时间里，英国的教堂全部关闭，死者不能安葬，而且不能举行最后的弥撒，人们认为他们死去的亲人没能进入天堂，而是进入了地狱，因此痛恨约翰。约翰陷入了众叛亲离的境地。

在约翰外出期间，贵族和教士秘密协商，要制定一项法律保护自己的权益。于是《自由大宪章》诞生了，并强迫约翰在上面签字。

《自由大宪章》开创了国王权力受法律约束的先例，成为人类历史上宪法的雏形。《自由大宪章》至今还陈列在大英博物馆中。

阿维农之囚

13世纪的时候，西欧的国家特别是法国崛起了。法国国王腓力四世凭借强大的武力，强行夺取了很多公爵的领地，进一步扩大了王权。腓力四世野心勃勃，想让整个法兰西只听从自己一个人的命令。但法国人都信仰天主教，很多传教士都只听从罗马教皇的命令，对腓力四世不屑一顾，这让腓力四世非常恼火。他决心凭借自己的强大实力，做一个真正意义上的法国国王！

由于连年发动战争，法国军费开支巨大。为了弥补军费开支，腓力四世决定向法国的教会征税。在以前，拥有大量土地和财产的教会是不向所在国的国王纳税的，他们只向教皇纳税，腓力四世的这个决定大大损害了教皇的利益。教皇卜尼法斯八世非常生气，下了一道命令，重申教会只向教皇纳税，各国国王无权向教会征税。

　　桀骜不驯的腓力四世立即针锋相对地发布了一道命令，没有国王的许可，严禁法国的金银、马匹、货物出口。命令虽然没有提到教皇，但实际上却切断了法国教会和贵族向教皇缴税的道路，断了教皇在法国的财源。卜尼法斯八世无可奈何，只好同意腓力四世向教会征税。

教皇格列高利一世的象牙雕像

公元 590～604 年，作为教皇，他的严厉施行宗教信条与政治上的敏锐极大地加强了罗马教皇的权力，他的传教热情使基督教信仰传遍西方文明世界的最远边界。其后的每一位教皇都力图使教权的影响力高于王权，在中世纪的欧洲，教权与王权从未停止过斗争。

但卜尼法斯八世不甘心失败，他决心捍卫教皇的利益，而腓力四世也不满足自己取得利益，还想进一步扩大。于是，教皇的神权和国王的王权之间的斗争更加激烈。腓力四世准备制定一个法令，以限制教皇在法国境内的权力。卜尼法斯八世听说后，急忙派法国的大主教前去干涉。法国大主教仗着有教皇撑腰，狐假虎威，在腓力四世面前趾高气扬，不可一世。腓力四世刚开始默不作声，后来实在忍无可忍，下令士兵把大主教抓起来，投入了监狱，随后交给法庭审判。

听到这个消息后，卜尼法斯八世气得七窍生烟。他一连发了三道教皇令，指责腓力四世犯了严重错误，声称只有罗马教廷才有权力审判大主教，并宣布取消腓力四世向教会征税的特权。腓力四世也不甘示弱，他当众烧掉了教皇令，并向在场的所有人郑重宣布：从今以后，除了上帝，他和他的子孙决不屈服于任何外来的势力。

为了彻底让法国的教会势力服从于国王，1302 年，腓力四世在巴黎圣母院召开了法国历史上第一次由贵族、教士和市民三个等级参加的会议。在会议上，腓力联合贵族和市民两个阶级，迫使教士们向国王效忠。

卜尼法斯八世气急败坏，立即下令开除腓力四世的教籍。不料，腓力四世根本不吃这一套，他列举了卜尼法斯八世的 29 条罪状，宣布要以法国国王的名义在法国审判教皇，并派军队去罗马逮捕教皇。

1303 年 9 月的一天，卜尼法斯八世正在开会，准备对腓力四世进行惩罚。正在这时，一群法国士兵闯了进来。领头的法国军官说："奉法国国王的命令，我们要逮捕教皇卜尼法斯八世去法国受审！"整整三天，卜尼法斯八世脸色苍白，浑身颤抖，躺在床上不吃不喝，受尽了法国人的侮辱和戏弄。虽然后来他被营救出来了，但由于气愤、惊吓和刺激，75 岁高龄的卜尼法斯八世不久就死了。当时的人们这样评价他：爬上教皇位子的时候像只狐狸，行使职权的时候像头狮子，死的时候却像条狗。

在和教皇斗争中大获全胜的腓力四世并不满足，他把法国籍的一个大主教扶上教皇的位置，即克雷芒五世，从此教皇成了腓力四世的傀儡。克雷芒五世长期居住在法国而不回罗马，后来索性将罗马教廷迁到了法国南部的小城阿维农。从此，罗马教廷凌驾于国王之上的时代一去不复返了。历史学家把 70 多年里居住在阿维农的 7 位教皇称为"阿维农之囚"。

封君、封臣和骑士

　　西罗马帝国衰落后，北方的外族纷纷涌入罗马帝国境内。这些外族虽然政治、经济、文化落后，但是军事力量却很强大，后来西罗马帝国就被这些外族灭亡。外族们在帝国的废墟上建立了大大小小的王国，这些外族的首领们也摇身一变，成了皇帝、国王。为了统治他们的王国，这些外族的皇帝和国王们把大片的土地分封给公爵、侯爵、伯爵等大封建主或者有功的将军，以换取他们对自己的忠诚。这些分封的土地被称为"采邑"。这些大封建主和将军们也可以把自己受封的土地作为采邑再封给子爵和男爵等中等封建主和自己的家臣、部将，而这些中等封建主和家臣、部将还可以把土地封给最低的封建主——骑士。每个分封土地的人都是受封人的"封君"，每个受封土地的人都是分封土地人的"封臣"。采邑原来只是封给封臣本人，他死后采邑将重新归还给封君。但到了后来，封臣死后，他的子女可以继承采邑。就这样，中世纪的欧洲形成了一种金字塔结构的等级制度。金字塔的顶端是就是皇帝，第二层是皇帝直接分封的贵族和主教，第三层是骑士、官吏、市民和手艺人，第四层是农民，金字塔的最底层是农奴。

　　在受封时，封君和封臣要举行隆重的分封仪式。封臣跪在封君面前，双手合掌放在封君手里，宣誓："您的敌人就是我的敌人，您的朋友就是我的朋友。在您需要时，我愿永远效忠和随时效劳。"封君赐给封臣一小块泥土、树枝或茅草，象征被分封的土地。受封后，封臣必须履行相应的义务，比如封君打仗时要出兵帮助，一般每年不超过 40 天；如果封君被俘，要缴纳赎金；封君的长女出嫁、长子行骑士礼时也要交纳一笔钱，称为献金；出席封君的法庭，帮助封君解决争讼等。

　　在这些一级一级的封臣中，他们只效忠于直接分封给他们土地的封君，而对上一级的封君，只有名义上的服从义务。这些上一级的封君不能直接控制和指挥他们。称为"我的附庸的附庸，不是我的附庸。"

　　在这些封臣中，骑士的地位最低，数量最多。封建主的子孙从小就要接受严格的骑士教育。要想成为一名真正的骑士必须经过侍童（七八岁以后）、扈从

（十四五岁以后）和骑士（21 岁以后）三个阶段的骑士教育。

在侍童阶段，封建主们将自己的孩子送到权势高的领主城堡中当侍童干杂活，并从领主夫人或女儿那里学习一些骑士礼节和文化知识。

卡尔卡松城堡

这座围起来的城堡现在看起来仍跟中世纪时没什么差别。由于坚固的防护，征服城市的唯一办法只能是断绝居民的粮食。

进入扈从阶段后，他们则成为主人的随从，也可以说是预备骑士，主要学习骑术、剑术、投枪、狩猎、游泳、吟诗和弈棋，这些被称为"骑士七技"。在作战时，他们还要随主人出征，并负责保护主人。

· 骑士文学 ·

骑士文学是中世纪欧洲封建文学的典型之作，以描绘骑士事迹和宣扬骑士精神为主要内容。骑士文学多采用传奇的体裁，以忠君行侠为内容；以英雄冒险与思慕美人为题材；采用浪漫自由创作方法。这类作品多由行吟诗人和弦歌诗人所作，于 12 和 13 世纪进入繁荣期，但由于严重脱离现实，又很快走向没落。骑士文学的代表作有《特洛亚传奇》《兰斯洛》《圣杯》《奥迦生和尼哥雷特》等。

这幅弗兰德尔绘画反映了典型的封建庄园生活，贵族庄园主正和他的总管商量收获葡萄，农民则锄地、采果实、修枝等。

扈从阶段结束后，必须经过晋封仪式才能成为一名真正的骑士。中世纪晋封仪式一般选择在宗教节日，有时也在战场上举行。骑士晋封仪式一般可分为三种类型。一种是世俗型，主持者为君主或贵族，地点大多选在王宫或城堡；一种是宗教型，主持者为教皇、主教等神职人员，地点在教堂；还有一种是世俗和宗教混合型，主持者一般是君主或贵族，而神职人员则在一旁进行祷告弥撒等宗教活动，地点选在王宫、城堡或教堂。在整个仪式过程中，授剑仪式最为隆重，是核心仪式。准骑士们要洗浴、忏悔、祈祷、宣誓、穿戴铠甲头盔、装踢马刺，然后接受象征骑士职能的宝剑。封主用佩剑在准骑士们的肩上轻轻拍一下，然后向他们讲述骑士的基本准则，这样他们就获得了骑士封号。最后，新骑士们在广场上骑着马，手持长矛猛刺靶子，用即兴比武来庆祝。

在中世纪，骑士作为高级贵族的附庸，必须向他们宣誓效忠和履行义务；同时作为自己领地的主人，他必须保护依附于他的农奴。

由于骑士专门从事打仗和比武，他们的故事流传得越来越广，并且和民间的神怪传说联系起来，形成了后世的骑士文学。在这些文学作品中，这些骑士往往被描写成智勇双全的英雄人物，他们武艺高强，打抱不平，视死如归，尊重妇女，这成为后来欧洲人夸耀的"骑士精神"。

城堡与桥梁

一座城堡就是一处防御工事。最初，城堡为那些拥有其周边土地的领主或国王作为要塞所建，城堡通常具有开阔的视野，能望城邦或庄园，工匠们也极尽所能地将其建造得坚不可摧。随着技术与进攻武器的发展，进攻方发动攻城与围困的能力越来越强，城堡也因此越盖越高、越来越厚实。同时，城堡也越盖越大，以容下所有人以及维持生活的补给与粮食储备。

当诺曼底公爵威廉一世在1066年渡海向英格兰发起进攻时，他的军队必须战胜城堡内当地居民的抵抗。当时的城堡一般用石头或者木材建造在土丘顶上，并由护城壕沟围绕。在土丘的底部会有一片区域，被称为保卫区，这片区域的四周有木栅栏保护。由城墙保护的保卫区被称为城堡外庭，这种形式的城堡被称为土岗—外庭式城堡。

城堡的中心是主塔，或称要塞，这是整个城堡中最坚固并由重兵把守的部分，当敌军攻破外墙时，所有的守城部队都会退入主塔中。主塔包含领主的生活区、办公区和储藏室，这里还有井及其他的装备以应付持续的围攻。后期建造的城堡都习惯把生活区建在外庭，而把主塔作为最后的防线。

城堡外墙由一条或数条护城河保护，有时护城河之间也会构筑外庭。比如建造在法国里昂与巴黎之间、位于塞纳河岸边绝壁上的加亚尔城堡就有三重外庭：在山脚与内护城河之间的内庭，内护城河与外城墙之间的中庭，及外城墙之外受外护城河守护的外庭。这三重外庭排列在一条直线上，所以入侵者在攻打要塞之前需要突破所有的三道外庭。英格兰的理查德一世（1157～1199年）在1196～

1198年间修筑了加亚尔城堡,该城堡至今仍是欧洲最坚固的城堡之一。

架在护城河上的吊桥能够被升起或放下,而关口通常受到主体城堡城墙防御工事——碉堡的保护。当吊桥升起时,闸门会被放下以关闭关口。闸门表面由木头和铁制成,在城墙凹槽里垂直升降。

横跨在法国南部洛特河上的旁特·瓦雷特桥长138米,有6个主拱和3座坚固的堡塔。

一座宏伟的城堡是城堡主权力与财富的象征。当英王爱德华一世(1239~1307年)于1282~1283年间征服威尔士后,他修建了6座城堡来驻扎部队,同时也是向当地居民炫耀他的武力。其中建造于1283~1322年间的卡那封城堡矗立至今。

在城堡盖得日益庞大与牢固的同时,火炮技术也在不断发展,到后来,炮火的威力已经强大到可以将任何城墙炸得粉碎。1494年,法国军团向意大利不断推进,在火炮的协助下,沿途的城堡被悉数摧毁。防御性城堡的修筑热潮逐渐退去,国王与封建领主们转而为自己修建宫殿,其目的也从炫耀武力转为供闲暇享乐所用。

大多数城市建造在河流边,通常是沿河岸两边延伸扩张,由桥梁连接两岸。但许多中世纪的桥梁还具备更多的功能,有的比如法国南部洛特河上的瓦雷特桥(于1308年开工,1355~1378年间完成建造)有三个堡塔,防御的驻军可以控制桥面交通。

其他有的桥上还建有店铺、礼拜堂、通行税征收处等各色建筑。著名的阿维尼翁桥于1177～1184年间在圣班尼兹的督导下开始建造，在1680年被弃用，但当年圣班尼兹下葬的殡仪馆保存至今。老伦敦桥是第一座以石头为主体建造、横跨有着潮汐涨落的泰晤士河的石桥。桥体建造于1176～1209年间，以桥身设计的各类店铺、房屋为特色，屹立于世长达600多年。

巴黎大学

中世纪的早期，欧洲的文化教育非常落后，不光老百姓都是文盲，很多贵族斗大的字也不识几个，甚至有些国王连自己的名字都写不好。当时各国的文化教育都被教会垄断，只有教会才可以开办学校，只有教士才掌握文化知识，但教会学校的教科书只有《圣经》。人们除了《圣经》之外，几乎不知道还有其他书籍。

后来随着城市的兴起，工商业日趋繁荣，人们需要更多更新的知识，于是城市中出现了学校。这些学校，就成为后来大学的基础。11世纪末，意大利出现了第一所大学，此后欧洲相继出现了很多大学，如法国的巴黎大学，英国的牛津大学、剑桥大学等，其中以巴黎大学最为著名。

在12世纪早期，巴黎大学就粗具雏形。1200年，法国国王腓力二世正式批准成立巴黎大学。

巴黎大学位于法国首都巴黎，坐落在塞纳河畔。巴黎大学和欧洲其他的大学一样，使用当时通用的拉丁语授课，从成立之初，欧洲各国就有很多学子纷纷慕名前来求学，据说有5万人之多。

巴黎大学共设有4个学科：文学、医学、法律和神学。文学是普通学科，要学习语法（包括拉丁语和文学）、修辞（包括散文、诗歌的写作和法律知识）、辩证法（即逻辑学）、天文学（包括物理和化学）、几何（包括地理和自然历史）、数学和音乐，被称为"七艺"。修文学科的人数是最多的，通过毕业考试可以得到学士学位。另外3个学科是高级学科，只有修完普通学科、获得学士学位的学生有资格升入，修完之后可以获得硕士学位。获得硕士学位之后可以继续进修，

巴黎大学索邦神学院教堂

索邦教堂是巴黎大学里最古老的建筑之一，建于 1635～1642 年，教堂正

面为典型的巴洛克风格。

攻读博士学位。只有取得了学位的人才可以在学校里教书，但并不是每个人都可

以获得学位的，通常获得学士学位的人仅占学生总数的 1/3，获得硕士学位的占

1/16，而获得博士学位的则更少。尤其是神学博士，首先要用 8 年时间攻读神学

硕士学位，然后再用 12 年的时间攻读博士学位，难度很大。

　　巴黎大学的成员不仅包括老师和学生，还包括为学校服务的书贩、邮差、药商、抄书人甚至旅店老板。学校雇佣有才能的老师，解雇那些平庸的或玩忽职守的老师，有时还对他们处以罚款。老师们根据各自的才能，教不同的科目，组成一个个的团体。现在大学中的"系"，就是从拉丁语中的"才能"一词转化而来的。老师团体中选出的"首席"或"执事"，相当于后来的"系主任"。

每天早晨，学生们早早起床，洗漱完毕，吃过早饭之后，先来到教堂做弥撒，然后再去教室上课。学校的教材大多是古代的一些名著，老师一边读，一边解释，而学生们则一边认真听讲，一边做笔记。学校很少做试验，就算是医学科，学生做实验的机会也很少，因为中世纪严禁人体解剖，所以很多解剖的知识都是学生们从翻译过来的阿拉伯医书上得到的。

巴黎大学规定，学生要想获得学位，就必须参加公开的辩论。因此，学校的老师很注重培养学生的口才，学生们在平时也非常注重锻炼辩论的技巧。巴黎大学在平时经常举行公开的辩论会，这些辩论会主要是本校的老师参加，有时也邀请一些外校的老师参加。辩论会的气氛是非常激烈紧张的，有的对手被对方驳得理屈词穷，恼羞成怒，冲上去和对方扭打起来的事也时有发生。

巴黎大学吸引了不少当时欧洲著名的学者前来讲学，其中最有名的当数法国著名哲学家皮埃尔·阿贝拉尔。阿贝拉尔经常发表一些与众不同的言论和见解，大受学生们的欢迎，但却惹恼了法国政府，被禁止在法国领土上讲课。阿贝拉尔就爬到树上继续讲课，学生们围坐在地上专心致志地听讲。后来法国政府又禁止他在法国的天空讲课，阿贝拉尔就站在一条船上讲课，学生们则坐在岸边听讲。

由于巴黎大学不是教会开办的，它讲课的内容在很多地方触犯了基督教的教义，所以教会非常仇视巴黎大学。他们疯狂地迫害那些违背基督教教义的老师，到13世纪的时候，巴黎大学已经基本上被教会所控制了。

成吉思汗

1162年，铁木真出生在蒙古草原尼伦部贵族孛儿只斤氏家族。铁木真的父亲也速该因为作战英勇，被推举为尼伦诸部的领袖，后来在部落的仇杀中丧命，孛儿只斤家族败落，铁木真一家陷入困境。

铁木真的青少年时期是在动荡不安和极端艰苦的条件下度过的。当时，草原诸部混战不已，彼此相互仇杀。在这样的环境中，铁木真养成了坚毅、果敢的性格，并练就了强健的体魄、超群的武艺和过人的才智。1180年，年轻的铁木真已经远近闻名。为了重振家业，铁木真去找父亲的安答（结义兄弟）、克烈部首领王罕。在王罕的庇护下，铁木真开始积聚力量，势力迅速壮大。

铁木真的崛起引起了乞颜部贵族扎木合的忌恨，虽然他曾与铁木真结为安答。1190年，扎木合与泰赤乌等13部联合起来，组成2万多联军，进攻铁木真。铁木真探知消息，将部众集中起来，列成13翼，与扎木合联军决战，这就是著名的"十三翼之战"。一场激战过后，铁木真失利，退避于斡难河谷地。札木合领军返回本部后，将俘虏分为70大锅煮杀，引起了很多部落不满，不少人转而投奔铁木真。铁木真虽然战败，却得到民众拥护，兵力得以迅速壮大。

1196年，铁木真联合王罕，配合金国军队，在斡里札河围歼了反叛金国的塔塔儿部，杀死了他们的首领，报了杀父之仇。战后，金国封王罕为王，任命铁木真为招讨使，铁木真名声大振。此后，他又战胜了篾儿乞等部，攻取呼伦贝尔草原。1202年，铁木真彻底歼灭塔塔儿部，占领了西起斡难河，东到兴安岭的广大地区。

1203年，和铁木真以父子相称的王罕开始进攻铁木真。铁木真与王罕大战于合兰真沙陀，这是铁木真生平最艰苦的一次战斗。结果铁木真大败，只带领19人落荒而逃。逃亡途中经过班朱尼河时，铁木真和伙伴们饮河水立誓："如果我建立大业，一定和追随我到此的兄弟同甘共苦，如果违背誓言，就像这河水一样。"这就是蒙古历史上著名的班朱尼河之誓。

1204年，铁木真征服蒙古草原上唯一能和自己对抗的乃蛮部的首领太阳罕。1206年，统一了西起阿尔泰山，东到兴安岭的整个蒙古草原。各部贵族在斡难河源头举行盛大集会，推举铁木真为大汗，称其为"成吉思汗"，建立了强大的蒙古帝国。

成吉思汗的黄金家族是蒙古国的最高统治集团，拥有全部的土地和百姓。他按照分配家产的方式，将百姓和土地分给自己的子弟亲族。成吉思汗推广了千户制度，将全蒙古的百姓划分为95千户，任命蒙古的开国功臣以及原来的各部贵族担任那颜（意为千户长），世袭管领。为了维护自己至高无上的统治地位，成

成吉思汗

吉思汗还建立了一支由大汗直接控制的人数达 1 万人的常备护卫军，这支强大的护卫军成为巩固蒙古帝国、进行对外战争的有力工具。

　　成吉思汗还根据畏兀儿文字创造了蒙古文字，用这种畏兀儿蒙古文发布命令，登记户口，编订法律，大大加强了统治，推进了蒙古文化的发展。

　　成吉思汗又任命自己的养子失吉忽秃忽为大断事官，负责分配民户，后来又让他掌管审讯刑狱等司法事务。成吉思汗还制定了蒙古法律"大札撒"，作为全部蒙古人民都要遵守的准则。法律的制定，对于安定社会，加强蒙古政权的统治起到了积极的作用。

　　蒙古汗国建立之后，成吉思汗开始向外扩张。他先后 3 次入侵西夏，迫使西

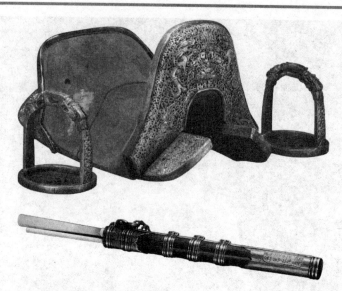

成吉思汗陵内供奉的马鞍与蒙古刀

夏称臣纳贡，并随同蒙古一同进攻金国。1211 年，成吉思汗南下进攻金国，1215 年，攻占了中都燕京。

1219 年，成吉思汗踏上征讨花剌子模的万里西征之路。1221 年，成吉思汗占领花剌子模全境后大军继续西进，1225 年，持续 7 年的西征结束。

1226 年，成吉思汗再次进攻西夏。1227 年七月，成吉思汗病死军中。成吉思汗死后，他的子孙们继续他未竟的事业，攻灭西夏、金国、南宋，建立起一个空前庞大的大帝国。元朝建立后，追尊成吉思汗为元太祖。

蒙古帝国西征

1206 年，蒙古各部落首领在斡难河畔召开大会，推举铁木真为大汗，尊称成吉思汗，建立了蒙古国家。蒙古国建立后，以成吉思汗为首的蒙古贵族不断发动掠夺战争，用兵的主要方向是南下与西征，南下攻击的主要目标是金朝和南宋，西征则是征服中亚、东欧各国。

1219 年，为了剿灭乃蛮部的残余势力，征服西域强国花剌子模，成吉思汗带着 4 个儿子术赤、察合台、窝阔台、拖雷，以及大将速不台、哲别开始了西征。蒙古 20 万大军长驱直入，在额尔齐斯河流域分进合击，先后攻占布哈拉、花剌子模新都撒马尔罕、讹答剌与毡的城。花剌子模国王摩诃末西逃，成吉思汗令速不台、哲别等穷追不舍。后来，摩诃末病死在里海的一个小岛上，摩诃末的儿子札阑丁在呼罗珊一带继续抵抗。

为了剿灭札阑丁，1221 年，成吉思汗大军渡过阿姆河，占领塔里寒城。他以塔里寒城为根据地，派出两路大军，分别进攻呼罗珊、乌尔根奇。拖雷率兵进攻呼罗珊，相继攻陷尼沙不儿、也里城；察合台与窝阔台攻陷乌尔根奇。两路大军完成任务后，都回到塔里寒城与成吉思汗会师。然后，各路大军成吉思汗的率领下，继续追击札阑丁，在印度河击败其余众。札阑丁孤身一人逃跑，花剌子模灭亡。1223 年，蒙古大军在西追札阑丁的同时，还深入罗斯，大败敌军，罗斯诸王公几乎全部被杀。1225 年，成吉思汗凯旋东归，将本土及新征服所得的西域土地分封给自己的几个儿子。

·绍约河之战·

1241 年 2 月，7 万蒙古大军离开南罗斯的营地，进攻中欧。这支蒙古大军兵分两路，北路军 2 万人在拜答儿和开都的指挥下北进波兰，切断对匈牙利的一切支援。拔都和速不台指挥 5 万主力部队，于 3 月 12 日进攻匈牙利。匈牙利国王贝拉四世率领约 6 万多大军从佩斯出发，迎战蒙古主力。蒙古军诱敌深入，在绍约河畔击败匈军。匈军余部扎营拒抗，速不台指挥蒙军故意在包围圈上留下一个明显的缺口。匈军士兵从这个缺口突围，蒙军沿着匈军逃军的侧翼密集射击，几乎全歼匈军，蒙古军大获全胜。

1227 年，成吉思汗去世，成吉思汗的第三子窝阔台继任大汗。1234 年，窝阔台集结诸王大臣召开会议，商讨西征大事。窝阔台派兵分别攻打波斯（今伊朗）和钦察、不里阿耳等部，基本上征服了波斯全境。1235 年，由于进攻钦察的军队受阻，窝阔台派遣其兄术赤之子拔都，率 50 万大军增援。西征军一路势如破竹，很快就彻底消灭了花剌子模，杀死札阑丁。1237 年底，拔都又率大军，继续西进，大举进攻罗斯，相继攻陷莫斯科、基辅诸城。1240 年，拔都分兵数路继续向欧洲腹地挺进，进攻孛烈儿（今波兰）、马扎尔（今匈牙利）。1241 年，北路蒙军在波兰西南部的利格尼兹，大破波兰与日耳曼的联军；中路蒙军主力由

多瑙河上的战斗

图中戴头盔的匈牙利人试图阻挡轻装上阵、以强弓为武器的蒙古军过河，1241～1242 年间，成吉思汗的子孙已将帝国疆域拓展到了欧洲的中部。

拔都亲自率领，进击匈牙利，大获全胜，兵锋直指意大利的威尼斯。1241 年年底，窝阔台驾崩的消息传到军中，拔都率军从巴尔干撤回到伏尔加河流域，以萨莱为都城，在伏尔加河畔建立了钦察汗国。

1251 年，蒙哥即大汗位。1253 年，蒙哥派弟弟旭烈兀率军发起了第三次西征。这次西征的目标是消灭西南亚地区的木剌夷国（今里海南岸的伊朗北部）。1257 年，蒙军荡平木剌夷，挥师继续西进，直指黑衣大食首都巴格达。1257 年冬，旭烈兀三路大军围攻巴格达，于第二年初攻陷该城，消灭了有 500 年历史的黑衣大食。此后旭烈兀又率兵攻陷阿拉伯的圣地麦加，攻占大马士革，其前锋部队曾渡海到达富浪（今地中海东部的塞浦路斯岛）。

后来由于蒙古军队被埃及军队打败，旭烈兀才被迫停止西进，留居帖必力思，建立了伊儿汗国。

成吉思汗和他的继承者以剽悍的武功征服了欧亚广大地区，以蒙古为中心，建立起由钦察汗国、察合台汗国、窝阔台汗国、伊儿汗国组成的横跨欧亚大陆的国家，形成世界历史上前所未有的大帝国。

四大汗国

经过三次西征，蒙古人占领了大片的土地，建立了4个汗国：钦察汗国、察合台汗国、窝阔台汗国和伊儿汗国。

钦察汗国，又称金帐汗国，是成吉思汗长子术赤的封地，疆域东起额尔齐斯河，南抵高加索山，西至多瑙河，北到北极圈，建都于伏尔加河下游的萨莱城（今俄罗斯阿斯特拉罕）。俄罗斯各公国必须向金帐汗进贡。金帐汗利用俄罗斯大公们之间的矛盾，经常挑拨离间，以巩固自己的统治。14世纪后期，汗国内部阶级矛盾和民族矛盾激化，再加上内讧不断，力量大大削弱。莫斯科大公底米特里·顿斯科伊和帖木尔又不断进攻。俄罗斯各城邦逐渐统一，力量大大增强，而金帐汗国却分裂成喀山汗国、克里米亚汗国、西伯利亚汗国、阿斯特拉罕汗国等几个小汗国。1502年后，这些小汗国相继被俄罗斯吞并，钦察汗国灭亡。

正在安营扎寨的蒙古人

察合台汗国，是成吉思汗次子察合台封地，疆域主要在天山南北，最强盛时东起吐鲁番、罗布泊，南抵兴都库什山脉，西达阿姆河，北到塔尔巴哈台山，定都虎牙思（今新疆霍城县水定镇）。察合台汗国为了掠夺财富和占有牧场，与元朝和伊儿汗国发生了旷日持久的战争，结果被打败。1314年，怯伯成为察合台汗，他主动与元朝恢复了友好关系，从此两国使节来往不断。怯伯把国都迁到了

撒马尔罕，他提倡农业，实行改革，而他哥哥也先不花汗则坚持游牧传统，于是察合台汗国分裂为东、西两部。东部以阿力麻里为中心，包括喀什、吐鲁番等地区；西部以撒马尔罕为中心，统治中亚地区。东察合台汗国从 1348 年建国，到 1514 年被叶尔羌汗国取代，立国 166 年。西察合台汗国在 1370 年被帖木尔汗国所灭。

窝阔台汗国，是成吉思汗第三个儿子窝阔台的封地，疆域包括有额尔齐斯河上游和巴尔喀什湖以东地区，定都叶密里（今新疆额敏县）。1229 年，窝阔台继大汗位，将封地赐给他的儿子贵由。1251 年，蒙哥汗即位后，窝阔台的后代因曾反对蒙哥，封地被分割。窝阔台的儿子合丹得到别失八里，灭里得到额尔齐斯河之地，窝阔台之孙脱脱分得叶密里，海都分得海押立之地。

蒙古骑兵押送战俘

1260 年，忽必烈称帝后，海都与争夺汗位失败的阿里不哥联合，共同反对忽必烈。1301 年，海都兵败，不久死去，他的儿子们为了争夺汗位而自相残杀，国势逐渐衰落。1309 年，察合台汗也先不花击败窝阔台汗察八儿，察八儿逃到元朝，窝阔台汗国并入察合台汗国。

伊儿汗国，又称伊利汗国，是成吉思汗幼子拖雷的儿子旭烈兀西征后建立的，疆域东起阿姆河，南至波斯湾，西临地中海，北到里海、黑海、高加索，包括今伊朗、伊拉克、阿塞拜疆、格鲁吉亚、亚美尼亚和土库曼斯坦等国，阿富汗西部的赫拉特王国和小亚细亚的罗姆苏丹国都是伊儿汗的属国，定都蔑剌哈。1265 年，旭烈兀之子阿八哈继位，定都大不里士，以蔑剌哈为陪都。

在第七代伊儿汗合赞（1295～1304 年）在位时，伊儿汗国的国势达到极盛。合赞汗死后不久，伊尔汗国就陷入混乱。在争权夺利的混战中，伊儿汗国境内出现了许多小国：贾拉尔国占有今伊拉克、阿塞拜疆、摩苏尔和迪亚巴克儿；克尔特国占有赫拉特和呼罗珊部分地区；穆札法尔国占有有法尔斯、克尔曼和库尔德斯坦；赛尔别达尔国占有呼罗珊北部。1380 年以后，这些小国家先后被新兴的帖木儿帝国灭亡。

德里苏丹国的建立

12 世纪中期，古尔王朝兴起于阿富汗西部，定都赫拉特。经过历代君主的不断扩张，古尔王朝的苏丹成为了阿富汗和西北印度的统治者。1192 年，古尔王朝苏丹穆伊兹·乌丁率领大军越过旁遮普，东征印度。印度的王公们联合起来，抵御穆伊兹大军。在塔拉罗里战役中，穆伊兹大军击败了印度联军，占领德里，随即征服了恒河与朱木拿河之间的广大地区。穆伊兹派手下大将巴克提亚·卡尔其继续东征，1200 年征服印度东北部，占领比哈尔和孟加拉。至此，印度德干高原以北地区都处于古尔王朝的统治之下。古尔王朝对印度的征服，为德里苏丹国的建立铺平了道路。

1206 年，古尔王朝苏丹穆伊兹遇刺身死。他没有儿子，古尔王朝发生分裂。统治北印度的总督、穆伊兹的部将顾特布－乌德－丁·艾贝克以德里为中心，自立为苏丹，建立了德里苏丹国。德里苏丹国是印度历史上一个比较稳固的政权，先后经历了 5 个王朝：奴隶王朝（1206～1290 年）、卡尔基王朝（1290～1320 年）、图格拉王朝（1320～1414 年）、赛义德王朝（1414～1451 年）和罗第王朝（1451～1526 年），最后被莫卧儿帝国所灭。

德里苏丹国的第二任苏丹伊杜米斯，被后世誉为德里苏丹国的真正奠基人。他先后平定了旁遮普和孟加拉的贵族以及拉其普特印度教王公的叛乱，征服了瓜寥尔和马尔瓦地区。到卡尔基王朝时期，苏丹阿拉·乌丁整顿财政，加强中央集权，建立起多达 47 万人的精锐骑兵部队。他派兵消灭了古吉拉特和拉其普特地

德里苏丹国时期精美的雕刻

区的印度教王公割据势力，然后率军越过文迪亚山，征服了那里信奉印度教的 4 个王国，使德干高原成为德里苏丹国的领土。苏丹图格拉在位期间是德里苏丹国的鼎盛时期，他曾 4 次派大军远征南印度，一度占领科佛里河以南的大片地区，行省增加到 23 个，但由于他的横征暴敛，激起了当地人民的强烈反抗，德里苏丹国的军队被迫退到了科佛里河以北。德里苏丹国最强大时的疆域东起孟加拉，南达科佛里河，西抵印度河流域，北到克什米尔地区。

德里苏丹国兴起之时，正值蒙古人扩张之际，两个强国之间的战争不可避免。1221 年，成吉思汗率领蒙古军队出现于印度西北边境，并不断深入，进攻印度西北部，在信德和旁遮普地区大肆掳掠。但是来自寒冷干燥的蒙古高原的蒙古士兵非常不适应印度炎热潮湿的气候，蒙古军屡遭挫折，成吉思汗只好撤军。1279 年和 1285 年，蒙古军队卷土重来，再次入侵印度西北部。卡尔基王朝苏丹阿拉·乌丁率军与蒙古人大战，终于击退入侵印度的蒙古军队。一部分被俘的蒙古战士在德里定居下来。

自古以来，外族不断从印度西北山口入侵，这些外族占领印度后，随着时间的推移大都与当地居民融合或被同化。但德里苏丹国的统治者没有被当地的印度教文化同化。德里苏丹国的统治阶级是突厥人、阿富汗人和波斯人组成的以"四十大家族"为核心军事贵族集团，他们占有大量的土地，并以大量的中亚外族雇佣军作为统治支柱。他们对被统治阶级——印度教封建主和广大居民采取歧视和迫害等高压统治政策，用强征人头税等手段刺激了印度人民的民族感情和宗教情绪。德里苏丹国的这些政策使国内民族、宗教和阶级矛盾十分尖锐，人民起义和宗教运动此起彼伏。

画中描绘了 1526 年 4 月帕尼帕特战役中莫卧儿
人追击逃窜的德里苏丹军队的情景。

马木路克大战蒙古兵

马木路克在阿拉伯语中是"奴隶"的意思。从公元 9 世纪起，阿拉伯的人贩子从高加索地区和中亚诱拐或绑架很多儿童，然后把他们送到巴格达、大马士革和开罗的奴隶市场贩卖。这些马木路克的买主主要是阿拉伯君主，他们买下身体强壮的孩子，把他们送入军事学校，经过严格训练后，组成骑兵部队，以保护自己或用于对外扩张。在这些小马木路克中，来自高加索的格鲁吉亚人和中亚的突厥人最受欢迎，因为他们身体强壮，好勇斗狠。据记载，当时格鲁吉亚每年被拐卖的孩子多达两万。

这些小马木路克进入军事学校后，首先要学习阿拉伯语，并被灌输对主人绝对忠诚的思想。到 14 岁开始进行军事训练，他们要熟练使用弯刀、长矛及骑射之术，其中骑马和射箭受到高度重视。

马木路克士兵的身份虽然是奴隶，但深受主人的器重，马木路克将领甚至可以担任高级官员。13 世纪，萨拉丁在埃及建立阿尤布王朝，但他的子孙一代不如一代。1250 年，马木路克将领、突厥人阿依巴克篡位，建立了埃及马木路克王朝。1258 年，旭烈兀率领蒙古西征军占领了巴格达，阿拉伯帝国灭亡，埃及马木路克王朝成为阿拉伯世界抵抗蒙古人入侵的主力。不久，忽必烈和阿里不哥为争夺汗位而爆发战争，旭烈兀为了助忽必烈一臂之力，急忙率领大军赶回。临走时，他留下了大将怯的不花和两万军队镇守大马士革。

1260 年 8 月，埃及马木路克苏丹忽都思率领 12 万马木路克大军从埃及出发，与蒙古军队决一死战。9 月，忽都思率领的马木路克大军和怯的不花率领的蒙古大军在巴勒斯坦北部的艾因贾鲁相遇。虽然人数比敌人少得多，但怯的不花却一点也不害怕。这么多年来，蒙古军队战必胜，攻必克，灭亡了很多国家，不知不觉间，变得骄傲轻敌起来。

经过的短暂交战后，马木路克骑兵开始迅速而有序地撤退。蒙古人不知道这是个计谋，以为敌人怯战，于是穷追不舍，企图速战速决。

不知不觉间，马木路克骑兵把蒙古人引到了一个山谷中，轻敌的蒙古人丝毫没有察觉到自己已经进入了敌人的包围圈。马木路克骑兵忽然停住脚步，排成一道长达6千米，中间厚两边薄的阵形，忽都思骑着马在中间指挥。这时，埋伏在山谷两侧的伏兵也蜂拥而出，对蒙古人形成了三面包围之势。

一位马木路克勇士在展示其坚不可摧的盾牌

发现自己被包围后，蒙古军一阵慌乱。怯的不花不愧是久经沙场的老将，他立刻命令蒙古军兵分两路，进攻马木路克阵形薄弱的两翼，他自己亲率1万人冲向敌人的左翼。马木路克骑兵立即放箭，蒙古军死伤无数，损失惨重，但他们毫不畏惧，仍然冒着箭雨前进，不一会儿就冲到了敌军面前。马木路克骑兵被蒙古人视死如归的精神吓得魂飞魄散，再加上蒙古人极其勇猛，马木路克骑兵开始后退。

忽都思看到自己即将失败，他大吼一声，把头盔摔到地下，挥舞着大刀杀入蒙古军中，一连砍死好几个蒙古人。看到自己苏丹这样奋不顾身，马木路克骑兵缓过神来，他们也狂喊着上前与蒙古骑兵进行激烈厮杀。

这场混战一直从早晨打到下午，随着时间的推移，马木路克大军的人数优势发挥了作用，蒙古人渐渐不敌。怯的不花拒绝了随从劝他撤退的建议，亲率自己的卫队发动反冲锋，结果被乱箭射死。失去主帅的蒙古军队斗志全无，开始夺路而逃。马木路克骑兵穷追不舍，最后将蒙古残军消灭。怯的不花大军覆灭的消息传到大马士革，留守的蒙古将士逃之夭夭，忽都思率领大军胜利开进大马士革。

1517年，奥斯曼土耳其灭亡马木路克王朝，但马木路克军队依然占据帝国统治地位。

马可·波罗

1254年，马可·波罗出生在意大利威尼斯的一个商人家庭。他的父亲和叔叔都曾经到中国经商，在元大都（今北京）还见过忽必烈大汗。忽必烈写了一封信，让他们转交给罗马教皇。他们回来后，天天给小马可·波罗讲述东方的见闻，小马可·波罗简直听得入迷了。1271年，马可·波罗的父亲和叔叔拿着教皇的复信和给忽必烈的礼物准备再次去中国。马可·波罗缠着他们，非要和他们一起去中国。父亲和叔叔没办法，只好同意带上他。

马可·波罗等人乘船离开威尼斯，向南进入地中海，然后到达了伊拉克。本来他们想从波斯湾的出海口霍尔木兹乘船去中国的，但是一连几个月都没有遇上一艘去中国的船，他们只好改为走陆路。马可·波罗等人向东穿越了广袤荒凉的伊朗大荒漠，翻过了冰天雪地的帕米尔高原，克服了疾病、饥饿，躲过了凶残的强盗和野兽，经过4年的长途跋涉，终于来到了中国新疆的喀什。

在喀什，马可·波罗看到了大片的葡萄园和果园，人们的生活非常丰裕，他当时觉得喀什就是世界上最富裕的城市。没过多久，他们便启程继续向东，先是来到了盛产美玉的和田，然后又穿越了塔克拉玛干大沙漠，来到了敦煌。在敦煌，马可·波罗欣赏到了精美绝伦的壁画和佛像雕刻。几天后，他们经过玉门关，看到了宏伟的万里长城，进入了河西走廊，来到了元上都（今内蒙古多伦县），见到了元世祖忽必烈。他们向元世祖献上了教皇的回信和礼物，并向元世祖介绍了马可·波罗，忽必烈热情地接待了他们。忽必烈对聪敏的马可·波罗非常赏识，邀请他来到宫中讲述一路上的见闻。不久，马可·波罗和父亲、叔叔和忽必烈一起返回了元大都。

马可·波罗像

当第一眼见到元大都时，马可·波罗简直惊呆了！在后来的《马可·波罗游记》中，他写道："我从来没有见过这么伟大的都城。"元大都城郭高大方正，城内街道笔直纵横，来来往往的人们川流不息，街上的店铺一个挨一个，叫卖声此起彼伏。每天全国、甚至全世界的货物都涌进这座城市，从日用百货到珍奇异宝无所不有，光是生丝每天就运进1000车！而在当时的西欧，生丝简直和黄金等价。

很快，马可·波罗就随忽必烈来到了皇宫。马可·波罗觉得皇宫简直举世无双：高大的宫殿、汉白玉砌成的栏杆、金碧辉煌的壁画、晶莹剔透的釉瓦……这简直是神仙住的地方！

由于忽必烈的赏识，马可·波罗留在元大都当了官。聪明的他很快就学会了蒙古语和汉语。除了大都，马可·波罗还游历了很多地方。涿州的绫罗绸缎、太原的军火、西安的工商业、成都的集市都给他留下了深刻的印象。最令马可·波罗震惊的是，在中国，丝绸随处可见，连老百姓都穿着丝绸做的衣服，这在欧洲简直是不可想象的。因为丝绸在欧洲非常昂贵，只有帝王、贵族和大商人才买得起。马可·波罗认为，中国是世界上最强大最富裕的国家，远远超过欧洲和世界其他国家。

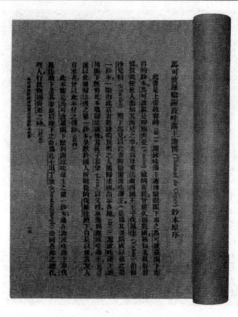

《马可·波罗游记》书影

在中国，马可·波罗还见到了许多欧洲没有的新鲜事物，其中他最为称赞的就是驿道。元朝时，从大都到全国各地，都有驿道相连，驿道边种植着树木，每隔二三十里就在路边设立一个驿站，有专人负责更换马匹和提供食宿。中央政府的命令和地方的紧急情况可以很快通过驿道传达和接到。让马可·波罗吃惊的是华北的中国人居然不用木柴生火做饭，而是使用"黑色的石头"（煤），中国人还使用纸币进行购物，这在欧洲也是不可想象的。

马可·波罗还到过江南地区，听到过"上有天堂，下有苏杭"这句话，他游览了杭州以后说："杭州是世界上最繁华最富裕的城市！"

1292 年，马可·波罗等人奉命护送公主去伊儿汗国结婚。这时他们已经离家 17 年了，马可·波罗表示想回国，忽必烈同意了，并赐给他们大量的金银珠宝。到了伊儿汗国完成了使命后，马可·波罗等人就启程回到威尼斯。后来威尼斯和热那亚发生了战争，马可·波罗捐钱制造了一艘战船，亲自担任船长参加战斗，结果不幸被俘，被关进了监狱。在狱中，马可·波罗遇见了一个作家，就把自己在东方的经历讲了出来，这位作家边听边记录，后来出版了《马可·波罗游记》。这本书在欧洲广为流传，激起了欧洲人对东方的向往，为新航路的开辟和新大陆的发现提供了动力。

奥斯曼土耳其崛起

土耳其人是突厥人的一支，土耳其就是由突厥一词转变而来的。突厥人原来生活在中国北方的蒙古高原和中亚一带，后来被中国的唐朝击败，被迫西迁，来到中东地区，依附于塞尔柱突厥人建立的鲁姆苏丹国。鲁姆苏丹将一块贫瘠的位于西北边境的土地赏赐给他们，让他们为鲁姆苏丹国守卫边疆，抵抗拜占庭帝国。

1242 年，鲁姆苏丹国在蒙古人的打击下瓦解，土耳其人趁机崛起。酋长埃尔托格鲁尔率领土耳其人东征西讨，打败了四周的部落，自称埃米尔（君主的意思）。1288 年，埃尔托格鲁尔病死，他的儿子奥斯曼继位。

奥斯曼想娶长老谢赫艾德巴里的女儿为妻，但遭到了拒绝。一天，奥斯曼来到谢赫艾德巴里家，对他说："我昨天做了一个奇怪的梦，梦见我的腰部长出了一棵大树，所有的树叶都变成了利剑，指向拜占庭帝国的首都君士坦丁堡的方向。长老，你懂得解梦，我的这个梦是什么意思？"谢赫艾德巴里沉思了一会儿说："这个梦预示着你的子孙会占领君士坦丁堡，成为世界的统治者。"奥斯曼听后非常高兴，说："那我现在可以娶你女儿吗？"谢赫艾德巴里点头答应了。奥斯曼登基那天，谢赫艾德巴里赠送给他一把"胜利之剑"。后来，颁发"胜利之剑"成为奥斯曼土耳其苏丹即位的传统仪式之一。此后，奥斯曼手持"胜利之剑"四处征战，建立了一个庞大的帝国。

奥斯曼是个雄才大略的人，当时拜占庭帝国已经衰落，外强中干，在小亚细亚的统治摇摇欲坠。奥斯曼把部落的士兵组织起来，将掠夺的土地分给他们，大大激发了他们的战斗热情。他还吸收了很多其他突厥部落的勇士，壮大了自己的力量。有了强大的军事实力，奥斯曼开始向拜占庭帝国发起进攻。他攻占美朗诺尔城后，将这里作为首都，改名为卡加希沙尔。1300 年，奥斯曼自称为苏丹，并宣布他的国家是一个独立的公国。奥斯曼并没有就此满足，1301 年，奥斯曼对拜占庭帝国发起了更大的进攻，占领了富庶的卑斯尼亚平原，国力大增。1317 年，奥斯曼率领军队围攻拜占庭帝国在小亚细亚最重要的城市布鲁沙城。拜占庭

人凭借高大的城墙拼死抵抗，奥斯曼围攻了 9 年都没有攻克。1326 年，实在无力抵抗的拜占庭人被迫宣布投降。这时候，奥斯曼已经身染重病。奥斯曼去世后，他的遗体被安放在布鲁沙的大教堂内。奥斯曼死后，他的儿子乌尔汗继任为苏丹，迁都布鲁沙城。此后，人们把奥斯曼创建的国家称为奥斯曼帝国，也称奥斯曼土耳其。土耳其人也因此被称为奥斯曼人或奥斯曼土耳其人。

苏丹带领精锐部队的优秀将官列队出行

乌尔汗和他父亲一样，是一个野心勃勃的人。他继续父亲没有完成的事业，在不到 10 年的时间里，完全占领了拜占庭帝国在小亚细亚的领土。乌尔汗利用塞尔维亚和拜占庭帝国的矛盾，开始插手欧洲事务。为了占领一个进攻欧洲的军事基地，乌尔汗于 1354 年率军渡过达达尼尔海峡，占领了加里波里半岛上的格利博卢城堡。由于城堡高大坚固，加上拜占庭人的拼死抵抗，土耳其人一时无法攻克，乌尔汗一筹莫展。这时，乌尔汗的儿子苏莱曼自告奋勇，表示愿意前去攻打格利博卢城堡。在征得父亲的同意后，他只率领 39 名勇士，夜里乘船偷偷渡海来到城堡下。正在这时，此地突然发生大地震，城堡的城墙被震塌，城堡内的士兵和居民惊惶失措，纷纷逃亡。苏莱曼等人一个个斗志昂扬，杀入城中，很快占领了这座城堡。土耳其人急忙增兵 3000 人，巩固了胜利果实。后来，格利博卢城堡成为奥斯曼土耳其进攻欧洲的桥头堡。

1359 年，乌尔汗去世，他的儿子穆拉德一世即位。穆拉德一世率领奥斯曼大军继续进攻已经衰落不堪的拜占庭帝国，攻陷了一座又一座名城，拜占庭帝国被迫乞降，逐步沦为奥斯曼帝国的附庸。

俄罗斯的崛起

1240 年，蒙古西征军在成吉思汗的孙子拔都的率领下攻占了基辅罗斯的首都基辅。1242 年，占领了俄罗斯大部分土地的拔都建立了庞大的钦察汗国，许多俄罗斯的小公国被迫向他屈服。因为蒙古人住在金色的大帐中，所以俄罗斯人又把钦察汗国称为"金帐汗国"。

金帐汗国中，蒙古人只占少数，俄罗斯人占大多数。为了有效统治俄罗斯，拔都就以册封全俄罗斯大公的封号为诱饵，挑拨离间，使各个小国之间不合，甚至互相攻打，借此铲除反抗蒙古的势力，巩固自己的统治。归顺的小国王公们接受金帐汗国的赦令，向金帐汗国缴税、服兵役。为了向金帐汗国缴税和满足自己的奢侈生活，大公们竭力搜刮老百姓，老百姓们苦不堪言。

这三幅图表现了 16 世纪上半期俄罗斯人民的生活情景，他们或骑马，或乘雪撬，或坐四轮马车外出旅行。

1327年的一天，一支蒙古军队来到伏尔加一带，这里是全俄罗斯大公亚历山大统治的地方。蒙古人一到这里就开始抢夺老百姓的财产，老百姓纷纷拿起武器抵抗。亚历山大也忍无可忍了，他亲自率领军队攻击蒙古人。蒙古人死伤惨重，狼狈逃走。金帐汗大怒，决定派军队讨伐亚历山大。

这时，莫斯科大公伊凡匆匆赶来求见。

"你来有什么事？"金帐汗问。

"无比尊敬的金帐汗，您千万不要为了亚历山大那个混蛋生气。为了表示我的忠心，我愿意率领我的军队和其他大公的军队为您讨伐他。此外这是孝敬您的礼物。"伊凡说完，献上了很多金银财宝。

金帐汗一看，非常高兴，说："好，打败了亚历山大，我就封你为全俄罗斯大公，让你替我收税！"

伊凡率领军队很快打败了亚历山大。亚历山大被处死后，伊凡如愿以偿地被封为全俄罗斯大公。从此，他利用手中掌握的收税权力中饱私囊，还帮助金帐汗去镇压别的小公国，同时扩大了自己的领土。到他死的时候，莫斯科公国已经成为俄罗斯最强大的公国了。到了伊凡的孙子季米特里·顿斯特伊担任大公的时候，莫斯科公国的势力又进一步发展，领土面积进一步扩大。这时的金帐汗国却四分五裂，蒙古王公们为了争夺大汗之位混战不止。季米特里决定趁金帐汗国内乱之机举兵反抗，摆脱蒙古人的统治。他率兵赶跑了莫斯科公国内的蒙古人，宣布独立。金帐汗国的大汗马麦汗非常恼火，决定教训教训季米特里。

1380年9月，马麦汗率领15万大军大举进攻莫斯科公国，季米特里率领10万大军迎战。两军在顿河南岸的库里可沃平原相遇。战前季米特里仔细观察了一下地形，库里可沃平原不大，中间是沼泽，四周是山岗和森林，不利于蒙古骑兵发挥优势。季米特里利用地形精心摆兵布阵，他将军队一字排开，中间是主力，两边是两翼，中间主力前面是先锋部队，他还将一支精锐的骑兵埋伏在敌人后方的森林里。

清晨的大雾刚刚散去，蒙古军队就呐喊着向俄罗斯人杀过来。俄罗斯士兵群情振奋，勇敢地冲向蒙古人。两军杀在一起，难分难解。季米特里身穿厚厚的铠甲，挥舞着大刀，奋勇杀敌。渐渐地蒙古人占据了优势，击溃了俄罗斯人的两翼，并集中兵力向中间主力进攻。俄罗斯主力步步后退，将蒙古人引到了沼泽地

当俄罗斯南部沦落到蒙古人手中时，俄罗斯北部的诺夫哥罗德公国在其年轻的王子亚历山大·涅夫斯基领导下却取得了一定的成功。1240 年，他在涅瓦河畔击败了一支瑞典军队，保障了国家北部边境的安全。随后，他又击退了来自西方的两次入侵，一次是条顿骑士团，一次是立陶宛人。到 1263 年他去世时，他的国家仍然保持独立。为此，他赢得了英雄和圣人的声誉。1547 年，亚历山大·涅夫斯基被封为圣人。

带。泥泞的沼泽大大延缓了蒙古人的攻势，季米特里趁机组织俄罗斯军队反攻。

　　埋伏在森林中的俄罗斯骑兵看到蒙古人陷入沼泽，阵形有些混乱，俄罗斯骑兵指挥官果断下令出击。蒙古人根本没有料到自己背后还有一支伏兵，顿时军心大乱。在俄罗斯人的前后夹击下，蒙古人大败而逃，这场战役最终以俄罗斯人的胜利而告终。库里可沃之战表明，俄罗斯人是可以战胜蒙古人的。到了 15 世纪，莫斯科的伊凡三世统一了俄罗斯，并最终击败蒙古人，结束了金帐汗国对俄罗斯长达两个半世纪的统治。16 世纪，俄罗斯已成为欧洲的一个的强国。

黑死病肆虐欧洲

1345 年的一天，蒙古大军围攻克里米亚半岛的卡法城，城中的意大利商人和拜占庭军队凭借着高大的城墙拼命抵抗。整整一年过去了，蒙古人始终没有攻下。

后来卡法的守军发现蒙古人的进攻势头越来越弱，最后竟然停止了攻击。蒙古人在搞什么鬼？卡法守军百思不得其解。不过卡法守军丝毫不敢放松警惕，认为这很可能是蒙古人在为发动一场更猛烈的进攻作准备。

果然，没过几天，蒙古人再次对卡法城发动攻击。不过这次蒙古人没像以前几次那样爬上云梯攻城，而是在城下摆了好几排高大的投石机。

"发射！"随着蒙古将军一声令下，"嗖嗖嗖"一颗又一颗的炮弹，向卡法城飞来。卡法守军看到炮弹时非常吃惊，原来这些"炮弹"不是巨大的石头而是一具具发黑的死尸！不一会儿，卡法城里就堆满了很多发臭的死尸。

蒙古人发射完这些"炮弹"后，就迅速撤退了。这些腐烂的黑色尸体严重污染了卡法城的水源和空气，过了不久，很多人出现寒战、头痛等症状，再过一两天，病人便开始发热、昏迷，皮肤大面积出血，身上长了很多疮，呼吸越来越困难。患病的人快的两三天，慢的四五天就死了，死后皮肤呈黑紫色，因此这种可怕的疾病得名"黑死病"。当时的人们并不知道这是由老鼠传播的鼠疫——一种由鼠疫杆菌引起的烈性传染病。

卡法城变成了人间地狱，城中的大街小巷到处都有黑色的死尸，到处是痛苦的呻吟和绝望的哭嚎。幸存的意大利商人披着黑纱，急忙乘船逃回意大利。但他们万万没有想到，一群携带黑死病菌的老鼠也爬上了船，躲在货舱里，跟随他们来到了意大利。

意大利人很快就知道了黑死病的事，因此拒绝他们的船靠岸。只有西西里岛

埋葬死于黑死病的人们

的墨西拿港允许他们短暂停留，船上的老鼠跑到了岛上，黑死病首先在这里传播开来。因为墨西拿港是一个大港口，每天都有很多其他欧洲国家的商船靠岸，这些老鼠又登上这些船，来到欧洲各国。于是，一场大规模的黑死病开始在欧洲迅速传播。

其实，黑死病能在欧洲迅速传播，和当时欧洲人恶劣的生活条件是分不开的。那时，就连罗马、巴黎、伦敦这些大城市，也都是污水横流，垃圾、粪便和动物的死尸随意丢弃，臭气熏天，卫生状况非常差，这就为传染病的传播提供了有利条件。城市中除了贵族和有钱人外，绝大多数平民都生活在拥挤不堪、通风不畅的狭小房间里，很多人挤在一张床上，甚至有的人家连床都没有。当时的人也很少洗澡，从贵族到农民，很多人的身上跳蚤、虱子乱蹦乱跳。

此外由于基督徒极端仇视猫，他们认为猫是魔鬼的化身，因此蛊惑欧洲人对猫进行疯狂屠杀，致使猫几乎灭绝。老鼠没有了天敌，得以大量繁殖。

当时的医学水平根本无法治愈黑死病，一旦染病只能等死。人们把染病者关进屋子里，把门和窗全部钉死，让他们在里面饿死。有的人结成一个个的小社区，过与世隔绝的生活，拒绝听任何关于死亡与疾病的消息。有的人则认为反正是死，不如及时行乐。他们不舍昼夜地寻欢作乐，饮酒高歌，醉生梦死。有的人

感染瘟疫的人随时随地寻求救助,这个不幸的家庭寄希望于牧师的祈祷。

手拿香花、香草或香水到户外去散步,认为这些香味可以治疗疾病。也有一些人抛弃了他们的城市、家园、居所、亲戚、财产,独自逃到外国或乡下去避难。而罗马教皇则坐在熊熊烈火中间,以此来隔绝黑死病的侵袭。由于欧洲的犹太人懂得隔离传染病人的医学常识,所以死的人较少。一些别有用心的基督徒就侮蔑犹太人和魔鬼勾结,带来了黑死病,大肆屠杀犹太人。整个欧洲简直是一副世界末日的景象。

据统计,在 14 世纪的 100 年中,黑死病在欧洲共夺去了 2500 多万人的生命,再加上饥饿和战争,大约有 2/3 的欧洲人死亡。

胡司战争

1419 年 7 月,捷克南方的塔波尔城,聚集了 4 万多农民,他们高举手中的利剑,发出了震天动地的吼声:"保卫上帝的正义!""为胡司报仇!"震惊欧洲的胡司战争爆发了。

胡司是捷克布拉格大学的校长兼伯利恒教堂教士。当时,捷克王国的土地和矿山，大都集中在由德国的僧侣和教士担任的捷克主教和修道院长手中。他们控制着城市，在经济上和政治上形成特殊的集团，捷克人的钱财大量流入德国人手中。胡司目睹天主教会在捷克榨取农民血汗，搜刮民脂民膏的腐败行径，便决心在宗教方面进行改革。胡司的改革严重触犯了天主教会的利益，教会会议在承诺保证胡司人身安全的情况下逮捕了他，事后却宣布他为异端，处以火刑。

胡司的死，激起了捷克人民强烈的反抗情绪。捷克人民多次在布拉格举行集会，抗议教皇和皇帝的暴行与失信。他们冲进教堂，痛打僧侣，拒绝交纳杂税，驱逐德国教士，自发地掀起反对天主教的高潮，最终引发了农民起义。

农民起义军由两派组成：一是由中产阶级和中小贵族为主的圣杯派；一是由下层劳动人民为主的塔波尔派，他们是起义的主力军。在捷克著名的军事统帅约翰·杰士卡的领导下，起义军很快发展到 6 万余人，是一支兵种齐全、训练有素、纪律严明的新型军队。

捷克国王被胡司起义惊吓而死，德国皇帝西吉斯孟德宣布兼任捷克国王，意图兼并捷克，这更激起了捷克农民的愤怒。罗马教皇马丁五世和德国皇帝西吉斯孟德立即组织十字军镇压起义。1421 年，十字军开始向布拉格城推进，讨伐起义军。为对付十字军强悍的骑兵，杰士卡在布拉格城外的田野里列好阵式。他还研究出一套"战车堡垒"战术：把战车在田野里围成许多圆形阵地，每个战车都用铁链子联结在一起，战车上安装有火炮和装甲。战车围在步兵的外面，抵御敌人骑兵的冲击，火炮可以直接攻击敌人。阵形布置完后，他命人在战阵的前方挖一条深堑，上面做好伪装。

十字军骑兵开始向起义军发起进攻，前排的骑士纷纷掉进伪装的壕沟，而冲进起义军阵地的十字军骑士则被阻挡在战车外，他们手中的战斧和长矛伤不到圈内的敌人。一个个圆圈使十字军骑兵阵形被分割开来。这时起义军用弓箭、火炮攻击圈外敌人。战车内的步兵通过空隙寻找机会用挠钩把敌人拉下马，用长矛、弓箭射杀。身穿笨重铠甲的骑士落马后行动困难，不是被钩杀，就是被火炮打死。不多久，侵入阵地的骑士就所剩无几。后面的骑兵见状，准备撤退，但早已埋伏好的骑兵乘势杀来，堵住了他们的去路。此时，战车上的铁链也被收起来，车阵里的起义军冲出来追击。十字军腹背受敌，乱作一团，起义军将他们一举全歼。

在随后的几次围剿中，起义军凭借"战车堡垒"战术连连获得胜利。1424年10月11日，杰士卡因病去世。起义军在新的统帅领导下开始反攻，一直打到德国境内。

就在节节胜利之时，起义军内部却发生了分裂。圣杯派的中产阶级和中小贵族在战争中慢慢取代了德国贵族在捷克的位置，掌握了城市的管理权。对他们来说，起义的目的已经达到，现在他们开始害怕起义军继续壮大，希望停止战争。

炮架

在15世纪的欧洲，马和手推车在战场上运载加农炮，这就意味着大炮能被运到它们最有用的地方去。当炮兵更加机动时，就能给敌人更大的打击。

罗马教皇和德国皇帝见武力并不能镇压起义军，也开始拉拢和分化起义军。圣杯派背叛了起义，和德国人联合起来，共同镇压起义军。为了削弱和破坏起义军的战车堡垒战术，他们诱使起义军主动进攻，并派骑兵从侧翼突袭，起义军领袖普罗科普战死，起义军全面溃败。

这场战争，沉重地打击了教皇和德国的势力，对捷克具有重要的历史意义。

而起义军车、步兵协同作战，战车工事及火炮的运用都是欧洲军事史上的创新和发展。

英法百年战争

11世纪，威廉征服英国成为英国国王后，通过联姻和继承，英王在法国占有广阔的领地。12世纪以来，法国逐渐收回被英国占领的部分地区，力图把英国人从领土上驱逐出去，双方的矛盾越来越尖锐。富庶的佛兰德尔曾被法国夺回，但仍与英国保持密切的联系，对佛兰德尔的争夺成为双方斗争的焦点。1328年，没有儿子的法王查理四世去世，英王爱德华三世凭借自己是法王腓力四世外甥的身份要求法国王位继承权。这样，为争夺法国的王位继承权，双方开始出兵作战，拉开了英法百年战争的序幕。

1337年11月，英王爱德华三世率军入侵法国。对于岛国英国来讲，制海权是入侵法国成败的关键。1340年6月，爱德华三世率领250艘战舰、约1.5万人攻击斯鲁斯海里的法国舰队，法国舰队闻讯急忙出海迎战。拥有380艘战舰和2.5万人的法国舰队向英国舰队压过来。爱德华三世不敢硬碰，指挥舰队开始有条不紊地佯退。见敌船要逃，法国舰队急速追击，阵形开始紊乱。英军舰队突然调转船头，向法军冲去。虽然数量处于劣势，但英国海军却有更丰富的海战经验，法国舰船几乎全军覆没。英国夺得了制海权，为陆上战争解除了后顾之忧。

·阿金库尔战役·

阿金库尔战役发生于1415年10月25日，是英法百年战争中著名的以少胜多的战役。1415年8月，英王亨利五世率军约6000人在塞纳河口登陆后向加来进军。法国军队在加来以南阿金库尔要塞奉命截击。英国装备了英格兰长弓的弓箭手按照楔形分布，骑兵全部下马作战，阵前设置尖头栅栏，以阻挡法国骑兵冲击。法国骑兵首先发起进攻，但泥泞的土地给骑兵前进带来了很大困难。英国弓箭手集中射击法国骑兵的马匹，身穿沉重盔甲的骑士纷纷落马，结果打乱了从后面冲上来到法国步兵的阵型，使他们也遭到了英国弓箭手的射击。少数冲到英军阵前的法国骑兵遭到了英国步兵的顽强抵抗，被全部消灭。随后，英国弓箭手手持短兵器和步兵一起冲锋，将陷在泥潭中动行动不便的法国骑兵全部消灭。这场战斗的结局改变了英国人在英法战争前期的被动局面，从此以后英军节节胜利，直到贞德出现。

英王爱德华三世提出应由他继承法国王
位，并且修改了皇室盾形纹章，把法国的
鸢尾花与英国的狮子绘在一起。

1346 年，丧失海军的法王腓力六世大怒，他将自己精锐的重装骑兵派到前线，想用强硬的马蹄把英军踏得粉身碎骨。而当时的英国以步兵为主，根本没有与之相抗衡的骑兵。号称 6 万余人的法国骑兵在克雷西与 2 万英军步兵相遇。英王爱德华三世命令部队放慢进攻速度，引诱敌人来攻。当两队尚有一定距离时，英军强弓手开弓放箭，箭雨向法国骑士飞去。原来，英军为对付身披铠甲的法国骑士，偷偷制造了一种秘密武器——大弓，这种弓箭射程远、射速快、精确度高，能在较远处射穿骑士的铠甲。法军被箭雨打乱了阵脚，溃不成军。英国步兵抓住时机猛攻上去，与敌人展开白刃格斗。身着笨重铠甲的法军陷入被动，很快被英军击败。英军控制了陆上进攻的主动权，一举占领了法国的门户诺曼底，不久又攻占了重要港口加莱。英国的弓箭让法军吃尽了苦头，从卢瓦尔河至比利牛斯山以南的领土都为英国人所有。

"百年战争"中发生在斯鲁斯港口外的大规模海战

　　为抵抗英国的侵略，夺回丧失的土地，后来的法王查理五世改编军队，整顿税制，还任命迪盖克兰担任总司令。迪盖克兰指挥法军避开英军的锋芒，采用消耗、突袭和游击战术，发挥新组建的步兵、野战炮兵以及新舰队的威力，使英军节节败退，陷入困境。法国趁势夺回大片领土，并恢复了骑兵建制。

　　在战争中，法国内部矛盾日益加剧，贵族争权夺利，农民起义不断。刚登上英国王位的亨利五世乘机重燃战火，不久法国的半壁江山又沦入英军手中。英军继续向南推进，开始围攻通往法国南方的门户要塞奥尔良，法国贵族却没有一个敢去解围。

　　农民出身的少女贞德以神遣的救国天使名分，手持一把剑和一面旗帜带领法军冲进英军营中。贞德的勇气鼓舞着法军，他们顽强拼杀，一次次击败英军的进攻。法军击溃英军，被围困长达 7 个月之久的奥尔良城得救了。战争由此开始向有利于法军的方向发展，1453 年，法军夺回了所有被攻占的地区，英国被迫投降。

　　英法百年战争给法国人民带来深重灾难，但促进了法国民族意识的觉醒；同时使英国放弃了谋求大陆的企图，转而走向海洋扩张的道路。

"圣女"贞德

　　1428年，英军联合法国的叛徒集团勃艮第党人向法国发动了大规模进攻，占领了法国北方的大片领土，并包围了法国南方的门户奥尔良城。当时的情况非常危急，一旦奥尔良失守，法国南方就有全部沦陷的危险。而法国以查理王子为首的统治集团却对此束手无策，只知道逃跑。

　　在这种情况下，法国姑娘贞德挺身而出。贞德是法国东部洛林地区杜米列村的一个普普通通的乡下姑娘。她没有上过学，从小就帮着家里干农活、放羊。在童年时代，贞德亲眼看见了英国侵略军的暴行，从小就树立了反抗侵略的信念，她还曾参加家乡的游击队，同英军英勇作战。

　　听说奥尔良被围后，贞德心急如焚，她决定去找查理王子。1429年4月的一天，卫兵向正在喝闷酒的查理报告说有个乡下姑娘要见他。"不见不见！"查理不耐烦地摆摆手。过了一会儿，卫兵又来报告说那个姑娘非要见他不可，说她是为解奥尔良之围而来的。

　　"什么？一个乡下姑娘居然能解奥尔良之围？好，让她进来。"查理冷笑着说。

　　不一会儿，贞德走了进来。"你叫什么名字？"查理问。

　　"我叫贞德。"贞德回答。

　　"你能解奥尔良之围？"

　　"是的，我能。"贞德坚定地说。

　　"你凭什么这么说？"查理疑惑地问道。

　　"凭殿下您、伟大的法国人民和我的爱国热情。"

　　当时查理的处境非常糟糕，贞德的到来给他带来了一丝希望，于是他就让贞德带领6000法军去奥尔良。

　　贞德身穿男子的服装，披着白色的铠甲，腰配长剑，骑着高头大马，率领大军浩浩荡荡地进军奥尔良。当时英国人已经在奥尔良城外修建了很多堡垒，将奥尔良围得水泄不通。看到这种情景，很多军官和士兵都有些泄气，觉得别说解围，就算冲进去都是不可能的。

查理七世的加冕礼油画

画面中央便是率领军队于奥尔良大败英军的"圣女贞德"。

·圣女贞德节·

　　1431年5月30日早晨，在鲁昂，贞德被无情的火焰吞噬了。23年后，贞德的家属向教会申请，要求重新审查贞德案件。1456年，罗马教廷审查后确认，贞德是无罪的，所谓异端的罪名，全属无中生有，从而撤销对她的判决。1920年，贞德被罗马教廷封为"圣女"，不久，巴黎高等法院做出规定：每年5月的第二个星期日为法国贞德节。

看到这种情况，贞德鼓励大家说："大家不要灰心。堡垒是死的，人是活的。只要我们有信心，一定可以战胜敌人，攻克堡垒。"

贞德随即率领法军向英军进攻。贞德左手拿着旗帜，右手拿着宝剑，身先士卒，杀入敌阵。在她的鼓舞和带领下，法军将士个个英勇杀敌，攻克了一个又一个的堡垒。一次，贞德率军攻打一个高大坚固的堡垒时，像往常一样冲在最前面，结果不幸被敌人射了一箭，贞德因失血过多而昏迷，部下急忙把她抬到后方。战斗一直从早晨持续到傍晚，法军伤亡很大，可仍然没有攻克堡垒。昏迷中的贞德听到战场上激烈的厮杀声，突然惊醒过来，她忍着伤痛，翻身上马，又呐喊着冲向堡垒。法军见贞德这样奋不顾身，士气大振，个个争先恐后，终于攻下了堡垒。英军见大势已去，只好灰溜溜地逃走了。

贞德率领大军雄赳赳气昂昂地进入奥尔良，城中的军民夹道欢迎，发出阵阵欢呼。城中教堂的钟声响彻云霄，人们整夜高唱赞美诗。奥尔良胜利的消息传出后，整个法国沸腾了，人们都亲切地称贞德为"奥尔良的女儿"。

奥尔良大捷后，贞德决定保护查理王子到兰斯城的教堂去登基，因为按照当时的规定，国王必须在那里登基才算合法。

贞德说出自己的计划后，查理和他的大臣们又一次惊呆了。因为当时兰斯城在英国人手中，去兰斯城无异于一场远征。在贞德的一再坚持下，查理只好勉强同意。贞德率领法军一路攻城略地，所向披靡，很快就攻占了兰斯城。查理在兰斯大教堂正式登基，成为法国国王，史称查理七世。

查理七世登基后，觉得自己的地位稳固了，又看到贞德在人民中的威信越来越高，渐渐地不再重用贞德了。同时查理七世手下的大臣们非常嫉妒贞德的功劳，害怕她夺走自己的地位，因此想方设法排挤她。

贞德要求率军收复巴黎，查理七世勉强同意，但只给了她很少的军队。因为敌众我寡，贞德在巴黎城下被打败，被迫撤退到巴黎南面的康边城。英军紧追不舍，在贞德准备退回康边城的时候，城中守军突然关上了城门，贞德被与英军勾结的勃艮第党人俘虏了。

勃艮第党人以1万金币的高价将贞德卖给了英国人，但查理七世却无动于衷，根本不去营救。被俘的贞德坚贞不屈，后来被英国人以女巫的罪名活活烧

死。在贞德爱国精神的感召下，法国人民纷纷拿起武器，最终赶跑了英军，收复了全部国土。

君士坦丁堡的陷落

在奥斯曼帝国的残食下，拜占庭帝国只剩下一个城市，就是首都君士坦丁堡。

1453 年，野心勃勃的奥斯曼土耳其苏丹率领 20 万大军和数百艘战船围攻君士坦丁堡。君士坦丁堡位于欧洲大陆的东南端，北临金角湾，南靠马尔马拉海，东面与亚洲的小亚细亚半岛隔海相望，西面与陆地相连，地势十分险要。大敌当前，君士坦丁堡的军民更是尽一切力量加固首都防御工事，除了在西面筑了两条坚固的城墙外，还在城墙上每隔 100 米修建一个碉堡，墙下挖了很深的护城河。在城北金角湾的入口处，他们用粗大的铁索封住海面，使任何船只都无法进入，在城东、城南临海的地方，他们也修建了高大的城墙。

4 月 6 日，土耳其苏丹拒绝了拜占庭皇帝君士坦丁的求和，下令攻城。随着一阵阵震耳欲聋的巨响，一颗颗重达 500 公斤的巨石从土耳其人的大炮中发出，重重地砸在君士坦丁堡的城墙上，高大坚固的城墙顿时出现了一个个的大坑。"冲啊！"数万土耳其士兵肩扛粗大的木头，滚动着木桶，向护城河冲去，企图填平护城河，为大军攻城铺平道路。"射击！快射击！"城墙上的拜占庭军官不住地大声催促士兵反击。

拜占庭士兵趴在城墙上，躲在堡垒中，用毛瑟枪、火炮、投石机、标枪、弓箭等向城下密密麻麻的不断涌过来的土耳其人疯狂射击。没有任何防护措施的土耳其人惨叫着，纷纷倒地而亡，剩下的吓得急忙扔掉木头扭头逃回本阵。城墙下尸骨如山，血流成河，那些重伤躺在地上的土耳其人还在发出阵阵痛苦的呻吟，城墙上的拜占庭士兵一片欢腾。

看到这一幕，土耳其苏丹知道正面强攻是不行了，必须另想办法。于是他下令挖地道，准备潜入城中，打拜占庭人个措手不及。不料，地道还没有挖到城中，就被拜占庭人发觉，拜占庭人用炸药破坏了地道。

攻陷君士坦丁堡的奥斯曼苏丹

此后 4 艘拉丁船和 1 艘希腊船企图冲过土耳其人的封锁线，支援拜占庭。土耳其苏丹下令海军将他们击沉，土耳其人派出 140 多艘战舰前去拦截，结果反被击沉了很多艘，而敌军的 5 艘船却顺利地进入君士坦丁堡。城中军民见来了援兵和给养，士气大振。

土耳其苏丹把海军司令叫来，臭骂了一顿，并宣布把他撤职。海军司令一听，顿时慌了神，急忙说："尊敬的苏丹，千万别撤我的职，给我一个赎罪的机会，我知道怎么攻克君士坦丁堡！""怎么攻克？"苏丹问。"用海军从金角湾进去！""胡说八道！金角湾有铁索，怎么进？"苏丹非常生气。

"有办法，金角湾北边是由热那亚商人守卫的加拉太镇，与君士坦丁堡隔海相望。热那亚商人都是些见钱眼开的财迷，只要我们给他们大量的贿赂，就可以从加拉太镇进入金角湾。""好，就照你的主意办，先不撤你的职。"

土耳其人和热那亚人经过秘密协商，达成了协议，热那亚人同意土耳其人从

君士坦丁堡的陷落

加拉太镇经过。一天晚上，土耳其人的 80 艘战船来到加拉太镇。他们在岸上用木板铺设了一条道路，上面涂满了牛油羊油，以减少摩擦。经过一夜的努力，这些战船终于从陆路通过了加拉太镇，进入了金角湾。

第二天早晨，守卫君士坦丁堡北墙的士兵发现了土耳其人的战舰，大吃一惊。在苏丹的亲自指挥下，土耳其士兵在炮火的掩护下，一次接一次地冲锋。君士坦丁堡内的所有教堂的钟声都敲响了，拜占庭皇帝亲自登上城头，激励士兵拼死作战。可就在这时，一件不可思议的事情发生了。一群士兵从城墙上的小门出击，返回后忘了将门锁紧！土耳其人发现了拜占庭人这一致命疏忽，他们立即结集重兵，猛攻这个小门，终于攻进这座城市。

土耳其人进城后，疯狂地屠杀城中的居民，四处抢劫，很多豪华的建筑都被他们付之一炬。不过土耳其苏丹并没有毁灭这个城市，抢掠过后，他把奥斯曼帝国的首都迁到这里，改名为伊斯坦布尔。

郑和下西洋

郑和本姓马，祖先是西域人，后来迁居昆明。明朝初年，郑和入宫做了内监，成为燕王朱棣的侍从。后因在"靖难之役"中立功，朱棣登基成为明成祖，赐他姓郑，并做了太监总管。

明成祖即位后，明朝成为当时生产力最发达、经济实力最雄厚的国家之一。为了树立和扩大明朝在海外的威望和影响，恢复和发展同海外各国的友好关系和贸易往来，明成祖决定派郑和率领船队远赴西洋。

1405年，郑和率领船队，带着大量的丝绸、瓷器、粮食等物资，开始了第一次远航。这次远航途经满剌加（今马六甲），最终到达印度半岛西南著名的大商港的古里（今卡利卡特）。在满剌加和古里，他受到了两地国王的欢迎，宣读了明朝皇帝的国书，向两位国王赠送了礼物，并分别在两国立碑纪念。郑和还在满剌加建立了仓库，存放货物，作为远航途中的一个中转站。

郑和回国途中路过三佛齐国时，遭到了当地恶霸酋长陈祖义的袭击，郑和一举消灭了陈祖义，为海上往来的客商除掉了一大祸害，使这一带的海域畅通无阻。1407年，郑和结束了第一次远航，顺利回到南京。

同年，郑和船队从刘家港启航，开始了第二次下西洋。船队经过占城，到达爪哇国。当时，爪哇国西王和东王之间发生战争，郑和船队的人员上岸进行贸易时，被西王的士兵杀死了170多人，郑和立即率军登陆，保护船队成员和当地华侨。西王自知理亏，就派使臣随郑和到明朝谢罪。此后，爪哇一直和明朝保持着友好往来。

离开爪哇之后，郑和又到了暹罗，然后前往柯枝国。柯枝是古代印度对外贸易的重要海港，和中国一直保持着友好关系。郑和船队的商人们用中国的丝绸、瓷器等和柯枝商人进行贸易，收购胡椒和各种珍宝。离开柯枝，郑和又率领船队南下来到了锡兰（今斯里兰卡）。郑和向锡兰王递交了国书，赠送了礼物，还在锡兰山立佛寺立了一块纪念石碑。1409年夏，郑和结束了第二次远航，回到了南京。

1409 年秋，明成祖又派郑和三下西洋。郑和船队首先到达占城，离开占城后，郑和再次到达锡兰。

当时的锡兰国王极其凶残贪婪，他听说郑和船队携带大量珠宝财物，就想把船上的东西据为己有。他打算让自己的儿子找机会逮捕郑和等人，好向明朝政府敲诈勒索，同时派军队到海边去抢劫明朝的船队。但是，他的诡计被郑和识破，郑和巧妙地避开锡兰人的袭击，迅速带兵包围了锡兰王的王宫，俘虏了锡兰王，并押送回国。明成祖宽宏大量，又派人把他送了回去，两国重归于好。

1411 年，郑和第三次远洋归来，19 个国家的使节随同他一起到明朝来访问，明朝的对外关系达到了一个高潮。

郑和像

郑和三下西洋基本打通了中国沿海通往印度半岛的航线，为了进一步打通去往波斯湾各国的航路，1413 年，明成祖又派郑和第四次远航，横渡印度洋，前往波斯湾。郑和先到达占城，又访问了东南亚诸国，并到了苏门答腊。在苏门答腊，郑和帮助苏门答腊国王稳定了国内局势，原先所建的仓库也得到了保障。郑和船队在古里略加休整后，横渡印度洋，来到波斯湾口的忽鲁谟斯，受到国王和百姓的隆重欢迎。当地人奔走相告，争相用珊瑚、珍珠、宝石等交换中国的丝绸、瓷器。国王还派出使臣带了狮子、鸵鸟、长颈鹿等珍禽异兽和许多的珍宝，随同郑和一起回访中国，此后，两国的经济文化交流更加频繁了。回国途中，郑和还到了美丽的海岛国家溜山国（今马尔代夫）。

1426年，郑和第六次下西洋，绕过了阿拉伯半岛，经红海岸边的阿丹国，又一直向南航行，到达了非洲东部海岸。郑和的船队经过东非红海沿岸的刺撒，绕过非洲东北角，继续南行，到了木骨都索（今索马里首都摩加迪沙）。

·郑和船队·

郑和所率领的船队是当时世界上装备最先进，战斗力最强的海上舰队。据专家考证，郑和下西洋的船只至少有6种，分别为宝船、马船、战船、座船、粮船、水船。宝船，也就是帅船，上面装载珍贵的朝贡宝物；马船，是船队的补给船，回航时可安置各国进贡的动物，也可以用于作战；战船，主要用于作战之需，吨位小，机动灵活，上面有战斗员，配置有火器，负责保障整个船队安全；座船，用于防范海盗袭击，执行两栖作战；粮船和水船主要是装载粮食和淡水。

郑和到达麻林（今肯尼亚）之后，由于那里全是热带雨林，渺无人烟，最终放弃前行，从麻林启航回国。郑和回来时，有16个国家的使臣随他到中国访问。此后，明成祖又派郑和带着国书和大量的礼物，率领船队护送这些使臣回去。于是，郑和的船队再次来到非洲东海岸各国。郑和船队的两次到来，对这些国家产生了很大的影响，对增进中非人民的友谊，促进彼此之间的经济文化交流，都有着重要的意义。

明成祖病逝后，即位的明仁宗下令停止下西洋，明朝对西洋各国的政治影响也随之减弱，海外贸易开始衰落。1431年，为了改变这种局面，明宣宗再次派已经60岁的郑和第七次下西洋。第七次下西洋，郑和几乎走遍了南海、北印度洋沿岸各国、阿拉伯半岛和非洲东岸的国家。1433年，郑和船队在满剌加装载货物，返航回国。

郑和七下西洋是世界航海史上空前的壮举，他加强了海上丝绸之路，扩大了明朝对外的影响。他的足迹遍及今天的东南亚、印度洋沿岸和非洲东海岸的 30 多个国家和地区，扩大了中国和这些国家的贸易往来，促进了彼此之间的经济文化交流。

郑和的航线被绘制成《郑和航海图》，这是我国第一份远洋航海图，不仅丰富了我国人民的地理知识，对后世的航海事业也产生了很大的影响。郑和的随员写的《瀛涯胜览》《星槎胜览》《西洋番国志》等书，也成为世界航海史、地理学史以及中外交通史的重要文献。

"玫瑰战争"

百年战争失败后，英国国内各阶层矛盾越来越尖锐，英国皇室内部争斗更为激烈。在这种长期的争斗中，英国皇族后裔的两个家族逐渐形成了两大对立的贵族集团：一是以红玫瑰为标志的兰开斯特派，它代表着西北经济落后地区的贵族集团；一是以白玫瑰为标志的约克派，它代表着东南部经济比较发达地区的贵族集团。围绕着英国王位继承权问题，两大集团进行了激烈的争夺，英国朝政更为混乱。1454 年 12 月，约克公爵查理在宫廷斗争中失利，开始举兵反对兰开斯特家族出身的国王，玫瑰战争开始。

1455 年 5 月 22 日，约克公爵联合沃里克伯爵等贵族从南方调遣 3000 人发起对兰开斯特派的进攻。兰开斯特家族出身的国王亨利六世和王后玛格丽特率军队 2000 余人在圣奥尔本斯迎战。约克军密集的弓箭和火炮打败了国王军队，国王受伤后被俘，而王后玛格丽特则逃到了苏格兰。约克公爵迫使国王承认他为王位继承人，玛格丽特闻讯大怒，从苏格兰借兵反攻约克，双方在威克菲尔德展开激战。人数占优的玛格丽特军一举击败约克军，并将约克及其次子杀死，把他的首级扣上纸做的王冠悬挂示众。

约克公爵的死，使约克派贵族的拥护者极为愤怒，他们拥立约克公爵的儿子爱德华为王，称为爱德华四世。在沃里克伯爵的帮助下，1461 年 3 月，爱德华四世率领 4 万余人向北进军，攻打玛格丽特。玛格丽特带军 6 万迎击，两军在陶顿相遇。

陶顿位于地势较高的山丘上，玛格丽特的军队居高临下，地势较为有利。但是，这一天却刮起强劲的南风，雪暴风狂，使人睁不开眼睛。同时，玛格丽特军枪炮的射程和威力也因逆风而大打折扣。爱德华四世却正好相反，虽然处于地势较低之处，但风雪却使他们的弓箭枪炮威力大增。借着风势，爱德华向山上发起猛攻，兰开斯特军损失惨重。虽说占有人数上的优势，但恶劣的自然条件却抑制了玛格丽特的军队。

为了扭转被动的防守局面，玛格丽特下令向山下的敌人发动反攻，双方在风雪中展开肉搏。一直激战到傍晚，仍然未分出胜负。突然，玛格丽特军队的侧翼开始骚动。原来，爱德华四世的后续部队赶到，并从防守较弱的敌军侧翼进行猛攻。玛格丽特军队发生混乱，无法抵挡。爱德华四世率领将士一鼓作气，一直追杀到深夜。玛格丽特趁乱带着亨利六世和幼子又一次逃往苏格兰。

1465 年，亨利六世再次被俘，被爱德华四世囚禁在伦敦塔，基本肃清了兰开斯特派的势力。

约克派掌握政权后，内部的矛盾开始显露出来，国王爱德华四世与实权人物沃里克伯爵产生了不可调和的冲突。沃里克发动反叛，把爱德华俘获，关在监狱里。爱德华出狱后又重新组织力量，一举将沃里克赶到法国。沃里克便与兰开斯特家族结成联盟，并在法国的支持下，卷土重来，爱德华不得不逃亡到他妹夫勃艮第公爵那里。

沃里克掌权后，英国人民对他的统治极为反感，国内矛盾再一次升温。爱德华抓住这一有利时机，于 1471 年 3 月亲率军队在尼巴特和沃里克展开决战。这天浓雾迷漫，仅有 9000 人的爱德华决定以先发制人的战术突袭敌人，于是他率部队提前出发，而沃里克想依靠 2 万人的绝对优势采取迂回战术夹击敌人。激战开始后，浓雾使双方分不清敌我，死伤惨重。爱德华趁势猛攻，沃里克在交战中被杀。兰开斯特的军队抵挡不住，几乎全军覆没。爱德华抓住了王后玛格丽特，并将她和她的幼子及许多兰开斯特派贵族杀死，只有兰开斯特的远亲亨利·都铎逃脱。

1485 年，亨利·都铎率军击败英王查理三世并将其杀死，结束了历时 30 年的玫瑰之战，都铎登上王位后，与爱德华四世的长女伊丽莎白结婚，至此两大家族重新修好。

"玫瑰战争"是贵族自己实施的大手术，使英国两大家族为首的贵族几乎全部消亡，新兴贵族和资产阶级的力量逐渐发展起来，政治也逐渐统一。

　　1471 年 4 月 14 日的巴尼特战役中，约克家族的国王爱德华四世打败了兰开斯特家族的亨利六世的军队。

文艺复兴时期

　　地理大发现促进了资本主义萌芽的成长，同时沟通了东西两半球及局部地区彼此的经济交往，世界市场开始形成，新兴资产阶级拥有了广阔的活动空间。文艺复兴所涌现出的资产阶级新文化思潮与地理大发现互相呼应，改变了人们的观念和生活方式，成为资本主义发展的精神动力。紧随着文艺复兴的是宗教改革，是一场规模更大、影响更广泛的新兴资产阶级的反封建斗争，宗教改革的烽火在整个西欧点燃。宗教改革进一步瓦解了中世纪的封建结构，确定了新兴资产阶级在政治上、经济上和思想上的统治地位。

哥伦布发现新大陆

哥伦布（1451~1596年）出生于意大利的热那亚城，那里航海业发达，年轻的哥伦布热衷于航海和冒险，这些条件为其日后的远航打下了基础。

十五六世纪的欧洲，地圆学说已广为传播。人们相信从欧洲海岸出发一直向西，便可以到达东方。《马可·波罗游记》把东方描写为遍地是黄金和香料的天堂。当时的欧洲，随着商品经济的发展和资本主义萌芽的出现，发生了所谓的"货币危机"，即作为币材的黄金、白银严重匮乏。许多欧洲人狂热地想到东方去攫取黄金，以圆自己的发财梦，哥伦布便是其中的代表人物。

梦想归梦想，去东方在当时可不是一件容易的事。传统的东西之间陆上贸易通道已被崛起的奥斯曼土耳其帝国隔断，地中海上的通路又为阿拉伯人把持。欧洲人要圆自己的梦，必须开辟新船路。可喜的是此时中国的指南针业已传入欧洲，而欧洲的造船业也达到相当的水平。这时年富力强的哥伦布认为条件已经成熟，决定进行一次远航。

·亨利的航海探险·

亨利王子是葡萄牙国王若奥一世的三王子，因设立航海学校、奖励航海事业而被称为"航海者"。1415年，亨利亲自率军突袭休达，仅用一天时间就攻克休达。后人把这看做是葡萄牙人对外扩张的开端。1420年，亨利派出了他的第一支仅有一艘帆船的探险队，向南寻找几内亚。探险途中，船被风吹向了西方，马德拉群岛就这样被发现了。1427年，他向西南探险的舰队又发现了亚速尔群岛。1444年，亨利组织了以掠夺奴隶为目的的航行，一次带回来200多名奴隶，并在拉古什郊外出售，这是欧洲400年罪恶的奴隶贸易的开始。1448年，亨利王子派人在布朗角的阿尔金岛建立永久性的堡垒，作为葡萄牙探险的贸易中转站。1460年亨利病逝，标志着葡萄牙海上探险史上一个伟大时代的结束。

第一次航行并不顺利，首要的问题是找不到赞助支持者。1486年，哥伦布

就向西班牙王室提出了自己的设想，直到 1492 年才获批准。在西班牙王室支持下，哥伦布于当年的 8 月 3 日率领 3 艘帆船和 87 名水手从巴罗士港出发，向正西驶去。经过两个多月的颠簸，哥伦布一行终于发现了一片陆地，草木葱茏。他们欣喜地上岸，并将其命名为圣萨尔瓦多，意为救世主。这个岛屿就是巴哈马群岛中的一个，现名为华特霖岛。这时哥伦布犯了一个错误，他以为已经到了印度，就没有再向西，而是转道向南，沿着海岸线，陆续到达了今天的古巴和海地。他称这一带的土著民族为印第安人（即印度人），并了解了他们的风土人情，只是没有找到大量的黄金。

虽然没有直接获取黄金，但哥伦布也不虚此行。他一上岸就与当地的土著进行欺诈性贸易，以各种废旧物品换取他们珍奇、贵重的财物。而善良的土著人待之如上宾，主动帮助他们适应当地的生活方式，如建筑房屋、采集和狩猎等。这些野心勃勃的殖民者却在站稳脚跟后，对当地人进行疯狂掠夺和残酷的压榨。临走的时候，还虏走了 10 名印第安人。就这样，哥伦布及其船队于 1493 年的 3 月 15 日回到出发地巴罗士港，向人们宣布他已找到去东方的新航路。哥伦布由此受到国王的嘉奖，平步青云地跻身贵族行列。

不久，尝到甜头的西班牙王室有意让哥伦布再度远航。第二次航行，哥伦布到达海地和多米尼加等地区。之后哥伦布又两次航行美洲，但最终也未能给西班牙王室带回可观的黄金，终于受到冷落。1506 年的 5 月 20 日，哥伦布在西班牙的瓦里阿多里城郁郁而终。

哥伦布发现了美洲新大陆，但到死都认为自己到了印度，今天的东印度群岛的名称即来源于此。美洲的发现开拓了人们的眼界，使世界逐步连为一体，对于扩大世界范围内的交流和推动人类文明进步有一定积极意义；同时也引发了欧洲大规模的殖民扩张，给当地的人民带来空前的灾难。

麦哲伦环球航行

费尔南多·麦哲伦，世界著名航海家，出身于葡萄牙贵族。10 岁左右时，他被父亲送入王宫服役，1492 年成为王后的侍从。16 岁时，他进入葡萄牙国家航海事务厅，因而熟悉了航海事务的各项工作。1505 年，麦哲伦参加了一支前往印度探险的远征队，不久因心理素质好、组织能力突出被推举为船长。此后，麦哲伦带领船员多次到东南亚一带探险和游历，积累了丰富的航海知识和航海经验。他根据古希腊人所提出的地球是圆形的说法，坚信穿过美洲东面的大洋就能到达东南亚，于是决定做一次环球航行。

麦哲伦先求助于葡萄牙王室，未果，转而向西班牙国王请求资助。西班牙国王查理虽然在口头上表示坚决支持麦哲伦的探险计划，但在实际行动中并不慷慨，只给了他少量资金。由于资金紧张，麦哲伦只购买了 5 艘破旧不堪的船只，最大的载重量只有 120 吨，最少的仅 75 吨。这些航船很难经受住大风浪的考验，被人们戏称为"漂浮的棺材"，但这些并没有破坏麦哲伦的计划。

麦哲伦率领一支由 5 艘帆船和来自 9 个国家的近 270 名水手组成的船队，于1519 年 9 月 20 日从西班牙塞维利亚港出发，向西驶入大西洋。6 天以后到达特内里费岛，稍事休整，10 月 3 日继续向巴西远航，途中曾在几内亚海岸停靠，终于在 11 月 29 日驶抵圣奥古斯丁角西南方 27 里格处（里格，长度单位）。之后，船队继续向南，次年的 3 月到达阿根廷南部的圣朱利安港。当时的自然条件对航行极为不利，寒冷的天气使得缺衣少食的船员开始怀疑此行的价值，人心不稳，最终发生了 3 名船长叛乱事件。麦哲伦凭其卓越的领导才能，果断地平息了反乱，处死了肇事者。船队在圣朱利安港一直待到这一年的 8 月，为的是等待气候的好转。

根据麦哲伦等人的航海日志，船队于 1520 年 8 月 24 日离开圣朱利安港南下，10 月 21 日绕过了维尔京角进入了智利南端的一道海峡（后被命名为麦哲伦海峡）。由于该海峡水流湍急，麦哲伦的船队只得小心翼翼地探索前进，经过 20多天他们才驶出海峡，在此期间有两条船沉没。10 月 28 日，麦哲伦等人出了海峡西口进入"南面的海"，有趣的是在这片海域的 110 天航行竟然没有遇上过巨浪，故而船员称之为"太平洋"。由于长时间的曝晒，船上的柏油融化，饮用水蒸发殆尽，食物也变质甚至生了蛆虫。船员无奈之下只得以牛皮绳和舱中的老鼠充饥。其艰难困苦可见一斑，但最危险的时刻还没有到来。

经过严重的减员之后，麦哲伦的船队于 1521 年 3 月抵达马里亚纳群岛中的关岛。在这里船员们获得梦寐以求的新鲜食物，他们感觉自己好像进入了天堂。

香料之路

自从罗马时代以来，香料作为食品的调料以及药剂的原料一直为欧洲人所看重，它们出产于热带地区，从陆地上运送到西亚的港口，威尼斯人控制着向欧洲进口香料的贸易。16 世纪，欧洲人渴望直接获得香料，这刺激了他们在东方进行探险，葡萄牙开始从印度运走胡椒，从斯里兰卡运走肉桂，从摩鹿加群岛运走肉豆蔻和丁香，从中国运走姜。香料易于大规模运输且获利丰厚，为了更加降低运送到北欧的香料运输成本，葡萄牙人将主要的销售中心从里斯本转到了阿姆斯特丹与安特卫普，到 1530 年，安特卫普成为欧洲最为富庶的城市，其后进一步成为西班牙从秘鲁输入白银的中心。

他们停下来休整了一段时间以恢复体力，之后他们继续向西航行，到达了菲律宾群岛。

在登上菲律宾群岛的宿雾岛后不久，这些殖民者的本来面目就显露出来。麦哲伦妄图利用岛上两部落的矛盾来控制这块富饶的土地，不料在帮助其中一个部落进攻另一个部落时，被土著人杀死。

麦哲伦死后，环球航行面临夭折的危险，幸好麦哲伦的得力助手埃里·卡诺带领余下的两船逃离虎口，他们穿过马六甲海峡进入印度洋，这时仅有的两只船又被葡萄牙海军俘去一只。埃尔·卡诺只好带领仅存的"维多利亚"号绕过好望角，回到西班牙的塞维利亚港，已是 1522 年的 9 月 6 日。经过 3 年多的航行，原来浩浩荡荡的船队只剩下一艘船和18名船员，可见这次航行代价之惨重。

历时3年有余的环球航行，以铁的事实证明了地球是圆的，使天圆地方说不攻自破，同时也使世界的形势大大改观，宣布了一个新时代的到来。麦哲伦等人为世界航海史、科学史做出巨大贡献的同时，客观上也给殖民主义扩张开辟了广阔的道路。

皮萨罗的欺诈

地理大发现之后，西班牙大肆搜刮殖民地的金银珠宝和丰富物产，后来，追名逐利的西班牙冒险家把目光转向南美。南美印加人在太平洋沿岸、安第斯山脉西侧建立了印加帝国，它包括今天的秘鲁、厄瓜多尔和玻利维亚西部以及智利北部地区，疆域辽阔，资源物产极为丰富。

1522年，目不识丁的冒险家佛朗西斯科·皮萨罗得知印加帝国的存在后，暴露了贪得无厌、奸诈狡猾、野心勃勃的本性，决心征服印加帝国。

1528年，皮萨罗成功登上秘鲁海岸，并满载黄金等物产而归。次年，西班牙政府授权他征服印加帝国。1531年1月，年已56岁的皮萨罗率领由180人、2门大炮和27匹马组成的远征军从巴拿马启航，开始了他的征服历程。

1532年，皮萨罗登上秘鲁海岸后，率领他的小部队沿安第斯山脉向内地深入。当时，印加帝国正处于内乱纷争之中，掌握帝国军权的阿塔华尔帕，杀害他的哥哥印加皇帝，自行称帝。忙于内乱的他并没有对外来入侵做什么防御。了解情况后的皮萨罗，根据印加帝国高度的中央集权制，皇帝被人们神圣化的特点，决定采用捕获阿塔华尔帕，然后折服印加的方法。当时，阿塔华尔帕正在卡赛马卡城，皮萨罗遂命令部队向该城进发。

皮萨罗率军抵达卡赛马卡城下，于11月16日邀请阿塔华尔帕前来赴会。虽然皮萨罗从登陆第一天就暴露出罪恶目的和他的极度残忍的本性，但阿塔华尔帕并没有防备，带领5000名手无寸铁的侍从前来赴会。埋伏在周围的西班牙步兵和骑兵，在炮火的配合下突然伏击走进包围圈的印加人，皮萨罗趁势上前，挥舞佩剑，擒获印加皇帝。皇帝的侍从也全在西班牙人的刀剑、枪炮中阵亡。

秘鲁印加文化遗迹—马丘比丘

"马丘比丘"的意思是"古老的山峰"，它坐落于安第斯山脉地区两座险峻的山峰之间，是印加帝国的都城遗址。这座建于西班牙人入侵前100年的城堡，现已成为传奇般的印加文明最著名的遗迹。

一切和皮萨罗预料的一样，因为阿塔华尔帕被囚禁，印加人对西班牙的入侵没有做出任何反抗。为了赎回自己的皇帝，印加人在一间6.7米长、5.2米宽的屋子里堆满黄金，并交给皮萨罗。皮萨罗只拿出小部分交给西班牙政府，其余的都私分了。几个月后，皮萨罗背信弃义，处决了阿塔华尔帕。

1533年11月15日，皮萨罗率领部队进入印加首都库斯科。印加人习惯了服从的生活，没有了皇帝使他们不知所措，陷入无政府状态，所以皮萨罗并没有遇到抵抗。他洗劫完城池后，便任命曼科为印加新皇帝，扶植他作为傀儡。1535年，皮萨罗建立利马市，后来，该市成为秘鲁的首都。

1536年，不甘心成为傀儡的曼科逃跑，并积极组织原印加军队数万人，反抗西班牙人的殖民统治。这时西班牙内部因利益分配不公矛盾激化，皮萨罗最亲密的同事阿尔玛格罗密谋叛乱，于1537年被皮萨罗处死。但贪婪、残酷的皮萨罗并没有解决好这一问题，内部积怨越来越深。1541年，阿尔玛格罗的追随者再次叛乱，闯入皮萨罗在利马的邸宅，用利剑刺进他的喉咙。

虽然内部发生叛乱，但西班牙人并没有因此而停止对印加人的镇压。1572年，西班牙人摧毁了曼科在维尔卡班巴河上游的避难所，印加人的反抗被平息，印加帝国灭亡。皮萨罗的征服创造了仅用180人征服600万人的帝国的奇迹。

印加帝国灭亡后，美洲重要的印第安文明中心被毁灭，印第安人的历史进程被迫转向。整个拉美地区都被纳入到殖民主义和商业化的轨道上，西班牙成为中南美洲的统治者。

印加人金像

文艺复兴

14世纪前后，意大利半岛出现了一些城市国家，比如佛罗伦萨、威尼斯和热那亚等。这些城市国家有发达的商业和手工工场，是欧洲经济最发达的地区，产生了商人和工场场主等新兴的资产阶级。他们渴望摆脱中世纪神学对人们精神的控制，要求以人为中心，而不是以神为中心，渴望享受世俗的快乐，追求人生的幸福。

14世纪末，奥斯曼帝国攻陷了东罗马帝国的首都君士坦丁堡，东罗马帝国灭亡。许多东罗马的学者带着大批的古希腊古罗马文学、历史、哲学等书籍和艺术品，逃往西欧避难，其中有很多人逃到了意大利。一些逃到佛罗伦萨的东罗马学者在当地开办了一所叫"希腊学院"的学校，专门讲授古希腊的辉煌文明和文化，这让当时只知道《圣经》的佛罗伦萨人耳目一新。后来意大利和欧洲其他地区也开办了很多类似的学校。欧洲人发现古希腊文明的一切竟然是那么美好，中世纪的一切是那么丑恶，因此许多学者呼吁复兴古希腊古罗马的文化艺术，得到了新兴资产阶级的支持，欧洲掀起了一场声势浩大的"希腊热"浪潮，当时的人们把这场运动称为"文艺复兴"。

文艺复兴之所以首先发生在意大利，是因为意大利在地理和文化上是古罗马的继承者，古罗马的文明在意大利保存得最多也最完整。古罗马人是意大利人的祖先，复兴祖先的文化艺术，对意大利人来说是一件非常光荣的事。

文艺复兴的先驱是但丁。但丁在他的长诗《神曲》中描写自己在古罗马诗人维吉尔和自己恋人的带领下游历了天堂、地狱和炼狱，在地狱里但丁看到了很多历史上的盗贼、暴君和恶人在这里受苦，甚至当时还活着的教皇也在这里有一个位置，而那些高尚的君主和圣贤则在天堂中享福。《神曲》将批判的矛头直指天主教会，表达了诗人对它厌恶，但丁因此被誉为中世纪最后一名诗人和新时代第一位诗人。

14 世纪的一天，一个年轻人不顾修道士的阻挠，闯入罗马附近的一个修道院的藏书室中。这个修道院是在罗马帝国灭亡后不久建立起来的，它的藏书室中收藏了很多古罗马的书籍。但在漫长的中世纪，没有一个修道士对这些书感兴趣，所以也就没有人去翻阅它们。年轻人推开早已腐烂不堪的木头门，看见一屋子的珍贵书籍上落了厚厚的灰尘。他擦去这些灰尘，发现了很多珍贵的古书，甚至还有许多早已失传的书。看到这一切，年轻人兴奋得又哭又笑，随后赶来的修道士都觉得这个人的精神不正常。他顾不上那些修道士的抗议和呵斥，就开始埋头整理这些无价之宝。

这个年轻人就是文艺复兴的著名代表之一、意大利小说家、佛罗伦萨人薄伽丘。当时佛罗伦萨是个城市共和国，它的工商业是欧洲最发达的。经济的发达也带动了文化的发达，佛罗伦萨第一个高举"文艺复兴"的大旗，开展了反教会反封建的新文化运动。薄伽丘满怀激情，投入到了这场轰轰烈烈的运动中。他创作的小说集《十日谈》以佛罗伦萨黑死病大流行为背景，讲的是 3 个女子和 7 个男子躲到一个乡间别墅，为了打发时间，每人每天讲一个故事，一共讲了 10 天。这些故事有的是薄伽丘自己的见闻，有的是各地的奇谈传说，对当时的国王、贵族、教会等势力的腐朽黑暗大加讽刺，揭露了他们的虚伪本质。因此薄伽丘备受

具有文艺复兴风格的佛罗伦萨圣十字教堂

教会势力的咒骂攻击，他一度想烧毁自己的著作，幸亏好朋友彼特拉克劝阻，才使《十日谈》得以保存下来。

薄伽丘的好朋友彼特拉克被称为"人文主义之父"，他提出了要在思想上摆脱封建主义的束缚，要一切以人为中心，要关心人、尊重人，给人以自由。彼特拉克强烈反对天主教会以神为中心的封建教义，反对人一生下来就有罪的说法，他认为人应该掌握自己的命运，人是伟大的，应该享受人生的快乐。彼特拉克第一次提出了以人为中心的"人文主义"进步思想。

文艺复兴预示中世纪"黑暗时代"的结束。后来，文艺复兴逐渐从意大利向欧洲其他国家扩展，文艺复兴的领域也由原来的文学扩展到美术、医学、天文学、航海等，极大地促进了欧洲的发展，使欧洲成为近代最发达的地区。

大诗人但丁

但丁出生于意大利的佛罗伦萨，父母早亡，由姐姐抚养长大。10岁前，他就读完了古罗马作家维吉尔、奥维德和贺拉斯等人的作品，对维吉尔推崇备至，视之为理性的象征和引导自己走出人生迷途的第一位导师。12岁时，他拜意大利著名学者布鲁内托·拉蒂尼为师，学习修辞学、神学、诗学、古典文学、政治、历史和哲学。拉蒂尼对但丁影响很大，被他称为"伟大的导师"，"有父亲般的形象"。但丁的青年时代是在读书中度过的，他勤奋好学，求知欲十分强烈，曾经到帕多瓦、波伦那和巴黎等地的大学深造，对美术、音乐、诗学、修辞学、古典文学、哲学、神学、伦理学、历史、天文、地理和政治都有很深的研究，成为了一个多才多艺、学识渊博的学者。

少年时，但丁曾经历了一场刻骨铭心的爱情。有一位名叫贝阿特丽齐的少女，她端庄、贞淑与优雅的气质令但丁一见钟情，再不能忘。遗憾的是贝阿特丽齐后来遵从父命嫁给一位银行家，婚后数年竟因病夭亡。哀伤不已的但丁将自己几年来陆续写给贝阿特丽齐的31首抒情诗以及散文整理在一起，取名《新生》结集出版。诗中抒发了诗人对少女深挚的感情，纯真的爱恋和绵绵无尽的思念，风格清新自然，细腻委婉，是欧洲文学史上第一部剖露心迹、公开隐秘情感的自传性诗作。1291年，在亲友的撮合下，但丁与盖玛结婚，生有两男一女。

但丁不是一位只埋头于故纸堆的学究，他积极投身于争取共和和自由的政治斗争。但丁的故乡佛罗伦萨是欧洲最早出现资本主义萌芽的城市之一，也是新兴的资产阶级同封建贵族激烈斗争的中心。但丁在青年时代就加入了代表资产阶级利益的归尔弗党，参加反对封建贵族和罗马教皇专制统治的政治斗争。1300年，归尔弗党建立了佛罗伦萨共和国，但丁被任命为最高行政会议6大行政官之一。但共和国不久后失败，但丁遭到放逐，从此再也没有回到佛罗伦萨。在流放期间，但丁创作了《飨食》《论俗语》《帝制论》3部作品。《飨食》介绍了从古至今的科学文化知识，激烈批判封建等级观念，是意大利第一部用俗语写的学术性

《神曲》插图波提切利

波提切利为但丁的《神曲》绘制了大量的插图。

著作；《论俗语》论述了意大利各地区方言的历史演变与特点，为意大利民族语言的发展奠定了理论基础；《帝制论》第一次从理论上阐述了政教分离、反对教皇干涉政治的观点，向封建神权勇敢地提出挑战。

·彼特拉克·

彼特拉克（1304～1374年），意大利诗人和学者，其父原为佛罗伦萨的律师，早年受父命研习法律，但酷爱文学。父亲去世后潜心学习古罗马著作家的著作，并从事诗文创作。1341年，在罗马的卡匹托利山上接受了"桂冠诗人"的美称。他平时喜爱旅游，欣赏大自然的优美，并借机搜集散佚在民间的古典名著原稿，然后用人文主义观点加以阐释。他的著作很丰富，著名的有《歌集》《阿非利加》《意大利颂》《名人列传》，他作品中的人文主义思想对欧洲文学产生了极大影响。

意大利北部名城拉文那的君主是位很有文化修养的骑士，他非常仰慕但丁的文学才华，邀请但丁到拉文那去定居。但丁到拉文那后，创作了他一生中最伟大的著作《神曲》。《神曲》是一部采用中世纪梦幻文学形式写成的长诗，描写诗人梦幻游历"地狱""炼狱""天堂"三界的经过。但丁在诗中对教会的贪婪腐化和封建统治的黑暗残暴进行了无情抨击，赞美现实生活并强调人的价值，体现了人文主义的新思想，为文艺复兴运动的兴起开辟了道路。《神曲》是用意大利方言写成的，为意大利文学语言奠定了基础，因此但丁被意大利人称为"民族诗人"。

晚年时，但丁与妻子盖玛和已经长大成人的三个孩子在拉文那团圆，得享天伦之乐。1321 年秋，但丁不幸染上疟疾，不久便去世，享年 56 岁。但丁在世时，一直

手持《神曲》的但丁像

希望能够重回故乡，但未能如愿。但他坚信等《神曲》全书出版后，佛罗伦萨人民会请他返回故里，并给他戴上桂冠，因此还婉言谢绝了波伦那大学授予他的桂冠诗人称号。他死后，被拉文那人民戴上桂冠，隆重安葬。

几世纪后，佛罗伦萨人想把但丁的遗骸迁回故乡，市政府甚至在圣克洛斯教堂为他修筑了一座高大的墓冢。但迁葬一事遭到了拉文那人民的坚决反对，他们认为但丁是他们的光荣。结果直到现在，佛罗伦萨的但丁墓仍然是一座空穴。

文艺复兴美术三杰

16世纪，文艺复兴运动逐步走向繁荣，意大利涌现出很多著名的艺术家、文学家和科学家，其中达·芬奇、拉斐尔和米开朗琪罗被称为"文艺复兴美术三杰"。

达·芬奇是佛罗伦萨人，他学识渊博，多才多艺，被认为是世界上智商最高的人，他在多个领域都有所建树，但使他闻名于世的是他的绘画。

达·芬奇的代表作是为米兰的圣玛利亚修道院画的壁画《最后的晚餐》和肖像画《蒙娜丽莎》。《最后的晚餐》取材于《圣经》，描绘了耶稣在被捕前的一个晚上吃晚餐时，对12个门徒说："你们当中有人出卖了我。"12个门徒顿时震惊了，他们有的愤怒，有的怀疑，有的极力表示自己清白，有的询问，有的讨论，只有一个人紧握着钱袋，惊惶失措，身体后仰，他就是收了敌人银币后出卖耶稣的叛徒犹大。达·芬奇将这12个不同性格的人，描绘得惟妙惟肖，以艺术的手法谴责了叛徒犹大的卑鄙行为。这幅画是世界绘画史上的经典之作，1980年，《最后的晚餐》被列为世界文化遗产。相传在画这幅画时还有一个有趣的故事。达·芬奇为了画好耶稣，就去找了

蒙娜丽莎 达·芬奇
现藏于巴黎卢浮宫。

一个相貌端庄的模特，照着模特的样子画。画好以后，达·芬奇非常满意，就给了模特一大笔钱。几年后，达·芬奇要画犹大，就去找了一个相貌猥琐的乞丐，照他的样子画了犹大。没想到，乞丐放声大哭，对达·芬奇说："是你害了我！我就是以前的那个模特，你给了我一大笔钱后，我就开始过起奢侈的生活，但很快就把钱花光了，只好当了乞丐。"达·芬奇听了感慨不已。

这是意大利文艺复兴时期艺术的最伟大的体现之一——西斯廷教堂，它位于罗马的梵蒂冈城，首先由教皇西克斯图斯四世于15世纪70年代开始建造，当时最出色的画家——包括贝罗津诺与波提切利——用壁画装饰了它的四壁。但最伟大的艺术杰作是由米开朗琪罗从1508年开始添加上的，尽管他经常与自己的赞助人——教皇朱利乌斯二世激烈争吵，但还是花费了4年时间完成了西斯廷教堂的天顶画。25年之后，新教皇重新将他召了回来，请他在祭坛之后的西墙上进行创作，从而诞生了另一杰作——《最后的审判》。

有一天，一个富商请达·芬奇给他的妻子画像。这位贵妇人刚刚失去了小女儿，心里万分悲痛。达·芬奇为了让她微笑，特意请来一个喜剧演员，给她讲笑话，做各种滑稽的动作，这位贵妇人终于微微一笑。达·芬奇抓住这一刹那的微笑，一气呵成，终于画出了杰作《蒙娜丽莎》。

米开朗琪罗·波纳罗蒂出生于意大利的佛罗伦萨。他年轻的时候，有一次，一位公爵请他和达·芬奇各自创作一幅古代佛罗伦萨人反抗外敌侵略的画。当时达·芬奇已经是非常有名的画家了，但米开朗琪罗的构思和创作还是获得人们的认可与好评。米开朗琪罗的画表现的是佛罗伦萨人正在河里洗澡，听见了军号声，他们匆忙上岸，穿上衣服，拿起武器奔向战场，表现了佛罗伦萨人奋不顾身保卫祖国的英雄气概。

米开朗琪罗还是个雕塑家，他的代表作是《大卫》。《大卫》取材于《圣经》，雕像雕塑了一个健壮的青年，目光炯炯有神，表现了战胜敌人的必胜信心。《大卫》像完成后，佛罗伦萨人将之树立在城中，作为保卫佛罗伦萨城的英雄象征。后来他还应罗马教皇之请，为西斯廷教堂绘制天顶画。

拉斐尔·桑乔出生在意大利东部的乌尔比诺城，他的父亲是一位画家，受父亲的影响，拉斐尔从小就非常喜欢画画。21岁的时候，拉斐尔来到佛罗伦萨，仔细观摩达·芬奇和米开朗琪罗等人的作品，进步很快。他的性情平和、文雅，他的画也一样。后来受教皇的聘请，拉斐尔为梵蒂冈创作了很多宗教画。以前的宗教画都非常呆板，拉斐尔别出心裁，将文艺复兴中的古典艺术思想注入宗教画中，使这些宗教画看上去充满了人文主义色彩。在他创作的名画《雅典学院》中，巨大建筑物的一重重拱门由近及远，柏拉图和亚里士多德边走边谈，周围是苏格拉底、阿基米德等人，象征着古希腊文明后继有人。拉斐尔37岁就去世了，但他的天才创作为他赢得了"画圣"的称号。

马丁·路德与宗教改革

马丁·路德是著名的宗教改革家。他出生于德国萨克森州的埃斯勒本，两岁那年举家迁往曼斯费尔德。父亲汉斯·路德当矿工，靠租用领主的三座小熔炉起家。马丁·路德的父母都是虔诚的基督教徒，所以他从小就接受了严格的宗教教育。1501年春，他进入当时德意志最著名的爱尔福特大学，在1502年秋获得文学学士学位，1505年，又以优异成绩取得硕士学位。在大学期间，他开始受到反对罗马教皇的世俗思想的影响。

大学毕业后不久，22 岁的马丁·路德不顾亲友的反对，进入圣奥古斯丁修道院当修士，希望通过苦修让上帝赦免自己的罪行。1512 年，他获得维登堡大学的神学博士学位，并成为该校的一名教授。1512～1513 年间，他逐步确立了自己"因信称义"的宗教学说。他认为一个人灵魂的获救只需靠个人虔诚的信仰，根本不需要外在的善功及教会的权威。这一学说一反天主教的救赎理论，从根本上否定了教会和僧侣阶层对社会的统治权。

德意志当时深受罗马教皇的盘剥，每年都要向教皇上缴 30 万古尔登（当时的一种货币单位）的宗教税。1517 年万圣节前夕，教皇又派人到德意志大量兜售"赎罪券"，宣称只要交钱购买，上帝就会免除其罪行。马丁·路德对教皇的做法非常不满，于是写了《九十五条论纲》，张贴在维登堡卡斯尔教堂的大门上。

1530 年，神圣罗马帝国皇帝试图与改革者和解的最后尝试，路德派教徒正在与罗马天主教教徒讨论一些有争议的论点。

在《论纲》中，他痛斥教皇兜售"赎罪券"的做法，提出"信仰耶稣即可得救"的原则，反对用金钱赎罪的方法。《论纲》引起了强烈反响，激发了人民对教权至高无上的怨愤和反对，点燃了德国宗教改革的火焰，使路德一时成为德意志民族的代言人。1519 年，罗马教会的神学家约翰·艾克同马丁·路德在莱比锡展开了大论战，这场大辩论，成为路德宗教改革生涯中的一次重大转机。1520 年，为了更加广泛地传播自己的思想，马丁·路德撰写了一系列文章和小册子，发表了被称为宗教改革三大论著的《致德意志贵族公开书》《教会被囚于巴比伦》《基督徒的自由》。这年 6 月 2 日，教皇颁布敕令，希望马丁·路德能在 60 天内撤回《九十五条论纲》中的 41 条，否则就开除他的教籍。路德不为所动，公开把教皇的敕令付之一炬。

马丁·路德

马丁·路德，德国宗教改革的发起者，新教的创始人。1517年马丁·路德把他的《九十五条论纲》钉在德国维登堡一所教堂的门上，从而开始了基督教改革运动。他反对罗马天主教会干预国家政事，并于1525年因拒绝放弃其论点而被逐出了天主教，这也导致了众多新教教会的出现。

1521 年，路德参加了德皇召集的沃姆斯帝国会议。

之前，友人曾劝路德不要前往，担心他会惹来杀身之祸。但路德说："即使沃尔姆斯的魔鬼有如房顶上的瓦片那样多，我还是要坦然前往。"在 100 多名萨克森贵族的伴随下，在沿路凯旋式的迎送行列中，路德到达了沃尔姆斯。他拒绝承认错误，义正词严地为自己申辩，得到沃尔姆斯全市人民的同情与支持。他在会上郑重宣称："我坚持己见，决不反悔！"与罗马教廷彻底决裂。德皇无计可施，只好放了路德，但代表教皇开除了路德的教籍。

为了避免遭到教会的迫害，路德隐居到瓦特堡，从事《圣经》的德文翻译工作。

1525 年，42 岁的路德与一位叛逃的修女波拉结婚，以实际行动向天主教的禁欲主义发起了挑战。1543 年，路德翻译的德文版《圣经》面世了，在书中，路德恢复了早期基督教民主、平等的精神，为人民提供了对抗天主教会的思想武器。他还把自己"信仰耶稣即可得救"的主张加入其中，成为基督新教的主要教义。此外，他翻译的《圣经》使用的是德国语言，这种统一的语言成为联系分裂的德意志各邦的重要纽带。

1546 年 2 月，路德因病去世，被葬于维登堡大教堂墓地，享年 63 岁。他死后，他所创立的基督新教在欧洲各国传播开来，掀起一场轰轰烈烈的宗教改革运动。

闵采尔起义

16 世纪初，德意志教会力量横行无忌，他们以出售神职为由，敲诈勒索，贪污受贿，过着奢侈糜烂的生活。他们巧立名目、中饱私囊，聚敛暴行引起社会的极大愤慨；而各封建主仗着自己的权势，强占土地，乱设高额税赋，掳掠民财，横行霸道，农民赖以生存的土地和财产逐渐集中到教会和封建贵族手中。穷困的生活和繁重的劳役引起农民的强烈不满和反抗，他们纷纷组织起来，掀起了农民反抗教会与封建主的起义高潮。

随着德意志内部矛盾的日益尖锐，燃烧着对宗教势力和封建主怒火的农民，在南部秘密成立了"鞋会"，他们以画着一只鞋子的旗帜为会旗，开始了对穿着长靴的贵族的对抗。他们每年都聚集到一起，杀贪官和贵族、砸教堂、均分财产和土地。但是，每一次都被封建主和教会残酷镇压了，这更激发了德意志农民对他们的仇视。

托马斯·闵采尔是一位下层的神甫，他目睹了教会上层的腐败和堕落，坚决反对教皇的放任自流和奢侈，反对一切压迫和剥削。他积极传播自己的思想，信徒遍布许多城镇。1524 年，封建主和教会对农民的奴役更为残暴，农民无法忍受非人的劳役，于是在托马斯·闵采尔的领导下，士瓦本南部的农民拒绝了贵族们的劳役，集结在一起，发动了大规模的起义。他们冲进封建主的庄园，占领和捣毁寺院与城堡，强迫封建主交出粮食和土地。他们以推翻封建制度为口号，提出了自己的纲领——《书简》。士瓦本贵族们对农民的起义极为恐慌，他们假意与农民谈判，暗地里却调集军队，镇压起义军。闵采尔知道上当后，立即拒绝了谈判，指挥起义军攻占城市，抢夺敌人的武器，杀富济贫。周边的农民及农奴闻讯纷纷来投，不久起义军席卷士瓦本地区，人数猛增至4万人。1525年3月，起义军领袖们在闵采尔的领导下，于梅明根集会，制定起义军的斗争纲领《十二条》。纲领规定收回贵族霸占的农民土地，恢复被压迫农奴的人身自由，限制地租和劳役等。这个纲领部分地反映了农民的利益要求。

1524年，农民们再也忍受不了封建主和教会的残酷剥削，揭竿而起，许多城市的平民也参加了起义。图为农民们举着起义旗帜（上面画着一只系带的鞋子）将一个抓获的骑士围了起来。

　　闵采尔又来到图林根，在缪尔豪森城领导起义。起义军一举冲进贵族们的庭院，攻占了教堂、城市、城堡和修道院，焚烧封建主的建筑，分掉了贵族的土地和财物，推翻了缪尔豪森城内的贵族统治。闵采尔在这里建立了没有领主，财产公有，人人平等的"永久议会"。闵采尔被选为主席，缪尔豪森城成为了德意志中部农民起义的中心。许多骑士开始加入到起义军的队伍里，许多城市也倒向起义军。

封建主和教会见农民起义军的发展势头迅猛，极为惊慌，他们集结军队，在特鲁赫泽斯的率领下，开始对起义军进行围剿镇压。狡猾的特鲁赫泽斯看到起义军队伍分散，并且组成人员极复杂，于是他一面拉拢只想利用起义来实现自己利益、对起义态度不坚决的人，进行假谈判，争取时间；一面组织武力对付起义军。使起义军队伍人心涣散，战斗力大为削弱。特鲁赫泽斯抓住时机，采用突然袭击、各个击破的策略，向起义军发起了猛烈的攻击，本来思想动摇的士兵纷纷背叛起义。弗兰科尼亚等各地的起义被镇压。闵采尔率领 8000 余起义军于 1525 年 5 月在缪尔豪森和封建主 5 万大军展开最后的决战。

面对兵力处于绝对优势的敌人，闵采尔毫不畏惧，率领起义军一马当先向敌人冲去。由于起义军没经过系统训练，武器落后，最后寡不敌众，败于敌军。闵采尔被俘后被处以极刑，起义失败。

德意志农民起义，从根本上动摇了天主教在德意志的统治地位，促进了整个欧洲的宗教改革和文艺复兴运动的深入发展，推动了社会的前进。

"日内瓦的教皇"加尔文

加尔文（1509～1564 年），出生于法国北部皮卡迪的努瓦容，父亲曾任主教秘书，是一所小教堂的辩护，颇有名望。母亲是一旅店主的女儿，不幸早逝。继母作风严厉，据说对加尔文忧郁个性的形成有很大影响。

1528 年，加尔文顺从父意，进入奥尔良大学学习法律。在大学里，加尔文迷上了神学，受到了路德宗思想的吸引。1531 年，父亲去世后，他决定去巴黎专攻神学。他在巴黎研究了希腊文、希伯来文和拉丁文《圣经》，要求按照古代基督教的面貌改造罗马教会，逐渐倾向于宗教改革，1534 年，加尔文成为路德宗教徒。

由于遭受巴黎当局的迫害，加尔文在 1534 年 10 月逃到了瑞士的巴塞尔，化名卢卡纽斯，继续研究路德宗的著作和《圣经》。1536 年，他的《基督教要义》出版，此书初版时仅有 6 章，到 1559 年最后修订版时达到 80 章，是加尔文毕生

法国宗教改革家约翰·加尔文主张严格的新教教义，清教徒遵循了这一点。加尔文在瑞士的日内瓦获得机会将自己的思想付诸实施，加尔文在这里担任首牧达 28 年之久。

研究新教和在日内瓦从事宗教政治活动的全面总结，成为宗教改革时期一部影响最大的新教百科全书。1536 年，加尔文的足迹延伸到了日内瓦，这里成为他日后宗教改革大本营。

围绕加尔文的思想，形成了加尔文教。加尔文主张信仰得救，主张简化教会组织，规定教职人员只能从信徒中民主选举产生，从而彻底改革了教会组织。在加尔文教里，长老的地位十分突出，被称为是宗教改革的警察，因此加尔文教也称长老会。1541 年重回日内瓦后，加尔文开始了自己的改革。他首先把教会从罗马教皇的制约下解脱出来，使其不再受制于罗马教皇，也不再受制于诸侯。由长老、市议员和市政官等组成的宗教法庭成为日内瓦的最高行政机构。

加尔文本人虽然不是宗教法庭的正式成员，但他经常出席法庭例会，是法庭的实际负责人。以此为基础，日内瓦发生了根本性的转变，成了一个政教合一的神权共和国，国家法律和宗教纪律成为约束人们行为的两条准绳，加尔文也成了日内瓦城高高在上的主宰。不论是城内的教会，还是行政当局都要拜伏在他的法杖之下。日内瓦成为了新教的罗马，而加尔文也成了"日内瓦的教皇"。1540 年，加尔文和一位穷寡妇意勒蕾结婚，育有一子，但没有成年就夭亡了。1549 年，意勒蕾也死了，此后他没有再娶。

加尔文对自己的工作抱着一种苦修而不求安逸的精神。他一生都在不断地修订《基督教要义》，使其不断完善。从初版至最后修订版历时 20 多年，篇幅扩充了 15 倍之多。在最后的修正版，他把这部书修剪到各部分都配合得很好，如同一棵生长匀称的大树，枝叶繁茂，果实累累。他的勤勉让那些关心他的人都奇怪为什么"有如此坚强高贵心性的人会有如此脆弱的身体"。当他病症加重时，仍然没有人能劝他休息，即使不得不暂时放下工作，他也在家里给造访的人解答问题，而从不顾及自己的疲劳。

晚年的加尔文体弱多病，他在 1564 年 4 月 25 日立下遗嘱。在遗嘱中，对他能荣膺上帝拣选，得享永恒光荣这一点，充满了自信。在经过了多天的病痛折磨和无数次的祷告后，他于 5 月 27 日逝世，享年 56 岁。

加尔文在成为万人景仰的人物的过程中，也有让后人为之遗憾的污点。塞尔维特是西班牙著名的人文主义者，血液循环论的发现者之一，因为批判《圣经》而长期遭到罗马教会的迫害。他同加尔文是多年的朋友，两人常有通信往来。后

这幅16世纪威尼斯画派的作品描绘的是一次特伦托会议。人们原本希望在这次罗马天主教大会上，达成与所有基督教徒的妥协，但这种希望很快就落空了。

来，他在日内瓦被捕，加尔文亲自审讯，以死刑逼他承认错误。塞尔维特拒不屈从，最后被加尔文处以死刑。为此，恩格斯曾说，"值得注意的是，新教徒在迫害自然科学的研究上超过了天主教徒。塞尔维特正要发现血液循环过程的时候，加尔文便烧死了他，而且还活活地把他烤了两个钟头"。

苏莱曼一世的征战

苏莱曼是奥斯曼土耳其苏丹塞里姆一世的独生子。他出生于1494年，他本人是奥斯曼土耳其帝国的第10任君主，奥斯曼人都认为他必将成为一个伟大的君主，将会统治整个世界。

1509年，15岁的苏莱曼奉父亲的命令，在知识渊博、经验丰富的大臣的陪同下，离开首都宫廷的舒适生活，到外省去做总督。在大臣们的精心辅佐下，苏莱曼学到了很多治国安邦的经验。父亲率军远征的时候，他就代替父亲管理国政。

1520 年，塞里姆一世去世，26 岁的苏莱曼即位为苏丹，后世称为苏莱曼一世。就在奥斯曼帝国的国势蒸蒸日上的时候，欧洲的基督教国家却是一片混乱。各国为了土地和财富，混战不休，自相残杀。这给了苏莱曼一个扬名立万的大好时机。

苏莱曼决定进攻欧洲的门户——贝尔格莱德。贝尔格莱德位于欧洲巴尔干半岛的中心位置，处于匈牙利人的统治之下。如果占领了贝尔格莱德，就可以向北进入欧洲的心脏地带，甚至占领整个欧洲。苏莱曼的前几任苏丹曾率兵攻打过贝尔格莱德，但都惨败而回。

1521 年 8 月，苏莱曼率领 10 万大军，动用了数万头马匹和骆驼，运载了大量的粮草、军械，大举进攻贝尔格莱德。匈牙利人躲在又高又厚的城墙后面，严阵以待。苏莱曼没有让士兵们一味硬攻，而是调集了数百门大炮，将贝尔格莱德团团围住，然后下令狂轰。霎时间，贝尔格莱德上空硝烟弥漫，炮声震耳欲聋。高大的城墙被打得千疮百孔，摇摇欲坠。匈牙利人实在抵挡不住了，只好弃城逃跑。就这样，苏莱曼占领了进攻欧洲的门户，贝尔格莱德之战也成为奥斯曼土耳其帝国扩张史上的骄傲之战。

第二年 6 月，苏莱曼又在小亚细亚结集了 10 万大军和 300 战舰，进攻地中海的罗德岛。罗德岛位于小亚细亚和奥斯曼帝国的领土埃及的航线之间，被信仰基督教的圣约翰骑士团占领，他们经常派战舰拦截奥斯曼帝国的航船。前几任苏丹也都曾攻打罗德岛，想拔掉这颗眼中钉、肉中刺，但由于罗德岛地势险要，圣约翰骑士团作战顽强，都无功而返。

罗德岛上有 600 名骑士，6000 名士兵，士兵又分为长矛兵和火枪兵。虽然他们人数较少，孤军奋战，没有援军和物资补给，但由于火炮配置合理，弹药充足，又有一支灵活机动、火力强大的海军，因此有恃无恐。1522 年 6 月，10 万奥斯曼大军在罗德岛登陆。这支大军装备精良，训练有素，配有炮兵和工兵。奥斯曼军队首先向炮击罗德岛上的碉堡，罗德岛守军立即反击。由于罗德岛守军藏在坚固的碉堡中，所以伤亡很小，再加上守军战前已对火炮射程内的每个目标都进行了十分认真的测量，所以炮兵发射的每发炮弹都能准确命中目标，在旷野中没有掩护措施的奥斯曼人伤亡惨重。为了扭转不利的局面，奥斯曼军工兵开始挖

著名的土耳其禁卫军兵团由来自巴尔干的青年组成。他们有着严格的纪律，比如，禁止结婚。

掘地道，埋设地雷，企图炸塌城墙。8月，奥斯曼工兵把城墙炸开了一个缺口，大军一拥而入，但遭到了守军的顽强抵抗，大败而回。随后的几个月里，奥斯曼军从城墙的缺口处多次攻入城中，被守军击退。但奥斯曼军在人数上占压倒性优势，而守军每伤亡一人，战斗力就减少一分，无法得到补充。随着士兵伤亡的增加，守军的压力越来越大，外面没有援军，内部人员、弹药的消耗也得不到补充，守军处境日益艰难。相反，奥斯曼的兵源和物资源源不断运抵罗德岛。在圣诞节前夕，经过谈判，圣约翰骑士团表示可以有条件的放下武器离开。由于奥斯曼伤亡人数已经达到了5万人，所以苏莱曼同意了。由此，罗德岛划入奥斯曼帝国的版图。

苏莱曼一生进行了13次亲征，在欧洲文献中，他被称为"苏莱曼大帝"。在他统治时期，奥斯曼帝国的国力达到了顶峰。

丰臣秀吉

1467年，日本进入了"战国时代"。当时日本列岛分为几十个诸侯国，各国诸侯为了争夺地盘和权利，展开了旷日持久的大混战。包括京都在内的许多繁华的城市被付之一炬，百姓们流离失所，苦不堪言。

16世纪中期的时候，日本本州岛中部的尾张国（今日本名古屋一带）在织田信长的统治下，逐渐强大起来。当时绝大部分日本人都信佛教、排斥外来宗教，但织田信长的受传教士的影响优待天主教。别的诸侯军队都使用的是大刀长矛，而他从传教士手中买来了大量的火枪装备军队。在诸侯国中，武田家的骑兵号称天下无敌。1575年，武田家的武田胜赖进攻织田信长的盟友德川家康，德川家康抵挡不住，向织田信长求援。织田信长率领自己的火枪兵前来增援。武田胜赖率骑兵进攻织田信长，织田信长让火枪兵躲在防马栅后面，用火枪向武田军的骑兵射击。在火枪兵的打击下，武田胜赖的骑兵几乎全军覆没，许多大将战死。此战以后，诸侯中再也没有人能和织田信长相抗衡了。织田信长花了11年的时间，基本统一了中部日本。1568年，织田信长进入京都，混战了100多年的"战国时代"结束。

1582年，织田信长手下的大将明智光秀发动叛乱，织田信长在京都本能寺自杀，日本全国又陷入了混乱之中。织田信长手下另一名大将丰臣秀吉率领军队杀死了明智光秀，成为了日本的实际统治者。

1536年，丰臣秀吉出生于尾张国的一个农民家庭，后来成为织田信长的侍卫。丰臣秀吉随着织田信长南征北战，立下了赫赫战功，受到了织田信长的重用。平定了明智光秀的叛乱后，丰臣秀吉打着拥护天皇的旗号，率领织田信长留下的20多万军队经过8年的苦战，终于平定了日本各地的叛乱，完成了统一。

为了名正言顺地统治日本，丰臣秀吉下了一道命令，把全国的能工巧匠全都征集到京都。当时的京都已经是一片废墟了，丰臣秀吉决定建造一座自古以来最富丽堂皇的京城。几年后，新京城终于建好，丰臣秀吉在京城里为自己修建了豪华府邸，取名为"聚乐第"。

丰臣秀吉像

　　一天，丰臣秀吉把天皇、皇后和皇子们请到聚乐第，然后下令全国的大名（诸侯）们前来觐见。丰臣秀吉身穿绣金的衣服，率领文武百官和大名们叩见天皇。天皇心里很明白，现在丰臣秀吉大权在握，自己只不过是个任他操纵的傀儡而已。丰臣秀吉只是想假借天皇的名义，来威慑诸侯罢了，于是天皇就将他封为"关白"。

　　"关白"在日本是丞相的意思。当诸侯朝拜完天皇之后，丰臣秀吉就以关白的身份发了第一道命令："从此以后，我们要一心一意拥戴天皇，服从关白。"得意洋洋的丰臣秀吉下令大宴群臣，一连进行了 5 天，比以往天皇的排场还大。

　　丰臣秀吉和织田信长不一样，他认为天主教是外来宗教，信奉洋教会受洋人控制，于是下令驱赶传教士，拆毁教堂，强迫基督徒改信佛教。他下了一道命令："为了弘扬佛教，我决定铸造一尊大铁佛。所以老百姓必须将自己家中的刀、枪等武器上缴官府，以备铸佛之用，限期 30 天，违令者严惩不贷。"其实丰臣秀吉是假借铸造大佛来收缴藏在民间的武器，以防止老百姓和武士们造反。

在内战中所向无敌的丰臣秀吉野心膨胀，认为朝鲜和中国也和国内的诸侯们一样不堪一击。他计划先出兵占领朝鲜，再占领中国，迁都北京，然后再征服印度，最后统治全世界。

1591年，丰臣秀吉纠集了20万人，700艘战船，悍然发动了侵朝战争。由于朝鲜已经好几百年没有打仗了，所以军备非常松弛，结果被日军打得大败，朝鲜的首都汉城和很多重要的城市都失陷了，朝鲜国急忙派使者向中国明朝的皇帝求援。

在中朝联军的打击下，日军连连失败，最后丰臣秀吉忧郁而死。

阿克巴大帝

莫卧儿帝国的第三个帝王是阿克巴大帝。他是巴布尔的孙子，阿克巴是伟大的意思。阿克巴是印度历史上的一位伟大的君主，可以和阿育王相媲美。他在位期间不断扩张，到他去世时，莫卧儿帝国的版图东起布拉马普特拉河，南到哥达瓦利河上游，西起喀尔，北抵克什米尔，成为印度历史上一个空前庞大的帝国。

1566年，14岁的阿克巴即位后不久，前苏尔王朝的贵族阿迪尔沙和喜穆率军3万、战象1500头卷土重来，企图恢复苏尔王朝。莫卧儿军大败，重要城市阿格拉和德里相继失陷。阿克巴和宰相培拉姆汗不甘失败，立即率领2万骑兵反攻德里，两军展开了决战。刚开始时，喜穆依靠优势兵力和众多的战象占了上风，莫卧儿军节节败退。阿克巴和培拉姆汗立即调整战术，派大军迂回到敌人的两翼攻击，牵制敌人推进，同时率主力进行反攻，给敌人制造混乱。为了对付敌人的战象，阿克巴指挥战士们向战象发炮，令弓箭手射火箭。这战术果然有效，战象害怕火，见了炮火和火箭只有四处狂奔，根本不听指挥，敌人的阵势大乱。阿克巴趁机下令进攻，杀死了喜穆手下的两员大将。为了扭转不利战局，喜穆亲自上马率军反攻，阿克巴弯弓搭箭，"嗖"的一声，羽箭射中了喜穆的眼睛，喜穆惨叫一声，倒地而亡。苏尔军见主帅战死，顿时斗志全无，纷纷扔下兵器四散而逃，莫卧儿军乘胜追击，取得了最后的胜利。通过这场战役，莫卧儿人彻底战胜了苏尔人，莫卧儿帝国确立了对印度的统治，并开始了对外扩张。

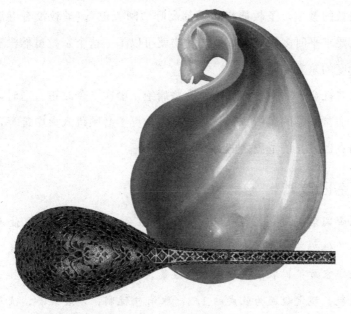

这个葫芦形状的白玉酒杯，雕工细腻精美。据说它是阿克巴的孙子沙杰汉皇帝用过的酒器。下面是一只镶嵌了各种宝石的金勺，两者的做工均十分细腻精美。

　　阿克巴登基时才14岁，朝政大权完全掌握在宰相培拉姆汗手里。宰相认为阿克巴是一个小孩子，根本不把他放在眼里，利用手中的大权，任人唯亲，排斥异己，甚至连阿克巴的好友都处死，还企图篡位。

　　18岁的时候，阿克巴对飞扬跋扈的培拉姆汗再也无法容忍了，下令将他处死，自己亲自掌握了朝政。

　　阿克巴亲政后，一些贵族很不满意，在各地发动叛乱，严重威胁了阿克巴的王位和国家的稳定。阿克巴亲自率兵镇压，终于平息了叛乱，巩固了自己的王位。为了警告叛乱者，他下令将两千多名叛乱者的头骨筑成了一座令人毛骨悚然的头骨塔，

　　印度是一个多宗教的国家，大多数平民信奉印度教，此外还有佛教、锡克教等。各个宗教之间冲突不断，经常发生流血冲突，阿克巴对此头痛不已。为了制止这类事件的发生，阿克巴宣布宗教自由，各个宗教平等，他任命了很多印度教徒做官，并娶了一位印度教贵族的女儿为王后。

为了根除宗教冲突，1581年阿克巴自己创立了一个宗教——"圣教"。阿克巴是这个宗教的教主，圣教徒相遇后都高呼"阿克巴"。圣教没有寺庙，也不用祈祷，只是要求平时多做好事，爱护动物就可以了。这个宗教虽然没有流行，但却缓解了印度的宗教矛盾。

阿克巴对社会上的一些陈规陋习厌恶痛绝，屡次下令改正。当时印度有一种非常野蛮、非常残酷的风俗，就是丈夫死了，妻子必须跳入火中殉葬，这种风俗当然也在阿克巴禁止的范围之内。

·阿克巴改革·

莫卧儿帝国君主阿克巴（1556～1605年在位）是印度历史上最有作为的开明君主之一。他为了加强中央集权，调和阶级矛盾，进行了一系列政治改革。包括实行宗教宽容政策，取消征收人头税政策，实行新的税收制度，按土地的实际产量分等收税，规定税额为收成的1/3；取消包税制；发展经济，改革陋习。阿克巴改革使莫卧儿帝国进入了全盛时代。

一次，一个官员向他报告："启禀陛下，孟加拉已故总督的妻子明天要跳火殉葬！"阿克巴知道孟加拉总督的妻子是一位非常聪明能干的女人，她决不会主动要求跳火殉葬的，一定是有人在逼她。

第二天，阿克巴早早的带着侍卫来到了孟加拉总督的家。这时院子里已经燃起了熊熊大火，四周站满了人，一个穿着华丽衣服的女子正在哭泣。

阿克巴走到总督妻子面前，问道："你跳火殉葬，是自愿的吗？"总督妻子哭着连连摇头说："不是啊，陛下！是我丈夫的哥哥逼我殉葬的，他怕我分丈夫的财产！"

"哼！"阿克巴冷哼一声，瞪总督哥哥一眼，总督哥哥跪在地上吓得浑身打颤。阿克巴大声对在场的人说："现在我下令，从今以后，谁再强迫寡妇跳火殉葬，一律处死！"在场的所有的人齐声附和，手忙脚乱地把火扑灭，扶着总督夫人进屋去了。

在英明的阿克巴统治下，莫卧儿帝国逐渐强盛。

戚继光抗倭

明世宗时期，中国东南沿海经常遭到日本海盗（即倭寇）的侵扰，再加上中国的土豪、奸商与之勾结，坑害百姓，使得沿海一带鸡犬不宁，陷入严重的倭患之中。

尤其有一年，中国海盗汪直、徐海勾结倭寇在浙江、江苏沿海登陆，竟然抢掠了几十个城市。明世宗很是发愁，他找来严嵩想办法，严嵩的同党赵文华却出了个馊主意——向东海祷告，求海神爷保佑。愚蠢的明世宗居然相信这种鬼话，真的派人到浙江去祭拜海神。

此法自然不会有什么效果，朝廷就派熟悉沿海防务的老将俞大猷去抗击倭寇。没想到，俞大猷打了几个胜仗后，竟被赵文华陷害坐了牢，倭寇又猖獗起来。1553年，朝廷又委派新近提拔的都指挥佥事戚继光，管理登州等三营及三营所辖25个卫所，负责山东全省的抗倭工作。

戚继光，字元敬，号南塘，晚号孟诸。祖籍河南卫辉，后迁居山东登州（今蓬莱）。他出身将门，自幼勤奋习武，立志效国。1544年，17岁的戚继光接任了父亲的职务，任登州卫指挥佥事。次年，分管屯田，后率众戍守蓟门（今北京昌平西北），1548年，戚继光调戍蓟门。1549年，戚继光中武举，翌年，奉诏督防京城九门。

"封侯非我意，但愿海波平"。到了浙江以后，戚继光大力加强海防，在抗击倭寇方面取得了明显的成效。1555年，还因足智多谋升任都司参将，镇守宁波、绍兴、台州三府，并在龙山、缙云、桐岭与倭寇三战中介取得了胜利。但他没有被胜利冲昏头脑，而是意识到明军的腐败无能，难以担当抗倭重任，于是上书请求招募人马，训练新军。

1559年，戚继光在义乌招募农民、矿工3000多人，按年龄和身材配发兵器，编组训练。他针对沿海地形多沼泽、倭寇分散，充分利用明军兵器多样的特点，创立攻防兼宜的"鸳鸯阵"，以12人为1队，长短兵器结合，攻守兼顾，因敌因地巧妙变换阵形，屡败倭寇。他训练的部队被老百姓亲切称为"戚家军"，威名大震。

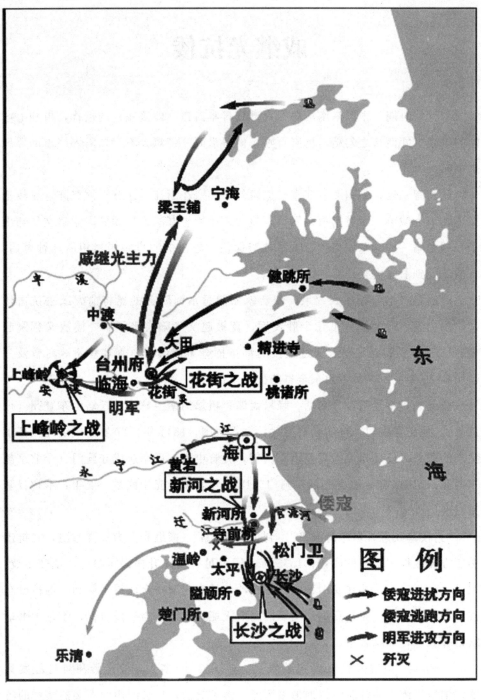

台州大捷示意图

1561 年，万余倭寇乘数百艘舰船侵扰浙东的象山、宁海、桃渚。戚继光沉着应战，确立"大创尽歼"的方略，集中兵力，各个击破，九战皆胜，斩杀、俘虏倭寇 4000 余人，史称"台州大捷"。

台州之战以后，浙江的倭患基本解除，但福建的倭患却日趋严重。戚继光不顾鞍马劳顿，旋即率精兵 6000 入闽抗倭。1562 年，他乘退潮的时机率将士携稻草盖淤泥，涉水奇袭横屿岛倭寇巢穴，斩杀倭寇 2600 余人，以得胜之兵攻占牛田。倭寇胆战心惊，称之为"戚虎"。接着他又和福建总兵俞大猷、广东总兵刘显等人取得平海卫大捷、仙游大捷。1563 年，大量倭寇包围兴化，以平海卫为中心建立巢穴。戚继光再次赴义乌募兵 1 万人，奉命与俞大猷、刘显协同作战，攻克平海卫，斩杀倭寇 2200 余人，缴获器械 3900 余件，救出被掠男女 3000 余人。不久，戚继光升福建总兵，督理福建及浙江温州、金华两府的水陆军务。

到 1566 年，戚继光彻底肃清了中国东南沿海的倭寇，戚家军威震中国海疆，保证了福建和广东沿海一带的社会安宁，他也因此成为中国历史上杰出的民族英雄。

戚继光不仅是一位战功赫赫的爱国名将，同时还是一位杰出的兵器制造专家。他一生在军事上有不少创造发明。为了防止鞑靼和朵颜等的入侵，戚继光 53 岁时发明了埋在地下、不用人工点燃、让敌人自己踏上就会自动爆炸的新式杀伤武器，叫做"自犯钢轮火"。这就是世界上最早的地雷，比欧洲人发明地雷大约要早 300 年左右。

戚继光为保卫大明王朝的边疆奋斗了 40 多年，南征北战、出生入死，被称为我国"古来少有的一位常胜将军"。他智勇兼备，多谋善断，练兵有方。此外，他还著有《纪效新书》《练兵实纪》两部兵书，这是他多年选兵、练兵及指挥打仗的经验总结，是杰出的军事理论著作，为后世的兵家必读书目。

利玛窦在中国

1601 年的一天，万历皇帝发现皇宫里的自鸣钟到时间却没有响，就问旁边的太监："今天这个西洋自鸣钟怎么没有响啊？"

"可能又坏了。"太监说。

"那还不去请利玛窦来修！"

太监随即出宫，请来了利玛窦。利玛窦登上专门为自鸣钟建的钟楼，仔细检查了一下，然后拿出工具，这里拧拧，那里敲敲。过了一会儿，自鸣钟又开始响起来，清脆的声音传遍了整个皇宫。

"真太谢谢您了。"太监笑着说。

"没什么。公公，我送给皇上的望远镜，皇上还喜欢吧？"利玛窦笑着问。

"皇上可喜欢了，经常拿着望远镜站在高处向远处看。我也看过几回，这玩意可真神奇啊。大老远的东西用望远镜一看，就跟在眼前似的，好像人一伸手就能够着。"太监一脸的兴奋，回味无穷地说。

·欧几里得·

欧几里得是公元前 4 世纪的古希腊数学家，非常精通几何学。他继承了希腊数学注重逻辑推导的研究风格，写出了《几何原本》这部集当时古希腊几何学研究之大成的数学巨著。《几何原本》共分 13 卷，主要是通过逻辑推理来推导出一系列几何定理和公式，初步奠定了几何学逻辑结构的基础。虽然这本书里有了很多错误，但是在对这本书的研究中，人们不断发现了研究数学的新道路，产生了一个又一个的数学分支，由此欧几里得被誉为是古代西方几何学皇帝。

"公公要是喜欢，下次我进宫的时候也给您带一个。"

"哎哟，那可太谢谢您了！"

这个利玛窦是意大利人，他的意大利名字叫玛提欧·利奇，1552 年出生于意大利马尔凯州马切拉塔城的一个名门望族。少年时代，利玛窦在当地的耶稣会学校学习。16 岁的时候，利玛窦又去了罗马学习法律。在求学期间，兴趣广泛的利玛窦学习了大量的天文、地理、数学等方面的知识，成为一个知识渊博的人。21 岁时，他加入耶稣会，在罗马学院受神职教育。1578 年，利玛窦参加第 30 批耶稣会传教士远征队，从葡萄牙首都里斯本出发，前往印度和东亚地区传教。船队在海上经过了 6 个月的颠簸，终于到达了印度的果阿。1582 年，利玛窦前往澳门，准备进入中国传教。在澳门，利玛窦学习了汉语。

利玛窦像

　　1583 年，利玛窦和另一名传教士罗明坚获得明朝政府的批准，进入中国内地。他们首先来到广东肇庆，在这里建了一所教堂，开始传教。当地的官员对他们比较友善，但老百姓对他们非常反感，经常闯入教堂，将里面的东西砸烂毁坏。虽然当地衙门抓捕了一些人，但依然没有改变老百姓对他们的敌视态度。

　　为了让老百姓更好地了解自己，利玛窦开始改变策略。他穿上儒生的衣服，读中国儒家的经典，结交当地的士大夫和儒生。他给自己起了个中国名字利玛窦，号西泰，又号清泰、西江，中国士大夫尊称他为"泰西儒士"。

利玛窦将中国的四书、五经翻译成拉丁文。一次，在当地儒生的聚会上，他当众表演了自己记忆法，令在场的人大为惊奇，很多人都纷纷向他求教，利玛窦一下子成了当地的名人。他还展示了西方的科技产品，如望远镜、三棱镜、地图等。这些东西在西方司空见惯，但到了中国却成了非常稀奇和贵重的东西，引起了官员和知识分子的极大兴趣。为了和他们搞好关系，利玛窦就将这些东西送给他们，和很多人交上了朋友。

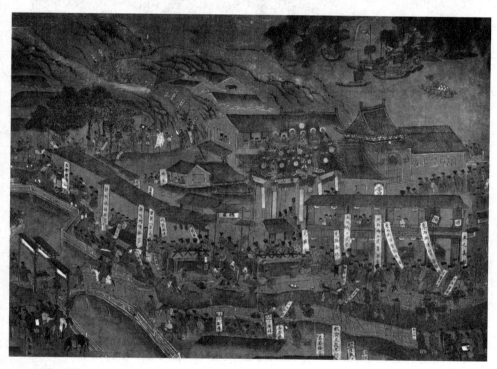

南都繁会图

图卷描绘了明代中期南京城市商业繁荣的景象。

1600 年，利玛窦来到北京，觐见了万历帝，进贡了自鸣钟、望远镜、地图等物品，引起了万历帝极大的兴趣。万历帝还专门为自鸣钟修建了一座钟塔。

在和利玛窦交往的人中，徐光启是最著名的一位。他是翰林院进士，对西方的自然科学知识非常感兴趣。为了向利玛窦学习这些知识，徐光启皈依了天主教。从此，每天上午，徐光启去翰林院办公，下午就到教堂学习。

利玛窦和徐光启一起翻译了古希腊数学家欧几里得的著作，徐光启把它的名字翻译成"几何"，这就是现在我们数学课上几何这门学科的来历。

"两条线同一走向，你觉得应该翻译成什么好呢？"利玛窦问。

"嗯，就叫平行线吧。"徐光启想了想说。

"那么这个呢？一个角两边垂直，一个角大，一个角小，该怎么翻译啊？"

"就叫'直角'、'钝角'和'锐角'吧。"徐光启说。

现在我们学的数学上的名词术语，除了上面提到的外，还有"平面"、"三角形"、"直径"、"外切"、"对角线"等等，都是徐光启翻译命名的。他和利玛窦整整花了两年的时间，将《几何原本》的前6卷翻译成了汉语，并于1607年正式出版，这是用中文翻译出版的第一部西方科学著作。利玛窦虽然是来中国传教的，但他传播了大量的西方科学知识，促进了东西方文明的发展。1610年，利玛窦在北京去世。

德川幕府

丰臣秀吉死后，他的儿子丰臣秀赖年纪还小，原来归顺丰臣秀吉的大名德川家康起了反叛之心。

1598年丰臣秀吉死后，他的部下分裂为石田三成、小西行长为首的官僚派和加藤清正、福岛正则为首的武将派。实力最强的首席大老（辅佐丰臣秀赖的最高执政官）德川家康为取丰臣家而代之，利用两派不和迫使武将派归顺了自己，然后率领10万军队，于1600年六月进攻官僚派，石田三成和小西行长组成8万人的大军迎战。九月，两军交战于关原（今日本岐阜县不破郡）。由于官僚派的大将小早川秀秋临阵倒戈，投降了德川家康，导致官僚派惨败，石田三成和小西行长被俘。德川家康把他们处以极刑，90多个参加官僚派的大名的领地被没收，丰臣秀赖也被降为一般的大名，德川家康开始称霸全国。

1603年，天皇封德川家康为"征夷大将军"，德川家康在江户（今日本东

京）建立了幕府，成为了日本实际的统治者。从此日本开始了德川幕府（又称江户幕府）时代。

随着德川家康一天天衰老，丰臣秀赖一天天长大。德川家康为了自己家族的利益，决定消灭丰臣秀赖，永绝后患。丰臣秀赖也不甘示弱，为了击败德川家康，他招募了大量的武士，决心与德川家康决一雌雄。在关原之战中，很多参加官僚派的大名失去领地，很多武士失去了生活来源，因此他们非常憎恨德川家康。当丰臣秀赖在大坂发出招募武士的消息后，很快有 10 万名武士前来投奔。1615 年夏天，德川家康率领大军进攻大阪，丰臣秀赖拼死抵抗，但最终大阪还是被攻陷，丰臣秀赖自杀。

德川家康为了巩固和强化自己的统治，建立了完整的幕藩体制。幕即是德川幕府，是中央政府机关，幕府将军是日本的最高统治者，统治着全国 200 多个藩国。天皇只是名义上的国家元首，没有任何实权，只是个傀儡。藩就是藩国，是幕府将军封给各地大名的土地和统治机构。藩国的统治者是大名，他们要绝对服从幕府将军和他颁布的各项法令，但在藩国内，他们享有很高的自治权，拥有政治、军事、司法和税收等大权，甚至还拥有自己的武装。日本实际上是由幕府和藩国共同构成的封建国家，这就是所谓的幕藩体制。

德川幕府把当时的日本人分成 4 个等级：士、农、工、商。士就是武士，是日本的统治阶级。农是农民，工是工匠，商是商人，他们都被统治阶级剥夺了一切政治权利。

德川幕府时期的主要的生产资料——土地，全部属于幕府和藩国所有。这些封建领主把土地分成很多份地让农民耕种，农民要向领主缴纳地租，地租约占他们全部收成的 40%，此外还必须服各种多如牛毛的徭役。德川幕府建立后，日本结束了长期的战乱，国内一片和平景象，农业逐步恢复，工商业也开始快速发展，新兴城市不断出现，原有的许多城市的规模日益扩大，出现了繁荣景象。到了 18 世纪初，德川幕府的所在地江户的人口已达百万，大阪和京都的人口也超过了 30 万。城市中出现了一些主要为统治阶级服务的商业和金融机构，这时候一些大商人、高利贷者也相继涌现，并享有极大的特权，大阪的鸿池和江户的三井是当时全国最富有的高利贷者。

在对外关系上，德川幕府发布锁国令，实行锁国政策，禁止日本船只出海贸

德川家康的一位将领与大阪城堡的守卫者搏斗。丰臣秀吉之子丰臣秀赖在堡垒里坚守很长时间，最后被迫自杀。

易，严格限制日本与海外交往，只同中国、朝鲜和西方的荷兰保持一定的贸易关系，并对到达日本的外国船只进行监视，严格控制它们的贸易活动。

德川幕府实行锁国政策主要是为了巩固自己的统治，防止沿海的藩国通过海外贸易获取大量的资金，用以购买武器；同时也为了防止西方殖民主义的渗透，维护日本的独立。锁国政策实行了200多年，使日本成为一个闭关自守的国家，几乎处于一种与世隔绝的状态，割断了日本经济同世界经济的联系，造成了日本的落后，严重阻碍了日本资本主义的发展，使日本被西方国家远远地抛到了后面。

哥白尼与《天体运行论》

　　哥白尼出生于波兰的富商家庭，他 10 岁丧父，由舅父瓦兹洛德大主教抚养，受到了良好的教育。他少年时代就对天文学有浓厚兴趣，中学时，在老师指导下，制造了一具按照日影确定时刻的日晷。1491 年，哥白尼以优异成绩考入克拉科夫大学，学校的人文主义者、数学家和天文学家布鲁楚斯基对他影响很大，哥白尼经常向这位学者请教天文学和数学方面的问题，还学会了用天文仪器观测天象。

哥白尼像

大学毕业后，哥白尼在舅父的资助下前往意大利。1497～1500 年，他在博洛尼亚大学读书，除教会法规外，还同时研究多种学科，尤其是数学和天文学，并与该校的天文学教授、意大利文艺复兴运动领导人之一的诺法拉交往甚密，他们时常一起观测宇宙，记录数据，研讨前人有关天文学的著作。哥白尼了解到，早在公元前 3 世纪，古希腊天文学家阿里斯塔恰斯就曾提出过地球绕太阳运行的概念，并首先测定了太阳和月亮对地球距离的近似比值，但后来遭到宗教势力的反对。为了直接阅读这类著作，哥白尼学会了希腊文。天文测量的实践和对前人著述的钻研，使他对地球中心说产生了怀疑。地球中心说是古希腊哲学家亚里士多德提出来的，公元 2 世纪，罗马天文学家托勒密又加以推演论证，使它进一步系统化了。地心说认为地球静止不动地居于宇宙中心，日月星辰都围绕地球运转，这一学说被基督教会奉为真理，成为神权统治的重要理论基础。

　　1506 年，哥白尼回到祖国，在弗罗恩堡大教堂担任教士，这使他有了一定的社会地位和物质保障，得以继续从事天文学和科学实验活动。为了研究方便，他特意选择了教堂围墙上的箭楼做宿舍兼工作室，他在里面设置了一个小小的天文台，用自制的简陋仪器，开始了长达 30 年的天体观测。正是在这里，他写下了震惊世界的巨著《天体运行论》，而其中选用的 27 个观测事例，有 25 个是他在这个箭楼上观测记录的。《天体运行论》共有 6 卷，在书中，哥白尼大胆地提出："太阳是宇宙的中心，所有行星都围绕太阳运转；地球不是宇宙的中心，而是绕太阳运转的一颗普通行星。""人们每天看到的太阳由东向西运行，是因为地球每昼夜自转一周的缘故，而不是太阳在移动。""天上的星体不断移动，是因为地球本身在转动，而不是星体围绕着静止的地球转动。""火星、木星等行星在天空中有时顺行，有时逆行，是因为它们各依自己的轨道绕太阳转动，而不是因为它们行踪诡秘。""月亮是地球的卫星，一个月绕地球转一周。"

有关哥白尼的《天体运行论》的描绘

哥白尼的太阳中心说，科学地阐明了天体运行的现象，推翻了长期以来居于统治地位的地球中心说，从根本上否定了基督教关于上帝创造一切的谬论。尽管他的学说仍然坚持宇宙中心和宇宙有限论，但却把天文学从宗教神学的束缚中解放出来，实现了天文学的根本变革，在近代科学的发展上具有划时代的意义。

然而，这本伟大著作的面世确是相当曲折的。哥白尼深深了解自己学说的颠覆性影响，慑于教会的强大力量，他迟迟没有将书稿送去付印出版。直到他病重时，才由唯一的弟子雷提卡斯将书稿送至德意志的纽伦堡出版。1524 年 5 月 24 日，70 岁的哥白尼终于收到了《天体运行论》的样书，那时他的眼睛已经失明，据说他只用手摸了摸书的封面，就与世长辞。《天体运行论》出版后，果然遭到了罗马教廷的激烈反对，被列为禁书，就连宗教改革家马丁·路德也辱骂哥白尼是个傻子，居然想推翻《圣经》的权威论证。直到 300 多年以后的 1882 年，罗马教皇才最终承认了哥白尼学说是正确的。

哥白尼不仅仅是一位伟大的天文学家，他还在众多方面取得了突出成绩。他精通拉丁文和希腊文，对古希腊罗马的文学颇有研究；他绘制过埃尔门兰德地区的地图，设计过埃尔门兰德各城市的自来水系统；他的医术大名远扬，连教区外的人也常来请他治病；他甚至写过一本《货币的一般理论》的经济学著作，主张实行货币改革，限制货币发行量，以抑制因为货币贬值而给国内市场带来的混乱。

乌托邦

托马斯·莫尔于 1478 年 2 月 7 日出生在英国伦敦一个富裕的家庭，他的父亲曾担任过英国皇家高等法院的法官。12 岁时，按照当时给名人当侍从的社会风气，莫尔被父亲送到坎特伯雷大主教约翰·摩顿家当侍从。摩顿既是学识渊博的学者、律师、建筑师，又是阅历丰富的政治家、外交家。莫尔耳濡目染，再加上他聪明伶俐，勤奋好学，进步非常快。摩顿曾向他的朋友说："在我们桌子旁服侍的这个孩子将会成为一个出类拔萃的人物。"当时拉丁文是通往上层社会的通行证，所以 14 岁时，莫尔又被送到伦敦的圣安东尼学校学习拉丁文。1492 年，莫尔进入牛津大学攻读古典文学。他在这里广泛阅读了很多古希腊哲学家和当代人文主义者的作品，其中柏拉图的思想对莫尔产生了巨大的影响，使他成为了一个人文主义者。后来莫尔转学法律，成为一名正直的律师，获得了很高威望并当选为议员。此后，莫尔步步高升，被封为爵士，担任过下院议长、英国大法官，成为仅次于英国国王的重要人物。后来由于莫尔反对英国国王亨利八世成为英国宗教领袖而被处死。

莫尔所处时代的英国处于亨利八世的统治之下，王室贪得无厌，对外侵略扩张，官员欺上瞒下，贪污腐败成风，贵族和大商人勾结政府，欺压百姓。当时贵族和大商人为了养羊获取高额利润，将成千上万的农民赶走，霸占他们的土地。被驱赶的老百姓到处流浪，不是被饿死，就是沦为强盗。莫尔对社会现状极为不满，于是就写了《乌托邦》一书来讽刺黑暗的现实和寄托自己的理想。

《乌托邦》的全名是《关于最完美的国家制度和乌托邦新岛的既有益又有趣的全书》，"乌托邦"这个词来源于希腊语，意思是"没有的地方"。这本书采用

《乌托邦》插图

不劳而获，战火纷飞，尔虞我诈，这种现象在乌托邦是难以觅
寻到的。由于莫尔不承认亨利八世为宗教领袖，因此被处以绞
刑。

了莫尔和一个水手对话的形式，讲述水手在奇异的岛国——乌托邦的生动有趣的
见闻。

乌托邦是个大岛屿，全岛有54个城市，每个城市分4个区，各个区中每30
户选举一名低级官员，再从10名低级官员中选举一名高级官员。乌托邦的首都
亚马乌罗提城在岛的中央，这样便于各个城市的代表开会。乌托邦的全国最高机
构是元老院，代表由岛上54座城市派出3名经验丰富的公民组成，每年更换一
次，商讨关系到全岛公共利益的事务。元老院选举一人担任国王，国王是终身
制，但如果国王虐待人民，可以弹劾他。政府除了偶尔组织人民反抗外来侵略

外，其余职能都是组织社会生产劳动和安排人民生活。各级官员除了调解民事纠纷外，也要参加劳动。

乌托邦的土地、生产工具、房屋、财产归全民所有，生活用品按需分配。在平等基础上实行生产公有和消费公有。乌托邦男女平等，妇女有受教育权、婚姻自主，和男子一样参加社会劳动，享有和男子一样的政治权力。在乌托邦，农业受到高度重视，但农业不是一种职业，而是一种义务劳动。乌托邦的每个公民都必须从事两年的义务劳动，然后回到城市从事一门手艺。只有特别喜欢和擅长农业劳动的人才能申请延长劳动时间。但如果碰上农忙，就要安排城里的人去乡村劳动。他们每天工作 6 个小时，其余的时间归个人支配。人们的服装样式基本上都一样，只有男式女式、已婚未婚的分别。公民就餐在公共食堂，看病到公共医院。乌托邦物资充足，生活富裕，这里没有盗贼，也没有乞丐。乌托邦的人勤奋敬业，生活简朴，遵守法令，乐于助人，鄙视游手好闲和奢侈腐化。乌托邦禁止嫖赌、饮酒、欺骗、阴谋、虐待等恶行。乌托邦没有货币，没有商品，人们视金银如粪土，把金银做成粪桶溺盆等。在信仰方面，乌托邦信仰自由。

乌托邦还非常重视教育和科学研究，每个儿童必须上学，不仅要进行知识方面的培养，还要进行道德方面的培养。从事科学研究的人可以不参加劳动，但如果不能胜任，就要被安排去劳动。相反，如果从事劳动的人有特长，那么也可以去参加科学研究。

《乌托邦》是世界上第一部空想社会主义名著，影响了后来的傅立叶、圣西门和欧文等空想社会主义者。空想社会主义也是马克思的科学社会主义的来源之一。

塞万提斯

米格尔·德·塞万提斯·萨维德拉，1547 年出生于西班牙首都马德里附近的阿尔卡拉·德·埃纳雷斯小城的一个没落贵族家庭，他的父亲是一个外科医生。由于家境贫寒，塞万提斯只上过中学，但他非常勤奋好学，走在街上见到有字的废纸也要捡起来读一读。虽然塞万提斯没有上过大学，但他阅读了很多古希

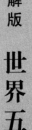

腊古罗马的经典名著和其他著作，成为一个博学的人。

22 岁那年，塞万提斯作为红衣主教的侍从来到了意大利。在意大利，塞万提斯深受当时兴起的人文主义的影响，广泛接触了很多文人学者，阅读了大量优秀的文学作品。一年后，不安现状的他参加了西班牙驻意大利的军队，被分配到一艘战舰上当水兵。

当时奥斯曼土耳其的舰队经常出没在地中海，给欧洲国家构成了很大的威胁。于是西班牙和意大利的威尼斯组成联合舰队，共同抵抗土耳其。1571 年，历史上著名的勒颁多海战爆发。本来塞万提斯发高烧，船长让他躺在船舱中休息。但塞万提斯怎么也不答应，他不顾船长的劝阻，毅然冲上甲板参加战斗。在战斗中，塞万提斯和战友们最先登上土耳其人的战船，同敌人展开了殊死搏斗。最后西班牙和威尼斯的联合舰队大获全胜，而塞万提斯则身受重伤，被截去了左手。但塞万提斯一点也不后悔，他说："失去了左手，右手更显得光荣！"

1575 年，塞万提斯请假回家去看望父母。临行前，西班牙舰队的统帅给西班牙国王写了一封推荐信，希望能提拔塞万提斯做军官以表彰他在勒颁多海战中的英勇表现。在回国途中，塞万提斯遇上了土耳其海盗，被卖到阿尔及利亚当奴隶。因为塞万提斯身上有一封推荐信，土耳其人把他当成大人物，向他勒索巨额赎金。

经过了 5 年的奴隶生活，塞万提斯的家人才凑够了赎金，将他赎回。就这样，塞万提斯回到了阔别了 11 年的故乡。回到西班牙后，塞万提斯并没有受到西班牙国王的重用，只担任了一个普通的税务人员。由于塞万提斯刚直不阿，得罪了贵族和教会，被人诬告投入了监狱，后经朋友多方奔波才得以出狱。

不幸的遭遇和长期在社会底层的生活，使塞万提斯深刻地了解了西班牙社会的黑暗和不公。1605 年，58 岁的塞万提斯写出了他的不朽名著《堂·吉诃德》的第一部。这本书很快就风靡全国，一年中竟然再版 6 次，成为当时的流行小说。一次，西班牙国王站在阳台上看见一个大学生边走边看书，并不时地哈哈大笑。国王就对侍从说："那个大学生不是神经病就是在看《堂·吉诃德》。"但塞万提斯的贫穷生活仍然没有改变。由于塞万提斯在《堂·吉诃德》中对教会和贵族进行了辛辣嘲讽，于是有人写了一本《堂·吉诃德》续集，严重歪曲了堂·吉诃德的形象。塞万提斯非常生气，不顾自己身患水肿病，坚持创作，写出了《堂

画家笔下的堂·吉诃德

·吉诃德》第二部。1616年，贫病交加的塞万提斯与世长辞。

《堂·吉诃德》是塞万提斯的代表作，也是世界文学史上一部经典之作。《堂·吉诃德》的全名是《奇情幻想的绅士堂·吉诃德·台·拉·曼却》，讲的是一个叫堂·吉诃德的穷乡绅非常喜欢看骑士小说，终于有一天他走火入魔了。他找出祖先留下的一套旧盔甲，骑着一匹瘦弱的老马，手拿一柄长矛和破盾牌，带着随从桑丘，去打抱不平，改造社会，结果惹出了一连串的笑话。

看见了风车，堂·吉诃德认为那是可怕邪恶的巨人，不顾桑丘的劝阻，骑着马冲过去与"巨人"搏斗，结果身受重伤。

在酒馆里，堂·吉诃德认为这是魔鬼的城堡。他冲进地窖，把酒馆老板盛酒的皮囊全都刺破，鲜红的葡萄酒流了一地。堂·吉诃德大声叫嚷："我把魔鬼都杀死了！"结果被酒馆老板赶了出去。

堂·吉诃德处处碰壁，惹了很多笑话，直到临死前才清醒过来，认识到骑士小说害人不浅，将他收集的骑士小说付之一炬。他对继承自己财产的外甥女只提出了一个要求，就是不能嫁给读过骑士小说的人。

由于教会对塞万提斯恨之入骨，所以他死后连一块墓碑都没有给他立。但人民没有忘记塞万提斯，200多年后，西班牙人民在首都马德里广场树立起了堂·吉诃德和桑丘的雕像。

鲜花广场上的火刑

1600年2月17日，罗马鲜花广场，烈火与浓烟吞噬了一个伟大的生命。在生命的最后时刻，殉道者对全世界发出响亮的号召："火并不能把我征服，未来的世界会了解我，知道我的价值！"这位伟大的殉道者就是文艺复兴时期意大利最著名的天文学家、科学家——乔尔丹诺·布鲁诺。

布鲁诺1548年出生于意大利那不勒斯附近诺拉城的一个贫苦农民家庭，10岁就进了修道院。命运似乎要安排布鲁诺为宗教而献身，投入上帝的怀抱。可是自幼性格倔强、善于独立思考的布鲁诺却走向了另一面：他读了大量书籍，自学了多门学科的知识，特别是天文学。当他读了哥白尼的《天体运行论》之后，更看到科学的光明。对于黑暗的基督教神学世界，他嗤之以鼻，他要为科学的胜利进军摇旗呐喊。

布鲁诺不惮于公布自己的天文学、哲学见解。在《挪亚方舟》一文中，布鲁诺不但讥讽了权威的亚里士多德，甚至直接抨击了《圣经》和罗马教廷。当时布鲁诺还是一名修道士，他这种离经叛道的举动引来了宗教卫道士们的围攻，但都被他一一挫败。渐渐地，罗马教廷不能再容忍这样一个"异端分子"挖断自己的根基，于是派人监视其言行。布鲁诺被迫流亡海外，先后辗转于瑞士、法、英、奥地利、匈牙利和捷克、斯洛伐克等国。流亡生活并没能使他火热的内心世界有丝毫降温，他到处演讲，宣传哥白尼的日心说，痛斥基督教神学的愚昧和专横，点燃了无数青年学生和进步人士心中的科学之火，科学的种子撒遍了欧洲大陆。

经过对自己演说的整理，1584年，布鲁诺写成《论无限性、宇宙和诸世界》一书。书中系统阐述了自己的无限宇宙论的思想，高度评价了哥白尼的日心说。

在这幅 15 世纪的绘画上，当教士布道、举行弥撒和圣餐礼时，周围
的信徒都恭敬地跪在地上。

他写道，"宇宙是个宏伟的肖像，是个独一无二的自然，借助于全部物质的种、主要本原和总和，它也是它所可能是的一切，既不能给它增添什么，也不能从它拿去任一形式。"布鲁诺认为宇宙是无限大的、物质的，包含着无数像太阳一样发光发热的恒星。同时太阳仅仅是太阳系的中心而已，并不是宇宙的核心。布鲁诺还做出超越时空的预言：生命不仅存在于地球，在遥远的其他行星上也可能有生命的踪迹。

　　束缚人们思想达几千年之久的"球壳"，就这样被布鲁诺打碎了。布鲁诺的卓越思想让同时代的人茫然、震惊，他们认为布鲁诺的思想简直是"骇人听闻"，就连被尊为"天空立法者"的天文学家开普勒都无法接受。罗马教廷更是被布鲁诺的思想和言论吓得瑟瑟发抖，他们不择手段地收买布鲁诺的朋友，将布鲁诺诱骗回国，并于1592年5月23日逮捕了他，把他囚禁在宗教裁判所的监狱里。

圣阿伯利奈尔教堂内景

教会势力在欧洲极为庞大，教堂成为当时欧洲各个地区最为豪华的建筑。

布鲁诺锒铛入狱，但他不改初衷，在他看来，真理终将战胜邪恶。宗教裁判所对其施尽酷刑，也没使勇士屈服，就转而利诱："只要你公开表示认罪和忏悔……给你安排一个令人羡慕的高位。"布鲁诺却轻蔑道："这正体现了你们内心的虚弱和恐慌！"主教恼羞成怒："你执迷不悟，等待你的只有火刑。"布鲁诺则平静却有力地说："真理面前，我绝不退让半步。"在经受了8年之久的接连不断的审讯和折磨后，布鲁诺在鲜花广场的火海中走完了他短暂而光辉的一生。

布鲁诺虽然被处死了，但其为科学献身的精神却获得永生。后来，人们在鲜花广场为这位科学的殉道者树立了纪念碑。

莎士比亚

　　莎士比亚的父亲早年是自耕农，1551 年迁居到斯特拉福镇，开了一家经销皮革制品兼营农产品的店铺，1557 年同当地的富家女儿玛丽·阿登结婚，生了 8 个子女，存活 5 人，莎士比亚排行老大。4 岁时，他的父亲被选为"市政厅首脑"，成了拥有 2000 多居民、20 家旅馆和酒店的斯特拉福镇镇长。7 岁时，他开始上学，学习拉丁语、文学和修辞学。1578 年，父亲经商失利，莎士比亚只好辍学帮助父亲打理生意。虽然莎士比亚只读过 7 年书，但掌握了丰富的修辞、历史和古典文学知识。18 岁时，他与邻乡富裕农民的女儿安·哈瑟维结婚，三年后已有 3 个孩子。莎士比亚对自己的婚事常常感到遗憾，他的妻子比他大 8 岁，而他认为"女人应该与比自己年纪大的男子结婚"。

　　1586 年，莎士比亚来到伦敦，在一家剧院门口当马夫，侍候骑马前来看戏的富人。他头脑灵活，口齿伶俐，工作之余，还悄悄地看舞台上的演出，并坚持自学文学、历史、哲学等课程，同时自修了希腊文和拉丁文。当剧团需要临时演员时，他就演一些配角，不久就被剧团吸收为正式演员。那时候，伦敦的剧团对剧本的需求非常迫切。因为一个戏要是不受观众喜欢，马上就要停演，需要再上演新戏。莎士比亚在学习演技的同时，也开始编写一些剧本。27 岁那年，他写了历史剧《亨利六世》三部曲，展示出了自己的才华。剧本上演后，大受观众欢迎，莎士比亚逐渐在伦敦戏剧界站稳了脚跟。1596 年，他在南安普敦伯爵亨利·娄赛斯雷的帮助下，替父亲申请并获得了家徽，于是莎士比亚家成了当地世袭的乡绅，以后他又在家乡购置了房产和地产。

　　莎士比亚一生共写了两部长篇叙事诗、37 个剧本、154 首十四行诗和一些杂诗，代表作品众多。以 1600 年为界，莎士比亚的作品分为前后期，前期的基调是乐观的，所写 9 部历史剧反映了英国民族国家的形成过程，表达了反对封建割据，拥护中央集权的君主专制制度，希望实现开明君主统治的愿望。这个时期的悲、喜剧更多地表现了人文主义者的理想。以"爱征服一切"为主题，悲剧《罗密欧与朱丽叶》反映了爱情、理想与封建偏见的冲突，赞美了青年纯真的爱情。

画家笔下的奥菲莉娅

奥菲莉娅是莎士比亚著名悲剧《哈姆雷特》中的一个不幸少女。

《威尼斯商人》则描写了旧式高利贷商人与新兴工商业资本家之间的矛盾。1601～1607年是莎士比亚创作最辉煌的时期，这个时期莎士比亚的作品以悲剧为主，是封建社会后期激烈的阶级斗争的反映。《哈姆雷特》以12世纪丹麦史的一个复仇故事为主题，揭露宫廷的仇杀，认为整个世界都成了一座监狱。《李尔王》则描写了社会正义与权威之间的矛盾。莎士比亚的戏剧处处体现了人文主义思想，使他成为英国文艺复兴运动的代表性人物。除戏剧外，莎士比亚的十四行诗大都是写给他一个理想中的情人的，在表达爱情中流露出对生活的肯定，要求个性解放。

1610年前后，莎士比亚回到故乡，开始享受田园生活，安度晚年。

·开普勒·

开普勒（1577～1630年），文艺复兴时期德国著名天文学家。生于德国魏尔，1587年入蒂宾根大学，1600年成为天文学家第谷的助手。1601年第谷去世后，受聘为皇家数学家。此间，他从一个哥白尼学说的拥护者逐渐走上科学发现的道路。开普勒在第谷天文观察的基础上，发现了行星运动的三大定律。他把哥白尼体系建立在更科学、更精确的基础上，也为牛顿力学体系的建立打下了基础。他的著作主要有《神秘的宇宙》《哥白尼天文概要》《光学》等。

莎士比亚成名时所受到的尊重远不如今天，当时的剧作家都是受过高等教育的大学精英分子，他们对来自农村、学历浅薄的莎士比亚突然成为剧坛的明星，深感不安，羞与为伍。名噪一时的戏剧作家格林在写给同行的信中公开攻击莎士比亚是一只"青云直上的乌鸦，利用我们的羽毛美化自己，用演员外衣掩盖起虎狼之心"，还辱骂莎士比亚"自以为写了几句虚夸的无韵诗就能同你们中最优秀的人比美，他是地地道道的打杂工，却自以为在英国只有他才能'震撼舞台'。"

1616年初，莎士比亚因病逝世。在他的墓碑上刻着这样的碑文："看在上帝的面上，请不要动我的坟墓，妄动者将遭到诅咒，保护者将受到祝福。"

伽利略的故事

实践出真知，谁要是违背了这条真理，谁就注定要在科学面前栽上一跤，哲学大师亚里士多德也不能例外。

亚里士多德曾做出这样一个著名论断：两个铁球，其中一个是另一个重量的10倍。如果两个铁球在同一高度同时落下，那么重的铁球落地速度必然是轻的铁球的10倍。这话并不难理解：重的物体当然比轻的物体先着地，这还用问吗？而且这话是大师说的，人们对此深信不疑。而一个十七八岁的毛头小伙子偏不信这一套，招来人们一阵又一阵的冷嘲热讽。

这个毛头小伙子就是18岁的伽利略，在1590年的一天，他当众宣布自己要检验一下圣哲的话，地点就选在著名的比萨斜塔。这天天气格外晴朗，好像老天也要见证一下这个历史时刻。消息传出，人们奔走相告。时过不久，比萨斜塔周围便密密麻麻地挤满了人，就像今天的重大赛事要开场一样。

伽利略带着他的助手，信心十足地步入斜塔，然后快步走上塔的最高层。他环视四周，人们的面孔有的充满惊奇，有的则略带嘲讽，还有的漠然以待。伽利略不慌不忙将器具一一取出。这些器具包括一个沙漏（用于计时），一个铁盒，底部可以自动打开，还有两个分别重为10千克和1千克的铁球。伽利略的助手将这两个铁球装入盒子，然后将盒子水平端起，探身到栏杆的外侧。最后由伽利略在众目睽睽之下按动按钮，盒子的底部打开，两个铁球同时从盒中脱落，自由落向地面。这时成千上万的人全都屏住呼吸，目光随着铁球向下移动，在铁球从铁盒落到地面的短暂间隔中，人群异常安静，地上连掉一根针都能听到。短暂的十几秒钟过去了，只听"咚"的一声，两个铁球同时砸到了地面上，时间不差分毫。平静的人群立即沸腾了，有的人对着塔上的伽利略欢呼，有的人惊得合不拢嘴，那副神情分明在说："原来亚里士多德也有错的时候！"伽利略则浑身轻松，心满意足地微笑着。

伽利略

自由落体实验在人们的一片沸腾声结束了，亚里士多德的"落体运动法则"不攻自破。可敬的伽利略并没有为这点小小成绩（在他看来，这仅仅是一点小小的成绩）而飘飘然，从塔上下来，他就投入到新的科学研究中。

凭着这种追求真理、尊重实践的科学精神，伽利略又接连做出一系列的重大发现。1608 年，有一位荷兰的光学家，无意之中将两张玻璃片组合起来，竟能将远处的景物看得好像就在眼前一样。这项惊人的发现立刻吸引了伽利略的注意。根据他的推想，望远镜的两个透镜必须一个是凸透镜，一个是凹透镜。于是，他成功地制造了一个能放大两三倍的望远镜。之后，伽利略经过一次又一次改进，最后制造出一架可以放大 32 倍的望远镜。他将望远镜送给威尼斯的市议会，市议会对他的成就非常赞赏，对这位杰出的物理学家刮目相看，立刻决议增加他的薪水，并且承认其地位为终身职业，这是许多教授梦寐以求的。

在一个晴朗的夜里，伽利略用望远镜去观察月亮。那个时候，人们依照亚里士多德的学说及圣经的教义，认为月亮是完美无缺的，表面是完全光滑的银白色。可是伽利略透过这支简陋的望远镜，发现月亮和地球一样，有高山也有深

审判伽利略

伽利略于 1632 年出版了《关于托勒密和哥白尼两大世界体系的对话》，提出了全新的宇宙论。结果宗教裁判所命令伽利略说清楚自己为什么质疑传统的观念。最终伽利略被迫宣称地球是宇宙中静止不动的中心。

谷，既不平滑，也不光洁。他又用这架望远镜去看银河，发现银河竟是由无数的小星球组合而成的，因为有的星球离开地球太远，若不借助望远镜，便无法看得真切。

　　一次，伽利略在教堂里祈祷完之后，就坐在长凳上看远处的景物。他的视野中浮过雪白的大理石柱、美丽的祭坛……突然，教堂的执事进来破坏了沉静的氛围，原来他来点教堂的灯，这种灯是用长绳系在天花板上的。当这位执事点灯时，不小心碰动了它。借助惯性，吊灯就一左一右地摆个不停。这时，伽利略的注意力又转移到灯上，目光随着吊灯左右摆动。突然，伽利略发现一个有趣的现象，尽管吊灯摆动的幅度越来越少，但完成摆动周期所花的时间始终未变，当时他测定时间是靠脉搏的频率。伽利略由此发现了钟摆的等时性原理。

　　除了这些发现，伽利略还著有《论运动》《关于托勒密和哥白尼两大世界体系的对话》《关于两种新科学的对话》等科学专著。伽利略为科学事业作出巨大贡献，被称为近代自然科学的奠基人。

胡格诺战争

　　胡格诺战争是法国天主教势力同新教胡格诺派（即加尔文派）之间进行的一场长期战争。它虽然带有明显的宗教色彩，但就其性质和内容而言，则是法国的一场内战。

　　在中世纪的法国，王权与贵族割据势力不断斗争，由于经济利益和宗教信仰的不同，反对王权专制的贵族逐渐分为两个集团：一个是以王室近亲吉斯公爵和洛林红衣主教查理为首的强大的天主教集团，他们对国王有举足轻重的影响；一个是以波旁家族的孔代亲王、纳瓦尔国王亨利、海军上将科利尼为代表的新教胡格诺派集团。

　　胡格诺战争的直接导火索是"瓦西镇屠杀"。早在 16 世纪 40 年代，亨利二世就曾让特别法庭以惩办异端为名，将大批胡格诺派教徒处以火刑。1559 年，弗朗索瓦二世继位后，因为他的年纪太轻，大权旁落到了吉斯家族手中，致使新旧教派冲突更加加剧。1562 年 3 月 1 日，胡格诺教徒正在瓦西镇举行宗教仪式，吉斯公爵率军队赶到，大肆屠杀，胡格诺教徒死伤将近 200 人。

　　1562 年 12 月，天主教与胡格诺教在德勒交战，这一战中，天主教徒的将领蒙朗西被俘，元帅安德烈战死。1563 年 2 月，在奥尔良一战中，吉斯公爵被暗杀，而胡格诺派的纳瓦尔国王安托万在鲁昂之围中战死。1563 年 3 月，王后卡特琳发布"安布瓦斯敕令"，给了新教徒信仰自由和在指定地区举行宗教仪式的自由。

·巴黎圣母院·

　　巴黎圣母院是一座哥特式的教堂，是古老巴黎的象征。它矗立在塞纳河中西岱岛的东南端，位于整个巴黎城的中心。为欧洲早期哥特式建筑和雕刻艺术的代表。集宗教、文化、建筑艺术于一身的巴黎圣母院，原为纪念罗马主神朱庇特而建造，随着岁月的流逝，逐渐成为巴黎圣母院早期基督教的教堂。它的地位、历史价值无与伦比，是历史上最为辉煌的建筑之一。

1567 年 9 月，新教胡格诺派包围巴黎。11 月，双方在圣德尼交战，德国新教派兵驰援法国新教，使胡格诺派兵力得以增强，战胜了天主教派。1568 年，法国天主教和宫廷被迫签订《隆朱莫条约》。9 月，在天主教的压力之下，查理九世撤销宗教宽容敕令。1569 年 3 月，新教军队在雅尔纳克被天主教军队击败，孔代战死。1570 年，为了缓和两派关系，太后卡特琳签署"日尔曼敕令"，新教徒又获得了有限的信教自由。

1572 年 8 月 23 日，吉斯公爵之子亨利乘胡格诺派的重要人物聚集巴黎庆祝其领袖亨利婚礼之机，以巴黎各教堂的钟声为号，率军对胡格诺教派进行突然袭击，杀死胡格诺教徒 2000 多人。由于 24 日正值圣巴托罗缪节，因此这一血腥的夜晚在历史上被称为"圣巴托罗缪之夜"。这次大屠杀后，胡格诺派在法国南部和西南部组成联邦共和国，并于 1575 年发动全面起义，很快席卷了法国南部的大部分地区。

1576 年 5 月，法王亨利三世签署"博利厄敕令"，给予新教在一切城市举行宗教仪式的自由。天主教徒对此强烈不满，吉斯公爵亨利成立天主教神圣同盟，两派战争又起。1577 年 9 月，战败的胡格诺派与天主教派缔结"贝日拉克和约"，使"博利厄敕令"中给予新教的自由和权利得到了限制。

1585 年，得到西班牙支持的吉斯公爵亨利在南特重建天主教同盟，亨利三世也撤销两次敕令，胡格诺派则在波旁家庭的纳瓦尔国王亨利的带领下，于1587 年在库拉特击败天主教军队。

1588 年 5 月，吉斯公爵亨利进入巴黎城，包围王室所在的卢浮宫，亨利三世逃出巴黎，并签署敕令满足天主教的一切要求。同年 12 月，吉斯公爵和天主教所有首领被国王近卫军暗杀，巴黎发生暴乱，成立了以吉斯家族为首的新政权，亨利三世不得不与波旁家族结盟。1589 年，纳瓦尔国王亨利在亨利三世被刺杀后成为法王亨利四世。

天主教派拒不承认亨利四世的法王地位，所以亨利四世无法进入巴黎，而当时法国 90％以上的人口都信仰天主教。1593 年 7 月 25 日，在重压和形势的逼迫之下，亨利四世在圣德尼大教堂改信天主教，并与天主教达成休战协定。

1594 年 3 月 22 日，亨利四世进入巴黎，并于 1598 年 4 月颁布"南特敕令"，宣布天主教为国教，胡格诺派在法国全境有信教的自由，"南特敕令"保留了胡格诺教派的一些特权，打破了天主教一统天下的局面，而至此，持续 30 多年的胡格诺战争结束了。

1572 年 8 月 23 日，法国国王下令展开圣巴托罗缪日大屠杀，这使南北矛盾更加尖锐。

图解珍藏版

世界五千年

赵文博　编

第二卷

辽海出版社

图说天下

世界五千年

房文斋 著

第二卷

哈维和血液循环

　　威廉·哈维（1578～1657年）出生在英国肯特郡的一个富裕家庭，他从小好学，读小学时，他就以优异的成绩名列前茅，尤以英语和拉丁语最为突出。他10岁时进入坎特伯雷王家学校，16岁时进入剑桥大学，并在3年后获得文学学士学位。1600年，哈维进入意大利的帕多瓦大学学习医学，在两年后以优异的成绩获得医学博士学位，教授们在他的学位证书上写下了这样的赞语："威廉·哈维以突出的学习成绩和不平凡的才能引人注目，并获得本校讲授解剖学、医学和外科教授们的赞扬。"学成归国后不久，哈维和伊丽莎白女王的御医朗斯托洛·白劳恩的女儿结为伉俪。母校剑桥大学为表彰他在留学中所取得的卓越成绩，也授予他博士学位。两年后，英国皇家医学院又选举他为委员，又过了几年，哈维被委任为圣巴托罗缪医院的医师。

　　早在公元前2世纪，古罗马的神医盖仑提出了一种血液循环理论，他认为血液在人体内像潮水一样流动之后，便消失在人体四周，并把血液运动解释为是上帝的安排。他的这一理论被教会当做不可侵犯的真理，一直到16世纪时，才受到怀疑和挑战。享有"解剖学之父"美誉的比利时医生维萨里和发现血液小循环系统的西班牙医生塞尔维特相继批判了盖仑的学说，但他们也为此付出了生命的代价。维萨里受到宗教裁判所的迫害，被判处死刑；塞尔维特在日内瓦被当做"异教徒"活活烧死。半个世纪之后，哈维决心弄清人体血液的奥秘，他动手在自己家中建立起了实验室，开始了艰苦的探索。

　　他先是用的兔子和蛇，之后又扩展到其他40余种动物。在解剖这些活体动物之后，他发现心脏的作用就像一个水泵，它专门输出血液，这些血液凭借其收缩压力流遍全身。这时他又产生了第二个疑问：心脏中的血液又是从哪儿来的呢，是自己造出来的吗？

　　通过进一步研究，哈维终于发现：心脏本身不具备造血机能，而仅仅是一个中转站和动力站而已。血液被心肌压出，沿动脉血管流向身体各个组织、器官，之后再经静脉管回流心脏，周而复始，循环往复。这就是著名的哈维血液循环理

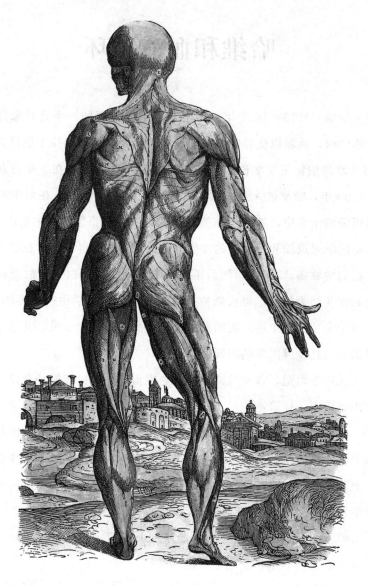

16世纪，安德烈·维萨里的研究使科学家和医生得到了清晰的人体解剖图。17世纪，对人体的了解深入到内部，特别从血液循环系统的研究为代表。

论。为了证明这一理论的正确性，哈维又进行了相关实验。他请一些体型较瘦的人作为实验对象，先把他们的静脉扎紧，结果近心端的血管瘪了下去；然后再扎起动脉，却发现近心端的血管膨胀起来，而远心端的血管瘪了下来。这充分说明：血液从心脏流出，经动脉到达全身各处，又从静脉回流心脏。

哈维发现血液循环的机理后，很多人并不相信。作为皇家医生的他经常给国王查理一世讲解有关血液循环的机理。

　　尽管哈维的科学结论有充分的事实依据，可还是没有被当时学术界、医学界、宗教界的认可，甚至遭到非议和攻击。

　　1628年，他的《心血运行论》在德国的法兰克福出版，这部只有72页和两幅插图的惊世之作，虽然堪称为生理学由蒙昧走向科学的转折点，但是却因为他的观点与权威理论不符，而被称为荒谬的言论和无稽之谈。不过还好，因为他的御医身份，教会虽然气恼，却也奈何不了他。

　　晚年的哈维刻苦钻研动物生殖和发育问题，在1651年又出版了《动物生殖》一书，提出了生物器官的"渐成论"，否认了那种认为各个器官同时形成的"预成论"。英国皇家科学院为表彰他的功绩，特地为他建造了一座铜像。

　　1657年6月3日，哈维因脑血栓突发病逝于伦敦，享年80岁。皇家医学院为他举行了隆重的葬礼，将他葬在伦敦以北80千米处哈维家族的墓地。1883年10月18日，皇家医学院为他举行了迁葬仪式，将他的遗骨重新安葬在汉普斯台德大教堂的哈维纪念馆中。在他的墓地上竖起一块石碑，上面的题词是："发现血液循环，造福人类，永垂不朽！"

从养羊到圈地

　　15世纪末16世纪初，随着新航路的开辟，海外贸易量逐渐增大，人们对呢绒的需求日益增加，使毛纺织业开始繁荣起来。随着毛纺织业的迅速发展，对羊毛的需求量越来越大，羊毛的价格飞涨。为了获取高额利润，越来越多的人开始养羊。

　　英国是位于大西洋上的一个岛国，气候湿润，雨量丰沛，草木茂盛，非常适合畜牧。一些英国贵族为了赚取利润，纷纷投资养羊。养羊需要大片的土地，贵族们先是把荒地、森林和沼泽的土地围起来当做牧场。当这些土地无法满足贵族们日益扩大的羊群时，他们又把原来租种他们土地的农民赶走，拆毁房屋，把整个村庄甚至所有能长草的土地都用篱笆把土地圈占起来，变成牧场养羊。在当时的英国，到处可以看到被木栅栏、篱笆、沟渠和围墙圈起来的一块块的草地。这就是历史上臭名昭著的圈地运动。

　　那些被赶出家园的农民，无家可归，只好到处流浪。他们找不到工作，无力养活家人，很多人铤而走险，变成了强盗，英国的社会秩序愈来愈乱。

　　圈地运动从15世纪70年代开始，一直持续到18世纪末，英国有一半以上的土地都变成了牧场。在圈地运动的发展过程中，为了维护社会秩序，虽然英国国王爱德华六世颁布了一些企图限制圈地程度的法令，但这些法令并没起多大的作用，圈地日益愈演愈烈。很多钱迷心窍的贵族置法律于不顾，根本不肯停手。

　　在限制圈地运动的同时，英国国王为了使被驱逐的农民很快安置，也颁布了限制流浪者的法令，其实是想把那些流离失所的农民，都赶进工场做工。法律规定凡是有劳动能力的流浪者，如果在规定的时间内找不到工作，一律严惩。

　　后来英国国会又颁布了一个法令，凡是流浪一个月还没有找到工作的人，一旦抓住就要卖为奴隶，奴隶的主人可以让他干任何工作。如果奴隶逃亡，抓回来要判为终身的奴隶。第三次逃亡，抓回来后要判处死刑。任何人都有权将流浪者的孩子抓去当学徒，做苦力。

　　在亨利八世和伊丽莎白统治时期，大批流浪的农民被处死。圈地运动使英国

圈地运动造成了"羊吃人"的悲惨结局。英格兰沿海的大亚茅斯周遭环绕着农田和牧场，这里是英国"圈地运动"的盛行地区。

失去土地的农民越来越多，农民为了活命不得不走进生产羊毛制品的手工工场或其他手工工场，成为资本家的廉价劳动力，忍受资本家的残酷剥削。在手工工场里，工人每天要工作十几个小时，但工资却很低。

忍无可忍的农民被迫揭竿而起。在英国各地爆发了很多反对圈地运动的起义，其中最大的是诺福克郡的农民罗伯特·凯特领导的起义。1549年6月，农民凯特率领大批被夺去土地的农民发动了大规模的起义。起义军逼近诺福克郡的瑙威城，市政府吓得紧闭城门。凯特就把起义军驻扎在城外的森林中，附近的失去土地的农民和城中的破产农民纷纷前来投奔，起义军很快就发展到2万人。

·条田制·

西欧农村在中世纪时，耕地呈条块分割状，称为"条田"。大大小小的土地

占有者在其中占有一条或若干条土地，这样的土地布局称为"条田制"。在"条田制"下，耕种与收割的日期，都是由村民先开会决定。收割完毕后，村民有权在地里捡拾麦穗和放牧牲畜。这样的共耕制度不利于那些勤劳能干的农民发挥自己的生产积极性。由于土地比较分散，划分条田的田埂会造成土地的浪费，同时也不利于经营管理。而且条田都很窄，只能顺犁顺耙，所以不利于土壤的改良。耕种时，邻近的土地可能被牲畜践踏，引起纠纷。从水利建设来说，不便于单位生产者独立采取排灌措施。从牲畜方面来讲，全村的牲畜集中在一起放牧，容易引起牲畜传染病的传播，并且由于草料不足，使得牲畜营养不良，而牲畜的自行杂交也不利于改良畜种。

凯特给市政府送去了一封信，要求立即停止圈地，恢复农民对土地的使用权。市政府一面假装答应，一面连夜去报告国王。国王听了，派人送来大赦令，要求农民回家，但并没有满足他们的要求，愤怒的农民占领了瑙威城。

国王得知瑙威城被农民占领后，立即派沃里克率1.5万军队前去镇压。起义军与政府军展开了浴血奋战，由于政府军装备精良，训练有素，在激战了两天后，起义军战败，凯特等300名农民被绞死。那些对凯特怀恨在心的贵族要求沃里克大规模屠杀农民，沃里克问："杀光了农民，你们去种地吗？"这些贵族才肯罢休。凯特的起义虽然失败了，但在一定程度上遏制了圈地运动。

圈地运动为英国提供了大量的资金和廉价劳动力，使英国的资本主义很快发展起来。

"无敌舰队"的覆灭

自哥伦布发现新大陆后，西班牙凭借强大的海上势力，在美洲占领了广大地域，掠夺了大量财富，并将殖民势力扩展到欧、亚、非、美四大洲。此时，英国正处于资本主义发展阶段，急需大量的原料和财富，也开始积极推行殖民政策，向外扩张。西班牙是海上霸主，这给英国的对外扩张带来极大的阻碍，于是两国的矛盾冲突日益尖锐。

为和西班牙争夺海上的霸权，英王伊丽莎白采取各种措施加快海军的建设，同时利用海盗来抢劫西班牙从各地掠来的财物，从而威胁西班牙在海上的贸易垄断地位。西班牙对此极为恼火，怀着侵占英国的目的，就想把苏格兰女王玛丽扶上英国的王位。1587年3月，伊丽莎白下令处决了玛丽。海上的不断侵扰和玛丽之死，使愤怒的西班牙国王腓力二世准备以武力征服英国。

1588年2月，西班牙国王腓力二世命西多尼亚公爵为统帅，率领130余艘船、3万余人、2431门火炮组成庞大舰队远征英国。英国接到情报后，积极备战。伊丽莎白命霍华德勋爵为统帅，德雷克为副手，并对英国舰船船身、船楼、船体及炮台、火炮做了相应的改进。英舰船体矮且狭长，重心较低，目标小，灵活性强，速度快。船上装载的火炮数量多，射程比西班牙的重炮远。

画中描绘了1588年侵入英国的西班牙"无敌舰队"，在英国舰队的炮火轰击下慌张撤退的情景。

7月中旬，在一座座堡垒似的西班牙战舰上挤满了步兵，西多尼亚欲利用步兵数量上的优势，运用传统战法，冲撞敌舰，并钩住它们，然后登船与敌人进行肉搏战。但英军快速灵活，伺机攻击，始终保持敌炮射程范围之外的距离，利用自己炮火射程远的优势不断袭击敌船，消耗对方的火药，使他们时刻处于警备状态。当西班牙舰队到达尼德兰加莱附近时，并未得到计划好的帕尔马公爵的船只、人员及弹药的补给。

7月29日凌晨，英国在8艘旧船内装满硫黄柴草等易燃物品，船身涂满柏油。点燃后，8只火船像8条火龙顺风而下，向西班牙舰队急驰而去。在黎明的宁静中，西班牙哨兵发现几道火舌向他们冲来，立即发出警报。顿时，西班牙舰队乱作一团，一些木壳船已经被大火点燃。西多尼亚公爵忙命令各舰船砍断锚索，想等到火船过去再占领这个投锚地。但恐慌的西班牙人乱成一片，他们只顾夺路奔逃，致使船只相互碰搏，甚至大打出手，而被砍断锚索的舰船只能随风沿着海岸向东北漂流。西多尼亚只好命旗舰圣马丁号起锚向漂流的船只追去。

·海盗王德雷克·

德雷克本是奴隶贩子出身，但他发现直接抢劫比做生意来钱更快，于是就进入了海盗行列。由于胆大心细，德雷克在海盗界很快就闯出了名堂，成为伊丽莎白一世私人赞助的海盗，每次他抢劫回来，都会拿出10%的战利品孝敬女王。在对无敌舰队的战斗中，德雷克作为分舰队司令，为战争的胜利立下了大功。德雷克还是个成功的航海家，他于1580年继麦哲伦之后再次完成环球航行，而且沿途狠狠打击了西班牙人。德雷克的威名让西班牙人威风丧胆，对他又恨又怕。德雷克的海盗活动为英国建立海上霸权起了很大的推动作用。

德雷克、霍金斯等人继续全速向西班牙舰队追去。英军开始向敌人发火，许多船只纷纷中弹起火，而西班牙的重炮却很难击中目标，步兵和重炮无法充分发挥作用。英国凭借船身矮小，灵活自如，对敌船猛烈地轰击。他们巧妙配合，相互策应，使散开的西班牙战舰更为混乱。激烈的战斗持续了近一天，英军的损失极小，而西班牙舰队却受到严重的摧残，舰船被打得支离破碎，旗舰被击沉，损伤30余艘船只，16艘成为了英军的战利品，剩余的伤兵残船在西多尼亚的领导下被迫退出英吉利海峡。

不甘心失败的西多尼亚带领残部决定再度控制英吉利海峡，但风向始终没有转向有利于他的方向，再加上没有船只、人员及弹药的供给，他只好放弃并绕道北海退回西班牙。途中他们又遭到风暴的袭击，1588年10月，当他们返回西班牙时，仅剩43艘残破船只。

这场海战是历史上第一次全凭舰炮制胜的海战，舰船的机动性和火炮优势取代了传统的战法。同时英军的胜利使西班牙一蹶不振，英国成为新的海上霸主。

伊凡雷帝

1530 年 8 月 25 日，俄罗斯首都莫斯科克里姆林宫诞生了一位王子，取名伊凡。这时，天空突然想起了阵阵雷声，紧接着一道闪电击中了克里姆林宫。莫斯科人惊恐万分，俄罗斯大公瓦西里三世派人到俄罗斯东边的喀山汗国，请求喀山大汗解释这个天象。善解天象的喀山大汗的妻子说："沙皇已经出生，他生下来就有两排牙齿，一排用来吞食我们，一排用来吞食你们。"

1533 年，瓦西里三世去世，年仅 3 岁的伊凡登基，称伊凡四世。瓦西里三世的几个弟弟见伊凡四世年幼，根本不把他放在眼里，经常在他面前大吵大闹，甚至公开侮辱他。伊凡四世 8 岁时，这些大贵族又毒死了代他摄政的母亲，可怜的伊凡一下子成了孤儿，那些大贵族就更加肆无忌惮了。年幼的伊凡四世对那些贵族无可奈何，只好把怨气发泄到小动物身上。他经常残忍地拔掉小鸟的羽毛、挖掉小鸟的眼睛，看着它们痛苦地慢慢死去，而他却开心大笑。有时候伊凡四世抱着小猫、小狗，从塔楼上扔下去，看着它们摔死，从中寻找乐趣。

1547 年，伊凡 17 岁了，莫斯科克里姆林宫大教堂为他举行了隆重的加冕仪式，大主教马卡林把从东罗马帝国传下来的皇冠戴在他头上。为表明自己已拥有无限的权力，伊凡四世不再满足大公的称号，他自称"沙皇"。沙皇起源于古罗马帝国皇帝的称号"恺撒"（俄语里的"沙"是从拉丁文"恺撒"转音而来），沙皇也就是皇帝。伊凡四世成了俄国第一位沙皇。

伊凡四世虽然登基了，但朝政大权还掌握在他的舅舅、大贵族格林斯基手里。格林斯基专横独断，横征暴敛，弄得人们怨声载道。

伊凡四世登基半年后，莫斯科城内突然发生了一场大火，火势非常凶猛，烧毁了大半个城市。莫斯科人纷纷传说这是格林斯基放的火，愤怒的人民自发组织起来，冲进格林斯基的家，杀死了遇见的所有格林斯基的家人，并将他家洗劫一空。后来又冲进克里姆林宫，继续追杀格林斯基家的人。直到伊凡四世发话说要严惩格林斯基，人们才逐渐散去。

波克洛夫大教堂

教堂为纪念 1552 年伊凡占领喀山而建。据说教堂竣工时，伊凡弄瞎了所有参与兴建
该教堂的建筑师，因为他不想让他们建造比这更富丽堂皇的其他建筑。

　　这件事把伊凡四世吓坏了，从那以后，伊凡四世得出了一个教训："今后再
也不能把政权交给大贵族掌握了，必须由自己亲自掌握。"他积极拉拢中小贵族
和商人，成立了属于自己的特辖军，疯狂地屠杀了 4000 名大贵族，加强了中央

集权，同时颁布了《兵役条例》，增强了军事实力。

·伊凡四世杀子·

相传在 1581 年的一天，伊凡四世在皇宫中发现太子的妻子竟然只穿了一件衬衣，而规定是必须穿 3 件。伊凡四世本来就对这个儿媳妇很不满意，这次看见她居然公然违反规定，气得一脚踹了过去。儿媳妇应声倒地，当场就流产了。太子听说父亲的暴虐行为后，气得冲进皇宫找他理论。父子俩大吵了起来，以残忍著称的伊凡四世火冒三丈，顺手拿起铜头手杖对着太子的脑袋猛击。太子被打得头破血流，很快就断气了。伊凡四世这才冷静下来，对自己的失手感到万分后悔，但为时已晚。伊凡四世剩下的几年时间，他都是在追忆亡子的痛苦中度过的。

1547 年，"恐怖的伊凡"接受加冕，成为沙皇，他在加冕仪式上所戴的皇冠，据说在 11 世纪时曾属拜占庭。

为了满足中小贵族和商人对土地和财富的渴望，伊凡四世发动了对喀山汗国的战争。喀山汗国是从金帐汗国分裂出来的一个小国，这里土地肥沃，物产丰富，商业繁荣，俄罗斯曾对其发动过很多次侵略战争，结果都失败了。伊凡曾经发动过 3 次侵略喀山汗国的战争，结果也是大败而回。这次，伊凡四世亲自率领 15 万大军，带着 150 大炮，杀气腾腾地来到喀山城下。

当时喀山只有 3 万守军，使用的是落后的火绳枪，更糟糕的是喀山城的城墙还是木头的。

伊凡四世仗着优势兵力，要喀山人投降，但被喀山人严词拒绝了。恼羞成怒的伊凡四世疯狂地命令炮兵们开炮。俄军的炮弹一颗接一颗落在喀山城的城墙上，城墙上顿时燃起了大火。喀山军民一面灭火一面继续向俄军射击，并派出游击队骚扰俄军。一个月过去了，喀山城依然耸立着。

伊凡四世令俄军抓了几百个喀山老百姓，押到喀山城下，声称要是不投降就将他们全部杀死，但又一次被喀山守军拒绝了。伊凡四世残忍地下令将几百个老百姓全部杀死，这不但没有吓倒喀山守军，反而激起了他们对侵略者更大的仇恨。

后来俄军挖了一条地道，一直通到喀山城墙下，然后放上炸药，将一段城墙炸塌，如狼似虎的俄军从坍塌的城墙处一拥而入，终于攻入了喀山城。喀山守军全部被杀，妇女、儿童被卖为奴隶，喀山居民的财产被洗劫一空。就这样，俄罗斯吞并了喀山汗国。

伊凡四世一生都生活在尔虞我诈、钩心斗角的宫廷政治渡过，因而养成了多疑、残暴的性格，动不动就大发雷霆，随意杀人，一次他在盛怒之下竟然打死了自己的儿子，所以历史上称他为"伊凡雷帝"。

尼德兰革命

随着欧洲文艺复兴和科学技术的发展，资产阶级慢慢登上历史舞台。1556年，包括荷兰、比利时、卢森堡和法国东北部的尼德兰地区，因王朝联姻和王位继承关系，归属了西班牙。西班牙对尼德兰推行封建专制制度，对尼德兰人民进行残酷奴役和剥削，造成手工工场倒闭、工人失业，极大地扼制了资本主义经济的发展。西班牙专制还体现在教会迫害上：查理一世曾在尼德兰设立宗教裁判所，颁布"血腥诏令"，残酷迫害新教徒；腓力二世加强教会权力，命令尼德兰总督一切重大事务都要听从教会首领伦维尔的意见，并且拒绝从尼德兰各地撤走西班牙军队。西班牙的专制行为引起尼德兰人民的极度不满和抗议。

面对西班牙的专制统治和宗教迫害，以宗教斗争为先导的尼德兰民众反封建

斗争逐步高涨。激进的加尔文教教徒迅速增多，并不时地同当局和教会发生冲突。腓力二世只好表面答应群众的要求，但是暗地里却在秘密制订残酷镇压尼德兰革命势力的计划。1566年，尼德兰贵族也向西班牙国王请愿，要求废除宗教裁判所，缓和镇压异端的政策。在没有任何收获的情况下，贵族中的激进派加入到加尔文教会和革命群众的行列，一场大的革命风暴即将来临。

1566年8月，一名叫马特的制帽工人，掀起了破坏圣像、圣徒遗骨和祭坛的运动，并得到广大人民群众的支持，安特卫普、瓦朗西安爆发了起义。1567年，腓力二世命阿尔法为总督，率军进驻尼德兰，开始了对异端派别和起义军的血腥镇压，一些贵族和资产阶级也被杀害。由工人、农民和革命资产阶级分子构成的起义军和激进的加尔文教徒转移到森林里和海上，组成"森林乞丐"和"海上乞丐"，展开游击战，神出鬼没地袭击西班牙军队，奏响了荷兰革命的交响曲。1568年，奥兰治亲王威廉从国外组织一支雇佣军，但终因势单力薄而被阿尔法击败。1572年4月，在森林乞丐和海上乞丐影响下，尼德兰北方各省均发生起义，致使阿尔法军力分散。海上乞丐趁机率领装有枪炮的轻便船猛攻泽兰省的布里尔，守卫的西班牙军遭受重创。起义军又一举将西班牙军从北部大部分地区驱逐出去，并占领了荷兰省和泽兰省，建立了自己的根据地，威廉被推选为执政。

阿尔法极为恼火，他开始集中兵力镇压北部起义军。1572年12月，阿尔法大军挺进到哈勒姆，几次强攻都以失败告终。于是阿尔法改变策略，包围哈勒姆，切断所有通道，封锁城池，断绝城内的一切供给，并不时进行佯攻，消耗城内的弹药，8个月后终于攻陷哈勒姆城。攻占了哈勒姆城后，阿尔法开始攻打荷兰的莱顿城。莱顿城地势险要，防御工事坚固，易守难攻。阿尔法继续采用封锁战术。城民和起义军坚持了近一年，基本上到了弹尽粮绝的地步。阿尔法感觉时机成熟，开始发起总攻，但城内剩余的弹药仍使阿尔法惨败。于是阿尔法试图诱降起义军，遭到拒绝。

海上乞丐这时赶来救援，游击队在海坝上挖了16处缺口，海水顺势涌向莱顿城，莱顿城外一片汪洋，本来就伤亡惨重而士气低落的西班牙人在海水中仓皇撤退。

1576年9月4日，布鲁塞尔举行起义，起义军占领了国务委员会大厦，西班牙在尼德兰南部的统治被推翻了。

玛格丽特是查理五世的女儿，1559 年，被弟弟西班牙国王腓力二世
派到尼德兰做总督。

　　1576 年 11 月，以威廉为代表的北方起义军和南方起义军签订协定，首先驱
逐西班牙人，成立政府，再解决双方在宗教问题上的分歧。1581 年，北方 7 省
联合成立荷兰共和国，宣布废黜腓力二世。而坚持妥协的南方起义军却遭到西班
牙军队的镇压而失败。1609 年 1 月 9 日，西班牙国王和荷兰共和国签订协议，承
认了荷兰的独立。

　　尼德兰革命建立了第一个资产阶级共和国，它使荷兰人民推翻了西班牙的专
制统治，争取到民族独立。

东印度公司

15世纪以前，东方的香料和丝绸都是从中国经过伊朗、小亚细亚半岛，由阿拉伯人和威尼斯人传到欧洲的。可是到了15世纪，奥斯曼土耳其帝国兴起。1453年，攻陷君士坦丁堡，拜占庭帝国灭亡。奥斯曼土耳其帝国控制了香料及丝绸之路，它对来往的客商征收高额的关税，致使导致香料及丝绸的价格暴涨，香料几乎与黄金等价，迫使欧洲国家寻找另一条香料之路。

当时欧洲有一种"地圆说"，就是认为地球是圆的，这激发了欧洲人的探险热情。既然地球是圆的，那么向西航行不也可以到达中国、印度吗？进口的香料丝绸不就可以避开奥斯曼帝国的高额关税了吗？在巨大的利润刺激下，冒险家们一个接一个地踏上冒险之旅，去寻找盛产香料的东方。1492年的春天，哥伦布决定从水路到神秘的东方去。他得到了西班牙国王的支持，率领着几只船开始向西航行，结果却发现了美洲。1499年，葡萄牙航海家达·伽马向南绕过非洲的好望角到达印度，他率领满载香料的船队返回葡萄牙，所获纯利润竟是这次航行费用的60倍！从此葡萄牙人垄断了这条香料之路，大发横财。后来葡萄牙人又占领了盛产香料的印度尼西亚，把当地盛产的胡椒、豆蔻、丁香贩卖到欧洲，让其他的欧洲国家眼红不已。

当时荷兰的航海业也很发达，号称"海上马车夫"，为了获得高额利润，他们也决定开辟一条海上香料之路。这件事得到了荷兰政府的支持，由于当时远航耗资巨大，除了王室以外没有人能负担得起，但聪明的荷兰商人合资组建了一支由4艘帆船组称的船队，由霍特曼率领，向东方出发。

霍特曼率领着船队，经过了一年多的航行，终于到达了印尼爪哇岛的万丹港。通过望远镜，霍特曼看见了两只满载香料的大船正出港。

"哈哈哈，伙计们，我们刚来到这里就要发大财了！看哪，有两只满载香料的大船向我们驶过来了！"船员们纷纷向东看去，发出阵阵欢呼。"全体船员准备，把这两艘船抢过来！"荷兰人凭借强大的武力，将这两艘船上的香料全都抢了过来。

这是耶稣会传教士创作的一幅水彩画，表现的是荷兰围困庞迪遮里的情形。

"进港！那里有更多的香料！"霍特曼下令。荷兰人进港后，来到港口附近的市场。发现这里的香料到处都是，小贩们沿街叫卖。在欧洲和黄金等价的香料在这里竟然和蔬菜一样，摆在市场上叫卖！荷兰人惊呆了。

荷兰人开始大肆购买香料，但他们出价很低，再加上行为粗暴野蛮，当地人都不卖给他们。霍特曼非常生气，命令荷兰人抢夺，市场上顿时一片混乱。正在这时，一群爪哇武士骑着马赶来，把荷兰人捆了个结实，押到了万丹苏丹面前。

"你们是哪里人？为什么要抢东西？"万丹苏丹问。

被打得鼻青脸肿的霍特曼说："尊敬的苏丹，我们是荷兰人，我们是来买香料的。"

"你们这是买吗？这分明就是抢劫，你们必须赔偿我们的损失，我宣布你们为不受欢迎的人，立即驱逐出境！"万丹苏丹生气地说。

就这样，荷兰人在缴纳了罚金后，灰溜溜地离开了万丹港。为了获得香料，荷兰人的船队继续向东航行。但他们在万丹的丑恶行径早已传遍了整个爪哇，每个港口都不欢迎他们。霍特曼本打算向北再碰碰运气，但已经在大海上漂泊了一年的船员们纷纷抗议，霍特曼只好下令返航。1597 年，霍特曼的船队返回了荷兰，虽然他们这次带回的香料并不多，但也获得了高额的利润。荷兰商人一片欢呼，香料之路已经打开了！

1598 年，荷兰人再次远航，由范尼克率领，又一次来到了爪哇岛。吸取了上次霍特曼的教训，范尼克聪明多了。他极力讨好万丹苏丹，赠送了很多礼物。这时，万丹正在和葡萄牙人打仗，范尼克趁机向万丹苏丹提出可以帮助万丹一起对付葡萄牙人，万丹苏丹同意了。在荷兰人的帮助下，万丹将葡萄牙人赶跑了。范尼克趁机向万丹苏丹邀功，提出要在万丹建立办事处。苏丹同意了，并赠送给他们 4 船香料。

1602 年，荷兰国会通过决议，成立了东印度公司。不久，荷兰人的东印度公司将葡萄牙人的势力驱逐，征服了印尼，在这里建立了残暴的殖民统治。

·英国的东印度公司·

1600 年，为了掠夺东印度地区的原料和资源，英国政府决定成立东印度公司，并向民间发售股票以筹集资金。很快，公司的启动资金就筹集完毕。1613 年，东印度公司在印度的苏特拉设立了第一个贸易站。起初，东印度公司只是做生意，并没有参与政治。但是在 1698 年买下加尔各答之后，东印度公司先后设立了 3 个管理点，并派遣了总督，逐渐开始了殖民统治。后来还成立了军队，训练印度人当他们的炮灰。1756 年，孟买总督发兵赶走了英国人，从而引发了英印战争。这个时候的东印度公司已经成为了英国政府设在印度的殖民代理机构。但是从 18 世纪 60 年代开始，东印度公司开始走下坡路，英国政府一步步地取消了它的特权，最终在 1858 年正式将其取消。

"五月花"号

16世纪末到17世纪，英国的一些基督徒发起了一场轰轰烈烈的宗教改革运动，宣布脱离英国国教，另立教会，主张清除英国国教内部的天主教残余影响，这些基督徒被称为清教徒。但是到了17世纪中叶，英国议会通过了《信奉国教法》，英国政府和教会势力开始迫害清教徒。清教徒只好逃到信奉新教的荷兰避难。但是在荷兰，清教徒不仅受到宗教迫害，而且还受到了战争的折磨。为了彻底逃脱宗教迫害的魔爪，他们想再次迁徙。

清教徒把目光投向了当时刚刚发现不久的新大陆。新大陆地域辽阔，物产丰富，人烟稀少，正是清教徒们理想的迁徙地。1620年9月，清教徒的领袖布雷德福率领101名同伴，登上了一艘帆船——"五月花"号，向新大陆驶去。由于形势所迫，他们航行的季节是一年中最糟的渡洋季节，大海上风急浪高，"五月花"号像狂风暴雨中的一片树叶，随波逐流。很长一段时间内，清教徒们都躲在船舱内，不敢登上甲板。经过了66天的航行后，"五月花"号抵达北美大陆的科德角，就是今天美国马萨诸塞州的普利茅斯港。有意思的是，在这次危险的航行中，只有一人死亡，但又诞生了一名婴儿，所以到达美洲的人数仍然是102人。清教徒们手划十字，衷心感谢上帝。

面对这片陌生的土地，清教徒们不敢随便上岸，而是先派出了一个侦察队。过了几天，侦察队回来了，他们欣喜地告诉大家，在大陆上发现了一个适合居住的"天堂"。这个"天堂"就是今天的普利茅斯港，非常适合"五月花"号停泊，附近有一个渔场，有丰富的海产品。岸上不远处连绵起伏的小山，把这块土地环绕起来。一条小溪从山上流下来，汇入大海，可以提供充足的淡水。除此以外，还有一片片开垦过的肥沃农田，整整齐齐地排列着。农田旁边是一间间可以遮寒避暑的房屋……但奇怪的是，这里一个人都没有，难道是上帝赐给他们的？后来他们才了解到，这里原来是一个人口稠密的印第安村庄，但几年前天花流行，全村人都不幸病死了。

欢天喜地的清教徒们来到这个村庄，开始了他们的新生活，但生活并不像他们想象的那样美好。这些新来的移民缺少必要的农具和生活用具，在繁重的劳动下，很多人都累倒了，再加上缺医少药，很多人病死，冬天到了，从大西洋吹来阵阵的寒风，冻死了很多缺少棉衣棉被的清教徒，102 个移民只剩下 50 个了。移民们简直要绝望了。

1620 年 9 月 6 日，清教徒们在长老布鲁德福的率领下搭乘"五月花"号从英国普利茅斯扬帆起航移民新大陆。图中描绘的是 1620 年 11 月 21 日"五月花"号在鳕鱼角抛锚泊岸时的情景。

就在这时，一个印第安人来到了村庄。他是临近村子人，奉酋长之命来看看这里的情况，移民们仿佛看见了救星一样，他们向这印第安人诉说着他们面临的困难。印第安人脸上流露出无限的怜悯和同情，表示一定会帮助他们。几天后，这名印第安人和他的酋长马萨索德带着很多人，拿着很多生活用品再次来到了移民的村庄。酋长是个非常热情的人，他对移民的到来表示欢迎，送给他们许多生活用品，并派来了最有经验的印第安人，教他们种地、捕鱼、打猎和及饲养火鸡等。

在印第安人的无私帮助下，移民们获得了大丰收，渡过了难关，生活逐渐安定下来。秋收后，为了感谢上帝，布雷德福宣布从今以后，每年 11 月的最后一个星期四定为感恩节。当然，他还邀请了帮助他们渡过难关的真正"上帝"——热情、好客、无私的印第安人。马萨索德和很多印第安人前来参加节日，他们送来了5只鹿作为礼物。移民们大摆筵席，餐桌上摆满了山珍海味和用玉米、南瓜、笋瓜、火鸡等做成的美味佳肴。他们又吃又喝，唱歌跳舞，一连庆祝了三天。后来感恩节成了美国最大的一个传统节日。

随着清教徒不断移民，实力越来越大。他们站稳脚跟后，开始抢夺印第安人的土地，屠杀印第安人。原来北美有150万印第安人，后来只剩下30万了。这些剩下的印第安人被他们赶进了西部荒凉、贫瘠的"保留地"。这真是对感恩节的莫大讽刺！

·阿美利加的美洲探险·

意大利佛罗伦萨人阿美利加？维斯普奇早年受雇于美第奇家族，任银行职员。约1490年，阿美利加作为银行代理人前往西班牙的塞维利亚，1499～1504年先后在西班牙和葡萄牙政府任职。在此期间，曾3次渡大西洋去美洲探险，到达哥伦布所发现的南美洲北部，进行了深入细致的实地考察。回到欧洲后，阿美利加绘制了一幅地图，并于1503年出版了《海上旅行故事集》。他确认哥伦布所发现的不是印度而是一块新大陆。后来，世人即以他的名字命名新大陆，称阿美利加洲，简称美洲。

三十年战争

16世纪后期到17世纪初，欧洲社会资产阶级势力抬头，资产阶级新贵族和封建专制相对立，各国都有政治经济矛盾冲突，封建王朝及诸侯的领土之争以及宗教派别的矛盾也日益尖锐。欧洲各国逐渐形成两大对立集团：哈布斯堡集团和反哈布斯堡集团。以宗教改革而形成的新教派联合在反哈布斯堡集团旗下，力图建立中央集权的天主教派联合在以德国皇室哈布斯堡家族为首的哈布斯堡集团旗下，两大集团矛盾日益激化。

1526年，捷克重新并入"神圣罗马帝国"，德皇（属哈布斯堡王朝）兼为捷克国王，但捷克有宗教自决、政治自治的自由。当马提亚继位以后，他指任斐迪南为捷克国王，并企图恢复天主教在捷克的统治地位，德皇的这一决定遭到了捷克人民的强烈反对。1618年，愤怒的捷克人冲进王宫，把国王的两个钦差从窗口扔了出去，这一"掷出窗外事件"引发了1618～1648年，哈布斯堡王朝同盟（天主教同盟）和反哈布斯堡王朝同盟（新教同盟）两个庞大的强国集团为争夺欧洲霸权而进行的第一次全欧性战争——三十年战争。

为了使战争有个领导核心，捷克议会选举新教同盟首领巴拉丁选帝侯腓特烈为国王。在腓特烈的带领下，捷克军队开始的进军比较顺利，到6月时已经打到了维也纳城下。惊慌失措的斐迪南不得不求救于天主教同盟。在蒂利伯爵的率领下，天主教同盟的2.5万人马于1620年11月8日开进捷克，并在布拉格附近的白山与捷克和巴拉丁联军交战。捷克和巴拉丁联军战败，腓特烈逃往荷兰，西班牙占领巴拉丁，捷克被并入了奥地利，德国则取得了3/4的封建主土地。

为了抑制天主教同盟的继续胜利，法国首相黎塞留于1625年倡议英国、荷兰、丹麦结成反哈布斯堡联盟。随后，丹麦国王利斯丁四世联合德国北部新教诸侯向德皇宣战，英国也出兵捷克。德皇任命捷克贵族华伦斯坦为总司令率军抵抗反哈布斯堡联盟。1626年4月，华伦斯坦率军与英军在德绍交战，英军战败，丹麦军队被孤立。8月，蒂利伯爵率军击败丹麦军，收复了被丹麦军占领的卢特城。华伦斯坦军和蒂利伯爵的军队会合，两军挺进丹麦日德兰半岛。丹麦国王于1629年在律贝克与德国签订和约，在和约中保证以后不再干涉德国内务。

德皇一直打算在波罗的海建立一支强大的舰队，而一旦这支舰队成立，直接

斐迪南

他对新教的镇压激起了人民的强烈反抗，直接导致了欧洲三十年战争的爆发。

受到威胁的就是瑞典。在法国的援助下，1630 年 7 月，瑞典国王古斯塔夫率军在奥得河口登陆，天主教联军受挫。1631 年 9 月 17 日，蒂利伯爵在布赖滕费尔德会战中被瑞典－萨克逊联军击败，联军直抵莱茵河畔，并于 1632 年初占领美因茨。在 1633 年春的莱希河会战中，蒂利伯爵被击毙。4 月，联军又攻陷了奥根斯堡和慕尼黑。11 月，在吕岑会战中，瑞典国王古斯塔夫阵亡，这使得一路胜利的瑞典军丧失了前进的势头。在 1634 年 9 月的诺德林根会战中，德军联合西班牙大败瑞典军，并一直乘胜追击到波罗的海沿岸。

1635 年 5 月，法国对西班牙宣战。法国的参战，给天主教同盟以重创。1643 年 5 月 19 日，法国的孔代亲王率法军和西班牙军在法国北部边境要地罗克鲁瓦遭遇，法军取得了决定性胜利，此时的瑞典军队也是捷报频传。1648 年 5 月，在楚斯马斯豪森会战中，法瑞联军大败天主教军队，早已疲于应付的哈布斯堡王朝无力再战。1643 年，丹麦由于嫉妒瑞典取得的胜利而袭击瑞典后方，经过 3 年战争，丹麦被迫求和。1648 年，交战双方签订了《威斯特伐利亚条约》，三十年战争至此结束。

战后的德国满目疮痍，分裂为 300 个大大小小的诸侯国，神圣罗马帝国事实上不再存在了；西班牙也失去一等强国的地位；法国从德国得到大片土地，成为欧洲霸主；瑞典也得到波罗的海沿岸地区，成为北欧强国；荷兰正式独立。新教得到承认，路德宗和卡尔文宗地位平等。

·华伦斯坦·

华伦斯坦是三十年战争时期神圣罗马帝国的英雄人物。他主张统一德意志，引起了诸侯们的不满，所以始终受到排挤。瑞典入侵后，华伦斯坦临危受命，组织了一支军队迎击，很快就击败了瑞典军队，瑞典国王也战死。但是由于华伦斯坦始终坚持自己的政治主张，在遭到拒绝和冷落后一气之下回乡招兵买马，准备武力统一德意志。他的行为引起了诸侯们的恐慌，于是唆使皇帝将他招来，在半路上派刺客将其刺杀。由于失去了华伦斯坦，神圣罗马帝国在三十年战争中一蹶不振，成为战争最大的输家。

资产阶级革命

15～19世纪，资本主义来临，人类历史发生了重大转折。西欧社会经济、政治和文化各方面发生了质的变化。资本主义在欧美诸国的胜利和统治地位的确立，是通过一系列资产阶级革命和改革完成的。这场席卷欧美大陆的革命风暴，以排山倒海之势给封建专制统治以致命打击，欧美主要国家建立起了资本主义经济政治制度。资产阶级革命的胜利，为资本主义的发展扫清了道路，为工业革命的发生准备了条件。

查理一世被押上断头台

新航路开辟以后，大西洋上的岛国英国因为地处美洲和欧洲大陆之间，所以发展得很快，出现了很多资产阶级新贵族（靠经营工商业致富的贵族）。但国王查理一世为代表的封建势力还想维持落后的封建统治，疯狂搜刮资产阶级的钱财，激起了资产阶级的强烈不满。由资产阶级组成的议会为了自己的利益千方百计限制国王的权力，但国王对议会根本不屑一顾，议会和国王之间的冲突不可避免。

1640 年 10 月，议会突然逮捕了国王查理一世的两个亲信斯特拉夫伯爵和罗德大主教，并判处他们死刑。查理一世得知后，大发雷霆。第二天，查理一世带着卫队冲进议会，对议会首领说："我以国王的身份命令你们立即释放斯特拉夫伯爵和罗德大主教！""这根本不可能！"议会首领的态度也很强硬，很多议员围了上来，向国王提出抗议。查理一世见事不妙，赶紧逃出了议会。

1640 年 11 月，为了筹措军费镇压苏格兰人的起义，查理一世被迫召开议会，企图通过新的征税法案。议员们不但没有通过法案，反而趁机提出要求限制国王的权力。这一要求得到了广大工商业者、市民和农民的支持。查理一世恼羞成怒，亲自率领卫队闯进议会准备逮捕反对最激烈的 5 名议员。但这 5 名议员早已听到了风声，躲了起来，查理一世扑了个空。第二天，查理一世下令全城搜捕，但国王的卫队遭到了人民的阻拦，伦敦周围农村的农民也纷纷进城，表示拥护议会，连伦敦市长也反对逮捕这 5 名议员，查理一世在伦敦陷入了孤立。

几天以后，查理一世逃出了伦敦，来到了英格兰北部的约克郡，准备纠集忠于自己的军队，讨伐议会。1942 年 8 月 22 日，查理一世率领军队在诺丁汉升起了军旗，正式宣布讨伐议会。

消息传到伦敦后，议会慌忙组织军队抵抗。当时英格兰北部和西部的封建贵族拥护国王，参加了国王军。而在工商业比较发达的包括伦敦在内的英格兰东南部，很多资产阶级新贵族、市民和农民都表示拥护议会。内战开始后，由于国王军训练有素，临时拼凑起来的议会军接连战败，国王军一直打到到离伦敦很近的牛津。伦敦城内的议员们乱成一团，有的主张坚决抵抗，有的主张逃跑，有的主张和国王议和。这时议会军统帅克伦威尔挺身而出，强烈谴责逃跑和议和的人，主张同国王军决战，早已没有主意的议员们只好表示同意。

克伦威尔是一个新贵族的儿子。内战爆发后，他招募了 60 名农民组成了骑兵，加入了议会军同国王军作战。由于他的军队纪律严明，作战勇敢，屡建战功，人数也不断增加，所以很快就得到了议会军广大官兵的拥护，克伦威尔也成了议会军的统帅。

1644 年 7 月的一个傍晚，在约克城西郊的马斯顿草原，国王军和议会军展开了决战。国王军有 1.1 万名步兵和 7000 名骑兵，议会军有 2 万名步兵和 7000 名骑兵。国王军的统帅鲁波特望着黑压压的议会军，问侍从："克伦威尔也来了吗?"侍从说："是的，他来了。"鲁波特听了长长地叹了一口气，因为他知道克

查理一世

伦威尔能征善战，再加上议会军人数比国王军多，这场仗很难取胜。正当他准备去吃晚饭的时候，议会军分三路，呐喊着向国王军发起了冲锋，这是鲁波特始料不及的，他慌忙部署军队迎战。在他的指挥下，国王军打退了议会军的左翼。就在这时，克伦威尔率领着精锐骑兵向鲁波特杀来。鲁波特吓得掉转马头，狼狈逃走了。国王军顿时大乱，议会军趁机发起总攻，国王军大败。第二年夏天，议会军抓住了查理一世。但他很快逃了出来，又发动第二次内战，结果又被打败，再次成为俘虏。

1649 年 1 月 30 日，伦敦法庭宣布查理一世是"暴君、叛徒、杀人犯和人民公敌"，宣布对他处以死刑。一身黑衣的查理一世早已没有的昔日趾高气昂的模

此图描绘了查理一世被处死后，当刽子手拿着国王的头颅示众时，一位妇女当场昏厥的情景。

样，他脸色苍白，目光呆滞，浑身颤抖。刽子手手中锋利的斧头向查理一世的脖子用力砍去，查理一世的头颅滚落到地上，沾满了泥水，人民发出一阵欢呼。此后，英国成立了共和国，资产阶级革命取得了成功。

复辟与"光荣革命"

克伦威尔死后，他的儿子理查·克伦威尔继任为护国主。但他软弱无能，既没有他父亲的威望，也缺乏治国的才能，克伦威尔手下的高级军官们根本不把他放在眼里。不到一年，理查·克伦威尔就被迫辞去护国主的职位。这些高级军官们争权夺势，谁也不服谁，搞得国家乌烟瘴气，一片混乱。为了维护自己的利益，英国的资产阶级和新贵族决定把流亡在法国的查理一世的儿子查理二世接回英国。

多次复辟失败的查理二世接到这个消息后，大喜过望。为了能得到资产阶级和新贵族的支持，他表示赦免所有参加过革命的人，实行宗教信仰自由，承认在革命期间获得土地的人的产权，甚至宣称如果他当上国王后，政府将由国王、上院和下院联合组成。资产阶级和新贵族非常高兴，1660 年 5 月 26 日，查理二世被迎回伦敦，重登王位，斯图亚特王朝复辟了。

但不久，查理二世就露出了他的狰狞面目，开始了反攻倒算，大肆迫害革命者，英国处于一片白色恐怖之中。

1661年1月31日的早晨，伦敦的薄雾还没有散去，一辆华丽的马车在一群侍卫的保护下，来到伦敦近郊的墓地。马车停住后，一位侍卫走到马车前，毕恭毕敬地说："陛下，墓地到了。"查理二世打开车门，走了下来。

"他的坟墓在哪里？"查理二世问。

"在那里。"侍卫朝远处一指。

"来人啊！给我砸了他的墓碑，挖出他的尸体！"查理二世望着那块墓碑，眼里冒出怒火，歇斯底里地喊道。

一群侍卫拿着铁锹、铁锤一拥而上，很快就将那块刻有"护国主——克伦威尔"的墓碑砸了个稀巴烂。他们抢起铁锹，又挖出了克伦威尔的棺材。侍卫们拿着斧头，将棺材劈开，取出了已经腐烂的克伦威尔的尸体。同时被砸墓碑和开棺的还有克伦威尔的女婿——爱尔兰总督爱尔顿和很多革命者。

威廉在英国西海岸登陆，受到资产阶级和新贵族的欢迎。

查理二世将这些革命者的尸体施以绞刑，吊在绞刑架上。但这还不能解查理二世的心头之恨，他又下令将这些尸体的头砍下来，悬挂在当年审判查理一世的威斯敏斯特宫的竿子上示众。对那些曾经参与审判查理一世的法官们都以"弑君"罪处死，已经死了的也要从坟墓里挖出来砍头。

在查理二世流亡法国期间，他得到了法国的大力支持。为了感激法国，查理二世将英国在欧洲大陆唯一的一个贸易点敦刻尔克卖给了法国，这使英国丧失了在欧洲大陆的立足点。英国人民极为不满，认为这是"丢掉了挂在腰带上的一把钥匙"。法国政府因此更加起劲地支持查理二世，给了他大量的贷款。有了法国的撑腰，查理二世的底气更足了。他在英国倒行逆施，解散议会，取消城市的自治权，将人民在革命期间取得的权力全部剥夺。

1685年，查理二世病死，他的弟弟詹姆斯二世即位。詹姆斯二世是个狂热的天主教徒，他一上台就宣布天主教为国教。这就意味着革命时那些靠没收天主教会势力的土地而致富的资产阶级和新贵族将被迫退还这些土地，从而引起了他们的强烈不满。这项政策同时也引英国国教徒的不满，他们认为天主教定为国教后，他们的地位、领地、税收以及一切福利都将丧失。于是，他们联合起来，反抗詹姆斯二世的反动统治。他们不敢发动群众起义去推翻詹姆斯二世，而是想换一个国王。选谁当国王呢？他们选择了在荷兰执政的威廉二世。为什么选择他呢？一是因为他是詹姆斯二世的女婿，二是因为他信仰新教。

威廉二世接到英国人的信后，非常高兴，觉得这简直就是天上掉了一块馅饼！经过一番精心准备，威廉二世带领1万步兵和4000骑兵，乘坐600艘战船在英国西南部德文郡的托尔贝港登陆。威廉二世在英国资产阶级和新贵族的带领下，率军向伦敦挺进，一路上势如破竹。詹姆斯二世的军队虽然多，但都贪生怕死，不敢与威廉二世的军队交战。很多军官都投降了威廉二世，甚至包括英军总司令约翰·邱吉尔，就连詹姆斯二世的小女儿和她的丈夫也投奔了威廉二世。众叛亲离的詹姆斯二世逃到了法国，威廉二世当上了英国国王。英国人把这次不流血的政变叫做"光荣革命"。光荣革命结束了英国的专制统治，为英国资本主义的发展提供了稳定的环境。

• 《权利法案》•

《权利法案》是斯图亚特王朝的国王们与英格兰人民和议会在17世纪长期争

斗的结果。它成为 1688 年革命后施政的基础。法案的主要内容在于明文宣布詹姆士二世的各种措施非法。法案规定：不经议会同意，国王无权征税；不能在和平时期维持常备军；议会要定期召开；议员的选举不受国王干涉；议员有在议会活动的自由等。同时法案也确定了王位继承问题。《权利法案》为限制王权提供了宪法保障，在英国确立了资产阶级专政的君主立宪制，是英国法律的基本组成部分之一。

郑成功收复台湾

明末政治腐败，武备废弛，台湾、澎湖的防卫力量逐渐削弱，给外敌窥伺造成可乘之机。自从通往东方的新航线被发现后，葡萄牙、西班牙、荷兰等西方殖民主义势力为争夺殖民地，纷纷东来。17 世纪初，荷兰东印度公司在巴达维亚（今印尼雅加达）成立后，加强了对中国的经济掠夺和武力侵略。1624 年，荷兰在台湾南部的台江登陆，1642 年，荷军在台湾北部击败西班牙殖民军，霸占了整个台湾。荷兰殖民者的残暴统治不断激起台湾人民的强烈反抗。而此时，以抗清为己任的郑成功已占据了长江口以南的广大海域。为了驱逐荷兰殖民者，建立稳固的抗清基地，郑成功决意收复台湾。

从 1661 年初开始，郑成功开始储备粮饷，练兵造船，侦察敌情，在军事和经济上都做了周密充分的准备。而且他还制定了收复台湾的作战方针：首先攻打澎湖，作为前进基地，通过鹿耳门港，于台江实施登陆作战，切断台湾城与赤嵌城两地荷军的联系，分别予以围歼，以收复台湾全岛。

1661 年 2 月，郑成功从厦门移驻金门，将出征舰队分两批出发。3 月 23 日，郑成功亲率 2.5 万人从金门出发，24 日到达澎湖，因荷军兵力薄弱，郑军很快占领了澎湖。30 日，郑成功留下 3000 兵力驻守澎湖，亲率舰队于 4 月 1 日抵鹿耳门港外。郑成功乘海潮大涨，率队进发，顺利通过鹿耳门狭窄的北航道，进入内海，避开敌人的火力，将舰船分布在台江之中。荷兰军队来不及调整部署，只好仓促出动夹板船到海面阻击郑军，郑军水师冲过荷军防线，先在赤嵌城以北的

禾寮港登陆，接着在鹿耳门方向成功登陆。

荷兰殖民者投降图

　　荷兰殖民者在台湾岛上修筑了两个据点：赤嵌城（今台南）和台湾城（今安平）。郑成功军队成功登陆禾寮港后，包围了赤嵌城，并割断了赤嵌城与台湾城之间的联系。当时，防守赤嵌城的荷军司令官描难实叮自持装备优良，城堡坚固，根本没有把郑成功的军队放在眼里。虽然郑军武器装备落后，但却训练有素，纪律严明，士气高昂，十分英勇。

　　郑成功采用先弱后强、分割包围，各个击破的方针，首先对赤嵌城发起猛攻。描难实叮命令荷军用大炮和洋枪回击，海上的荷兰战船也向郑成功的船队开火。台湾人民见郑军的大炮难以攻下赤嵌城，便向郑成功献计：赤嵌城中的水源只有一个，在城外的高山上，如果断其水源，城中乏水，人心动摇，那时再攻打就相当容易了。郑成功采纳了这一建议，果然，几日以后，描难实叮在走投无路的情况下，出城投降，赤嵌城被郑军收复。

　　郑成功派描难实叮去台湾城招降荷兰总督揆一，但揆一拒不投降，并派人去巴达维亚请援军。郑成功率军攻城，荷军炮火猛烈，久攻不下，郑成功决定对台湾城实行围困战略，在城外修筑深沟高垒，使敌方炮火的威力难以发挥。同时，郑成功到台湾各地宣传收复台湾的宗旨，把带来的耕牛农具发给农民，台湾人民纷纷支持郑成功的爱国正义行动。

5月2日，第二批郑军6000人在黄安等将领的率领下，乘船抵达台湾，郑军的供给得到补充。7月，荷军分水、陆两路向郑军发起进攻。海上，荷舰企图迂回到郑军后侧，焚烧船只，却被郑军包围，双方展开激战，荷军战败，只有少数幸存舰船逃往巴达维亚。陆上，荷军的进攻同样遭到失败。此后，荷军再也不敢轻易与郑军交战。

几个月的围困，使台湾城缺粮缺水，仅死伤的荷军就有1600多人，余下的兵士也陷入饥荒和混乱之中，次年1月25日，郑成功命令发起总攻，揆一见大势已去，于2月1日宣布投降。盘踞台湾达38年之久的荷兰殖民者最后被驱逐出了中国的领土。

英荷战争

17世纪上半叶，荷兰完成了资产阶级革命，实现了民族独立，经济得到迅速发展，海外扩张和贸易成效显著。当时荷兰拥有商船1.6万艘，占世界商船总吨位的3/4。荷兰人垄断了世界贸易，五大洲的各个角落都留下荷兰商人的足迹，被誉为"海上马车夫。"不久，英国资产阶级革命取得胜利，为掠夺资本，统治者迫切需要海外扩张，扩大海上贸易。海上霸主荷兰就成为英国的最大威胁和障碍，两国之间的利益冲突日益尖锐。

1649年，克伦威尔政府加快海军建设，建造安装60～80门炮的巨型战舰，并于1651年颁布《航海条例》，禁止荷兰参与英国贸易，严重打击了荷兰利益。1652年5月，双方舰队发生冲突。7月8日，英国舰队司令布桑克下令封锁多佛尔海峡，切断荷兰在海上与外界的联系。

荷兰对英国的行为极为愤怒，采用强大军舰护送商船强行突围。8月26日，荷兰商船在海军将领赖特率领的军舰掩护下驶往英吉利海峡。40余艘英国舰进行阻击，赖特命军舰分进合击，利用数量优势重创英军，顺利通过英吉利海峡。封锁失利后，英军增加封锁兵力。1653年2月，荷兰统帅特普罗率领80余艘战舰护送商船回国，行至波特兰海城，遭到70余艘英国战舰的袭击。双方势均力敌，展开对攻。一时间，海面上水花四溅，硝烟弥漫。激烈的海战一直持续了三天，双方都付出了巨大的代价。特普罗虽然突破了封锁，但制海权被英国海军夺走，对荷兰的封锁更为严密。

镶金蜗牛

荷兰国土面积虽然少，但它的国民四出探险，取得无数财富，供国内的资产阶级玩乐。

依靠殖民与海上贸易发展起来的荷兰，受到英国的严密封锁，经济开始陷入瘫痪，这促使荷兰一定要与英国决一死战。1653年6月，特普罗率领104艘荷兰舰船试图打破英国封锁，布莱克组织115艘英舰应敌。战斗一开始，双方就展开了混战，巨型的英舰虽在体型上优于敌人，但船体小而灵活的荷兰军舰在空隙中穿梭，也没让英军占太多的便宜。时间一长，装有较先进火炮，且数量和质量都优于对手的英国军舰慢慢占了上风。天黑时，英国舰队的援军赶到，损失惨重的荷兰舰队被迫退到佛兰德浅海。英军舰船因体积巨大，吃水较深而无法追击。这次海战的胜利，使英国对荷兰的封锁更加猖狂。不甘心失败的荷兰又调集舰队，在特普罗的指挥下大举反扑英国舰队。8月10日，激战开始，英国舰队充分发挥先进火炮的威力，与荷兰军舰进行周旋。特普罗在激战中中弹身亡，荷兰军舰乱作一团。英军抓住时机进行痛击，荷兰军队伤亡惨重。1654年4月，荷兰被迫与英国缔结和约，同意支付巨额赔款，承认英国海上霸主的地位。

·《威斯特伐利亚和约》·

从 1645 年 6 月起，在德国威斯特伐利亚境内，三十年战争的各参战方开始进行谈判。1648 年 10 月，各方签订了《威斯特伐利亚和约》。其主要内容如下：瑞典获得整个西波美拉尼亚及东波美拉尼亚的一部分、维马斯城、不来梅和维尔登两个主教区；法国获得亚尔萨斯大部分，梅斯、土尔和凡尔登归其所有；德意志的勃兰登堡、萨克森、巴伐利亚等诸侯邦在领地内享有内政外交自主权；承认瑞士、荷兰独立等。和约的缔结打击了神圣罗马帝国的哈布斯堡王朝，进一步加深了德意志的分裂。

取得制海权的英国开始对外殖民扩张，1664 年，英国攻占了荷兰在北美和西非的殖民地。1665 年 2 月，意欲复仇的荷兰向英国宣战。荷兰海军上将赖特率军很快夺回西非被英军占领的殖民地。但 6 月在洛斯托夫特海战中又被英国约克公爵击败。此时，法国、丹麦等国对英国的迅速扩张极为害怕，于是与荷兰结成反英同盟，提供各种支援。1666 年 6 月 11 日，赖特再次组织 84 艘战舰，装备较先进的大炮 4600 门和 2.2 万大军，向敌人反扑。在敦刻尔克海与蒙克和鲁珀特率领的英国舰队遭遇，双方展开对攻战。赖特凭借数量的优势包围了英军。英军四面受敌，伤亡和损失很大。荷兰乘胜追击，沿泰晤士河而上，攻打英国首都伦敦。1667 年 6 月，赖特乘黑夜利用涨潮之机冲入泰晤士河，炮轰伦敦，严密封锁泰晤士河口。英国人惊慌失措，被迫与荷兰和谈，在海上贸易权方面做出了让步。

1672 年，为了各自利益，英、法联合对荷兰宣战。荷兰人打开水坝，迫使法军撤兵，英国海军也被击败。随后两年里，英、法不能协调一致，英军陷入孤立。长期的战争使英、荷双方国力大减，无力再战，1674 年 2 月双方签订和约，恢复了战前状态。

三次英荷战争使荷兰实力削弱，"海上马车夫"由英国取而代之，英国成了海上霸主。这次战争，也使人们认识到海军的战略价值。

《尼布楚条约》

　　黑龙江流域自古以来就是中国的固有领土。西周初年，居住在黑龙江中下游一带的肃慎族（满族人的祖先）就开始向周王进贡。唐朝时，黑龙江中下游属黑水。公元725年，唐朝在这里设立了黑水都督府，唐王朝直接任命人担任官员。公元792年，唐王朝为加强对这里的统治，又设立都督府。金朝时，这里属于上京路所辖的蒲峪路。元朝时属于辽阳行省。为沟通黑龙江流域与内地的联系，元朝政府又建立了许多驿站。明朝在这里设立了奴尔干都司，北方边城庙街（现在俄罗斯尼古拉耶夫斯克）还建造了庙宇，树立了石碑，在苦兀岛（库页岛）上树立了石碑，在海参崴（现俄罗斯符拉迪沃斯托克）的永宁寺树立了大明功德碑。为了便于管理和加强与内地的联系，明朝政府还在奴尔干都司所管辖的地区设立了"卫、所、站、面、寨"。

　　沙俄政府吞并了西伯利亚汗国后，开始向远东地区扩张。由于西伯利亚河流众多，沙俄军队乘着船，一路烧杀抢掠，来到了与中国接壤的远东地区。

　　1643年，沙俄驻雅库次克（今俄罗斯雅库次克）地区的长官戈洛文为了掠夺中国黑龙江地区的物产和白银，派他的手下波雅克夫拼凑了132名匪徒，"远征"中国的黑龙江流域。这伙匪徒沿着勒拿河南下，翻越外兴安岭，进入中国境内筑营扎寨。住在当地的中国居民是纯朴善良的达斡尔族，他们没有认清这群土匪的真面目，给了他们很多粮食，竭尽可能的帮助他们。但不久波雅克夫却绑架了达斡尔人的酋长，向他们勒索白银、貂皮、牲口和粮食。达斡尔人终于认清了这群土匪的真面目，他们纷纷拿起武器，痛击侵略者。波雅克夫等人狼狈逃走，在逃跑途中由于缺少粮食，他们竟然杀死中国居民吃肉充饥，当地的中国人都叫他们"吃人恶魔"。

　　1650年，俄国人哈巴罗夫领着一群匪徒来到黑龙江流域，强占了雅克萨城（今俄罗斯阿尔巴金诺），并以此为据点，开始蚕食中国领土。

　　清政府在忍无可忍的情况下，决定派兵进攻俄国侵略者。1685年，清政府命令大将萨布素和彭春率领3000人，进攻雅克萨。在进攻雅克萨之前，清军将一支箭射进雅克萨城，箭上有一封给雅克萨城俄军长官托尔布金的信。信用满、蒙、俄三种文字写成，要求俄军立即撤出雅克萨城，离开中国领土，但遭到俄军的野蛮拒绝。清军用大炮把雅克萨城团团围住，准备攻城。

这时，沙俄的援军乘着木筏来援，向清军阵地冲来，气焰十分嚣张。清军将领雅勒泰率军迎战。清军跳上俄军木筏，与之展开了激烈的白刃战。俄军大败，30多人被杀，其余的被俘。当晚，清军大炮猛轰雅克萨城。第二天，清军在雅克萨城下堆积了大量的干柴，准备放火烧城。托尔布金外无救兵，内无粮草、弹药，只好向清军投降。清军将领允许他们把粮食、武器一起带走，托尔布金连声感谢，并表示再也不来侵犯了。清军将雅克萨城拆毁后返回。

但两个月后，背信弃义的俄国人在托尔布金的带领下再次侵略中国，重建了雅克萨城，并在上面安上了大炮。他们还在城中修建了粮仓和火药库，准备在这里长期居住。他们经常出城，对中国人的村庄烧杀抢掠，无恶不作。

清朝"神威无敌大将军炮"

为收复雅克萨，打击沙俄侵略军，清军专门铸造了一批红衣大炮，康熙帝把它们命为"神威无敌大将军"。这种大炮在雅克萨之战中发挥了巨大威力。

1686 年，萨布素率领 2000 名士兵再次来到雅克萨，命令托尔布金投降，但遭到了拒绝。清军用大炮猛轰雅克萨城，俄军死伤无数，连俄军的指挥所都被炸塌，托尔布金被炸掉了一条腿，不久死去。随着冬天来临，俄军饥寒交迫，疾病流行，最后 800 多俄军只剩下 66 人。

1689 年，中俄两国在尼布楚（今俄罗斯涅尔琴斯克）进行了边界谈判，中国代表索额图和俄国代表戈洛文签订了《尼布楚条约》。《尼布楚条约》规定，中、俄两国以外兴安岭、额尔古纳河和格尔必齐河为界，从法律上肯定了黑龙江河乌苏里江流域，包括库页岛在内的广大地区是中国领土。中国做出了一些让步，同意将原属中国的尼布楚让给俄国。《尼布楚条约》为中国东北赢得了长期的和平。

牛顿的发现

1642 年圣诞节，牛顿降生于英格兰北部乌尔索普村的一户农家。父亲在牛顿还没出生时就去世了，母亲为了生存，改嫁给邻村的牧师巴顿，牛顿被留给了年迈的外祖母。不幸的童年使牛顿形成了沉默寡言、腼腆和孤僻的性格。但牛顿爱好思考，喜欢动手做木匠活，这无疑为以后从事实验研究工作打下了基础。

12 岁时，牛顿来到离家不远的格兰山镇上的金格斯中学，寄宿在克拉克的药店楼上。他用木箱和玻璃瓶做成水钟，控制时间，每天黎明时水钟按时滴水到他的脸上，把他叫醒。

牛顿的母亲原希望他成为一个农民，能赡养家庭，但牛顿本人却无意于此。14 岁时的牛顿充满理想，不停地思考各种问题，他在自家的石墙上刻了太阳钟，争分夺秒地学习。有一次，他在暴风雨中跑来跑去测验风力，浇得浑身湿透。他的母亲怕他真的疯了，只好放弃了让他成为农民的念头，叫他继续读书。

·英国皇家学会·

1660 年，斯图亚特王朝复辟后，伦敦成为英国学术研究的中心。为了组织好学术研究，伦敦的科学家们在当年 11 月提出成立一个促进数学和物理研究的学院，推选约翰·威尔金斯为主席，并向查理二世递交了申请。不久查理二世批准了申请，并担任了该学会的保护人。该学会虽然经由皇家批准成立，但在组织上是一个独立自由的社团，在制定章程和吸收新会员时不受任何政府机构的干扰。英国皇家学会每年3月的第3个星期三召开选举年会。自1915年开始，该学会的会长均由诺贝尔奖获得者担任。英国皇家学会在英国起着国家科学院的作用，促进了英国自然科学的发展，享有极高的国际声誉。

牛顿

随着年岁增大，牛顿越发爱好读书、喜欢沉思、做科学小试验。牛顿在中学时代学习成绩并不出众，只是对自然现象有好奇心，他分门别类地记读书心得，又喜欢别出心裁地做些小工具、小试验。1661年，牛顿经过数年的勤奋学习，终于考入剑桥大学，并获"减费生"资格。1664年成为奖学金获得者，1665年获学士学位。一位叫巴罗的学者发现牛顿是个人才，举荐他为研究生，把牛顿引向了自然科学的王国。1665年1月，牛顿完成大学学业，在巴顿的推荐下，继续留在学校做研究。但刚过半年，伦敦就爆发了大规模的黑死病，剑桥全校暂时停课，牛顿回到了故乡。

1665～1666 年，牛顿认真总结了前人的科学研究方法并加以运用，很快就研究出了二项式定理，制定出微积分，用三棱镜把白光分解成七色光并确定了每种颜色光的折射率，他还继承了笛卡儿把地上的力学应用于天体现象的想法来探索行星椭圆轨道问题，试图把苹果落地与月亮绕地联系起来。1667 年，牛顿重返剑桥大学，在巴罗教授指导下继续从事科学研究。1669 年，巴罗教授推荐他担任"卢卡斯数学讲座"教授，26 岁的牛顿担任此职一直到 53 岁。1672 年，他被接纳为伦敦皇家学会会员。1687 年，《自然哲学的数学原理》这一划时代的著作问世，该书以牛顿的三大运动定律和万有引力定律为基础，建立了完美的力学理论体系，说明了当时人们所能理解的一切力学现象，解决了行星运动、落体运动、振子运动、微粒运动、声音和波、潮涨潮落以及地球的扁圆形状等各式各样的问题。在以后的 200 多年中，再也没有人补充任何本质上的东西，直到 20 世纪量子论和相对论的出现，才使力学的范畴扩大。

牛顿虽然在年轻时就成了享誉欧洲的大科学家，但在生活上并不富裕，一生中大部分时间是在贫困中度过的。1696 年，他的一位同学蒙格特担任英国财政大臣，任命牛顿为造币局的副局长。牛顿经过两三年努力，很快解决了英国的币制混乱问题，并在 1699 年升任造币局局长。此后他的生活有所改善，年薪 2000 英镑，是在剑桥当教授时的 10 倍。

1727 年 3 月，84 岁的牛顿出席了皇家学会例会后，这位一生不知疲倦的科学家突然发病，于 3 月 20 日拂晓前与世长辞。他的临终遗言是："我不知道世上的人对我怎样评价。我却这样认为：我好像是在海滨上玩耍的孩子，时而拾到几块莹洁的石子，时而拾到几块美丽的贝壳并为之欢欣。那浩瀚的真理的海洋仍展现在面前。"

牛顿的骨灰被安葬在威斯敏斯特教堂，威斯敏斯特教堂是英国历代君主举行加冕仪式的地方，牛顿是第一位以科学家身份安葬在此的人。

"太阳王"路易十四

为什么路易十四被称为太阳王呢？那是因为成年后的路易十四，无论言行起居还是穿着服饰，都极其优雅而庄严。他好大喜功，喜欢人们叫他"大皇帝"（Grand Monarch）。他选择太阳为他本人特殊的标识，是因为太阳是天体中最明亮的。人们目睹路易十四高高坐在镀金的宝座上，光辉四射，又怎能不俯首帖耳，顶礼膜拜？

说到路易十四，还不由让人想起法国的香水，法国香水工业之所以那么发达，路易十四功不可没。

法国人原先不洗澡，就是国王也不例外。他们宁愿一天换几套衣服，也不愿意用香皂洗澡，因为他们认为多洗澡不好，认为香皂有毒。由此可想而知他们身上的味儿该有多难闻，路易十三就曾被称为"臭王"。到了路易十四时，他为了不让别人闻到自己身上的臭味，就大量地使用香水，还用混合了葡萄酒的水洗手和漱口，再用洒了香水的干布擦。在香水这方面，他很讲究，让人每天都配制出一种他喜欢的香水来。不仅自己用，他还命令他的臣民不擦香水就不许出入公共场合，还要不时地更换香水。就这样，法国的香水工业迅速地发展起来。

凡尔赛宫外景

这个故事只不过是路易十四的一个逸闻趣事，和他的一生相比，实在是微不足道。由于父亲早逝，路易十四在 5 岁时就继承了王位。当时表面上由太后安娜执政，但实权却掌握在首相马扎然手中。年幼的路易十四曾经历了由法院贵族和资产阶级领导的反抗政府的"投石党运动"，跟随朝廷逃离巴黎，并遭到追捕。这个事件对他亲政后加强王权、削弱高等法院的权力和实行钳制贵族的政策有深刻的影响。

1661 年，强权首相马扎然死后，路易十四开始亲政。他事事躬亲，称自己为从事"国王的职业"。刚一上台，他就判处不可一世的财政总监福凯终身监禁，然后打击高等法院的权威，又把一切介于君主和庶民之间的承上启下的权力机构撇在一边，通过种种措施，空前加强了中央专制王权。在他亲政的 55 年（1661～1715 年）中，法国一度称霸欧洲，这一时期后来被伏尔泰称为"路易十四的世纪"。

在国内经济领域，路易十四推行科尔伯的重商主义政策，大力修建基础设施，降低税率，奖励工业生产，积极从事对外贸易，造就了法国经济的繁荣。路易十四拥有一支自罗马帝国以来欧洲人数最多、最强大的常备军，1672 年，陆军人数达到 12 万，1690 年超过 30 万，几乎相当于欧洲其他国家军队人数的总和。依靠这支军队，他打败了法国的传统敌人德意志和西班牙，与诸多的欧洲国家结成同盟关系，使法国处于优势地位，以至于没有任何障碍能够限制这个年轻国王的行动。当时似乎只有荷兰这个贸易强国可与法国匹敌，但它却由法国王室的支系支配着。在思想文化领域，他大力推行"君权神授"思想，宣称"朕即国家"，树立起无上的权威，在宫廷里被称为"太阳王"。同时，他对文学艺术和科学给予资助，先后成立了法兰西科学院、法兰西建筑科学院和法兰西喜剧院，兴建了华丽堂皇的凡尔赛宫。在他统治时期，古典主义的戏剧、美学、建筑、雕塑和绘画艺术都大放异彩，出现了像法国喜剧创始人莫里哀、古典主义美学家布瓦洛、寓言作家拉·封丹、建筑艺术家克洛德·贝洛等一大批艺术大师。

但是，路易十四的强权统治也造成了深刻的社会危机。他在 55 年中打了 32 年仗，连绵不断的对外战争和豪华无度的宫廷开支，使法国的人力和财力日趋枯竭，在他统治的后期，法国相继爆发了规模巨大的起义。1715 年，曾称雄一时的路易十四在人民群众的一片怨声中死去。

彼得大帝改革

彼得大帝是俄国历史上最杰出的沙皇之一，他为俄国夺得几代人梦寐以求的出海口，他的改革使贫穷落后的俄国走上近代化强国之路。

俄罗斯人普遍把胡须这种"上帝赐与的饰物"当做自豪的标志，有一把宽阔密实而且完整的大胡子被认为是威严和端庄的表征。可是，为了改变社会风气，彼得决定先从俄罗斯人的胡须开刀。他宣布剪胡子是全体居民的义务，并亲自动手剪掉了一些高级军官的胡须。但改革在民间却遇到很大阻力，于是，彼得设立了"胡须税"：留须权可以花钱购买，富商留胡须要付很大一笔钱，即每年100卢布；领主和官员每年要付60卢布；其他居民要付30卢布；农民每次进出城要付1戈比。有一种专门制造的金属小牌，作为缴纳胡须税的收条。留胡子的人把小牌挂在脖子上，它的正面画着短髭和胡须的标记，同时写着"须税付讫"的字样。

这是彼得大帝改革中的一个插曲。

彼得出生于1672年，10岁时，彼得被拥立为"第二沙皇"，与同父异母的哥哥伊凡共享皇位。彼得年幼，伊凡愚钝，异母姐姐索菲娅公主掌管朝政。彼得只得随母亲隐居到莫斯科的郊区，在那里和小伙伴们玩军事游戏，建立起两个童子军团，这两个军团后来成为他执政后近卫军的中坚力量。小彼得经常和外国侨民来往，向他们学习数学、航海等知识，受到了西欧文化的影响。1689年，彼得同贵族之女叶多夫金·洛普辛娜结婚，1696年又提出离婚，并把妻子送进了修道院。1712年，彼得同女奴叶卡捷琳娜结婚，后者在彼得死后，成为俄国的第一个女皇。

1689年，彼得夺取政权，他把国事交给母亲和舅舅等亲信管理，自己仍然操练童子军团，一直到1694年母亲去世后，他才开始亲政。彼得是一位野心勃勃的皇帝，1695年，他亲政不久就率3万大军进攻顿河河口的亚速，但由于没有海军而失败。第二年春天，不甘失败的彼得指挥一支仓促建立的舰队再围亚速，土耳其被迫投降。虽然占领了亚速，却暴露了俄国在军事上的落后。于是他

彼得大帝是18世纪初期俄罗斯的统治者，俄国历史上被尊为大帝的第一人。他全力以赴地将封闭保守的俄罗斯转变成一个真正的帝国。

在 1697 年派遣一个使团前往欧洲考察，学习航海、造船和外语。彼得自己也化名加入使团，他沿途参观工场、码头、大学，拜访过大科学家牛顿，还曾在荷兰的造船厂当学徒。第二年夏天，彼得担心国内发生叛乱而回国。1700 年，彼得发动对瑞典的突然袭击，但由于俄国的落后，在纳尔瓦大战中被瑞典打得大败。

为了实现富国强兵，彼得在经济、政治、军事、文化等方面推行了一系列欧化政策，使俄国迅速成为欧洲强国。

在经济方面，彼得大力发展工业，为俄国的强盛奠定了工业基础。他积极建造基础设施，建设通商口岸，发展国内贸易，并实行保护关税政策，奖励输出，限制输入。军事方面，他建立了一支由步、骑、炮、工组成的 20 万人的正规陆

图为彼得大帝剪须运动中的一个场面。由于公众对剪
须存在抵触情绪，彼得大帝恩准付出高额税款的人可
以不剪须。而那些做出这种选择的人要佩戴上题有
"已付钱"字样的大纪念章。

军和一支由 48 艘战舰、大批快艇和近 3 万名水兵组成的海军舰队。文化教育方
面，他建立了众多培养专门人才的学校，并派遣留学生到西欧学习，规定贵族子
弟必须接受教育，必须学会算术和一门外语。此外，他还建立了俄国的第一个印
刷所、博物馆、图书馆以及剧院，创建了第一份全俄报纸《新闻报》，并亲任主
编，又于 1724 年开始筹建俄罗斯科学院。政治上，他把宗教权控制在国家和自
己手中，改革了行政管理制度，加强了中央集权。这些改革改变了俄国生产力水
平低，工商业和文化不发达的局面，为俄国跻身于欧洲强国之列奠定了基础。

　　在国内改革的同时，彼得发动了连绵不断的战争，从东南西北各个方向拓展
了俄国的领土，他在具有战略意义的涅瓦河口修建了彼得堡要塞，建造起木屋城
堡，并在 1713 年把首都由莫斯科迁往彼得堡。1714 年，俄军占领瑞典首都斯德
哥尔摩。1721 年，瑞典被迫与俄国签订和约，把波罗的海的里加湾、芬兰湾及

沿岸的爱沙尼亚、拉脱维亚等地割让给俄国。在不到 20 年的时间里，彼得把彼得堡由几个小村庄变成了拥有 7 万人的大城市。1721 年 10 月，为了表彰他的功绩，参政院授予他"大帝"和"祖国之父"的称号，俄国国号也改为俄罗斯帝国。

1725 年 1 月 28 日，彼得大帝在彼得堡去世，享年 53 岁。

奥地利的开明专制

18 世纪中后期，欧洲大陆各国的封建制度日趋衰落，资本主义迅速发展。一些欧洲封建专制国家的君主为了巩固自己的专制统治和顺应时代的发展，他们利用法国启蒙运动思想家伏尔泰希望"开明专制"的观点，高喊"开明"的口号，进行了自上而下的改革，把自己装扮成"开明"君主。于是"开明专制"便成了当时欧洲大陆各封建国家的特征。

奥地利大公兼神圣罗马帝国皇帝的查理六世没有儿子，他担心自己死后王位旁落，就制定了一个新的王位继承法——国本诏书。诏书规定，如果没有儿子，那么女儿也可以继承王位。为了防止自己死后邻国和诸侯反对自己的女儿，查理六世慷慨地给了邻国君主和国内诸侯很多好处，以换取他们的支持。邻国的君主和国内诸侯都纷纷表示赞成查理六世的"国本诏书"。1740 年，查理六世去世，他的大女儿、23 岁的特蕾西娅即位，成了奥地利大公和匈牙利的女王。

特蕾西娅 1717 年生于维也纳，天资聪颖，受过良好系统的宫廷教育，学习过世界史、宗教史，能流利地讲德、法、意、捷克和拉丁语。1736 年，特蕾西娅同洛林公爵弗兰茨·斯特凡结婚。

特蕾西娅一登基，邻国和国内的诸侯就推翻了以前的承诺，公开反对她继承皇位，并发兵攻打奥地利，阴谋夺取奥地利的领土。1740 年，普鲁士国王腓特烈联合法国、巴伐利亚、萨克森、西班牙、撒丁等国组成反奥联盟，拒绝承认特蕾西娅的合法继承权，并派兵侵入奥地利最富庶、工业最发达的西里西亚省，史称"奥地利王位战争"。面对严峻的形势，特蕾西娅决心捍卫自己的王位和帝国的统一。她采取了一系列措施，迅速缓解了奥地利的国内矛盾，使奥地利一致对

玛丽亚·特蕾西娅

外。随即又积极活动，取得了英国和俄国的支持，并得到了英国大量的经济援助，终于度过了危机。1745 年，她的王位继承权得到了德意志大多数选侯的承认，她的丈夫弗兰茨也被推举为神圣罗马帝国皇帝（皇帝只允许男子继承），但她仍大权独揽。

1748 年，奥地利与交战国签订《亚琛和约》。和约承认了特蕾西娅的王位继承权，但规定奥地利必须把大部分西里西亚割让给普鲁士，把一部分意大利领土割让给西班牙和撒丁王国。

战争的失败暴露了奥地利的政治和军事弊端，使特蕾西娅认识到："国家的弊端，不仅仅是个人的问题，也是整个王朝结构造成的结果。"在一大批受到启蒙思想影响的大臣的辅佐下，特蕾西娅宣布实行"开明专制"，进行一系列大规模的改革，以振兴国家，巩固统治。

·神圣罗马帝国·

公元 962 年，德意志国王奥托一世称帝，成为天主教世界的最高统治者。他建立的帝国从 1152 年起就被称为神圣罗马帝国，被认为是罗马帝国的继承者。经过几百年的征战后，神圣罗马帝国衰落了下来，成为境内各公国和领地的联盟。1356 年，"金玺诏书"确定了七大选帝侯，从 15 世纪初开始，哈布斯堡家族垄断了皇帝之位。1474 年时，帝国改名为德意志民族神圣罗马帝国，已经徒具虚名。宗教改革运动之后，神圣罗马帝国实际上已经分崩离析，三十年战争后，荷兰和瑞士脱离帝国。拿破仑称帝后，迫使神圣罗马帝国皇帝放弃了皇帝称号，使帝国彻底瓦解。

为了对付强大的法国和普鲁士，特蕾西娅首先进行军事改革，创办了"玛丽亚·特蕾西娅陆军大学"，规定以后军官必须经过正式训练才能任职，军官升职不以出身而以学历和战功为标准。她改革征兵方式和军事训练方法，将军队由 10 万人扩充到 27 万人，奥地利的军事实力大大增强。

在政治上，为了加强中央集权，特蕾西娅组成国务院，建立了管理内政和财政的机构，剥夺了邦议会和贵族领主的权力。

经济上，她下令统一货币，并发行纸币，减轻农民服劳役的时间，取消贵族和僧侣不纳税的特权。她还鼓励工商业者创立工厂，并设立奖金奖励新发明和新企业。为了改变技术落后的状况，特蕾西娅允许外国技术人员迁居奥地利。同时，公费派遣技师到国外深造，并禁止熟练工人外流。

1780 年，特蕾西娅去世，她的儿子约瑟夫二世继承王位（他在 1765 年父亲去世后就继承了神圣罗马帝国的皇位）。他采取了激进的改革措施，进一步加强了中央集权，废除了农奴制，严格限制天主教的势力。但他的措施触犯了贵族的利益，也激化了民族矛盾。1790 年，约瑟夫二世去世，他给自己写的墓志铭是："这里沉睡着一位国王，他心地纯洁，但却目睹了自己的全部努力归于失败。"

特蕾西娅和约瑟夫二世的改革，取得了很大的成就，是奥地利近代化的开端。

普鲁士精神

　　普鲁士是神圣罗马帝国的一个小诸侯国，本来并不强大，但国王威廉一世励精图治，扩充军备，逐渐成为欧洲的一个军事强国。威廉一世自称"士兵国王"，认为一个国王必须是一个优秀的军事家。他加重赋税，扩充军队，强迫农民当兵，把普鲁士军队从 4 万人增加到 9 万人，还参加了反对瑞典霸权的北方战争。

　　但令威廉一世头疼的是他的儿子腓特烈，他不喜欢军事而喜欢音乐。腓特烈从小就受到法国文化的熏陶，一心想当个音乐家和哲学家。他不仅能熟练地吹奏横笛，自己作曲，还写了很多优美的诗。威廉一世非常生气，认为他学的都是写没用的东西，因此腓特烈和父亲发生了激烈的冲突，并和好朋友准备逃到英国去，结果半路被拦截了。威廉一世把他关了起来，后来腓特烈终于屈服，表示愿意学习军事，这才获得了自由。

图中这个精美的匣子中盛放着几支象牙制长笛。

这仅仅是腓特烈大量收藏品中的一小部分。

　　1740 年，威廉一世去世，腓特烈即位，被称为腓特烈二世。腓特烈二世即位后，不再沉溺于文学艺术，而是勤于政事，励精图治，他每天早晨四五点就起床，一直工作到深夜。平时穿的衣服也是普通的士兵服，仅仅在参加庆典时才穿上一件外袍。腓特烈生活简朴，他的官员的薪俸也很少，他要求官员必须严格遵守法律，严惩贪污。在当时，欧洲各国贪污腐败成风，只有普鲁士官员清廉。

为了增强国力，腓特烈二世颁布了一系列的法律，大力发展经济，他组织人员改造河流，排干沼泽，给农民提供牲畜和种子，发放贷款。在矿产丰富的西里西亚地区建立矿场，在柏林建了很多工厂。

腓特烈二世设计的无忧宫

普鲁士的崛起是和拥有一支强大的军队分不开的。腓特烈二世把军队建设看得高于一切，他将原来9万人的军队扩充到20多万，把国家4/5的收入都用于军费开支。普鲁士军队装备精良，训练有素，纪律严明。腓特烈二世率领他的军队四处征战，夺取了大片土地。1740年，他刚即位就加入了法国组织的反奥同盟，发动了对奥地利的战争。经过两次战争，普鲁士占领了奥地利最富庶、工业最发达的西里西亚，摘取了"奥地利王冠上的明珠"，获得了3.5万平方千米的土地，国土面积增加了1/3，实力大增。在1756～1763年的英法七年战争期间，普鲁士联合英国，同法国、奥地利、俄国作战，虽然首都柏林一度被俄国占领，但后来却反败为胜，巩固了自己的领土，一跃成为欧洲的强国之一。1772年，腓特烈二世又勾结奥地利和俄国瓜分波兰，夺取了3.6万平方千米的土地。法国一位高级官员惊叹说："别的国家都是拥有一支军队，而普鲁士则是军队拥有一个国家！"

腓特烈二世是欧洲历史上的名将，他毕生从事战略战术方面的研究，创造了多种战术。其中最有名的就是"线形战术"，当时欧洲军队使用的火枪一次只能发射一发子弹，发射第一颗子弹后，要退出弹壳装第二颗子弹，中间间隔了一段时间。腓特烈二世将士兵排列成三排，第一排士兵卧倒，第二排士兵单腿跪下，第三排士兵站立。当第一排的士兵射击时，第二、第三排的士兵装子弹。第二、第三排的士兵发射时第一排的士兵装子弹，如此反复循环，可以不停射击，杀伤力很大。靠着这种战术，腓特烈二世打了很多胜仗。

但在与俄国作战时，他的这种战术却遭到了失败。原来俄国骑兵的速度很快，像一阵风似的就冲到了普鲁士军队的阵地，普鲁士士兵根本就来不及装子弹，因此遭到了惨败。

腓特烈二世从失败中吸取教训，得出了战争的关键在于速度。他又设计了一种新的战术，首先用大炮猛轰敌人的阵地，然后再派骑兵冲锋，最后步兵上前巩固成果。这种炮兵、骑兵和步兵相结合的战术成为近代战争史上最有效的进攻手段。

1786年8月17日，腓特烈二世去世，他被尊为"大帝"。在他临死前，神父布道说："人赤条条地来，又赤条条地去。"腓特烈二世挣扎着坐起来，大喊："我不要赤条条地去，我要穿上我的军装！"后来拿破仑来到他的墓前，对手下的将军说："如果他还活着，我们根本就来不了柏林。"

英法七年战争

18世纪前期，英、法为争夺殖民地和制海权而矛盾重重；奥地利和普鲁士为争夺萨克森、波兰等地区和德意志诸侯国的霸主地位，斗争日益激烈；俄罗斯先后战败瑞典和土耳其，成为欧洲强国，但普鲁士的强大成为俄进一步南下扩张的严重障碍；瑞典想从普鲁士手中夺取波美拉尼亚。在这种情况下，各国积极展开外交，寻求同盟，欧洲逐渐形成以英、普为首和以法、奥、俄为首的两大同盟集团，战争不可避免。

1756 年 7 月，法奥俄同盟反普呼声高涨。普鲁士国王腓特烈为防止反普势力联合，决定采取主动进攻，争取战争的主动权。他把军队分成 4 路，用 3 路大军防守和牵制俄国，他亲率第 4 路大军于 1756 年 8 月 28 日对萨克森发动突然攻击，一举攻占了德累斯顿，封锁了皮尔那，迫使萨克森投降。前来支援的奥军被普军在罗布西兹击溃，普军乘胜进攻布拉格。

普鲁士的腓特烈大帝

普军入侵萨克森，法、俄等国极为震怒。于是，法奥俄联盟决定出动 50 万

大军围攻普军。面对联军的大举围攻，腓特烈并不害怕，他频频调动军队，抗击各路敌军。

11月5日，普军和联军在罗斯巴赫附近相遇。联军统帅索拜斯凭借兵力优势，想迂回侧翼突击，力求速战。腓特烈识破敌方意图后，立即命令部队移师贾纳斯山上。索拜斯误以为普军在全面撤退，下令全面追击。联军的整个队形杂乱无序，盲目进攻，预备队也冲到前面，侧翼完全暴露出来，给普军的进攻提供了明确的目标。

负责监视的4000名普军骑兵在联军攻近时，如尖楔一般插入敌人的正面和右翼。贾纳斯山上的普军炮兵同时向联军发出猛烈的火力，撕开了联军的整个队形。在普军的攻击下，联军溃败，损失8000余人，普军仅伤亡500余人。

贾纳斯山大战结束后，腓特烈并没有宿营过冬，而是采取突袭策略，连连打击联军。12月4日，联军在鲁腾占领了一个较好的防御性阵地，沿着阵地，联军排列阵形长达8千米，兵力是普军的3倍。5日凌晨，对地形极为熟悉的腓特烈发现敌人阵地过长的弱点，于是派小股骑兵佯攻联军的右翼，把优势兵力隐蔽起来，以防止暴露作战意图。受到攻击的右翼联军误认为是普主力军，遂从预备队和左翼调兵支援，左翼兵力薄弱。腓特烈立即命主力军由4支纵队变为2支纵队，采用斜切战斗队形向敌人左翼发起突然袭击。局部人数占优的普军使联军阵形大乱，不久便溃不成军，普军骑兵趁势猛冲敌人阵地。双方激战至夜幕降临，联军全部崩溃，其中奥军遭到毁灭性的打击。随后的时间里，普军和联军互有胜负。

1759年8月12日，俄奥两军联合在普鲁士腹地库勒尔斯多夫与普军展开会战。仅有2.6万人的普军仍采用主动出击策略，向拥有7万余人的俄奥联军阵地发起长达3个小时的猛烈炮轰，随后以斜切队形发起进攻，顺利夺取了米尔山阵地，向联军中央阵地发起冲击。联军被迫顽强防守，猛烈的炮火阻击住普军精锐骑兵的进攻。接着，联军展开猛烈的反攻。已精疲力竭的普军抵挡不住敌人的冲击，纷纷逃离战场。

这次战役成为七年战争的转折点，从此，普军元气大伤，被迫转入战略防御。战争随后又拖了4年之久，双方各有胜负。同时，英、法的海上战争也十分激烈，各国之间争战不休，欧洲陷入一片混战之中。1762年，英国人背弃了普鲁士，率先与法国单独缔结停战协议，使普鲁士陷入孤立。交战各国这时都已精疲力尽，无心再战，遂相继签订停战协议，一场规模浩大、席卷欧洲的战争宣告结束。

七年战争使英国真正成为海上霸主；法国受到削弱；俄国加强了在欧洲强国地位；普鲁士的特殊地位在德意志得以巩固，欧洲格局发生了较大变化。

叶卡捷琳娜二世

叶卡捷琳娜二世本名叫索菲娅·奥古斯塔，是德意志一个小公爵的女儿。幼年时，索菲娅受到法国启蒙思想家的影响，经常给孟德斯鸠写信。这种书信往来持续了很长时间，后来她当女皇后仍是这样。1744年，15岁的索菲娅随母亲来到俄国，改名为叶卡捷琳娜·阿里克塞耶芙娜，并在第二年同后来的沙皇彼得三世结婚。

叶卡捷琳娜来到一个完全陌生的环境中，与丈夫彼得的关系又不好，因此常感到孤独寂寞。她把时间用在读书和了解俄国上，为自己积累了丰富的知识。同时她也处心积虑地积蓄力量，取得了俄国贵族和军队的支持。1762年，叶卡捷琳娜在近卫军军官的支持下发动政变，囚禁了继位仅半年时间的丈夫彼得三世，三天后又将其杀害，自己登上了俄国沙皇的宝座。

叶卡捷琳娜即位后的国内形势很不稳定，反对她篡位的贵族大有人在，但她采取了一系列维护贵族特权、加强贵族专政、巩固农奴制度的措施，稳定了自己的政权基础。她把俄罗斯的农奴制度推广到乌克兰、白俄罗斯和波罗的海沿岸广大被征服的地区，并规定农奴是地主的私有财产，可以随意买卖。她还把大量国有农民连同土地赠送给贵族，这样到18世纪初，全国人口的49％已变成农奴，叶卡捷琳娜在位期间也是俄国农奴制高速发展时期。

同时，她改革了中央和地方的政权机关，建立起高度集中的专制制度，采取一系列措施鼓励工商业的发展，使俄罗斯帝国的国力在彼得一世后再次获得了迅速发展，进入了鼎盛时期。她还接受了法国启蒙思想家的"开明专制"的政治主张，和伏尔泰、狄德罗等法国思想家交往密切，在1767年夏天召集"新法典起

圣彼得堡皇宫前的阅兵式

草委员会"会议，宣扬了自己的君主专制、严厉的法治主义以及法律面前人人平等的思想。由于她的卓越才能和成就，她成为继彼得一世后第二个被俄国贵族授予"大帝"称号的沙皇。

巩固政权之后，叶卡捷琳娜二世继承彼得大帝的衣钵，开始大举对外扩张。她在1768～1774年和1781～1791年两次发动对土耳其的战争，夺取了亚速海及黑海沿岸地区，兼并克里米亚汗国，并取得黑海至地中海的航行权。她还3次参加瓜分波兰，为俄国取得第聂伯河以西的乌克兰、白俄罗斯、立陶宛等地。到18世纪末，俄国虽然在政治、经济、文化上仍大大落后于西方国家，可是由于广大的幅员与强大的军力，它却已跻身于欧洲列强之列了。

连续多年的对外战争，消耗了俄罗斯帝国大量的财力物力，而这些负担都转嫁到农民身上。在叶卡捷琳娜二世的纵容下，贵族们穷凶极恶地压榨农民，终于在1773年酿成俄国历史上最大规模的普加乔夫农民起义。叶卡捷琳娜二世利用起义军缺乏统一指挥、各自为战的弱点，用了两年多时间就镇压了这次起义。

叶卡捷琳娜二世无疑是俄国历史上最野心勃勃的皇帝之一。她在48岁时有了第一个孙子，取名为亚历山大，意思是希望孙子学习古代的亚历山大大帝，使俄国成为横跨亚、非、欧三大洲的大帝国；50岁时有了第二个孙子，取名康斯

叶卡捷琳娜每天大部分时间都在阅读、书写备忘录及信件或签署政令中度过。

坦丁，希望他成为君士坦丁堡的征服者。她甚至说："要是我能活到两百岁，整个欧洲都是俄国的。"叶卡捷琳娜二世晚年还念念不忘建立俄国的世界霸权，企图建立一个包括 6 个都城（彼得堡、莫斯科、柏林、维也纳、君士坦丁堡、阿斯特拉罕）的俄罗斯帝国，而且要侵入波斯、中国和印度。可是她的野心未能实现，1796 年 11 月 6 日，她因为中风去世，享年 67 岁。

·俄都圣彼得堡·

俄罗斯第二大城市圣彼得堡位于波罗的海芬兰湾东端的涅瓦河三角洲，是俄罗斯通往欧洲的"窗口"。圣彼得堡位于大涅瓦河和小涅瓦河汇聚的三角洲地带，在 18 世纪初，这里还是一片沼泽。随着圣彼得堡市的建造，人工运河在市内纵横交错，这些运河是在叶卡捷琳娜二世时期开凿，以舒缓因芬兰湾水浅而倒灌进入圣彼得堡的海水。圣彼得堡共有 42 个小岛，由 423 座桥梁连接。风光旖旎的圣彼得堡因而有"北方威尼斯"的美誉。因其地处北纬60度，每年初夏都有"白夜"现象。这座历史名城由彼得大帝于1703年所建，以东正教圣徒彼得的名字对其命名。1712～1918年，它一直是俄国首都，因此得名"北方之都"。

普加乔夫起义

18世纪中后期，随着商品货币经济的发展，俄国资本主义生产关系日渐形成，专横的农奴封建体制由昔日的彼得盛世开始衰落。为维护沙皇统治和封建帝制，俄国的对外扩张始终没有停止，连绵的战争加重了人民的负担，挥霍无度的封建主加剧了对农民的剥削和压榨。土地慢慢被地主等贵族侵占，苛捐杂税和种种的劳役使农民群众处在水深火热之中，阶级矛盾尖锐，反压迫、反剥削的吼声越来越强烈。

普加乔夫出生在顿河流域的一个贫穷的哥萨克家庭。他在哥萨克军中任少尉，参加过俄波、俄土战争，因不满沙皇的统治，从部队中逃回家乡。1773年9月17日，普加乔夫利用广大农民对沙皇的信仰，自称是被杀的彼得三世，并发布诏书、宣传檄文，集聚80人于18日开始攻打雅伊克城，掀起了普加乔夫起义的序幕。

起义军没有多少枪炮，面对设防坚固，重兵布防的雅伊克城，普加乔夫放弃攻城而绕道沿雅伊克河而上，直逼俄军在东南部的军政要地奥伦堡。一路上，农民、哥萨克、鞑靼人等非俄罗斯民族群众、逃亡士兵、厂矿工人纷纷加入到起义军行列，起义队伍迅速壮大。9月21日，起义军攻占了伊列克镇，缴获了大量火炮、弹药和粮食。沿路各要塞纷纷不战而降，起义军的声势越来越大。10月5日，起义军进抵奥伦堡时，人数增至2500余人，还有了20门大炮。

奥伦堡是俄国的军政要地，有重兵把守，城池坚固，对于人数和武器均处于劣势的起义军来说，攻克它实非易事。强攻的失败使普加乔夫改变策略，实施围城打援，封锁奥伦堡。

女沙皇叶卡捷琳娜二世派卡尔率领3500名政府军前去镇压起义军，解围奥

伦堡。政府军行至尤泽耶瓦村时遭到起义军伏击而惨败。沙俄当局急忙从西伯利亚等地调集军队，再次前往起义军地区，又遭到起义军的突袭而溃败。

　　1773年12月，起义军扩大到2.5万人，火炮增至86门，势力扩展到俄东南部大部分地区。为更好地领导起义，行伍出身的普加乔夫按正规军编制起义军，成立军事委员会进行指挥。

1773年9月普加乔夫率领群众起义

　　寒冬来临时，普加乔夫命令少部分部队监视奥伦堡俄政府军的动向，主力军在别尔达休整。他放弃了进一步向伏尔加河流域进军的机会，从而失去了当地准备支持声援的群众，使起义范围仅限于俄东南一隅，为沙俄政府调集军队赢得了时间。

　　1773年12月，俄政府派上将比比科夫率领6500余人、30门大炮增援奥伦堡。忙于休整的普加乔夫对政府军的再次镇压并不重视，但政府军在比比科夫的率领下，凭借优势兵力，屡战屡胜，连克数镇，很快攻克了布坦卢克镇。普加乔夫这时才从主力中调集部分军力，前去截击，但为时已晚。1774年3月22日，两军主力在塔季谢瓦要塞附近相遇，开始了起义军与政府军第一次大规模会战。

　　激战开始，勇敢的起义军和政府军用炮火对射。在炮火的掩护下，双方展开了短兵搏斗。在训练有素、纪律严明的政府军面前，起义军虽然顽强，但纪律涣散，相互不会策应，根本没有什么配合。经过6小时的激战，普加乔夫主力军损失惨重，火炮尽失，他带着500人冲出重围。

普加乔夫退到乌拉尔山，重新组织起义军，巧妙运用游击战术摆脱政府军，向伏尔加河进发。1774年7月12日，普加乔夫强攻喀山，在阿尔斯克被政府军痛击，起义军几乎全军覆没，普加乔夫被迫逃往伏尔加河右岸。在这里他得到农奴和人民的支持，起义军直接威胁到莫斯科。这时俄土战争结束，俄军在苏沃洛夫的率领下追击南下的普加乔夫。1774年8月25日，双方在索里津附近展开决战，起义军惨败，剩余不到50人。在溃退中，普加乔夫被叛徒捆绑交给政府军。

1775年1月10日，普加乔夫在莫斯科被处决，起义失败。

这次农民起义震撼了沙俄的封建农奴制度，表现出人民群众非凡的勇气和果敢精神。起义虽然失败，但客观上它对俄国发展起到了促进作用。

瓜分波兰

波兰大诗人密茨凯维支在《给波兰母亲》一诗中写道："虽然一切民族、国家、教派都彼此相爱，/虽然全世界都在高唱着和平，/但你的孩子却只有殉难的死亡，/只有不能获得光荣的战争。"这首诗反映了多灾多难的波兰人民在外国占领者的铁蹄下的悲惨命运和痛苦呻吟。

波兰人祖先是来赫人，属于西斯拉夫人的一支，居住在维斯瓦河与奥得河一带。公元9世纪时，波兰建国，成立了皮亚斯特王朝。公元966年，波兰人接受了基督教。1320年，翰凯塔克一统波兰地区，加冕为波兰国王。1386年，立陶宛与波兰合并，成为一个欧洲大国，定都华沙。1683年，土耳其大军围攻维也纳，波兰国王索比斯基亲自率领波兰骑兵救援，与奥地利军队联合，大败土耳其人，拯救了整个欧洲。

但到了17世纪中叶，波兰开始衰落。国内农奴制盛行，严重制约了经济的发展。在政治上，波兰处于分裂、割据的状态，没有建立一个强有力的中央集权政府。波兰实行的是"自由选王制"（国王由议会选举产生，外国人也有资格参

选），这导致波兰王位频繁更迭，很多外国人当上了波兰国王，在 1572～1795 年中的 11 位国王里竟有 7 名外国人！另外，波兰议会的"自由否决权"制度（议会决议只要有一人反对就不能通过）使波兰无法进行有效统治，很多会议根本达不成任何决议。混乱中的波兰日益衰落，成为强邻侵略的目标。

波兰西临普鲁士，南临奥地利，东面与沙皇俄国接壤。这一时期的三国国力蒸蒸日上，对土地和财富有着强烈的渴望，衰弱的波兰自然成为他们掠夺的对象。普鲁士、奥地利和沙俄联合起来，先后 3 次瓜分波兰。

·大诗人密茨凯维支·

密茨凯维支是波兰历史上最伟大的诗人。波兰的近代史就是一部屈辱史，密茨凯维支对此感到痛心疾首，他将满腔悲愤倾注在笔下，写成了一篇篇动人的诗篇。密茨凯维支在中学任教期间加入了波兰青年爱国组织"爱学社"，他的爱国活动引起了俄国的注意，于是被流放到俄国。在那里，他结识了很多俄国文学家。后来他定居巴黎，1848 年意大利革命爆发后，密茨凯维支组织了一支小部队参战，但不幸失败。1855 年不幸逝世。

第一次是在 1772 年。沙俄女皇叶卡捷琳娜二世把波兰视为沙俄通向西欧路上的障碍，总想除之而后快。普鲁士、奥地利两国也对波兰虎视眈眈。1763 年 10 月，波兰国王奥古斯都三世去世，沙俄女皇叶卡捷琳娜二世强迫波兰议会选举亲俄大贵族波尼亚托夫斯基为新国王，以方便控制波兰。面对严重的民族危机，部分波兰爱国贵族掀起爱国革新运动，并于次年 2 月发动了反俄起义。沙俄趁机出兵，镇压了起义，大力扶植亲俄派贵族，普、奥也同时出兵入侵波兰。1772 年 8 月，俄、普、奥三国在沙俄首都圣彼得堡签订瓜分波兰的条约。根据条约，沙俄得到了第聂伯河中游和西德维纳河以东的地区，普鲁士得到了西普鲁士省（但泽除外），奥地利得到了加里西亚地区（克拉科夫除外）。波兰丧失了 35％的领土和 33％的人口。

面对严峻的形势，部分爱国贵族主张进行改革，制定新宪法，废除"自由否决权"。这损害了很多亲俄大贵族的利益，引起了他们的不满。于是他们向沙俄求援，沙俄和普鲁士随即派兵侵入波兰，扼杀了这次改革。1793 年，俄、普再次瓜分波兰。沙俄得到了德涅斯特河上游以北、西德维纳河中游以南和第聂伯河

华沙古老的街道

华沙地处欧洲中部，既没有御敌的天然屏障，又夹在列强中间，自古以来不断受到侵略。

拿破仑时代成立了华沙大公国，但不久大部分国土被俄国吞并。

以西的大片领土，普鲁士得到了但泽和波兹南等城市在内的土地。奥地利因正在和法国作战，所以没有参加。

在这种亡国灭种的危急时刻，1794 年，在波兰民族英雄塔代乌士·科希秋什科和扬·基林斯基等人的领导下，克拉科夫地区的波兰人举行了大规模的武装起义，点燃了反抗外国侵略的第一把大火。起义军推翻了懦弱无能的国王，建立起临时政府。但随后俄普联军进攻波兰，镇压起义。起义军宁死不屈，同外国侵略者展开了殊死搏斗。在激战中，科希秋什科不幸坠马被俘，身负重伤的扬·基林斯基被起义者埋在堆积如山的尸体中，但也被敌人搜出，押解到圣彼得堡。其他的起义军被流放到冰天雪地的西伯利亚，遭受非人的折磨。

在镇压波兰起义后，1795 年 10 月，俄、普、奥三国签订协定，对波兰进行了第三次瓜分，将波兰瓜分完毕。在瓜分波兰过程中，沙俄占领的土地最多，达 46 万平方千米，占原波兰领土的 62％，普鲁士占领了 14 万平方千米，占原波兰领土的 20％，奥地利占领了 12 万平方千米，占原波兰领土的 18％。波兰从此在欧洲版图上消失了 100 多年，直到第一次世界大战后才复国。

俄土战争

俄国随着势力的增强，对外扩张的野心越来越大。1768～1774 年的俄土战争，虽然使俄国取得了黑海的控制权，但进一步南下的野心并没就此而止。1777 年 4 月，俄军又攻克了克里木，占领了整个库班地区，随后又向格鲁吉亚挺进。奥斯曼土耳其面对咄咄逼人的俄国也不甘示弱，强烈要求俄国归还其土地，并声明格鲁吉亚是土耳其的属地，还对进出海峡的俄国商船进行严格检查和限制。俄国并不理会，积极进行外交活动，准备对土耳其发动战争，土耳其也与瑞典结盟做好应战准备。

为赢得战争的主动权，土耳其舰队企图在金布恩登陆，攻击俄军。1787 年 9 月 2 日，土耳其舰队向停泊在金布恩附近海域的俄国两艘巡逻舰发起袭击，俄舰队立即向敌人反击，在要塞炮兵积极配合下，击退了敌人的进攻。10 月 12 日，5000 名土耳其士兵在炮火的掩护下再次从金布恩强行登陆，准备攻占要塞。守城的苏沃洛夫是位杰出的军事指挥家，他率领防守军奋勇拼杀，击退敌人的进攻，并乘胜追击，几乎全歼敌人，给土耳其一记重创，打乱了土耳其的作战部署。

1788 年 1 月，按照和约，俄国盟国奥地利宣布对土开战。6 月，波将金指挥俄主力部队分水陆两路围攻战略要地奥恰科夫。7 月 14 日，双方舰队在费多尼亚岛遭遇，展开激战。俄军抢占上风，痛击敌舰，陆上继续对奥恰科夫进行围困。12 月 17 日俄军发起总攻，激战数小时，奥恰科夫被攻克。俄军围攻奥恰科夫之时，瑞典对俄宣战，准备从波罗的海进攻圣彼得堡，遭到俄舰队的阻击，虽未分胜负，但登陆计划被打乱。瑞典国王只好率 3.6 万人从陆上进攻彼得堡，但队内芬兰籍官兵拒绝越境作战，瑞典计划再次破产，只好带兵回国。

叶卡捷琳娜二世观看彼得大帝青铜雕像揭幕

　　1789 年 7 月，俄、奥两军会师。8 月 1 日，在福克沙尼遭到土骑兵的袭击。土骑兵依托森林的掩护，与联军周旋。苏沃洛夫一面从正面牵制敌人，一面指挥联军向森林的两侧迂回，直扑敌人阵营。经过 10 小时的激战，消灭敌人 1500 余人。奥地利军队驻守福克沙尼，9 月，土耳其主力反扑而至，福克沙尼告急。18日，苏沃洛夫率领 7000 余人隐蔽行军，与奥地利军会合，于 21 日夜偷渡雷姆纳河。次日凌晨向土军阵地发起突然袭击，雷姆尼克会战开始。土军虽然经过 12小时的顽强抵抗，但最终放弃阵地溃退，土耳其的整个计划被打乱。俄军趁势一举攻克了宾杰拉，阿克尔曼城不战而降，俄军控制了整个摩尔多瓦。

　　1790 年，瑞典企图进攻圣彼得堡的计划破灭，双方海战势均力敌，不分胜负，便与俄签订和约。9 月，奥地利也因种种原因单独与土耳其签订停战和约。俄土双方都失去盟军后，战争也进入关键阶段。

　　10 月中旬，俄陆军向伊兹梅尔挺进。伊兹梅尔位于多瑙河左岸，防御工事坚固，它控制着多瑙河下游，直接威胁俄军的侧翼和后方，战略位置极为重要。12 月，苏沃洛夫指挥陆军 3.1 万余人开始了对伊兹梅尔的围攻。土耳其守兵有

3.5万人，大炮265门，再加上坚固的防御，俄军连续强攻两次，都被敌人猛烈的炮火击退。苏沃洛夫对伊兹梅尔周围地形及敌人的防守情况进行详细侦察。18日，苏沃洛夫给土耳其首领发一封劝降信，意欲从思想上动摇敌人，但遭到拒绝。于是他兵分三路，从东南西三个方向同时发起猛攻。南面防御较为薄弱，他把2/3的兵力和3/4的火炮集中在南路。22日凌晨，俄军在黑暗和浓雾的掩护下开始排兵布阵，三路大军同时发起猛攻。守城土军主动出击，向俄军猛烈开火，但土军的被动局面始终未扭转。8时许，城池被攻破，土耳其士兵顽强地与敌人展开激烈的巷战。16时战斗结束，土耳其士兵死的死、降的降，全军覆没，俄军也付出1万人的惨重代价。

主力尽失的土耳其在随后的战斗中屡战屡败，被迫于1792年1月与俄签订《雅西和约》，土耳其承认沙俄兼并克里木，也放弃了格鲁吉亚。

俄土战争实现了沙俄称雄黑海的野心，从而为其进一步向巴尔干、地中海和中亚方向的侵略扩张创造了有利形势。

启蒙运动的先驱伏尔泰

伏尔泰是18世纪法国启蒙运动杰出的哲学家、政治活动家、文学家。伏尔泰的真名是弗朗索瓦·玛丽·阿鲁埃。1694年，伏尔泰出生于富裕的中产阶级家庭。父亲是法院公证人，母亲在他7岁时去世。10岁时，伏尔泰进入了耶稣会主办的大路易中学读书，12岁时已会作诗，并爱读反对宗教、宣扬自由的书。1711年8月，中学毕业后，迫于父亲的压力，伏尔泰又学了两年法律。但他却爱好文学，时常作诗，出入于豪贵门第。从1714年初开始，伏尔泰开始做见习律师。从这时起，伏尔泰开始写时政讽刺诗。

1717年5月17日，伏尔泰因一首涉及到摄政王并预言"法国将要死亡"的诗歌《幼主》，遭到逮捕并被关进了巴士底狱。他在狱中完成了悲剧《俄狄浦斯》，出狱后，他用"伏尔泰"的笔名出版了这部悲剧，剧本在巴黎上演，大受欢迎，伏尔泰由此一举成名。1721年，他完成了史诗《亨利亚特》。这部史诗引起了较大的反响，但却没有得到官方的出版许可。

1725 年，伏尔泰侨居英国，在那里研究了哲学家洛克和科学家牛顿的作品，完成了两部历史著作《论法兰西内战》和《查理十二史》。著名的悲剧《布鲁图斯》也是在这时完成的，为 1789 年法国资产阶级革命做了舆论准备。1729 年下半年，伏尔泰完成了另一部史诗《奥尔良少女》，重新塑造了法兰西民族女英雄贞德的形象。

1734 年伏尔泰回到法国后，在里昂出版了不朽的世界名著《英国通讯》（又名《哲学通讯》）。这部著作以书信体裁介绍英国的政治、哲学、科学和宗教等情况，抨击君主专制制度和法国的教派斗争，宣传唯物论思想，引起了极大的轰动。法院将这本书判为禁书，全部焚毁，而伏尔泰也被迫隐居。

在避居期间，伏尔泰又匿名发表了《论形而上学》《牛顿哲学的基础》等著作，同样猛烈地攻击封建制度和教会的统治。后来，他得到法国宫廷的重用，1745 年被路易十

法国启蒙思想家伏尔泰，这是他 34 岁时的一幅肖像画。

五任命为编纂法兰西王国历史的史官，次年又被选为法兰西学院院士。但他因触犯了权贵大臣，不久被迫离开巴黎。

1750 年 6 月，伏尔泰离开巴黎到普鲁士，成为无忧宫的宠客。1751 年，他完成历史著作《路易十四时代》。1752 年，他与普鲁士国王在思想观点上发生冲突，两人关系破裂。伏尔泰于 1753 年离开了普鲁士。从此，他决心再也不同任何君主来往。1754 年，他前往瑞士。

1755 年，他在瑞士边境的佛尔纳购置了一座城堡，并在这里度过了后半生。定居佛尔纳后，伏尔泰积极投身于启蒙运动，继续宣传自己的民主思想，抨击封建统治者和教会的罪恶，评论法国社会发生的各种事件。当时启蒙的代表人物如卢梭、狄德罗、爱尔维修等人，都公认伏尔泰是他们的老师，对他推崇备至。在

启蒙思想家中，伏尔泰的文学作品数量最多，成就也最高，各种体例几乎无所不包。在剧本方面，他最著称的有悲剧《欧第柏》《布鲁杜斯》《伊兰纳》等和喜剧《放荡的儿子》《一个苏格兰女人》等；在诗篇方面，他最著称的有史诗《亨利亚特》《奥尔良的少女》等；在小说方面最著称的有《老实人》《天真汉》等。他才思敏捷、妙语连珠、文笔锋利、词句精炼，善于以机智的讽刺打击敌人，在字里行间充满着嬉笑怒骂的哲言。

1775 年，在法国一贵妇人的沙龙上，客人正在宣读伏尔泰的作品，启蒙思想已深入人心。

1755 年 11 月，葡萄牙首都里斯本的两次地震在思想家中引起了混乱。伏尔泰写了两首哲理诗，《咏里斯本的灾难》和《咏自然法则》，遭到卢梭的批评。1758 年 7 月，《瑞士报》刊登文章攻击伏尔泰，称他即使不是无神论者，也是被自然神的兴趣冲昏头脑的疯子。12 月，伏尔泰在同一刊物上发表了《斥一篇匿名文章》，公开向宗教势力挑战。1759 年，伏尔泰完成《老实人》一书，给了天主教会以毁灭性的打击。

这期间，伏尔泰完成了他一生中最激进的论著——《哲学辞典》和《有四十金币的人》。这标志着他思想的转变和成熟。伏尔泰的活动动摇了专制制度、天主教会的威信以及整个封建制度的全部体系，他的威信越来越高。

1772 年，老年伏尔泰又投入到保卫人权、消灭败类的战斗中。他用真名发表了《关于康普小姐诉论的哲学思考》，要求恢复"南特敕令"给予新教徒的权利。1775 年，伏尔泰写了《理性史赞》，概述了近代历史，他乐观地预言开明的理性取得最后胜利的日子就要到来。

1778 年，84 岁的伏尔泰回到巴黎，受到了人们的热烈欢迎。巴黎剧院上演了他的新作悲剧《伊兰纳》，演员们在舞台上抬出他的大理石半身像，还为石像举行了加桂冠的仪式。同年 5 月 30 日，伏尔泰因病逝世。

卢梭与《社会契约论》

让一雅克·卢梭，是启蒙运动时期最杰出的思想家，也是一位伟大的文学家。他的祖籍在法国，1712 年，他出生于瑞士日内瓦的一个平民家庭。父亲伊萨克是个贫困的钟表匠和舞蹈教师，母亲是一个牧师的女儿，在卢梭出生几天后病逝。

卢梭从小和姑妈生活在一起，在姑妈的指导和鼓励下下，他从小就阅读了很多古希腊和古罗马的名人传记、抒情小说，获得了丰富的知识。10 岁时，他被送到一个叫朗贝尔西埃的牧师家里住了两年，学会了拉丁文。12 岁时，在一个公证人那里做仆人。1725～1728 年，他在一个性格暴戾的雕刻匠的店里做学徒兼杂役，生活艰辛，不时受到主人的鞭笞，最后他不堪忍受，弃职逃走，从此过起了颠沛流离的生活。

·百科全书学派·

18 世纪的时候，法国学者狄德罗主持编撰《百科全书》。为了增强该书的权威性，狄德罗邀请了当时法国几乎所有优秀学者为之撰稿。这些学者虽然信仰不同，哲学观点也不同，但是他们还是倾心为这部巨著奉献出了自己的心血。由于撰稿人大多数都是启蒙思想家，所以该书不可避免地成为启蒙思想的传播者。围绕着这本书，这些学者形成了百科全书学派这个派别，其中以狄德罗为核心的唯物论者是这个派别的核心力量。由于这部书中有太多反封建反专制的内容，所以还未出版就被列为禁书。不过狄德罗等人冲破了种种阻碍，最终将该书分别出

版，前后共花了30年的时间。

1728年，16岁的卢梭流浪到萨瓦，1740年来到里昂，两年后又来到了巴黎。直到1750年7月，第戎科学院宣布他的论文《论科学和艺术是否败坏或增进道德》获得第一名，卢梭才开始在社会上享有声誉，成为哲学界的著名人物。成名之后，卢梭改变了生活方向，他决心放弃对财产和声誉的追求，永远保持贫困和独立。1752年，他创作的歌剧《乡村魔术师》上演后获得巨大成功，演出的第二天，法王路易十五授予他一笔年金，但他拒绝接受。

卢梭像

1755年，卢梭出版了他最重要的理论名著《论人类不平等的起源和基础》，震动了整个欧洲。在该书中，他对私有制进行了猛烈的抨击，并提出暴力能支持暴君、也能推翻暴君的辩证思想。1758年，他与百科全书派的领袖狄德罗在宗教等问题上发生分歧，最后与百科全书派分道扬镳。这以后，他患了一种受迫害妄想症，遭受了严重的病痛折磨。

但是在1761～1762年间，他完成了自己最重要的3部著作：《新爱洛绮丝》《爱弥儿》和《社会契约论》。《新爱洛绮丝》通过叙述平民出身的少年圣·普洛和贵族女儿朱丽叶的悲剧爱情，揭示了社会伦理道德的冲突。《爱弥儿》认为一个人生下来就是完美的，教育者的职责是保持孩子的这种完美本性，促进受教育者自然发展。《社会契约论》集中体现了卢梭的民主主义思想，后来成为了反映西方传统政治思想的最有影响力的著作之一。卢梭认为国家是由于订立契约而产生的，而人民是订立契约的主体。所以，人民有权利废除对自己不利的契约，建立符合自己权利的契约，这就是著名的"人民主权论"。

《爱弥儿》和《社会契约论》的出版，给卢梭带来了巨大灾难。他的书被焚毁，他本人也受到法院的通缉和教会的声讨，只能隐姓埋名、隐居起来度日。

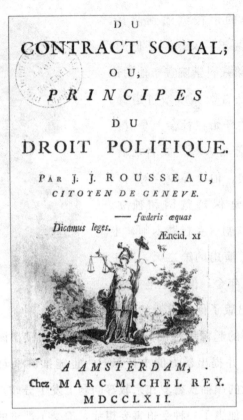

《社会契约论》封面

1766 年，卢梭流亡到普鲁士。英国大哲学家休谟听说他的遭遇后，热情地邀请他来伦敦居住。那时，饱经风霜的卢梭患了严重的妄想症，对谁都不相信。到伦敦后，他怀疑休谟会谋害自己，于是经常和休谟争吵。住了不到一年，他就惊慌地逃离了英国。

1770 年，法国政府宣布对他赦免，卢梭返回巴黎。他恢复了自己的真名，在沙龙里朗读叙述自己生活史的著作《忏悔录》。这部世界文学史上别具一格的名著，不仅以坦率的态度叙述了卢梭的生活史，而且用美妙的文笔和卓越的才能维护他的学说，回击他的论敌。

晚年的卢梭过着孤独而清贫的生活，郁郁寡欢。1778 年 7 月 2 日，他因中风而病逝。法国大革命后，他的遗体被葬入巴黎的伟人公墓。

莱克星顿枪声

从 16 世纪开始，北美洲逐渐成为欧洲列强的殖民地，各国都有移民移居北美。经过 100 余年的发展，美利坚民族渐渐形成。18 世纪中叶，英国在北美大西洋沿岸建立了 13 个殖民地，并阻止当地资本主义经济的发展，企图把这些殖民地变成英国工业品的销售市场和廉价原料的供应地，加大对殖民地的掠夺与压榨。英法七年战争结束后，英国在殖民地增加税收，控制出海权，把战争损失转嫁到北美人民的身上，双方矛盾日益激化。英国为独占西部，禁止向西移民，切断了北美人民的谋生之路，同时也限制了资产阶级对西部的开发，北美人民不断掀起反抗，从经济、政治斗争渐渐演变成武装冲突。

1774 年 9 月 5 日，英属殖民地代表在费城成立"大陆会议"，并秘密组织民兵武装，在康科德备有军需物资库。这一消息被英殖民者麻省总督盖奇知道后，于 1775 年 4 月 18 日派史密斯上校带兵收缴。民兵在莱克星顿一役中，牺牲了 18 人。毁掉军需物资的英军在撤退时受到全莱克星顿人民武装的包围，英军且战且退，伤亡 259 人。

莱克星顿枪声是美国独立战争中的第一次战役，它震动了整个北美殖民地。民兵迅速集合起来，包围了波士顿。5 月 10 日，大陆会议在费城召开第二次会议，决定成立一支真正的革命军队——大陆军，由华盛顿任总司令。

缺枪少弹的大陆军凭借满腔热情，攻占了加拿大的蒙特利尔，打退了波士顿的英军，击败了南部查尔斯顿的殖民者。1776 年 7 月 2 日，大陆会议通过了《独立宣言》，大陆军成为合众国武装，整个北美殖民地人民情绪激昂。华盛顿率领军队接连取得胜利，迫使英军退出新泽西州中西部。

英军欲以加拿大为基地，先平定北部新英格兰和纽约的美军，再向中南部推进。伯戈因遂带领加拿大英军南下，计划与纽约豪的驻军会合。但豪改变计划南下，伯戈因失去接应，新英格兰境内的民兵不断阻击和骚扰，伯戈因无法获得充足的补给，行动迟缓。

新大陆森林里的海狸给了欧洲皮毛市场源源不断的供

应，海狸帽一时成为上流社会的流行时尚，这给英国

商人带来了巨大财富。

　　9月19日，处于困境的伯戈因决定放弃交通线，破釜沉舟向南进发，在弗里曼农庄向美军发起进攻。美军的顽抗使英军损失惨重，伤亡600余人。10月7日，英军再次进攻，又遭到美军痛击，伯戈因被迫撤退。10月12日，退到萨拉托加附近的伯戈因发现被追击的美军包围，只好投降。16日，与美签订《萨拉托加条约》。

　　萨拉托加的胜利，是美国独立战争的转折点。国际反英势力纷纷支援美国，法、西、荷等国相继对英宣战，英国在国际上处于孤立状态。

英军将战略重心转移到南方,先征服佐治亚州,又逼降查尔斯顿的美军,随后攻占了南卡罗莱纳。1780年12月,华盛顿任命洛林为南部美军总司令。洛林将部队分散开来,展开游击战。1781年1月17日,在考彭斯歼灭英军1100人。3月15日,在吉尔福德重创英军。同时,法国舰队在海上与英军周旋,也大大牵制了英军的陆上攻势。

4月,美军在法、西、荷等国海上舰队的配合下,开始大规模反攻,迫使英军退守海岸线。8月,英统帅康沃利斯将南部主力集中在弗吉尼亚半岛上的约克敦,以便与纽约驻军相互策应。华盛顿率领美法联军1.6万余人,从水陆各方包围了约克敦,切断了英军与纽约驻军的联系。10月9日,联军发起总攻,分别从左右两方同时向约克敦发炮。火炮的巨大吼声持续了十八九个小时,英军逐渐支持不住。16日,试图从海上逃跑的英军又因暴风吹散了准备好的船只而无法撤离。17日,失去反攻能力的英军只好投降。

1783年11月3日,美英签订和约,英国承认美国独立。美国独立战争宣告结束。

美国独立战争打碎了英国的殖民统治,实现了美国独立,掀起了美洲殖民地人民谋求独立的革命浪潮,开创了资产阶级革命的新纪元。

1775年4月18日黎明,莱克星顿的枪声揭开了北美独立战争的序幕。

美国《独立宣言》

　　1743 年 4 月 13 日，杰弗逊出生于弗吉尼亚。杰弗逊的父母对子女的教育非常重视，让他接受了良好的教育。杰弗逊少年时就通晓拉丁文和希腊文，阅读了很多古典名作。1760 年，杰弗逊考上了威廉·玛丽学院。在求学期间，他每天学习达 15 小时，浏览了很多启蒙运动时期英法大思想家、大哲学家的作品，视野日益开阔，思想日渐深刻，为他成为美国历史上出类拔萃的人物奠定了基础。1767 年，杰弗逊取得了律师资格，后来又当选为弗吉尼亚议员，开始从政。

　　随着北美殖民地经济的快速发展和英国对殖民地剥削日益加重，北美人民和英国宗主国的矛盾日益尖锐。起初杰弗逊并没有产生独立的念头，后来他看了一本宣扬独立的小册子《常识》。《常识》的作者大声疾呼，北美殖民地的前途和命运在于摆脱英国的殖民统治宣告独立。当时殖民地人民反英斗争日益高涨，杰弗逊也投身于北美独立运动的洪流之中。

　　1776 年 6 月 7 日，在费城举行的第二届大陆会议上，弗吉尼亚代表理查德·亨利·李提出了一个议案，要求解除对英国国王的一切效忠，争取外国政府的援助，殖民地成立一个独立自主的国家。经过简短的讨论，大会决定任命托马斯·杰弗逊、约翰·阿丹姆斯、本杰明·富兰克林、罗杰·谢尔曼和罗伯特·李文斯顿 5 人组成一个委员会，负责起草一份宣言，宣布与英国决裂。虽然其他几人都比杰弗逊年长，但大家都一致推举他为执笔人。

　　从 6 月 11 日到 28 日，在两个多星期的时间里，33 岁的杰弗逊把自己关在屋子里，奋笔疾书。他绞尽脑汁，反复修改，仔细推敲，以求尽善尽美。在杰弗逊写《独立宣言》期间，他的母亲和一个孩子刚刚去世，妻子又卧病在床。杰弗逊强忍着内心的巨大痛苦，以坚强的毅力，完成了这一庄严、艰巨而又伟大的任务。7 月 4 日，经过大陆会议短暂讨论和修改后，13 块殖民地的 56 名代表在《独立宣言》上郑重签字，正式批准通过。

　　7 月 8 日，在宾夕法尼亚州大会堂的院子里，大陆会议向群众宣读了《独立

起草《独立宣言》的委员会成员们站在主席约翰·汉考克面前，站立者中左数第四人为杰斐逊。

宣言》。群众纷纷将帽子、鲜花抛到空中，大声欢呼。广场上礼炮齐鸣，军队列队游行。教堂的钟声响了一整天，一直持续到深夜。

《独立宣言》第一部分深受启蒙运动中法国哲学家卢梭的"社会契约论"和英国哲学家洛克的"天赋人权说"的影响，阐述了人生而平等，造物主赋予人们固有的、不可转让的权力，包括生存权、自由权和追求幸福的权力。主权在民，人民根据契约组成国家。第二部分谴责了英国在殖民地的残暴统治和肆意掠夺，已经成为迫害人民的政府，阐述了殖民地人民要求独立的原因。它痛斥英王乔治三世的种种罪行："他拒绝批准对公共福利有用和必要的法律，屡次解散州议会；派遣大批官员和军队控制殖民地的人民，搜刮民脂民膏；任意向殖民地人民征税；掠夺殖民地的船舶，骚扰沿海地区，焚毁城镇和乡村，杀害人民。"第三部分，《独立宣言》向全世界庄严宣布："我们以善良的殖民地人民的名义，向全世界郑重宣布，我们这些联合起来的殖民地从此成为、而且名正言顺地成为独立自主的美利坚合众国。从今以后，取消一切向英国王室效忠的义务，断绝一切和大不列颠的政治关系。我们是自由独立的国家，拥有宣战、结盟、缔约、通商以及一切独立国家所拥有的权力。"

《独立宣言》的发表，对号召北美人民同英国殖民者进行斗争以获取独立起到了巨大作用，为独立战争提供了理论基础，充分表明了殖民地人民建立自己的独立国家的决心，是殖民地人民走向成熟的里程碑。《独立宣言》是资产阶级思想史上的重要文献，被马克思称为"世界上第一个人权宣言"。

华盛顿

在讲究礼节这方面，美国首任总统华盛顿是出了名的。少年时，他为了使自己显得温文尔雅，编写过非常周密详尽的《待人接物行为准则》。成年后，他对自己的形象更是严格要求。他的丝线长袜和带银扣的鞋子是从英国进口的，无论在什么情况下他总忘不了修饰头发。在总统任期内，他拒绝在办公室和别人握手，觉得这种亲热礼节有失总统的尊严。因此，他总是以点头来代替握手。

·美国总统制·

美国是三权分立的国家，其中行政权归总统，总统任期为 4 年，先是由各政党提出候选人，基本上最终当选的只有民主党和共和党两个政党的候选人。两党候选人到全国各地演讲拉选票，以取得选民的支持。总统选举投票采用选举人制，也就是一个州算多少票，如果候选人获得了该州大多数选民的支持，这个州的选举人票就全归他所有。等 50 个州投票完毕后，谁获得选举人票多，谁就当选。美国宪法起初没有规定总统连任次数限制，只是凭借惯例，一个人只连任两次。但是富兰克林·罗斯福打破了这个惯例，连任了 4 届总统。后来美国议会制定了宪法修正案，从法律上规定一个人最多担任两届总统。美国总统同时也是全国军队总司令，在关键时刻拥有很大的权力，但平时约束很大。

华盛顿 1732 年出生于弗吉尼亚，父亲早年去世，后由哥哥劳伦斯抚养长大。大约七八岁时，他的哥哥劳伦斯从英国学成归来，兄弟俩虽然年龄相差 14 岁，但感情相当融洽。学识过人、风度翩翩、富于男子气概的哥哥成为了华盛顿心目中的偶像。后来哥哥整备行装，奔赴西印度群岛战场，他开始从哥哥的信中和其

乔治·华盛顿塑像

他来源了解到一些战斗故事，从那时起，华盛顿的一切游戏都带有了军事色彩，同学们成了士兵，自己则成了总司令。

华盛顿没有上过大学，但他勤奋上进，自学成才。16 岁时，华盛顿在哥哥的帮助下成为土地测量员。1752 年，劳伦斯去世，华盛顿继承了哥哥的遗产，成为大种植园主。同年，他担任了弗吉尼亚民兵少校副官长，开始了军旅生涯。1758 年，他当选为弗吉尼亚议员，翌年与富孀马撒·丹特里奇结婚，获得大批奴隶和大片土地。

1773 年，发生著名的波士顿倾茶事件，英国和北美大陆之间的矛盾冲突明了化。华盛顿果断地意识到，除了完全独立，北美大陆别无出路。1774 年 9 月 5 日，在费城召开了第一届大陆会议。华盛顿作为弗吉尼亚议会的代表，身着戎装出席了会议，在他的大力促成下，大会通过了不惜以武装抵抗作为最后手段的决议。当时的北美大陆没有海军，也没有像样的陆军，却要面对号称"日不落帝国"的世界霸主英国，做出这样的决定是需要相当的勇气的。

1775 年 4 月 18 日，莱克星顿响起了枪声，美国独立战争开始。同年 5 月 10

华盛顿率军渡过特拉华河

日，第二届大陆会议在费城举行，大会决定成立由华盛顿任总司令的大陆军。

尽管大陆军在初期取得了一些胜利，但与英国军队相比，敌强我弱的形势显而易见。在保卫纽约的战役中，大陆军差点全军覆没。1776 年冬天，大陆军陷入了异常艰难的局面。在危急时刻，华盛顿孤注一掷，率兵偷袭了特伦敦镇的普鲁士雇佣军，以 2 死 3 伤的代价歼敌千余，大振军威。1777 年的秋天，在经历了众多的艰难困苦之后，萨拉托加战役打响。在哈得逊河西岸高地，英国名将伯戈因的 8000 余人部队受到了大陆军的两翼夹击，被迫投降。这次大捷促成了 1778 年 2 月的美法结盟，美国开始逐渐掌握了战争主动权。1781 年 10 月 9 日，美国独立战争以美国的胜利而告终。

战争结束后，华盛顿拒绝了奖赏，回到了自己的庄园。但初生的美国离不开他，1787 年，华盛顿再入政坛，主持召开了制宪会议，制定了沿用至今的美国宪法。1789 年，华盛顿当选为美国第一任总统。在就任美国总统期间，他认为自己可以与世界上的任何一位国王相媲美，但又始终把自己看做是美国人民的"最恭顺的公仆"。

1796 年 9 月 17 日，即将离任的华盛顿发表了著名的《告别辞》。《告别辞》呼吁全国要保持团结，珍视联邦，反对以一个党派的意志来代替国家意志，指出美国的外交政策应是"避免与国外世界的任何一部分永久结盟"。《告别辞》是华盛顿政治经验的总结，标志着"孤立主义"的开端，对美国以后历届政府的外交政策产生了深远影响。

在两届任期（1789～1797年）结束后，华盛顿坚决拒绝了再次连任。1799年，华盛顿因患喉头炎去世，享年67岁。他在神志清醒的最后时刻，说了这样一句话："我是在艰苦奋斗之后了此一生的。"

攻占巴士底狱

在巴黎东南的圣安东街，有一座高大的城堡，它就是巴士底狱。巴士底狱建于1382年，起初是为了抵抗英国人而建的堡垒，后来由于巴黎的扩大逐渐成为巴黎市区的建筑，改为王家监狱。这座阴森恐怖的城堡有高高的石墙，城墙上有8座塔楼，每个塔楼的顶端都安放着一尊大炮，虎视眈眈地对着整个巴黎。巴士底狱四周有一条宽25米的壕沟环绕，只有通过吊桥才能进入。几百年来，法国的官吏和密探，可以不经任何法律就逮捕反对国王、反对贵族、反对专制主义的人，把他们投入巴士底狱。在法国人民眼里，巴士底狱就是封建专制的象征。

18世纪的法国，国民分为三个等级，第一等级是教士，第二等级是贵族，第三等级是资产阶级、城市平民、工人和农民。第一、第二等级的人数只占全国人口的1％，但他们有权有势，占有全国1/3的土地，却不用缴税。他们还利用他们手中的权力，提高税收，设置关卡，千方百计地剥削人民，引起了广大人民的不满。

1789年5月，法国国王路易十六为了榨取更多的钱供他挥霍，召开了三级会议。第三等级的代表识破了他的诡计，趁机提出要求限制国王的权力，把三级会议变成国家的最高权力机关，这理所当然遭到了路易十六的拒绝。于是第三等级的代表宣布退出三级会议，成立国民大会，后来又改为制宪会议。听到这个消息后，路易十六暴跳如雷，秘密调集军队进入巴黎，准备逮捕第三等级的代表。

表现巴黎人民攻占巴士底狱的图画

·巴士底狱·

巴士底狱虽然是一个关押政治犯的监狱，但它的条件并没有想象中那么恶劣。其实巴士底狱的生活条件还是很不错的，囚犯之间可以互相串门，条件好的还可以带仆人进去，饮食也相当好，除了没有自由之外，什么都有。巴士底狱并不光关押些政治犯，很多头脑发热的贵族青年也常被送到里面去吸取些经验教训，比如伏尔泰就两次被关了进去。当然，巴士底狱也经常关押一些比较顽固的政治犯，那些人的待遇就差多了，经常有人被活活折磨得发疯，而且一关就是几十年甚至一辈子。谁也不知道巴士底狱里面关押了多少人，由于它的神秘，人们一直把它当成封建专制的象征。所以在法国大革命时期，人们把攻占巴士底狱看成是革命胜利的标志。

巴黎人民得知这一消息后，群情激愤，怒不可遏。1789 年 7 月 13 日，巴黎人民手拿大刀、长矛、火枪，举行了声势浩大的起义。起义军迅速占领了巴黎的军火库，夺取了好几万只火枪和几门大炮。惊惶失措的路易十六急忙派军队前去镇压，但被起义军打得大败。仅一天的时间，起义军就控制了全城，只剩下市东南的巴士底狱了。

7月14日，巴黎群众高呼："到巴士底狱去！"起义军从四面八方赶来，包围了巴黎最后一座封建堡垒。巴士底狱守备司令德·洛纳被潮水一样涌来的起义军吓破了胆，急忙命令士兵绞起铁索，升起吊桥。为了减少伤亡，起义军派了几个代表，举着白旗，去同巴士底狱守备司令德·洛纳谈判，希望他投降。但丧心病狂德德·洛纳竟然命令巴士底狱的士兵向代表们开枪。巴黎人民被彻底激怒了，立即向巴士底狱发起了猛攻。巴士底狱的士兵从城墙上向起义军开火，并用塔楼上的大炮轰击。起义军冒着敌人的炮火前进，他们抬着云梯，越过壕沟，奋不顾身地攻城。但由于敌人的火力太猛，起义军损失惨重，被迫撤退。起义军从四周的街垒向巴士底狱射击，但由于距离太远，对守军构不成威胁。

"我们也要有大炮！"大家齐声说。很快，起义军找到了几门旧大炮，上面生满了铁锈。一个叫肖莱的酒商自告奋勇来当炮手。"轰轰轰"，一排排的炮弹带着起义军的怒火打在城墙上，人民发出阵阵欢呼。但旧大炮的威力太小了，只打掉了一些石屑，在厚厚的城墙面前，实在是微不足道。巴士底狱的守军大声嘲笑起义军。

有几个勇敢的人拿着铁锹、铁镐、火把和炸药，冒死冲到巴士底狱的城墙下，想在墙上挖个洞，然后用炸药炸塌城墙。但他们还没来得及行动，就被城墙上的士兵打死了。

"我们需要真正的大炮和炮手！"大家又分头去找，过了一会儿，找来了一门威力巨大的大炮。炮手们调整好角度，把炮弹放到大炮里，点燃火绳，"轰"的一声，大炮发出一声怒吼，威力巨大的炮弹重重地撞在城墙上，发出震耳欲聋的爆炸，城墙一下子就掉了一大块。人们发出阵阵欢呼。"轰轰轰！"炮手们一刻也不停，继续发炮。"咣当"一声，一颗炮弹把铁索打断了，吊桥掉了下来。"冲啊！"起义军的发起冲锋，踏着吊桥冲进了巴士底狱，城内的士兵见大势已去，纷纷投降，而德·洛纳被愤怒的起义军活活打死。

占领巴士底狱的消息传到全国后，各地的法国人民纷纷起义，夺取政权。后来7月14日被定为法国国庆日。

路易十六被推上断头台

1791年6月20日夜，一辆马车悄悄地从巴黎出发，乘着夜色向北疾驶，第二天早晨，马车来到了北方边境小镇发棱。

"请出示你的护照！"边境驿长德鲁埃拦住了马车。

"我们是俄国人！这是我和我妻子的护照。"车上一个带眼睛的胖子一边说一边把护照递了出去。发棱镇的居民从来没有见过这么豪华的马车，纷纷上前围观。德鲁埃仔细地看了看护照，没错，是俄国大使馆签发的。但这个戴眼镜的胖子和车上的贵妇人有些眼熟、他们是谁呢？突然，德鲁埃想起来了，他们是国王路易十六和王后！

"你们是国王路易十六和王后！"德鲁埃对那个胖子大声喊道。

戴眼镜的胖子正是法国国王路易十六。见有人认出了自己，他慌忙驾着马车，夺路而逃。"站住！快拦住他们！"德鲁埃大声喊。他急忙跳上一匹马，追了上去。小镇的人们也发出阵阵怒吼，纷纷追赶马车。

"停车！停车！否则我就开枪了！"赶上马车后，德鲁埃拔出手枪，指着驾车的路易十六说。

实在没办法，路易十六只好停了下来。过了不一会儿，赶上来的群众将马车围得水泄不通，路易十六和王后吓得躲在马车里不敢出来。最后，在当地国民卫队的押送下，路易十六和王后只好灰溜溜地返回了巴黎。一路上，群众的骂声不绝于耳。

路易十六为什么要出逃呢？路易十六是个昏庸无能的国王，他不理朝政，只喜欢打猎和修锁。每次在国务会议上，他都打瞌睡。在巴黎，供他打猎用的马就有1800匹，各地的备用马有1200匹。他还经常把一些锁匠召进宫，交流修锁的经验，法国人民戏称他为："我们的锁匠国王。"他的王后玛丽是奥地利皇帝的妹妹，是个挥霍无度，奢侈成性的人，弄得国库一贫如洗，法国人称她为"亏空夫人""赤字王后"。有一年，法国闹饥荒，很多老百姓都没有面包吃。大臣向她报告情况，她竟然吃惊地说："没有面包吃？那为什么不吃点心？"令大臣哭笑

路易十六

不得。

　　法国大革命爆发后，面对汹涌澎湃的革命形式，路易十六吓破了胆子。他出于无奈，只好发表声明，表示拥护革命，并给欧洲各国发了通告。奥地利和普鲁士害怕本国人民也像法国人一样，推翻自己的统治，决定联合起来，镇压法国大革命。奥地利和普鲁士号召欧洲的君主联合出兵，进攻巴黎。

　　路易十六当然不是真心拥护革命，他做梦都想恢复自己的统治。私下里他给欧洲各国的君主写信，秘密派人出国，告诉欧洲各国的君主，不要相信他的公开声明，因为那是在革命人民的压力下说的。他请求欧洲各国出兵干涉，甚至不惜割让领土作为代价。法国王后玛丽给她的哥哥奥地利皇帝写信说："武力已经摧毁了一切，现在只有武力才能恢复一切。"

　　当欧洲各国的君主正在商量出兵干涉的时候，路易十六和王后实在等不及

1793 年 1 月 21 日，路易十六作为 "民族的叛徒" "人类自由的敌人" 而被送上断头台。

了，就决定出逃到外国，然后再率领保王军和外国干涉军打回巴黎。不料事情败露，于是出现了本文开头的那一幕。

普奥干涉军很快就来到法国边境，法国人民立即组织军队抵抗。路易十六和玛丽得知后欣喜若狂，他们秘密派人将法军的作战计划和军事机密送给了敌人，并设法拖延军需品和军火的生产，策动法军的高级军官投敌。法军节节败退，外国干涉军一直打到巴黎附近。

渐渐地，巴黎人民发现，失败都是路易十六和王后搞的鬼！愤怒的巴黎人民发动起义，将国王和王后关押起来，紧接着又处决了大批的反革命分子。没有了这两个叛徒的捣乱，巩固了国内局势。法国人民纷纷组织义勇军，奔赴前线，同外国干涉军浴血奋战，终于在瓦尔密大获全胜，挽救了法国，挽救了革命。

1792 年 9 月 22 日，法国成立了共和国，废除了君主制。在如何处置路易十六上，最高权力机关国民大会发生了严重分歧。激进的雅各宾派说路易十六是叛徒、暴君和卖国贼，坚决要求处死国王，保守的吉伦特派则坚决反对。就在两派争执不下的时候，人们在王宫发现了一个秘密保险柜，里面全是国王通敌叛国和镇压革命的计划。这一下，吉伦特派哑口无言了。

1793月1月21日，在滂沱大雨中，路易十六被押上了断头台。当刽子手砍掉暴君的头时，围观的群众发出阵阵欢呼。不久，王后玛丽也被处死。

热月政变

1789年7月14日巴黎人民起义，推翻了国王路易十六的统治，代表大资产阶级利益的君主立宪派上台执政。他们制定了宪法，保留了国王。路易十六通敌叛国后，巴黎人民再次发动起义，推翻了君主立宪派，代表工商业资产阶级的吉伦特派的上台执政（因为这一派中大多数人来自吉伦特省）。吉伦特派上台后，宣布废除君主制，成立共和国，史称法兰西第一共和国。不久，路易十六被处死。

吉伦特派上执政后，开始奉行对外侵略扩张的政策。法军占领了比利时，并挺进意大利和德意志。但法国国内物价飞涨，人民怨声载道，可吉伦特派为了维护本阶级的利益，却拒绝采取强硬手段来解决日益严重的危机，商人们囤积居奇，不肯出售粮食和日用品，企图获取高额利润。人民生活困苦不堪，全国到处都是抢粮事件，社会动荡不安。

处死路易十六后，普鲁士、奥地利、西班牙和英国组成"反法联盟"向法国大举进攻。由于失去了人民的支持，法军节节败退。国内的形势也很严峻，保王党四处闹事，全国大约有2/3的郡发生了叛乱，尤其是南方的万第省尤为严重。吉伦特派束手无策，为了自己的利益，竟然向以前的革命盟友雅各宾派举起了屠刀。他们借口保卫国民公会，防止"破坏秩序者"，从外省调来了1万国民警卫队，让他们在巴黎游行，反对雅各宾派。但没有多久，警卫队看清了吉伦特派的真面目，转而支持雅各宾派。

吉伦特派的倒行逆施激起了人民的强烈不满，英勇的巴黎人民发动第三次起义，推翻了吉伦特派的统治，推举雅各宾派上台。

雅各宾派上台后，国内外形势非常严峻。国内的保王党在很多地区发动叛乱，并宣布在押的路易十六的儿子查理为法国国王，称路易十七。战局继续恶

巴黎"无套裤汉"

这一名称来自于百姓们不穿只有贵族才穿的短裤，而他们却是大革命的主力军。

化，普鲁士、奥地利、西班牙和英国等国从西、北、南三面进攻法国。吉伦特派不甘心失败，派一个女特务刺杀了雅各宾派的首领之一——马拉。

在危急关头，雅各宾派的首领罗伯斯庇尔迅速采取了一系列的措施，比如宣布将逃亡贵族的土地分成小块，出售给农民，以取得他们的支持；废除一切封建特权；严厉打击囤积居奇的商人；发布全民动员令，积极抵抗外敌。为了镇压猖獗的反革命活动，雅各宾派颁布了《惩治嫌疑犯法令》，同时规定了40种生活必需品的最高价格，以打击囤积居奇。这就是法国大革命史上赫赫有名的"恐怖统治"。

恐怖统治是在历史特定条件下的一种特殊手段。实行恐怖统治后，群众踊跃参军，积极参加镇压国内的叛徒和抵御外国军队。很快，国内保王党的叛乱和吉伦特派的反革命活动被镇压下去了，外国军队也被赶跑了。一大批奸商被处决，物价很快稳定下来。

国内外局势稳定下来之后，雅各宾派却陷入了内斗之中，分成了左中右三派。左派的首领艾贝尔主张进一步实行极端恐怖政策，攻击罗伯斯庇尔的政策不够彻底，并想发动政变，结果被罗伯斯庇尔送上了断头台。右派首领丹东为革命做出过巨大贡献，他主张"爱惜人民的鲜血"，停止恐怖政策，结果被罗伯斯庇尔以通敌叛国罪也送上了断头台。反对派虽然被镇压了，但罗伯斯庇尔更加势单力薄了。雅各宾派的左右两派的残余势力和吉伦特派联合起来，准备推翻罗伯斯庇尔。由于恐怖政策经常滥杀无辜，遭到了人民的反对，罗伯斯庇尔也渐渐失去了人民的支持。

1794 年法兰西共和国历热月的一天，国民大会又一次召开了会议。在会议上，很多代表纷纷走上演讲台，发表演讲，批评雅各宾派的恐怖政策。他们一个比一个激动，最后大喊："打倒暴君罗伯斯庇尔""逮捕罗伯斯庇尔"。雅各宾派的代表非常愤怒，他们纷纷要求发言，但都被议长拒绝，最后罗伯斯庇尔要求发言，结果也被拒绝。

罗伯斯庇尔被宪兵投进了监狱，巴黎人民很快把他救了出来。这时罗伯斯庇尔在是否发动起义的问题上犹豫不决，群众大失所望，纷纷回家。很快罗伯斯庇尔再次被捕，并被送上了断头台。历史上把这次政变叫做"热月政变"。

拿破仑

拿破仑在一次与敌军作战时，遭遇顽强的抵抗，队伍损失惨重，形势十分危险。拿破仑也因一时不慎掉入泥潭，被弄得满身泥巴，狼狈不堪。

可此时的拿破仑却很乐观，内心只有一个信念，那就是无论如何也要打赢这场战斗。只听他大吼一声："冲啊！"他手下的士兵看到他那副滑稽模样，忍不住都哈哈大笑起来，但同时也被拿破仑的乐观自信所鼓舞。一时间，战士们群情激昂，奋勇争先，终于取得了战斗的最后胜利。

这是广泛流传的拿破仑的故事。在这个故事中我们不难看到拿破仑永不言败的精神，或许正是这种精神鼓舞着拿破仑创造了一个非比寻常的精彩人生。

拿破仑·波拿巴

在卡罗的 8 个子女中，老二拿破仑总是显得与众不同。他并不是一个讨人喜欢的孩子，身材矮小、体格瘦弱、外表非常笨拙，一开口就显得有些蠢。但他的权威令孩子们折服，连哥哥也对他俯首帖耳。1779 年，拿破仑进入布伦纳军校学习，这是一所贵族学校，由于拿破仑来自乡下，所以他经常受到同学们的鄙视和嘲笑。但是拿破仑学习成绩很好，尤其是历史课，他对法国的历史事件、历史人物、历史发展了如指掌，这也成了他以后引以自豪的资本。

在布伦纳军校的一年冬天，雪下得很大。百无聊赖之际，拿破仑想出了一个新花样。他带领大家在大院子的雪地里扫出通道，建立碉堡，挖掘壕沟，垒起胸墙。当工程完成后，他指挥大家进行模拟攻防军事游戏。战斗持续了 15 天之久，而拿破仑就此成了学校里的英雄人物。

15 岁那年，拿破仑进入巴黎陆军学校学习，学习时间虽然只有两年，但他却深深受到了法国启蒙思想的影响。从巴黎陆军学校毕业后，拿破仑当上了一名炮兵少尉，1791 年晋升为中尉，次年又被提升为上尉。当时正值法国大革命期间，所谓时势造英雄，拿破仑抓住了机遇，迅速脱颖而出。1793 年，法国保王

拿破仑加冕仪式

党人在英国和西班牙的大力支持下，占领了法国南部重镇土伦，共和军久攻不克。拿破仑奉命参加土伦战役，任炮兵指挥，并晋级为上校。依靠拿破仑指挥的炮兵部队，共和军终于攻占了土伦。此役使拿破仑声名大振，不久他被破格提升为准将。1795年，他的炮兵部队在巴黎再建奇功，以5000人之力击溃了两万多名叛乱分子，这之后，拿破仑被任命为法国"内防军"副司令。后来，他又被派往意大利和埃及战场作战。此时的拿破仑已非昔日可比，他以不断的军事胜利证明了自己的实力。1799年，拿破仑从战场上悄然返回法国，发动了"雾月政变"，从此处在法国权力的顶峰，终于在1804年加冕称帝，即拿破仑一世，法国进入了法兰西第一帝国时期。

拿破仑执政时期，通过内政外交方面的努力，使法国迅速走向强盛。他着力打击教会势力，镇压反叛势力，采取各种积极政策推动经济发展，并主持制定了《民法典》，又称《拿破仑法典》。《拿破仑法典》将法国大革命的成果以宪法形式确定下来，对法国及其他资本主义国家的立法产生了深远影响。在对外战争上，拿破仑领导的军队几乎击败了所有的欧洲大国，推动了法国大革命的思想在欧洲的传播。

但是侵略俄国的惨败使法国元气大伤，并给其他敌对国家造成了可乘之机。

1814 年的莱比锡战役是拿破仑军事史的一个转折点——他第一次败给了反法联盟。之后，反法联军占领巴黎，拿破仑被流放到意大利海边的厄尔巴岛。1815年，拿破仑成功逃出流放地，返回法国，受到了热烈欢迎并迅速恢复了权力。但此时的法国已经雄风不再，经历了滑铁卢战役的惨败后，拿破仑永远退出了历史舞台。他被流放到大西洋中的圣赫勒拿岛，于 1821 年去世，终年 51 岁。

兵败莫斯科

　　19 世纪初，拿破仑几乎征服欧洲各国，但英国始终不与法国议和。拿破仑为毁掉英国人的贸易体系，实行高压政策，使欧洲各国断绝与英国的经济交往，对英实行经济封锁。面临经济破产的英国认识到只有引诱俄国脱离欧洲大陆组织，英国才会有生机，否则英国只有屈服。在英国的说服下，沙皇接受了英国的货物。拿破仑对俄国的行为极为不满，为报复沙俄，拿破仑兼并了由沙俄支持的赛尔登公国，开始对俄加强封锁。这使沙皇大怒，俄法关系迅速恶化。俄方要求法军撤到赛得河以西，遭到拿破仑的拒绝。拿破仑意识到战争不可避免，遂组织兵力东征俄罗斯。

　　1812 年 6 月 24 日，拿破仑调集大军 68 万人，火炮 1400 门，渡过尼门河，开始了对俄国的入侵。拿破仑计划在维尔纽斯及其以东地区歼灭敌人主力。面对咄咄逼人的庞大法军，俄军采取主动撤退策略，法军紧紧追赶，但每次都落空。

　　俄军后退的同时，沿途实行坚壁清野，以阻滞法军前进。随着法军的快速深入，前后方出现脱节，补给发生困难。拿破仑命令部队停止前进，进行休整。这时，俄两路大军在斯摩棱斯克会合，组织防御工事。获得供给的拿破仑迅速向该地进军。8 月 16 日，双方在斯摩棱斯克展开激战。俄军在法军猛烈的攻势下，顽强地抵挡三天后，终于招架不住，弃城继续后退。

　　俄军只退不打，俄国内部舆论哗然，怨声载道。8 月 29 日，沙皇任命库图佐夫为总司令对抗法军。深知撤退是正确决策的库图佐夫迫于舆论和沙皇的压力，决定与敌人展开一场会战。他把阵地选择在莫斯科以西 124 千米的博罗迪诺村附近。库尔干纳亚高地高踞周围地形之上，视野开阔，前方宽 8 千米，右翼为

法军撤离俄罗斯

莫斯科河，左翼为难以通行的森林，后方是森林和灌木林，可隐藏预备军。在阵地上，俄军构筑了多面堡和钝角堡等完备的防御工事。库图佐夫企图以积极的防御手段达到最大程度地杀伤敌人之目的。

9月7日，拿破仑率领13万大军开始进攻，在这种对己不利的地形上交战，拿破仑失去了军队的机动性，从两翼迂回包围阵地也是不可能的。如果从南纵深迂回，只能分散削弱兵力，可能导致被各个击破。拿破仑只好采取正面突击，他选择比较狭窄的地段，采取突破敌人防线直插敌后方的策略，实施强攻。

会战开始，双方都以炮兵对射发起进攻。在炮兵的掩护下，凶猛的法军使俄军退过科洛恰河，法军遂紧追过去，遭到猛烈火力的反攻，又被迫退回。凌晨6时，法军向钝角堡猛攻，虽说人数及火力都占优势，但法军仍被击退。7时许，法军又开始新一轮进攻，攻占了左边的一个钝角堡，俄军又以勇猛的反击夺回，双方这时都加强了兵力。法军对左右两个钝角堡发动第3次攻击，俄军也不甘示弱，抵抗极为顽强，堡垒几易其手。这也显示出库图佐夫排兵布阵的艺术：他把俄军战斗队形纵深配置，纵深达3~4千米，使步兵、骑兵和炮兵之间配合默契，保障了积极防御的坚固性，使法军几次易得手后又被迫放弃。双方进退反复，短兵相接，展开肉搏战。

为彻底突破俄军防线，拿破仑调集兵力实行猛攻。库图佐夫在此危急时刻，果断决定调强大的预备军袭击敌人左翼。战斗持续到 18 时，俄军仍坚守阵地，法军也没取得决定性胜利，但双方都付出惨重代价。法军伤亡 2.8 万人，俄军则为 4.5 万人。拿破仑遂退回出发阵地。

战后，库图佐夫将俄军撤回内地，坚壁清野积聚力量。9 月 14 日，拿破仑进占已成废墟的莫斯科。10 月 18 日，俄军大举反攻，法军节节败退。到 12 月，法军损失 50 多万人，拿破仑的侵俄战争以惨败而告结束。

拿破仑在俄国的失败使法国损失惨重，成为欧洲再次爆发反拿破仑战争的导火索，也成了拿破仑军队覆灭的标志。

滑铁卢之役

1812 年 9 月 7 日，拿破仑东征俄国，在博罗迪诺会战中损失惨重，元气大伤。兵败莫斯科成为欧洲重掀反对拿破仑的战争导火线。1813 年前，法国达到鼎盛时期，在欧洲居于征服者的地位，但反叛的种子也洒遍了整个欧洲。

与此同时，俄国沙皇也想彻底歼灭拿破仑，于是 1813 年 2 月，俄国与普鲁士结盟，英国、西班牙、葡萄牙、瑞典和奥地利也相继加入，范围更广的第六次反法联盟结成。面对这样巨大的变局，拿破仑迅速组建新军，做好对反法同盟的作战准备。

1813 年 5 月中旬，拿破仑准备妥当，仍采取主动出击，先发制人的策略，开始向德累斯顿和莱比锡进军。途中，在加卡和包岑分别与俄普联军相遇，经过激战，联军败退。虽然法军取胜，但损失很大，惨重的伤亡使善于进攻的拿破仑被迫改变策略。此后，他分兵坚守德累斯顿到易北河一线的各要塞。8 月 26 日，联军开始进攻德累斯顿，人数多于法军一倍的联军从两面围攻。拿破仑亲自指挥，坚固的防御工事和积极的反攻，使联军遭到惨败，联军围攻两天未果后撤退。联军的波希米亚军团绕过德累斯顿，西里西亚军团西渡易北河分别从南北两面夹击莱比锡。

这幅画表现了 1815 年 6 月 18 日进行的滑铁卢战役中晚 8 时许的紧张情景。

·格鲁希的错误·

格鲁希是拿破仑手下的一名元帅，拿破仑东山再起后，几名老将不愿意再出山，于是拿破仑只好对格鲁希委以重任，将 1/3 的兵力交给他，命令他负责拖住普鲁士军队。但是格鲁希并没有完成使命，虽然他率兵重创了普鲁士军队，但没有将其歼灭，反而让普军得到了喘息的机会，重新集结起来开赴滑铁卢。虽然格鲁希收到了很多滑铁卢发生激战的情报，但是过于谨慎的他却没有采取行动，如果他能及时改变主意开赴滑铁卢的话，战争的结局很可能就是另外一个样子了。最后普鲁士军队及时赶到，联合英军将拿破仑击败。当法军战败的消息传到格鲁希耳朵里的时候，他才知道自己错过了一个多么重大的机会。

10 月 16 日，联军兵分几路发起进攻，莱比锡战役开始。双方炮火相互对射达 5 小时之久，联军的各个军团开始步步为营，向莱比锡压缩。第 1 军团的右翼纵队攻占了至高点科尔姆山，左翼纵队经过激战拿下了马克莱只格城，而孔讷维茨和莱斯尼希两渡口的争夺也异常激烈。法骑兵在炮兵的配合下，一度将联军队形打乱，步兵随即反攻。联军也不示弱，调集部队迎击，配置于步兵之间的炮兵奋勇击敌,下午 5 时法军被打退。双方损失惨重,伤亡均在 2 万人左右。18 日,联军从东南北三面向法军猛攻,法军被迫放弃阵地,从联军较薄弱的地方逃出战场。

1814 年,联军攻进法国本土,并约定不单独与法议和。3 月 20 日,联军对巴黎形成包围之势,4 月 11 日,拿破仑被迫与联军签订《枫丹白露条约》,并宣告退位,被软禁到厄尔巴岛,波旁王朝重新统治法国。

联军在利益分配上矛盾重重。1815 年 1 月,英、奥、法等国密约向实力大增的俄国宣战。这消息很快传到拿破仑耳中,他秘密回国。法国人民不满意波旁王朝的统治,在旧部的支持下,拿破仑又顺利地登上帝位。

这使整个欧洲震惊,3 月 25 日,因利益分配不均而争吵的联军又站在了一起,宣布成立第七次反法同盟,由英国的威灵顿公爵任统帅,迅速集大军 64.5 万人,分头向法国进攻。拿破仑到 5 月底也召集了 28.4 万的正规陆军和 22.2 万人的补助兵力。

拿破仑意识到如果联军几大军团会合一处,后果就不堪设想。他根据比利时的联军战线分布过长的情况,决定采取主动进攻、集中优势兵力各个击破。6 月 12 日,拿破仑进至比利时,对驻守在利尼附近的英普联军实施突然袭击,普军大败。17 日,拿破仑错误地让军队休息了一天,并决定 18 日同英军元帅威灵顿指挥的英荷联军在滑铁卢(今布鲁塞尔以南 20 千米)展开大决战。而威灵顿指挥的英军早已修了坚固的工事,等待拿破仑。

6 月 18 日,拿破仑指挥军队进攻,滑铁卢战役打响。拿破仑拥有 270 门大炮,但前一天晚上的大雨,使地面泥泞不堪,笨重的大炮只有一小部分进入阵地。11 时,法炮兵首先发炮,接着双方对射,对峙到下午 1 时,拿破仑派兵佯攻英军右翼,以牵制敌人的主要兵力,使中央薄弱后加以主攻。但佯攻效果并不明显,拿破仑只好从中央发起总攻。双方僵持不下时,被击散的普军重新集结,出现在法军身后,拿破仑急命两军团堵截。威灵顿精神大振,英军的士气猛涨。战至下午 6 时许,法军已疲惫不堪。8 时许,威灵顿下令反攻,在联军的夹击下,法军支持不住,全面溃败,拿破仑趁乱逃出战场。此战法军伤亡严重,损失 3 万余人。6 月 21 日,拿破仑败退巴黎。7 月 7 日,联军攻进巴黎,拿破仑被迫再次宣布退位,并被流放到南大西洋的圣赫勒拿岛,5 年后病逝。

1814 年 4 月 20 日，拿破仑被流放前与近卫队告别。在右侧冷眼观看的是来自各战胜国的使节。根据与联军签定的协议，皇帝将被放逐到地中海中的厄尔巴岛。有太多忠诚的帝国卫士自愿去厄尔巴岛陪伴他们的领袖，以致定额人员不得不从 400 人增加到 1000 人。

这场战争标志着拿破仑时代的结束，它动摇了欧洲封建制度政体，为欧洲各国的资本主义发展奠定了基础。

"神圣同盟"

1815 年 7 月，拿破仑在滑铁卢战役失败后宣布退位，被囚禁到大西洋的圣赫勒拿岛，"百日王朝"灭亡。路易十六的弟弟路易十八在外国军队的保护下，返回巴黎，登上国王的宝座，波旁王朝复辟。

为了清除法国大革命对欧洲各国的影响，在奥地利首相兼外交大臣梅特涅的建议下，欧洲各国在奥地利首都召开了一次会议，史称"维也纳会议"。

当时欧洲所有参加对法国作战的国家都派代表参加了会议，除了奥地利、普

鲁士、俄罗斯和英国外，西班牙、葡萄牙、瑞典等国也派代表参加，共有 200 多人。维也纳会议的东道主是奥地利皇帝弗兰西斯一世，会议由梅特涅主持。这 200 多人当然地位是不平等的，会议主要由梅特涅、俄国沙皇亚历山大一世、英国外交大臣卡斯尔瑞和普鲁士首相哈登堡操纵。另外法国外交大臣塔列朗也发挥了重要作用，他公开声称："我什么也不要，可我给你们带来了最重要的原则——正统原则！"正统原则被各大国接受，成了维也纳会议的指导原则。后来他也挤进了核心会议，维也纳会议由四国操纵变成了五国操纵。

维也纳会议其实就是一个分赃会议。四大国在打败拿破仑后，开始瓜分拿破仑帝国的领土，并着手恢复被法国大革命破坏的旧的欧洲封建秩序，使很多被拿破仑推翻的封建王朝复辟。此外，防止法国东山再起也是这次会议的目的之一。

·梅特涅·

梅特涅是奥地利首相，他是贵族出身，所以当法国大革命爆发的时候，他对其一直持敌视态度。进入 19 世纪后，他先后在多个国家担任过公使，并于 1809 年担任了奥地利外交大臣。在法国对奥地利虎视眈眈的时候，梅特涅努力促成了奥地利公主和拿破仑的婚姻，从而挽救了奥地利。拿破仑侵俄失败后，梅特涅亲自促成了第六次反法同盟，取得了莱比锡会战的胜利。在维也纳会议上，梅特涅奉行大国均势原则，并积极推动建立神圣同盟。梅特涅的施政手段相当反动，疯狂迫害革命者。1848 年革命时期，梅特涅被赶下台，从此失去了政治地位。

在维也纳会议上，梅特涅纵横捭阖，多方周旋，出尽了风头，扩大了奥地利的影响，被人们称为"蝴蝶大使"。会议厅原来有 3 个门，为了笼络其他大国，梅特涅又叫人开了两个门，让五国首脑每人都能风风光光地进入会场。在大会上，五国代表为了自己的利益互不相让，争得面红耳赤。每当这时，梅特涅就站起来打圆场，让各国代表们去参加豪华的舞会、宴会和去郊外打猎，梅特涅趁机派特工去他们的住处翻阅他们的信件和文件。各国代表也不是傻瓜，他们玩归玩，但在谈判桌上一点也不退让。结果维也纳会议竟然开了 8 个月，被当时的欧洲人戏称为"老太婆会议"。

维也纳会议后，为了贯彻落实会议达成的各项协议，维护欧洲各封建王朝的反动秩序，早就想当欧洲宪兵的俄国沙皇亚历山大一世又提议建立"神圣同盟"。

所谓"神圣同盟"，就是在所谓神圣的宗教的崇高真理和正义的、基督教博爱与和平的箴言指导下，欧洲各国建立的一个同盟，在国内发生什么革命、暴动时，各国互相支援。亚历山大一世亲自起草了神圣同盟的有关文件和草案，并派人到欧洲各国广泛宣传。其实早在 1804 年和 1812 年，亚历山大一世就提出要在基督教的名义下把欧洲各国联合起来。打败拿破仑的百日王朝后，在巴黎又一次提了出来。一开始，各国的国王和大臣都不拿神圣同盟当回事，认为这只是一些空洞的漂亮话而已。英国外交大臣卡斯尔瑞对此不屑一顾，讽刺亚历山大一世是在妄想和胡言乱语。奥地利首相梅特涅也认为亚历山大一世不过是在唱高调，根本不具有可操作性。

神圣同盟实际决策者之一——梅特涅

　　但是后来，欧洲各国的君主和政治要人意识到亚历山大一世是多么的"伟大"，"神圣同盟"的建议是多么的"伟大"！神圣同盟可以维护他们的统治秩序，保障他们的利益，如果几个强大的国家联合起来，什么革命，什么暴动，都不用怕了，就算出 10 个拿破仑都不在话下。于是 1815 年 9 月，俄罗斯、奥地利和普

鲁士三国在巴黎成立了"神圣同盟",后来欧洲各国也相继加入,"神圣同盟"其实成了"所有的欧洲君主在沙皇的领导下压迫本国人民的一个大阴谋"。1815年,英国、俄罗斯、奥地利和普鲁士又签订了四国同盟条约,这其实是神圣同盟的一个补充。不久,法国又申请加入,四国同盟变成了五国同盟。梅特涅成了这两个组织的核心人物,他自任"扑灭革命之火的消防队长",咒骂革命人民是"一条吞噬社会秩序的九头蛇"。他在德意志境内巡视时,像个高傲的皇帝。梅特涅狂妄地叫嚣:"一切革命的乌合之众都将匍匐在我的脚下。"但30多年后,一场遍及欧洲的大革命就彻底摧毁了欧洲的封建旧秩序。

亚当·斯密著《国富论》

　　他并不英俊,有一个突出的不合标准的唇,一个大鼻子和一双突出的眼睛,所以,可以毫不客气地把他描述为一个"突出体的混合物"。另外,他终生为一种神经的折磨所困扰,他的头震颤,还有语言障碍。但这些都没有妨碍他的智慧的发挥,他的朋友和学生都非常喜欢他,他与众多的名人结成了朋友,从俄国和欧洲大陆旅行回来的学生都愿意听他的课。他喜欢独自沉思,并经常闹笑话。一次在做礼拜时,他在思考一个有趣的问题,突然哈哈大笑起来,弄得大家摸不着头脑。还有一次,他心不在焉地把一片面包放入开水中,然再倒了一杯牛奶,喝过之后却说,他从来没有尝过调制得这么差的茶。他就是政治经济学现代体系的真正创始人亚当·斯密。

　　亚当·斯密出生于1723年,自小聪颖好学,在14岁时考入了格拉斯哥大学。据说,在4岁的时候,他被一个卖艺的女艺人拐走,但多亏被母亲从森林中及时追回,才没有使我们失去一个伟大的经济学家。斯密在大学中攻读数学和自然哲学,因为成绩优良,在1740年被学校免费保送到牛津大学。他在牛津大学期间结识了英国当时著名的哲学家、历史学家和经济学家大卫·休谟,并与休谟建立了深厚的友谊。1746年,斯密毕业,但因为没有找到工作,就回到了家乡。

　　1748年,他被聘为爱丁堡大学的修辞学和文学史讲师。1751年,任格拉斯哥大学教授,讲授逻辑学和道德哲学。斯密在格拉斯哥大学任教长达14年,就

英国资产阶级开疆拓土，图霸海上，完成了资本的原始积累。

是在这一时期，他的经济思想开始发展起来。1759 年，他的《道德情操论》出版，该书试图证明道德裁判的原因，或者说证明人们的某些行为在道德上被允许或不允许的原因。斯密把人设想为一个利己的动物，然而他们似乎又能并非基于自私自利的考虑来评判道德。该书及其所论述的问题，引起了人们极大的兴趣，也使斯密名噪一时。1764 年，斯密辞去了格拉斯哥大学的教授职务，改任一位青年贵族贝克莱公爵的私人教师，他陪同贝克莱公爵旅行欧洲，结识了许多著名的学者，如法国启蒙学派的著名思想家伏尔泰、重农学派的领袖人物魁奈等，在这一时期，斯密的代表作《国富论》的思想体系逐渐形成。

1767 年，斯密返回故乡，闭门钻研，终于在 1776 年出版了《国富论》，该书以利己主义为出发点，研究经济增长的源泉和动力问题，并系统地阐述了经济自由的思想。也正是在这本书里，斯密论述了他著名的"看不见的手"思想。这本著作共分为 5 篇，第一篇强调分工的发展是国民财富增长的重要途径，以及分工后产生的工资、利润、地租问题；第二篇论述资本的性质、构成、积累及使用。前两篇构成了斯密经济学原理的基本部分，斯密在后三篇考察了促进国民财富增长的间接途径，他从历史的角度出发，分别论述了不同的经济政策、经济学说和财政制度对增进国民财富的关系。《国富论》出版后，引起了极大的轰动，斯密还在世时就再版了 5 次，并迅速传遍了欧洲大陆。

1778 年，斯密被任命为苏格兰海关税务司司长，1787 年，又被任命为母校格拉斯哥大学的校长。他一生未娶，于 1790 年病逝，享年 67 岁。

·古典经济学·

古典经济学是从 1750～1875 年，除马克思主义政治经济学之外的所有政治经济学的统称，是凯恩斯理论出现之前经济领域的主流思想。这个学派相信经济规律决定了商品的价格和劳动者的报酬，鼓吹经济自由主义。古典经济学的开拓者是哲学家休谟，亚当·斯密是奠基人。随后马尔萨斯也加入了这个阵营，继亚当·斯密之后影响最大的经济学家是大卫·李嘉图，他将古典经济学的发展推向了顶峰。古典经济学在资本主义的发展时期起了很大的作用，但是当垄断资本主义出现后，古典经济学的理论就不太适应现实的发展了，所以在 20 世纪 30 年代的时候被凯恩斯理论所取代。

第一个黑人共和国海地

海地是加勒比海上的一个小岛，这里原来生活着 20 万印第安人，后来西班牙殖民者来到这里后，把印第安人全部杀光了。他们从非洲运来了大量的黑人奴隶，强迫他们在种植园和矿山劳动。西班牙人残酷地剥削和压迫黑奴，每天强迫他们工作 20 多个小时，还任意侮辱、鞭打黑奴，甚至割掉他们的耳朵、手脚，把他们投入火中活活烧死，数不清的黑奴累死在矿山和种植园里。后来法国人来了，赶走了西班牙人，但黑人的地位丝毫没有改变。黑人终于无法忍受了，1791 年，海地全岛爆发了奴隶大起义。仅仅几天时间，起义的黑奴就烧毁了 1000 多个种植园，冲进殖民官员和种植园主的家，杀死了 2000 多名法国殖民者。剩下的殖民者仓皇逃出了海地。在这场大起义中，杜桑逐渐成了起义军的首领。

杜桑是黑奴的后代，从小吃尽了苦头，后来成了种植园主的马车夫。他非常聪敏，自学了法语，读了许多伏尔泰、卢梭、孟德斯鸠的宣传自由平等的书籍。参加起义后，杜桑凭借着自己的学识和出色的组织、指挥才能逐渐成为起义军的首领。黑人亲切地叫他"卢维杜尔"，意思是指路的人。杜桑指挥起义军打败了法国派来的 6000 多人的军队。后来西班牙人和英国人又相继来到海地，杜桑又率领起义军和他们作战。杜桑先是集中兵力打败了北部的西班牙人，将他们赶出海地。然后以北部为根据地，经过 3 年准备，杜桑率领大军南下，猛攻英国人，将他们打得大败，解放了整个海地岛。

这四幅画记录了欧洲殖民者在美洲的暴行

长期做奴隶的黑人，终于可以扬眉吐气做自己的主人了。1801 年 6 月，他们召开大会，制定了第一部黑人宪法，废除了奴隶制度，推举杜桑为海地总统。

消息传到巴黎后，拿破仑大吃一惊，急忙派自己的妹夫黎克勒率领 3 万法军前去镇压。法军一登陆，就将海边的一个村庄中的黑人全部杀死，连老人小孩都不放过。法军的暴行激起了海地人的无比愤怒，杜桑召开了动员大会，在大会上，杜桑说："我们已经获得了自由，现在法国人又派军队来了，他们要重新让我们变成奴隶！法国人无权抢走我们的自由！我们要让他们饿死、渴死、累死，让海地变成法国人的坟墓！""打倒法国佬！""自由万岁！"战士们和群众高呼。

海地人把他们的粮食都转移到山里去，带不走的就一把火烧掉，决不留给法国人。他们还在井里投毒，将房屋付之一炬，什么也不给法国人留下。法国人登陆后，进入了一座座的空城，找不到一粒粮食，找不到一间可以休息的房屋，找不到一口可以喝的水井，简直是寸步难行。这还不算，每到晚上，海地人就从山上下来，袭击法国人的营地，不时向法国人放冷枪，弄得法国人心惊胆战，根本无法休息。

阴险毒辣的黎克勒写信给杜桑，告诉他如果不投降，就把他的两个在法国留学的儿子杀死。杜桑看了信以后非常难过，但他坚定地说："我决不投降！我决不能为了自己的儿子而牺牲海地！"杜桑率领军队围攻法军，把法军打得大败。

黎克勒又给杜桑写了一封信，信里写道："为了和平，我们谈判吧。我可以绝对保证你的安全，你将不可能发现比我更诚实的了。"杜桑心想，法国人连吃败仗，现在肯定是真心请求和平，于是就一个人来到法军营地谈判。他哪里知道，这是黎克勒的一个阴谋。看到杜桑一个人来了，黎克勒立即下令将他逮捕，并押回法国。在船上，杜桑愤怒地指着法国的红白蓝三色旗说："你们宣扬的自由、平等、博爱在哪里？你们的国旗只不过是强盗的遮羞布而已！它沾满了我们海地人的鲜血！只要我们海地人手里还有一支枪，我们就一定会战斗到底！"

到了法国以后，杜桑受尽了折磨，半年以后死在了监狱里。杜桑的死讯传到海地后，激起了海地人民的强烈愤怒，他们英勇作战，四处袭击法军。法军死伤惨重，连黎克勒也患黄热病死了。1803年，海地人攻占了太子港，法国人宣布投降，撤出了海地。

1804年元旦，海地正式宣布独立，世界上第一个黑人共和国成立了。

"多洛雷斯呼声"

16世纪中叶，西班牙凭借海上优势使拉美的广大地区成为其殖民地，并通过政府、宗教和军事力量，对拉美人民进行残酷剥削和掠夺，给当地人民带来巨大的灾难。随着欧洲经济的发展，殖民地经济也有一定起色，并出现了资本主义经济关系，启蒙思想得到了传播。而殖民地和宗主国之间的矛盾日益加剧，人民的反抗情绪与日俱增。伴随着西班牙在欧洲地位的败落，拉美人民的起义高潮迭起。

1810 年 9 月 16 日，47 岁的教士伊达尔戈在墨西哥北部偏远的多洛雷斯村，率领几千名印第安人，高呼："独立万岁！美洲万岁！打倒坏政府！"等口号，举起义旗。"多洛雷斯呼声"从此传遍拉美的东南西北，北起墨西哥，南到阿根廷等广大地域的人民掀起独立战争的高潮。

1811 年 4 月，委内瑞拉宣告独立，成立第一共和国，但在 7 月 29 日被西班牙军队击败。失败的起义军在玻利瓦尔的领导下，转入新格拉纳达继续战斗。在人民的支持下，起义军再次攻进委内瑞拉，一举赶走殖民势力，第二共和国诞生。但势力较弱的起义者并没有保卫住自己的成果，1813 年 9 月，第二共和国再次失败。

拉美的反抗使西班牙当局极为惊慌。国王斐迪南七世派莫里略率 1.6 万人增援美洲地区。起义陷入了最艰苦的时期，各地起义军纷纷遭到打击，从海上袭击敌人的起义军也遭到重创，起义军被迫展开游击战，他们从失败和挫折中总结经验，吸取教训。1816 年 12 月，玻利瓦尔率领新组织的力量又一次对委内瑞拉发动进攻，所到之处横扫殖民军队，委内瑞拉第三共和国宣告成立。1819 年 2 月，玻利瓦尔被选为总统。

玻利维亚士兵像

委内瑞拉的胜利，鼓舞了起义军的士气，玻利瓦尔乘胜翻越安第斯山，远征新格拉纳达，在波耶加一举击败殖民军，直扑波哥大。1819 年 12 月，宣告哥伦比亚共和国独立。不甘心失败的西班牙殖民者调集军队，对起义军展开反扑，但是，屡战屡胜的起义军势不可挡。

1821 年 6 月，西班牙殖民军进入起义军在卡拉沃沃平原的阵地，双方经过猛烈的炮轰和激烈的拼杀，殖民军受到了重创，起义军占领了加拉加斯。次年 5 月，起义军开始作解放基多城的准备，双方在皮钦查展开了大会战，

凭借顽强的勇气和视死的斗志，起义军取得了决定性的胜利，6 月，整个新格拉纳达地区全部解放。

北部起义军的节节胜利，鼓舞着南部起义军的士气。1818 年 4 月 5 日，在领袖圣马丁的指挥下，起义军攻进智利首都圣地亚哥，赶跑殖民军，智利独立。殖民者退到秘鲁，1820 年 8 月，圣马丁经海上北上秘鲁，顺利攻占秘鲁总督区首府利马，从而使秘鲁获得独立，圣马丁被共和国授予"护国公"的称号。

"多洛雷斯呼声"传遍拉美南北，但墨西哥的局势却相对平静，各地起义军以游击战为主。1820 年，教会势力代表、掌握着军权的伊图尔维德率军暴动，配合起义军反抗殖民军。次年就攻下了墨西哥城，至此墨西哥也宣告独立。

1822 年 7 月，南北双方的起义领袖圣马丁和玻利瓦尔在瓜亚基尔会面，双方对协同作战和战后安排未能形成一致意见，圣马丁随后隐退。玻利瓦尔于 1823 年 9 月进入尚未完全解放的秘鲁，次年 8 月在胡宁平原痛击殖民军。12 月，仍做垂死挣扎的殖民者集结 9000 余人准备与起义军决战，仅有 5000 余人的起义军在苏克雷的指挥下，在阿亚库巧和敌人相遇。苏克雷巧施妙计，歼灭敌军 5000 余人，殖民总督、众多将军和军官都未逃过此劫。1825 年，秘鲁全境解放，1826 年 1 月，起义军趁势攻克殖民地最后一个据点卡亚俄，拉美地区基本全部解放。

拉美独立战争结束了西班牙在拉美 300 年的殖民统治。各民族获得独立，确立共和制，使奴隶制和封建专制受到严重打击。这场战争是世界历史上一次影响深远、意义重要的民族解放战争。

"解放者"玻利瓦尔

西蒙·玻利瓦尔于 1783 年出生在西班牙殖民地委内瑞拉加斯市的一个西班牙血统的贵族家庭。1799 年，他去西班牙首都马德里留学。在留学期间，他阅读了大量的启蒙运动的思想家约翰·洛克、卢梭、伏尔泰和孟德斯鸠等人的著作，这对他的思想有很大的影响。

一天，他穿着华丽的南美洲贵族的衣服骑着马在街上闲逛。"小子，下来！"

突然一个街头的警察对他大声吼道。"为什么？"玻利瓦尔非常困惑。在家乡，他是贵族，非常受人尊敬。可在西班牙，一个普普通通的小警察竟然对他这么无礼。"这是西班牙，不是南美洲殖民地，你少在这里耀武扬威！下来！"警察一下子就把玻利瓦尔从马上拽了下来。这件事让玻利瓦尔深受刺激，他深深地感觉到殖民地的人民在西班牙人的眼中是多么的没有尊严，像一个普通的西班牙小警察都可以随随便便地侮辱他这样一个贵族，那更不要提普通的殖民地人民了。从那时起，玻利瓦尔就立志一定要推翻西班牙的殖民统治。在罗马的圣山萨克罗山的山顶，他大声发誓："为了上帝，为了我的祖国，为了我的尊严。我发誓，只要西班牙政权的殖民枷锁还套在我们身上，我就要不停地战斗。"1807年，他返回南美洲，途中经过美国，亲眼看到独立自由的美国人民的幸福生活，更坚定了他推翻西班牙殖民者的决心。

回到委内瑞拉后，他散尽家财，结交有识之士，开始进行反对西班牙殖民者的斗争。1810～1812年，委内瑞拉第一共和国成立，玻利瓦尔成为领导人之一。但在西班牙人的进攻下，第一共和国很快失败。玻利瓦尔重新组织力量，继续斗争。1813年，他率领起义军打败了殖民军，解放了加拉加斯等地区，建立了委内瑞拉第二共和国，被授予了"解放者"的称号。但不久，第二共和国又失败了，玻利瓦尔不得不流亡到海地。

海地是拉丁美洲第一个独立的殖民地国家，因此海地人民积极支持玻利瓦尔的独立事业，给他提供了大量的援助。海地总统送给玻利瓦尔7艘大船和大量的武器弹药，助其再次返回南美大陆。这次，玻利瓦尔吸取了以前失败的教训，他没有去同装备精良的西班牙人打硬仗，而是转战于西班牙人统治薄弱的农村地区去发展力量。玻利瓦尔宣布没收西班牙王室和反动派的财产和土地，把大量的土地分给参加起义的战士们，并宣布解放黑奴，取消印第安人的人头税并保证分给他们土地。这使他得到了人民的广泛支持，他的队伍里有白人、黑人和印第安人，但大家都团结一致，为推翻西班牙人的统治而奋斗。

为了出其不意地打击西班牙人，玻利瓦尔决定翻越安第斯山，去进攻秘鲁的西班牙人。起义军穿越了茂密的原始森林，在齐腰深的水里前进了七天七夜。张着血盆大口的鳄鱼、会放电的电鳗、成群结队的食人鱼经常袭扰他们，但起义军斗志昂扬，毫不退缩。安第斯山高耸入云，山下是烈日炎炎，山上是风雪交加，

还不时传来阵阵美洲虎的吼叫，令人毛骨悚然。起义军毫不畏惧，小心翼翼地沿着山上的羊肠小道前进。到了高处，由于高原缺氧，很多在平原上长大的战士感到头晕目眩，站立不稳，在战友们的惊呼声中栽下悬崖。一些有经验的战士催促甚至打骂那些休息的战友，因为他们知道，在高原缺氧的地方躺下休息会让很多人在不知不觉中死去。这时又下起了大雪，战士们裹着毛毯仍然冻得瑟瑟发抖，但没有一个人打退堂鼓，手拉着手一步步前进。起义军经历了千辛万苦，终于翻越了安第斯山，战士们高声欢呼，他们像下山的猛虎一样，高呼着"独立万岁！""自由万岁！""消灭西班牙殖民者！"向西班牙人发起了猛烈的进攻。西班牙人根本毫无防备，纷纷扔下

西蒙·玻利瓦尔既是一位思想家又是一位实践家，这是极为罕见的，他的杰出不仅表现在为西班牙属美洲殖民地获得独立而作出的贡献上，还表现在为独立的讲西班牙语地区的合作事业而付出的努力上。但是，1830年，委内瑞拉与厄瓜多尔脱离了哥伦比亚，他的联合之梦遭到了破坏。

武器，狼狈逃窜。玻利瓦尔乘胜进军，一举攻克了波哥大，解放了哥伦比亚地区。接着，玻利瓦尔又率领大军横扫委内瑞拉，西班牙军望风而逃，不堪一击。起义军浩浩荡荡地开进首都加拉加斯，解放了全国。

　　1819年，包括哥伦比亚、委内瑞拉和厄瓜多尔在内的"大哥伦比亚共和国"成立，玻利瓦尔被选为总统。1826年，南美洲彻底解放。

工业革命带来的变革

　　工业革命首先开始于英国，之后又发展到欧亚其他地区，从而引起广泛而深刻的社会变革，对人类社会产生了极其深远的影响。工业革命首先是一场空前规模的技术革命，使社会生产力取得了惊人的发展。其次，工业革命促成了无产阶级的形成，使社会日益分裂成资产阶级和无产阶级两个对立的阶级。同时，工业革命也将原有的亚欧大陆农耕世界发展水平大体平衡的局面打破了，在工业革命的冲击下，世界各国各地区都卷入资本主义世界的经济体系中。

瓦特发明蒸汽机

提起蒸汽机，人人都知道那是瓦特发明的，但这并不等于在瓦特之前就没有使用蒸汽的机械。其实，蒸汽机的发明也经历了一个产生、发展和逐步完善的过程。

传说，古埃及早在公元前 2 世纪便出现了利用蒸汽驱动球体的机械装置，只是年代太过久远，具体情况已无从考证。又有记载说公元 1 世纪，古希腊发明家希罗曾用蒸汽做动力开动玩具，大画家达·芬奇也用画笔描绘过用蒸汽开动大炮的情景。

较为确切地使用蒸汽作动力还应是从近代开始。1698 年，英国工程师萨弗里发明了使用蒸汽驱动的抽水机。1712 年，英国的纽科门发明了效率更高的蒸汽机，可以用活塞把水和冷凝蒸汽隔开。事实上，瓦特发明蒸汽机就是从改进纽科门蒸汽机开始的。

纽科门蒸汽机在生产领域的广泛使用，激起了人们的关注，这其中当然也包括詹姆士·瓦特。机会只赋予有准备的人，而瓦特就是这样一个有准备的人。

·特列维迪克·

特列维迪克是一个机械师，他对机械发明很有兴趣。瓦特发明蒸汽机后，他就开始设想用蒸汽机为动力来推动马车行进，投身到这个发明之中。很快，他就试制出一辆蒸汽机车。但是这辆车的性能很差，不具备实用价值。当他第二次试制的时候，本来试验很成功，机车的性能提高了不少，但是当他把机车弄到仓库的时候忘了关开关，结果机车蒸汽机里的水被烧干后引起了一场大火，机车被烧坏了。后来特列维迪克又试制了几辆蒸汽机车，但性能都不如第二次的好，很快，他钱花光了，只好停止了试验，把实验资料和机车卖给了别人，黯然退出了火车发明者的行列。

蒸汽机的发明者瓦特

　　詹姆士·瓦特，1736年1月19日出生于苏格兰的格拉斯哥市附近的机械师家庭。他从小就迷恋机械制造。由于家道中落，瓦特中学刚毕业便去伦敦学习制造机械的手艺。他天资聪颖又勤奋刻苦，用1年时间学会了别人用4年才能学会的技艺。然后瓦特在家乡的格拉斯哥大学谋了一份仪器修理师的差事。

　　瓦特借修理教学仪器的机会结识了许多科学家，如布莱克教授和罗比逊等人，经常与他们一起探讨仪器、机械方面的问题。1764年的一天，格拉斯哥大学的一台纽科门蒸汽机模型送到瓦特这里要求修理。瓦特不但修好机器，还对机械的构造和工作原理产生极大的兴趣。他找到了布莱克教授，与之共同研究减少纽科门蒸汽机耗煤量，提高其效率的方案。后来瓦特发现纽科门蒸汽机的汽缸和冷凝器没有分开，造成了热能的极大浪费，找到了症结之后，瓦特便开始改造纽科门蒸汽机的试验。

　　他筹措了一些资金，租了一间实验室，开始试制具有冷热两个容器的蒸汽机。他想，这样一来负责做功的汽缸始终是热的，而蒸汽冷凝的过程在另一个容器中完成，如此便可避免同一汽缸反复冷热交替，节约了热能。经过多次实验，多次失败，瓦特最终完成了一台具有实用价值的单作用式蒸汽机，并申请了专利保护。

　　为了在更大范围内推广自己的新发明，瓦特用自己设计的蒸汽机与纽科门蒸汽机当众比赛抽水。结果用同样多的煤，瓦特蒸汽机抽水量是纽科门蒸汽机的5倍。人们看到了瓦特蒸汽机的优势，纷纷以它替代了纽科门蒸汽机。

　　瓦特没有就此罢手，而是吸收了德国科学家利用进排气阀使汽缸往复运动的原理，用飞轮和曲拐把活塞的往复运动变成圆周运动，可惜该技术已被皮卡德抢先申请了专利权。但他另谋出路，用行星齿轮结构把往复运动变成了圆周运动，终于1781年10月获得了双作用式蒸汽机的专利权。

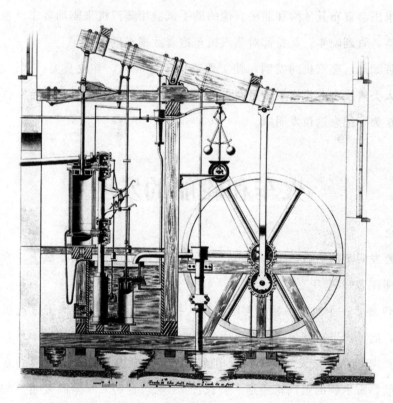

瓦特式蒸汽机的核心部件是分离冷凝器（图中中间偏左的那个小圆筒汽缸），图中也展示了"太阳与行星齿轮"联动装置（位于最大的飞轮的中心），这一装置将振荡杆的上下运动转换为圆周运动，从而为其他机器提供动力输出。

瓦特再接再厉，1784年用飞轮解决了转动的稳定性问题，获得了蒸汽机方面的第三个专利，两年以后他又着手进行了蒸汽机配气结构，从而获得第四个专利。瓦特不间断地努力，还发明了压力表保证了机器运行的安全。最终于1794年彻底完成了双作用式蒸汽机的发明改造，因为这一年皮卡德专利期满，瓦特将行星齿轮结构改装为曲柄连杆结构，使蒸汽机达到比较完善的地步。

瓦特为了保护自己专利的收益权，多次与人对簿公堂。1781年，洪布劳尔发明了"双筒蒸汽机"，瓦特认为其中引用了自己的专利，就向法院提出控告，结果阻止了这一发明的推广。特列维迪克发明了"高压蒸汽机"，瓦特也坚决反对，要求国会宣布其危险和非法。他的助手试验用蒸汽机来驱动客车，也得不到他的支持，直到晚年，瓦特都对蒸汽机车抱着敌视态度。

尽管如此，蒸汽机的发明，使工业革命迅速展开，并波及美、德、法等国。瓦特为人类进步事业作出了不可磨灭的贡献，国际单位制中以"瓦特"作为功率单位就是为了纪念这位发明家。

火车和轮船的发明

瓦特发明蒸汽机后，很多人想："要是把蒸汽机用到交通工具上，大大提高速度，那该多好啊。"

1789年，一个叫富尔顿的美国年轻人抵达英国，登门拜访了蒸汽机的发明家瓦特，向他说了自己想把蒸汽机用的船上的想法。

1803年的一天，天气晴朗，万里无云，富尔顿决定在法国巴黎的塞纳河上进行试航。富尔顿的蒸汽轮船是一艘长约21米、宽约2.5米的大船，与别的船不同的是，它的上面装着一台8马力的蒸汽机。

刚开始，这艘大船在塞纳河上吐气冒烟，摇摇晃晃地走着，但过不长时间就不动了。在两岸围观的人大声嘲笑富尔顿，称这艘轮船为"富尔顿的蠢物"。第一次试航就在人们的哄笑声中结束了。

但富尔顿并没有因为一次失败而泄气。为了继续研究，他四处求援，甚至找到了拿破仑。结果拿破仑认为他是个骗子，把他轰了出去。最后富尔顿得到了美

国政府和企业家的援助。有了资金的富尔顿，把自己的全部精力都投入到了研究之中。他在每一次失败之后，总是告诉自己："一旦蒸汽动力船研制成功，将是世界船舶史上最伟大的发明之一。我一定能行！"

1807 年，在美国纽约的哈得逊河上，富尔顿再次试航。这次的蒸汽轮船被命名为"克莱蒙特"号。这艘蒸汽轮船长 45 米、宽 4 米，没有橹、帆和桅杆，只有一根大烟囱，船体两侧各有一个大水车式的轮子。两岸围观的人们还依旧把它称为"富尔顿的蠢物"。

在两岸观众的目光下，"克莱蒙特"号冒着滚滚浓烟，以每小时 9 千米的速度飞快地离开了码头。观众看到"富尔顿的蠢物"以超过一般帆船的速度前进时，发出一片欢呼声。在船尾亲自操作的富尔顿看到这情景，激动地流下了热泪。

火箭式发动机

斯蒂芬森著名的火箭式发动机是一个圆筒，在它的驱动下，轮子基本上能够与地平线保持一致，这一发明是如此实用，以至于很轻易地就夺得了 1829 年首届火车速度试验赛冠军。

但不到一会儿，"克莱蒙特"号又不动了，满头大汗的富尔顿和助手们急急忙忙拿着工具，很快就修好了。"克莱蒙特"号的机器发出巨大的轰鸣声，这时岸上一位贵妇人惊叫起来："天哪，那蠢物又动了！"排除了小故障的"克莱蒙特"号又开始破浪前进

在当时，从纽约到哈得逊河上游的小城阿尔巴巴，全程航行一共240千米。普通的帆船，即使是顺风，也要两天两夜，但"克莱蒙特号"无论是否顺风，只需要32小时。后来，富尔顿被人们称为"轮船之父"。

蒸汽轮船的成功航行，大大激发了人们的发明创造热情。蒸汽机可以用到船上，提高水上运输工具的速度，如果也能用到陆地的交通工具上，提高速度，那该多好啊！于是很多人开始研究如何将蒸汽机用在陆地工具上。

1781年，乔治·斯蒂芬森出生在英国一个贫穷矿工家庭。14岁的时候，斯蒂芬森当上了一名见习司炉工。他很喜欢这个工作，经常认真地擦洗机器，清洁零部件。经过多次拆装，他逐渐掌握了机器的结构和制图等方面的知识。忙碌了一天后，他还去上夜校，提高自己的文化知识。后来，斯蒂芬森也投入了蒸汽机车的研究中。

1814年，斯蒂芬森制造出了在铁路上行驶的蒸汽机车。但这辆蒸汽机车构造简单、震动厉害、速度缓慢，有人驾着一辆马车和火车赛跑，讥笑斯蒂芬森："你的火车怎么还没马车跑得快呀？"附近的农民责怪他的火车声响又尖又大，把附近的牛都吓跑了，跟他吵架，找他算账。

面对这些困难，斯蒂芬森没有灰心，他进行了一系列改进，减小了机车发出的声音，增大了锅炉的火力，提高了机轮的运转速度。1825年9月，他又进行试车表演了。又有一个人骑着一匹快马，要和斯蒂芬森比赛，他以为蒸汽机车根本比不上他的骏马。但蒸汽机车拖着30多节车厢，载着400多位乘客，以每小时20多千米的速度飞快前进，很快就把马车甩到了后面。由于蒸汽机车在刚发明的时候是用煤做燃料，经常从烟囱中冒出火星，所以人们就把蒸汽机车叫做火车，这个名称一直沿用到今天。

工业革命

工业革命是指欧洲资本主义的机器大工业代替个体手工工场的革命，也称产业革命或第一次科技革命。它既是生产技术的革命，又是社会生产关系的重大变革，开始于 18 世纪 60～80 年代，结束于 19 世纪末。

工业革命首先发生在英国。当时的英国推翻了封建专制，建立了资产阶级政权，英国政府制定了一系列的法律来促进资本主义的发展。在国内，英国进行了圈地运动，大量的生产资料聚集在少数资本家手里，消灭了自给自足的小农经济，大批失去土地的农民被迫走进城市和工厂，成为工人，为资本家提供了充足的劳动力。

18 世纪中叶，英国战胜了西班牙、荷兰和法国，成为海上霸主，取得了大量的殖民地，为本国的资本主义发展提供了用之不竭的工业原料和广阔的工业品销售市场。英国人还通过贩卖黑人奴隶牟取了暴利，积攒了大量的资金。这一切，为工业革命的发展提供了充足的条件。

由于国内外市场的迅速扩大，对工业品的需求量大大超过了手工工场所能生产的数量，因此资本家们迫切需要生产技术变革。

首先进行技术变革的是棉纺织业。英国占领印度以后，大量的印度廉价棉布被贩卖到英国。为了生存，英国纺织工场的工场主们就开始想办法，改进生产技术，降低成本。当时英国的织布技术很落后，纺织工人一会儿拿着梭子从左手抛到右，一会儿又拿着梭子从右手抛到左，一天也织不了几尺布。1733 年，一个叫凯伊的工程师发明了飞梭，用绳子一拉，梭子很快就飞了过去，织布的速度一下子提高了好几倍。

·日不落的大英帝国·

英国本来只是一个盘踞在英伦三岛上的小国家，但是随着资本主义的发展，再加上地处海岛，本土很少受到外来侵略，所以国力越来越强。1588 年，英国

英国工业革命后，动力技术同样应用于纺织业中。

打败了无敌舰队，初步建立了海上霸权。随后英国又打败了荷兰和法国，抢夺了不少殖民地。英国开办的东印度公司通过各种卑鄙手段，最后终于完全控制了印度全境。英国是工业革命的先驱者，所以在工业革命中受益最多，国力也最强大。后来英国在各个大洲都拥有了自己的殖民地，不管在什么时候，太阳光总能照到英国殖民地的土地上，英国人因此骄傲地宣称：在大英帝国的土地上，太阳是永远不会落下来的。

织布的技术提高了，但纺纱还是原来的速度，棉纱一下子供不应求，英国的织布场都出现了"棉纱荒"。英国的"艺术与工业奖励协会"用高额奖金来奖励发明新型纺纱机的人。有个叫哈格里夫的织工，偶然发现他的妻子珍妮失手将手摇纺车打翻在地，可纺车仍然转个不停。哈格里夫大受启发，他想，纺车有这么大的力，为什么不让它带更多的纱锭？于是他设计了一个可以同时带动 8 个纱锭的纺车，纺纱的效率一下子提高了 8 倍。他把这项发明归功于自己的妻子珍妮，所以就给这个纺车起名为"珍妮纺纱机"。后来经过改进，珍妮纺纱机能纺出 80～130 根纱锭。但珍妮纺纱机是人工操作，很费力气，1769 年，凯伊发明了水力纺纱机。

1839 年，汽锤的发明使重工业革命化。

　　棉纺织业的技术革命推动了其他行业的发展，其中最重要的是交通运输、钢铁、采矿和机器制造等部门的技术变革。

　　由于水力纺纱机要建在有水的地方，受到地域和气候的限制，这为瓦特发明蒸汽机创造了条件。瓦特在总结了前人科研成功的基础上改良了蒸汽机，并很快投入使用。1784 年，英国建成了第一个蒸汽机纺纱厂。蒸汽机的发明是科学史上划时代的成就，从此资本主义工业生产开始迅速发展起来。

　　18 世纪中叶以前，英国炼铁的燃料主要是木炭，这耗费了大量的木材，炼铁业受到很大的限制。1784 年，工程师科特发明了一种以煤为燃料的煤铁炉，使炼铁业的功率提高了 15 倍。1785 年，英国建立了第一座近代化炼铁厂，英国近代钢铁工业建立起来了。炼铁业的发展，促使了采矿业的发展，蒸汽机也广泛用于采矿业。1815 年，维纳发明了安全灯，使地下瓦斯爆炸的危险大大减小，煤的产量大大增加。

工业的发展开始促使运输业发展。1807 年，富尔顿发明了轮船。1840 年，英国第一个轮船航运公司成立。1814 年，斯蒂芬森发明了火车，英国随即出现了修建铁路的狂潮，到了 1850 年，英国已经建成了数千千米的铁路。

工业革命使英国获得了"世界工厂"的称号，成为世界头号强国，加强了它的海上霸主地位。英国凭借强大的实力，加紧殖民扩张，攫取了大量的利益。

后来，工业革命从英国传到了欧洲大陆，19 世纪的时候又传到北美地区，促进了这些地区的生产力的发展，帮助这里的新兴资产阶级打击封建势力，夺取了政权。但同时，西方资本主义国家凭借强大的势力，四处侵略扩张，给亚、非、拉人民带来了深重的灾难。

"俄国文学的太阳" 普希金

亚历山大·谢尔盖耶维奇·普希金是俄国伟大诗人、俄罗斯近代文学奠基人，被称为"俄罗斯文学之父"和"俄罗斯文学的太阳"。1799 年，普希金出生于莫斯科一个贵族家庭。他的父亲有很多藏书，叔叔是个有名的诗人，所以家里经常有一些俄国文化名流来做客，普希金就在这种浓厚的文化气息里长大。他的保姆经常给他讲俄罗斯的民间故事，小普希金听得非常入迷。优裕的家庭条件给他提供了很好的教育，普希金很小的时候就开始跟家庭老师学习法语，七八岁就学着写诗，并能讲一口流利的法语。平时不上课的时候，普希金就一头扎进家里的藏书室，废寝忘食地阅读父亲的藏书。12 岁时，普希金进入圣彼得堡的学校学习。在那里，他从进步教师身上接受了不少自由主义思想，阅读了大量的启蒙运动时期的著作。1812 年，拿破仑入侵俄国，卫国战争爆发，俄国人民视死如归的战斗精神深深震撼了普希金。他怀着激动的心情，写了很多爱国诗篇。这时，普希金在校内外已经是一个小有名气的诗人了，很受当时俄国著名作家杰尔查文、茹科夫斯基等人的器重。

1817 年，18 岁的普希金从学校毕业，进入了外交部工作。这一时期，普希金的政治生活和文化生活都很活跃，他写了大量歌颂自由的诗篇，并结交了很多十二月党人。普希金还写了很多讽刺沙皇专制的诗篇，很受人们的欢迎，人们争

普希金

相传阅、抄写和朗诵。不料，这些诗传到皇宫里，大大激怒了沙皇。于是，普希金被调到俄罗斯南部去当差，其实是一种变相流放。

在南方，普希金游览了高耸的高加索山，来到了浩渺的黑海沿岸，接触了大量的劳动人民，亲眼看到了他们受到的苦难，这大大激发了他的创作热情。在此期间，普希金创作了大量的抒情诗和长诗，著名的长诗《茨冈》就是在这里写成的。

·十二月党人起义·

1825年12月1日，沙皇亚历山大一世突然去世，由于没有留下诏书，针对谁是皇位继承人这个问题引起了一阵混乱。当时一批有正义感的近卫军军官决定利用这个形势发动起义，这批军官虽然是贵族出身，但他们反对万恶的农奴制和封建专制，渴望获得民主和自由。所以他们决定带领俄国奔向自由，于是就发动了起义。由于起义是在12月发动的，所以称他们为十二月党人。起义获得了很多老百姓的支持，但刚即位的沙皇尼古拉一世却不慌不忙地调动军队前去镇压，由于起义军领袖特鲁别茨科依临阵脱逃，起义军群龙无首，很快就被驱散，无数十二月党人惨遭杀害。

1825 年 12 月，十二月党人在圣彼得堡发动起义，企图推翻沙皇的统治，结果不幸失败了，许多人被流放到了西伯利亚。沙皇一面举起屠刀屠杀十二月党人，一面假惺惺地拉拢与十二月党人关系密切的普希金，把他叫到了圣彼得堡。"如果你在圣彼得堡，你会不会和十二月党人一起参加叛乱？"沙皇问普希金。

"是的。陛下，我会的！"普希金坚定地说。

沙皇非常生气，就命令人秘密监视普希金，经常拆看他的信件。

一天，普希金在一个朋友家聚会时遇见了玛利亚，她的丈夫因为参加十二月党人起义被流放到了西伯利亚。玛利亚绝心放弃圣彼得堡的舒适生活，去西伯利亚与爱人共度艰苦的岁月，普希金深受感动。回到家，他写下了著名的诗篇《致西伯利亚的囚徒》：沉重的枷锁会掉下，/阴暗的牢笼会打开，/自由会在门口欢迎你们，/弟兄们会把利剑送到你们手上！普希金把这首诗送给玛利亚，要她带给在西伯利亚的十二月党人，给他们鼓舞和力量。

沙皇看普希金的妻子娜塔莉亚长得非常漂亮，就起了非分之想。他封普希金为宫廷近侍，这样就可以经常让普希金夫妇出席宫廷舞会。为了达到自己不可告人的目的，沙皇怂恿流亡到俄国的法国人丹特士整天去纠缠娜塔莉亚，并让他诽谤普希金。

一天，普希金接到了一封侮辱他的匿名信，这封信还寄给了普希金的好几个朋友。普希金怒不可遏，决定找丹特士决斗。

1837 年 1 月 27 日，在圣彼得堡郊外，普希金和丹特士展开了决斗。一个人在地上画了一条线，两人各离这条线十步远。丹特士首先开枪，射中了普希金的腹部。普希金顿时血流如注，倒在了地上。他咬紧牙关，奋力向丹特士开了一枪，可惜只打中了丹特士的右手。普希金失血过多，昏迷不醒，朋友们急忙把他送回家。两天后，普希金去世，年仅 38 岁。普希金的遗体从圣彼得堡运往他先前流放时住过米依洛夫斯基村，葬在圣山（今名普希金山）镇教堂墓地，他的母亲的墓旁。

"乐圣"贝多芬

贝多芬的童年很不幸,由于父亲酗酒,他常常从警察手里接过烂醉如泥的父亲,从未享受过家庭的温情。当父亲发现贝多芬有音乐天才时,就企图把他变成摇钱树,强迫幼小的贝多芬练习繁重的琴艺,而且常常在三更半夜醉酒回家后把贝多芬从床上拖起来练琴。8岁时,贝多芬被父亲拉着沿莱茵河卖艺,11岁就开始在剧院的乐队里工作。他的母亲在1787年去世后,父亲就更加放肆了,几乎每晚都烂醉归来,身为长子的贝多芬,只好挑起了养家的重担,抚养两个弟弟。他受聘为宫廷的古钢琴与风琴乐师,兼做钢琴家庭教师。

1792年,贝多芬前往维也纳,先后受教于音乐家海顿、作曲家申克、音乐理论大师布列希贝克以及作曲家萨里耶等名师。1795年,他在维也纳举行了第一次音乐会,弹奏了自己创作的"第二号钢琴协奏曲",折服了维也纳的贵族和市民。

正当贝多芬充满热情地为自己的理想而拼搏的时候,不幸却降临了。1796年,贝多芬听力开始下降。到32岁的时候,贝多芬已经完全失去了听力。这对于一个音乐家来说简直是致命的打击,贝多芬陷入了极度痛苦中。他消沉过,甚至曾经想结束自己的生命,但多年来在生活中磨炼出的坚毅倔强的性格和对于音乐的热爱,使贝多芬在不幸的命运面前挺了下来。他渐渐振作起来,开始克服种种困难进行艰难创作。

由于听不到声音,他就用牙咬着根小棍,再把木棍支在乐器上,靠木棍的震动状况来感觉声音的大小。不能听到自己创作曲子的好坏,他就一遍遍地在钢琴前弹奏,通过琴键的跳动来感受音乐的曲谱。由于长时间弹钢琴,他的手指都起了水泡。他不知疲倦地进行创作,对自己的作品要求也十分高,一首曲子经常修改很多次,如我们今天听到的他为歌剧《菲德利奥》第二幕作的序曲,竟改写过18次;著名的《莱昂诺拉》序曲,也是经过十几次的修改才最后完成的。在贝多芬与病魔进行顽强斗争的过程中,他的音乐创作也最终趋于成熟,他摆脱了以前音乐创作中的许多框框,塑造了自己独特的艺术风格。贝多芬在后半生30年

贝多芬

的无声世界创作了大量音乐史上不朽的作品，如著名的 9 部交响曲等。

　　1801 年，他与一个 17 岁的少女朱丽叶塔·古奇阿蒂相恋，著名的钢琴奏鸣曲《月光》就是他们相恋的作品。但古奇阿蒂在两年后离开了他，嫁给了一位伯爵。1806 年，贝多芬再次恋爱了，对方是丹兰斯，古奇阿蒂的表妹，两人在那一年订了婚，但这场爱情也只维持了 4 年，丹兰斯也离开了贝多芬。再次遭受失恋打击的贝多芬变得更加不修边幅，行为举止也更加放肆。1809 年，拿破仑攻占维也纳，贝多芬的保护人和朋友纷纷逃难，他陷入了孤独与经济拮据的双重困境之中。但他还是完成了《庄严弥撒曲》和《第九交响曲》。尤其是后者演出的成功，为他带来了一生最大的荣耀与欢欣。

　　1827 年 3 月 26 日，在维也纳的春雷骤雨中，贝多芬辞别了人世，享年 57 岁，约有两万多的维也纳市民参加了他的葬礼。

　　贝多芬还是一位民主人士，这一点从《第三交响曲》的由来就可以看出来。1803 年，贝多芬完成了《第三交响曲》。这首曲子原本是写给拿破仑的，贝多芬在作品扉页上还写下了"献给拿破仑·波拿巴"几个大字。但是，就在作品完成的这一年，拿破仑做了让贝多芬失望的事情——抛弃共和制，当了皇帝。贝多芬一气之下，就把这首曲子改为了"英雄交响曲——纪念一位伟人！"

《自由引导人民》

1830 年 7 月 25 日，法国国王查理十世颁布救令：修改出版法，限制新闻出版自由；解散新选出的议会；修改选举制度。查理十世的意图很明显，就是进一步限制人民的选举权和出版自由。当天下午，反对派主要报刊的编辑和记者在《国民报》编辑部集会，起草抗议书。在抗议书中，反对派明确表示拒绝承认解散议会，并宣布政府已经失去合法性，但他们也表示并不否认王权。

27 日，巴黎市民听到消息后积极响应反对派，纷纷走上街头。28 日黎明，起义正式开始。工人、手工业者、大学生和国民自卫军建筑街垒，夺取武器库，与保皇军队展开了白刃战。资产阶级温和派代表、大银行家拉菲特主张与国王谈判，但查理十世和首相波利尼亚克却拒绝谈判。7 月 29 日，起义者控制了巴黎，占领卢浮宫和杜伊勒里宫，外省发动的起义也取得胜利，起义群众及其领导者要求宣布成立共和国，这在法国历史上被称为"光荣的三天"。

受形势所迫，查理十世不得不收回救令，命令蒙特马尔公爵组织政府。但为时已晚，局势的发展已经不允许查理十世亡羊补牢。30 日，拉菲特主持召开了60 人议员大会，推举奥尔良公爵路易·菲利浦为摄政官。31 日，路易·菲利浦手举三色旗在王宫的阳台上接受了摄政官的称号。8 月 2 日，查理十世提出将王位让与其孙波尔多公爵，遭到了路易·菲利浦的拒绝。8 月 7 日，众议院召路易·菲利浦即位，建立了金融资产者统治的七月王朝。这就是法国历史上有名的七月革命。

在这次革命中，圣德克区的克拉腊·莱辛姑娘一马当先，在街垒上举起了象征法兰西共和制的三色旗；少年阿莱尔为把这面旗帜插上巴黎圣母院旁边的一座桥顶上，倒卧在血泊中。当时法国著名的浪漫主义画家德拉克洛瓦目击了这一悲壮激烈的巷战景象，义愤填膺，决心画一幅画来描绘群众革命的壮举，名画《自由引导人民》就是在这种背景下诞生的。

《马赛曲》浮雕

《马赛曲》浮雕为法国浪漫主义雕刻家吕德的代表作。在这幅作品中，胜

利女神与法国人民融为一体，鼓舞了人民的民主革命斗志。

　　德拉克洛瓦（1798～1863 年），素有浪漫主义狮子之称。他出生于巴黎郊外

一个富有家庭，1816 年到巴黎学画，1882 年的作品《但丁的小船》使他成为浪

漫主义运动的中心人物。他的作品常以奔放的情感表达出对自由的热爱和对革命

的向往。他的浪漫主义的表现方式为 19 世纪绘画的现实主义运动和印象主义开

拓了道路。

自由引导人民

这是德拉克洛瓦最著名的代表作，也是他最具浪漫主义色彩的作品，是法国七月革命的直接反映，画中的自由女神成了法国绘画中最迷人的形象，它与巴黎凯旋门、埃菲尔铁塔一样，成为法兰西文化的象征，画家也因此画而成为浪漫主义艺术的领袖人物。

　　《自由引导人民》展示的硝烟弥漫的巷战场面，是德拉克洛瓦在自己上百幅"七月革命"街垒战草图的基础上定稿的。这里除了参战的市民、工人以及那个象征阿莱尔的少年英雄之外，画家在正中还设想了一个象征自由的女神形象，她头戴法国大革命时期的红色弗里吉亚帽，左手握枪，右手高擎飘扬着的三色旗，正转身号召民众向君主专制王朝冲去。她是全画的中心，观众注目的焦点，也是这幅三角形构图的制高点。女神的左侧，一个少年挥动双枪急奔而来；右侧那个身穿黑上衣戴高筒帽的是大学生，他紧握步枪，眼中闪烁着对自由的渴望（有人认为这就是画家本人）；在他身后有两个高举战刀、怒形于色的工人形象；前景上除了倒毙在瓦砾堆上的近卫军尸首外，还有一个受伤的青年匍匐着想站起来，仰望着女神手中的三色旗；远处是处在晨雾中的巴黎圣母院。如果仔细观察，还可隐约看到北塔楼上飘扬的一面共和国旗帜。整幅画气势磅礴，结构紧凑、连贯，色调丰富炽烈，用笔奔放，有着强烈的感染力。

德拉克洛瓦选择这个造型优美的自由女神形象作为全画的主人公，乃是他的浪漫主义想象力的表现。在创作上，德拉克洛瓦追求的是个性解放。在社会改革上，他向往的是自由、平等。而要反映对被压迫民族的同情，要热烈歌颂人民群众争取自由的斗争，就必须选择具有象征意义的理想形象。采用历史或神话素材正是浪漫主义绘画的特色，因此，他在这里选择"自由女神"被认为是最合适的象征。

英国宪章运动

19世纪30年代，英国完成了工业革命，社会日益分裂成资产阶级和无产阶级两大阶级。富有的资产阶级掌握了国家政权，为了维护自己的利益，他们制定了一系列的法律。而广大的无产阶级深受资产阶级的剥削，在政治上毫无权力，在经济上处于处于贫困状态。工人们每天要工作16～18个小时，资本家还大量雇佣低工资的女工和童工。工人们居住的条件也非常恶劣，他们的房屋狭小、肮脏，居住区里卫生条件很差，伤寒、疟疾、肺病等疾病流行。一个英国政府官员在视察了格拉斯哥城的工人居住区后说："15～20个工人们挤在一间小屋子里，躺在地板上，他们的被子竟然是半腐烂的麦秸秆混着破布条"，"房屋肮脏、潮湿，马都不能栓到里面。"

为了摆脱悲惨的生活，从19世纪20年代开始，工人们就不断举行大规模的游行示威。1836年，英国伦敦一个叫洛维特的木匠，发起成立了"伦敦工人协会"，号召工人们争取选举权，选出能代表自己利益的人去做议员，为工人说话。"伦敦工人协会"提出了6点主张：第一，凡是年满21岁，身体健康、没有刑事犯罪记录的男子都应该拥有选举权；第二，选举时必须秘密投票；第三，全国各选区应该按照当地的居民人数排定，选区选出的议员名额也应当与人数相适应；第四，国会每年改选一次；第五，取消对候选人的财产资格限制；第六，如果议员当选，应该发薪金。宪章运动从此开始。

1838 年，这 6 项主张以法案的形式公布，被命名为《人民宪章》。《人民宪章》一经公布，就受到了广大工人的热烈欢迎，宪章运动很快从伦敦扩展到全国各地。工人们在各地举行大规模的集会，经常有四五万人参加，有的集会甚至多达 10 万人。他们高举着火把，发表战斗性的演说，甚至高呼斗争口号："武装起来！"一个工人领袖在演说中说："普选权问题，归根到底是刀子和叉子的问题，是面包和乳酪的问题！"

·19 世纪中期三大工人运动·

19 世纪三四十年代的时候，由于工业革命的进一步发展，无产阶级的痛苦也进一步加深，爆发了三大工人运动。第一个是法国里昂工人起义，为了反抗七月王朝的反动统治，里昂工人先后于 1831 年 11 月和 1834 年 4 月自发举行起义。第二个运动就是英国的宪章运动，这次运动虽然以和平手段为主，但中间还是夹杂了流血事件。第三个运动是德国西里西亚织工起义，西里西亚是德国的纺织中心，当地工人除了要受资本家剥削之外，还要受封建地主的剥削，进入 19 世纪 40 年代后，工人工资被进一步压低，织工们不堪重负，最终毅然起义，但是由于寡不敌众，起义最终失败。

1839 年 2 月 4 日，第一届宪章运动代表大会在伦敦召开，定名为宪章派工会会议。会议一致决定在 5 月 5 日采取和平请愿的方法，向议会递交请愿书。有的代表提出，如果议会拒绝请愿书，和平请愿失败，那就举行武装暴动。当时在请愿书上签字的人超过了 125 万，请愿书重达 300 公斤，工人们把它放在装饰着彩旗的担架上，抬到了议会。7 月 12 日，议会拒绝了请愿书提出的要求。政府随即派出了大量的军警对工人们进行镇压。

和平请愿活动失败后，愤怒的工人们举行了武装暴动。1839 年 11 月，英国南威尔士 1000 多名矿工，手拿木棍、长矛和短枪等简陋武器，向南约克郡进军。政府立即派出大量军警前去镇压。在达纽波特，军警向工人们疯狂射击，很多工人倒在了血泊中。工人们没有被敌人的残暴吓倒，他们沉着迎战，顽强抵抗。20 多分钟后，由于寡不敌众而遭到失败。政府以此为借口逮捕了宪章派领导人欧康纳，宪章派工会被迫解散。

这幅画表现的是 1842 年人们列队把有 300 多万人签名的宪章请愿书送往国会的情景。

　　3 年后，欧康纳出狱。在他的领导下，拥护《人民宪章》的工人们组成了一个全国宪章派协会，入会者达 5 万多人。1842 年，他们再次向议会递交请愿书。请愿书的内容除了以前的 6 条内容外，又增加了要求废除教会的"什一税"和"新贫民法"的内容。请愿书有 300 万人签字（约占当时英国成年男子的一半），再次要求把议会将《人民宪章》定为法律。请愿书指出："议会既不是由人民选出来的，也不是由人民做主的。它只为少数人的利益服务，而对多数人的贫困、苦难和愿望置之不理"，"英国的统治者穷奢极欲，被统治者饥寒交迫"。（当时英国女王每天的收入是 164 镑 17 先令 60 便士，她的丈夫阿尔伯特亲王每天的收入是 104 镑 20 先令，而广大普通工人每天每人的收入只有两便士。）但这次请愿再次被议会否决。此后，英国各地罢工活动此起彼伏。

　　最终，宪章运动还是被镇压，但英国政府不得不颁布了一些改善工人劳动状况的法令，在一定程度上缓解了英国社会的阶级矛盾。

席卷欧洲的革命

　　19 世纪 40 年代中期，随着工业革命的扩展，欧洲大陆的资本主义得到迅速发展，新兴的工业资产阶级力量日益壮大，但在政治上他们仍然处于无权或少权状态，政权被封建落后势力所把持，深受他们的压迫，这些封建势力成了资本主义发展的绊脚石。另一方面，深受外族压迫的东南欧各国都希望推翻外国统治，取得民族独立。

1845年，欧洲大陆普遍发生了马铃薯病虫害（当时马铃薯是欧洲人的主要口粮），各国相继出现了农业歉收，许多地方出现饥荒。1847年，欧洲又发生了经济危机，很多工厂倒闭，大量的工人失业。广大人民群众的生活状况日趋恶化，社会动荡不安，欧洲大陆的阶级矛盾和民族矛盾迅速激化。

当时的意大利半岛分裂为许多封建小国，他们都直接或间接地受制于奥地利，这种分裂状态和外族统治严重阻碍了意大利资本主义的发展。1848年1月，西西里岛首府巴勒莫的人民首先发动了起义，揭开了1848年欧洲革命的序幕。经过激战，起义者击败了国王的军队，建立了资产阶级临时政府。在巴勒莫起义的影响下，意大利的米兰、威尼斯等地也相继爆发了反对奥地利统治的起义。撒丁、那不勒斯、托斯卡纳的封建小国的统治者也向奥地利宣战，意大利半岛革命形势高涨。1849年2月9日，以马志尼为首的罗马共和国宣告成立。7月3日，法国、奥地利和两西西里王国出动军队，颠覆了罗马共和国。后来由于各小国封建统治者的背叛，革命形势急转直下。8月22日，奥地利军队攻陷威尼斯，意大利革命失败。

在意大利的影响下，1848年，欧洲各国相继爆发了大规模的革命。当时的法国处于代表金融资产阶级利益的七月王朝的统治之下，这引起了工业资产阶级的不满。于是工业资产阶级和广大人民联合起来，于2月22日在巴黎群众发动了起义。经过两昼夜的激烈战斗，起义军攻占王宫，法国国王路易·菲利浦出逃，起义军成立了临时政府，宣布废除君主制，建立共和国，史称法兰西第二共和国。但胜利果实被资产阶级篡取，他们下令解散国家工厂，并把工厂中的工人编入军队或驱赶到外省去做苦工。工人们忍无可忍，被迫举行了六月起义，但遭到了政府军的残酷镇压，起义失败。

德意志在1848年以前是一个由35个邦和4个自由市组成四分五裂的联邦国家，这种分裂的状况和意大利一样，严重地阻碍着资本主义的发展。德意志的巴登公国首先爆发革命，并迅速波及到了很多地区，纷纷成立了资产阶级政府。3

这是自由主义改革家们印发的宣传单上的插图：1848 年的普鲁士首都柏林，挥动着警棍的警察驱散了人们的一次游行示威。

月 13 日，普鲁士王国首都柏林的工人、市民和大学生举行示威游行，并同普鲁士军队展开激烈战斗。普鲁士国王威廉四世调动大批军队，向起义军发起猛攻。经过激烈战斗，普鲁士军队被迫撤出柏林，威廉四世同意召开有资产阶级参加的议会。3 月 29 日，资产阶级首领康普豪森组阁，柏林三月革命的胜利果实落入资产阶级手中。

东南欧也爆发了反对外国统治的民族解放运动，其中以匈牙利的革命最为声势浩大。当时匈牙利处于奥地利的统治之下。1848 年 3 月 15 日，佩斯人民在革命家裴多菲的领导下，强迫市长在实行资产阶级改革的政治纲领《十二条》上签字，不久革命群众控制了首都。革命者向奥地利皇帝提出建立匈牙利独立政府和废除封建制度的要求。奥皇非常敌视匈牙利革命，他调集了大批反革命军队进攻匈牙利，并于 1849 年 1 月 5 日攻陷匈牙利首都。匈牙利政府迁到德布勒森。不久，匈牙利起义军展开反攻，取得节节胜利。4 月 14 日，匈牙利议会发表《独立宣言》，宣布匈牙利独立。5 月 21 日，匈牙利起义军收复了布达佩斯。为了镇压匈牙利革命，奥地利勾结沙俄，共同出兵。沙俄出动了 14 万大军入侵匈牙利，20 万奥地利军队也对匈牙利发起了猖獗的进攻，匈牙利处于腹背受敌的境地。

法国二月革命的消息传入德国后，德国各地都掀起了声势浩大的游行和集会，柏林也于同年3月爆发了革命。

由于双方军事力量相差悬殊，再加上匈牙利内部右翼分子叛变，匈牙利军队遭到惨败，匈牙利革命失败。

匈牙利革命的失败标志着欧洲1848年革命的结束。镇压了匈牙利革命后，沙俄又相继镇压了罗马尼亚、捷克等国的革命运动，成为欧洲宪兵和镇压东欧民族解放运动的刽子手。

《共产党宣言》

随着欧洲工人运动的蓬勃发展，一种代表工人利益、科学指导工人争取解放的思想应运而生，它就是马克思、恩格斯创立的科学社会主义。

1847 年春季的一天，一位青年来到比利时首都布鲁塞尔的同盟街 5 号。他仔细看了一下门牌号，整理了一下衣服，走上前去，轻轻敲了下门。

过了一会儿，一个留着大胡子的人打开门，看见一个陌生人站在门外，他问答："请问您找哪位？"这个大胡子就是马克思。

"请允许自我介绍一下，我叫莫尔，是受正义者同盟的委托前来拜访您的。"那位青年说道。

"哦，欢迎，快请进。"马克思非常热情。

马克思

当时欧洲有很多工人团体和社会主义小组，正义者同盟是影响较大的一个国际组织，在欧洲各国都有会员。莫尔就是正义者同盟的领导人之一。

坐下之后，莫尔打开皮包，掏出一封信，对马克思说："马克思先生，这是我们全体正义者同盟领导人签名的委托书，想请您和恩格斯先生为我们写一个宣言。"

1847 年夏天，正义者同盟在英国首都伦敦召开了第一次代表大会，恩格斯出席了会议，而马克思由于经济原因没能出席会议。大会根据马克思和恩格斯的提议，将正义者同盟改为共产主义者同盟，并将原来的口号"人人皆兄弟"改为"全世界无产者联合起来"。恩格斯为同盟起草了新《章程》。新《章程》的第一条就明确规定了共产主义者同盟的目的：推翻资产阶级政府，建立无产阶级专政，消灭旧的阶级对立的资产阶级社会，建立没有阶级、没有私有制的新社会。从此，一个崭新的无产阶级政党——共产主义者同盟诞生了！

恩格斯

为了躲避反动的资产阶级政府的迫害，正义者同盟的活动都是在地下进行的。共产主义者同盟成立后，开始在工人中大力宣传，扩大影响。马克思、恩格斯在比利时首都布鲁塞尔组织了一个"工人教育协会"，并把《德意志—布鲁塞尔报》作为共产主义者同盟的宣传阵地，用来传播共产主义思想，教育广大的工人和群众。

1847年底，共产主义者同盟在伦敦召开了第二次代表大会。在大会上，代表们觉得应该用宣言的形式写一个纲领。大会结束后，马克思和恩格斯受代表们的委托，经过紧张的工作，合写了《共产党宣言》。

·三大空想社会主义者·

三大空想社会主义者分别是圣西门、傅立叶和欧文。圣西门非常痛恨剥削制度，他提出了实业制度，在这个制度下，每个人都要劳动，按劳取酬，圣西门的这个理论成为科学社会主义的理论来源之一。傅立叶和圣西门一样，都是法国人，他的理论是一种和谐制度，即建立协助社，同样是每个人都要劳动，除了按劳取酬之外，还要按资本和技能获得报酬。傅立叶还组织过试验，但由于他的想法不切实际，很快就失败了。空想社会主义者所做的最大试验是欧文在美国所为，为此他投入了巨额财产，但试验最终失败。空想社会主义者们的失败是必然的，因为他们的设想缺乏现实基础，但他们的理论却成了科学社会主义的理论来源。

在《共产党宣言》中，第一，马克思和恩格斯用辩证唯物主义的科学理论阐述了资本主义必将灭亡和共产主义必将胜利的科学结论，指出生产关系一定要适应生产力的客观规律；第二，无产阶级的伟大使命是推翻资本主义，建立社会主义和共产主义，无产阶级是资本主义的掘墓人；第三，共产党是无产阶级的先锋队，没有共产党的领导，无产阶级不可能取得胜利；第四，批判了形形色色的假"社会主义"和假"共产主义"。在《共产党宣言》的最后，马克思、恩格斯用豪迈的口吻向全世界宣布："让统治阶级在共产主义者的革命面前发抖吧！无产者在这个革命中失去的只是锁链，他们获得的将是整个世界！"

1848 年 2 月，《共产党宣言》在伦敦正式出版，并很快翻译成了多种文字在世界各国传播。《共产党宣言》是马克思、恩格斯的重要著作之一，是无产阶级革命政党的第一个完整理论，是共产主义运动的第一个纲领性文件。它的发表，标志着马克思主义的诞生。

第一国际的建立

1863 年，波兰爆发了反对沙皇俄国残暴统治的民族起义。沙皇俄国惊恐万分，派出了大量的军队对起义者进行血腥镇压。沙俄军队的野蛮行径，引起了欧洲人民的强烈愤怒。

英国和法国的工人首先掀起了声援波兰人民独立起义的运动。英国全国工人组织"工联"举行了大规模的游行集会，强烈要求英国政府对沙俄施加压力，但英国首相帕麦斯以需要法国政府也同意为由拒绝了工人的要求。于是英国工人会议通过了致法国工人的《呼吁书》，呼吁法国工人和英国工人团结起来，共同战斗，并建议召开全欧洲工人参加的国际会议。

马克思与恩格斯对第一国际的成立起到了重要的指导作用。

1864 年 9 月 28 日，英国首都伦敦的圣马丁大教堂内挂满了欧洲各国的旗帜，来自欧洲各国的工人代表济济一堂，大家情绪非常激动，一致声援波兰人民反抗沙皇统治的斗争。在大会上，英国工人代表首先宣读了《英国工人致法国工人书》，号召"为了工人的事业，各国人民必须团结起来！"紧接着，法国工人也宣读了《法国工人致英国兄弟书》："全世界的工人必须团结起来，筑起一道坚不可摧的堤坝，坚决反对把人们分成两个阶级——饥肠辘辘的平民和脑满肠肥的官吏——的害人制度。我们要团结起来，只有自己才能拯救自己。"马克思作为德国代表也出席了大会。

大会根据法国工人代表的提议，决定建立国际工人组织，即"第一国际"，成立一个由英、法、德、意等国工人代表组成的临时中央委员会（后改为总委会）。马克思被选为委员并担任德国通讯社书记。

大会原先决定由中央委员会领导起草第一国际的纲领和章程，马克思因为有病而未能参加起草。不料，各国工人代表之间产生了严重分歧，闹出了一场风波。

英国代表在起草纲领时，把改善工人阶级的经济利益放在首位，要求提高工人阶级地位而斗争；意大利代表则想把意大利工人协会的章程作为第一国际的章程，甚至想成立一个以意大利人为首的"欧洲工人阶级中央政府"。这就明显偏向意大利工人，会在第一国际中造成不和甚至是分裂。不管是英国代表还是意大利代表，他们所提出的问题都是围绕经济利益而提出的，根本没有涉及到工人阶级要求的政治地位问题。他们还没有意识到工人的政治利益才是最根本的利益，工人阶级有了政治地位作保障，包括经济问题在内的其他一切问题会很好解决。

看到这乱哄哄的场面，德国代表写信把情况告诉马克思，马克思接到信后，非常着急。他意识到，如果再这样下去的话会产生严重的分裂，会背离建立第一国际的意义。10月18日，马克思带病前来参加会议。

马克思不顾疾病缠身，认真地阅读和修改了所有文件。经过了七天七夜的努力，马克思向总委员会提交了修改后的文件。文件共两份：《第一国际成立宣言》和《第一国际共同章程》。

总委会随即召开全体会议，会议一致通过了马克思修改后的《宣言》和《章程》。

《宣言》是第一国际的纲领性文件，它说："夺取政权已成为工人阶级的伟大使命。"各国的工人阶级要团结起来，形成一支强有力的队伍，这样才能战胜资产阶级，消灭阶级统治和实现劳动资料公有，使工人得到彻底的解放。在《宣言》的最后，马克思用了《共产党宣言》的口号："全世界无产者，联合起来！"

第一国际成立后，开始组织各国工人开展运动，欧洲各国的工人运动此起彼伏。1866年英国裁缝工人大罢工，1867年法国青铜工人大罢工，1868年瑞士日内瓦建筑工人大罢工。在第一国际的大力支持下，这些罢工都取得了胜利。

第一国际在支持各国工人争取自己的权益的同时，也在同各种机会主义和无政府主义进行了艰苦的斗争。这些斗争主要是与普鲁东主义和巴枯宁主义的斗争。在这些斗争中，马克思针锋相对，痛斥他们的谬论，揭露他们企图夺取第一国际领导权的阴谋。在马克思等人的坚决斗争下，他们都遭到了可耻的失败。

战胜了普鲁东主义和巴枯宁主义，第一国际不断发展壮大，团结各国的工人阶级，大力支持各国工人的运动。在世界各国的工人运动中，第一国际起到了巨大的作用。

德国第一国际支部绘制的宣扬社会主义的宣传画

埃及抗英斗争

19世纪时的埃及处于奥斯曼土耳其帝国的统治之下。1798年，为了打击英国人的势力，拿破仑率领法军进攻埃及，进而威胁英国的殖民地印度。奥斯曼帝国急忙派了一支阿尔巴尼亚军队前去增援。阿尔巴尼亚军团的首领叫阿里，是个阿尔巴尼亚人，出生在一个军官家庭。后来他参加军队，因为英勇善战，成为阿尔巴尼亚军团的首领。在埃及人民的支持下，阿尔巴尼亚军团英勇作战，终于击败了法国侵略者，阿里被任命为埃及总督。

但刚赶跑了法国人，埃及南方的前马木路克王朝的残余势力又开始兴风作浪，发动叛乱。阿里率领军队，离开首都开罗，南下平叛。见埃及北部兵力空虚，英国人觉得有机可乘，就派了1400多名士兵入侵埃及，占领了亚历山大港，并向埃及尼罗河入海处的腊西德城挺进，首都开罗一片混乱。富人们纷纷把值钱的东西装上车，逃到南方，而穷人只能忧心忡忡，不知该如何是好。

埃及凯尔奈克神庙内古老的石柱，见证了欧洲殖民者的暴行。

趾高气扬的英国军队仗着自己武器先进和人数众多，根本不把埃及人放在眼里。他们大摇大摆地开进了腊西德城。腊西德市长知道打不过英国人，早就率领着300名士兵撤退了。英军除了在进城时遇到了一些微弱抵抗外，基本上没有发生大的战斗，很快就占领了全城。

"埃及人全是一些胆小鬼，根本不敢和我们打！"英军士兵大声嘲笑埃及人。

"明天我们就能占领开罗，后天就能见到金字塔！"一些英国士兵大喊大叫。

腊西德城的英国副领事赶来迎接英军。"埃及军队早跑了！"副领事对英军将领说，"他们的主力在南方打仗，北方没有多少军队。"

"哈哈哈，就是有军队他们也不是我们的对手，我们英国人是天下无敌的，我们战无不胜。占领埃及，简直易如反掌。埃及就是印度第二！"英军将领狂妄地说。

"那是，那是。"副领事连忙点头，"我给大家准备了丰盛的酒席，给大家洗尘接风。"

1882 年 9 月 13 日，英军在开罗城外与埃及军作战。

"太好了，我们早就饿了。"英军士兵一拥而上，坐在桌子前大吃大喝起来。由于英国士兵很多，所以分成了好几部分，到不同的酒馆去吃饭喝酒。英军士兵在酒馆里大声喧哗，吵吵闹闹，很快就喝得东倒西歪，烂醉如泥了。

就在这时，突然从屋顶上、窗户里发出了许多子弹，很多英国士兵惨叫一声倒地而亡。"杀死侵略者！"许多埃及士兵高喊着，有的拿枪，有的挥舞着大刀，杀了进来。英军士兵有很多人根本来不及抵抗就成了俘虏。

有的英军士兵慌忙去拿枪，结果不是被当场打死，就是被砍掉了脑袋。原来，腊西德市长领着埃及军队又杀了回来，趁英国人不备，杀了他们个措手不及，连英国的将军和副领事都被当场打死。这一仗，埃及人大获全胜。

几天后，埃及人押着被俘的英国侵略者来到首都开罗游街示众。英军士兵一个个被捆得结结实实，垂头丧气地走在大街上。街道两旁围观的开罗市民大声欢呼着胜利口号，纷纷把臭鸡蛋扔到英国人的身上。大街上还有许多木笼子，里面装着许多砍下的英国士兵的血淋淋头颅。

在南方打仗的阿里迅速平定了叛乱，得知英国人即将再次入侵后，阿里动员广大人民，有钱出钱，有力出力。埃及军民同仇敌忾，团结一致，再次击败了英国侵略者，并乘胜进军，收复了亚历山大港，捍卫了国家的独立和领土的完整。

击败英国人的入侵后，阿里开始了大规模的建设，进行了各种改革。他消灭割据一方的马木路克势力，统一了全国，没收马木路克的全部土地，分给大臣或分成小块租给农民耕种。此外，为了促进农业的发展，他兴修水利，推广种植棉花等经济作物。为了发展工业，阿里从西欧进口了很多机器，聘请了很多工程师技师，并派遣大量的留学生，创办了很多企业。阿里还创办海军，大力发展陆军，使埃及成为地中海东部的强国。

为了摆脱土耳其人而独立，阿里发动了两次战争，击败了土耳其人，埃及成了一个地跨非、亚两洲的独立帝国，但不久，英国人卷土重来，埃及逐渐沦为英国的殖民地。

鸦片战争

当英、美、法、日等列强进行如火如荼的资本主义革命时，清政府正闭关锁国，自以为"天朝上国"，不思改革，使中国在世界上落伍了。英国通过鸦片贸易从中国攫取了大量白银，同时使中国军民身衰体弱，统治阶级有识之士纷纷要求禁销鸦片。

1839年，湖广总督、钦差大臣林则徐奉命于1月底到达广州，他一方面整顿海防，一方面宣布收缴鸦片。3月，英国鸦片贩子被迫交出烟土237万余斤。

6月3日，林则徐下令把这些鸦片在虎门海滩当众销毁，以示中国政府禁烟的决心。

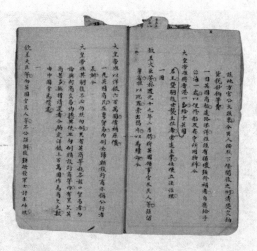

《南京条约》抄件

英国政府以此为借口向中国发动了战争，于1840年1月，以懿律和义律为正副全权代表，懿律为侵华英军总司令，出兵中国。5月，英国舰船40余艘、士兵4000多名先后到达澳门附近海面，鸦片战争爆发。懿律率英军进犯广州海口，看到广州军民早已严密布防，遂转攻厦门，又被邓廷桢击退。6月，英军北上攻占定海作为军事据点。道光帝慑于英军武力，又为投降派的劝说所动摇，遂改变态度，罢免了林则徐，改派直隶总督琦善为钦差大臣，去天津和英军谈判。而此时英军因夏秋换季，疾疫流行，遂放弃定海，于8月中旬南返，双方议定在广州谈判。琦善到广州后，一反林则徐所为，命令撤除海防水勇，镇压抗英群众，一心议和。1840年12月，琦善与义律在广州开始谈判，英军趁中方海防松懈无备之际，于1841年1月7日发动突袭，攻陷了虎门附近的沙角、大角两炮台，并单方面宣布签订《穿鼻草约》，1月26日，英军攻占了香港。

道光帝得知琦善开门揖盗，丢失两炮台后，下令锁拿琦善，并向英国宣战，派侍卫内大臣奕山为靖逆将军，调兵万余赴粤抗英。英军先发制人，出动海陆军攻虎门，广州提督关天培亲率清兵迎击，清军刀矛不敌英军坚枪利炮，关天培中弹牺牲。2月26日，英军攻占虎门炮台，溯珠江直逼广州。4月，奕山率大军抵广州，5月24日英军进攻广州，一路占领城西南的商馆，一路由城西北登陆，包抄城北高地，不久攻占城东北各炮台，并炮击广州城。奕山执行"防民甚于防

寇"的方针，对英军侵略消极抵抗，在英军迅猛攻势下，他与英人签订《广州和约》并征得道光帝批准，以缴 600 万元换得英军撤出广州地区。

签署《南京条约》时的情景

与清政府妥协投降态度相反，广州三元里人民在广州北郊牛栏冈附近同窜入这里的千余英军勇作战，打死打伤英军数十人，并把四方炮台围得水泄不通，在广州知府的调停下，英军才得以解围。

英政府并不满意懿律和义律在中国获得的权益，改派璞鼎查（后来的首任港督）为全权代表来华，扩大侵略战争。1841 年 8 月 21 日，璞鼎查率 37 艘舰船，陆军 2500 人离香港北上，攻破厦门，占据鼓浪屿；10 月 1 日再次攻陷定海，定海总兵葛云飞英勇殉国。10 日英军攻占镇海，钦差大臣、两江总督裕谦战死，英军旋占宁波城。道光帝闻讯大惊，忙派吏部尚书、大学士奕经调兵赴浙以收复失地。1842 年 3 月，奕经在准备不充分的情况下全面反击，清军数战不利，撤回原地。

战败消息传到京师，朝野上下震动，道光帝无奈，只得派盛京将军耆英和伊里布赴浙向英军请和。璞鼎查不理会耆英的乞和，继续深入，1842 年 5 月 18 日，英军攻取浙江平湖乍浦镇，6 月 16 日攻吴淞口，吴淞炮台守将陈化成壮烈牺牲，宝山、上海沦陷。英军溯长江而上，于 7 月 21 日陷镇江，8 月，英舰陆续到达南京下关江面。清政府已无心再战，遂接受英方停战的条件，29 日，中英在英军舰"汉华丽"号上，耆英、伊里布与璞鼎查签订了中国近代史上第一个不平等条约《南京条约》，鸦片战争以清政府的惨败而告终。

鸦片战争标志着中国开始逐步陷入半殖民地半封建社会，打开了中国近代史的序幕，昭示了落后就要挨打的深刻道理。

印度反英大起义

19世纪初，伴随着工业革命，英国工业资本发展迅速，使得英国对殖民地的剥削与资本掠夺进一步加大。印度是英国统治下的一个半殖民半封建社会，殖民者把印度变成了倾销产品的市场和原料基地，使印度当地的手工业者破产失业，给广大农民和手工业者带来深重灾难，也直接影响到一些封建主的利益。印度各阶层与英国殖民者之间的矛盾日益尖锐，全国到处弥漫着反英抗英的吼声，民族起义在秘密酝酿之中。

1857年初，殖民者不顾印度人的宗教信仰，用牛油、猪油涂在子弹上，士兵们满腔怒火。殖民者还不断降低士兵待遇，更激起了他们的仇视。5月10日，驻守在米鲁特的士兵杀死英国军官，首先起义。

当晚，米鲁特起义军向德里进发，在德里城内军民的响应下，11日起义军就攻占了德里。他们焚烧英国军营，严惩英国军官，袭击英国教堂。起义军在这里组建了起义政权，周围农民、手工业者等社会各阶层纷纷加入起义军，起义军人数增至4万余人。英殖民者急调军队，以旁遮普为后方基地，向德里发起进攻。4000余英军于6月8日对德里发起攻势。德里城墙坚固，环城有一条很深很宽的护城河。英军开始时缺少重炮、攻城炮，在起义军的英勇抗击下，英军的每次进攻均被击退。受到挫败的英军并没放弃，他们一面调集重炮，一面和混进起义军内部的封建主勾结，造成起义军内部发生矛盾，实力有所削弱。

9月14日，德里城在英殖民军重炮的轰击下被攻陷，起义军在街巷内与敌人展开肉搏战。经过6天的激战，起义军打死敌人5000余人，最终被迫退出德里城，向勒克瑙转移。英殖民者进驻德里后展开了疯狂报复，屠杀起义军2万余人。

1858年3月，勒克瑙成了起义中心，集结起义军20万人。英军获得消息后，

这是一幅绘制于1830年的图画，描绘了南印度拉贾坦古拉王乘坐在一个豪华的象轿上，而一个不列颠公使骑着棕红色的马紧随其后，表明英国的殖民统治已愈演愈烈。

立即调集9万大军和180门大炮，向勒克瑙逼近。面对枪炮装备精良的敌人，以马刀为主的起义军不畏强敌，与敌人展开英勇的斗争。在敌人猛烈炮火下，起义军坚守半月之久，终因伤亡惨重被迫放弃勒克瑙城。3月21日起义军主力开始撤离，随即英军攻陷了勒克瑙城。

3月25日，在休·罗斯爵士的率领下，英殖民军开始了进攻另一个起义中心詹西城。当日，英军对詹西城展开了激烈的炮轰。詹西女王是一位英勇而出色的指挥官，她亲临城头，与起义军并肩作战。在她的影响下，起义军更为顽强勇敢，英军的进攻屡屡受挫。4月1日，2万起义军在坦提亚·多比的率领下，赶往詹西支援解围，但遭到英军的截击而溃败。4日，詹西城内投降主义者叛变，引英军从南门攻进城池。女王大怒，遂亲身挥动武器，带领士兵一起冲锋陷阵，与敌人展开白刃战。顽强的起义军们杀死敌人无数，但终因寡不敌众，大势已去，女王趁夜突出重围。

德里、勒克瑙和詹西三大起义中心相继沦陷，各地起义军先后转入游击战。他们充分利用地形，机动灵活地与英军周旋，在运动中寻找时机打击敌人。

1858年5月，坦提亚·多比和詹西女王分别率领起义军向卡尔皮集结，围攻了瓜寥尔。6月，起义军攻占瓜寥尔，在这里建立临时政权。英殖民者十分恐慌，立即从各地调集军队。6月17日，英军在罗斯的指挥下向瓜寥尔进攻。在城市的东南郊，詹西女王与敌人展开激战。詹西女王始终和士兵在一起奋战，多次对英军发动猛烈的攻击，但遭到敌人炮火的轰炸，起义军伤亡越来越多。最终起义军因腹背受敌而溃败，詹西女王英勇就义，坦提亚·多比率军撤出瓜寥尔。

在英军收买政策下，起义军内部出现叛变，1859年4月，坦提亚被出卖后

莫卧儿王朝最后一个皇帝，1857 年被起义者劝服

领导反英起义，遭镇压后被流放到缅甸。

遇难，印度民族起义最后失败。

　　这次起义是印度历史上的重要转折点，它沉重地打击了英殖民统治，也加速了印度资本主义的发展，这次民族大起义在亚洲近代史上也占有重要地位。

苏伊士运河

　　苏伊士运河位于埃及东北部的苏伊士地峡，作为亚、非两大洲的分界线，连接着地中海和红海，战略位置十分重要，拿破仑占领埃及时，就曾萌发开凿运河以沟通两个海域的想法。

　　1798 年，拿破仑征服埃及。在仔细察看埃及的地理位置后，他认为开通一条运河，把地中海和红海连成一体十分必要。因为这样既可以直接攫取印度和远东的财富，又可以切断英国与东方殖民地的联系，削弱它的实力。为此他责成科学顾问对该地区进行勘测。结果这些人得出红海海面比地中海海面高几米的谬论，认为若是开通运河，整个埃及三角洲就会被淹没。无奈之下，拿破仑也只得作罢。

苏伊士运河的通航典礼是在英法两国的主持下进行的。

时过不久，拿破仑被纳尔逊领导的英国海军驱逐出这一地区，之后这块宝地也没有得到片刻的安宁。19 世纪，被工业革命武装起来的西方列强把殖民魔爪伸向亚非拉的每一个角落。苏伊士地峡处在地中海与红海之间，如果在此开通运河，就可以大大缩短从大西洋到印度洋的航线，如此的经济、政治、军事战略重地早令殖民者垂涎三尺。

1854 年，法国殖民者费迪南德·李赛普使用欺诈的手段，得到土耳其的埃及总督赛德帕的信任，与之签订了《关于修建和使用沟通地中海和红海的苏伊士运河及其附属建筑的租让合同》。合同规定，从运河通航之日起，租期 99 年，期满后归埃及所有；埃及无偿提供开掘运河所需的一切土、石、劳动力；运河是埃及的一部分，运河公司是埃及公司，受埃及法律和习惯所制约。这份合同生效后，1859 年 4 月 25 日，李赛普组建的"国际苏伊士运河公司"正式开凿苏伊士运河。工程从北端的赛得港开始，沿苏伊士地峡向南推进，到 1869 年 11 月凿通了这条长达 100 多千米的运河。但代价是巨大的，10 年间，由于高强度的劳动，低劣的食物，再加上监工的虐待，12 万劳工累死在工地上。苏伊士运河中流淌的不仅是红海与地中海的海水，还有成千上万名埃及劳工的血泪。

连通红海与地中海的苏伊士运河挖掘现场

这条运河开通后，总长达到 190.25 千米；深为 22.5 米；允许通过的船只最大吨位为 21 万吨；满载油轮限速 13 千米/小时，货舱船限速 14 千米/小时。

以上性能的这些数据使得它成为世界上最长的无船闸运河，而且航道极为安全，事故发生率几乎为零，并且可以昼夜通航。

如此性能优越的运河，并没有因为埃及人付出了惨重的代价就为他们带来福利，而是长期为西方殖民者所把持。从竣工之日起，运河公司股票的 52% 就控制在法国资本家手中。1875 年，英国政府又巧取豪夺，占有了埃及掌握的 15% 的股票，控制了公司 44% 的股权，成为该运河的实际控制者，然后又在 1882 年派兵强占运河区，长达 74 年之久。直到 1956 年，埃及最终才把运河收归国有，这期间英国的船只从本土到海湾国家，航程缩短了 46%，从而为以英国为代表的欧洲列强节约了大量费用，缩短了船只的航运周转期。这使得列强更快更多地从东方的殖民地攫取财富，更牢固地控制那里弱小的国家和民族。苏伊士运河因此一度被称为向西方殖民主义输血的主动脉。

1956 年，埃及不但将运河收归国有，而且击败了英法和以色列的联合进攻，捍卫了运河主权。但到了 1967 年，西奈半岛被以色列占领，埃及被迫关闭运河。6 年后，埃及收复了西奈部分领土，1975 年又重新开放运河。苏伊士运河历经沧桑，最终回到了埃及人手中。

巨轮通过苏伊士运河的情景

俄国 1861 年改革

19 世纪中期以前，沙皇俄国的资本主义经济虽然有所发展，但仍然是一个落后的农奴制国家。农奴的数量在这个国家占到 90％以上，世世代代饱受贵族地主的剥削和压迫。

1846 年，英国废除了《谷物法》。在利益的驱使下，俄国的地主拼命剥削农奴，把粮食贩卖到英国，赚取了大量金钱供他们挥霍。以前农奴都有自己的份地，地主们将农奴的份地抢走，实行月粮制，每月只发给他们仅能糊口的粮食，并强迫他们在土地上没日没夜地劳动。在月粮制下的农奴们的地位已经和奴隶差不多了，就连一个俄国大地主也不得不承认："月粮制介于农奴制和奴隶制之间，月粮制下的农奴们始终无法摆脱他们的处境，除了微薄的生活资料和劳动到死以外，没有任何前途。"在月粮制下的农奴受着地主们的残酷剥削，他们的劳动率越来越低。

　　由于地主们的残酷剥削，农奴们一贫如洗，根本无力购买工业制品，这对俄国资本主义的发展产生了严重的制约。另外，由于农奴们都被地主们束缚在土地上，自由劳动力很少，使得工厂严重缺乏劳动力。由于地主们可以任意剥削农奴，所以他们根本不去关心生产工具的改进。一个地主解释他为什么不使用打谷机时说："我为什么要使用打谷机？如果庄稼都在秋天打完了，那农奴们在冬天干什么？买打谷机还要花钱，还要维修、保养，而用农奴根本不用花一分钱！"这就严重阻碍了俄国生产率的提高和工业的进步。

这幅克里米亚战争的雕版画描绘的是塞瓦斯托波尔以东的一个英军战地

　　1853～1856年，为了争夺在奥斯曼土耳其的利益，俄国和英法两国之间爆发了战争。因为战场主要在俄国的克里米亚半岛，所以被称为克里米亚战争。在战争中，俄国农奴制的落后和英、法资本主义的先进形成了鲜明的对比。俄军使用的滑膛枪射程仅为英法军队使用的来复枪的1/3；俄国海军的战舰还是木质帆船，而英、法军队的战舰则是先进的汽船；俄国南方没有修铁路，所有的军需品都要靠大车来运，前线士兵的弹药、粮食和药品严重不足，而英、法军队则在占领区迅速修建了铁路，弹药、粮食和药品供应充足、及时，后勤保障非常得力。

加上俄国的军官腐败无能，侵吞军饷、贪污军需品，而英法联军则纪律严明。在战争中，俄军一败涂地，伤亡达 52 万多人，耗费了 5 亿卢布，俄国的财政到了崩溃的边缘，国际地位更是一落千丈。沙皇尼古拉一世服毒自杀，继任的沙皇亚历山大二世被迫向英法两国求和。

尼古拉一世

落后的俄国在克里米亚战争中一败涂地，尼古拉一世服毒自杀，他的儿子亚历山大鉴于教训，推动了 1861 年改革。

克里米亚战争使俄国统治者意识到，只有废除农奴制，加快资本主义的发展才能富国强兵。克里米亚战争加剧了俄国的阶级矛盾，耗费了大量的人力物力，农奴们纷纷起义。一些开明的知识分子秘密成立组织，密谋发动起义，准备推翻沙皇的统治。

为了巩固自己的统治，亚历山大二世在 1861 年 3 月 3 日签署了《关于脱离农奴依附关系的农民的一般法令》、《关于脱离农奴依附关系的农民购买其宅地及政府协助农民购买耕地的法令》等一系列关于废除农奴制的法令。这些法令主要分为 3 个方面：一是宣布农奴人身自由，地主再也不能任意买卖农奴和干涉农奴的家庭生活。农奴可以从事工商业，成为市民和商人。二是规定土地仍然归地主所有，农奴必须购买。资金主要部分由政府以有息债券的形式付给地主，然后农民在49年内连本带息还给政府。事实上，农奴为了赎买土地而交纳的赎金大大高于地价，按照市场价格卖给农民的土地仅值5亿卢布，但实际上农奴交给政府的赎金却高达19亿卢布。三是为了有效地管理农奴，农奴要住在原来的村庄中。村中的官员由民主选举产生，但必许服从政府的命令。

除此以外，沙皇还废除了募兵制，实行义务兵制。在文化教育方面也推行了一些普及教育的措施。

1861年的改革是沙皇实行的一次自上而下的资产阶级性质的改革，是俄国历史上一次重要的转折点，使俄国的生产关系在一定程度上适应了生产力的发展，俄国从此走上了迅速发展资本主义的道路。但这次改革很不彻底，仍保留着大量的封建残余。

美国南北战争

美国独立后，南北两方沿着不同的体制发展。美国北部工业发展迅速，资本主义生产力得到极大提高。而南部仍是以种植庄园主剥削压榨奴隶为基础的奴隶制。北部工业的发展，需要大量的廉价劳动力、生产原料和商品市场，而大量的奴隶却被南部奴隶主束缚在庄园里，南部的生产原料也多出口到欧洲，并从欧洲进口工业品，这无疑使北方工业得不到足够的原料和劳动力，进口的工业品也冲击着北方的生产。南部的奴隶制严重阻碍了美国资本主义的发展，两种制度之间的矛盾日趋尖锐。

1860年11月，痛恨奴隶制的共和党人林肯当选总统，南部扩展奴隶制度的梦想破灭。为维护自身利益，南部奴隶主发动叛乱。12月20日，南卡罗莱纳州宣布独立，佐治亚、阿拉巴马、密西西比、佛罗里达、路易斯安那和得克萨斯等州也纷纷跟随。1861年1月，南部各州组织"南方同盟"，2月在蒙奇马利成立临时政府，戴维斯当选总统。4月12日，南军不宣而战，攻占了联邦政府军驻地萨姆特要塞，南北战争爆发。

预先对战争做好充分准备的南部诸州开始时进展顺利，采取以攻为守的战

南方联军总司令罗伯特·李将军向格兰特投降。

略，集中兵力寻歼北军主力。南军迅速占领哈珀斯费里和诺福克海军基地，进驻铁路枢纽马纳萨斯，直接威胁联邦首都华盛顿。北方采取了所谓的"大蛇计划"，把部队分散在较长的战线上，且消极防御，给南军可乘之机，使南军在战场上节节胜利。1862年初，北军沿东西两线发动进攻，除西线格兰特率领的部队解放了肯塔基州和田纳西州大部，取得一定的战果外，在其他战场，南部军队均抢占上风。

面对不断的失利，人民群众强烈要求政府以革命的方式进行战争。林肯当局顺应民意，颁布《宅地法》，规定公民有权获得一份土地。1863年1月1日，正式颁布《解放黑人奴隶宣言》，宣布南部各州的奴隶永远获得自由，并允许黑人参加北方军队，宣言沉重地打击了南部的奴隶制度，奴隶们看到了曙光，纷纷起义，参加北方军队，也极大地调动了北方人民的激情。此举使整个战局发生了变化。

北军采取主动进攻、全面摧毁南军的军队战斗意志和经济基础的战略决策。1863年5月，北方波托马克军团13万人向里士满进军。轻敌的南军多次被击败，北军扭转了战争的被动局面。与此同时，西线的格兰特军团切断南军水上运输线，从水陆同时实施进攻，打通了密西西比河，向南军修筑在密西西比河上的重要堡垒维克斯堡发起总攻，意图把南军分割成东西两部分。防御坚固的维克斯堡控制着整个河面。北军猛烈的炮轰持续了47天，几乎摧毁了要塞的所有防御工事。弹尽粮绝的守兵失去防御能力，于7月4日投降，2.9万人的俘虏创造了南北战争期间俘虏人数最多的纪录。7月8日，北军攻占了哈得逊港，实现了分割南军的目标。9月9日，格兰特命坎伯兰军团向交通枢纽和工业中心查塔努加发起围攻，取得向南部进军的基地。

· "地下铁道" ·

为了帮助黑人奴隶逃出充满罪恶的蓄奴州，废奴主义者们组织了一整套接应逃亡奴隶的线路和方法。他们称这一逃亡线路为"地下铁道"。"地下铁道"设有"车站"——同情黑奴的人的住宅，过路的黑人可以歇脚、投宿；有"火车"——逃亡的奴隶群；有"乘务员"——熟悉道路和情况的领路人。当时的一些伟大的废奴主义领袖，如约翰·布朗、哈里特·塔布曼等都是著名的"乘务员"。约翰·布朗领导的起义把这场运动推向高潮。废奴运动是南北两种社会制度矛盾尖锐的产物，是美国南北战争的序幕。

维克斯堡和查塔努加的大捷，注定了南军败亡的最后命运。

1864年，格兰特被任命为总司令，统一指挥北军的战斗。北军发起战略进攻，双方损失惨重。北方人力、财力充沛，能及时补给，南军则兵源枯竭。7月上旬，南军的罗伯特·李派2万余人奔袭华盛顿，因消耗殆尽而全军覆灭。9月，北军西线的谢尔曼攻占了亚特兰大，插入敌人后方。12月21日，占领了萨凡纳，奠定了战胜南部的基础。

1865年，谢尔曼北上，与格兰特形成夹击南军之势，一路势如破竹。4月1日，北军在彼得斯堡附近与南军展开决战，南军遭到惨败。罗伯特·李被迫于9日率领残军2.9万人向格兰特投降，历时4年的内战到此结束。

北军的胜利，恢复和巩固了联邦的统一，摧毁了奴隶制，扫清了美国资本主义发展的障碍。由于新科技的应用为战争史开辟了全新篇章，战争面貌大为改观，后勤供应也更为复杂，这次战争被人们称为"第一次现代化战争"。

林 肯

　　1831 年 6 月的一天，一个年轻人来到美国南方城市新奥尔良的奴隶拍卖市场。当年轻人看到戴着脚镣手铐的黑人奴隶像牲口一样被人买来卖去时，他惊呆了，然后愤怒地说："真是可耻之极。总有一天我要把这奴隶制度彻底打垮。"这个年轻人就是亚伯拉罕·林肯，他当上美国总统后，果真推翻了奴隶制度，解放了黑人奴隶。

　　1809 年 2 月 12 日，林肯出生在一个农民家庭。小的时候，他的家里很穷，因此他没有接受过多少正式教育。他后来回忆说："我一生中进学校的时间，加在一起总共不到一年。"但他从小勤奋好学，一有机会就向别人请教，靠自学获得了丰富的知识。7 岁时，林肯的家搬到了印第安纳州，9 岁时，母亲病逝。继母和生母一样，也是一位和蔼可亲而又贤惠的女人，对林肯的学习给予了很大帮助。

　　1830 年，林肯随父母迁居伊利诺伊州后，开始了自力更生的生活，做过店员、测量员、邮递员等工作，以认真、诚实的作风获得了"诚实的亚当"的美名。他在 1834 年当选为伊利诺伊州议员，两年后，又通过考试获得了律师资格，成为了一名律师。林肯是个机智的人，有一次出庭辩论时，对方律师把一个简单的论据翻来覆去地陈述了两个多小时，讲得听众都不耐烦了。好不容易才轮到林肯上台替被告辩护，他走上讲台，先把外衣脱下放在桌上，然后拿起玻璃杯喝了两口水，接着重新穿上外衣，然后再脱下外衣放在桌上，又再喝水，再穿衣，这样反反复复了五六次，法庭上的听众笑得前俯后仰，林肯却一言不发，在笑声过后开始了他的辩护演说。

　　做律师不久，他和美丽的玛丽结婚了。结婚之初的生活是比较清苦的，但在玛丽的操持下，家境逐渐好转，他们也有了 3 个孩子。1854 年，共和党成立，林肯加入了这个主张废除奴隶制的党派，两年后，他在该党的第一次全国代表大会上被提名为副总统候选人。当时，美国南北围绕蓄奴制度的存废问题展开了激烈斗争，双方的矛盾冲突已经到了非常尖锐的地步。1858 年，林肯在参加伊利

林肯雕像

诺伊州参议员竞选时，发表了一篇题为《裂开了的房子》的著名演说，他把美国南北两种制度（奴隶制度和资本主义制度）并存的局面比喻为"一幢裂开了的房子"，并明确表达了希望维护国家统一的愿望。尽管林肯的这次竞选失败了，但这次极富魅力的演讲使他的大名传遍了全国。1860 年，林肯当选为美国总统。

林肯的当选，对南方种植园主的利益构成了严重威胁。1860 年 12 月，南方的南卡罗来纳州首先宣布脱离联邦而独立，接着密西西比、佛罗里达等蓄奴州也相继宣布脱离联邦。南方叛乱诸州还建立了自己的政权，并在 1861 年 4 月 12 日不宣而战，攻占了联邦政府军驻守的萨姆特要塞，美国内战开始。林肯为了维护国家的完整，对南方的叛乱政权宣战。战争初期，北方军队屡战屡败，引起了人民的强烈不满，林肯认识到是到废除奴隶制的时候了。1862 年 5 月，林肯签署了《宅地法》，规定每个美国公民只交纳 10 美元登记费，便能在西部得到 160 英亩土地，连续耕种 5 年之后就成为这块土地的合法主人。同年 9 月，林肯又亲自起草了《解放黑人奴隶宣言》，并在次年的 1 月 1 日正式颁布，宣布废除叛乱各州的奴隶制，黑人奴隶获得人身自由。这两个法案大大激发了人民的革命热情，成为北军逆转战场形势的重要转折。1864 年 11 月，林肯竞选连任成功。1865 年 4 月，美国内战以林肯领导的联邦政府的获胜告终。

但是战争的胜利并没有消除蓄奴势力对林肯的仇视，在南军宣布投降的第 5 天晚上，林肯在华盛顿的福特剧院里看戏时，被南方奴隶主收买的一个枪手刺杀，享年 56 岁。

日本倒幕运动

19 世纪中期以前，日本处于德川幕府的统治之下，实行锁国政策，只和中国、朝鲜和荷兰有贸易往来，对世界的变化一无所知。

1853 年 7 月 8 日，4 艘奇形怪状、黑黝黝的战船出现在日本的江户湾（今东京湾）。它们的烟囱冒着黑烟，发出震耳欲聋的汽笛声，黑洞洞的炮口似乎随时都要发射炮弹。在岸上巡逻的士兵从来没有见过这样的庞然大物，他们吓得禀报上司。经过双方的接触，日本人才知道这是由美国人培里率领的一支舰队，他们来是要向日本递交国书，并要求日本开放通商口岸。日本幕府的官员知道这一消息后迫于美国舰队的军事压力，被迫同意。

在浦贺附近的久里滨，日本幕府的官员接受了培里递交的国书。在国书中美国人提出了很多要求，如美日缔结通商条约，日本向过往的美国船只提供淡水和煤炭，救助落水的船员等等。在美国强大武力的威胁下，日本不敢不同意。为了进一步炫耀美国国威，美国舰队来到江户湾进行了大规模的示威，弄得江户城内人心惶惶。随后，美国舰队扬长而去。

·维新三杰·

为倒幕作出最大贡献的无疑是萨摩藩，它贡献了倒幕、维新运动中最出色的三个人：大久保利通、西乡隆盛和木户孝允，这三个人为明治维新做出了突出的贡献，所以称之为"维新三杰"。三人中，大久保利通政治手腕最高明，他坚决反对西乡隆盛的征韩计划，并因此与其决裂。西乡隆盛一气之下回乡造反，最后兵败自杀。木户孝允虽然和大久保利通站在同一战线上，但也遭到排挤，不久也病死了。大久保利通也没过多久好日子，正当他雄心勃勃改革的时候，却被幕府残余分子暗杀。维新三杰虽然都英年早逝，但是日本的维新事业并没有止步，而是继续发展了下去。

1854 年 3 月，培里率领舰队再次来到日本。双方签订了不平等条约《日美修好条约》，又称《神奈川条约》，日本被迫向美国开放通商口岸和提供最惠国待遇。自从美国与日本签订了不平等条约后，西方国家纷纷前来，强迫日本签订不平等条约，日本逐渐沦为半殖民地。

随着西方势力的侵入，西方的大量廉价的纺织品也大量涌入，日本的传统手工工场纷纷倒闭，大量的农副产品和黄金外流。

面对这种严峻的局势，日本统治阶级出现了两个对立的集团：以幕府将军为首的保守派为了维护自己的利益，主张维持现状，反对改革；以萨摩和长州两藩为首的一些大名主张改革，推翻幕府统治，富国强兵，废除不平等条约。双方发生了激烈的冲突，倒幕派毒死了畏惧幕府的孝明天皇，扶植年幼的明治天皇上台。

1867 年 10 月上旬的一天，在京都（当时天皇所在地）天皇宫中的一间书房里，倒幕派首领大久保利通、西乡隆盛等几个重要人物聚集在一起，商量如何对付幕府。其中一个人说："倒幕要名正言顺，必须取得天皇的支持。"其他人都点头表示同意。几个人商量好了，就派了一个人去向天皇报告。明治天皇虽然只有 15 岁，但他很有见识，早就对幕府把持朝政表示不满了。于是，他就和倒幕派联合起来共同反对幕府将军德川庆喜。他下了份密诏，密令讨伐德川幕府。大久保利通等人接到密诏，非常高兴。

不料，听到风声的德川庆喜假装辞去幕府将军的职位，主动要求把政权还给天皇。倒幕派看穿了德川庆喜的缓兵之计。他们准备先下手为强，打德川庆喜一个措手不及。

倒幕派连夜调兵遣将，把自己的部队调集到京都，发动了宫廷政变。1868 年 1 月 3 日，倒幕派率兵包围皇宫，解除德川幕府警卫队的武装。明治天皇和他们召开了御前会议，宣布"王政复古"，收回大权。明治天皇宣布建立由他领导的新政府，委派大久保利通等人主管政事。

气急败坏的德川庆喜连夜逃出京都，退到大阪。他不甘失败，调集忠于他的

明治天皇

军队，打着"解救天皇，清除奸臣"的旗号，杀向京都。

　　大久保利通率领倒幕派的军队，毫不畏惧，沉着应战，在京都附近的鸟羽、伏见两地严阵以待。为了鼓舞士气，明治天皇还亲自到阵前督战。

　　到了半夜，毫无防备的幕府军刚到这里就遭到了倒幕军大炮的轰击，双方随即展开了厮杀。幕府军虽然人数多，但士气低落，而政府军却斗志旺盛，以一当十。不久，幕府军就败下阵来，纷纷逃跑。

　　倒幕军乘胜追击，包围德川庆喜的老巢江户。德川庆喜见大势已去，只好向倒幕军投降。至此，统治日本200多年的德川幕府倒台。

　　幕府彻底倒台以后，明治天皇进行了一系列有利于资本主义的改革，使日本很快走上了资本主义道路，史称"明治维新"。

"铁血宰相"俾斯麦

　　一次，俾斯麦乘火车出差，下车后坐在椅子上休息。这时，另外一位旅客坐在了他旁边，并和他攀谈起来。那个旅客问俾斯麦是做什么生意的，当俾斯麦知道对方是皮革商后，也谎称自己是皮革商。临别时，俾斯麦微笑着对那人说："阁下如果以后来柏林，不妨来我的工厂参观，我的工厂在威廉街76号。"（威廉街76号是首相办公室）

那个皮革商打死也不会相信，面前这个和善的人就是有"铁血宰相"之称的俾斯麦。的确，在政治上俾斯麦可没这么温顺，他称得上是一个铁腕人物。

1815年，俾斯麦出生于德国普鲁士勃兰登堡的一个贵族家庭，父亲是政府官员，母亲出身于资产阶级家庭，受过良好的教育，是俾斯麦家族中第一个来自非贵族家庭的妇女。

俾斯麦天资聪颖，学习成绩不错，但常常喜欢和别人打架，蛮横的天性从小就暴露了出来。他在1832年进入哥廷根大学，一年半后转入柏林大学，主攻法律，对历史和外语尤其感兴趣。大学期间，与同学发生过28次决斗。1835年大学毕业后，他在柏林的法院当过见习书记官，但那种琐碎的工作根本不适合他野心的性格，他经常在工作时间骑马出去散心。1838年春天，俾斯麦爱上了一个牧师的女儿，爱得可谓如痴如狂，最后竟然追人家追到了瑞士，但是终究没有成功。后来，在母亲的劝说下，他转到波昂的法院工作，又投效了王家卫队，但是不到一年时间，他就因为冒犯长官而辞职。他在1839年返回故乡，和家人一起经营庄园。1847年，俾斯麦结婚了，夫人是一位虔诚的教徒，在夫人的影响下，俾斯麦逐渐改掉了过去的一些陋习，也成为了一名忠实的信徒。

婚后不久，俾斯麦步入政坛，当选普鲁士联邦议会议员。之后，他逐渐形成了自己的政治信念：第一，最好的政府形式莫过于君主专制；第二，德意志必须在普鲁士的领导下完成统一。1859年，俾斯麦任驻俄公使，1861年改任驻法公使。1862年，他出任普鲁士宰相兼外交大臣，几天后，他发表了著名的"铁血演说"，宣称："当代的重大问题不是用说空话和多数派所能解决的，而必须用铁和血来解决。"俾斯麦"铁血宰相"的称号就是来源于这里。一言以蔽之，他决心用武力作为解决政治问题的最主要手段，在当时，这主要就是指排除奥地利，由普鲁士领导完成德意志的统一。

俾斯麦通过三次王朝战争实现了统一的目标。第一步，在1864年初挑起对丹麦的战争，把属于丹麦的石勒苏益格和荷尔施泰因两公国（居民多数为德意志人）并入德意志。第二步，在 1866 年挑起对奥地利的普奥战争。迫使奥地利退出德意志联邦，并建立起在普鲁士领导下的北德意志联邦，统一了德意志北部和中部。第三步，在 1870 年挑起普法战争，清除统一南德的障碍。这次战争是德国在欧洲崛起的重大转折，强大的法国在色当战役中被彻底击败，法皇拿破仑三世被俘，巴黎被普军占领。1871 年 1 月 18 日，俾斯麦在法国的凡尔赛宫宣布统一的德意志帝国成立，普鲁士国王威廉一世成了德意志帝国的皇帝，俾斯麦出任帝国宰相，并被授予公爵封号，成为 19 世纪下半叶欧洲政治舞台上的风云人物。

德皇威廉二世肖像，完成于 1890 年，就在这一年，他迫使俾斯麦辞职。

　　德国统一后，俾斯麦就显得不那么顺利了，他在国内推行的强硬政策遭到人民的普遍反对，对外与英、法争夺海外殖民地也处处碰壁，又引起容克资产阶级的不满。1888 年，威廉二世即位为德国皇帝。威廉二世不同于他的父亲，野心勃勃、刚愎自用，与俾斯麦在"政策谁作主"的问题上产生了摩擦。1890 年 3

月，威廉二世命令俾斯麦递交辞呈书，俾斯麦在当政 28 年后下台。1898 年 3 月 18 日，俾斯麦溘然长逝，享年 83 岁。

普法战争

19 世纪上半期，德意志是一个由 34 个独立的国家和 4 个自由市组成的松散的联邦。这个联邦没有中央政府，没有统一的军队，各国都各自为政，严重阻碍了资本主义的发展。普鲁士和奥地利是德意志各国中最强大的两个国家。普鲁士击败了不愿意统一、只想维持自己在德意志内霸权的奥地利，统一了北德意志，举起了德意志统一的大旗。但当时南德意志的 4 个邦还处于法国的控制之下，为了德意志的统一，普鲁士首相俾斯麦决定和法国开战。

当时的法国在历史上叫法兰西第二帝国，他的皇帝拿破仑三世叫路易·拿破仑·波拿巴，是拿破仑的侄子。他是个狂妄自大的人，连拿破仑 1% 的军事才能都没有，但却经常对外发动战争。他公开说："德意志决不能统一，它应该被分成三部分！"当时法国国内阶级矛盾激化，社会问题多如牛毛，法国的资产阶级为了转移国内人民的注意力，夺取德意志的莱茵河西岸地区；而普鲁士方面视法国为德意志统一的绊脚石，它也企图夺取法国矿产丰富的洛林和阿尔萨斯地区。于是，一场大战不可避免了。

1870 年 7 月 19 日，法国正式对普鲁士宣战。当时法国有 40 万军队，拿破仑三世以为凭借自己的强大的军事势力可以很快击败普鲁士。他狂妄地说："这场战争不过是到柏林的一次军事散步！"可实际情况并非如此。40 万法军调到前线的只有 20 万，而且军队编制混乱，军官找不到士兵，士兵找不到军官，有的将军还远在非洲。狂妄自大的法国将军以为法军必将是在普鲁士境内作战，所以他们只带了普鲁士地图，而没有带本国的边境地图。本来按照原计划，法军在拿破仑三世抵达前线后的第二天就应该向普鲁士进军，但拿破仑三世看到法军装备、粮草严重缺乏，犹豫起来。普鲁士军队趁机结集了 40 万军队，完成了军事部署。到了宣战的第 8 天，法军的 25 万人才来到法普边境。

8 月 2 日，法军攻入普鲁士境内，但立即遭到了普鲁士军队的迎头痛击。8

普法战争是法国与新统一的德国为了争夺北欧的主导权而进行的一场战争。这是一场一边倒的战争，俾斯麦的普鲁士军队在色当打败了拿破仑三世的军队，包围了巴黎。在后来的协议中，法国失去了阿尔萨斯与洛林两省，为德法关系留下了痛苦的遗产，这个问题一直延续到20世纪。

月4日，普鲁士军开始全面反攻，法军全线崩溃，普鲁士攻入法国境内。拿破仑三世见大事不好，急忙把指挥权交给巴赞元帅，自己乘着一辆马车向西狂逃。巴赞在抵抗了一阵后，败退到麦茨要塞，随即被普军包围。法军的麦克马洪率领12万法军退到色当要塞，和早先到这里的拿破仑三世会合。不久，色当也被普军包围。

9月1日早晨，色当大战开始。法军龟缩在坚固的要塞中同普军对抗。普军占领了色当四周的高地，用700门大炮猛轰色当。一时间，色当上空炮声隆隆，炮弹像雨点一样落入色当城内，全城一片火光，到处都是残垣断壁，滚滚浓烟，法军死伤惨重，连麦克马洪元帅也被打伤。

拿破仑三世从来没有见过这种阵势，被普军的强大火力吓得魂飞魄散。他急忙换上一套士兵的服装，跑到麦克马洪的指挥所，战战兢兢地说："元帅，我们还能承受下去吗？"见到拿破仑三世身穿士兵的服装，麦克马洪心里就明白了一大半：皇帝要投降了。他叹了一口气说："陛下，我们孤军奋战。外面没有援军，我们的弹药又不多了，我已身负重伤，无法再继续指挥作战。您来决定吧。"

1871年普法战争后期，胜利的德国军队群集在巴黎城墙外的废墟上。

拿破仑三世说："在现在的情况下，我们已经没有取胜的希望。为了士兵们的生命，我决定同普军谈判。"

下午三点，拿破仑三世在城中的中央塔楼升起了一面白旗，同时派人向普鲁士国王送去了一封投降书。投降书是这样写的："我亲爱的兄弟，我没有死在我的军中，所以我把我的佩剑送给陛下，希望以后能继续做彼此的好兄弟。拿破仑。"

第二天，拿破仑三世正式签署了投降书，和麦克马洪元帅以及39名将军，10万名士兵做了俘虏，650门大炮和大批的武器辎重落入普军手中。这次战役在法国历史上被称为"色当惨败"。

色当兵败的消息传到巴黎后，愤怒的人民推翻了第二帝国，建立了法兰西第三共和国，结束了法国历史上的王朝统治时代。

巴黎公社

色当惨败后，普军继续深入法国，在不到 20 天时间里，包围了法国首都巴黎。巴黎人民发动大起义，推翻了帝国政府，成立了资产阶级临时政府。临时政府虽然口头上高喊要坚决抵抗，但他们却背地里同俾斯麦商量投降条件。

不久，资产阶级临时政府内阁总理梯也尔同俾斯麦签订了卖国条约，宣布普法战争结束。条约非常苛刻，普鲁士要求巴黎城外炮台移交给普军，法军还要交出 2000 门大炮和 17 万支步枪以及大量的弹药，被全面解除了武装。法国赔偿普鲁士 50 亿法郎，割让阿尔萨斯和洛林。

但英勇的巴黎人民却始终保持着高昂的战斗热情，他们对卖国的临时政府非常不满，于是组建了一支以工人为主体的国民自卫军，还筹款铸造了 400 门大炮。

为了巩固自己的反动统治，梯也尔决定夺取国民自卫队的大炮，消灭国民自卫军。

· 国际歌 ·

巴黎公社失败后，很多革命者被迫流亡国外，其中公社战士鲍狄埃在公社失败后的第二天就满怀悲愤地写下了一首动人的诗篇，这就是《国际歌》的歌词。但是由于反动敌人的迫害，这首诗一直拖到 1887 年才被收入到鲍狄埃的诗集中。一年后，工人作曲家狄盖特读了这首诗，激动万分，他花了整整一个晚上给它谱上了曲。后来他在 6 月 23 日这一天正式演出了这首歌，引起了轰动，随后便出版发行。《国际歌》出版不久，就因为它的政治内容而遭到迫害，但是禁令是禁不住它的，《国际歌》很快便唱遍了全球，成为每一个无产阶级喜爱的歌曲。

1871 年 3 月 18 日凌晨，梯也尔命令巴黎卫戍司令维努亚带着一支军队鬼鬼祟祟地来到摆放着大炮的蒙马特尔高地。他们先杀死了守卫在那里的几名自卫军战士，然后开始拖走大炮。

这时突然传来几声枪响，原来政府军在拖大炮的时候，被自卫军战士发现，急忙鸣枪报警。睡梦中的国民自卫军战士纷纷拿起武器，跑到蒙马特尔高地。

许多妇女、老人和儿童也纷纷赶到这里截住了他们。大家愤怒地质问政府军：

"你们想干什么？为什么偷我们的大炮？""你们自己投降卖国，交出你们自己的武器弹药还不够，还要偷我们大炮送给普鲁士人？""把我们的大炮放回原处！"

维努亚恼羞成怒，他大声说："这是政府的命令！"但大家根本不怕他，继续指责他。

维努亚大怒，命令政府军向群众开枪。

但这些士兵们都站着不动。维努亚气急败坏，抽出大刀大声下令："谁不听命令我就砍掉他的脑袋！"可是仍然没有人服从他的命令。

突然，一个士兵高喊："我们不能杀自己人！"其他士兵也高呼："对！不打自己人，枪口一致对外！打倒普鲁士人！"于是他们立刻逮捕了维努亚，加入了国民自卫军。

1871 年 5 月 28 日，巴黎公社社员在拉雪兹公墓英勇就义。

当天下午，国民自卫军中央委员会决定以武力还击反动政府。人们从四面八方攻入市中心，与反动政府展开了殊死搏斗。临时政府首脑梯也尔见大事不好，急忙跳上一辆马车，飞快地逃到巴黎西南的凡尔赛去了。其他的政府官员一见总理跑了，也都纷纷出逃。晚上10点左右，国民自卫军占领了空无一人的市政厅。两名身手矫捷的战士爬上市政厅大厦，升起一面鲜艳的红旗，巴黎人民的武装起义取得了胜利。

3月28日，20万巴黎民众聚集在巴黎市政厅前的广场上，欢呼巴黎公社——世界上第一个无产阶级政权成立。

巴黎公社发布法令，撤销旧军队、旧警察，由国民自卫军代替。立法、司法和行政权力由公社成立的10人委员会统一行使。巴黎公社宣布实行民主选举，实行政教分离、信仰自由的政策，将逃亡资本家的工厂交给工人管理。

梯也尔逃到凡尔赛后，手下只有两万残兵败将，根本无法与巴黎公社对抗。于是他秘密派代表去见俾斯麦，低三下四地祈求他释放俘虏来增强凡尔赛政府的力量。俾斯麦也非常敌视巴黎公社，他同意了凡尔赛政府的请求，释放了10万法军俘虏，并表示允许法军穿越普鲁士军的阵地，从北面进攻巴黎。

1871年5月20日，凡尔赛军向巴黎发起了猛攻。面对数倍于己的敌人，巴黎公社的勇士们毫不畏惧，奋起抵抗，越战越勇。但随着战争的继续，由于缺乏统一的指挥和防御的失误，形势对巴黎公社军越来越不利。

由于起义军战士的顽强抵抗，凡尔赛军不知虚实而不敢贸然入城。但第二天中午，一个叛徒偷偷跑出城去，向敌军报告了城中的情况。就这样大批凡尔赛士兵疯狂地冲进了巴黎。公社战士与敌人展开了激烈的巷战。他们发誓：人在街垒在，只要还有一口气，决不让敌人越过街垒！

经过5天的血战，在优势装备和数倍于己的敌人的疯狂进攻下，公社战士防守的各个街区相继失陷。5月28日，敌人占领了公社战士最后一道防线——拉雪兹公墓，200多名公社战士全部阵亡，存在了72天的巴黎公社失败了。

法拉第发现电磁感应

工业革命的迅速展开促使人类社会的发展进入快车道，在机械、能源等工业蓬勃发展之时，电气领域也在悄悄酝酿着一场革命。

先是 1800 年，丹麦的奥斯特发现电可以产生磁的效应，接着是法国人毕奥和萨伐尔毕发现奥—萨伐尔定律，然后有了德国物理学家欧姆在 1825 年发表的欧姆定律，揭示了导线中电流和电位差的正比关系。一系列重大发现为电磁感应铺平了道路，最终法拉第完成了这一历史使命。

法拉第，1791 年 9 月 22 日出生于英国的一个铁匠家庭，像与他同时代许多发明家、科学家一样少受教育。法拉第一生中，仅仅在 11 岁时上过一年小学。13 岁时，他到一家文具店打杂，因为做事认真，成为了订书学徒。与众不同的是，这个只读过一年书、知识有限的孩子，却对读书有着浓厚的兴趣。他在工作之余，阅读了大量图书，而这也得到了老板热心的鼓励。法拉第在这家店里做了7 年工，对化学的兴趣渐渐浓厚起来。

1812 年的一天，店里的一位顾客送给法拉第一张皇家学术演讲会的门票，主讲人是当时著名的科学家、伦敦皇家学院的化学教授戴维。在听完了戴维的演讲后，法拉第带着听演讲时做的笔记拜见了戴维，请求他给自己一份实验室的工作。不久，他被聘用为戴维的助手。1813 年，戴维夫妇去欧洲大陆游历，法拉第作为秘书随行。这次游历持续了 18 个月，法拉第遇见了许多著名的科学家，如安培、伏特等，深深受到了他们的影响。返回伦敦后，法拉第开始了自己的研究工作，他只要听完教授们的演讲，就马上实地实验，并分门别类地做了详细的实验笔记。到 1860 年前后法拉第的研究活动结束时，他的实验笔记已达到 1.6 万多条，他仔细地依次编号，分订成许多卷，这时他过去当装订工时学会的高超技能派上了用场，这些笔记以及其他在装订成书以前或以后的几百条笔记，都已编成书分卷出版，其中最著名的是就是《电学实验研究》。

1821 年，法拉第与令自己一见倾心的沙娜结婚，两人生活得非常幸福。在大约 1830 年以前，法拉第主要是一位化学家，那时他已成为很有成就的专业分析化学和实验顾问，他把自己的丰富经验总结为一本 600 多页的巨著《化学操作》，于 1827 年出版。

受到奥斯特电可以产生磁的启发，法拉第从 1822 年就着手研究把磁转化为电的问题。他先设计了如下实验装置：装置的两端中间以导线连接，并设置一个开关，左端为电源（伏打电池），右端为电流指示器。然后进行实验：接通电源（合上开关），电流指示器指针明显偏转，但很快又恢复到原位。断掉开关，切断电源指针也同样发生偏转，既而复原。实验表明，在"开""关"的时点，指针各发生一次偏转，但都不能保持。法拉第进而用永久磁铁加以验证。1821 年 10 月 17 日，他完成了一

法拉第

他发现了电磁感应现象，使电规模化使用和成为清洁、便宜的动力成为可能。

个具有决定意义的实验：取一圆纸筒，在上面绕 8 匝铜线圈，再接到安培计上。然后将一条形磁铁从线筒一端放入，发现安培计指针偏转，又将磁铁从另一端抽出，指针再次偏转，只是方向相反。这便是发电机的基本原理，今天各种复杂的发电机都是根据这一原理设计制造的。

在总结实验的基础上，法拉第进行了理论分析，他运用的磁力线概念对所谓的"电磁感应"进行解释——感应电流的产生是由导体切割磁力线所致，电流的方向则取决于磁力线被切割的方向。为了便于现实中的操作，法拉第还以左、右手拇指与其他四指的位置特点和依据设定了左手法则和右手法则，至今我们仍在使用。1838 年，法拉第又解释了从负电荷或正电荷发出的电力线的感应特点。

法拉第并不满足于已有的贡献，而是进一步将研究领域扩展到电解的规律。在这一过程中，他发现了两个重要的比例关系：由相同电量产生的不同电解产物间有当量关系，电解产物的数量与所耗电量成正比。这两个规律后来称为法拉第电解定律，在电学工业领域获得广泛应用。

法拉第发现电磁感应定律和电解定律之后，一时名扬四海，但他仍然孜孜以

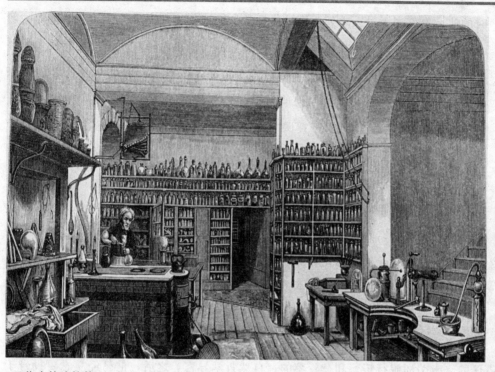

工作中的法拉第

法拉第将他的一生都贡献给了伦敦皇家研究院，正是在这里，他做出了那些举世闻名的重大发现。他曾经建造了一个巨大的钢铁笼子，带着他的实验器材走了进去，而他的助手再给这个笼子导上 10 万伏特的电流，电流产生的火花在笼子周围噼啪作响，但是法拉第知道他自己是安全的，因为电流只是在笼子的外表层。这种导电的安全的装置现在就被称为法拉第笼。

求，在物理学领域默默耕耘。他澄清了各种关于电的说法，发现贮存电的方法，继而发现法拉第效应。

法拉第发现的电磁感应原理，连同他的其他贡献共同构成了发电机、电动机发明的基础，使人类从蒸汽时代疾步跨入电气时代。

达尔文环球考察

达尔文，1809 年生于英国的一个医生家庭，8 岁时，进入教会学校读书。此

时的他，不仅毫无过人之处，而且连日常的诵读都感到困难。他的爱好也与一般儿童不同，他喜欢收集邮票、画片、矿石、钱币等东西，对动植物也有很大的兴趣。9岁时，他进入一所文法学校读书，学习成绩平平，但更专注于以前的兴趣，以至于老师甚至父母都认为他只是一个平庸的孩子。16岁时，他被父亲送到爱丁堡大学学医，但他对于授课内容没有什么兴趣，在两年后转往剑桥大学学习神学，父亲希望他将来成为一个"尊贵的牧师"。可是，达尔文偏偏对生物感兴趣。有一次，达尔文在老树皮中发现了两只奇特的甲虫，他左右手各抓住一只，兴奋地观看起来。突然，树皮里又跳出一只甲虫，达尔文措手不及，就把一只甲虫放在嘴里，伸手又抓到了第三只。哪知嘴里的那只甲虫突然吐出一股辛辣的汁液，把他的舌头蜇得又麻又痛，他这才把口中的虫子吐了出来。后来，人们为了纪念他首先发现的这种甲虫，就把它命名为"达尔文"。

在剑桥的三年里，达尔文与地质学教授塞奇威克和植物学教授亨斯罗结识，更加喜欢上了对自然界的观察和研究，而对神学的学习却没什么进展。当读了洪堡的《南美洲旅行记》和赫胥黎的《自然哲学导言》之后，他已经立志要投身于自然科学研究了。

1831年达尔文大学毕业，经亨斯罗的推荐，以博物学家的身份参加了英国政府组织的"贝尔格"号军舰的环球考察，开始了漫长而又艰苦的环球考察活动。达尔文每到一地总要进行认真的考察研究，采访当地的居民，采集矿物和动植物标本，挖掘生物化石，收集没有记载的新物种，积累了大量资料。

"贝尔格"号到达巴西后，达尔文攀登安第斯山进行科学考察。当爬到海拔4000多米的高度时，他意外地在山顶上发现了贝壳化石。达尔文非常吃惊："海底的贝壳怎么会跑到高山上了呢?"经过反复思索，他终于明白了地壳升降的道理。

·达尔文的斗犬·

《物种起源》出版后，很多科学家都站在达尔文一边为他摇旗呐喊，其中赫胥黎是最积极的一个，他自称"达尔文的斗犬"，随时准备攻击任何反对进化论的人。赫胥黎是第一个提出人是由猿进化而来的人，一次在和英国教会的辩论中，一个教士不怀好意地问他："请问赫胥黎先生，到底你爷爷那边是猴子呢，

"贝尔格"号的航行

还是你奶奶那边是猴子?"台下支持神创论的人顿时拍手叫好,他们以为赫胥黎这下总该无话可说了。但赫胥黎却强忍着怒气回答道:"我从来都不为自己是猴子进化来的而感到羞耻。相反,那种以无知为光荣的人才是最可耻的!"那个教士顿时哑口无言,赫胥黎赢得了辩论的胜利。在赫胥黎等人的推动下,进化论传遍了世界各地,逐渐成为生物学的一个重要分支。

达尔文还敏锐地觉察到了物种在不同地区的变化状况,逐渐对《圣经》中关于人类起源的说法产生了怀疑,并萌发了生物进化论的思想。

这次环球考察在1836年10月结束。结束了旅行,达尔文忙于整理带回来的标本和笔记资料,不经意间,他接触到了马尔萨斯的《人口论》一书。书中提到人口的增长速度要远远快于粮食的增加速度,只有依靠瘟疫和战争等灾难性因素抑制人口过快增长,才能缓解人口与粮食之间的矛盾。这其实言明了种内竞争的必要性,为达尔文进化论思想形成提供了依据。

达尔文在"贝尔格"环球考察的基础上,又受到马尔萨斯人口论的影响,经过大量的科学推理和综合分析,关于生物进化思想逐渐成熟起来。终于在1859年发表《物种起源》一书,在学术界引起轩然大波。

达尔文的进化论思想可以概括为以下几个方面。首先是遗传和变异。他指出，遗传和变异普遍存在于各物种当中，进而推动各种生物进化或灭绝。而遗传和变异也相互作用，有的变异遗传给后代个体，而有的变异就不能，分别称为一定变异和不定变异。关于变异的诱因，达尔文认为是生存环境的变迁，器官的使用程度等。

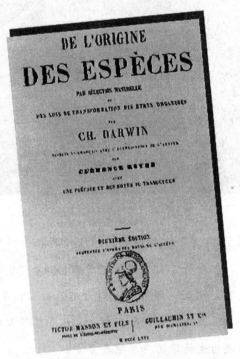

《物种起源》书影

其次是自然选择，即所谓物竞天择，适者生存。其实，"自然选择"概念是受了种畜场"人工选择"的影响而提出的，即人工选择是根据人的需要，而自然选择就是根据自然的需要。达尔文通过观察发现大多数生物繁殖过剩，而这些新生个体在残酷的生存竞争中，只能接受自然条件的选择，适者生存。

再次是性状分歧、种形成、绝灭和系统树生产。生活实践告诉人们，各种动植物可以从一个共同的原始祖先，经过人工选择，从而形成众多性状各异的品种。

在自然界中，这个道理依然适用，一个物种会由于生存条件的差异，形成许多变种、亚种和种。时间久了，同一物种内的亲缘关系，会像一株枝杈众多的大树，即称为系统树。

《物种起源》一书近乎完美地表述了达尔文的进化论思想，对日后的生物学发展具有重要意义，达尔文也因此享誉世界。剑桥大学授予他"法学博士"的称号，并为此举行了隆重的会议。1878 年，他被选为法国科学院植物学部通讯院士，同年又被选为柏林科学院的通讯院士。

1882 年 4 月 19 日，达尔文在家中去世，享年 73 岁。送葬时，著名科学家胡克、赫胥黎、华莱士，皇家学会主席拉卜克等人亲扶灵柩。他被安葬在威斯敏斯特大教堂，与牛顿等名人长眠在了一起。

巴斯德发现病菌

路易·巴斯德，1822 年出生在法国的多尔，是近代著名的化学家和微生物学的奠基人。巴斯德家境贫困，靠半工半读于 21 岁考入巴黎高等师范学院，专攻化学。早期一直致力于晶体结构方面的研究，并取得相当的成就。1854 年以后，巴斯德逐步转入微生物学领域。

人们很早就在日常生活中，发现做好的饭菜和奶制品等放久会变酸的现象，但不知到底是什么原因使其发生这样的变化。巴斯德于 19 世纪 50 年代投入这一问题的研究，他以牛奶为实验对象，准备一份鲜奶和一份变酸的奶，然后分别从中取出少量放到显微镜下观察，结果在两个样本中发现同一种微小的生物，即我们今天所谓的乳酸菌。区别仅在于所含细菌数目不同，鲜奶中的乳酸菌数量明显少于酸牛奶。接着，巴斯德又对新酿造的酒和放置一段时间已变酸的酒进行类似的实验，在两种酒中也发现同样的生物——酵母菌，而且前者所含细菌少于后者。他经过进一步分析、研究，最终确认无论是牛奶还是酒变酸都是因为细菌数量的增加和活动的加强所致。巴斯德把这类极小的生物称为"微生物"。并且以乳酸菌和酵母菌作为它们的代表，对其生活习性、营养状况、繁殖特征等方面进行了深入分析。1857 年，巴斯德关于微生物的第一个成果《关于乳酸多酵的论文》正式发表。此文标志着一个新的生物学分支——微生物学诞生。

微生物学自诞生之日起，就立足于为生产实践服务。1863 年，巴斯德发明

正在做实验的巴斯德

巴斯德是法国著名的化学家和生物学家，他通过多次
实验发现了物质变酸的原因，为后来在医学上确立热
消毒法奠定了基础。

防止葡萄酒变酸的高温密闭灭菌法，后来称之为"巴斯德灭菌法"。在研究解决
丝蚕病的过程当中，他对致病菌有了进一步认识，从而在 19 世纪 60 年代末提出
了病菌学理论，这引起了一些临床医学家的注意。当时的许多外科手术过程非常
顺利，就是术后病人死亡率居高不下。英国名医李斯特意识到这可能与创口感染
病菌有关，遂用巴斯德灭菌法对手术器械和场所消毒灭菌，此举使其术后病人死
亡率从 45％骤降至 15％。

进入 19 世纪 70 年代以后，达内恩医师受巴斯德灭菌法的启发，发明了碘酒
消毒法，后来美国的霍尔斯特德和英国的亨特又开医学戴消毒手套和口罩的先
河，这些灭菌法和防菌法至今仍在外科手术领域广泛应用。

巴斯德在开创微生物学之后，更大贡献在于免疫学方面的研究。病菌侵入人
体就会使人产生抗体，那么要是让失去毒性的病菌进入人体，使之产生抗体以杀
灭后来侵入的有毒病菌，不就可以达到免疫效果吗？

巴斯德在实验室工作

巴斯德是个技术精湛的实验者，有着强烈的求知解难之心而又善于观察，他全心献身于科学和将科学应用于医学、农业和工业的事业上。

·巴斯德战胜鸡霍乱·

　　鸡霍乱一直是困扰鸡农的一个大难题，巴斯德作为细菌专家，义不容辞地担负起克服这个难题的重任。他将霍乱菌注射到鸡体内，然后又将霍乱菌取出来，再注射到别的鸡体内，想通过这种方法减弱霍乱菌的毒性，最后让鸡产生免疫力，从而预防鸡霍乱。但是不管做了多少次实验，鸡还是一批批地死去。后来，他无意中发现了一瓶被遗忘的鸡霍乱培养液，将其注射到鸡体内后，鸡竟然产生了免疫力。原来霍乱菌放置越久，毒性就越小，巴斯德就这样找到了战胜鸡霍乱的方法，从而给全世界的鸡带来了福音。

　　路易·巴斯德在这方面进行大量探索，其中最值得一提的是其培育的狂犬病疫苗。1880 年，巴斯德收集了一名狂犬病患者的唾液，将其兑水后注射到一只健康的兔子身上。一天以后，兔子死去，他再把这只兔子的唾液接种给另外一只健康兔，它也很快死去。巴斯德在显微镜下观察死兔的体液，发现一种新的微生物，进而用营养液加以培养，再将菌液注射到兔和其他动物体内，毒性再次发

作。他在观察这些染病动物的体液时发现了与培养液中相同的微生物，巴斯德初步确认是这种病菌（其实是病毒）导致狂犬病，于是对这类病菌用低温（0～12℃）的方法减毒，后又用干燥的方法再次加以减毒。过了一段时间后，经实验发现其毒性已不能使动物致病，可以用来免疫。1885 年 6 月，巴斯德第一次使用减毒疫苗治愈了一名患狂犬病的男孩。从此，狂犬疫苗进入实用阶段。

在战胜了狂犬病之后，巴斯德被誉为与死神抗争的英雄。为了表彰其在微生物学领域的杰出贡献，巴黎建立了巴斯德学院，该学院后来为推进微生物学的发展起了重要作用。

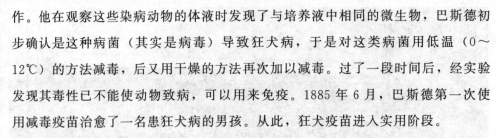

诺贝尔与诺贝尔奖

诺贝尔，全名阿尔弗雷德·伯纳德·诺贝尔，1833 年 10 月 21 日出生在瑞典首都斯德哥尔摩。幼年的诺贝尔家境贫苦，但受作为发明家的父亲的影响，热衷于发明创造。

在诺贝尔 9 岁的那一年，父亲带他去了俄国，并为其聘请了家庭教师，教授小诺贝尔数、理、化方面的基础知识，为他打下了基础。同时，诺贝尔在学习之余在父亲开的工厂里帮忙，这使他的动手能力进一步增强，并具备了生产和管理方面的知识和经验。

当时由于工业革命的开展和深入，刺激了能源、铁路等基础工业部门发展。为了提高挖掘铁、煤、土石的速度，工人频繁地使用炸药，但当时的炸药无论是威力，还是安全性能都不尽人意。意大利人索布雷罗于 1846 年合成了威力较大的硝化甘油的威力，可惜安全性太差。那时又盛传法国人也在研制性能优良的炸药，这一切促使诺贝尔的注意力转移到炸药上来。

1859 年，在家庭教师西宁那里，诺贝尔第一次见识了硝化甘油，西宁把少许硝化甘油倒在铁砧上，再用铁锤一敲便诱发强烈的爆炸。诺贝尔对硝化甘油做了进一步分析，发现无论是高温加热还是重力冲击均可以导致其爆炸，他开始为寻求一种安全的引爆装置而努力。经过无数次实验，最后他发现若是把水银溶于浓硝酸中，再加入一定量的酒精，便可生成雷酸汞，这种物质的爆炸力和敏感度都很大，可以作为引爆硝化甘油的物质。

诺贝尔

他发明的安全炸药为人们在生产领域提供了很大
的方便。但它的另一个副作用就是促进了战争的
升级。

　　用雷酸汞制成的引爆装置装到硝化甘油的炸药实体上，诺贝尔亲自点燃导火
索，只听"轰！"的一声巨响，实验室的各种器物到处乱飞，他本人已被炸得血
肉模糊。从废墟中爬出来他用尽最后一点气力说："我成功了。"然后就昏死过
去。科学的进程是如此悲壮！不管怎样，雷酸汞雷管发明成功，他在 1864 年申
请了这项专利。很快，诺贝尔的发明传播开来，用于开矿、筑路等工程项目中，
大大减轻了工人们的挖掘强度，工程进度也快了许多。但世界各地的爆炸事故层
出不穷，有些国家的政府为此甚至禁止制造、运输和贮藏硝化甘油，这给诺贝尔
的事业带来极大的困难。经过慎重考虑，诺贝尔决定赴美国加利福尼亚就地生产

硝化甘油，并研制安全炸药。在试验中，他分析了一些物质的性质，认为用多孔蓬松的物质吸收硝化甘油，可以降低危险性，最后设定 25％ 的硅藻土吸收 75％ 的硝化甘油就可形成安全性很高的猛炸药。

威力强劲、使用安全的炸药的出现，使黑色火药逐步退出了历史舞台，堪称炸药史上的里程碑。诺贝尔在随后的几年里，又发明了威力更大、更安全的新型炸药——炸胶。1887 年，燃烧充分，极少烟雾线磴的无烟炸药在诺贝尔实验室诞生了。

循着威力更大、更安全和更符合人的需要的原则，诺贝尔为人类的进步做出了杰出的贡献，受到后人的尊敬。

1896 年 12 月 10 日，伟大的科学家诺贝尔去世。遵照其遗嘱，他的大部分遗产（约 900 万美元）作为设立诺贝尔奖金的基金，每年提取基金的利息，重奖为人类进步事业做出重大贡献的后人。诺贝尔在他的遗嘱中明确，获奖的唯一标准是其实际成就，而不得有任何国籍、民族、肤色、信仰等方面的歧视；奖金每年颁发一次，授予前一年中在物理学、化学、医学等 3 个领域里"对人类作出最大贡献的人"。该奖于 1901 年 12 月 10 日，即诺贝尔逝世 5 周年纪念日首次颁发，至今已有超过 500 人获此殊荣。后来还增加了文学、和平等奖项。诺贝尔临终设立此奖，是其对人类科学文化事业的进步的又一重大贡献，永远值得后人景仰。

"发明大王"爱迪生

爱迪生一生只接受过 3 个月的正规教育，他成功的秘诀就是勤奋和恒心。他为了发明电灯，先后试验了 6000 种纤维材料，找到了碳化竹丝做耐热材料，最后发展到钨丝灯，前后用了近 20 年的时间。

这位发明大王是人类最伟大的发明家之一，一个人有 1000 多项发明在人类历史上实属罕见。

爱迪生，1847 年 2 月 11 日出生在美国俄亥俄州的米兰镇，在家中是最小的孩子。父亲是木匠，母亲是教师，家境很差。

爱迪生在小学当了 3 个月的笨孩子之后，就被母亲带回家，开始了"半工半读"的生活，即白天跟父亲做木工活，晚上跟母亲学文化。爱迪生聪明勤奋，这样的培养方式一方面使他有一定的知识功底，另一方面还提高了动手能力。爱迪生小小年纪，就在自己家中的地窖里搞起各种小实验。

爱迪生发明的灯泡

19 世纪 70 年代，第二次科技革命已经展开。各种发明创造层出不穷，但如何记录人类的声音呢？最后爱迪生解决了这个问题——留声机。启发爱迪生发明留声机的灵感源于他发明碳粒电话受话器的实验过程。在实验中，他偶尔发现随着人说话声的高低错落，接触在膜片上的金属针也跟着有规则地振颤。这时他突然想到把这一过程倒过来，就可以复制声音。于是爱迪生把锡箔纸卷在带螺纹的圆筒上，圆筒下有一层薄铁皮，铁皮中央装上一根短针。当他用钢针滑动锡箔纸，果然就发出了声音。爱迪生按这一原理设计制造了世界第一台"会说话的机器"，后来人们称之为留声机。

科学家是不容易满足的，爱迪生更是如此。就在留声机在博览会展出时，他又开始对另一问题着迷：用电照明。

虽说当时已出现了电弧灯，但它需要 2000 块伏打电池做电源，而且光线灼眼，照明时间也很短，不适于日常使用。于是，爱迪生开始了新一轮的攻坚战，他几乎把家搬到实验室，吃饭、睡觉都在那里。最后，他把注意力锁定在灯丝上。他先后试着将硼、钉、铬等金属和碳化的棉线做灯丝，由于氧化作用，这些灯丝均被烧断。爱迪生又实验了数千种材料做灯丝都归于失败。最后，他发现抽净灯泡中的空气以后，再用碳化竹丝做灯丝，可以维持 40 个小时。爱迪生终于在 1879 年 10 月 21 日发明家用电灯，电灯取代了煤气灯为广大民众所接受。

爱迪生

爱迪生是世界历史上最有成就和最伟大的发明家。他的 1000 多项发明几乎每一项都与人们的日常生活息息相关。他的发明彻底改变了人们的生活方式。今天，几乎在我们日常生活中所用的每一种电器都有爱迪生的影子。

爱迪生发明电灯以后，一时声名鹊起，成了公众人物。他却不为所动，又开始考虑如何利用人的视觉暂留现象设计一种可以迅速连续拍照的摄影机，然后把这些照片依次迅速地展现在人的面前，给人的感觉就好像是在看运动的景物或物体。在这一思路指导下，爱迪生又利用他人发明的感光软片，很快制成了摄影机。之后，他又制成了可以连续播放胶片的放映机。至此，爱迪生又完成了他的另一发明"留影机"，电影也随之产生。

爱迪生一生的发明成果极其丰富，除了留声机、电灯、留影机之外，还有1000 多项专利。爱迪生经过艰苦卓绝的努力，在发明领域做出巨大成就，为人类进步事业做出巨大贡献。

1929 年 10 月 21 日，在电灯发明 50 周年的时候，人们为爱迪生举行了盛大的庆祝会，德国的爱因斯坦和法国的居里夫人等著名科学家纷纷向他表示祝贺。1931 年 10 月 18 日，爱迪生因病逝世，享年 84 岁，就在他辞世之前，他还完成了苦心研究的人造橡皮。

·门捷列夫·

元素周期律的发现者门捷列夫（1834～1907 年）是俄国化学家、教育家。1855 年毕业于圣彼得堡中央师范学院，1859～1861 年被送往德国深造，回国后任彼得堡工业学院和彼得堡大学教授。1869 年，他发现了后来成为自然科学基本定律的化学元素周期律，并据此预见了 12 种尚未发现的元素。1868～1870 年，他写成《化学原理》一书，最先用周期律的观点系统地阐明了无机化学的基本原理。

五一国际劳动节

每年 5 月 1 日，全世界的劳动者都要纪念他们自己的节日——五一国际劳动节。

19 世纪 80 年代，欧美各资本主义国家经济高速发展，随之而来的是资本家的残酷剥削。在美国，工人们每天要工作 14～16 个小时，有的甚至达到 18 个小时。工人们在长时间、高强度的劳动下，仍然无法达到温饱水平。忍无可忍的工人们联合起来，同资本家展开了坚决的斗争。工人们提出缩短劳动时间，改善工作环境的合理要求，并希望政府能够以立法的形式明确 8 小时工作制。但他们的合理要求遭到了政府的蛮横拒绝。当时的美国总统说："我不认为 8 小时工作制符合宪法，世界上没有一种力量能使我做出违反宪法的事。"

早期的矿山工作环境极其恶劣，许多工人在高强度的劳动之下，很早就死去。

　　工人们被激怒了。1886 年 5 月 1 日，芝加哥、纽约、波士顿、费城等城市的工人举行大罢工，纷纷走上街头抗议，大约有 35 万人参加了罢工示威活动。工人们举着红旗，高唱着《8 小时的歌》：我们要把世界改变，我们厌倦了无休止的劳动，只能得到糊口的工资，没有时间让我们思考。我们要晒太阳，我们要闻花香。我们相信上帝也允许 8 小时工作制，我们从车间、农场和船坞，召集我们的队伍，争取 8 小时工作、8 小时休息、8 小时归我们自己。

　　"8 小时工作、8 小时休息、8 小时归我们自己"成了当时一句响亮的口号，工人们抽着"8 小时牌香烟"，购买"8 小时牌皮鞋"。这句口号从美国传到了全世界，得到了世界人民的广泛支持。

　　5 月 3 日，芝加哥麦考米克收割机厂的资本家雇佣了 300 多名替工者准备进入工厂工作，与守在门口的 1400 名打工者发生了激烈冲突。警察在没有发出任何警告的情况下悍然对工人开枪射击，打死了 4 名工人，多人受伤。

　　当天晚上，3000 多名工人聚集在芝加哥市的广场上举行大规模的示威，抗议警察的暴行，哀悼死难的工人兄弟。正在这时，一队全副武装的警察冲进会场，用武力驱赶工人，工人们奋起抗争，会场秩序一片混乱。就在这时，一个别有用心的人向人群中仍了一枚炸弹，炸死了 1 名警察、4 名工人，另外有多人受伤。警察立即向群众开枪，打死打伤了 200 多名群众，并逮捕了很多工人。

　　在没有任何证据的情况下，芝加哥法院起诉 8 名工人领袖，判处 7 人死刑，

1人15年徒刑。工人领袖斯庇斯在法庭上慷慨陈词："如果你们以为绞死了我们就可以扑灭工人运动，就可以平息那些在贫困和悲惨的劳动中千百万工人心中的怒火的话，那就绞死我们吧！你们可以扑灭一个火花，但在你们四周，会燃起更多的火花，这是来自地底的烈火，你们是无法将它们扑灭的！"

19世纪后半叶美国南北战争结束，经济上得到迅速发展，图为大西洋城海滨的热闹景象，然而这样的繁荣却是建立在对工人阶级的剥削的基础上。

美国的很多知名人士和欧洲各国的很多要人都纷纷给伊利诺伊州州长写信和打电报。德国著名的工人运动领袖威廉·李卜克内西和马克思的女婿爱德华·爱威林都亲自到狱中探望被关押的工人领袖。世界各国的工人纷纷举行集会，向美国提出强烈抗议。在巨大的压力面前，州长被迫只判处其中4人死刑。

到了行刑的那天，工人领袖费希尔平静地说："今天你们让我们窒息，让我们的声音消失，但我们在坟墓中的沉默将会使更加雄辩的时刻即将到来。"几十万芝加哥工人参加了他们的隆重葬礼，他们高唱《马赛曲》，很多人留下了热泪。

这次事件之后，美国有十几万工人争取到了8小时工作制，其他工人的工作时间也大大缩短了。很多资本家被迫宣布星期天放假。

1889年7月14日，在巴黎召开的世界各国社会主义者代表大会上，有的代表提出要把1886年5月1日定为斗争日，号召全世界的工人们在每年的5月1日都要举行大规模的示威游行，要求政府实行8小时工作制。

1890年，在巴黎召开的第二国际成立大会上，通过了一项决议，规定从今以后每年5月1日各国工人都要举行示威游行活动。五一国际劳动节从此诞生，成为全世界劳动者的光辉节日。

三国同盟

进入19世纪后期，第二次工业革命开始兴起，科学技术突飞猛进，社会生产力得到了极大的提高，人类进入了电气时代。欧洲各国的工业和经济再次跨上了一个台阶，逐渐形成了垄断资本主义，各国开始向帝国主义过渡。但它们之间的发展是不平衡的，英、法等老牌资本主义国家发展速度较慢，而新兴的美国、德国发展速度很快，成为世界排名第一、第二的资本主义工业大国。由于帝国主义国家之间的发展不平衡，它们之间的矛盾也在加剧。各国为了自己的利益，纷纷寻找对策。

普法战争后，为了防止法国东山再起，德国首相俾斯麦勒索了法国50亿法郎的巨额赔款，并且强行割走了矿藏丰富的阿尔萨斯和洛林地区，企图让法国"流尽血"。德国凭借着这些资源和资金，迅速跃升为世界第二工业大国。但出乎俾斯麦意料的是，法国人卧薪尝胆，奋发图强，不仅没有一蹶不振，反而恢复了元气。法国人为了报仇雪耻，在不断扩充军备的同时，还四处寻找盟友，共同对付德国。

面对法国咄咄逼人的复仇计划，惊恐万分的德国人没有坐以待毙，俾斯麦也

结成同盟的三国君主画像

开始四处拉拢盟友，对抗法国。

恰好这时，奥匈帝国和俄国在巴尔干问题上发生了争吵。原来两国都对巴尔干半岛上的波斯尼亚和黑塞哥维纳地区垂涎三尺，俄国凭借着强大的实力，四处宣扬"大斯拉夫主义"（波斯尼亚和黑塞哥维纳的居民和俄罗斯人同属斯拉夫人），企图把奥匈帝国的势力排挤出去，独占巴尔干半岛。德国不愿意看到俄国过于强大，害怕它威胁德国，再加上德国和奥匈帝国同属日耳曼民族，所以德国在巴尔干问题上支持奥匈帝国。两国联手，开始排挤俄国的势力，使俄国吞并波斯尼亚和黑塞哥维纳的计划落空。为此，俄国对德国怀恨在心。

1879 年 8～10 月，德国首相俾斯麦与奥匈帝国的外交大臣安德拉西在维也纳秘密会谈，缔结秘密军事反俄条约——《德奥同盟条约》。这个条约的主要内容是如果德、奥两国中一国遭到俄国的进攻，那么另一国应以全部的军事力量进行帮助；如果其中一国遭到另一个国家（暗指法国）的进攻，那么另一缔约国应对其盟国采取中立。但如果进攻的国家得到俄国的支持，那么两国应动用全部的军事力量联合作战。如果遭到法国和俄国的联合攻击，那么双方则要共同作战。由此，德国和奥匈帝国正式结盟。

德国战争机器的开动，直接依靠着这个国家在19世纪飞速发展的工业。

　　和奥匈帝国结盟后，俾斯麦还不放心，他总觉得力量还有些单薄，于是又把目光投向了意大利。意大利自从1870年统一后，资本主义得到了迅速发展，国家的实力迅速增强。为了扩大自己国家的产品销售市场，意大利急于开拓海外殖民地，首先看上了和自己一海之隔的北非明珠突尼斯。但法国人也想占领突尼斯，两国争执不下。狡猾的俾斯麦看准了这一点，找上了意大利，表示在突尼斯问题上德国支持意大利。但紧接着他又找到法国，暗示德国不反对法国人占领突尼斯。法国人喜出望外，于1881年出兵占领了突尼斯。当时在突尼斯有很多家意大利企业和两万意大利侨民，意大利政府早已经把突尼斯当成了嘴中的肥肉，不料却被法国人占领了。可是法国的实力比意大利强大，单凭自己的力量，意大利讨不到什么便宜。这时俾斯麦伸出了橄榄枝，极力拉拢意大利。为了报复法国，丧失了地中海优势的意大利同德国的关系开始密切起来。

　　但意大利和奥匈帝国有领土争端，两国素来不和。在德国的调解下，两国终于坐到了一张谈判桌上。1882年5月，德国、奥匈帝国和意大利三国在维也纳签订了同盟条约。条约规定，如果意大利遭到了法国的攻击，那么德国和奥匈帝国应以全部的军事力量援助；如果德国遭到了法国的进攻，那么意大利也应以全部的军事力量进行援助。如果缔约国中的一国或两国遭到了两个或两个以上的国家（暗指法国和俄国）的进攻，那么三国要动用全部的军事力量协同作战。但意大利还有一个附加条件：如果英国进攻德国或意大利，意大利则不予援助。就这样，三国同盟正式形成。

印度国大党

　　印度国大党全称为印度国民大会党，是印度第一个全国性的和最大的民族主义政党。

　　1885年12月28日，国大党的成立大会在孟买举行。出席大会的大多是民族资产阶级的上层分子、资产阶级知识分子的富裕阶层和农村地主，也有英属印度各省的代表，当然更少不了英籍印度文官休谟，休谟是国大党的创办者之一。

　　在国大党的开幕式上，大会主席伍梅士·钱德拉·彭纳吉致开幕词，他以极为虔诚的语气说："英国对印度造福无穷，全国都为此对英国表示感激。英国给了我们秩序，给予我们铁路，而最重要的是给了我们欧洲教育的无价之宝……"彭纳吉还提出了国大党在当前的任务：增进各地民族主义人士的友谊和团结，收集受过教育的印度人对重要而迫切的社会政治问题的意见，等等。

　　倾听的人们群起响应，他们都同意这一与英国保持友好的论调，这也正是休谟成立国大党的目的，他想使国大党成为英国殖民者在印度的统治工具。因为印度远离英国本土，如果能有一个效忠于英政府的政党来统治印度，对英国而言极为方便。

　　成立大会上，各阶层的代表都上台发了言，也无非是一些如何如何感谢大英帝国的话。当然，国大党也有自己的奋斗目标，只不过他们的目标不是独立，而

1876～1878 年西印度饥荒中的饥民。在英国殖民者的残酷压榨下，数百万印度人丧失生命。

是获得参政权。

第一届国大党大会通过了 9 项决议，内容包括成立英国皇家调查委员会，调查印度的行政工作，委员会中应有足够的印度代表，扩大地方和最高立法委员会，削减军费等等。

初建的国大党只是一个温和的改良主义政党。1890 年，国大党主席罗梅希·杜德曾在一次讲话中说："印度人民不喜欢突然的变化和革命。"从建党之初起，国大党的活动即被限制了，只能是在报刊上宣传鼓动一下争取民族平等权的言论，向英国议会呈递请愿书或是召开例行年会等。早期的国大党的主要活动家有达达拜·瑙罗吉、苏伦德罗纳特·班纳吉、戈巴尔·克里希纳·郭克雷、马塔瓦·戈温德·伦纳德等。休谟作为第一任秘书长，在国大党内工作了 22 年。

在国大党成立后的 20 年间，它所坚持的始终是第一次大会上通过的那些要求，它虽然揭露了不少殖民统治的弊端，但却宣称会效忠于英帝国。

国大党成立不久，一批出身于小资产阶级、富农或是小地主家庭的激进主义者参加进来。这些激进主义者认为英国的殖民奴役是印度落后的根源，斥责国大

英国殖民下的印度人

党的领导人对英国采取的妥协政策，主张和英国殖民者做坚决斗争。这些小资产阶级刚一进入国大党便把自己与那些妥协主义者划清界线，称自己为过激派或极端派。

过激派以巴尔·甘格达尔·提拉克为代表人物，提拉克曾公开向印度人民发表群情激昂的讲话，认为"没有一个帝国由于统治者对被统治者自由地给些让步而衰亡"，"自治就是自己统治，要把全部管理权拿在自己手里"，所以，提拉克除获得了小资产阶级各阶层的热烈拥护外，也获得了广大印度平民的支持。到19世纪末20世纪初，提拉克已经成为印度资产阶级民族运动的代表人物。

·泰戈尔·

罗宾德拉纳特·泰戈尔（1861～1941年），印度著名诗人、文学家、作家、艺术家、社会活动家、哲学家和印度民族主义者，生于加尔各答市一个有深厚文化教养的家庭，属于婆罗门种姓。1913年他凭借宗教抒情诗《吉檀迦利》获得诺贝尔文学奖，是首位获得诺贝尔文学奖的印度人（也是首个亚洲人）。他与黎巴嫩诗人纪伯伦齐名，并称为"站在东西方文化桥梁的两位巨人"。泰戈尔是向西方介绍印度文化和把西方文化介绍到印度的很有影响的人物。

由于有了过激派的加入，国大党与人民群众的距离开始越缩越短，越来越表现出反对殖民制度的立场。看到国大党的这一转变，英国政府开始变得惊慌起来，攻击国大党"背信弃义"，甚至对国大党成员进行迫害。其实，就算是没有国大党内的过激派，英国殖民者还是不能容忍国大党的存在，因为它毕竟不断地对英殖民主义提出过批评和正当要求。

不管怎么说，在印度国大党的坚持下，英国政府还是做出了一些让步，通过了扩大立法会议的法令，对印度立法委员会的组成、权力和职能重新做出规定，等等。1892年，瑙罗吉参加议会竞选成功，进入了英国下院。

随着形势的发展，国大党也不得不改变路线，提出较为深刻的变革方案，这时候，国大党的领导权便真正地落入到激进派的手中。

祖鲁战争

1652年，荷兰人开始入侵南非，在开普敦建立移民定居点，并以此为中心，逐步向外扩大殖民地。随着欧洲列强的入侵，18世纪末，南非原始社会渐渐瓦解，部落联盟兴起。祖鲁人作为南非土著居民的一支，在恰卞的率领下，把3000多个分散部落统一起来，建立了祖鲁王国。祖鲁人与殖民者之间的矛盾加剧，殖民者之间也相互争斗，英国人两次将荷兰后裔布尔人赶出开普敦，占据了整个南非。布尔人被迫逃亡，对于祖鲁人来讲，却是布尔人的一次掠夺性入侵。

布尔人所到之处，不仅祖鲁的土地被抢占，人们还成为布尔人的奴隶。祖鲁人反抗的吼声愈来愈强烈，1838年2月，祖鲁国王于干为惩治布尔人野蛮残酷的行径，下令四处搜寻并袭击逮捕布尔人，处死300余人。

布尔人立即请英国殖民军援助，两支其他地方的布尔人队伍也赶来支援。愤怒而英勇的祖鲁人各个击破。援兵遭到重创，势力大为削弱，四散逃窜。

被赶跑的布尔人残部不甘心就此罢手，遂重新聚集。1838年11月20日，布

尔人组织一支 500 人、57 辆牛车和 2 门火炮组成的军队，在比勒陀利乌斯的带领下对祖鲁人宣战。

在南部非洲的祖鲁战争中，进攻的英军用军刀开路，刺穿祖鲁士兵。

当时，祖鲁人的武器装备还很落后，主要是以矛和盾为兵器，战斗队形以传统的密集方阵、两翼迂回敌人后方围击为战术。他们擅长白刃格斗，在几次的失败中，布尔人比勒陀利乌斯就深有感受。于是他把队伍布置在恩康姆河平阔的河套上，57 辆牛车组成一个环形的车阵，枪炮手位于阵内，牛车的防御使敌人的长矛很难刺入。

凌晨时分，排着密集队形，手持长矛、盾牌的祖鲁人向布尔人发起进攻。握有先进的火枪、火炮等武器的布尔人向人群射击，祖鲁人大片大片地倒下。祖鲁人并未被吓倒，他们一次次冲锋，一次次被猛烈的火力击退。于干下令两翼迂回从背后袭击，但环形的牛车阵使他们无法与敌人短兵相接，在敌人的枪炮下纷纷倒地。祖鲁人伤亡达 3000 余人，损失惨重，鲜血染红了恩康姆河。悲壮而英勇的祖鲁人终因武器的落后不得不撤退，随后遭受连连失败。

1839 年 1 月，于干被迫议和。在布尔人的离间下，于干的弟弟姆潘达发动政变，成为祖鲁国王，他把除纳塔尔最北部外的土地全部让给布尔人。

1843 年，英殖民者吞并了布尔人从祖鲁人手中夺过的土地。

祖鲁人民强烈要求国家的独立和民族尊严。姆潘达之子克特奇瓦约经过政变登上王位，立志改变现状。他首先改变军队的武器装备，利用各种途径购买枪支弹药，并聘请英国专家帮助训练军队，建立骑兵和炮兵。不久，一支强大的、装备可与殖民军抗衡的军队建立起来。

祖鲁国军备的强大，使英殖民者惊恐不安，他们立即要求祖鲁国王解散军队。强硬的克特奇瓦约断然拒绝这一无理要求。英殖民者于 1879 年 1 月 11 日开始对祖鲁国发起进攻，1.3 万余殖民军在切尔姆福德勋爵的率领下渡过图格拉河，逼进祖鲁王国。

1 月 22 日，克特奇瓦约率领部队在夜色的掩护下，包围了驻守在伊桑德尔瓦纳山的殖民军。祖鲁人冲进敌营，展开肉搏战。英军因准备不足，人数处于劣势而溃败，祖鲁人趁势收复大片土地。失利的英军调集 2 万人和大量枪炮支援，7 月 4 日在乌隆迪附近与祖鲁人展开决战。这是一片开阔而平坦的战场，殖民军猛烈的炮火和弹雨使祖鲁人无法形成冲锋，一批批的士兵在枪林弹雨中倒在血泊里，阵形被炮火轰得七零八落。英军骑兵发动猛攻，祖鲁人招架不住，惨败而退，不久后，祖鲁王国被英军攻占。

祖鲁战争给殖民者以沉重打击，在非洲近代历史上和世界人民反殖民主义斗争中都谱写了光辉的篇章。战争虽然失败，但祖鲁人所呈现出的英勇顽强、前仆后继的大无畏精神赢得全世界人民的赞誉。

姆克瓦瓦的头颅

坦桑尼亚是一个美丽的国家，位于非洲大陆的东南部，由坦噶尼喀和桑给巴尔两部分组成。19 世纪下半叶，特别是 1884 年柏林会议召开之后，欧洲各殖民国家加紧了对非洲的占领，坦噶尼喀则成为德国觊觎的对象。

1884 年底，一支由卡尔·彼得斯率领的德国远征军侵入坦噶尼喀。德军在坦噶尼喀滥杀无辜，甚至连手无寸铁的儿童和妇女都不放过，坦噶尼喀人对这支德国远征军恨之入骨，把彼得斯称为"双手沾满鲜血的人"。彼得斯可不管这些，他根本不把这些弱势的非洲人放在眼里，仍继续在坦噶尼喀为非作歹。

西非多哥兰保护国的德国官员奴役当地土著人

在手拿先进武器的德军面前，坦噶尼喀的酋长们怯懦了，他们与彼得斯签订了12份条约，把15万平方千米的土地拱手让给了德国。彼得斯不由得沾沾自喜，自己没费吹灰之力便骗取了15万平方千米的殖民地，怎么能不让人高兴呢？当然，德皇对彼得斯的这一贡献也给予了奖励。

坦噶尼喀人民没有像其他殖民地的人民那样激烈的抵抗，使德国殖民者的气焰更加嚣张起来，他们在一些港口城市升起了"德国东非公司"的旗帜，把桑给巴尔苏丹的旗帜降了下来。看到桑给巴尔苏丹没什么反应，德殖民当局又派一艘军舰闯进坦噶尼喀的一个港口。

满腔怒火的人民终于被激怒了，他们把德国军舰上的专员们包围起来，想以此迫使德军撤退。事情的发展出乎坦噶尼喀人们的意料，他们没指望苏丹能给予他们帮助，但是他们更没有想到苏丹竟会派军队来镇压他们，以解救德国专员。

·坦桑尼亚·

坦桑尼亚是人类发源地之一，轰动世界的"东非人"头骨就是在这里发现的。1885年，坦桑尼亚的坦噶尼喀被德国划入势力范围之内，1890年，桑给巴

尔又沦为了英国的保护国。1917年，英国凭借第一次世界大战的机会吞并了整个坦桑尼亚，赶走了德国人。第一次世界大战结束后，坦桑尼亚成为英国的委任统治地。第二次世界大战结束后，联合国将坦噶尼喀作为托管地交给英国管理。经过长期的斗争后，坦噶尼喀于1961年12月9日宣布独立，1963年12月10日，桑给巴尔也宣布独立，摆脱了英国的殖民统治。1964年4月26日，两个国家组成联合共和国，6月29日，改名为坦桑尼亚联合共和国。

苏丹出卖国家和民族的行径使坦噶尼喀人们忍无可忍，他们聚集到一起，高呼"把殖民者赶出坦噶尼喀"的口号。

"我们不能再承认出卖国家利益的苏丹的权力了，我们应该推举一位有能力的领导人，带领大家把可恶的德军赶出这块土地。"一位有威望的老者建议道。

"说得对，我们应该选举一位热爱祖国的领导者。"

最后，阿布希里承担起了这一重任，他带领坦噶尼喀人民奋勇抗击德国殖民军。坦噶尼喀人使用的大多是原始的梭镖、木棍等，而德军使用的是先进的现代化武器，两者之间的差距太大了，坦噶尼喀人不断地战败。1885年的一次战争中，阿布希里被俘后英勇就义。

虽然德国殖民军一度打胜，但他们也不断地意识到，坦噶尼喀人民决不会甘愿受他们统治，要想使统治牢固，只能用武力征服。于是，德殖民当局决定以巴加莫港口为据点，在加强沿海地区统治的同时，逐步地向内地推进。

起先，德国殖民者让一部分人扮成"商人"模样混到坦噶尼喀，用一些在欧洲已经非常过时的小东西来换取坦噶尼喀人的牲畜或是象牙等物。不明就里的坦噶尼喀人最初对这些德国"商人"带来的东西非常感兴趣，当揭穿了德国人的真面目后，坦噶尼喀人再也不做这种交易了。德国殖民者看到坦噶尼喀人不再上当，便开始使用武力进行惊夺。

阿布希里死后，坦噶尼喀人又推选姆克瓦瓦为首领，在姆克瓦瓦的领导下，坦噶尼喀高举独立的旗帜，继续同德国殖民者进行着不屈不挠的斗争。

姆克瓦瓦是赫赫族的酋长，他的王国地处坦噶尼喀腹地，为了与德国殖民军针锋相对，姆克瓦瓦在领地设下重重关卡，这使得德国殖民者的利益大大受损。最后，姆克瓦瓦甚至封锁了商道，使"洋商"们无法通过他的领地。

1891年，驻坦噶尼喀的德国专员向姆克瓦瓦下达了最后通牒：姆克瓦瓦必

这是一幅出自东非艺术家之手的绘画，描述了武器装备极其原始的武士与德国军官率领的全副武装的雇佣军人（也是黑人）厮杀的场面。地点在德国保护国坦噶尼喀。

须只身前往巴加莫港，而且要带上一把泥土。

"德国人就是这样让我屈服吗？就算是砍去我的头颅，我也决不会投降的。"姆克瓦瓦气愤地派人给德国专员送去了一支表示斗争到底的箭。

德国专员看以"和平"的方式不能让姆克瓦瓦屈服，便亲自率领德国远征军向赫赫族的王国进犯。

"德军来势汹汹，如果硬拼肯定是不会取得胜利的，所以只能智取。"打定主意，姆克瓦瓦让士兵们隐蔽到德军必经之路上，当德军进入埋伏圈后，他命令士兵们冲上前去，用长矛和弓箭射杀敌人。片刻工夫，德军便损失了 200 多人，不得已，德国专员只能率残部退回巴加莫约。

1894 年，不甘心失败的德军又调集了大批军队进攻姆克瓦瓦的领地。姆克瓦瓦率领士兵奋起抵抗，但最后还是不得不放弃王城卡伦加。姆克瓦瓦率领余部转入丛林作战，开展游击战争，给德军以出其不意地攻击。

1898 年，姆克瓦瓦由于操劳过度身患重病，身边只有很少的随从人员。一天，他养病的地方突然被德殖民军包围了，姆克瓦瓦很快意识到是有人出卖了他。在紧急关头，他首先想到的是：坦噶尼喀人决不能成为德国人的俘虏。于

工业革命带来的变革

是，姆克瓦瓦举枪自杀。面对姆克瓦瓦的尸体，残忍的敌人割下他的头颅，送回柏林去请功——当时德国总督正以 5000 卢比悬赏姆克比比的头颅。

1918 年，在第一次世界大战中战败的德国决定从坦噶尼喀撤军，作为对战败国提出的条件，坦噶尼喀人民要求德国归还姆克瓦瓦的头颅。就这样，姆克瓦瓦的头颅终于回到了祖国。坦噶尼喀人民把姆克瓦瓦的头颅安放在一座为此修建的纪念馆里，并把这座纪念馆起名为"姆克瓦瓦纪念馆"。

马赫迪反英大起义

19 世纪时，非洲成为欧洲列强瓜分殖民地的目标。19 世纪 70 年代，名义上归属奥斯曼帝国的埃及开始受到英国的渗透，1882 年成为英国殖民地。为向非洲内陆实施武力扩张，苏丹成为英国占领埃及后的首选目标。当时，苏丹处在埃及的统治之下，英殖民者以埃及政府驻苏丹官员的名义，在苏丹实施政治控制，加紧对苏丹的经济侵略。苏丹人民受着埃及和英国殖民统治者的双重压迫，民族矛盾日益激化。

1881 年，马赫迪发动了反英起义。他以救世主的名义宣传"建立普遍平等、处处公正的美好社会，要消灭不平等，消灭邪恶势力。宁拼千条命，不纳一文税"。处于社会下层、出身贫寒的人民纷纷响应。

马赫迪宣传抗英的消息传到英殖民者耳中，他们便派军队去镇压，遭到起义军的强烈反抗，在阿巴岛之战中，英军被打死 100 余名士兵。这次胜利使起义军的影响迅速扩大，队伍很快发展到近 5000 人。富有军事才能的马赫迪知道自己部队装备差，没有作战经验，就决定以地势险峻的卡迪尔山为根据地，凭借复杂的地形优势与英军周旋。

1881 年 12 月，苏丹总督派拉希德率领 1500 名士兵尾随起义军至卡迪尔山区，追剿起义军。马赫迪设伏围歼，堵死英军进退的路口，将其全部歼灭。次年 4 月，英军派出第二支围剿部队。马赫迪以逸待劳，趁英军长途疲惫，立足未稳，进行夜间偷袭，再次歼灭 3500 人。

接二连三的反围剿胜利，使马赫迪巩固了卡迪尔根据地，起义军迅速扩大到

描绘马赫迪反英起义的瓷画

3万余人，缴获了大批武器，军事装备大大提高，士兵抗英信心十足。

苏丹人民奋勇反抗殖民入侵

其后马赫迪率领部队走出山区，向苏丹第二大城市乌拜依德发起进攻，一举攻占该城，震惊了全苏丹。国内的反英斗争形势高涨，英统治者感到危机。英殖民调集1.2万余远征军、14门大炮、6挺机枪、500匹战马，在希克斯的率领下向乌拜依德进军。

马赫迪采取坚壁清野的战术，以疲惫敌人、阻滞敌人的前进。在乌拜依德的南面，有片希甘森林，森林中间正好有块空地，马赫迪决定在那里消灭敌人。他把部队分成三路，将主力和重武器都埋伏在希甘森林空地的四周，然后派一路小部队迎击英军，诱敌深入，另一路部队在诱敌途中负责迂回敌人后方，以夺取敌人的辎重。

11月4日，希克斯部队接近乌拜依德地区，他企图对起义军实施突袭，于是命令部队在黑暗的掩护下，连夜隐蔽行军。次日凌晨，希克斯远征军攻至乌拜依德城下，胸有成竹的马赫迪命部队按计划进行。负责诱敌的起义军开始向英军开火，英军迅速组织还击。在英军的猛攻下，起义军溃败，希克斯命部队追击。当英军追至希甘森林空地时，起义军却不见了踪迹。长途跋涉再加上紧张的追赶，使英军疲惫不堪，正要停下喘息，忽然听到四周枪炮齐鸣。希克斯知道中计，但这时他们已被起义军团团围住，以逸待劳的起义军向英军发起猛攻。希克斯在战斗中被打死，全军被歼，与大部队脱节的辎重也被起义军截获。

希甘战役的胜利，促进了苏丹各阶层人民反抗殖民统治运动的发展，起义军实力进一步扩大。1884年3月，起义军包围了苏丹首都喀土穆，并于次年8月26日攻占该城。英国当局紧急调集大批军队镇压，由于起义军内部分化，1890年，英军镇压了起义，马赫迪起义失败。

马赫迪起义虽然失败，但它给予英殖民者以沉重的打击，使苏丹人民觉醒，促进了国内民族民主联合阵线的形成，为非洲人民反抗帝国主义殖民统治提供了丰富的经验。

东学党起义

19世纪70年代，日本用武力强迫朝鲜政府签订条约，使朝鲜沦为日本的半殖民地。为了满足日本殖民者的欲望，朝鲜政府加紧了对人民的剥削。朝鲜政府的这一做法使朝鲜国内民怨四起，人民的处境越来越悲惨。当时，朝鲜民间流传着这样一首诗歌："金樽美酒千人血，玉盘佳肴万姓膏。烛泪落时民泪落，歌声高处怨声高。"这首诗歌在朝鲜各地广为传唱，是社会境况的真实写照。

1893年，朝鲜发生了饥荒，人们流离失所，挣扎在死亡线上。但是，朝鲜的统治阶级丝毫没有减轻对人民的搜刮，甚至变本加厉。在全罗道的古阜郡，农民因被政府征收水税和杂捐过重，派出代表向郡守请愿。郡守非但没有解决这一问题，还对请愿代表施以酷刑。

农民们愤怒了，他们决定举行起义，当起义的首领被抓住处以死刑后，农民更加愤怒了。

表现日本军队侵略朝鲜的版画

1894年是旧历甲午年，这年年初，古阜一带的农民在全琫准的率领下发动了武装起义，因为这次起义的农民大多是东学党的成员，所以这次甲午农民起义也被叫做东学党起义。起义军打开古阜谷仓，把粮食分给农民，夺取兵器库中的武器，并发布了"辅国安民，逐灭倭夷，灭尽权贵"等斗争纲领。

其实，东学党并不是全琫准创立的，而是由崔济愚在1860年创立。创立之初，东学党宣传人人平等的思想，在朝鲜沦为日本的半殖民地后，又向朝鲜人民宣传反帝反封建的思想。1874年，小官吏出身的全琫准加入东学党，并很快成为东学党的首领。

1894年三月底，朝鲜农民军在白山建立了大本营，全琫准向全国人民发表檄文，号召人民拿起武器推翻朝鲜腐朽政府的统治，把日本侵略军赶出朝鲜。

朝鲜人民纷纷响应，很快，起义队伍就发展到七八千人。起义者头缠白布，以古老的竹枪为武器，在自任总大将的全琫准和总管领金开南的率领下冲下白山，给朝鲜政府军和日本侵略军以出其不意地打击。

虽然朝鲜政府对日本侵略军甘愿屈服，但对本国人民的起义可是想尽了办法镇压。然而起义军如破竹之势，政府军哪里镇压得下去？只能是白白殒命而已。起义军每到一处，都开仓放粮，严惩当地贪官污吏，所以越来越多的人加入其中。

在攻占了南方重镇全州后，全琫准制定了攻打汉城（现改称首尔）的计划。

·朝鲜党争·

朝鲜王朝中期，随着官僚阶层的增多，以元老旧臣为首的勋旧派和通过科举考试上台的士林派之间的矛盾日益加剧，两个官僚集团党争不断，严重削弱了朝鲜王朝的实力。不仅这两个派别互相争斗，士林派内部也矛盾重重，先后分裂出大大小小几十个派别，闹得不可开交。整个朝鲜王朝的中后期都是在党争中度过的，即使到了日本侵略时期，党争仍然没有停止。

闻听起义军要攻打汉城，朝鲜国王慌忙召开紧急会议商量对策。

"眼下的情况，我们只能采用缓兵之计，一面假意与起义军谈判，一面去请求清国援助。"一名狡猾的老臣向国王建议。

"也只好这么办了。"于是，国王一面派专员去与全准进行谈判，一面派使臣去中国请求清政府的援助。

全琫准本来不打算与政府和解，但以崔时亨为首的一派坚决反对攻打汉城，而且当时是农忙时节，起义军内大部分的农民归乡心切，在军心动摇的情况下，全琫准只能与政府签订了和约。朝鲜政府表面上接受了起义军平分土地、取消债务的要求，条件是起义军撤出全州。

起义军撤出全州之后，政府请来的清军开进了朝鲜。日本侵略军正找不到进一步占领朝鲜的借口，看到中国军队进驻朝鲜，便也以镇压起义军为由进入朝鲜。

当时，起义军已发展到 10 万人，而且控制了全国 3/5 的土地，如果一鼓作气肯定能横扫朝鲜全境，但是，以崔时亨为首的一派人又反对北上，遭到全琫准的驳斥后，崔时亨竟公开分裂起义军，带领一队人马脱离起义军，使起义军的力量减弱。

19 世纪初的朝鲜高官与侍者

十月，全琫准率领起义军攻打汉城，路过公州时遭到了日军的反击，由于武器装备相差悬殊，起义军损失惨重。为了保存力量，全琫准率领残部后撤，以等待时机继续作战。不料两个月后，由于叛徒出卖，全琫准和其他的起义军领导人被朝鲜政府军和日本侵略军抓获。

1895 年农历三月，全琫准以大逆不道罪被判处死刑。在宣判时，全琫准指着参加审判的日本领事怒斥道："你们是朝鲜人民最大的敌人，虽然你们处死了我，但朝鲜的爱国农民已经团结到一起，他们会同你们斗争到底的。"轰轰烈烈的东学党起义就这样被镇压下去了。

甲午之战

日本明治维新后，开始大力发展资本主义，建立近代化国家。明治天皇具有极强的对外扩张欲望，极力鼓吹军国主义，并将侵略矛头首先指向其近邻朝鲜和中国。1874年日本侵略中国的台湾，虽未得逞，但却尝到了甜头，特别是中法战争造成的中国"不败而败"的结局，更加刺激了日本侵略中国的野心，于是伺机对中国发动大规模战争。

1894年，朝鲜南部农民起义军占领全罗南道首府全州，朝鲜政府请求清政府派兵协助镇压。日本以清军入朝为借口，大批调遣日军赴朝，迅速抢占从仁川至汉城一带的战略要地，同时设立战时大本营，作为指挥侵略战争的最高机构。8月上旬，卫汝贵、马玉崑、左宝贵和丰升阿等四部援朝清军万余人先后抵达平壤。8月中旬，日本大本营除已派第5师余部赴朝外，又增遣第3师参战，两师合编为第1集团军。同时，日方决定组建第2集团军，待机攻占中国的辽东半岛。9月15日，日军分三路进攻平壤，清军分路抗拒，左宝贵中炮牺牲，玄武门失守。叶志超指挥无方，见北门不守，即下令撤军，弃平壤逃走，渡过鸭绿江退入国境，日军轻易地占领了全部朝鲜。

日军在平壤得手后，寻机在海上消灭清政府的北洋舰队。9月17日，北洋舰队在完成护航任务后正准备由大东沟口外返航，遭到了日军联合舰队的拦截，随即爆发了著名的黄海海战。战斗历时5个多小时，北洋舰队沉毁5舰、伤4舰，日本联合舰队伤5舰。北洋海军虽然受到重创，但实力还是相当强大，但李鸿章却令北洋舰队躲在威海港中，不许出战，使日本联合舰队控制了黄海制海权，造成以后中国海军被动挨打的局面。

平壤之战和黄海海战后，由于对日军主攻方向判断失误，清廷集重兵于鸭绿江一线和奉天、辽阳之间。同时，为保卫北京，又在各省抽调兵力，驻守山海关至秦皇岛之间，以及天津、大沽、通州等地。这种部署使地处渤海门户正面的辽东半岛兵力不足，防御极其空虚。

日军第1集团军在九连城上游的安平河口突破成功，继而攻克虎山。其他各

中日甲午海战图

部清军闻虎山失陷，不战而逃。日军未遇抵抗即占领九连城和安东（今丹东），清军鸭绿江防线崩溃。与此同时，日军第2集团军开始在旅顺的花园口登陆，意在夺取旅顺口和大连湾。

11月6日，日军攻占金州（今属大连）。7日，日军分三路向大连湾进攻，大连湾守军不战而逃，日军占领大连湾。18日，日军前锋进犯旅顺口附近的土城子，除徐邦道率部奋勇抗击外，旅顺各守将毫无斗志，对徐邦道不加援助。22日，日军陷旅顺口，血洗全城。

日军攻占旅顺后，以陆军第2集团军为基础组建"山东作战军"，又令联合舰队协同山东作战军作战，并以陆军第1集团军在辽东战场进行佯攻，继续吸引清军主力。清廷对日军主攻方向又一次判断失误，以重兵驻守奉天、辽阳及天津至山海关一线，北洋舰队则根据李鸿章"水陆相依"的防御方针，躲藏在威海卫港内。

1895年1月20日，日"山东作战军"在荣成龙须岛登陆，占领荣成。30

李鸿章与伊藤博文签订《马关条约》图

日，南帮炮台在日军的合围下陷落，遂即北帮炮台也为日军占领。此后，日军水陆配合，攻击刘公岛和港内北洋舰队。北洋舰队提督丁汝昌、总兵刘步蟾等先后自杀殉国。17日，威海卫海军基地陷落，北洋舰队覆灭。

2月28日，日军从海城分路出击，3月4日进攻牛庄（今海城西北），牛庄为清军后方根本，守军却极少，守军奋勇苦战，死伤被俘3000多人，牛庄失陷。7日，日军攻克营口。9日，清军在田庄台大败。至此，日军占领了辽东、辽南地区。

早在日军占领辽东半岛后，清廷便开始通过外交途径向日本请和，威海卫失陷后，清廷求和之心更切。在美国安排下，李鸿章以头等全权大臣的身份，在美国顾问科士达陪同下赴日议和。4月17日，李鸿章在中日《马关条约》上签字，甲午战争结束。

八国联军侵略中国

19世纪末，帝国主义列强不仅在政治、经济、文化上加紧侵华，而且不断瓜分中国领土。在民族危机日益加深的情况下，中国北方山东、直隶（今河北省）一带农村爆发了群众性反帝爱国的义和团运动。1900年夏，京、津地区义和团的声势越来越大，引起了西方列强的恐惧。4月23日，英、法、德、美等国公使以外交团名义照会清政府，要求严禁团民纠党练拳，惩处办团不力人员，甚至限令清政府短期内将义和团"剿除净灭"。

5月底，各国驻华使团通知清政府总理衙门，言称要调兵入京"保护使馆"，清政府被迫同意。随后，英、俄、法、日、美、意、德、奥八国联军400余人分批进入北京。帝国主义的侵略行径，使得以慈禧太后为首的后党集团对义和团的态度发生转变，企图"用拳灭洋"，以维护其统治地位，以端王载漪为首的排外势力在清政府内占据上风。各国公使眼看清政府已无法控制形势，总理衙门也"无力说服朝廷采取严厉的镇压措施"；便策划直接出兵干涉。

6月11日晚，八国联军乘火车抵达东大桥。2000名手持刀矛棍棒的义和团拳民，从铁路两侧的树丛中呐喊着杀向侵略军。义和拳民冒着枪林弹雨，勇往直前，与侵略者展开肉搏战，八国联军慌忙窜回列车。12日，八国联军头子西摩尔率军强占高点万喜煤栈，构筑"美少年炮台"。义和团拳民在倪赞清等将领率领下扑向侵略者。义和团拳民前仆后继，终于逼近八国联军，冲到炮台之下点燃煤栈木料杂物，侵略军又纷纷窜回列车。义和团拳民又用火枪、火铳等武器向敌人射击，侵略者组织密集的火力反扑。义和团拳民虽然死伤惨重，但是却把洋人军队围在车站达两天之久。

13日晨，蜗行到距廊坊车站8千米的东辛庄村的联军被迫停车，原来前方铁轨已被扒毁，洋军只得下车抢修铁路。这时，在东辛庄潜伏的大队义和团拳民和百姓突然杀出，联军猝不及防，狼狈逃走。6月18日，清将董福祥率武卫后军2000余人，奉清廷命令进驻京津铁路沿线，和义和团一起阻击八国联军向北京推进。在廊坊车站，清军骑兵从侧翼包抄攻击侵略军，步兵和义和团民从正面

《辛丑条约》签字现场

冲杀。西摩尔获悉廊坊战事吃紧的消息后，急派英军、奥军、意军折返廊坊。8月4日，八国联军约1.8万人自天津沿运河两岸向北京进发，5日凌晨抵北仓。驻守在这里的清军进行顽强抵抗，清军和义和团共打死打伤敌人数百名。无奈弹药用尽，只好撤退，北仓失陷，联军继续进犯。6日，清军在杨村被联军击败，清军宋庆率残部逃至通州，直隶总督裕禄自杀。

·义和团运动·

义和团的前身是义和拳，本来是流行于山东和直隶等地的民间练武结社，随着帝国主义势力的深入，农民与教会的矛盾加剧，义和拳开始了反教会运动。1898年，山东义和拳群众和当地教会发生冲突，进而演变为暴力流血事件。为了安抚义和拳，山东巡抚以抚代剿，将其改编为团练，改名义和团。八国联军入侵期间，义和团加入到了抵抗侵略者的行列。但是由于义和团依靠的是封建迷信思想，加上盲目排外，给这次运动造成了恶劣的影响，最终惨遭失败。

慈禧把最后的赌注押在了李秉衡身上。8月8日，李秉衡率"勤王师"共1.5万人抵河西御敌，终因武器落后，又无补给而被打败。突围出来的李秉衡含恨自杀，北京已无险可守。13日，联军攻占通州。俄军不待休整，便于晚间向东便门发起进攻，翌日凌晨2时占领东便门。俄军又攻建国门，遭到董福祥军猛烈抵抗，伤亡甚众。14日下午，俄军攻入内城。

日军也不甘落后，于 14 日晨攻打朝阳门，直到黄昏才夺取朝阳门。英军乘虚攻破广渠门，抄小道进入东交民巷使馆区。法、美军队也于 14 日晚窜入城区。清军与义和团拳民坚守不退，与侵略军展开了两天的巷战，毙敌 400 余人，而清军和义和团也战死 600 多人。

8 月 15 日，八国联军进攻皇城东华门，慈禧太后携光绪帝仓皇逃往山西。联军入城后，解除了义和团对东交民巷和西什库教堂的围攻，义和团被迫退出北京，转往外地坚持抗击侵略者。慈禧太后在流亡途中，命李鸿章为与列强议和全权代表，发布彻底铲除义和团的命令，轰轰烈烈的义和团运动被中外反动势力联合扼杀了。

八国联军占领北京后，派兵四处攻城略地，扩大侵略。9 月，俄军在侵占秦皇岛、山海关同时，集中强大兵力，分 5 路对东北地区实行军事占领。10 月中旬，德军统帅瓦德西率兵 3 万来华，攻占保定、张家口等地。1901 年 9 月 7 日，庆亲王和李鸿章代表清政府同英、法、德、俄、美、日、意、奥及荷、比、西等 11 国在北京签订了丧权辱国的《辛丑条约》。从此，中国半殖民地化程度进一步加深，民族危机更加严重。

巴拿马运河

中美洲呈狭长状态，像一条短短的扁担，挑着南北美洲。在这条扁担的最窄处，便是今天的巴拿马共和国。巴拿马之所以被全世界所瞩目，主要是因为巴拿马运河的存在。

巴拿马运河像一座水桥，横跨在太平洋与大西洋之间，缩短了两大洋之间的航程，例如从日本横滨到美国纽约，比以前的航程缩短了 5000 多千米，从夏威夷到纽约，航程将近减少了 1 个月。

16 世纪前，印第安人就已经在巴拿马地峡地区居住了。哥伦布发现新大陆后，西班牙人巴斯蒂斯根据哥伦布制定的路线第一次到达巴拿马地峡。1513 年 9 月，西班牙探险家巴尔博亚在巴拿马地峡做了一次考察，在地峡一侧的一座山的顶峰上，巴尔博亚发现了地峡的另一侧是一望无际的蔚蓝色海洋，这个蔚蓝色的大洋就是现在的太平洋，因此，巴尔博亚也被称为太平洋的发现者。

19世纪，拉美是美国经济的命脉所在，以电力运输为例，大量的原料资源来自于拉美各国。

在巴斯蒂斯之后，巴拿马的黄金被大量开采，出于对黄金的追捧，欧洲国家的许多冒险家接踵而来。

西班牙国王卡洛斯一世发现，如果巴拿马地峡通航，人们从大西洋沿岸到太平洋沿岸就不用再绕过南美洲的南端了，于是，他驱使当地的巴拿马人修筑了一条连接两大洋的石板大道，以运载西班牙人从太平洋掠夺来的财富。为了使船只能在巴拿马地峡通航，卡洛斯一世决定再开凿一条运河，当时甚至还制定了具体的方案，但这种方案最终因有限的技术条件和施工能力没有实施。

1814年，西班牙殖民当局又提出了利用查格雷斯河沟通两大洋交通的考虑，但并没有付诸实施。此后，英国人、法国人和美国人都曾绘制过开凿地峡运河的蓝图，也都未曾实施。之后的几十年，美、英、法等国为取得在巴拿马建造一条人工运河的权益展开了激烈的竞争。

1878年，法国"全球巴拿马洋际运河公司"从当时统辖巴拿马的大哥伦比亚联邦那里取得了运河的承租权，并于两年后成立了法国运河公司。1881年3月，巴拿马运河正式开凿。

曾经负责修建苏伊士运河的菲迪南德·勒赛普是巴拿马运河开凿工程的主持

巴拿马运河

人。由于巴拿马地峡自然条件与苏伊士地峡不同，勒赛普部署的《巴拿马运河工程计划》并没有能因地制宜，使运河的开凿工程遇到了意想不到的困难。结果，花了 8 年时间，巴拿马运河只挖掘了计划的 1/4。1889 年，开凿运河的工程因为法国运河公司的破产而停止。

此后，法国又组织了新的运河公司，但工程仍被迫中途停止。为开凿巴拿马运河，法国花了将近 20 年时间，投资 3 亿多美元，却只完成了工程的 1/3。

与此同时，美国西海岸的加利福尼亚发现金矿，大批美国人从东部被吸引到西部，掀起了开采黄金的热潮。但是，由于西部洛基山脉的险恶地理条件和纵横的河流的阻挡，美国人如果从东海岸前往西海岸必须要绕经巴拿马地峡，因此，美国对开凿两大洋航路的要求日益迫切。当法国运河公司破产后，美国喜出望外。1902 年，美国以 4000 万美元购买了法国运河公司的全部资产。

紧接着，美国又趁大哥伦比亚发生内战之机，策动巴拿马脱离哥伦比亚独立，并与刚刚成立的巴拿马政府签订了《巴拿马运河条约》，条约规定，美国有永久占领、使用、控制巴拿马运河区的权利，而美国为此仅仅付给巴拿马 1000 万美元。巴拿马人民为这一条约与美国斗争了几十年，直到 1977 年再次签订新的条约。

1904 年，美国正式动工开凿运河。美国方面吸取法国公司失败的教训，改为修建水闸式运河。1914 年，工程基本完成，次年通航，1920 年正式开放。

巴拿马运河又被称为"死亡的河岸"，据统计，整个工程期间共死去 10 万多人，这些人除有从当地或西印度群岛雇用的工人外，还有从非洲购买的黑人，从南欧和东南亚、中国雇来的数万劳工。

巴拿马运河西起里斯托巴尔，东至巴尔博亚，全长 81.3 千米，最窄处 152 米，最宽处 304 米，从通航以来就成为世界上重要的海上通道。对美国来说，这条运河更为重要，为其军事扩张和经济掠夺带来了巨大利益，所以美国人又称巴拿马运河为"地峡生命线"。

1977 年 9 月 7 日，在经过巴拿马人民数次的反美斗争后，美国被迫同巴拿马签订了一个新条约，新条约规定：巴拿马可在 1999 年收回运河及运河区主权。

美西战争

19 世纪末，美国完成对西部的开发，走向了帝国主义时期。垄断财团对原材料的需求和寻找新的市场投资场所等，迫切要求美国向海外扩张。为建立向拉丁美洲和远东及亚洲扩张的基地，美国将矛头指向西班牙。当时的西班牙是一个已衰落的殖民帝国，在国际中处于孤立的境地。古巴、波多黎各和亚洲的菲律宾均为西班牙殖民地。美国选择西班牙，欲夺取其殖民地，用来满足其对拉丁美洲和亚洲进一步扩张的战略部署。1895 年 2 月，古巴发生反对西班牙统治的武装起义，美国借机意欲干涉，遭到西班牙的拒绝，双方矛盾激化。

美国当局加紧做好战前准备，一方面广泛地进行外交活动，一方面加强军事装备，扩建军队。为加强海军力量，美国建造了许多大型巡洋舰和战列舰。1898年 2 月，西班牙驻美公使攻击美国总统的信件被公开，激起了美国内部反西班牙的情绪。2 月 15 日，以友好访问为名的美舰"缅因号"突然在古巴哈瓦那港爆炸沉没，造成美官兵 260 余人死亡，美国怀疑西班牙是事件的制造者。美国当局下令封锁古巴港口，并在周围海域布设水雷。4 月 24 日，被逼无奈的西班牙只好对美宣战。次日，美国对西班牙宣战，美西战争全面爆发。

美军的作战目标极为明确：依靠强大的海军力量，先突袭菲律宾的马尼拉海湾，再打击古巴的西军，从而占领拉丁美洲及亚洲的西属殖民地。

1898年，集结在佛罗里达州坦帕湾的美国军队准备乘船前往古巴。

5月1日凌晨，美海军上将乔治·杜威率领舰队，凭借良好的航海技术，乘着黎明前黑暗的掩护，率领舰队突然驶进马尼拉湾。西班牙要塞哨兵发现后开炮轰击，但均未命中。美军随即进行还击，停泊在港湾的西班牙舰队在慌乱中组织反击，但有的舰船还未起锚就被击沉。要塞上的炮火虽然猛烈，命中率却低得可怜。杜威命令美舰队火力集中向西班牙的旗舰猛攻，7时许，旗舰被击沉。失去指挥的西班牙舰队更是乱作一团，只有被动挨打。中午，西班牙舰队遭到全歼，马尼拉湾被美军封锁，西班牙在太平洋的制海权落入美军手中。

马尼拉突袭成功，极大地鼓舞了美军。6月，美国打着"帮助古巴独立"的旗号，计划从圣地亚哥港登陆。此时的古巴，反西民族革命全面爆发。

为迫使西军接受海战，美军决定海军陆战队从港口东面不远的关塔那摩湾强

在美西战争中，美国以其强大的海军力量在马尼拉湾重创西班牙舰队，登上了争霸世界的舞台。

行登陆，从陆上对圣地亚哥港形成包围之势。6月10日，600名海军陆战队队员出发。虽然关塔那摩湾防守相对较弱，但仍遭到西军的顽强阻击，美军伤亡重大。但防线最终被突破，美军成功登陆。7月1日，美陆战队先后攻占了圣地亚哥港东北部和东部的据点埃尔卡纳和圣胡安，形成了对圣地亚哥港的包围之势。7月17日，圣地亚哥守兵投降。8月12日，美军趁势攻占了波多黎各岛。8月13日，在菲律宾人民起义军的配合下，美陆军攻占了马尼拉市，西班牙在殖民地的力量被美军彻底歼灭。

1898年12月10日，双方签订《巴黎和约》，美国如愿得到了古巴、波多黎各和菲律宾，西班牙仅得到美国给付的作为割让菲律宾补偿的2000万美元。

这场战争使美国走向对外扩张，标志着美国进入帝国主义时代；开始了帝国主义重新瓜分世界领土的新时期；而西班牙对拉美及太平洋殖民地的丧失，使其从帝国主义争霸的政治舞台中退却。

日俄战争

1895年中日甲午战争后，日本侵占了中国的辽东半岛、台湾和澎湖列岛，这与旨在控制中国东北的俄国产生了矛盾。俄国联合德、法出面干涉，迫使日本退出辽东半岛。日本加紧军备，制订十年扩军计划，决心以武力同沙皇再度争战。俄国在中国东北的势力也迅速扩大，到1898年，整个东北三省沦为俄国的势力范围。1900年，中国爆发义和团运动，俄国借口"保护"侨民和中东铁路为名一举占领东北三省。这引起日本和英国的强烈不满，在英国的支持下，日本开始了对俄的复仇。

1903年8月，日俄双方就重新瓜分中国东北和朝鲜问题进行谈判。已完成扩军备战的日本态度强硬，致使谈判破裂。1904年2月6日，日本断绝与俄国的外交关系。8月，日本不宣而战，海军舰队用鱼雷偷袭旅顺俄国舰队。几艘舰船被击沉后，俄舰队被迫退到港内，日军遂将旅顺港口封锁。

俄陆军司令克鲁泡特金建议主力撤出辽东半岛，在哈尔滨集结，等候俄从莫斯科来的援兵，再进行反攻，击退日本军队，解救孤军死守的旅顺俄军。但由于俄军指挥层意见分歧，于是将主力军集结点改为辽阳，然后向旅顺推进。

对于日本来说，朝鲜半岛是一条比较安全的补给线，是日本进退自如的便利基地。来自俄军的海上威胁就是驻旅顺港的俄舰队，他们足可以切断日本的海上交通，制海权对日本是极为重要的。针对这些情况，日本一面引诱俄舰队接受会战，另一方面日陆军在舰队的保护下，从仁川登陆，控制朝鲜半岛，建立稳固基地后，用3个军团的兵力从朝鲜湾的北岸登陆，向辽阳进军，以阻止俄南下支援旅顺。第4军团则围攻旅顺港，攻克后北上与前3个军团会合，在俄陆军增援未到前击败俄军。

5月初，日本在朝鲜站稳脚跟，便从朝鲜湾登陆满洲。25日，日本军攻入金州，次日，攻下南山高地，占领了大连。旅顺港完全处于日军的包围中。

旅顺港有三道防御工事，依托地势，人工构建了堡垒和碉堡，并有高压铁丝网包围，防御强度极高。日本连续发动两次总攻，均被顽强的俄军抑制住，日军

日俄战争中的俄国海军军舰

损失惨重，虽也攻占了周边一些关键性的阵地，但俄军全部防御体系的总枢纽203 高地仍控制在俄军手中。11 月 26 日，日军向 203 高地发起第三次总攻。火力轰炸连续数天，日军付出 1.1 万人的代价，终于在 12 月 5 日登上 203 高地，旅顺港内的船只从这里尽收眼底。7 日，俄舰船被全部击毁。1905 年 1 月 4 日，日军占领旅顺，俄军投降。日军按计划北上与其他军团会合，投入对俄主力的进攻。

3 月 10 日，日军攻克奉天，俄军向哈尔滨撤退。

5 月 9 日，俄军波罗的海舰队缓缓进入中国海域赶来支援，27 日在对马海峡被日舰队全歼。对马之战的失败，使俄国国内的人民忍无可忍，大多数城市爆发革命，沙皇专制制度接近崩溃边缘。9 月，俄日双方都已力竭，在美国的说合下，双方签订和约。

日俄战争使沙皇专制走向坟墓，加速了俄国革命的到来；日本从此跻身于世界强国之列。

反映日俄海战的版画

弗洛伊德与《梦的解析》

　　弗洛伊德是精神分析学的创始人。他于 1856 年出生在奥地利的摩拉维亚，父亲是一个犹太籍羊毛商。弗洛伊德 3 岁时，他们举家迁往首都维也纳，在那里他接受了小学和中学教育。他学习刻苦，毕业时不仅德文、希伯来文名列前茅，拉丁文、希腊文、法文、英文和意大利文也成绩突出。1873 年，弗洛伊德进入维也纳大学医学院，从 1876 年起，在著名的生理学家艾内斯特·布吕克的指导下从事研究工作，并于 1881 年获得医学博士学位。毕业后，他到维也纳的一家医院工作，成为一名精神病医生，不久后开始从事精神分析研究。1885 年，他前往法国巴黎，师从于著名神经学家沙柯特。沙柯特的催眠疗法和有关"歇斯底里"症状的论述，对弗洛伊德产生了很大影响。1886 年，弗洛伊德和贝尔纳斯结婚，两人的婚姻十分美满，生育了 6 个孩子，最小的女儿安娜·弗洛伊德后来也成了一位著名的精神分析学家。

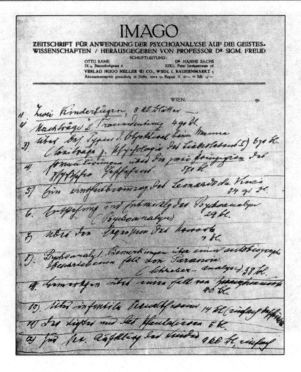

弗洛伊德笔记手稿

　　1890 年，弗洛伊德与好友布罗伊尔合伙开了一家私人诊所，他们曾用宣泄疗法和催眠疗法给一名 21 岁的女孩治疗癔病。1893 年，他们共同发表论文《癔病的研究》，认为癔病是由于把曾经有的情绪经验排除到意识之外而引起的，通过催眠回忆和情绪发泄就能使病人痊愈。不久后，弗洛伊德发现催眠的疗效不能持久，于是创立了"自由联想法"和"自我分析法"，发展了精神分析技术。1895 年，他与布罗伊尔合作发表了《歇斯底里研究》，这被看成是弗洛伊德精神分析学的处女作。

　　1900 年，弗洛伊德发表他最著名的著作《梦的解析》。在对自己及病人的梦进行观察和分析的基础上，弗洛伊德得出 3 个结论：梦是愿望的满足，尤其是儿童时期愿望的满足；人类普遍存在仇父恋母的情结；人类在儿时便具有性爱意识和动机。这些发现开创了心理和精神病理研究的新领域，奠定了精神分析学的基础。但在当时，弗洛伊德的这本书并没有引起人们的重视，8 年时间才卖了 600 册。1905 年，弗洛依德写了《性学三论》一书，探讨儿童性心理的发展与精神变态机制的联系，这才真正开始为世人所重视。但由于他的学说与人们的传统观念存在很大冲突，因而受到学术界和社会舆论的广泛批评，他本人也成为当时德国科学界最不受欢迎的人。

·俄狄浦斯情结·

俄狄浦斯情结是弗洛伊德学说里一个重要的名词，指代恋母情结。相传底比斯国王梦见儿子将来会杀死自己并娶自己的妻子，于是将刚出生的儿子扔掉。经过一番曲折，王子被别人收养，取名俄狄浦斯。俄狄浦斯长大后并不知道自己的身世，在前往底比斯旅行的途中，他与人发生争吵失手打死了一个老人，这个老人就是他的父亲。俄狄浦斯帮助底比斯人除掉了妖怪斯芬克司，从而被推举为国王，并娶了前任国王的王后，也就是自己的亲生母亲为妻。真相大白后，俄狄浦斯羞愧不已，为了惩罚自己，他刺瞎双眼，放弃王位，踏上了流浪的旅程。这个故事的本意是反映了造化弄人，但从中也反映了原始社会时期乱婚制度的残余，从人类学的角度去看，俄狄浦斯现象在人类历史中确实存在过，所以这个故事有着重大的学术价值。

但弗洛伊德不改初衷，仍然我行我素，1908 年，他组织成立了维也纳精神分析学会，两年后发展为国际精神分析学会。他还培养了荣格、阿德勒等一批精神分析学家，使精神分析运动成为了世界性的潮流。1914 年，他在一篇论文中指出，人们普遍存在自恋的心理现象。1923 年，他出版《自我与本我》，对人格结构理论进行了系统地阐述，把人格结构分为本我、自我和超我三部分。1927 年，他写了《幻想的未来》一书，用精神分析法对宗教进行了评述。1930 年，他因为出色的文学才能获得了歌德奖。1931 年，他的故乡为庆祝他的 75 岁寿辰，以他的名字命名了他出生的那条街道。1936 年，他被接纳为英国皇家学会的通讯会员。

1938 年，纳粹德国占领维也纳后，弗洛伊德移居英国。1939 年 9 月 23 日，他因口腔癌复发在伦敦去世，享年 83 岁。弗洛伊德虽然最初只是一位精神病学家和心理学家，但因为他创立了精神分析学，其影响力远远超出专业学术领域，成为 20 世纪具有世界性知名度的人物之一。

摩尔根创立基因理论

有一个大科学家，不但自己想象力丰富，还非常善于挖掘利用同事们的好点子，他的许多意义深远的思想都不是直接由自己提出来的，比如，在开展果蝇研究时，为了更好地把一些适合研究的人联合在一起，他采取了民主和不拘礼仪的工作方式，听任同事们研究一切设想。据他的学生穆勒尔回忆，这位大科学家虽然最善于利用他的同事和学生的思想成果，但却不独占研究成果，就连他的诺贝尔奖也拿出来和他的终身助手和同事分享，这位大科学家还承担了助手的子女受教育的全部费用。这位大科学家就是被誉为经典遗传学的泰斗、创立基因学说的托马斯·亨特·摩尔根。

摩尔根（1866～1945年），出身美国的豪门大族，从小养成良好的生活习惯。他热爱大自然，喜爱户外活动，经常四处游历，最终献身于探索自然的科学事业。

1880年，摩尔根考入肯塔基州立学院预科，后转入学院本部。1886年获得学士学位，同年进入霍普金斯大学研究生院进修，主攻生物形态学，4年后获博士学位，此后在该领域颇有建树，成为一名年轻的博物学家。他曾随美国地质勘探队赴野外考察，期间对各种生物的性状发生兴趣，遂逐渐转入实验生物学研究领域。

那时，生物学已发展到一定水平。特别是1904年，美国的萨顿证明了染色体成对存在，每个配子只包含一对染色体中的一条，每条染色体携带多个遗传因子。到了1909年，丹麦的植物学家翰逊以"基因"一词替代以前的所谓"遗传因子"一词。"基因"的称谓由此而来。

为了进一步探索染色体中基因的存在状态和排列特征，1908年，摩尔根开始了著名的果蝇实验，专门研究这一课题。

摩尔根将捕获的果蝇在实验中的特定条件下加以培养，如让它们吃各种各样带刺激性的食物，使它们的产卵过程以及幼虫的成长分别在较高温和低温环境中完成，必要时对其进行紫外线照射以促其发生变异等。经过很长一段时间，摩尔

根发现果蝇有 4 对染色体，但雌雄果蝇所产生的配子的染色体状况有所差异：雌配子产生时从母体细胞的 4 对染色体中各得一条，所以该种配子所含染色体相同，均呈棒状，而雄配子的染色体中只有 3 条相同，第 4 条为钩状。在此基础上，雌雄配子结合发育成的雌性果蝇体细胞中的 4 对棒状染色体完全成对，雄性果蝇的细胞中则仅有 3 对棒状染色体成对分布，第 4 对由 1 条棒状染色体和另外的 1 条钩状共同组成。摩尔根将区分性别的染色体称为性染色体，他由此得出结论：生物性别由性染色体决定。

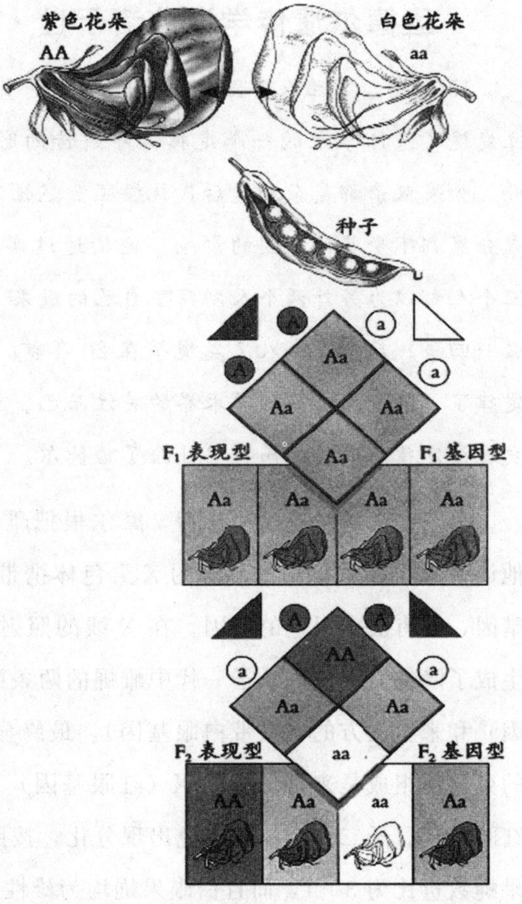

1910 年 4 月，摩尔根的实验又获得突破性进展。一次，他对一群红眼果蝇进行 X 射线照射，在子一代个体中发现一只白眼雄果蝇。他随即让这只白眼果蝇与未经 X 线照射的红眼果蝇交配，结果完全符合孟德尔法则：子一代清一色地全是红眼果蝇，子二代的个体则出现分化，1/4 为白眼果蝇，且全部是雄性，其余的 3/4 则为红眼果蝇。摩尔根对此分析后认为：眼色由一对基因控制，其中红眼为显性，白眼为隐性。

上图显示是如何运用孟德尔遗传定律预测紫色花朵豌豆与白色花朵豌豆的杂交结果的。紫色基因为显性基因，因此杂交后第一代（即 F1 表现型）产生的花朵均为紫发色。但是当 F1 代自交后，杂交第二代（即 F2 表现型）则既有紫色花朵又有白色花朵，其比例恰为 3:1。

工业革命带来的变革

·孟德尔遗传学说公诸于世·

1900 年，荷兰人弗里斯、德国人考伦斯和奥地利人车尔麦克三个人各自独立发现了遗传学上的一个定律，即遗传的时候，基因是不融合的，而是各自分开，如果双亲都是杂种，后代就按照 3 显性 1 隐性的比例分离；每对基因的组合或分离都不受其他基因的影响。他们通过实验证明了这个定律，但发表论文后，三个人都以为另外两个人剽窃了自己的成果，经过交流后才发现原来根本不是那么一回事。后来三个人又发现早在 20 年前，一个叫孟德尔的人就已经发现这个定律了，只是没有受到学术界的关注而已。三个胸襟宽广的科学家毅然宣布放弃发现该定律的荣誉，而将它让给了孟德尔。

为了清晰地解释这一过程，摩尔根把雌性染色体称为 X，雄性染色体为 Y。他认为未经 X 线照射的果蝇的 X 染色体携带红眼基因，而 Y 染色体只携带性别基因，没有决定眼色的基因。在 X 线的照射下，其中的一只雄果蝇的 X 染色体生成了隐性白眼基因。子一代中雌蝇的两条染色体分别来自母方的 X（带红眼基因）和来自父方的 X（带白眼基因），最终显性的红眼基因性状得以表现；雄蝇的染色体组成是来自母方的 X（红眼基因）和父方的 Y（仅带性基因），也呈现红眼特征。子二代个体的眼色出现分化，按照孟德尔法则揭示的规律，红、白眼果蝇数量比为 3∶1，而且白眼果蝇均为雄性。

在实验的基础上，摩尔根整理出版了《基因论》一书，总结自己在基因领域的研究成果，并且归纳了 20 世纪以来 20 多年的遗传学研究成就，标志着孟德尔—摩尔根学派的成熟。

居里夫人和镭

玛丽·居里，1867 年生于波兰的首都华沙，她在中学时代就非常优秀，不仅掌握法、英、俄、德 4 门外语，毕业时还获得金质奖章。1891 年，玛丽进入巴黎大学学习物理，1893 年获得物理学硕士学位，第二年又获得数学硕士学位。1894 年，玛丽在巴黎大学索邦学院与皮埃尔相遇，为科学献身的共同理想使二人走到一起，他们于 1895 年结婚，从此开始新的生活。夫妻二人互助协作，相濡以沫，迎来了他们科学发现的春天。

当时，法国物理学家贝克勒尔发现铀盐矿物能放射出一种奇妙的射线，这种射线尽管看不到，却能穿透普通光线所不能穿透的黑纸片，而使照相底片感光。但铀盐为什么会放出这种射线？经过多次的测试和检查，居里夫人敏感地意识到沥青铀矿中可能含有一种新的不为人知的放射性很强的元素！这时，皮埃尔也加入了居里夫人的研究，终于，在 1897 年 7 月，居里夫妇确认了新元素的存在。

正在夫妇俩为给该元素定名而踌躇之际，居里夫人的祖国波兰被敌国占领而灭亡。这一消息对玛丽·居里震动极大，她为了纪念祖国而将该元素命名为"钋"。从此，元素周期表的大家族又填新丁。

之后，居里夫人又着手测试各种元素，企图找出与铀一样具有辐射效应的元素，她大胆判断一定还有一种物质能够放射光线。她把这种新的物质定名为"镭"，因为在拉丁文中，它的原意就是"放射"。

可是，要提炼镭元素，必须得有足够的沥青铀矿，可这对居里夫妇来说太难了，因为这种矿不但稀少，价格还很昂贵。居里夫人要提炼"镭"的消息传到奥地利，奥地利政府决定支持她，无偿为她提供了一吨已提取过铀的沥青矿残渣。

由于居里夫人只是理论上推测但无法证明新元素镭，所以巴黎大学的董事会拒绝为她提供她所需要的实验室、实验设备和助理员，她只能在校内一个无人使用的四面透风漏雨的破旧大棚子里进行实验。

居里夫人最初做的完全是粗笨的化工厂的活儿，她把成袋的沥青矿渣倒在一口煮饭用的大铁锅里，用粗棍子不停地搅拌，再不断地溶解分离。经过 1000 多个日夜的辛苦工作，小山一样的矿渣最后只剩下小器皿中的一点液体。她兴奋地盯着这只玻璃器皿："再过一会儿将结晶成一小块晶体，那一定就是新元素镭！"她忐忑地在心里默念着。

可是结果却让她大失所望，因为器皿中剩下的只是一团污迹！

失望之极的居里夫人一下子感觉到了疲倦。她回到家，悻悻地躺在床上，"为什么不是一小块白色或无色晶体呢？"她翻来覆去地睡不着，一直想着那团污迹。突然，她腾地一下坐起身来：难道污迹就不能是镭吗？

她穿起衣服赶紧跑向实验室，门还没开，居里夫人就从门缝里看到了耀眼的

大学讲台上的居里夫人

居里夫人作为巴黎大学索邦学院第一位女教授，于
1906 年 11 月 5 日登上讲台。

光芒，那光芒正是镭发出的。

镭元素发现后不久，人们就发现镭射线能穿透最密的物质，杀死有病的细胞，是治疗癌症的有效武器。这一奇迹引起了世界各国，特别是企业家的兴趣。但是居里夫妇并没有申请专利权以牟利，而是无偿公布了他们的技术，尽管他们为了提取镭，曾经负债累累。1921 年，居里夫人前往纽约，接受美国妇女协会赠予她的一克镭。在举行仪式的前一天晚上，居里夫人坚决要求修改赠送证书中的言辞，要求使这一克镭永远属于科学，而不至于在她死后成为女儿们的私产。最后，美国政府连夜找来律师，按照居里夫人的意见进行了修改。

镭的发现和应用，使居里夫人成了闻名世界的大科学家。她成了法国科学院的第一位女院士，巴黎大学的第一位女教授。她一生中有 7 个国家 24 次授予她奖金和奖章，担任了 25 个国家的 100 多个荣誉职位。但居里夫人始终保持着谦虚、高尚的品质。爱因斯坦在谈到她时说："在所有的世界著名人物中，玛丽·居里是唯一没有被盛名宠坏了的人。"晚年的居里夫人一直孜孜不倦地进行科学研究，但长期暴露于放射性元素之中使她患上了恶性白血病，1934 年 7 月 4 日，她从实验室回到家后的当天晚上与世长辞，享年 67 岁。

莱特兄弟造飞机

美国的莱特兄弟梦想着像鸟儿一样飞上天空。从古至今，想飞的人绝不只他们两个，但是他们兄弟二人第一次圆了人类想飞的梦。

莱特兄弟出生在美国俄亥俄州的代顿市。哥哥威尔伯·莱特生于 1867 年 4 月 16 日，弟弟奥维尔·莱特生于 1871 年 8 月 19 日。他们的父亲密尔顿·莱特是一名牧师，收入微薄，但为人正派，心地善良，而且知识丰富。兄弟二人从小受父亲的熏陶，喜欢读书和思考问题，动手能力也很强。

一次，父亲从欧洲回来，给兄弟俩带回一件直升飞机玩具，可把他们乐坏了。他们除了读书学习和帮助母亲干活外，便一起拿着玩具飞机来到一片开阔地上玩了起来。飞机是用陀螺制作的，以橡皮筋作为动力。一般总是弟弟把飞机稳稳托在手中，哥哥则拧紧橡皮筋，然后猛地一松手，小飞机便"噗噗啦啦"地飞过头顶，向远方滑翔过去。久而久之，兄弟二人对玩具本身丧失了兴趣，而是把它拆散，两人凑在一处观察它的构造。然后不约而同地到做木匠的爷爷那里找一些边角余料和斧凿等工具，自己动手做起了玩具飞机，一架，两架……一个多月过去了，沙地上整整齐齐摆了一排"直升飞机"。

谁也没想到，从此兄弟二人与飞机结下了缘分。在他们生活的时代，已经出现热气球和飞艇等飞行工具，但都不是很理想。因为气球升空后飞行速度、方向完全取决于风力、风向；而飞艇自身虽然有动力和方向控制装置，但其体积过于庞大（有时它长达数百米，直径也在几十米），控制起来极为不便。于是人们开始研究新的飞行器。

当时在德国已有李林塔尔制造出滑翔机。消息传到美国，莱特兄弟终于按捺不住内心的激动，他们首先通过报刊、杂志和图书资料广泛搜罗有关飞机的情

莱特兄弟的第一个飞行器

莱特兄弟能成功的一个秘密是他们发明了一种方法以阻止飞机左右摇晃——这被证明是许多早期的飞机失败的原因。他们的飞行器有金属线能将两翼向左或向右拉，这意味着它能在空中保持平衡。

况，同时也学习一些空气动力学方面的知识。一段时间后，他们尝试着造了一架双翼滑翔机。这架飞机能飞到 180 米的高度，还可以在空中转变方向。

莱特兄弟不会满足于先进的滑翔机，他们开始考虑给这架飞机加上发动机。可是经测定，兄弟二人发现它最多能载重 90 公斤，而当时通用的发动机最轻也得 140 公斤。为了克服这一难题，他们找到机械师狄拉，三人一起设计制造了一台重 70 公斤的发动机，该发动机具有 12 马力的功率。莱特兄弟把这台发动机安装在自己的飞机上，并且赶制了两叶推进式螺旋桨，在发动机与螺旋桨之间以链条相连。人类历史上第一架飞机初步完成。

1903 年 12 月 17 日，莱特兄弟的首架飞机"飞行者 I 号"试航。这天早上，他们先把飞机拖到了海滩，进行了全面的检查。然后由奥维尔登上飞机，启动了发动机。在马达的轰鸣声中，飞机向前冲去，飞机的滑行速度越来越快。终于在众人的欢呼中飞离了地面，升到空中约 3 米的高度，12 秒钟以后，"飞行者 I 号"安全着陆，飞行距离超过 30 米。时间太短了，距离太短了，但它标志着一个崭新时代的到来。稍后，兄弟两人又轮番驾驶"飞行者 I 号"试飞了几次。其中滞空时间最长为 59 秒，飞行距离为 260 米。1904 年，莱特兄弟制出了改进的"飞行者 II 号"。它的滞空时间延长到 5 分钟，可连续飞行 5 千米。其后，他们在"飞行者 II 号"的基础上推出"飞行者 III 号"。它可以在空中连续飞行半小时，飞出 40 千米的距离。

　　莱特兄弟发明的飞机连创佳绩，逐步引起了美国军方的兴趣。军方组织了巨大的人力物力在他们的基础上研制军用飞机。其他国家也纷纷仿效，飞机的发展步入快车道。第一次世界大战前，飞机时速已达 76 千米，飞行距离已增加到 186 千米，具备实用价值。

　　莱特兄弟一生效力于飞行事业，甚至都未曾结婚，为人类运输工具发展作出了巨大贡献。

爱因斯坦提出相对论

　　一提起爱因斯坦，人们不自觉地就会想起他的那幅照片：花白的头发，像触了电似的根根向上竖着。相信凡是看过这幅照片的人一定会说：爱因斯坦一定是一个不修边幅的人，因为在人们的印象中，大科学家们多是这样。

　　现实中的爱因斯坦的确如此，据说爱因斯坦移民美国后不久，一天，他在纽约的街上遇到了一个朋友。那位朋友看到他穿着一件破旧的大衣，不由得提醒道："你似乎有必要添置一件新大衣了，瞧你身上这件多旧啊。"

　　爱因斯坦笑笑，做出无所谓的表情："这有什么关系？反正在纽约谁也不认识我。"

　　几年以后，爱因斯坦已经誉满天下了，一天，他在街上又遇到了那位朋友，那位朋友见他还穿着几年前那件破旧的大衣，不禁又建议他去买件新大衣："现在你可是位名人了，应该去买件新衣服了吧。"

学术讨论

1933年爱因斯坦提出能量聚集的新理论，并邀请科学界的精英与记者一起参加他的学术论坛。

爱因斯坦又笑笑："这又何必呢？反正这儿的每一个都已经认识我了。"

这就是爱因斯坦，20世纪最伟大的科学家，却是一个人如此不注重自己仪表的人。

除了不修边幅，爱因斯坦还是一个风趣幽默的人，这和人们印象中的科学家的古板大相径庭。有一次，一帮青年人问爱因斯坦什么叫相对论，爱因斯坦回答说："当你和一位漂亮的姑娘坐在一起待上两个小时，你以为只有1分钟，可是当你在一个烧热的火炉上坐上1分钟时，你却以为是两小时。这就是相对论。"

在爱因斯坦创建了相对论之后，科学界褒贬不一，1930年，德国出版了一本批判相对论的书《一百位教授出面证明爱因斯坦错了》。爱因斯坦知道后，禁不住哈哈大笑："100位，没必要这么多人吧？只要能证明我真的错了，哪怕一个人出面就足够了。"

爱因斯坦不但取得的伟大成就值得我们佩服，他的人品也是让人尊重的。这个曾经被视为孤僻、迟钝、表达不清的傻孩子竟然成了千年风云人物。

1879 年 3 月 14 日，阿尔伯特·爱因斯坦在德国南部乌尔姆城的一个犹太居民家中呱呱坠地。这是一个温馨、和睦的家庭，父亲精通数学，以经营电器为业，母亲温雅贤淑，倾心于艺术。小爱因斯坦的出世为全家带来喜悦和幸福，但很快又给这个幸福之家笼罩了一层忧郁。因为他与同龄的孩子比较起来，智力发育好像有些迟缓。

别家的孩子 1 岁多时就会说话了，缠着母亲问这问那，而小爱因斯坦只会偎依在母亲怀里呆呆地望着周围的一切，一点学说话的迹象都没有。邻居见此情形，不无担心对他母亲说："这孩子怎么不说话呀？"母亲内心一阵酸楚，却又自我安慰："他在思考，将来我们的小爱因斯坦一定会成为教授。"一旁的邻居也不好多说什么，倒生出一丝恻隐之情。

爱因斯坦的父母确实是非常优秀的父母，深知旁人对他抱有偏见，自己不能再伤害他。他们发现儿子虽然不苟言笑，却对万事万物表现出强烈的兴趣，于是就买回许多新奇、结构复杂的玩具给他玩，小爱因斯坦更多的时间都用来"研究"这些玩具。

时光匆匆流过，爱因斯坦进入了小学，除了数学之外，其他功课平平甚至不及格，这种状况一直持续到中学。中学时他的兴趣科目多了一门物理，他不喜欢体育，更讨厌军训。由于严重偏科，爱因斯坦中学毕业都没拿到文凭。以至于为了上大学，他又补习一年才进入联邦工业大学师范系，攻读数学和物理。最后，他为自己选定了终生努力的方向：理论物理。4 年之后，爱因斯坦大学毕业，尽管专业成绩异常突出，却因为性格缺陷谋不到一份差使。待业期间，爱因斯坦曾做家教、代课，有时帮人清理账目。最困难的时候，他甚至以拉小提琴卖艺为生，此中疾苦，可想而知。

终于在 1902 年，经朋友的大力推介，爱因斯坦在瑞士专利局找到一份技术员的工作，其职责是审核一份份专利申请。这使他大开眼界，同时他夜以继日地钻研物理学，终于在 1905 年有所成就。那年，爱因斯坦在德国《物理学年鉴》上发表《论运动物体的电动力学》，从而创立了狭义相对论，开始解释牛顿经典力学所不能解释的现象。

第四维

爱因斯坦的相对论推翻了我们对时间的常识性看法。我们将时间的流逝看做是接连发生的一件件事情，就像嘀答转动的时钟。时间看起来只能朝着一个方向运动：从过去到未来。科学中的许多定律，例如牛顿的运动定律，不管时间如何变幻都依然有效。按照理论来说，时间可以像倒唱片一样地回到过去。爱因斯坦的相对论指出这并不仅仅是理论，而且是事实。现在，许多科学家不再将时间设想为只往一个方向开动的火车，而是像长度、深度、宽度一样的维度。3个空间维度——长度、深度、宽度——再加上时间的维度就构成了四维：时空。

尽管当时极少有人理解爱因斯坦的理论，但他坚信自己理论的正确性，并且将其进一步发展成为广义相对论。1916年，他发表了《广义相对论的基础》一文。这一旷世之作标志着他的研究水平已达20世纪理论物理的顶峰。爱因斯坦曾就相对论解释说："狭义相对论适用于引力之外的物理现象，广义相对论则提供了引力定律以及它与自然界其他力之间的关系。"

几乎是同时，爱因斯坦又做出了涉及光学和天文学的三大预言，这些预言日后一一应验。鉴于他的相对论和预言，人们赋予他极高的荣誉，如"20世纪的牛顿""人类历史上有头等光辉的巨星"等。但爱因斯坦淡泊名利，尽量回避吹捧他的公众集会。

1955 年 4 月 18 日，爱因斯坦在美国的普林斯顿悄然而逝，并留下一份颇为特殊的遗嘱：不发布告，不举行葬礼，不建坟墓，不立纪念碑。作为 20 世纪最伟大的科学家如此谦逊，闻者无不肃然起敬。

"汽车大王"福特

亨利·福特曾经是一个修车工人，那时候的薪水很少，他很想去一家高级餐厅吃饭，但却一直没有如愿。

一次，福特手拿着刚发下来的薪水来到这家餐厅，他坐在餐厅里等服务员过来招呼他，但他足足坐了 15 分钟还不见一个人来。最后，一个服务生勉强走到桌边，粗鲁地丢给他一张菜单。

福特刚打开菜单，服务员就用轻蔑的语气指着右边的那部分说："你只适合看这部分（价格），左边的部分你就不必去看了！"

福特惊愕地抬起头来，看到服务生满脸不屑的表情，他虽然很生气，但转念一想，也不能全怪这个服务员，自己本来就是没有钱的人，怎么能吃得起那么昂贵的大餐呢？最后，福特只点了一个汉堡。

从那以后，福特立志一定要成为社会中顶尖的人物。

1863 年，福特出生在美国密执安州的一个农场主家庭。父亲希望他将来当一个老实本分的农民，以便继承家业，所以没让他读多少书。小学毕业后，福特开始帮父亲干农活。但他对从事农业颇有怨言，对摆弄机械却充满了浓厚的兴趣，立志要成为一个出色的机械工程师。

17 岁那年，为了实现自己的理想，福特与家人不辞而别，独自一人来到底特律市闯荡。他在底特律的工厂找到了工作，工作之余，他悉心研究机器，很快就成了娴熟的技术工人。后来，福特在杂志上读到了有关汽车发明的报道，这引起了他很大的兴趣。几番努力后，他造出了一部汽油引擎，只是造得太简陋，一经试用就失败了。但他并没有灰心，经过仔细研究，他发现失败的主要原因是汽油点火的方法不对，他决定使用电气点火。为了学习电气知识，他进入了底特律

1927 年，工厂车库里即将走上市场的福特车。

的爱迪生电气公司。1893 年，福特成功地试制成了一辆汽车。1896 年，他又制造了 3 辆性能更先进的汽车，他因此而在当地被公认是这一领域的杰出人物。

1899 年，福特与几个资本家合伙开办了底特律汽车公司，他担任公司的经理兼首席技师。但由于和股东们意见不合，福特不久后退出这个公司。1903 年 6 月 6 日，福特汽车公司成立。公司创立初期，只是一家小规模的机器厂，除制造汽车外还进行赛车的改进和汽车的维修。但福特的目标非常远大："我要生产大量的汽车，为的是足供每个家庭使用，人人都有能驾驶和修理……价格呢？要低得凡是中等收入的人都能买一辆……"不久后，福特对汽车进行改进，研制出一种被命名为 A 型车的新产品，获得了很好的销路。随后他又推出了 N 型、K 型和 S 型等车型。1908 年，福特成功地设计出世界上第一辆家庭型汽车——T 型车，使汽车普及到普通百姓家庭成为可能，汽车工业革命由此开始。1913 年，福特开发出世界上第一条总装流水线，93 分钟就可组装一辆汽车，这一创举使福特公司每天能生产出 9000 多辆 T 型车，创下了历史纪录。

福特的成功不仅在于他对汽车制造技术的不断改进上，还在于他独特的企业经营策略，如 5 美元工作日方案、提高工人福利、大力提拔有贡献的技术工人、给予工人发言权、出奇制胜的营销措施等等。这些措施极大激发了员工的生产能力，反过来又降低了公司的生产成本。例如，实行 5 美元工作制后的 1914 年，福特公司以不足 1.3 万人生产了 73 万辆汽车，获利 3000 万美元。他自己也被尊为"给世界装上轮子的人"。

福特的工厂

1913 年，亨利·福特在底特律的海兰园建立了一个工厂，它的规模极为惊人。福特保证了工厂的一切——从钢铁到工作空间——都是以较低的价格批量购入，他还设计了流水线生产流程。每一辆正在制造中的汽车在工厂里面缓慢移动，被指定的工人以严格的次序将各个部件添加上去，在每一个新的汽车底盘经过的时候，工人们完成同样的重复性的工作。由于劳动力非常充足，所以它的价格很便宜：工人们必须按照他们所要完成的任务各自接受训练，他们不需要有关生产全程的经验以及先前的工匠们所拥有的技能。由于福特的巨型工厂本身较为经济以及大规模生产的优势，他的制造方法使得成品的价格显著下降。最后，T 型车将以约 300 美元的价格零售，中等收入的美国人都能够支付得起这一数额。

1947 年 4 月，福特在迪尔伯恩的家中去世，享年 83 岁。半个世纪后，《财富》杂志将他评为"21 世纪商业巨人"，以表彰他对汽车工业发展所作出的杰出贡献。

合成药物

人类利用自然界存在的物质作为药物已经有几千年的历史了。其中有一些，如鸦片，用做止痛药。但是这些药物并不十分可靠，而且经常会带来一些无法预料的副作用。

第一种完全合成的药物是气体。1799 年，英国的化学家汉弗莱·戴维（1778～1829 年）发现一氧化二氮（也就是我们熟知的笑气）具有止痛的功能。1815 年，科学家发现乙醚也有止痛的效用。这两种药物在当时受到了大众的欢迎。但是，令人不解的是，直到 30 年后医生才将它们用在外科手术的麻醉镇痛上。1847 年，苏格兰产科医生詹姆斯·辛普森（1811～1870 年）发现了另一种麻醉效果更强的试剂——氯仿蒸气，并把它用做妇女生产时的麻醉止痛剂。这些麻醉气体都是有副作用的，它们可以使病人进入无意识状态，或者至少是无知觉状态，当大剂量使用的时候，它们还有致毒作用。

人们利用一些植物来止痛和退烧已经有很长的历史了：古埃及人用桃金娘；古希腊人和中世纪的欧洲人用柳枝和绣线菊；美洲土著人用白桦树枝。现在已经证明这些天然植物里含有同一种活性成分——水杨贰。

英国牧师爱德华·斯通（逝世于 1768 年）重新发现了柳树的药用功效。1763 年，他称其利用柳树皮成功地帮助 50 名病人退烧。德国药剂师约翰尼·布赫勒（1783～1852 年）于 1828 年首次从柳树中成功地分离出了水杨贰。10 年后，意大利化学家雷非勒·皮立亚提取出了活性成分水杨酸，这是一种无色的晶体。1853 年，法国化学家查尔斯·盖哈特（1816～1856 年）改变水杨酸结构，制得了乙酰水杨酸。但是关键性突破是德国化学家荷尔曼·科尔比（1818～1884 年）鉴别出了水杨酸的分子结构，并提出了以煤焦油为初始原料进行大规模的化学合成而并非从植物直接提取的方法。利用科尔比反应，水杨酸得以大批量

生产。

　　水杨酸的镇痛效果非常明显，但是它也会造成严重的肠胃不适，所以科学家考虑对其分子结构进一步调整，使其副作用降低到最小。最后，德国化学家霍夫曼（1868～1946 年）在拜耳公司完成了水杨酸分子结构的调整。霍夫曼利用查尔斯·盖哈特早期提出的水杨酸分子结构合成了乙酰水杨酸，并在 1899 年拜耳公司以阿司匹林的商品名将其推向市场。起初，阿司匹林只有经过医生开的处方才能拿到，但到了 1915 年，阿司匹林已经成了非处方药，病人直接到药店里就可以买到。

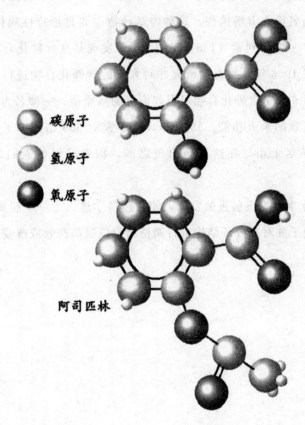

碳原子

氢原子

氧原子

阿司匹林

水杨酸分子

在过去，人们利用从柳树皮中提取出的水杨酸来镇痛解热。现代药物阿司匹林由水杨酸乙酰化衍生物组成。乙酰水杨酸钠可起到中度镇痛的作用，并可用来治疗风湿病。

在阿司匹林上市的同时，另外两种具有光明前景的镇痛药物也开发成功，具有镇痛解热功效的退热冰（乙酰苯胺）和非那西汀（乙酰对氨苯乙醚）分别在1886年和1887年被研制出来。非那西汀于1888年作为药物开始使用。对乙酰氨基酚在许多方面优于前述的化合物，它是一种非那西汀的衍生物，并且分子主体结构可以迅速地转化为其他的分子结构形式。但是，它的优点并没有马上体现，直到20世纪50年代对乙酰氨基酚才作为一种替代阿司匹林的镇痛解热的药物面世。

第三个重要的化学合成药物——胂凡纳明（606）在20世纪初就开始研发，以撒尔佛散商品名投入市场销售。这种砷基药物主要是治疗性病传染病—梅毒。德国化学家保罗·埃尔利希（1854～1915年）发现某些含砷化合物具有抗梅毒的功效，于是在1906年开始着手研究并对大量的含砷化合物进行反复地实验测试。最终发现第606个含砷化合物对引起梅毒的病原菌（一种名为苍白密螺旋体的细菌）具有高效的杀灭功能。1914年，化学家对606结构作了部分调整，并以胂凡纳明商品名上市。在这种药出现之前，梅毒已经给人们带来了多年的痛苦。

20世纪医疗事业突飞猛进的发展，使制药科学进入了一个崭新的历史阶段。合成新的药物分子并对其分子结构进行调整组合以提高药效或改变药力是现代制药发展的基础。

战争阴云

　　20世纪初，欧洲各主要资本主义国家相继进入了帝国主义阶段。由于资本主义的政治、经济发展不平衡，欧洲出现了两大军事集团，双方于1914～1918年进行了一场世界大战，以协约国的胜利而告终。1919年，巴黎和会召开，建立了"凡尔赛体系"，但各国依然是矛盾重重。帝国主义战争引发了革命。1917年11月，俄国爆发十月革命，无产阶级夺取了政权。随后，在欧洲和亚洲发生了一系列革命运动。20世纪30年代后期，法西斯势力猖獗一时。1939年9月1日，德国进攻波兰，引发了第二次世界大战，英、法、苏、美、中、日等世界许多国家相继参战。1945年8月，战争结束。

三国协约

随着德、意、奥三国关系日益密切，英、法、俄也随之走到了一起。

当新兴资本主义国家迅速崛起的时候，老牌资本主义国家也奋力争夺地盘，尤其是英、法两国，与德国之间的摩擦与日俱增，为此，英法两国都开始在世界范围内寻找可以并肩作战的战友。

其实，明眼人都能看出，三国同盟的主要针对对象是法国，看到三个国家的矛头直指自己，法国怎么能不着急呢？于是，心急如焚的法国开始把眼光盯上了德国的邻邦俄国。

1879 年，为了对付俄国在巴尔干地区的扩张，德国与奥匈帝国在维也纳签订《德奥同盟条约》。俄国本来就对德国相当仇恨，看到德国公开与己为敌，自然气愤得很。这一切都被法国看在眼里，法国认为拥有广阔疆土的俄国足以使自己单薄的力量增加不少，于是开始对俄国进行拉拢。

1888 年，法国向俄国贷款 5 亿法郎，次年又向俄国贷款 19 亿法郎，此后，又相继向俄国贷款数次。到 1893 年双方签订条约时止，法国已累计向俄国贷款100 多亿法郎。

看到法国对自己如此仗义，俄国感激涕零，俄国也早想找一些同伴与自己一起承担德、意、奥三国联合带来的危险。在这种情况下，法、俄两国军事首领于1892 年签订了秘密的军事协定，这一协定在 1893 年 12 月 15 日和 1894 年 1 月 4日分别得到了两国政府的批准。协约规定，如果意大利或奥匈帝国在德国支持下进攻俄国，法国应与俄国并肩作战。

虽然与俄国签订了军事协定，但法国还是觉得没有安全感，于是，又开始寻找战友。找来找去，法国觉得只有英国才算得上是一个好帮手。虽然此时的英国已经没有了昔日的辉煌，但依然是世界上数一数二的强国。而这时，英国也正遭受着来自德国的威胁。

迫于形势，不久之后，英国就对法国的拉拢做出了反应。1903 年春，英王

位于巴黎以沙俄亚历山大三世的名字命名的大桥，成为 19 世纪后半叶俄、法关系密切的历史见证。

爱德华七世访法，这次访问是英、法亲善的开端。同年 7 月，礼尚往来，法国总统回访英国。1904 年 4 月，英法两国在伦敦签订了一项瓜分殖民地的协约，协约规定，英国承认法国在摩洛哥有维护安全和协助改革的权力，法国也不干涉英国在埃及的行动；英国把西非的一些殖民地让给法国，法国则放弃在纽芬兰的捕鱼权。协约中，英、法两国还划定了在暹罗（今泰国）的势力范围。通过协约，英、法两国的矛盾基本解决，双方利益开始趋向一致。

法国同英国签订条约以后，想到英国与俄国之间有着很深的矛盾，怎么才能使他们两国尽释前嫌呢？没料到，不等法国出面，英国便调节了与俄国之间的关系。因为日俄战争和 1905 年革命，俄国在财政上越来越依赖英、法两国，虽然当时俄国在近东、中亚和远东地区都与英国有利益冲突，但要比起与德国的矛盾，就显得微不足道了。1907 年 8 月，英俄两国在圣彼得堡签订了分割殖民地的协定，协定规定，俄国承认阿富汗在自己的势力范围之外，并承认英国代管阿富汗的外交；波斯（今伊朗）东南部划为英国势力范围，北部为俄国势力范围，等等。

英、法协约和英、俄协约，加上法俄同盟，标志着三国协约正式形成。三国协约没有像三国同盟那样签订一项共同条约，俄、法两国是负有军事义务的同盟国，但英国则无须承担这种军事义务。

三国同盟和三国协约两大帝国主义军事集团形成以后，扩军备战成了他们的当务之急。复杂的国际关系日趋紧张，局部战争接连发生，最后终于导致了1914年第一次世界大战的爆发。

1918年一战结束，德国投降后，同盟国瓦解，美、英、法、日等帝国主义国家曾以协约国的名义向苏俄发动了三次武装干涉。随着各帝国主义国家之间矛盾地不断加深，协约国也逐步瓦解。

青年土耳其党

奥斯曼土耳其在中世纪曾是称霸一时的泱泱大国，但到了19世纪末20世纪初，昔日不可一世的奥斯曼帝国逐渐沦为了西方列强的殖民地，内政、外交、经济、军事被控制在英、法、意等国手里。为排除内忧外患，土耳其各族人民进行了频繁的反抗独裁专制统治的斗争。

奥斯曼帝国苏丹哈米德二世的统治年代被称为暴政时期，养尊处优的哈米德二世根本不会想到他的人民的疾苦。他在位时，强化君权与神权相结合的极权专制，扩大地主土地所有制，加深了对人民的压迫。哈米德二世甚至命人把"民主""自由"等词从字典里删了出去。虽然哈米德二世反对自由和宪政，但他并不完全反对改革和西化，这使得古老的帝国与西方的关系越来越密切。这个时候，土耳其已经债台高筑，英、法、意、德、奥等国组成了"奥斯曼国债管理处"，控制了土耳其的经济命脉。

1889年5月，在易卜拉欣－特莫领导下，伊斯坦布尔医学院学生秘密成立了"奥斯曼统一协会"。1894年，各地秘密组织又联合成立了"奥斯曼统一与进步协会"，土耳其人民亲切地把该协会称为"青年土耳其党"。青年土耳其党以恢复1876年宪法为宗旨，反对苏丹的专制统治，主张建立君主立宪制。除了在国

巴尔干战争中，土耳其正在攻击陷入包围的希腊军队。

内进行宣传斗争外，青年土耳其党还在国外建立了许多组织并出版了自由报刊。

19世纪末20世纪初，在哈米德二世的压制之下，青年土耳其党曾一度消沉。1905年，在俄国革命的影响下，土耳其境内和属地的民族起义、工农运动、士兵暴动频繁发生，青年土耳其党也随之活跃，并得到了迅速发展。

1908年7月4日，青年土耳其党人尼亚齐中尉率部在马其顿的雷士那举行起义。

"同胞们，可恶的苏丹已经把我们逼到了绝路上，我们不能再坐以待毙了。"尼亚齐站在雷士那的广场上，高声对看台底下的人民大声喊道，人们高举双手，振臂高呼。

"所以，我们一定要推翻苏丹的专制统治，把属于我们的所有权力都从帝国手里夺过来。"尼亚齐的演说得到了当地农民游击队和士兵的支持。

7月23日，尼亚齐率领起义军向萨洛尼卡进发。哈米德二世见起义军来势汹汹，先前的嚣张气焰早已经没有了。哈米德二世知道人民力量的强大，他也害怕被这种力量所伤，所以，在人民聚积的力量还不足以把他的统治掀翻时，狡猾的哈米德二世就宣布恢复1876年宪法，进行国会选举。

俄土战争爆发，战火蔓延到土耳其的山区。

　　革命取得了初步胜利。在长期暴政压抑下的土耳其像解冻了的冰河，迎来了政治生活中的早春季节。曾经势不两立的派别、民族互相握手言欢，以尼亚齐为首的资产阶级在哈米德的糖衣炮弹下很快就屈服了。

　　1908 年 8 月，青年土耳其党向土耳其政府提出实行劳工立法、分配土地、取消什一税的政治主张，政府在一定程度上给予了满足。当年 12 月，青年土耳其党的领袖里扎被选为新国会议长。此时的青年土耳其党早已经没有当初成立之时的雄心壮志，看到自己的利益得到了满足，他们再也不像以前那样为了广大人民的利益抛头露面了。青年土耳其党除保留哈米德二世的王位外，甚至还对昔日的同盟者——工农群众的民主运动进行镇压。

　　虽然哈米德二世的王位被保留下来，但他已经不再掌握实权。骄横的哈米德不甘心他的专制政体就这样退出历史舞台，1909 年 4 月 12 日，在哈米德二世的秘密指挥之下，效忠于哈米德二世的商业买办阶级"自由联盟"发动政变。哈米德二世宣布废除宪法，解散议会，改换资产阶级内阁。紧急关头，青年土耳其党在凯末尔的率领下建立行动军，平息了反动军队的叛乱。自作孽的哈米德二世终于被废黜，穆罕默德五世被立为新苏丹，而实际上，土耳其的政权已掌握在青年土耳其党人的手中。

在第一次世界大战中，青年土耳其党执政下的土耳其加入德奥同盟，投入到帝国主义战争中，战败后被迫与协约国签订丧权辱国的《摩得洛司停战协定》。1918年11月4日，青年土耳其党举行非常大会，宣布自行解散。

"大棒政策"与"金元外交"

西奥多·罗斯福为人熟悉的不仅仅是因为他曾是美国总统（1901～1909年），更因为他推行的"大棒政策"。

"大棒政策"源于罗斯福在下野后的一段公开演讲，在那次演讲中，他说："我在任美国总统期间，对付他国的办法是'说话要好听点，但手里要拿着大棒'。""大棒政策"由此得名。

其实，"大棒政策"最早提出时，西奥多·罗斯福还没有当选为美国总统。1900年，罗斯福任纽约州州长，他在给朋友的一封中，有一段关于美国外交政策的话："我非常喜欢西非的一句格言：说话温和，手握大棒，将所向无阻。"从这句话就不难理解"大棒政策"的深义。

罗斯福是一位热衷政治、崇尚权力的总统，他曾说过这么一句话："和平的胜利，不如战争的胜利伟大。"不需多言，从这句话中就能看出罗斯福的秉性。

美西战争爆发前夕，当时的罗斯福任美国助理海军部长，战争爆发后，罗斯福辞去职务，与伍德组成志愿军骑兵团，在古巴圣胡安山之役中击败西班牙军，为美国的胜利奠定了基础。此后，罗斯福声名大噪，他率领过的骑兵也因此被称为"铁骑"。

就任总统后，罗斯福主张以武力为后盾，迫使拉丁美洲国家"循规蹈矩"，听命于美国，主张凭借强大的经济军事力量，积极推行向外扩张计划，特别是对加勒比海地区的侵略，这些都是罗斯福推行"大棒政策"的表现。

罗斯福曾毫不掩饰地说："任何一个美洲国家行为不端时，美国不能保证其不受惩罚。""在西半球，美国对于门罗主义的信念可能迫使美国履行国际警察力量的义务。"占领巴拿马运河区，是西奥多·罗斯福"大棒政策"的典型事例。

·门罗主义·

早在建国初期，美国政府就对拉美地区虎视眈眈了。美国第5任总统门罗就提出"美洲是美洲人的美洲"，强烈反对欧洲殖民者干涉拉美革命，实质上是想独吞拉美地区的利益。门罗还宣称，美国不会干涉欧洲的内部事务，所以也不会同意欧洲列强来干涉美洲的事务。门罗主义在刚提出来的时候，由于美国国力还比较弱，而英国在美洲的影响要远远大于美国，所以并没有造成什么影响。但是到了19世纪40年代的时候，门罗主义随着美国国力的上升又被摆上了台面，成为19世纪美国控制美洲的理论依据。

巴拿马原是哥伦比亚的一部分，美国曾向哥伦比亚提出要开凿巴拿马运河的要求，但遭到了哥伦比亚方面的拒绝。看到自己的开凿巴拿马运河的计划没有成功，美国遂于1903年11月支持巴拿马脱离哥伦比亚而独立，成立了巴拿马共和国。巴拿马共和国成立后不久，便与美国签订了完全按照美国的意图拟订的条约。条约规定，巴拿马将运河区16千米宽的地带交给美国永久使用、占领和控制，美国甚至有权在运河区使用警察、陆军和海军等。1914年，巴拿马运河通航后，这片运河区长期由美国控制，成为了"国中之国"，直到20世纪末巴拿马才收回了运河区的权利。罗斯福把开凿巴拿马运河看做是他任美国总统时期的最大成就，他在自传中说道："没同内阁商量，我就拿下了巴拿马。"

当然，美国推行大棒政策的地区并不限于拉丁美洲，在解决阿拉斯加与加拿大的边界纠纷中，美国同样对英国和加拿大施加了压力。1906年，罗斯福因调停日俄战争获得了诺贝尔和平奖，其实，罗斯福调停日俄战争完全是出于美国自身的利益：如果俄国战胜，将会打乱亚洲的实力平衡；日本战胜，对维持亚洲地区的正常秩序也非常不利，只有维持两国在东亚地区的均衡，美国的利益才不至于受到威胁。

1909年，塔夫脱继西奥多·罗斯福就任美国第27任总统。塔夫脱上台后，美国的对外政策开始变为"用美元代替枪弹"，即以资本输出作为对外侵略、扩张的重要手段，利用经济渗透，控制拉美各国的经济和政治，以此适应美国垄断资本主义对外扩张的需要，这种外交政策称做"金元外交"。到20世纪30年代左右，20个拉美国家中已有14个被美国资本所控制，由此可见"金元外交"的厉害。金元外交的推行，表明美国在掌握世界经济霸权的同时，力图在国际政治中占据首席地位。

无论是"金元外交"还是"大棒政策"，在美国建立霸权的道路上都起到了举足轻重的作用。

萨拉热窝事件

1914年6月下旬，奥匈帝国的军队在波斯尼亚首府萨拉热窝附近举行军事演习，以支持当地的亲帝国分子，压制斯拉夫人的民族解放运动，并想以此威吓邻近波斯尼亚的塞尔维亚，企图把它也纳入奥匈帝国的版图。

6月28日，这天是个晴朗的星期天，萨拉热窝热闹非凡。原来，奥匈帝国的皇储弗朗茨·斐迪南大公夫妇要来这里访问。斐迪南是个极端军国主义分子，军事演习就是他亲自指挥的，这次访问萨拉热窝也是他计划中的一部分。

28日上午10时左右，一列豪华专车驶入萨拉热窝车站。由奥匈帝国的近百名士兵组成的仪仗队分成两队，分列在车站两侧。当斐迪南及妻子索菲女公爵坐上一辆敞篷汽车后，队伍开始缓缓向萨拉热窝市政府行进。

斐迪南心里非常清楚塞尔维亚民族对奥匈帝国的仇恨，所以这次访问他只带了这部分仪仗兵，并没有带过多的军事部队，想以此博得一些被统治民族的好感。

波斯尼亚在几年前被奥匈帝国吞并，萨拉热窝市政府为了讨好奥匈帝国的皇位继承人，把这次欢迎仪式搞得相当隆重。

此时的斐迪南夫妇正坐在敞篷汽车里，看着眼前繁华热闹的街市，不由得沾沾自喜。斐迪南从敞篷汽车里频频向路边的波斯尼亚人举手示意，时不时地露出趾高气扬的神情。路旁的人们带着愤怒，但碍于政府警察挡在前方维护，只能眼巴巴地看着斐迪南对塞尔维亚人进行挑衅。

正当斐迪南大公等人游行的时候，一批埋伏在人群里的暗杀者正欲行动。这批人属于一个军人团体，当他们听说奥匈帝国的大公要访问波斯尼亚时，便制定了一个周密的暗杀计划。当斐迪南的豪华汽车从车站出来时，7个暗杀者便混入了人群之中，并随着人流一步步地向斐迪南的汽车靠近。

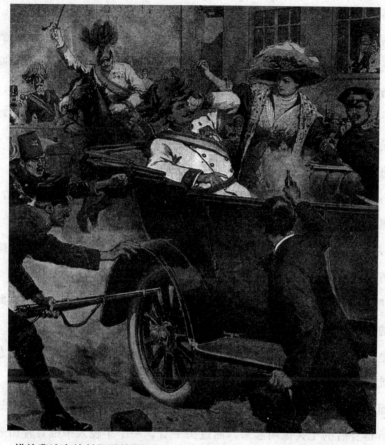

描绘斐迪南被刺场面的图画

虽然波斯尼亚当局在街道上派置了很多警察，但由于街上的人太多，根本无从维护，有的警察甚至躲到了角落里去闲聊，这无疑是个实行暗杀计划的好机会。

斐迪南车队缓缓地向市政厅的方向行驶着，离隐没在人群中的第一个暗杀者越来越近。这个塞尔维亚青年心跳加快，双手甚至颤抖起来。

"镇静，镇静，一定拿稳枪，整个民族的希望可就掌握在我手里了啊。"尽管他一再地安慰自己，但心跳的加快还是使他的眼神忽闪不定。正当这个暗杀者将要采取行动时，一个警察不偏不倚地走到了他的面前。

"你在这里鬼鬼祟祟地干什么？没看过奥匈帝国的大人物吗？"警察并不知道他是一个暗杀者。

"长官，我只是想临近看看，眼神不是太好，我这就回家。"第一个暗杀者不得不远离了斐迪南的车队。

车队又向前行驶，不一会儿便到了市中心，这里埋伏着第二个暗杀者。这个塞尔维亚人一刻也没有考虑，在手脚发抖之前便向行驶在车队中间的斐迪南大公的汽车扔出了一颗炸弹。炸弹偏移了方向，在斐迪南随从的车前爆炸了，碎片击伤了几个随从。车队很快逃到了市政厅门口的广场上，这里有一大批波斯尼亚警察在等候，应该不会再有危险了。

斐迪南非常愤怒，但也为自己躲过这场劫难而庆幸。

"总督先生，难道你们就是用这种方式来欢迎我的吗？"他从车上站了起来，怒视着邻座的波斯尼亚总督。

"不是的，殿下，你没发现刚才那个人是个精神病人吗？你大可以按着原计划进行访问，我保证不会再发生这样的事了。"总督唯唯诺诺地弓着腰。

"好吧，不过在这之前，我得先去医院看看我的随从。"斐迪南想以此来表现一下他的仁慈。

于是，司机调转车头，向医院方向开去。萨拉热窝市长和波斯尼亚总督又派了一大批宪兵和警察保护在斐迪南大公的汽车旁。

前面是一个十字路口，过了这个路口就是萨拉热窝市医院了。正在这时，斐迪南只听得身后的士兵惊叫起来，回过头一看，一个年轻人举枪直奔而来。

"有刺客！"斐迪南满以为逃过了一劫不会再出现危险了，哪里会料到这里还有仇恨他的人在等着他，不由得魂飞魄散，呆在那里一动不动。

这个暗杀者叫加夫里洛·普林齐普，只有19岁，是这次暗杀行动中最坚决最勇敢的一个。看到在场的所有人都惊慌失措，普林齐普乘机跃到斐迪南大公车的正前方，扣动了扳机，"砰砰"两声之后，斐迪南大公夫妇都被击中要害，双双死于血泊之中。

斐迪南夫妇的被刺，给奥匈帝国制造了一个吞并塞尔维亚的借口。随即，奥匈帝国向塞尔维亚政府发出通牒，以反恐怖组织的名义，要对塞尔维亚采取军事行动。德国皇帝威廉也竭力唆使奥国向塞尔维亚全面开战。

此后，奥匈帝国正式向塞尔维亚宣战，第一次世界大战由此爆发。

"施蒂芬计划"

萨拉热窝事件后，第一次世界大战全面爆发。其实，早在 1905 年时，德国就制定了大战的作战计划。这一计划由德国的总参谋长施蒂芬提出并制定，所以在历史上被称为"施蒂芬计划"。由此可见，德国发动大战是蓄谋已久的。

"施蒂芬计划"制定以后，受到了德皇的重视，后来又经过反复论证、补充、修改，遂成为了德国发动大战的基本蓝本。施蒂芬在这一方案上可谓是下了一番工夫，"施蒂芬计划"把德国的作战分为东西两线，战略重点放在了西欧，即西线，因此西方大国，如英、法等国成了德国的假想敌。在西线，采取先发制人的手段，集中优势兵力进行"闪电战"，经比利时突袭法国，然后再迂回到东线，集中力量对付俄国。按照"施蒂芬计划"，如果一切顺利的话，赢得这场战争只需要三四个月时间。但是，施蒂芬可能忘了一句话：计划赶不上变化。他所计划的一切，不久之后就成为了泡影。

毛奇作为继任的参谋总长，按"施蒂芬计划"部署了整个战争。当然，毛奇也和德皇一样，认为施蒂芬这一计划简直是上天给德国的一个机会。

1914 年 8 月 4 日早晨，在埃米希将军的率领下，德国第一、第二两个集团军迅速越过比利时国境，向纵深方向挺进。"施蒂芬计划"开始实施了。

德军攻打比利时的第一站是列日要塞。这里地势险要，易守难攻，比利时派了 4 万人在这里驻守。比利时是一个小国，从建国以来就没有打过仗，埃米希将军自恃着强大的军队，相信比利时军一定会缴械投降的，便派了一个使者去见比利时指挥官勒芒将军。

"勒芒将军，我奉德国埃米希将军的命令来督促贵国投降。如果你们让我军通过贵国，德国将给贵国最高的荣耀。否则，我军将会踏平比利时。"使者满以为自己的一番话能恐吓住勒芒将军，可他错了。

"是吗？比利时是中立国家，你们竟敢违背国际公法来侵略我国，不要以为比利时国小势弱就会怕了你们，我们誓死要守住要塞。"勒芒将军慷慨激昂地对傲慢的使者说道。

临时组织起来的比利时军队，等待他们的是近在咫尺的战争。

　　临走前，使者恶狠狠地对视着勒芒将军："好吧，那你们就等着大炮和飞机的袭击吧。"

　　使者回到德军驻地，把勒芒将军的态度对埃米希陈述了一番，埃米希顿时火冒三丈，立即命德军大炮轰击列日要塞的炮台，并派飞机在列日要塞上方投下了十几颗炸弹。接着，德陆军像潮水一样冲向了列日炮台。但是，在比利时军队的反击之下，德军没有攻下一个列日炮台，只是白白地葬送了几千人的兵力。

　　最后，德军不得不调来一门巨型攻城榴弹炮，这是当时威力比较大的炮，口径要比协约国的大炮宽。随着爆炸声四起，列日要塞上的炮台顿时化为一片瓦砾。埃米希立即命令德军穿过列日要塞，向法国北部挺进。

　　根据"施蒂芬计划"，毛奇还在阿尔萨斯、洛林地区筑起深壕，布置少数德兵，按兵不动，以逸待劳，借以吸引法国部队，迷惑法军。别看这是虚的一招，但它可是"施蒂芬计划"中的关键步骤。施蒂芬当时想出了很多应急改变战略部署的方案，唯独没有改变这里的部署，甚至在他临死时还再三嘱咐不要削弱他的右翼纵队。

·克虏伯家族·

德国之所以能够成为 20 世纪中期以前的军事强国，和克虏伯家族是分不开的。克虏伯家族是德国的军火商家族，其创始人是阿尔弗雷德·克虏伯。他在 19 世纪中叶的时候发迹，向普鲁士政府提供改进后的大炮。第一次世界大战时期，克虏伯家族的工厂是德国军队军火的主要来源，其中最有名的是克虏伯大炮。第一次世界大战结束后，克虏伯家族受到压制，曾一度沉寂。后来小克虏伯加入了纳粹党，1936 年，他被任命为重整军备的副经理，1939 年，他成为克虏伯家族的领袖。第二次世界大战期间，克虏伯家族为德国军队制造坦克、大炮等各种武器。由于工人都入伍上了前线，克虏伯家族开始使用战俘为他们工作，许多战俘都被活活折磨死。第二次世界大战结束后，小克虏伯作为战犯被判处 12 年监禁。但仅仅关押了 4 年后，他又被放出来重新创业。但是由于竞争激烈，克虏伯家族的辉煌已经一去不复返，20 世纪 70 年代，克虏伯家族的企业破产。

不过，毛奇虽然在右翼部署了兵力，却把原本 70 个师兵力的设想削弱了很多，这也是"施蒂芬计划"最后破产的一个关键因素。

法军总司令霞飞将军接到德国主力向法国北部扑去的消息后，忙率法军主力从东北出击，直取阿尔萨斯和洛林地区。正当法军为收回 40 多年前割让给德国的土地而沾沾自喜时，英军和法第三、四集团军败退的消息传来。

按当时表面上的情况看，"施蒂芬计划"的确是像要马上成功了，但实际上，法军也正因为躲开了德军而保存了主力。毛奇将军看到眼前巨大的胜利不由得得意忘形起来，把主力分为几路进攻法国，还调出两个军去东线对付俄国，这无疑是给法军可乘之机。霞飞将军把法军主力调到左翼，造成对德军的夹击之势。

9 月 5 日，德、法两军在马恩河遭遇，进行了为期近 5 天的"马恩河"大会战。此后，双方进入了对峙阶段。正是"马恩河"会战粉碎了德军速战速决的作战计划，使得"施蒂芬计划"彻底破产。

加利波利半岛的冒险

在第一次世界大战以前，英国人是很少光顾加利波利地区的，甚至不知道这一地区属于哪一国。1915 年，当收到俄国请求英军出兵土耳其的信后，英国陆军才对这一地区加以注意。早在 1914 年 11 月，土耳其奥斯曼帝国就参加了同盟国作战，这使得俄国不但要在东线对付德奥军队，还得抽出兵力对付土耳其，为了减轻压力，俄国向协约方英国提出出兵援助的请求。当然，俄国完全有权利要求英国进攻土耳其，俄国在东线出动了近 80 万的兵力，就是为了减少英、法在西线的压力，礼尚往来，英国没有不出兵的理由。

当时，丘吉尔任英国海军大臣，英国海军部很快就决定接受俄军的请求，与法军共同采取军事行动。

经过众资本主义国家的掠夺，奥斯曼帝国已经摇摇欲坠，再加上达达尼尔的防御非常陈旧，如果此时攻打土耳其将易如反掌，但是，英国并没有抓住战机，就连在协约国战舰近距离平射火力之下的两座兵工厂，英军也没有加以摧毁。

1915 年 2 月 19 日，18 艘英国主力舰、4 艘法国战列舰以及各种辅助舰组成的联合舰队驶进了达达尼尔海峡的入口处，并准备在海峡欧洲一边的加利波利半岛登陆。

加利波利半岛是一条呈条状的地带，虽然荒芜，但却是良好的防御阵地。海滨的山脊和陡坡保卫着达达尼尔海峡的欧洲一边，另一边也是一人当关、万夫莫开的险境。不过，英法两国是当时世界上最强大的两个国家，法国的大炮虽然在德军的炮火下处于下风，但应付土耳其这个日渐没落的国家还是绰绰有余，土耳其的外炮台很快被打成了一片瓦砾。正当英法联军顺着加利波利半岛行进的时候，遭到了隐蔽在悬崖后面的土耳其军的反击。

指挥英法联合舰队的是英国海军上将卡登，卡登一直认为，只要英法强大的舰队一出现在达达尼尔海峡的入口处，土耳其的军队便会土崩瓦解，所以这次冒险行动没有进行飞机定位。当遭到土耳其军的反击后，英军只能盲目地向对方射击，慌忙后撤。

面对日渐衰弱的土耳其，波斯尼亚—黑塞哥维那成了奥地利的
附属国，保加利亚也宣布独立。这是反映当时政局的一幅漫画。

　　3月11日，卡登又率兵进行第二次进攻。这次，他吸取了上次的教训，打算把英国的重型舰只驶进达达尼尔海峡，然后再轰击加利波利半岛岸边的炮群。但是，他突然患病，不得不留在岸上，把指挥权交给了助手约翰·德罗贝克。虽然德罗贝克确信扫雷艇已经扫除了海峡中的水雷，但百密一疏，还是有一艘法舰被漏网的水雷击中，联合舰队不得不再次退出了海峡。

　　两次海上进攻均遭失败，英国决定起用在布尔战争期间屡获战功的伊恩·汉密尔顿来指挥加利波利半岛战役。

　　汉密尔顿接到指示后，急急忙忙赶往东地中海，此时的他只知道是去指挥一支远征军入侵加利波利和消灭土耳其军，别的一无所知。在快要到达加利波利半岛时，他甚至还不太清楚加利波利半岛的具体位置，更不用说选定在半岛的登陆地点了。

　　到达地中海的埃及后，汉密尔顿命令士兵们准备了很多气囊似的东西，命令附近的军用工厂马上生产一些急用的军用设施。心中急躁的汉密顿尔把周围的气氛也搞得相当紧张：驻地上沸沸扬扬，当地的驴子也被赶来充当交通运输工具。万幸的是，士兵们对这次作战热情高涨，多少弥补了一些由于匆忙带来的不足。

4月25日，英国海军抵达加利波利半岛，开始对半岛进行冒险进攻。这时的汉密尔顿还没有对登陆做周密的打算，而是让现场指挥官自行做决定。这种权力的下放使得这次进攻显得混乱无章。

这次参加作战的英军中，有大部分是澳大利亚和新西兰人。澳、新军趁着昏暗的夜色，用一艘运煤船改装的陆艇把1.6万名士兵运到对岸。这些澳、新军虽然登了陆，但他们只能在较低的斜坡和山脊里待着，一旦他们出现在高地，就会成为土耳其人攻击的对象。双方就这样僵持着过了数日。

加利波利的5月已经相当炎热了，疟疾和痢疾开始在双方阵营传播，使双方死亡的人数极速增加。看到战友一个接一个地倒下，英方和土方的指挥官心急如焚。最后，双方约定，实行9个小时的安葬休战。双方士兵来到战场上，抬起死去的战友，与相遇的敌人点头致意，有的甚至帮助敌方把尸体抬回阵地，这9个小时是多么和平的9小时啊！当安葬休战结束后，战场上再次响起了密集的枪炮声。

战争持续了几个月，但没有丝毫进展。11月间，加利波利半岛上的气候更加恶劣起来，先是下了一天一夜的倾盆大雨，然后又下了暴风雪，英军的行军变得举步维艰。经过商议，英国陆军总部决定撤回在加利波利的部队。虽然这场进攻加利波利半岛的战争是失败的，但撤退却是成功的，整个撤退过程足足用了20天，但却无一人伤亡。

·汉密尔顿·

伊恩·汉密尔顿将军19岁的时候就进入了军队，次年他被调到印度，此后的25年他都是在海外度过的。他在布尔战争期间表现十分英勇，回国后被当成英雄，并受到了维多利亚女王的接见。随后他进入了参谋学校，成了文职军官。他改进了来复枪的射击训练方法，大大提高了英国军队的射击技术水平，很快就在全军得到了推广。第二次布尔战争爆发后，汉密尔顿已经是少将了，他重新担任了军队的指挥官，亲临前线指挥作战。在他的指挥下，他属下的部队打了不少漂亮仗，自己也被升为中将。1914年，他被授予上将军衔。一战爆发后，汉密

尔顿负责英国本土防御和调运物资。1915 年，他被任命为地中海远征军总司令，前往达达尼尔作战。虽然这次战役英军失败了，但主要责任不在汉密尔顿身上。回国后，汉密尔顿拒绝了北方战区司令官一职，从此再也没有担任过指挥职务。

"凡尔登绞肉机"

1916 年初，随着"施蒂芬计划"的破产，德国不敢贸然深入俄国，就将战略重点转移到法国。此时，法国军队已苦战一年半，军事力量已到极限。位于马斯交通要道上的凡尔登是法国前线中最大的交通枢纽，也是法军重要的军事要塞，德军决定在这里给法军以突然打击。这是德军新任参谋总长法金汉提出来的战略方针，他说："在这场战役中我们要让法国人把血流尽！"他认为凡尔登是法国决不敢也不愿放弃的一个重要军事基地，对它施以攻击，法国就会向那里投入全部兵力，这样，德国才有机会使法国在军事上崩溃，从而迫使其投降。

此时的法国总司令霞飞因备战索姆河战役而无暇顾及凡尔登要塞，驻守要塞的兵力只有 4 个师 10 万人，270 门大炮。凡尔登要塞的防御工事异常坚固，由 4 道防御阵地组成，其中前 3 道是战壕、掩体、土木障碍和铁丝网等野战防御工事，第 4 道防御阵地则由永久工事和两个堡垒地带构成。

德国总参谋长法金汉意识到负责进攻凡尔登的德国皇太子不可能仅通过一次奇袭就能攻取要塞。于是法金汉准备在凡尔登与法军进行一场消耗战，用一场规模空前的炮轰，以最小的代价取得实质性的初步胜利，以挫败法军士气，进而剿杀法军的一切反攻。

1916 年 2 月 21 日早晨，法金汉调集 10 个师 27 万兵力，近千门大炮和 5000 多个掷雷器，以数量和力量均压倒法军的优势分布在 12 千米长的前沿阵地上。7 时许，德国炮兵开始实施强大的炮火攻击。铺天盖地的炮弹倾泻在法军的野战防御阵地上。德国的新式武器——大口径的攻城榴弹炮将一颗颗重磅炮弹射向坚固的工事；掷雷器发射的装有 100 多磅炸药和金属碎片的榴霰弹，使法军堑壕成为平地；小口径高射炮使法军惊慌失措；喷火器把法军前沿阵地变成火海。持续了

8个半小时，200万发炮弹的轰炸，把要塞附近三角地带的战壕完全摧毁、森林烧光、山头削平，法军前沿完全暴露出来。炮火刚息，德军步兵便以纵深战斗队形以散兵线分梯队向法军防线冲击。虽然士气高昂的法军凭借剩余工事奋勇抵抗，击退了德军的一次次进攻，第一道阵地还是被德军占领。德军随后又进行了4天的轰炸，攻占了法军外围据点之一的杜奥蒙特堡，但德军的伤亡也远超过他们的预料。

法军在战争后期对德军进行大反击

凡尔登会战是典型的阵地战、消耗战，双方参战兵力众多、伤亡惨重。战役中，法军野战工事与永备工事相结合组织防御的经验，成为大战后各国修建要塞工事的依据。

杜奥蒙特的失守，使法军统帅霞飞如梦初醒，他一面命令守军不惜一切代价死守阵地，一面命令最优秀的将领贝当增援凡尔登。

贝当在马斯河左岸加强法军的炮火力量，用法国的新式武器轻机枪和400毫米超级重炮装备部队，重振士气。并在前沿阵地划定一条督战线，后退者格杀不论。

　　整个凡尔登会战成了屠杀场，枪炮、喷火器、毒气弹成了残酷的屠夫。德军的伤亡也达到了极限，前沿阵地堆满尸体。7月份时，双方仍相持不下，德军仅前进了七八千米，但已攻下沃克斯堡。

　　眼看凡尔登被攻破，此时，俄军突破奥地利防线，英法联军在索姆河战役中击败德军，这迫使法金汉分兵火速去救援。

　　1916年10月24日，法军开始反攻。他们采用小纵队分散指挥的战术，迅速收回了杜奥蒙特和沃克斯堡，德军被迫撤退出凡尔登。

　　凡尔登战役，法军几乎投入了全部军力，德军也有44个师加入战斗，双方伤亡人数超过70万人，被称为战争史上的"绞肉机"。法金汉不仅使法国流尽了血，而且也使德国把血流尽了，回国后便辞去参谋总长的职务。

　　凡尔登战役是第一次世界大战中具有决定性的一次战役，虽说德军达到了消耗法军的目的，但自己也遭到无法弥补的人力、物力上的巨大损失。德军士气从此低落，各条战线的困境日益加重。这次战役中，德法双方竞相使用新武器。但德军的正面突击战术并没有攻破野外堑壕等防御工事，这也更使人们认识到炮兵越来越重要。

日德兰大海战

　　第一次世界大战期间，英国凭借着强大的海军优势对德国进行海上封锁，保护协约国的海上交通，制止德国对英国的入侵，并企图在有利的条件下与德国海军主力决战来消灭敌人。1916年4月25日，德国海军袭击了英国的大亚茅斯和洛斯托夫特港口，英国对德国的封锁更为严密。为摆脱英国海军封锁带的困境，德国海军决心与英舰队决战。

　　1914年至1916年初，面对英国的海军优势，德海军采取保存舰队力量，避免重大损失，同时不断制造机会削弱英舰队力量的策略。运用诱使英军部分兵力出海，集中优势力量给予沉重打击的战术，不断袭击英军，但并没有解除英国的封锁。

1916 年 5 月 30 日，英军截获了德军无线电报，破译密码后才知道德海军对英舰队有行动。原来新上任的德国大洋舰队司令冯·舍尔仍以诱敌深入的策略，意图将英舰队引至日德兰西海域，并在此设伏袭击英舰队。

英海军上将约翰·杰利科勋爵认为这是歼灭德海军主力的好机会。于是他派贝蒂率领一支诱敌舰队驶离苏格兰罗塞斯港口，自己亲率主力埋伏在奥克尼群岛斯卡帕弗洛海军基地的东南海域。

5 月 31 日，英诱敌舰队发现德诱敌舰队，双方开始了火力轰击。英舰队利用其战舰速度快而灵活的特点，急速前进。企图插入德诱敌舰队的后方，截断其后路。殊不知德海军主力尾随在其后不远的海域，英舰队陷入了德军的南北夹击之中，英诱敌舰队急发无线电报求救。

日德兰海战情形

交战中，德军射击技术和舰艇操作水平较高，"同时转向"战术运用娴熟，但舰队实力处于劣势；英军虽握有主动权，但行动不坚决，也失去歼敌良机。

·战列舰·

随着蒸汽动力在军舰上的应用，海军理念也发生了变化，各国开始追求大吨位的战舰，其主要体现在战列舰的大量应用上。战列舰是一种可以在远洋活动，装备大口径火炮和厚重装甲的战舰，主要靠大炮作战。这种战舰的排水量在 3 万吨以上，主炮和副炮加起来有 100 多门。由于重量惊人，所以航速较慢，但杀伤力大。战列舰是 19 世纪末期出现的，一度成为海军主力作战力量。但是在日德兰海战中，战列舰的缺点暴露无遗，逐渐被巡洋舰取代。尤其是第二次世界大战时期，巨大的战列舰在航空兵的打击下几乎毫无还手之力，英国最大的战列舰

"威尔士亲王号"和"反击号"的沉没给人们上了一课，从此战列舰退出了历史舞台，让位于航空母舰。

德军舰艇采用了新式全舰统一方位射击指挥系统。所有炮火一齐发射，炮弹攻击点分布范围小，精确度高，给英舰队造成了很大麻烦，两艘英舰船相继被击沉。战势对英诱敌舰队越来越不利，加上德军主力也扑了上来，英舰队急忙后撤。

危在旦夕之际，接到求救电报的英主力舰队先后赶到。德驱逐舰分别出击迎敌，英驱逐舰为保护战列舰也冲在前面，双方轻型舰展开了搏斗，英军被动局面逐渐改变。德国凭借舰船的水密结构设计和炮塔防护的坚固防御，频频向英军发起猛攻。英军也不示弱，利用航速快的优势，从容躲过德军鱼雷的攻击，并切入德舰队和赫尔戈兰湾之间，切断德军退路，对德舰队形成包围之势。

31日深夜，英军调集大批驱逐舰和鱼雷艇对德舰队进行夜袭。为躲避英军鱼雷的攻击，德舰队全部熄灯，并不停地移动位置。在四周小艇的保护下，战列舰和驱逐舰在黑暗中向英舰队发炮。

英舰队仍陆续向日德兰海域集结援军，德国海军上将舍尔认识到，如果夜间不能突围，天明后德军会遭到毁灭性打击。于是他利用灯光和无线电密码发出突围命令，率领舰队突破英舰队炮火和鱼雷的封锁，向赫尔戈兰湾撤退，疯狂的英舰队紧追不舍。当接近赫尔戈兰湾时，前面的战舰误入水雷区，再不敢贸然向前追击，杰利科只好下令返航。

这次海战是第一次世界大战中规模最大的海战。英军损失战舰14艘，德国损失11艘。事后双方都声称自己是胜利者，但德国舰队仍被封锁在港内，英海军继续控制着北海，掌握着制海权。

日德兰海战也是历史上最大的海战之一，是大舰巨炮主义的高潮。未打破英军封锁的德国舰队不敢出海作战，名存实亡，英国进一步巩固了其在北海海域的霸主地位。这次海战也送走了铁甲舰队海战的旧时代，同时揭开了人类海战史上的新篇章。

日德兰海战使各国认识到只有注重生存力的战舰才能在海战中存活，各国军舰开始吸取德国设计的水密结构和炮塔防护等优点，研发新型海上工具武器和探索新的战术战法。日德兰海战可以说是铁甲舰队的最后一次大决战。

无限制潜艇战

　　1916 年年底，保罗·冯·兴登堡任德国总参谋部总参谋长。在凡尔登战役中的失败使德国兵力损失严重，为了扭转这一惨状，兴登堡决定寻找一条可以弥补损失的途径。

　　所有的该用上的武器都用上了，还有什么可以利用的呢？为此，兴登堡大伤脑筋。

　　"参谋长，依我看，我军只能动用潜艇了。英国的商队已经被削弱，说不定我们能在潜艇上给它重创。"德国军事分析家向兴登堡提议。

　　不久，在一次军情分析会议上，德国海军上将亨宁·冯·霍尔岑多夫发表了他的观点："我们必须把中立国的船队从英国赶走，如果单靠英国的商船运粮的话是很难供应英国军队的，就算美国依然给英国援助，但也如杯水车薪，根本解决不了问题。"

　　停顿了一下，霍尔岑多夫接着说："如果我们在 1917 年 2 月取消对潜艇的限制，并且能击沉 60 万吨位的商船，那么 5 个月后英国人就得投降了。"

　　"但是，如果英国人组织军舰护航，我们怎能应付得了呢？"一些人提出了他们心中的疑虑。

　　霍尔岑多夫笑着并且信心十足地说："难道英国人是在等我军行动了再组织吗？这证明他们根本就没有此计划。而且，我军潜艇的性能足以克服协约国在反潜战上的任何改进。"德军其他的高级军官纷纷被霍尔岑多夫说服了，频频地点着头。

　　由此，德国破坏了国际公约，开展了不分国别，不分军用还是民用的无限制潜艇战。

　　1917 年，德军派潜艇通过水雷密布的英吉利海峡进入英国西部水域，由于当时的英国防范措施不是太严，德军的这一冒险成功了。第一步计划得逞之后，兴登堡又派其他潜艇到英吉利海峡和北海作战。潜艇投入战争不久便取得了战果，被击商船的数量直线上升，如果按着这种沉船速度继续下去，英国的确会像

汽油动力反潜潜艇

一艘汽油动力反潜潜艇。汽油发动机是一种声音很小的动力机。随着技术的发展,潜艇的科技含量越来越高,在战争中发挥了很大的作用。

霍尔岑多夫说的那样被迫投降。但是,这场战争的继续发展使情况发生了变化,美国不久后对德宣战,美国的参战成了一战中同盟国战败的主要原因。

到底是什么迫使美国人对德宣战的呢?美国在战争之初不是保持中立的吗?这还得源自于德军潜艇的一次"失误"。

U—2潜艇的艇长瓦尔特很早前就接到了上级的命令,通知他在1915年2月18日对在英国和爱尔兰领海发现的敌国和中立国商船予以击毁。对于这种任务,瓦尔特认为终于可以大显身手了,不禁有些欣喜若狂。

快到中午的时候,U—2潜艇又像往常一样在爱尔兰海域巡游。在这之前,这艘潜艇已经击沉过两艘英国轮船和一只帆船。

瓦尔特举着望远镜的两臂向高抬了抬,大笑着对船员们说:"我们的猎物出现了,一艘英国轮船在西南方向,我们又可以拿到奖赏了。"

说完,瓦尔特大声命令船员:"潜到13的深度,以最高速度向前行驶。"

远方出现的这艘英国轮船叫"卢西塔尼亚"号,长约240米,它的速度比一般潜艇要快上两倍。但是,船上的所有人员对德国潜艇的伏击都没有觉察。望着表面平静的海面,船上的人员甚至欣赏起美丽的景色来。

当U—2潜艇来到距英船约800米的地方,瓦尔特命令道:"选定一个适当位置,瞄准英船的右舷中部施放鱼雷。"

瓦尔特的话音刚落，只听到"嗖"的一声，鱼雷在水面下朝着英船飞去，海面上激起了一道泡沫。"卢西塔尼亚"号上的人马上从悠闲的气氛中回过神来，但已经来不及了。轮船的右舷发出了一阵巨大的爆炸声，轮船摇摆了几下，船首很快沉了下去。十几分钟后，庞大的"卢西塔尼亚"号消失在茫茫的大海中，刚才还熙熙攘攘的人们被无情的大海吞食了。

在"卢西塔尼亚"号上丧生的1100多人中，有128名美国人。尽管德国政府把这一事件解释为"事先未发出警告并且未救出人命"，发动攻击是因为该商船企图逃脱或抵抗，美国人还是非常气愤。碰上了美国这个硬钉子，德国只能选择退让，于是，德潜艇对此后的攻击方法做了改变：先迫使商船停驶，把船员救上救生艇，掠夺完船上的物品后再予以击沉。

"阿芙乐尔"号的炮声

第一次世界大战爆发后，俄国爆发了第二次资产阶级民主革命，即1917年的二月革命。二月革命推翻了沙皇的统治，但却出现了资产阶级临时政府和士兵代表苏维埃两个政权并立的局面。资产阶级临时政府成立后，指派了一名上尉军官任"阿芙乐尔号"巡洋舰的舰长。为了防止水兵起义，临时政府加紧了对"阿芙乐尔"的监察。但是，"阿芙乐尔"巡洋舰上的领导权还是落到了布尔什维克手里，因为军舰委员会主席别雷舍夫正是布尔什维克党人。

1917年4月，列宁回到俄国，向俄国人民发表了《四月提纲》，提出了从资产阶级民主革命过渡到社会主义革命的任务。经过布尔什维克党人的宣传，革命形势在九十月份趋于成熟，革命运动空前高涨起来。

临时政府发觉了布尔什维克人的"阴谋"，便企图先发制人。同年11月2日（俄历10月20日），临时政府派士官生占领了彼得格勒最重要的据点，到处搜捕布尔什维克党的领导人，密令彼得格勒军分区司令派兵进攻革命军事委员会所在地斯莫尔尼宫。

11月5日，别雷舍夫来到斯莫尔尼宫。

"别雷舍夫，革命军事委员会有非常艰巨的任务交给你。"布尔什维克领导人

冬宫前的广场及凯旋门

十月革命前，俄国临时政府的驻地即在冬宫。

之一的斯维尔德洛夫对别雷舍夫说道。

"能为俄国的革命出一份力，我感到很高兴，我保证出色地完成党交给我的任务，哪怕是付出生命。"别雷舍夫坚决地回答。

"好样的，按照列宁的指示，'阿芙乐尔'在这次革命中的任务非同寻常……"斯维尔德洛夫向别雷舍夫仔细地讲解了"阿芙乐尔"号在这次革命中的任务。

11月6日，临时政府封闭了布尔什维克党中央的机关报，形势越来越严峻。根据列宁的指示，武装起义被提前到这一天举行。别雷舍夫赶紧把"阿芙乐尔"的全舰人员集合起来，阻止喧嚷着要进城参加起义的水兵，号召大家服从革命纪律，静候革命军事委员会的命令，做好充分的战前准备。

午夜时分，别雷舍夫收到了从布尔什维克党人从斯莫尔尼宫传来的命令，要求"阿芙乐尔"号驶往尼古拉桥方向，使那里被敌人扰乱的交通得到恢复。

但是，"阿芙乐尔"舰长却对布尔什维克党人的命令百般推托，他所听命的是临时政府，怎么能听布尔什维克的命令呢？迫不得已，别雷舍夫决定单独指挥这艘军舰。

当"阿芙乐尔"号抵达尼古拉桥时，守卫大桥的士官生早已经被倒戈的巨大巡洋舰吓得逃跑了。别雷舍夫马上命令舰上的舵手们把断开的桥梁修复好。桥刚一被修好，几千赤卫队员和士兵欢呼着跨上桥面，向冬宫冲去。

到7日上午9时许，工人赤卫队和革命士兵在布尔什维克党的领导下迅速占领了彼得格勒的主要桥梁、火车站、邮电局、国家银行和政府机关等战略要地，还占领了通往冬宫的要道。临时政府总理克伦斯基乘坐美国大使馆的汽车灰溜溜地逃跑了。

"别雷舍夫同志，列宁同志要求'阿芙乐尔'号发表这份《告俄国公民书》。"快11时的时候，别雷舍夫接到了通讯兵拿来的一份文件。别雷舍夫一刻不敢耽搁，立即用"阿芙乐尔"号上的无线电向全世界进行了广播。《告俄国公民书》的大致内容是这样的：临时政府已经被推翻，国家政权已转到彼得格勒苏维埃革命军事委员会手中。听到广播的俄国人民热血沸腾，纷纷奔向街头，欢呼雀跃，有些甚至加入到起义的队伍中去。

下午5时左右，起义的工人和士兵包围了冬宫。但资产阶级临时政府不肯善罢甘休，进行着垂死挣扎，他们发出了一个又一个的求助命令，指望着能从前线调回军队，但这个希望很快就落空了，援军没有到来，起义军却捷足先登。革命军事委员会命令"阿芙乐尔"号在9点45分时发射空弹信号，那是革命军事委员会对临时政府发出通牒的最后期限。

·俄国二月革命·

1917年1月，为了纪念1905年的流血星期日，俄国各地爆发了大罢工。由于沙皇政府在第一次世界大战中节节失败，给俄国经济造成了很大的破坏，人民的不满越来越厉害，所以革命随时都有可能爆发。1917年3月8日（俄历2月23日），圣彼得堡工人举行罢工游行示威，不久，罢工人数已超过30万。尼古拉二世非常害怕，下令对罢工进行镇压，很多人被军警逮捕。政府的反动行为激起了群众的不满，冲突逐渐演变成武装起义。很多被调来镇压的士兵受群众的感召纷纷倒戈，首都起义取得胜利。尼古拉二世见势不妙，赶紧调拨外地的军队入京镇压。但那些军队受革命的影响也都发生兵变，尼古拉二世被迫在该年的 3 月 15 日宣布退位。就这样，罗曼诺夫王朝被推翻了，二月革命取得了胜利，成立了资产阶级临时政府。

9 时 45 分，传来了临时政府拒绝投降的消息，别雷舍夫命令"阿芙乐尔"号巡洋舰以空炮射击，发出了开始向冬宫总攻的信号。

第二天凌晨，冬宫被赤卫队革命士兵攻占，临时政府的 16 名部长全部被抓获，十月革命获得了成功。

车厢里的停战协定

当第一次世界大战进入第三个年头时，无论是同盟国方面还是协约国方面，都已经处于非常困难的境地了。在凡尔登战役之后，德、奥两国深感力量不足。1916 年底，德奥集团在各条战线上连连战败，只能采取守势。德国的"无限制潜艇战"虽然为德奥扳回了些胜利的希望，但是却招来了美国的参战，使德国速战速决的希望又泡了汤。美国参战后，派遣军队开赴欧洲战场，牵制了德国很大一部分的兵力。

1917 年，俄国成立了苏维埃共和国。不久，列宁便向参加第一次世界大战的各交战国提出了不割地、不赔款的和平建议。列宁的建议遭到了英、法等国的拒绝，而德国竟欣然同意与俄国举行和平谈判。难道德国真的想就此停战吗？不是的，德国只不过是想通过与俄国的停战来减轻压力，以集中兵力对付英、法等国，再者，德国想迫使还没有巩固的苏维埃政权接受屈辱的和约，从中捞取好处。1918 年 3 月 3 日，德国与苏维埃共和国签订了《布列斯特和约》，俄国退出了帝国主义战争。

德国虽然减轻了东线的压力，但是，德国国内人民的反战运动却给德国统治者带来了更大的压力。1918 年 3 月 7 日，德国统治者决定在西线发动最后攻势，虽然取得了一些进展，却未能取得决定性胜利。7 月，协约国联军在美国大量物资的援助下，开始向德军进行反击。9 月，英法美联军突破了兴登堡防线。10 月

下旬，奥匈帝国瓦解，捷克斯洛伐克和匈牙利宣布独立，

为了在战后国际政治中处于领导地位，也为了限制英、法，美国总统威尔逊在1918年1月8日的国会中发表演说，提出公开外交、海上自由、贸易自由、裁减军备、民族自决、成立国际联合机构等被称为"世界和平纲领"的"十四点"要求，呼吁德国政府投降。

内外交困的德国政府不得以进行了政府改组。10月，德国新任首相巴登亲王马克斯请求与协约国签订停战协定。11月4日，德国基尔爆发了水兵起义，起义军占领了基尔、汉堡、不来梅等重要城市。在基尔水兵起义的带动下，德国各地掀起了革命风潮，资产阶级政权摇摇欲坠，这更加坚定了资产阶级想要与协约国谈判的决心。

作为德国停战代表团成员，埃尔茨贝格尔只能屈服于协约国的要求，这样可以把他的部队从被歼灭的危险中拯救出来。

11月7日的傍晚，一辆汽车越过德法两军交战阵地向法国方向行驶，这辆汽车上插着白旗，车里坐着以德国外交大臣为首的代表团，他们正去协约国联军司令部请求和谈。

次日，汽车到达了巴黎东北贡比涅森林的雷通车站，此时，联军总司令福煦乘坐的火车也正好路过雷通车站。为了更有利于谈判，德国外交大臣登上车厢会

见福煦。

"尊敬的福煦将军，很高兴在这里提前见到您。"德国外交大臣满脸堆笑地迎上前去。

福煦见到敌方的官员如此卑躬屈膝，竟然没一点反应："谈判的时间还没到，你们来见我干什么？"

面对福煦的质问，德国外交大臣脸上显出一丝惊恐："噢，是这样的，我们希望听听您对停战提出的建议。"

"建议？好啊，你们拿去看看吧，这里写得很清楚，如果你们想议和的话，3天后在这里签字就可以了，其实，我们很愿意继续打下去的。"福煦一边说着，一边拿出一份早已写好停战条件的文件。

德国外交大臣接过一看，顿时傻了眼，那是多么苛刻的条件啊，其中包括：德军14天内撤出占领的法国、比利时、卢森堡的领土，甚至连德国莱茵河东西各30千米的领土都交由联军管理。如果在稍早一些时候，德国绝对不会答应这样的条件，但今非昔比，国内的革命形势正在进一步扩大，如果不签订这一协定，德国政府将很快会走下历史舞台。左右衡量之后，德国政府决定签订这一协定。

11月11日，德国政府代表埃尔茨贝格尔走上福煦乘坐的火车，与福煦签订了《贡比涅森林停战协定》。6小时后，双方停火，第一次世界大战结束。

· 《布列斯特和约》 ·

《布列斯特和约》是十月革命以来苏俄第一个不平等的条约。十月革命胜利后，苏维埃政府不愿意继续卷入战争，于是单方面向德国提出议和。德国巴不得早日摆脱两线作战的局面，而且抓住苏维埃政权想早日摆脱战争的心理，想敲笔竹杠，于是爽快地答应了。德国提出苏俄应割让15万平方千米的土地，并赔偿30亿卢布的军费，而且不肯让步。消息传到彼得格勒后，在苏维埃内部引起了一场大争论。绝大多数人都反对接受这个条件，而列宁从长远利益考虑决定接受这个条件。经过一番反复后，德国人开出了更高的价码，列宁还是决定忍痛接受。最后苏维埃内部达成一致，同意签署《布列斯特和约》。这个和约的签订虽然给苏俄带来了不小的损失，但却为苏维埃政权的巩固提供了时间。第一次世界大结束后的第二天，苏俄就宣布和约作废，将以前损失的利益又全部收了回来。

"一切为了东线"

苏维埃俄国的建立严重地威胁着西方各国的利益。1918 年初，英、法、美、日等协约国帝国主义国家为扼杀苏维埃政权派遣干涉军进犯苏俄。

3 月 9 日，英军在苏俄北部的摩尔曼斯克登陆，揭开了帝国主义武装干涉苏俄的序幕。接着，法、美等国也效仿英国。在协约国的支持下，哥萨克统领克拉斯诺夫在顿河发动叛乱，白军南俄军司令邓尼金在北高加索组织"志愿军"讨伐苏维埃政权，不过，对苏维埃政权造成最大威胁的还是捷克斯洛伐克军团的叛乱。国内外反革命的联合势力使刚刚成立的苏维埃政权岌岌可危，大约 3/4 的领土落到了国内外敌人手中。

在这种情况下，苏维埃政府提出了"一切为了前线"的口号，实行战时共产主义政策，集中全国的财力物力对敌作战。10 月，英勇的苏俄红军把捷克军团和邓尼金率领的白军赶到了乌拉尔山区，解放了喀山、辛比尔斯克等城市，并粉碎了南线和东线白军实现会合的企图。随着一战的结束，苏俄也收复了被德军占领的土地。但是，由于没有德国的牵绊，协约国更加关注于对苏俄的武装干涉。到 1918 年底，在协约国支持下，干涉军达到了 30 万人。

1919 年春，协约国把盘踞在西伯利亚的高尔察克的 25 万军队作为进攻的主力从东部进攻苏俄。配合进攻的还有南部的邓尼金，西部的波兰白军，北部的英、法、美干涉军，彼得格勒附近的尤登尼奇等。

高尔察克曾参加过 1905 年的日俄战争，但却成了日军的俘虏。获释回国后，他参加了北极探险，并于 1906 年发表了学术著作《科拉海和西伯利亚海积冰层研究》，因此荣获了俄国皇家地理学会最高奖赏——大君士坦丁金质奖章。后来，人们还按照他绘制的地图和航海图志开辟了北冰洋航道。一战中，身为波罗的海舰队军官的高尔察克阻止了德军向彼得格勒的进攻。由于高尔察克屡立战功，1916 年被晋升为海军中将，并出任黑海舰队司令。如果不是十月革命，高尔察

1918 年彼尔姆附近的一支红军特遣队

克或许能成为一名不错的沙俄海军指挥官，正是十月革命的爆发使他的这一梦想破灭了。十月革命后，高尔察克被迫流亡伊朗。不久，在协约国的支持下，高尔察克返抵西伯利亚的鄂木斯克，出任反苏维埃的"西伯利亚政府"部长，高尔察克本人沾沾自喜，自认为终于找到了可以让自己翻身的靠山。11 月 18 日，高尔察克发动政变，建立军事独裁政权，自任"俄国最高执政"和陆海军总司令。

1919 年 3 月，高尔察克军全线出击，迅速向西推进 100 多千米，一度占领了西伯利亚、乌拉尔和伏尔加河一带。随后，高尔察克军与南部和北部的干涉军、白军会合，向莫斯科进军，准备控制伏尔加河流域。苏维埃政权处于生死存亡的紧急关头。

面对东线告急，列宁在《真理报》上发出"一切为了东线"、"必须全力粉碎高尔察克"的号召。大批党团员积极响应，奔赴前线，奋起保卫工农政权；大批工农加入红军支援东线，莫斯科—喀山铁路段的工人还发起了星期六义务劳动来支援前线。4 月，苏俄东线司令加米涅夫指挥红军开始反攻，白军节节溃败，被赶出了乌拉尔地区。7 月，红军又打退了高尔察克军，解放了乌拉尔。年底，红军已经解放了西伯利亚，并开进了高尔察克的老巢鄂木斯克。

看到败局已定，高尔察克气急败坏，即便协约国有通天之力，也不能帮他扭转这一败局了。眼望着鄂木斯克也将落入红军之手，高尔察克除了兴叹没有他法，他吩咐部下稍事准备，就前往远东避难，目标锁定了中国哈尔滨。

反击的红军

高尔察克和邓尼金率领的两支白军，一直不断从东线和南线挺进，造成战线过长，力量分散。1919 年 4 月起，红军抓住时机，果断出击，开始进行全线反攻。

天网恢恢，疏而不漏。当高尔察克一行人乘坐的火车抵达伊尔库茨克时，被在这里起义的工农兵抓获。1920 年 1 月，高尔察克被转交给布尔什维克伊尔库茨克革命委员会，由莫斯科"契卡"（全俄肃反委员会）主持的革命法庭对其进行审判。2 月 5 日，革命法庭对高尔察克判处死刑。

随后，高尔察克的残部也全部被歼灭。协约国组织的以高尔察克为主力的对苏维埃俄国的武装干涉遭到彻底失败。

此前，红军还击退了尤登尼奇对彼得格勒的进攻。1920 年底，图哈切夫斯基指挥东南战线红军攻入北高加索，消灭了邓尼金主力。1922 年 10 月，红军在苏俄远东地区把最后一批干涉军赶出了国门。

基尔水兵起义

第一次世界大战后期，德国面临着严重的经济、政治危机，国内的社会矛盾进一步加深了。垄断资产阶级在战争中大发横财，而劳动人民却遭到了空前未有的灾难。由于战时大批的工人被征召开赴前线，加上原材料和燃料奇缺，导致工厂、企业纷纷倒闭，德国国内的不满和反战情绪不断增长。在 1917 年一年时间里，德国就发生了 561 次罢工，参加人数达 146 万多人，以柏林 30 万工人和莱比锡 5 万工人举行的四月大罢工影响最为深远。罢工者提出了立即结束战争、迅速改善劳动人民生活等要求，但统治者只顾与协约国的交战，根本不管百姓的死活。

与此同时，德军军队也展开了反战运动，不满情绪以海军最为强烈。1917 年 8 月，威廉港 12 艘军舰上的水兵爆发起义，起义遭到了反动政府的残酷镇压，许多水兵被捕，起义领导人马克斯·来希斯比奇和阿尔宾·科比斯被判处死刑。德国人民愤怒了，此时俄国社会主义革命的胜利成了推动德国革命运动向纵深发展的催化剂。

1918 年，德国统治者已经到了山穷水尽的地步，但他们却不甘心就这样退出历史舞台，而是做着垂死挣扎。3 月，德军在西线集结了 205 个师向联军发动了 4 次攻势，结果却是损失惨重。9 月，联军全线出击，德军不得不节节败退。军事上的失败，促使国内反战运动进一步发展，德国处在了风雨飘摇之中。

9 月 30 日，德皇威廉二世下达诏书，改组政府，实行国会制，并授命巴登亲王组阁。但是，这些都已无法阻止德国革命的爆发，更挽救不了反动统治的失败。

在代表德国工人阶级和德意志民族利益的斯巴达克派的号召下，德国境内的革命运动汹涌澎湃。

10 月，德国统治者决定孤注一掷，做最后一搏：把一切鱼雷艇、小型巡洋舰、战斗舰，甚至连出了毛病的军舰都集中起来，出海同英军作战。统治者自有统治者的想法：如果这一战打胜了，可以名正言顺地来消除德国工人群众日益增长的不满情绪，而如果战争打败了，水兵们也算实现了"光荣的沉没"，水兵骚动带来的威胁也算是清除了。

当月 25 日，德国海军司令部下令基尔港的德国远洋舰队出海。基尔港的 8 万水兵本来就对政府极其不满，这一命令刚一下达，水兵们便识破了这个冒险计谋的用意：这是让他们去白白送死啊。10 月 29 日晚，基尔港水兵熄灭炉火、拒绝起锚。任由海军司令部许下什么诺言，水兵们就是不出海。被迫无奈，海军司令部只能放弃了这个计划，但为了杀一儆百，司令部逮捕了几百名水兵，还在军事法庭上对被捕的水兵进行了审判。海军司令部的这一做法只能激起水兵们更强烈的反抗，11 月 1 日和 2 日，基尔港的水兵继续集会，要求当局释放被捕水兵，但遭到了拒绝。

斯巴达克派士兵正与艾伯特反动政府激烈交战。

11 月 3 日，基尔港的水兵在军舰的桅杆上系上了一面面红旗，在自己的军装上佩戴上红绸带，在帽子上别上红色的徽章，然后走下战舰，拥上基尔城街头，举行大规模的示威游行。水兵们高喊着革命口号，强烈要求当局释放被捕者。游行示威很快发展成为武装起义。在水兵们的带领下，基尔城的工人也行动起来。起义队伍解除了军官的武装，迅速占领了战略要地。不久，工人代表苏维埃和士兵代表苏维埃在基尔成立了。5日，基尔工人实行全城总罢工，以此来支持水兵起义。

·德国11月革命·

基尔水兵起义后，德国各地都建立了苏维埃政权。11月8日，德国社会民主党中的左派斯巴达克派号召在柏林举行总罢工和起义。11月9日，游行开始，军队也加入了游行的队伍，德国皇帝威廉二世被迫退位。社会民主党上台执政，由艾伯特担任政府首脑。在签订一战停战协定后，斯巴达克派要求全部政权归苏维埃，而艾伯特政府则准备召开国民会议，双方产生严重分歧。斯巴达克派随后退出社会民主党，改组为德国共产党。1919年1月4日，艾伯特政府开始抑制共产党，引发了柏林工人起义，旋即被镇压。艾伯特政府疯狂反扑，德国共产党领袖李卜克内西和罗莎·卢森堡遇害。2月6日，魏玛共和国成立。4月13日，慕尼黑工人发动起义，建立了巴伐利亚苏维埃共和国，仅仅半个月之后就被政府镇压，11月革命结束。

德国反动政府刚一得到基尔水兵起义的消息，便被吓得惊魂落魄，忙从外地调来了4个步兵连对其进行镇压。他们万万没有想到，步兵连中的3个倒戈相向，另一个也迅速被起义军解除了武装。几天后，整个基尔城已为工兵代表苏维埃所掌握。

基尔水兵起义胜利的消息像一声春雷，冲破了反动政府的封锁，迅速传遍全国，革命火焰蔓延到各个城市。从11月3日到8日，短短的一个星期内，各个邦的君主先后被赶下台，几乎所有的城市都建立了工人士兵苏维埃。

基尔水兵起义是德国11月革命的起点，同时也导致了德国被迫停战，第一次世界大战结束。

巴黎分赃会议

1919 年 1 月 18 日，巴黎和会——一场分赃的丑剧——在法国巴黎附近的凡尔赛宫镜厅内举行。

"法国是这次战争最大的受害者，所以我们理所当然地应该拿更多的战利品。"法国总理克列孟梭对表现出不满的其他国代表说道。

"但我们英国为这次战争出的力可不比你们法国少啊。"英国首相劳合·乔治站了起来，几乎是怒视着克列孟梭。虽然战后的法国已不如前，但大部分国家的代表还是慑于法国的力量，只有英国敢与之争锋。

克列孟梭虽然已经快 80 岁，但他"老虎总理"的作风依然不减当年，他怎么能让德国巨额的赔款外落到他国之手呢？

"你们英国一直都是在我们法国土地上作战，你们本土损失了多少呢？而你瞧瞧我们的国土，遍体鳞伤……"克列孟梭激动得似乎有些说不下去了。

劳合·乔治也不甘示弱："可我们只要赔款的 30％啊，这不过分吧，如果没有英国，法国单枪匹马能战胜德国吗？"

正当英、法两方争得不可开交的时候，美国总统威尔逊出来打圆场："我们美国可是一分钱也不要，我们的那一份就分给其他国家吧。依我看，你们两国互相让一点儿。你们看这样行不行，法国得 56％，英国得 28％，利益均沾嘛。"

在美国的调停下，德国赔款的 7.14 亿美元被瓜分完毕。

克列孟梭见在赔款方面没有占到太多便宜，便又把目光转向割地上，他指着地图："阿尔萨斯本来就是法国的，但我们希望以莱茵河为法德边界，阿尔萨斯旁边的萨尔区归法国所有。"

"绝对不行。"威尔逊与劳合·乔治异口同声地嚷道。如果把萨尔区割让给法国，法国无疑就是欧洲的霸主了，萨尔区可是重要的军事工业区啊。

"难道你不知道德国的反战情绪正在高涨吗？难道你愿意看到德国也像俄国一样建立起苏维埃吗？"劳合·乔治警告克列孟梭。

"随便你们怎么说，如果不给法国萨尔，我们将退出和会。"克列孟梭像一只

战争阴云

野兽一样咆哮着。

巴黎和会上的各国代表

　　但是，威尔逊与劳合·乔治丝毫没有退让。最后，法国只好同意暂时把萨尔区交给国际联盟代管。此外，巴黎和会还要求德国在莱茵河以东 50 千米不准驻军，莱茵河以西由联军占领 15 年，同时，德国只能保留 10 万陆军，禁止生产军用飞机、重炮、坦克和潜艇等武器，等等。

　　在巴黎和会上，除了对德国的苛刻处置和勒索外，还包括其他几项议程，其中就有扼杀新生的苏维埃俄国和筹组国际联盟。

　　根据美国总统威尔逊的提议，和会决定对苏俄实行经济封锁，保留德国在东线的军队，并对反苏武装进行干涉。威尔逊还竭力主张建立一个"国际联盟"。

　　等惩罚德国的协议都准备好时，和会已经开到了 5 月份。5 月 7 日，德国代表终于被召进会场，这个主要围绕德国问题召开的和会，德国竟然没有一点发言的权利，不能不说是一种讽刺。

　　"这就是我们拟定的各份协议，你们必须在这份文件上签字。"克列孟梭指着分赃条约草案对德国代表说。

　　"为什么非得要我们承认德国是战争的唯一祸首呢？这是不公平的，我怎能在这种文件上签字呢？"德国代表看到条约上苛刻的条件后站起来申诉。

　　但是，作为战败国，在英、法、美等国的一再威胁下，德国代表最终还是在和约上签了字。

6月28日，战胜国也在和约上签了字。作为战胜国的中国，因和会没能解决山东问题而拒绝签字。

巴黎和会表面上是协约国对同盟国制订和约，实际上却是英、法、美和日本等国借以从战败国中夺取领土、殖民地和榨取大量赔款的分赃会议。这次会议并没有解决帝国主义之间的矛盾，反而为第二次世界大战埋下了复仇的种子。

"土耳其之父"

凯末尔原名穆斯塔法·凯末尔，后来又有了一个新名字凯末尔·阿塔土耳克。"阿塔土耳克"是土耳其的大国民议会为了表彰他的不朽功勋而特意授予他的姓，是"土耳其国父"的意思。在各国历史上，把本国的杰出革命领袖推崇为国父的并不少见，而能把国父当做自己的姓的政治家，恐怕也就只有凯末尔了。

凯末尔于1881年出生于巴尔干半岛的萨洛尼卡，他父亲是位富裕的木材商。他的祖国是历史上赫赫有名的奥斯曼帝国，但当时这个帝国已经败落，几乎沦为了欧洲强国的殖民地。凯末尔从小的愿望就是做一名军人，每当看到街上有军人走过时，他心中就充满了羡慕。他在12岁时就进入了军事预备学校，18岁时进入伊斯坦布尔军事学院学习。毕业后他曾在总参谋部任职，后任第三军团参谋长，并加入了青年土耳其党。

第一次世界大战爆发后，土耳其加入了德国一方的同盟国，向英、法一方的协约国宣战。凯末尔虽然竭力反对土耳其参战，但是作为军人的使命感和责任感还是使他走上了战场。1915年，他指挥部队在达达尼尔海峡战役中粉碎了英法联军的优势进攻，为祖国赢得了第一次世界大战中唯一的一次战役胜利。凯末尔也因此名声大振，在1916年晋升为少将。1918年，土耳其向协约国投降，其领土被帝国主义国家的军队分割占领。就在国家处于生死存亡的危急关头，凯末尔毅然辞去军职，竖起了民族独立的大旗。他统一了土耳其各地的护权协会，号召人民奋起斗争，捍卫祖国的独立和荣誉。1920年，土耳其苏丹政府召开帝国会议，在凯末尔等人的努力下，通过了《国民公约》，确立了保护国家领土完整和民族独立的基本纲领。革命派的斗争引起了帝国主义国家的不满，这年 3 月，协约国军队开到了伊斯坦布尔，开始了对革命派的打击，而土耳其的军事法庭也缺席审判凯末尔等人死刑。

穆斯塔法·凯末尔

　　面对严峻的国内外形势，凯末尔在安卡拉召开新议会，成立了临时政府，凯末尔任临时总统。同时，他建立国民军，并任总司令。1920 年 8 月，协约国强迫土耳其签订了不平等的《色佛尔条约》。根据该条约，土耳其的所有领土都被帝国主义国家分割占领，而且它的军事和财政也要受英、法、意三国委员会的监督。凯末尔领导的临时政府拒不承认这一条约。1920 年，希腊国王纠集 10 万大军迅速向土耳其内地推进，凯末尔动员全国的一切力量，又争取到了苏俄的支持和援助，运用机智灵活的战术，终于在 1922 年赢得了战争的胜利。战争的胜利迫使帝国主义国家放弃了瓜分土耳其的企图，1922 年，有英、法、美、希等国参加的洛桑和平会议召开，并在 1923 年签订了《洛桑和约》。和约重新确定了土耳其的领土范围——几乎包括了今天整个土耳其共和国的领土，并废除了原来强加于土耳其身上的不平等条款。这样，在凯末尔的领导下，土耳其成为第一次世界大战战败国中唯一靠自己的力量恢复了主权完整的国家。

1923 年，土耳其国民议会正式宣布废除君主制，建立共和国，并选举凯末尔为第一任总统。

1922 年 10 月，土耳其人在麦士拿城外围着一面巨幅国旗庆祝胜利。

为了实现土耳其的民族复兴之路，凯末尔在任期内进行了一系列改革。政治上，实行政教分离，废除哈里发制度，推行世俗化；经济上，借鉴苏联工业化的经验，用国家力量促进经济发展；文化上，抛弃宗教精神，培育土耳其民族精神。凯末尔的改革逐步使土耳其走上现代化之路，摘掉了"西亚病夫"的帽子。

1925 年，为了表示改革的决心，凯末尔下令禁止戴传统的土耳其礼拜帽，要求戴礼帽、鸭舌帽等欧式帽，因为圆柱形的红色礼拜帽在奥斯曼帝国有强烈的文化象征意义。为了推进改革，凯末尔还亲自戴着巴拿马帽到几个最保守的城镇视察。最后，欧式帽在土耳其流行起来，其中在平民中最流行的是鸭舌帽，因为在做礼拜时可以帽檐朝后戴，不会影响前额贴地。

1938 年 11 月 10 日，凯末尔在连任了三届总统后病逝，享年 57 岁。土耳其人民为他举行了最高规格葬礼，以表彰他对土耳其做出的杰出贡献。

"非暴力不合作运动"

印度的"非暴力不合作运动"有 3 次，第一次发生在 1920～1922 年，第二次发生在 1930～1934 年，第三次发生在 1942 年。

第一次世界大战期间，印度人民同英殖民统治者间的民族矛盾日益激化。战后，为缓和印度人民的反抗情绪，巩固殖民统治地位，英国殖民当局采取了镇压与怀柔两手政策。1918 年 7 月，英国通过了《孟太古—蔡姆斯福改革方案》，次年 3 月又颁布了《罗拉特法案》。英国殖民当局以为印度人会屈辱接受，谁料到《罗拉特法案》刚一出台，就激起了印度人民的强烈反对，各地集会、示威和罢工活动连续不断。

这一时期，领导国大党的是莫汉达斯·卡尔姆昌德·甘地。

甘地在英国受过高等教育，曾经因为在国外领导印度侨民反对种族歧视而享有盛名。回到国内后，甘地看到印度的革命情形，认为印度必须独立。甘地虽然有进步的思想，但他却主张必须以和平方式进行反英斗争，这种斗争方式被称为"非暴力不合作运动"。"不合作"的内容包括：印度人辞去英国殖民者授予的公职，学生退出英办学校，提倡国货，抵制英货，使用土布等等。非暴力不合作运动得到了印度各阶层人民的广泛响应。1921 年，国大党领导的不合作运动同工农运动交织在一起，形成了民族斗争的高潮。

1922 年 2 月 4 日，印度联合省曹里曹拉村农民突破了非暴力的限制，烧毁警察所，破坏铁路，并杀死向群众开枪的警察。曹里曹拉事件突破了甘地非暴力不合作运动范畴，被甘地认为是"不道德行为"。2 月 11 日，国大党在巴多利召开紧急会议，通过了在全国无限期地停止不合作运动的决议，第一次非暴力不合作运动宣告失败。

· 阿姆利则惨案 ·

第一次世界大战后，印度人民掀起反对英国殖民统治的斗争高潮，英国殖民者决定采取恐怖手段。1919年3月初，旁遮普邦阿姆利则市人民开展反英斗争，抗议《罗拉特法案》。4月10日，英殖民当局在阿姆利则城逮捕了两位著名民族运动活动家。当日，该市群众举行游行示威，与军警发生冲突。愤怒的群众捣毁了英国银行，占领了火车站、电报局、电话局，切断了该城与外地的联系。英殖民当局开进阿姆利则，实行戒严，禁止一切集会。13日，大批锡克教徒在贾连瓦拉·巴格广场举行集会活动。英国殖民当局军队包围广场出口，向群众开枪扫射，当场打死370余人，打伤1200余人。惨案发生后，英国殖民当局封锁消息达4个月之久。阿姆利则惨案激起印度各地更大规模的反英浪潮。

从1929年开始，资本主义经济危机在世界范围内爆发，英国为了减少经济危机带来的损失，加紧了对殖民地的掠夺，印度人民反英斗争重新高涨起来。1929年12月，国大党通过了"争取印度完全独立"的决议，当甘地向印度总督提出这一要求后，遭到了严厉拒绝。1930年，英国殖民当局为了加紧对印度人民的剥削，制定了《食盐专营法》，严格控制食盐生产，这一法律的实施更加引起了印度人民的不满。

1930年3月的一天，甘地带领78名印度人在印度西北部阿默达巴德城的修道院门前，对着大海的方向宣誓。

"英国人竟然以'食盐专营法'来逼迫我们，如果他们不加以修改，我们将离开这里。"甘地情绪激昂地说。

"我们宣誓，我们宣誓……"其他的人纷纷响应。

这就是历史上著名的"食盐进军"运动。甘地带领这些人从阿默达巴德出发，徒步行走，沿路号召人民参加"非暴力不合作运动"。4月初，甘地一行人到达丹地海滨。这时候，跟随甘地的队伍已经有了上千人。当天晚上，这上千人的队伍开始绝食祈祷，第二天上午，甘地又带领这些人到海边取海水煮盐。从这天起，甘地每天都带领这些人到海边煮盐，一直坚持了3个星期。

"食盐进军"点燃了全印抗英斗争的浪潮，标志着第二次非暴力不合作运动开始。

和第一次非暴力不合作运动一样，甘地极力主张把群众运动限定在和平范围内，但是，英国殖民当局并不讲什么"非暴力"，他们逮捕甘地和国大党的其他领导人，并下令取缔国大党。英国殖民当局的这些做法使印度人民再一次冲破了非暴力的限制，示威游行、罢工、抗税斗争不断发生，有的地方还爆发了武装起义。

1930 年 3 月，甘地率信徒开始"食盐进军"，揭开了第二次"非暴力不合作运动"的序幕。

　　印度人民掀起的革命风暴把英国人吓坏了，他们急忙到监狱与甘地会谈，撤销了取缔国大党的命令，想以此来平息印度人民的斗争烈火。1931 年 3 月，受英国殖民当局蒙骗的甘地与英国驻印度总督欧文签订了《甘地－欧文协定》。此后，印度的群众斗争转向低谷。1934 年 5 月，国大党再一次宣布无条件终止不合作运动。第二次非暴力不合作运动失败了。第三次非暴力不合作运动爆发于1942 年，可惜还没有发展起来就流产了。

华盛顿会议

　　"废除英日同盟？我看没有那个必要吧，不如美国也参加到这个同盟中来，以三边协定来代替英日同盟。"英国外交大臣贝尔福带有商量的语气对美国国务休斯的口气更是毋庸置疑："我反对这个建议，如果法国也能加入到这个协议中来，我将对这一建议予以考虑。"

"好吧，希望这一同盟能改变各国之间的关系。"贝尔福拿起笔，在四国协定上签了字。

这一幕发生在 1921 年 11 月 12 日召开的华盛顿会议上，其实，英日同盟问题并没有被列为大会议程，但是，迅速崛起的美国很想通过调整列强在远东的相互关系来加强自己的地位。同时，英、日也畏惧于美国雄厚的军事实力，就这样，美、英、法日四国签订了同盟条约。

美国是这次华盛顿会议的发起者，第一次世界大战结束后，各帝国主义国家掀起了一场海军军备竞赛，其中以美、英、日最为突出。美国仰仗急速膨胀的工业和金融实力，向海上霸主英国发出了挑战，当时的美国海军部长丹尼尔斯曾宣称将在几年时间里建成一支世界上最强最优秀的海军。而美国如果要与老牌的英国和后起之秀日本争锋，就必须限制他国的海军军备，于是，以此为主要议题的华盛顿会议召开了。这次会议适应了各国人民要求裁军的呼声，为美国赢得了"捍卫和平"的美名，同时，还使美国在限制各方的过程中争夺自己的利益。

在讨论限制海军军备问题时，与会各国争执不休。

"我们不能再进行无止境的军备竞赛了，我提议，英、美、日主力军舰吨位比例为 10 : 10 : 6，你们觉得怎么样？"休斯又提出了他的建议。

贝尔福从座位上站起，面红耳赤："坚决反对，大英帝国一直是海上霸主，号称'日不落帝国'，怎么能随便把海上的霸权拱手相让呢？"

休斯干笑了两声："海上的安全是离不开强大的美国的。我们拥有足够的经济和军事实力来防御海洋，如果诸位不同意我的建议的话，就请继续军备竞赛吧，我国将奉陪到底。"

法国外长白里安也有点沉不住气了："你们想把法国排除在外吗？我们可也是为世界和平出了不少力啊。"

日本海军大臣加藤友三郎更是嚣张："我坚持美、英、日三国主力舰吨位比例为 10 : 10 : 7。"

"好啊，如果日本坚持这种比例，那么，日本每造一艘军舰，美国就造 4

参加华盛顿会议的各国代表在《限制海军军备条约》上签字。

艘。"休斯威胁道。

　　最后，经过激烈的争吵，美、英、日、法、意签订了《限制海军军备条约》，规定5国海军主力舰吨位的比例为5∶5∶3∶1.75∶1.75。美国取得了与英国相等的制海权，从此美、英两国并驾齐驱。

　　在限制潜水艇问题上5国更是吵得一团糟。英、美拥有大量商船，由于在一战中深受潜水战之苦，所以主张完全销毁潜水艇，在限制军备竞赛中没有占上风的法国却坚决反对。所以华盛顿会议并没有就潜水艇问题达成协议。

　　中国问题也是这次会议的一项重要议题。出席华盛顿会议的中国代表慑于中国人民反帝斗争的压力，在会上提出了一系列正当要求，如取消凡尔赛条约中关于山东的条款，日本放弃"二十一条"，撤销列强在中国的治外法权和"势力范围"，等等。而日本企图把中日之间的各种问题一笔勾销，提出华盛顿会议只限于一般问题的讨论，想把中日之间的这些具体问题留到会外与中国代表"直接交涉"。美、英为了打击日本在华势力，支持中国收回山东。迫于形势，日本不得不将山东的主权退还给中国。

1922 年 2 月 6 日，与会代表签订了《九国公约》，这个公约表面上宣称尊重中国的主权和独立及领土与行政的完整，实际上只是打破了日本独占中国的局面，使中国又回到了列强共同宰割的局面中。

华盛顿会议是巴黎和会的继续和发展，建立了帝国主义重新瓜分世界的新秩序。

新经济政策与苏联成立

苏维埃政权得到初步稳定后，列宁曾向美国人哈默坦诚地介绍苏俄经济建设的情况，并邀请哈默到苏俄考察："虽然我们两国的政治制度不同，但是你却来到了俄国。听说你曾对战争中的我军进行医务救济，对此我代表我的人民感谢你。不过，我们最需要的还是美国商人，包括美国的资本和技术。苏俄才刚刚起步，资源丰富但却未经开发。而且，我们已经实行了新经济政策，给外商提供了很好的发展平台。所以我们欢迎美国商人来到这里推销产品，你们也可以来我们这里寻找原料，苏俄人对此十分欢迎。"

不久后，哈默成了第一个在苏俄经营租赁企业的美国人。这是苏俄新经济政策颁布后发生的一件事，而在新经济政策颁布之前，这是每一个苏维埃人都不会想到的事。

十月革命胜利后的苏俄成为了世界上第一个社会主义国家。作为新生事物，这个苏维埃国家很快引起帝国主义列强的仇视。帝国主义国家不仅对苏俄实行经济封锁，还派出军队入侵苏俄，进行直接武装干涉，企图颠覆新生的社会主义政权，苏俄国内的反动势力也纷纷寻机叛乱。在这种极端困难的条件下，苏维埃人民在布尔什维克党的领导下，开始了保家卫国的战斗。1920 年，苏俄国内战争取得了胜利。

当时，苏俄的经济已处于崩溃边缘。1921 年初，粮食产量只有战前的一半，广大农民处于饥荒的灾难之中，他们迫切需要政府对他们进行经济帮助。而连年战祸使工业产量仅为第一次世界大战前的 1/5，燃料、冶金、机器制造等部门几乎完全遭到了破坏，铁路运输几乎停顿，几百座铁路桥梁被毁。

长臂尤里纪念碑与莫斯科苏维埃大楼

在这种困难情况下，工人中的失望和不满情绪上升，有的地方还出现了罢工事件。农民的不满情绪更为严重，他们不肯再把粮食无偿地献给国家，一些中农甚至还参加了反苏维埃叛乱。

所有这些情况都说明，苏维埃政权实行的战时经济政策已不适合经济发展的需要了。以列宁为首的布尔什维克很快意识到这一点，开始寻求解决的办法。在仔细分析了国内的情况后，列宁认为恢复经济，稳定政权必须从改善国家同农民的关系入手。

1921年3月，俄共召开了第十次代表大会。会议根据列宁的报告，决定用粮食税代替余粮收集制。也就是说，特殊国情下的战时共产主义政策已经被废除，新的经济政策开始实行。这种新经济政策规定，农民不必把全部余粮交给国家，只需交纳一定的粮食税，超过税额的余粮都归农民个人所有。

粮食税的实行调动了广大农民的生产积极性，新经济政策取得了成效。于是，苏俄政府又把新经济政策扩展到其他领域。

在工业方面，除涉及国家命脉的重要厂矿企业仍然归国家所有外，那些中小

宣传斯大林领导苏联人民建设社会主义的海报

企业和国家暂时无力经营的企业则允许本国和外国的资本家经营。在商业领域，恢复国内的自由贸易，允许农民和小手工业者把自己的劳动产品拿到市场上自由买卖，等等。

新经济政策实行后，得到了广大农民和工人的拥护，也得到了其他劳动者的拥护。此后，工农联盟日益巩固，苏维埃政权不断加强。到1925年，国民经济已基本恢复。

新经济政策为苏俄从资本主义向社会主义过渡创造了有利条件。1922年12月30日，苏维埃社会主义共和国联盟成立大会在莫斯科召开，大会宣布，在自愿和平等的基础上成立"苏维埃社会主义共和国联盟"，参加联盟的4个共和国包括俄罗斯、乌克兰、白俄罗斯和外高加索联邦，简称苏联，苏联由此成立。

《非战公约》

20世纪是个战争的年代，局部战争和世界性的大战不断发生。伴随着战争的，是和平主义运动在欧美兴起，各种和平方案层出不穷。

1927 年 3 月，美国非战运动的代表人物肖特威尔访问法国，并与法国外长白里安举行会谈，提出了非战的和平方案。4 月 6 日，是美国参加第一次世界大战纪念日，法国趁此机会在巴黎召开了纪念大会，数千名参加过一战的美国军人参加了纪念大会。白里安做了大会发言，在发言中，白里安建议法美两国缔结条约，永恒友好，互不作战，想以此同美国建立类似军事同盟的关系，借机加强法国在欧洲大陆的地位。6 月 20 日，白里安又向美国驻法大使递交照会，正式提出双边条约草案，提出两点建议：放弃以战争作为执行国家政策的工具；和平解决两国间的一切争端。

对于法国的单方面的热情，美国政府并没有及时给予答复。迫于社会团体的压力，美国对白里安的草案还是进行了研究。半年后，美国决定采用白里安的草案。12 月底，美国国务卿凯洛格向法国发出照会，提出非战公约不应只限于美法两国，而应由世界 6 大强国——美、法、英、德、意、日共同签署，然后邀请世界其他国家参加。美国的目的是想通过多边非战公约的缔结使美国居于领导地位，降低英、法操纵的国际联盟的作用。

美国的多边和平建议使法国的计划落空了。白里安虽然心里极其不满，但慑于美国势力的强大又不好拒绝。1928 年 1～3 月，法美两国多次互换照会，但始终未能就签订多边条约还是双边条约达成一致意见。

4 月，美国向英、德、意、日政府发出照会，并附上白里安关于签订非战公约的草案，争取这些国家的支持。不久，德国政府率先表示支持多边公约，并反对法国的保留意见。随即，英国也做出反应，支持多边公约，但坚持只有在不损害英国利益的基础上才接受公约。但此时的英、法两国根本不可能再像以前那样无视美国和其他各国的存在，因此，在美国的压力下，经过多次谈判后，英、法终于同意在条约上签字。

1928 年 8 月 27 日，美、英、法、德、比、意、日、波、捷克斯洛伐克等 15国的代表在巴黎签订《关于废弃以战争作为推行国家政策的工具的一般条约》，这一条约也被称为《凯洛格—白里安公约》或《非战公约》，于 1929 年 7 月 25日正式生效。《非战公约》包括序言和正文，正文的主要内容是：废弃以战争作为推行国家政策的工具，反对用战争来解决国际争端；不论国际争端或冲突性质或起因如何，都只能用和平方法解决。公约规定，世界所有其他国家都可加入该

张伯伦（左二）、白里安（右一）等人在国联会议上交谈。

公约。

　　签约的同一天，美国将签约照会送交除苏联以外的世界其他国家，邀请各国参加。法国则负责去邀请苏联。9月，苏联宣布正式加入这一公约，但同时也对公约里没有包含关于裁军义务的内容表示遗憾。中国于 1929 年在公约上签了字。截至 1934 年 5 月，加入《非战公约》的国家增加到了 64 个。当时全世界只有 68 个主权国家，只有阿根廷、玻利维亚、萨尔瓦多和乌拉圭 4 个拉丁美洲国家没有加入这一公约。也就是说，世界上的绝大多数国家都希望废除战争，但是，各国在加入《非战公约》时都先后发表备忘录或声明，对公约提出保留条件，声称有权根据实际情况决定是否"诉诸战争"，所以公约提出的"废除战争"只能是一纸空谈，既不能解决任何国际纠纷，更不能废除帝国主义战争。但该公约在国际关系中对反对帝国主义战争的斗争有一定的作用，对国际法产生了一定影响。

"圣雄"甘地

当甘地最亲密的战友之一、历史学家克里帕拉尼第一次听到甘地表述"非暴力"思想时，克里帕拉尼直截了当地对甘地说："甘地先生，您可能了解《圣经》和《薄伽梵歌》，但您根本不懂得历史。从没有哪个民族能和平地得到解放。"甘地温和地说："您才不懂得历史，关于历史您首先得明白，过去没有发生过的事并不意味着将来也不会发生。"

甘地除了坚信一切都有可能，他还坚信人是可以改变的。他首先改变了自己，从饮食、穿着、交通方式这些最微小的事情，到精神、意志、行为方面的修炼，每天都在试图进一步完善自己。他以自己的身体力行最大限度地感染和带动了周围的人，令他们行动起来，寻求生活的意义和真谛。更令人称奇的是，甘地居然赢得了许多英国人的支持，以至于那些被派往印度工作的英国高级官员在临行前会被不断提醒：小心甘地的魅力。

甘地的魅力是不可估量的，他把毕生的精力都奉献给了印度人民的解放事业，不但赢得了印度人民的爱戴，还被誉为"圣雄"和"国父"。

1869 年，甘地生于印度西部波尔邦达一个土邦大臣之家，母亲是一位虔诚的印度教信徒，甘地全家都信仰印度教的保护神派，这一派的最重要的信条是"戒杀"和"禁肉食"，所以甘地一家人都是绝对的素食主义者。他们还主张忍耐和禁欲，对甘地以后思想的形成影响很大。

13 岁时，甘地在父母的安排下与嘉斯杜结婚，并因此而停学一年。1889 年，甘地不顾族人的反对，离开家乡去英国留学。他考入伦敦大学攻读法律，于1891 年 6 月取得律师资格证。12 月他动身回国，在一家律师事务所任职，不久，甘地应一位印侨富商的邀请前往南非办理一个债务案件。没想到他在南非一待就是 21 年，期间他多次运用非暴力反抗方式领导印度侨民争取平等待遇，反对白人对有色人种的歧视。他在南非的斗争颇有成效，迫使南非政府废除了针对印侨的人头税，并承认了印度的合法婚姻在南非有效。

1914 年，甘地从南非回到印度，很快就成为国大党的主要领导人之一。一

甘地在"非暴力不合作运动"中纺线

战爆发后，英国为了争取殖民地人民的支持，允诺胜利后给印度自治的地位。甘地积极响应英国的号召，在印度帮英国招募士兵参加战争。但大战胜利后，英国不但没有兑现诺言，反而对印度实行更为强硬的措施。这引起甘地的强烈愤慨，于是开始组识非暴力反抗运动，以争取印度的自治地位。1922 年，在甘地的号召下，印度人民举行了大规模的罢工、罢课、罢布和集会游行，引起英国殖民统治者的恐慌。随后英国殖民当局逮捕了甘地，并判处他 6 年监禁，后因病被提前释放。1924 年，甘地当选为国大党主席。1930 年 3 月 12 日，甘地率领信徒开始"食盐进军"，到印度洋西海岸提炼海盐，以反对英国殖民当局的食盐专卖政策，由此发动了第二次非暴力不合作运动。在英国殖民当局的残酷镇压下，第二次不合作运动很快失败。1940 年，甘地又发动了第三次运动，经过几个阶段的努力，最终还是失败了。虽然三次不合作运动都是以失败而告终，但还是取得了显著成果：1930 年，印度的各种纺织品进口比上年减少了 1/3，纺织中心孟买的 16 家英国工厂倒闭，而印度人的土布工厂则在一年中从 384 家增加到了 600 家。

1945 年第二次世界大战结束后，在甘地的不懈努力下，英国终于答应印度独立。但为了继续维护英国在印度的利益，1947 年英国政府通过了"分而治之"的《蒙巴顿方案》，把印度分裂为印度自治领和巴基斯坦自治领两个部分。《蒙巴顿方案》导致了印度各教派之间激烈的冲突。为了制止教派冲突，75 岁高龄的甘地决定以绝食的方式来感化大家。1948 年 1 月 13 日绝食开始，由于甘地在印度人民心中具有崇高威望，各教派都派代表团来看望他。甘地要求各教派写出书面保证，不再发生宗教冲突。在书面承诺中，甘地要求印度赔偿巴基斯坦 5 亿卢比，正是这条要求，激怒了一些印度教徒。1 月 30 日，甘地在一次祈祷会上被一名激进的印度教徒枪杀，享年 79 岁。这位终身提倡"非暴力"运动的领袖，最后却死于暴力，不能不说是历史的遗憾。

罗斯福新政

1929 年 10 月 24 日，美国纽约证券交易所的股票指数开盘后便一路狂跌，尽管股民们发疯似的抛售各种股票，但还是有无数的股民顷刻间倾家荡产。这一天，有 1300 多万股票易手，创美国历史上的最高纪录。突然发生的这一切又有谁会想到呢？在这之前的几个月里，美国通用汽车公司、钢铁公司的股票都有过大幅度的上升。就在前一个月，美国财政部长还信誓旦旦地向公众保证"这一繁荣的景象还将继续下去"。但是，一夜之间，股票从顶巅跌入深渊，而且一跌再跌。10 月 24 日是星期四，所以这一天被称为"黑色星期四"。

纽约股票市场的崩溃宣告了一场席卷资本主义世界的经济危机的到来。第一次世界大战后，美国聚集了大量财富，但它并没有能逃离经济危机的泥沼，以前蒸蒸日上的繁荣景象逐步被存货如山、工人失业、商店关门的凄凉景象所代替，千百万美国人多年的辛苦积蓄付诸东流：8 万多家企业破产，5000 多家银行倒闭，失业人数由 150 万猛升到 1700 多万，大量的牛奶倒入大海，粮食、棉花当众焚毁。

富兰克林·罗斯福就是在这种情况下当选为美国第 32 届总统，取代了焦头烂额的胡佛。富兰克林·罗斯福是西奥多·罗斯福的侄子，40 岁时患脊髓灰质炎造成下肢瘫痪，成了一个残疾人。但是，罗斯福并没有被残酷的命运吓倒，正如他在总统就职演说时说的那样："我们唯一恐惧的只是恐惧本身，一种丧失理智的、毫无道理的恐惧心理……"

面对这场严重的经济危机，罗斯福决心领导美国人冲出低谷。他针对当时的实际情况，顺应广大人民群众的意志，大刀阔斧地实施了一系列旨在克服危机的政策措施。

由于经济危机是由金融危机触发的，所以罗斯福决定从整顿金融入手。1932年3月6日，罗斯福发布总统令，要求国会于3月9日举行特别会议审议《紧急银行法》，3月9日，国会通过《紧急银行法》，决定立即关闭所有的银行。罗斯福的这一行动犹如"黑沉沉的天空中出现的一道闪电"，对收拾残局、稳定人心起到了巨大作用。美国历史上的罗斯福新政轰轰烈烈地开始了。

在整顿银行的同时，罗斯福还采取了加强美国对外经济地位的行动。

·柯立芝繁荣·

第一次世界大战结束后，英、法、德等战前强国元气大伤，美国得以轻松向外经济扩张。加上国内的技术革新和管理方式的改革，使得美国经济高速发展，到1929年，美国经济已经占世界经济比重的48.5%。这段时期主要是柯立芝担任总统，所以历史上把这段时期称为柯立芝繁荣。但是这种繁荣是虚假的，因为当时美国流行炒股票，股市一片"繁荣"，股价的上涨导致越来越多的人将钱投入股市而不是发展生产。而且美国当时繁荣的产业主要集中在一些工业部门，而另一批工业部门和农业却不怎么景气，结果导致美国社会经济发展不平衡，矛盾激化到一定时候就爆发了经济危机，大萧条时代来临。

1933年3月10日，罗斯福宣布停止黄金的对外出口，禁止私人储存黄金和黄金证券，禁止使用美钞兑换黄金，废除以黄金偿付公私债务。这些措施，对稳定局势、疏导经济生活的血液循环产生了重要的作用。

在农业方面，政府与农场主签订减耕合同，限制农作物种植面积和农产品产量，维持农产品价格，避免农场主破产。

在工业方面，政府颁布《全国工业复兴法》，要求资本家们遵守"公平竞争"的规则，规定工人最高工时和最低工资，订出各企业生产的规模、价格、销售范围，以便限制垄断，减少和缓和了紧张的阶级矛盾。

两名美国妇女展示她们的社会保险卡，罗斯福为保障美国公民的社会福利，引入了养老保险、失业保险和事故保险。

新政的另一项重要内容是救济工作。1933 年 5 月，国会通过《联邦紧急救济法》，成立联邦紧急救济署，合理划分联邦政府和各州之间的救济款使用比例，制定优惠政策鼓励地方政府用来直接救济贫民和失业者，给失业者提供从事公共事业的机会。到第二次世界大战前夕，美国政府支出的种种工程费用及数目较小的直接救济费用达 180 亿美元，修建的飞机场、运动场、学校、医院等更是不计其数，是迄今为止美国政府承担执行的最宏大、最成功的救济计划。

正是在罗斯福的带领下，美国人民才度过了 20 世纪 30 年代那段最为严重的经济危机，为美国投入第二次世界大战及战后的快速崛起奠定了坚实的基础，因此罗斯福也成为继亚伯拉罕·林肯以来最受美国和世界公众欢迎的总统。1936 年，罗斯福以压倒多数的票数再度当选为美国总统，1940 年、1944 年又两次击败竞争对手，成为美国历史上唯一一位连任四届的总统。

纳粹党上台

啤酒馆暴动被镇压后，魏玛政府宣布取缔纳粹党，巴伐利亚当局以阴谋推翻政府罪逮捕了希特勒和鲁登道夫等人。1924 年 4 月 1 日，希特勒被判处 5 年徒刑，鲁登道夫、罗姆等人则被无罪释放。

在狱中，希特勒口授了《我的奋斗》一书。希特勒打着反对民族压迫的幌子，进行复仇主义的宣传，叫嚣要对外扩张，以求得生存空间。虽然书中的内容极其反动，但在希特勒等人的掩盖下，还是有一大部分不明真相的德国人对书中的希特勒佩服得五体投地，希特勒也因此有了更多追随者。

1924 年底，希特勒假释出狱。此时的希特勒更加狡猾了，他一再向巴伐利亚政府保证，以后一定循规蹈矩，不再进行政治活动。其实，他正在策划重组纳粹党，再建冲锋队。

1929 年，整个资本主义世界爆发了经济危机，德国也受到了沉重的打击。战败后的经济已经给德国人蒙上了阴影，更禁不起如此打击。经济危机刚一爆发，德国就有约 800 万工人失业，无数家中小企业倒闭。魏玛政府为了把危机造成的后果转嫁到劳动人民身上，采取了增加税收、削减失业救济金等措施。国内的阶级矛盾顿时被激化了。1932 年，仅两个月全德就爆发了 900 多次罢工。内外交困的统治阶级感到，"只有剑才是德国的经济政策"，于是，一种对内镇压人民革命，对外用大炮、坦克去夺取殖民地的政府的成立成了许多人的幻想。

希特勒抓住了这一有利时机，开始在德国到处进行鼓动和宣传。他吸取了啤酒馆暴动失败的教训，决定在努力扩大纳粹党的群众基础的同时，全力争取权力集团，即垄断资产阶级、军官团和容克的支持，走合法斗争的道路。

1932 年 1 月，希特勒在垄断资本家的会议上发表了长篇演说，宣扬纳粹的法西斯纲领，博得了资本家们的一致喝彩。希特勒还到全国各地进行"飞行演说"，他滔滔不绝地大谈人民的苦难、民族的仇恨，并向人民许下种种美妙的诺言。在他的欺骗宣传下，处于绝望状态下的失业工人、农民和学生纷纷加入纳粹党，不久之后，纳粹党成为了全国第一大党，而纳粹党的冲锋队也发展到 10 万余人，比当时德国政府的国防军还要庞大。

希特勒走上纳粹德国的最高统治宝座。

　　1932 年 2 月 25 日，德国总统兴登堡收到了容克地主代表阿尔尼姆伯爵写来的信，阿尔尼姆伯爵在信中阐述了希特勒和纳粹党对德国的重要性，表示支持希特勒出任政府总理。1932 年 11 月中旬，17 名工业界和银行界巨头联合向兴登堡总统递交请愿书，要求任命希特勒为总理。1933 年 1 月下旬，国防军第一军区司令勃洛姆贝格及其参谋长莱斯瑙也在兴登堡总统面前力荐希特勒为民族阵线政府总理。1 月 30 日，经过希特勒的一番策划，才执政 57 天的施莱彻尔内阁倒台，兴登堡总统正式任命希特勒为总理。此后，德国陷入了法西斯的统治之下。

　　1933 年 2 月 27 日，坐落在德国柏林共和广场旁的国会大厦突然间燃起了熊熊大火，转眼间，这座柏林城内的宏伟建筑变为灰烬。事发以后，希特勒断言这场火灾是共产党反对新政府的罪行。于是，一场搜捕共产党的运动在德国开始了。希特勒命令早已进入高度战备状态的冲锋队立即行动，根据事先拟好的名单抓获了 4000 多名共产党员和许多左派进步人士。德国共产党国会议员托尔格列尔，保加利亚共产党主席、共产国际西欧局领导人季米特洛夫等也同时被捕。

　　9 月 21 日，纳粹法西斯在莱比锡公开审理了这起"国会纵火案"。在国际舆论的声援下，莱比锡法庭不得不宣布季米特洛夫无罪。"国会纵火案"的失败，不但没有使希特勒醒悟，反而使希特勒更加仇恨共产党，德国共产党则不屈不挠地同法西斯进行着斗争。

1934年8月，兴登堡总统去世，没有了约束的希特勒立即宣布废除总统制，自任国家元首兼总理，独揽了全部大权，由此掀开了德国历史上"第三帝国"的篇章。

希特勒掌权以后，马上撕下伪装的嘴脸，对内进行独裁统治，对外进行侵略扩张，特别是对犹太人实行的种族灭绝政策，使得600万犹太人惨遭屠杀。

绥靖政策

绥靖政策也称姑息政策，是一种对侵略不加抵制、姑息纵容、退让屈服，以牺牲别国为代价，同侵略者勾结和妥协的政策。第一次世界大战后，各国人民革命的兴起和社会主义苏联的出现，引起了西方帝国主义国家的恐惧和仇视。他们在争夺世界霸权的斗争中，既想削弱和击败竞争对手，又想联合起来反对社会主义、镇压人民革命，这一矛盾心理处处都能得到体现。

1929～1933年的世界经济大危机使各帝国主义实力此消彼长，英、法雄霸欧洲的局面一去不复返。随着德国法西斯的崛起，英法两国已经丧失了协调欧洲格局的外交主动权。1934年10月，法国强硬外交的代表人物——法国外交部长巴尔都在马赛遇刺身亡，标志着法国绥靖政策的开始。而在英国，张伯伦则是这一政策的代表人物。

张伯伦于1937年5月28日出任英国首相，当时正是法西斯国家疯狂扩张的时候，国际环境恶劣。张伯伦自知英国已无力改变国际形势，便决定发展其前任麦克唐纳和鲍尔温一贯推行的绥靖政策。

20世纪30年代以前，英、法、美的绥靖政策主要表现为扶植战败的德国、支持日本充当防范苏联的屏障和镇压人民革命的打手。从凡尔赛—华盛顿体系和道威斯计划、杨格计划、《洛迦诺公约》中都能找到绥靖政策的影子。1937年的经济危机再一次给英国造成了经济困境和社会动荡，与此同时，苏联正逐渐强大起来，时刻威胁着英、法等大国的利益。英、法一直希望能找到一种能遏制苏联的势力。

·道威斯计划·

第一次世界大战结束后，战胜国在巴黎和会上制定了德国的赔偿计划，但是已经被战争打得精疲力竭的德国根本没办法偿还债务，再加上各个战胜国争夺赔款的矛盾，世界政坛一片混乱。为了解决这个问题，协约国赔款委员会于1923年11月设立委员会研究德国赔款问题，由美国银行家道威斯担任主席。1924年4月9日，道威斯拿出了"道威斯计划"，这个计划很快就获得了通过，其中心内容是用恢复德国经济的方法来保证德国能够及时偿付赔款。因为赔款总额并没有定下来，所以规定德国第一年偿付10亿金马克，此后逐年增加，到第五年增加到25亿金马克。1924年8月16日，道威斯计划开始实行，此后5年时间，德国偿还了110亿金马克的赔款，但却获得了210亿金马克的贷款，为德国经济的复兴和发展起了重要作用。1928年，德国借口财政问题，拒绝继续执行该计划，1930年，杨格计划将其取代。

面对德国希特勒的强硬，张伯伦企图以退让来稳定形势，以便重整军备来确保英国在欧洲乃至整个世界的霸权地位。以丘吉尔为代表的少数人反对张伯伦这种一面寻求妥协，一面重整军备的双重政策，但遭到了张伯伦的排斥。

在张伯伦的积极"努力"下，英国制定了"欧洲总解决的绥靖政策总计划"，并派大臣哈利法克斯伯爵于1937年11月17日访德，向希特勒详细介绍了英国的政策，以使希特勒进攻苏联有恃无恐，妄图早日把祸水引向苏联，坐收渔翁之利。张伯伦政府还承认了意大利对埃塞俄比亚的侵占，并与法、美一起对西班牙内战实行"不干涉政策"。1937年，英、法、美对日本发动全面侵华战争视而不见，在此后的太平洋国际会议上，阴谋出卖中国，同日本妥协。

1938年3月，德军开进奥地利，张伯伦政府给予了默许。当希特勒挑起捷克境内的苏台德危机时，英国虽象征性地对德施加了压力，但依然没有放弃既定的绥靖政策。而慕尼黑会议和《慕尼黑协定》则是绥靖政策最典型的体现。1938年9月29日，英、法、德、意四国首脑在慕尼黑举行会议，四国正式签订了《关于捷克斯洛伐克割让苏台德领土给德国的协定》，即《慕尼黑协定》。会上，英、德还签订了《英德互不侵犯宣言》。捷克政府在德国的军事威胁和英、法、意的压力下，被迫接受了这个协定。英、法及幕后支持的美国，妄图以牺牲捷克斯洛伐克为代价，来求得"一代人的和平"，并将"祸水东引"。但事与愿违，绥靖政策不但没有给欧洲带来张伯伦所谓的"和平新时代"，反而加速了战争的到来。当希特勒以闪电战占领捷克斯洛伐克时，张伯伦开始有些坐不住了，他一边威胁德国，一边与德国进行秘密谈判，毫无意义的谈判更加坚定了希特勒发动战争的决心。

第二次世界大战爆发后，西线出现了"奇怪战争"，英、法的"不战不和"战略使希特勒在侵略欧洲小国时忘乎所以，野心越来越大，以至于最后直取法国，进逼英国。

历史证明，绥靖政策不但无法满足法西斯国家的侵略野心，反而加速了第二次世界大战的爆发。

二二六兵变

当希特勒在德国建立起法西斯专政，并形成世界大战的欧洲策源地的时候，亚洲日本的法西斯势力也开始蠢蠢欲动。

在第一次世界大战中，日本和美国一样大发战争财，战后成为债权国，就经济形势这一点来说，要比德国好得多。但日本走上资本主义道路比较晚，原有的经济基础比较薄弱，在政府的大力推动下，日本才得以走向帝国主义阶段。同时，由于日本是个岛国，国土范围比较小，所以经济的发展有着先天性的缺陷：国内市场狭小，资源极度贫乏，必须依赖海外的原材料市场和商品市场才能维持生存。因此，经济危机的爆发和世界各国提高关税，对日本来说是个沉重的打击。为了转嫁经济危机，日本资本家大量裁减工人，降低工人工资，使日本国内的阶级矛盾日趋尖锐，经济危机逐渐演变成了政治危机。

1929 年底和 1930 年 4 月，东京的电车和公共汽车工人举行大罢工，与之相呼应，大阪、横滨的电车、公共汽车工人与资本家发生了劳资纠纷。据统计，1931 年日本国内的罢工次数比 1928 年增加了 1.5 倍。在这种情况下，日本统治

阶级惶恐不安，亟须建立强权政治。

日本军部是日本统治集团内部庞大的军事官僚机构，它独立于政府、议会之外，包括政府中的陆军省、海军省、陆军最高指挥参谋本部、海军最高指挥军令部等部门。日本法西斯要求在日本天皇的名义下建立法西斯独裁政权，实行对外侵略扩张。1931年，在日本军部的策划下，爆发"九一八"事变，日本霸占中国东北，随后便进一步向中国内陆渗透。

和德、意法西斯一样，日本法西斯也公开反共，并在"防止赤化"的口号下，摧残一切进步力量。此外，还制造了一连串暗杀事件，对那些政见不合的统治集团中的个别首脑进行暗杀。于是，日本一步步走上了对内独裁、对外扩张的道路。

1936年2月26日凌晨，日本东京一片沸腾，一队士兵组成的队伍浩浩荡荡地向日本政府首脑的官邸行进。这些士兵一边走，一边挥动着手里的大字标语，高喊口号，路旁看热闹的群众不知道发生了什么事，被手中端着枪的士兵们吓坏了，忙躲进角落里，大气都不敢出。

法西斯军国主义与传统的武士道相结合，形成日本军人畸形而毒戾的作风，图为1932年在上海的几名日军军官。

这次兵变约有 1400 名士兵参加，由皇道派军官安藤辉三、村中孝次和栗原安秀等率领。在皇道派军官的鼓动下，士兵们冲入政府首脑官邸，杀死内阁大臣斋藤实、大藏大臣高桥是清和教育总监渡边锭太郎，占领陆军省、参谋本部、国会和总理大臣官邸、警视厅及附近地区，要求任命荒木贞夫为关东军司令官，并罢免统制派军官。

为了平息皇道派军官的叛乱，日本陆军当局颁布《戒严令》。2 月 29 日，日本陆军部下达镇压命令，大部分叛军头目被逮捕，参加叛乱的士兵被迫回到各自的营房。

"二二六"兵变虽然因为军阀集团的内讧而未能得逞，但却使得原内阁辞职，使老牌法西斯分子广田弘毅上台组阁。广田弘毅上台后，首先恢复了军部大臣的现役武官制，规定内阁中陆、海军大臣必须由现役中将级以上的军人担任，以加强军部左右日本政局的能力。广田弘毅还以镇压叛乱、稳定时局为名，对内禁止工人罢工，限制人民的各种自由，并加紧对舆论及宣传机关的控制和收集情报的活动。此外，广田弘毅还制订了《基本国策纲要》，公开表明，不仅要继续扩大侵华战争，而且还要对亚洲、太平洋地区其他国家进行侵略扩张。与这一国策相适应，日本加紧了扩军备战，陆军提出了 6 年内增建 41 个师团、142 个航空中队的计划，海军提出了 5 年内增建各种军舰 66 艘的计划。

这样，以广田弘毅上台组阁为标志，天皇和军部为核心的法西斯专政在日本建立起来了，世界大战的亚洲策源地就此形成。

苏联的建设与宪法的确立

列宁逝世后，苏联的社会主义建设主要在斯大林的领导下进行。

1925 年 12 月，联共（十四大后，俄共改称为联共）十四大召开。大会通过了社会主义工业化的总方针，决定把苏联从农业国变为工业国。这次会议的召开标志着有计划、大规模实现社会主义工业化时期的开始。

苏联的社会主义建设在国际上受到了帝国主义的包围和威胁，加上国内原有的经济文化和技术基础十分落后，资金短缺，而社会主义建设是史无前例的，没有成功的经验可供借鉴，所以苏联人民只能自己进行摸索。1927年末，苏联的工业生产超过了一战前的最高水平。然而，以落后小农经济为基础的农业并不能适应工业的迅速发展。1927年12月，联共召开十五大，确立了农业集体化的方针，规定党在农村的基本任务是把个体小农经济联合并改造为大规模集体经济。从1928年起，苏联开始了有条不紊地进行经济建设，新经济政策被取消了。

1928年初，苏联发生了粮食收购危机，虽然农业丰收，但国家收上来的粮食却比上年减少了近200万吨。斯大林认为，粮食收不上来是富农反抗造成的。于是，苏联政府采取强制措施，强迫富农把粮食卖给国家，同时推行农业集体化的政策。在经济建设之初，农业集体化进展的速度并不快。但1929年4月以后，集体化运动大规模开展起来，并出现了全盘集体化的趋势，即某些村、乡的农民一起加入集体农庄。斯大林过高地估计了富农的觉悟程度，要求全国迅速实现全盘集体化。

在开展全盘集体化运动的过程中，苏联改变了对富农的政策，从限制和排挤富农阶级转变为消灭富农阶级。农业集体化虽然暂时有利于工业的发展，但它违背了农民自愿加入的意愿，与当时生产力发展水平低下的状况不相适应，使农业生产力得到了破坏，严重阻碍了苏联经济的发展。

随着国家工业化和农业集体化的实现，苏联社会发生了重大变化：社会主义经济成分在国家经济中占据着绝对的主导地位；工商业中的私营经济被消灭了；农村中的富农经济被消灭了；个体小农经济也被集体所有制经济取代，国家所有制和集体所有制成为了苏联社会的经济基础。这些变化都是苏联社会主义建设和改造取得的巨大成就，有必要以法律的形式肯定下来。

根据苏维埃第七次代表大会所做的决议，为了适应社会和经济等方面发生的变化，苏联宪法需要进行修改和补充。会后组成了宪法委员会，负责起草苏联宪法的修改草案，斯大林任委员会主席。

1935年12月，宪法委员会把拟好的宪法草案在报刊中公布，让苏联人民都参与到宪法草案的讨论中来。

1936年11月26日，苏维埃第八次非常代表大会在莫斯科召开。斯大林在会上做了《关于苏联宪法草案》的报告，斯大林在报告中列举了上一部宪法制定以来苏联社会的变化，归纳出新宪法草案的一些特点，并对新宪法的意义进行了总

手握镰刀斧头的苏联男女雕像

结。12月1日，新宪法草案得到大会代表的一致通过。

12月5日，大会批准了宪法的最后文本，通过了《苏维埃社会主义共和国联盟宪法》。由于该宪法是在斯大林参加和指导下制定的，所以又被称为《斯大林宪法》，也称《1936年宪法》。苏联新宪法含13章146条，规定苏联是工农社会主义国家，其全部权力属于城乡劳动者，由劳动者代表苏维埃行使，苏联的经济基础为"社会主义经济体系及生产工具与生产资料社会主义所有制"，实行"各尽所能，按劳分配"的原则，凡苏联公民，不论民族和性别，一律平等，享有言论、出版、集社、劳动等自由。

新宪法颁布实施后，苏联党和人民立即转入按新宪法进行苏联最高苏维埃选举的准备工作，并于1937年12月12日进行了苏联最高苏维埃第一次选举。苏联《1936年宪法》是一部胜利建成社会主义的宪法，在无产阶级宪法史上具有重要的意义。

马德里保卫战

1936年2月，西班牙举行国会选举。出人意料的是，由共产党、社会党和其他进步力量组成的人民阵线在这次选举中大获全胜。接着，人民阵线成立了以左翼共和党人为首的共和国政府。

西班牙是个工业比较落后的国家，受1929年开始的资本主义世界经济危机的影响，国内的工农业生产陷入混乱状态。1931年4月，资产阶级民主共和国成立。但是，西班牙的政局并没有因此而改观，由资产阶级共和党和社会党组成的联合政府只是实行了一些极为有限的改革，根本性的问题还是没能得到解决。在这种情况下，人民阵线得以胜出。

新政府一组成，立即实施了一系列有利于人民的民主措施：释放政治犯，因政治原因而失业的工人的工作得以恢复；实行养老金和工人休假制度，宣布西班牙各族人民拥有自决权；实行部分土地改革，禁止强制农民迁离他们租佃的土地等。这些措施一出台，很快就得到了人民群众的拥护。

·第五纵队·

西班牙爆发内战后，德、意法西斯派遣军队帮助佛朗哥叛军攻打马德里。叛军共有4个纵队，先后对马德里发动了4次进攻。叛军头目德利亚诺·谢罗不仅指挥手下大肆屠杀，还暗中派人进入马德里鼓动那些颠覆分子从内部破坏共和国政府，声称那些颠覆分子是他的"第五纵队"。共和国政府在内外交困的形势下被叛军颠覆，其中那些潜伏在内部的颠覆分子起了很大的作用，所以后来人们就把内奸、间谍等称为第五纵队。

正当西班牙人民表示支持新政府的同时，与德、意等国法西斯早有勾结的西班牙法西斯却开始秘密行动起来。西班牙法西斯早已经对西班牙共产党恨之入骨，看到仇人登上了统治地位，法西斯党徒们心里当然不是滋味。

7月的一天，西班牙驻摩洛哥军司令佛朗哥纠集了一小撮法西斯军官，指挥着摩洛哥军团从南向北进攻，发动了反共和国的叛乱。与此相呼应，另一叛军将

领莫拉率领队伍由北向南，与佛朗哥叛军夹击西班牙首都马德里，企图一举扼杀共和国。

1936年，佛朗哥宣誓成为西班牙国家最高元首。

这两股叛军人数众多，装备精良，而刚刚成立的共和国虽然进行了部分改革，但还处在千疮百孔之中。在叛军的步步进逼之下，西班牙南部大片土地失陷，叛军兵临马德里城下。

国难当头之际，西班牙共产党号召全体西班牙人民团结起来，与叛军斗争到底。成千上万痛恨封建君主制度和法西斯主义的人参加到这场保卫马德里的战争中。虽然他们没有先进的武器，只有旧式步枪、猎枪、手枪、刀、手榴弹等，但共和军正因为有他们的参与而充满着生机。

不久，佛朗哥向马德里发动了第一次进攻。"决不让法西斯在马德里前进一步！"西班牙军民高喊着斗志昂扬的战斗口号，守卫在马德里的各大要塞。在共和国军民的奋勇反击下，佛朗哥叛军的第一次进攻被打败了。

1937年1月，佛朗哥对马德里发动了第二次进攻，再一次遭到了西班牙军民的有力回击，一次又一次的冲锋被打退，马德里依旧安然屹立。2月6日，不甘心失败的佛朗哥对马德里又发动了第三次进攻，但依然没有多大进展。

正当佛朗哥濒临失败之际，意大利、德国法西斯对西班牙进行了公开的武装干涉，他们派出大量运输机帮助运送叛军，还运输坦克、飞机等武器支援叛军，甚至还派出正规军直接进攻马德里。

3月8日，佛朗哥和德、意干涉军的4个纵队对马德里发动了第四次进攻。但是，由于西班牙军民的顽强抵抗，德、意法西斯和佛朗哥的阴谋还是没能得逞。

马德里保卫战得到了世界各国进步力量的支援。来自苏联、中国、法国、意大利等54个国家的志愿者组成了国际纵队，与西班牙军民一起投入到反法西斯的战斗中。

1939年2月27日，表面上保持沉默的英、法等国宣布承认佛朗哥政权，并与西班牙共和国断绝外交关系，这无疑是支持法西斯的表现，于是，德、意法西斯对西班牙内战的干涉更加猖獗了。

3月5日，人民阵线中的右翼投降分子在德、意法西斯的配合和马德里市内间谍分子的策划下发动政变，共和国军队开始瓦解。3月28日，由于内奸的出卖，马德里失陷，共和国政府被颠覆。此后，西班牙建立起了以佛朗哥为首的法西斯政权。

轴心国的形成

第一次世界大战后，帝国主义国家按国力的强弱重新划分了势力范围。在这次划分中，英、美、法是最大的受益者，这当然会招来德、意、日等国的不满。德、意、日等国都有着很强的军国主义和扩张主义的历史传统，尤其是战后刚刚崛起的日本，雄心勃勃地想占领整个东南亚，而美国却强行加以干涉，于是，这三国都妄想着有一天能以自己的意志重新瓜分世界。

在战后的巴黎和会上，作为战败国，德国的殖民地全部被瓜分，武装被解除，军备得到了限制，本国的领土也被划出一部分归国际联盟代管。在魏玛共和国时，这些还暂时可以容忍，而对于野心极大的希特勒来说，这些都是绝对不能忍受的。

希特勒上台执政后，一直把称雄世界作为自己的目标，为此，他还制订了一份计划：先占领东欧、中欧等有日耳曼人居住的欧洲大陆，然后向海洋发展，战胜英、美……最后夺取世界霸权。

为了消除美、英等国对德国的防范，希特勒极力主张反共，尤其是苏联。1933年10月，希特勒以"苏联威胁"，德国军备不足难以防御为借口，先后退出了裁军会议和国际联盟。两年后，希特勒宣布实行义务兵役制，重建空军。在疯狂扩军的同时，希特勒一再向英、美等国保证：德国只是出于对自身的安全考虑，绝对不会威胁到除苏联以外的其他国家。

英、美等国其实早已经看出了希特勒的野心，但出于遏制苏联的考虑，还是睁一只眼闭一只眼任其发展。

德国纳粹士兵在列队行进

1936年3月，希特勒宣布不再遵守《凡尔赛条约》的各项条款，随后，又出兵占领了战后被分出去的莱茵非工业区。见这些行动并没有引起英、美等国的注意，希特勒的胆子越来越大了。在进行军事备战的同时，希特勒开始寻找"志同道合"的战友。

此时的日本在亚洲也是"踌躇满志"。自1931年把中国东北纳为殖民地后，一直想占领中国全土。日本的这种行为与英、美等国在华利益产生了矛盾。日本是亚洲的一个小国，虽然自明治维新后得到了迅猛发展，但单以自身的力量很难与强大的英、美等国抗衡，而此时的唯一出路就是寻找同盟者。于是，德、日两国开始频繁接触。

强大的舆论工具和谎言，使得法西斯主义在德国迅速蔓延开来，图为纳粹高官们正向人群挥手致意，而最后端的便是希特勒的得力助手——新闻部长戈培尔。

　　1936 年 12 月，德、日两国的代表就反共问题达成了一致意见，并签订了《德日关于反共产国际协定》。在与日本结成联盟后，德、意关系也得到了调节：德国扩大对意大利的出口，支持意大利向非洲扩张；意大利在中欧、巴尔干和多瑙河流域不再与德国争夺，等等。1936 年 10 月，德、意两国签订议定书。12 月，意大利又与日本签订了议定书。次年 11 月，意大利加入了《反共产国际协定》。

　　此时，德、意、日三国的关系只建立在《反共产国际协定》的基础上，这还远远不够。要发动世界性的战争，还必须进一步加强三国之间的关系。

　　当意大利侵占巴尔干的阿尔巴尼亚时，与英法两国发生了冲突，意大利急需德国的支持，于是，德、意两国于 1939 年 5 月 22 日在柏林签订了《德意钢铁同盟》。按希特勒的计划，德军西线向法、英两国进攻，东线则向苏联进军，但这种计划却很容易造成两线受敌，致使兵力分散。如果稍有不慎，可能会损失殆尽。于是，德国需要意大利和日本从东西两方面对敌国进行牵制，而意大利和日本也同样需要德国对己方的敌国进行牵制。1940 年 9 月，德、意、日在柏林签订了《三国同盟条约》，这一条约的期限为 10 年。至此，以柏林、罗马、东京为轴心的三国同盟正式形成。

慕尼黑阴谋

1938 年初，希特勒吞并了奥地利以后，把侵略矛头指向了捷克斯洛伐克。希特勒的计划是，先占领德捷边境的苏台德区，然后再吞并整个捷克斯洛伐克。一旦德军占领了捷克斯洛伐克，欧洲的大门就等于敞开了：向东既可以进攻苏联，向西又可以进攻英、法。

苏台德区虽然属捷克领土，但却居住着 250 万日耳曼人。希特勒上台后，极力鼓吹日耳曼人是优等民族，并拉拢苏台德地区的日耳曼人，通过他的代理人、被称为"小希特勒"的汉莱因组织了一个苏台德日耳曼人党。在希特勒的授意下，汉莱因在捷克斯洛伐克不断制造事端，要求苏台德区"自治"，以摆脱捷克斯洛伐克的统治，其实，希特勒是想以这种方式把苏台德区并入德国。捷克斯洛伐克政府早已经看出了希特勒的诡计，断然拒绝了汉莱因要求"自治"的要求。希特勒大肆叫嚣要对捷克发动战争，并向边境调集军队。

英、法两国一直对社会主义国家苏联的建立耿耿于怀。当看到德国法西斯壮大起来后，他们一直希望把德国这股祸水引向苏联。当开始注意到德国明目张胆地侵略他们的盟国捷克斯洛伐克时，感到非常不安：一旦德国侵略捷克，根据英、法与捷克订定的盟约，英、法也必须对德宣战。法国首相达拉第是个害怕战争的人，当德军集结在德捷边境时，达拉第就打电话给英国首相张伯伦，让张伯伦马上去与希特勒谈判，以"尽可能得取得最好的效果"。其实，张伯伦也不希望爆发战争，于是，他冒雨赶到慕尼黑。

希特勒与张伯伦谈判时，希特勒口若悬河，根本不给张伯伦插话的机会。

"依德军的能力是绝对能拿下苏台德区的，但考虑到邻国的感受，我们才迟迟没有动手，谁知捷克政府反倒认为我们不敢发动战争。本来我们只是支持苏台德区自治，现在看来已不只是自治的问题，而是把这一地区割让给德国的问题了，不知首相大人有没有决定权，捷克政府是否已答应把苏台德区割让给德国呢？"

1938 年 9 月，英、法、德、意在慕尼黑举行会议，签订阴谋瓜分捷克斯洛伐克的《慕尼黑协定》，图为希特勒（左二）与张伯伦（左一）在一起。

希特勒的这个问题并没有出乎张伯伦的意料。在来慕尼黑之前，达拉第早就向他表达了法国的意思：同意牺牲捷克利益来换取法国的安宁。

"我个人的意思是同意苏台德区脱离捷克，但这还需要回国后做进一步的商议，我相信我的同事们也会支持我的想法的。"张伯伦回答道。

9 月 22 日，张伯伦带着装有英法两国方案的公文包再一次来到了慕尼黑，他向希特勒转交了捷克政府签订的把苏台德区割让给德国的协议。这次的谈判出乎张伯伦的意料，希特勒已不再满足获得一个苏台德区。

"由于形势的发展，苏台德区对我来说已经没有多大用处了，我希望每一个说德语的国家都能回归德国。"

张伯伦顿时慌了手脚，但看到希特勒一副高高在上的样子，知道自己再怎么哀求也无济于事，于是只好返回英国。

9 月 29 日，张伯伦第三次来到慕尼黑，参加英、法、德、意 4 国会谈。当天夜里，张伯伦、达拉第、希特勒、墨索里尼在慕尼黑的"元首宫"里举行会谈。4 国于第二天凌晨签订了《慕尼黑协定》，根据协定，捷克斯洛伐克必须在从 10 月 1 日开始的 10 天内，把苏台德区及其附属的一切设备无偿交给德国。

慕尼黑之行后，张伯伦宣称"我们赢得了一代人的和平"。

在签订《慕尼黑协定》之后，张伯伦又同希特勒签订了《英德声明》，宣布"彼此不进行战争"，"要共同维护世界和平"。正是英法两国这种姑息养奸的绥靖政策使得法西斯的贪欲越来越强，从侧面加速了第二次世界大战爆发的步伐。

闪击波兰

作为欧洲交通枢纽的波兰，一直以来，法西斯德国对其垂涎三尺，因为占领波兰，不但能获得大量的军事经济资源，还能消除进攻英、法的后顾之忧，并建立起袭击苏联的基地。这对于法西斯德国来说，实际是在战略地位上得到了改善。于是，在吞并奥地利和捷克斯洛伐克后，德国便把波兰定为下一步的侵略目标。

1939 年 3 月 21 日，德国先向波兰提出了一系列无理要求——把但泽"归还"给德国，并将在"波兰走廊"建筑公路、铁路的权利也转让给德国，这遭到了波兰政府的拒绝。与此同时，英、法两国表态支持波兰，波兰态度更加坚决。见此情形，1939 年 4 月 3 日，希特勒命令德国部队于 9 月 1 日前完成对波兰作战的准备工作。希特勒在代号为"白色方案"的秘密指令中强调："一切努力和准备工作，必须集中于发动巨大的突然袭击"。

为了赢得德国民众的支持，在闪击波兰前，希特勒政府先在报纸、广播大肆鼓噪，为德国侵略波兰制造借口：波兰扰乱了欧洲和平，以武装入侵威胁德国。《柏林日报》的大字标题警告："当心波兰！"《领袖日报》的标题："华沙扬言将轰炸但泽——极端疯狂的波兰人发动了令人难以置信的挑衅！"甚至"波兰军队推进到德国边境！""波兰全境处于战争狂热中！"等惊人的头条特大通栏标题出现在德国各大报纸上，给公众造成波兰即将进攻德国的错觉。

1939 年 10 月，德军攻陷波兰，图为希特勒正在检阅通过华沙街道的军队。

为了闪击成功，德国还做了另一项准备，即于 8 月 23 日与苏联签订了《苏德互不侵犯条约》，并达成了共同瓜分波兰的秘密议定书。希特勒此举目的非常明显，位于欧洲中部的德国是万不敢同时在东线和西线展开军事打击的。

一切准备停当，再无后顾之忧，希特勒下令于 26 日凌晨 4 时 30 分对波兰发起攻击。但在，前一天夜里希特勒又取消了攻击令，原来英、波两国于 25 日正式签订了互助协定，而意大利拒绝站在德国一边参加战争。希特勒之所以收回进攻令，是要对局势进行重新考虑。

想不出什么好对策的希特勒决心破釜沉舟，于 8 月 31 日下达了"第一号作战指令"，命令德军于 9 月 1 日凌晨发起攻击。

1939 年 8 月 31 日晚，希特勒派遣一支身穿波兰军装的德国党卫军，冒充波军，袭击了德国边境的格莱维茨电台，在广播里用波兰语辱骂德国，并丢下几具穿波兰军服、实际上是德国囚犯的尸体。接着，全德各电台都广播了"德国遭到了波兰突然袭击"的消息。

1939 年 9 月 1 日凌晨 4 时 45 分，德军轰炸机群向波兰境内飞去，波兰的部队、军火库、机场、铁路、公路和桥梁立即遭到毁灭性的打击。几分钟后，德陆军万炮齐鸣，炮弹呼啸着穿过德波边境倾泻到波军阵地上。1 小时后，德军地面部队发起了全线进攻，从北、西、西南三面一起向波军开进。与此同时，在但泽港外的德国战舰"霍尔斯坦"号撕去友好访问的伪装也向波军基地开炮。

对于德国的闪击，波军基本上没什么准备，部队陷入一片混乱。德军趁势以装甲部队和摩托化部队为前导，很快从几个主要地段突破了波军防线。上午 10 时，希特勒兴奋地向国会宣布，帝国军队已攻入波兰。

而此时的波军统帅部却表现出了过分的自信，他们一方面认为自己有足够的实力对抗德国，一方面认为在关键时刻肯定会得到英、法的援助，于是，便把部队全部部署在德波边境。这样的部署毫无进退伸缩的弹性，使波军在德军高速度大纵深的推进下不是被歼灭就是被分割包围，成了德军后面的孤军。波军统帅预先设计的只要坚决抵抗就能取得胜利的梦想被德军打碎了。

其实，此时德国的西线也存在着致命弱点，在那里他们只有 23 个师的兵力，而在西线马其诺防线背后的英、法联军却有 110 个师。可惜的是，英、法两国在盟国受到侵袭的时候，竟然宣而不战，致使波军完全陷入了被动挨打的境地。英国军事史家富勒曾就此著文写道："当波兰正被消灭之时，西线也正发生了一场令人惊奇的冲突。它很快就被称为'奇怪的战争'，而更好的名称是'静坐战'。"

1 个月后即 10 月 5 日，拥有 3400 万人口，30.9 万平方千米的波兰便被彻底击败了。波兰上空的滚滚硝烟，揭开了第二次世界大战的序幕。

法国沦陷

1939 年 9 月 1 日，在希特勒的策划下，德军以闪电般的速度占领了邻国波兰。波兰被德国占领后，英、法根据法波盟约和英法互助条约，宣布对德宣战，但英、法两国并没有采取任何实际行动，这种纵容使德国更加肆无忌惮起来。

在法德边境，有一条"马其诺防线"，这条防线长达 200 千米，可以称之为现代化防御工事，如果法军充分利用这道防线，第二次世界大战的历史说不定会改写。但是，当德军入侵波兰时，法军却躲在防线后按兵不动。

1940 年，德军向中立的比利时、荷兰、卢森堡进军，西线战争正式打响。1940 年 5 月，德国突破马其诺防线，向法国发动猛攻。一心等待希特勒向东进攻苏联的英法联军没有料到德国率先把矛头指向自己，遂在毫无准备的情况下仓促后撤。

看到溃不成军的英法联军，希特勒命令德军摧毁法国临时布置的索姆河防线，直捣巴黎，5 月 14 日，德军未发一弹便占领了巴黎，随后向法国内陆挺进。10 日的时候，意大利军队从南方也进入法国，并于 15 日占领凡尔登。16 日，卖国贼贝当组成新内阁，新政府不但没有组织军队抵抗德、意军队，反而准备向德意军队投降。这时，法国国防部副部长戴高乐看到贝当政府已无心抵抗，遂毅然乘飞机飞往伦敦。

戴高乐到达伦敦以后，在英国首相丘吉尔的支持下，于 6 月 18 日在英国广播电台向法国人民发表了具有历史意义的广播讲话。

"勇敢的法国人民，虽然法西斯已经占领了我们的大片土地，并有可能占领法国全境，但是，他们并没有取得最后胜利。"

"我对法国的胜利充满信心，你们也应该和我一样，相信法国一定会转败为胜。而且，不列颠英国将会永远与我们并肩作战……"

戴高乐将军的讲话通过电波传遍了法兰西的每一个角落，法国人民备受鼓舞，有一群学生甚至打着两根渔竿列队在凯旋门集会，表示他们对戴高乐号召的热烈拥护和响应。

但是，虽然法国人民做着抗敌的一切准备，贝当政府还是于 6 月 22 日正式与德国签订了投降书，贝当政府同意把法国北部及沿大西洋海岸由德国占领，法国首都由巴黎迁往维希。

1940 年 6 月 14 日，巴黎失陷，德国纳粹几乎没有发过一枪一弹。图为德军在击鼓声中列队走过凯旋门。

贝当政府的这种投降行为遭到了戴高乐的严厉斥责。为了与贝当政府划清界限，戴高乐正式宣布成立"自由法国运动"。对于戴高乐的这种"分裂祖国"的行径，贝当政府和德国希特勒政府恨之入骨。不久，贝当的军事法庭对戴高乐进行了缺席审判，在德国当局的坚持下，戴高乐被判处死刑。

戴高乐并不理会贝当政府对自己的审判，继续以顽强的毅力宣传"自由法国运动"。戴高乐并不是孤立的，自从他发表广播讲话后，已经有数百人从法国来到英国，参加到"自由法国"的旗帜之下。到 7 月底，已经有 7000 人志愿拿起武器为"自由法国"而战。

7 月 21 日，戴高乐组织首批"自由法国"飞行员参加了对鲁尔区的轰炸，由于将士们斗志昂扬，这次轰炸取得了胜利。随后，戴高乐又在非洲建立了一个作战基地和一个精干的行政机构，并且开始出版"自由法国"的报纸。

1941 年 9 月，戴高乐正式成立"自由法国"的政府机构——法兰西民族委员会，很快，这个组织便得到了英、苏等大国的承认。不久，"法兰西民族解放委员会"成立，戴高乐任主席。1944 年 6 月，"法兰西民族解放委员会"改为法兰西共和国临时政府。之后，戴高乐带领部队随英美军队返回法国与德军作战，并迅速解放了大片国土。8 月 25 日，巴黎解放。临时政府成立后，戴高乐任总理兼国防部长。戴高乐以其顽强的毅力和极大的热情，为反法西斯侵略和法兰西民族独立作出了杰出贡献。

不列颠之战

德国闪击西欧，法国投降后，整个西欧海岸线都被德国所控制，英国不列颠群岛陷入德军三面包围的境地。但包括希特勒在内的德国人都把对法国的胜利作为战争的结束，希特勒认为，如果打败英国，其殖民地将会落入美、日和苏联手中，而对德不利，为对付苏联应避免两面作战，希特勒提出愿与英国在瓜分世界的基础上和谈，得到美国支援承诺的英国首相丘吉尔断然拒绝。于是，诱和未遂的希特勒准备武力侵入不列颠。

1940 年 7 月 16 日，希特勒发出对英登陆的"海狮作战"计划的训令。该计划以奇袭为基础，准备用 39 个师的兵力，在不列颠的拉姆斯盖特登陆，抵达怀特岛。其中 13 个师作为第一批登陆部队，并在海峡港口集结大量的各种船只，一切准备要求于 8 月中旬完成。

德空军集结 2400 架战机，欲对英伦进行大规模空袭。德军一方面想从精神和意志上摧毁英国，迫使其接受和谈，另一方面为"海狮作战"的海军渡海夺取制空权，为登陆创造有利条件。

7月10日，德军开始了对英护航船队和波特兰、多佛尔等港口、军港进行空袭，以引诱英战机出战，从而查明英空军的部署、防空能力及检验自身的突防能力。德国空军在形势上处于不利地位，他们必须在海上和英国领空上作战。而英空军可以获得地面高射炮的支援，英军的喷火式飞机爬升速度要快于德战斗机，并且以防御战为主的英军还有雷达网的引导。更重要的是，英军掌握了德军无线情报的破译密码，使得德国多数战略情报被英所掌握。

纳粹德国的空军

从8月13日到9月6日，德国空军大规模地轰炸英军机场、雷达站、飞机工厂和补给设施。从8月24日起，德军每天出动1000多架次飞机，战事进入了决定性的阶段。

8月13日，德军480余架战机升空，开始对英国雷达站等军事目标进行轰炸。15日又出动1780架飞机，使英军一些军事基地和飞机制造厂遭到摧毁。英军统帅道丁公爵也迅速命令7个"喷火式"和"旋风式"战斗机中队升空迎敌。在雷达的准确制导下，他们在德国机群中进行有效地穿插分割，将德军机群分割成若干小队，利用飞机速度快的优势实施各个击破，这是双方第一次大规模空战。德军付出了75架飞机的代价，英机只损失34架。德军"空中闪击战"一开始就未奏效。

8月24日至9月6日，德空军不分昼夜，每日出动千余架次飞机，对英西南部的机场及海峡商船进行高强度空袭，虽然德机被击落380架，但英机也损失186架。

9月7日，希特勒为了报复8月25日到26日夜袭柏林的英国，开始了对伦敦的狂轰滥炸。企图瓦解英国人民的斗志，动摇民心。但这给了英空军以喘息之机，英军以战斗机、高射炮、雷达、探照灯和拦阻气球组成完备的防空系统。虽说大规模的轰炸使伦敦多处起火、王宫中弹、居民伤亡惨重，但在9月15日，英军抢占先机，德机还没有进入伦敦上空，就遭到数百架英战斗机的截击。英战斗机猛冲德轰炸机，失去保护的德轰炸机除少数逃跑外，其余均被击落。英战机转而围攻德战机，凶狠的英机使德战机招架不住，转头而逃。英战机紧追不放，又击落了多架德军战机。这时，英国轰炸机开始行动，对德国集结在海峡对岸的舰队、地面部队、港口码头进行了猛烈轰炸。德国损失惨重，共损失185架飞机，而英军仅损失26架。

德军不但未击败英国空军，反而使英空军活动更频繁。希特勒感到无法取胜，被迫下令不定期推迟实施"海狮作战"计划，最终"海狮作战"计划不了了之。

不列颠空袭和反空袭之战中，德军共损失飞机1733架，英损失915架，双方飞行员损失约为6∶1。空战受阻后，希特勒开始对英国实施封锁。

这场空战是第二次世界大战史上历时最长、规模最大的空战，它使希特勒的侵略计划第一次未能得逞，为国际反法西斯同盟鼓舞了士气。这场空战也是人类战争史上首次空战，它揭开了人类战争史上新的一页，同时也证明了大规模空袭，夺取制空权在战争中的重要性及防空的战略意义。

"巴巴罗莎"计划

1940年12月，希特勒秘密地制定了一份代号为"巴巴罗莎"的进攻苏联的作战计划。"巴巴罗莎"是神圣罗马帝国皇帝腓特烈一世的绰号，意为"红胡子"。腓特烈一世曾6次侵入意大利，希特勒把进攻苏联的这一计划起名为"巴巴罗莎"，就是想效仿腓特烈一世，妄图以闪电战的方式击溃苏联。

"巴巴罗莎"计划于1941年6月22日执行。当5月下旬，德军向德苏边境调集了大批兵力时，苏联方面就已经料到了德军的攻击对象可能轮到自己了。但是，为了麻痹苏联，德军散布谣言，把德军的东移说是为了进攻英国，甚至还故意制定了代号为"鲨鱼"和"渔叉"的在英国登陆的作战计划。当时苏联情报局一直认为德国和苏联一样，始终遵守着《苏德互不侵犯条约》，连当时的苏联最高领导人斯大林也对德国表现出来的假友好深信不疑，一直到苏德战争爆发的前一晚，斯大林还在命令苏联红军"在没有接到特殊命令之前不得采取任何其他措施"。

6月21日，希特勒来到东普鲁士拉斯登堡附近的指挥所里。

"报告长官，苏联阵地上没有任何异常情况，看来他们一点准备都没有。我军将士正集结待命。"一名军官向希特勒报告。

"很好，明天一开炮，苏联方面会有什么反应呢？相信不只苏联人，全世界人都会大惊失色吧。"紧接着，希特勒一阵狂笑。

苏联方面，也早有哨兵向统帅部报告了军情。

"德军方面发动机的声音突然增高了，德军还砍去了布列斯特西北边境上自己设置的铁丝网……"

但是，以斯大林为首的苏联领导人对德国法西斯的整个战略方针和部署依然估计不足，缺乏足够的认识，他们认为希特勒只不过是想以这种手段迫使苏联主动破坏互不侵犯条约，以寻找进攻苏联的借口，所以并没有命令前线部队进入全面战斗准备。

6月22日凌晨，炮弹声划破夜空，两千多架德军轰炸机飞向东方，苏联大

1939 年 8 月莫斯科，苏德签订《互不侵犯条约》，图为斯大林（右二）与德国外长冯·里宾特洛甫（右三）在条约签定仪式上。

地上尘土飞扬，炮声隆隆，苏联边防顿时陷入一片混乱。

"以前我们习惯用明码拍电报，现在不是早禁止了吗？为什么不用密码？"一位远在莫斯科的长官正训斥着前线拍电报的士兵。

"长官，德军已经登上我们的领土了，成千上万的士兵已经被德军的大炮炸死，这已经不是什么秘密了。前线的将士们正集结待命呢，您快下达反击的命令吧。"

"不许我方的大炮开火，这就是命令。"

虽然前线的苏军一个个摩拳擦掌，但没有莫斯科的命令，他们只能坐以待毙。就这样，苏军从一开始就陷入了被动。

到 22 日中午为止，德军坦克已深入苏联境内 50 多千米。傍晚时分，莫斯科才对苏联面临的形势做了认真分析。

"莫斯科命令，我方陆军、空军火速向德军开火。"

莫斯科下达反击命令时，苏联空军已基本上没有执行命令的能力了。面对强大的德国空军，虽然苏军在中将科佩兹将军的率领下奋起回击，但还是损失了1200余架飞机，其中的800多架飞机是尚未起飞就被击毁的。

"巴巴罗莎"计划的初步胜利使希特勒欣喜若狂，希特勒忙命令德军执行下一步计划：北路攻打苏联波罗的海沿岸和列宁格勒，中路攻打莫斯科，南路攻打乌克兰。希特勒扬言：要在一个半月或两个月的时间里攻下苏联，在冬季之前结束战争。但是，希特勒的希望很快就落空了。

1941年7月3日，斯大林向全苏联人民发表了"为了祖国自由而战"的广播演说，全苏联人民积极响应斯大林的号召，纷纷举起手中的武器，投入到了反法西斯的卫国战争中去。

偷袭珍珠港

1941年12月7日凌晨，北太平洋上波涛汹涌，一支庞大的舰队向南飞速驶去，溅起的浪花飞落到船头的甲板上。这支舰队里有6艘航空母舰和14艘战舰，当这一舰队接近美国在太平洋上的海军基地珍珠港时，航空母舰上的数艘飞机带着巨型炸弹腾空而起，先是紧贴海面飞行，然后冲入港内，炸弹和鱼雷立即倾泻下来，对排列在港内的美太平洋舰队进行轰炸。

这一幕正是日本军国主义对珍珠港发动的偷袭，这次偷袭标志着太平洋战争拉开了序幕。

对珍珠港的偷袭是日本军国主义策划已久的事。早在苏德战争爆发后，日本内阁就认为建立"大东亚共荣圈"的时机已到，于是加紧了对东亚各国的侵略。日本咄咄逼人的攻势，直接威胁到美国在太平洋的利益。从1941年夏天开始，美、英等国联合对日本实行了石油禁运，即不再供给日本石油及其他原料。日本是一个岛国，资源紧缺，对于美英两国的这一做法，日本暂时选择了妥协，与美国举行谈判，但是谈判并没有达成协议。

日本贮备的石油一天比一天减少，如果真的没有了石油，别说是建立"大东亚共荣圈"，恐怕连走出本土都相当困难。为此，日本"御前会议"决定暂时停

日本海军偷袭珍珠港

止攻打苏联，改把占领印度支那和南洋诸国作为主要目标，以夺取石油资源。

为了扫清南进道路上的障碍，日本天皇授意日本联合舰队司令山本五十六，秘密制定远渡重洋偷袭珍珠港的计划，南云中将则是这一任务的指挥者。

在偷袭珍珠港之前，日本大使来栖三郎到美国继续与美方谈判，鼓吹"要以最大的努力来防止不幸的战争"，借以掩盖日本南进的意图。对于日本军国主义者的意图，美国总统罗斯福仍以为印度支那和东南亚是其主攻对象，并没有料到日本会把矛头首先指向珍珠港。美、日这种"和平"谈判一直持续到偷袭珍珠港的第一发炮弹爆炸之前。

11月26日，日本舰队沿着寒冷多雾的北方航线隐蔽前进，在海上秘密航行了12天，居然一直没有被发现。在距珍珠港以北230海里处，舰队停了下来。12月2日，南云中将接到了山本五十六的密电：按原定计划袭击珍珠港。于是，便出现了前面惊天动地的那一幕。

12月7日是个星期天，美国人在这一天有做礼拜的习惯。美国军舰像往常一样平静，整齐地泊在港内，飞机也密密麻麻地排在瓦胡岛的飞机场上。一部分士兵正在吃早饭，一部分则上岸度假去了，珍珠港沉浸在一片平静的假日气氛

珍珠港内浓烟翻滚

之中。

"快看，那里有两架飞机。"一个哨兵发现雷达屏上出现了异常，慌忙向上级长官报告。

"别大惊小怪了，那是我们自己的飞机，你们对此还不熟悉吗？"一位军官把这个新来的哨兵嘲笑了一番，然后接着开始欣赏收音机里的音乐。

港内的其他美国士兵，甚至美军司令部也没有意识到这是一场真实的战争，而以为是一次"特殊的演习"。就这样，日本的轰炸机从美军眼皮底下溜进了珍珠港。

突然间，随着一阵飞机的轰鸣声，炸弹从天而降。直到发现自己的舰只起火，美国太平洋舰队司令部才发出备战的特急电报。但是，什么准备都来不及了，刹那间，珍珠港成了一片火海，港内升起一道道的冲天水柱。几分钟内，希凯姆机场、惠列尔机场、埃瓦机场和卡内欧黑机场已被炸得一片狼藉，几百架美机在没有起飞之前就被击毁。

偷袭持续了 95 分钟，美军损失了约 40 多艘舰艇、300 多架飞机，另外还有 3500 多人死亡。美国太平洋舰队除航空母舰出港外，几乎全军覆灭。

日本偷袭珍珠港的第二天，美国宣布对日本处于战争状态，太平洋战争全面爆发。

罗斯福总统于珍珠港事件翌日，宣布对日作战。

世界反法西斯同盟建立

第一次世界大战结束后，严重的经济危机席卷了整个资本主义社会。借着这一契机，法西斯头子希特勒和墨索里尼分别在德、意上台掌政，日本则建立起天皇制军事法西斯专政。法西斯独裁者对内实行独裁统治，对外扩张侵略，以谋取世界霸权。基于相同的目的与需求，德、日、意在侵略扩张的同时相互勾结，结成了法西斯轴心国同盟。

1939年9月，德国进攻波兰，第二次世界大战爆发，英、法不得不对德宣战。半年后，法国沦陷，在德军的强大攻势下，英法联军只能退守英伦三岛，英、法两国终于尝到了绥靖政策带来的苦果。

1941年6月，德国终于像英、美期待的那样大举进攻苏联，使苏联成为世界反法西斯战争的主要战场。苏德战争的突然爆发并没有使英国首相丘吉尔如释重负，虽然此前他曾一度希望德国能尽快把侵略矛头指向苏联，但此时他感到的竟是无形的恐惧。经过反复的思考之后，丘吉尔发表了慷慨激昂的广播演说："过去25年来，没有谁比我更彻底地反对共产主义……进攻苏联，只不过是企图进攻不列颠诸岛的前奏。因此，苏联的危难就是我们的危难，也是美国的危难。"与丘吉尔的反应一样，当德军入侵苏联的消息传到美国时，身患重病的国务卿赫尔向美国政府建议，"全力以赴支援苏联"。美国政府同时发表声明，指出"今天的希特勒军队是美洲大陆的主要危险……"6月24日，美国总统罗斯福在举行的记者招待会上宣布美国将尽力援助苏联。至此，美、英等国才放弃了先前的绥靖政策与中立政策，并改变了对社会主义苏联的态度。

此时的苏联也正希望得到英、美的援助。1941年7月12日，苏联和英国在莫斯科签署了《苏英对德作战联合行动协定》。双方保证，彼此给予各种援助和支持，不单独同敌国谈判和媾和。紧接着，两国又签订了《贸易、贷款和支付协定》，英国在协定中同意给予苏联1000万英镑的贷款。苏联在与英国改善关系的同时，也加强了与美国的接触。

8月10日，大西洋纽芬兰的阿金夏港笼罩在一股严肃的气氛之中。原来，美国总统罗斯福与英国首相丘吉尔正在这里举行战时会晤，以商讨国际形势及联合反对德国法西斯的政策。4天后，《大西洋宪章》的发表成为英美两国政治联盟的标志。

为了进一步确定反法西斯政策，9月29日，苏、美、英三国代表在莫斯科召开会议。在这次会议上，三国签署了一个议定书。议定书规定：从1941年10月1日到1942年6月30日，英、美每月向苏联提供400架飞机、500辆坦克及其他武器、物资，苏联则向英美提供原料。莫斯科会议标志着苏、美、英三国反法西斯联盟的初步确立。

· 《大西洋宪章》 ·

1941 年 6 月 22 日，德军向苏联发动突然袭击，苏联毫无防备，数百万苏军被俘虏，德军很快就打到了莫斯科城下，虽然被苏军击退，但德军在苏联仍然占有优势。

美国见德国势力越来越庞大，已经开始威胁到自己的利益，于是逐渐改变了中立的立场，开始援助英国等国，同时也秘密对苏联提供支援。1941 年秋，罗斯福和丘吉尔在大西洋上的一条军舰上会晤，代表两国发表联合宣言，提出尊重各国领土完整，两国不追求领土或其他方面的扩张，促成一切国家的友好合作，在打败法西斯后确立世界和平等原则。历史上把这个联合宣言称为《大西洋宪章》，这个宪章是世界反法西斯同盟宣言的前身。

太平洋战争爆发后，美国对日本宣战，德、美之间也相互宣战，美国正式加入第二次世界大战。不久，英、澳、荷、加、波等国也相继对日本宣战。至此，世界主要国家都被卷入战争漩涡中来。

随着德、意、日法西斯的不断扩张，国际反法西斯同盟也进一步得到壮大和发展。

1942 年 1 月 1 日，华盛顿热闹非凡，这里聚集着美、苏、英、中等 26 个国家代表。虽然各国代表都维护本国的利益，但在对待德、意、日法西斯的问题上却是意见一致。经过磋商，26 国代表共同签署了一项《联合国家宣言》，宣言规定，各签字国家相互合作，不准与法西斯各轴心国议和和单独交涉，并保证运用军事和经济的全部资源同与之处于战争状态的轴心国及其仆从国家作战。《联合国家宣言》的发表，标志着国际反法西斯联盟的正式确立，并为以后联合国组织的建立奠定了基础。

烧焦的哥特式塔尖耸立在英国城市考文垂，德国发动的不列颠之战，使英国人民蒙受了
巨大痛苦。

斯大林格勒保卫战

第二次世界大战中，德军在莫斯科战役中遭到惨败，被迫放弃了全面攻势。德军在各地战场面积的扩大和大规模的战役，使石油的补给量成为制约其战争进程的严重问题。若没有新的石油补给，战争将难免崩溃，希特勒遂决定获取苏联高加索油田。德军统帅部趁欧洲尚未开辟第二战场的有利时机，继续增强东线苏联境内的军事力量。1942 年夏季，改为在南线实施重点进攻，企图迅速占领石油资源丰富的高加索和粮食充足的斯大林格勒。

1942 年 7 月 17 日，德军精锐部队第 6 集团军 27 万人在鲍罗斯将军的指挥下，向斯大林格勒逼进。

斯大林格勒位于伏尔加河下游西岸，是连接苏联欧洲部分南北水陆的交通枢纽，也是重要的军事工业基地。该城一旦失守，将会切断莫斯科和高加索地区的联系，进而威胁到巴库的石油和库班的粮食产地。还可北上迂回莫斯科，南下切断英、美支援苏军的供给线，并染指中东和印度洋，打通日、德联系通道，它的得失将会影响到整个战局。因此，苏联决定死守该城，并在奇尔河、齐姆拉河一线布置了顽强的防御部队，迟滞德军的推进速度。

7 月 24 日，德军接近斯大林格勒西面的顿河河岸大弯曲部，并企图对苏军进行两翼突击合围，进而从近道直逼该城。但是由于燃料和弹药的缺乏，以及第 4 装甲军团调往高加索战场，进攻斯大林格勒的德军只能停在卡拉赤正面的顿河岸上。30 日，希特勒开始调集部队增援鲍罗斯，第 4 装甲军团又被调回，从西南向斯大林格勒进攻。8 月 3 日攻占了科特尼可夫，9 日，德军遭到苏军的激烈抵抗而被迫转入防御。这时鲍罗斯在苏军的顽强阻击中攻占了顿河上的一个据点，并占领卡拉赤。23 日占领了斯大林格勒城北面近郊，计划从北面沿伏尔加河实施突击作战，夺取该城。他派出 2000 架次飞机昼夜对城区进行狂轰滥炸，使整个城市变成一片火海。苏空军及防御兵也对德军进行激烈反击，击落敌机120 架。苏统帅部急调预备部队对德军实施侧翼反击。德军继续增加兵力，9 月底，德军已达 80 多个师，进攻苏联的主力都转移到斯大林格勒会战之中。

9月15日，德军全面进攻斯大林格勒。在飞机、大炮及装甲坦克的配合下，德军于23日突入城市中心，勇敢的苏军与敌人展开了巷战。一座房子，一条街道，常常是几经易手。日以继夜的激战使斯大林格勒变成了第二个凡尔登。希特勒命令变换战术，用炮火和飞机把该城变为废墟。直到11月12日，德军从该城的南部冲过伏尔加河，却付出了70万人的惨重代价。迅速攻占该城的企图及整个战局计划被打破，苏军的疲惫消耗战为统帅部组织反击争取了时间。

斯大林格勒巷战场面

9月份，两军鏖战正激之时，苏军朱可夫元帅开始组织策划反击，并隐蔽调集110万兵力集中在顿河以北的森林中，准备伺机大反攻。朱可夫兵分两路，一路以德中央集团军群为目标，以阻止其向顿河战线增援；一路则与斯大林格勒以南的攻击配合，从北面攻击德军。

11月19日，苏军反攻开始，南北两侧强大的钳形进攻包围了德军第6军团等30万人，并一举攻占了德军交通瓶颈罗斯托夫。鲍罗斯的处境艰难，储备物资早已枯竭，补给也基本中断。为解救被围德军，希特勒将全部预备部队投向斯大林格勒，但苏军的顽强阻击使解围计划破产。12月21日，欲突围的鲍罗斯却因燃料不足而无法实施机动，希特勒仍下令死守斯大林格勒。

1943年1月底，德军在顿河上的全部正面军被苏军击溃。包围圈越缩越小，苏军南北对进，将德军分割成多个孤立的集团。31日，德军开始整团整师地陆续投降。2月2日，包括鲍罗斯在内的24位将官、2000名校级以下军官和9万残存士兵全部投降，斯大林格勒保卫战结束。

这次会战为苏德战争乃至整个第二次世界大战的根本转折，苏军从德军手中夺取了战略主动权，转入战略进攻，极大地鼓舞了世界反法西斯同盟。

中途岛海战

"报告长官，我们截获了一份日军密码电报，据破解，日本的水上飞机可能要到中途岛上加油。"译电员向美国海军司令部报告着。

美国太平洋舰队司令尼米兹是在日本偷袭珍珠港之后临危受命的，他托着腮思索片刻："我们最好能将计就计，设下陷阱，让日本海军自投罗网。"

中途岛位于太平洋中部，是北美和亚洲之间的海上和空中交通要道。在日本偷袭珍珠港后不久，日本就利用海、空军优势，向美、英、荷在东南亚和西南太平洋的属地发动猛烈攻势，控制了东起中途岛，西至太平洋，南起澳大利亚，北至阿留申岛的广大地区。

但是，在珍珠港一战中幸免被歼的美国航空母舰的存在却成了日本法西斯的一大隐患。因此，日本决定集中优势兵力，彻底歼灭美国航空母舰。日本联合舰队总司令山本五十六制定了一个夺取中途岛的计划，山本认为，只要拿下中途岛，对美国的航空母舰围而歼之就有希望，而且也可以把中途岛作为向中太平洋和西南太平洋扩张的基地。为了这场战争，山本五十六调集了 8 艘航空母舰、22 艘巡洋舰、11 艘战列舰、66 艘驱逐舰，组成了一支空前庞大的舰队。

1942 年 6 月 2 日凌晨，太平洋上升起的大雾使海面上的能见度很差，但由南云中将率领的日本突击舰队还是在浓雾中起航了。这支舰队没有安装雷达系统，只能以缓慢的速度在太平洋上摸索前进。上午 10 点左右，大雾散去，南云中将急令日本军舰全速前行。两天后，这支突击舰队和其余 8 支协同作战的舰队都已驶入了预定位置。

"全体注意，开始起飞。"南云中将直盯着前方的中途岛，用扩音广播向航空母舰上的所有飞行员命令。转瞬间，排列在"赤城""加贺""飞龙""苍龙"4 艘航空母舰甲板上的 108 架飞机腾空而起，拉出一条白烟后向中途岛方向飞去。

"第二批做好准备。"南云中将继续命令着，然后等待着第一批飞机的归来。

此时，中途岛的美军在总指挥官尼米兹上将的率领下早已经做好了应战的准

备。当日本轰炸机距离中途岛还有 30 英里的时候，遭到了美军 25 架"野猫式"战斗机的拦截。在激烈的空战中，"野猫式"有 17 架被击落，7 架被击伤。

在第二次世界大战中，美国与英国以及苏联等国联合了起来，共同打击希特勒统治下的德国、墨索里尼统治下的意大利以及日本的军国主义政府。1943 年，盟军在北非战场取得了胜利，随后，他们又解放了意大利（1943～1944 年），在 1944 年 6 月 6 日之后，盟军又从法国直逼德国（1944～1945 年）。在太平洋战场上，日本在最初的时候获得了相当的利益，但是，它的军队随后步步后退，本图所示的就是 1945 年 2 月，美国的旗帜插在硫磺岛上的情形。

南云中将正在指挥室里准备发出第二道命令，但是他却有些犹豫，第一批轰炸机并没有达到轰炸的预期目的，也就是说，中途岛的美军并不是像山本五十六预料的那样没有任何准备，而第二批轰炸机能否顺利完成任务呢？

正当南云中将举棋不定的时候，6 架美国鱼雷轰炸机和 4 架 B-26 轰炸机出现在"赤城"号航空母舰的右舷，南云中将忙命令高射炮迎战。在猛烈的炮火下，美机呼啸着朝"赤城"号扑来，但却闯入了高射炮的射程，然后落入到太平洋里。

当美军的最后 3 架轰炸机遍体鳞伤地朝中途岛方向飞去以后，南云中将终于下令第二批飞机在 5 分钟内起飞。然而就是这短短的 5 分钟，战局发生了根本性的变化。

3 架美国"无畏式"轰炸机正从空中向"赤城"号俯冲下来。而日舰上的所有反击都不再起作用，一颗颗黑色的炸弹从空中降落，"赤城"号则只有"拥抱"炮弹的能力。很快，巨大的航空母舰成了一片火海，"赤城"号已经完全失去了作战能力。

在"赤城"号被袭击的同时，"加贺"号和"苍龙"号也遭到了袭击，最后，连同"飞龙"号在内的这 4 艘一直让山本五十六引以为荣的航空母舰都沉入了海底。

在几百海里外指挥作战的山本五十六得知 4 艘航空母舰被击沉的消息后，悲痛不已：这次战争已经以日本的失败而结束了，如果硬着头皮与美军抗争到底，只会徒劳地增加失败的成分。最后，山本五十六只得下达了撤销中途岛作战的命令。

中途岛战役是第二次世界大战太平洋战争的分水岭，之后，日本海军一蹶不振，被迫从战略进攻转入战略防御。

击溃"沙漠之狐"

第二次世界大战的北非战场，处于沙漠地带，连水都要靠后方供应，后勤保障成为胜败的关键因素。制空权又是控制地中海等海陆交通的决定因素，这就使交战双方不能离开港口和交通线，同时需要掌握制空权。1942 年 6 月，德、意非洲军在昔兰尼加战争中取胜后，乘势追击，直抵埃及境内，到达距英地中海舰队基地亚历山大港仅 110 千米的阿拉曼。阿拉曼是保护埃及腹地的屏障，非洲军的攻击，无疑似一把尖刀顶住英国人的胸膛。

1942 年 8 月初，丘吉尔亲自前往开罗，调兵遣将，加强北非英军第 8 集团军的力量，美国支援的 300 辆新式薛曼式战车和 100 门机械炮将陆续运到，同时任命个性活跃、自信心强的蒙哥马利为第 8 集团军司令。

蒙哥马利上任后，开始组建一支精兵，把陆军和空军联合在一起。为了加强阿拉曼的防御能力，他在险要的地形前面布满浓密的雷阵。以厚密的雷阵配合，对阿兰哈法岭以重兵据守，敌人从任何地方进入，都可以从侧面加以反击。

隆美尔（中）是非洲战役的德军统帅。他受命指挥北非的两个机械化师，稳定对英战线。

8 月 30 日，德、意非洲军在有"沙漠之狐"之称的隆美尔的指挥下对防线发起攻击。他从北中南三面同时展开攻势，北部只作佯攻，中部也只是牵制性的进攻，他把主力放在南面，试图攻下阿兰哈法岭。对隆美尔的进攻，蒙哥马利采用坚强的守势，派飞机、大炮对非洲军阵地不间断地轰炸，消耗对方实力。对于缺乏补给且武器落后的隆美尔来说，阿兰哈法岭之战是孤注一掷。英军的坚固防御和空中攻击的猛烈，打破了隆美尔的企图。9 月 1 日，非洲军被迫放弃大规模进攻。两天内 3 艘补给油船被英军击沉，严重缺乏燃料的隆美尔不得不加强防御。他在前方阵地埋下 50 万颗地雷、炸弹和炮弹，只用前哨据点扼守，在雷区后做防御战准备。

随后隆美尔因病情严重，将指挥交给斯徒美将军后，于 9 月 22 日返回德国就医。蒙哥马利这时正积极准备着反击工作，他把主力的打击摆在北面，派一个装甲师盯死阵地南端，分散敌人的注意力，用 13 军牵制敌人右翼的辅助性进攻。从 10 月 6 日到 23 日的夜间，英空军加紧对敌人的交通线及运输工具的轰炸，阻断其供给。为掩盖其作战意图，隐蔽各部分兵力，诱骗敌人对于攻击日期和方向作错误的预测，蒙哥马利实施了一个用假帐幕、仓库、战车、车辆、炮位、水塔和油管做伪装的大规模掩蔽计划。

10 月 23 日，在满月的光辉下，英军发起反攻，1000 门火炮同时向德、意军阵地进行 20 分钟的狂轰滥炸后，英军分别从北南两个方向发起进攻。北部第 30 军攻占了敌人前进防御阵地后遇到了顽强抵抗，进展缓慢，南线的 13 军受到德军火力拦阻而受挫。但德、意军内部也乱作一团，交通网被摧毁，斯徒美将军因心脏病突发死于沙漠，燃料的缺乏使机械化部队基本丧失了运动攻击能力。

紧急返回的隆美尔命令部队进行坚决的防御。他准确地判断出英军的主攻方向，着手向北调集军队，南部只留意大利军防守。激烈的战斗持续到 29 日晨，隆美尔指挥部队有效地遏止了英军的进攻。

鉴于德军主力向北集中，蒙哥马利改变进攻计划，决定在德意两军的接合处，发起"增压作战"的进攻。11 月 2 日，在猛烈炮击和轰炸机支援下，英军开始进攻，飞机和炮兵转向轰击德军防御阵地，美式薛曼式战车可远距离发炮，德军火炮却不能击毁它。隆美尔调集全部的坦克，拼命抵抗。虽然阻止住英军的长驱直入，但战车仅剩下 35 辆。11 月 4 日，英军突破德意防线，意军全军覆没，知道失去交通线和制空权而无法补给，最终会输掉这场战争的隆美尔下令撤退。

然而，蒙哥马利用兵过于谨慎，没能及时察觉隆美尔的撤退行动，失去了全歼敌人的良机。9 日，隆美尔退回利比亚。

阿拉曼的胜利，是反法西斯同盟在北非战场上的转折点，盟军从此掌握战略主动权，为英美联军登陆非洲奠定了基础。

战争阴云

山本五十六的覆灭

1942 年 4 月 18 日清晨，神气十足的山本五十六穿着白色的海军礼服，登上了他的专用飞机。6 时整，飞机腾空而起，在天空呼啸几声后飞向了远方。山本五十六究竟要去哪里呢？原来，自从中途岛战役后，美日两国又为争夺瓜岛而进行了长达半年之久的交战，最后，还是以日本的失败告终。作为日本联合舰队总司令的山本五十六调集了 300 多架飞机，准备对瓜岛和新几内亚的美国舰艇进行报复性的轰炸。为了提高日军士气，山本决定到前线亲临观察。

"报告长官，后方发来密电，山本总司令将于 4 月 18 日前往巴拉尔岛、肖特兰岛和布因基地视察，请各方做好迎接准备。"译电员向前线的第 11 航空战队司令城岛高次海军少将报告。

"他简直是疯了，如果这封电报被美军截获，后果将不堪设想啊。"城岛高次接到电报后有些大惊失色。但城岛高次深知山本的脾气，他认准了的事决不会再加以更改，而且这时候再加以劝告已经来不及了。

"希望我的担心是多余的。"城岛高次在心中不由得祷告起来。

美国太平洋舰队的情报局里，情报专家正在破译一份来自日方的秘密电报。这封电报正是刚刚截获的山本发给城岛的那份。

·古贺峰一·

古贺峰一是山本五十六的继任者，他也是个海军方面的能手。从 1922 年起，古贺峰一就在海军服役，并担任过多艘军舰的舰长。1939 年以后，他担任过日本海军第二舰队、中国方面军舰队的司令。山本五十六被击毙后，古贺峰一接替了他的职务。古贺峰一在海军方面很有才能，但他被人们所记住不是因为海军，而是臭名昭著的神风特攻队。古贺峰一极力赞成大力发展神风特攻队，在他的策划下，日本海军还出现了其他类似于神风特攻队的自杀性武器，如由人驾驶的鱼雷、小艇炸弹等等。1944 年 3 月 31 日，和山本五十六一样，古贺峰一乘坐的飞机被美国空军袭击，机毁人亡。

为激励士气，山本五十六赴前线进行军事视察，图为山本在登机前的例行准备。

"电报被破译出来了，4月18日，山本五十六将会乘座机飞往卡希里湾视察，具体日程是这样安排的……"

美国海军部长尼米兹将军得知山本五十六的行踪后喜出望外。山本五十六是日本军方精明能干的指挥官，他曾参加过日俄战争和第一次世界大战，并指挥日军成功偷袭了珍珠港，如果能除掉这个人，日本举国上下一定会慌乱不已，而且还能对他偷袭珍珠港这一事件进行报复。尼米兹将军虽然对自己的这一想法很快加以了肯定，但他还是把这一文件放进了总统罗斯福的办公室，以求得总统的指示。

"马上截击山本五十六座机，并不惜一切代价击落它。"罗斯福总统非常赞同尼米兹将军的想法，下达了截击的命令，并命尼米兹制订具体的行动计划。

山本五十六哪里会想到，他的这次视察之行竟成了他的死亡之行。

4月18日凌晨7时左右，由18架美国闪电式战斗机组成的机群从瓜岛起飞了。半个小时后，山本的机群出现在美军雷达的视野里。

"准备，狙击机与掩护机各就各位。"领队的驾驶员约翰·米切尔少校和小汤玛斯·兰菲尔少校向机组的飞行员发出命令。接到命令后，担任引诱任务的 12 架美机迅速飞上 6000 米的高空，暴露在日本机群的视野里，其余 6 架担任狙击的飞机则低空飞行，躲过了日机的注意。

日本担任护航的战斗机看到 12 架美机前来袭击山本的座机，忙一窝蜂似的朝着飞在高空的 12 架美机追了过去。这个时候，6 架狙击美机从隐蔽的位置冲了出来，全力追逐山本的座机，并不断向山本座机猛烈开火。当看到又有 6 架战斗机出现在山本座机的周围时，日本护航机才知道上了美军的当，于是加大油门，全速俯冲下来，企图掩护山本的座机。但为时已晚，山本座机发出了一声长长的呼啸声，朝着卡希里湾方向栽了下去。紧追其后的美机从机身的两翼施放出一排子弹，正中这座大型轰炸机的机身。转眼间，坠落的机身在离山本的目的地卡希里不远的荆棘中爆炸了。策划和发动太平洋战争的罪魁祸首终于得到了应得的下场。

山本五十六死后，日本天皇失去了一个得力助手，虽然接替山本的古贺峰一海军大将也足智多谋，但还是无法扭转日本海军每况愈下的趋势，日本联合舰队也逐渐走向了覆灭。

德黑兰会议

美英两国本来极其痛恨社会主义国家苏联的，但是自从德国法西斯进攻苏联和日本偷袭珍珠港以后，美英两国与苏联的关系由敌对暂时转为合作：美英两国同苏联结成了反法西斯同盟，共同对德国作战。1942 年 1 月《联合国家宣言》的发表，标志着世界反法西斯统一战线的形成。

随着盟国在各条战线上的顺利进军，苏、美、英三国首脑觉得有必要尽快召开高峰会议，以解决协调行动、共同作战等迫切需要解决的问题。尤其是斯大林格勒会战取得胜利以后，这一要求更加迫切了。关于会议的地点，斯大林坚持在伊朗首都德黑兰举行，因为他要亲自指挥红军作战，不能离国境太远。而且，苏、美、英三国在伊朗当时都驻有军队，安全有保障。

1943 年 11 月下旬，罗斯福、丘吉尔和斯大林来到德黑兰。当时的德黑兰是近东的一个间谍中心，为了防止意外，盟军情报人员建议三国首脑下榻在各自的使馆内。由于美国的使馆离苏、英使馆较远，罗斯福受斯大林的邀请下榻在苏联的使馆内。

11月28日下午3点左右，三国首脑举行正式会晤前一个小时，斯大林走进了罗斯福总统的别墅，进行礼节性的会晤。

"很高兴见到你，早就想同你见面了，今天才终于如愿以偿。"斯大林走上前去，热情地同坐在轮椅上的罗斯福握手。

罗斯福的脸上洋溢着刚毅的笑容："同你的心情一样，我也盼望着同你就当前的形势谈谈看法。"

在斯大林与罗斯福的这次会晤中，双方谈到了法国的戴高乐将军。

"虽然我很敬佩戴高乐将军的勇猛，但是，我个人认为，法国在战争结束后不应该再回到印度支那了。他们应该为与法西斯合作付出代价。"斯大林严肃地谈道。

"我非常同意你的观点，在前些日子的开罗会议上，我同中国的蒋介石曾讨论过印度支那托管的可能性。我想提醒你，我们最好不要同丘吉尔首相谈及印度问题，据我所知，他还没有就这一问题想出可行的办法。"

下午4时，三国领导人会议正式开始了。罗斯福主持了第一次会议。

"今天是苏联人、英国人和美国人第一次为了共同的目标相聚一堂。我们的目标就是要赢得这次战争的胜利。我们共同的敌人法西斯已经成了强弩之末，但却在负隅顽抗。我希望通过这次会议能使我们的合作作战更加协调，我也相信不久的将来盟军就会取得胜利。"罗斯福做了热情洋溢的开幕词。

丘吉尔看了老朋友一眼，意味深长地说："这次会议是史无前例的空前大聚会。刚坐到会议桌前那一瞬，我似乎感觉到人类的幸福和命运完全掌握在我们手中。"

斯大林对罗斯福和丘吉尔的讲话表示同意，并把英国国王通过丘吉尔转交给他的宝剑视为珍宝。三国首脑的第一次会议在友好的气氛中结束了。

但是，当讨论到具体问题——如何尽快开辟欧洲第二战场的时候，三国之间产生了分歧。当时，苏联是抗击德军的主要力量，迫切需要美、英在欧洲西部开辟另一条战线，以牵制德军，缩短战争时间。其实，早在1941年，斯大林就曾向英国要求开辟第二战场，但遭到了丘吉尔的拒绝。后来，随着形势的发展，美英两国看到开辟另一条战线势在必行，才制定了代号为"霸王"的战役计划，准备在 1944 年从法国诺曼底登陆。

第二次世界大战时的斯大林

斯大林刚一提及第二战场的问题，丘吉尔马上又提出"柔软的下腹部"战略，觉得应该把重点放在地中海战役上。而斯大林则认为，意大利离德国心脏很远，对德国威胁不大，难以减轻苏军的压力，而从法国攻入德国本土则是最快也是最有效的战略。

"如果两路并进是不是更好呢？"丘吉尔思索了一会儿，算是做出了让步，但实际上丘吉尔担心的是，如果按斯大林的建议进行，苏联红军可能会进入奥地利、罗马尼亚和匈牙利，而这些对英国战后的利益将是多么不利啊。

罗斯福早就看出了丘吉尔的心思，他对丘吉尔说："难道你想把战争向后推迟几个月吗？那样将给世界带来多么大的威胁啊。如果你坚持要这么做，我将单独执行'霸王'战役。"

最后，经过反复争论，三国达成了一致协议：1944 年 5 月，英、美将实行"霸王"战役，并进攻法国的南部。斯大林也答应同时发动攻势，阻止东线德军西调。斯大林还明确表示，在击溃德国法西斯后，苏联将参加对日作战，不过条件是苏联要得到库页岛和千岛群岛。

1943 年 12 月 1 日，斯大林、罗斯福和丘吉尔签订了《苏美英三国德黑兰宣言》和《苏美英三国德黑兰总协定》（后者作为秘密文件，当时没有公布）。

德黑兰会议公报的最后写着："我们怀着希望和决心来到这里。我们作为事实上的朋友而在这里分手。"

诺曼底登陆

苏德战争爆发后，斯大林便向丘吉尔提出在欧洲开辟第二战场的要求。丘吉尔担心斯大林会代替希特勒而未置可否。美国参战后，苏、英、美三国政府多次协商攻击法西斯的战略问题。但各方就时间和地点发生分歧，各国间不同的利益与苏和英、美两种不同的社会制度交织在一起，错综复杂，争论不休。但是法西斯的扩张，又使他们不得不相互妥协。几经周折，各方求同存异，在 1943 年 11 月的德黑兰会议上，三方最终达成开辟第二战场的协议。

1943 年 12 月 6 日，美国的艾森豪威尔将军被选定为联军总统帅，近 300 万盟军陆海空将士在英伦三岛集结，准备横跨英吉利海峡，登上欧洲大陆，和东线苏联红军配合，夹击德军。这个大规模的作战计划代号为"霸王"行动。

1944 年 1 月 21 日，艾森豪威尔及其参谋部结合各种条件，决定在法国西北部的诺曼底登陆。计划从卡昂到奥尔尼河之间占领一个立足点，并攻占不列塔尼的各港口，英第 2 军团在卡昂地区进行突破，吸引敌人预备队。美第一军团趁势登陆，从西面侧翼实施突破，一直向南前进到卢瓦尔河上。联军正面以卡昂为轴旋转，使右翼向东前进到塞纳河上。

1944 年 3 月 30 日开始，联军对德阵地实施不间断的战略性轰炸，对铁路、公路、桥梁、车场、海防工事、雷达站、飞机场等设施进行大规模的摧毁，不仅造成德军指挥体系的瘫痪，交通运输补给线路的中断，而且最大限度地孤立联军登陆区和塞纳河与卢瓦尔河之间整个联军前进作战区的德军。

英美联军对登陆的突然性特别重视，他们制订了一个伟大的骗敌计划。在英国东南部建造了假总司令部、假铁路、假电厂、假油站、假船只等大规模的系统假象，暗示敌人联军会在英吉利海峡最窄处的加莱港登陆，而且时间会更晚些。

1944年6月6日，天气条件不好，艾森豪威尔果敢决定实行登陆计划，早已做好充分准备的联军开始发动渡海攻击。海军扫除德军水雷阻碍线，并用重炮轰击敌人阵地。两个空降集团分别在圣梅尔艾格里斯和卡昂东北部地区降落，担负保卫登陆部队的任务。在舰队重炮和空军猛烈火力的配合和空降师的策应下，登陆联军在5个登陆区开始登陆。

艾森豪威尔

这些突然攻击使因天气恶劣而防备松懈的德军惊恐。联军对交通线路的战略轰炸，使德军处于"铁路沙漠"之中；对制空权的绝对控制，使德军防御工事遭到摧残，联军的登陆极为顺利。凭借大西洋长城的防御，德军仍顽强抵抗，夜幕低垂时，联军终于突破防线。

6日下午，希特勒仍然认为联军的攻击只是佯攻，目的是掩护在加莱方向主力的攻击，于是德军只是用步兵封锁住美军的渗透，用一个装甲军在卡昂地区与英军周旋，而精锐部队第15军团仍部署在安特卫普与奥尔尼河之间。

6月12日，联军登陆区连成一片，开始向诺曼底中部推进。但在德军的顽强抵抗下，联军进展缓慢，直到7月25日，才推进到卡昂、科蒙、圣洛以南地带。艾森豪威尔决定发动全面进攻，部队开始向法国心脏进攻。8月15日，美第7军团侵入法国南部，对德军造成钳形阵势。此时苏联反攻，牵制住德军的大股部队，没有预备队的德军遭到联军的痛击，损失惨重。8月19日，巴黎被联军攻占，诺曼底登陆以联军的胜利而结束。

诺曼底登陆场面

　　诺曼底登陆是战争史上最大的登陆战役，它突破了希特勒所吹嘘的"大西洋铁壁"，使战争进入反法西战争的最后决战阶段，加快了欧洲解放和第二次世界大战结束的进程。

雅尔塔会议

　　1945 年初，法西斯的失败已成定局：一个月前，德军在西线发动的最后孤注一掷的攻势被击退；苏联红军占领了波兰和东欧，并从东线向德国逼近；美国部队解放了马尼拉，并从空中轰炸日本。但是，德黑兰会议上没有解决的问题必须在战争结束之前得到解决，这些问题包括：如何处置德国、波兰的疆界问题、其他东欧国家的地位、联合国组织和远东问题，等等。

　　1945 年 2 月 4 日，斯大林、罗斯福、丘吉尔在黑海海滨雅尔塔举行会议。罗斯福看了看斯大林和丘吉尔，说道："我们三人已经成为了老朋友，而且

我们三个国家之间的了解也在不断加深。大家都想尽快结束战争，也都赞成持久
和平，所以，我觉得我们可以随时进行非正式会谈，以达成共同的目标。"

在罗斯福的感染下，会场的气氛很活跃。首先，苏联副总参谋长阿列克赛·
安东诺夫将军和美国将军马歇尔分别就东线和西线战势做了汇报：苏军已占领了
波兰波兹南，打开了通向柏林的大门，西线的盟军则向德国的莱茵河防线进攻，
空军正对德国全境的军事目标进行轰炸，德军已经组织不起像样的撤退。

战后主宰世界格局的三巨头（左起）：丘吉尔、罗斯福、斯大林，在雅尔塔会议上留下了这
张难得的照片。

看到胜利在即，其他人也纷纷就当前的形势发表了自己的看法。最后，三方
首脑就目前军事配合交换了意见。

第二天，会议就如何处置德国的问题进行了讨论。早在德黑兰会议上，三巨
头曾就这个问题交换过意见，会后，成立了欧洲咨询委员会，专门研究分割德国
的问题。根据英国的提议，战后的德军被划分为 3 个占领区，由美、苏、英分别
占领，柏林由三国共同占领。而在这次会议上，罗斯福却建议道："在管制和占
领战败的德国问题上，我认为应该统一化，不宜瓜分为各个占领区。不仅在最高

层机构中行政管理应该统一，各级机构均应联合统一。"但是，罗斯福的这一建议却招致斯大林和丘吉尔的一致反对，只能作罢。随后，丘吉尔又提出了让法国在德国占领一个区的提议。斯大林表示了强烈反对，他认为法国在打败法西斯德国的战争中并没有起到多大作用。而丘吉尔坚持己见，他认为法国在未来的欧洲将起到重要的作用，对管制德国也会有很大帮助。

正当双方争执不休的时候，罗斯福过来打圆场："美国在战后不会长久地在欧洲驻军，考虑到法国也曾为大战做出过不少贡献，丘吉尔首相提议的让法国协助英国来压制德国的提议还是可行的，阁下不如考虑一下。"斯大林看罗斯福同意了丘吉尔的提议，只好勉强表示同意。

当天下午，战败国赔款问题又引起一场激烈的争吵。斯大林说："在反法西斯特别是德国法西斯的战争中，苏联人民作出了巨大贡献，单独与德军抗衡了两年之久，死亡人的人数超过了两千万，这是一个多么庞大的数字啊。我认为德国的赔款总数不应该低于 200 亿美元，其中一半应该归苏联所有。如果德国没有能力偿还，可以用实物抵偿，如粮食、工厂、矿山等。"

丘吉尔对斯大林关于赔款问题的这一提议表示了反对："我认为巨大数额的赔款只会招致更大的麻烦，一战后的德国就是个典型例子。"但是，在斯大林的坚持下，罗斯福和丘吉尔最后还是同意了这一赔款方案。

雅尔塔会议中，由于本身的实力和在打败法西斯中的作用，美、苏成为大会的主宰，英国则不得不处于陪衬地位。在讨论对日作战的问题时，斯大林和罗斯福并没有邀请丘吉尔参加，而是用私人讨论的形式完成的。斯大林同意在打败德国法西斯后两三个月内对日作战。总之，雅尔塔会议虽然争执四起，但也基本解决了战后德国的处理问题，并划定了波兰的疆界。

雅尔塔会议对战后世界格局的形成和发展产生了较大的影响。

墨索里尼的末日

1943 年 7 月 17 日上午，一阵巨大的轰鸣声从罗马的上空传来，惊恐万分的人们纷纷四处躲藏。出乎意料的是，这次，盟国轰炸机并没有投下炸弹，而是撒

第二次世界大战盟军使用的自行火炮

下了几百万份传单，传单是美国总统罗斯福与英国首相丘吉尔联名签署的致意大利人民的《公告》。《公告》如一声惊雷，给意大利人民指明了方向，在意大利引起了极大的震动，罢工与游行此起彼伏，墨索里尼政府像站在了火山口。当墨索里尼内外交困的时候，法西斯集团也开始对他失去了信心，最后，连一直支持他的国王埃努尔三世也对他疏远了。7月25日，埃努尔三世下令把墨索里尼囚禁起来。

墨索里尼被监禁后，几经迁徙被藏匿在亚平宁山脉顶峰上的一座饭店里。9月12日，希特勒指派德国的特种部队"弗里登"突击队把墨索里尼从囚禁地救了出来。两天以后，在希特勒的扶植下，墨索里尼在德军占领的意大利北部地区成立了"意大利社会共和国"。

·自由志愿军·

1943年，德军入侵意大利，将墨索里尼重新扶上台。这种行为严重损害了意大利的主权，爱国者们纷纷组织起游击队，共产党组织了加里波第旅，行动党组织了正义与自由游击队，这是两支主要的武装力量。随着第二次世界大战战局的变化，越来越多的人加入了游击队，到1944年6月，游击队的兵力已达8万多人。为了更好地斗争，在共产党的提议下，各个游击队于 1944 年 6 月 9 日合并为自由志愿军，由北意大利民族解放委员会领导。游击队在意大利牵制了 20 多万法西斯军队，为盟军减轻了不少压力。从 1944 年 6 月到 1945 年 3 月，自由志愿军牺牲 7 万多人，歼灭德军数十万，为意大利的解放作出了巨大的贡献。

这个傀儡共和国注定了是短命的。1945 年初，德国防线——被摧毁，墨索里尼预感到末日即将来临。4 月 24 日，他收到希特勒的一份电报：苏联军队已经攻入柏林，美英军队也在迅速地向柏林推进……墨索里尼知道大势已去，绝望地瘫倒在座椅上。

4 月 25 日，意大利的反法西斯抵抗运动举行了全国总起义，并成立了最高领导机构"北意大利民族解放委员会"。反法西斯组织命令墨索里尼在两个小时内投降，墨索里尼不甘心就这样束手就擒，而且他深知，如果自己投降，同样会受到人民的审判。于是，他打算逃离罗马。

深夜，一支由 30 辆汽车组成的德国和意大利法西斯分子的车队正在意大利瑞士边境公路疾驶。昔日威风凛凛的墨索里尼缩在汽车里，他用一床破旧的毛毯裹住身体，用大衣领子和帽子盖住自己的脸，不想别人看到他落到今天这个下场。

"停车，我们要例行检查。"突然，道路上出现了全副武装的意大利游击队员。

前面的几辆德国军车停了下来，后面意大利的军车则开始逃窜，有的掉过车头往回开，有的钻进了旁边崎岖的小路。游击队员立即分头追击。逃跑的人全部落网，并被关进了附近的一所学校里。

"报告长官，听说墨索里尼就在德军这个车队里。"一个满脸大胡子的中年士兵走到游击队队长奈里身旁低声说。

奈里眼睛一亮，然后走近德军军队，他一辆车一辆车检查着，最后，他在一辆卡车上发现了一个人蜷缩在驾驶室里。

"他是谁？"

"噢，长官，他刚刚喝醉，你瞧，他可是一个醉鬼啊。"一个德国兵慌忙答道。

"是吗？不过他的腿上怎么穿着高级军官才有的镶着金色条纹的法西斯军裤？

我看他不会是一个简单人物吧。"奈里一边说着一边看了看已六神无主的"醉鬼"。

"看好了，别让这辆车开走。"奈里悄悄对身旁的一个游击队员说，随后，走向指挥部去报告他发现的可疑人物。

不大一会儿，游击队副队长拉扎罗拉走了过来，他摘掉那个人的帽子，拉下他的衣服领子。

"去报告队长，他就是意大利法西斯党魁墨索里尼。早前我曾经和他有过一面之缘，我肯定没有认错。"然后，拉扎罗拉庄严地对早已经吓得面无血色的"醉鬼"说："我以意大利的名义逮捕你。"

"醉鬼"没有答话，只是慢慢地站了起来，举起双手，弯着腰下了车。经审讯，这个"醉鬼"的确是罪大恶极的墨索里尼。和墨索里尼一起被捕的还有法西斯其他几个头目，其中还包括墨索里尼的情妇佩塔奇。

听说墨索里尼被抓住了，人们激动万分。4 月 28 日，意大利人民举国欢庆。这天下午，游击队总参谋部派瓦莱里奥上校来到东戈，瓦莱里奥将代表总参谋部对墨索里尼和其他几个法西斯头目进行就地处决。

傍晚时分，游击队员将墨索里尼和佩塔奇押上汽车，把车开到贝尔蒙蒂的公馆大门前。游击队员把墨索里尼和佩塔奇拉下车，让他们站到别墅的的大铁栅栏旁边，然后荷枪实弹地守卫在四周。

看到这阵势，墨索里尼明白自己的末日来到了，吓得发起抖来。

"我以人民法庭的名义宣布：本尼托·墨索里尼，死刑！克拉拉·佩塔奇，死刑！"瓦莱里奥宣布道。"呼呼"两声枪响过，墨索里尼和佩塔奇双双倒在地上。第二天，墨索里尼的尸体被运到米兰的洛雷托广场，吊在一个废弃加油站的钢梁上供人指责唾骂。

攻克柏林

1945 年初，德国法西斯的失败已成定局。4 月 16 日，苏军元帅朱可夫到达库斯特林附近奥得河岸的第 8 司令部。凌晨 5 时，朱可夫下达了进攻德国首都柏林的命令。

得到元帅下达的命令，苏军的几千门大炮齐吼起来。此时的德国已经没有还击之力，经过半个小时的轰击，敌军阵地上先前的几声抵抗的枪声消失了，变得死一般的沉寂。

突然，数千枚信号弹升上了天空，燃起了五彩缤纷的火花。顿时，地面上的140多部强力探照灯齐放光芒，一同照向德军阵地。在探照灯的指引下，苏联红军的步兵在坦克的协同下向柏林发起了冲锋。与此同时，苏联的轰炸机也对德军阵地进行了轮番轰炸。苏军很快突破了敌人的第一道防线，但是，在进抵德军的第二道防线时，苏军却遇到了阻碍。尽管朱可夫一而再、再而三地集结大量兵力和坦克进攻第二道防线——泽劳弗高地，却屡屡失败。

攻克柏林——苏联红军将自己的旗帜插在了柏林的废墟之上。

斯大林在得知苏军进展缓慢时，忙致电朱可夫，协助他调整了战略部署。终于，苏军攻占了泽劳弗高地。

4月25日，苏联红军完成了对柏林的包围，并与美、英联军会师，随即红军突入市区，开始了激烈的巷战。

但是，苏军对胜利即将到来的憧憬又一次落空了。在柏林城高大的砖砌楼房和各类建筑物之间，残酷的最后战争开始了。苏联人的坦克开进了柏林，这些坦克对摧毁德军工事的确起到了很大作用，但是，在狭窄的市区，这些重型武器就显得笨拙多了。在苏联红军"像辛勤园丁在花园里洒水般"倾泻炮弹的时候，德国士兵已经躲到了地下室里。而炮击一停止，他们就会爬到地面上，依托每一条街道和每一座楼房向苏军射击。在碎石垃圾成堆的柏林街道里，只要有一辆苏联坦克被击中，道路就会被堵塞，这时，德国人会用反坦克火箭弹逐个从侧面消灭敌人。德国人利用机动兵力，往往出现在苏军的背后给苏军以意想不到的打击。

但是，德国法西斯毕竟已经成了强弩之末，再多的抵抗也只不过是垂死挣扎而已。

27日，柏林的争夺战已经向市中心一带转移。在隆隆的炮声中，柏林总理府已经是一片废墟。希特勒再也没有了以前的嚣张气焰，此时的他已经成了孤家寡人，几天前，他的得力助手、空军总司令戈林挟大量的金银财宝逃到了萨尔斯堡，并声称接管帝国的全部领导权。

"快来柏林解围，你们难道没有听说苏军已经到了柏林了吗？海因里希和温克的军队都在哪里？"希特勒在离地面几十米的地下室里对着话筒狂叫着，他哪里知道，他所求助的这些部队早已经被苏联红军消灭了，柏林之围是解不了了。

又打了几个没头没脑的电话后，希特勒已经精疲力尽，他躺在沙发上，想休息一会儿，但从地面上传来的轰鸣声却使他更加烦躁不安。

头顶上的炮弹声越来越近了，夹杂着坦克碾过地面的声音。

"看来我的末日是临近了。"希特勒默默地对自己说。

·易北河会师·

直到第二次世界大战进入到了最后一年，苏联军队和美、英军队均在各自的战场上作战，没有碰面的机会。但是在进入德国本土之后，双方就开始准备会师了。1945年4月25日，美国第一军的一个侦察小分队和苏联第一军的先头部队在德国易北河的一座小桥上相遇，双方士兵的手紧紧握在了一起。它标志着盟军的两支主要军事力量会合在了一起，将德军拦腰截断，希特勒的覆亡之日不远了。

坐在沙发上，他眼前浮现出墨索里尼被曝尸街头的场面，不由得打了个寒战。他转身对卫队长格林说："我和爱娃将会在这里自杀。你去准备两条羊毛毯子和足够焚烧两具尸体的汽油。我们死后，你把我们裹着抬到花园里烧掉……"格林吓了一跳，而希特勒却是相当平静。

4月29日，希特勒命人把还留在柏林的德国官员请到总理府的地下室，虽然来的人寥寥无几，但他还是摆出一副非常庄重的表情。

"很高兴各位能在大敌当前来到这里，今天我有两件事宣布。一是，海军元帅邓尼茨将完成我没有完成的任务，二是我的私事，我将与爱娃在今天夜里举行婚礼。"爱娃是希特勒的情妇。

当天夜里，希特勒与爱娃的婚礼在地下室的地图室举行，柏林市政府参议员瓦格纳主持了婚礼。

4月30日，希特勒坐在总理办公室的沙发上，爱娃蜷缩在他的脚边。他环视着四周，看了爱娃最后一眼，然后拿起预先准备好的手枪朝着自己的右太阳穴开了一枪。希特勒死后，爱娃也挣扎了片刻就停止了呼吸，她早已经服下了剧毒药品氰化钾。

也就在这一天，苏军攻占了德国国会大厦。5月2日，苏军占领了整个柏林。

第一颗原子弹

1939年8月的一天，一封由著名科学家爱因斯坦签名的信放在了美国总统罗斯福的办公室桌上：

"总统阁下：

我读到了费米和西拉德近来的研究工作手稿。这使我预计到，元素铀在最近的将来，将成为一种新的、重要的能源……

为此，我建议……和有关人士及企业界实验室建立接触，来促使实验工作加速进行……

据我所知，目前德国已停止出售它侵占的捷克铀矿的矿石。如果注意到德国外交部次长的儿子在柏林威廉皇帝研究所工作，该所目前正在进行和美国相同的对铀的研究，就不难理解德国何以会有此举了。"

原子弹

代号"小男孩"的原子弹，1945年8月6日被投放到广岛。它的威力相当于2万吨TNT炸药，造成78150名人员丧失，方圆10平方千米的城市毁于一旦。

罗斯福坐在轮椅上，默默地读完了这封信，开始了激烈的思想斗争：爱因斯坦是个正直的科学家，由于纳粹的迫害，爱因斯坦和一批科学家逃离德国迁居美国。1939年夏，有消息称德国正在进行一项秘密工程，即试图利用原子科学的成果，制造一种毁灭性很强的新式武器，万一德国法西斯抢先制造出原子弹，人类的命运将不堪设想。但是，这种谁也没有见过的原子弹是否真的能制造出来呢？如果美国要赶在德国之前制造出这种武器，那经费从哪里来呢？如果不慎爆炸怎么办？

罗斯福想了许久，还是理不出头绪来。

"您是否还记得，拿破仑就是因为没有采用富尔顿利用蒸汽船的建议而未能横渡英吉利海峡的。而一旦德国的研制成功，美国将会是第一批受害者。"罗斯福的科学顾问萨克斯及时提醒了他。

为了慎重起见，罗斯福与美国一些官员进行了反复地研究。

10月19日，罗斯福终于对爱因斯坦的信做了肯定的回答。按照罗斯福的指令，一个以"S-11"为代号的特别委员会成立了，这个委员会将负责核试验的研究。

1941年12月6日，美国成立了一个庞大的工程机构——曼哈顿工程管理处，它的使命就是负责设计制造原子弹。与此同时，纳粹德国也在加紧研究制造原子弹。为了不让德国制造成原子弹，英美两国想尽了一切办法来爆毁挪威的重水工厂，以切断德国的重水来源。第一次突击失败以后，英国突击队又在 1943 年 2 月 17 日进行了第二次突击，这就是著名的"重水之战"。这次爆破的胜利，使纳粹德国丧失了建立原子反应堆必不可少的重水，制造原子弹的计划不得不向后推迟。

1942 年 8 月，美国陆军工程兵团建筑部副主任格罗夫斯将军主持了"S－11"委员会家、高级管理人员会议，制定了一个名为"曼哈顿"的新计划。"曼哈顿"计划规定，研究工作所有指挥权都集中在曼哈顿工程管理处，设在新墨西哥州荒原上的原子实验室由著名科学家罗伯特·奥本海姆主持，奥本海姆则每天都与坐镇华盛顿"曼哈顿"总部的格罗夫斯将军汇报情况。这项工作具有高度保密性，就连副总统杜鲁门也是在 1945 年 4 月，罗斯福去世后接任总统时才知道这一机密的。

为了能抢在德国人之前造出第一颗原子弹，美国还向欧洲战场派出了名叫"阿尔索斯"的行动小组，专门搜捕德国科学家和收集德国制造原子弹的情报。

1945 年 7 月 16 日凌晨，美国新墨西哥州阿拉英戈多沙漠里正在进行着试验原子弹的准备工作。5 点 30 分，随着一声巨响，一团巨大的火球从地面升腾而起，窜上 8000 米的高空。火球升起的一刹那，沙漠上尘土飞扬，大地被震得颤动起来。美国政府集资 25 亿美元，动用 40 万科技人员和工人，经过 3 年研制出来的世界上第一颗原子弹终于爆炸成功了。

第一批原子弹共有 3 颗，被试验爆炸的一颗命名为"瘦子"，另外两颗被命名为"胖子"和"小男孩"。

第一颗原子弹爆炸成功的时候，杜鲁门正在德国波茨坦参加会议。为了对付日本和抑制苏联，杜鲁门在 8 月 2 日的回国途中决定对日本投掷原子弹。

8 月 6 日和 8 日，美军先后在日本的广岛和长崎投下了两颗原子弹，加速了日本投降的进程。

日本投降

　　1945 年 7 月 26 日，中、美、英三国发表了《波茨坦公告》，公告的主要内容是督促日本必须立即无条件投降。

　　8 月 6 日，美军第 509 混合大队奉命向日本广岛投掷了一颗原子弹，原子弹爆炸的威力造成了广岛 6 万多建筑物被毁，9 万多人死亡，3.7 万多人负伤，13 万人患上了放射病。第二天，美国总统杜鲁门向全世界发表声明，敦促日本政府赶快投降，否则就将遭到"来自空中的毁灭"。在美国广播之后，日本的海军统帅部才接到设在广岛的日本第二军总司令部的报告："美军使用了一种破坏力极强的炸弹，据推断可能是原子弹。"但是，广岛的悲剧并没有使日本立即同意接受《波茨坦公告》的最后通牒，而是把希望寄托在苏联的调停上。

　　8 月 8 日，苏联向日本宣战，并出兵中国东北，盘踞在此的关东军土崩瓦解。同时，美国又在长崎投下了第二颗原子弹，长崎全城的 27 万人中，有 6 万在当日就死去了。中国、朝鲜、越南、菲律宾、马来亚、泰国、印度尼西亚等许多国家的军民也对日军发起了最后反攻，日本侵略者被打得焦头烂额。

　　就在日本法西斯四面楚歌、陷入绝境之际，一群日本军政要人聚集在防空洞里就是否接受《波茨坦公告》展开了激烈的争论。

·《波茨坦公告》·

　　1945 年 7 月 26 日，中、美、英三国在波茨坦会议期间联合发表了《波茨坦公告》，苏联于 8 月 8 日加入。公告敦促日本尽快无条件投降，永久铲除日本军国主义，归还所有侵占的领土并将战犯交给盟国审判，不准战后日本保留可以发展武装重工业的产业。《波茨坦公告》发表后，盟军飞机空投了数百万份给日本人民，期望日本可以投降。但是顽固的日本军国主义者们却对此置之不理，并将武器发给本土人民，拼凑出了一支 720 万人的乌合之众，叫嚣"一亿玉碎"。经过盟军参谋部的推测，如果进攻日本本土的话，盟军可能会蒙受多达 200 万人的伤亡，为了加快战争结束进程和减少盟军伤亡，美国最终使用了原子弹。

1945 年 8 月 9 日，日本天皇裕仁召开御前会议，10 日决定接受
《波茨坦公告》。8 月 15 日，日本宣布无条件投降。

"盟国正在督促我国投降，我想听听大家的意见。"铃木首相一副疲惫的样子，把身子靠在沙发上，等着听其他军政要人的意见。

"从现在的情况来看，我们只能投降了，我想盟国会同意我们维护国体、保存天皇制度的。"外相东乡茂德垂头丧气地说，显然，他已经没有其他的办法了。

海军司令部总长丰田副武似乎有些不甘心："投降可以，但除了维护国体外，盟国还必须答应我们三个条件：我们要自行处理战犯，自主地解除武装，最重要的是我们不能让盟国占领日本本土。"

"大日本帝国怎么能无条件投降呢？不如我们实行本土决战，说不定我们可以击退敌军呢。"陆相阿南惟几一直是个顽固的抵抗派。

在争论半天毫无结果的情况下，铃木首相决定上奏天皇。此时的天皇裕仁早已经没有刚开战时的锐气，他有气无力地说："这几天的情况大家也看到了，即使我们有足够的精神去重新投入战争，但胜利的希望已经没有了。依我看，还是接受《波茨坦公告》吧。"

8 月 10 日，日本接受《波茨坦公告》的广播传到美国，美国总统杜鲁门征询了英、苏、中三方的意见，向日本政府发出了一道复文："自投降之时起，日本天皇必须听命于美国最高司令官……日本政府之最后形式，将依日本人民自身表示之意愿确定之。"

两天后，美国飞机越过太平洋飞抵日本东京上空，从飞机上向下散发日语传

1945年9月9日，日本递交投降书。

单，其中包括日本政府接受《波茨坦公告》的电文和同盟国复文。8月14日，
日本又召开了御前会议。会上，陆相阿南惟几再恳请天皇向盟国提出照会：如果
盟国不允许保护天皇制，那日本只有背水一战。阿南惟几的请求并没有使天皇无
条件投降的决心改变，天皇不但下令起草了无条件投降的诏书，还将诏书录了
音。阿南惟几声泪俱下地离开了会场。

8月15日，日本天皇以广播"停战诏书"的形式，向盟国宣布无条件投降。
28日，美国空军在东京降落，接着，大批的盟军在日本登陆。

9月2日，是日本向盟国举行签降仪式的日子。这天上午，停泊在东京湾的
美国战列舰"密苏里"号见证了这一历史性的时刻。日本新任外相重光葵和参谋
总长梅津美治郎首先在投降书上签了字，接着，同盟国代表、盟军最高统帅麦克
阿瑟，美国代表尼米茨，中国代表徐永昌，英国代表福莱塞，苏联代表杰列维亚
科等也依次在投降书上签了字。

至此，日本帝国主义15年的侵略战争以彻底失败告终。

奥斯维辛集中营

奥斯维辛是波兰南部的一个小村庄。1939年德国占领波兰以后，在奥斯维辛建立起了一座杀人工厂。从此，原本宁静的小村庄布满了恐怖：四周布满了铁丝网，里面设有专供杀人的毒气室、焚尸场和化验室。

在奥斯维辛集中营里，每天都有成千上万的犹太人被惨无人道的德国法西斯屠杀。在这里看守集中营的多是些极端残暴的法西斯党卫军分子，他们的残暴从他们的装扮中也能看出几分：领章和军帽上戴着象征他们所执行使命的标志，墨底上一个骷髅头和两根交叉的骨头。

希特勒痛恨除日耳曼民族以外的所有民族，尤其是犹太民族，希特勒认为除日耳曼人以外的所有民族都是劣等民族，而企图把这些民族全部杀光。1940年6月以后，奥斯维辛每天都会有成百上千的战俘和无辜平民运进来。这些人一进入奥斯维辛集中营，马上会被送进消毒站。等他们从消毒站里出来时，头上的头发没有了，带来的所有物品被没收了，而且每个人都穿上了同款式的囚衣。为了区分这些"犯人"罪行的性质，纳粹法西斯们在每个人的左臂上编上号码，再把带有同样号码的三角布缝在左袖上和裤子上，这些三角布的颜色即代表"犯人"罪行的不同，如戴有红色三角布的是政治犯，黑色的是拒绝劳动的人，黄色的是犹太人等。

这些"犯人"对纳粹法西斯来说并不是没有任何用处的，那些比较强壮的"犯人"一般会分配到工地上去做苦工，而那些失去劳动能力的"犯人"则往往会被送到毒气室里成批地杀掉。

纳粹法西斯对被毒气毒死的"犯人"也不放过，他们检查完"犯人"的尸体以后，把他们嘴里的金牙敲下来熔成金块，头发用来编制地毯，脂肪做成肥皂，连尸体烧剩下的骨渣也会运到工厂磨成粉末，当肥料。

其实，活下来的"犯人"也是生不如死，他们被迫从事非常繁重的劳动，如果稍有犯规行为或是没有完成任务就会受到各种残酷的刑罚。法西斯党卫军会用皮鞭和钢索把"犯人"抽得皮开肉绽。而且，在被抽打的过程中，"犯人"还要不停地报数，如果因为疼痛忘记报了或是报错了，那这个"犯人"则要重新被抽打。

集中营里绞刑架上的尸体

对于逃跑的"犯人"，党卫队对他们的惩罚则更为残酷，往往是死刑，而这种死刑又必须是在活着的"犯人"面前进行的，以用于警告活着的人打消逃跑的念头。

在奥斯维辛集中营里，还有一所医院。单从外表看，这所医院和普通的医院没有什么两样：医院外面长满了鲜花绿草，让人有一种温馨的感觉，而且，出出入入的人络绎不绝，和平常的人也没有什么大的区别。但是，这所医院并不是真正给"犯人"们看病的，这里的医生是一群杀人不眨眼的刽子手，如果他们认为某个"病人"无法医治或是这个"病人"不规矩，就会给"病人"注射一种毒液，使"病人"在几秒钟或是几分钟之内死亡。此外，这所医院还是党卫军进行细菌武器研究的地方，而这些细菌武器的研究都是用抓来的"犯人"做实验。党卫军会把抓来的"犯人"先带到毒气室里毒死甚至直接用活人做实验，一旦一种细菌武器研制成功，"犯人"也自然成了他们最先毒害的对象。这所医院曾经从事过双子生物学的"科学研究"，党卫军到所占领的地区去寻找双胞胎，如果双胞胎之一死于某种异常病症，那么另一个则马上被送进实验室。一般情况下，是没有人能够活着走出实验室的。

从 1940 年第一批"犯人"被运进奥斯维辛到 1945 年苏联红军解放这里为

止，共有 400 多万人惨遭杀害，其中，这里曾创下了一天死亡 6000 人的记录。

正义的审判

第二次世界大战后，如何处理战败的德国和日本的问题，成为国际关系中一个重要的问题。为了彻底肃清法西斯势力，实现民主化和非军国主义化，防止军国主义和法西斯主义死灰复燃，维护世界和平，盟国对德、日法西斯战犯进行了审判，这就是纽伦堡审判和东京审判。

1943 年 10 月，苏、美、英三国莫斯科宣言规定，战争结束后，将对战争罪犯进行审判。1945 年 8 月，上述三国和法国在伦敦签订协定，拟定欧洲国际军事法庭宪章，规定由四国指派检察官组成委员会进行起诉，由四国指派的法官组成国际军事法庭进行审判。1945 年 10 月 18 日，国际军事法庭第一次审判在柏林举行。

从 11 月 20 日开始，审判移至德国南部城市纽伦堡举行，至 1946 年 10 月 1 日结束，历时近一年。包括纳粹第二、三号人物戈林、赫斯和外长里宾特洛甫在内的 20 多名战犯被提起公诉。法庭进行了 403 次公审，以大量确凿的证据揭露了德国法西斯的种种滔天罪行。法庭根据四条罪行对战犯进行起诉和定罪：策划、准备、发动、进行战争罪；参与实施战争的共同计划罪；战争罪（指违反战争法规或战争惯例）；违反人道罪（指对平民的屠杀、灭绝和奴役等）。前两条合起来称为破坏和平罪。1946 年 10 月 1 日，法庭做出了最后判决，判处戈林等 12 人绞刑，3 人无期徒刑，4 人有期徒刑。

死刑判决于 1946 年 10 月 16 日执行，戈林在处决前一天服毒自杀。与此同时，法庭还宣布了 4 个犯罪组织，它们是：纳粹党领导机构、秘密警察（盖世太保）、保安处和党卫队。对这几个犯罪组织的成员，各国可以判以参与犯罪组织罪直接判处死刑。此后，在美、英、法、苏各个占领区以及后来的联邦德国和民主德国各法庭，又对众多的战争期间的犯罪分子进行了后续审判，他们大多是法西斯医生、法官、工业家、外交人员、国防军最高司令部人员、军事骨干以及党卫军高级干部等。

战后的纽伦堡审判

　　纽伦堡审判基本上是一次公正的审判，是人类有史以来对侵略战争发动者的第一次法律制裁，有利于防止历史悲剧的重演。它为以后对破坏和平罪的审判奠定了基础，标志着国际法的重大发展。

　　在第二次世界大战进行之时，盟国就认为，日本战犯也应受到与德国战犯同样的处理。1945年12月16日至26日，苏、美、英外长决定实施《波茨坦公告》中的日本投降条文，包括惩办日本战犯。根据《波茨坦公告》、日本投降书、盟国的《特别通告》以及《远东国际军事法庭宪章》，盟国决定在东京设立法庭审判日本战犯。

　　根据宪章规定，法庭将审判及惩罚被控以个人身份或团体成员身份犯有以下三种罪行的战犯：破坏和平罪（策划、准备、发动或进行侵略战争）；战争罪（违反战争法规或战争惯例）；违反人道罪（对平民进行杀害、奴役和放逐，或以政治、种族和宗教为理由对平民进行迫害的行为）。

　　盟军最高统帅麦克阿瑟于1946年2月18日任命澳大利亚的韦伯为首席法官，中国、苏联、美国、英国、法国、荷兰、菲律宾、加拿大、新西兰和印度10国各派一名代表为法官，美国的约瑟夫·B·凯南为首席检察官。

　　1946年4月29日，东条英机等28名战犯正式被起诉。1946年5月3日，

德国纳粹集中营中饱受折磨的囚犯

远东国际军事法庭正式开庭。首席检察官历数了 28 名战犯在战争中的罪行，列举了 55 项罪状，指控他们犯有破坏和平罪、战争罪、违反人道罪。

　　1948 年 11 月 4 日，法庭宣读判决书，对 25 名出庭战犯判决如下：判处东条英机等 7 人绞刑；16 人被判处无期徒刑；其余判处有期徒刑。

　　1948 年 11 月 12 日，远东国际军事法庭闭庭。1948 年 12 月 23 日，东条英机等 7 名战犯在东京巢鸭监狱被绞死，尸体被火化。其余战犯入狱服刑。

　　对日本战犯做出的严正判决，受到了世界舆论的欢迎。这次审判，使全世界人民进一步了解了日本帝国主义从"九一八事变"到太平洋战争期间的侵略真相和罪恶的事实，是对日本法西斯分子的一次全面清算和重大打击。但是，一些应该受到审判的战犯并未成为被告，一些罪大恶极的战犯并未受到严惩，给深受其害的各国人民留下了不良的印象。

联合国建立

　　1945 年 4 月 25 日，美国旧金山市中心的大歌剧院里一片沸腾，来自世界各国的人们兴奋地谈论着即将开幕的大会。是什么重要的大会让世界各国的人们聚集到了一起呢？原来，今天在这里举行的大会将要讨论联合国的成立，并制定《联合国宪章》。

　　下午 4 点左右，美、中、英、苏 4 个发起国和其他国家的代表先后走入歌剧院。紧接着，1800 多名各国记者也进入会场，他们将成为这一历史性时刻的见证人。

　　联合国是在第二次世界大战期间开始筹备创立的，它是世界人民渴望和平的产物。第二次世界大战的战火燃烧到世界 60 多个国家和地区，有近 20 亿人被卷入战争，其中有 5000 万人死亡，全部交战国直接战费总额计 11540 亿美元。蒙受战争苦难的世界各国人民是多么渴望实现持久的和平啊。早在 1941 年英美两国发表的《大西洋宪章》里，两国首脑就提出了要在战争结束后建立一个"广泛而永久的普遍安全制度"，道出了饱受战争之苦的人们的心声。

　　1943 年 10 月，中、美、英、苏代表在莫斯科举行会议，并签订了《四国关于普遍安全的宣言》，这是呼吁建立国际安全机构的开端。

　　1943 年 11 月的开罗会议中，中、美、英三国代表商讨了战胜日本及战后的共同策略。不久，美、英、苏又在德黑兰

联合国标志

举行会议，在这次会议期间，罗斯福与斯大林提出了战后成立联合国的建议，但这次会议并没有提出建立联合国的各个细节，这些细节是在一年后提出来的。1944 年 8 月至 10 月，苏、美、英三国代表和中、美、英三国代表分别举行会议，

讨论并拟定了《关于建立普遍性国际组织建议》，在这个《建议》中，规定了联合国的宗旨、原则和各机构的组成。

　　尽管世界各国在维护世界和平方面的宗旨一致，但却也存在着很大的分歧，尤其是美国和苏联。作为两种社会制度的代表，美国和苏联永远都是针锋相对。美国的目标是想建立一个战后世界各国的协调机构，而苏联却以防止德、日法西斯侵略力量的再起为目标。此外，苏联代表提出的苏、美、中、英、法五大国享有否决权的问题也遭到了美、英的反对。

联合国总部大楼

　　在 1945 年 2 月召开的雅尔塔会议上，罗斯福和丘吉尔终于与斯大林达成了协议，接受了苏联关于联合国的组织方案，同意五大国拥有否决权，并把乌克兰和白俄罗斯列为联合国会员国。于是，几个大国才在举行制定联合国宪章的会议问题上取得了一致意见，并决定"制宪会议"在旧金山召开。

　　大会的开幕式上，美国代表发表了简短的讲话，接着是新继任的美国总统杜鲁门的讲话，杜鲁门在讲话中强调了联合国对世界和平与人类发展的意义，并一再强调"和平"与"合作"是此次大会的两大主题。开幕式洋溢在一种和谐友好的气氛中。

　　"制宪会议"持续了整整两个月，这时的会员国已增至到 51 个。各国代表都先后在大会上发了言，研讨了会议的组织工作，并确定了英、俄、法、汉和西班牙语为大会正式工作语言。6月26日，大会一致通过了《联合国宪章》，51个国家的代表在《宪章》上签了字。为了纪念《宪章》的签订，6月26日这天又被称为"宪章日"。

1945年10月24日，联合国正式宣布成立，并把总部设在美国东海岸纽约市的曼哈顿区。

冷战时期

　　第二次世界大战结束后，美苏双方冲突不断，美国于1947年推出了"杜鲁门主义"，"冷战"开始。为了进一步控制欧洲，1949年4月，在美国的主导下，成立了北大西洋公约组织。1955年，苏联与一些东欧国家建立了华沙条约组织。这两大集团在欧洲尖锐对立。20世纪50年代，美国卷入了朝鲜战争；60年代到70年代初，美国又发动了越南战争，惨败而归。

丘吉尔的铁幕演说

　　1946 年 3 月，美国密苏里州富尔顿城里的威斯敏斯特学院热闹非凡。学院门口车水马龙，院内的草坪上密密麻麻地排列着座椅，3000 多名观众陆陆续续地进场，并不断地兴奋高昂地讨论着。原来，英国前首相丘吉尔将在这里进行一次演讲。

　　在众目睽睽之下，美国总统杜鲁门走上了讲台，他首先对丘吉尔来美访问致了欢迎辞。紧接着，丘吉尔在一片掌声中走上了讲台，他满面微笑，向听众们挥动着手里白色的礼帽，发表了题为《和平砥柱》的演讲。

　　在演讲中，丘吉尔首先对美国大肆赞扬，称其为"正高踞在世界权力的顶峰"，随即话锋一转，提醒听众新的战争和暴政正日益威胁着世界，而根源就是苏联和国际共产主义运动。

　　为了表示他本人对世界和平的担忧，丘吉尔沉默了许久，然后带着激动的声音说道："从波罗的海边的海斯德丁到亚得里亚海边的的里雅斯特，已经拉下了一幅巨大的铁幕。这张铁幕后面坐落着中欧、东欧古老国家的城市——华沙、柏林、布达佩斯、布拉格、维也纳、贝尔格莱德、布加勒斯特等。这些著名的都市和居民都处于苏联势力范围之内了。这些都市不是以这样就是以那样的形式屈服于苏联的势力范围，而且越来越强烈地受到来自莫斯科的高压控制。

　　"在这张铁幕外面，共产党的'第五纵队'遍布各国，刚被盟国的胜利照亮的大地，又被罩上了阴影，到处构成对基督教文明的日益严重的挑衅和危险。没有人知道，苏联和它的共产主义国际组织打算在最近的将来干些什么……

　　"如果我们不趁现在还来得及的时候正视这些事实，而任苏联继续扩大它的势力范围，那么我们的危险会越来越大，所以，现在是我们该做出决定的时候了……"

　　丘吉尔呼吁英美联合起来，建立"特殊关系"，推动西方民主国家"团结一致"。并建议在军事上"继续保持密切的联系，以便共同研究潜在的危险"，用实力反对苏联。

1946 年 3 月，丘吉尔在杜鲁门陪同下，在富尔顿的威斯敏斯特学院发表了"铁幕"演说。

　　坐在台下的杜鲁门带头鼓起了掌，他与丘吉尔的想法是非常一致的。自从他接任总统后，马上就表示要对苏联采取强硬政策。尤其是日本投降后，他公开宣称"已厌倦了笼络苏联人"，开始推行一种以苏联为主要对手，以欧洲为重点，以谋求世界霸权为目标的战略。而苏联也不甘示弱，在波兰、罗马尼亚、匈牙利、保加利亚等国建立了人民民主政权，同美国进行直接对峙。1946 年 2 月 9日，斯大林发表演说时指出"战争是现代垄断资本主义发展的必然结果"。杜鲁门正为找不到反击苏联的理由而苦恼，于是，马上把这篇演说称为"第三次世界大战的宣言"，并表示赞成美国驻苏联大使馆代办乔治·凯南提出的必须对苏联采取"遏制"政策的建议。

·冷战·

　　"冷战"一词最早由美国议员伯纳德·巴鲁克提出，指的是国际间进行的除战争之外的所有敌对形式，又称"没有硝烟的战争"。1946 年丘吉尔的铁幕演说和 1947 年杜鲁门的国情咨文标志着西方国家冷战政策和美苏之间冷战的开始。冷战特指从 20 世纪 40 年代末到 90 年代初这段时间，资本主义国家和社会主义国家之间的敌对形式，表现为组织军事集团、进行军备竞赛、破坏国与国之间的正常经济关系并干涉它国内政、在国内镇压共产党等进步组织等等。1991 年底，苏联解体，冷战彻底结束，世界由两极格局转变为多极格局。

当时国际国内舆论对苏联普遍持有好感，如果一意孤行对苏联采取"遏制"政策，肯定会招来不必要的麻烦，于是，杜鲁门开始寻找志同道合的反共斗士，他首先把目标锁定在英国前首相丘吉尔身上。

丘吉尔发表如此言辞激烈的演说也并非是一时心血来潮，而是当时国际形势与英国的利益使然。第二次世界大战后，昔日的日不落帝国不再风光，美、苏转而成为世界强国，美国始终是维护资本主义国家利益的，而作为社会主义国家代表的苏联却也位居其上，很是让英国不服气。于是，丘吉尔在杜鲁门的邀请下欣然来到美国访问，并发表了旨在反苏反共的这一演讲。

丘吉尔的"铁幕"演说是第二次世界大战之后西方政界一位最有身份的人对苏联进行的最公开、最大胆的指责，也是美国发出的对以苏联为首的社会主义阵营开始"冷战"的最初信号。1947 年 3 月 12 日，美国提出了要求遏制苏联和共产主义的杜鲁门主义，冷战正式开始。

"铁幕"一词不是丘吉尔的首创，但自从丘吉尔这次演说后，"铁幕"便成为了战后国际关系中有关东西方对抗的专有名词。

欧洲复兴计划

每年的哈佛大学毕业典礼上，都会有一位政界要人或是工商巨子来到学校对即将离开学校的学子们发表演讲。1947 年 6 月 5 日，又是哈佛每年一度的毕业典礼的日子，今年请来的知名人士会是谁呢？

随着学生们的一片喧哗声，美国国务卿乔治·马歇尔走上了讲台，他频频挥手，向台下的同学们致意，然后用他富有感染力的声音开始了演讲。在这次演讲中，马歇尔描绘了欧洲面临的困难局面，提出了美国对欧洲进行援助的计划，即"欧洲复兴计划"。马歇尔说："在以后的几年中，欧洲的需要大大超过了它的支持能力，而美国应尽最大努力帮助恢复世界正常的经济繁荣……我们的目的就是恢复世界上行之有效的经济制度，从而使自由制度赖以生存的政治和社会条件能够出现……"

马歇尔用15分钟就把这一计划叙述得淋漓尽致，他非常投入，台下的学生们也听得入了神。其实，马歇尔计划是当时美国对外政策的一个重要组成部分，也是自杜鲁门主义出笼以来的第一次大规模运用。

在这幅广告画中，"马歇尔计划"成为新欧洲发展的有力夹板。

第二次世界大战期间，由于美国在战争中本土没有受到攻击，工业基础未遭到破坏，生产力继续提高，使其战后成为西方最强大的国家。美国一方面为英、法、德等资本主义殖民国家的没落而暗自高兴，一边又怕动荡不安的西欧落入到当时以苏联为首的社会主义阵营的势力范围当中。于是，美国政府认为在经济、政治、军事上全面控制西欧的时机到来了，而必须找一个时机恰如其分地抛出所谓的"欧洲复兴计划",以作为美国全面控制西欧、抗衡苏联的战略的一个部分。哈佛大学是世界上知名学府,在这个学府发表演讲就是美国政府认为最恰当的时机。

"欧洲复兴计划"虽然是马歇尔正式提出来的,但在马歇尔提出之前,美国政府早已经把这一计划的雏形进行了多次宣传。

1947年2月22日,马歇尔刚刚上任,便在普林斯顿大学发表了对外政策演说,强调鉴于西欧各国经济处于困难,美国应给予各国强有力的援助。3月6日,美国总统杜鲁门在得克萨斯州贝纳大学发表演说时,声称美国将决定世界经济关系的格局。5月8日,受杜鲁门的委托,美国副国务卿艾奇逊在克利夫兰一个集会上发表了对外政策演说,强调欧洲重建要作为一个整体来考虑,要通过贷款或赠予方式解决,以此来保持欧洲的繁荣。艾奇逊的演说其实是马歇尔这次"欧洲复兴计划"的序幕。

·杜鲁门主义·

1947年3月12日,杜鲁门在向国会提交的咨文中提到要将遏制共产主义作为国家的政治意识形态和外交指导思想,该咨文被称为"杜鲁门主义"。杜鲁门在咨文中宣称世界已经被分成两大部分——极权政体和自由国家,每个国家都面临着这两个选择。而美国要做的是承担起自由世界抗拒共产主义渗透的使命,实际上就是为了控制资本主义世界,遏制社会主义。杜鲁门主义和马歇尔计划共同组成当时美国的对外政策,这是美国第一次将冷战作为国策,此后杜鲁门主义支配美国外交达25年之久。

马歇尔在哈佛大学的演讲刚一发表,立即在世界范围内引起关注。英、法两国率先响应,6月17日至18日,英、法就"欧洲复兴计划"问题在巴黎举行会谈,19日两国发表公报,对这一计划表示欢迎,并按照美国政府的意思,邀请苏联外长莫洛托夫前来参加讨论。6月27日,苏联派遣了庞大的代表团参加了在巴黎召开的讨论"欧洲复兴计划"的会议。英、法建议欧洲各国就各自的经济资源提出报告,然后拟出欧洲国家统一的经济复兴大纲,这一要求遭到了苏联代表的拒绝。7月2日,莫洛托夫发表声明表示欢迎基于民主的国际合作,但谴责西方各国的做法将导致某些国家对另一些国家内部事务的干涉,并宣布退出会谈。7月12日，英、法等西欧16国在巴黎继续举行会议，决定成立"欧洲经济合作委员会"。实际上，"欧洲复兴计划"应该叫做"西欧复兴计划"。

"欧洲复兴计划"在西欧得到热烈欢迎后，美国加紧将该计划的各项准备工作予以落实。首先，成立了直属总统的对外援助委员会，并制定了具体的方针、政策。作为复兴欧洲的有机组成部分，美国于6月20日给予希腊3亿美元援助，8月14日停止对意大利在美财产的冻结，等等。

1948年4月3日，杜鲁门正式签署了国会通过的《对外援助法》。该法案规定各个参加"欧洲复兴计划"的受援国必须与美国就援助条件签订双边条约，并相对削减同社会主义国家的贸易额。为此，美国还特别成立了经济合作署，开始正式实施"欧洲复兴计划"。

1951年12月31日，"欧洲复兴计划"执行完毕。在这一计划中，美国共向西欧各国援助了131.5亿美元，欧洲16个受援国分别都不同程度的获得了援助。

"欧洲复兴计划"稳定了资本主义社会的秩序，推动了欧洲经济的一体化。然而，这一计划不但没有遏制住苏联，反而进一步加剧了冷战。

柏林危机

1948年2月，美、英、法、荷、比利时、卢森堡6国在伦敦召开外长级会议。在这次会议上，美国代表提议在德国西方占领区建立德意志国家。由于美国在德国问题上的主导地位，他的这一主张得到了其他5国的赞同。这次会议完全是在美国的操控之下进行的，持续了近4个月。6月7日，伦敦会议才告一段落，参会的国家在会后发表公告，决定在德国西区拟定"基本法"，召开"制宪会议"，把美、英、法等国的占领区合并成统一的德意志国家，在建立的"西德"进行币制改革，"西德"的工业生产由6国组成的国际管理机构进行管理，等等。伦敦会议为什么没有苏联参加呢？原来，美国召开这次伦敦会议的主要目的就是想排斥苏联在德国问题上的发言权，试图单独解决德国问题，在德国西部建立一个国家，以此为反苏的前沿阵地。

在第二次世界大战前夕的雅尔塔会议和波茨坦会议上，众参会国达成了在战

争结束后由苏、美、英、法 4 国分管德国的协议。德国投降后，苏、美、英、法
将德国领土分区占领：苏联占据东区，英国占据西北区，美国占据西南区，法国
占据西区，而首都柏林由 4 个国家共同管理。1945 年以后，4 国曾举行过数次外
长会议。但是，4 国在各自的占领区内实行军事管制，只按照本国政府的政策行
事，对本国政府负责，所以各国之间出现的分歧越来越多，很难就同一个问题取
得一致的意见，这就使得盟国管制委员会形同虚设。

　　1946 年底，美、英签订了双方对德国占领区合并的协定。第二年初，苏、
美、英、法 4 国外长在莫斯科讨论德国问题，苏联代表在会上提出的建立德国临
时中央政府的主张遭到了其他 3 国的反对。同一年，美国开始推行杜鲁门主义和
马歇尔计划，加紧了对西欧的控制。尤其是在 1948 年的伦敦会议之后，美国蓄
意分裂德国的意图越来越明显。

德国分裂，柏林被一分为二，驻守在柏林墙两侧的士兵只能隔墙相对。

　　1948 年 3 月 20 日，对美国行为极度不满的苏联宣布退出盟国管制委员会。6
月 19 日，苏联针对美国宣布将于 20 日在德国西区进行币制改革的消息发表了政
府声明，指出柏林是苏占区的一部分，并警告西方国家，如果其对苏占区货币流

在柏林墙西柏林一侧的标示牌上写着："注意！你正在离开西柏林。"

通进行破坏，苏联将采取措施加强管理，进一步控制西方国家进入柏林的通道。柏林危机由此开始。

美国对苏联的警告置之不理。6月21日，在美国的坚持下，美、英、法3国在德境西占区实行了单独的币制改革，发行了新的德国马克。苏联对美、英等国的上述活动一再提出抗议和反对，美国依然我行我素。

22日，苏、美、英、法4国代表在柏林召开会议，讨论柏林货币问题。针对德国西区的情况，苏联代表在会上宣布：苏联决定在柏林发行新货币，并拒绝了美国提出的西方3国管理柏林货币的要求。由于柏林是由4国分管的，美、苏关于柏林货币的问题一时争执不下，双方都声称有权在柏林推行新的货币政策。最后，柏林当局采取了折中方案，允许美国在西柏林执行其货币政策，在东柏林则执行苏联的货币政策。

柏林是苏联红军最先占领的，在攻克柏林的战役中，无论是从兵力还是财力上，苏联的损失都是巨大的。而用这么大代价换来的成果却白白地被美国占去了一半，苏联不能不为之恼火。24日，苏联封锁了柏林，中断了西柏林与西方占领区之间的水陆交通。美、英则对苏占区实行交通和贸易限制，并向西柏林空运物资。此时，柏林苏占区和德境西区关系非常紧张，市政管理陷入混乱之中，战争一触即发。

尽管柏林局势非常紧张，但美、苏双方都不愿最先使用武力。1949 年 1 月 31 日，斯大林表示，如果美、英、法 3 国同意把建立单独的西德国家推迟到研究整个德国问题的外长会议召开时，苏联将会取消对柏林的交通管制。经过谈判，双方于 5 月 12 日解除了对德国各占领区和柏林之间的交通限制。双方还决定于 5 月 23 日在巴黎召开 4 国外长会议，继续就德国问题进行讨论。

5 月 23 日，德意志联邦共和国在西占区宣布成立，10 月 7 日，德意志民主共和国在苏占区也宣布成立。至此，德国被分裂成两个国家。

北大西洋公约组织

第二次世界大战结束后，以美国为首的西方资本主义国家极力遏制社会主义国家苏联。美国在欧洲复兴过程中，不断向外扩张势力。冷战开始后，国际政治出现了新一轮分化，分别形成了以美国为首的西方阵营和以苏联为首的东方阵营。自此，这两大阵营开始在政治、经济、军事和文化等方面都展开了对峙。

1948 年 2 月，捷克斯洛伐克宣布退出西方阵营，加入到东方的社会主义阵营中。英国外交大臣贝文的呼吁表现了整个资本主义社会的心声：西欧面临被苏联倾覆的危险，西欧各国应该联合起来，建立一个能保卫西欧的联盟。很快，这一呼吁便表现在了行动上。

1948 年 3 月，美国、加拿大、英国 3 国代表在华盛顿举行会谈，通过了美国草拟的《五角大楼文件》。随后，英国、法国、比利时、荷兰、卢森堡 5 国在比利时首都布鲁塞尔签署了《经济、社会、文化合作和集体防御条约》，这一条约简称《布鲁塞尔条约》。

但是，西欧各国的不安并没有随着《布鲁塞尔条约》的签署而减轻，反而越来越重了。其实，西欧各国的担心也并不是多余的。当时，苏联与东欧已连成一片，拥有 210 个师的大军，而整个西欧只有 14 个师的兵力，其中还包括美国的

1954年10月，西方大国签订《巴黎协定》，允许联邦德国加入北约，图为法德英美四国首脑举行联合记者招待会。

两个师。西欧各国都意识到，单凭自己的这点力量是很难与苏联抗衡的，所以他们急需寻找一个能与苏联相对峙的力量加入到他们的队伍中来，而在西欧各国眼中，只有给予他们援助的美国才有这个能力。同样，美国也正寻找着具有相同利益的伙伴与其联盟。1948年6月，柏林危机爆发，美国和西欧各国联合的决心更加坚定了。

　　1948年7月6日，美国、英国、法国、加拿大、比利时、荷兰、卢森堡7国在华盛顿举行会议，讨论建立北大西洋安全体系问题。虽然各国的最终目的一致，但他们在会议中还是为了多为己国争得一些利益而争吵不休。最后，参会各国通过了《北大西洋公约》，这一公约除了序言外，还包括14项条款。为了吸引更多的国家参加到这个公约中来，各国并没有在这一公约上签字。

　　1949年4月，在美国的提议下，美、英、法、意、比、荷、卢、丹、挪、加、葡和冰岛在内的12国外长在华盛顿再次集会，签订了《北大西洋公约》。公约规定：各国"进行集体防御"，当一国遭到"武装进攻"时，其他缔约国应

"采取视为必要之行动，包括武力之使用，协助被攻击之一国或数国以恢复并维持北大西洋区域之安全"。西方各国还根据《北大西洋公约》成立了北大西洋公约组织，该组织有统一的军队，司令部设在比利时的布鲁塞尔，首届司令官由美国将军艾森豪威尔担任。北约的最高权力机构是北约理事会，由成员国国家元首、外长或是国防部长组成。此外，北约的主要组织机构还有防务计划委员会、常设代表理事会、军事委员会、国际秘书处等。

曾任北约第一任军方总司令的艾森豪威尔在卸职后于 1953 年登上美国总统的宝座。

　　北约是一个政治联盟，最终的目的是遏制苏联。而美国总统杜鲁门在出席签字仪式上的讲话却把这一组织的建立形容成是"一种反侵略的盾牌"，甚至美其名曰"希望用它来防止第三次世界大战，如果在 1914 年和 1939 年有这样的公约存在，那么曾把世界推入两次战争浩劫的侵略行为就不会发生了"。

　　北大西洋公约组织成立后，西方一些国家又相继加入，其中，希腊、土耳其于 1952 年，联邦德国、西班牙分别于 1955 年、1982 年加入北约。1999 年，波兰、捷克、匈牙利 3 国也加入北约。

北约就重大国际问题进行磋商合作，协调立场，加强集体防务，每年举行各种联合军事演习。北约拥有大量核武器和常规部队，是西方的重要军事力量。这是资本主义阵营在军事上实现战略同盟的标志，是马歇尔计划的发展，使美国得以控制欧洲的防务体系。

华沙条约

北约组织使苏联感到自身面临着严重的威胁。1949 年 1 月 29 日，苏联外交部针对美国国务院的声明进行严厉谴责，把北约称作"美国和英国统治集团推行侵略政策的主要工具"。此后，苏联在各种场合都猛烈地抨击北约组织，并向联合国大会上诉。1954 年 10 月 23 日，西方国家签订了《巴黎协定》，允许联邦德国建立正规军，并加入北大西洋公约组织，公开重新武装德国。11 月 13 日，苏联政府立即向以美国为首的西方国家发布照会，要求他们不要批准《巴黎协定》，并建议召开全欧洲会议，讨论防止德国军国主义的复活问题，但遭到西方国家拒绝。11 月 29 日至 12 月 2 日，苏联召集阿尔巴尼亚、保加利亚、匈牙利、波兰、民主德国、捷克斯洛伐克和罗马尼亚等东欧七国政府代表在莫斯科汇聚，警告西方国家，一旦《巴黎协定》被批准，苏联与东欧国家将采取共同措施，组建联合武装。但西方国家对苏联的警告置若罔闻。1955 年 5 月 5 日，《巴黎协定》正式生效。5 月 14 日，苏联与东欧七国在波兰华沙签订了友好互助合作条约，称为《华沙条约》，简称"华约"。

·经济互助委员会·

简称经互会，1949 年苏、罗、捷、保、匈、波六国在莫斯科成立的国际经济组织。此后，阿尔巴尼亚、民主德国、蒙古、古巴、越南陆续加入。经互会基本任务是：促成会员国之间经济合作；交流经济经验；相互给予技术援助；在原料、粮食、机器装备等方面相互协助。主要组织机构有经互会会议、执行委员会、常设委员会、秘书处等，还有若干专业性的经济组织。总部设在莫斯科。经互会的成立标志着欧洲经济上的分裂。其经济合作经历了进行商品交换和科技资料交换、推行生产的"国际分工"、实行"经济一体化"三个发展阶段。经互会对打破西方经济封锁、促进各成员国经济发展起到一定的积极作用，但受到苏联的控制，苏联与其他成员国之间关系不够平等。1991 年随着东欧剧变、华约解散、苏联解体，经互会正式解散。

图为 1957 年赫鲁晓夫出访捷克斯洛伐克时的场面。

　　华沙条约组织具有军事同盟的性质。条约规定：当缔约国之一遇到武装威胁时，其他缔约国应采取一切必要的方式给予援助；设立统一的武装部队司令部和政治协商委员会；缔约国不参加与华约相反的任何联盟或同盟，不缔结与华约相反的任何协定。华约还欢迎一切赞同该条约的国家参加。华约组织的主要机构有政治协商委员会和联合武装部队司令部。前者由缔约国各派一名政府成员或一名特派代表参加，负责审议一切重要的政治、军事问题。从 1960 年以后，政治协商委员会一般由各缔约国执政党的第一书记或总书记以及政府首脑、外交部长、国防部长和华约联合武装部队总司令参加。联合武装部队司令部负责统率根据缔约国各方协议拨归其指挥的各国武装部队。上述两机构总部均设在莫斯科。

华约的建立使东、西方最终形成了两个对立的军事集团，使两大阵营带有强烈的军事对抗色彩，从而使冷战的气氛更加凝重。

华约组织后来成为苏联控制东欧的工具。1968年8月，苏联以华沙条约组织名义，出兵侵占了捷克斯洛伐克。同年9月阿尔巴尼亚退出该组织。1990年10月，民主德国并入联邦德国，民主德国不复存在。1991年4月1日，华约组织宣布解散其军事机构，7月1日，华约6个成员国领导人在布拉格签署议定书，宣布华约结束。至此，华沙条约组织正式解散，两大阵营的对峙宣告结束。

欧洲共同体

欧洲共同体是一个联合的政治和经济集团，包括欧洲煤钢共同体、欧洲经济共同体和欧洲原子能共同体，其中以欧洲经济共同体最为重要。

20世纪50年代中期，资本主义经济迅速发展，美国与西欧国家的力量对比发生了变化：西欧一些国家利用"美援"和美资，进行了大规模经济重建工作，使经济迅速恢复和发展起来，而此时美国的经济则开始衰退。

自第二次世界大战后，美国一直把西欧作为主要销售市场，西欧国家经济恢复和发展后，力求摆脱美国控制，维护自己的市场。要实现这种目的，建立一个排他性经济集团势在必行。大垄断集团之间也相互结合，彼此渗透，建立起了一些跨国垄断组织。同时，它们也要求各国资本、劳动力和技术互相流通，打破国界，扩大市场。应这种形势的要求，欧洲共同体得以建立。

1950年5月9日，法国外长舒曼主张把法国和联邦德国的煤炭与钢铁工业置于一个"超国家"机构领导下，形成一个一体化国际组织，即建立欧洲煤钢共同体，还欢迎欧洲其他国家加入该组织。舒曼的倡议很快得到了联邦德国和西欧一些国家的响应。1951年4月18日，法国、联邦德国、意大利、荷兰、比利时、卢森堡6国外长在巴黎签订《欧洲煤钢共同体条约》，条约规定，建立6国煤钢共同市场，取消各种关税限制，调整各类煤、铁及钢的生产和销售。《欧洲煤钢共同体条约》于1952年7月25日生效，有效期50年。随着《欧洲煤钢共同体条约》的生效，欧洲煤钢共同体问世了。

20世纪70年代前期，有更多的国家加入欧洲共同体。

欧洲煤钢共同体建立后，建立一个更为完整和广泛的经济共同体被提上了议事日程。1956年10月21日，欧洲煤钢共同体6个成员国外长再一次齐聚巴黎，讨论成立"欧洲原子能共同体"和建立欧洲"共同市场"等问题。1957年3月25日，6国外长在意大利罗马签订《欧洲原子能共同体条约》和《欧洲经济共同体条约》。这两款条约于1958年1月1日生效，同时，欧洲经济共同体和欧洲原子能共同体成立。《欧洲经济共同体条约》的主要内容包括：各成员国间建立关税同盟，逐步建立起统一的对外关税率和贸易政策；制定共同竞争规则，消除各种限制和歧视竞争的协定和制度；实现共同市场内部商品、劳动力和资本的自由流通，等等。条约还规定设立欧洲投资银行，设立欧洲社会基金。

1965年4月8日，上述6国在布鲁塞尔召开会议，签订了《布鲁塞尔条约》，决定将欧洲煤钢共同体、欧洲原子能共同体和欧洲经济共同体合并为统一的机构，统称欧洲共同体。

欧洲共同体的总部设在比利时首都布鲁塞尔，欧洲议会秘书处和欧洲法院设在卢森堡。欧洲共同体的主要机构有：部长理事会、欧洲理事会、欧洲议会、执行委员会、欧洲共同体法院、审计院、经济社会委员会、欧洲投资银行等。其中，部长理事会是最高的决策机构，欧洲议会是监督和咨询机构。

欧洲共同体成立后，于 1973 年接纳英国、爱尔兰、丹麦为正式成员国，1981 年和 1986 年又接纳了希腊和西班牙、葡萄牙为正式成员国，1995 年，瑞典、奥地利和芬兰也加入欧洲共同体。此后，又相继有欧洲国家加入。

欧洲共同体作为一个经济、政治实体，同世界上 130 多个国家和地区建立了正式关系。在不少国家和国际组织中派驻了代表团，各国也派遣外交官驻欧洲共同体。中国与欧洲共同体于 1983 年 11 月全面建立正式关系，并派驻了大使。

欧洲共同体已经成为当代国际关系中一支重要的经济、政治力量。欧洲共同体在实施经济一体化和政治一体化方面的主要活动包括：建立工业品关税同盟和实行统一的外贸政策，实施共同的农业政策，走向经济和货币联盟，统一对外渔业政策，统一预算，加强政治领域的合作，等等。

1993 年，《欧洲联盟条约》的签订标志着欧共体的发展进入了一个新时期，根据内外发展的需要，欧洲共同体正式易名为欧洲联盟。

欧盟盟旗

欧洲经济共同体将过去处于激烈竞争之中的各国联合了起来，为创造一个和平的未来奠定了架构。1951 年建立的欧洲煤钢联营是欧洲经济共同体成立的基础，成立之初，它的成员国只有 6 个：西德、法国、意大利、比利时、荷兰以及卢森堡。1957 年时，欧洲经济共同体成立，1967 年时，欧洲经济共同体更名为欧洲共同体，1993 年更名为欧洲联盟。到 1986 年，欧共体拥有 12 个成员国，随着这一组织的扩大，到 2004 年时，它拥有的成员国数达到了 25 个。

朝鲜战争

　　第二次世界大战后期，苏美两国在朝鲜半岛协同对日作战，以北纬38度线为界将其分为南北两部分。1945年8月，反法西斯战争胜利，美苏两国商定仍以38度线为界进驻朝鲜南北，接受日本的投降。1948年8月，朝鲜南半部建立以李承晚为总统的大韩民国；9月9日，北部建立朝鲜民主主义人民共和国，朝鲜形成了南北分裂的局面。南北双方小规模冲突不断。

　　1950年6月25日，朝鲜战争爆发。

　　战争爆发的当天，美国利用苏联抵制安理会而不参加会议的机会，操纵安理会通过决议，并于27日派兵介入并武力封锁台湾海峡。7月7日，美又借联合国名义，组建"联合国军"，任命驻远东美军司令麦克阿瑟为联合国军总司令。

　　虽然美军已投入战争，并占有制空权，但勇猛的人民军冒着美空军的狂轰滥炸和猛烈的阻击，横穿汉江，强渡锦江，20日在南朝鲜临时首都大田歼敌3.2万余人。8月8日，人民军抢渡洛东河，重创美军，把敌人压缩在釜山沿岸地带。

　　9月，麦克阿瑟指挥联合国军在其舰队重炮和飞机的轰炸掩护下，实施大规模进攻。一方面组织釜山残军进行反攻，一方面率其主力从仁川登陆发起总攻，企图切断人民军的退路。补给困难、连续作战而疲惫的人民军防线不断被突破，人民军于10月1日被迫退回三八线以北。"联合国军"趁势从东、南向平壤实施钳形进攻，在空降兵的配合下，于19日攻占平壤。联合国军继续把战火向中朝边境鸭绿江畔扩大，并轰炸了中国村庄，中国安全受到严重威胁。

　　在朝鲜的请求下，10月初，中国人民志愿军跨过鸭绿江，投入抗美援朝、保家卫国的战争。

　　25日，志愿军利用"联合国军"尚未发现其入朝，正分兵冒进的有利时机，采用运动歼敌策略，给敌人以突然性打击，一举将其驱逐到清川江以南。接着，志愿军采取积极防御，诱敌深入，创造有利条件，以运动战为主，并与部分阵地战、游击战相结合的方针，避强击弱。在敌人机群狂轰滥炸中，志愿军克服交通

中国人民志愿军雄赳赳，气昂昂，跨过鸭绿江。

线被毁、供应不足、气候寒冷等困难，英勇与"联合国军"周旋，连续4场战役告捷，围歼重创大批敌人，迫使"联合国军"从总攻击变成总退却。到1951年6月10日止，共歼敌23万人，其中美军11万余人，扭转了战局，双方战线稳定在三八线附近。此时，麦克阿瑟被免职。23日，苏联提出和平解决朝鲜问题，交战双方予以接受。

7月10日，朝鲜停战谈判开始。美国为使朝、中在谈判中屈服，策划了夏季和秋季攻势。"联合国军"利用海、空优势实施以轰炸封锁交通运输线、切断中朝联军供给为目的的绞杀战和旨在制造疫区、企图削弱战斗力的细菌战。中、朝军队采取持久作战、积极防御的战略，由运动战为主转为阵地战为主。利用不同地形构筑坑道、修建野战工事，阵地防御和运动反击相结合，消耗、疲惫联合国军。在打小歼灭战的思想指导下，积少成多，大量消灭敌人的有生力量。中国志愿军与后备军轮番入朝作战，空军得到苏联的支持，两年内歼敌72万人，其中美军近30万。

1953年7月27日，美国被迫签订停战协议，历时3年多的朝鲜战争结束。

朝鲜战争确立了朝鲜半岛的军事分界线，这场战争的胜利，打破了美帝国主义不可战胜的神话，新中国的国际威望空前提高。这次战争也极大地鼓舞了世界殖民地、半殖民地人民的民族解放战争。坑道与野战工事相结合的防御体系丰富和发展了攻防作战理论，喷气式飞机的运用为作战方式带来新气息。

万隆会议

1955 年 4 月 18 日，印度尼西亚的万隆沉浸在一片喜气之中。市礼堂前，一阵礼炮声过后，操着各种语言的代表们步入礼堂，举手投足之间尽是喜悦。原来，这里将举行一场国际盛会，这是历史上第一次由亚非国家自行发起召开而没有帝国主义国家参加与操纵的国际会议，这次会议由于在万隆召开，因此被称为万隆会议。

第二次世界大战后，亚非的许多国家都摆脱了帝国主义国家的殖民统治，赢得了政治上的独立。但是，由于长期的奴役，这些国家在经济上与帝国主义存在着千丝万缕的联系。为了彻底摆脱帝国主义的控制，将命运真正掌握到自己手中，许多亚非国家认识到，只有制定一个针对帝国主义和殖民主义的共同纲领，才能保卫民族解放运动的胜利成果。

万隆会议会址

1954 年 4 月，印尼总理沙斯特罗·阿米佐约在南亚 5 国（印尼、缅甸、印度、斯里兰卡、巴基斯坦）总理会议上提出了"举行一次更广泛的亚非国家会议的可能性"的建议，与会代表对此表示支持。此后，印尼、印度、缅甸、中国等国都为召开非亚国家代表会议做着努力。1954年12月底，南亚5国总理在印尼茂物举行会议，决定联合发起亚非会议，邀请一些新独立的亚非国家和地区参加，并把反对殖民主义、争取和保障民族独立、促进世界和平、推动亚非国家的团结与合作、维护民族自主权等作为会议宗旨。

但是，帝国主义反对势力对亚非的独立进行了阻挠。看到独立趋势不可阻挡，他们便又对亚非国家的团结进行破坏。

万隆会议还是如期举行了。参加这次会议的除5个发起国和中国外，还有阿富汗、柬埔寨、老挝、约旦、苏丹、泰国、土耳其、伊朗等共计29个国家和地区的代表参加。美国虽然没有被邀，但却派遣了一个庞大的记者团参会。

印尼总统苏加诺致开幕词说："这是人类有史以来第一次有色人种的洲际会议。为了反对殖民主义和种族主义，亚非国家应该联合起来。我们并不是要建立反对其他集团的集团，而是为亚非各国乃至全人类找出一条通向和平的道路。亚非国家在世界政治舞台上发出呼声的时刻已经到来了……"

苏加诺激昂的情绪把与会代表的热情都带动了起来，会议在友好的气氛中进行着。

4月24日，万隆会议举行了最后一次全体会议，通过了《亚非会议最后公报》，就亚非国家共同关心的问题达成了协议。公报还提出和平共处和友好合作的"十项原则"。

在万隆会议之后，亚非各国争取和维护民族独立的斗争更加深入，越来越多的国家奉行和平中立的外交政策。

非洲独立运动

第二次世界大战前，非洲的土地上只有3个名义上的独立的国家，它们是埃塞俄比亚、利比里亚和埃及。第二次世界大战后，长期受奴役的非洲国家由于经济发展水平低下，民族独立运动一直不如亚洲进展得快。

就整个非洲来说，民族独立运动发展的状况，北部非洲要比南部非洲发展得早。从 20 世纪 50 年代中期开始，非洲北部和东北部的民族解放运动迅速展开。1956 年，摩洛哥和突尼斯从法国殖民者的统治下获得独立，面积最大的苏丹也冲破了半个多世纪的英国殖民统治，迎来了独立。

1957 年独立的加纳是第二次世界大战后撒哈拉沙漠以南非洲黑人国家中最早摆脱殖民统治的一个国家。

加纳在独立前被称为"黄金海岸"，于 20 世纪初沦为英国殖民地。第二次世界大战前，黄金海岸的人民就已经开始了反对英国殖民者的斗争。第二次世界大战后，独立的呼声在黄金海岸越来越高。为了缓和与殖民地的矛盾，英国殖民当局推行"宪法改革"，并表示要在立法会议的选举中增加非洲人的名额。实际上，这种做法并没有改变黄金海岸殖民地的地位。

1947 年，黄金海岸民族主义者成立了黄金海岸统一大会党，恩克鲁玛当选为总书记。统一大会党一面抵制英国扶植的傀儡政府，一面组织和发动群众，壮大自己的力量。

1948 年 2 月，统一大会党参加了在黄金海岸首都阿克拉爆发的大规模群众抗议运动。在英国殖民当局的武装镇压下，有 260 多人死伤，恩克鲁玛被逮捕。英国殖民当局的这种做法激起了广大人民更强烈的反抗，更大规模的运动开始了。一个多月后，恩克鲁玛被释放。这时候，英国殖民当局又想出了另一个方法，通过利诱的方式把统一大会党不坚定的一部分人拉拢到了自己一方。1949年 6 月，恩克鲁玛成立人民大会党，继续领导黄金海岸的独立斗争。

第二年春，在人民大会党的发动下，黄金海岸开展运动反对英殖民当局公布的"库赛宪法草案"，要求实现自治。英国殖民当局在强大的人民斗争浪潮下，不得不向黄金海岸人民做出让步，允许黄金海岸举行历史上的第一次大选，人民大会党在选举中获得多数席位。1952 年 3 月，恩克鲁玛任内阁总理。1957 年 3月，黄金海岸宣布独立，改国名为加纳。

加纳的独立，有力地推动了非洲民族独立运动的深入发展。1958 年 10 月，几内亚在几内亚民主党和塞古·杜尔的领导下摆脱法国的殖民统治宣告独立，并成立共和国，杜尔当选为首任总统。

1960 年 6 月 14 日，非洲独立国家第二次会议在埃塞俄比亚首都亚的斯亚贝巴举行。会议就支持阿尔及利亚人民的斗争、谴责南非的种族歧视政策等问题进

肯尼亚独立梦终于实现，图为英国菲利普亲王向乔莫·肯雅塔祝贺国家独立。

行了讨论，并决定建立一笔基金，以援助非洲殖民地的民族解放运动。此后，非洲民族独立潮流汹涌澎湃。仅1960年这一年，就有17个国家获得独立，其中包括喀麦隆、马达加斯加、扎伊尔、索马里、加蓬、尼日利亚、毛里塔尼亚、多哥等。人们通常把这一年称为"非洲独立年"。

鉴于民族解放运动轰轰烈烈的发展形势，1961年3月25日，第三届全非人民大会在埃及开罗召开。来自非洲32个国家的67个代表团围绕着遏止新殖民主义、清除帝国主义最后的老根这一主要问题进行了激烈讨论，通过了"关于新殖民主义和联合国""关于附属国的解放""关于非洲统一和团结"等决议。此外，大会还通过了支持肯尼亚、安哥拉、尼亚萨兰、莫桑比克等殖民地人民反对殖民统治和争取民族独立斗争的决议。

在第三届全非人民大会的指引下，从1961年到1968年，又有15个国家赢得了民族独立。这些取得独立的新兴国家，在同殖民主义残余势力斗争的同时，努力发展本国的民族经济，反对帝国主义和新殖民主义的侵略，争取实行独立自主外交政策，并给未取得独立的国家以各种支持。

20世纪70～80年代，非洲9国获得独立，90年代，纳米比亚独立，至此，非洲民族独立运动取得最终胜利。

图解珍藏版

世界五千年

赵文博 编

第三卷

辽海出版社

猪湾事件

古巴的猪湾景色秀丽，一片片茂密的红杉树显得极外抢眼，游客们在海滩上缓缓地散着步，一派悠闲之态。而 40 多年前的春天，这里曾发生过震惊世界的猪湾事件。

1959 年，菲德尔·卡斯特罗领导古巴人民推翻了巴蒂斯塔独裁政权，摆脱了美国长达 60 年的控制。随后，卡斯特罗宣布成立古巴临时革命政府，并出任古巴总理兼军队总司令。为了摆脱国内严重的经济困难，卡斯特罗很希望得到美国的经济援助。1959 年 4 月，卡斯特罗曾以私人身份访问了美国，当他提出要求后，遭到了美方的拒绝。5 月，在美洲国家组织的经济委员会议上，卡斯特罗的这一要求再次遭到了美国的拒绝。在得不到外援的情况下，卡斯特罗便在古巴大刀阔斧地实行社会主义改革：没收外国资本，实行经济独立，对外坚持独立自主，并发展和社会主义国家的友好关系。

1960 年，美国政府宣布停止进口古巴食糖。古巴是产糖大国，要靠食糖的出口来换取进口物资和外汇，而美国则占了古巴出口食糖的 60%。卡斯特罗向社会主义大国苏联伸出了求助之手。

苏联大批的食糖订单使美国的计划破产了。10 月，美国宣布对古巴实行全面禁运，古巴则宣布将美国在古巴的财产收归国有，两国关系严重恶化。

1960 年底，美国总统艾森豪威尔接受美国中央情报局的提议，招募流亡在海外的古巴人，把这些流亡者送到危地马拉的一个偏僻山谷，对他们进行训练并提供装备，组成"古巴旅"，随时准备对古巴发动突然袭击。

1961 年 1 月，新总统肯尼迪刚一上台，就加紧了对古巴的颠覆行动。4 月 17 日，美国中央情报局实施了一项代号为"猫鼬行动"的旨在推翻卡斯特罗的计划。黎明时分，由 1400 名古巴流亡分子组成的"古巴旅"在美国飞机和军舰的掩护下，于古巴南端的猪湾登陆，并继续向北推进，试图在古巴制造内乱，推翻卡斯特罗政府。

然而，"古巴旅"对猪湾的突然袭击并没有使古巴出现混乱局面。相反，在

卡斯特罗的军队成功击败了美国雇佣军的入侵。

卡斯特罗的指挥下，古巴军队和民兵与入侵的敌人展开了殊死搏斗。卡斯特罗把猪湾附近一座制糖厂改成了临时指挥部，他高声对他的战友们喊道："击沉所有的船只！胜利是属于我们的！"卡斯特罗非常镇静，古巴军民也异常英勇。而美国雇佣军方面则相形见绌：停泊在猪湾的船只被古巴方面的轰炸机炸沉，4架B－26轰炸机被击落，前去进行空袭的6架B－26轰炸机由于天气原因没有成功。

为了挽救陷在猪湾的"古巴旅"，美国政府命令驻扎在加勒比海地区的美国空军掩护从尼加拉瓜起飞的B－26轰炸机对古巴进行轰炸。但这并没有改变"古巴旅"失败的命运，4月19日，即"古巴旅"登上猪湾72小时之后，便遭到了全军覆没的惨败。

猪湾事件的第二天，苏联领导人赫鲁晓夫就写信给美国总统肯尼迪，呼吁美国停止对古巴的侵略，并向美国政府发出警告，如果美国继续侵略行为，苏联将向古巴提供反击侵略所需要的一切帮助。猪湾事件发生后，古巴政府也对美国提出了强烈的抗议。然而，美国政府却一再否认美国并没有参与策划和发动猪湾事件，并声称这一事件只不过是"古巴爱国者的杰作"。

不过，美国中央情报局局长艾伦·杜勒斯随后的辞职却向世人昭示了这一事件的真相。

布拉格之春

1968年8月20日晚11时，捷克斯洛伐克首都布拉格的鲁津机场值班人员突然收到一架苏联客机发来的信号：飞机发生故障，希望在鲁津机场紧急降落。值班人员没有丝毫犹豫，立即向苏客机发出命令，同意迫降，并采取措施，引导苏联飞机在机场降落。苏联客机安全降落后，并没有停在跑道上，而是直接开到机场指挥塔附近。从飞机上下来的是几十名穿着统一服装、提着统一样式行李箱的"乘客"，鲁津机场上的工作人员并没有表示怀疑。突然，这些"乘客"从行李箱中拿出武器，迅速控制了机场的指挥系统，机场的工作人员来不及做出任何反应，就成了苏军的俘虏。随后，装载着坦克和苏军部队的大型运输机一架接一架地降落在鲁津机场，荷枪实弹的苏军开着坦克和装甲车向布拉格冲去，占领了布拉格的各个战略要地，并包围了捷共中央大厦、布拉格广播电台和总统府等。

与此同时，苏、波、匈、保、民主德国5个国家的30多万军队从各个方向开入捷克境内，24小时内，捷克全境被外国军队占领。

苏联不是与捷克斯洛伐克一直处于友好状态吗？为什么苏联会用如此的手段突袭捷克呢？

在东欧国家中，捷克斯洛伐克的工业基础原本比较发达，但第二次世界大战后走上了苏联模式的社会主义道路，国内建设方面照搬苏联经验，对外政策方面也追随苏联，造成了严重的社会弊端，使原来的优势日趋衰退。到20世纪60年代，捷克斯洛伐克的经济形势恶化，群众纷纷表示不满，要求改革的呼声也越来越高。

1968年1月，在捷共中央全会上，担任捷克第一书记14年之久的诺沃提尼在选举中落败，他的职位由杜布切克接任，杜布切克的上台预示着捷克斯洛伐克内外政策的重大变动。诺沃提尼不甘心失败，企图策划军事政变，事情败露后被迫辞去总统职务。

1968年8月，"布拉格之春"临近结束时的状况。

　　杜布切克上台后，积极倡导改革，发展捷克斯洛伐克的经济。1968年4月，捷共中央全会通过了指导捷克斯洛伐克进行全面改革的《行动纲领》，宣布"将进行试验"，"建立一种十分民主的、适合捷克斯洛伐克条件的社会主义新模式"。

　　在经济体制改革方面，《行动纲领》强调，除了继续扩大企业权限，使企业成为独立的经营单位外，还要成立"工人委员会"，以行使企业自主权；在政治体制改革方面，《行动纲领》确认国民议会为国家的最高权力机关和唯一的立法机构，实行党政分开，并使人民群众享有充分的言论自由。《行动纲领》把政治体制改革同经济体制改革结合起来，在当时的东欧国家中独树一帜，表现出创新和探索精神，捷克人民把随之出现的改革局面亲切地称为"布拉格之春"。

　　捷克斯洛伐克进行的这场轰轰烈烈的改革，使苏联感到了惶惶不安。苏联方面认为，捷克的改革背离了苏联共产主义正统的道路，是反苏的自由化运动。为了防止东欧其他社会主义国家加以效仿，以勃列日涅夫为首的苏联领导人决心对捷克改革加以扼杀。

一位布拉格市民爬上坦克抗议苏联军队的入侵。

　　1968年3月至8月，勃列日涅夫及华沙条约国家其他领导人先后同杜布切克举行过5次"高层会谈"，试图说服杜布切克改变方针，放弃改革。面对各方面的压力，杜布切克没有屈服。勃列日涅夫决定以华约军事演习为名，对捷克进行军事干涉。

　　面对苏联的这一粗暴行为，捷共中央发表了杜布切克起草的《告全国人民书》，谴责苏联"这种入侵不但违反了社会主义国家之间关系的基本原则，还破坏了国际法的基本准则"，号召人民保持冷静，不要抵抗前进中的外国军队。

　　但是，苏联的行径激起了捷克人民的愤慨，他们已经无法保持冷静。布拉格的市民涌上街头，举行游行示威，并高呼"我们不愿屈膝求生""我们要真理"等口号。

　　苏军冲进捷共中央大厦，逮捕了杜布切克等捷共领导人，并押解到莫斯科。

8月25日，苏联与被捕的捷克领导人举行谈判，苏方向捷克提出了16点要求，并逼迫捷方领导人签字。在苏联的高压下，杜布切尔等人被迫做出了让步，先后在《苏捷会谈公报》和《关于暂驻捷克斯洛伐克社会主义共和国境内的条约》，使苏军对捷克的占领合法化。

就这样，"布拉格之春"在来自克里姆林宫的凛冽寒风中夭折了。

古巴导弹危机

卡斯特罗领导的古巴新政府成立后，美国政府担心距离美国佛罗里达南端只有90多千米的古巴将成为苏联威胁美国的桥头堡。所以，美国中情局一直秘密训练古巴流亡分子，准备登陆古巴，推翻卡斯特罗政权。1961年初，在美国中央情报局的策划下，1400名古巴流亡分子组成"古巴旅"，在美国飞机和战舰的掩护下在猪湾登陆，企图颠覆古巴政权。但"古巴旅"刚一登陆，便遭到了古巴革命军事武装的迎头痛击。

1962年7月，古巴国防部长前往莫斯科请求苏联对古巴实行军事援助。苏联方面立即应允，并秘密地与古巴达成协议：苏联提供的军事援助中，常规武器归古巴所有，导弹、核弹由苏联掌握。古巴开始在极其保密的情况下建立导弹发射基地。

美国总统肯尼迪早就对古巴与苏联的关系心生疑虑，恰在这时，美国中央情报局侦察到苏联正用货船向古巴运送导弹。肯尼迪意识到问题的严重性，立即召集由国务院、国防部、中央情报局、参谋长联席会议等方面的负责人和一批顾问参加的紧急会议。会上，有的人主张实行海上封锁，有的人主张采取进行军事打击。最后，肯尼迪考虑到苏联实力的强大，决定对古巴实行海上封锁，为了避免与国际上的其他国家产生摩擦，美国对外宣称这次行动为"海上隔离"。此外，美国还在佛罗里达集结重兵，数百架战略轰炸机随时待命。

10月22日，肯尼迪发表电视讲话，向全世界宣布了苏联在古巴建立进攻性导弹发射场的消息。肯尼迪称，苏联的这种做法极大地威胁到了包括美国在内的西半球，为安全着想，美国会采取相应行动，迫使苏联把导弹撤出西半球，而

"海上隔离"只是行动的第一步。与此同时，肯尼迪还命令部署在加勒比海域的180艘美国舰只，对前往古巴的船只进行拦截和检查。美国海外的军事基地以及潜艇上的导弹也进入了戒备状态，并通过卫星追踪站密切监视苏联在古巴境内的一切军事活动。

苏联领导人赫鲁晓夫看到建设导弹基地的计划已经被美国人识破，忙下令加快向古巴运送导弹，并发表声明，如果苏联船只遭到拦截，苏联将会予以回击。此刻，在赫鲁晓夫的命令下，一支由25条商船和战舰组成的苏联船队正向美国海军的警戒线冲来。随着双方距离的拉近，战争一触即发。

1962年10月22日，肯尼迪宣布实行海上封锁，并且要求苏联立即撤出核导弹。

10月24日，美国对古巴实施的"海上隔离"正式开始。美军舰队在执行任务的时，与两艘苏联货船相遇，双方在海上形成了对峙。

最终，肯尼迪的强硬态度还是使赫鲁晓夫退却了。当苏联船只在即将到达美国警戒线时，突然停了下来，即而掉头返航。

10月25日，在联合国的调停之下，赫鲁晓夫表示愿意停止向古巴运送武装。赫鲁晓夫还致信肯尼迪，要求美国解除对古巴的封锁，并保证不再入侵古巴，防止危机升级。肯尼迪思量再三，表示同意赫鲁晓夫的建议。

10月28日，莫斯科电台广播了赫鲁晓夫的决定：苏联已经停止在古巴的导弹发射场施工，下令撤除这些武器并包装运回苏联，等等。随着这一消息的发布，古巴导弹危机最严重和最危险的时刻终于过去了。12月6日，苏联运走了在古巴的全部导弹和轰炸机。经过核实后，美国也宣布解除对古巴的海上封锁。

古巴导弹危机是美、苏争夺霸权的结果，也是战后美苏关系的一个转折点。

不结盟运动

第二次世界大战后，殖民地、半殖民地人民开始觉醒，民族解放运动和各国人民反帝、反殖民主义革命运动蓬勃发展，特别是中国解放战争的胜利和1955年万隆会议的召开，把亚、非民族解放运动推向了新的高潮。到20世纪60年代初期，已经有40多个国家先后摆脱殖民枷锁赢得了独立。仅1960年一年的时间，撒哈拉以南非洲就有17个国家宣告独立，这些新独立的国家大都选择了独立自主、和平中立、不结盟的发展道路。另一方面，西方帝国主义之间和与苏联的对抗对新兴国家的独立、主权和安全形成越来越大的威胁。在这种形势下，一些有声望的民族独立运动的领袖萌发了建立不结盟国家组织的想法。

1956年7月18日，印度总理尼赫鲁、埃及总统纳赛尔和南斯拉夫总统铁托在布里俄尼举行政治会晤。20日，三国领导人发表了一项《联合声明》，表示拥护万隆会议提出的和平共处五项原则，坚持民族独立，反对加入军事集团，主张"继续并且鼓励奉行不同政策的各国领袖之间的接触和意见交换"。此后，三国领导人进行了长达4年的酝酿和讨论，并在1960年第15届联合国大会期间，与加纳总统恩克鲁玛和印度尼西亚总统苏加诺协商召开不结盟会议事宜。1961年上半年，铁托对非洲9个第三世界国家进行了访问，提出关于举行不结盟国家首脑会议的建议。

在第三世界国家领导人的积极努力下，1961年6月，20个国家的代表参加了在埃及首都开罗召开的不结盟国家首脑会议的筹备会。在这次会议上，代表们各抒己见，最后一致通过了参加不结盟国家首脑会议的 5 项标准，其中包括：执行以和平共处和不结盟基础上的独立政策；支持民族解放运动；不参加大国军事同盟；不与大国缔结双边军事条约；不在本国领土上建立外国军事基地，等等。这 5 项规定使万隆会议的精神从深度和广度上都得到了发扬。

·七十七国集团·

发展中国家在国际经济领域反帝、反霸和维护自己经济权益的斗争中逐步形成和发展起来的，以建立新的国际经济秩序为目标的世界性国家集团。1964 年 4 月，第一届联合国贸易和发展会议在日内瓦举行，亚、非、拉发展中国家联合发表了《七十七国联合声明》，从此被称为"七十七国集团"。此后，在每次联合国贸发会召开之前，七十七国集团都要举行部长会议，进行协商，研究对策，以采取联合行动。其宗旨是，协调发展中国家在国际经济和贸易领域中的立场，增强发展中国家的团结与合作，在贸易和经济发展方面确定共同的目标，制定适合行动的纲领，采取集体谈判策略，加强发展中国家的谈判地位，促进建立国际经济新秩序的斗争，加速发展中国家的经济发展进程。现有成员国 100 多个，但仍沿用"七十七国集团"的名称。

9 月 1 日，南斯拉夫首都贝尔格莱德张灯结彩，沉浸在一片欢腾之中。不同肤色的人们聚集一堂，参加首届不结盟国家和政府首脑会议。参加这次会议的有 25 个正式成员国家，此外还有 3 个国家作为观察员列席会议，与会国家一致通过了《不结盟国家的国家元首和政府首脑宣言》。宣言指出："只有根除殖民主义、帝国主义和新殖民主义的各种表现形式之后，持久和平才能实现"，呼吁"与会各国全力支持阿尔及利亚、安哥拉、突尼斯、古巴以及其他为争取和维护民族独立而斗争的各国人民"，要求"各大国签订全面彻底的裁军条约"以缓和国际紧张形势，认为"不结盟国家应该参与有关世界和平与安全"的国际问题的解决，强调"各国之间的经济合作"。这次不结盟国家和政府首脑会议的召开，标志着不结盟运动的正式形成，促进了第三世界的兴起和壮大。

不结盟运动形成以后，得到了亚非拉国家的积极响应，运动规模也越来越大，自 1961 年至 1990 年，先后召开了 9 次首脑会议。在 1964 年的第二次会议上，通过了关于不结盟运动的宗旨和《和平和国际合作纲领》。宗旨共有 11 条，

铁托

尼赫鲁

苏加诺

其中包括反对种族歧视和种族隔离政策、尊重各国主权及领土完整、不以武力相威胁或使用武力解决国际争端、禁止一切核武器试验、推动经济发展和加强合作，等等。

此后，不结盟运动逐渐走向制度化，规定每隔 3 年召开一次首脑会议，由会议东道国领导人任首脑会议主席，任期 3 年。会议主席还可以代表不结盟运动向联合国提出不结盟国家的决议。20 世纪 60 年代时，参加不结盟运动的大都是亚、非国家，欧洲只有南斯拉夫，拉美只有古巴。但到 1979 年，非洲国家（除南非外）全部加入到不结盟行列。1983 年，已有 119 个国家加入不结盟运动，占当年联合国 158 个成员国中的 3/4。

不结盟运动反映了第三世界国家人民要求掌握自己的命运、维护和平、致力于发展的历史潮流，具有强大的生命力，在国际舞台上发挥着越来越重要的作用。

越南战争

越南原为法国殖民地，第二次世界大战期间被日军占领。日本投降后，胡志明在河内建立了越南民主共和国。法国为恢复其殖民统治，发动了侵越战争。越南人民打败了法国侵略军。

1954 年日内瓦会议后，越南北方获得解放。而在越南南方，美国扶植建立了吴庭艳傀儡政权，并于1955年成立"越南共和国"，吴庭艳任总统兼总理。吴庭艳上台后，5年内残害革命者8万余人。在越共的领导组织下，1960年12月20日，以越共为核心的人民解放武装力量组建起来。1961年5月，开始了越南人打越南人的"特种战争"。1962年2月，美国在西贡设立军事司令部，由保罗·哈金斯将军指挥。1963年1月，美荻省丐礼县北村击伤、击落美直升机15架，到年底，共打死打伤美军2000余人，南方大部分地区获得解放。1963年11月，美国策划政变，杀死吴庭艳。1964年初，"特种战争"宣告结束。1964年8月5日，美国借口其驱逐舰"马多克斯号"在越南领海被北越鱼雷袭击，制造了"北部湾事件"。美军开始对北越义安、清化、鸿基等地进行连续空中轰炸。企图以"逐步升级"的局部战争取代原来的"特种战争"，以挽回败局。接着，美军实行焦土政策，对北方进行大规模的轰炸，对南方不断增兵。

1972年6月，美军一颗凝固汽油弹误投到南越壮庞村所造成的令人惨不忍睹的景象。

越南群众极其愤怒，他们采用奇袭战、游击运动战、伏击战，围点打援，给美军及伪军沉重打击，歼灭美军6000余人。

1968年1月30日，越南南方人民武装开始对大中城镇进行攻击，对西贡、岘港、顺化等64个城市展开全面的"新春攻势"。45昼夜的激战，赢得了新春

越战期间，美国向越南投下了 800 万吨炸药，远超过第二次世界大战各战场投弹量的总和，这场战争造成越南 160 多万人死亡和整个中印半岛 1000 多万难民流离失所，家破人亡、妻离子散的场景随处可见。

大捷。美军虽然拥有各种兵种 54.5 万人，但在战场上完全陷入被动防御。

1968 年 3 月 11 日，美国被迫提出和谈。企图一面和谈，一面继续增兵，搞战争升级。越南军民的顽强反击，使计划屡遭失败。美国总统尼克松上台后，迫于国内及国际压力，不得不调整侵越政策。

1973 年 1 月 27 日，美国被迫签订《关于在越南结束战争、恢复和平的协定》，宣告结束其在越南的军事行动。主要内容：美国和其他国家尊重越南的独立、主权、统一和领土完整；在协定签字后 60 天内从越南南方撤出全部美国及其同盟者的军队和军事人员，不干涉越南南方的内政等。

1973 年 1 月，《巴黎协定》签订，美军被迫撤出越南南方。1975 年春，越南军民对西贡政权发动总攻，于 4 月 30 日解放西贡，5 月 1 日解放整个南方。

苏联入侵阿富汗

阿富汗位于亚洲中南部，虽然经济落后，土地贫瘠，但它是连接亚欧大陆和印度洋的枢纽。

20世纪70年代，苏联加紧了与美国争夺世界霸权的步伐，积极推行全球战略。阿富汗在苏联的全球战略中具有特殊的地位，从1973年起，苏联便对阿富汗从政治、经济、文化和军事等方面进行渗透，在阿富汗内部培植亲苏势力。阿富汗政局动荡，军事政变不断发生，苏联趁机以支援为名向阿境内派军。1979年9月，试图摆脱苏联控制的阿明发动政变，夺取了政权。苏联担心失去对阿富汗的控制，决定采取军事行动。

1979年12月中旬，苏军把军队集结在预定区域。26日，280架大型运输机在喀布尔国际机场和巴格兰空军基地降落，5000余名苏军和大量军事装备运抵。27日，空降部队兵分三路向阿首脑机关、电台和国防部进发，入侵阿富汗的战争拉开序幕。苏军的闪击行动，使阿明猝不及防，他本人被杀，苏军控制了首都喀布尔。随后集结在边境的苏军6个师，以阿富汗发生政变、受新上台的卡尔迈德之邀的名义，分东西两路进攻阿富汗。次年1月2日，两路大军在坎大哈会合，不久苏军占领了阿富汗的主要城市和交通要道。

苏军的入侵激起了阿富汗人民的愤怒，他们奋起反抗，大大小小的起义组织如雨后春笋。他们利用对地形的熟悉，以游击战、运动战为主，不断奇袭苏军和政府伪军。妄想速战速决，一举征服阿富汗的苏军陷入了阿富汗人民游击战的泥潭之中。

1980年2月，苏军将战略转移到扫荡、清剿反政府的游击队上来，但是阿富汗的地形复杂，苏联现代化机械部队受到严重限制，扫荡并没有收到成效。于是，苏军全面封锁游击队的根据地，切断其对外联系，随后集中优势兵力，分进合击，空降突袭，利用飞机、大炮、坦克对游击队根据地进行猛烈轰炸，清剿根据地的游击队。

出乎苏军意料的是，扫荡和清剿并没有给游击队造成重创，相反，游击队伍

被组织起来的阿富汗妇女准备反抗苏联军队的入侵。

迅速壮大到 10 万余人。他们充分采用机动灵活的战术，破坏苏军交通线，频繁向大城市发起攻击，给苏军和政府军造成很大麻烦。

1985 年，各战场上的游击队进入相互策应、协同作战的新阶段。6 年战争中，苏军共伤亡 3.5 万余人、耗资 400 亿美元，苏联不但看不到胜利的希望，而且背上了沉重的战争包袱，还遭到国际社会的纷纷谴责。

阿富汗人民的勇敢抵抗，使苏联在政治、经济、外交、军事上都承受着巨大的压力。1985 年，刚上任的苏共总书记戈尔巴乔夫改变侵阿政策，将清剿起义军的任务移交阿政府军，苏军只控制重要城市和交通要道。

为把苏军赶出国土，推翻现政权，游击队采用奇袭、破坏交通线、迂回包抄等战术，攻击苏军已被孤立的据点，对城市进行围困打援。游击队虽给苏军和政府军造成了很大威胁，但没能改变苏军控制城市和交通线的局面。

在旷日持久的战争僵持和国际舆论的压力下，1988 年 4 月 14 日，苏联被迫接受了日内瓦会议上达成的协议，从 5 月 15 日开始至 1989 年 2 月 15 日，从阿富汗撤出全部军队，苏联侵阿战争结束。

苏联入侵阿富汗，改变了苏联的全球战略，对国际战略格局产生深远影响，

1989年2月，最后一批苏联军队撤离阿富汗。

也表明苏联的扩张进入了新的阶段。这场战争不仅使苏联付出了巨大的人力、财力，而且其国际声誉也大大降低，为苏联的解体埋下了重重的一笔。

马岛之战

在南美洲的最南端，有一块星罗棋布的群岛——马尔维纳斯群岛，简称马岛。英国人把马岛称为福克兰群岛，认为英国人约翰·斯特朗在1690年就曾到过此岛。但是，英国人的说法并没有得到世人的认可，马岛曾被法国、西班牙等国占有。1816年，独立后的阿根廷把马岛变成了自己的第24个省。几年后，马岛上的阿根廷人与到该岛捕猎的美国人发生冲突。在美国人和阿根廷人进行争执的时候，英国人乘机占领马岛。此后，马岛一直为英国所占。

第二次世界大战后，阿根廷多次就马岛问题向联合国提起申诉。1965年和1973年，联合国大会也两次通过敦促英、阿通过和平谈判解决马岛问题的决议，但英阿谈判却丝毫没有进展，不过矛盾也没有激化。

随着科学技术的发展，昔日荒凉的马岛被发现埋藏有丰富的石油、天然气和

马岛之战中的士兵

其他矿藏。再加上航运技术的突飞猛进，马岛的地理位置也越来越重要起来。出于对资源的需要，英阿谈判终止。在美国的调停下，不久谈判又得以恢复。1980年，英国虽然同意将马岛主权移交阿根廷，但却要求长期租借马岛。英国的这一无理要求被阿根廷毅然拒绝，此后，英阿两国的矛盾越来越深。1981年，军人出身的加尔铁里被选为阿根廷总统。加尔铁里刚一上台，便开始制定用武力收复马岛的计划。

"马岛是阿根廷的一座宝库，英国人却强行将它占领。100多年过去了，我们实在忍无可忍，我们必须要夺回马岛的主权，把英国人赶出去。"加尔铁里在讲话中表达了他收复马岛的决心。随后，加尔铁里命令军方制订了代号为"罗萨里奥"的行动计划。

1982年4月2日凌晨，4000名阿根廷海军陆战队队员在航空母舰"五月花"号统领下，乘坐数艘军舰浩浩荡荡地奔赴马岛，经过精心策划的阿军登陆马岛后攻占了机场和港口。英国对马岛已经占领了100多年，没有料到阿根廷军队会进行突袭，所以只在岛上留驻了 80 名守军，其余英军被调到南乔治亚岛同阿根廷军队交战。世界各国的目光马上被聚集到马岛上。

初战告捷的阿根廷人举国欢庆，士气高涨，加尔铁里也因此成了民族英雄。而此时的英国国内则一片议论。

为了稳住国内阵脚，撒切尔夫人于 4 月 3 日召开紧急会议，并发表了激烈的讲话："英国的领土主权多年以来第一次受到了侵犯，福克兰群岛是英国发现的，岛上居民的生活方式是英式的，而阿根廷人却占领了它，这是对大英帝国的侮辱，我们必须把它夺回来。"随后，英国议会决定派出一支由英国海军少将约翰·伍德沃德为统帅的特混舰队开赴马岛。看到英军势在必得的架式，美国国务卿黑格又想通过外交方式来调解英阿的矛盾，但这一次没有成功。

4 月 25 日，英军击毁了阿根廷数艘潜艇、巡洋舰，马岛在英战斗机的疯狂轰炸下一片狼藉。30 日，英军完成了对马岛周围 200 海里范围的海上和空中封锁部署，阿军也进入了最高戒备状态。5 月 2 日下午，英国的"征服者"号核潜艇在马岛 200 海里禁区外 36 海里处击毁了阿海军旗舰"贝尔格诺将军"号巡洋舰。第二天，在马岛北侧，英军用"海鸥"式导弹击沉了阿军的"索布拉尔"号巡逻艇。

面对英军咄咄逼人的攻势，加尔铁里把目光投向了从法国购得的 5 枚"飞鱼"导弹上。5 月 4 日，英国花费两亿多美元最新建造的"谢菲尔德"号军舰被阿根廷"超级军旗"战斗轰炸机携带的两枚"飞鱼"导弹击中了。不久，英国当做"第三艘航空母舰"用的大型运输商船——"大西洋运送者"号也被"飞鱼"导弹击中。这对英军是一个沉重的打击。

但是，阿根廷在总体实力上毕竟不能与老牌资本主义英国相抗衡，当最后一枚"飞鱼"导弹发射出去后，阿根廷再也拿不出任何足以抵抗英国的力量了。6月 8 日，3000 名英军乘坐"伊丽莎白二世女王"号客轮登上马岛，使岛上的英军人数增加到了 8000 人。英军牢牢地掌握着马岛的海空控制权，并封锁了马岛。

6 月 13 日，英军调集火力，飞机、导弹、大炮等一齐向马岛进行了最后轰炸，阿军阵地瞬间被夷为平地。次日晚 7 时，马岛阿军司令梅内迪斯将军向英军投降，为期 74 天的马岛之战终于结束了。

· 航空母舰 ·

　　1913 年，装有短距离飞行甲板和 3 架飞机的英国皇家海军"竞技神"号航空母舰成为航空母舰的先驱。1919 年建成的其后继者却成为真正的航空母舰。第一次世界大战中，英国使用航空母舰成功地使飞机在海上完成了低空飞行。1945 年以后，航空母舰的设计有了进一步改进，舰上增添了直升机，这使得航空母舰不仅可以攻击敌人的潜艇，也可以轰炸敌人坚固的海岸阵地。上翘角飞行甲板使得一些飞机着舰时，另一些飞机能够同时起飞。1961 年，美国海军"企业"号航空母舰建成，是当时最大的航空母舰。这艘航空母舰的核动力足可以绕地球航行 20 周。1967 年，英国决定淘汰六翼飞机，而使用垂直短距起降 BAe 鹞式战斗机。上翘角滑跃式甲板非常适合鹞式战斗机起降，因而后来意大利和西班牙先后采用了这种装有鹞式战斗机的相对低廉的航空母舰。

世界新格局

　　20世纪80年代以来，世界局势很不稳定。苏联和东欧的剧变，彻底打破了以雅尔塔体系为基础的两极格局，并使世界进入了新旧国际格局的大转换时期。人类历史进入又一次的重大转折时期，政治、经济、文化等各领域都呈现出鲜明的特点。随着两极格局的终结，世界格局开始朝着多极化方向发展。

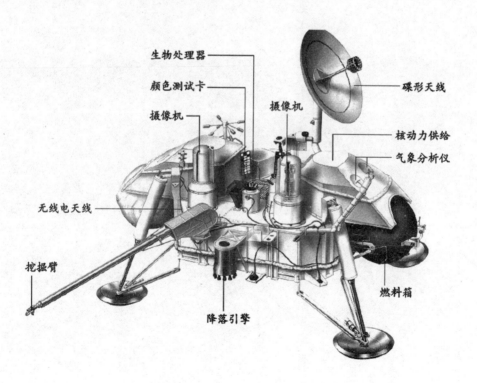

生物处理器

颜色测试卡

摄像机

摄像机

碟形天线

核动力供给

气象分析仪

无线电天线

挖掘臂

降落引擎

燃料箱

东欧剧变

1989年12月，波兰修改了宪法，将国名由"波兰人民共和国"改名为"波兰共和国"。这样，在东欧国家中出现了第一个非社会主义国家。

波兰是东欧诸国中局势最不稳定的一个国家。第二次世界大战后，尤其是华沙组织成立之后，波兰的经济大多采用苏联的模式和管理体制，实行中央高度集权，限制商品经济，强化指令性计划，片面强调重工业，使农、轻、重工业比例严重失调。20世纪70年代，波兰政府不顾实际情况，推行"高速度、高积累、高消费"的政策，大量举借外债，以此来提高人民生活水平。

1980年7月，波兰政府举借的外债已高达近300亿美元，波兰政府不得不采取冻结工资、提高商品价格的措施来偿还外债。对政府的这种做法，群众极为不满，以各种活动进行抗议，波兰经济顿时陷入混乱。

政府宣布肉类价格上涨40％～60％的当天，一座小城里的交通设备厂的工人举行了罢工。很快，罢工浪潮席卷各地。这次罢工成为波兰战后规模最大、持续时间最长的群众抗议活动。在罢工中，有一个叫瓦文萨的年轻人脱颖而出，他原是格但斯克造船厂的电工，由于无法忍受波兰政府的政策，他四处奔走，广泛联络，成立了"团结工会"，他本人担任工会主席。在瓦文萨的宣传下，团结工会很快壮大起来，在总人口不足3700万的波兰有950万人成为了工会的会员，而且，政府部门也有大批官员加入了团结工会。

1981年9月，团结工会召开了第一次代表大会。会上通过了《纲领决议》，决议明确指出，"不承认波兰统一工人党的领导和社会主义"，宣布要"改造国家机构"，并公开提出要夺取国家政权。会后，瓦文萨开始准备武装夺权的各项工作，建立了武装工人卫队。

在团结工会的策划下，波兰全国进行了无休止的罢工，全国经济陷入瘫痪状态，使人们本来就困难的生活更加雪上加霜。没多久，人们对团结工会也产生了怀疑。

随着东欧政局的剧变，苏联的军队开始撤出这一地区。

　　在这种情况之下，雅鲁泽尔斯基将军出任统一工人党第一书记。雅鲁泽尔斯基是一个手段强硬的人，他并没有被接手的烂摊子吓倒，而是宣布从 12 月 13 日零时起在全国实行军事管制，取缔团结工会，并且逮捕了瓦文萨等团结工会的领导人。这次罢工浪潮总算被遏制下去了，波兰经济开始复苏。可惜好景不长，1988 年，波兰再次出现了财政危机，物价暴涨，罢工浪潮再度掀起。在这种形势下，美、英等国政府也开始向波兰政府施加压力，要求波兰政府恢复团结工会的合法地位。

　　在内外交困的情况下，统一工人党于 1988 年 12 月举行十届十中全会，决定在波兰实行政治多元化和工会多元化，有条件地承认团结工会为合法组织。

　　东山再起的瓦文萨吸取之前的经验教训，表示不再以"推翻当局"而是以

"帮助政府摆脱困境"为主要目的。次年 2 月，波兰政府与团结工会及其他反对派举行圆桌会议，统一工人党向团结工会做了原则性的让步，同意实行立法、行政、司法三权分立，实行总统制和议会制，进行议会和参议院的大选。

按照圆桌会议达成的协议，1989 年 6 月，波兰举行议会选举。在选举中，统一工人党虽然获得了议会中的 299 个席位，但在参议院中未获一席，而团结工会则获得了参议院 100 个席位中的 99 个。团结工会一跃成为控制两院的第一大党。

在议会投票中，雅鲁泽尔斯基以一票的微弱优势当选为波兰总统，而新政府则由团结工会的成员为主。出任总理的是团结工会顾问马佐耶茨基，此外，在 23 名内阁成员中，团结工会占 12 席，统一工人党仅占 4 席。就这样，统一工人党节节败退，在不久后波兰议会通过的宪法修正案中，又删去了统一工人党在国家中起领导作用和波兰是社会主义国家的条文，将国名由"波兰人民共和国"改为"波兰共和国"。在 1990 年 12 月的大选中，在美、英等国的支持下，瓦文萨当选为波兰共和国总统。

·罗马尼亚政变·

罗马尼亚总统齐奥塞斯库生活堕落腐化，加上罗马尼亚经济一直衰退，社会危机一触即发。1989 年 12 月，匈牙利族神甫特凯什·拉斯特因为持不同政见而被当局逮捕，引发了大规模抗议活动，并很快发展为暴动。12 月 16 日晚上，齐奥塞斯库命令国防部长将装甲部队开进城里镇压示威者，第二天，军队和警察对群众展开了血腥镇压，很快就平息了暴动。齐奥塞斯库得意忘形，在 12 月 21 日时安排了一次群众集会，以粉饰太平。但是在他演讲的时候，事先经过精心挑选的群众却发出了反对的声音，又一次暴动开始了。22 日中午，军方表示不愿意对群众开枪，并成立了救国阵线委员会，接管了全部权力，将齐奥塞斯库夫妇逮捕。12 月 25 日，齐奥塞斯库夫妇被特别法庭审判后被执行枪决，罗马尼亚建立了资产阶级政权。

波兰是东欧国家出现的第一个非共产党领导的政府，紧接着，东欧各国一个接一个地相继发生剧烈的政治变动。匈牙利、保加利亚、捷克斯洛伐克、罗马尼亚、阿尔巴尼亚等国的共产党失去政权，宪法中也都删除了"共产党领导作用"

和"无产阶级专政"的条文。

总体来看，东欧剧变是以美国为首的西方国家实施和平演变战略的结果。

苏联解体

1991 年 12 月 25 日，在克里姆林宫上空飘扬了 69 年之久的有着镰刀和锤子图案的苏联国旗徐徐落下，取而代之的是一面蓝白红三色的俄罗斯国旗，世界上第一个社会主义国家苏联就这样消逝在历史之中了。

苏联是无产阶级革命导师列宁亲手缔造的，建国之初，面对以美国为首的西方帝国主义的干涉，苏联人民给予了坚决反击。第二次世界大战后，苏联开始了与美国争夺世界霸权的明争暗斗。20 世纪 70 年代末，苏联的政治、经济与民族关系出现了严重的危机。但是，苏联领导人认为依然有必要与美国抗衡，只相当于美国经济实力 1/3 的苏联就这样维持着与美国不相上下的庞大的军费开支。1979 年，苏联入侵阿富汗，这不仅使苏联陷入了经济泥潭之中，还使苏联共产党的威信一落再落。

在这种情况下，54 岁的戈尔巴乔夫于 1985 年出任苏共中央总书记。

戈尔巴乔夫出生于俄罗斯联邦南部的斯塔夫罗波尔边疆区的一户农民家庭，他从小就聪明过人。1950 年，戈尔巴乔夫进入莫斯科大学法律系学习，毕业后，戈尔巴乔夫从事共青团工作，曾任边疆区团委宣传部副部长、第二书记、第一书记，一路青云直上，直到成为契尔年科时期的第二把手。随着外交活动的增多，西方世界普遍认为戈尔巴乔夫是一个平易近人又思辨超群的人。

戈尔巴乔夫上台后，大刀阔斧地进行了改革。他主张进行深刻的经济体制改革，以提高人民生活水平为重要任务。重视科技发展，强调在科技进步的基础上提高生产效率，把社会主义民主和人民自治提上议事日程。在对外关系上，他主张缓和矛盾和和平共处。此外，他还进行了重大的人事调整，提拔年轻干部，以保证共产党的年轻化，新的上层领导核心基本形成了。

1987 年，戈尔巴乔夫在《改革与新思维》一书中阐述了政治改革的民主社会主义的思想倾向，强调"新思维的核心就是承认全人类的价值观的优先地位"。

在苏共代表大会上，戈尔巴乔夫明确地提出了"人道的、民主的社会主义"的概念。《改革与新思维》其实是其对外政策上的新思维，为了取得与西方国家的和平，苏联主动裁军，和美国签署清除部署在欧洲的中程导弹条约，从东欧撤军，甚至还做出了一些不切实际的妥协和退让，如对西方干预东欧各国的"自由化"改革不加干涉，最终加速了东欧剧变。所有这些都使得苏联在国际上的地位下降，许多人开始对戈尔巴乔夫表示不满。

随着改革的加深，苏联的政治和经济局面不但没有好转，反而越来越糟糕，社会出现了混乱和动荡。无政府状态迅速蔓延，罢工、犯罪事件不断，反对党公开反对社会主义。民族主义趁机抬头，矛盾斗争激化。

1989 年 8 月，民族分离主义势力组织的"人民阵线"在波罗的海沿岸举行抗议活动，提出"脱离苏联"。1990 年 3 月，苏共的法定领导地位被取消，多党制和总统制开始实行，戈尔巴乔夫当选为苏联首任总统。同月，立陶宛宣布独立，紧接着，爱沙尼亚、拉脱维亚、亚美尼亚也先后宣布独立。

图为戈尔巴乔夫访问巴黎期间与法国总统密特朗举行会谈。

面对失控的政局，戈尔巴乔夫于 1990 年 11 月提出了新联盟条约草案，草案规定，除国防、外交和关系全国经济命脉的部门仍由联盟中央掌握外，其余主权均归各共和国所有。将"苏维埃社会主义共和国联盟"改名为"苏维埃主权共和国联盟"，不再强调社会主义。但是，苏联再一次统一的最后希望还是破灭了。

1991 年 8 月 19 日，副总统亚纳耶夫向外宣布，正在黑海克里米亚度假的总统戈尔巴乔夫因健康状况无法继续履行苏联总统职责，他本人即日起履行总统使命，并宣布实行紧急状态，成立苏联紧急状态委员会，呼吁全国人民支持他们采取重大措施，使国家和社会尽快摆脱危机。尽管戈尔巴乔夫在"八一九"事件中被叶利钦等人解救出来，但他已无法继续留在领导职位上。8 月 24 日，戈氏宣布辞去苏共中央总书记职务，于 12 月 25 日辞去总统职务。

12 月 1 日，苏联的 15 个加盟共和国全都宣布独立。21 日，除格鲁吉亚外的原苏联 11 个加盟共和国签署了《关于建立独立国家联合体协议议定书》。26 日，苏维埃举行最后一次会议，从法律上宣布苏联解体。

海湾战争

1990 年 8 月 2 日凌晨，伊拉克突然出动了 10 多万兵力，以迅雷不及掩耳之势进攻邻国科威特。科威特是一个小国，只有 2 万人的部队根本禁不住伊拉克军队潮水般的进攻。次日，伊拉克军队攻入科威特王宫，随后占领科威特全境，并宣布科威特政府被推翻，将成为伊拉克的第 19 个省。

伊拉克的这种侵略行为很快激起了国际社会的强烈谴责。联合国安理会先后 12 次通过决议要求伊拉克恢复科威特的主权与独立，尽快从科威特撤军，并对伊拉克实行经济封锁和武器禁运。其他国际组织也相继与伊拉克方面接触，试图说服伊拉克领导人结束这场侵略战争。但是，处于内外交困中的伊拉克总统萨达姆·侯赛因却对此置若罔闻。萨达姆心里有自己的如意算盘，他知道国际社会正把眼光盯在忙于和平演变的苏联身上，中东地区根本不会引起太大注意。伊拉克的近邻科威特是海湾地区一个盛产石油的阿拉伯国家，在奥斯曼土耳其时期，这里是伊拉克巴士拉省的一部分，虽然伊拉克于 1961 年承认了科威特的独立，但从未正式承认过两国间的边界，这为以后的战争埋下了祸根。

伊拉克入侵科威特使美国等西方国家在海湾的利益受到了威胁。为了保证在海湾地区的石油利益和战略地位，为了防止伊拉克操纵石油输出国组织进而控制西方国家经济命脉，也为了维持中东地区的稳定和势力均衡，显示在世界事务中的作用，美国与部分西方国家制定了代号为"沙漠盾牌"的军事行动计划，随后便以联合国的名义开始了在海湾地区的大规模的军事集结。

多国部队进入伊拉克沙漠区。

11月29日，联合国安理会通过了授权使用武力将伊拉克军队赶出科威特的678号决议，规定1991年1月15日为伊拉克从科威特撤军的最后期限。萨达姆根本无视国际社会的和平努力与联合国的最后通牒，依然加紧扩军备战。在积极进行军事部署的同时，还打出了"人质盾牌"作为对"沙漠盾牌"的反应：禁止所有敌视伊拉克国家的外国公民离开伊拉克和科威特，一旦战争爆发，这批滞留在伊拉克和科威特的外国人将成为第一批牺牲品。同时，以美国为首的8个国家派往海湾地区的军队已经达到了70万人左右，组成了以美军将领斯瓦茨科夫为总司令的多国部队，进行好了随时发起军事行动的准备。海湾地区剑拔弩张，一场恶战已不可避免。

1991年1月17日，以美国为首的驻海湾多国部队向伊拉克发动了大规模的空袭，开始执行"沙漠风暴"军事计划，720多架飞机从不同的方向向伊拉克的60多个目标发起攻击。由于此前采取了迷惑伊拉克的措施，多国部队的军事行动并没有被伊拉克方面察觉。当巴格达市民还处在甜美的睡梦中时，一枚枚炸弹临近了他们。代表美国最先进技术的 F-117 隐形战斗机把一颗激光制导炸弹投到了位于巴格达闹市区的电话电报公司大楼的正中，在剧烈的爆炸声中，大楼周围火光冲天，而负责守卫大楼的伊拉克士兵还不明白到底发生了什么事情。顷刻间，密集的炸弹从天而降，铺天盖地地落下，爆炸声不绝于耳。总统府大楼、国防部大楼、空军指挥部大楼及近郊的萨达姆国际机场等军事目标先后被击中。很快，整个巴格达处于一片火光之中。

·石油输出国组织·

中东是世界石油的主要产地，但是石油价格却一直受到发达国家的压制，为了摆脱这种形势，伊拉克、伊朗、科威特、沙特和委内瑞拉 5 个石油主要出产国于 1960 年 9 月 14 日成立了石油输出国组织，简称欧佩克。这个组织的宗旨是协调和统一各成员国的石油政策，确定用最适当的方法来维护各自的利益。后来阿尔及利亚、卡塔尔、阿联酋、印尼、利比亚和尼日利亚也加入了进来。石油输出国组织自成立以来，一直都在与发达国家进行不懈斗争，将控制石油生产和制定价格的权力掌握在自己手中，有力地抵制了发达国家的经济剥削。

在连续不断地进行狂轰滥炸的同时，驻守在波斯湾海域的多国部队的军舰，向伊拉克及科威特也发射了近百枚载有重磅弹头的"战斧"式巡航导弹。

伊拉克虽然对多国部队强大的空袭进行了还击，但却收效甚微。80％的"飞毛腿"导弹被美国的"爱国者"导弹拦截，伊拉克的反击能力被削弱了。

经过一个多月的空中打击，伊拉克的指挥系统、导弹基地、军工厂等均遭到了严重的毁坏和损伤。2 月，多国部队统帅部决定执行代号为"沙漠军刀"的作战计划，转入地面进攻阶段。在多国部队强大的攻势下，伊拉克最精锐的共和国卫队伤亡惨重。

2 月 26 日，萨达姆被迫下令驻在科威特的伊拉克军队撤离科威特。27 日，萨达姆宣布无条件接受安理会关于伊拉克的决议。至此，历时 42 天的海湾战争结束了。

纳尔逊·曼德拉

　　南非位于非洲大陆的最南端，是一个由印度洋和大西洋环抱着的三面临海的国家。南非有着丰富的地下矿藏，被称为"钻石王国"，历来都是欧美各国争夺的对象。1961年，南非宣布退出英联邦，成立南非联邦共和国。南非联邦不断推行种族隔离政策，广大黑人深受其害。为了夺得自由，占南非人口75%的黑人与白人统治者进行了不屈不挠的斗争。而曼德拉则是南非争取独立运动的见证人。

　　曼德拉，1918年出生在南非东南部特兰斯凯的一个部落酋长家庭。9岁那年，曼德拉的父亲得了一场重病，在临终前把年幼的曼德拉交给部落大酋长照顾。好心的大酋长像对待自己亲生儿子一样对待曼德拉，并让曼德拉接受良好的教育。1938年，曼德拉进入大学读书。在大学里，他一面读书，一面参加学生运动。1941年，来到约翰内斯堡的曼德拉感到种族歧视越来越严重，于是投身到反抗种族主义的斗争中。1943年，曼德拉参加了非洲人国民大会，并当选为非国大青年联盟全国书记。两年后，曼德拉又当选为非国大副主席。由于曼德拉领导黑人以非暴力方式对抗政府的6项种族歧视法令，南非政府指控他犯有"叛国罪"。1956年12月，南非政府出动了1000名警察在全国范围内对黑人解放运动积极分子进行突击性大搜捕，曼德拉与其他非国大领导人相继被捕。

　　曼德拉在法庭上为自己进行了无罪辩护，但白人政府却一直没有放过对他的迫害，从1962年到1990年，曼德拉在狱中度过了28个岁月。曼德拉虽然人在监狱，但他的心永远和黑人同胞在一起。他在法庭上所作的辩护词是让南非人民永远难忘的："我把大声疾呼反对各族歧视看成我的责任。我与白人统治进行斗争，也反对黑人专利。我珍视民主社会的理想，也准备为这种社会献出生命……"

　　曼德拉在服刑期间，始终坚持为黑人的解放事业而努力。他在监狱里不但积极地学习，还经常向犯人进行宣传鼓励，并密切观察南非黑人斗争的新动向。

　　随着国际形势的变化，南非人民的正义斗争得到了国际社会的同情和支持，

20世纪80年代，南非爆发了声势浩大的反种族主义示威运动。

要求释放曼德拉和其他政治犯的呼声越来越高。

1989年，德克勒克继任南非总统。为了摆脱政治经济困境，德克勒克发表重要声明，解除对一些黑人解放组织的禁令，宣布无条件释放曼德拉，被囚禁了28年的曼德拉终于获得了自由。出狱后的曼德拉仍然以旺盛的精力投入到消除南非各族歧视等重大问题的工作中去。1991年6月30日，南非种族隔离制度宣布结束。几天后，曼德拉当选为非国大主席。1993年，曼德拉与德克勒克总统共同获得了当年的"诺贝尔和平奖"。

1994年4月26日，南非人民兴高采烈，他们穿着节日的盛装，温暖的阳光下跳着欢快的舞蹈。这一天是南非大选日，许多政党都参加了这次选举。而且，这次大举是南非有史以来第一次不分各族的全民选举。

3天后，选举结果揭晓，曼德拉领导的非国大在这次选举中获得了62.5％的选票。5月10日，曼德拉在比勒陀利亚的政府大楼广场上宣誓就职："我们保证，我们的人民一定会从贫困、苦难、歧视中解放出来。"

非国大执政宣告着南非进入了一个新的时期。当时曼德拉面临的挑战是严峻的，但他却以不屈不挠的精神和南非人民一起挺了过来，努力实现民族和解，提高人民的生活水平。

1999年，非国大在南非第二次不分种族的全民选举中再次获胜，曼德拉毅然拒绝了再次蝉联总统的机会，把总统职位让给了新一代领导人姆贝基。

科索沃战争

科索沃是南斯拉夫联盟塞尔维亚共和国的一个自治省，其居民90％以上是阿尔巴尼亚人，其余是塞尔维亚和黑山人。历史上，阿族和塞族长期不和。20世纪80年代末，阿族人要求建立"科索沃共和国"，从塞尔维亚共和国脱离出来。一直视科索沃为家园和宗教圣地的塞族人不愿放弃，两族矛盾激化，阿族极端分子组建了"科索沃解放军"，暴力冲突愈演愈烈。1998年2月，南联盟总统米洛舍维奇派军队对阿武装进行镇压，科索沃局势急剧恶化。

塞尔维亚人抗议北约的轰炸

科索沃危机伊始，以美国为首的北约就积极卷入，使其国际化，以便利用科索沃民族矛盾来扩大北约的影响，实现在科索沃驻军，进而控制巴尔干地区，完成东扩目标，并从该地区排挤俄罗斯的传统势力。1999年1月，在美国的操纵下，冲突双方进行谈判，但谈判最终破裂。3月24日，北约以保护人权为名，对南联盟开始了代号为"盟军"的大规模空袭行动。

3月24日19时，以美国为首，拥有19个成员国的北约盟军，在其最高司令兼美军驻欧洲部队总司令韦斯利·克拉克上将的指挥下，一批接一批的北约战斗机、轰炸机向南联盟军营、防空设施、电厂、通讯设施实施猛烈轰炸，科索沃战争由此开始。

27日前，北约空军先后进行4轮空袭击，旨在摧毁南联盟的防空体系、指挥和控制中心、军工厂和在科索沃的塞族部队。但南联盟军民并没有屈服，纷纷拿起武器，对北约的入侵进行顽强的抵抗。美国最先进的、拥有不可战胜神话的F-117隐形飞机在贝尔格莱德以西60千米的上空被击中，坠落在布贾诺夫齐村附近。在海湾战争中显赫一时的"战斧"巡航导弹命中率仅为20%，多次被南军防空武器截击。

3月28日，美军对南联盟开始了新一阶段的空袭。对南部的南联盟地面军队和军用物资进行疯狂轰炸，试图摧毁南军的军事装备，迫使南联盟屈服。南联盟军队充分利用山多、地形复杂的有利条件和当时多雨多雾的有利天气，分散队形，隐藏弹药等军需物品，不失时机创造局部优势，采用藏、打、运动、迂回相结合的战术，不断使北约的飞机、导弹部队受到突袭。

南联盟军民的反抗，给北约军造成严重损失。4月13日，美国总统克林顿宣布对南联盟扩大空袭范围、增加空袭强度，实施24小时不间断轰炸。轰炸开始变得惨无人道，民用设施的桥梁、铁路、公路、工厂、电视台、通信系统、电力系统、供水系统、医院、商店，甚至居民楼都遭到狂轰滥炸。灭绝人性的空中绞死，使南联盟1800多名平民丧生，6000多人受伤，近百万人沦为难民，20多家医院被毁，300多所学校遭到破坏，交通干线、民用机场、广播电视基本瘫痪。

北约的野蛮行径遭到国际社会的强烈反对，引起全世界人民的极大愤怒，北约在国际社会中越来越孤立。6月5日，在中、俄及联合国秘书长安南的斡旋下，北约和南联盟在马其顿举行谈判。9日，双方签署了南军撤退协议书，北约结束了对南联盟的轰炸。

科索沃战争是20世纪末世界格局转型进程中的一个重要的阶段性标志，这场战争使南斯拉夫人民遭受巨大灾难，联合国宪章和国际法准则遭到践踏，世界和平与发展受到严重威胁。通过这场战争，美国及其西方盟国利用北约组织在推进欧洲地区的整合、实现其主导世界新格局的战略目标方面又迈进了一步。

北约对科索沃的空袭，使无数的塞族人逃往马其顿。

9·11事件

2001年9月11日，美国东部地区发生一系列严重恐怖袭击事件，纽约的世界贸易中心和位于华盛顿的美国国防部所在地五角大楼等重要建筑遭到恐怖分子的袭击，并造成重大人员伤亡。这一事件必将载入美利坚民族的史册，也必将长存于人类的记忆之中。

9月11日，纽约当地时间上午8时25分，一架由波士顿开往洛杉矶的美国美洲航空公司第11次航班飞机，突然与空管中心失去了联系。空管中心马上意识到该架飞机遭到了劫持，立即与北美防空司令部取得联系。当防空司令部想做出一些应对措施时，被劫持的飞机已经撞在了纽约曼哈顿世界贸易中心的北侧大楼。十几分钟以后，一架由华盛顿飞往洛杉矶的第77次航班客机撞击世贸中心南侧大楼。两架飞机撞入楼内，喷出一团巨大的火球。当时是美国人上班高峰时期，听到巨响后，在世贸大楼附近的行人和住户忙抬头观望，眼前的景象使他们惊呆了。

就在人们还没明白过来发生什么事时，一辆辆警车长鸣而来。虽然消防队员和救护人员克服千难万险进入大楼对困在里面的人员进行抢救，但却无法挽回爆炸吞噬的生命。据幸存者之一的德维塔回忆："当北楼被撞以后，人群才陷入了恐慌……最令人难过的是，当我们一步一步摆脱死亡纠缠的时候，一些年轻的生命（与他们相向而行的救护人员和消防员们）正陷入到了绝境之中……"

世界贸易中心由两座塔楼组成，分居南北，高110层，是曼哈顿地区的标志性建筑。当初在建造世贸中心时，动用了1万多名工人，历经了8年时间。楼内有世界著名的银行6家，著名的投资公司5家，还有国内外大大小小的公司数千家。每天约有3.5万名雇员在楼内工作，有5万名内工从事服务工作。可想而知，世贸中心两座大楼的倒塌会造成多大的损失。

数以千计的生命被坍塌的大楼吞噬，曾经辉煌壮丽的世贸大楼顷刻间灰飞烟灭，成为了历史。

当惊魂未定的人们还处在痛苦的哀叹中时，从华盛顿也传来了噩耗。当地时间上午9时45分左右，美国联合航空公司的第175次航班客机从华盛顿杜勒斯机场起飞后不久，被劫持并撞在了五角大楼西南端。紧接着，美国国务院大楼、国会山附近相继发生炸弹爆炸事件，美国总统府白宫附近发生大火。在宾夕法尼亚州，当地时间上午10点左右，从新泽西州纽瓦克飞往旧金山的联合航空公司的第93次航班客机在距匹兹堡东南130千米处坠毁，机上40名乘客和机组成员遇难……

灾难发生后，刚刚上任的美国总统小布什正在佛罗里达的萨拉索培。当他惊悉恐怖袭击事件后，于9时15分发表声明："我们国家发生了一起全国性的悲剧。显然是由于恐怖分子的袭击……我已和副总统、纽约市市长以及联邦调查局通过电话，命令动用联邦政府的所有资源来帮助遇难者，已经采取了一切适当的安全防范措施来保护美国人民。并彻底调查追捕策划发动恐怖袭击的人，对我们国家的恐怖主义再也不能继续下去了……"

为"9·11"事件中的死难者做祷告

当日，美国联邦航空局宣布美国有史以来首次关闭领空。与此同时，政府各部门、各大公司等机构的工作人员也都从办公地点紧急疏散，战斗机开始在空中巡逻。

"9·11"这一系列恐怖袭击事件共造成3200多人死亡或失踪，造成的直接和间接的经济损失达数千亿美元，是迄今世界上策划最周密、造成损失最大的恐怖袭击事件。

"9·11"造成重大伤亡的消息迅速传遍全世界，世界各国纷纷发表声明谴责恐怖主义分子惨无人道的袭击。

9月14日，美国参众两院通过决议，授权总统动用武力对恐怖袭击进行报复。15日，小布什表示，美国"正在准备一场对恐怖分子的全面战争"，并认定藏匿在阿富汗并受到塔利班庇护的本·拉登是"9·11"恐怖事件的主谋，决定从10月7日起对阿富汗实施大规模的军事打击。到12月初，在美国和阿富汗北部联盟的共同打击下，塔利班完全放弃抵抗。

"9·11"事件之后，不但美国视恐怖主义为当前头号大敌，世界各国也都把恐怖主义对世界和平与发展的威胁提上了议事日程。

阿富汗战争

2001 年 9 月 11 日，美国纽约世贸中心双子大厦在 20 分钟内接连遭到两架飞机撞击，相继轰然倒塌，数千人于瞬间死亡。随后，白宫附近起火，又有飞机撞击五角大楼，国会山发生爆炸……这就是震惊世界的"9·11"事件。在随后的调查中，美国认为"9·11"事件的元凶是阿富汗塔利班政权支持下的基地组织首领、沙特富商本·拉登，于是，美国把复仇目标锁定在阿富汗的塔利班政权上。

阿富汗地处中亚和南亚间的枢纽地带，战略地位重要。长期以来，阿富汗一直是前苏联和其继承国俄罗斯的势力范围，虽然美国觊觎已久，但却欲占不能，而"9·11"事件正为美国势力进入这一地区提供了十分有利的口实。

"9·11"事件后，美国使用外交手段孤立塔利班政权。9 月 18 日，在美国的鼓动下，联合国安理会呼吁塔利班立即无条件交出本·拉登。随后，一些国家断绝了与阿富汗塔利班政权的关系，并从阿富汗撤出了外交人员。此外，美国还向中东、非洲、亚洲、欧洲等一些国家进行游说，使这些国家为其提供领空或是飞机降落的机场。

紧接着，美国开始了军事进攻阿富汗的步伐。美军大量地向印度洋地区结集，特种兵还提前进入阿富汗，在山区搜捕本·拉登。到战争开始之前，大约有 1 万名美军在乌兹别克斯坦和阿富汗边境地区结集完毕。

10 月 7 日，在浓浓夜色的掩护下，美英联军对阿富汗塔利班多处目标发动了首轮空袭，拉开了"持久自由行动"的序幕，打响了美国全球反恐战争的第一枪。

联军空袭的主要目标是阿富汗境内的机场、空防设施以及恐怖分子的基地。

阿富汗喀布尔机场附近地区首先遭到了美军的轰炸，阿富汗南部城市坎大哈和东部城市贾拉拉巴德也遭到导弹袭击。在美国先进武器的攻击下，使用笨拙武器的塔利班武装进行了还击。9 日上午，阿富汗南部城市坎大哈遭到了美军军用飞机和导弹的空袭。此后，美军开始对塔利班政权和拉登的基地组织进行 24 小

阿富汗巴米扬大佛

巴米扬大佛是古代历史文化遗存，但被极端的塔利班政权炸毁，为人
类文明留下永久的遗憾。

时不间断的打击。

从 10 日起，美军对阿富汗全境进行空袭。14 日，美军除用飞机轰炸喀布尔
外，还用导弹袭击了阿北部重镇马扎里沙里夫、东部城市贾拉拉巴德等。15 日，
美军共出动了 50 多架舰载攻击机、10 架 B－1 和 B－52 轰炸机，对阿富汗境内

的 13 个目标进行了空袭。与此同时，美军还加强了与阿富汗北方联盟的合作和协调行动。

在美军的协助下，阿富汗北方联盟不断扩大控制地区的范围，使塔利班控制的范围越缩越小。26 日，北方联盟军队进入昆都士，至此，塔利班在阿富汗北部的所有据点都已失守，但塔利班残余势力仍在负隅顽抗。

12 月 7 日，曾为塔利班总部的坎大哈塔利班守军投降，塔利班最高领导人奥马尔不知去向。22 日，阿富汗临时政府成立。塔利班政权垮台后，美军开始在阿富汗境内展开对塔利班和基地组织残余力量的清剿工作。在山区，美军甚至对每一个山洞进行搜查。不过，时至今日，对阿富汗境内的塔利班和基地组织的清剿仍是一项任重道远的工作。

伊拉克战争

海湾战争后，联合国第 687 号决议规定，派遣武器核查小组进驻巴格达。美国企图利用核查小组牵制伊拉克，但核查小组一再受挫，美对伊的政策开始转变。9·11 恐怖事件爆发后，美国对世界恐怖主义保持高度警惕，并把伊拉克看做是继阿富汗塔利班和基地组织后全球反恐怖战争的打击对象。在联合国核查小组再次对伊进行调查而未发现其拥有核武器和化学武器的情况下，美军以清除伊大规模杀伤性武器为名，发动了旨在推翻萨达姆政权的战争。

2003 年 2 月 20 日，美国在海湾地区集结海、陆、空军队近 20 万，英军也有 4 万余人调向这里。美英联军将部队部署在伊拉克周边的沙特、巴林、阿曼、埃及、土耳其等国，并控制住各战略通道。

一直与美国对抗的萨达姆也做好了战争准备，除部署在边疆地区的部队外，他还以巴格达为中心构建了严密的防御体系，准备多层阻击和抵抗敌人。

3 月 20 日，美军制定的代号为"斩首行动"的计划开始实施，美 F－117 隐形轰炸机和导弹对巴格达进行轰炸，拉开了伊拉克战争序幕。在这次空袭中，美军使用"电子炸弹"攻击伊拉克，这种新式武器产生的高能电磁波可使伊军及萨达姆卫队拥有的各类电话、无线电通信和电子计算机等电子设备立刻失灵，并用

精确的制导导弹准确地打击伊指挥和控制中心。

美军航空母舰上的飞机起飞，准备执行轰炸任务。

为避开美英联军的优势空军和导弹袭击，萨达姆分散兵力，将实力最强的 9
万共和国卫队、4 个特别旅、2 个特种部队部署在巴格达周围。并在巴格达周围
筑建野战工事，开挖战壕、沟堑，在飞机跑道上放置水泥等障碍物，阻击美英空
降部队着陆。

美英联军对伊拉克首都巴格达和其高层领导人的住所等要害部门进行连续三
轮的狂轰滥炸。20 日晚 21 时 05 分，美英地面部队在战斗机、直升机的掩护下，
凭借配备尖端的夜视作战设备，兵分几路对巴格达进行合围，欲以迅雷不及掩耳
之势深入巴格达，俘虏或击毙萨达姆。顽强的伊军凭借坚固的防御工事，给美、
英造成了一定的损失，虽然发射的导弹部分被美国的"爱国者"导弹截击，仍有
效地阻滞了敌人的攻势。

次日，联军以惊人的速度突进，准备以闪电式进攻在短时间内赢得战争，萨
达姆的精心布防和顽强的共和国卫队粉碎了美英的"斩首行动"。4 月 4 日，战
争形势发生急剧变化，美英联军经过一番调整，大批的后续援兵到位，又开始重

新发动大规模进攻，对巴格达西南的萨达姆机场实施争夺。5日，巴格达周围的守兵与联军进行激烈的短兵相接。6日，联军在巴格达上空进24小时不间断空中巡逻，对市内目标继续轰炸，加强对巴格达外围的控制，力图合围。8日，联军连连突破伊军防线，开始从北南两方向巴格达市区推进。次日，美军进入市中心。11日，美军宣布萨达姆政权垮台，大规模的伊军抵抗行动结束。14日，萨达姆的故乡提克里特市也被联军所控制。

萨达姆

伊拉克战争彻底摧毁了萨达姆的专制统治，也给伊拉克人民带来了深重灾难和重大生命与财产损失。战争结束后，伊拉克局势一直动荡不安，国内混乱不堪，不利于伊拉克的社会经济发展。此外，伊拉克战争是人类历史上第一次全程媒体直播的战争，让全世界人民了解了现代化战争。

克隆羊多莉

克隆羊多莉诞生于 1996 年 7 月 5 日，1997 年首次向公众披露。它是当年最引人注目的国际新闻之一，曾被美国《科学》杂志评为 1997 年世界 10 大科技进步的第一项。科学家认为，多莉的诞生标志着生物技术新时代的来临。

"克隆"是英文 clone 一词的音译，原意为通过体细胞进行无性生殖，从而使后代个体的基因型与母体完全相同。这一技术名称先是出现在科幻小说中，如《侏罗纪公园》就叙述了一些思想单纯的科学家被不法商人所利用，克隆出 7000 万年前的恐龙的故事。不过这种科学幻想真的变成了现实。

克隆多莉羊的项目是由伊恩·威尔莫特和基思·坎贝尔领导下的罗斯林研究所完成的。威尔莫特等人先利用化学制剂促使一只成年母羊排卵，之后将该卵子小心取出，放入一个极细的与羊体同温的试管，再用特制的注射器刺破卵膜，吸出其中的染色体物质。这时原来的卵原细胞仅剩一个空壳。接下来他们又从另外一只 6 岁母羊的乳腺中取出一个细胞，并抽去细胞核，然后将其与先前的空壳卵细胞融合，生成新的卵细胞。最后，工作人员对这一新细胞进行间断的电击。奇妙的事情终于发生了，这一细胞竟以来乳腺细胞的遗传物质作为基础，开始分裂、繁殖、形成胚胎。威尔莫特和坎贝尔在对胚胎培育一段时间后，将其移植到第三只成年母羊的子宫内。5 个月之后，这头绵羊生下了一只由体细胞合成胚胎发育成的小羊羔。

小家伙生下来时白白胖胖，一身卷毛，煞是可人。它在出生后 7 个月体重就超过 40 公斤，而且活泼好动，威尔莫特以乡村歌手多莉·帕帕的名字为之命名。

多莉的诞生，一时间成了世界观注的焦点，关于克隆技术的争论也随之而来。从生物学的角度来讲，绵羊和人同属于哺乳动物。克隆羊成功了，那么克隆人也就不远了。但我们是不是要克隆人呢？答案出现分歧。

多数人认为不要。这些人的论据是克隆人的出现违背了自然常理，会形成对旧有社会道德、伦理关系的冲击，甚至使之崩溃。他们举例说，父亲的体细胞核可以与女儿的去核卵组合形成新的卵细胞并在女儿的子宫着床发育，最终生出翻

这是维尔莫特与他创造的世界上第一只克隆羊多莉的合影照片。多莉出生在1996年，在被认为是一项科学突破的同时也引发了一场关于克隆在伦理方面的热烈争论。

版的"父亲"，这显然有悖人伦。而反对者则强调，即便是没有克隆技术，乱伦事件也不是就可以杜绝。该技术出现以后，这类事情完全可以由道德和法律去约束。

伦理问题还没有解决，生育模式的问题又出来了。克隆技术完全可以打破传统的生育模式（即精子和卵子相配形成受精卵），它只需要体细胞和卵细胞浆。照此推理，单身女子或女同性恋者也可实现名正言顺的生育。有人认为这会带来一系列社会问题，而有人则说这是人权的进步。孰是孰非，至今也不见个分晓。

·克隆技术的发展·

美国曾经有教授将单个的胡萝卜细胞培育成性状一模一样的胡萝卜，虽然胡萝卜是植物，复制比较简单，不过他却开辟了一条全新的道路。在他之后，科学家又相继在青蛙、金鱼等较低级的生物上进行了各种细胞遗传实验。1970年，英国科学家约翰·格登用细胞核移植的方法克隆出蝌蚪，这是人类历史上第一次克隆出动物。1979年，英国的威拉德森把绵羊的细胞胚分成4份，克隆出4只一模一样的小羊羔，不过他用的细胞是卵细胞，还不能算是真正的克隆。后来他用细胞核技术克隆出了一头牛，这才算真正克隆出的哺乳动物。

除了以上谈到的两个问题，还有一个更棘手的难题：即人权罪恶、历史罪恶问题。身体安全不受侵犯是最基本的人权。而一些人在克隆人还没有出现就开始计划把他们作为人体器官的供应者应用于医疗领域。克隆人也是人类的一员，这样做显然是对人权最严重的亵渎和践踏。至于历史罪恶，则指别有用心的人恶意克隆历史上的罪人，如希特勒、东条英机等，以使他们再度作恶人间。但这种想法变成现实的几率很小，因为一个人的思想、能力、所作所为是要受到历史条件制约的，单纯生物个体的复制不会达到复制历史的目的。

也有人十分憧憬克隆人的出现。比如不能结婚生育的人要求克隆自己，一对不能再生的夫妇要求克隆他们夭折的孩子，还有家人要求克隆被突发性事故或灾难夺去生命的亲人。这些要求看起来都是合理的，某些科学家也表示，坚决要克隆人。

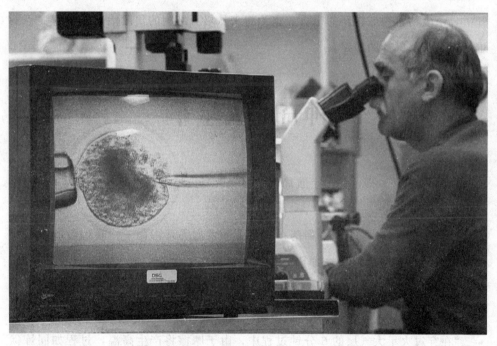

世界各国的实验室继续对基因进行着持续地研究。图中，马萨诸塞州的科学家正在用吸移管（显示器中矛状物体）将从一个不同种的个体中提取的 DNA 注射入未受精的山羊卵中。

就在人们就该不该克隆人这一话题争论不休时，多莉的过早夭折更加火上浇油地使争论变得更加激烈，并且还由一个话题转向了另一个话题。

据罗斯林研究所透露，多莉先是不停地咳嗽，大约持续一周后被确诊为进行性肺病。所谓"进行性"疾病是指患者病情不断发展恶化，生命危在旦夕。

2003 年 2 月 14 日，研究所因为不忍心看着多莉郁郁而终，就对它实施了"安乐死"。多莉的过早夭折再次引发了关于克隆动物是否会"早衰"的争论。因为"进行性"疾病多发生在高龄动物身上，如今却发生在多莉身上，人们不得不怀疑克隆技术自身的完善程度。人们普遍认为，目前克隆技术水平已经对克隆动物的健康造成了危害，所以就更不能克隆人了。但是，科学界对此还没有最后的结论。

不管争论的结果如何，多莉是人类首次利用成年动物体细胞克隆成功的第一个生命，这是毋庸置疑的。

抛开该不该克隆人这个话题，多莉诞生的积极意义是不可否认的，它不但揭开了分子生物学领域崭新的一页，也为将来从培育细胞的角度治愈帕金森症等疑难病症提供了可行的思路。

神奇的火星车

2004 年 1 月 3 日，美国宇航局就"勇气"号火星探测器即将登陆火星的实验举行了新闻发布会。

"对于'勇气'号能平稳降落在火星上的古谢夫环形山上，我们没有表示过怀疑，成功几率高达 99％，原因之一就是'勇气'号有安全气囊的保护。而且，宇航局将在'勇气'号登陆 10 分钟内得到它登陆的消息，'勇气'号登陆的第一个信息将在当地时间 4 号凌晨获得……"美国宇航局官员介绍道。

"在穿过火星大气层的 6 分钟过程中，由于摩擦将产生高温，过程如同炼狱一样。"美国国家宇航局太空科学研究负责人威勒介绍着。

负责本次火星探索计划的专家马克·阿德勒补充道："据刚才发来的消息称，'勇气'号火星探测器状况良好，已经做好了登陆准备。"

国内外的数名记者又询问了很多关于'勇气'号登上火星的消息,在场的每一个人都为将目睹这激动人心的一刻而感到激动。

其实,火星车登上火星并不是首次。数十年来,各国共筹划了 30 多次火星探测,其中 20 多次以失败告终。苏联 1971 年的"火星 3 号"首次登陆火星,但只从火星表面发回了 20 秒钟的数据后就没有消息。之后发射的"火星 4 号"未能进入火星轨道,"火星 5 号"和"火星 6 号"也因为出现了各种故障而归于失败。

1997 年,美国"火星探路者"探测器携带的第一代火星车"旅居者"(又叫索杰那)首次在火星大地上行驶。7 年后,"勇气"号和"机遇"号再次登上火星。这一代火星车的性能远远高于第一代。与第一代相比,"勇气"号和"机遇"号的设计寿命是"旅居者"设计寿命的 3 倍。

与"旅居者"相比,"勇气"号和"机遇"号在个头和能力等许多方面都高出一筹。例如,"勇气"号和"机遇"号存储器的容量是"旅居者"的 1000 多倍;"勇气"号和"机遇"号均长 1.6 米、宽 2.3 米、高 1.5 米,重 174 公斤,而"旅居者"只有 65 厘米长,重仅 10 公斤;"勇气"号和"机遇"号装有 9 台相机,分辨率高,而"旅居者"只携带了 3 台相机,分辨率也较低,等等。

· "海盗"号登陆车 ·

登陆车专为太空船设计,使其在所探测行星表面能实现软着陆并传回数据。美国太空总署探测火星的"海盗任务"用火箭成功发射了两个由轨道飞行器和登陆车组成的空间探测器。"海盗 1 号"于 1975 年 8 月发射升空并在 1976 年 7 月到达火星,它围绕火星轨道飞行了一个月为登陆车寻找合适着陆地点。1975 年,"海盗 2 号"发射出的登陆车也在 1976 年安全着陆于火星。轨道飞行器绘制了火星表面的细节情况。两辆登陆车总共向地球发回了 5.5 万张火星表面照片。每一辆登陆车上都安装了挖掘臂,能提取火星土壤标本来研究火星是否存在生命,但是尚未发现上面有生命的迹象。气象分析仪监控火星表面的天气和季节变化状况。

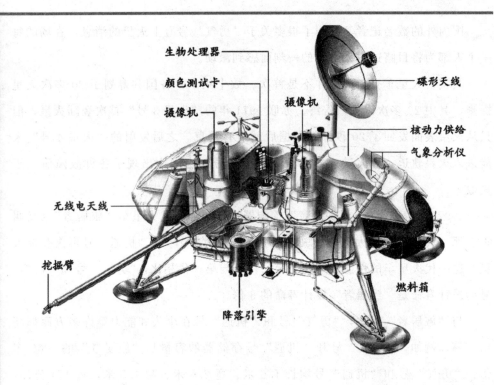

生物处理器
颜色测试卡
摄像机
摄像机
碟形天线
核动力供给
气象分析仪
无线电天线
挖掘臂
燃料箱
降落引擎

　　"勇气"号和"机遇"号火星探测器分别于 2003 年 6 月和 7 月发射升空，并计划于 2004 年 1 月 3 日和 24 日登陆火星。

　　2004 年 1 月 3 日 20 时 35 分，"勇气"号终于在火星表面成功着陆，并于 20 时 52 分向地球发回了第一个信息。监测登陆过程的数百名工作人员在收到这一信息后一片欢腾，人们期待着"勇气"号能在火星上发现水和生命存在的迹象。

　　"现在已经按预计的时间打开了降落伞，实际上比我们预测的时间稍晚一些。"

　　"雷达已经开始捕捉地面的图像了，我们的减速火箭会在 20 多秒钟以后打开。"

　　"雷达已经捕捉到地面的情况了。"

　　帕萨迪纳的宇航局喷气推进实验室里一片沸腾。

　　从实验室里的大屏幕上可以看到，"勇气"号先是在耐高温表层的保护下，以大约 1.9 万千米的时速冲入 130 千米厚的火星大气层，由于空气阻力的作用，在距火星表面 8 千米左右时，时速降至 1600 千米，此时直径 10 多米的降落伞自动打开。当"勇气"号连同降落伞一起接近火星地面时，它的外层气囊弹出。在距地面约 12 米时，降落伞自动断开，"勇气"号被气囊包裹得严严实实。登陆时，被气囊包裹的"勇气"号像皮球一样在火星表面进行长达数分钟的弹跳、翻滚，直到最后落稳。此时，气囊内的气体自动放出，原来鼓鼓囊囊的火星车这时候像是被一层帆布包着。

这是从 1995 年发射的"哥伦比亚号"航天飞机的内部所看到的地球。这种图像提供了一种对于地球这颗行星的新的认识，它看上去是那样的脆弱，仅是太空当中一个拥有生命的小岛。

　　"勇气"号着陆的古谢夫环形山区域地势平缓，有利于火星车的弹跳。着陆后的"勇气"号进行了一星期的设备自检，在地面人员的操纵下，它在火星表面考察数日，并把用相机所拍摄的图像发回地球。

　　"勇气"号和"机遇"号共耗资 2 亿美元，是自"哥伦比亚"号航天飞机失事后美国宇航局最大的一项太空计划。

　　"旅居者"在火星上共移动了约 105 米，而"勇气"号和"机遇"分别在火星表面行驶了 4000 米和 5000 米。

比尔·盖茨

一位哈佛大学的高才生参加比尔·盖茨的面试。比尔·盖茨问："你是哈佛大学毕业的吗？"他回答说："是的，未来的老板。"比尔·盖茨又问："你很聪明吗？"他说："我是以第一名的成绩毕业的，智商应该不错。""你既然这么聪明的话，那亚马孙河有多长？"那位高才生愣在那里答不上来。比尔·盖茨微微一笑说："显然你不够聪明。"他建议这位哈佛大学的高才生多读一些书再来面试。

可见，在比尔·盖茨心目中，读书是至关重要的一件事，否则就谈不上聪明，更谈不上会取得什么大的成就。盖茨本人就是一个酷爱读书的人，很小的时候，他喜欢读《世界图书百科全书》，经常一看就是几个小时，后来又喜欢上了名人传记和文学作品。广泛的阅读为他积累了丰富的知识营养，再加上良好的家庭教育，因此他从小就表现出了与同龄人不同的超常智慧。他幼时的同学曾经回忆说，盖茨绝不是那种在同学中无足轻重的角色，而他的超常聪明也是大家公认的。

盖茨的超常聪明，不知是从书本上来，还得益于他执著于自己的爱好，只要是自己喜欢的东西就一定要学精学透，这一点在他学习编程上就可以看得出来。

11岁时，盖茨的父母送他去了西雅图的湖滨中学，这是西雅图管理最严格的一所学校，以严格的课程要求而著称，专门招收超常男生。在那里，盖茨进入了计算机软件世界。

·计算机的发明·

1946年2月14日，ENIAC（The Electronic Numerical Integrator And Computer）在费城面世。ENIAC代表了计算机发展史上的里程碑，它通过不同部分之间的重新接线编程，拥有并行计算能力。ENIAC是第一台普通用途计算机。

ENIAC是由美国政府和宾夕法尼亚大学合作开发研制的，美国物理学家莫奇利任总设计师。这个世界上第一台电子管计算机，用了18000个电子管，1500

多个继电器，耗电 150 千瓦，占地达 170 平方米，重 30 吨，运算速度每秒钟 5000 次。

　　盖茨和他的一个好朋友保罗·艾伦疯狂地迷上了计算机，他们热衷于解决难题，获得了越来越多的计算机知识。13 岁时，盖茨就已经会自编软件程序了，只不过在当时是为了游戏。1972 年，盖茨和保罗搞到了英特尔的 8008 微处理器芯片，摆弄出了一台机器，成立了交通数据公司。1973 年，盖茨从湖滨中学毕业，进入了哈佛大学。在哈佛上学的两年时间里，盖茨的大部分时间都用在了编程序和打扑克上面，他还在那里结识了同样爱好计算机的史蒂夫·鲍尔默，后者以后成为了微软公司的总裁。1974 年，世界上第一台微型计算机阿尔塔诞生，这给盖茨和艾伦的交通数据公司提供了编写 BACIC 的机会，经过两个多月的艰苦奋战，他们编写的 BACIC 语言在阿尔塔计算机上运行成功！1975 年，盖茨对自己未来的发展前途已经明了于心，他最终说服了父母，从哈佛大学退学，和艾伦在新墨西哥州的阿尔伯克基建立了微软（Microsoft）公司。当时，盖茨 20 岁，艾伦 22 岁。微软是微型计算机（Microcomputer）和软件（Soft）的缩写，它明确地指明了公司的发展方向就是为专门为微型计算机编写软件。如今，微软是世界软件业的霸主。微软已公司的第一次重大发展机遇出现在 1980 年，当时盖茨与 IBM 公司签订协议，为 IBM 公司新生产的个人电脑编写操作系统软件，即后来举世闻名的 MS－DOS。

　　天道酬勤，比尔盖茨超于常人的付出，也得到了超于常人的回报。1982 年，盖茨 27 岁，他在软件开发方面取得的成功已经为世人瞩目，这一年，美国著名的《金钱》杂志用他的照片做了封面。1986 年 3 月，微软公司的股票上市发行，一年后，微软股价急剧飙升至每股 90.75 美元，而且还有继续向上攀升的趋势。当年，美国《福布斯》杂志将盖茨列入美国 400 名富翁中的第 29 位，当时，年仅 31 岁的盖茨拥有的股票价值超过 10 亿美元。1990 年，微软推出了视窗 3.0。1992 年，盖茨成为美国最富有的人，拥有 60 亿美元的股票价值。2000 年，盖茨任命鲍尔默为微软首席执行官，而自己则为"首席软件设计师"。

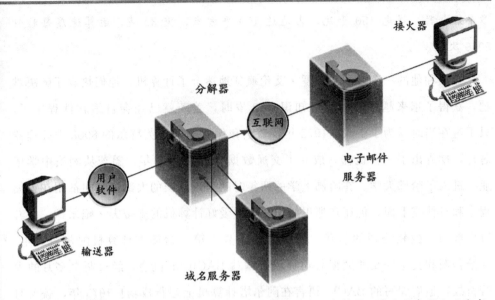

接火器

分解器

互联网

电子邮件
服务器

用户
软件

输送器

域名服务器

信息传过用户计算机软件到因特网服务供应商的分解器上，分解器从域名服务器上下载有关的信息。分解器将信息送入网络协议地址注册表。这些信息会传回到用户计算机上，两者由此建立了联系。于是，信息就可以传送。在图中，信息传到了电子邮件服务器上，一直会保存到接收器来下载。

古罗马王朝史

成就帝国需善结盟约

　　无论是占优势还是处于逆势，要善结盟约，对现代国家来说，这算不上什么，但是对古代部落来说，这不能不算是一种理性的进步。当时的人类理智的发展还不健全，十分容易落入滥杀无辜的状态，就这一点来说，罗马人不能幸免。但是，罗马人比起他周围的部落，更爱定约。他们也热爱法律，法律是贵族和平民间的契约，这是一个民族懂得信任的重要性的表现，实际上也是他们理性的体现，后人说罗马人为整个世界贡献了理性，是非常有道理的。

　　善于定约的一个重要表现是，在罗马人和敌对者之间，使者频繁往来。使者是神圣的，不能侮辱和杀害，罗马人认为若是侵犯使者会受到神的惩罚。有一件事很有代表性，罗马人在和伊达拉利亚人作战的时候，塞诺尼亚人援助伊达拉利亚人，于是罗马人派遣使者前往塞诺尼亚人的市镇，向他们抱怨，但是塞诺尼亚人把使者碎尸弃野，正因为这件事，罗马人把所有的塞诺尼亚人都杀死了，其中有一支塞诺尼亚人是因为处于疯狂进攻罗马时被灭的。阿庇安说："这是塞诺尼亚人因为对使节们所犯的罪行而受到的惩罚。"

　　另有一事是他林敦人受鼓动进攻罗马在海边的航船，罗马人知道此事后派出使团去他林敦，但是他林敦人在会议上调戏侮辱这些使者，最后甚至把污秽涂到一位使者的衣服上。这位使者说："你们这些喜欢恶作剧的人，一定要用很多血来洗掉这些脏污。"

　　罗马人对自己在这方面要求也很高，他们和拉丁人本来是同一支血脉，但是也定盟约；他们和萨宾人之间本是女婿和老丈人的关系，但是也定盟约，这应是理性高度发达后的一种体现。在另外一件事情上，罗马人认为自己受到了神的惩罚，因为他们很随意地拒绝了萨谟尼安人定约的要求。对于罗马人来说，若是对方要求定约，他们应仔细考虑这些要约的。

　　若是考虑到中国的历史，定约的习惯是很弱的，秦国的远交近攻只是落在策略层面，而非要真的恪守。中国似乎也不太相信这些纸面上的东西，常常是通过

进贡或者通婚来保持合作关系，正是定约观念的缺乏，使中国在近代史上吃亏不少，像咸丰皇帝就认为那些条约总是可以找个借口否认的，所以常常为求平安随口答应。当《北京条约》签订后，奕訢对英法军队真的撤到南海感到惊讶，另外，奕訢竟听信"调停者"俄国大使的谎言，害怕俄国人可以让英法军队再调头回北京，签订了《中俄北京条约》，失地一百四十万平方公里。没有契约观念的人，常常容易认为别人不守约。

罗马八的守约使之能够获得很多盟友，他们愿意在他困难的时候帮助他，因为他们相信当他们有难的时候罗马人也会帮助他们。最著名的事情就是迦太基的汉尼拔战争，若不是罗马的盟友们让汉尼拔陷入战争的稀泥，罗马早就已不存在了。谨慎的定约和守约的益处是那样的大，只有那些成就帝国的人才能真切的明白。

元老院宣布遣返这位改国的使者回国

海洋比陆地更重要

海洋比陆地更重要，这在当今已经成为人所共知的事情，之所以讨论一番，是由于罗马人很早就认识到这个问题，并且他们的历史也证明了这一点。而我们的祖先没有给以足够的认识，我们的历史也只是到了十九世纪的时候才给以我们这点证明。当然，这之间的差别纯粹可以说是由两国不同的地理位置决定的，可是难道人类的思想都须依赖环境的刺激，而不能高瞻远瞩吗？对于那些敏感而有远见的民族显然是不成立的。

黑格尔在《历史哲学》中谈到地理位置对民族的影响时说，海洋不是文明的阻隔，只有高山才是。陆地是文明的缔造地，我们纵观世界的历史，不得不承认这一点。但是没有海洋成分的陆地文明是无法超越自身的，无论是社会结构或是政治结构都会处于一种漫长时间的停滞，这是我们自己的历史所见证的。而古希腊罗马无不是以地中海为核心的，也正如黑格尔说的，地中海是旧世界的心脏。高山是阻隔，而海洋是纽带，这在布匿战争中得到绝好的表现。汉尼拔从西班牙前往意大利的时候快速行军，用了六个月的时间，而罗马人到阿非利加只是几天的时间。

汉尼拔要经过比利牛斯山脉，然后越过阿尔卑斯山，他如此的壮举实在是惊人的，以至于他通过的地方，现今仍称为"汉尼拔通道"。而对罗马人来说，他们只要在西西里登船即可驶往目的地（阿非利加），在这过程中，我没有读过有关海难失事的记录，虽然历史上是有的，但也可见是很少的。迦太基人在援救汉尼拔的一次行动中，运粮船被风吹到了撒丁岛，其他一些船也被撒丁岛的海军消灭，这样的事情，也是因为迦太基人的散漫造成的，他们的船上没有带桨手。另一个事例是撒马战役后，迦太基人不愿接受失败，他们知道汉尼拔在某个港口储有军粮，于是派遣运输船和战舰去那里去取，若是取得军粮，他们便会"忍受命运所注定的一切，而不自愿做罗马人的奴隶"，但是这些船被暴风毁坏了。可这也是他们的急切所造成的，当然在危急关头他们不得不急切。

图解版 世界五千年

古罗马王朝史

西庇阿和汉尼拔的撒马之战，

柯尼斯·科特作品，1567 年。

西庇阿和汉尼拔在撒马之战中会见。

　　迦太基是一个海港城市，无边无际的大海让他们看到了人类自身的有限性，所以他们有着突破土地局限的欲望，从事商业。可是这样一个城市，不像罗马那样距离海边还有相当的距离，所以也就失去了陆地所能赋予的那种坚韧和敦实。但是，我们不能认为陆地就比海洋重要，因为如果迦太基是个内陆城市，它早就是别国的属国了。这就是为什么罗马人在第三次布匿战争的开始要求迦太基人放弃他们的城市，而到内陆随便选择一块地方建设家园的原因，他们看到了海洋的力量是那样的强，很快可以使一座城市强大起来。他们要彻底摧毁这座城市，最有代表性的就是伽图的观点。他前往迦太基后发现，虽然他们每年都要向罗马进贡，可是他们是那样的繁荣和强大，以至于他心中不得不认为如果迦太基不被消灭，罗马人的自由也绝难保证，从此他便在元老院时常鼓动消灭迦太基。

关于迦太基人和海洋的关系，我们还是听听罗马的执政官是怎么说的："海洋使你们不能忘记你们过去曾经利用它获得了很大的领土和势力，它促使你们作恶，这样使你们坠入灾祸之中……你们也是因为海洋的关系而丧失了撒丁尼亚，正因为海洋提供了图利的便利，所以它总是使人产生贪多的欲望……在我看来一个靠海的城市实际上就像一条船，而不像一个坚固的陆地，因为他在惊险的波涛中颠簸，容易受到意外变化的影响……离开海边，因为那里的统治权你们已经让给了我们。"

这就是罗马人自己的看法，他们巧舌如簧，不管怎样，罗马人自己需要海洋。迦太基人的兴衰史，就是海洋势力得失的历史，他们失去西西里、撒丁岛、乌提卡，直到他们自己的海港被西庇阿封锁。他们灭亡了，寸草不生，野兽已经让这座城市的疆界变得模糊不清。这样一个曾经的帝国的土地下，埋葬了多少英勇战士的尸骨、断箭、车辙，西庇阿不无感慨地说："总有一天，我们都会灭亡。"

帝国的命运，那定是悲剧。

募兵制的益处和坏处

据色诺芬《长征记》的记载，小居鲁士的军队中有一部分是雇佣兵，他们是被放逐者或是在母邦没有权利的人，他们靠出卖他们的战斗力以及掠夺来求得生存。这样的军队没有祖国的概念，他们实在是迫不得已，冒着生命的危险进行战斗，也就是说他们的行动中没有更高级的情感，纯粹是原始的一些欲望而已。若说他们有忠诚的对象，那就是雇佣他们的主人了。罗马也很早就有了雇佣军，一般来自西班牙、高卢、希腊、阿非利加。在军队之中，还有敌方投降的叛军。叛军的战斗力是很强的，特别是罗马的叛军，因为罗马的法律对叛军的惩罚非常重，所以他们不得已拼命地战斗，以防失败。叛军和雇佣军的战斗力来自对自身的生命存亡的考虑，而正规军队虽也有这方面的顾虑，却不仅限于此，他们会联想到祖先、祖国、民族、自由、家庭和一系列人类珍惜的美好事物。

罗马的雇佣军是为了填补军队的人数之不足，以及战斗力之不足。连年的战争，死伤无数，当本国人口无法续增或者来不及的情况下，雇佣军是很好的办法。另外，一些地域或者种族的人，特殊的生活环境塑造了他们特殊的战斗技能，比如西班牙和努米底亚的骑兵是比较厉害的，而高卢人的体力是较强的。然而雇佣军和正规军是不同的，正规军能够得到将军的特别信任，而雇佣军就不可能，比如汉尼拔后期就不信任他的雇佣军，原因很简单，雇佣军只是为了金钱财富而已，而正规军则有着和将军同样的目的。

在马略军事改革之前，罗马的正规军并非任何公民或自由民都可以参加，需有一定的财产，其中拥有土地是最重要的，他们一般都是贵族。当战争结束后他们就解甲归田，继续生产活动。参军的身份要求最严格的是斯巴达人，必须是斯巴达的公民才行，而且事实上，所有的斯巴达公民都是士兵，他们的城邦是军事化的。

马略出生于贫苦的家庭，他的故乡后来又出了个人物，西塞罗。马略被称为罗慕路再世，可见他在罗马的声望，这都是他通过勇敢、忍耐、寡欲、胜利和荣誉获得的。在成为执政官之前，他是梅特路斯的财务官，像他这样的出生于平民的人，若是在以前是不可能任执政官的，执政官都是清一色的贵族世家。然而正如马略自己说的，品德并不能像财物那样能够继承，而是要自己创造。朱古达战争时候的罗马贵族已经相当堕落了，这直接造成了元老院的腐败和执政官的无能。马略能够成为执政官有一些偶然因素，但也有必然的因素，偶然因素就是一位神职人员预言他会功名盖世，位至高官，这就触发了他竞选执政官的念头。必然性就在于，当时的贵族的堕落，使罗马平民非常不满，平民势力占了上风，而马略正好是他们要选的人。

马略的军事改革成功的一个原因是元老院的不合作，他们想看马略这位大老粗的好戏，所以基本上元老院通过了他所有的提议。其中，执政官可以向全体罗马人募兵也获得了通过，当时元老院的想法是，罗马平民是害怕死亡的，肯定是没有人愿意跟着他出去打仗。然而，出乎意料的是，马略招募到了超过原计划的兵力。这也和当时的社会经济状况息息相关，那些罗马平民失去了乡下的土地，作为城市居民没有实业，生活相当艰苦，能够改变人生命运的大概也就只有参军了，可是按原来的法律，他们参军的资格都没有，现在马略给了他们一个好机会。

征兵制改为募兵制之后，有很多的好处，一是兵源充足了，不再像过去那样没有足够的兵力，这为后来罗马帝国的建立奠定了基础；朱古达战争的同时，罗马的北面正在和高卢人作战，若没有充足的兵源，胜利是渺茫的。二是稳定了社会，那些没有职业的人都参军作战去了，罗马城里的就业压力降低了，危险人员也减少了。三是战斗力增强，这些无业人员都在社会底层吃过苦，很多人都是贫苦的农民，他们比城市兵更能忍耐各种恶劣的环境，目标也比较单一。对于这一点韦格蒂乌斯在《兵法简述》中也有说明："可以认为，军队的主力应由农村的兵员来补充。我说不清道理，但是现实确是：品尝过生活乐趣越少的人，越是不怕死。"

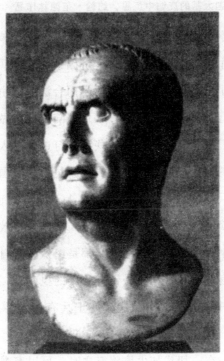

马略

马略在迦太基的废墟中沉思，约翰·范德林作品

　　如果我们仔细观察，会发现马略的兵制的改革，使改革后的军队具有雇佣军的影子。首先，在参军目的上存在很浓的经济因素，雇佣兵和平民兵都是为了改善生活，甚至说是为了出去掠夺财产找到适当而合法的理由。这从马略带着他的部队来到阿非利加的行为就可以看出来，一旦登陆，他所做的第一件事是找一个最富裕的地方，让他们去掠夺，顺带让这些没有打过仗的人实战练习一下。按照罗马法的规定，掠夺的财物都应属于罗马，也就是要上交国库的，可是马略全把它们分给了所有的士兵。其次，在效忠的对象上，原有的正规军是效忠祖国的，因为执政官是一年一换，并且十年之内不能第二次当选，效忠将军的机会是没有的。但一旦改为募兵制就不同了，这些士兵都是由执政官自己选的，并且元老院也开始修改关于执政官的法律，马略做了好几年的执政官，先是朱古达战争，后是高卢之战，他都被任命为执政官，这就使士兵有机会并易于效忠将军而不是祖国。

　　纵观整个罗马史，在一切犹如尘埃落定之时，可以客观地看到募兵制的一些坏处。它首先造就了职业军队，原来的罗马士兵在战争之后回到罗马后就会做起原来的工作。募兵制之后，这些罗马士兵回到家乡若是发了些财的，也因为不善经营、或是随处挥霍，便很快又一无所有了，而在回家之前就把钱用光的也不在少数。这些人成了罗马的一大不安定的因素，他们不受尊敬，也没有土地和技能，于是便以当兵为业了，跟随他们的将军不再解甲，生死与共。于是，罗马的内讧开始了，前"三巨头"、后"三巨头"，实在就是和职业军队联系在一起的。另外，元老院没有了兵权，实际的权力都在将军的手中，于是独裁者的出现就不可避免，共和国的灭亡指日可待。再另外，职业军队，特别是禁卫军，在帝国时期成了改朝换代的开关，因为他们是负责保护皇帝的，暗杀和起义他们最为方便。卡利古拉、尼禄的死就是明证。

然而，不得不说，马略是一位杰出的军事家，没有他的改革，罗马帝国的成就是不可能的。

罗马人为商业而战

在第二次布匿战争中，汉尼拔正在意大利作战的时候，他曾要求马其顿的国王腓力也向西进攻罗马，腓力当时倒是同意了，可是进展却是相当地慢以致汉尼拔已经失败的时候，他仍未有太大的进展，只是进攻了罗马的盟国，爱奥尼亚海边的科西拉岛。蒙森不无惋惜地说道："一切无把握的事没有比世袭专制君主制度更无把握了。"腓力只有小聪明而无大智慧，他当然不能预见到罗马的强大对他会造成怎样的后果。

可是也必须承认，腓力没有进攻罗马还另有他因。一是马其顿自视亚历山大帝国的继承者，而亚历山大的事业是不包括罗马部分的，也就是说马其顿人没有向西的传统。二是东方显然比西方更为富有，战争所获更大，马其顿的西边是伊利里亚，在他们眼里只是野蛮人而已，于是腓力正准备向东；像拜占庭还有罗得岛这样的商业中转站，正是腓力王所需的。三是腓力王是一个自高自大的人，他在希腊地区是个大人物，但他的智慧和胆识都不及汉尼拔，所以或许是嫉妒心作怪，故不出兵罗马，古代的专制君主的心理确实很难捉摸。

腓力垂涎埃及的财富，趁那时的埃及国王年龄甚幼，实力不强，便和亚细亚国王安条克合作起来欺压埃及。差不多同时，罗马人和迦太基人结束了第二次布匿战争，这样罗马人就有闲力来和腓力作战了，他们很快找到了口实，把原先与马其顿人的和约撕毁了。

　　罗马人之所以和腓力作战我认为有以下原因，一是罗马人看到了马其顿若是在第二次布匿战争时援以汉尼拔之手，那么罗马是非常危险的。二是腓力所攻打的地方，比如帕加玛和罗得岛，都是罗马的盟友，他们都向罗马派出了使者要求援助。三是，也是我认为最为重要的原因，马其顿人若是取得拜占庭、帕加玛、罗得岛进而埃及的亚历山大城，那么罗马和东方的商业路线就都被马其顿卡住。

罗马人从马其顿战争中胜利归来。

　　纵观罗马人的历史，他们对商业城市最为忧心，若不是他的盟友，或有潜力成为敌人，必全力歼灭之，以使他自己能够成为地中海商业的唯一控制者，对迦太基如此，对马其顿也是如此。拜占庭控制黑海与地中海的海商路线，帕加玛控制的是亚细亚，亚历山大城和罗得岛控制的是印度和埃及的商业路线，若没有这些商业路线，罗马人就只有向北了，而北方的高卢人是非常凶猛的。罗马人和高卢人作战，与其说是进攻，还不如说是防止高卢人南下。而当时，罗马人取得了北非的控制权，从罗马人的主动性来说，向东是最佳选择，马其顿战争开始了。因为向西是西班牙，罗马人已经从迦太基人手中夺得了，若再向西就是茫茫的大西洋了，在当时看来，那是世界的尽头。

罗马人对有威胁的商业城市的毁灭是最为彻底的，因为无论是金钱、军资或是兵力通过海运是最为迅速的，只要毁灭了威胁者（既是商业中心又有政治企图的城市），那么罗马人通过他们的陆上的宽大的公路和海上的航道，可以迅速的应变，也就逐渐地控制了地中海地带。

在海斯等人所编的《世界史》中，对希腊的科林斯的毁灭是这样说："科林斯和迦太基是在同一年里被毁灭的。经济动机可能对两者都有一些影响，因为这两个城市在商业上是罗马的竞争者。"汤普逊在《中世纪经济社会史》中所言也是如此："罗马人对希腊，比对任何其他征服地，除了迦太基外，更加残酷。"

罗马人控制了希腊就差不多能控制东方的商路，因为希腊人曾经是这些商业的控制者。庞培在东方的作战，正是为了肃清商路上的海盗，以为帝国的控制和经济命脉提供更高的安全系数。

罗马人对马其顿人的胜利，不但是罗马方阵对马其顿方阵的胜利，更是表明，在内心，罗马人对商业的控制欲望超过了马其顿人。

地形对战争的影响

将军的优劣常体现于他的战术，而地形是战术中必须考虑的因素，所以地形对于战争有着不可估量的影响，但归根结底是将军如何运用地形的问题。杰出的军事家孙武在《孙子兵法》中对此有精辟的论述，但实际上任何战争都有着不可归纳的偶然性因素，并非军事家所能预见的，这就需要军队将领在战争中能够随机应变。有时候，看似有利的地形却成累赘，而不利的地形又为成功的契机。杰出的将军能够一眼看出地形对他的帮助，而愚蠢的将领则常在这方面反应迟钝，琉卡拉斯在和米特拉达梯的大军相遇时，他充满信心地说，他可以不战而马上打败敌人，因为他看到只要占领一座高山就可以切断敌人的粮道，他当然有此信心。而阿基拉娇则完全没有这方面的意识，他在希腊战败逃跑时不注意地形，使自己陷入了无处可逃又无法突围的境地。

纵观罗马共和国的作战史，地形的影响因素，大略可以分为以下几种情况，首先区分海战和陆战。海战中的影响因素主要是作战海域的宽窄，宽则利于大型舰艇，比如五列桨舰，狭窄则利于小船。其次是作战方是否靠近己方的岛屿或陆地，靠近则有利，远离则不利，其道理是明显的。陆战中，需要考虑的是平地、山地、河流以及和海洋的位置关系。平地作战，要考虑的是风向，顺风有利于投射箭矛以及石块，逆风则反之；其次要考虑向阳或是背阳，向阳不利于看清敌人，背阳则反之。山地作战，需要考虑双方的高低位置，以及山地的平整和陡峭的程度，一般而言高处有利于冲锋，而低处则否；山地平整有利于兵团或者方阵的布置和骑兵的进攻，而陡峭则不利，山地过窄不利于大规模军团，因为很难有回旋的余地。河流则要考虑它的深浅缓急，水深而急有利于防守方，浅而缓有利于进攻方，其次还需考虑有无桥梁。最后，陆战地点若距离海洋近则对海上优势的一方有利；否则反之。这当然需要综合考虑问题，比如说，河流的作用不一定是纯粹地形性的，因为它还和饮水源相关，高山也不只是考虑高低之类的物理性质，还需考虑它的道路情况，有无秘道很重要。如果在山谷作战，则要考虑双方的兵种情况，山谷不利于骑兵，利于步兵。

　　地形不仅是作战布阵的考虑因素，也是扎营、行军、进攻方式和时机的考虑因素。一般双方扎营隔着一条河，如此，双方都有安全感。若是平原作战则首先是骑兵冲锋，后是步兵冲锋，如有象兵则应是象兵冲锋。象兵最不应该安放在己方的兵团之中，因为它们一受恐吓反而扰乱己方的部队。越是复杂的地形，越需要像罗马人那样的兵团制，能够比较灵活地变换阵形，而像马其顿方阵那样的密集型阵形则容易混乱，混乱是作战中的大忌，它能像瘟疫一样把士气吞噬掉。部队行军时，特别是在狭长地段行军时，应把辎重队置于部队的中央，部队应分段前进，以免敌人袭击，曼利阿斯就是因为没有注意到这一点而被色雷斯人夺取了所有的战利品。在色诺芬的《长征记》中，希腊人曾经有一种行军方式，先是骑兵和小股部队占领道路旁的高山，然后再让大部队从山下的道路通过，这是为了防止敌人的袭击。总之，各种情况需要不同的应付。

　　至于作战的时机，罗马人和希腊人曾经都是靠占卜决定，观察飞鸟和野兽的内脏，但是这种方式后来只具有附加证明的功能了，用来证明将军的决策的正确性。一般来说是早晨作战，也有中午、下午、傍晚和夜间作战的，基本上是任何时间都可，主要取决于己方的人数、局势和地形。若是防守方在高处，而进攻方在低处，我常见清晨防守方作战的，以在对方没有吃早饭也没有准备的情况下实

现突围。若是在平地上，也有夜间作战的，不过部队中要带不少喇叭手，以引起对方的混乱，使其不知道具体的进攻人数。

汉尼拔在坎尼之战中胜利，缴获了成筐的罗马骑士的戒指。

　　地形也影响具体作战中的布阵方法，经典的战役有坎尼之战和撒马之战（又译扎玛之战），前者是汉尼拔胜，后者则是西庇阿胜，这两位将军作战时都有无比清晰的思路，能够利用地形，预料到战争的进展和敌方的种种反应，这是优秀的将军和平庸者的最大差别。韦格蒂乌斯在《兵法简述》中讲到的一种排兵法，实际上就是汉尼拔的一种方法，也即是把部队的一侧依靠险峻地形，比如河流和高山，而另一侧布置两倍于敌人的兵力，这样依靠地形的一侧可以利用有利位置防守不至于被攻破，而进攻的一侧由于兵力相当强大，打败敌人就是很容易的事了。

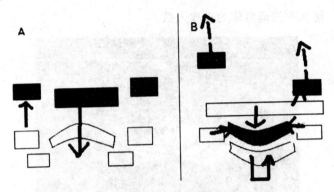

坎尼之战布阵示意图，白色为汉尼拔的军队，黑色为罗马军队。

另外，地形对于包围战也有相当的影响，常见战事，比如苏拉对阿基拉斯，西庇阿对汉尼拔，琉卡拉斯对米特拉达梯的战事中，运用纯粹的包围，使对方陷于饥饿。这时需要观察对方是否有粮道，如果有则埋伏歼灭，若没有只要耐心的围攻。若对方有海上的运粮船一般不用担心，因为古代的海上运输是不稳定的，在海上占优势的情况下可消灭海上运粮船。

古代战场上，一般来说，连连战事之后，作战地点是很难找到粮食的，因为战争阻碍了耕作，这样粮道的作用非常重要。这也就使我们看到了和中世纪战争不同的一点，军塞城堡越多的一方，反而越是容易战败，因为一旦被包围就进入饥荒了。除非防守城堡的一方能够有城外军队的合作，否则只能等待失败的降临，马基雅维里在读李维所著的《罗马史》时，不得不发出"一般而言，要塞弊多利少"的感慨。

虽然地形非常重要，但不管是自然的地形优势，或是人为的地形优势，若没有优秀的军人和士兵是没有用处的。我们可以说，罗马城的优势不在于地形，而在于他的军队。老伽图在希腊作战时曾经使他的军队登上一个敌人从未想到过的险峻峭壁，马略和朱古达作战时也有这样的英雄事迹，所以在敌人以为万无一失的地形优势下，常常能够发生奇迹，这是因为有一支英勇而坚强的军队。若没有这样的英勇，比如安条克，他和罗马人还未交上手，只是听说敌人要过来了，就吓得从自己非常坚固的城堡逃走，并且留下大量的财物遗忘那里。

一支军队若没有一种机智自信、英勇坚韧的精神，地形优势永远只能是自欺欺人的心理优势而已，别无用处。

战争选择论

适者生存，乃达尔文进化论的核心思想，而且我们可以进一步地发挥其中的意思说，生存下来的都是适于自然界的优秀者。然而综观罗马史，人类社会中存在着和达尔文主义相反的一种现象，那就是战争选择。这是因为战争乃是人为的一种非理性行为，而非自然的，所以它的弊端就是人类的弊端。战争成就了罗马帝国，也同时摧毁了它，它被自己压塌。此处的战争并非只是徒说它的形式，而是它的实质。也就是说促使罗马帝国衰败的原因是奥古斯都的战争（内战），而非抵抗东哥特人的战争（对外战争）。其中的奥妙之处就是战争的选择作用，其力量的深层与恒久，使其不被所识。

"人类的收成很差"，这乃是历史学家对罗马帝国鼎盛时期的结语，因为它似乎有着骄人的物质成就和奢侈的生活享受，可是它的内在精神却是萎靡的，它的制度被东方的君主制侵入了内核，那是一群乌合之众的帝国。当罗马帝国已经不享有共和国的自由精神时，我们深刻地感受到，建立共和国的人是多么的伟大和健全，我指他们的精神。他们并不认为谁是高高在上，或是谁就应该低三下四，他们和东方民族所认为的"盘古开天地，立帝邦，君王为重"，完全的不同。他们是一群有着古典道德的农民，他们是共和国的公民。

若没有战争，罗马共和国能否继续，我们不得而知，但是一有战争，罗马便落入了自己所为的旋涡之中。简而言之，优秀的罗马公民外出作战，残酷的战争使他们战死疆场，而后方的人口生产者本为孱弱者，他们的后代也就没有了前人的那种精神。当然所谓精神实可培养，开始之时战死者可能仍有后代，而且并非所有人都战死。总之，这些因素使我们看到，罗马军队的素质不会很快的变质，不但不会如此，而且因为罗马精神的扩展，其部队反体现出它的巨大能量来，然而这种能量有其限度，其限度就在于当部队中的罗马精神不足以支撑整个部队的时候，它就会走向它的反面。有着自由精神的优秀人才的死亡，乌合之众的大量繁殖，虽一开始只是以极低的百分比速度破坏军队，但是一旦达到一定的临界点，就吞噬了罗马共和国。这极低的速度，或许罗马人能够通过自身的努力给予消除，可是又出现了其他的非他们自己所能控制的力量了。

　　高卢人南下，马略进行军事变革，因为他不进行改革，他的军队的实力便不足以对抗高卢人，他所缺的不是士兵的素质，而是士兵的人数，这样一来，大量的奴隶和无产者加入了部队。我无意要贬低他们，而是认为他们没有受过高尚的教育，他们做坏事的动机更大，他们打败仗的成本更低，因为他们本无什么可以失去的，他们不似原来的罗马士兵都是有田有地的人。他们更愿意跟随将领，而使元老院和人民大会成为摆设，原因在于这些没有自由精神的人完全是为了将军们在金钱收入上的承诺而加入军队，你若说他们是为了祖国，他们自己也不会相信。

　　这一步步的战争选择的规则在底下暗暗地运行，一刻不能停止，开始若是将军有共和的精神或是军队的各层的首领有古典的自由精神，那么部队的精神或许能够完好。然而，局势已经使他们自己不能控制，因为罗马人内部出现了问题。这问题，并非战争选择的原因而是战争选择的结果在国内造成的局面，先是苏拉和秦纳、马略为敌，然后是恺撒、庞培和克拉苏，再后来是屋大维、安东尼和雷必达，他们互相宣告为敌、相互残杀。要知道任何一派的优秀分子都被杀死了，剩下的是一些溜须拍马、无能无德、善于权术以及身体孱弱之辈。战争选择的机器尤以内战最有效率，大量的东方人，甚至未希腊化的民族，还有大量的奴隶占据了罗马，插入那些优秀人物曾经所处的位置。

　　奥古斯都当然知道帝国的问题所在，他劝骑士们早结婚多生子，然而这些罗马人的后代已非他的祖先。当然，我并非想渲染当时自由精神丧失的严重程度，因为这实在是一个缓慢的过程，罗马城中仍然有着共和制度的信仰者，他们杀死了恺撒。奥古斯都乘安东尼在埃及的好机会，宣传他自己是一位共和制度的捍卫者，说安东尼要把罗马变成埃及的一个行省。这真是奇怪的一幕，原来跟随这些将领的士兵都为自己的私利作战，现在全罗马人民都要为自己的自由作战，虽然这也是个讽刺，因为威胁他们自由的最大敌人就在身边。而那个被侮蔑为独裁者的安东尼却好像更愿意实现全罗马人的自由。这实际上是一个共和城邦失去了自己的自由心灵下的必然结果，他们看起来还是保有古典精神，可是早已把它弃置一边，即使当所有人都看出奥古斯都只是共和外衣下的皇帝，他们却当作自己是一个瞎子，掩耳盗铃，混沌生活。

我觉得有一幕可以作为罗马共和制度衰败的一个绝好描述，那就是当苏拉带领军队和米特拉达梯作战时，他的士兵一下子逃跑，而苏拉骑着马鼓励他们不要后退，于是这些士兵又回头冲向敌人。可是在敌军骑兵进攻的情况下，他们又逃跑，苏拉只好又劝说他们转身战斗，因为敌人是虚弱的。这简直是罗马军队第一次上演这样的一出犹豫不定的喜剧，古典罗马人宁可战死疆场也以后退逃跑为耻辱，问题出在哪里呢？就出在这些军人是为了金钱出卖他们的生命，而非为了荣誉和自由献身作战。

当优秀的人物战死疆场，当他们没有了后代，当罗马帝国没有肩负起古典时期的家庭教育的职能，它的公民成为臣民，因为他们虚弱的精神需要一位君主，因为他们是东方人或者奴隶的后代，因为他们从没有体会过共和的荣耀。当东哥特人杀入罗马时，罗马不是没有人，它到处都是人，它唯一不缺的就是人，街上和军营中都有大量的人口，它的物资是那样的丰富，任何国家都无法和它相比，可是它再难有西庇阿和伽图了。

理性的征服

> "好似农夫到了季节开镰割光，
> 金黄色田垄波浪起伏的发束，
> 整理成一把把，麦子发黄成熟，
> 割成上千束排放在田野上。"
>
> ——杜贝莱，《罗马怀古集》

这位十六世纪的法国诗人的诗句，把罗马的征服比成农夫割麦，道出了许多恰当之处。罗马人的精神带有农夫的因子，这是毫无疑问的。更重要的是，农夫割麦不是一根根的割，也不会东割一下西割一下，而是有顺序的一片片的割。所割的麦子也非麦芽，而是挂着成熟麦穗的麦子。罗马对其他古老文明的征服正是如此，是理性而实际的按部就班的，迦太基、希腊、亚细亚和埃及正是成熟了的麦子。正如海斯说："亚历山大的帝国瓦解了，罗马的帝国正在缔造。罗马的道

这并非说统一自己所在半岛或者势力范围的民族或者城邦都能成就帝国，而是我们看到了罗马在意大利半岛上的所作所为是那样的不同凡响，不得不发出这样的感叹。

罗马帝国的第一位元首是伟大的奥古斯都。令人感到奇怪的是，伊利里亚的征服是由奥古斯都完成的，这也就意味着，这块土地和迦太基、希腊的征服不同，比它们两者都要晚。如果我们摊开地图，不能不问，为什么伊利里亚离罗马如此之近，仅隔不宽的亚得里亚海，罗马人常常跨过它去往希腊；伊利里亚和意大利陆地距离也是那样的近，虽然隔有阿尔卑斯山，但西班牙同样如此，却早已成为它的行省。

理性而实际的罗马人，在这个事情上并非失去了理性，相反体现出他们的现实性来。如果我们综观罗马人的征服史，他们的行为正是如此，有罗马史学家说，如果我们要找出罗马法上一些词语的确定的中文对译是不可能的，比如"capitis deminutio"，有人译为"人格减等"，有人译为"人格变更"，再比如自治市（municipium）、拉丁权（ius Latii）都有相同的问题。原因其实很简单，那就是罗马人在不同的时期或不同的对象上，所赋予的这些词的含义是不同的。根据不同的协约而有不同的含义。这是他们灵活多变的处理国际关系的痕迹，他们的头脑精明，不愿意格式化和其他城邦的关系，而是根据具体的实际情况，来具体的处理。对伊利里亚的征服也是同样的道理。

伊利里亚靠近罗马的部分很早就已被征服，但南部和东部都是一些未征服的部落，它们没有海军或者海军非常弱，这样这块地方就不可能构成安全上的威胁，不成为罗马的战略要地。在经济上，伊利里亚也没有大的商业城市，它是罗马和马其顿之间的荒地，因而它还不值得在上面浪费更多的力量。有时候，伊利里亚也会出现捣乱的时候，比如恺撒征服高卢时，比如第三次马其顿战争之时，罗马人都会顺带对他们进行军事行动。伊利里亚的特殊地理位置，常常使它成为罗马人的行军路线，他们时常心惊胆跳，害怕有一天罗马人更远的战事结束之后，会来处理他们。事实也正是如此。

罗马人这方面的智慧，贯串整个共和时期。比如他们虽然可以征服埃佩尼亚人，但仍然让他们完全的独立，即使攻占了他们的领土，也会撤回来。因为他们在罗马的北部可以防止高卢人的进攻，罗马人在高卢人身上感受过太多的痛苦和悲伤。这有点像苏联人密谋令蒙古独立的原因，起码是部分原因，可以阻挡中国势力的北上。罗马人征服了拉丁岛的一些海港城市，可是却免除他们服兵役，让他们守在那里，保卫港口。皮洛士战争后，罗马人虽然赢了，可是并不苛待大希腊地区（亚平宁半岛南部），这和罗马人一开始宽容希腊人一样，起码有部分共同的原因，罗马人总是有点崇拜比自己文明的国家。这一政策在后来的罗马对迦太基的战争中起到了很大的作用，因为他们向罗马人提供了很多海船与海员。这样的事例不胜枚举，阅读李维的《罗马史》和卡西乌斯·迪奥的《罗马史》的人，还可以找出更多的例子。

谈论奥古斯都对伊利里亚的征服，并非为了说明他的功绩，而是让我们看到，一个理性的帝国之象的国家，它总是根据自己的需要次序去安排自己的战争事务。那些为了逞能的，为了在无能者身上展现信心的国家和民族是软弱而无前途的。

在国家有难时，巾帼不让须眉

古代战争是男人的事务，但是男人们用生命保家卫国，在生物意义上就是保护自己的女人，保护自己的后代，也就是不至于灭种，不至于被污辱。所以女人对战争的看法和态度，对战争会有很大的影响，罗马人有两件事情可以作为说明，女人应该支持他们的丈夫，应该团结一致。说得绝对一些，女人的精神面貌会影响男人，女人的价值观会影响男人，从而影响整个民族的状态。若是女人爱财，整个国家便是爱财的，若是女人没有气节，整个国家便是没有气节的。

有一件事说，罗马和阿尔巴发生战争，国王间约定每方出三人进行决斗，罗马这方的是三个孪生兄弟，两人被杀了，活着的一个用计谋把阿尔巴的三个人都杀了。这被杀的阿尔巴的三个人中有一位是他的妹妹的未婚夫，当他凯旋归去的时候，他妹妹哭了，他杀了妹妹，说"罗马的女人为罗马的仇敌而哭泣者，应当死亡"。

荷加斯兄弟的宣誓，雅克·路易·大卫的名画，这幅画正是罗
马和阿尔巴间的孪生三兄弟决斗的故事。

罗马人掠夺萨宾女人为妻，尼古拉斯·普桑（Nicolas
Poussin）作品。

罗马的女人曾两次集体出动为罗马出力，一次是罗马人抢了萨宾人的女儿为妻。两者之间就打起来了，萨宾人攻入了城中，在这紧急关头，萨宾人的女儿们出来调停，她们伸出她们的手臂，以证明她们没有受到虐待，她们抱出她们所生的婴儿，那是萨宾人的外孙。萨宾人此时明白，罗马人并不是出于色情，而是出于需要。两者间议和了。这是罗慕路时候的事情了。

第二次是马西阿斯的母亲和妻子，还有一帮其他妇女向马西阿斯求情。马西阿斯是罗马人，但是因为他没有选上执政官，由于他的跋扈，人民恨他，放逐了他。他来到罗马的敌人服尔细人那里，反对他的祖国和亲人，使罗马人受到很大的创伤和痛苦，罗马城变得很危险。这个时候出现了刚才的一幕，马西阿斯的母亲哀求马西阿斯，马西阿斯看到了罗马人的勇敢，因为妇人们都是那样的英勇，马西阿斯被他母亲感动，撤兵回府。但是他说："母亲，你胜利了，但是这个胜利会毁了你的儿子。"马西阿斯回去后就被服尔细人处决了。

罗马人是勇敢的，包括他们的女人。

罗马的军事将才比迦太基的多

迦太基人更相信金钱，而罗马人更相信才智。

迦太基是腓尼基人的城邦，罗马是罗马人的城邦，这两个民族都非常善战，而且两个民族又都非常善于经商，所以说两者都既智慧又勇敢。但是，我们看汉尼拔战争，有一个最大的感受就是迦太基的优秀将才太少了，而罗马的又是那么的多。以致第二次布匿战争被称为"汉尼拔战争"，这本身就表明迦太基除了汉尼拔之外，再难找出人来了。为什么同样优秀的民族最终出现的优秀将才的数目差别这么大？这是不得不要思考的问题，因为我们见到这个世界上的民族，他们的资质都差不多，可他们最后取得文明和成就的差别却是天壤之别。

汉尼拔发动战争的一个原因是转移国内矛盾，因为他的父亲和姐夫原来都是迦太基的司令官，但是都死了，死后他父亲和姐夫的国内政敌开始反攻，讥笑他的年轻。这样汉尼拔就认为这些政敌是针对他的，所以必须将迦太基卷入一场长久的战争，迦太基人才会搁置这些政治纠纷。同时，汉尼拔认为打赢仗掠夺的金钱可以分给迦太基平民，这样国民就会支持他，而不会迫害他。因为他父亲就是最好的例子，他父亲哈密卡尔是第一次布匿战争时的司令官，因为这次战争的失败丢掉了西西里岛，他父亲为了躲避迫害先是攻打自己的邻居努米底亚人，然后又攻打西班牙，这样他夺得了很多财物分给士兵和迦太基的平民，他们重新支持他，赦免他的过错。汉尼拔也要做这样的事情，只有让士兵和平民获得财富，他的军事领导权才能稳定。迦太基人的这种金钱主义，终会蒙蔽他们的眼睛。

仅哈密卡尔掠夺努米底亚就是非常错误一种行为，这为以后西庇阿攻打阿非利加提供了盟友，因为努米底亚人站在了罗马人一边。我们从这件事也可以看出汉尼拔和亚历山大的差别，亚历山大在出征波斯之前，把整个希腊都征服了，向他们表明马其顿人的成就就是希腊人的成就。但是，汉尼拔出征的时候，却让他的父亲留下的祸根留着，努米底亚人在后方成了隐患。迦太基的功利主义在汉尼拔在意大利的苦战一事上，也显示出了极大的害处，这是令人扼腕痛惜的。汉尼拔本来胜仗连连，但是因为金钱和士兵不断损耗，新增的少于战死的，况且他们有时还缺粮食。汉尼拔写信回去要求增援，如果迦太基同意增援，历史可能就是另一番景象。可是他的政敌却讥笑他，说打胜战应该是给国家带来财富，哪有反伸手要钱的。迦太基拒绝支援，令人感到痛惜，像这样愚蠢的事情，在罗马人的行为中是见不到的。

在这里还要为汉尼拔的另一些行为做出解释，我的解释是和阿庇安不同的。汉尼拔有两次机会直接攻打罗马，但是都没有，第一次他转向了亚得里亚海沿岸进行掠夺，第二次已经打到城下的时候竟然撤回。阿庇安说，这是神在眷顾罗马，使汉尼拔失去了正确的方向，这种说法我们今人是绝不会相信的。他的另一个理由是说，汉尼拔不想那么快地结束战争，因为一旦结束，他就要受到国内政敌的清算。我认为，除此之外还有一个重要原因，那就是他见到罗马人那么勇敢，而城墙又是那么坚固，没有大量的士兵和物资储备是不可能打赢的，所以他要先去掠夺罗马的盟友，但这样的游击战法，又不可能长久。迦太基人竟然不愿意给他支持，真是令人匪夷所思。这是被金钱蒙蔽了，我再重申一遍，这是在罗马人的行为中从未见到的。

说到罗马人爱才智，我倒要先从他们的这种特质的反面作用说起，因为才智很大部分是要靠演讲展示的。这样罗马人的执政官中就出现了几个只会蛊惑民众，却没有忍耐之心，也没有勇气的人。他们成了汉尼拔展示军事才能的很好的靶子。正面来说，罗马人在布匿战争期间从来没有因为一个人给罗马人带来的金钱，而任意地改变法律和司法审判。倒是为了那些真正的人才而改变法律，或者规避法律。西庇阿还不是执政官的时候，为了使他能够指挥前方的军队，元老院把执政官召回罗马，这样在执政官缺席的情况下，将军就有全部军权了。

然而民族的特质也是会改变的，无法绝对化，我们只能根据事后结果说，罗马爱才，而迦太基爱财，所以罗马的将才更多。事实上，有一个很重要的原因在发挥着作用，那就是两个城邦的政治制度的不同。罗马执政官任期只有一年，一个主城内，一个主城外。一年的时间是很短的，所以我们看到汉尼拔在意大利打了十六年，他的对手就换了十几个，正是这样的制度锻炼出了很多军事将才，或者说更多将才有机会崭露头角。但是，迦太基不一样，他的司令官没有任期上的限制，军队选他、元老院答应就可以了，即使人民是爱才智的，他们也没有机会去爱，只能迷于金钱了。这就造成军队的将领很难调换，甚至会出现家族垄断权力的情况，汉尼拔是传自他的姐夫，而他的姐夫又传自他的丈人。这样说来，迦太基的军队信赖的是个人，是那些能够带领他们掠夺财富飞黄腾达的人，而至于祖国以及更伟大的目标，他们的观念就淡薄了。

若不是有汉尼拔这样的天才将领，迦太基人的历史要暗淡很多，不是因为他们不够优秀，而是他们的制度不够优秀。

失败者也不失罗马人风范

罗马共和国末期，其版图是前所未有的，那时的作家说，从日出到日落的地方都有他们的土地。但就在这个时候，在它的外部军事实力异常强大的时候，它的内部却是矛盾重重，权贵贪婪无耻，人心涣散。但就此而言，罗马仍是那个时代的霸主，其原因我们可以归结于它的制度，但是不能不关注一个特别的现象，那就是罗马的精英坚定捍卫罗马的古典精神。

这一现象在喀提林阴谋这一事件上表现得尤为突出，若我们能够听到西塞罗针对喀提林的四次演说，还有小伽图和恺撒的演说，我们便会感受到这些人的智慧。在关于是否处死喀提林阴谋的五位主事者的讨论中，恺撒说了句名言，他是反对处死这些人的，他说："所有坏的先例都是从好的具体事件中产生的。"这一句充满睿智的话，不但是对罗马未来和个人命运的一种预示，西塞罗的命运就印证了这句话，他被处死，头和手被砍下。而且这对我们今天的很多制度也是一种警示，比如死刑，在具体的案件中我们确实感到那是一种恰当的惩罚，可是却有可能造成不可挽回的冤案。

喀提林一位出生贵族，身强体壮，头脑聪明的人物，但是他染上了当时很多贵族都有的道德败坏的毛病，非常的虚伪和奢侈，在外面欠了非常多的债务。他被这些债务的压力和金钱的诱惑，搞得神志疯狂，行为夸张，若他能正常一些，那么按照当时的环境，他做执政官是没有问题的。可他却偏宣称若他做执政官，要取消所有的债务，当时的债务问题确实不是少数问题，而是普遍的社会问题，否则喀提林也就不能够聚集起那么多的人策划他的阴谋了，很多参与者都是贵族，而且有现任的高官。而元老院的权贵们又大多是那时候的放贷者，若是让喀提林当选，他们的利益必然受损，于是他们选择了骑士阶级出生的西塞罗为执政官。

当然，从文献中的一些作家的观点来看，作家们都是反对喀提林的。但当时的民众支持喀提林，因为他们就是想看到社会的动乱，以满足自己的嫉妒之心。当阴谋败露的时候，得知喀提林要放火烧罗马城的时候，他们便感到背后一丝凉意了，因为若是他们的房子被烧掉，就只能流落街头了。于是他们便又把西塞罗高高捧起，啊，人民的大救星！当然，我们反对这样的阴谋，同时我们更该警惕，最好不让负债者掌握权力，喀提林这位负债者当执政官的目的就是掠财。可是若从这件事中观察罗马人的性格，和他们的所思所想，或许又能感到一些惋惜。

按照罗马的法律，债主不能限制债务人的自由，他们之间只能是金钱债务关系，也就是只能是行使请求权，不能行使人身或者财产的支配权，可是现实和法律是不一样的，欠债者的日子很难过。否则，喀提林就不会急着要当选执政官，准备到行省压榨当地人还清债务了。所以，喀提林们不得不顾虑自己的自由。喀提林看到当任的那些权贵都在搞这种勾当，他自己觉得也应该分一杯羹。虽然，喀提林的出发点是坏的，可是他要反对的那些元老们，也都不是干净的人。

另外，那些负债累累的贵族是非常讲信用的，当元老院发布命令承诺对举报者的奖励和对坦白者的赦免的时候，没有一个人去告密。这样西塞罗就抓不住他们任何证据的把柄了，但是高卢人的一个部落使者来到了罗马，他们后来成为喀提林的合作者，同时也是出卖者，若不是这些高卢人的不守信，喀提林还是有成功希望的。最为悲壮的一刻是，喀提林和安托尼斯的战斗，安托尼斯是和西塞罗同当执政官的另一名，西塞罗为了让他不和喀提林合作，把自己的马其顿行省让给他。从这里面可以看得出西塞罗的刚直，他并不在乎财富和地位，而是捍卫罗马共和的制度，不让任何人破坏它。安托尼斯由于和喀提林有过交往，所以战前装病，军队交由他的副将指挥。喀提林把军队的马都放走，以表明任何人都是无法逃走的，这和色诺芬的观点是一致的，"逃跑的人比坚守岗位的人死亡的比例要大得多"。恺撒在高卢战争中，也曾经使用过这个方法，所以我们不能不怀疑，恺撒反对实施死刑有惺惺相惜的味道，他又何尝不想改革这个腐败的元老院呢。只是他不像喀提林那样丧失理智而已。

喀提林的战前演说也不失罗马人的风范，他说："我们正在为祖国、为自由、为活命而战斗；而他们却在进行一场无益的较量，是为了维护一小撮人的权力。"当他们死去的时候，所有的士兵都倒在自己的位置上，而喀提林倒在他们前面很远的地方，我们可以猜想，他是如何孤身一人勇往直前的。一位作家指出，"如果他是为祖国而死，那才是了不起的牺牲"。失败者，特别是内战的失败者是没有祖国的。

我们若不以成败论英雄，那么喀提林也算死得其所。他只是那个大时代的牺牲者，像他这样的人，罗马绝不少有，若是他们能够把他们的勇气和精神用到对外战争上，或若是他们把他们的变革之心用到正当的目的之上，那么罗马是不可能急转直下的。历史也证明了这一点，要记住，此时庞培正在东方胜利地作战，而恺撒也在等待机会。

西塞罗反对喀提林的演讲，Cesare Maccari 作品。

最伟大的将军之争

　　汉尼拔死去的那一年西庇阿也死去，多少战火与硝烟，尸骨与仇恨，誓言与希望，已被风吹雨打去。汉尼拔生时正处西西里战争，他一生不曾逃避他所发的誓言，这誓言来自古远的黛多，"必永为罗马的敌人"。败于西庇阿之后，他已为自己的同胞所不容，成为无家可归之人，逃往亚细亚，然而东方的君主制毫无预期可言，他的雄心和计划只能画饼。腓力欲和安条克三世平分亚历山大的天下，却又各有算盘，腓力与罗马人作战，安条克却在亚细亚谋算趁此良机多占些土地，而当安条克与罗马人作战，腓力却又站在罗马人一边。于是，可怜的安条克只能空叹命运，却不知自己所作所为是多么的胆怯与窝囊，实在是汉尼拔不可扶持的烂泥巴。然而他虽身为烂泥巴却不自知，对天才的嫉妒与怀疑，最后竟然发展为交出这位罗马人的公敌以赎自己的败绩，可耻可悲无需多语。

亚历山大雕像，罗马时期复制品，作于公元前330年，利西波斯作品，藏于卢浮宫。

汉尼拔

晚年，罗马人觉得汉尼拔确实相当的可怜，觉得也不应该把这位已经暮年的老人逼上绝路，元老院并不为难他，可是有个略有成就的将军，却为了增加自己的荣耀而对这样的老人动手，风度尽失，实在是小人之猥琐行为。汉尼拔之饱含希望的一生，在最后已无任何可能，他服毒自杀，在那陌生的他乡。可若问西庇阿又受何等待遇，却也唏嘘。在战败安条克后不久，罗马元老院和第二次布匿战争中一样，信任西庇阿的和约要求，与塞琉古王安条克定约。有人控告他受贿和腐败，于是他在纪念战胜迦太基的那一日受审，他撕掉控告文书，激昂演讲，领着民众和部分法官去朱庇特神庙祭祀。这真是令人赞叹的一幕，他的功绩不能如此轻易地被某些人掩去光辉，不过也可见他那古怪的性格。最后，西庇阿仍被放逐出罗马。他死时要求，不要把他安葬在他为之战斗的土地上。汉尼拔的命运是不得已，而西庇阿却是自觉的，他们都未能落叶归根。他们属于世界。

有何人能有他们俩的胸襟和视野，沙场上的敌人，却能在一起谈笑风生，彼此钦佩呢？此事发生在汉尼拔流落亚细亚，而西庇阿作罗马使臣来到以弗所，遇见了他。当时有很多人在场，然而他们俩的话题足可令后生感到嫉妒，无法见到这样的场面，也无"资质"自豪的谈论这样的话题。西庇阿问汉尼拔，世界上自古以来最伟大的将军是谁，汉尼拔说是马其顿的亚历山大，西庇阿无言以对，他不得不承认这一点。他又问其次，汉尼拔说是皮洛士，西庇阿也不得不勉强承认，不过他认为第三名应该是自己了，他觉得自己在这位手下败将面前有足够的信心。然而，汉尼拔却说是他自己。不过，汉尼拔说，若未败在西庇阿手下，最伟大的称号是自己的，也就是说西庇阿战胜的是一位高于亚历山大的人，间接的表扬了西庇阿。

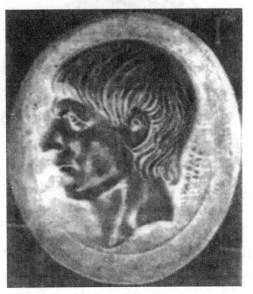

大西庇阿，这个头像原刻在大约公元前 2 世纪的一枚戒指上。

可见，虽不能以成败论英雄，可是失败者永不能成为最伟大的将军。另外，土地的征服，智慧与勇敢大胆是必不可少的衡量因素。再另外，虽他们都未说明，最伟大的将军须在年轻时就能功绩卓著，亚历山大、皮洛士自不待言，而汉尼拔和西庇阿也同样如此。

我们要知道，就在他们谈论此话题的时代，他们所站的土地是称为"大王"的安条克的。可是他们丝毫没有把他放在眼里，可见无论多么伟大的称号若只是强迫别人所加，或是善于歌功颂德之人所称，而无相当的功绩或智慧相匹配，那只能空博笑话。安条克就是这样的人物，汉尼拔早就跟他说，若要胜罗马须在罗马本土作战，可是这位自视大王的人，愚蠢而不可教。在登陆希腊之后，他陷入所谓的"爱情"，色令智昏，竟然在在冬天还是在春天攻打萨蒂利的问题上举棋不定。而他的将军们所作的建议和汉尼拔的比起来，正是伟大将军和那些被遗忘者的差别。汉尼拔说，攻打萨蒂利任何时候都可以胜，因为它已被蹂躏得毫无气力，当下问题是要把军队都调集起来，登陆意大利。那些庸才当然不解其中的道理，直到最后大败才想起汉尼拔的远见来。可是，那败得耻辱和可惜，已无需冗言，因为实在是不值道说。

若是安条克能有汉尼拔与西庇阿那样讨论谁是最伟大的君王的豪情，我相信，他的结局不会那么凄惨并暗淡无光。我也相信，类似于

皮洛士

汉尼拔和西庇阿的对话，再难找出第二例来，这不见血刃的和厮杀的平静交谈，仿佛要比那些战争来得更为波澜壮阔。

格拉古兄弟之死

格拉古（Gracchus）兄弟出生贵族，兄为提比略·格拉古，弟为盖约·格拉古，其父曾两任罗马执政官，其母为征服了迦太基的大西庇阿（Scipio）之女，我相信这种不同凡响的出生，给他们的人生目的上以不弱的启示。格拉古兄弟因优越的家庭条件，受到良好的希腊文化教育，使他们具有希腊式的优秀政治家气质，高傲而理想主义、自重自尊、能言善辩，视传统为罗马生命力的长盾，视罗马人为社稷的支柱。

格拉古兄弟若是早生一个世纪，或许能为将军或执政官，建功立业、留名传世；或许为普通骑兵，战死疆场、安入坟冢；又或许为勤劳农夫，春播秋收、教子养家。因为，就兄弟俩的爱国情结而言，就罗马人的自信而言，之前是有很多这样的人的，并不算稀奇。而当格拉古兄弟在世即公元前二世纪后期，罗马共和国已是版图庞大、人口众多的国家，经济政治状况错综复杂，社会阶层分化严重，其中尤为严重者，乃是土地占有者和无地者之间的紧张关系。

占地者是大庄园主，而无地者则是自由民，这种状况形成的原因很简单，当时罗马战功辉煌，取得很多土地，这些土地一小部分分配给了来自罗马的移民，更多的部分则没有时间分配。于是宣布，只要向罗马交纳土地上的一部分产出（谷类十分之一，果类五分之一）就能耕种。注意，这是一种市场型调控手段，只要你足够勤劳就能耕种足够多的土地，而罗马人自认为他们和意大利人都是勤劳的，所以这个政策对自己和盟友有利。但是，结果却相反，富人还有原来的大庄园主，他们有钱又有奴隶，于是占有了大部分土地。就像现在的职工和资本家之间的差别一样，虽然名义上机会是平等的，说起来勤劳能致富，但实际上结果却非常不平等。这些大庄园看自己的势力大，嚣张起来，一是通过购买，也相当于现在的并购；二是暴力强占，也就相当于现在的官商勾结，自耕农大部分也就没有了土地。但是，这些自由民不像现在的工人可以被雇佣，大庄园主都是使用奴隶，因为奴隶可以随便使唤，奴隶不用参军打仗，不会影响农业生产。

格拉古兄弟看到了问题所在，国家建设需要公民和自由民，若这些人都无地耕种，穷困潦倒，甚至无法糊口的时候，国家和民族的人才就会不济，从而衰落下去。按照阿庇安的评价，提比略·格拉古看到的是人的问题，而不是钱的问题，我相信这一点对任何社会改革都有借鉴意义，一个国家进行改革，绝不能为了追求经济数据，而是为了人更好的生活。当社会改革步入僵局时，也应该按照解决人的问题向前进。格拉古兄弟的理想主义在于，他们希望限制大庄园的土地规模，然后把剩下的土地分配给自由民，这在当时就相当于现在中国把国有土地都私有化一样，是不可行的，一样会引起社会剧烈动荡。

于是，在罗马传统几为金钱所撕裂，罗马共和精神几为暴力所扭曲之时，他们的理想主义也就令他们成为这股强大的罗马转变力量的牺牲品。这股由共和转向帝国的力量，任何人都无可阻挡，而就提比略·格拉古而言，他是第一位牺牲品。他的死罗马人非常惋惜，可是罗马人很快就发现，整个罗马共和国的优秀人才都在这股历史旋涡中相继死去，盖约·格拉古也未能幸免。就是征服了迦太基的西庇阿都死得不明不白，窝窝囊囊。历史学家阿庇安，以他敏锐的眼光看到了这一点，他说，过去罗马内部虽有斗争，但还未发展为战争，未发展为自相残杀，而自从提比略·格拉古的死开始，暴力斗争的车轮再也刹不住了。

科涅娜，格拉古兄弟的母亲。

　　这种暴力的残忍程度，后来已经到了令人无法忍受的程度，士兵的死亡似乎不再是神圣的，而是常事。原来那种把士兵的尸体运送回家进行安葬的崇高仪式也没有了，直接在战场上裹革埋之了事。这一方面是害怕罗马公民看到这些惨象而抵抗参军，另一方面也是因为战争杀人机器需要更高效率的安排杀人事务。人的战死，由神圣而变为血肉之事，这到底是为什么？因为，人们战争的目的变了，为了猥琐的私利，阿庇安惊讶地说，人们攻打自己的祖国就犹如攻打自己的敌人，毫不留情。人们之间的信任没有了，那种具有体育竞技影子的战争，变为先下手为强，算计猜测，惶恐不得安生。

　　有好几次是这样的情况，提比略·格拉古最后一次参加护民官选举时，由于胜算不大，他害怕自己一旦落选就会被人杀害，在广场上穿着黑衣，向每一位他所遇到的人请求，要他们照顾他的儿子。他当然是在担心他一旦死去，他的儿子也受牵连。在这种没有信任的环境里，提比略·格拉古就只能准备些打手在人民会议上保护自己了，最终酿成暴力冲突，被杀害。盖约·格拉古的死也是这种情况，他本来在迦太基建立了殖民地，但因为元老院建议取消这个殖民地，于是他赶紧回国救火，带了一帮勇猛的人到人民会议那里，因为人民会议正在讨论殖民地问题。盖约·格拉古当时正在会议外的廊柱里走动，但忽然有一个人来到他的面前对他说，不要破坏他的国家。这句话其实可以做很多方面的理解，他当时"做贼心虚"，就严厉的看了那人一眼，可是他的党羽以为那个眼神是行动的暗号，于是就杀了那个人。这样，无论格拉古如何辩解，如何说自己无罪，人们都不信任他了，后来他被执政官率领部队追杀，他自杀而亡。

其实，格拉古兄弟都是害怕别人杀害自己，在恐怖气氛下，不小心先动了手。所以，当一个国家里的党派之间没有基本的信任，没有安全保障时，战争和暴力就会在猜忌和毫无廉耻的催动下展开，而结果常常不是出现一个条约性的文件以妥协，而是新一轮的甚至更为猛烈的暴力战争，直到一位独裁者的出现来控制局面。而这个时候，被毁灭的内容也就变得更多。后来的罗马前后"三巨头"的结局，有力地说明了这一点。

格拉古兄弟改革的失败，还有另外一个效果，那就是那些本可以把汗水洒在耕地上的人，最后成为职业军人，把自己的鲜血洒在了战场上。因为，既无地种，就业只有一途，参军从戎，从此他们效忠于自己的将军而不是祖国，罗马人原来引以自豪的勤劳品质，现在成了战场上的残忍。我不但在为一位理想主义者的牺牲而惋惜，也在为那无数的无辜者。

时为保民官的盖约·格拉古向民众们发表演说。

恺撒渡过卢比孔河

罗马人一直以共和国为自豪，自从远古的第七王被废之后，他们一直通过元老院选举两名执政官管理国家，罗马公民有着引以为豪的自由。虽说，他们的城市开始时并非至雄至伟，可是他们有自由，这也就意味着他们有着无可限量的未来。果不其然，罗马城原有的为外邦人所嘲笑的狭窄街道，在几百年后，变成了延伸出整个意大利的罗马大道。罗马所取得的军事和政治成就，灿烂而辉煌，一次次凯旋贯穿整个共和国的历史。

在距离公元一世纪还有五十年的时间内，共和国却演变为帝国，这不仅是那些攫取最高权力者的故事，也是政体本身的故事。在恺撒渡过卢比孔河后，共和国便更加清晰的要灭亡了，而这一灭亡，在当时的人眼里，或许只是一次普通的变动。他们或许认为只要把最高权力者消灭，帝制也就随之消灭，所以他们同意趋向于一位结束共和国晚期涂炭生灵状况的最高统治者的出现。罗

苏拉

马人，以为这只是一时之策而已，是临时解决当时矛盾的一次方略。可是，他们不曾料到，在这一转变之后，整个西方世界在一千年之后才会出现新的共和国。

据说，在"三巨头"时期，有人看到天空下血雨，莫名其妙的火灾，便有祭司预言，这是从天而降的信号，罗马的政体将要发生永久的变动。确实，预言是准确的，可是却是人为的实现了预言。在中国历史上，周朝也有过一段十四年的共和时期，虽此共和非彼共和，可在形式上也有共通之处。周厉王暴政，人民流放之，而当时的召公、周公共同管理朝政，史称"共和"。这双头统治和罗马的两执政官的制度具有相似之处。而我更想提及的是，召公和周公之所以停止共同执政，而让位于周宣王，据说，就是因为他们在位的第十四年，大旱而屋焚，到底是谁的屋焚，不得而知，或许是很多人家的屋子烧起来了。这在古代具有天启

的作用，于是向太阳占卜，结果是死去的周厉王在作怪，于是立周宣王。周朝是在火灾之后，自动听命自然，恢复王政，而罗马则历经一番折腾，结果相同。这些只是做无意义的对照，况且周朝所处的时间和罗马共和国也是相差了五百多年，不值得印证什么，只能说古人都小心于天地，不敢任意任性。

恺撒也不敢任意任性，也不想毁坏共和国制度，他是相当尊重传统和共和国的。在他和庞培、克拉苏组成的"前三巨头"时期，我敢说每个人都在为共和国卖力，以换取公民的认可和彼时的荣耀，得到元老院的承认和恭敬。甚至可以说，克拉苏是因此而死的。在这三巨头中，恺撒和庞培都军功卓著，而只有他算未举行过庞大的凯旋仪式，于是他带着部下到东方，与帕提亚（安息）作战，为的就是让罗马人看看，他也是个军事天才。但英雄与否在现实面前是骗不得人，他在战争之处取得一次小小胜利，便在东方举行了与其战果不相配的凯旋，可见他重虚名而不重实务。他和他的儿子小克拉苏后来在东方战死。

克拉苏的死，也就意味着天下是两极了。本来恺撒和庞培是亲家，恺撒的女儿朱莉娅是庞培的爱妻，无论如何是打不起来的。但是朱莉娅难产而死，婚姻维持的政治同盟体也就随之而散。按照当时的局势，谁想兵戎相见呢？只要大家都能有荣誉即可，恺撒所要的是他离任高卢总督后，能做一次执政官。当时的执政官并无军事实权，可见恺撒所要的只是荣誉。但元老院不同意，于是他求其次，要求和庞培都同时放下兵权。庞培在元老院的势力很大，他本人是不同意的。所以可以看得出来，庞培想要独揽大权。然而，当时国内势力小看了恺撒，庞培更是，他曾经说，只要跺跺脚，整个罗马都是他的战士。在这种情况下，战争一触即发。况且元老院已经派兵准备围剿恺撒。

兵贵神速，常年征战的恺撒当然懂这个道理，于是他在自己的大部队未到之前，就在夜里率领一支骑兵来个突袭战。这天夜里，他和他的骑兵部队来到了卢比孔河边。这是高卢和意大利的分界，想到自己即将进攻自己的国家，他的共和国，进攻自己的同胞，他不得不思绪万千，犹豫徘徊。史书记载他当时说了一句："骰子已经掷了，就这样吧！"于是，他坚定地要和共和国为敌了。

这里要说的是，恺撒为什么没有听命于元老院的决定放弃兵权，因为他知道放弃权力也就意味着人身安全无法保障，尊严无法保存。一个著名例子是苏拉的，苏拉作为独裁者曾经放弃了自己的最高权力。是的，他曾经用自己的智慧和

残忍获得了罗马最高的权力，但是他放弃了。或许这就是当时罗马共和传统在他身上发生了作用，或许他看透了一切，他并不想用权力来衡量人生的高度，而应该是其他一些东西。虽说他有很多仇家，因为在内战时，他把很多人列为公敌，没收了很多贵族的财产，可是他敢在广场任意的走动，没有人敢伤害他。一次，一个年轻人，相当有正义感和胆量的年轻人，对苏拉的过去非常痛恨，于是辱骂他，从广场一直骂到苏拉的家门口。苏拉并未回口反驳。到家后，他只对那个年轻人说了一句话："年轻人，你将让所有以后取得我曾经取得的权力的人不再放弃他的权力。"果然，恺撒不再放弃了。

苏拉或许可以成为华盛顿式的人物，但是一个年轻人毁掉了他的意图。恺撒在法萨卢大战后，打败了庞培，成为帝国的最高权力者。前文多次提及，从马略的军事改革开始，罗马就在走向帝制，"三巨头"只是一种共和与帝制的中间物而已，是一种过渡。这种趋势不得扭转，即使杀死建立这个制度的人，也无法扭转大势。后来，恺撒被暗杀，又进入一个"三巨头"时期，直至奥古斯都的登台。帝国不可避免。常言道"天下分久必合，合久必分"，罗马的历史也有这份味道。

恺撒渡过卢比孔河。

恺撒与亚历山大

自觉地把恺撒和亚历山大进行比较的，依我所见，阿庇安是第一人。在他的《罗马史》写作中，他愿意拿出一小节来讨论他们的共同点，这是一种异常现象，因为亚历山大并非罗马史中的人物，而是希腊史的。依著作的主题相关性来看，阿庇安恐怕只拿出一个段落的文字来进行比较是比较恰当的。然而他没有，他愿意打破罗马史的写作，在其间插入一个专门的节，可见这在他心目中具有相当的重要性。这需要作家的敏锐和勇气。

但是，阿庇安只讨论了一些历史的事实性比较，关于他们俩的出生、死亡还有战功。我想他是主动地限制自己更广的和更深的探讨，因为毕竟他是在写历史而不是其他。事实上，在我看到恺撒渡过亚得里亚海的时候，我就感觉到，恺撒和亚历山大的一种精神上的重合。那就是他们身上所具有的精神，是他们的士兵所不能理解的，他们的毅力、勇气以及使命感，是和他们一起长期的浴血奋战的将领不能理解的。也就是说，他们相对于同时代的人，有一种超前性。当亚历山大带领军队来到印度的时候，他们的士兵和将领要求回家，因为他们不能理解，在取得如此多的胜利和征服如此广阔的土地之后，为什么还要继续进行"无意义"的战争。而恺撒渡过亚得里亚海时，跟在他身后的将领们，都觉得这个人不可理喻，他们已经夺取了罗马，为什么还要在一个冬天，马不停蹄地，几乎令人的身体无法承受地追赶敌人。

亚历山大在某种程度上已经不仅仅是在进行战争，他更是在探索人类空间的边界。因为依他所受的亚里士多德的教育，他的部队已经到达了世界的尽头，可是他发现他老师的地理概念是错误的。但同时，一个真正的世界面貌还没有出现。这是继续前进的理由，也是征服的理由。他同意让那些希望回到家乡的回家，而他自己继续留在东方，伟大的将领都是行动主义者，他们相信行动是最有说服力的。恺撒渡过亚得里亚海，是因为他不想让庞培有时间聚集更多的军队，他既然已经依靠速度取得胜利，他就应该保持这种速度。恺撒并没有在部队的尾部催赶他的士兵，而是早早地自己渡过了海，当他的士兵望着海洋，发现他们的将军已经在海的另一边的时候，他们无话可说了，只感到羞耻和惭愧。这是他们行动主义上的相似之处。

亚历山大大帝，伊苏斯之战图局部。

亚历山大石棺的局部。

　　事实上，恺撒是崇拜亚历山大的，犹如亚历山大崇拜神话人物阿喀琉斯。据说，当恺撒在西班牙做财务官的时候，他来到一座神庙，看到了亚历山大的雕

像。他感到异常的惭愧，当时他大概三十出头，而亚历山大在这个年龄已经征服了世界。就在这一时刻，他感到自己无论如何已经落后，于是他放弃了官职回到罗马，他要建立更大的功绩。他们俩在建立人生坐标时，从来都不是和同时代的人进行比较，而是同他们所知道的历史上最伟大的人物进行比较，这就促使他们无休止的努力，而不是安于现状。这种魄力能够产生异乎寻常的力量，当亚历山大作为马其顿王离开马其顿时，他毫不可惜他所扔下的财富和安逸，因为他知道更伟大的成功在后面，而且也必须在后面。恺撒也是这种状态，一个小小官职哪里能够拴住他的心，同时，他似乎从不吝啬财富，他认为这些都是不值一提的。他在去往西班牙做总督的时候，债务缠身，以至于他的债主们都不让他离开，直到克拉苏帮他做了保证，他才得以离开。敢于借那么多钱的人，在内心肯定具有一种不可抑制的成功欲望，不是循规蹈矩之人。另外，他在战争中给了战士们非常多的战利品，而他根本就不吝惜这些。如果说，大肆举债是当时罗马的常见现象的话，不吝惜金钱则是少见，可见恺撒根本就不是为了那些金钱，他是为了成就伟业。和他形成鲜明对比的就是克拉苏，因为这个人在帕提亚征战时为了点数黄金战利品，而放弃战机。

除非一个人有一种强烈的自主意识，他才能不吝惜金钱。恺撒的自主意识体现在另一件事情上，那就是他对演讲天赋的控制。西塞罗作为伟大的演说家，是依靠训练，而恺撒不是。普鲁塔克说，恺撒本来是跟随西塞罗的老师阿波罗尼斯学习演说的，后来却放弃了钻研演说术，因为他发现了自己这方面的天赋，如果继续任由这种天赋的发展，那么他的政治才能必然得不到施展。

亚历山大的自主意识没有恺撒强，这或许是因为亚历山大的时代更相信命运，亚历山大曾来到埃及的一个神庙，以求神谕获知未来。更可能的一个原因是罗马共和国相对于马其顿王国来说，更需要明确的目标和坚定的意志才能取得成就。它们的政体是不一样的，亚历山大是世袭了父亲腓力二世的王位，而恺撒虽然是贵族，但他如果不努力的话，或许只是个无名之辈。我们也看到，在亚历山大的时代，他周围的伟大人物要远少于恺撒时代，这样竞争压力会小一些。除了制度的原因之外，个人的素质是非常重要的，有人慧眼识金，那就是苏拉，苏拉曾说恺撒抵得上十个马略。

有一个共识是亚历山大是个双性恋者，那么恺撒呢？苏维托尼乌斯在《罗马十二恺撒传》里做了一些描述，表明恺撒也是个双性恋，但似乎远没有亚历山大那么严重。有两句诗可以作证，一是李锡尼·卡尔乌斯所写："比西尼亚有什么，恺撒的情人就有什么。"比西尼亚是亚细亚的一个邦国，其国王是尼科美得斯，恺撒在他的王宫里混了很久。还有一句诗："恺撒征服了高卢啊，尼科美得斯征服了恺撒。"这些都是嘲讽他的。当然，事实上恺撒也非常喜欢女色，苏维托尼乌斯也说他放荡不羁，这是闲话。

这里有一个现象是，恺撒和亚历山大都非常宽容，他们俩不像其他的征服者那样滥杀。在这一点上，亚历山大有一个最著名的事迹就是，他对波斯王大流士三世母亲和妻子的宽容，他让她们还像一个王族生活着。那么恺撒呢，恺撒在法萨卢大战后，赦免了很多敌人的罪，其中包括他的养子布鲁图。他甚至是非常喜爱布鲁图的，但就是布鲁图最后策划了谋杀恺撒的计划。孟德斯鸠曾说恺撒的宽容实际上是对敌人的蔑视，我觉得不是这样的，恺撒可能确实蔑视一些元老，但是如果说他蔑视他的敌人，这就不太合理了。我觉得他完全出于一种同胞之爱以及宽容品质。之

大流士三世

所以这么说，是因为在法萨卢大战前对战士的演讲中，恺撒意识到自己和同胞作战，他也意识到敌人是凶勇善战的罗马人，于是他说在战场上，只要注意罗马人，而不要关注蛮族（帮助庞培的外国军团）。只要罗马人被打败了，这些蛮族也就逃了。他接着说，这个时候不要屠杀罗马人，而是去追赶蛮族人进行屠杀。所以，事实上，恺撒并不是不杀敌人，其实蛮族人更受他的蔑视，但是他主张屠杀，而对罗马人他主张接受他们的投降。对比一下苏拉的独裁，苏拉杀了很多罗马人，而恺撒独裁的时候呢，很少。

伊苏斯之战，亚历山大和大流士的决战，庞贝城的壁画。

亚历山大宽容的表现，还体现于另外的方面，也就是对东方文明的尊重，他甚至要了一个异族姑娘做妻子，让希腊人和波斯女人通婚。这种尊重，事实上可能带有亚历山大对波斯帝国的尊重的成分。因为正是这样一个大帝国，可以使他更快的征服更多的土地。如果没有一个统一的波斯帝国，亚历山大的成就或许会更艰难些，英国军事史学家富勒耕也曾提及此观点。

我想做一个不严肃的猜测，那就是这两位伟人的宽容，是否和他们的双性恋有关，也许这一特点使他们更懂得征服，也更懂得照顾被征服者。

现在谈及另一个问题，那就是为什么在希腊史和罗马史上，就单纯从战功而言，亚历山大和恺撒分别是这两个文明的最卓著者呢？或许，这是因为亚历山大的时代正是希腊城邦制度衰落，帝政占优势的时代；而恺撒的时代正是共和制度衰落，帝政开始崭露头角的时代。城邦制度下的城邦林立，使城邦没有一个能够足够强大，所以战功也就受限制。罗马共和制度的一个特点是他的执政官是每年选举一次，而且不能连任，这虽然使每一位执政官都极力使自己在位的时候做出一番事业，但是也使他们个人的成就总是受到限制。而亚历山大和恺撒都分别脱离了这两个局限，马其顿是王国不是一个城邦，恺撒作为总督连续在高卢作战了九年，亚历山大有了人力上的保证，而恺撒有了时间上的保证。

另外他们的领导能力上，也有两点共性，这两点甚至是所有伟大将军的共性，一是使士兵和将领知道耻辱，另外一点使自己的士兵得不到长久的休息。一个是心理上，一个是身体上，这样的例子是比较多的，也就没有必要举例了。

　　恺撒和亚历山大的另一个共同点是他们能够以弱胜强，并且他们的死不是被敌人战败而死，而是死于非命。恺撒死于谋杀，亚历山大死于疾病。这几乎是他们之所以伟大的必不可少的部分。就以弱胜强而言，恺撒的法萨卢大战，在叙利亚的战争，以及在阿非利加的蒙大之战都是这样的。更早的是他在高卢的战役，他战胜过兵力远超过自己的高卢人。而亚历山大和波斯王大流士三世的伊苏斯战役、高伽米拉战役更是世界历史上的以少胜多的经典战役。

　　死于非命而非战死，这是伟大人物的再好不过的结局了，因为如果他们是战死的，那么他们的光芒就会被笼上一抹暗雾。虽然，庞培在和恺撒作战之前，也是号称从未失败过，以至于被冠以伟大的称号，但是他败在了恺撒的手下。当恺撒那样容易的把米特拉达梯打败时，他不得不感慨庞培的运气，因为庞培正是和这些孱弱的军队作战才建立起卓著的声誉的。不过，恺撒认为别人的运气好，其实他的运气更好，以至于阿庇安在解释一些战役的胜负的时候，只得归结于他的运气。

　　他们的死的另一个共同点，或许更为符合他们的伟大之处，那就是雄心。因为在他们死之前，都正准备新的战役，进行

尤利乌斯·恺撒，尼古拉·古斯都作品，现藏卢浮宫。

图解版

世界五千年

古罗马王朝史

新的征服，如果不是造化弄人，他们肯定能取得更大的成就。恺撒是在出征前四天死去的。

　　他们的死都引起了灾难性的后果，国家的四分五裂，亚历山大死后亚历山大帝国崩溃，而恺撒的死则引起国家进入另一次内战。这是灾难性的，恺撒和庞培的第一次内战使罗马共和国的人口减少了一半，就抛弃死亡人数而言，同胞的自相残杀就足够令人悲痛。所以，恺撒在统一了罗马帝国的时候进行的四次凯旋中，他没有加入针对罗马人的凯旋。这和近代战争有些不同，因为近代的一些战争中的民族意识被意识形态取代，所以在胜利者的阅兵式里，也就有了同胞的战利品，以此来炫耀战功。

展现在恺撒面前的克娄巴特拉，让里昂·热罗姆作品，
1866 年。

就他们俩对人类政治制度的影响而言，亚历山大建立了基于尊重地方自治的联合王国，而恺撒则成了共和国制度的掘墓者，在这方面，他们是不同的。但是也可以说，恺撒建立了一个新的帝国制度，他们都是帝国的创造者。

　　当然，有些说法可能会引起争议，但称他们为伟大的征服者，应该是没有错了。这两位历史人物，人类是不会忘记的，埃及的亚历山大城铭记了亚历山大，而英文中的七月（July）则正是来自尤利乌斯·恺撒（Julius Caesar）。愿他们永远不朽。

恺撒之死，卡穆奇尼（Vincenzo Camuccini）作品。

小伽图之死

　　看一个人如何面对死，也就能知他如何面对生，在古罗马的那些杰出人士中，视死如归的人并不少见。但是，我想我们首先应该区分冷静的死和勇敢的死。那些在战场上冲在最前面的人无疑是勇敢的，那些预见到自己的危险境地，仍然无论是出于侥幸心理或是无畏气魄踏入其中的人，无疑也是勇敢的。罗马的战士和将领们绝大部分是这样去面对死亡的，他们怀着巨大的生的欲望去面对死亡。恺撒常常把自己暴露在敌人的箭雨中以此来激励自己的士兵们，使他们能够感到羞愧，为了胜利和荣誉，死有何憾？

是的，如果我们不用世故的历史眼光去看待一个人，不是看一个人的战功或是财富，而是看一个人身上的品德、勇气、智慧和追求，那么，同时代能够和恺撒并立的人，唯有小伽图。他坚持古典罗马精神、捍卫共和制度、正直、诚实，并且为之奋斗一生。真的，他的形象如果放到中国的价值评价系统中，就是位不折不扣的君子，大义凛然、任重道远、群而不党、淡泊名利。撒路斯提乌斯在《喀提林阴谋》中把他和恺撒的精神视为罗马精神之所以能够延续，罗马之所以能够百年不溃的原因。罗马人在演说上，他们不如希腊人，在战斗力上不如高卢人，可是他们拥有的是共和制度以及小伽图为代表的古典精神。

这些对他的赞扬，都不如看一下他是如何面对死亡的，他是冷静地面对死亡。冷静地面对死亡，对生毫不卑视，对他人的好意毫不责怪，不是视为解脱，不是死而后快。这种对死的态度，后来在基督徒身上，在日本武士的身上，在佛教徒身上都能看到。然而小伽图并非处在那些超越性的信仰中，也不是处于对死的特殊认识的文化氛围中，也即是说他不是被动的，而是主动的。如果我们要说他的唯一支撑，应该就是对罗马共和国的信仰。恺撒胜局已定，共和制度将不存，他不可能让自己生活于一个没有古典自由的世界，他选择离开那个令他失望的世界，以死来抗拒似乎不可阻止的命运。

小伽图死的时候，正是恺撒在阿非利加大胜，而他和同伴被围乌提卡的时候。他的很多部下都已经通过海上逃离乌提卡，他拒绝离开，和乌提卡人民待在了一起。在他的死的那天晚上，他在阅读柏拉图的对话录《斐多篇》，这是一篇讨论苏格拉底之死的对话，事关灵魂的问题，他是想了解灵魂是什么吗？绝不是，我想他是想灵魂如何能够获得崇高性，他是在坦然地面对即将到来的死亡，这个死亡是他自己策划的。我们能够看到吗，很多生时不可一世的人，生时奢侈豪华的人，最后面对死亡常常是无能为力的，他们常让身边的人赐他们一死。尼禄就是这样的，这些人或许因为绝望而求死，然而却实在没有勇气自己去做。而小伽图，我们能想见他有条不紊的安排城防，帮助朋友们离开海岸，或许他能看到海上的夕阳，如血一样的艳。他像平常一样安排自己的事务，这个夜晚没有完全的不同，洗澡吃饭，和同伴聊天，多么平常的夜晚。

晚上，他要求侍卫把他的短剑给他，因为他的侍卫可能怕他自杀已经把短剑偷偷藏起来了。在说服了侍卫把剑给他之后，读完柏拉图的对话录之后，他用短剑划开自己的肚子，肠子流了出来，但是肠没有破，这被侍卫们发现了。医生帮他包扎好之后，他感谢他们，他没有疯狂的高喊，"你们让我死吧"，"你们为什么要阻挡我！"这难道不是我们常见的吗？他没有，在睡好之后，所有的人离开他的床之后，他用手把自己的伤口撕开，用手把自己的内脏拉出，直至死亡。

我们回忆这位英雄的一生吧，他做过保民官，做过将军，他在喀提林阴谋时，反对那些试图与自己的祖国发生战争的人；他反对因为那些共和国的敌人的年轻或贵族的身世而姑息他们；他反对克拉苏、恺撒和庞培的三巨头，他和庞培联合起来反对恺撒对共和国权力的篡夺。人民爱戴他，元老们尊重他，如果他不自杀，没有人忍心去结束他的生命。在此摘录他的一段话，以为纪念。

"不要以为我们的祖先是通过武力才把一个微不足道的小国变为伟大的国家……使他们伟大的是一些我们根本没有的品质。"

当他死的时候，恺撒说："啊，伽图，我以你的死引以为憾，正如你以我欲保全你的生命为憾一样。"恺撒失去了一次做一件光荣事情的机会。

小伽图之死

罗马人的宗教观优于希腊人

确实，对于个人而言，宗教观是无高低之分的，但是在文化和理智的发达程度上，确是有优劣之分，库朗热曾在《古代城邦》中表达过这个观点。罗马人的宗教观优于希腊人的，此处的罗马人所指为原始的罗马人，希腊人也是原始的希腊人，以免和后来的有着各种宗教的（包括基督教）希腊罗马相区别。这里指的宗教并非和欧洲的基督教形式一样，甚至相去甚远，还只是处于自然神阶段，更像是迷信、神话传说。

一般人以为罗马人和希腊人的宗教观应该是一样的，只不过它们的神的名字各不相同而已，比如希腊人有宙斯，罗马人有朱庇特，希腊人有阿瑞斯，罗马人有玛斯。其实要是这样说起来，中国人的宗教观和希腊罗马也没有差别了，希腊罗马有各种路神、灶神、河神，那中国何尝没有呢？罗马人最爱战神玛斯，而希腊人最爱智慧女神雅典娜，可见一方偏于行动，一方偏于思考。但这也只能显示他们的特质不一样而已。

如果用一句话来表示希腊人和罗马人的宗教不一样的话，我想说，希腊人的宗教是认识世界，而罗马人的宗教是指导他们自己。希腊人的宗教比较有意思的地方是把属于自己身上的东西，只要他们无法理性的认识的都设为神，比如智慧、爱情、复仇之类的，这些神都有着人的脾气，他们之所以是神，只是因为他们的力量、体格、寿命和普通人不一样而已。所以，希腊人应该来说是严肃的童话家，他们更多是为了认识周围的世界和自身而拥有了神。这些神不具有道德和正义的最终判决权，经常是这个神支持一个城邦而另一个神支持另一个城邦，支持的不同可能仅仅是因为某个城邦有这位神的庙宇、神殿，或是某个城邦供奉的牺牲更多。我们在著名的特洛伊战争中看到，雅典娜和很多其他神是支持希腊的，而太阳神阿波罗是支持特洛伊的，人的战争的结果其实是来自神战的结果。表面上看起来是这样，但事实又不是这样。希腊人的宗教伟大的一点，在于他们认识到这个世界不是被盲目的命运统治着，而是依凭于人类自己的欲望，人们通过祈祷和祭祀来表达他们的欲望。

希腊神话中的战神阿瑞斯

　　罗马人就不一样了，罗马人的神中有了绝对的良心和道德的成分，而"绝对"的成分就是"一神"的影子。罗马人要是做了坏事，是不易通过祈祷和祭祀来赎罪的，有一种最终的审判在里面。曾有一支条顿人的军队不小心进入了罗马联盟的土地，罗马执政官在带领这帮条顿人走出那块土地的时候使坏，罗马人自认为这种背信弃义的行为会受到神的惩罚。罗马人还有一个信条，在战争中任何一方要是杀害使者将受到神的惩罚。罗马人的宗教优于希腊人的，就是因为这一点，那就是正义和良心有了位置。

罗马人的残忍

只要发生战争，人们对敌人总是残忍的，因为这是生死社稷之大事，罗马人同样也无法逃避这一性格。但是，我们也应该看到各种残忍是有差别的，比如来自人的残忍和来自命运之神的残忍之间是不同的。

但是，残忍间最明显的差别应该是对个人身体的残忍和对神圣情感的残忍。前者让人感到悲伤，而后者则是悲壮，前者燃起的是仇恨，后者则能燃起希望和超越。世界上各个民族在残忍性上是存在差别的，主要体现在残忍的程度上，以及这两种残忍的调和度上。

从古希腊传说中，我们可以看到古希腊人在战争之后，会让交战双方把自己的士兵埋葬或者火葬，这期间或会休战一个星期。我们或可想见，在战场上他们是怎样的杀害对方，但是在战场下又是怎样的忍让对方，以使这些死去的人的灵魂能够和祖先待在一起，使他们能够获得后人的祭祀和尊敬。有一个著名的例子是，特洛伊战争中，特洛伊王子赫克托尔被阿喀琉斯杀死之后，被马车拖在地上，一直拖到希腊军营。这就是对个人身体的残忍，是人的残忍，人总是用这种直接而机械的方法表达他们的憎恨。特洛伊国王在夜间，在神的指引下，只身来到阿喀琉斯的帐营，请求他把儿子还给他。阿喀琉斯被感动了，于是就给了他，并且给他时间举行葬礼。我认为对个人身体的残忍只是人的自身兽性的体现，但是如果人能控制自己对神圣情感的残忍，则说明和表现其人性和理性。所以若是一个民族只知道杀戮这种低级的残忍，那么他们是不可能强大起来的，也不可能贡献伟大的文明。

在阿伽门农前往特洛伊的时候，为了获得顺风，祭拜风神，他的祭师告诉他风神需要他的女儿。于是阿伽门农则把他的幼女活活的火化了，从而顺利的起程。这中间当然有着迷信的成分，可是对当时的人来说，这种恐怖的残忍性是来自神和命运的，是悲壮的，若不是阿伽门农怀有实现统治整个希腊的欲望，这种悲剧是不会上演的。我们在罗马的历史上也会看到类似的事情，一个懂得更高级

阿伽门农之女的牺牲。

的残忍的民族，若不是在为了实现那种至高无上的目标，若不是充满信心，是不敢随便展示他们的残忍的，他们总是控制它。

仅是懂得低级残忍的人，是不具有真正的勇气的，他们是对未来失去了希望，是对自身能力的怀疑，是对自己的形势感到悲观。迦太基人中有一位叫做哈士多路巴的，在第三次布匿战争时，他本来打了败仗，后来一直在乡间组织军队保卫迦太基人。当罗马人进攻麦加拉的时候，他把罗马俘虏带到城墙上，用了各种残忍而又恐惧的手段折磨这些俘虏，只举一例即见他是怎样的疯狂了，"他用铁钩挖出他们的眼睛、舌头、筋跟或阴茎"。他本是想通过这种血腥的方法让迦太基人孤注一掷的战斗，却适得其反，他的士兵因此感到胆怯，失去勇气。能够激起勇气的，是让人看到希望的一些神圣事物，自由、独立或是伟大的胜利，不是丧失理智的残忍。

我们曾经说罗马很喜欢订立协约，并且总是不破坏协约。但是，当他们感到自己必须将迦太基完全毁灭的时候，这些优良的品质都被他们抛弃了，他们开始展示他们的残忍。先是要求迦太基交出三百名贵族儿童作人质，后来又要求迦太基人交出所有的武器和盔甲，迦太基人都照办了。在历史上，要一个城市交出所有的武器是非常难的，除非他的敌人的信誉非常高。罗马人这个时候无耻地滥用他们祖先建立的信誉，就像美国挥霍自己的信誉攻打伊拉克一样。在我看来迦太

阿喀琉斯在和赫克托尔的战斗中取胜并把他拖回战营。

基人已经是彻底的投降了，理应建立和平，罗马人在过去也总是这样行事的。可是，在他们骗得人质和武器之后，竟然要求迦太基人迁往阿非利加内陆；当迦太基人要求罗马人能够保存他们的广场、神庙和坟墓的时候，罗马人只同意不毁坏坟墓。我们可以想见，迦太基人此时的悲伤和痛苦，而罗马人的残忍，是那样的静悄悄，不可阻挡，仿佛来自命运，几乎使人窒息。

迦太基人在没有武器的情况下，一边战斗，一边制造武器，他们的力量是惊人的，和罗马持续对抗了三年，若不是小西庇阿的功劳，这场战争还会延续，并且就结果来说也是难料的。

罗马人烧掉了整个迦太基。哈士多路巴被抓，他的妻子，带着她的两个幼子，跳入了神庙的火坑，这本是哈士多路巴该做的，可他却增加敌人的战利品的分量，苟且的活得一时，我们还记得他是怎样折磨别人的。

罗马人是残忍的，但他们谨慎的运用这一点。

罗马人贬低写作

世界历史上，优秀的民族基本来说都善于写作，比如犹太人，他们的《圣经》就是一部民族史的记载，促使这个民族能够在共同先民史的基础上，建立共同的信仰，从而维系一个民族。我们自己也是特别善于写作的民族，曾经有历史学家指出，匈奴所取得的成就可能不亚于汉代文明，但是因为他们是游牧的，没有写作的习惯，所以有关他们的记载也就少之又少，那么他们民族的光荣史也就很少有人知道了。而最为善写，并且从中获益最大的民族，应该是希腊人了，它们的著作是那么的多，像荷马史诗又是那么的早，最为著名的亚历山大图书馆中基本都是希腊文的著作。因为他们记载下自己的思考，后人对他们特别了解，从而对之产生崇拜。

塔西佗

西塞罗

　　然而，在取得辉煌成就的民族中，罗马人是最看不起写作的。他们认为与其自己记载自己的史迹，还不如自己取得辉煌的战绩和广阔的土地，让别人为他们记载。在这一点上他们确实做到了。但是，他们自己的历史学家也并不少，只能说是和其他的民族相比而言少了些。

　　罗马的著名作家中，诗人有维吉尔和贺拉斯，历史学家中有李维、撒路斯提乌斯、阿庇安、塔西佗，政论家有伽图、西塞罗和老普林尼，我们都没有听说过什么哲学家，卢克莱修算不错，但是和希腊的比起来还有一定的差距，科学家和戏剧作家也要比希腊的少。况且说实在的，罗马的这些著名作家和希腊的比起来还是显得有一些寒酸，拉丁文写作的繁荣要等到中世纪。这从普鲁塔克的《希腊罗马名人传》中可以看得出来，作家们一概没有获得大书一笔的地位，很多著名的历史学家的一些生平，今日我们仍然无法了解。这就是罗马和希腊的一个显著的差别。甚至可以说，这也就造成了罗马帝国的行政首都是罗马，而文化首都是希腊的局面。当时很多罗马人都请希腊人讲学，而比较富有的贵族都把子女送到希腊去留学，因为罗马的文化环境实在是太差了，商业气氛太浓。有一个例子是，恺撒的女儿的家庭教师是一位希腊奴隶。

可以这么说，罗马人的写作，这里指拉丁文写作，因为很多罗马人是善写希腊文的，是从翻译希腊作品开始的。拉丁文的最初词汇量不大，并且表达结构简单，通过翻译希腊作品，作家们创造了很多新的词汇和用法。这有点像今天的白话文，实际上在词汇和语法上，都受外国翻译作品的极大影响，以至于有一个专称"翻译体"。

公元 5 世纪时的维吉尔形象

正因为罗马人不太喜欢写作，所以他们的职业作家一般来说都非常的穷，或者很难说有什么职业作家。当然像维吉尔这样的顶尖诗人还是有可能获得一些名誉和金钱的，其他的人都生活得很不好。说实在的，在罗马这样的文化环境下，生活不好的作家的作品很难取得巨大的成就。于是，我们看到了这样一个现象，这一现象也影响了后世的很多著名的思想家。那就是，伟大的思想家或者作家，都是在政治生涯结束后，开始埋首思考和写作。他们作品的质量会非常高，因为其中凝聚了很多人生阅历，况且他们也想把自己的政治道德思想通过作品传播给后人，以获得不朽的名声。

像阿庇安是埃及总督，撒路斯提乌斯做过财务官、保民官、行省总督，西塞罗更是著名的元老院元老。希腊和文艺复兴时期的作家中，有很多也都是这样的经历，柏拉图和亚里士多德、马基雅维里和孟德斯鸠也都从过政。

这幅突尼斯邮票中的马赛克图画，居中者为维吉尔，原马赛克作品发现于位于突尼斯的古罗马别墅中，具有1700多年的历史。

罗马人早就认识到希腊文明的辉煌因他们的作品得到了渲染，当他们征服希腊后，他们更是这样认为了，觉得他们是名不副实的。撒路斯提乌斯说："依我看，雅典人的行迹确实是相当伟大和光荣的，尽管如此，它们实际上也不是像传闻中描写的那么出色。"可是，也正是基于这一认识，罗马人对历史写作还是能够提起精神的，即使他们认为记述历史的人和创造历史的人绝不可能取得同样的荣誉。

不过，就我所知而言，虽然罗马人不喜写作，但他们的修辞术和演讲术是很发达的，因为不善言辞是很难取得成就的。另外，罗马杰出的将军们的写作修养很高，比如恺撒和屋大维，恺撒的《高卢战记》是学习拉丁文的范文。所以，我们绝不该对罗马人产生一个绝对的印象，好像他们只求战功不知学习，其实只是因为他们在骨子里追求的是更高的事业，不浪费时间于写作上，在舆论上贬低写作而已。我们是"好男不当兵"，他们应该是"好男不写作"。

罗马人的金钱观

罗马人是绝对不排斥金钱的，最初的百人团就是按照家财的多少进行区分的，这样金钱被古罗马人看成了划分阶层的一个标准。排斥金钱的民族或者城邦是不可能成长为一个帝国的，因为货币不能流动，商业得不到发展，那么它的国土就仿佛肌肉失去了血管一样。所以再善战如斯巴达人，他们也是成不了帝国的。伯罗奔尼撒战争后，斯巴达赢了，可是一旦他统治希腊后，竟然就没有办法了，很快就衰落了。斯巴达人很是排斥金钱和智力，对他们来说体力和勇气是第一位的，他们一直是一个军事城邦。斯巴达的钱都是铁铸的，按他们统治者的看法，铁钱是储存不长的，可以使斯巴达人不至于堕入于金钱的诱惑之中。不过斯巴达人的这种不存钱的思想，与凯恩斯的经济学很偶然的暗合了，虽然他们的出发点不同。另外，亚里士多德把钱分为自然的和用来储存的，他认为用来满足生活必需的那部分金钱是必要的，但是用来储存的钱是肮脏的，会腐蚀心灵。

从斯巴达人的历史来看，他们也是排斥商业的，经商和一切农工技术都是奴隶做的事情，而作为斯巴达公民应该做的是战斗。这或许告诉我们武力再强的民族，如果他们没有强烈的金钱观，那么是绝对成就不了长久的事业的，当然这种金钱观也不应该发展为金钱主义。这个教训罗马人是有的，他们最初的金钱观算

是健康的，但是到了帝国前夜的时候，在朱古达战争的时候，对金钱的追求已经吞噬了他们的智慧和勇气。最明显的事情，朱古达把四十头战象交给罗马人作为战利品，在他们的执政官回罗马的时候，执政官的部下们竟然受贿，把战象还给努米底亚人。无论什么样的军队，一旦被金钱腐蚀了是没有战斗力的，即使能够取得胜利，也可能把这些胜利的利益，用生命换来的成果放弃掉。

古罗马有句谚语"法律的解释听命于金钱"，这种事情应该是不少的，比如朱古达行贿罗马的元老们，他们都替他说话，把法律向对他有利的方向解释。这很像台湾和以色列通过美国的游说集团影响美国的议员，进而影响其法律。法律是限制主权者的唯一有效的工具，专制和独裁者都号称高于法律以逃避这种限制，如果一个社会表面上主权者受到法律的限制，但是法律全然听命于金钱，那么一个看似法治的社会实际却是不公平的，因为主权者总有财力做他想做的事情。所以，金钱主义盛行的时候，如果没有恰当的法律制度，这个社会很快就会出现巨大的不公平，甚而出现骚乱。

罗马人并没有很好的解决这个问题，他们只是订立法律严惩受贿者而已，这和我们今天的办法是一样的。避开这个问题，我们可以发现人类历史的进程，伴随着的是对金钱越来越重视，货币越来越成为公认的价值评价标准，成为一种平等的媒介。当然，我们可以举出很多的理由来解释这个现象。有一个有趣的现象是，柏拉图和亚里士多德所主张的理想社会，都是主张共产主义的，也就是公有制，尤以《理想国》为最甚，但是今天的主流经济学家都是主张私有制的。古典思想家们之所以主张公有制是和他们所处的社会现状紧密联系的，他们的公有制实际上是公民之间的公有制，是不包括那些非自由人的，比如奴隶，也不包括底层人，比如商人还有产业者。按照柏拉图的想法，共产主义社会实现之后钱就没有必要了，因为所需的去拿就行了，没必要去交换，直接去拿是因为有人给他们直接生产。

随着社会的发展和丰富，那些奴隶也有了翻身的机会，比如参军，而商人和产业者的人数势力也越来越大，这样公民权所普及的人数越来越多了，当然这些权利都是他们斗争过来的。这是罗马史的历史所证明的，先是给了全意大利人，后来又增加了高卢人，最终整个罗马帝国的人都有了公民权。交易不但是没有变得没有必要，反是变得越来越重要，那么多的公民，若是进行直接分配，已经不可能了。直到今天，当所有人都是平等公民的时候，公有制变得更难实现，私有制和交易不可避免，而金钱和货币也就越来越重要了。

罗马人的金钱观越来越强烈，以至于堕落，实在是他们的居民解放的前兆，也是结果，是他们实现庞大帝国过程中不可避免的现象。

古罗马的酒神

诗人们创造了酒神，但二十世纪尼采笔下的酒神不但是他的崇拜偶像，也是对抗基督上帝的彼岸性存在，而且酒神精神也成为侮辱诗人（他们是酒神的歌颂者）的精神，但丁只是这种精神的侍从，印度古老的诗人们连洗脚的资格都没有了。这是一次比哈雷彗星的周期久远得多的轮回，诗人们只得比酒神更疯狂和大胆，才能对得住他们的名声。

希腊酒神名为狄奥尼索斯（Dionysos），罗马酒神为巴库斯（Bacchus），他们之间的对应犹如宙斯和朱庇特。希腊传说中，狄奥尼索斯是宙斯的一子，后被天母赫拉嫉恨，由提坦巨人撕碎吞食，但是他的心脏被雅典娜拯救，而尸体分化为巨人们身上的营养素。杀人偿命，宙斯用雷电击毙提坦巨人，在那巨人们的灰烬里生出了人类。比如牛粪上生出了鲜花，那鲜花就是人类，提坦巨人由于食了酒神，也就有了点神性，这点神性又遗传了点给人类。可是，还记得狄奥尼索斯的心脏已被雅典娜救出，在哲学家的眼里，这也就意味着人类的智性缺乏。人类为了使自己能够接近那个原来的全神，光靠理性当然是不够的，于是喝酒狂舞以体验那神性。这一狂热的仪式同时带来了愉悦，俄耳甫斯唱道："带着你欢悦的随从，降临我身吧！"

酒神身体的分裂还有另一个涵义，人类的生育繁衍从此开始，所以，酒神仪式从来就和女人、性发生着密切的关联，从巴库斯的祭司和侍从都是女性可以说明这一点。

那么酒神精神到底扮演什么角色呢？有一个故事可以略作小证，尼采在《查拉图斯特拉如是说》中骄傲的号称："对太阳在光明中的孤独感的狂热赞美的回答就是阿妮阿德尼……除我之外，谁知道阿妮阿德尼是谁！"阿妮阿德尼是狄奥

美狄亚，德拉克罗瓦作品，1862年，

画中美狄亚正准备杀害自己的两个亲生子。

尼索斯的祭司，她是个公主，帮助雅典的特修斯逃出迷宫。这是个悲剧，就像美狄亚被伊阿宋抛弃一样，她也被特修斯抛弃了，被弃之后就做了只有尼采才能理解的祭司。她是个带领人类英雄走出迷宫的人。

　　什么是酒神精神呢？酒神精神就是放弃一般的理性，去接近神性，去接近那个更高的自己，弗洛伊德的超我部分，也是尼采的超人精神。这个逻辑是怎么来的，由酒神的故事里来的，这就叫醒了那些自以为喝酒狂欢就是具有酒神精神的人，为什么？因为尼采的贡献，不是贡献出一个新酒神，而是酒神的另一面，对上帝的虔诚膜拜也是酒神精神的体现，只是欧洲的人民被这一面笼罩压抑，而不知另一面了。在遥远的古希腊，有一帮人是依靠苦行僧式的生活去实践酒神精神的，肉体，如何看待肉体和精神成为关键，所以也就能够理解尼采为什么鄙视印度古诗人了。我们看那尼采如阳光般刺眼的语言，他那死于梅毒的生命结局，也就能知道他那个时代所需要的酒神精神。

可是酒神的生活原型，我们不会忘记，酒节上的庆祝，它的灵魂就飘在酒香之中，狂醉与狂舞不但是为了酿酒的丰收，而且也是一次野蛮风俗的遗留，在遥远的部落时期这时男人可以和女人发生神圣的关系。这让我想起电影《红高粱》里的一个酿酒片断，性欲望在里面是非常明显的。所以，酒神事关三个向度上的生活，一是农业性的酿酒，二是性的迷幻经验，三是对肉体的超越，至于疯狂和愉悦，只是表象而已。

巴库斯和阿妮阿德尼，提香作品。

古罗马人如何看待酒神，他们有酿酒节，也是同样的疯狂，虽然宗教气氛不淡，但他们更多的成分是为了愉悦，据蒙森说，是源于新酒可治病。这是普通人的看法，他们具有更多的理性，也即是说古罗马人并不像希腊人那样为了接近神，更不是惧怕神，有点类似于今天的圣诞节和原始圣诞节的差别。然而在罗马的伟大诗人维吉尔眼中，酒神节的庆典仍然令人感到恐慌，他在《埃涅阿斯纪》中把这种状态常加于失去理智的女人身上，比如在描述黛多失去埃涅阿斯时的状态时，还有海伦举着火把焚烧特洛伊的状态时，她们的精神仿佛不再属于自己的身体，如鬼附身。与之相对比的是，在描写女祭司被神附身时，虽然行为乖张疯狂，可却从未提及酒神，我想这不是偶然的。

酒神精神在古典罗马道德中是受排挤的，或许可以解释罗马人向世界贡献了法律和统治技艺，因为这些需要高度的世俗理性，而酒神是理性的破坏者，虽然他极可能是艺术和科学灵感的来源。

提防论辩中的愤怒

不但我们要这样勉励自己，而且也要提防别人。在论辩时若要所有人的观点是一致的，不但不可能，而且即使真如此，也是无趣的，论辩者之间也无法学习更多的东西。然而，正是这种不一致，如西塞罗所说，没有矛盾就没有争论，争论也犹如沙场厮杀，呼啸而起，它极快的将人的情绪卷入其中，失言和失态在所难免，愤怒是其中主要一种。蒙田说，愤怒所攻击的不是对方的观点，而是理性，往往此时已经脱离了开始的话题。

愤怒有时反而说明对方的正确，柏拉图说，人们绝不会对傻子的话感到愤怒，只会感到好笑。苏格拉底总是笑眯眯的听取别人对他的意见，我想，他倒不是把别人当作傻子，而是避免自己失去理性。我们愤怒的原因在于两个层面：一是我们觉得对方的观点是错误的，二是对方却坚持他的错误观念。有时，这真是令人难以忍受的事情，但是，如果对方的观点真是错误，并且我们自己已经能够毫无疑问的证明，那么就不会愤怒，而会像对待"傻子"一样，去取笑他们。我们愤怒是因为，没有令人感到满意的证明对方的错误。

可是我们也不应该被愤怒时的蠢话所折磨，因为这是更为愚蠢的事情。我们应该及时调整我们的情绪，转到原有的话题上。但是也应该看到，愤怒的第二个层面上的原因，如果我们平时感到智力正常的熟人甚至好友，不可能把他们当作"傻子"去看待，可他们却也支持没有道理的事情，于是愤怒便产生了。可是这个时候，我们仍不应该愤怒，因为辩论的双方，只有权利判断，而没有权利判决。而愤怒的根本原因仍然是对方所谓的错误甚至荒谬的观点，于是这个时候最好请一位中立者，一位未进入辩论场景的人进行判断。柏拉图总是告诫，不要让

禀性不好的人参加辩论，易于愤怒便是其中一种，我们不可能期望和没有风度的人讨论出真理，那只会毁灭真理。

罗马人是严肃的民族，但由于他们论辩的机会特别的多，无论是元老院或是广场，常常可见论辩和演讲，于是愤怒的例子是非常多的。但是，我们也应该注意，如果情势的发展确实值得愤怒，那么愤怒便有恰当的，若此时不愤怒，反倒是软弱的表现。但是若要控制好其间的平衡是非常难的事情，西塞罗也无法掌握，他在元老院的第一次反喀提林演讲就是明证。

但总体而言，罗马的聪明人都能控制自己的情绪，缺少的是妙语，就像一位农夫不缺少勤劳，缺少的是艺术修养一样，这是他们的性格决定了的。恩尼乌斯说，控制嘴里燃烧的火焰是容易的。但是，为了尽可能的感染别人，西塞罗说，要学会愤怒。

控制愤怒是理性的表现，老伽图、恺撒、马略……他们似乎没有在论辩或者演讲中被愤怒所控制，虽然有时即使愤怒也是可以理解的。老伽图不但能够控制愤怒，而且对别人的失言持宽容的态度。由于罗得岛人出言不逊，元老院要求惩罚罗得岛，他说不能因为别人的意愿而惩罚别人，正符合拉丁法谚 *Cogitationis poenam nemo patiur*（任何人不得因思想而受惩罚）。愤怒只要还只是一种情绪和观念，我们便应该原谅，除非愤怒的人采取愤怒的行为，我们才应该采取必要的行动。若是针对别人停留在意愿和言词上的不恰当的愤怒，便给以行动上的打击，这样的人必然会失去很多朋友，对一个民族来说，则会失去很多盟友。

可是，要掌握这样的限度也是很难的，希特勒能够靠蛊惑民众上台，和当时知识分子阶层的迟钝有关。所谓的知识分子们几乎都认为希特勒是个小丑而已，大家都看到了他的那种表演的、愤怒的、仇恨的样子，认为他的那一套不可能得到认同。于是竟然很少有人去反驳他，也很少有人愿意去采取行动阻止他，在德国这个有着当时世界上最优秀的化学家、物理学家、政治学家的国度里，就让这样一个含有愤怒激情的、非理性的人上台了。

不过，易于愤怒的人倒也不是一概非理性，他们需要挫折和困境的锻造，马其顿的腓力五世是个说一不二的人，常常怒气冲天，贸然冲动的出击，可是当他战败时，他竟然能够跑到他的住所把所有的文件都毁掉，以免让他的合作者们受到牵连。他的儿子帕修斯却大不一样，看起来战前准备有条不紊，一旦开战却无

头无脑，逃跑时不忘带着他的大量黄金，可是仍免不了众叛亲离，成为罗马的阶下囚。

我只能说，愤怒以及论辩中的愤怒，若是谨慎，可成怯弱，若是放肆，就是愚人，理性得当为佳。

罗马人对命运的看法

命运是如此的多变与飘浮不定，在希腊人的眼里以致由三位女神所管领。罗马人也从不敢轻视命运的存在，这让他们变得谨慎而不致得意忘形，然而它既是命运就不会因人的意愿和行为而有所改变，它总是找一个你所不能顾及的突破点施展它的身形。鲍鲁斯只用了十五天的时间就战胜了帕修斯，罗马人不得不认为这已经出乎幸运，于是在回国的途中，无不心存顾虑，以为命运会在他们的途中予以伏击。然而他们安全的回国，不出几日，鲍鲁斯的儿子除过继给别人的之外，全部死去了，他悲痛欲绝，凯旋的欢喜成了过眼云烟。即使此时他已成人们同情的人，可是就是这样，他自己也很快过世了。

过继的儿子中有一位就是日后的小西庇阿，是他带领军队打赢了第三次布匿战争，就这样，神让两位有着血缘关系的父子代表罗马，分别打赢了决定性的战役。鲍鲁斯所赢的皮德那战役，是罗马共和国最后一次与邻国的战争。因为此次战役已使整个原亚历山大帝国下的文明成为罗马的行省，由原来的平等的关系而成臣属的关系，之后的罗马战争都只能称之为镇压叛乱和驱逐野蛮人。其国力的强盛以致它自己可成命运的主角。

我想，凡谈到塞琉古王国的历史，无不要提及安条克四世从埃及和塞浦路斯岛撤离的故事。当时，罗马派使臣来到安条克的跟前，要求他撤军，他说要思考一下，使臣用权杖在他的周围画了一圆圈，然后说，你必须在走出这圈外之前，给以答复。安条克四世不得不即刻命令撤军，可是他倒也无耻，学着罗马人的仪式在叙利亚举行凯旋。安条克只能自我安慰，因为罗马的实力已然非任何国家可以反抗的，犹如不可反抗的命运。

鲍鲁斯的凯旋，卡尔·维尔内作品，1789年。

　　然而，罗马人对命运的看法并非一致，巴洛在《罗马人》中说罗马的精神是农夫和士兵的精神。确实，罗马不是商业城邦，它不得不依照农时季节安排自己的生活和生产，一切只要按部就班，虽可能遇到灾害天气或者害虫之侵，无不可以在控制之中，不像海洋无边无际而不可捉摸。这也要他们的坚韧、勇气、诚实、单纯、自信，保有这些品德和气质便可控制自己的未来。在这方面，罗马人也有自觉性，老伽图著有《农业志》、瓦罗有《论农业》，他们无不认为保持农作是良好的品德基础，而节俭和勤劳是最为重要的。这和希腊的赫西俄德是一样的观点，《工作与时日》正是希腊人最初能够强大和文明的最好说明和教条，农作是财富之源，依靠运气只会坐吃山空。所以，若说伽图反对希腊文化，还不如说他是在反对希腊的商业文化。伽图在任监察官的时候，颁布新的税法，以提高奢侈享受的成本，凡置买不必要的和不实用的商品，都要扣重税。这让那些受希腊享受之风气影响的贵族和富商们无不叫苦连天。

　　这样一位伽图，必不承认命运这东西。而西塞罗也和他共感，他说，正是我们自己的道德衰败而非任何偶发因素导致我们的共和国有名无实。这样的见解不能不说切中肯綮，因为所谓的末世学说，所谓的人生之有罪，是来自毗连沙漠地带的犹太人，他们所看到的是悲观无助，把双手举向天空，不如罗马人把双手伸向大地。罗马日后成为教皇的权力中心，是西塞罗这样的罗马人做梦也没有想到的。一种坚强的道德观，而不是什么命运在决定罗马的盛衰。

在我看到的作家中，还未有不经检验的像个牧师一样，把罗马的衰落归结于命运的。孟德斯鸠、伏尔泰还有吉本，无不怀着缅怀而又沉重的语气，为的就是罗马人的道德观的堕落，是伽图这一类真正的罗马人所坚持的农作观念的丧失。但丁所谓的上帝眷顾罗马是错误的，否则就不会让罗马用几百年的时间才实现亚历山大几年实现的事业。那么命运在此有何作用。西塞罗不无骄傲的如此看待共和国的强盛和成功，他说，我们的国家不是靠个人的天赋而是靠众人的天赋，不是在一个人的一生中而是经过数个世纪和时代建立的。

古代世界，没有哪个时代和国度密集的产生过罗马那么多的英雄才俊、伟人豪杰、智者文才，这是因为他们的制度和他们的性格所造就的罕见的时代，而不是命运。可是若像蒙森死套硬搬，或许也可牵涉命运，因为罗马人一开始毕竟只是欲求自保，然后欲求商业路线的安全，才发动了一系列的战争，而无征服其他国家的意思。可是周边的国家又太没有出息，总是吵吵闹闹，一会儿要求罗马仲裁，一会儿要求罗马出兵干涉，也有的要做它的同盟，也有的要它做"监护国"，实在使罗马成为帝国"非由军团在军事上优于密集队（马其顿方阵）所致，而是上古一般国际关系的必然结果；所以结局不决定于痛苦的偶然事件，却是实践一个不可变更所以可忍耐的运数"。我认为，此般的国际关系是天天有，可是若能凭这国际关系而成就帝国，则需有它自身的优势，这是由自己所决定的，而非命运所能造。

撒路斯提乌斯在《朱古达战争》一开篇，则发忧国忧民、参天参地之思，他说："精神乃是人的生活的引导者和主人；如果它通过德行的途径取得光荣，那么它就会有大量的力量、能量以及荣誉。它甚至不需要命运，因为命运不能把诚实、勤奋或其他的优良品质给予任何人，也不能把它们从他们身上夺走。但是如果……当精力、时间和才能在懒散无所事事中浪费掉的时候，人们就指责人的人性的弱点，而犯过错的人又把责任推到环境上去。"

悲叹命运者大都有着弥赛亚情结，我以为与其把这无用的期望用来安慰苦难的人生，还不如自己和众人动手。当然，也有作家类似蒙森的关于国际关系的规律的观点，不过这一观点更为屠弱。此观点认为君主制、贵族制和民主制之间的循环往复是政体运动的不可抗拒的规律，这是胡言乱语，只是用现代社会的"规律"二字代替"命运"而已。最有力的例证就是美国的三权分立的宪政制度，自从它创建之日，至今仍未有所改变。所以，若说罗马由共和走向帝国的独裁统治是这种命运的结局，还不如说，是它自身吞并东方时，吸收了东方君主制的因素。罗马的政体对西班牙、高卢、阿非利加影响深刻，可是却不能不说它受东方的影响也同样深刻。毫无疑问，罗马人在共和末期是堕落的，我更愿意把罗马帝国的专制统治归结于它的人民的道德，而非命运。

鲍鲁斯战胜帕修斯，帕修斯俯首称臣。

然而即使美国的民主制在未来真的会出现转型，那么也不能算是命运，而只能算是凭转型时代的人们的意愿所为，建国者们不可能让后人永远按他们的意愿，不加修改的生活。我们若把任何事件放到漫漫时间长河中去观察，都不免发现强烈的反差，伏尔泰说，"罗慕路当年建造罗马，没想到那是为了哥特大公或是为了主教们；亚历山大想不到亚历山大城会属于土耳其人所有；而君士坦丁堡也不是为穆罕默德二世而建的君士坦丁堡"。

时过境迁，物是人非，人和人的意识决定了城市和国度的性质而不是其他的偶然的或不可变的因素。有些智慧的罗马人早就认识到了这一点。

罗马农业政策的祸与福

对于罗马的成功，曾说过它的农业社会的性质，给它带来的好处，无论是精神、生产或是战争上，都可找出很多的例子。但是罗马最初的农业政策，在它遭遇巨大的成功之时，因为他们未能得当的处理，当然这其中包含了种种因素，却造就它的农业性质的褪色和商业社会的增色，进而造就了一个有着近代资本主义色彩的强大帝国。这中间的种种关系，曲折多拐，交互影响。

首先，要知道罗马的农业在经济形式上，可简单分为两种，一种是大庄园经济，一种是小农经济；在社会形态上，可简单分为两种，一种是畜牧业，一种是耕种业，若在耕种业内考虑分类，可谓低级农业（麦子）和高级农业（橄榄和葡萄）；在耕种的土地上，可分为公地农业和私地农业。这种种分类最初是受地理环境的影响最大，而愈往后则愈受社会政策的干预，以致覆盖了地理的因素。

最初的大庄园经济和小农经济的差别只是，土地大小的差别，大庄园有管家管理，也就是说管理的层级多、奴隶多、牲口多而已。小农经济则是农夫自主亲身管理，甚至要做本由奴隶做的事情，但总而言之，他也只是奴隶少、牲口少而已。需要考虑罗马经济的一个特色，那就是它的农地租借关系非常稀少，所以有作家说，一些农夫为免于服役而把地卖与大地主，自为佃农，我认为此种说法值得商榷。这些农夫卖地之后，应该是为城市无产者或者是在军队中服役。造成他们大量出卖土地的原因并非他们害怕服役之苦，要知道罗马军队的强大正是靠着这些农夫，他们可谓耕战合一的典范，而罗马军队战斗力的衰落，甚至整个罗马共和国的灭亡也是和农夫们丧失土地紧密相连的。

所以，农夫们失地的原因非常关键，因为它甚是罗马社会发生变革的原因之一，那就是罗马的粮食低价政策。这种低并非市场调节下的低，而是政府调节下的低，低于生产成本，这是由罗马的对外掠夺造就的结果，他们在外获得大量的土地和粮食，常常是免费的，不但可充足供给部队、官僚甚至收税人，乃至这些粮食到达罗马时，完全挤垮了罗马本地农夫的产品。他们的农地收益如此之低，使他们很快破产，有意思的是，格拉古兄弟改革是一个矛盾的改革，一方面他们

要限制大地主的土地规模，分割农地给农夫；另一方面又降低粮价稳定城市秩序。而不知，正是低粮价使农夫破产，即使免费分配土地，也会毫无效果，除非对外来粮食实行课税，但这是没有的事情。

关于低粮价，罗马的地理位置给与了可能，一是迦太基被灭改为耕地；二是西西里和撒丁岛都是粮食盛产地；三是埃及和亚细亚都是传统的农业区域，它们跟西西里诸地比起来只是运价较高而已，然而在掠夺性的搜刮下，运价成为次要因素。总之，罗马的低粮价使罗马的农夫首先破产，而大庄园经济茂盛。

同时，大庄园经济的农业社会形态也在变化，因为大庄园最初能够承受低价，但是他们很快发现，畜牧业受到国外进口的影响很小，这就使原来罗马养牛养羊只是作为牲口劳动力之用，成为一种经济之用了。况且，因为畜牧业所需奴隶数少，土地面积需求大，大庄园非常适合它。另外的因素，更加促使这种情势的发展，首推罗马的公地制度，它使一些罗马庄园主不敢种植葡萄和橄榄树，公地的所有权并不属于他们，万一被收回将损失惨重。另外是罗马的法律规定，元老们不能经营商业，这本是罗马人农业性的体现，但是却适得其反，这些富翁把资本投入到了大庄园中去了，他们是不可能作小农业的。

罗马橄榄油和葡萄酒业的发展和畜牧业的发展有着同样的原因，然而这一发展，却成为伽图呼吁消灭迦太基的原因。迦太基为保持自身的优势，一直从事高级农业，绝不允许这些高级技术流落到西西里和撒丁岛，这和今天的高科技限制出口是同一个道理。但是前面已经说罗马也被迫走向高级农业的生产，这样就促使它们两者之间有巨大的竞争，至少我们所知，伽图有很大的橄榄树和葡萄庄园。这就是在地中海自由贸易的情况下，罗马人为什么在迦太基已经俯首称臣的情况下，仍然要消灭之。

所以，随着罗马的壮大，农业色彩不断褪去，而它的农夫精神也跟随其后。若说它是坏事，却使罗马公民享受了更多闲暇时间，若说是好事，却增加了行省人民的负重以及它自身古典道德的丧失。这不得不令我想起当今的多哈回合谈判，各国为己或为其共同体计，无不对种种问题盘算清楚，顾虑与焦虑、退步与进步攀扯交错。这是有道理的，因为农业政策对社会的影响是巨大的，正如罗马史所示。

罗马的侵略性金融业

罗马征服地中海周边土地，除输入军队和政治制度外，还带来其他，那就是包税商和放贷人，他们属于罗马骑士阶层。罗马的金融制度，为当时罗马共和国的灭亡贡献了火药。这种金融业所存在的问题就在于它的侵略性和破坏性，与现代金融业对经济的作用正好相反。另外，罗马金融业按现代的观点，并不纯粹，而是包括了税收等公共事业。一旦公共事业稀里糊涂地溶入私人获利化的金融业，其结果可想而知。

罗马共和末期的此种金融业不同于它的过去，因为我们从老伽图那里知道，过去的罗马城邦是严禁放贷的，"盗窃须付两倍的偿金，而放债取利的须付四倍的偿金"。此种规定倒也符合农业社会下的实情，因为私人放贷无疑是在促生大金融巨头，也在鼓励不劳而获。不过千万不要站在现代人的角度感到愤慨，因为此种放贷为高利贷，利息非常之高。北宋王安石变革，重要一点就是国家作为放贷人，向农民放贷，罗马之前做的倒也差不多，租借公地以及免费分配土地，且算作借贷的替代形式。

当然并非说罗马没有金钱，只能用土地替代，事实上，罗马的钱币制造业是地中海地区最为强大的，它的钱币甚至流入西班牙以及日耳曼部落中去。但是，国家不经营此种纯粹的金钱事务仍然和它的农业性有关，那些元老院贵族可以说都是这类保守人物，法律规定元老不能从事投资商业，那么可想而知在金融业上的态度了。另外，非元老院的贵族们，以及其他一些人等因为在这方面没有法律的限制也没有道德传统的负担，他们在外省做包税人或者放贷人，这些人中有很多成为富翁，又有很多回到罗马再作投资业务。这造成共和后期的一个政治斗争，经商贵族也就是骑士阶层和从政贵族也就是元老阶层发生巨大的冲突，并且历史向我们证明，骑士阶层胜了。帝国也同时建立了起来，当然帝国的揭幕人恺撒虽出身贵族，但他事实上属于骑士阶层，这是个特例。因为我们不能看他的出身，而是要看他的政治思想。

同时，此种金融业也不同于希腊的。历史上罗马的金融业，希腊虽一直未有

它如此大的规模，但从技术和类型来说，都来自希腊，可是它们的内在商业精神却又是迥然不同的。罗马重于侵略性、对外性，而希腊则重于共赢性和对内性，在这方面可以感觉到希腊人比罗马人具有更全面的智慧。这可以从色诺芬的《雅典的收入》中大略知道一些内容，色诺芬的主要观点就是要避免一个城邦只依靠剥削外邦而生存，自己却缺少生产性的企业，他认为这样非常不好，所以他论证说雅典完全有能力使它的收入达到他所希望的那样。在他所谈及的收入策略中，有一条是，保护外邦商人，不用他们服役，并且大修各种公共设施，以及提高司法公正性，以方便贸易的发达，就这点而言已经是非常的切合中国的对外开放。再另外，他同时主张国家向私人租借奴隶和金钱。以上两点，罗马做得都不如雅典。

罗马的侵略性金融业，当然不可能是单独的共和国灭亡原因，但加上它的农业和土地政策，很快使罗马成为一座农业衰落，手工业式微的城市。总之是生产性产业被非生产性产业占据了空间，罗马城的无产者不劳动也能丰衣足食，一个典型的资本输出型帝国主义国家。这是非常危险的一条信息，那就是它的技术会进入停滞，它的阶级不平等正在加剧，它的自身拯救能力下降了，特别在古代更是如此。

当然，现在看来此种金融业并不只是令元老院贵族和骑士阶层存有矛盾，我们要知道世上没有天生的道德高尚者，这些元老院贵族也是如此。罗马禁止元老们从事商业，这只是因为罗马人民对金钱和权力相结合的所能产生的专制力量的恐惧，而促使立法令他们在金融事务面前止步而已。但是，他们内心并不能抑制这种冲动，他们所获得的大量金钱一是投资于大庄园，另外也参股于航海运输业及其保险业，这些都得以规避法律。再另外，执政官以及行省行政长官，他们虽是元老贵族，但利用包税人搜刮了极大的财富。罗马法律虽有规定在卸任之后，要对这些前官员进行审查，遇有贪污贿赂便有处罚。但是只有极少例的处罚事件出现于元老阶层的政治斗争中，除此之外没有前官员被处罚的，使此规定成为向人民有所交待的形式主义摆设。但情况若此，也另有隐情，元老院阶层要考虑那些骑士阶层的利益，防止引起他们的暴动，因为贪污贿赂差不多都是由骑士阶层的包税商一手操作的。

总之，我们可以发现，并没有任何阶层的人能够在这种不公平的制度下不受道德堕落的影响，无产者们好吃懒做，骑士阶层牟取暴利，元老院规避法律、以权谋私，罗马最终掉入内战，以及更远的帝国的崩溃。

罗马共和政体的风情

阅读历史，特别是罗马史，可以改进人的性情和气质，也可明智，但不可忘了伟大历史学家们的功绩，要不是他们，若君主或统治者都以尼禄为楷模，不知抑制私欲，培养德行，那么帝国的历史只会蛊惑人心了。希罗多德的《历史》告诉后人希腊人如何为自由而战；而修昔底德的《伯罗奔尼撒战争史》警告世人贪欲会点燃战火；塔西佗《日耳曼尼亚》告诉罗马人，野蛮人的德行也要强于他们，而《编年史》是塔西佗亲身体验了图密善这个暴君统治下的痛苦，怀着巨大的痛恨而写就的，把朱利安·克劳狄王朝的几个智障儿和禽兽者的荒唐行径放到纸面上鞭笞；吉本对罗马繁荣时期的两安东尼大加赞赏，同时也说："要列举出奥古斯都之后的几代人所不齿的后继者的名字来几乎是多余的。"我觉得塔西佗和吉本的方法各有益处，否则那些大逆不道者以为后人会原谅他们的暴行，而那些鼠辈还以为历史忘不了他们呢！

罗马史的益处，其实不用我们自己说，马基雅维里嗜好李维的《罗马史》，后来的《论李维》可算是《罗马史》的读后感，而霍布斯读起塔西佗的《编年史》模仿马基雅维里作读后感。孟德斯鸠《论法的精神》其实是《罗马盛衰原因论》的后续之作，据说亚当－斯密死前烧掉的一些稿件中也有关于罗马史的。

为什么罗马史有如此多的益处，伟大的历史学家做了些贡献，可若无真实可靠的伟大历史，他们便也无所作为了，伟大的历史总不缺伟大的历史学家去记载。波希战争后不久就有希罗多德，修昔底德则亲眼看着伯罗奔尼撒战争的，恺撒干脆自己写下了《高卢战记》和《内战记》。所以，最为关键的是伟大的历史，企图靠抓刀者杜撰是不行的。

伟大历史的创造需要爱好自由和民主的人，李维记载，罗马共和国的元老院的元老们说："只有一心渴望自由者，才有资格成为罗马人。"据说马其顿的亚历山大在远征途中碰到一条民用船只，船上的人竟然在谈论他们国家的政体，亚历山大预言那些人会强大起来，这些人来自一个叫做"罗马"的地方。没有爱好自由与共和的人，便不会有伟大的战争，只会有奴役和体面的屈服。

看一个国家的人民是否拥有自由，如何行使自由，只要看它的政体，爱好自由的民族和国家其政体总不会是专制的，即使是爱好自由的民族不幸落入专制，

政体之于国家犹如身材之于女郎，海伦的身材应有最吸引人的比例结构，而罗马的共和政体是绝佳的权力分配体制。夫琳·德摩根作品，1898 年。

其自由也就不在了，对于这种不幸的命运，罗马人铁一般的意志最终也未挡住，但是爱好自由的人不会轻易落入专制。罗马征服亚平宁半岛时并不压迫那些被征服者，而是和他们联盟，让他们做罗马人，所以汉尼拔的大军只能困入这些爱好自由的城邦之中；西庇阿受希腊文化的影响很大，打败迦太基后，也不专制；盖约·格拉古请求给意大利的国民以罗马公民的身份，虽然元老院没有同意，但后来这些爱好自由的人还是通过起义获得了；恺撒征服高卢，给高卢人以罗马公民的身份。

政体之于国家犹如身材之于女郎，海伦的身材应有最吸引人的比例结构，而罗马的共和政体是绝佳的权力分配体制。孟德斯鸠对罗马共和国的执政官、元老院和护民官的基本框架很是赞赏，这是君主制、贵族制和民主制的和谐统一，这种结构可以较好的抑制僭主制、寡头制和暴民制的循环。他还认为雅典败给斯巴达是因为实行了完全的民主制，不能调动全力应付战争。当然，政体的结构不是静止的，而应是运动中的平衡，但不可付诸暴力，他希望："在保卫衰落的政体的人和提倡新政制的人之间开展着一种高尚的竞争。"马基雅维里对此感知更早："平民和罗马元老院之间的不和，促成了共和国的自由和强大。"

但我认为政体之美要甚于人体之美，恺撒和安东尼都被埃及女王克娄巴特拉的美貌所吸引，也都丢掉了罗马和性命，而奥古斯都不为所动，看来他的眼光更高一些，所以能成就帝国的事业。他建立了元老院掩护下的元首制，虽是终身护民官，却装模作样的参加选举，他以民主之形行专制之实，统治罗马帝国四十年，造福于民。这里不得不说布鲁图这个人，他是恺撒的养子，深得恺撒信任，但他对共和的

马基雅维里

信仰超过对家族的信仰，可算是共和之美的热烈追求者，杀死了他的养父。

但专制总是专制，奥古斯都统治下的共和政体之美只是虚幻之物，吉本说：

"这种完全的依赖一个人的性格的幸福是无法持久不变的。"这句话道尽专制的实质危险。塔西佗叙述罗马为何由共和而帝国，孟德斯鸠分析罗马为何由强盛而衰落，他们都提到罗马人的德行在贪婪的物欲下败坏掉了，自由的渴望暂时沉睡。自由没有了，共和政体之美不再。

埃涅阿斯的传说与寓言

站在古文明的豁口，古罗马的伟大诗人维吉尔忧郁地写下了传世史诗《埃涅阿斯纪》，这可不是在向一千多年的过去说再见，而是彰示当时的奥古斯都时代是古罗马壮阔历史的传承，是古罗马道德和精神的继受，奥古斯都作为元首是命运，是神的意志。埃涅阿斯的儿子是阿斯卡纽斯，别名"Iulus"，而奥古斯都名字中的"Juhus"也就意味着他是埃涅阿斯的后代。

维吉尔的遗嘱要求烧掉《埃涅阿斯纪》，也许维吉尔远远地看到了帝国的命运，共和精神不存，罗马神衰落，这种情绪和《历史》的作者塔西佗有几分相似。但奥古斯都下令整理了它，以作为帝国文学的榜样，皇帝需要为帝国体制寻

埃涅阿斯向黛多讲述特洛伊陷落的故事，皮埃尔作品。

图解版 世界五千年

古罗马王朝史

找历史合法性。维吉尔在但丁《神曲》中作引路人，我想他们俩至少有一点共识，那就是"罗马帝国如命运一样不可抗拒"，但丁在《帝政论》中说出此语。

命运虽不可抗拒，但是否意味着命运的自动实现？在这一点上，埃涅阿斯寻找拉丁姆和《西游记》中的西天取经有几分相似之处，那就是要经历"九九八十一难"。所谓命运，那是神所决定的事，人只能奋力而为。埃涅阿斯就是这样一位奋力而为的英雄。这位英雄的命运从特洛伊城的陷落开始，迈锡尼王阿伽门农率领希腊军事联盟运用木马计把特洛伊城攻克，从此埃涅阿斯开始了寻找新地建立新特洛伊的艰苦旅程。他首先来到西西里，在那里休整之后到达了利比亚半岛上的迦太基，和迦太基女王黛多陷入爱河。后来他又忍割儿女私情，回到西西里后再启程，到达意大利，在台伯河流域和周边部族联姻或是战争，奠定了罗马的基础。

一个民族的性格和一系列道德政治观念，可以从他们所欣赏的英雄的影子中看到，埃涅阿斯为民族和城邦而坚忍苦难，个人才智和勇气得以展现，个人幸福居于了次位，这和希腊英雄是不一样的。希腊英雄具有很强的个人色彩，阿喀琉斯为个人恩怨而参加特洛伊战争就是明证。服从更高的共同体利益是罗马共和国产生的一个原因，同时也是它的军队纪律严明的一个原因，正是他的政治体制和军队的优势力量才建立了罗马帝国，使地中海成为它的内海。

埃涅阿斯背着父亲逃离陷落的特洛伊城，费德里克作品，1598 年。

奥古斯都

　　埃涅阿斯是特洛伊人的后代，特洛伊是一个邻海的亚细亚城邦，扼守亚洲和欧洲的通商要道，有点像后来的奥斯曼帝国，注重经商和城防。这种特质也融入了罗马人的血液中，使商业精神和拉丁地区原有的务农精神相结合，而罗马的城防之坚固是历史中出名的，汉尼拔在蹂躏意大利时罗马城久攻不下。

　　埃涅阿斯在迦太基的经历同时也预示了三次布匿战争，布匿战争的胜利是罗马国运真正扭转的开始，没有这三次胜利，罗马共和国就无法强大，也更不会发展为罗马帝国。传说女神维纳斯让迦太基女王黛多爱上了埃涅阿斯，两人陷入爱河，但是埃涅阿斯并没有忘记寻找新地重筑特洛伊的使命，于是离开黛多。由爱生恨，黛多发誓她的后人和埃涅阿斯的后代势不两立，永不和解。据记载，迦太基的伟大英雄汉尼拔在年幼时就在父亲的监督下发誓，他与罗马水火不容，他的发誓是当年黛多誓言的重述。

罗马征服地中海周边国邦的路径和埃涅阿斯旅程的顺序也基本重合，先西西里后迦太基，当然这说明不了什么，关键是这个传说在潜移默化当中塑造了这个民族对周边政治地理的认识。那些地名使他们有了更大的视野，而不是局限于亚平宁半岛。

奥古斯都是罗马帝国的实际揭幕人，然而揭开罗马帝国命运之幕的却是埃涅阿斯。这位传说中的人物，我不知其真假，反正古罗马历史学家李维把他记录在案，就像我们不知黄帝真假，司马迁在《史记》中给以记录一样。我们自称黄帝的后人，古罗马人自称祖先来自特洛伊，而奥古斯都显而易见在说他是特洛伊英雄埃涅阿斯的后代，政治诉求不言而喻。

在《埃涅阿斯纪》中，维吉尔让埃涅阿斯多次通过梦幻或他人暗示，看到了他的后人是如何开创一个大帝国的，当然在这串名单中，排在最后一个的，集大成者乃是当时的奥古斯都。从这个角度来说，是奥古斯都激励了一千多年前的埃涅阿斯，他后代的功绩让他信心倍增，也可以说帝国的美梦让他继续战斗。

埃涅阿斯的传说不仅是天才诗人和历史学家的素材，也不仅是奥古斯都头顶的祥云，而是在这样一个传说中，我们看到了一个民族他们自己所珍视的东西，何以成就帝国的原因。当然真实的帝国历史要复杂得多，残忍和荣耀，命运和未来，取得的和失去的，纠织于一起，所以埃涅阿斯浑身笼罩着神的眷顾和命运的宠幸，可维吉尔的史诗散发着忧伤。

罗马共和末期的自杀现象

在过去的罗马世界，自杀在非常之绝望的情况下才会发生，而这种非常之绝望常常是确定不移的，是摆在眼前的，而不是仅仅靠怀疑和想象的，是不容许一丝希望之光线存在的。所以，自杀很少，更多的是宁死不屈。罗马史上最密集的自杀现象，我相信是在安东尼、屋大维和雷必达后"三巨头"时期。此时，自杀虽也发生在绝望之际，但这时的绝望，似乎是一种很容易就染上的忧郁症。人心飘过乌云，如末日的黑夜。

埃及女王克娄巴特拉的自杀

　　这种特别的现象，我想可能和当时罗马世界的宗教、哲学、社会状况以及杰出人士的示范分不开，所有这些方面都指向他们的内心世界。他们对生命的看法不再同于过去。不管他们的信仰如何，不管他们的政治见解如何，他们都敢于自杀或者让亲信、朋友、家人以及奴隶来杀死自己。这就毫无疑问的可以看出自杀是受理解和尊重的，也就意味着自杀这个时候存在着深厚的社会心理基础。

　　这个时期的罗马宗教不再仅仅是罗马本土的，大量的俘虏、奴隶和商人等外来人口带来了他们新的信仰，而连年的征战士兵们接触了世界各地各样的信仰，这就带来了宗教信仰的多样性，同时伴随而来的是混乱性。罗马城是一个非常阳光的城市，它的宗教本也是活力四射的，而外来的宗教，最主要是东方的宗教扰乱了它，使罗马宗教的积极性掺进了阴暗。人类害怕的不是只存在一种信仰，而是信仰的混乱，这会带来悲观气氛。在内战时，罗马出现了各式各样的预言，或是诗人，或是装神弄鬼的人，他们对这个世界都根据自己的迷信对未来做出玄妙的解答，这本身就是混乱的一个印证。

　　罗马社会的哲学也同样变得多样，原来主流的积极向上的斯多葛派哲学和罗马的宗教感情融洽的结合着，它们都强调人的意志的至高性。而此时，已被伊壁鸠鲁派的哲学侵蚀了，人类只是机械的物质，感觉高于意志。这就导致了一种现世享乐的堕落风尚，趋向于自然，对更高更远的精神没有了关照。而当时的物质条件是远远承受不起这种哲学的。同时那些保持着传统人生哲学观的人在遭遇这种哲学观时，也出现了迷茫与混乱。一方面这些人必然自信自身的优越性，另一方面又存在现世的困扰，所以自杀是一个出口，让绝望的世界留给肮脏的世俗者。这种矛盾性不仅存在于社会，也存在于个人身上，因为无论如何他们都在这些哲学上找不到生命的最终解答。

然而这两方面的作用，还没有大到令社会精神崩溃错乱的程度，毕竟没有一种常见的宗教和哲学是鼓励人自杀的。我更倾向于把自杀看作是对死亡的麻木和生的经常性绝望。死亡的麻木主要是同胞间的屠杀引起的，这种低级的疯狂影响巨大，因为若是异族仇杀能激发高尚的集体感，而自相残杀只会破坏这种情感。没有比对集体感的失落更容易产生轻生念头的了。更重要的是，宣告公敌制度，把人的头颅放到广场上展示，这是过去罗马没有的，即使敌人的头颅都不会展示，因为那是残忍的并且低级的。头颅展示的效果，让人们对死亡产生了熟悉，死亡成为平常事，稀释了恐惧感。

布鲁图的自杀

同时，在公敌宣告制度和罗马人的大规模自相残杀之外，是极端的不宽容，特别是在后"三巨头"时期。生命在敌人的手中似乎是不可能得到饶恕的，而且死得都非常之惨，已经没有一丝尊严了，要是想到西塞罗的头和手被砍下，都会打冷颤。那么为什么不自己解决自己的生命呢，至少可以得到同情和尊重，这是有先例的，比如小伽图的自杀。

于是，我们看到很多人自杀了，多拉培拉请求他的卫兵杀死他，他的卫兵照办后自杀了，他手下的得力部将马苏斯也自杀了，被布鲁图打败的桑萨斯人差不多集体自杀了，卡西乌斯自杀了，阿丁尼阿斯自杀，布鲁图自杀，等等。我要强调的是，卡西乌斯和布鲁图的自杀，因为他们俩都是共和制的捍卫者，恺撒的刺杀者，他们的死后来被看作刺杀恺撒的命运惩罚。卡西乌斯是在布鲁图的军队取得胜利的情况下自杀，因为他以为败了。布鲁图是在他的将领不愿意继续战斗的情况下自杀了，因为他认为不存在任何希望了，他已无法为祖国效力了，他的共和国灭亡了。

卡西乌斯和布鲁图在死后获得很高的声誉，但是我认为这和他们的自杀是没有关系的，而是因为他们本身优秀的品质、德行和追求。甚至可以这么说，如果他们不这么轻易的自杀，罗马共和国或许能够继续存在一段时间，因为他们极有可能会胜利，他们能获得更高的荣誉。可是他们都太轻视自己的生命了，似乎随时等待着自杀这一壮举。

就罗马的这些自杀者而言，他们甚至彼此之间是敌人，但在如何对待生命上他们大多是统一的，那就是在那个混乱的罗马帝国的巨大转型期，他们没有忘记自己的灵魂和尊严。

他们爱自己胜过爱自己的生命。他们随消逝的过去而逝！

亚历山大王朝史

伊苏斯之战

在下几个月亚历山大的基地是西里西亚。众所周知西里西亚土地肥沃，它的平原曾是阿黑门尼德金库的主要财源，而且以陶拉斯和阿玛努斯山为屏障，入口稀少。亚历山大打算把它作为一个要塞，于是派帕曼纽为先遣占领这些沿御道到叙利亚的关口。这里是约拿石柱延伸到贝伦关的隘路，在前者阿玛努斯山以一个支脉往下俯视大海，而贝伦关口控制经由阿玛努斯进入阿密克平原内陆的入口。马其顿人迅速清除了波斯设在南部隘路的前哨，事实上占领了远达叙利亚世界的西里西亚。

此时形势仍然稳定。由于贸然在塔尔苏斯游泳，亚历山大病倒了。行经这个沉闷且有瘴气的平原时，他骑马骑热了，所以抵抗不了西德那斯河清凉的河水的诱惑（那时流经这个城市），直接跳进河里游泳。不幸的是，河水中掺杂陶拉斯的雪水，即便在夏天河水也很凉。亚历山大不久就生病了，抽筋、发冷以及高烧，并接连失眠，他的生命一度垂危。御医阿卡那尼亚人腓力，给他服了药性猛烈的泻药。这个药物可能有效，或者仅仅是在应用时很侥幸。无论如何，亚历山大的烧退了，逐渐康复起来。这场病使他几个星期虚弱无力。此时波斯军队正向西里西亚逼近，这就造成了一个非常不安全的气氛。当这个国王可能一命呜呼时，高级统帅一定蠢蠢欲动。可能在这个时候，亚历山大的司库官哈帕鲁斯，马卡图斯之子，逃到欧洲。他的动机无史可查，除了一个名叫陶里斯库斯的冒险家劝说他这样做之外，可能他认为如果国王辞世，那么西里西亚是一个最不受欢迎的地方；如果发生了继承危机，他最好呆在马其顿周边。不管他抱有什么样的计划，都被这个国王的康复和伊苏斯的胜利打乱了。哈帕鲁斯在麦加里德生活了几乎一年，之后在公元前331年被召回宫，重新担任司库官一职。他的罪行不是叛逆，也不是贪污，否则他的复职难以解释。这个政治推论，不管它的性质如何，都没有严重到损害他作为一个财政管理者的价值，但是他的离开显示了在亚历山大生病期间马其顿总部动荡，这不是独一无二的。

亚历山大

　　与此同时波斯军队逼近。公元前 333 年春夏之初，大流士已从帝国的中央总督辖地调集军队，将大军集结在巴比伦。由于时间紧急，东北边境的强大骑兵没有前来，然而波斯和米底的全部兵力出动。大流士可能也集结了在波斯军队中数量最大的希腊雇佣兵，史料记载有 30 000 人，这可能言过其实。另一方面，史家厚颜无耻地夸大了他的军队数目，以彰显亚历山大的丰功伟绩。我们无法确知事实，但一致的共识就是波斯军大大超过亚历山大的军队，同代人预料他将被敌人的大批骑兵践踏于西里西亚平原之上。大流士决心决一死战。这是一个有争议的决定，并且在我们的史料中有对此进行争论的证据。雅典人卡瑞德姆斯主张分兵作战，国王留在巴比伦，而由一个更小的部队（由他本人指挥）对付马其顿人。由于以前牵制迈农的波斯贵族的猜忌，他的野心未能实现，相反因为争论时不合时宜的坦率而被处死。战略的分歧将一直存在，（另一个传统记载，在后来的战役中马其顿的叛离者阿明塔斯，反对离开索契基地的决定），意见不统一以及希腊和波斯统帅之间的互相猜忌是波斯高级统帅层的一个主要弱点。这个重要决定是在夏初做出来的，之后大军从巴比伦北上，缓慢行进，它的行程由于巨大的行李搬运车延缓了，车上运送着重要珍宝以及王后和后宫佳丽。在抵达幼发拉底河的萨普萨卡斯的渡口之前不久，亚历山大生病的消息传来，于是大流士全速前行，在五天之内渡过河流，向阿密克平原进发。他的大部分行李搬运车被送到西南约 300 公里的大马士革，而这个作战部队驻扎于索契，阿玛努斯山边的阿密克平原的一个地方。从巴比伦出发，行程至少花费 3 个月时间，到 9 月他在索契占据适当位置。亚历山大已经复元，并积极在西里西亚展开活动。他从塔尔苏斯移师到这个海岸，并领兵西进，向这个平原边的一个城市索利进发。这里亚历山大采取了严厉措施。他设置了一支驻军，并对同情波斯者处以 200 塔兰特的巨额罚款。他接受人质，以确保城市支付金钱。这个严厉措施与免除平原另一端的马拉斯城的赋税形成鲜明对比。与马拉斯一样，索利的祖先是阿哥斯英雄安菲罗卡斯，但亚历山大只承认一个城邦的这种声明。库齐乌斯可能言之有理，即对索利的罚款是一种隐蔽的税收。这个城市孤立无援，远离它的后方，且不可能给予波斯事业任何重大的帮助。而马拉斯的战略地位相对重要，因此争取它的好意更为重要。从索利出发，亚历山大匆忙进入陶拉斯山，这个以大西里西亚著称的地区，并与精锐部队进行 7 天交战。这个情节如此简略，以至没有被视为重大的战略演习。此举可能意在展示武力，以使山区居民铭记征服者的军事效能，并阻止平原上的袭击。当然亚历山大并不担心波斯军队的迅速逼近，或者他不会远离一个与预期进攻方向相反的地方。在这次转移之后，他返回索利，进行祭祀，举办节日，以为其康复而向阿斯克利皮亚斯表示感恩。当他仍在那里时，传来消息说他在西方的总督取得了对波斯统帅欧戎托巴提斯的胜利。这不是最后的，或者决定性的战争，因为哈利卡纳苏斯仍掌握在波斯手中，且敌军的舰队在爱琴海仍出入自如。然而，不久之后传来迈农的死讯，这大大鼓舞了马其顿的士气，而且对于波斯人来说雇佣军的撤退已经削弱了西方的攻势。

亚历山大现在开始东征，沿海岸向马拉斯进军。那里他得到消息，波斯军队已经驻扎在索契。获悉这一消息后，他加速行军，首先向伊苏斯湾前的卡斯塔布鲁姆进发，在这里他与帕曼纽会合，之后到达伊苏斯。将伤病员安顿在伊苏斯之后，亚历山大通过约拿石柱的支脉，行军到沿海的隘路。这个地方史料出现很大的分歧。阿里安记载这个国王急于与波斯人作战，但由于秋天的疾风暴雨，而被滞留营中。库齐乌斯声称他的战略是防御性的，计划在沿海的隘路交战。可以肯定的是战役姗姗来迟。到战役打响时，大流士的行李车从阿密克平原周边出发，行程300公里，到达大马士革。行程至少耗时3星期，因此波斯军队可能在索契度过一夜。战前，可能双方都有防御战略的因素。大流士选择了最适于部署他的大军的平地，而亚历山大选择在沿海的隘路迎战波斯人。从马拉斯出发，亚历山大行军到一个地方，此地约拿石柱充当他的后盾，而海洋和阿玛努斯山保护他的侧面。如果波斯人沿御道通过贝伦关，他们将在隘路与亚历山大狭路相逢，其人数优势就被抵消了。现在是等候的问题。哪支军队会贸然在对方选择的地点作战呢？

最后大流士主动出击。古代作者带着事后聪明说，他因骄傲自大而头脑发热，可能这种说法有一些根据。这个大王，凭他本身的能力是一个军事英雄，不愿意无限期地等待一个数量处于劣势的对手。他也面临供应的问题。在阿密克平原，大流士依赖陆路运输提供给养，此时收割已经结束，供应不久就会所剩无几。另一方面亚历山大可以轻而易举地由海路从西里西亚得到供应。后勤的因素不可避免地促使波斯人先发制人。他们确实这样做了，但是从意想不到的方向。大流士率领侧翼向北移师，迂回行军至少150公里，穿过巴克关和托普拉卡雷隘口。他的军队畅通无阻，并浩浩荡荡地进入伊苏斯北面的平地，切断了亚历山大军队和西里西亚基地的联系。向北行军完全出人意料，亚历山大不相信这一消息，直到他派人由海路证实。他或者不知道北部关口，但国王已在西里西亚逗留了两个月甚至更久，这有违常理，或者他认为对于波斯舰队而言这条路线崎岖难行。因此他曾经撤离了守卫。但也有这样的想法，即亚历山大想诱敌深入，即使到达的方向出乎意料。他没有料想到整个波斯军队移师北上，尽管他知道第二个先遣队可能准备夺取贝伦关，从腹背攻击他的军队。他可能留下联盟部队（在这场战争中没有记载）及辅助部队监守南部关口。他的军队主力向北回师，战前在约拿石柱顶端，这个沿海隘路中最狭窄的地方过夜。

波斯人已经在品那拉斯河，从阿玛努斯流入海洋的一个支流建立了一个防御地点。鉴于这一地区水文地理学的变化，它的确切地点不得而知。可能我们永远也无法找到。战役可能在约拿以北约 15 公里的库鲁·凯周围进行，那里平原比较狭窄，仅有 4 公里宽（同代的卡利西尼斯声称这个战场从海到山脚有 14 里宽）。这个地形适于马其顿人，而波斯军队不得不收缩战线。骑兵从海边聚集到右边；雇佣军步兵位于中心，而波斯国民兵将这个战线延伸到阿玛努斯山脚，从右边山角向前延伸，几乎可以包围马其顿的侧翼。其他士兵纵深排列到战线右翼。为了对抗守军的坚固防线，亚历山大提前部署好他的军队。黎明时分，马其顿军队移师平原，步兵首当其冲，之后是骑兵。通过隘路的过程自然缓慢，花了将近一早上时间。当平原逐渐开阔时，步兵得以列队，起初 32 列，之后 16，最后 18 列。这是一个逐渐的过程。当空间足够大时，列队可以移动到前面，这样方阵逐渐加长，并在纵深上逐渐收缩。因此在他向前作战时，亚历山大有一条战线能够迎战和击退任何骑兵袭击。军队渡过横断平原的沟壑和溪流时，不可避免地行动缓慢，下午时分马其顿的战线接近波斯人。骑兵分列方阵的右翼和左翼，色萨利人和盟军驻守海边，马其顿人则部署于山上。弓兵和轻装步兵位于斜角，以反击山腰的波斯人。亚历山大本人站在马其顿步兵方阵右翼的骑兵前面。最后一刻亚历山大进行调整，移动两个共事者的部队来加宽他右翼的骑兵，并延长战线。现在马其顿军队避开山脚，以便迎战品那拉斯河上游的波斯步兵。这就需要从侧面和后面调动阿格瑞安人、弓兵和雇佣兵。他们仅仅坚守他们的阵地，并阻止波斯步兵的侧翼包围突袭。一如既往，主要的攻势是由亚历山大和共事者骑兵发起的。

大流士在品那拉斯河后按兵不动，让马其顿人首先发起攻击。亚历山大小心出战，整齐地向前缓慢行动，以保持方阵的队列。之后在箭雨的掩护下，亚历山大本人带兵发起冲锋。他的骑兵穿过一条溪流进攻，功势不可能太大，但即便如此，波斯的轻装步兵也难以抵挡。亚历山大的骑兵左行，进攻大流士，后者位于波斯部队中央，有护卫守卫。其他地方战况不顺。方阵跟不上亚历山大的进攻，结果步兵和骑兵之间出现空隙。更为糟糕的是，渡河时，空隙进一步加大，结果步兵战线的内聚力瓦解。这样为大流士效力的雇佣军重装步兵可以在致命的长矛中巧妙移动，并攻击马其顿最为薄弱的侧翼。这正是公元前 2 世纪罗马人用来挫败马其顿军队的战术，并且在伊苏斯，这个方阵面临亚历山大统治中最为严峻的

亚历山大和大流士三世对阵

挑战。它面临被打乱且被击败的危险。在朝海的最左边，波斯人数众多的骑兵势如破竹，迫使色萨利人撤退过河。现在马其顿的战线倾斜，并被瓦解，而在品那拉斯河另一边的亚历山大，他的左翼强行突围回到河岸，方阵则停靠在河床边。

　　幸运的是，在亚历山大攻击的高潮时，波斯战线最为薄弱。波斯步兵在马其顿的长矛前节节败退，因此亚历山大稳步向大流士逼近。亚历山大的宫廷史家急于诋毁他的对手，暗示说大流士在交战之初就落荒而逃。鉴于大流士早期骁勇善战，这是非常不可能的。另一方面，通行的传统生动地描述了大流士坐在高大的战车上指挥作战，直至其卫兵倒在他面前，他本人面临被生擒活捉的危险。这是庞培伊法昂的住宅中有名的马赛克所描述的情景，这当然是根据目证报告的同代的绘画（可能是耶利多里的菲罗谢努斯的作品）绘制而成的。与阿里安所言不同，大流士确实顽强抵抗，但即便如此，交战也没有持续多久。凭借他们的投枪，波斯人难以抵抗马其顿人刺杀的长矛。最后大流士败逃，以免被生擒活捉。起初大流士乘着他的战车，之后以更快的速度，隐姓埋名，骑上一头刚生仔的母驴。他的逃跑影响了周围部队的士气。随着这种恐慌的加剧，位于亚历山大和山脉之间的整个大流士的左翼开始撤退。于是亚历山大向海边移动，以援救他的处境艰难的部队。大流士的雇佣兵现在不得不面对骑兵对他们侧翼的突袭。与此同时，他们左翼的波斯先遣队逃跑。当他们摇摆不定时，马其顿的方阵恢复了队

伊苏斯战役场面

列，并利用完整的长矛屏障迫使雇佣军撤出溪流。在双重攻击下，雇佣军土崩瓦解，开始溃败。在海边，帕曼纽指挥下的色萨利人关注战况，并在敌人听到国王逃跑的传言而士气下降时发动反击。波斯战线的最后一部分现在转移，开始溃退。

在这场战役中，波斯人数众多，但这未使他们占据上风，相反在撤退时，这却是一个致命的负担。每个部队都加剧了混乱。由于命运的残酷打击，骑兵，这个军队中最快、最重的一部分最后逃跑。如果要撤退的话，他们的马匹不得不挤入整个步兵的人群中。这个过程无法改变，而且胜利的马其顿人乘胜追击，直至黄昏，因此就使得这个撤退的后方屡受袭击。在渡河时，屠杀最为惨重。那里，自然的屏障更进一步地阻挡了逃跑的军队。托勒密声称，可能有一点夸大其辞，他的骑兵可以在一座由尸体组成的桥上渡过沟壑。战役严重地摧毁了波斯军队。据史料记载，亚历山大损失约 500 人，而波斯损失 10 万人。这是宣传的数字，以盛赞马其顿的胜利。但即使如此，波斯和马其顿的伤亡也是众寡悬殊。波斯大军事实上毁于一旦，叙利亚海岸落入这个年轻人手里。

西里西亚战役结束。波斯国王率领一部分落伍士兵，包括 4 000 名雇佣兵，撤退到萨普萨卡斯。另一队残兵败将北上，穿过西里西亚关口，与卡帕多西亚和帕夫拉高尼亚的叛乱士兵会合。这是一次严峻的进攻。库齐乌斯谈到他们意图夺回安那托利亚高原，并且福里基亚总督安提贡那斯得到大量兵员，因为他的稀少部队在伊苏斯战役之前已经被亚历山大调走。最终他三次打败波斯军队，并将战役打到偏远的山国吕高尼亚。战争持续了一年，即便如此卡帕多西亚腹地仍不稳定，直到公元前 332 年柏第卡斯率大军才将它征服。这次失败对其他地方也有破

亚历山大接见大流士的家眷

坏性的影响。一支 8 000 人的雇佣兵部队，向南进军到特里波利斯，并乘船到达塞浦路斯。一队人则由逃亡的马其顿人阿明塔斯指挥，向南航行到埃及，试图吞并这个国家。阿明塔斯占领了巴鲁新，之后向孟斐斯进发，声称自己是总督扫亚克斯的合法继承人，后者已经在伊苏斯被杀。他的部队军纪败坏，结果被城中的一次突袭瓦解。埃及目前仍在波斯手中。雇佣军残兵向西航行到克里特，并资助斯巴达在这个岛上的行动。形势混乱，但天平显然向西方的马其顿人倾斜。当波

斯舰队在西夫诺斯抛锚时，传来伊苏斯的消息，于是它迅速派统帅前往小亚细亚海岸，以镇压那里的叛乱，刚但为时已晚。到公元前332年春，舰队解散。腓尼基和塞浦路斯的分遣队回国，与这个征服者缔和，结果法那巴扎斯和奥托夫拉达提斯的部队中只保有一小部分兵力。他们再也无法向新组建的马其顿舰队发动有效攻击，而且在公元前332年的战役中他们的据点接连陷落。提尼多斯、开俄斯、列斯博斯和科斯不战而降，法那巴扎斯本人也出其不意地受到攻击，后来逃到科斯。整个爱琴海岸被从波斯的占领中解放出来，并根据亚历山大的法令做出安排。与以往一样，甚至在寡头政治已被科林斯同盟批准时，这些地方仍建立了民主政治，并由亚历山大的亲信执掌权力。波斯舰队的残兵逃

美耳刻

到克里特，爱琴战争的最后一幕将在那里上演。

　　与此同时，亚历山大品尝着胜利的果实。战后，他夺取了这个大王在伊苏斯和大马士革的行李搬运车。其中的财富超过3 000塔兰特，还有比金钱更有价值的收获。皇室妇女，包括大流士的妻子斯塔苔拉以及皇太后西西冈比斯，都在品那拉斯河后面的一个营帐里被俘，而且在大马士革许多高贵的贵族少女落入了帕曼纽之手。所有人都受到盛情款待，公主仍保有她们的王室随从和头衔。亚历山大拒绝大流士赎回家眷的要求，带她们同行，称西西冈比斯为母亲（就如在卡瑞亚称呼阿达一样），并许诺给大流士的女儿们提供嫁妆。事实上他接管了大流士的责任，并且这些皇室少女是他自称亚细亚合法国王的重要因素。公元前331年斯塔苔拉去世时，亚历山大将她隆重下葬。更为重要的是，亚历山大将这些皇室妇女留在苏撒之时，指示她们在希腊受教育。显然王权已经转移到马其顿人手中了。这些公主将学习他们的征服者的习俗。公元前324年这一过程完成，此年亚

历山大及其属下与她们正式缔结婚约。然而，在公元前333年复仇战争尚未结束，与一个波斯公主结婚仍不可思议，所以亚历山大将巴西妮作为情人。这个妇女曾先后是蒙多和罗得斯的迈农的妻子，其父是阿塔巴扎斯，阿塔薛西斯二世的一个后代。她也在希腊求学，是同时代的美女之一。巴西妮为亚历山大生了一个儿子赫拉克勒斯，后者曾经在两个短暂时刻成为帝国游戏中的傀儡，但在任何意义上都从未被视做亚历山大的继承人。

征服叙利亚海岸（公元前322年）

亚历山大将西里西亚和北叙利亚留给他的两个共事者巴拉克拉斯和米农掌管，而他本人则进入腓尼基，接受北部重城阿拉德国王斯特拉顿的投降。阿拉德地处岛屿，因此无需马其顿军队驻防。亚历山大在向南的海岸马拉萨斯（现代的阿米特）进行了短暂停留，在那里他接到大流士的第一封外交信函。如果我们可以相信阿里安和库齐乌斯的记载的话（二者在许多地方意见一致），亚历山大和大流士没有达成一致。大流士想要赎回他的家眷，却不割让任何领土。然而他愿意把亚历山大视做朋友和同盟。对于这个大王来说，这本身就是一个巨大的心理让步了，因为在理论上他天下无敌，只向属下发号施令。但是对于大获全胜的亚历山大而言，这是无法接受的。他的答复坚定不移，他不是战争中的侵略者，而是要报复波斯人的罪行：公元前480年的入侵，公元前340年援助培林修斯——怂恿刺杀腓力。这并不是全部。大流士是一个篡夺波斯王权的人，巴哥阿斯的傀儡，现在亚历山大已经成为亚细亚之王，这已被为他效力的波斯贵族所认可，因此如果大流士以国王属民的身份来拜谒他，他才愿意会谈，否则这个争端只能通过战争解决。谈判之门关闭，于是大流士再度集结部队来保卫美索不达米亚，抵抗入侵者。出乎所有预想，他等了将近两年时间。

亚历山大穿过腓尼基，继续行军。比布拉斯和西顿热情地投靠他，西顿国王斯特拉顿二世，大流士的一个朋友，被他的人民抛弃，遭废黜。这种模式似乎继续在提尔重现，后者仿效阿拉德的例子，由王子（与阿拉德的基罗斯特塔斯一样，现任国王阿西米尔克，正和到爱琴海的波斯舰队中的提尔先遣队在一起）率

领使团前去归降。在这个国王打算在这个城市之神美耳刻神庙（亚历山大视为他的祖先赫拉克勒斯的化身）进行祭祀之前，一切进展顺利。他所到之时恰巧是美耳刻的盛大节日，公元前332年2月，并且在这个时候献祭是他的王权的明显表现。提尔人似乎这样解释他的要求。他们同意他在大陆，在古提尔进行献祭，但岛上的神殿仍然（如阿拉德曾经所做的那样）对马其顿人和波斯人关闭，这事实上是宣布中立。亚历山大不愿意像对米利都那样，允许提尔自行其是。他生气地打发走使者，并准备包围这个岛城。战略上这是不必要的。像塞拉那一样，提尔可以由大陆上的驻军监督，并由他的敌对的邻国予以限制，最终它将不得不和这个征服者缔和。然而，亚历山大的主权受到正面挑战，因此他不打算放任这种拒不服从的行为。不论付出多大代价，他都要向美耳刻献祭。

西顿遗址

代价惨重。一个4里宽的海峡将提尔岛与大陆分隔开来，因此亚历山大着手建造一个巨大的围攻防波堤，填水以摧毁古提尔城。当它达到接近城墙的深水时，这个工程推迟，因为提尔人从海上驱逐劳工。这个建筑工事需要两个巨大的围攻塔的保护，用以清除伞兵的护城墙。即便如此，这些塔楼本身也易受攻击。提尔人利用猛烈的海风，将一个火船划到这个防波堤的末端，完全破坏了这两座

塔楼。之后在秋分时候暴雨如注，进一步摧毁了石堤的基础。与此同时马其顿的部队在其他地方展开积极行动。帕曼纽通过叙利亚馥地，而亚历山大本人对安提黎巴嫩山进行惩罚性的袭击，以报复当地人对他的部队的攻击，他们曾为这个围攻工程砍伐木材。由于提尔海军实力占优，围攻陷入困顿之中。夏初爱琴舰队的叛离者回国，形势急剧转好。除提尔之外的腓尼基城市的 80 艘船只进入西顿港，不久之后塞浦路斯国王带 120 艘战舰抵达此地，正式归降。其中三个，萨拉米斯、库里乌姆和阿马萨斯国王和他们的先遣队一同参战，这就使围攻的形势发生不同变化。亚历山大在战船数目上占有优势，可以将提尔人围困在岛内。现在攻城的准备工作继续进行。围攻堤逐渐向城墙延伸，并且亚历山大的军事工兵，尤其是优秀的色萨利人狄亚德斯，建造了希腊围攻战中最牢固的攻城器械。最著名的就是为船运设计的围攻塔，上面配备了缩放比例的桥梁，此外也有强大的扭力弹弓，可发射大块石头。另一方面，提尔建造了几乎有效的防御武器，巩固他们城墙的薄弱地方，并增加了发射基地，大量配备燃烧弹和攻击个人的装备。他们也有用填补的皮革做成的防守挡板，可以减轻弹弓发射的石头的碰撞，另外还有旋转轮，能够阻止和打破箭阵。一度他没有采取军事行动。他所关注的是清除城墙前的防波堤。最后的攻击之前有一个间歇。提尔最后时刻的海上突袭导致恐慌，但没有造成伤亡。

最后，在公元前 332 年 7 月的某一天，袭击开始。围攻防波堤卓有成效。精心准备如此之久，提尔人已经建造了一个内墙，并用泥土和石头填满了这个空隙。在那一部分，防守不受影响。在别处，马其顿人用船载的撞锤发起攻击，结果攻破了这个城墙南边的要塞。提尔人全副武装进行全力反击时，马其顿代价惨重，初次使用缩放比例桥的尝试以失败告终。夜晚马其顿鸣金收兵，据称这个国王考虑停止围攻。亚历山大严阵以待，但逆向的风使得他在以后两天没法重新发动进攻。在最后的攻击中，亚历山大扩大了对要塞的突破，并摧毁了防守者的城墙。之后利用这个缩放比例的桥梁，盾兵以及来自科努斯方阵的士兵冲进墙内。他们首先攻占了这个护城墙，之后马其顿军队通过宫殿，长驱直入城市。当守军从城墙撤退之时，腓尼基和塞浦路斯舰队强行通过港口的路障。提尔城陷落，士兵遭到大规模的杀戮，一场血腥的屠杀开始了。马其顿人彻底地发泄了长期围攻失败的怒气，结果8 000名守军战死。大约2 000人是在海边被杀的，作为抵抗这个征服者的严酷警告。其他人被发卖为奴，除了一些在美耳刻神庙避难的显要人物，其中包括国王和一小部分提尔贵族，更有趣的是还有一个来自迦太基，提尔著名的殖民地的使团。起初迦太基人是来扮演他们传统的角色，充当美耳刻节的观察者，因此目睹了围攻的开始。后来一个30人的代表团回国，懊悔拒绝提供军事援助，并且在海上封锁开始时被俘。亚历山大尊重他们的为人，但认为迦太基的行动不是一个友好国家所为，因此将他们打发走，扬言将来再和他们算账。

新的胜利需要庆祝。在这个城市的废墟上，亚历山大实现了向赫拉克勒斯——美耳刻献祭的梦想，并举行了一个盛大的仪式，他的军队和舰队全副武装游行，之后在一个运动节上举办比赛（卡拉斯之子安提贡那斯在赛跑和士兵的竞争中赢得双重胜利），最后进行了火炬检阅。这是效法在索利为康复所做的感恩，不同的是这一次庆祝的是屠杀和奴役。美耳刻接受了一个口口声声说是自己后代的人的极具讽刺意味的奉献，这个围攻的指挥者大肆毁坏他的城市。提尔的人口被清除，或者被卖为奴隶，或者经过西顿人的斡旋被拐走。亚历山大现在从内陆招募新移民，并安置一支当地的驻军，归马其顿统帅指挥。7个月围攻的后果并不是非常引人注目。马其顿花费巨大代价，包括物质和人力，来摧毁一个城市（据阿里安记载，整个围攻中只有400人死亡只是不实的宣传）。这个行动的主要价值就是杀一儆百。

亚历山大现在准备向埃及进军。埃及总督马扎克斯已经跟他联络，可能保证让马其顿军队长驱直入。在地中海东部海岸，抵抗集中于加沙。那里，加沙统帅巴提斯已经招募雇佣军，储备给养，打算长期死守。与以往一样，亚历山大直面这个挑战。他领兵从提尔南下，沿岸向加沙进发。第二次围攻开始，历时2个月之久。之所以耗费如此长的时间，是因为这个城墙周围是沙地，工兵用当地稀少的资源所建的为数不多的围攻塔派不上用场。加沙的防守也是出人意料地顽强。城中的突围给围攻者造成了严重的困难，甚至亚历山大本人的肩膀也被箭射伤。结果直接攻击推迟，直到加沙的城墙能够被在软沙上爆破的炸药摧毁。最后马其顿人由海路运来提尔的攻城器械，并将之安放在一个巨大的围攻堤上。很快这个城墙在炮火的攻击下摇摇欲坠，墙基也被马其顿人挖坏。马其顿对城墙的三次攻击都无功而返，但通过炮兵发射的烟幕弹，他们逐渐打败守军，最终攻克城墙。一如以前，盾兵打头阵。亚历山大身先士卒，结果左腿受了轻伤，伤口流血。他的部队已准备大开杀戒，由于几个星期的艰苦准备，他们怒气冲天（9月和10月缺水严重）。加沙的士兵抵抗到最后一息，直至战死沙场。之后屠杀开始。妇女和儿童成为战利品。阿里安的记述到此结束，但库齐乌斯记载了一个更为血腥的情节。可能克莱塔库斯对此进行了复述，当然马格尼西亚的赫格西亚斯也做了记载（以平淡无味的诗文）。根据这一传统记载，加沙统帅被生擒活捉，并遭残杀。他的脚后跟被刺穿，之后被拖在一个马车后，直至死亡为止。当然阿里安的省略并不能证明这个传言谬而不实。由于在提尔和加沙的长期拖延，亚历山大完全有理由给任何可能贸然反对其行程的城市或统帅以血淋淋的教训。这个情节令人厌恶，但与它的真实性并不抵触。

占领埃及（公元前 332～331 年冬）

　　亚历山大用从内陆招募来的当地人口重建加沙，并将这个城市设为军事要塞，以作为进入埃及的屏障。最后，亚历山大准备西征，以控制这个总督辖地。起初他派了一个征兵队远征到马其顿，由方阵统帅安德罗米尼之子阿明塔斯指挥，后者率由10艘三层桨战船组成的中队，受命冬天渡海返回马其顿。这个国王的事业直到春天才开始，因为在将近一年的连续围攻战之后，他迫切需要新生力量。即便如此，这个使命也是长期的、艰巨的。一年多之后，阿明塔斯才带着他的援军到达马其顿。目前亚历山大没有遇到军事问题。埃及向他献城。利用围攻加沙的两个月时间，亚历山大已经准备浩浩荡荡、兵不血刃地进入此地。从加沙到埃及边界，马其顿军队畅通无阻。7天之后，亚历山大进入巴鲁新地界，行程约200公里。这是一次通过众所周知的荒凉地带的急行军，但马其顿没有动用武力。舰队可能准备了水，而且在逗留加沙时亚历山大有许多机会准备军需品。因此军队顺利抵达埃及，之后三角洲最东边的巴鲁新要塞迎接他的舰队入港。从

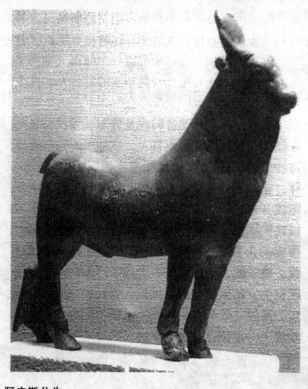

阿皮斯公牛

法老时代起，巴鲁新河口就成为埃及的第一道防线，并且在公元前四世纪曾挫败波斯的屡次入侵。如果埃及反抗的话，那么马其顿人将在这里遇到抵抗。相反马其顿人受到欢迎，当地的埃及人成千上万地涌到巴鲁新，迎接亚历山大，将他视为解放者。而后舰队沿尼罗河而上，而亚历山大则率领陆军穿过沙漠，到达赫利欧波利斯，接着渡河到首都孟斐斯。那里，最后的波斯总督马扎克斯正式归降，并用它的财富和王室附属权利献城。

　　这个迎接非常引人注目，使得亚历山大深信自己在埃及本土居民中拥有较高威望。因此在这个首都，亚历山大向诸神献祭，包括阿皮斯公牛，以庆祝他的到达。这是一个完全希腊式的庆祝，以体育比赛和希腊世界最有名的表演者参加的音乐竞赛为特征。他也向阿皮斯献祭，以示崇敬埃及当地的宗教。亚历山大意识到这些传统，即吞并埃及的阿黑门尼德征服者、冈比西斯和阿塔薛西斯三世应对杀害阿皮斯公牛负责。这一行动有更明显的象征意义，显示了这个新君与其波斯前任的天壤之别。亚历山大没有尝试或试图采用埃及的宗教仪式。可能出于好奇，他参观了神殿中的公牛，或者甚至驾临萨卡拉的陵墓，那里保存着做成木乃伊的公牛，且作为一个集中的整体，冥府之神奥西里斯—阿皮斯受到崇拜，然而埃及神仍然是外来的，虽受荣宠、敬重，但绝不会被吸收到马其顿的万神殿中。以同样方式，亚历山大接受了古老的法老头衔：上下埃及之王、拉神之子、阿蒙

阿古米的阿蒙神庙

所爱和拉神所选，而且作为荷鲁斯，他显然是神。就如曾被授予波斯国王一样，这些头衔在官方铭文上自然就授予他，但没有可靠的证据显示他按照埃及的礼仪在一个正式的授职仪式上接受王权。尽管亚历山大传奇记载了一个在孟斐斯举行的登基典礼仪式，但直接的文本以奇幻修饰，以至任何单个的细节都不能被孤立地作为事实对待。可能亚历山大认为他理所当然拥有王权，无须当地的仪式。他在这个首都做了短暂停留，因此仅仅略知当地的制度。

西瓦绿洲的阿蒙神殿更为重要。在亚历山大眼里，利比亚的阿蒙是当地宙斯的化身。这从他的第一个史家卡利西尼斯身上显而易见，后者直接把这个神比做宙斯。在宫廷写作中，他自然随声附和亚历山大本人的想法。然而阿蒙神及其崇拜在希腊世界众所周知，从公元前5世纪起西瓦的主神殿一直是朝拜的中心。它

的神谕闻名遐迩，且受人尊敬。它在希腊大陆也有分支，最著名的是在卡尔息狄斯的阿非提斯。那里有一个宙斯阿蒙的神庙，建立于公元前4世纪后半叶，在腓力统治之前它的铸币就描绘了带着公羊角的完整利比亚神。亚历山大一定从幼年起就知道这个崇拜，而且他有意把自己看作是宙斯的儿子。他倾慕这个神谕的名望，加之他的出身与其联系如此紧密，此外他也受到这种传统的鼓舞，即他的亚基德祖先，赫拉克勒斯和柏修斯曾经拜访这个神殿。就如后来居鲁士和塞米拉米斯的故事吸引他驾临格德鲁西亚沙漠一样，冈比西斯曾经在去西瓦途中损失一支军队的故事可能也激励着他去效法。参观西瓦的动机复杂，但毋庸置疑这种愿望非常强烈，绝不是一时心血来潮。可能在进入埃及之前，他的愿望就已经尽人皆知，因此小亚细亚争相出现许多神谕，证实他是神的儿子。在孟斐斯做了短暂停留之后，亚历山大可能南下到底比斯旅行，随后着手参观的正事。带着一队轻装步兵和皇家部队，亚历山大溯尼罗河而下，沿三角洲的西部海湾前行，向卡诺皮克河口进发。他视察了马瑞提斯湖岸，并对湖海之间的狭窄地峡印象深刻，此地适合建立拉克提斯港。这将是他的第一个伟大的城市，埃及的亚历山大城。目前他仅仅决定建造一座新城市。这个地点的正式奠基及疆界的划分要留待他从西瓦回来之后处理。

马其顿人和斯巴达对阵

亚历山大现在向帕莱托尼乌姆城，距将来的新城约290公里，挥师西进。从那里，他再度西行，进抵阿皮斯村庄，之后南下进入沙漠。行军 260 公里后，最终他到达西瓦绿洲，斯特拉波（公元 799 年）声称可能历时五天。在此，亚历山大进行了短暂停留，接见了一个来自塞勒尼的使团，后者带来丰厚的礼物，包括战马和战车，并盛情邀请亚历山大驾临他们的国家。公元前 324～323 年将提布伦吸引到塞勒尼的城市内讧大概已经在酝酿之中，因此现在当权的城市政府希望利用亚历山大的部队来巩固他们的统治地位。然而，亚历山大打算拜访阿蒙，且满意于一个和平及联盟条约。目前塞勒尼仍处于这个帝国之外，但亚历山大的注意力再次被吸引到西地中海，此时干预和征服的想法可能已经在他的脑中落地生根了。然而在公元前 331 年，这个沙漠吸引他，于是亚历山大率兵沿路南下。卡利西尼斯生动地记述了他们的行程，这后来被批判为阿谀奉承的典型。此次行军当然富有传奇色彩，正当他们口干舌燥时，一场暴雨从天而降；当强烈的南风埋没了这个沙漠的界标时，两只乌鸦及时出现，指引大军到达西瓦。似乎这是利比亚沙漠已知的特征——不舒适的南风，变幻无常的冬季降水，在靠近撒哈拉绿洲的地方出现乌鸦。卡利西尼斯强调了这个旅途中神对亚历山大的帮助，并为他在西瓦受到欢迎打下伏笔。尽管他的记述不免夸大其辞，但这为后来的作者，甚至像托勒密和阿瑞斯托布拉斯（托勒密竟然说指引大军到西瓦的向导不是乌鸦，而是两条蛇）这样的目击者提供了素材，并且所有史料，包括通行的文本，都提到沙漠行军中的困难。他们可能遇到困难（亚历山大行军 8 天，历时比一般小商队更长），但在这条人迹常至的地方不可能遭遇严重的危险。

一到西瓦，亚历山大就正式咨询阿古米中央神殿的神谕。作为法老的继承人，他获准进入内室，私下里咨询神意。提问的方式很奇怪，类似于从公元前 2 000 年起就得到证实并在萨美提克一世（公元前 651 年）统治时已详细记载在纸草上的埃及的神谕程序。这个崇拜的偶像，不是众所周知带着特有山羊角的阿蒙，而是一颗镶有翡翠的圆锥形石，此石放在一个镀金的船形的轿上。80 名祭司抬着这个轿，它的移动和摇晃都被解释为神的反应。在塞坦埃及，其象征意义比较简单：如果轿向前，表示同意；如果向后，则表示反对。然而在西瓦，一整套的运动需要解释。亚历山大本人不能接近神庙内室的崇拜偶像，这仅 10～18 英尺。他的问题可能私下里交给主持的祭司，后者观察这个神像的运动，然后返

波斯士兵

回内室发布他的解释。细节仍然不得其详。可以肯定的是，亚历山大独自在这个神庙里咨询神谕，而他的属下则在这个圣地之外提出他们的问题，因此他的问题仍然是私密的。后来的传统，可能开始于克莱塔库斯，记载了一系列有关世界帝国和惩罚谋杀腓力的凶手的问题，但都不是源于亚历山大近臣的任何史料。托勒密和阿瑞斯托布拉斯仅仅声称他对得到的答复表示满意，卡利西尼斯的奉承显然也不包括确切的神谕问题和答复。我们所知的就是亚历山大后来声称阿蒙授权他向某些神献祭，但这个授权是在西瓦做出的，还是在后来的咨询中——或是甚至在最近的梦中，我们不得而知。可以肯定的是，祭司们公开称亚历山大为阿蒙之子。这可能是希腊对法老头衔的解释（作为埃及国王，从头衔上来说亚历山大就是埃及西瓦神的化身，阿蒙之子），但更可能的是他的确是阿蒙之子以及希腊宙斯之子。无论如何，他公开这样描绘自己。卡利西尼斯称他是宙斯之子（不是阿蒙），并且到其统治末，亚历山大在言行上都纪念他的神圣的父亲。他曾经造访西瓦，以向这个神进行咨询。在某种形式上，他认为阿蒙是他的生身父亲，并对此深信不疑。

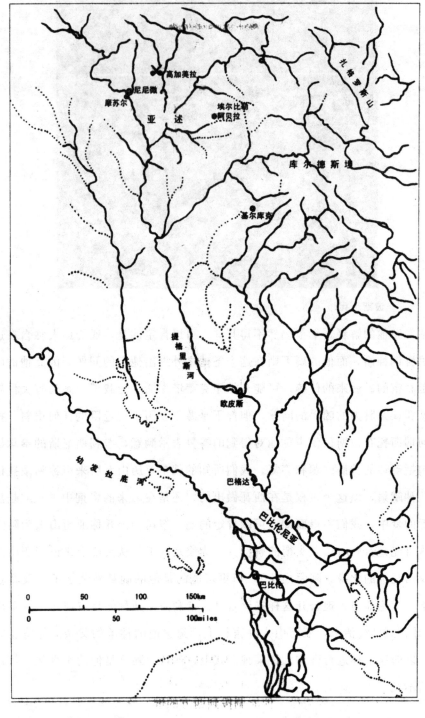

亚述和巴比伦尼亚

亚历山大在这个绿洲稍做停留，其间观看了一次有名的日出，之后返回埃及。阿瑞斯托布拉斯声称他沿原路返回，而托勒密说他直接返回孟斐斯。史料的不一致仅仅是表面上的。如果托勒密仅仅谈到返回孟斐斯，没有提到中间阶段，那么阿里安可能做出很好的推断，即他想要选择一条不同的道路，东进直接穿过沙漠。无论如何，证据偏重于阿瑞斯托布拉斯。一般认为，亚历山大城的奠基仪式开始于造访西瓦之后，返回孟斐斯的归程期间，而这个城市的落成仪式，（这在罗马时期是很有名的），是在提比月 25 日，即 4 月 7 日（公元前 331 年）。如果这个日期有史可证（而不是后来根据马其顿历法上的建成日期，按埃及历法做出的估算），那么这个新的亚历山大城是在这个国王离开埃及之前的春天落成的。亚历山大从西瓦回到海岸，沿原路返回尼罗河卡诺皮克河口，并亲自监督了这个新城的中心市民区的规划。不久之后他抵达孟斐斯，并隆重地向宙斯王献祭，这个他已经在西瓦咨询过其利比亚化身，并声称是其子的神祇，以庆祝他的到达。经过冬天在尼罗河流域的重新补充，他的军队正恭候他的大驾，亚历山大可以继续征战。

占领伊朗东部

对于大流士而言，战役即将结束，他也行将撒手人寰。他避居于埃克巴塔那首都米底，并在那儿静候事态发展。陪在他身边的是几个有名的大臣，千夫长纳巴扎尼，元老阿塔巴扎斯和东部帝国的总督们，后者听命于柏萨斯，这个大流士的亲戚和巴克特里亚北部边界和索格地亚那的主人。他们手里仍有尚未使用的军队，并且大流士已从巴克特里亚和黑海沿岸招募了新军，尤其是在高加美拉脱颖而出的卡都斯人，目的就是孤注一掷地保卫帝国中心，他们一直认为亚历山大会北上到米底，不为波西斯或者甚至希腊的叛乱分心。但所有的乐观都没有根据，不受西方局势的牵绊，不顾新的援军尚未到达，亚历山大就于 5 月离开波斯波利斯。无疑东部总督们非常明智地看到了拥有米底的前景，因此没有投入更多的国内军队。大流士的军队太少——3 300 个骑兵，以至于不敢贸然作战，绝大多数

是由柏萨斯指挥的巴克特里亚人，以及数目更多的步兵，此外还有希腊雇佣军精锐。大流士别无选择，只能撤退。东部的总督辖地将是下一个战场，自然米底被舍弃给入侵者。大流士撤出首都，向东北移动，进入到黑海门户，分隔米底与帕提伊尼以及东部的总督辖地的隘路。那里他与其派出的先遣护卫车队及皇室会合，并开始了向东的长途跋涉。

为时已晚。获悉大流士打算抵抗，亚历山大留下运载波斯波利斯大量财富的金银车，之后领兵全速通过帕瑞塔西尼边界的总督辖地。11 天行军之后，他邂逅了一个波斯贵族比萨尼斯（据称是阿塔薛西斯之子），后者带来消息说大流士携米底金库的财富，至少在五天之前已经离开了埃克巴塔那。在米底首都的行军现在是多余的了。对于他而言，最重要的事情就是追上大流士，为此他需要加速行程。因此他将军队精简到最少——骑兵（共事者、侦察兵和雇佣军）、马其顿方阵的绝大部分以及不可缺少的轻装步兵、阿格瑞安人和弓兵，总共不到 20 000人。带着这支精锐部队，他从大陆转道至埃克巴塔那，可能位于现在的苏尔塔那巴德周围，并向东北行军，抵达拉加（现在德黑兰南 12 公里的瑞）。其他部队受命占领米底，由帕曼纽指挥。帕曼纽奉命确保金银运输到目的地埃克巴塔那，此时金银车远在南部，由 6 000 马其顿方阵士兵严密保护。之后他将沿黑海海岸进行一个钳形运动，挫败大流士的卡度斯同盟，并阻止任何波斯人向埃尔伯兹山以北撤退。这些命令不久就被取消了，于是这个老将仍在埃克巴塔那统领驻军部队，最后和亚历山大分开，并逐渐离开他了如指掌的部队。

10 天强行军之后，亚历山大到达拉加，但他未能截击大流士，后者轻装行进，已到达黑海门户。此时他停住脚步，以休整和巩固军队（他不知道这个门户是否会反抗他）。五天休整之后，亚历山大继续追击。经过两天急行军，他距离拉加东约 90 公里，通过事实上没有防守的门户，进入肥沃的科瑞尼（哈尔）地区。当他储备给养，以支撑通过沙漠地区的预期行程时，亚历山大获悉敌营的更多事件。由于内部的权力斗争，波斯的高级统帅处于分崩离析的境地。大流士撤退到帝国的东部边界，以前从未亲自造访的土地（后来任何阿黑门尼德国王也没有）。那里的总督不愿意向他俯首听命，因为经过一系列灾难大流士已威名扫地。在撤离埃克巴塔那之后不久，有人就建议由柏萨斯，这个最强大以及最有名的东部总督担任最高统帅，至少是暂时的。千夫长纳巴扎尼支持这个计划，现在只有西化的阿塔巴扎斯（他的家族世代与赫勒斯滂的福里基亚结交）以及将继续支持他们所了解的国王的希腊雇佣军拥戴大流士。内部的争执必然延缓了波斯军队的行程，之后当一队逃亡者在绝望之中放弃大流士的事业，后退与亚历山大缔和时，士气日益消沉。

亚历山大首先从巴比伦贵族巴基斯塔尼斯那里获知这个危机，于是立即率骑兵和步兵精锐继续追击。这是其统治期间最有名的强行军，行程约 200 公里。行军分三个阶段。从科瑞尼平原出发，亚历山大沿达什特－卡维尔沙漠北进入沙漠。在塔拉绿洲（拉斯杰德），他进一步得到波斯阵营内讧的消息。大流士最终被柏萨斯和他的同伙拘捕，关押在一个囚车里，成为一个戴着金镣铐的囚犯。此举加速了波斯最后的分裂。阿塔巴扎斯父子以及为数不多的支持者率领希腊雇佣军，向北撤退到埃尔伯兹山。剩下的惟有东部总督部队，这对于亚历山大而言无关痛痒。只有骑兵进行最后的追击，而步兵精锐发起最后的冲击。在当地向导的帮助下，这个 6 000 人的骑兵部队通过一条直接的、无水的道路，穿过沙漠，并于拂晓后不久追上波斯的落伍士兵。现在战事即将结束。发现马其顿先遣军队到来的迹象之后，逮捕者处死了大流士。根据阿里安的记载，凶手是阿瑞亚总督萨提巴扎尼斯及德兰吉亚和阿拉科提亚总督巴散提斯，但当时这个谋杀主要是柏萨斯和纳巴扎尼策划的。在征服者即将逼近之前不久，他们分兵行动，回到各自的总督辖地，纳巴扎尼避居于赫卡尼亚，留下受了致命伤的大王等死。古代史料对他们动机的记载莫衷一是，显然他们不想让大王落入亚历山大之手，并被看作是他的附庸。如果他能被追兵拯救，他可能会充当远东抵抗的有名无实的领袖，而实权掌握在柏萨斯手中。事实上他最好死亡。

追击在快到赫卡东比鲁城，即现在的沙赫尔－忽迷斯时停止。亚历山大将这个首都作为暂时的基地，与此同时他留在沙漠中的步兵赶上他的追兵。亚历山大非常尊敬对手的尸体，将它运送到波斯波利斯，进行国葬（尽管不是安葬于大流士为自己准备的陵墓，后者尚未完工）。这标志着一个时代的结束。最后的阿黑门尼德人死了，而亚历山大，自封的亚细亚国王仍独步天下。可以说在任何意义上，复仇战争都已经结束，因为波斯帝国的各个首都均掌握在他手中，且薛西斯

的宫殿化为灰烬。对于他的希腊同盟而言，战争确实结束了。在结束对大流士的追逐时，这个国王传令到埃克巴塔那，下令解散科林斯同盟的部队，并从波斯波利斯金库中拿出 2 000 多塔兰特作为复员费。任何希望继续效力的人被招募为雇佣军，余者则被运送到叙利亚海岸，之后被运送到攸卑亚解散。这基本是象征性的决定。希腊的步兵从未在前线杀敌，因此它的离开也不会大大损害亚历山大军队的效率。辅助事宜，尤其是驻军的供应，可以由日益增多的雇佣军负责，所以希腊部队日益成为一个累赘，逐渐归于帕曼纽指挥。然而，这次遣散开了一个危险的先例。它在亚历山大的部队中激起强烈的反应，后者要求复员，几乎到了兵变的程度。帕曼纽提议接受幼发拉底河边境的建议所暗示的紧张状态现在已经公开化，军队明确表示不愿意无限期地进军亚细亚。现在没有帕曼纽来倡导这个事业，而且亚历山大可以对其部队坚持他的意愿。在一次大会上，他铿锵有力地向马其顿人做了长篇大论的演说，强调说如果让出亚细亚，马其顿将面临叛乱的危险，这首先来自柏萨斯，后者避居巴克特里亚，尚未被征服。这是关键。亚历山大现在谈论的不是复仇，而是一个帝国。他是大流士的继承人，要求获得大王的全部领土，因此绝不会允许它的任何部分仍然独立。尽管理论上马其顿部队是帝国的受益者，但他会强加皇帝的意志，不论代价多大，事实上关键就在于他坚决要求不受挑战的专断王权。由于这个国王的花言巧语，可能更多的是抱着得到现在和将来的赏金的希望，士兵同意继续实现他的野心。不过这次反抗事态严重，且在下几年中逐渐加剧。

亚历山大的当务之急就是对付大流士的残兵败将，后者避难于埃尔伯兹。他从赫卡东比鲁出发，行军三天，逼近现在的达姆罕城，那里他将部队进行划分，打算分兵三路越过这个山脉。他本人的纵队，包括盾兵、精锐方阵士兵和轻装步兵，取直道，经由珊什尔本关和杜鲁德巴上游支脉向黑海逼近，而克拉特拉斯和埃瑞吉乌斯取道其他关口，后者带着骑兵和辎重车沿重要的运输道路前进（通过沙鲁德和卡尔坎岩关）。这些关口没有守军。亚历山大的后卫阿格瑞安人轻而易举地打退了当地一些部落断断续续的进攻，所以他的行程畅通无阻。但他的一举一动也受到关注。在他最初停留在里达哥努斯（尼卡）河岸时，逃亡的千夫长和弑君者纳巴扎尼向他示好。亚历山大礼貌地答复他，许诺保证他的安全。不久之后，帕西亚和赫卡尼亚的总督福拉塔弗尼斯，亲自归降。此时亚历山大已经到达赫卡尼亚首都扎德拉卡塔，并与克拉特拉斯及埃瑞吉乌斯会师。东部埃尔伯兹的人民不战而降，塔普瑞亚山区的总督奥托夫拉达提斯也亲自归顺，结果仍保留原职（不似福拉塔弗尼斯，此人被阿明那斯皮斯，一个曾经在两年前促成埃及投降的波斯贵族取而代之）。投降现在是大势所趋。最使人印象深刻的投降发生在赫卡尼亚西疆，阿塔巴扎斯带着儿子以及与他一同背离波斯阵营的希腊雇佣军首领来到马其顿的司令部，他们受到亚历山大的礼遇。在获悉他们在格拉尼卡斯的同僚的命运之后，雇佣军忧心忡忡，因此请求确保安全。与纳巴扎尼不同，他们的要求遭到断然拒绝。这个国王援引科林斯同盟的禁令，坚持让他们无条件投降。他们别无选择，只得同意。

其间出现一个短暂的插曲，马其顿人与居住在赫卡尼亚西南边界的马地亚人激战 5 天。他们反抗的惟一原因就是保持他们的独立，结果受到出其不意的攻击。许多人逃进林木茂密的山区，最后迫于马其顿大军的追击不得不举手投降，提供人质。现在作为塔普瑞亚的附庸，他们被吸收到帝国之中。之后亚历山大返回营地，发现雇佣军守在营中，等待他的裁决。尽管他语气强硬，但处理温和，仅仅将他们征募到自己的军队之中，曾经在公元前 337 年宣战之前为大流士效力的老兵有复员的选择权。一旦投降，这个国王宽宏大量。只是一些斯巴达使节，（他认为）一个仍然公开作战的国家的代表，他严厉地加以对待，将他们进行严密关押。逃亡的残兵败将进入宫廷，或者加入军队，其中包括纳巴扎尼，亚历山大回到赫卡尼亚首都时归降的人。尽管他曾经策划扣留和谋杀大王，但他仍受到礼遇，这部分归功于他赠给这个胜利者的礼物皇室宦官巴哥阿斯的魅力。关键就在于他承认这个新政权，这样目前看起来似乎古老的波斯宫廷的所有党派，不论是大流士的谋杀者还是保卫者，都拥戴亚历山大。因此在扎德拉卡塔的 15 天期间，亚历山大进行祭祀，并举办比赛。

实质的联盟是暂时的，亚历山大很快就面临挑战。亚历山大穿过埃尔伯兹，回师帕西亚，并向阿瑞亚总督辖地的边界东进。在苏西亚（可能等同于麦什德东北的图斯城），他遇到总督萨提巴扎尼斯，后者正式投降，结果官复原职。他将与一个马其顿官员阿那克西普斯合作，后者统帅一支由 40 个骑马的投枪手组成的小型部队。亚历山大显然并没有预料会遭到严重的麻烦。他很快醒悟。消息传来，柏萨斯已经夺取了阿黑门尼德王权。亚历山大在赫卡尼亚做短暂停留期间，这个弑君者已经回到自己的总督辖地，并在那里再次袭取了波斯王权的象征，垂直向外展开的波斯王冕，并采用王号，自封为阿塔薛西斯五世。他不但打算抵抗亚历山大，而且僭越王权，以期远东的总督辖地会听从于他的统一领导。亚历山大的反应在意料之中，他立即向这个篡位者宣战。从苏西亚出发，亚历山大打算沿科佩特·达哥山的小山丘东进，从西面入侵巴克特里亚。根据库齐乌斯的记载，他轻装行进，行军之前焚烧了他的运输车。其目的显然是在柏萨斯能够集结部队前，先发制人。这是军事上的反抗，也有政治上的敌对行动。亚历山大采用一些波斯宫廷的朝服：他将波斯王冠、白边的束腰外衣以及腰带与独特的马其顿宽边帽子和宽大外衣结合起来。与此同时，他发给资深的共事者深红色的波斯廷臣长袍，选用亚洲出身的宫廷内侍，并任命一些波斯贵族充当他的随从，其中最为著名的就是大流士的兄弟欧克西亚特雷。这有力地证明了亚历山大严正要求王权。他不是昙花一现的征服者，而是波斯君主的真正继承人，由其前任的兄弟辅助和支持。此举可能促成一些人疏远柏萨斯。危险是这个硬币的另一面。马其顿人已经不愿意继续东征，现在他们又看到国王被波斯宫廷礼仪所同化，至少在部分上。这是公然违背传统，必然激怒了保守贵族，但显然马其顿没有反对的核心。帕曼纽在米底孤立无援，且不久之后就被剥夺了他的方阵步兵（他的雇佣军骑兵和色萨利的自愿者已经出发，以期在阿瑞亚与亚历山大会合），而且在埃克巴塔那由他指挥的部队主要是色雷斯人。在亚历山大出兵反对柏萨斯时，帕曼纽的儿子尼卡诺，盾兵统帅病故，结果他的权势日衰。这个国王没有留下参加葬礼，而是派遣死者的兄弟菲罗塔斯带大军为其送葬。第一次，帕曼纽家族中没有一个人在亚历山大身边，这可能有利于亚历山大尝试新的宫廷礼仪。

现在危机出现。一旦亚历山大入侵巴克特里亚，他身后就会发生叛乱。萨提巴扎尼斯为向柏萨斯表明态度，屠杀了阿那克西普斯的小型部队，并招募他的属民来对抗马其顿国王。亚历山大停止东征。他留下克拉特拉斯，以调集军队主力，之后带着共事者、轻装步兵和两个方阵士兵，据称强行军2天2夜，行程600里，到达阿瑞亚首都（靠近现代的希拉特）。萨提巴扎尼斯带2 000骑兵向东逃窜，留下他的人民来保护首都附近的一个树木茂密的山区要塞。守军反抗坚决，但马其顿人故意放火烧林，借助夏末强烈的东北风火势无法控制，最后迫使守军投降。经过短暂的惩罚性的战役，这个总督辖地回到他的手中，亚历山大将它授予另一个波斯贵族阿萨西斯。然而，他并不打算直接进兵去反对柏萨斯。阿瑞亚南部是德兰吉亚和阿拉科提亚的总督辖地，另一个弑君者巴散提斯的领土。在他与萨提巴扎尼斯的经历之后，亚历山大不打算放任他自行其是，因为后者是帝国内部一个潜在的威胁。更为重要的是，他也要报复弑君者。在大流士死后不久，亚历山大曾与谋杀者议和，但柏萨斯的自立和萨提巴扎尼斯的反叛已经改变了形势。现在亚历山大本人受到挑战，因此他做了杰出的宣传来充当复仇者的角色。柏萨斯是一个叛国者和一个篡位者，亚历山大利用此事来强调自己在伊朗人民眼中的合法性。面对入侵的威胁，巴散提斯逃到帝国边境之外的印度，与此同时马其顿军队向德兰吉亚的首都福拉达（法拉赫）南进。

兵进印度

到公元前 327 年春末，军队已经准备入侵印度。至少从公元前 328 年夏，这个计划就在亚历山大的头脑中盘桓。一些印度统治者已经提出请求，以期利用入侵军扩大他们自己的领土。其中最重要的是泰克西拉的统治者，此人曾前往索格地亚那觐见，许诺在亚历山大征服他的国家时提供援助。此外也有像西西科塔斯一样的逃亡者，此人起初为柏萨斯效力，之后在整个索格地亚那战役期间与亚历山大合力作战。这样的人有百分之百的理由鼓动亚历山大入侵印度，而国王本人几乎不需要鼓励。波斯对印度的控制延伸到多远尚有争议。根据希罗多德，大流士一世将帝国边界扩大到印度和外洋，但我们不知道这个波斯人的出现是为了一时的耀武扬威，还是为了流芳百世。到亚历山大时代，甚至名义上的波斯宗主地位也不超过喀布尔流域，这里的居民曾经派骑兵和大象参加高加美拉战役，支援大流士。但是如果有什么的话，那么重建和扩大他所征服的帝国是一个诱因，可能他也抱着将征服推进到这个大洋的想法，因为他和属下显然认为它和旁遮普比

较接近。亚历山大也有效法英雄的想法。提西亚斯曾经转述了塞米拉米斯在印度征服的传奇故事，可能有这样一个传统，即狄奥尼苏斯从印度以西开始他的凯旋进程。亚历山大显然强烈地希望效法他们，且更上一层楼，而且亚历山大的属下已经指出了赫拉克勒斯和狄奥尼苏斯的传说中的路程的证据。宙斯的儿子将沿着其祖先的足迹前进，建立一个万世长存的帝国。从巴克特拉出发，亚历山大行军10天，穿过兴都库什关口，进入帕拉帕米萨达，那里他招募额外的移民定居于新建的亚历山大城。之后他开始入侵，沿科芬河（喀布尔河）而下，向印度平原进发。

入侵军兵分两路。赫菲斯提昂和柏第卡斯受命指挥大约一半马其顿部队和全部雇佣军，夺取进入印度的主要道路，并摧毁任何反抗中心。亚历山大本人则带着精锐部队，尤其是盾兵、阿格瑞安人和上马其顿的伙友，进攻巴焦尔和斯沃特山国河流以北的人民。从一开始，他就将此地居民视为自己的臣属，要求他们立即投降，并用屠杀和奴役惩罚他们的抵抗。在战役之初，他开了一个残酷的先例。渡过科斯（阿林加）河之后，亚历山大发现居民已然撤退到靠山的要塞中了。他所攻击的第一个据点奋起抵抗，一只乱箭射伤了亚历山大的肩膀。第二天，马其顿军队攻陷要塞。要塞中所有未能逃跑的守军均遭屠戮，这个基地则被夷为平地。在这个恐怖行动的影响下，安达卡周边的城市望风而降。克拉特拉斯率一支步兵部队留守，以组织这个领土，并摧毁任何残存的抵抗中心。之后亚历山大穿过库纳尔流域，那里居民焚烧了他们的房子，逃到山里。他向逃亡者发起攻击，但未能使他们归降。当他越过山脉，进入巴焦尔地区时，同样的事情发生。根据托勒密的记载，他逼得逃亡者在撤退时走投无路，并将许多人生擒活捉，房获了大量牲畜战利品，其中一些他打算运往马其顿。在战略要地，他建立了新的城市。这一做法，军事威胁加之驻军人口的定居点，确实在索格地亚那作用明显。

并非所有城市均屈服于威胁之下。在科斯和库纳尔流域之间，亚历山大接见了一个使团，后者向他投降，并以他们城市的神圣为由请求国王予以特别考虑。当地的神（无论是因陀罗还是锡瓦）被亚历山大的手下等同于狄奥尼苏斯，因此他相信这些人是神的随从的后裔。当亚历山大发现在周边山坡上长着常春藤和月桂树时，他的印象更为深刻。因此按传说中的狄奥尼苏斯的养育者，这个城市被命名为奈萨，而考虑希腊神话的启示，即这个神是从宙斯的大腿（迈罗斯）中生长出来的，这个山区的当地名字被称做迈罗斯。亚历山大隆重献祭，以庆祝这个发现。传统记载（首先由特奥弗拉斯托报道），他在那里举办了一个酒神狂欢，自己和军队士兵戴上常春藤花冠。这个城市从物质上获利。亚历山大批准建立由300个显贵掌握的贵族政府，并承认它的自由。这种自由类似于赫尔曼德的攸尔革太的自由，由现存的统治者管辖，继续沿用当地的法律和习惯，但要受到亚历山大的总督的监视。与此同时，亚历山大要求这个城市派遣一支骑兵分遣队，并将这个统治者的儿子和孙子作为人质。亚历山大的行为与其在马拉斯并没有本质的不同，他也承认了后者的阿哥斯起源，并因此奖赏它。迎合他的心意时，他表面上接受当地人的主张，并热切地庆祝他所发现的其传说中的祖先留下的遗迹，但前提是投降。如果奈萨人民抵抗他，那么他会对他们的主张充耳不闻。与狄奥尼苏斯的任何关系都拯救不了他们。

当他打算入侵下斯沃特流域的阿萨西尼亚王国时，亚历山大面临更严峻的挑战。与之齐名的对方统治者拥有大量军队，阿里安估计有30 000步兵和2 000骑兵，并有从平原招募的雇佣军辅助。这支大军实力强劲，足以和亚历山大在战场上对决，且守军分散在当地的据点中，其中最重要的是马萨加。此地用泥砖和石头垒墙，位于斯沃特以北的卡特加拉关周围。那里亚历山大集中火力，并准备了引人注目的围攻塔。对于阿萨西尼亚人而言，惟一的希望就是确保他们的城墙固若金汤，但四天之后，在马其顿擂石器发射的炮火之下，防卫墙被摧毁，守军大批阵亡。在马萨加的统帅被乱箭射死之后，城池即将陷落，于是守兵向亚历山大讲和，后者接受了这个要塞的投降，条件是外来的雇佣军加入他的军队。因此这些雇佣军带着武器和辎重离开这个城市，并且在一个距马其顿驻军有一些距离的山上安营扎寨。根据阿里安的记载，亚历山大听说他们打算撤营，于是包围这座山，并将全部士兵斩尽杀绝。史料对此事的记载莫衷一是，其中有一些作家对亚历山大提出批评。可能双方产生了误会，印度人并没有意识到他们应当为这个马其顿国王效力，但事实仍然是在他们已是这个征服者砧板上的鱼肉时，亚历山大凭一个站不住脚的借口就将他们杀死。

其他地方很好地汲取了这个教训，加固防守。巴济拉城坚决抵抗，此前可能在马其顿人围攻马萨加时，它曾受到科努斯的攻击。另一支马其顿部队围攻欧拉，同样以失败告终，于是亚历山大将他的主力部队调拨到那里，一举攻下这个城市。在其他地方，阿萨西尼亚效法库纳尔人民的先例，撤出他们的定居点，避居于阿尔诺斯山的要塞中。按照当地的传说，这个要塞与印度神奎师那密切相关，而且亚历山大的手下引申出这样一个故事，即赫拉克勒斯（希腊神话中的奎师那神）曾经攻打他，结果告失利。亚历山大势在必得地要挑战和超越他。尽管这个要塞面积广大，泉水充沛，耕地肥沃，但他仍然着手准备围攻。他在马萨加、欧拉和巴济拉设置驻军，并夺取了阿尔诺斯河周围靠近印度河的低地。战功赫赫的克拉特拉斯驻守在埃克博利玛，距要塞最近的城市，并受命储备足够多的粮食，以支持长期围攻。这个预防措施证明是不必要的。亚历山大使用当地向导，占据了一个直接通向这座堡垒的山脊高处（如果斯坦因的判断准确的话，这是在小乌纳山的斜坡上，高出海平面约 8 000 英尺，而高出印度河 5 000 英尺的地方）。如果我们可以相信阿里安的话，这个山脊起初由托勒密指挥的阿格瑞安人纵队和轻装步兵部队占据，而亚历山大则率其余战士冲过敌人的攻击，驻扎在这个要塞下。这个故事的其他部分就是马其顿围攻器械的又一次胜利。沿着这个山脊，亚历山大建造了一个围攻堤，以便他的反击弹弓能够攻击高地最上面的守军。经过四天的建筑工事，这个围攻堤建在主要的防御地下方。面对势不可挡的马其顿火力，印度人开始谈判，打算在夜幕的掩护下撤离这个要塞。亚历山大的侦察兵向他汇报了这一情况，于是他畅通无阻地登上高地，向撤退中的敌人发起攻击，敌人血流成河。尽管地势险要，难以靠近，但亚历山大仅用一小部分军队（轻装步兵和精选的方阵部队）就夺取了阿尔诺斯。马其顿人高超的军事技术给敌人以教训。

现在阿萨西尼亚的抵抗瓦解。在亚历山大攻击阿尔诺斯时，他的统帅继续在低地采取行动。由布纳尔山的当地王公领导，最后一支敌军殊死抵抗。在亚历山大向前进军时，人民离开城市。之后沿着先锋特别建造的道路，亚历山大向印度进发。此时敌人杀死他们的领袖，将首级献给这个征服者。绝大多数士兵渡过河流，请求到阿比萨瑞斯，现在哈扎拉的王子宾那庇护，而他们的大象四处游荡，

结果被亚历山大抓获，并收归
到他的军队。在他后面，帕密
萨达边界的领土暂时安然无
恙。赫菲斯提昂和柏第卡斯已
经沿科芬河流域迅速向前推
进。普塞劳提斯王子试图抵
抗，并坚守他的堡垒（查尔萨
达）30 天，最后堡垒失陷，
他本人也战死沙场。在低地，
马其顿人没有进行大战。赫菲
斯提昂及其远征军很快到达印
度，并在亚历山大围攻阿尔诺

波鲁斯骑在大象上

斯之前建造了一座桥。所有人都做好渡河的准备。亚历山大任命一个马其顿总督
监管这个被征服的领土，并监视当地的统治者（副将），因为后者中有一些人在
前朝不忠。敌人并不愿意接受这个新秩序。不到一年时间，阿萨西尼亚发动叛
乱，总督尼卡诺因此丧命，这表明他们深刻仇视入侵者。但是到公元前 326 年
春，亚历山大深信这个恐怖和镇压的秋冬季节已经确保了科芬河流域——这个连
接他现在的帝国和印度新世界的重要纽带的安全，于是出征印度。

希达斯皮斯之战

可能在俄兴德周围，军队利用赫菲斯提昂所建的桥梁以及现场制造的许多船
只，渡过印度河。这是一个重要的时刻，所以亚历山大隆重地进行祭祀，并举办
体育比赛，以示庆祝。他现在身在一个友好的国家里。当地君主盖庇斯（阿姆
比）曾经到索格地亚那拜谒亚历山大，现在他率包括 30 头大象在内的众多随从
亲自来迎接主人。在建桥期间，他已经给赫菲斯提昂提供给养，现在将大量礼物
馈赠给亚历山大。结果他获得其父的公国（在一个马其顿总督监督下），并得到

大大超过他的礼物的赏赐。亚历山大及其封臣进入泰克西拉首都，距现代伊斯兰堡西北约 30 公里，阿里安声称这是印度河和希达斯皮斯之间最大的城市。之后亚历山大举行新一轮的祭祀和比赛。与此同时，亚历山大也和周边的两个最重要君主建立外交联系，他们都是泰克西拉统治者的敌人，希望利用马其顿的军队来反对他。其中一个君主，阿比萨瑞斯非常谨慎，进行了象征性的投降，而另一个君主波鲁斯坚决拒绝。他统治着希达斯皮斯河（杰赫尔姆河）和阿塞西尼斯河（奇纳布河）之间一个富庶且人口稠密的国家。据斯特拉波所说，这个国家约有 300 座城市。关于他能够召集的军队的规模，史料记载不同，但就步兵和骑兵而言，当然不及亚历山大。它的主要兵力是它的大象部队，这不论在数量上还是质量上都是亚历山大所遇到的最强大的敌人。双方不可能在同等条件下决一死战。波鲁斯打算利用希达斯皮斯河作为主要防线，阻止马其顿人渡河，并最终使他们

希达斯皮斯河

转向更容易的目标。

　　获悉波鲁斯抵抗，亚历山大立即离开泰克西拉，尽管这个新文明的异国情调对他有很大吸引力。他和他的属下深深地陶醉于当地的习俗之中，特别是婆罗门圣人的苦行，因此他招募其中一个，声名显赫的卡兰那斯担任随从，此人后来死在波西斯，他的死是远征中最为盛大的场面，而且他的忠告一定也是亚历山大处

理印度人的物质支持。对科学的兴趣暂时让位于军事需要。亚历山大需要在河水上涨之前抵达希达斯皮斯河，因为喜马拉雅山的冰雪融化汇入河中，而且6月末随着雨季的到来水位上涨。因此他率军渡过大咸水湖，并在希达斯皮斯河岸安营扎寨。确切的地点我们不得而知。鉴于几个世纪旁遮普河的基本变化，我们无法确定这个战役地点，除非我们发现和确定亚历山大的纪念地尼卡亚和布西法拉。它的后面是构成上游约30公里海角的大咸水湖。河中也有许多岛屿有利于马其顿人渡河。河流对岸是印度军队，它的大象安置在眼力所及的地方，以阻止任何渡河的尝试。

亚历山大精心筹备这次战役。他拆卸了用于渡过印度河的船只，不辞辛劳地将它们从约300公里之外运输到希达斯皮斯河，并从泰克西利斯王国的各个地方募集粮食，以造成这样的印象，即他打算等9月份水浅的时候渡河。与此同时，不分白天黑夜，他从陆海两路声东击西。波鲁斯的军队一直来回行进，以挫败渡河的任何尝试，并在河流中间的岛屿上进行侦察。与此同时亚历山大决定将海角

亚历山大率军渡过希达斯皮斯河

作为渡河点，那里森林茂密，拥有一个位置便于掩护他的舰队渡河的岛屿。他将绝大多数船只隐藏于此，并做好各种防范措施，以隐藏他的真实渡河地点。大本营由克拉特拉斯留守，其手下有许多配备武装的骑兵和步兵部队，已准备渡河，而雇佣军部队、步兵和骑兵由三个方阵统帅迈立杰、阿塔拉斯和哥尔基亚指挥，沿河边散开。这些分队的作用是使印度人心有旁骛，让他们的注意力从主要的渡

河点移开，那里集中着亚历山大的精锐部队。根据阿里安的记述，渡河的人数不多，约有一半马其顿骑兵及来自东北边境的巴克特里亚和萨卡骑兵、全部盾兵和两个方阵士兵以及轻装步兵。如果他对这个部署的记载准确无误的话，那么有相当多的分队被忽略了，至少三个方阵和三个骑兵指挥官。诚然，我们关于这场战役的史料非常欠缺，可能漏掉了这场战役的重要细节，但阿里安在关于亚历山大部队的总数上记载一致，声称渡河之后共有6 000步兵和5 000骑兵。任何史料都没有暗示战役之前人数增加，而且这可能不是在希达斯皮斯河做战的全部兵力——第二个纵队（没有得到证实）可能试图在别处渡河。亚历山大迎战的不是波斯帝国的军队，而是一个印度小公国的士兵，后者的领土只是弹丸之地，且受到敌人东西两面夹攻。亚历山大可以分兵做战，并将重要部队从波鲁斯的防守中调开。主要的问题就是渡河。一旦这个问题解决，他无需大量军队，就能取得胜利。

在春季雷雨的掩护下，马其顿士兵安然过河。亚历山大的军队乘坐小艇和装满谷壳的皮筏，于黎明之前渡过。此时雨停了，而且，直到绕过中流岛屿的周边，将要上岸时，他们才被波鲁斯的哨兵发现。这次登陆轻而易举，但之后他们遇到一个出乎意料的难题。希达斯皮斯河的第二个支流拦住了道路，结果他们只能涉水而过，为此花费了大量时间，且历尽艰辛。全部过河之后，亚历山大调派骑兵进行防守掩护，而萨卡弓骑兵充当先锋，向前移动，以迎战波鲁斯的儿子们指挥的印度骑兵的先遣部队。波鲁斯的先遣部队被占据上风的亚历山大的骑兵打败，后者列队进攻，制服了骑兵，并夺取了在泥泞中无法动弹的笨重的六人战车。逃亡者败退回波鲁斯那里，报告说亚历山大御驾亲征，且马其顿的主力部队已然过河了。现在波鲁斯集中兵力迎战亚历山大，只留下一个小的象队和部队，以阻止克拉特拉斯通过，并选择一个多沙的平原来部署他的防守。他寄望于他的大象。沿着他的战线，他间隔地部署大象，并用步兵填补空隙，而骑兵和战车位于两翼。波鲁斯认为大象对骑兵的攻击刀枪不入（骑兵不是从正面攻击他们），因此将在步兵方阵中引起混乱。

这是一个合情合理的策略，但马其顿人在以前的几个月和大象打过交道，因此能够应付他们。亚历山大打算让步兵首先发起攻势，并在骑兵的掩护下，扩大

亚历山大打败波鲁斯

方阵的战线，且在战前给士兵留出休整的时间。初战掌握在骑兵手中，他们大大胜过波鲁斯军中的骑兵，后者已经遭受一次失败。亚历山大调动骑兵。他亲自统领大部分骑兵，穿过方阵的前线，威胁波鲁斯左翼的骑兵。而科努斯指挥的两支小型的骑兵部队攻击印度人的右翼。这个策略非常成功。之后亚历山大的弓骑兵发起袭击，开始进攻。利用他们造成的混乱，亚历山大转向共事者前面的右翼，并攻击敌方阵线中暴露的左翼。印度骑兵人数上处于劣势，且军心不稳，需要阵线右翼的支援，而且马其顿分队陆续穿过波鲁斯象阵的后方。在他们移动之时，科努斯从右路发起攻击，结果不幸的印度骑兵两面受敌。在马其顿的攻势下，他们屈服，后退到步兵纵队中，这样不可避免地引起混乱，容易惊吓大象。与此同时，马其顿步兵展开行动。由于弓弩受潮湿的环境的影响，印度步兵招架不住马其顿的萨利沙长矛。大象的攻击最为严峻，但是就如在高加美拉对付镰刀兵战车一样，马其顿人能够展开队列，并且凭借他们的萨利沙长矛，他们可以驱逐看象人，攻击大象，将它们赶回自己的阵线。这是战事最为混乱的时刻，但马其顿人技术更为高超。马其顿人击退了印度骑兵的攻击，接着亚历山大自己的骑兵部队集结到一个部队中，利用印度人侧翼和后翼的空隙，加剧了这种混乱。战线前面的绝大多数大象无人驾御，失去控制，因此不分皂白地踩死了许多自己人。马其顿方阵队形完整，并在骑兵包围敌人后方时，向前推进他们的萨利沙长矛屏障。马其顿人从四面八方发起攻击，结果许多敌人群集在他们的大象脚下，被无情地杀死，直到人数众多的敌人在马其顿的骑兵警戒线中打开缺口，一些步兵才得以逃脱。骑兵大部分阵亡，余下的大象被马其顿人俘获。波鲁斯本人抵抗到最后一息。此人身高超过两米，坐在最大的大象背上，非常显眼。直到他负了伤，他的军队战败，他才同意谈判。最后由于在战场上孤立无援，他向这个征服者投降，请求宽恕。与此同时，克拉特拉斯已经渡过希达斯皮斯河（可能在获悉亚历山大胜利时这条通道的防守已经瓦解之时），在驻扎于上游河岸的雇佣军部队支持下，他的部队乘胜追击印度步兵，将后者斩尽杀绝。

亚历山大接受波鲁斯的投降

这场战争马其顿人取得了胜利，将敌人打得落花流水，因此亚历山大进行庆祝。他在渡河点举办了田径和体操比赛，并打算建立两座新城，一座建在胜利地点，名叫尼卡亚，而另一座建在根据营，称做布西法拉，以纪念在这场战役中他的伟大死去的战马。后来巴比伦铸币上发行了一系列四德拉克玛银币，上面描绘着他战胜的两个敌人——反面是一只大象，而正面是一个印度弓骑兵。最引人注目的是最大的四德拉克玛银币，上面描绘了亚历山大坐在马背上，拿着一个萨利沙长矛，攻击坐在大象上的两个印度人。一方面，这个庆祝是合情合理的。这场战争在国外进行，引人注目，且马其顿人取得了完全的胜利。另一方面，此次战争的规模并不大。一如既往，真正的数字被宣传掩盖了，它将马其顿的损失最小化，并夸大了印度士兵的数目，但不可否认的是，即便亚历山大只率领他的一部分军队参战，马其顿骑兵在数量上也胜过敌人，可能在步兵上也如此。作为一个统帅，在渡过希达斯皮斯河以及部署军队抵消大象的威胁时，亚历山大就已显示了他的雄才大略。从马其顿军队登陆时起，波鲁斯的抵抗就注定失败。

从希达斯皮斯到外洋

　　亚历山大不仅仅满意于胜利。由于作战勇猛，波鲁斯给他留下深刻印象，因此亚历山大没有废黜他，而是让他继续担任希达斯皮斯河外领土的统治者，仍然管辖自己的属民，但可能是这个伟大国王的封臣。国王进一步对他进行赏赐，扩大了他的领地。当他的新城在克拉特拉斯的专业指导下成型时，亚历山大兴兵讨伐格劳撒，因为后者占领了东北木材丰富的山国。此年，这个地区将给他提供舰船材料，这些舰船将驶往外洋。如果我们可以相信尼阿库斯，他惊异地发现印度河里有鳄鱼，不久之后在阿塞西尼斯又发现埃及豆类，于是他得出结论旁遮普河事实上是尼罗河的源头，至少印度河的一个支流流经波斯湾（他认为这是内陆海）南部的荒漠国家，并最终作为尼罗河抵达埃及。很快，当地印度人就推翻了他的地理猜想，他们证实印度河的下游只有一个海峡，并流入外洋。但亚历山大的好奇心仍然被激起了，打算亲自去调查这一现象，并将他的征服向南推进到它们自然的终点。无疑，在这场战役中亚历山大就已经考虑了这个计划，并采取步骤，以获得木料建造大型舰队，运输他的大军。亚历山大带着精锐步兵和骑兵向格劳撒人进攻，战役平淡无奇。当地居民不战而降，结果他们的土地归于波鲁斯。一直陪伴亚历山大到这个地方的泰克西利斯，与他以前的敌人讲和，并奉命返回他的首都。他不可能满意至极，他努力铲除的人已经取代他获得亚历山大的宠爱，看起来是这次入侵的主要受益者。

　　波鲁斯的敌人现在成为亚历山大的敌人。阿塞西尼斯河东的人民以前与他不

亚历山大和战马布西法拉

和，而且他们的入侵被波鲁斯和阿比萨瑞斯挫败。波鲁斯的近邻，一个同名的亲戚，已经在希达斯皮斯战役前向亚历山大投降。现在获悉波鲁斯出人意料地获得擢升，此人率领大军，逃过希德拉欧提斯河（拉威）。这足以引起亚历山大的干预。曾经宣告不再效忠并许诺支持波鲁斯的阿比萨瑞斯，仅仅受到入侵的威胁，并被命令立即前去谒见亚历山大。马其顿大军东征。亚历山大命波鲁斯从其战败后仍然保有的军事储备中调集一支军队，并让科努斯留守阿塞西尼斯，以指挥主力部队之后的粮草部队。这个军事任务轻而易举，但天气恶化，给后勤和士气带来麻烦。希达斯皮斯河之战是在 5 月左右进行的，而后来的部署及小战役持续了将近一个月。引在阿塞西尼斯安营扎寨时，春天的雷雨已被持续不断、潮湿的季风雨取代了，结果河水淹没了临近的平原。这令人不安，此时渡河肯定危险重重，因为水位很高，且水流非常湍急。现在是夏季，一直到 9 月末阿克图鲁斯叛乱时，水位才下降。从阿塞西尼斯以来，作战条件就十分艰苦。如果我们可以相信阿里安的记载，这些在托勒密的历史中被完全忽略了，后者从未提起这一时期的雨。

起初马其顿人几乎没有或者根本未遇到抵抗。马其顿人蹂躏了波鲁斯亲戚的土地，在战略要地布防驻军，以帮助科努斯和克拉特拉斯指挥下的粮草队搜刮这个国家。赫菲斯提昂奉命留守，巩固此次征服，而他的国王渡过希德拉欧提斯河，前去攻击所谓的自治的印度人，后者在他们主要的据点桑加拉城组织了第一次抵抗（它的地点在拉合尔和阿米特萨周围，但尚未确定）。不过马其顿在围攻战中的专长再次显示出令人震惊的后果，此役中表现不凡的托勒密对此做了充分的描述。印度人使用三人战车来守卫此城，但他们抵抗不住亚历山大方阵的攻势，且后者有后卫步兵增援。一天过后，他们被限制在双重栅栏包围的墙内，等待马其顿围攻塔的完工。他们尝试突围，结果被托勒密打败。最后，当波鲁斯带着新征集的军队和更多大象加入围攻时，马其顿人发起攻势。桑加拉的砖墙甚至在围攻塔开工之前就已经破损，最后城市陷落——结果和以往一样。可能马其顿人最大的麻烦是大雨，而不是守军。他们看不清楚，容易出错，因此伤亡惨重。即便如此，这次围攻也是决定性的。周边城市的居民宁愿离开他们的家园，也不屈服于征服的命运。结果他们受到马其顿人无情地追击，生病和疲劳的人被军队追上，结果被杀。桑加拉城被夷为平地，其领土归于周围已经接受了马其顿统治的人民。波鲁斯再次成为最后的受益者，获准在已经归顺的城市派驻军队。

现在，亚历山大畅通无阻地向希发西斯河（比亚斯河）进发，途中他接受了当地统治者的投降。他打算走多远，我们只能猜测。史料一致认为他打算渡过比亚斯河，攻击该河之外的人民。阿里安谈到一个人口稠密、由贵族统治且富有大象的人民，但是他没有提及它的名字或地点。通行的传统，最终是根据克莱塔库斯，提到恒河中心的普拉西和干加瑞达国，无疑它也谈到难陀王朝，它的首都华氏城（希腊称帕利姆博特拉）坐落于逊河和恒河的交汇处，靠近现在的帕特那城。公元前300年前米加西尼斯造访常德拉古普塔的宫廷之后，此地开始出名，但似乎亚历山大听说过它，有征服它的意愿。至少赫罗尼姆斯相信这个传言。然而，我们无法断定亚历山大信息的准确性。（通行传统说到马其顿军队穿越沙漠，历时12天到达这个王国边境，此地与比亚斯河和上恒河之间的人口稠密幅员330公里的国家并不一致）。他大概了解大恒河以及占据上游平原的王国，具体距离的勘测只能留待征服之后。

　　事实并非如此。从高加美拉前夕起，马其顿军队中的挫败感就逐渐加强，最终表露。此时雨季已持续 70 天，结果士兵的衣服和武器损坏，士气消沉，加之他们还要进行一次危险的渡河，并无限期地与配备有神奇力量的大象部队作战。因此他们迫切要求班师回国，享受征服果实。亚历山大在营地里召开会议，会上士兵怨声载道，他们的抱怨如此强烈，如此之多，以至于这个国王无法漠然视之。亚历山大试图安抚他的手下，于是召集一个高级官员的顾问会议，以探察他们的情绪。他号召渡过希发西斯河，继续进行征服，但无人响应。科努斯，波勒摩克拉底之子，一个战无不胜的资深方阵统帅，支持士兵的想法，坚持说继续东征令人难以接受。他的话显然代表了会议的精神，于是亚历山大生气地宣布散会。第二天再次召开会议，结果也以失败告终。像阿克琉斯一样，亚历山大避居于营帐之中，三天愤愤难平，等待部队回心转意，结果他没有等到。如托勒密所说，亚历山大为渡河进行通常的祭祀，征兆预示此行不顺。于是亚历山大接受神的裁决，正式放弃越过希发西斯河。为了纪念这次弃战，他建立了 12 个巨大的石坛，以向保佑他成功的神表示感谢。这个国王的野心未能实现，但他所听从的是神的旨意，而不是他的手下。士兵狂呼乱叫，兴奋异常，这表明他们深切地反对进一步征服。现在亚历山大屈从于他们的压力，但他终生难忘。从这时起，他就打算复员和遣散老兵以及为他们说话的人。在希发西斯河发言几天之后，科努斯本人病故，病因不详。亚历山大为他举办了隆重的葬礼，但是其死亡的详情非常可疑，值得研究。同样，由于维护民族传统而深受马其顿人爱戴的克拉特拉斯，表面上受到尊敬，却被限制在远离宫廷的使命中。亚历山大的随从将是赞同他的野心的人。

　　亚历山大现在的目标是外洋。亚历山大批准波鲁斯控制希发西斯河以西的领土。与泰克西利斯不同，他不受欧洲总督的监视，而且他所受的惟一限制就是希达斯皮斯和阿塞西尼斯之间的城市定居点。事实上，亚历山大已经失去了对这一地区的兴趣。当他返回希达斯皮斯河时，他批准阿比萨瑞斯继续管辖他的领土，并以牺牲他的近邻阿萨西斯为代价扩大它的版图，但要交纳岁币。他在北印度的征服到此结束。在 9 月末阿克图鲁斯起义之前不久，亚历山大抵达希达斯皮斯河，建造他的渡河舰队。他的根据地是布西法拉和尼卡亚的新城，那里已经建造了人工港口，并且从山林漂流而下的木材逐渐被造成可以航海的船只。亚历山大的廷臣充当三层桨战船的司令官，大概他们自己出钱帮助修建船只，因此在顺流而下的航程中拥有名誉上的头衔。舰队实际由克里特的尼阿库斯，亚历山大的儿时好友以及吕西亚和潘菲利亚的前总督指挥，由皇家旗舰的舵手科斯的欧奈西克瑞塔斯辅助。他们募集了各种各样的船只，包括当地河上的小艇。所有的船只都是轻型的。为了渡过希达斯皮斯河，起初马其顿人主要建造30个橹手的双层船只，后来也建造轻型军舰和运输船。这不是用于战争的战舰，而纯粹用来运输马匹、人员和物资。根据尼阿库斯，船只共计800艘，而托勒密认为有2 000艘之多。这当然是有力武装，在离开时，亚历山大举行了隆重的仪式，给人留下深刻印象。他举办了音乐和运动比赛，之后向马其顿的祖先神、海神与河神献祭，最后亚历山大在他的旗舰奠酒，起初献给希达斯皮斯河，之后轮流敬献给其他神。一声号令之下，舰队起航，顺流而行。在它的左右两边，克拉特拉斯和赫菲斯提昂指挥军队沿河岸前进。当数千船桨拍打水面时，河岸之间的狭窄地方发出回声，吸引了四面八方的人前来围观，他们用歌声和舞蹈为舰队伴奏。这是一个奇异的、喜庆的场面。

雨季之后，河水下落，但渡河仍有危险，尤其在希达斯皮斯和阿塞西尼斯的交汇处，那里连接的海峡极其狭窄，水流湍急，以至于亚历山大的船只失去控制。船只和人员损伤无数，因此需要重建。重建期间，马其顿人与临近部落发生小规模战役。不过，亚历山大的主要进攻目标是欧克西德拉卡和马利（苏德拉卡斯和马拉瓦斯），后者号称下旁遮普最为好战的人民，并准备抵抗他的入侵。鉴于古代主要河流的路线与现在截然不同（例如，希发西斯河显然流入希德拉欧提斯河，而现在和萨特雷杰河交接，并独自和印度河交汇），我们很难确定他们的领土，但可以肯定的是亚历山大攻击的主要目标马利，雄踞于希德拉欧提斯两边的陆地，距其与阿塞西尼斯的汇合处有一些距离。于是这个国王分兵作战。尼阿库斯率舰队南进，从阿塞西尼斯抵达马利的边陲，而克拉特拉斯和马卡塔斯之子腓力（北印度的总督）率大队人马沿西岸而下。赫菲斯提昂和托勒密带着两个其余部队沿东岸前行，他们的行程预计历时8天，以截击亚历山大入侵导致的落伍者和逃亡者。当然，亚历山大统率主力部队，一支由盾兵、一个方阵士兵、轻装步兵、一半共事者骑兵和现在不可缺少的达海弓骑兵组成的轻装部队。他迅速向希德拉欧提斯河挺进，越过沙漠地带，之后从北面攻击马利，发起突然袭击。之后发生的事平淡无奇。途中，他夺取了希德拉欧提斯河以西的据点，试图逃跑的居民被他的骑兵所杀。当亚历山大的部队攻击撤出西岸的居民时，屠杀在河边继续进行。之后大军转战希德拉欧提斯河以东地区，那里反抗的城市陷落，结果大部分居民被迫躲在沙漠中避难。马利人甚至撤出他们的首都，将那里的流亡者运过希德拉欧提斯河，打算利用陡峭的河岸，抵抗马其顿军队。在这个事件中，他们没有夺取这个通道，从河流撤退，并占领这一地区最强大的城市。

如以往一样，亚历山大发起围攻，派一队骑兵驻守这个城市，之后等到步兵就位，马其顿军队几乎不费吹灰之力就攻破城墙。一如既往，堡垒最后陷落。这里的攻势不强，原因不详。如果我们可以相信阿里安，这是因为缺少攀登梯，且一些盾兵不愿意发动攻击。在一些天以前，亚历山大已经发现（或认为他已经发现了）士兵厌战，于是身先士卒，亲自领兵攻击防卫墙。在印度似乎无尽的冲突和围攻战役中，马其顿人可能确实厌战，士气显然消沉，加之他们在希发西斯河拒绝前进的后果，促使这个国王做出最为英勇的战绩，他再次一马当先发动袭击。然而当他登上防卫墙时，他后面的盾兵由于人数多，踩断了梯子，结果亚历山大暂时率几个共事者，尤其是拿着伊利昂的神圣盾牌的普塞斯塔，孤军奋战。由于防卫墙摇摇欲坠，加之他意气风发，亚历山大跳入堡垒中，单枪匹马地与守军作战。最后，一只箭射到他的盔甲上，穿进右胸，可能伤及肺腑。当他倒下时，普塞斯塔和（可能）利昂那塔斯发起攻击，阻止对他的进一步伤害，之后盾兵攻破这个泥砖墙，打开堡垒的大门，并残酷地加以报复，将堡垒中所有人斩尽杀绝。

这个情节很快成为传奇的素材。对于保护这个国王的英雄的身份，史料中的分歧很大。据信普塞斯塔起到主要的作用，但利昂那塔斯是否在场仍有争议。后来，托勒密没有记载他的敌人阿里斯托诺斯的功绩，而他自己的史家，特别是克莱塔库斯，荒谬地声称托勒密本人在场。鉴于这个情节的引人入胜以及保全亚历山大生命的声明的宣传价值，不奇怪传统从一开始就被歪曲了。与此同时，如果

不是恐慌的话，那么人们普遍感到焦虑。国王伤势严重，可能不久于人世，这加剧了统帅的危机。国王受伤的消息迅速传到阿塞西尼斯和希德拉欧提斯交汇处的大本营，结果人心惶惶——在敌对的领土上，由不和的统帅指挥，如果他们战无不胜的领袖死亡的话，那么士兵对于他们的前景也不抱什么幻想。在马利城外，科斯的克里托布鲁斯为亚历山大做了一个急救手术，国王由于失血太多，差点命丧黄泉。亚历山大休养了一段时间，方能行动，之后一个小舰队奉命从这个交汇处出发，将他运回大本营。当他到达时，他竭力在军队面前耀武扬威，并且在一个富有集体精神的场景里，他骑上战马，以显示关于他的死亡的传言谬以千里。即使如此，亚历山大也需要进一步休养。在此期间，马其顿人修复和筹集舰队，而国王接见了马利和欧克西德拉卡的使节。面对马其顿人的屠杀，他们士气受挫，于是愿意投降，而不是自取灭亡。结果他们的领土归于腓力的总督辖地，后者的权威现在南至阿塞西尼斯和印度河最后的交汇地。这是现在舰队所到之处。与以往一样，河边的人民被迫归顺。柏第卡斯率领一只纵队穿过阿比斯塔尼的领土，而亚历山大接受河边部落的归降。同样，交汇处的人民欢迎亚历山大进入他们的领土，之后国王在他们以前的首都建造了一座亚历山大城，作为北部和南部印度边境上的驻军和海军基地。

亚历山大已经图谋南部印度河流域。在印度和旁遮普河的交汇处，他宣称阿格诺的儿子培索是南到海洋的所有领土上的总督。附近的印度小君主，穆西卡努斯没有显示敬意，结果亚历山大向他开战，无礼地侵入他的领土。获悉他的到来，穆西卡努斯支付礼物，交出土地，请求原谅他的错误。亚历山大宽宏大量，让他继续管辖他的国家，并参观了他的首都，可能位于古代的阿罗（中世纪信德的首都），声言羡慕这个国家及其制度。他的舵手欧奈西克瑞塔斯对此印象更为深刻，于是后来在他所创作的亚历山大的著作附录中，赞颂了穆西卡努斯的国家，称之是社会和谐的范例，类似于多利亚人的克里特和斯巴达。但与以往一样，亚历山大首先考虑的就是军事。他在这个城市建造防御工事，设置驻军，以提供这一地区的控制中心。确保了穆西卡努斯的忠诚之后，亚历山大转向他的邻居。苏库尔以南河边的领土，由一个称呼不同的国王欧克西卡努斯或波尔提卡努斯统治。亚历山大夺取了他的两座主要城市，迅速将它征服。更严重的是印度河

以西的山区部落的统治者散巴斯的叛乱。在入侵之前，他显然向亚历山大归降，但是像前一年波鲁斯的亲戚一样，他在其敌人穆西卡努斯得到亚历山大的荣宠以后，收回他的忠诚。亚历山大以武力相威胁，迫使首都辛迪玛那投降。在德高望重的婆罗门苦行者的指挥下，其他城市坚决抵抗，结果像通常一样城市失陷，遭到洗劫，人民则付出了惨重的生命的代价（克莱塔库斯声称伤亡 80 000 人）。

在反散巴斯的战役期间，穆西卡努斯发动叛乱，后者的投降严格上说只是权宜之计。此时亚历山大正策划夺取、摧毁和守卫他的国家以南的城市，于是派总督培索前去处理，后者一人就绰绰有余。这个叛乱的君主被培索生擒，并在首都与他的婆罗门顾问一同被处决，叛乱暂时平息。惊骇于边境上的暴行，印度河三角洲的巴塔林统治者，提前来拜谒亚历山大，无条件投降。现在在去外洋的道路上无人抵抗，于是在这个时候，如果不是更早的话，亚历山大解散了在克拉特拉斯指挥下的老兵部队。三个方阵、整个象队以及他认为不适合服现役的马其顿部队，包括步兵和骑兵奉命西行，经由博兰关或穆拉关，到达赫尔曼德流域。从那里，他们取道锡斯坦，到达卡曼尼亚。亚历山大本人决定取道更为艰险的海岸线，并感到他可以遣散许多不愿意面对困难的人。主力军队现在南进。亚历山大随舰队一起出航，培索和赫菲斯提昂分率远征军沿印度河两边行进。他们史无先例地到达首都帕塔拉，这一般被等同于巴马纳巴德的遗址，距海得拉巴东北约 75 公里。当他进入这个国家时，一片荒芜。获悉他的到来，当地居民在极度恐惧之中弃国而去。为了获得给养以及建造军事工程的劳动力，他被迫宣称确保当地人在马其顿占领下的安全，免除税收，结果许多印度人勉强回来。上几个月的事件显示军事抵抗毫无用处，但他们已将他视为可怕之人。印度人离开他们的国家，进行象征性的投降，但他们永远把他看作是一个入侵者和破坏者，并为此憎恨他。这是持久征服的不祥征兆。

亚历山大和科林斯同盟

喀罗尼亚战役标志着所有时代的新纪元。随着这一战，希腊的自由灰飞烟灭。来库古在公元前330年将如此哀悼，且对于所有的修辞学来说这并不是危言耸听。军事上的惨败导致这样一个政治安排的出现，即腓力可以随时随地进行全权干预。由亲马其顿政权掌握的绝大多数南希腊国家，已与他结盟，并且科林斯的政制性会议已经通过一个共同和约使他们联合起来。所有参与方和平共处，在和平时期维护政制的效力，并在霸主召集时兴兵与违反和约者作战。所有这些都是欺骗性的和平。就如所有希腊人所知，上一世纪多边和议的历史就是一个主导力量操纵的历史，不管是斯巴达还是底比斯。一个和平条约可能确保所有希腊人的自治，但是最强大的国家强加他自己的自治概念，为了一己私利公然违反条约。在阿格西劳斯领导下的斯巴达，坚持说彼奥提亚城市的自治包括解散他们的联盟政府，但他们完全忽视了自己征服美塞尼亚的事实。大约10年之后，底比斯支持美塞尼亚自治，但是将只有一个牢不可破的彼奥提亚国家的思想视为公理——联盟政制的存在不容商量。如伯里克利所见，自治主要是定义的问题；腓力如何定义，我们一目了然。例如，假使他本人强加的底比斯的寡头政府受到攻击，它将得到保护，同盟会反戈相向。其他政权不是如此自信。腓力不一定有兴趣保护它们，而且如果它们受到侵害，这个议会并不一定让它们进行申诉。在腓力去世之前，雅典显然忧心忡忡。在公元前337～336年，第9个执政官里欧克拉底提出一项法案，禁止颠覆民主政治和建立专制。它特别禁止亚略巴古议会在民主政治失败后召开会议。不管在这个立法的背后有什么样的政治潜流，它都显示了雅典人心惶惶，且政体可能变化。可以设想的危险是僭主政治，或者在卸任官员议会——类似于腓力在底比斯施加的300人的寡头议会——支持下的寡头集团统治。当然公元前336年的雅典立法者没有预想到民主政治会得到盟约的保护。相反，它似乎是在一个危机四伏和人心不安的气氛中制定的。仅仅在科林斯联盟建立一年之后，腓力就遇刺身亡，且没有证据显示他打算让它如何行事。它不可能深受欢迎，因为腓力的死讯激起了整个南希腊的严重骚乱。可以预料，雅典欢天喜地。它派出使节，倡导其他城市支持自由事业，并私下里向亚洲的阿塔拉斯示好——这些明目张胆的行为违背了盟约。也有一些雅典人表现适度，尤其福克翁指出由于腓力的死，马其顿的军队只损失了一个人。然而人民受到德谟斯提尼的花言巧语的鼓惑，相信这个年轻的狂人亚历山大永远走不出马其顿的国界。在其他地方，底比斯驱逐了马其顿驻军，而在伯罗奔尼撒，阿哥斯、伊利斯和阿卡狄亚同盟发生骚动。可能在这个时候，美塞尼亚驱逐了菲力亚德斯的儿子，后者领导腓力所支持的寡头政权。后来亚历山大执行盟约的条款，恢复了他们的权力，但在一个被视为马其顿自动联盟的城市里，他的党派要想维持统治，需要他的干预。在希腊西部，马其顿也有麻烦。埃托利亚表决，将放逐者召回阿卡那尼亚——违背了盟约，尽管腓力解散了他们的议会，但他们再次以一个统一的联盟采取行动。安布拉西亚再次违背和约，驱逐了马其顿驻军，并建立了民主政治。这个普遍做法雄辩地证明了希

亚历山大大帝

腊对马其顿的霸权怨声载道，如果要想避免政治动荡扩大，并演化为军事抵抗的话，那么马其顿就要迅速采取行动。

从一开始，亚历山大行事坚决，行为妥当，无疑他得到资深外交家安提帕特的忠告。他召集色萨利联盟，以许诺（详情不知）争取他们的支持，声称他们都是赫拉克勒斯的后裔。因此他当选其父的职位，作这个同盟的统治者，并经他们同意，担任盟约的霸主，和约现在以他的名义重新制订。同样的事情发生在中希腊，那里他在安提拉召集安菲替温尼同盟议会，并让它的成员（显然是那些在短时间内被召集到这个门户的人）重申了色萨利的表决。之后他进军彼奥提亚，威吓底比斯，促使雅典人改变心意。此时无望与底比斯并肩反对马其顿，因此雅典人民只能议和，以他的名义重新恢复联盟，并授予其荣誉。与此同时，就如在喀罗尼亚后一样，它颁布决议，撤离乡村，以做好最坏准备。这些担心事实上没有根据。在德谟斯提尼于西塞隆山坡离开官方使团之后，他的同伴使节受到这个年轻国王的礼遇。双方因此达成和平和联盟协议。

在科林斯，戏剧的第一幕落场。亚历山大召集议会，可能只有那些其城市尚未承认他的使节出席，会上他任其父所设的官职——反波斯战争中希腊人的领

袖。阿里安和狄奥多鲁斯都强调这个决议主要是与亚洲战争有关,无疑科林斯议会也修改了盟约,并通过了进攻波斯的立法。尽管经常遭到批驳,但这个科林斯同盟是一个联盟,其中包含通过双边条约受制于马其顿的国家——作为公元前480年希腊同盟的精神上的继承人,他们自然要在马其顿国王的领导下建立一个共同联盟。作为联盟议会,代表们通过总决议,以指导此次战争行动。正如希腊同盟禁止中间主义一样,科林斯会议发布决议,禁止希腊人与波斯勾结,尤其是充当雇佣军为虎作伥。这样的法令只是表面上的,因为一旦战争打到亚洲,这个议会对它没有约束力。权力事实上授予霸主亚历山大,他可以把自己描述为复仇战争中自愿结盟国的领袖。联盟的结果就是和平。科林斯的代表可能再次被说成是步希腊同盟成员的后尘,后者曾建立同盟,以和所有现存的敌人言归于好。作为这个同盟的霸主,亚历山大自然肩负双重职责,监督盟约的执行,并统率联军抗击波斯。阿里安恰如其分地将这个和约描述为联盟与和平和议,他所意指的不是两个单独的盟约,而是一个协定的两个不可分离的方面。

联盟在两方面都负有义务。作为亚洲战争中的参加者,他们必须提供入侵军的部队。在腓力统治时期,这个国王曾向雅典人征调船只和骑兵,且在公元前336年再次提出这样的要求。由于德谟斯提尼文集中的一个慷慨激昂的演说(古代的评论者可能正确地认识到这是希佩里德斯所作),我们对这个盟约所知更详。这个演说可能于公元前331年发表,其中指责马其顿人经常滥用这个盟约,并引用了它的许多条款。这个证据得到大量铭文的证实,这些铭文记载安提贡那斯和德米特里亚斯于公元前302年建立联盟,并按照腓力和亚历山大的模式制定规章。显然它重申了公元前338~337年盟约中的主要规定。自由和自治得到保证,当他们签署这个盟约时,他们的政制获得批准,而内部也不致发生政治颠覆。盟约全面禁止有违法律的死刑和放逐,并禁止采取革命性的措施,如重新分配土地、取消债务和解放奴隶。任何城市都不能支持攻击他们国内政府的放逐者。如果违反盟约,它将遭致联盟的共同制裁。在腓力的安排下,缔约方被迫参与会议所通过的所有远征,且在亚历山大统治下同样如此。但这个议会不仅仅是接受申诉,如果必要的话,它也可以采取主动。希佩里德斯提到这个议会和那些负责共同防御之人对盟约进行总监督。他没有提到霸主,但我们发现了一个不太明确的

官员团体。这反映了公元前 336 年即将远征亚洲之前的局势。霸主本人并不亲自管理联盟的运转，因此这个盟约涉及代理人。它可能故意含糊其辞，以给亚历山大自由选择权。事实上亚历山大不在时，安提帕特担任执行官，不过如果要安提帕特滞留马其顿，则由驻军统帅充当代理人，或者在当地发生紧急事件时召集会议。

鉴于这个联盟的结构和规章，这个主动权的范围显然很大。如果一个城市的自治受到侵犯，那么所有成员国都要采取军事行动——如果会议通过这样的行动，这是惟一的结果。绝大多数的议案按这个联盟的决策者的意见表决。就如在安提贡那斯和德米特里亚斯的联盟中一样，如果代表们不受他们祖国的制裁，那么这种压力更为有效。更为重要的是，这个马其顿的主席可以在议会上指控任何他认为违反盟约的国家，而一个成员国必须通过它的代表提出申诉，且并不一定受到同情。一旦会议作出了远征的表决，那么这就行之有效。每个城市提供的军队事先作好规定。雅典的一块支离破碎的断碑记载了军事安排的细节，它似乎规定了部队的供应和军饷，但细节不详。然而，这个文献确实显示了它精心规划军事义务。疏忽职责的成员国可能遭到制裁，交纳沉重的罚金（安提贡那斯和德米特里亚斯同盟的罚金是浮动的，从每个骑兵每天半个迈那到轻装步兵 10 个德拉克玛不等），甚至受到同盟的军事干预。这些规定确保了同盟拥有大军，尽管不一定全心全意。

我们不能简单地将这个联盟看作是镇压的工具。它也行使通常的职能，充当国际仲裁法庭，调解邻国之间的纠纷，以避免战争。一个碑铭记载了对米罗斯和西莫拉斯之间三个小岛归属权的安排。这个会议通过一个决议，授权阿哥斯城进行仲裁，结果后者作出了有利于西莫拉斯的裁决。我们不知道这个负责人是将事务提交到大会上，还是主动进行干预，但结果似乎都是有益的。不幸的是，当牵涉裁决国的利益时，事情就没有那么容易处理了。一个人不能指望由马其顿官员主持的马其顿联盟的代议制团体，作出损害马其顿利益的裁决。如果是马其顿违反了盟约，联盟也不可能采取行动。盟约中规定制裁是一个方面，统一和不偏不倚地加以行使则是另一码事。

亚历山大在爱琴战争期间作出的裁决充分地说明了他对这个联盟的使用。自从在社会战争中叛离雅典起，西爱琴海的岛屿大多由少数寡头统治。这些在雅典史料中被斥之为暴政的寡头统治集团，在腓力统治末期与国王联合，加入科林斯联盟。就如腓力在希腊支持的政权一样，他们拥有依赖马其顿支持的寡头政府。我们有关于开俄斯和列斯博斯的详细证据。列斯博斯的伊勒苏斯小城归于几个寡头统治集团治理。可能在公元前340年之前的某段时间，3兄弟（阿波罗多拉斯、赫蒙和赫里乌斯）一直大权在握，直至遭放逐，并被阿格尼普斯和攸瑞西劳斯领导的另一派取而代之。正是这个后来的派别与腓力结盟，并奉献了宙斯·腓力皮奥斯的神殿，以庆祝这个协定。在科林斯的政制会议上，它的权力正式得到批准。同样，开俄斯的寡头统治曾在公元前340年对腓力的建议做出反应，它可能也是这个联盟建立初的成员之一。到目前为止，这个马其顿国王和现存的寡头统治集团并肩行动。没有证据显示腓力鼓励或建立民主政权。公元前334～333年岛屿战争之间，政策出现变化。之后，在10年里的第一次，大量的波斯海军出现在爱琴海，以致马其顿人无力保护他们在岛屿的支持者，结果许多城市倒戈。开俄斯早在公元前333年就已向迈农投降，并成为波斯的一个基地几乎2年，而在伊勒苏斯，似乎统治集团已为虎作伥，欢迎波斯部队进城。尽管迫不得已，但这个由科林斯同盟批准的政府已然站在波斯一边。所以公元前332年亚历山大重新夺取他们的城市之时，自然不可能保留他们的政府。亚历山大已经在小亚细亚创立了民主政治，来充当反波斯的堡垒，后者（像腓力一样）偏爱寡头政治，因此这个新岛屿的政制是民主政治。在伊勒苏斯，亚历山大将两个寡头领袖交由新独立的人民审判，后者注定会判处他们死刑，并将他们的家眷永久放逐。没有投靠波斯的前任统治集团的后代，现在谒见亚历山大，请求复国。国王将此事交由人民处理。遵照他的指示，人民建立了一个法庭，批准了放逐判决。亚历山大直接和伊勒苏斯人民合作，通过信件发出指示，信中没有显示出科林斯会议在此事中起到任何作用。裁决合情合理，但它们读起来像一个专断君主的决定，而不是联盟国家的霸主。时人谴责亚历山大，声称安提撒和伊勒苏斯的僭主得到盟约批准，因此应当保留他们的政权，就像菲力亚德斯之子一样，此言有一些合理之处。至少这个会议应该在处理这些失职的成员中有一些发言权。

在开俄斯，形势更为有趣。一块保存较为完整的碑石记载了亚历山大对这个岛屿的安排。再次像一个专制君主一样，国王修书一封，强迫召回被放逐者，建立民主政制，并任命立法委员会，修订法律，以便去除民主政治中的任何障碍。国王本人将仔细审查这个新立法。到目前为止，文献中没有提到联盟的会议。亚历山大独立行动，规定了政制的变化，并召回被放逐者（后者的放逐以前经这个盟约批准），显然这个民主政制是完全的革新。只是当他提议惩罚投靠波斯的寡头时，才出现会议的身影。那些在城池陷落前逃离开俄斯的人，在马其顿舰队到来之前在一个失败的民主起义中遭驱逐的人，都受到由联盟表决通过的一般饬令的影响，所有的成员国都将曾投靠波斯的人从他们的领土上驱逐出去，如果他们被俘的话，则将他们交由司法审判。亚历山大也将这个判决适用于开俄斯——所有签署这个盟约的城市都不得收容逃亡寡头。那些确实为波斯效力的人被带到科林斯，交由大会审判。这里，议会被看作是惩罚的工具，执行它以前发布的惩罚饬令。在一个联盟国家的政制安排中，它显然没有发言权，最终甚至不再审判叛离者，因为公元前331年春被俘的开俄斯寡头被带到孟斐斯，结果被放逐到以勒芬丁。我只能认为议会召开初步会议，并将最终的裁决留给亚历山大，就如公元前330年发生在斯巴达人身上那样。这一判决被转达给马其顿的舰队司令赫格罗卡斯，后者将囚犯押解到埃及。

就我们所知，议会在爱琴海岛屿的管理中没有发挥任何作用。亚历山大独断专行，不经其他任何权威批准，就发布命令。某种程度上，他可以附和公元前338年希佩里德斯的辩解，即马其顿的武力使这个城市的法律黯然失色。这些岛屿的战争需要当机立断，因此不能交由争论不休的科林斯议会处理，他的决定合情合理。违反联盟禁止投靠波斯决议者不能援引盟约来保护他们的政权。亚历山大进行违反科林斯联盟条文——如果不是宗旨的话——广泛政制变化，且不提交到联盟议会（甚至是批准），也是合情合理的。不奇怪，其他史料中也记载了技术上的违反。最引人注目的例子发生在推行民主政治的佩列尼。那里，喀伦，同时代最成功的摔跤手在伯罗奔尼撒的马其顿将军科拉古斯的帮助下，当上僭主。之后他将许多人放逐，并分配土地给奴隶。这事实上完全违反了盟约的条款，但亚历山大不打算对他进行制裁，大概因为这个问题从未在会议上提出。只有在亚历山大打算进行制裁时，才会采取行动。

公元前 336 年秋，宣传仍然有效。希腊国家重新批准了复仇战争，任命这个年轻国王担任它们的领袖，并重新制定了盟约，重点是维护所有联盟的自由、自治、和平，之后亚历山大返回马其顿。下一年春他发动了特里巴利战役，随后他在希腊面临第二次危机。他在北部作战之时，由于南部不清楚战事进展，结果流言四散，声称他已经命丧沙场了。在雅典的公民大会上，德谟斯提尼提供了一个证实他已死亡的证人，且整个南希腊反声四起。底比斯也发动了起义。一些希望效法公元前 379 年光荣革命的放逐者夜间进城，谋杀了两个在卡德密亚外受到突袭的马其顿驻军士兵，并在大会里敦促发动革命。底比斯响应这个号召，包围了卡德密亚。他们废除了腓力施加的寡头政府。作为民主政权，他们通过立法抵抗亚历山大，与此同时，叛乱军领袖召开议会，达成一个初步决议，并得到大会批准。这些行动已然挑战了盟约的方方面面：一个现存的政府已经被放逐者颠覆，且这个城市公然和马其顿为敌。其他地方也发生许多骚动。阿卡狄亚联盟竟然派一支远征军到地峡，那里它静候事态发展，既不支持底比斯，也不支持马其顿。伊利斯也发生了一场小革命。亚历山大的支持者遭放逐，大概这个政权的性质也发生改变。主要的争论集中在雅典，那里德谟斯提尼和来库古出示了亚历山大的遗体，并鼓励支持底比斯。波斯的金子现在发挥作用。大流士三世已于公元前 336 年当上波斯国王，一旦他王位稳固，他就乐于资助希腊的支持者。关于德谟斯提尼收受的金钱，史料记载莫衷一是，但无疑波斯的金钱流入他的手中，据说亚历山大在萨得斯发现相关的文献证据。因此底比斯人获得充足的资金来武装全部的公民兵。对于亚历山大而言，局势恶化。喀罗尼亚的联盟几乎重组，且科林斯联盟的整个机构都处于风雨飘摇之中。

亚历山大挥师南下，扭转了局势。在雅典人获知他出现在德摩比利以南之前，底比斯遭到围攻，结果双方无法进行统一防御。阿卡狄亚的军队离开地峡，底比斯孤军奋战。即使如此它的公民仍然顽固不化，并以宣传对抗宣传。当亚历山大援引盟约时，他们号召所有人站在底比斯和波斯国王一边，以解放希腊人，摧毁希腊的暴政。每个只言片语都是蓄意的侮辱。理论上，亚历山大是一个自由和自治的联盟的领袖，进行反波斯复仇战争的使命。而在底比斯人眼里，他是一个暴君和压迫者，而波斯国王是希腊自由的自然保护人。在他们对阿卡狄亚人的号召中，他们强调在常驻的马其顿驻军监督下，城市不可能自治，自称为古老的自由斗争的斗士。双方互不妥协。底比斯顽抗到底，最后城市陷落，人民遭到野蛮屠杀。底比斯传统的敌人，佛西斯、塞斯比亚、普拉提亚和奥科美那斯人热情地加入到马其顿人的屠杀之中，结果底比斯有 6 000 多人阵亡。其他人的命运交由联盟的议会定夺，这是否是科林斯联盟的一个非常规会议不得而知。狄奥多鲁斯谈到了代表（议员）出席，但科林斯的所有常规代表不可能均参加了此次激烈的战役。阿里安正确地指出底比斯的命运由一个亚历山大出席的联盟特别议会讨论，正是这些人助长了屠杀。它实际上不是一个联盟的决定，而是胜利者的野蛮裁决。非常有趣的是，对这个判决的争论不是集中于它对这个盟约的违反，相反它再次列举了薛西斯入侵期间底比斯投靠波斯的老生常谈，并回忆起希腊联盟宣誓惩罚这个城市。因此这个裁决被视作神圣的法令，十分严厉。共有约 30 000 幸存者被沦为奴隶，且除了卡德密亚的要塞之外，这个城市被夷为平地，他的领土则被邻国瓜分。这个裁决不是亚历山大做出的，却是他所希望的。现在希腊世界看到了反抗的骇人听闻的后果。如同神罚一样，一天之内希腊世界的一个重城化为废墟。像埃斯奇尼斯在公元前 330 年哀悼的一样，这种震惊和痛苦的祷文将被重复几个世纪。人们有理由同情受害者，尽管禁止救助难民，但他们被临近的国家收容，尤其是雅典和阿克里弗尼乌姆。几乎 20 年以后，当卡散德宣称重建底比斯时，远达意大利和西西里的人民予以热烈支持。

希腊世界立即陷入恐慌。在伊利斯，支持者突然被从放逐中召回，而阿卡狄亚人将鼓吹支持底比斯的政治家处死。甚至埃托利亚随声附和，每个部落单独派遣一个使团来请求饶恕，以显示他们（暂时的）放弃了联盟政策。雅典最为提心吊胆。获悉底比斯被摧毁之后（事件的目击者所告知），雅典人放弃了庆祝神秘之神，再次撤离阿提卡，并号召紧急募捐。一如公元前 336 年，他们派遣一支由狄马德斯率领的使团去朝见亚历山大，但是这一次他们受到冷遇。亚历山大丢掉他们祝贺他平安从伊利里亚返回以及惩罚底比斯的荣誉饬令，并对这些代表漠然视之。对于他们的提议，亚历山大的答复是交出 8 个积极参与反马其顿运动的政治家和将领。古代史料对这些名字的记载莫衷一是，但肯定包括德谟斯提尼、来库古以及斯菲图斯的波利伙克图斯和声名显赫的将军卡瑞德姆斯。他们将受到议会的审判。他们对底比斯的被放逐者的支持明显违反盟约，并将按照盟约受到惩罚。但由于它的辉煌过去，雅典城本身安然无恙。亚历山大援引这个希腊同盟反对底比斯的饬令，但未对这个在波斯战争中奋勇抵抗并遭难最重的城市采取激烈行动，尤其是在他打算继承雅典人的衣钵，并为她的损害复仇的时候。

这仍然要看雅典人是否在言行上表示悔罪。亚历山大的要求引起了雅典的激烈讨论。资深的将军福克翁争论说，除了投降之外，雅典别无选择，希腊为底比斯哀悼的够多了，并且名单上的政治家（幸运的不包括他本人）应该为他们的城市慷慨赴义。另一方面，一如既往，德谟斯提尼必然发言，并雄辩地抨击绥靖政策的危险。流行的观点是反对屈服，于是狄马德斯通过了一个折中的提议，即如果他们应受惩罚，那么按照雅典法执行。可能亚历山大或他的顾问私下提出了一个顾全面子的方案。无论如何，第二个使团获得成功。亚历山大坚持要放逐卡瑞德姆斯，于是后者迅速为波斯宫廷效力，但国王没有采取行动反对其余的 7 人。底比斯的例子已经足够了。雅典人被迫重新加入联盟，并履行他们相应的义务。亚历山大现在可以发动对亚洲的入侵，报复薛西斯对雅典的洗劫，他的第一次胜利奉献就是将 300 副全套甲胄献给雅典娜。雅典及其女神是他的圣战的有名无实的领袖。

亚历山大在公元前 335 年的行动加紧了他对希腊世界的控制。他摧毁了一个抵抗马其顿的堡垒，并彻底威吓了南希腊的敌人。确实它们迫不得已地屈服，自然亚历山大深信他们仇视他，憎恨他，因此在未来的几年里他们会利用任何逆境来反对他。但希腊的稳定有两个持续的保证。第一个是盟约机制，尤其是议会和它的马其顿负责人的监督作用，后者在理论上可以阻止任何内部的颠覆。第二，公元前 334 年亚历山大渡过赫勒斯滂时，他的部队中有 7 000 步兵和 600 骑兵来自希腊同盟。其中一些无疑是他们的祖国愿意摆脱的军队，例如公元前 400 年派出的由提布伦指挥的雅典骑兵，但这支部队也包括在国内受到重视的士兵，所以提供了有效的人质。经常要求遣返在格拉尼卡斯被俘的雇佣军的雅典人当然不会忘记他们在亚洲服役的公民。亚历山大可以合理地认为当他在海外作战时，希腊世界不会发生重大起义。他的信心源于最终以军事镇压为基础的政制安排，从一开始马其顿的宗主地位就无情地嘲讽了任何希腊自治的观念。

来库古治下的雅典

在许多方面，雅典在亚历山大统治时期达到了物质繁荣的高峰。从喀罗尼亚战役到拉米亚战争的爆发，她连续15年享受和平，只是面对短暂的入侵的威胁。和平带来了史无先例的财政收益。据证实，仅公元前346年一年，雅典的收入就从400塔兰特增加到令人难以置信的1 200塔兰特。凭借这些收入，雅典建造了引人注目的军事和城市建筑工程，出现了一个世纪不曾见到的建筑热潮。这个活动主要归功于厄特翁布塔德的贵族，吕科普隆之子来库古，此人连续12年直接或间接地管理雅典的财政。不幸的是，对于他所担任的官职，史料并未详细说明，而仅仅声称他负责管理财政，但从对他的业绩的描述，尤其是公元前307年由斯特拉托克勒斯通过的荣誉饬令来看，显然他控制着雅典所有的公共财政。在他的管理中，戏剧基金应该是一个重要内容。它可能承纳最多的公共资金，但它的职能似乎受到赫格蒙立法的限制，这是在德谟斯提尼担任戏剧基金专员（公元前337～336年）之后不久制定的，可能是针对德谟斯提尼本人。埃斯奇尼斯暗示说到公元前330年这个戏剧基金的管理相对有限。它在攸布鲁斯时期拥有的广泛权限已然丧失，至少在公元前335～334年，职权已归属戏剧基金的一个官员在公共文献中重新出现。可能这个戏剧基金专员现在只履行重要职能，处理节日费的资金分配，而一般的管理掌握在财政主管手中。当然由戏剧基金专员始建的军械库和新造船所，由来库古完成，为此他被赋予以前由管理祭祀钱财的司库所行使的监督角色。可以认为，雅典颁布确立来库古财政管理的立法，这是赫格蒙限制戏剧基金委员会的必然结果。公众如此信任来库古，以至于人民乐于让他对雅典的财政机构进行一般的监管，就如它乐于允许攸布鲁斯主持下的戏剧基金委员会扩大它的职能一样。法律中有一些防范措施。在某个阶段，可能在这一官职设立时，雅典就颁布一项法令，官员任期不能超过5年，因此来库古不得不不时地推举代理人，而自己拥有实际的管理权。这个安排的细节含糊不清。他有一个还是更多的代理人，他们任职一年或任期4年，我们不得而知。我们只知道一个人的名字。斯菲图斯的塞诺克勒斯在这一时期曾担任财政管理人，当然他是挂名的主管，按照来库古的指示管理这些收入。

这个财政监管的性质是个谜。人民的主要官员，战士基金的司库和戏剧基金的专员，继续行使他们的职能，并像以前一样征收和分发金钱。来库古大概监管整体的收入，并在国家的各个行政机构中进行分配。据说他提供了新的收入来源，但这可能经由人民批准的法令同意。凭借他的财政官职，来库古有资格提出这样的建议，但他没有官方的法定权力，他的权力是指导公共资金的流动，显然正是来库古决定一般管理的盈余应该如何使用，不管是用于公共工程，还是分发给人民或者用于制造武器。这个体制的平稳运行需要不同官员之间的合作，并且在来库古提供新的游行船只和金冠中，我们找到了相关的显例。来库古本人提出建议，之后由适当的官员，即战士基金的司库执行，后者在公元前334～333执政官年为雅典娜的司库进行支付。现在这个战士基金的司库正是培阿尼亚的狄马德斯。公元前335年此人提倡和平，结果与来库古发生冲突，于是来库古争夺要授予给他的荣誉。然而第二年狄马德斯依然高效地与来库古一同工作，这表明严重的政治冲突并不妨碍其他领域的合作。

来库古经手的资金数额巨大。古代的估计从14 000到18 900塔兰特，每年的收入达到1 200塔兰特并不是夸大其词。收入的巨额增加主要来自于商业。国内的税收，对土地和财产的征税，并没有增加，而在和平时期也没有征收财产税，即对富人资本的应急征税。正是间接税收，港口税和销售税，尤其是出租采矿权，充盈了国库。如果经由雅典的商业蒸蒸日上，那么雅典从中积累的公共收入也就增加了。因为在雅典，商业主要掌握在非公民手中，因此鼓励外邦人和外国商人势在必行。这些人能够创造收入，就外邦人的情况而言，他们要支付额外的税收，12德拉克玛的税收和拨给军械库和造船所的财产税。不奇怪，来库古保护常驻的外国人的利益，压制财政机关的专横，并提出立法，批准西提乌姆商人获得建造一座阿弗洛狄特神庙所需的土地。通过进口日常商品来支持雅典的外国人显然受到平民的尊重，尤其是萨拉米斯的赫拉克利德，此人因为在大饥荒期间的服务得到一个金冠，并获准与公民交相同的税。就他的情况而言，人民竟然派了一个使团朝见赫拉克里亚的狄奥尼修斯，要求后者对扣押赫拉克利德的船只和没收他的帆进行赔偿，以及不能进一步干预他和雅典人的贸易。保护贸易的外交主动权有军事后盾支撑。来库古积极打击海盗，根据他在公元前335～334年发布的一个饬令，代欧提马斯奉命予以保护。这个政策一直持续下来。公元前325～324年，面对伊达拉里亚的海盗活动，人民表决在亚德里亚海岸建立一个殖民地，由菲利亚德贵族米泰亚德率一支海军分遣队奉命前往。史料中详细说明了此次远征的目标，首先就是保护人民的商业。在古代，几乎没有国家事业有如此明确的经济动机。在来库古治下的雅典，确保他们的收入和商业具有极为重要的意义。

开发银矿，色诺芬看作是增加国家收入的主要方式，一直持续，并且得到精心管理。由于在销售矿柱时进行投机，某个狄菲鲁斯被判处死刑，之后没收的160塔兰特财产被分发给人民。这个细节具有双重意义。它充分显示了来库古小心谨慎地保护公共的财产，另一方面它也展现了雅典公共财政的有害方面。通过出售被定罪者的私人财产，雅典的收入增加，因此在财政困窘时，引人注目的财富可能是进行控告的一个积极诱因。来库古本人就是一个出名的控告者，尤以其高度的道德口气及对告发的热情而闻名。据说他的笔是浸在死亡之中的，而不是墨水中。古代的文献并没有质疑他的正直，但我们可以认为被告的财富是控告的附加动因。这个因素有助于解释在所谓的罪行发生之后如此之久，利昂克拉底仍然遭到控告。在国家需要时离开阿提卡当然激怒了来库古，他已经在亚略巴古前以相似的罪行控告了吕科普隆。但这是在公元前338年的紧急事件中做出的。而利昂克拉底遭到控告几乎是在8年之后，且在其受审之前，他已经在雅典居住了至少一年。可能是对金钱的需要促使他的愤慨转为法律行动。利昂克拉底非常富有，如果他被定罪的话，那么他的财产足以充盈国库。更令人烦扰的是拉姆普特利的攸克辛尼普斯的例子，此人由于谎报了他在安菲亚拉欧斯神庙中所做的一个梦，而遭到控告。我们只有希佩里德斯的辩护演说，但显然这个控告是有偏见的，含沙射影地说他同情马其顿，风马牛不相及地反复提到被告的财富。这个案件有政治的言外之意。原告，斯菲图斯的波利攸克图斯，曾受到攸克辛尼普斯的阻挠，因此进行报复。但在他的控告中，他得到来库古本人的支持，后者可能喜欢财政和宗教动机的案件。显然这个案件微不足道，滥用了应当用于反对国家的严重罪行的检举程序。如果希佩里德斯正确地陈述了事实，那么这样的滥用并不是独一无二的。

相比于筹集而言，收入的花费更容易了解，大量的开支用于改善雅典的军备。斯特拉托克勒斯决议称颂来库古在卫城储存武器，并保持 400 艘三层桨战船处于备战状态。海军专员的财产清册证明了后一记述，其中记载公元前 330～329 年雅典拥有 392 艘三层桨战船。引人注目的并非这个总数（雅典人可以夸耀在公元前 353～352 年，社会战争之后，拥有 349 艘三层桨战船），而是他们已经准备采取行动的事实。重建是始终如一的，雅典的三层桨战船司令官已将他们的注意力集中于东部地中海的发展，而更重的四排桨大船和五排桨的大船正取代三层桨战船成为基本战船。因此雅典人在他们的海军里加强了四排桨大船：从公元前 330～329 年的 18 艘增加到公元前 325～324 年的 50 艘（此外还有两个五排桨大船），而三层桨战船从 392 个减少到 360 个。船只总数保持在 410 个，但新船和重型船只的比例增加。与此同时新的海军装置，军械库和造船所，在公元前 340～339 年战争的中断之后重新恢复，并在来库古的管理之下完成。这支舰队现在装备精良，但经验不足，海军目录中所记载的服役的中队数目不多。在公元前 330～329 的执政官年末，只有 17 艘船只在庇里乌斯之外。这个时期已知最大的行动就是派遣 100 艘三层桨战船去解放在提尼多斯遭拦截的粮船。即便如此，军队可能无需航行，更不用说作战了。这个国家的收入没有被浪费在昂贵的军事行动上，而是被用于维持在将来的突发事件中必要的军械。理论上，这种逻辑完美无缺。然而，当雅典的海军在拉米亚战争中面对严酷的现实时，遭到灾难性的失败。他们在海战中缺乏经验和专门技能，无法与马其顿的海军司令相抗衡，后者可以调集东地中海的所有资源。

整饬海军的同时，雅典重组成年人。这一世纪初，在被接受到公民团体中之后，年轻人自愿服役两年。在喀罗尼亚之后的某个时间，可能在公元前 336～335 年，一个叫埃皮克拉底的人提出了一项立法，结果这样的服役成为强制性的。所有的雅典人，可能包括日佣级，现在都有义务进行两年军事训练。他们在共同的军队食堂里就餐（国家每天调拨 4 个奥波尔予以资助），并获得公共开支提供的武器，这曾是阵亡者的儿子保有的特权。他们的官员由选举产生，每个部落选出一个监督人（*sophronistes*），整个公民团体中选出一个管理者（*kosmetes*）。此外也有更为专业的教师，他们教授使用武器，重装的和轻装的，并传授弹弓战术。第一年的训练是在庇里乌斯的堡垒度过的，最后在全体人民面前，在狄奥尼苏斯剧院的管弦乐团中列队展示，这样基本的训练结束。之后一年，士兵到前线，阿提卡乡村的驻军里服役（尤其是在北部的边疆，在埃琉西斯、菲利和拉姆努斯）。这个青年立法显然打算培育更为能干的公民军队。它也适合来灌输部落兄弟的感情，因为这些男青年被分到部落组织中，并在他们的监督人的看管下，在斯巴达边界的共同食堂里就餐。与此同时他们也受到某种程度的爱国情感的熏陶。传统的男青年的誓言，套用深思熟虑的古典语言模式，告诫他们要发誓保卫法律和阿提卡的神殿。这个男青年部队理所当然地也出现在宗教节日里，据证明早在公元前333～332年，他们就集体参加火炬比赛的竞争。理论上，这个训练的结果是一个有战斗力的公民团体，武器精良，受过良好训练，并有强烈的动机来保卫雅典。此举自然耗资不菲。如果部落的目录是准确的指南，那么男青年大约一年有500人，并且供养这个部队及其官员耗资50多塔兰特。武器的供应是主要的经常性开支。

雅典的国内节日也吸收了公共的收入。来库古最有名的业绩之一就是完成了泛雅典的体育场，为了它的修建，他得到雅典之外的捐助。一个现存的决议证实他提议授予普拉提亚的攸德莫斯以荣誉，因为后者提供了1 000辆马车和驮畜。这个筹集私人资金的政策，曾经在喀罗尼亚之后的紧急筑城工程中成功使用，现在扩大到城市之外，声名显赫的外国人也被邀请来充当雅典的捐助者。雅典不仅致力于节日的永久框架，也注重它的所有细节。雅典的一个立法规定，利用出租国家土地所获资金，定期购买祭祀用的牲畜以及其他配备，据称这是为了特别目的而指定特别收入来源的第一个例子。这个城市被称为泛雅典确实名副其实。以同样的方式，雅典的管理非常关注新获得的俄罗普斯的领土。在古文物家法诺德马斯的监督下，雅典通过法律，为当地的英雄安菲亚拉欧斯设立了每四年一次的节日，并定期提供资金，改善神庙，以向这个场合表示敬意。第一个节日在公元前329～328年正式予以庆祝，为此进行了庄严的游行，并举办了运动和骑士比赛。专员由人民选举产生，包括法诺德马斯、来库古、狄马德斯和尼塞拉图斯，后者是大尼西阿斯的后代。当地的俄罗普斯崇拜现在被吸收到雅典的宗教历法之中，因此这个宗教融合完成了这一地区的政治吞并。就如公元前326～325年被派到德尔斐代表他们城市的管理神圣仪式的人的名单中所做，公元前335年政治敌人，来库古和狄马德斯，再度并肩出现。来库古的宗教开支显然没有引发争议，所有人都乐于在授予神的荣誉上进行合作。

全体人民从所有这些措施中受益，主要是作为观众，他可以参与节日项目，获得节日时分发的赏赐。戏剧基金，所谓的民主政治的结合剂，一直兴盛，且分发了大量资金。据说，公元前330年初狄马德斯曾许诺发给每个公民半个迈那，以过科亚节，这个数字多得令人怀疑，但来库古在将狄菲鲁斯定罪后分发的金额有过之而无不及。大量进行赏赐可能是财政轻松时期的一个原则，并且它的最终目标就是打破帝国和国外军事参与的幻想，这是非常合情合理的。雅典15年没有战争，结果军力加强。显而易见，这个政策的好处就是用于安慰和启迪人民的大量公共工程。年轻人在来西昂拥有摔跤学校和体育场。对成年市民而言，公共娱乐得以大幅改进。狄奥尼苏斯的剧院被扩建，同时雅典开始在柏尼克斯兴建一个建筑工程，其中包括这个礼堂上面两个大的柱廊。在会场，新的议会会所增加了一个门廊，并且一个门廊被附加到这个议会建筑的南面，而法院的空间更为引人注目，并带有一个以方廊柱闻名的像回廊一样的建筑。在来库古的工程里，大会、议会和法院的所有主要组成机构的建筑都被扩建，并得到装饰。与此同时阿波罗帕特鲁斯神庙在大会会场重建，以纪念爱奥尼亚和雅典人拥有共同的祖先。在来库古的工程中，我们总是可以发现爱国主义的因素，如果认为这不是真实的，或者未被广泛感受，那么看法有误。如果我们坚持一个曾经流行的观点，即来库古的赏赐腐蚀了雅典人的政治和军事民心，这是更加错误的看法。相反，一旦获悉亚历山大的死讯，人民立即要求恢复自由，尽管狄奥多鲁斯对此表示怀疑，后者反映了寡头对他的马其顿史料赫罗尼姆斯的蔑视，但在一个堪与他们最伟大时代相媲美的尝试中，雅典人进行了一个所需的祭祀战争。

来库古有敌人。他被迫经常为他的账目辩护，甚至在临终之时。在他死后不久，他的儿子们被控共同挪用公款，结果被定罪，并被监禁。这是一个悲惨的报复性的事件，且它的理由纯粹是私人的。来库古的主要攻击者米尼塞奇姆斯，曾经在来库古手中遭到一个不敬神的控告，于是和来库古不共戴天。但作为来库古的继承人，他继续管理雅典的财政，并延续了他的一般政策。事实上我们很难发现原则上人们对来库古的管理有什么反对，因为它的首要目标集中于军备和雅典的城市装饰。来库古雅典的常规图景最令人迷惑不解，在亲马其顿和反马其顿之间两极分化。从论辩演说的狂热断言中，我们可以发现与外国勾结的指控是常规手段。如果一个人重视德谟斯提尼论王权的高谈阔论（许多人重视），那么可以认为许多人积极致力于颠覆雅典国家，保持马其顿的霸权。事实上公元前323年战争爆发时，站在马其顿一边的雅典人只有皮特阿斯和卡利米顿。在他们之中，皮特阿斯至今仍以他的人民党的立场而声名狼藉，并曾经反对马其顿舰队索要船只的要求。在其作为国家的债务人遭监禁之后，他背叛雅典。史料没有显示他受处罚的讼案是因为亲马其顿的活动而被提起的。他的背叛似乎令人惊讶。平心而论，人民对于雅典丧失霸权表示遗憾和气愤，因此一般支持军备工程。不一致的地方就是在接受现状的必要性上。一方面，元老福克翁似乎已经对马其顿的军事实力了如指掌，因此一直坚持按兵不动，不进行挑衅。甚至在拉米亚战争的高峰时期，他反对利昂斯提尼贸然交战，但这并没有阻止人民推选他为这两个战争年的将领（诚如在阿提卡），且他对一般事务的冷漠也没有损害他的军事才能。另一方面，我们很难发现任何政治家一直倾向于战争。希佩里德斯曾经在喀罗尼亚战役期间积极主战，他是一个拉米亚战争的主要鼓吹者。如果他发表了关于亚历山大条约的演说的话，那么他主张发动公元前331～330年的战争。但在亚历山大统治初期雅典没有反对的迹象，更为重要的是公元前335年这个国王没有要求交出他。就如我们所见，德谟斯提尼在公元前336年和公元前335年好战，但他对阿基斯战争漠然视之，而他在哈帕鲁斯事务中的做法甚至接近于他的同伴部民和平主张者狄马德斯。雅典的国外事务导致人民的态度和情绪错综复杂，因此几乎没有人可以或者愿意坚持一条始终如一的政治路线。

当然雅典与马其顿发生联系。单个的雅典人和单个的马其顿人结交。一如以往，这种客友和金钱关系密切，雅典和这个皇家宫廷经常交换使节，这样就给建立有利可图的关系提供了广阔的空间。在腓力去世之前，狄马德斯提出官方决议，授予显赫的马其顿人以公民权和金钱，包括阿尔奇马卡斯和安提帕特。哈帕鲁斯与福克翁的家族关系密切，且获得了公民权。甚至德谟斯提尼也认为为了争取赫菲斯提昂，应该将他最宠爱的亚里斯提安送到宫廷。这样的关系主要是非正式的，但至关重要。这使得某些雅典人得以向这个国王进言，有助于缓和他对这个城市的对待，而马其顿的客友可能给他们雅典的朋友提出谨慎的忠告。很难相信，福克翁的审慎的政治态度不受他在马其顿宫廷的联系以及他和这个国王的友好关系的影响。确实这些友好关系可能是政治腐化指控的主要基础。但一旦城市交战，这些关系立刻灰飞烟灭，狄马德斯的行动明显地显示这一点。他无疑是安提帕特的朋友，在公元前 322 年曾为了城市的利益利用他的朋友关系。然而，在拉米亚战争高潮，他准备写信给柏第卡斯，鼓励他入侵欧洲，并攻击他的朋友——一个类似于公元前 336 年争取阿塔拉斯支持的策略。

雅典忠心耿耿，但我们不应该认为在战争爆发时所有人都是如此。尽管持敌对立场，但狄奥多鲁斯正确地认识到有产阶级要求维持和平。他的观察非常类似于欧克西林库斯史家对雅典人观点的冷淡分析。在公元前 396 年和公元前 322 年，富人起到限制性的作用，他们不愿意承担战争的财政负担。这些人可能包括福克翁的年老的朋友，在公元前 322 年的寡头政治扬名并在公元前 318 年被集体定罪的人。皮索克勒斯和赫格蒙曾与埃斯奇尼斯共同攻击德谟斯提尼，而赫格蒙曾经通过了限制戏剧基金委员会的立法，除此之外我们对他们所知甚少。尽管德谟斯提尼反对，但对德谟斯提尼的敌视并不等于亲马其顿的立场。我们可以肯定的是他们很有钱（修底普斯和皮索克勒斯出身于家财万贯的家族），因此不愿意危及他们的财产。但就如我们在福克翁身上所见，这种不情愿并不意味着他们在战争爆发时不积极效力，至少我们知道公元前 323～322 年作为一个三层桨战船司令官，修底普斯积极作战。

这个时期的政治紧张从表彰事件中显而易见。公元前 330 年夏，埃斯奇尼斯恢复了曾在公元前 337～336 年首次提出的对泰西丰的指控，声称这个泰西丰的决议是不合法的，其中规定对德谟斯提尼进行表彰，以颂扬他作为防御工事专员的工作业绩。在正式提出控告六年之后，这个案件最后被听审，当然是在埃斯奇尼斯的鼓动之下（如果他采取主动的话，德谟斯提尼不会忽略这一事实）。他可能试图利用雅典对失败的斯巴达人的普遍同情以及雅典冷淡参与这个事件的觉醒，将控告泰西丰作为批判德谟斯提尼全部政治生涯的工具。这个控告的理由风马牛不相及。对于泰西丰而言，幸运的是任何强词夺理的辩护都不能掩盖这样的事实，即在他进行陈述之前，这个饬令已经提议表彰德谟斯提尼，因此从这个原因出发本身就是不合法的。正是泰西丰提议的内容构成了埃斯奇尼斯控告的基础，因为他的"言行一直有利于人民"，德谟斯提尼受到表彰。相反，埃斯奇尼斯声称德谟斯提尼的政策对于这个城市是毁灭性的，他应该为底比斯的覆灭负责，加之忽视了阿基斯战争的黄金机会。最后，他非常武断地，且慷慨激昂地指控德谟斯提尼投靠波斯，他接受波斯的金钱是对马拉松和萨拉米斯人民的公开侮辱。

这是德谟斯提尼不能忽视的挑战，于是他起来为泰西丰辩护。他的演说是欧洲文学上的一个丰碑，它对爱国主义的令人振奋的号召已经鼓舞了几代政治家。这不仅是爱国主义修辞的例子，也是辩论术中非常聪明的例子。德谟斯提尼的辩护完全集中于他在公元前338年锻造了大联盟，自认这是他的英勇业绩的光辉例子。他个人维持了自由的旗帜，拥护它的事业，抵抗国内许多腐化的趋炎附势的人的反对。如果对腓力的抵抗失败了，那么这不是他的过错，并且他巧妙地将这个辩论转向对埃斯奇尼斯生活和政策的反控告上。不像他的敌人，他是以向人民效忠为动力，且不顾对他的所有攻击，他几乎成功地掌控这个联盟。他对这场距雅典700里的战争负责，因为攸卑亚提供了反对海盗的堡垒，更为重要的是，他确保了这个城市没有受到征服，并得到腓力有利的条款。所有这些大部分是真实的，但只回答了这个控告的一部分。德谟斯提尼完全省略了过去六年的复杂事件以及他对阿基斯和底比斯叛乱的反应。为了在这个场合为自己辩护，他需要完全不同的语气。为了精心选择进行军事行动的正确时刻，他需要强调妥协的必要性，而致力于喀罗尼亚战役允许他提出自己的政策，无条件地反对马其顿暴政。即使这个论点被预知了，那么这个城市也应该奉行同样的路线。如果他在这个斗争中畏首畏尾，偏爱不光荣的安全，而不是要求荣誉，那么它就背叛了其全部历史。这是雅典在公元前331～330年所做，但德谟斯提尼并未联系当时的背景。他一直谈及腓力统治，这个现在几乎是半神话的过去，并描述了由于埃斯奇尼斯和他的朋友们的背后一刀，使雅典英勇的抱负和光辉失败的图景。

德谟斯提尼成功地利用了同代人挫败的爱国主义的情感。埃斯奇尼斯没有赢得1/5的投票，因此在气愤之中隐退到罗得斯。这两个人都试图利用当时的感情，但德谟斯提尼深思熟虑地将人们的思想从痛苦的现在中分离，使他们感情的视野沉溺于过去，这显然是他的听众所愿意接受的方向。因为目前他们被迫接受马其顿的霸权，但他们可以以他们在过去的抵抗而引以为荣，并能够期望在无限期的将来恢复它。现在的现实是马其顿的军事实力在欧洲和亚洲称雄。人民可能忍受这个现状，并接受政治妥协，但不愿意听到这一事实。为了辩论目的，德谟斯提尼利用了这些感情，就如几个月以前来库古一样，后者控告利昂克拉底在听到喀罗尼亚的消息时落荒而逃。像德谟斯提尼一样，他有一个法律方面薄弱的例子，因此不能援引任何具体的法律，禁止利昂克拉底的行动，只能引用亚略巴古的特别的以及可疑的警察行动。来库古没有诉诸于法律，而是将利昂克拉底的行为和雅典过去的英勇例子相提并论，他不加区别地列举了青年人的誓言，欧里庇德斯的厄瑞克透斯和这个著名的雅典人的提尔泰奥斯的挽歌。再次将远古和最近的过去相融合。来库古的演说以对喀罗尼亚死者的祈祷结束，对于他们而言，利昂克拉底是公开的羞辱。他们会赦免这样一个背叛了躺在坟墓中的人吗？这个技巧是似是而非的，几乎是不真实的，然而它几近成功，利昂克拉底由于一票之差逃过了定罪。来库古治下雅典人的爱国主义感情非常强烈，并得到精心的培育。就如我们所见，对于现在的相对无能而言，这是某种安慰，也是将来的准备，军备工程的心理准备。在拉米亚战争中雅典人的士气最终证明了来库古工程的合理性。

雅典和哈帕鲁斯的到来

公元前324年，由于马卡塔斯之子哈帕鲁斯的到来，雅典的政治稳定受到严峻的考验。哈帕鲁斯以前是亚历山大的朋友和司库，现在却是一个流亡者。在听到卡曼尼亚被处决的消息之后，哈帕鲁斯逃离巴比伦。带着6 000人组成的雇佣军部队以及更为引人注目的5 000塔兰特，他领兵西进，可能向西里西亚海岸进

发。那里，他将他的雅典情妇格丽塞拉，安置在塔尔苏斯的宫殿。目前他是安全的。任何总督都没有实力，进行军事对抗：为此亚历山大发布解散雇佣军部队的饬令。但是哈帕鲁斯不能无限期地留在亚洲，亚历山大已不屈不挠地挥师北上，向苏撒进兵，之后进入美索不达米亚。他可以随时部署一支军队来反对他。在航海季节开始以后，公元前324年春哈帕鲁斯率领一支由30艘船只组成的小舰队，向西航行到希腊大陆。他的第一个目的不可避免地就是雅典，这个生养了他的情妇并授予其荣誉公民权的地方：按照亚历山大召回萨摩斯的被放逐者的决定，一个富有且强大的流亡者可以期望在那里受到热烈的欢迎。这可能是亚历山大首次公布放逐令，这激励他本人带着资源来到希腊大陆，以资助那里不可避免的抵抗。这些事件的时间难以确定，希佩里德斯似乎声称在希腊世界翘首以盼尼卡诺的到来以及他所带来的指令时，哈帕鲁斯忽然前来。可能在公元前324年5月，哈帕鲁斯首次从修尼阿姆海岸出现，请求在雅典避难。

起初雅典坚决反对。哈帕鲁斯被拒绝进入雅典，无疑雅典人的拒绝是因为他们害怕亚历山大的反应，如果他们庇护了一支相当于叛军的军队。可能它对哈帕鲁斯本人也有着根深蒂固的怀疑。他是不是要通过占领庇里乌斯来讨好他的国王，因此挫败任何雅典保护萨摩斯的企图啊？无论如何，对一个马其顿三层桨战船司令官的进入歇斯底里的政治家们，将会对装满身经百战的雇佣军的30艘战船不以为然。庇里乌斯仍然被关闭，因此哈帕鲁斯别无选择，只能将他的部队转移到泰那伦的雇佣军基地，那里他们和已经集中于此的数千人会合，后者由利昂斯提尼指挥。之后他带着三艘船只和大量金钱来到雅典。这一次，菲罗克勒斯允许他进城，此人是负责曼尼奇亚和这个码头的将领，曾拒绝更多部队进人。这个流亡者现在进入雅典城。亚历山大可能已经将它看作是一个挑衅，但不是一个战争行为。许多人感到雅典欠哈帕鲁斯的人情，尤其是福克翁的女婿查里克利，后者曾监督建造授予皮提奥尼丝的纪念碑。其他人赞同希佩里德斯的观点，即对哈帕鲁斯友好接待会鼓励亚历山大帝国其他的持不同政见者将他们的资金和部队转移到希腊。另一方面也有人强烈反对，尤其是德谟斯提尼，他坚持说亚历山大可能会利用雅典允许哈帕鲁斯进城一事为借口，对雅典发动一般战争。但哈帕鲁斯的金钱不久发挥作用，自然他进行贿赂。据说德谟斯提尼本人收受了20塔兰特，于是不再反对哈帕鲁斯进入这个城市。这个流亡者可以暂时停留，直到他们获悉亚历山大的反应。

这个决定不得不最终做出。不久以后，哈帕鲁斯受到接待的消息传到了马其顿和小亚细亚。可能通过信件，安提帕特和奥林匹娅斯要求将他引渡回来。与此同时，卡瑞亚的总督菲罗谢努斯，派代表到雅典，正式要求交出这个流亡者。这个决定延后做出，可能有几周之久，但现在事情依然发生了。德谟斯提尼再次成为主要人物。他以似是而非的理由，反对交出哈帕鲁斯。菲罗谢努斯的使节的国书遭到攻击：它们不是由亚历山大本人送交的，且可能失去这个俘虏，这样，这个城市可能被视为这个阴谋的从犯。哈帕鲁斯只能被交给直接对这个国王负责的代表。与此同时，他将被关押起来，而他的金钱（他声称总计 700 塔兰特）将于第二天寄存到卫城。理论上雅典人在管理这个流亡者及其金钱上非常谨慎，实际上他们的选择是公开的，如果对萨摩斯的战争不可避免的话，哈帕鲁斯和他的手下仍然可以被招募为盟友。幸运的是，几个月以后，亚历山大的大使才最终到来。

在被关押之前，哈帕鲁斯已在雅典避居几个星期。公元前 325～324 年末，他抵达该城，但到他被关押时，下一个执政官年已经开始了，奥林匹克比赛即将举行。因此德谟斯提尼率官方使团抵达奥林匹亚，并在节日期间与尼卡诺进行商谈。谈话包括萨摩斯的地位，德谟斯提尼也试探了亚历山大对哈帕鲁斯的态度的口风。可能尼卡诺暗示说这个国王不想面对引渡的尴尬，也不想将他的老朋友定罪。无论如何，哈帕鲁斯获准逃离监禁。他的守卫逐渐减少，最后被解散，于是他离开这个城市。哈帕鲁斯的故事不久就结束了。他召集了其在泰那伦的部队，并作为一个雇佣兵领袖开始在克里特展开行动。那里，不迟于公元前 324 年 10 月，他被他的副将提布伦所杀，而他的雇佣军部队则归自塞勒尼的被放逐者所有。它不再是希腊事件中的一个因素。与此同时，在雅典哈帕鲁斯的逃跑引起了公开抗议，之后由于卫城金钱的账目显示所谓的 700 塔兰特只剩下 350 塔兰特，抗议与日俱增。这可能是整个黑暗事件中最黑暗的情节。然而，它的一些方面非常清楚。史料中没有暗示这些钱是从卫城拿走的，它们所强调的是哈帕鲁斯声称带进阿提卡的金钱确实与在卫城发现的不一致。自然，整个剩余财产被认为花在

贿赂上了。直到哈帕鲁斯消失，这个财产才受到仔细的审查。但是他的逃跑自然导致这样的主张，即他已经通过贿赂找到了摆脱困境的办法，且这个金库那时受到了详细的检查。这个不一致的发现导致所有政治阶层义愤填膺。一些人认为亚历山大的钱已经被挪用了，因此当这个国王的代理人来收取时，人民要进行赔偿。而诸如像希佩里德斯的其他人认为这个城市被剥夺了与亚历山大进行不可避免的战争的重要资源。这个狂怒的焦点是德谟斯提尼，他在整个事件中负主要责任：希佩里德斯确实讽刺他为"我们所有事件的仲裁者"。控告恶意增加。他不但接受了 20 塔兰特，且为此腐蚀了政制和法律。面对判国罪的含沙射影的指责，德谟斯提尼被迫为自己辩护。在公民大会中，他提出一项决议，要求亚略巴古进行调查，并向人民汇报任何曾接受哈帕鲁斯带进这个国家的金钱的人。与此同时，他慷慨激昂地说自己是清白无辜的。不幸的是，他的论据并不充分，他不能否认自己也接受了哈帕鲁斯的钱，但声称他接受它是作为戏剧基金的贷款，并为人民的利益予以使用。其中有一些合理之处。在来库古的财政管理中，私人的贷款已经予以使用，以应付额外的开支。德谟斯提尼可能以向泰那伦的利昂斯提尼进行初步支付的形式将哈帕鲁斯的金钱用于国家事务上。如果是这样，他的支付必然是秘密的，就像后来元老院所支付的 50 塔兰特一样，所以官方记录没有记载。在这些情况下，谁能区分这是贷款还是贿赂呢？德谟斯提尼容易受到攻击，因此竭尽所能阻止清算。在为了他的利益进行调查之前，他已经提名了亚略巴古，可以认为，这个立法议会充满了他的支持者，因此不会轻率地控告他。

他没有失望。亚略巴古可能在 9 月开始调查，尽管公众一直要求有个说明，但在 6 个月之后他才公布报告。拖延的原因含糊不清，但似乎可以肯定的是，哈帕鲁斯和他的金钱不久就不再是焦点问题了。当雅典最初允许哈帕鲁斯进城时，亚历山大没有要求归还他的财富或船只，也没有以战争相威胁。德谟斯提尼的节制和避免公开冲突的一般政策可能发挥一些作用，但这个贿赂丑闻被有关当事人继续宣扬，指控继续进行。公元前 323 年初（可能 1 月末在利尼亚），戏剧家提摩克勒斯在他的《提洛》中讽刺一些政治家，此时他尚不知道亚略巴古最终的调查结果。从未牵连其中的希佩里德斯，被与德谟斯提尼联系起来，就如摩罗克勒斯、德蒙和卡利西尼斯一样，这些在别处从未与丑闻有牵连的人。更为重要的是，戏剧的语气是嘲弄性的，也是可以容忍的，其他任何事情都无法显示公众愤怒的白热化。人民的情绪不再那么激动，但他们并没有忘记贿赂的控告。最后在公元前323年3月，亚略巴古发表了他的报告，提交了一系列名单以及每个人可能接受金钱的数目。德谟斯提尼以接受20塔兰特排在首位；狄马德斯据称收受了6 000希腊金币（可能是银的），其中也提到其他几个人，包括查里克利（福克翁的女婿）和菲罗克勒斯（他允许哈帕鲁斯进入雅典）。之后人民建立了一个法庭，由1 500名陪审员组成，其中每个被告由10名原告指控。我们所知的惟有德谟斯提尼的原告，一个显然不同类的团体，其中包括希佩里德斯和皮特阿斯，拉米亚战争初与他的政策南辕北辙的人。显然这个审判使得德谟斯提尼的对手联合起来，不管他们的政治信仰如何，他们都齐心合力来扳倒他。亚略巴古是否因为外部事件而被迫做出一个宣言，我们不得而知。值得注意的是，受到最多指控的人，德谟斯提尼和狄马德斯都曾倡导授予亚历山大以神圣荣誉，可能他们的行动使他们失去了一些民心。尽管希佩里德斯和戴那卡斯提出了这个问题，但没有坚持下去，且民众的情绪已经平静了。可能，亚历山大已经做出了裁决，反对雅典人获得萨摩斯。谈判仍在进行之中，并且在任何阶段宫廷的坏消息都可能激怒人民，并削弱提议节制者的名望。

亚历山大有关放逐令的信件

这个审判并不引人注目。戴那卡斯为这个控告所写的一些演说流传下来，但就如希佩里德斯反对德谟斯提尼的演说的残片一样，演说平淡无奇。这两个作家都提到了许多公众对贿赂控告的冷淡，并喋喋不休地陈述这个罪行的罪大恶极，指出赦免贪污者的危险。他们有理由这样做。就如菲罗克勒斯一样，德谟斯提尼和狄马德斯被控有罪，但所受的惩罚相当轻。不是德谟斯提尼发起亚略巴古的调查时，要求对自己施加的死刑，也不是法律规定的 10 倍赔偿，法庭对他罚款 50 塔兰特，所谓的贿赂额的 2 倍半。史料没有记载狄马德斯的罚款数目，但这大概也是他的能力所及的，因为在亚历山大去世时他在雅典仍然是风云人物。然而，德谟斯提尼无力支付，或者不愿意交纳，结果以失职罪被监禁。具有讽刺性的是，几天之后，他获准以类似于哈帕鲁斯的方式逃走，直到亚历山大去世，他都悲惨地生活于放逐之中，起初在特罗伊真，之后在厄基那。他是哈帕鲁斯事件，他在早期阶段处理得如此巧妙的事件中的主要受害者。哈帕鲁斯进入和逃离雅典都没有激起亚历山大的敌对。作为紧急资金，他的财富存放于卫城，并在拉米亚战争爆发时立即被投入使用，且他的战船也用于雅典的海军。不可否认，雅典丧失了和哈帕鲁斯结盟并在希腊发动全面战争的机会，但在公元前 324 年夏，对于雅典以及任何如此愚蠢以至于参战的城市而言，这样的战争都是致命的。只有一个希佩里德斯会哀悼这一失败。事实上，这个战争被推迟了，一直到亚历山大统治末，雅典人都继续后方的外交活动，来保护萨摩斯。

放逐令及其影响

在公元前 324 年的奥林匹克运动会上（这可能在 8 月 4 日的满月时结束），亚历山大宣布召回整个希腊世界的被放逐者。他的信件（由斯塔吉拉的尼卡诺递送），由这个获胜的使者宣读给许多翘首以待的观众，其中包括 20 000 多被放逐者，他们为了这个场合集中于此。这是一个重要的姿态，也产生了广泛的影响。这几乎导致马其顿与雅典人的公开战争，因为此举威胁了雅典在萨摩斯的利益，也严重瓦解了数千城市，他们被迫召回并补偿长期分离的家庭，其中一些是二代和三代的亡命国外者。此外，它违反了科林斯同盟的一个基本原则，即禁止召回被放逐者，至少是在有武力支持之时。更为严重的是，亚历山大的行动公然地侵犯希腊的自治，他发布一个总命令，打击了每个城市的经济和政治稳定，不论是大城还是小城。史料没有显示科林斯会议中对此进行讨论或者之后的外交咨询，相反它们提到亚历山大通过信件，单方面宣布这个命令。如狄奥多鲁斯引用的那样（他在这里节选了同时代卡狄亚的赫罗尼姆斯的记载），这是一个简短的公报，其中否认被放逐者的责任，确保召回除犯有渎圣罪者之外的所有人，并显示安提帕特受命威吓任何不合作的城市。这是专制的语言。亚历山大授予普遍的恩惠，因此任何事情都无法阻止它，尤其是单个城邦的法律。至少腓力没有发布一般饬令，他从政治上进行干预，通过直接和间接方法，确保绝大多数政权对他的愿望做出回应。到公元前324年，亚历山大已经超越了这样的程序。现在大陆的希腊人被看作是他的属民，直接指示的接受者。他乐于听取陈述，修改他的一般饬令，以考虑特别城市的问题，但毋庸置疑，他拥有随心所欲组织希腊世界的权力。他的专制现在是普遍的，任何地区都不例外，都没有特权。

这个饬令可能是在几个月中制定出来的。它是在奥林匹亚公布的，但在美索不达米亚构思的。库齐乌斯和狄奥多鲁斯都把它和公元前324年夏在欧皮斯解散老兵联系起来。如果阿里安记载了它（他的史料几乎不会忽略这样一个如此适于宣传的事件），那么它也是在原稿的遗漏处，其中他谈到了公元前324年夏，欧皮斯和埃克巴塔那之间的事件。无论如何，尼卡诺至迟在5月被派到希腊，以允许他在奥林匹克运动会之前有充足的旅行时间。从这时起（如果不是从前）他的使命的性质众所周知。当他西行时，越来越多的人进行讨论，且在一些地区，人民惊愕不已。在亚洲，亚历山大可能在军队面前进行正式宣布。我们知道将萨摩斯归还给萨摩斯人的特别裁决是在营地里，在希腊观众面前宣布的，更多法令也足以用同样的方式予以宣布。召回被放逐者的饬令，奥林匹克通告的惟一主题，只是由尼卡诺转达的命令之一。他还有关于两个问题地区的具体指示，批评埃托利亚对阿卡那尼亚的伊尼亚第城的占领，以及取消雅典在萨摩斯的殖民地，因此自从公元前365年就被放逐的当地萨摩斯人民，可以重返他们的祖国。这些规定不是在奥林匹亚制定的，但它们在亚历山大更早的声明中已经预示了，而且谈判已经在进行之中。重要的是，正是德谟斯提尼带领雅典的代表团来到奥林匹亚，利用这个场合和尼卡诺进行了公开讨论，后者显然既是报信人又是使节。和关于

伊尼亚第和萨摩斯的具体裁决一样，他也转达了神秘的指示，这些涉及亚加亚和阿卡狄亚联盟的大会。希佩里德斯的文本（惟一的史料）七零八落，因此亚历山大打算如何来处理这些城市仍不得而知。更为可能的是，他打算完全废除这个联合会议，以摧毁他们的立法机器。尼卡诺不仅带来一封信件，也受命带来一些规章，以用来重组希腊的政治结构。

这些规章不是突发奇想。可能自东方返回之后，亚历山大就再三考虑希腊的事务。如以前一样，他的动机不得而知。狄奥多鲁斯探讨了放逐令的两个原因——亚历山大渴望荣誉以及希望每个城市都有他的党羽，以此作为反对革命和背叛的筹码。这个信息来自于赫罗尼姆斯，本质上是真实可信的。此举显然赢得了许多声望。这个国王的宫廷里有许多被放逐者，他们经常怂恿国王让他们复国。如果他们本人不是著名的廷臣，那么也是能够给予强大支持的朋友。碑铭证据显示爱阿苏斯的戈尔哥斯支持被逐出的萨摩斯人，经常在宫廷上为他们请愿，所以当国王宣布他们可以归国时，授予他一个花冠，以示表彰，并派人对爱阿苏斯的萨摩斯人进行具体援助。在宫廷的被放逐者不是惟一的请求者，被放逐的城市经常派使求见，请求亚历山大的帮助。赫拉克里亚庞提卡的放逐是典型代表。在亚历山大成为波斯帝国的主人之后，他们直接遣使朝见，请求让他们复国，并建立一个民主政权。结果狄奥尼修斯，这个赫拉克里亚的僭主，被迫发动了一个孤注一掷的后卫行动，以至遭到亚历山大的军事干预的威胁，最后承蒙亚历山大的姐妹克娄巴特拉的庇护才得以幸存。阿米苏斯建立了民主政治可能归因于被放逐者的同样请求，本都地区同样如此。亚历山大非常了解被放逐者的不幸，也渴望一个普遍恢复的荣誉。显示宽宏大量一直是他行动的动力，他写给奥林匹亚的信件就突出体现了这一点，他不对被放逐者的条件负责，但将承担让他们复国的责任。这是他的国王的恩惠，一个将不会被拒绝的恩惠。尼卡诺的外交以安提帕特军队的威慑力为后盾，就如亚历山大的信件所示，这将会被予以使用。

一个硬币的反面就是被放逐者返国产生的政治利益。狄奥多鲁斯强调亚历山大希望让他自己的党派来抵制城市中的革命，赫拉克里亚的放逐提供了一个原型的个案研究。如果他们回国了，那么他们的城市将建立民主政权，且这个政权的存在归功于他本人。在其他地方，变化虽没有如此剧烈，但依然重要。几代遭放逐的家族返回，要求归还他们的财产。从定义上来说，他们敌视现存的政权。例如在提基亚，几代的被放逐者一起返回。一些人已经离开良久，结果他们的前妻和女儿已经结婚或者再婚，并生儿育女，这些后代后来反过来也遭到放逐。在公元前324年归国的人将包括一些家族的幸存者和后代，这些家族是在公元前360年代的民主革命中，阿卡狄亚联盟建立时被放逐的。同样，其他地方也有长期的流亡者，尤其是萨摩斯人，后者自从公元前365年就一直流亡在外。因此，长期亡命国外者必然就和他们的祖国失去了联系，而他们利益的真正保护人就是这个已经将他们召回之人。因而，他们的感激和忠诚不容置疑。但更多的被放逐者是最近遭到流放的，其中许多人是在建立科林斯联盟以前反对马其顿，因此在公元前338～337年的政制重新安排期间被放逐。在某种程度上，亚历山大推翻了其父的政策，我们不难发现原因所在。由腓力支持的政府，尤其是那些伯罗奔尼撒的政权，在近来已经不足以信赖。给予阿基斯物质支持的国家包括亚加亚联盟以及除麦加罗波利斯的阿卡狄亚和伊利斯联盟。在这些国家中，提基亚曾经在喀罗尼亚之后被授予斯巴达的边界领土，而伊利斯自公元前343年起就与腓力共同合作。在公元前331年惟一保持忠诚的亚加亚城市（佩列尼）是由亚历山大扶植的僭主统治，而不是其父批准的政府。放逐令因此打击了作为科林斯联盟基础的政治稳定。好几万被放逐者将全体返回，结果国内的政府手头忙于国内问题，而无法策划或者支持任何军事起义。在这种背景下，这个与亚加亚和阿卡狄亚联盟有关的补充指示做出了清楚的说明。二者都参与了公元前331～330年的战争，且阿卡狄亚人曾派一支军队监视公元前335年底比斯的事件。对共同大会进行限制，并阻止可能使整个联盟反对马其顿的共同投票，这似乎是明智之举。当腓力将议会分成选举部落时，他以非常相同的方式反对埃托利亚人。现在，他的儿子显然计划瓦解和削弱伯罗奔尼撒的两大联盟，后者在其统治期间反抗最为激烈。那么，这个放逐令是亚历山大对希腊抵抗问题的深思熟虑的答复。它蓄意进行破坏，旨在增加希腊城邦中的紧张状态，与此同时扩大亚历山大在每个城市中的党羽。

这个特赦尽管是普遍的，但也不是没有限制。亚历山大写给奥林匹亚的信件特别排除了那些犯有渎圣罪的人，而狄奥多鲁斯将之扩大到谋杀者。现在，因亚历山大自己的活动或政策而遭到放逐的人不可能返回。这个信件声称他不对被放逐者的命运负责，这并不是伪善。亚历山大不认为他已经放逐的人适用于这个饬令，他将召回那些在他即位之前被放逐者，且不是由他自己放逐的。他的受害者的最大团体，底比斯人无处可回。他们的领土被分割成公民殖民地，由其他的彼奥提亚人来耕种。在公元前316年卡散德入侵彼奥提亚之前，没有改变这个现状的迹象。其他被放逐者可以轻而易举地被排除。鉴于希腊党派冲突的谋杀性质，几乎没有几个被放逐的家族可以洗去政治谋杀的嫌疑，如果亚历山大希望进行这个控告的话。对渎圣罪的指控也很难豁免。例如，据称以弗所的寡头亵渎阿提密斯神庙。同样，伊勒苏斯的僭主显然焚烧和抢劫了神庙，因此在亚历山大统治期间，他们的家族不可能归国，并且当这些被放逐者向腓力三世请求返回家园时，这个判决再次重申。绝大多数因为与波斯人或者与阿基斯勾结而遭放逐的人都属于这个排除条款的范围。至少腓力和波利波康似乎已经予以考虑。公元前319年，他们重新修订的著名放逐饬令，准许随后被放逐的人返回家园，并同样排除了负有血债和犯渎圣罪的人。然而，上限不是公元前324年的奥林匹克运动会，而是10年之前亚历山大进入亚洲之时。亚历山大统治时的被放逐者被含蓄地从公元前324年的特赦中排除出去。那时召回的家族是在他即位之前政治斗争的牺牲品，所以对这个恩惠更加感恩戴德。亚历山大自己的对手仍然受到限制。

不奇怪，这个饬令的公布引发了一阵外交活动。早在公元前323年，亚历山大就接见了许多反对召回这些城市放逐者的使团，并且在他的余生里，当他修改这个决议的一般条款以适应个别城市的情况时，代表们陆续前来。决议当然也有修改。在提基亚，这个最终刻在石头上的规定遵循国王的命令进行修改，以满足这个城市的异议。这些异议主要是关于财产的，从中我们可以在某种程度上追溯这个放逐令引起的破坏效果（即便返回的被放逐者的数量和他们的财产状况完全不详）。被放逐者将得到他们的部分财产（父系或母系的财产，就妇女而言，如果没有成年的男性血亲可以继承），并确保拥有一所住处，价钱是每套住所2迈那。纠纷将首先在城外听审，可能在门丁尼亚，如果诉讼未在回来的60天之内提出，那么由提基亚的宫廷受理。外部的司法权可能由亚历山大掌握，并且他谨慎行事。提基亚宫廷不可能善意地看待被剥夺几代以前获得的财产的居民。被放逐者的归来必然意味着困难和损失，尤其是对有产阶级而言，因此这一定受到极端仇视。城市一般都没有拒绝，因为任何城市和政权都不希望遭到这个世界征服者的报复。像赫拉克里亚的狄奥尼修斯一样，他们只能通过外交来延迟这个黑暗日子的来临。

雅典人是最优秀的外交家，他们设法保持了对萨摩斯的控制，直至这个统治末。但这是一个险胜的事情，濒临完全发动战争的边缘。公元前324年仲夏当哈帕鲁斯到达雅典时，危机四伏。亚历山大深知雅典人反对失去萨摩斯，因此这个臭名昭著的背叛者从修尼阿姆海岸上岸自然显得是预先安排的，是战争的序幕。消息传到埃克巴塔那之时，爱阿苏斯的戈尔哥斯为围攻雅典提供了10 000副全套甲胄和弹弓。亚历山大精心准备战役，战争一触即发。幸运的是，雅典有强力发挥作用，阻止公开的冲突。关键问题就是对萨摩斯的公民殖民地的保有，这不受哈帕鲁斯的损害，不管这个城市欠了他多大的人情。至少在起初，德谟斯提尼敦促人民不要因为公正和不必要的原因，使这个城市卷入一场重大的战争之中，这是一个类似于20年前发表的《论和平》的夸夸其谈的论调。在获准进入雅典的几个星期里，哈帕鲁斯被关押在卫城，以等待引渡，之后不久他逃离监禁地。雅典人避免了将他们的恳求者和同伴公民交出的羞辱，且开战的原因也荡然无存。但雅典秘密准备战争。利昂斯提尼，泰那伦的雇佣军统帅，在和元老院进行秘密磋商后，率他的部队留下为雅典效力，并指挥部队准备行动。与此同时，他充当雅典和埃托利亚的中间人，这为获悉亚历山大死讯之后缔结的正式同盟奠定了外交基础。严格来说，这些磋商是非正式的，但也是挑衅性的，对此安提帕特不可能一无所知。幸运的是，安提帕特本人的地位岌岌可危。不久克拉特拉斯取代他担任摄政，而他则率一支新兵向巴比伦进发。他期望的最后一件事情就是在希腊爆发重大战争，以分散他的注意力，并耗尽他的人力储备。因此他纵容南部的叛乱性谈判，甚至以他本人的名义向埃托利亚人示好。

这个饬令引发了雅典的内部隐忧。这个城市的被放逐者希望立即返回家园，到审判德谟斯提尼时，他们已集中在麦加拉。他们被视作对这个政制的威胁。雅典禁止人民和他们联络，并对此进行控告。德谟斯提尼本人开始（后来撤消）控告他的敌人卡利米顿，理由是他和被放逐者串通一气，企图颠覆民主政治。鉴于卡利米顿后来和马其顿勾结的情况，这个控告可能并非子虚乌有。萨摩斯也遇到麻烦。那里，流亡的萨摩斯人试图返回，结果告失败。最近由萨摩斯的返回饬令中揭示的情节非常富有戏剧性。一群被放逐者聚集在安尼亚，位于面向这个岛屿的圣穆卡尔山坡上。在某个时间，他们渡过海峡进入萨摩斯，并与雅典的公民发生冲突。这个尝试以失败告终。这些叛乱者被派遣到萨摩斯的雅典将领拘捕，并被押解到雅典，那里他们被人民处以死刑。当他们在监狱中等死时，一个支持者卡尔西斯的安提利昂将他们赎回，并将他们护送到他的祖国的安全地方，后来因为这一行动，安提利昂受到归国的萨摩斯人的尊崇。这些事件的时间很难断定，但显然不是发生在克拉农战争（公元前322年）之后，雅典人受制于安提帕特之时。在战争进行时，安提利昂也不可能在一个敌国如此坚决地进行干预，因为在拉米亚战争中他的国家是反对雅典的交战国。在我看来，这个情节可能发生在亚历山大统治的最后几个月。许多被放逐者预先使用这个国王关于萨摩斯的最终裁决，结果遭致雅典的报复。他们因此被判处死刑，但雅典人不愿实现这个判决。为了宣传的目的，最好让一个友好的中立国将他们赎回。他们宣布将保护他们认为公正的要求，但不会施加一个敌人会斥之为暴行的刑罚。他会在某种程度上承认雅典的要求，还是认为他们的反对是对他的权威的公然冒犯，亚历山大最终会选择哪条道路不得而知。现在可以肯定的是，雅典人坚决要保持他们对萨摩斯的控制。

另一个直接受到这个饬令威胁的国家就是埃托利亚联盟。相比于雅典人而言，埃托利亚人更为公开地与亚历山大不和。他们显然推翻了腓力的安排，重建了他们的联盟政体。他们占领了阿卡那尼亚的伊尼亚第城，驱逐了居民。此举使他们可能遭到科林斯联盟的共同制裁，因为阿卡那尼亚是这个联盟的签约国。最终，他们面临报复，亚历山大许诺以最明确的条款进行惩罚。由于他们地处偏远以及这个戏剧的主角有更为紧急的事务需要处理，因此暂时平安无事。但亚历山大必然要对它进行清算，因为埃托利亚是任何反对马其顿人的自动联盟。他们微不足道，无法成为一个总起义的中心，因此他们只能寄望于其他国家首先行动，尤其是雅典人。

没有证据显示其他国家予以反对。大概，大多数国家表现得如提基亚那样，首先提出抗议，并以特殊情况做借口，之后允许他们的被放逐者按规定的条件返回。然而，这些国家一定怨声载道，对放逐令的憎恨可能是在拉米亚初期叛离马其顿的主要原因。公元前323年秋色萨利人全体改变立场，推翻对亚基德王室30年的忠诚，因为最近一些被放逐者返回家园，后者是在色萨利同盟和菲累的僭主之间的长年斗争中遭到放逐的。这场斗争的受益者曾经是腓力的党羽，统治拉利萨和法萨卢的贵族——诸如达欧库斯、奇涅阿斯和色雷西戴乌斯之类的人，他们被德谟斯提尼污蔑为卖国贼。重要的是，正是法萨卢在腓力统治末期最受偏爱，它的骑兵是和亚历山大一同作战的色萨利人的精锐，构成拉米亚战争期间色萨利抵抗的中心。在法萨卢，召回腓力统治时期的被放逐者至少将使许多公民（当然是最重要的）感觉受到欺骗，不奇怪他们激烈反对。

亚历山大没有等到他的政策发挥作用。这个饬令在奥林匹亚公布后仅仅10个月之后，他就撒手人寰。对于被放逐者而言，时间太短，以至他们无法返回家园，被重新安置并作为他的忠诚支持者得到保护。他策划的希腊的不稳定没有出现。然而，放逐令等于是否定了腓力的政策和党羽。在喀罗尼亚之后做出的这个安排没有防止反马其顿的武力反抗，由腓力批准的政权也不是忠心耿耿。因此亚历山大推翻其父的政策，并冲击这个科林斯联盟的整个体制，其基石是维持现存的政府和执行放逐判决。他的新的支持者将是年老的流亡者，现在对自治概念的口头赞成也荡然无存。亚历山大仅仅通过法令强加他的意志。他可能受到外交手段的影响，但最终的决定仍由他自己做出。这是通过国权进行的专断统治，完全违背了腓力试图创造的一致同意的表面。无论如何，当亚历山大去世时，在巴比伦的摄政们认为应该修书一封给城市，宣布恢复"腓力建立的和平和政制"。这是为了宣传目的而发布的公告，目的是赢得民心，也是对亚历山大最后几个月的专制的否定。相比之下，甚至科林斯联盟以军事威胁为后盾的和平和政治上的惰性也成为受欢迎的变化。

总督政府

入侵亚洲时，亚历山大完全是在新的土地之上。此前没有管理他所吞并的领

土的先例，其父也没有留下任何体制。从一开始，他不仅仅充当一个征服者，也是阿黑门尼德的继承人。如果一个人可以相信通行的传统的话，他的第一个姿态就是将一支矛投掷到亚洲，并声称这块土地是用矛赢得的。我们没有理由认为这个故事是凭空虚构的，在某种程度上这可以由亚历山大的第一个行政举措所证实，即他仅仅让自己的手下监督现存的总督辖地，保持波斯的特权阶层。在赫勒斯滂的福里基亚，他任命卡拉斯，公元前336年远征军的一个统帅哈帕鲁斯之子为总督，并下令维持原来的税收标准。这块领土仍在大致与波斯管理相同的条件下受辖，只是统治者是马其顿人，而不是波斯人，他的总督也是如此，只是保留了这个官职的波斯头衔。

波斯在小亚细亚的统治中心是萨得斯，既是要塞又是金库的无懈可击的卫城。最初，似乎这个城堡曾由这个国王直接任命的一个驻军统帅占领，并且他的驻军独立于总督掌握的雇佣军部队之外。利底亚的管理类似于色诺芬所描绘的波斯政府，总督辖地和要塞的统帅之间界限分明。亚历山大继续沿用这一体制。他任命菲罗塔斯之子亚山德充当利底亚总督（包括爱奥尼亚海岸），指挥一支预备骑兵和轻装步兵部队。这个城堡受制于一个单独的高级统帅以及一支独立的同类驻军，阿哥斯的分遣队联军。

卡瑞亚的安排略有不同。这里，政府掌握在赫卡敦尼德的女王阿达手中，后者统治这个总督辖地4年（从公元前344～343年起），直至被她的兄弟取而代之。因与前政权关系疏远，她隐退到阿林达的强大要塞之中，之后当亚历山大进入卡瑞亚时，阿达献出人员和土地。她也收他为养子，这无疑增加了亚历山大在当地人眼中的合法性。不久之后，她获得卡瑞亚的整个总督辖地，但她的权限只限于公民的管理。政府的军事掌握在一个马其顿将军托勒密手中，后者统率一支大雇佣军部队，包括步兵和骑兵，约有3 200人。此前曾有一个短暂的波斯先例。一年或两年以前，阿达的兄弟皮索达路斯听命于波斯国王，要求一个波斯总督与他共治，且迎娶他的女儿。在皮索达路斯去世之前的一个短暂时期，卡瑞亚曾出现了联合的统帅权，但正是波斯人欧戎托巴提斯拥有总督的头衔。然而，阿达掌握着亚历山大治下有名无实的政府，表面上托勒密是她的下属，就如公元前322年利底亚的情况一样，那时柏第卡斯任命亚历山大的姐妹克娄巴特拉为总督，而马其顿统帅归于她的治下。不管这个理论如何，在爱琴战争期间托勒密充当自由代理人，并与利底亚总督亚山德并肩作战。就如他们之前的波斯统帅一样，他们并没有被局限在他们行省的地理边界之内，而是率他们的部队出征到有军事需要的任何地方。

萨得斯

　　这些早期的任命是军事性的。亚历山大安插他的人员，以保护和巩固他们的领土，抵抗波斯反攻。城市的管理不甚重要，可以被授权给下属或者像阿达这样的当地统治者。在某种程度上，亚历山大效法波斯的先例，但就如安置吕西亚那样，他并不墨守成规。那里，城市由他们当地的君主统治，并在这个世纪前期维持了当地的独立，但它们逐渐受到卡瑞亚的赫卡敦尼德王朝的影响。到公元前337年，吕西亚已经成为皮索达路斯的总督辖地的一部分，后者任命两个希腊副将进行监管，并配备人员坚守重要的赞萨斯城。皮索达路斯直接统治，甚至要求祭祀的细节（引进卡瑞亚的巴塞勒斯考尼奥斯崇拜的引进）都要提交批准——以希腊语、吕西亚语和阿拉米语。亚历山大继续维持卡瑞亚和吕西亚的联合统治，而吕西亚的城市与潘菲利亚的邻国联合，归于亚历山大的朋友，克里特的尼阿库斯治下。鉴于这个统治的早期历史，赫卡敦尼德的统治不会受欢迎，因此在亚历山大经过吕西亚时，人民向他提出将此人免职。使这一地区摆脱它的前主人的统治轻而易举，但结果不是恢复当地的独立。亚历山大建立了一个全新的总督辖地，将泰米萨斯和塞德之间的海岸线置于一个统帅手中，对整个地区实行军事监管。这是波斯战争期间所做的安排。公元前330～329年尼阿库斯被召回宫廷之后，史料中没有发现继任者的记载，到这个统治的末期，吕西亚和潘菲利亚归于安提贡那斯的总督辖地。此次整顿自然是发生在尼阿库斯卸任之后，小亚细亚不再受海上行动的威胁之时。这块领土可能交由大福里基亚总督监管，之后后者立即从他的首都北上展开行动。亚历山大准备按照当前的军事形势设立和剥夺总督的管辖权。

公元前333年夏，即将到来的与大流士的战争使一切打算黯然失色。安提贡那斯留在塞拉那，充当福里基亚的总督，坐拥1 500人的雇佣军部队。国王本人仅仅对小亚细亚的内地做了马马虎虎的安排，之后迅速东移。迅速投降的帕夫拉高尼亚人归于赫勒斯滂—福里基亚的总督控制之下，这不是一个轻而易举的任务，因为他们被野蛮的和棘手的比提尼亚人的领土隔开了，远离首都达西利翁姆。不奇怪，当亚历山大离开时，他们再次作乱，并参与伊苏斯之后波斯领导的反抗。卡帕多西亚的安排如出一辙，这个领土在公元前四世纪的叛乱中被划分成两个总督辖地。北部的本都地区归当地的统治者阿瑞亚拉塞斯治下，且不受亚历山大影响，因为后者南征。南部的总督辖地向亚历山大投降，此时他们的统治者在格拉尼卡斯一役中已经阵亡。这个政府立即被委托给一个卡帕多西亚人萨比克塔斯，与此同时这个国王迅速向西里西亚关进发，显然没有留下任何种类的军队。他保留军力，以应付即将到来的与大流士的战争。在伊苏斯之后，萨比克塔斯没有参与波斯于安那托利亚的反攻。安提贡那斯向马其顿宣战，并赢得了三次胜利，但卡帕多西亚似乎仍然是无人地带。此前他已经控制了萨得斯和西里西亚之间的御道业已在吕高尼亚展开行动，但他的控制尚未达到北部。无论如何，公元前323年整个卡帕多西亚和帕夫拉高尼亚归于攸米尼斯的总督辖地，其中包括亚历山大统治时期从未被平定的领土以及设定由军事力量保有的地区。

相比之下，公元前332年是一个统一年。这个国富民丰且战略地位重要的西里西亚的总督辖地归于国王的护卫巴拉克拉斯，尼卡诺之子治下。他也监管财政，一直以他自己的名义铸造西里西亚总督辖地的银币，可能也支付长期围攻提尔期间的军队的开销。西里西亚是一个有凝聚力的地理共同体，相对密集，且拥有轮廓鲜明的边境。政府的所有职能可以置于一人手中。相比之下叙利亚更为复杂，领土辽阔，从幼发拉底河直至埃及边境，包括从腓尼基城邦到犹太的僧侣政府的许多城市。这里，亚历山大的安排灵活多变，且错综复杂。在伊苏斯之后不久，他任命塞迪玛斯之子米农指挥一支有适度自持力的雇佣军骑兵，控制在北叙利亚新获得的领土。他的权力中心可能是后来由塞琉古的四城镇行政区控制的阿密克平原，权限可达腓尼基边境南部。他受命清理波斯流亡者的地区，并在亚历山大南征时将它安定。

这个征服者现在经过腓尼基，途中许多城邦国家陆续投降。当地的国王仍官复原职，如基罗斯特拉塔斯在阿拉德，而伊尼拉斯则在拜布鲁斯。在西顿，现任国王斯特拉顿二世因为与大流士结谊遭废黜，结果阿布达罗尼马斯，一个王室旁系分支的成员取而代之。像塞浦路斯的希腊和闪米特人的君主一样，这些君主在亚历山大的宗主权下保持他们的半独立，但不准自行铸币。现在这些腓尼基的铸币厂铸造亚历山大的王室货币，只将这个城市的花押字作为它的标记。如往常一样，也有例外情况。反抗亚历山大 7 个月之久的提尔，人口遭到奴役，并在一支马其顿驻军的监督之下，领土由珀金俄基人居住。整个腓尼基没有马其顿的总督。当亚历山大在提尔时，没有必要派驻总督，而当他离开之后，提尔的驻军统帅菲罗塔斯可能进行总监督。

腹地更为棘手。在伊苏斯之后，帕曼纽已经向内地进发，处理黎巴嫩山丘以东的地区、大马士革和南方。当地的统治者被迫俯首称臣。在围攻提尔之初，撒玛利亚的世袭君主参巴拉三世向亚历山大效忠，于是国王批准他继续任职。他也任命了一个马其顿统帅，监管科勒叙利亚，以处理帕曼纽留下的平定任务。与在更为稳定的北部的米农相比，这个官员的职责完全是军事性的。叙利亚尚未征服，到公元前 332 年末，它组建了一个共治政府，当地统治者与积极从事于军事占领工作的马其顿统帅并肩行动。就在亚历山大进入埃及之前，参巴拉死于撒玛利亚，结果他的属民发生骚乱。公元前 331 年初马其顿统帅安德罗马卡斯被撒玛利亚的叛乱者所俘，最后被活活烧死。获悉此事，亚历山大将米农调离北部，可能由后者的一个下属，阿利玛斯继任其职。马其顿人进行一个短暂的报复战役，这从瓦迪达利叶的惨不忍睹的遗迹中显而易见。之后亚历山大返回提尔，准备与

大流士决一死战。米农仍然担任南部的军事统帅，与此同时亚历山大在腓尼基派驻一个新的官员，培罗耶的科拉努斯，亚历山大的一个司库，受命管理腓尼基的财政。腓尼基仍然没有总督，但在提尔的驻军统帅将负起类似于科拉努斯的财政地位的军事职责。他们足以使任何反抗的国王相信自己的失策。

亚历山大在叙利亚最后的行政举措是撤换了阿利玛斯，因为后者对军队行进到幼发拉底河的准备工作不尽如人意。他的继任者是阿斯克利皮奥多拉斯，攸尼库斯之子。暂时，叙利亚由北部和南部的两个马其顿统帅控制，而腓尼基的当地统治者与马其顿的军事和财政官员并存。这个形势持续了不到一年。公元前331年末，亚历山大将某个米尼斯派到这个海岸，担当西里西亚、叙利亚和腓尼基的统帅，与此同时原来的统帅遭罢黜。公元前329～328年冬，阿斯克利皮奥多拉斯率雇佣军部队抵达巴克特拉，与其同行者的名字传统记载不详，但被称为叙利亚总督。可能，以前的两个总督都率增兵被召回宫廷了。取而代之的是一个高级护卫米尼斯，此人担任重要的军事职位，管理西里西亚和埃及边境之间的海岸线。他与其他总督一起行动还是独自行使重大的统帅权，我们不得而知：证据含糊不清，且有缺陷。但叙利亚仍然四分五裂。在做出巴比伦的安排时（公元前323年6月），叙利亚被作为一个整体进行治理，而西里西亚是一个单独的总督辖地。西部的安那托利亚提供了有益的先例。在爱琴战争的混乱时期，吕西亚和潘菲利亚组成一个总督辖地，归于尼阿库斯治下，但获得和平之后，它与福里基亚联合，由安提贡那斯进行总控制。战争的存在要求小统帅权，而当支持战争的雇佣军部队由他们以前的总督指挥，归中军控制时，这些小统帅权可以联合。

埃及没有造成太多问题。亚历山大不费一兵一卒就得到波斯总督的承认，而人民将他视为解放者，热烈欢迎他进城。至少，他有各种理由口头上赞成埃及人的国家主义的渴望。因此两个当地人，多罗斯皮斯和彼提西斯受命管理埃及的民事，埃及现在再次被分配成两个古老王国。阿里安称他们的头衔是州长，这显示了他们将在一个国家的层面上履行42个诺姆，国家行政分区的低级总督的职责。但这些任命似乎只是粉饰门面。当彼提西斯拒绝他的使命时，多罗斯皮斯全权管理——他的职责并不繁重。事实上，埃及还有许多马其顿的官员。就如在上下埃及的两支军队和30艘三层桨的舰队中一样，驻军中心巴鲁新和孟斐斯设有马其顿的统帅。常驻的雇佣军部队，塞坦和波斯时期征募的军事移民，归于一个希腊移民，埃托利亚的利西达斯的统帅治下，但是亚历山大授权他的一个共事者来充当秘书。此外，还有两个神秘的监督者，他们的职权阿里安没有明确界定，可能是常驻雇佣兵的监察官，但更可能与军事统帅相对，他们负责管理民事，检查埃及的管理，并监督当地的州长。表面上，这个权限的划分与在卡瑞亚的大同小异，但委任的官员人数众多，一个埃及人似乎完全被马其顿人包围。仍然没有确证的总督。亚历山大似乎不愿意让一个人控制这个古老王国（它的居民可能不愿保有波斯头衔）。

在埃及的管理中最有趣的人物就是克娄米尼斯，一个从诺克拉提斯移居来的希腊人。他首先受命监管阿拉伯，这个以希罗波利斯为中心，并包括三角洲以东的沙漠地区（西部的地区有一个单独的统帅，阿波罗尼乌斯，查里努斯之子），之后负责管理埃及的整个财政体制，就如他们在波斯人的统治下一样，42 个区的州长们奉命征集当地的税收，并上交到克娄米尼斯手中。这样他拥有管理整个埃及的大权。作为税收的接受者，他自然控制公共开支，尤其是支付皇家驻军和军队的开支。他也受命监督亚历山大城的建造。另一方面，他有权监督州长，不管是否得到正式授权，他对他们发号施令。在公元前 320 年的大饥荒中，他控制诺姆的谷物出口。这些诺姆的出口量受到严格限制，并要缴纳沉重的关税，这自动和税收一起上缴到克娄米尼斯手中。与此同时他以自己的名义进行投机，利用行政的赢余，以诱人的价钱向当地的种植者购买粮食，之后以 3 倍的价钱，每斗 32 德拉克玛的高价重新出售。他垄断市场，以便使自己获利——也为国库。其后果在亚历山大城的巨大建筑中显而易见，因此它的奠基人十分满意。阿里安引用了一封著名的信件，其中指示克娄米尼斯为赫菲斯提昂建立一座英雄祠，并保证如果这个建筑足够引人注目，那么他的任何违法行为，无论过去的还是将来的，都不予追究。这个信件可能真实可信（可能由托勒密引用），以证明克娄米尼斯之死罪有应得；它也显示了亚历山大对这个政府的态度。剥削和投机是允许的，甚至赢得赞扬，条件是给政府带来足够的利益。之后不久，克娄米尼斯被任命为埃及总督。从一开始，他就是这个行省的主要管理者，且在它的财政管理中，他事实上充当总督，大概和马其顿军方共同合作。最后，不晚于亚历山大从

印度返回，他正式管辖这个总督辖地。他已经证明了他的价值，且不会对这个国王的权威造成威胁。

在高加美拉之后，亚历山大的行政政策发生了新的变化。第二年，他任命战败的波斯贵族担任总督。公元前331年末，他在巴比伦做出第一个这样的任命。马扎亚斯，阿塔薛西斯三世初年西里西亚和叙利亚的总督，将此城献给亚历山大，因此迅速获封巴比伦总督。他可能有一个巴比伦籍的妻子（他的儿子们有独特的巴比伦名字），并且像任何波斯人一样，他得到人民的认可。亚历山大似乎不担心他的忠诚，因为不管发生什么事，当地的巴比伦人都不可能和一个波斯贵族共同犯上作乱。军事建制再次被置于一个共事者安菲波利斯的阿波罗多拉斯治下，而巴比伦的强大堡垒则由皮得那的阿加顿和700人的马其顿驻军控制。马扎亚斯将负责管理巴比伦辖地的民事，这是一个非常繁重的任务。作为这个总督辖地理论上的首领，他对巴比伦辖地的铸币也产生一些影响。他一直在叙利亚铸造这个总督辖地的货币，第一个铸币带有他的名字。他控制铸币到什么程度，我们不得而知。但在经济方面，由于这个总督辖地的税收由另一个官员收取，因此他的活动受到严重的限制。之后随着哈帕鲁斯把巴比伦变成他的管理中心，限制更多。一如在其他地方，实权掌握在马其顿的军事统帅手中。

苏撒大同小异，那里总督阿布莱提斯获准继续任职，与此同时，亚历山大派驻了一个马其顿驻军统帅和一支临时军队的将领。甚至在波西斯，这个古老的阿黑门尼德帝国的中心，他也任命了一个波斯人福拉索提斯任总督，但由一支异常强大的马其顿军队控制。米底的例子尤其有趣。在追逐大流士期间，亚历山大神速绕过这个行省，而委派许多方阵步兵分遣队将大量财富从波斯波利斯运到北部的埃克巴塔那首都。帕曼纽负责此次行动，之后他和4个雇佣军及色雷斯步兵的高级统帅一直驻守埃克巴塔那。暂时，高级司库哈帕鲁斯也隶属于他。这是亚洲前所未有的军事力量的集结，结果总督不可避免地相形见绌。这个总督也是一个波斯人，即持不同政见者欧克西达特斯，此人也在苏撒被处以死刑。尽管俯首称臣，但其任职时间不长。公元前329年柏萨斯反攻期间，他作战消极，因此被原来的总督阿特罗帕提斯取而代之，后者在他的国王死后立即向亚历山大投降。归顺之后，阿特罗帕提斯重新获得以前的总督辖地，并在那里一直任职到亚历山大统治末期。当马其顿的军事统帅被处决时，他仍然享受圣恩。他似乎也拥有军事权限。正是他镇压了公元前 324 年巴里阿克塞斯民族的起义，显示了在镇压自己人民上他对新国王忠心不二，而他的马其顿同僚则因不可信赖而被撤职。

同样的事件发生在帕西亚，东部伊朗的战略交叉路口。那里，亚历山大的第一任总督是阿明那斯皮斯。此人在腓力时期曾被逐出宫廷，后来重新得宠，并帮助亚历山大降服埃及。他可能忠心耿耿，但在柏萨斯鼓动叛乱时，他没有当地的关系，无法控制他的总督辖地。前任总督福拉塔弗尼斯是在大流士被杀后归降的，并在公元前 329 年初被重新安置在他以前的总督辖地。任职之后，他保卫帕西亚，抵抗柏萨斯任命为总督的伯拉扎尼斯，结果为亚历山大保持了这块领土。公元前 328～327 年冬，当他汇报胜利消息时，亚历山大授予其另一个使命，派他前去拘捕奥托夫拉达提斯，临近的埃尔伯兹山人的总督，并吞并他的总督辖地。这个任务无疑是合意的，福拉塔弗尼斯不辱使命。像阿特罗帕提斯一样，福拉塔弗尼斯值得信赖，他可以保卫他的总督辖地，因为他将这块领地不仅看成亚历山大的，也看作是自己的，因此就如亚历山大本人一样，他会无情地压制任何当地人篡夺他的职位的企图。

关键因素是忠诚。阿特罗帕提斯和福拉塔弗尼斯在这个方面表现得无可挑剔，但并非每一个伊朗总督都如此忠心耿耿。萨提巴赞斯获准在阿瑞亚继续任职，但当亚历山大一离开，他就转而向已号称阿塔薛西斯的柏萨斯效忠，屠杀了留守的马其顿部队，并进行游击战反对亚历山大和他的手下，这持续了几乎一年。他显然偏爱一个自己种族的国王，而不是一个马其顿的征服者。他的继承者，阿萨西斯更差强人意，因此任职几个月后被亚历山大下令拘捕，一个共事者，塞浦路斯索利的斯塔萨诺取代他担任总督。这一次，任命获得成功。斯塔萨诺精力充沛，战果卓著，因此公元前 327 年获得奖赏，获准将他的总督辖地南扩到锡斯坦（古代的德兰吉亚）的湖泊地区。他取代了以前的当地总督阿萨米斯。德兰吉亚以前是和阿拉科提亚，赫尔曼德河的重要走廊相连的，由弑君者巴散提斯统治。在公元前 329 年的军事紧急事件中，由于北部到巴克特拉的路线由敌人控制，因此亚历山大认为应该划分统帅权，于是留下一个波斯人负责锡斯坦的湖泊地区，而任命一个共事者米农控制通过兴都库什山的要道。

下一个重要地区就是巴克特里亚以及索格地亚那东北的边陲，这是柏萨斯本国的总督辖地。这里，亚历山大起初重复了他在公元前 330 年建立的模式，任命波斯贵族阿塔巴扎斯为巴克特里亚总督。亚历山大轻而易举就获得这个地区，因此他认为可以将它归于一个波斯人治下，并由主要根据地中的马其顿统帅从旁监视，视情况资助或者阻止他。阿塔巴扎斯是幸存的波斯贵族中最为著名的人物，他是阿塔薛西斯二世的孙子，有资格管理一个通常留给皇室王子的总督辖地；另一方面，他与帝国另一个边境的赫勒斯滂—福里基亚有关，而与巴克特里亚没有祖先的渊源。他也是柏萨斯的敌人，因此会对他进行抵抗。要不是他的一次军事考虑走入歧途，亚历山大本对阿塔巴扎斯的忠诚表示满意。公元前 329 年夏，从雅克萨提斯河到兴都库什山的整个地区发生起义，结束镇压此次叛乱花费了将近两年时间。这清楚地表明这个总督辖地出现了帝国最为棘手的军事问题，因此公元前 328 年夏末阿塔巴扎斯以年事已高（他没到 60 岁）为由辞职。起初，亚历山大任命他的一个高级将领克雷图斯继任其职，后来（在马拉坎达致命的宴会后）阿明塔斯，尼科拉斯之子取而代之。鉴于这个总督辖地的重要性，亚历山大派驻大批军队：10 000 步兵和 3 500 骑兵，这是帝国里最大的防御部队，那里也有军事殖民地的网络和希腊罗马人的统治上层。与此同时，由于亚历山大为他的印度战役和新埃皮高尼部队进行征兵，当地的军事人口减少。相比于帝国的其他部分而言．亚历山大对巴克特里亚和索格地亚那进行了更为深刻的改变。由于战争、屠杀和军事安排的影响，人口的平衡已经改变了，亚历山大得以留下数万人的欧洲统治阶级，他们构成了一个世纪以后印度—希腊帝国的核心。这个总督辖地强大的伊朗贵族保有他们的绝大多数土地。我们有关于克洛利尼斯的具体证据，他获准继续担任帕瑞塔卡的副总督。但事实上，政府牢固地掌握在马其顿人手中。亚历山大打算迎娶一个巴克特里亚的公主，以使他的统治更称心如意，上行下效，他留在这个总督辖地的高级官员显然纷纷效法，这表明一个新的统治阶级已经形成。在这个总督辖地，波斯人显然是附属的，不可能掌握权力。

公元前 327 年夏亚历山大东征时，他进入波斯帝国之外并由许多互相敌对的当地君主统治的地区。亚历山大并不打算干预现存的政府。如果他们投降，那么亚历山大会批准这些君主（阿里安称为副总督）的政权；如若不然，那么他们将遭废黜，由更为顺从的统治者取而代之。起初，亚历山大有意识地提拔亡命海外的印度人：自从被驱逐出泰克西利斯的宫廷之后，现在桑基阿斯返回，担任普塞劳提斯的君主，而西西科塔斯被授以阿尔诺斯的大根据地，此人曾在巴克特里亚度过多年，首先效忠于柏萨斯，后来听命于亚历山大。因为在到印度的行程中遇到坚决抵抗，所以亚历山大也留下大量的驻军部队。一个马其顿总督尼卡诺负责帕拉帕米萨达和印度之间的领土，但他的职能是军事性的，受命继续平定这一地区。民事管理一定掌握在当地的统治者手中。在印度河之外，这一地区最强大的印度君主泰克西利斯迅速承认亚历山大。刚登上王位，他就派遣一个使团到索格地亚那，邀请这个征服者帮助他攻击敌对的邻居。之后在亚历山大渡过帕拉帕米萨达边境时，他进行归顺，并提供物质资助。他获准拥有他的版图，但在马其顿的控制之下。他已经正式放弃了宗主权，而亚历山大施加了他自己的王权，这由一个马其顿的总督腓力，马卡塔斯之子代表；国王也采取预防措施，在泰克西拉派驻一支驻军。此外，这里要定期交税。泰克西利斯拥有某种程度的地方自治，但要听任亚历山大和他的总督来行使权力。

希达斯皮斯河事实上成为这个帝国的边境。在它之外，波鲁斯被允许保留他的王国。亚历山大谨慎地扩大它的领土，将临近的人民置于他的支配之下，因此波鲁斯控制了希达斯皮斯和希发西斯河之间的所有领土，这是众所周知的富饶土地，包括（根据最保守的数字）7 个部落和 2 000 个城市。这里没有马其顿部队或者马其顿的总督，波鲁斯握有全权。亚历山大对他的勇气和能力印象深刻，因此任命他担任他以前的边境领土的统治者。在希达斯皮斯河西部，马其顿人的出现令人反感。由于马其顿人尼卡诺在抵抗叛乱者的行动中阵亡，腓力被迫和伊朗的帕拉帕米萨达总督一同干预阿萨西尼亚，后者现在仍然不愿意接受亚历山大的统治。他自己的领土向南扩大，包括棘手的马利以及远达与阿塞西尼斯交汇的印度河的全部版图。他在总督辖地拥有大量部队。他将整个色雷斯的分遣队留在军中，而将额外的步兵用于驻防工作——这是他的统帅权不稳定的雄辩证据。在这个交汇处的南部，另一个总督培索，阿格诺之子，控制远达海洋的地区。到亚历山大动身西征时，他在帕塔拉周围展开行动。

这个分配并不持久。公元前 325 年末到达格德鲁西亚时，亚历山大获悉腓力被其军中的一些当地雇佣军刺杀（对于他的所有军事使命而言，他的色雷斯人兵力不足）。暂时，北部的总督辖地由泰克西利斯和腓力的马其顿下属攸达姆斯控制。亚历山大打算派来另一个总督，但后来显然改变了主意。在他去世时，泰克西利斯仍然统治北部的这个总督辖地，而培索曾被调派到西北，科芬河流域。波鲁斯的领土进一步扩大。公元前321年，它南达帕塔拉和海洋，似乎这个扩大经亚历山大批准。可能，亚历山大不愿让马其顿总督来治理印度河的整个沿线，以避免付出军事代价。相反，他扩大了臣属的波鲁斯的领土，委派他控制南部的乱民。之后，他调走马其顿的军事部队，让他们和统帅巡查印度河和帕拉帕米萨达之间的要道，那里从未平安无事。在印度河流域，在欧洲占领军的保证下，泰克西利斯担任北部的重要君主，而在希达斯皮斯河之外，到东部和南部，波鲁斯独立统治，理论上臣属于亚历山大，但实际上只受到他的口头忠诚的约束。这是从喜玛拉雅山山脚到印度洋的巨大缓冲区，那里甚至波鲁斯的文书也无法在他的祖先的领土之外实施。马其顿的统治已经收缩到西北，通过吉波尔关的狭窄走廊由一个马其顿总督治理，而旁遮普的一个桥头堡则归一个当地君主统治。尽管表面上取得胜利，但是对印度的征服证明马其顿只有耗费巨大人力，才可能征服这个国家。

在返回西方，并在公元前325～324年冬清洗失职的总督之后，亚历山大做出了最终安排。绝大多数受害者是伊朗人：在卡曼尼亚的阿斯塔斯皮斯，在波西斯的奥克辛尼，在苏西亚那和帕瑞塔西尼的阿布莱提斯及欧克萨色利斯。他们被提起无能和管理不善的指控，但亚历山大的行动当然不仅仅是压制勒索。埃及的克娄米尼斯的例子显示对属民的剥削可以得到赦免甚至纵容，如果这种剥削能带来积极的收益。更为重要的是，中部伊朗的民族发生起义。一个觊觎王位者在米底出现，已经袭取了国王的王冕，而克拉特拉斯在通过阿拉科提亚和德兰吉亚已经拘捕了许多叛乱者。也有不顺从的问题。当亚历山大离开印度时，总督和他的联系事实上就被切断了，因此他们自然倾向于充当独立的专制君主。这个形势比奥克辛尼，这个波斯在高加美拉的征兵统帅及王室贵族的事件更为糟糕。亚历山大在印度逗留时，奥克辛尼就利用福拉索提斯之死造成的机会，篡夺了这个总督辖地。他从未得到亚历山大的批准，确实也未和他联系。当这个国王到达波西斯时，他欣然归顺。但不久之后，他就被控参与亵渎居鲁士的坟墓，并被迅速处决。即使他不因此受到惩罚，他篡夺权力的罪行也不可饶恕。其他地方也有相似的行动。在卡曼尼亚，阿斯塔斯皮斯被控在亚历山大身在印度时策划革命，而阿布莱提斯和其子可能也大同小异：阿里安暗示说他们之所以行为不轨是因为他们相信亚历山大一去不回。

公元前325年，当提瑞斯皮斯被控在帕拉帕米萨达管理不善，因此遭免职并被处决时，这个国王可能警惕总督辖地不顺从的问题。他的继任者是亚历山大的岳父，欧克西亚提斯，此人在这样的情况下必然忠心不二。亚历山大采取激烈行动打击东部的反抗，并且当他发现蔑视他的权威的进一步证据时，他在西部继续这一做法。结果伊朗人的总督事实上消失了。除了欧克西亚提斯之外，幸存者惟有米底的阿特罗帕提斯以及帕西亚的福拉塔弗尼斯，二者都通过拘捕叛乱者并将他们押送审判显示自己的忠诚。他们的继任者是马其顿人。在波西斯，普塞斯塔接管了这个总督辖地，并在亚历山大的大力支持下，学习波斯语，效法这个国家的习惯；而在卡曼尼亚，作为帕西亚的军事监管，特勒波勒摩斯有多年的管理经验，且和福拉塔弗尼斯联系紧密。他们是被精选出来进行有效和忠诚的管理的，因此他们制造麻烦的潜在性已经很小，加上由于亚历山大颁布敕令，解散所有总督的军队，这种潜在性进一步减小。

亚历山大惩罚马其顿统帅的惟一行动就是处决了驻米底的将领。当他们在卡曼尼亚面见亚历山大时，克连德和斯塔克斯（以及可能还有阿加顿）受审，属民控告他们犯有渎圣罪和欺压罪，结果他们迅速被判处死刑。赫拉孔缓期执行，但不久之后因在苏撒犯有同样暴行而被定罪（他的军事权限显然被扩大到他的总督辖地之外）。整个事件是个谜。阿里安和库齐乌斯承认他们管理不善，但这并不是米底官员所独有的，反抗也是一个重要因素。这些罪犯曾经表现得像半独立的君主，就如他们不对任何人负责一样。与此同时，他们的处决受到军队的欢迎。他们曾经深深地卷入帕曼纽的暗杀中，现在他们遭到报应。他们现在被弃之如敝屣，而米底的伊朗总督，以打击同胞显示忠诚，却继续保有官职，且声名显赫。如通常一样，亚历山大的行动取决于相对短期的考虑。他并没有任何永久的政策，他的主要要求只是以最小的人力代价，保持被征服的总督辖地的和平，以及他的王权得到统一，并无条件地获得承认。

财政管理

　　总体上，亚历山大沿用了他接手阿黑门尼德时的财政体制。在其统治下，总督与以往一样主要负责征集税收。他们使用这些收入来支付当前的开支，并将盈余（如果有的话）运到中央的仓库。这些收益可能掌握在当地官员手中，就如在埃及所证实的一样，那里42个州长一直征收地方赋税，并上交到中央权威手中。亚历山大本人不是非常关注税收的常规支付。他依赖金银的定期流入，以应付他

亚历山大头像

的战役开支，并大量提取他在萨得斯、大马士革、苏撒、特别是波斯波利斯发现的大量财富。最终180 000多塔兰特财富集中在埃克巴塔那，数额如此巨大，以致他不会陷入财政紧张的境地。因此对于他而言，行省的盈余并不重要，可能他乐于让总督花费，因为几乎所有总督都断断续续地困扰于战争和叛乱，并要维持和供养独立军队。

　　在绝大多数情况中，总督负责管理这个财政组织，但偶尔我们也听说单独的

官员负责征收大总督辖地的税收。在利底亚，一个希腊人尼西阿斯奉命评估和收缴税收。他不是总督的下属，另一方面也不掌握单独的军队，因此如果他的财政活动遇到反抗的话，他不可避免地要依赖总督。鉴于利底亚总督辖地的复杂性和多样性，加之总督亚山德不久将忙于爱琴战争，这是一个合情合理的任命。管辖利底亚共同体财政义务的棘手任务，不管是在皇家土地上或是希腊城市上的蛮族居民，最好交给一个单独的官员。对于巴比伦中部富饶的总督辖地同样如此，那里也由一个单独的官员阿斯克利皮奥多拉斯，费隆之子，来管理税收。这个行省财政的复杂性再次证明了这个额外任命的合理。其他关键地区也设置了财政管理人。腓尼基城市的税收归马其顿培罗耶的科拉努斯管辖；就如我们所见，克娄米尼斯对上下埃及税收的控制使他不可避免地成为这个总督辖地最有影响的人。在小亚细亚的西南部，菲罗谢努斯的任命可能大同小异。他受命征集"陶拉斯以前"的税收，这是一个非常含糊的描述，但至少与整个小亚细亚的税收管理是一致的。公元前 331 年，福里基亚和卡瑞亚的统帅们由于受过去两年的战争的牵制，几乎没有时间投身于他们辖地的财政管理，战后还有大量的重组工作，因此授权一个官员来管辖处境最为艰难的总督辖地的财政合情合理。如果是这样的话，那么菲罗谢努斯的广泛权限使得他成为次大陆最有影响的人物，不奇怪，后来他继任古老的女王阿达之职，担任卡瑞亚的总督。在经亚历山大批准之前，他的广泛权力使得他成为总督的自然人选。

这个帝国的财政中心包括皇都：巴比伦、苏撒、埃克巴塔那和波斯波利斯。这里储藏着波斯帝国的大量财富，起初亚历山大打算把这些财富集中在埃克巴塔那的大本营，归于他的主要司库马卡塔斯之子哈帕鲁斯管辖之下。公元前 330 年夏，哈帕鲁斯离开宫廷，并在此后五年中担任帝国的主要司库。他的管理中心似乎在巴比伦，那里他安置了自己的雅典情妇皮提奥尼丝，但他的影响远达地中海东部海岸的塔尔苏斯和罗索斯，结果他遭到敌人西奥彭普斯的控告，后者声称他本人表现得像一个国王。他的权限扩大到这个帝国的中心行省，且不仅仅包括财政——在印度加入亚历山大的 7 000 名雇佣军据说就是他派去的。由于证据不足，我们无法确定他的权限范围，或者评估他的实际权力被这个国王批准到什么程度，但不管国王同意与否，他的实际权力都是巨大的。他一直控制王室金库，

手头握有史无先例的金钱，与此同时他又是这个国王长久的朋友以及伊利米奥提斯王室家族成员。直接挑战他的人将是一个勇敢的人。狄奥多鲁斯形容他是一个总督，即使不正确，但这个称谓恰如其分。无疑，他的继任者，罗得斯的安提米尼斯，拥有有效的统帅权。他为皇家军队奴隶设计的巧妙保障方案显示他可以对总督下达直接指示，要求他们或者追回逃亡者，或者按价赔偿；他果断地恢复了已废弃的巴比伦的进口十一税，以从在亚历山大末年造访这个首都的知名使节身上筹集金钱。不像哈帕鲁斯，安提米尼斯并不出名，但他保留了哈帕鲁斯对中心总督辖地的财政监管。似乎令亚历山大不快的不是哈帕鲁斯权限的范围，而是他所采取的帝王姿态。与米底的军事统帅一样，他表现得好象他的国王一去不回。不愿遭受与他们相同的命运，所以他率领一支雇佣军部队，拿着王室金库中的5 000塔兰特，这是他的护卫队可以迅速取走的最大数额，叛逃到欧洲。他的名望促成了他的倒台，之后亚历山大确信不会一错再错。他的继任者继承了他的权力，但只能在这个国王的支持之下，奉命行使。安提米尼斯从未成为比赛中的独立棋子。

关于扎格罗斯以东地区领土的财政管理，我们不得而知。这里，亚历山大遇到的是非货币的经济，税收无疑继续以实物方式支付，根据农产品、牲畜和金银来估价。攸克西亚的马匹、驮畜和绵羊可能是加诸于游牧人民身上的典型税收；而农业共同体将上缴他们的部分农产品，而后以定量分发给国王官员的形式在这个总督辖地消费。这种容易腐烂的物品不能被运送到远处，尤其在亚历山大征服后的不稳定时期。东方的总督辖地仍是单独的经济实体，税收的征集一如以往由总督负责。

亚历山大财政的永久丰碑是铸币。即位以后，他开始以自己的名义在培拉及安菲波利斯的皇家铸币厂铸币。这个带有赫拉克勒斯头像和坐着的宙斯（这个国王的祖先和假定的父亲）形象的四德拉克玛银币，与带有雅典娜头像和一个有翅膀的胜利女神形象的希腊金币并排，以纪念复仇战争的保护神和他对胜利的渴望。起初这个铸币完全出自马其顿的铸币厂，但在伊苏斯之后皇家铸币的任务开始部署到所有地中海东部海岸的铸币厂，首先在塔尔苏斯，之后是米利安德鲁斯、拜布鲁斯和西顿的叙利亚和腓尼基铸币厂。在一些情况中，当地的铸币停

亚历山大城遗址

止。例如在西顿，在亚历山大到来之前铸造的双面谢克尔继续流通，但从公元前332 年起这个城市出产亚历山大的四德拉克玛银币，上面带有该城的花押字，这是对当地自治的惟一让步。这个模式在塞浦路斯重演。那里，城市的国王们不再使用自己的铸币（在西提乌姆的普米亚顿刻有日期的金币上，日期有 10 年的间断），而是充当这个皇家铸币的地方生产者。他们心不甘情不愿，因此亚历山大死后当地的塞浦路斯的铸币昙花一现。帕福斯的尼科克勒斯明智地预见到这种趋势，因此他在赫拉克勒斯的狮鬃上以几乎看不见的字母标上他的名字。无疑亚历山大的目的主要是政治性的，以生产一个帝国范围的铸币，宣布他的统一的专制。他限制当地自治的展现，但如以往一样，没有固定的模式。在西里西亚，尤其是巴比伦，当地的铸币继续发行。更为重要的是，效法波斯管理下总督辖地的先例，西里西亚的巴拉克拉斯的铸币起初带有完整的总督名字。后来当巴拉克拉斯被要求与它的腓尼基邻居一致时，它们仅仅被铸上开头字母。同样的情况发生在巴比伦，那里著名的狮形斯塔德起初带有总督马扎亚斯的名字，但在 4 个铸币之后就再也没有文字出现。不管这个刻字的铸币是否是在亚历山大到来以后铸造的，但由于他的干预，最终当地的铸币不见署名。这些铸币继续大量铸造——西里西亚的双面谢克尔，巴比伦的狮形斯塔德以及大流克金。这些铸币一定有广阔的当地市场，但这个市场包括什么仍然是个谜。然而，亚历山大的铸币占主导地位，这是独一无二的，且是他本人的统一铸币。

铸造货币是皇室特有的职能。同时代的亚里士多德学派的生态经济学（1345b 20ff）将铸币视为皇家经济的第一部分，这显然与总督辖地的管理截然不同。亚历山大本人不可能过多关注铸币的生产，尤其是在公元前 330～324 年期间，此时他进兵东方，远离他的铸币厂，这在扎格罗斯以东并不存在。一定是这个皇家的司库，哈帕鲁斯监督帝国中心的铸币厂。他最后的住处，塔索斯和巴比伦是铸币厂的中心，而来自苏撒和波斯波利斯的大量金银也归他保管。自然他也负责分配，并把它们造成铸币。在腓尼基，科拉努斯一定负有相同的责任。这个国王的贡献就是提供这种需求，他甚至在印度也需要铸币，他显然得到大量供应。这个供应如何维持不得而知。哈帕鲁斯的一个护卫队显然没有带来铸币，我们可以认为穿过伊朗高原运输金钱将是一件非常困难且开支耗大的事情。事实上，在其统治的绝大多数时期，亚历山大远离他的铸币厂，尤其是安菲波利斯，后者在战役初年出产了他的绝大多数铸币，因此他对生产的影响是间接的。他自己的监管必然非常少，因此他的司库官，尤其哈帕鲁斯，行动自由。他们拥有的权力与分发的金钱相辅相成，因此他们一定是这个帝国中最有权势之人。不幸的是，只有非常少的直接证据阐释了他们的作用。

新　城

　　亚历山大作为城市创建者的名望无与伦比。在一个著名的篇章中，普鲁塔克将在蛮族人中建立的 70 座城市归功给他，声称这给亚洲的野蛮的偏远地方带来文明和文化。这是希腊沙文主义的光辉写照，但完全不符合现实。这些城市是征服的必然结果，在一个不安定的领土上提供了永久的外国驻军部队，且像罗马世界的殖民地一样，它们被视作帝国要塞。

　　亚历山大在这个领域的行动开始于公元前 340 年，此年他镇压了上斯特莱蒙河流域的梅迪人起义，之后将新居民迁移到他们主要的人口中心。这是效法腓力在色雷斯的做法，腓力将南希腊的移民安置在诸如腓力波波利斯（普罗维第威）的富饶和战略地位重要的地点，以牵制当地人民。亚历山大在梅迪设置了一个驻军地点，驱逐了以前的当地居民，并将不同种类的移民重新安置在这里。这显然是一个驻军中心，以这个年轻的王子的名字命名（类似于腓力波波利斯，称为亚历山大罗波利斯），或者承蒙他的父亲，或者是在他登基以后通过他的批准。亚历山大罗波利斯是他的第一个根据地，也是近 10 年中的最后一个。在亚洲战役初期，任何事情都无法与之相提并论。后来，小亚细亚和近东的亚历山大城，尤其是拉特姆斯（阿林达?）和伊苏斯附近的亚历山大城，可能是在他死后，由他的继承人所完成的，就如亚历山大城特罗阿斯的例子一样，这是莱西马卡斯在以前的安提贡那斯的村镇联合基础上建立起来的。重建大约发生在围攻提尔和加沙之后，这两座城市由马其顿驻军监管之下的珀里俄基人重新居住，以和腓力的色雷斯安排相同的方式，它们充当地区控制中心。但这些欧洲的驻军士兵不被视做永久的居民，而这些城市仍然是独立的闪族人的共同体。

　　亚历山大统治的第一个新城可能是埃及的亚历山大城。这里，亚历山大在拉克提斯的一个埃及港建立了一座全新的城市，并在罗得斯著名的建筑家戴诺克拉底的帮助下，亲自设计了它的平面图。就如亚历山大所预示的那样，他亲自挑选了一个会场，并为主要的希腊神祇选择了庙址，因此这基本上是一个希腊城市。

从一开始，当地的埃及人口构成了一个非特权的亚类，通过村镇联合他们被从其他的中心，尤其是卡诺普斯吸引到这座新城。就我们所见，其中没有来自亚历山大部队的分遣队。那里，希腊居民被从祖国吸引过来，而埃及和塞勒尼的希腊居民也移居此地。城中没有独立的军事组织，这表明这个城市的主要目的不是军事性的。相反史料强调了它的地点的宏伟，此地位于地中海和马瑞提斯湖之间的地峡，位置突出，利于与腹地的商业往来，此外拥有独特的有益健康的气候及富饶的农业环境。这座新城给埃及不友好的海岸线增加了一个安全的港口，也增加了进入现在成为一个希腊据点的总督辖地的通路。可能埃及的希腊居民主动做了一些奠基工作。不可能像史料所示，亚历山大在环绕马瑞提斯湖的航行中，偶然发现了这个地点，可能当地的希腊人建议他建立一座受优待的新城，以便他们在其中占有支配地位。亚历山大非常希望建立一座亚历山大城，以使其父的腓力比城黯然失色。因此对它的发展非常感兴趣。这在东方的安排中不曾出现。他对荣誉的渴望，在这样的情况下被永久尊崇为建立者，可能是基本因素。此地的商业潜力无疑沉重地压在他的顾问的心头，但对于他来说只是非常次要的考虑。

公元前 330 年亚历山大在中伊朗作战时，他又建造了一些城市。导火线是柏萨斯自称为阿塔薛西斯五世，之后整个东部总督辖地的起义风起云涌。在萨提巴扎尼斯叛乱之后，他可能建立了阿瑞亚的亚历山大城（现在的赫拉特）。接着可能在公元前 329 年的头几个月亚历山大沿赫尔曼德流域而上期间，阿拉科提亚的亚历山大城落成，这些是新城，用以平衡古老的阿瑞亚的阿塔科那的当地中心及以前的阿拉科提亚首都，并充当被征服的领土上的新的驻军点。我们拥有的惟一明确证据是有关考卡索（贝格拉姆）的亚历山大城的，此地位于兴都库什山中部的高尔班和潘杰西尔流域的交汇处。这里，亚历山大建立了一座城市，居民包括 3 000 希腊马其顿核心居民、不适合服役的士兵和雇佣军的志愿者以及 7 000 当地人口。居民杂居现象经常发生：一个希腊中心，至少在部分上包括引人注目的老兵以及许多将开发农村腹地的土著居民。如果欧洲的因素要作为驻军有效发挥作用，它需要充足的农业劳动力，以使之能够继续它的军事职能。后来，亚历山大进一步增加复员的士兵和来自周围领土的当地人，扩大了这个殖民地的人口。此地现在是帝国的一个强大堡垒，位于兴都库什山的交叉路口，拥有几千欧洲人和更多的农村人口，这样就有足够的人口当兵。

最明显的证据来自索格地亚那。这里，亚历山大决定在雅克萨提斯河建立一座新城，以作为抵抗游牧民族入侵的防御点，可能也为了和居鲁士在以东约40公里建立的大要塞相匹敌。当他视察这个地点时，整个巴克特里亚和索格地亚那爆发了起义。亚历山大以屠杀回应，并把大批人沦为奴隶，摧毁主要的抵抗中心，包括居鲁波利斯。那里聚集了许多奴隶，亚历山大将他们解放，以为新的基地提供农业人口，并和希腊雇佣军和复员的马其顿老兵一同安置。亚历山大命令全军从事主要的建筑工作，据称17天之内建成了城墙的圆周。当地方的叛乱持续进行时，这个基地，极东亚历山大城（现代的列宁那巴德），将是今后的安排模式。公元前328年，亚历山大在奥克苏斯河北建立了6座城市，地势很高，且间隔一定的距离。不久之后，亚历山大将围攻阿瑞亚马泽斯岩时生擒活捉的战俘移居此地，以作为农奴耕种土地。在本质上，这些新城市也是驻军点，其生活是由被移植过来的当地人确保的。根据库齐乌斯·路福斯，它们的核心是其称之为玛加尼亚的一个重要的地方中心。这块土地已经开垦，因此征服者能够立即使用。法国在阿伊哈努姆周围的挖掘，可能在奥克苏斯河的亚历山大城，清楚地阐释了这个过程。这里，亚历山大在科克查河平原建立新城，此地可以通过运河，已完工的主干管道得到灌溉。这些新居民扩大了现存的土地，显然他们发现经过深耕细作，这一地区非常肥沃。这个城市是一个希腊城市，拥有体育场和剧院，那里希腊人独自生活，只有古希腊城市的卫城（似乎）显示了更早的阿黑门尼德居住的痕迹。这生动地显示了这个新基地是寄生于当地人之上的，后者被迫支持国中之国希腊的领土。

我们不知道亚历山大在巴克特里亚和索格地亚那建立了多少城市，但它们显然数量众多，加之当地大本营中的驻军和总督辖地的占领军，他们聚集了帝国其他地方无与伦比的欧洲移民。亚历山大已经大批杀害、瓦解并转移了当地人口，并大量增加外国军队。在印度，这个模式以小规模重复。科芬河流域至少有一座新城：老兵和当地人一同生活在阿利盖乌姆的当地中心，且在主要据点中驻有大量军队。亚历山大建城的主要工作是在印度平原。他在希达斯皮斯河对面建立了两座城市，尼卡亚和布西法拉，理论上是为了纪念他的胜利，但实际上是为了在授予波鲁斯东部地区之后加强帝国的防御。亚历山大也在南部的印度河和阿塞西尼斯河的大交汇处建立了一个重要城市，打算用作海军基地。在信德，同样如此。亚历山大加强了印度河三角洲的一些主要中心，并命令官员调派新的人口进行重新安置。获悉他的到来，当地的主要城市帕塔拉人民撤离，结果国王不得不以保证领土的安全吸引当地人回来。亚历山大需要当地的生产者来供应他的军队，因此在这种情况下他愿意允诺保证他们的利益，这意味着他不能用希腊人口重建帕塔拉。即使如此，这个根据地仍由一支驻军占领，并且为这个舰队进行的新建设本身就相当于建1座新城。这可能是木城，普林尼声称尼阿库斯开始他的海洋行程的出发点。但在亚历山大离开这一地区时，南印度洋的这些新城仍处于初步阶段，可能到培索转移到西北之后就不复存在了。在亚历山大死后，只有北部位于泰克西利斯领土的旁遮普城仍然存在。

当他返回西方时，亚历山大继续建立城市。在印度三角洲的西方的欧瑞坦，他选择当地最大的村庄拉姆巴塞亚，将它重建为一座亚历山大城，并委派利昂那塔斯将从北方的阿拉科提亚招募的部分人口移居此地。当地的部落成员被驱逐出城市，因此这个新城可能是不满的焦点，加剧了他们对马其顿占领的反抗。回到美索不达米亚之后，他在埃拉亚斯河和提格里斯河的交汇处建立了一座新城市，另一座亚历山大城，后来以斯帕西努卡拉克斯著称。这里，亚历山大再次将他的安排奠基于一个当地的大共同体杜里尼。它被夷为平地，居民被安置到这个新城。无法继续服役的士兵被安置在以一个马其顿首都命名为培利乌姆的特别地区，充当它的核心力量。除了埃及的亚历山大城之外，这似乎是在亚历山大的新基地上一成不变的模式。对于当地的居民而言，这些老兵是不可否认的困难，因为他们要以这个地区现有的资源供养一个外国的特权阶层。对于居民本身来说，前景并不美好。在敌对的领土中，他们成为遭人憎恨的移民，距希腊文化中心几千公里，且要经历不舒适的开辟生活。绝大多数殖民者情非所愿，只是迫于亚历山大的威严才生活于此。听到国王去世的虚假传言（这不久就被否定）后，他们中的3 000人长途跋涉回到地中海。最后当亚历山大离开人世时，20 000多人共同行动，出于对希腊生活方式的渴望向海岸行进。从巴比伦派来的马其顿部队对他们进行了残酷的屠杀，结果他们相信他们的居住是永久的，新城市依然存在。

但这不是一个诱人的希望，最后亚历山大的继承人批准他们移民到东部总督辖地。亚历山大行动的最终结果是塞琉古制定了巨大的城市奠基计划，加之近东部分希腊化，但他没有预见到这种发展。他的建城主要是军事性的，结果在不情愿的居民身上加诸了更多的不情愿的主人。普鲁塔克认为文明的工作之一就是用高级文化调和原始状况。同代人可能已经不再认为野蛮来自于西方。

小亚细亚的希腊人

小亚细亚的希腊人是这个行政结构中的另类。一方面他们的解放是反波斯战争的公开目标，自然他们不会受到和亚历山大的蛮族属民一样的对待。另一方面，他们也是一个战区的战略棋子，如果他们有可能投靠波斯，或者屈服于他们的占领，那么他们不准自行其是。他们也遭受战争的风云变化。如果他们抵抗解放者或者包庇波斯的一支驻军，哪怕是迫不得已，他们都可能受到通常的制裁，城市会遭到突袭。这从格利尼乌姆的伊奥利亚共同体的命运中显而易见，后者在公元前335年受到帕曼纽的突袭，并遭受奴役。这也是同年落在底比斯身上的命运。与底比斯相同，格利尼乌姆被控投靠波斯。此地是授予耶利多里的贡基拉斯，波桑尼阿斯叛乱同谋者的封地之一，可能仍由他的后代统治。帕曼纽之所以采取严厉举措，可能部分上是清算旧账。我们可以把它和公元前334年被袭取的米利都的例子相提并论。在城墙被攻破以后，居民在最后一刻投降，作为服从者拜倒在这个国王面前，结果他们不但被饶恕，且被授予自由。在这种情况中，自由和奴隶制几乎大同小异，但米利都获准拥有他们的财产和领土。这个在公元前494年受大流士奴役的城市不能再在波斯渎圣罪的复仇者手里遭受同样的命运。然而，在哈利卡纳苏斯，这个城市部分遭摧毁，它的公民没有被屠杀，但被剥夺了财产，并被重新分配到这个半岛的其他共同体中。

事实上，解放的许诺没有什么意义。一旦波斯人被驱逐，他们的属民名义上获得解放，甚至可怜的哈利卡纳苏斯人或者是当地的利底亚人，他们免交税收，并听命于一个马其顿总督。另一方面，在他的善心的驱动下，亚历山大当然希望

授予所有与军事效率——以及和他的主权——相协调的自由的特许权。后一条件更为重要。他们可能获得解放，但小亚细亚的希腊人仍位于被征服的领土之上，亚历山大也没有正式放弃胜利的权利，因此对希腊城市的所有安排都是这个国王所施加的。正是他决定政府，决定从属地位，并作为个人的恩赐施与自治。他从不受双边的同盟条约甚至是友好条约的意见左右。作为一个专制君主和胜利者，他随心所欲地规定条件，这个过程完全是单方面的。正式的条约似乎是为这个帝国外的人民准备的，诸如欧洲的斯基泰和科拉斯米亚，或者希腊的塞勒尼共同体。就如法西利斯的希腊城市的人民所发现的那样，在这个帝国内部，外交是在不平等的基础上缔结的。当他们派一个使团去觐见亚历山大，并请求与他结谊时（公元前334～333年冬），亚历山大直言不讳地要求这个城市向他派去的官员投降。之后如何安排，我们不得而知，但显然由国王个人决定。不管法西利斯认为他们的使节提出了什么主张，他都将之视为一种屈服的姿态。

针对不同的城市，征服的条件大相径庭。由于它的祖先和莫洛西亚王室的关系，伊利昂得到亚历山大的恩宠，获得新的公共建筑，并被授予自由，且免交赋税。另一方面，在格拉尼卡斯之前充当波斯基地的泽雷亚，不得不面对投靠波斯的指控，结果幸运地逃过了处罚。在以弗所，情况错综复杂。这个城市发生党派动乱。在腓力统治时期，可能在公元前336年夏帕曼纽的第一个攻击波中，它曾经获得"解放"，但不久之后就落入迈农之手，后者是受西尔法克斯及其家族的党派邀请而来的。结果，马其顿的支持者被大量驱逐，一个严格的寡头政府建立。由于亚历山大的到来，它的雇佣军驻军撤退，于是这个国王召回流亡在外的支持者。在亚历山大主张实行特赦之前，人民对主要寡头处以私刑，而他们的政府由一个民主政治取而代之。这个征服者强加他的意志，而以弗所人民热情地进行合作。西尔法克斯可能确实不受欢迎，但在这个国王显示复仇的合意界限之前，通过反对他的控罪的极端行动来显示他们的忠诚，这是明智之举。以弗所建立民主政治，由马其顿党派支配的民主政治。它的经济更为富庶。亚历山大没有收取以前支付给波斯的赋税，而将它转给这个城市的大阿提密斯神庙。关于这个城市的军事占领无从得知，但在公元前334年夏，令人不可思议的是，面对波斯舰队的迅速逼近，亚历山大却没有在这样的一个战略要地设置驻军。

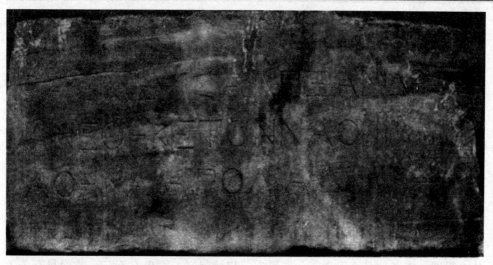

亚历山大奉献雅典娜波利阿斯神庙的铭文

　　亚历山大从以弗所派出一名高级官员阿尔奇马卡斯，阿加托克利斯之子，指示他在仍处于波斯占领之下的伊奥利斯和爱奥尼亚地区展开行动，用民主政治取代寡头政治，恢复自治，并免除波斯征收的赋税。这部分上是针对军事形势采取的举措，争取北部海岸城市的姿态（尤其是库麦和厄利特里亚半岛），否则他们将被波斯舰队占领。就如自治的许诺一样，豁免赋税显然是一种吸引支持的方式。民主政治的建立也是一种政治需要，占优势的寡头政治并不受欢迎。早在公元前342年，阿塔纽斯和阿苏斯之间的海岸，以前赫美阿斯的公国，就已落入波斯人手中，而由罗得斯的蒙多强加的总督尤其不受欢迎。当地人对民主政治没有什么异议。自治的许诺意味着什么，我们不得其详。阿里安仅仅谈到每个城市恢复了特别法，这表明在波斯统治下出现一个篡权的时期，其间适当的法律的适当原则遭到破坏。更为可能的是，他所谈的是规定民主政治的立法，亚历山大将之视为或据称视为亚细亚希腊人原来的政制。在本都海岸的阿米苏斯，他通过饬令施加了民主政治，并声称这是这个城市祖先的政体；以同样的方式，民主政治可以被视为爱奥尼亚城市的自然政府，后者的共同祖先是雅典。这个新的立法和之后新的政府可能被看作是对过去的恢复。这个城市打算自治，并且在阿尔奇马卡斯的行动范围内的厄利特里亚和克洛丰，后来夸耀由亚历山大和安提贡那斯授予他们的自由。厄利特里亚人明确地谈到自治和免除赋税。在这两个情况中，这些城市都请求后来统治者的恩赐，并且最大限度地利用亚历山大的安排正是他们的

亚历山大王朝史

兴趣所在。在公元前 334 年交战期间，他们的自治自然是有条件的，尤其是派驻了驻军进行保护，这可能被敌视的批评家斥之为对自治的侵犯，但亚历山大可能将之视作他们新获得的自由的堡垒。

从米利都，亚历山大经过卡瑞亚，挥师南下，通过他的慷慨之举争取人民的支持。到哈利卡纳苏斯沿线的希腊城市，受到与爱奥尼亚一样的对待，获得自治，并被豁免税收。在爱阿苏斯，民主政治仍然存在，即使在赫卡敦尼德治下。这得到亚历山大的批准。由于它的两个要员戈尔哥斯和米尼昂兄弟的斡旋（他们已经得到这个国王的信任和宠爱，并显然控制了爱阿苏斯的财富），人民从他手里获得了一些有争议的领土。我们无法追溯亚历山大对这个城市政府的干预到了什么程度，或者他是否设置了一支驻军，以确保它一直忠心不二。我们只有关于一个共同体普赖伊尼城的具体证据，这个城市最近被赫卡敦尼德人重建，如果不是由亚历山大本人。没有文献证据显示这个国王的出现，但碑铭证据显而易见。他庇护雅典娜波利阿斯的新神庙，之后以他的名义进行奉献。这是理所当然。雅典娜是他的圣战的守护神，所以他曾在雅典和伊利昂向她奉献，而在普赖伊尼她也享受国王的赏赐，那里的居民与以弗所人不同，毫无保留地刻上他的名字，以作为奉献人。更为重要的是，这个支离破碎的且有缺陷的铭文，记录了他对这个城市所做的详细安排的部分内容。这个裁决可能是在公元前 334 年，亚历山大亲自驾临西海岸时做出的，因为他们以最为基本的方式影响了普赖伊尼的地位，描述了它的哪部分领土应该成为皇家的，哪个部分应该自治。确实，他们看起来不像回顾性的修订本。首先，居住在诺罗库姆港口城市的普赖伊尼市民获得自由和自治，拥有他们在城市或乡村的所有财产。他们和其他的非普赖伊尼人大相径庭，后者的自治在某种程度上是有限制的（这个细节佚失了）。之后，亚历山大将内地的某些村庄据为己有，宣布这些地方要交纳常规的税收。在波斯管理期间，这些地方可能被吞并为皇家领地。亚历山大继续这个安排，要求它们承担以前的财政义务。普赖伊尼城被豁免捐献。在亚历山大统治期间，这个措辞没有在其他地方出现，但显然意指正常税收之外的某种支付。史家经常把它和第二次同盟时施加给雅典同盟的捐献相提并论，他们故意选择这个术语，以委婉地来代替税收。这个类推可能言之凿凿，但我们不能指责亚历山大玩世不恭地进行语意处理。雅典同盟起初的捐献似乎是为了特定目的而交纳的非常规的征收，而不是岁币，而亚历山大的捐献可能在内容上相似，这是加诸于希腊城市的税收，以帮助支付战役的经常开支。如果是那样的话，这预见了后来塞琉古的做法，他用为特别战争征集的特别税补充常规的赋税。当然，普赖伊尼被免除了任何的财政勒索（豁免税收），但这个铭文的语气暗示这种捐献在其他地方非常普遍。其他城市可能被免除赋税，但不可避免地要捐助解放战争。然而，普赖伊尼被豁免任何赋税，它的自由得到保证，而它的居民或者被授予居住在诺罗库姆的专有权利，或者在那里拥有特权地位，这样就确保了此城不会成为波斯舰队的基地。不管他是否派驻驻军（碑铭提到一支军队，但它的上下文散佚），这个港口都掌握在友好者的手中。这是一个宽宏大量的安排，但它仍然是亚历山大所指示和施加的安排。如果这个征服者做出相反决定，那么这个城市可能像它获得那样轻而易举地丧失它的特权。

地位上发生变化的主要例子就是潘菲利亚的阿斯潘达斯。那里，希腊化的程度近年来受到置疑，但亚历山大当然认为这个城市是希腊的。他对原始的塞德人的伊奥利亚起源深信不疑。至少使用一个可识别的希腊语的阿斯潘达斯人，于公元前4世纪后期在阿哥斯获赠公民权利，与此同时同族者、（可能）殖民者以及声称是阿哥斯后代的西里西亚索利人，被授予参加这个大会的特权。他们当然被视做希腊的共同体，亚历山大也按此对待他们，就如他对马拉斯人那样，后者的阿哥斯起源促使他宽宏大量。公元前334～333年冬，来自阿斯潘达斯的全权使节向亚历山大献城，请求不要在此设置驻军。亚历山大慨然应允，但要求他们向他的军队捐助50塔兰特，并上缴他们正饲养的马匹，这是他们向波斯国王交纳税收的一部分。这个数目很大，但阿斯潘达斯富可敌国，因此亚历山大预料它会给战役的保险箱提供大量的捐助。然而，阿斯潘达斯人的想法截然相反。他们拒绝支付，并准备抵抗。面对马其顿大军的出现，他们头脑冷静下来。这一次，国王的要求严苛：除了立即征税之外，还要支付100塔兰特岁币，归于亚历山大任命的总督治下，并送交人质，以确保他们俯首听命。这两个安排显示了有特权和没有特权的共同体的差别。充其量，一个城市要交纳赋税，由总督治理，并处于一个驻军统帅的监督之下。没有证据显示总督的监督包括什么，可能有定期检查，加上这个城市的法律可能会遭到总督的审查。阿斯潘达斯不可能失去它的自治，但它脱离了野蛮，即使它的做法不值得亚历山大将它完全解放。情况可能向其他方向转化。因为所谓的同情亲波斯者，西里西亚的索利人遭受了巨大的惩罚，罚金 200 塔兰特。在伊苏斯战后，亚历山大免除了余款，并释放了这个城市的人质，因为他已经在大马士革获得波斯的财富，所以来自索利的罚金微不足道，可以取消。亚历山大的安排着眼于军事环境，目的是为了赢得同盟，惩罚背叛者，筹集资金，他的裁决随战争的风云变化而改变。为了反对波斯支持的寡头政治，亚历山大必然会施加民主政治，但除此之外并没有常规的措施，相反只有这个国王随心所欲给予或者收回恩赐。

　　小亚的希腊人不可能加入科林斯联盟。这是一个已经被无穷无尽讨论的问题，但由于缺乏证据，无法得出结论。这个沉默确实有一些分量。如果希腊城市已经加入这个同盟，承担它的相应义务，那么值得注意的是史料中没有提及联盟，甚至是一个正式条约。就如我们经常所见，亚历山大以一个胜利的君主身份处理他们，而不是以一个扩大的联盟的主席。捐献的孤证并没有冲破这堵沉默之墙。这个术语可能类似于雅典的联盟，但并不意味着亚历山大借用了这个联盟的制度。不管是否有正式的联盟或条约，捐献可能是强加的。另一方面，他们加入这个联盟会得到什么利益，不得而知。欧洲盟约的主要职能是确保参与方没有发生叛乱或政制变化，并提供一支共同军队，以齐心合力反对叛离者。然而，爱奥尼亚和卡瑞亚远离这个联盟在科林斯的中心，因此他们难以在军事上采取共同行动，而联盟的部队更难以动员起来反对他们。不过，亚历山大的总督和总督辖地的军队即将到来，以资助处境艰难的政权，如果有必要的话，他们将压制不满。因此他们没有必要加入科林斯联盟，甚至作为半独立的亚洲的附属。宣传可能是一个考虑。让被解放者和解放者联盟，共同参加复仇战争，这是一个鼓励性的姿态，但是如果这样的宣传存在，那么它在史料传统中没有留下痕迹——一个人可以预料至少卡利西尼斯应该对这个主题特别予以强调，而这也不会逃脱托勒密和阿瑞斯托布拉斯的注意。因此在有新证据出现之前，我们最好将希腊城市看作是附属领土中的自治政体，取决于这个国王的皇恩，而不受盟约的制裁或保障。

　　公元前 333 年之后，亚历山大不再直接卷入亚洲的希腊城市的问题。在他看

来，他们现在获得解放，就如他在高加美拉之后所宣布的那样，废除所有专制，现在普遍实行自治。当他继续东进时，希腊人默默无闻，我们事实上再没有关于他们的记录。相关的证据与一个神秘的菲罗谢努斯有关，此人在这个统治后期在小亚细亚的西南海岸积极采取行动。有一个菲罗谢努斯是这一时期卡瑞亚的总督，任职直至公元前323年初。是否还有一个官员也叫菲罗谢努斯，并沿着罗得斯和以弗所海岸积极行动，且被任命为海岸地区的将军或爱奥尼亚的副总督，我们不得而知。可能只有一个菲罗谢努斯，他于公元前331年开始担任陶拉斯以西的财政监督，并在阿达死后占领了卡瑞亚的总督辖地。在公元前324年的风云变换之际，他在其总督辖地的边界之外展开行动，事实上对西南海岸进行总监督。这些证实的活动都表明一个人从卡瑞亚的一个基地行事。公元前324年末，菲罗谢努斯干预罗得斯，以拘捕逃亡的司库哈帕鲁斯。同年，他要求从雅典引渡哈帕鲁斯。这两个行动可以被归功于一个野心勃勃的总督，他急于增加自己在朝廷的名望。没有理由假定一个特别的统帅权。这同样适用于公元前324年（似乎）他在以弗所的干预。那里据说有一个僭主赫格西亚斯。这是否意味着民主政治被颠覆了，难以断定。赫格西亚斯可能仅仅是以弗所的主要人物，政治首脑，因此能够在这个城市的民主制度上强加他的意志。他被他的三个兄弟谋杀，因此菲罗谢努斯要求拘捕这些凶手。以弗所人拒绝了他的要求，于是他派遣一支驻军，将罪犯捉拿归案，并不光彩地将他们押送到萨得斯的中央监狱。就如柏第卡斯默认的那样，他将狄奥多鲁斯（亚历山大死后惟一仍被关押的兄弟）押往以弗所受审，这是对主权的侵犯。菲罗谢努斯大肆地进行军事干预。一个马其顿的支持者曾在其总督辖地的边境被杀，于是他出兵去进行适宜的惩罚。这些罪犯最终要交由亚历山大处置，但暂时被关押在萨得斯，这是小亚细亚最牢固的要塞，作为整个海岸的监禁地拥有双重职责。这不可能是一个孤立的事件。公元前334年当亚历山大将注意力转向爱琴海岸时，他已经听任波斯对这一地区进行反攻。他的总督们孤注一掷地与人数众多的敌军作战，经过两年的艰苦战争，才最终平定了这个海岸。米利都不是惟一一个被重新征服的城市，这场战争需要对事实上自治的城市进行诸多干预。总督们一定感到他们自己有权对希腊城市强加他们的意志，甚至通过军事威胁，随着时间的推移，一旦习惯于干预，他们发现甚至在和平时期也很难停止。

　　在其统治末年，亚历山大本人似乎没有区分欧洲和亚洲的希腊人，甚至是希腊人和蛮族人。放逐令以国王的饬令形式加诸于所有希腊人身上，这是对自治的公然侵犯。一个由普鲁塔克和埃里安所报道的相关逸事更令人不安。公元前324年夏克拉特拉斯指令福克翁在亚洲的四个城市之中进行选择，选取一个作为他的个人封地（这似乎与这一世纪更早时卡瑞斯对西吉昂的占领不同）。上述的共同体是集合体，并不知名，因此无法轻易地虚构出来。此外，完美的希腊的西乌斯与密拉撒，一个卡瑞亚的但希腊化的安排并存。如果这个传言是真实的（并且它不能被驳倒），亚历山大将小亚细亚的所有城市都视作他的私人财产，将他们作为恩惠授予他的宠臣。自治曾经是他的礼物，他随时可以取消。对于绝大多数希腊城市而言，解放似乎名副其实。在整个小亚细亚所建立的崇拜主要是为了表示感恩，这无疑是根据这个国王的建议要通过的，但深得民心，且持久。即使如此，这些城市的地位也是不稳固的。如果它符合这个国王或者他的总督的利益，那么自治的宣言也不能保证它们不受高压政治或者干预。亚洲的希腊人当然是拥有特权的属民，但归根结底仍然是属民。

公元前 334 年的远征军

　　公元前334年春，亚历山大的军队集结在安菲波利斯，与此同时一个更小的远征军部队已经在小亚细亚展开活动。部队的总数难以估计，因为史料中给出的数目莫衷一是，从最多 43 000 步兵和 5 500 骑兵到最少 30 000 步兵和 4 000 骑兵。一些权威解释说这种不同是因为一些史家将先遣军计算在总数之内，而其他人则相反，但这个数字的差别如此之大，以至无法从这个假说来解释。幸运的是，马其顿分遣队的规模和构成比较容易估算出来。亚历山大率领 12 000 步兵，并留给安提帕特，他在马其顿的摄政同样数量的军队。此外还有几千人的马其顿部队在亚洲服役。在亚历山大渡过赫勒斯滂时，他的马其顿步兵总计约 15 000 人。绝大多数编在六个方阵中（阿里安通常称之为团），并拥有共同的头衔，步兵伙友。这些分队中有三个至少是从古老的上马其顿公国征募的，被称为游击伙友，这是一个仍未得到合理解释的神秘称呼。其他的团显然没有独特的名字，但他们可能是在相似的地区基础上进行招募的。马其顿步兵的另一个重要成分是盾兵军团。这个部队是由马其顿国王的古老卫兵发展而来的，并且它的核心，近卫军，仍然充当亚历山大步行作战时的护卫。其余的盾兵被组织在千夫长部队之中（1 000 人的部队），可能共有 3 个。他们是精锐部队，因为是按技艺精选出来的，同样擅长于方阵中的激战，此外，在轻装步兵和骑兵的支持下，他们也适应速战速决的短兵相接。在重要的战斗中，他们在方阵中站在军团旁边。无疑，他们的武器相同，但才干更胜一筹。

马其顿步兵

马其顿步兵的装备兼具重装步兵和轻盾兵的武器。主要的攻击武器是萨利沙，一个有六米长的巨大长矛，上面带着各约 50 厘米长的叶状刀片和大的尖头。它重达近 7 公斤。这个武器只能双手一起使用，结果他们只能再拿一个小的圆形盾牌，沿脖子竖立以保护左肩。他们也有辅助武器，一个更传统的短矛和一把尖锐的剑，但这些在激战中起着非常次要的作用。萨利沙是主要武器，但不单独使用：科拉古斯和迪奥克西普斯之间单人独斗的故事就生动地显示了脱离方阵其他人时，单个步兵势单力孤。防御武器很少。同时代没有相关的记载，但是罗马的元首卡拉卡拉对亚历山大的模仿到了如此荒唐的程度，以至创造了一个所谓的马其顿方阵，给他们配备了3件攻击性的武器（萨利沙、矛和剑）以及一个牛皮的头盔，一件三层厚的亚麻胸衣和高腰靴子。据证实还有护胫甲，这不是不可能的。轻装的护身装备非常合理。正是萨利沙的阵线起到主要保护作用，使得方阵步兵事实上刀枪不入，除非是受到子弹攻击，所以给他们配备重型防身武器百无一用。事实上，如果他们暂时不使用萨利沙，他们也拥有可以和轻装步兵相媲美的灵活性。

马其顿方阵

方阵基本上以16人为一个团体（起初是10个人，就如他们的名字德卡斯所示），这后来被联合在被称做中队的更大的团体中。在它的主要阵形中，似乎方阵纵深16列，狄卡德斯与更能干报酬更高的人并肩部署在前面。在实际的作战中，只有前三排或者四排在微微前倾的方向使用他们的萨利沙，其他人将他们的武器直立，并使用他们身体的重量来增加第一线的冲击力。阵线可能发生许多变化。队伍可能被加倍，变为纵深32列，或者减半，成为8列，就如在伊苏斯之前发生的那样，这个阵线的变化可能是逐渐的，起初马其顿阵线纵深32列，后来随着平原逐渐开阔，阵线也逐渐扩大。当阵线出现空隙时，后排士兵整列向前移动，最后这个方阵的纵深收缩到8列。亚历山大在公元前335年为伊利里亚人进行了最为引人注目的演习。那时，他将方阵排为纵深 120 列，并进行了许多前线的变化，转变行进的方向，让士兵将萨利沙刺到左边和右边。最后，他将整个前线撤到左边，形成一个楔形尖锋阵形。演习悄无声息，显然阅兵场纪律严明。演习最后逐渐形成了一个灵活的、完整的步兵团体。在亚历山大之后的时期，方阵的完整成为目标：阵线中的空隙是致命的，统帅无法设想带着他们的人马通过破裂的阵地或者河道。亚历山大的人多才多艺。他们在伊苏斯列队通过极其艰难的地形，并打了一场渡河战，虽然他们的阵线在伊苏斯和高加美拉被打破，但都没有造成灾难性的后果。后来当萨利沙有 8 米或更长时，中排士兵显然可以在某种程度上处理前排的空隙。不是每个行动都需要全副武器。例如，最后追逐大流士的步兵不可能带着沉重的萨利沙，他们大概只带着矛行进，但显然萨利沙是他们的基本武器。在麻烦和不合宜的情况中，马其顿卫兵在宫廷也使用利沙，我们知道公元前 335 年当马其顿步兵渡过多瑙河时，他们拿着萨利沙。之后这个单独的方阵步兵基本上是一个团体的一部分，集中训练，以形成一个拥有内聚性和攻击力的专门阵形，这在同时代世界中是无与伦比的。

与方阵步兵相对应的就是马其顿的骑兵，集体被称作是共事者（伙友）。在赫勒斯滂，骑兵共计 1 800 人，分成 8 个中队，其中一个皇家部队在国王骑马作战时负责保护。这个皇家中队是一支精锐部队，其中可能包括绝大多数廷臣，即那些没有获得具体统帅权的伙伴。另外，他们是在地区基础上招募而来的。那些来历有记载的中队来自于色雷斯地区，那里腓力已经安置了军事移民：波提亚、安菲波利斯、阿波罗尼亚和安提马斯。惟一例外的是一个神秘的"琉加亚中队"，这可能是一个更为古老的团体，是在地区招募制度之前创造的部队。上马其顿的骑兵是另一个地区团体，但没有直接证据显示他们被用于亚洲的战役。他们可能是 1 500 名骑兵中的一部分，与安提帕特指挥的国内军队一同留守，但更为可能的是，亚历山大从全国征集赴亚洲的兵员，却给每个招募地区留下一部分士兵。起初没有关于任何部队分队的记录，每个骑兵中队显然作为一个团体在当地的统帅指挥下作战。他们的武器简单，只有一个有推进力的山茱萸木的长矛，加之备用的投枪，可能还有一个骑士的盾牌以及少量的护身装备，包括马其顿的头盔，宽边的考西亚帽子。在激战中，骑兵是亚历山大的主要打击力量。每一次都排成楔形阵的骑兵，利用敌人阵线中的重要空隙。遗憾的是，每个中队中的数目只能猜测。可能到这个统治末期，皇家卫兵共计 300 人，但我们没有证据显示渡过赫勒斯滂时的人数。更为严重的是，我们不知道狄奥多鲁斯的数字 1 800 人只包括共事者，还是包括其他的马其顿骑兵部队。

马其顿士兵

侦察兵的问题使之变得更为复杂。这些部队是骑兵的分队，通常和共事者及培欧尼亚的轻装骑兵共同行动。如名字所示，他们通常执行侦察使命。他们也被称为运载萨利沙的人，并且在格拉尼卡斯战役，他们显然配备骑兵的萨利沙（所有迹象显示其长度与步兵的武器相同），作为先锋率先发起攻击。像共事者一样，他们被分编成中队，至少有 4 个。在战斗中使用萨利沙，加之阿里安经常提到他们没有任何种族，表明他们是当地的马其顿人，独立于共事者之外，单独进行组织，但包括于狄奥多鲁斯的 1 800 个马其顿骑兵之中。他们似乎履行双重职能，先前侦察（显然不带萨利沙），以及在疏散队形中进行反骑兵战。这个萨利沙，在马前和马后使用都很危险，无法用于密集队形，因为这必然给自己的部队造成致命的危险。使用它的骑兵需要间隔很大距离，或者集中在一个延长的阵线中，在这样的情况下他们可以有效地抵抗轻装对手的正面攻击。尽管有证据显示，尤其在亚历山大的马赛克中，共事者可以偶尔使用萨利沙，但显然这个武器不能被有效地使用在楔形攻击队形中。共事者的主要武器一定是更短的投刺长矛，他们的训练目的就是在密集队形和纵队中进行集中攻击，这和在更开放条件下行动的侦察兵形成鲜明对比。二者在血统上都是马其顿人，但我们无法评估他们的相对人数，侦察兵的中队总数不得而知。

马其顿部队不可或缺的军力是轻装步兵。这些部队中的一些人可能来自马其顿，但我们没有明确证据。阿里安偶尔提到轻装步兵的军团，但他很少记载他们的国籍，也从未指出哪个人是马其顿人。另一方面，他似乎将色雷斯和阿格瑞安包括在投枪手的军团中。已知由马其顿人组成的惟一轻装部队就是巴拉克拉斯指挥的投枪手分遣队。在对规定了其他团体国籍的高加美拉阵线的描述中，阿里安没有区分种族。如果存在马其顿人的轻装部队，他们显然人数不多。就如我们所见，方阵士兵有轻装的防御武器，由于贫困，几乎没有马其顿人不在方阵中服役。有人提出良策，建议亚历山大将当地步兵集中在方阵中，而依赖他在北部的邻居来供应轻装步兵。事实大体如此。在亚历山大的轻装部队中，最重要的就是阿格瑞安的登山者，一个来自上斯特莱蒙的投枪手中的小团体。仅阿里安就提到他们约 50 次，他们几乎被用于每个要求在困难地带迅速行动的场合。从多瑙河战役时起，它们与盾兵及精选的方阵步兵并肩行动，承担特别艰难的行程，而在正式的战役中，他们构成主要阵线前的掩护部队。他们通常与弓兵合作。此外，可能有一个马其顿弓兵的部队，但人数不多。另外，这些弓兵主要是克里特人，两个已知的统帅也出身于克里特。弓兵显然是从马其顿外招募的特种团体，不过每当需要进行小规模战斗时，他们与阿格瑞安人一道，站在马其顿部队旁边。色雷斯人偶尔扮演同样的角色，但据证实弓兵和阿格瑞安人更为常见。狄奥多鲁斯认为他们是一个混合团体，在赫勒斯滂时有1 000人。这是最小数目。亚历山大两度在北部调派1 000人，且一旦亚洲战役打响，征兵将补充他们的部队。到这个统治中期，阿格瑞安人至少有1 000人，并且弓兵被编在军团中。他们已经证明自己是关键部队，因此被系统地进行扩编。

其余部队由联盟部队和雇佣军组成。在这些部队中，最为重要的分遣队是色萨利骑兵，他们在数量上与马其顿骑兵持平，且实力相当。与共事者一样，他们被编成中队，尤以法萨卢的分遣队最为著名，人数最多。在前三个重大战役中，他们履行与共事者相同的职能，保护这个方阵的左翼。这个统帅结构似乎类似于马其顿骑兵，按地区基础分成中队，但由一个马其顿统帅指挥。其余的联盟骑兵主要来自中希腊和伯罗奔尼撒，不甚重要，效率不高，人数较少，在行动中也不出名。与色萨利人一样，他们被编成中队，归在一个马其顿官员治下。来自联盟的希腊国家的步兵更为复杂。他们组成一支人数众多的部队，其中7 000人于公元前334年渡过赫勒斯滂，主要是重装步兵。值得注意的是，一旦在亚洲，他们并不参战。没有明确的证据显示他们参与任何重大的战役。在高加美拉，我们可以推断他们为预备方阵提供了绝大多数兵员，但在其他交战中没有用武之地。他们仅参加了辅助战役，通常由帕曼纽指挥（在特罗阿德、阿玛尼德关、福里基亚和前往波西斯的行程中），却从未跟随亚历山大。阿哥斯的分遣队被派去执行在萨得斯的驻军任务，这是记载下来的惟一例子（然而，联盟的骑兵起初充当上叙利亚的驻军）。它受忽视，部分是因为这个联盟步兵的异类性质，因为它是从许多城市中招募的，因此事实上马其顿的统帅不可能将他们组织在一个队伍之中。也有忠诚的问题。亚历山大可能不愿意依赖最近在喀罗尼亚征服的人，来对抗为波斯效力的希腊雇佣兵。亲戚无法对抗亲戚，他的希腊同盟自然比当地的马其顿人更不愿意承担这个任务。

另一个重要的步兵团体是7 000人的先遣队，色雷斯、特里巴利和伊利里亚人的分遣队。这些部队，如果有任何事情的话，比希腊步兵更难捉摸。在战役的叙述中，史料中从未提及特里巴利人，而伊利里亚人也只是在库齐乌斯对高加美拉的记述中偶然出现，其中他们和雇佣军的骑兵一同行动。色雷斯人略微出名一点。在欧德利西亚的君主斯塔克斯指挥之下，他们在伊苏斯战前和战争期间积极行动，而在萨伽拉萨斯和高加美拉，他们在战役的左边阵线履行与右翼的阿格瑞安人相同的职能。这可能是我们所知的他们行动的惟一机会，但他们随后的历史显示，无论如何亚历山大也没有发现他们不可或缺。公元前330年，绝大多数人奉命留下，以补充米底和帕西亚的总督辖地的军队。公元前326～325年，几个人返回到主力军队，但整个色雷斯的分遣队不久就被舍弃，奉命留在北印度，扮演不令人羡慕的驻军部队的角色。这个证据实际上表明他们不是正式作为前线的部队被予以使用，而是用于次要的使命，或者是用于人数比技能更为重要的阵地中。正是他们与4 000名非马其顿人充当拉德岛的占领军，阻止波斯舰队进入，他们也受命修建潘菲利亚的道路。似乎，亚历山大并不打算遣返他们中的任何一员，色雷斯分遣队存在的理由仅仅是离开色雷斯。他们的离开意味着这块领土更容易控制。同样的考虑更适用于伊利里亚和特里巴利。

色雷斯的骑兵大同小异。在格拉尼卡斯和高加美拉战役中，这些部队位于希腊同盟的骑兵旁边，但是他们的使命时有时无，并被分配到米底驻军及步兵中。公元前326年末期到达印度的另一个色雷斯分遣队，当然留在北印度的总督军队中。其他来自北部的骑兵部队，培欧尼亚人有更为辉煌的经历。他们与侦察兵并肩行动，在格拉尼卡斯和高加美拉战役中担任作战先锋，加之他们轻装配备，以至于凭他们本身的资格可以被称作侦察兵。但公元前331年后的任何记述中都不曾提到他们，也没有他们被委派到任何驻军部队的记载。他们的人数一定很少（和色雷斯人一样，共计900人），因此可以轻易地与其他部队合并。

最后和他的父亲一样，亚历山大大量使用雇佣军。据记载在赫勒斯滂只有5 000人，当然数万人在小亚细亚的远征军中效力，包括整个雇佣军骑兵。一个独特的团体，"古老的雇佣军"，集合在一起，由马其顿人克连德指挥。另外视情况需要，他们似乎也进行分配。在高加美拉，雇佣军骑兵被分成两队，分别由米尼达斯和安德罗马卡斯指挥，二者都是马其顿人，这个统帅权的分配持续了一段时间。这是可以追溯的惟一固定组织。总的来说，雇佣军的组织似乎比其他军队更为灵活多变。当招募新的军队，已经服役的雇佣军被调派到总督辖地的军队之

中，或者在这个统治末期，他们为东方的新基地提供移民时，他们的数目经常变动。就前线作战而言，他们可能是军队中最可有可无的部分。在重大战役中，他充当后备部队，除了在高加美拉发挥重要作用的骑兵之外，与科林斯同盟的步兵一样，他们一般由帕曼纽指挥，进行次要的远征。后来，受命对付阿瑞亚的萨提巴扎尼斯和索格地亚那的斯皮塔米尼斯的部队几乎全部由雇佣军组成。确实在亚历山大的直接随员之外，整个帝国的作战部队都是雇佣军。起初，由于要定期支付他们的薪俸，加之大王也争相雇佣，他们的数量减少。除了从米利都驻军中调来的 300 个雇佣军之外，据证实克连德在伯罗奔尼撒招募了 4 000 人，而安提帕特派到孟斐斯 400 骑兵。这是局部的记载，但与公元前 331 年以后的局势形成鲜明对比，那时亚历山大手握无数金钱。之后士兵持续大量流人：完整的史料中列举了将近 60 000 人的征兵，而未载于史册的更是不计其数。

发展和重组：公元前 333～323 年

　　最为重要的是马其顿的核心，原来的 40 000 多人部队中的 15 000 名步兵。他们是军队中的主要攻击力量，所有重大战役的最后靠山。在骑兵方面，马其顿人不占主导地位，至少与色萨利不相上下，但相比于其他骑兵部队而言，亚历山大经常使用他们。就数量而言，他的军队人数众多，超过公元前 394 年尼米亚的战斗者的全部数目，但重要的马其顿士兵只占相当小的一部分。事实上，亚历山大的所有胜利，可能除高加美拉之外，都是他率领手中的小部分军队赢得的。因此在战役初年，当亚历山大打算应付波斯帝国的大军时，军队的马其顿核心的规模逐渐增长。我们的史料记载了公元前 333 和公元前 330 年问马其顿增兵的引人注目的数字。在高地亚，3 000 马其顿步兵和 500 骑兵（马其顿人和色萨利人），前来扩充他的部队。之后在夏天，他进入西里西亚之前，另外 5 000 步兵和 800 骑兵从马其顿前来。这些兵员大大地扩大了原来的方阵，但这可能也不代表全部人数。库齐乌斯指出到伊苏斯战争爆发时，其他的部队已经到来，或者正在路上。到公元前 333 年末，军队中的马其顿士兵达到前所未有的最大规模。下一年围攻提尔和加沙时，他们的数量减少，之后在公元前322年末方阵统帅之一阿明塔斯，安德罗米尼之子，奉命穿过地中海的寒冷海面，到马其顿执行紧急征兵的使命。在公元前331年夏之前，他已经聚集了15 000人的部队，其中包括6 000马其顿步兵和500骑兵。这是我们所知的最后的专门的马其顿增兵。尽管史料记载后来许多新兵源源而来，但其中不包括马其顿人的分遣队：安提帕特的部队士兵来自于色雷斯人、伊利里亚人或者雇佣军。公元前327年亚历山大要求从马其顿补充兵员，显然没有得到响应；公元前324年，他遣散欧皮斯的10 000老兵，要求安提帕特从马其顿带来壮年兵员取而代之。但安提帕特从未离开马其顿，结果增兵也从未到达。调走的增兵已经消耗这个国家的兵力，因此祖国的军队现在无法再进一步削弱。事实上，公元前331~330年安提帕特很难筹集一支军队，在拉米亚战争爆发时困难更大，此时他自己的处境堪忧。事实上直到统治末，公元前330年已在军队中服役的马其顿人也没有得到增援。即便如此，他们的数目也使人印象深刻。公元前324年夏，马其顿人在欧皮斯被遣散，只有一个强大的分遣队仍然存在，在亚历山大去世时最少有8 000人。

增兵的关键时期是公元前333~331年。根据流传于世的欠缺的报道，显而易见马其顿的步兵和骑兵加倍，可能人数更多。鉴于战事不断和遇到的物质条件的严酷，死亡率不可能低于50%。在这样的情况下，来自祖国的马其顿部队总计超过30 000人。实际的作战人数在公元前333年末和公元前331年末两度达到顶峰，而在这个统治的其余时期逐渐减少。额外数目的影响难以追溯。他们没有导致体制上的任何重大变化。就我们所知，根据他们的地区分布，新来的增兵被分配到现有的部队中。因此在格拉尼卡斯和高加美拉期间，方阵的营在数量上仍为6个，即使每个营的编制人数大大增加。甚至阿明塔斯带来的大量增兵也根据国籍被划分到现有的部队中。只是在入侵印度时，才有证据显示方阵出现第7个营，而且这个证据充其量也是间接的：似乎7个统帅同时任方阵的团长。这个变化的原因不得而知。可能由于增兵和不定期的损失，一个营极其庞大，因此被分割成两个统帅权。然而，这只是猜测。我们不知道原因，也没有迹象显示这个变化何时发生，或者持续多久。

公元前331年末阿明塔斯的马其顿增兵到来时，军队进行了一些重组。亚历

山大将现有的骑兵部队分成两个中队，并根据品行，而不是地区关系，任命新的副帅。此举有悖传统。这个国王的行动一定有强烈的理由。这可能是打破原来的统帅与其士兵关系纽带的第一步。现在军队中出现了中间的统帅层，结果官员和他们的士兵没有必然联系，他们的任命完全取决于国王的恩宠。可能在盾兵的重组上同样如此。库齐乌斯将这些细节断章取义，但似乎这个阶层中引进了另一个统帅权，再次新的官员凭借军功获得提升。从这时起，盾兵部队有1 000人团和500人队，出现了地位比较低微的官员。

公元前330年以后，似乎马其顿骑兵全部重组。基本的单位现在不是中队，而是一个新的编队，称作骑兵师。公元前329年春，在阿里安所记载的托勒密部队中，这些新部队首次出现，从那时起骑兵师几乎成为骑兵部队一成不变的术语。当我们听说中队时，他们是以半个师出现，每个骑兵师至少包括两个中队。这个皇家部队的头衔也荡然无存，被所谓的近卫骑兵取代，亚历山大的骑兵和步兵近卫现在拥有同样的称谓。不幸的是，我们没有可以与高加美拉的部队相媲美的骑兵司令和统帅的名单，且只能从战役的零散记述中推断他们的数目。在整个印度战役期间，除了近卫军之外，似乎有8个骑兵师，但是否从一开始数目就固定不变，不得而知。为了追逐柏萨斯，托勒密至少拥有3个共事者的骑兵师，这显然只是全部部队的一小部分。可能早在公元前329年马其顿就有8个骑兵师。

这一时期，另一个重大变化显然是侦察兵的消失。在大流士死后，我们没有发现这个部队以这个头衔采取行动。史料中偶然提到公元前329年运载萨利沙的人，那时他们显然仍集合在中队中。他们可能仍未按骑兵师进行编制，但雇佣军骑兵已经这样组织，自然一个人会期望马其顿部队经历了同样的改变。可能这个中队已经被用于后来的技术意义上，公元前329年，运载萨利沙的人被部署在小团体中，来对抗他们的萨卡敌人。无论如何，这是他们最后的出现，可能他们与共事者骑兵合并，编制在骑兵师中。例如，每个骑兵师可能拥有一个运载萨利沙的人的团体。远离基地时，他们可以增加它的多面性，并且为了紧急事件中的特别任务，比如渡过雅克萨提河，子单位可能分开。

骑兵师的力量不得而知。继承人时期出现了一些微不足道的证据，其中记载近卫军共计300人。至于其他共事者，我们只有阿里安的数字，后者声称开始印度河行程时有 1700 人，但他没有表示这是全部部队。至少柏第卡斯因为其他事务不在，他可能不是惟一的缺席者。我们所知的是一个最低数字，仅此就数目巨大，几乎和马其顿赫勒斯滂的骑兵总数一样多。到公元前 331～330 年，增兵人数众多，但伤亡率也很高。如果公元前 326 年共事者至少有 1 700 人，那么我们有各种理由认为他们已经合并了侦察兵。

重组的原因无史可查，但大概很重要。技术上的术语，尤其是传统术语，没有仅仅因为革新就予以改变。在某种方式上，处决菲罗塔斯当然与此举有关。在他死后，亚历山大不再将整个骑兵归于一个新的统帅指挥，而是将共事者在皇家部队的资深统帅克雷图斯和他的密友赫菲斯提昂之间进行分配。这种分配是为了安全起见，可能也是骑兵普遍重组的一部分，以打破私人忠诚的纽带。几乎一年以前，他已经引进了子团体（中队），并通过军功选拔统帅。我们有其他微小证据可作试证：他在波斯关的关键部队包括四个骑兵小队，一个之前或之后都没有记载的部队。亚历山大可能有意识地改变骑兵的平衡，以打破部队的地区联系，构建一个更为同类的部队。可能，他也有后勤的考虑。由于战斗中不成比例的伤亡以及增兵的随意增加，这不可能准确地平分在征兵地区，因此这些部队的规模并不均衡，因此有必要进行一些调整。无论如何，就和他们的统帅们一样，旧的中队发生变化：已知只有德米特里亚斯，阿尔泰米尼斯之子继续指挥一个骑兵师。取而代之的新的混合部队，由亚历山大宫廷的精英统率。

方阵步兵没有进行这样的重组。盾兵和方阵军营之间的分配一直持续到这个统治末，除了增加了第 7 个营外，没有证据显示出现任何重大变化。术语上显示出一个小的革新。在进入印度之前，据说亚历山大在军队中引进了银盾，并刻上精英重步兵的头衔。这个新术语为盾兵专有，显然到这个统治末一直流行，然而它只是在他死后才开始得到应有的荣誉。之后亚历山大的盾兵维持了他们的团体身份，一直采用这个精英重步兵的头衔，这样就使他们与继承人组织的不同盾兵团体区别开来。在亚历山大生前，没有竞争的时候，盾兵似乎是通常使用的术语。在整个统治期间，这个部队维持了它的精锐地位，并且它大概从其余的方阵中得到兵员补充，以保持它的编制人数的稳定。在亚历山大死后，它仍有 3 000 人之多，其成员都是追随他打过硬仗的老兵。公元前 317 年，他们中的每个人据说都超过 60 岁，这无疑夸大其辞，但这是同时代卡狄亚的赫罗尼姆斯亲眼目睹的。这些盾兵包括整个统治期间骁勇善战的步兵，亚历山大一定也经常从方阵军营中抽调精锐，结果方阵受到损害。在欧皮斯遣散 10 000 老兵之后，方阵部队的核心，包括盾兵，不到 10 000 人。到亚历山大统治末期，国王被迫用伊朗的步兵加以补充。在每个由 16 人组成的纵队中，只有 4 人是马其顿人，站在前面和后面；编队的绝大多数现在是波斯人，配备弓和投枪。这个混合方阵用来进行正面攻击，没有灵活性，这是统治初期步兵策略的特色。这是临时创造的，以最大限度地弥补受到萨利沙训练的方阵步兵的不足以及大量未经训练的伊朗人。公元前 323 年，在亚历山大死后的冲突中，人数较少的马其顿步兵很久才解释他们为何迅速向骑兵投降。这两个团体在统治初期的巨大差别已经大大缩减了。

印加王朝史

黄金的隐语

印加文明，著名的美洲古文明之一。和美洲大陆上另一著名的古文明玛雅一样，印加文明充满神秘色彩，令人叹为观止。

印加的地域，用今天的地图来标识，大约是以秘鲁为中心向外延展。当年西班牙征服者到达后，就将印加称为"秘鲁"，"秘鲁"这个名称就沿用下来了，但今天的秘鲁与当年的印加相比范围要小许多。印加的疆域包括了现在的秘鲁、厄瓜多尔、玻利维亚三个国家的领土，以及哥伦比亚、阿根廷和智利国土中的一部分，总面积达到 200 多万平方公里。它的疆界北起哥伦比亚的安卡斯马约河，南至智利中部的毛莱河，东抵亚马孙河森林，东南到达阿根廷的图库曼，西临太平洋。在今天的地图上，印加帝国沿南美洲西海岸纵向展开，著名的安第斯山脉纵贯全境。它的形状有些奇特，南北方向上延伸很长，从北纬 2 度附近沿太平洋一直延伸到南纬 37 度左右，有 4000 公里之长，而东西方向上却相对地显得狭窄局促，整个国家形状狭长。

随着 16 世纪这片土地被西班牙人征服，有关印加的传说以及对这个文明的景仰之情便迅速从南美流传到欧洲。印加的发现，在当时的欧洲造成了一次势头不小的"印加热"。人们不仅对印加帝国罕见的富庶着迷，更不可思议的是，在历来以文明自诩的欧洲，一批有识之士对印加的"文明度"发出了由衷的赞美。

有学者称，印加是"有史以来世界上最成功的集权国家之一"；有人在比较了印加帝国与西班牙人的统治后指出，对于秘鲁人民来说，没有比印加更好的政府；更有人宣称"秘鲁人的精神世界远远胜过欧洲人"。

印加文明，不得不令人刮目相看。

在欧洲，有关印加最早的传说，大多渲染了这块土地的富庶。有一则故事讲述了西班牙人最早到达美洲大陆的情形：当他们在称量着刚刚搜刮到的金子时，一位印第安酋长看到后惊讶地说，如果这就是你们远离自己的家乡，冒着生命危险所要追求的东西，我可以告诉你们，有一个地方的人民，他们吃喝用的器皿都

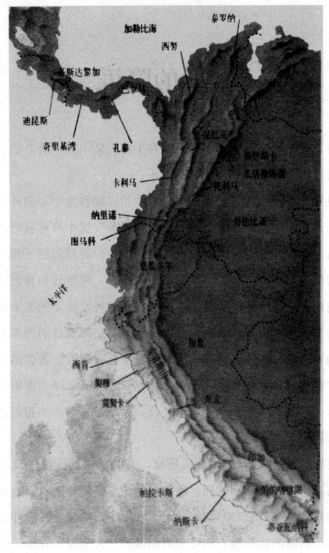

印加地图（局部）

是金制的，那儿的金子有如你们所带的铁一样便宜。当时，还流传着关于美洲大陆上存在着黄金之国和黄金之王的传说。人们传颂着在一片神话般的土地上到处都是金穴，金子多得不可置信，掌管这片土地的黄金之王每天换一件缀有金沙的新上衣。这位传奇帝王不仅拥有数不清的黄金，还信奉尊贵的太阳神。有人猜想这个诱人的地方就是印加帝国，印加王就是黄金之王。

后来当西班牙人侵占了印加，囚禁了印加的末代帝王后，提出的保释金是在长22英尺（约6.6米）、宽17英尺（约5米）的囚室里装满高达9英尺（约2.7

米）的黄金。为解救国王，黄金接连不断地沿着道路运送而来，远远看去，仿佛连绵不断的长长金线。

然而，盛产黄金的印加，还有着比金子更可贵的东西，那就是它的文明。

印加与玛雅、阿兹特克并称美洲三大文明。在这三者之中，印加文明可说是最成熟的。它是西班牙人入侵以前，美洲大陆上传统印第安文化的最大中心。与较早的玛雅文明相比，或者与同一时期的、以后来的墨西哥为中心的中美洲阿兹特克文明相比，地处南美的印加文明似乎都更胜一筹。印加有着当时美洲大陆十分罕见的体现在社会组织上的成熟理性，以及由这套成熟的社会建制造就的诸多标志性的文化成就。

戴着精致鼻饰和头饰的、传说中的黄金国国王坐在金制木筏

上穆伊斯卡文化

印加拥有长达几千公里的发达道路系统，人们称其为"新世界的罗马"；印加有着当时世界上速度最快的邮政系统；印加的农业，有着发达的梯田和水利系

统，规模令人称奇；印加的巨石建筑至今岿然挺立，几百吨重的岩石拼合紧密，其间的石缝至今仍插不进一片薄刃……

当西班牙人入侵之际，正值印加文明最为辉煌之时。当时的印加人口众多，幅员辽阔，繁荣富饶。16 世纪初，印加的版图达到其历史之最，总面积达到 200 多万平方公里，库斯科谷地及附近的农业发达地区聚居了大约 600 万人口（另一种说法为 2007 万）。令人惊叹的建筑成就、首都库斯科的繁华景象、经济文化等各个方面的突出成绩……这一切均自足生成，地处南美的印加此时似乎还未曾受过外来文明的影响。印加，给当时的欧洲带来了不小的震惊，直至今天，人们仍然将"印加"视作一个神话般的国度，一片神奇的土地。

泰罗纳人的梯田

有一点需要说明的是，虽然声名在外，但"印加帝国"并非这个国度的原来名称，印加人将自己的国家称为"塔万廷苏尤"，"印加帝国"一名称系拜印加的后人所赐。印加王室后裔加西拉索·德拉维加的名著《印加王室述评》问世后，人们就将"印加"一词与这个神奇的文明紧密联系在一起，此后人们开始沿用"印加帝国"的称谓。

1911 年 6 月，耶鲁大学的海勒姆·宾海姆教授，在库斯科以北的乌鲁班巴河畔海拔 6264 米的维尔卡班巴山上，发现了传说中印加王室的最后圣地。这座位于悬崖峭壁之上的城堡，外部以石墙环绕，内部小径交错犹如迷宫，它的名字早已不为人知。考古学家根据附近的一座小山将其命名为"马丘比丘"，此后耶鲁大学又进行了发掘工程。今天，马丘比丘已经成为著名的旅游胜地，它默默屹立，每日迎送着人来客往，向世人展现着印加文化的无穷魅力，无言地印证着印加文明的昔日辉煌。

马丘比丘的废墟

精彩的前奏

　　美洲印第安文化的许多遗迹，长期以来始终被视作不可思议的"奇迹"。对它们的由来，人们作出了很多推测和假想，其中最著名的臆断是将它们的创造者说成是天外来客。直到今天，这种说法还受到很多人的追捧。这是因为美洲印第安文化中的一些现象实在令人费解。

　　比如，人们可能始终想不明白，只有在空中才能俯瞰全貌的纳斯卡地形图，在没有飞机的古代如何被精确地绘成？这些古怪的图形又代表着什么？有着什么样的功用？再比如神秘的阿兹特克雕像、宏伟的玛雅金字塔以及遍布美洲各地的巨石建筑，这些似乎人力不可为的浩大工程，在劳动力低下的古代如何造就？无怪乎，人们会产生种种不着边际的臆想。但如果将地球上看似不可思议的文化现

秘鲁纳斯卡岩画

象全部归功于外星人，岂不低估了人类自身的能力。今天，随着研究的深入，人们已经认识到美洲印第安文明的伟大。

　　任何文化都有其自身发展的轨迹，印加文化也是如此。印加文明建立在安第斯地区美洲古文明的基础之上。印加帝国发端于库斯科谷地，库斯科谷地也是印加文明的摇篮。此外，印加文明在其成长发展的过程中，也不断得到征服地文化的滋养，逐渐发展壮大。

专家们将历史传说与考古发现相结合进行研究，对印加文化的由来形成了比较一致的看法：印加文化是库斯科谷地文化长期发展的结果。公元前 6 世纪，库斯科谷地的查纳帕塔文化开始发展，尽管它要比同时期的其他安第斯文化落后，然而高度发达的印加文明就是以此为基础发展起来的。

查文柱头装饰公元前 1200～前 300 年

印加文明的势力范围：南美洲太平洋沿岸中部、安第斯山脉中段和玻利维亚高原，原先就是世界上最古老的农业文明的发祥地之一。早在公元前 8000 到公元前 3000 年代中叶的石器时代，这里的沿海居民已经开始发展原始农业。随着农牧业的发展，这片广阔地带中产生了一系列古代文化中心，其中一些文明已经有了长足的发展，有着鲜明的文化标志物。这些"前印加文明"大致有以下几处：

公元前 10 至 6 世纪的"查文文化"。根据高原北部总面积为 150×75 平方米的查文·德·万塔尔考古遗迹得名。安第斯地区的巨石建筑传统可以追溯至此，这里有地下神殿、石建筑物和石柱、石碑等各种雕刻作品。其中高达 15 米的"卡思蒂略"建筑物，内部有走廊、楼梯、通风烟囱和无窗的房间，已具备后来石建筑的基本结构。圆形广场周围的壁雕纹样，显示出当地居民的美洲虎崇拜，其中一头戴蛇形羽状冠饰的巨型兽头人身像，尤其突出。查文文化的陶器多为黑色或棕色等单一色调，装饰着几何图案。他们的金属工艺也已达到很高水准，能将金片打制成神兽、回纹等精巧图案。

纳斯卡彩绘祭器公元前 200～公元 800 年

位于南部沿海地区，公元前 10 世纪至公元 5 世纪之间的"帕拉卡斯文化"在纺织工艺上表现出惊人的成就，其织物色彩绚丽，根据色调色相的变化，分化出 190 多种色彩。南部沿海皮斯科出土的木乃伊服装，以色彩绚丽、图案复杂、及其在纺织和刺绣上达到的高度艺术性，获得"世界纺织品奇迹"之称。公元 10 世纪中叶，位于同一地区的"纳斯卡文化"也有较大程度的发展，其陶艺造诣突出。纳斯卡陶器的底色以砖红或橙黄为主，其上以红、黄、褐、灰、紫、黑、白等 11 种不同色彩，描绘出鸟兽、草木和神怪形象的图案花纹。纳斯卡陶器工艺精湛，有的表面涂釉达 8 至 10 次之多。

与此同时，在北部沿海传播着"莫契卡文化"（又称为"早期契穆文化"）。"莫契卡文化"遗址中，矗立着巨大的土筑"金字塔"，其中最大的一座基座长

228 米，宽 136 米，高 18 米。南部的"金字塔"每边长 103 米，高 23 米，用
1.3 亿块土坯建成。"金字塔"顶部建造着巨大的神庙。"莫契卡文化"中发现了
水渠和下水道的遗址还留有石板道路的遗迹。考古发现，这里的人们已经会提炼
金银，并懂得用金银与铜制造合金。"莫契卡"陶器十分独特，兼具器具与塑像
的功能，器身被制成人像、头像、动物、家具、房屋、船只、果实等形状。手持
狼牙棒、战斧、标枪、盾牌等武器的战士塑像，以及赤身露体、脖套绳索的奴隶
或俘虏形象被塑造得栩栩如生。陶器表面的彩绘多描绘渔民、武士、僧侣的日常
生活，表现了世俗生活的场景。

前印加时期最著名、最发达的文化是"蒂
亚瓦纳科"文化。在 6 世纪至 10 世纪，它的影
响达到现在的玻利维亚高原、秘鲁的北部高原
和沿海地区、厄瓜多尔的南部、智利的北部、
阿根廷的西北部地区。这一文明的中心，位于
海拔 4 千米的安第斯高原之上，在世界最高淡
水湖的的喀喀湖的东南 21 公里处。这片 1000×
450 平方米的大面积遗址群，以巨石建筑为突出
特征。它于 1548 年为西班牙人在蒂亚瓦纳科村
庄中首次发现，并由此得名。

蒂亚瓦纳科文化遗址，位于太平洋沿海通
向内地的重要通道上，遗址中央即为宽阔大道，
整片遗址被大道分为两部分。大道一侧有"阿
加巴那"金字塔，占地 210 平方米，高 15 米。
大道另一侧是"卡拉萨赛亚"建筑，由长 118

莫契卡人像陶瓶约公元 500 年

米，宽 112 米的台面组成，四周有坚固的石墙，
建筑物内有通向地下内院的阶梯。在它的西北角，是前哥伦布时代美洲最为著名
的文化古迹——"太阳门"。

"太阳门"是用一整块重达百吨以上的巨石雕成，中央凿出一个门洞，门楣
正中雕刻着高约 3 米、宽约 3.75 米的人形神像浅浮雕，头部向四周放射出多道
光线，双手持护杖。也有人认为神像是虎头天神，头戴辐射状的羽状冠饰，右手

拿掷矛器，左手执箭袋。神像两旁为三列 48 个较小的雕像。上下两列是面对神像的带翼勇士，中间一列是人格化的飞禽，手持旗或枪矛。太阳门被发现时已经残碎，于 1908 年进行了整修。之所以称为"太阳门"还有一个原因，据说每年 9 月 21 日秋分那天，黎明的第一缕阳光必定从门洞中央射入。

关于"太阳门"，流传着种种传说，当地艾马拉人认为这是维拉科查神创造的奇迹之一，人们还传说它是由一双看不见的手一夜之间建造起来的。此外，还有人传说门上的雕像本来是当地居民，后来被一个外来朝圣者变成了石头云云。这些传说，反映了人们对这座巨大石门的崇敬心理。

蒂亚瓦纳科的太阳门

太阳门建成于公元 10 世纪之前，当时的美洲既未发明轮子也不懂得使用铁器，任何工程都是由人力完成。但这座石门实在太过巨大，似乎是人力不可为。难怪当地人把它视作神迹，就是现代人也还未对它的由来作出合理的解释。

科学家们推测，在完全依靠人力的古代，要把数十吨甚至上百吨的石块，从数公里之外的采石场拖运到指定地点，必须有一支 26000 多人的队伍才能完成。但要在蒂亚瓦纳科解决这么多人的吃住，似乎并不可能。也有人认为，当时的的喀喀湖的水位比现在要高许多，其湖岸与"卡拉萨赛亚"很近，人们通过的的喀喀湖，用平底驳船从科帕卡瓦纳附近的采石场将石料运来。但据推算，要运送数十吨的巨石，驳船的体积必须非常庞大，要比西班牙人的船大好多倍。建造这样大的船，在当时的美洲似乎也不太可能。因而，"太阳门"是如何建造起来的，至今仍是一个谜。

历史和传说

起初，生息于安第斯地的印第安小部落约有 100 多个，这些部落根据不同语系，分为克丘亚、艾马拉（科利亚）、莫契卡和普基纳（乌鲁）四大语族。此时，艾马拉（科利亚）语系部落的势力范围占据了后来印加帝国几乎三分之一的领地，主要集中于印加南部、的的喀喀湖流域及周围的高地；莫契卡语系部落居住在沿海北部地区，他们建立了被称为"契穆王国"的强大部落联盟；普基纳（乌鲁）语系部落的活动区域可能集中于的的喀喀湖周围；克丘亚语系部落的范围较小，只局限于库斯科谷地及周围较小的区域。印加民族，作为安第斯地区 100 多个小部落中的一个，属于克丘亚部族的一支。

昌昌古城

印加这支小部落，大约于公元 13 世纪在安第斯地区迅速崛起，并逐步征服和吞并了其他多个小部落，形成强大的部落联盟。在印加部族崛起的同时，位于北方海岸的"契穆文化"也在独立地发展。契穆文化在公元 11 至 15 世纪最为强盛，建立了以昌昌为首都的契穆王国。

契穆的首都昌昌，占地约 18 平方公里，是古代安第斯地区最大的城市。整个城市至少由 10 个以围墙包围的住宅区或长方形街区（类似于中国古代的"坊"）组成，每个街区面积约为 480×355 平方米，现存的残墙有的高达 9 米。每个街区内都设有住宅、街道、金字塔、蓄水池、花园、墓地等设施。契穆的房屋以生砖建造，墙面涂泥，并装饰了图画和浅浮雕。街区之间的地方开辟为农田，并建造了用以灌溉的水渠。契穆人还善于生产磨光黑陶，在纺织中开始使用染缬法，并将鸟类的羽毛织入纺织品，形成了独特的风格。然而，强大的契穆于 1470 年左右为印加所灭。

15 世纪中叶，印加最终完成了征服整个安第斯地区的大业。在征服其他部族的同时，印加将其先进的农作方式推广到了新的领地，并以此为基础，在一定程度上建立起了统一的国家政体。有学者认为，当时的印加已经成为以库斯科为中心的强大奴隶制国家。

随着领土的不断扩张，印加文化迅速渗透、覆盖到其势力所达之处。以陶艺的传播为例进行说明。安第斯地区原有多个传统制陶区，各地的传统陶器特色分明，有些地区的制陶工艺已相当突出，如契穆地区原生产磨光黑陶制品，而纳斯卡地区的陶器则以色彩丰富为特色。印加的传统陶器中有一种喇叭口形状的瓦罐，其工艺并不突出，但这种印加瓦罐却在安第斯地区被广泛使用。这种瓦罐的普及，就与印加势力的扩大有着直接的关系。安第斯各地在被印加征服后，印加风格的陶器逐渐流行，当地的传统制陶工艺却渐渐失传了。

16 世纪初，在西班牙人到来之前的印加是一个幅员辽阔、政治统一、经济一体、文化合一的强大国家。

长期以来，研究者们试图从扑朔迷离的古老神话传说中，探索印加文明的由来，理清印加帝国形成的历史轨迹。印加的古老传说，也给专家们的研究提供了依据。

契穆帝国都城浅浮雕的迷宫遗迹公元 12～14 世纪

比如，有一个传说提及，印加人的祖先来自于的的喀喀岛，而蒂亚瓦纳科文化遗址就坐落在的的喀喀湖畔。研究认定，蒂亚瓦纳科文化就是印加文化的主要源头之一，印加的首都库斯科就明显地继承了蒂亚瓦纳科的建筑风格。再比如，印加的创始神话中说到，第一代印加王曼科·卡帕克驯化了第一批原始民族后，慷慨地将"印加"姓氏赐予他们，使他们获得特权，可以和血统纯正的王族一样不受赋税和劳役之苦。而研究证实，印加部落原先只是安第斯地区克丘亚语族的一小支，印加崛起后首先与周边的其他克丘亚语族部落结盟，在其后建立的印加国中，同属克丘亚语族的其他部落享有与印加王族类似的特权。

当然，在古老的传说中更有许多无法确证的事件，印加人通过这些故事构建起了自己的历史。

根据传说，印加总共有过 13 位统治者，王朝的历史大致如下：

（1）开国的第一位国王是神话人物曼科·卡帕克，他建立了帝国首都库斯科城，对百姓进行启蒙开化。

（2）辛契·罗卡，继承遗业，征服了库斯科谷地附近的各个部落。他把帝国划分为 4 个部分进行管理，在他手中"政府"机制完备起来，法律秩序也已确定。

契穆彩陶《类人雕像》公元 1000 年～1470 年

（3）略克·尤潘基，他带领初建的正规军穿过科利奥高原征服了科利亚人，著名的丘奎图省和平归顺帝国。

（4）迈塔·卡帕克，最早在阿普里马克河上架起了索桥，还率军到达了现在秘鲁的莫克瓜和阿雷基帕。

（5）卡克·尤潘基，是个勇猛善战的武士，他巩固了先辈的征服地，并将国土拓展到达现今的玻利维亚，控制了沿海的纳斯卡人。

（6）印加·罗卡，征服了更多的部落，包括安科瓦柳人和好战的昌卡人，他在国家的文化设施和组织建设上建树颇多。

（7）雅瓦尔·瓦卡克，由于童年时代的啼血事件，被预言战事不利，不幸被言中的是，在他统治期间昌卡部落发生叛乱。

（8）维拉科查，成功镇压了昌卡人的叛乱之后，取其父而代之。

事实上，15 世纪前的印加始终处于部落联盟时期，还未形成帝国。上述的诸位印加领袖，并非真正意义上的国王，至多是部落联盟时期的大酋长。其中第二位国王辛契·罗卡名字的意思就是"选出来指挥战争的领袖"，这可能也是部落联盟开始形成的一个证据。印加的部落联盟阶段大约始于 13 世纪初，到 1438 年第九位统治者继位时，印加还远未达到传说中的富庶强盛，印加部族的活动范围主要还是集中在库斯科谷地及其周围地区。15 世纪后，印加才真正的强大起来，继而发展成为印加帝国。

在印加的历史传说中有关 15 世纪前的描述，主要由民间传颂的历代国王的丰功伟绩所构成。这些传说大多支离破碎、模糊不清，并不能据此描绘出一条清晰准确的历史轨迹。但当印加的历史讲述到第九位统治者时，就开始变得面目清晰、连贯可信起来。有关印加 15 世纪后的历史，是真正的可考的历史。

从 15 世纪起，印加的统治者依次是：

（9）帕查库蒂·印加·尤潘基（1438～1463 或 1471）。

（10）图帕克·印加·尤潘基（1471～1493）。

（11）瓦伊纳·卡帕克（1493～1525）。

（12）瓦斯卡尔（1525～1532）。

（13）阿塔瓦尔帕（1532～1533）。

15 世纪初，克丘亚部落已经成为安第斯中部地区最为强大的部落之一。此时的印加部族，可能也已从一个势单力薄的小部落发展为一个部落联盟了。15 世纪初，昌卡部落从西面向克丘亚人发动了进攻，强占了部分土地。原属克丘亚部落的安杜艾利亚省被昌卡人占领，该省由此改称昌卡省。这一战役大大地削弱了克丘亚部落的势力。印加人可能趁此与同一语系的其他克丘亚人结成了部落联盟，而这次联盟使得 1438 年印加人对昌卡人的战役取得了决定性的胜利。这一年，正是第九个印加王帕查库蒂统治的开始。

帕查库蒂是印加历史上真正的强国之君。在克丘亚语中，"帕查"的意思是土地和时间，"库蒂"的意思是转变，"帕查库蒂"的意思是"改革者"。据说，根据印加的习俗，印加王的称号来自于印加子民的称颂。一个国王的称号，也是他自身伟大才干和突出功绩的记载。由此可见，帕查库蒂的主要功绩，就是成功地进行了变革，成为印加历史上的伟大改革者。

在帕查库蒂的统治下，印加从部落联盟转变为强大统一的帝国。

帕查库蒂在统治期间，在政治和宗教方面进行了重大改革。他对内巩固集权统治，对外实行军事征服，此时的印加开始显露出咄咄逼人的强国姿态。在军事上，帕查库蒂屡建奇功，1438年，成功地反击了以阿班凯为基地的昌卡部落的入侵，这次战役获得了决定性的胜利，为帝国对外扩张清除了障碍。此后，印加军队跨出了库斯科谷地，先后征服了卡哈马卡、纳斯卡、利马和契穆等地。

在政治上，帕查库蒂加强了集权统治，牢牢掌握了政治和宗教两项大权，巩固了政教合一的统治方式。例如，当他得知掌管太阳神祭祀的大祭司和部分印加贵族企图限制印加王的权威后，随即将库斯科神、万物之主帕查卡马克设立为大神，破除了太阳神的绝对权威，挫败了祭司集团

雕刻有手提战俘人头的国王形象的黄金王冠契穆文化

的阴谋。对帕查卡马克的信仰在印加贵族中发展到了根深蒂固的地步，此举有效地将印加贵族阶层团结在印加王的周围。为巩固对地方的统治，帕查库蒂还有力地推动了普及太阳神信仰的工作，他大兴土木使太阳神庙遍及印加全境，也使太阳神信仰牢牢掌控着印加民间。历史证明，他的宗教改革有效地匡正了政治格局，对巩固印加王的统治起到了决定性的作用。帕查库蒂统治时期，印加的帝国大业已锋芒显露，在他之后，图帕克·尤潘基继续夺取了北部的基多，其势力向

南到达了今天智利中部的毛莱河。在印加历史的最后百年之中，它的疆域迅速扩大，直到囊括了整个安第斯山脉的中部地区，成为一个强大繁盛的国家。16 世纪初的印加，北起哥伦比亚的安卡斯马约河，南至智利中部的毛莱河，南北绵延

雕刻有手提战俘人头的国王形象的黄金王冠（局部）

4000 公里；东达亚马孙河森林，东南抵阿根廷的图库曼，西濒太平洋，面积总共 200 多万平方公里。它的国土包括今天的秘鲁、厄瓜多尔和玻利维亚三国，哥伦比亚、阿根廷和智利的一部分也在它的版图之中，人口达到 600 多万（据另一说法为 200 多万）。

　　16 世纪初的印加，正值其版图面积最大、最为富庶强盛的时代，然而西班牙人的出现使印加的黄金时代戛然而止，强盛的印加帝国在外来者的铁蹄蹂躏下迅速走向毁灭。

惨痛的灭亡

1513 年之后，南海（即太平洋）的发现者西班牙人巴尔沃亚与他的船只驶向巴拿马以南，当他们沿海岸航行，来到赤道地区，看见一个印第安人正在河口捕鱼。他们向他询问，这是来到了什么地方，印第安人说出了"秘卢"这个词语。在当地的语言中"秘卢"是个普通名词，是"河流"的泛指。印第安人想说明他所在之处是"河流"，西班牙人却以为他们来到了"秘鲁"。"秘鲁"的名称就此传人了西方。西班牙人将它与传说中那个富裕的黄金之国印加联系到了一起。此后，他们就在美洲大陆上四处寻找这个神秘的国度。1532 年，印加帝国的大门终于向外来者开启，从此它的魅力广为人知，并使整个世界为之震撼。

皮萨罗公元 19 世纪

然而，谁也不会想到，外来者的出现会如此迅速地终结印加的历史。面对由数万人组成的印加大军，西班牙人皮萨罗带领手下不足 200 人的队伍仓促应战。然而，在双方的第一次交锋中，西班牙人就成功地俘虏并挟制了印加王。强大的印加帝国，似乎在顷刻间走到了命运的尽头。印加帝国的兴盛维持了不过 1 个世纪，就急转直下遭遇了灭顶之灾，最终覆灭在西班牙征服者的手里。

弗朗西斯科·皮萨罗，这个出身卑微的私生子、为人轻视的养猪倌、目不识丁的文盲，本可能度过无声无息的平庸一生，却出人意料地中年发迹，并以摧毁一个古老文明的"业绩"得以名载史册。

印加帝国灭亡之前的南美大陆，西班牙人的势力早已随哥伦布的地理新发现而迅速渗入。1502 年，哥伦布作第四次美洲之行时，曾经来到洪都拉斯至哥斯达黎加的沿海一带。1513 年，西班牙人巴尔波亚在从加勒比海岸穿越巴拿马地峡的航行中，发现了被他称为"大南海"的太平洋。1519 年，位于中美洲，被称为美洲三大文明之一的阿兹特克文明的中心城市特诺奇蒂特兰被西班牙人攻占，西班牙人在这个文明的基础上建立起了墨西哥。阿兹特克的灭亡，预示了印加的前景。同年，西班牙人的殖民基地巴拿马城建成，它位于太平洋岸边的巴拿马地峡，一条纵贯巴拿马地峡的道路同时开通。此后，西班牙就以巴拿马为基地，开始大张旗鼓地向南美大陆扩张。皮萨罗就是在这场冒险中出人头地的。

巴拿马奇里基的彩陶祭器　公元 800～1500 年

　　皮萨罗曾随同太平洋的发现者巴尔沃亚，经历了穿越巴拿马地峡、到达太平洋沿岸的航行，成为第一批亲眼看到"南海"景象的欧洲人中的一员。在此经历中，他已从当地印第安人口中听说了印加帝国的富饶情形。1522 年，另一个西班牙人安达戈亚曾航行到哥伦比亚沿海一带，带回了关于中美洲的丰富传说。墨西哥征服者科尔特斯的成就激发了皮萨罗的雄心，年届半百的他对隐蔽在科迪耶拉山脉之中的黄金之国向往不已。此后，皮萨罗遇到了两个志同道合者，一是与皮萨罗身世相近的另一名冒险军人阿尔马格罗，一是巴拿马副主教卢克。此三人共同筹划南进大计，皮萨罗和阿尔马格罗领兵前行，所需经费主要由卢克提供。

　　1524 年 11 月，在巴拿马总督佩德里亚斯的准许下，皮萨罗一行 100 多人从巴拿马出发。航行了两个多月后，他们到达了如今哥伦比亚的圣胡安。由于选取了最不利于航行季节，首次远征中，饥饿和风雨令皮萨罗失去了 20 多个士兵。最终他们遭遇了好战部落，5 人战死，皮萨罗与另外 17 人受伤，仓皇逃回巴拿马。

两年之后，他们又纠集了 162 名西班牙士兵出发。此行到达印加帝国边缘地带的基多等地，见闻颇丰，但征途的艰难及伤亡的恐惧使沮丧情绪在远征队伍中扩散。在遭遇一支强大的印第安军队之时，皮萨罗留下驻守，阿尔马格罗回去求援。巴拿马新任总督里奥斯对此行结果及人员的损失大为不满，他命令皮萨罗和士兵撤回巴拿马，并放弃继续冒险的计划。皮萨罗抗令不从，他用剑在沙地上划了一条线，让士兵们做出抉择，有 13 人跨过了这条线，表示将继续追随他。他们后来被称为"十三勇士"，这个事件也很出名。

哥伦比亚人物形黄金佩饰

1527 年，皮萨罗的远征队南下驶入瓜亚基尔湾，在印加帝国的边境大城通贝斯登陆。在这里，他们获得不少纺织品和金银饰物，还带走了两个印第安青年，皮萨罗给其中一人取名为费利皮略。这个印第安人很快学会了西班牙语，成了皮萨罗的翻译，后来在西班牙人征服印加帝国的过程中起到了重要作用。此行的收获令皮萨罗一行信心大增，1528 年初，皮萨罗返回西班牙，直接向西班牙国王求援。

两年之后的 7 月，西班牙国王与皮萨罗签订协议，同意他组织较大的远征队，并给了他一纸委任状。皮萨罗身任秘鲁省的总督和总司令等多种官职，几乎可以代表西班牙国王行使一切权力，阿尔马格罗被任命为通贝斯要塞指挥官，卢克则任通贝斯主教。尽管获得了这些有利条件，但在招募同行者时还是遇到了困难。因为当时墨西哥已经被征服，人们乐于前往这个城市而不是前途未定的秘鲁，因而响应皮萨罗的人并不多。1530 年，皮萨罗同他的 4 个异母兄弟以及其他几个人返回巴拿马。次年 1 月，一支由 3 艘船 280 人组成的远征队出发，驶向通贝斯。

到达通贝斯后，皮萨罗得知印加帝国刚刚结束了一场争夺王位的内讧。瓦斯卡尔与阿塔瓦尔帕两兄弟于 1532 年 4 月间在库斯科附近激战，阿塔瓦尔帕最终夺取了王位。为排除异己，他杀害了大批瓦斯卡尔的支持者。印加帝国在内战之后元气大伤，皮萨罗意识到这是一个绝好的战机。

哥伦比亚 11 号墓室出土的黄金饰物

同年 9 月，他率领 102 名步兵、62 名骑兵，翻越安第斯山，于 11 月 15 日进入印加帝国的北部重镇卡哈马卡。当时，阿塔瓦尔帕和一支四万人的印加军队正驻扎在卡哈马卡的近郊。由于王位争夺战的胜利喜悦还未过去，又自恃军队强大，在皮萨罗一行到来之时，阿塔瓦尔帕没有采取任何敌对行动，甚至也不布置军事戒备。当天下午，皮萨罗派人去见阿塔瓦尔帕，提出了会见的请求。阿塔瓦尔帕没有察觉这将是一场鸿门宴，表示同意。

　　而皮萨罗事先做出了周密的计划，打算效仿征服墨西哥的办法：俘虏君王挟制印加帝国。第二天，阿塔瓦尔帕出于诚意，乘坐着豪华的金质肩舆，在5000名解除武装的印加士兵的陪同下，来到卡哈马卡广场。他毫不知情地进入了皮萨罗的埋伏圈。在双方见面之后，神父瓦尔维德走到阿塔瓦尔帕的前面，由费利皮罗当翻译，向他进行说教，劝说他皈依天主教，效忠西班牙国王。听了这番说教，阿塔瓦尔帕回答说："这里的土地和土地上的一切系我的祖父和父亲所有，并传给我的哥哥瓦斯卡尔，现在这一切都归我所有了。"并告诉对方："我只尊重太阳神和我的祖先。"当阿塔瓦尔帕问道，宣讲的话是从哪儿来的，瓦尔维德把《圣经》递给印加王。阿塔瓦尔帕翻了一翻，随手把它丢到地上。气急败坏的神父示意可以行动，此时，皮萨罗高喊"圣迪亚哥"，发出了行动的信号，埋伏在广场周围的西班牙骑兵和步兵一起冲了出来，凶残地杀戮手无寸铁的印加人。印加人攒聚在阿塔瓦尔帕周围，保卫自己的国王。激战中，众多的印加士兵牺牲了生命。由于印加士兵人数众多，皮萨罗见一时无法取胜，就把阿塔瓦尔帕拖下黄金肩舆，生擒活捉。一见印加王被擒，印加士兵立即乱了方寸，很多人放弃抵抗，涌向广场的出口，混乱也造成了惨重的伤亡。而驻守在卡哈马卡郊外的印加军队，在群龙无首的情况下，也迅速瓦解。

　　皮萨罗向阿塔瓦尔帕许诺，只要他将长22英尺（约6.6米）宽17英尺（约5米）的囚室全部装满高达9英尺（约2.7米）的黄金，并且在另外两间较小一些的屋子里，装满白银，就可以将他释放。阿塔瓦尔帕听信了他的话，立即传令各地上缴黄金。保释阿塔瓦尔帕的黄金源源不断地被运来，远远看去仿佛道路上有一条长长的金线。当金银如数交纳完毕之后，皮萨罗却食言了。他利用瓦斯卡尔被杀的消息，给阿塔瓦尔帕加上谋害兄长等罪名，判处火刑。阿塔瓦尔帕斥责皮萨罗背信弃义。出于印加人的信仰，只有保全尸体才能灵魂不死，临刑前阿塔瓦尔帕皈依了天主教。1533年8月29日，阿塔瓦尔帕被处以绞刑。阿塔瓦尔帕死后，遗体被埋葬在圣弗朗西斯科的墓地。据说，西班牙人离开卡哈马卡之后，印第安人将他的遗体秘密移走，按照他的遗愿迁往基多。

　　此后，皮萨罗于1533年11月进入印加首都库斯科。印加首都库斯科被征服后，西班牙人的势力继续扩张。相继征服了厄瓜多尔、智利、哥伦比亚等地。至16世纪中叶，除巴西以外，整个中南美洲的大多数土地都成为西班牙的领地。

装饰华丽的印加皇家木轿

　　这就是印加帝国灭亡的情形，一个拥有几万军队的大国竟然屈服于一支不足两百人的军队！当然在这其中有种种因素。比如，西班牙人对黄金的贪欲带给他们强烈的兴奋和刺激，使得像皮萨罗这样的冒险者，能在遭受多次挫折后仍然保持旺盛的斗志。从欧洲带来的天花和瘟疫，也助征服者一臂之力。印第安人的体质难以抵抗这些险恶的病毒，成批的土著人倒下了，深受疾病困扰的西班牙士兵发现，原来笑到最后的还是自己……以上种种因素，造就了无法改写的痛史，尽管有些难以置信，却是不争的事实——当印加人还躺倒在印加大军以往战无不胜的成绩上时，突然间惊诧地发现，自己于一夜间，居然也沦为了亡国奴。

溃败的内因

　　尽管，原始文明被发达文明征服是历史的必然，然而印加帝国如此迅速地遭遇灭亡，仍显得不可思议。事实上，印加帝国的一触即溃有其深刻的内因。

　　就在被西班牙人征服的前夕，印加帝国内部刚刚经历了一场筋疲力尽、腥风血雨的内战，这场战争皆因阿塔瓦尔帕和瓦斯卡尔两兄弟为争夺王位而起。当西班牙殖民者皮萨罗以其敏锐的嗅觉捕捉到了印加王位之争的讯息，他明白一个不可多得的机会来到了，正如那个古老的寓言所说："鹬蚌相争，渔翁得利"。

王位之争的危机，早在阿塔瓦尔帕和瓦斯卡尔两个人的父亲瓦伊纳·卡帕克的婚姻中埋下了伏笔。瓦伊纳·卡帕克的发妻没有生育，他只得又娶了两名王族血统的姐妹为妻。不久瓦伊纳·卡帕克得到了太子瓦斯卡尔，以及另一位王子曼科·卡帕克。这位国王在婚姻上不同寻常的经历，可能使他获得了一次破除常规的经验。

瓦伊纳·卡帕克征服基多王国之后，娶了美貌的公主为妃。可能出于爱情及对这个盛产黄金的富饶之乡的喜爱，他的晚年几乎完全移居到这片新征服的土地之上。由于朝夕相处，他与幼子阿塔瓦尔帕培养了深厚的感情。这个庶出的王子自幼随同父亲南征北战，与父王同吃同住，赢得了特殊的宠爱。

国王在生命垂危时，宣布把帝国传给阿塔瓦尔帕和瓦斯卡尔两人共管。古老的基多王国传给阿塔瓦尔帕，可将他视为其祖先领地的当然继承人；瓦斯卡尔则掌管以库斯科为中心的印加帝国。他希望两位王子服从安

皮萨罗

排，相亲相爱。无疑，这种违反帝国章程的做法隐含着以后争端的种子。瓦伊纳·卡帕克约于1525年底去世，此时仅距皮萨罗到达普纳岛7年左右的时间。

然而，就在这7年中，帝国发生了重大的变化。在瓦伊纳·卡帕克去世后近5年内，两个国王各居一方，也能和平共处。然而，这种貌似平静的局势，内部却隐藏着一触即发的危机。这一点由印加王位继承制中愈演愈烈的经济矛盾所引起。

印加的继位制度是一种分化继承制。印加王一旦去世，他的物质用品从不作为遗产留给新任国王。新印加王得到的只是王位而已，他必须依靠征服外族，增加土地和税收，来"养活"自己。分化继承制度的弊端不仅无法避免，而且越来越恶化。不劳而食的贵族人数越来越多，帝国需要承担的额外消费也越来越大。新的印加王不得不投入更大的物力和精力忙于处理日益复杂的政务、投入新的征

服战争。

这个矛盾在印加帝国灭亡的前夕最终爆发，瓦伊纳·卡帕克将帝国分别交由瓦斯卡尔和阿塔瓦尔帕执掌。但阿塔瓦尔帕频频发动扩张领土的战争，尽管他并不侵犯王兄的土地，但他的举动引起了库斯克朝廷的惊慌。同时，在帝国治理进行到四五年之际，瓦斯卡尔也产生了开拓新领地的要求。

此时，瓦斯卡尔的帝国在三个方向上已到了无法拓展的地步，其东西方向上从安第斯山脉到沿海地区的土地都已被征服，而向南也已到达南美大陆最南端的奇利王国。此时，只有帝国以北才有新的土地可供征服，但这个方向又为阿塔瓦尔帕的基多王国所阻挡，阿塔瓦尔帕把北面的土地视作自己的未来领地。这是引发兄弟战争的直接导火索。瓦斯卡尔派遣使者会见阿塔瓦尔帕，要求对方答应两个条件，一是阿塔瓦尔帕不得再为其王国新增一寸土地，剩下的所有未征服土地都属印加帝国所有；另一条是阿塔瓦尔帕必须像帝国内其他附属国一样，向他俯首称臣。另一种说法是，战争的直接导火线是图梅班巴的归属问题。阿塔瓦尔帕认为这是他继承父亲遗产的一部分，而瓦斯卡尔认为它属帝国所有而想占有这块土地。无论是哪一事件直接导致了战争，都离不开土地争端和经济原因。逐渐激化的经济矛盾，导致了双方最终兵戎相见。

由于双方的立场不同，印加人的历史传说对这场战争描述不一，矛盾百出。但从中可以得知大致经过如下：阿塔瓦尔帕得到基斯基斯和查尔库奇马两位经验丰富的老将支持，打败了瓦斯卡尔前来征讨的部队。此后他的大军向南进发，直捣首都库斯科。当他到达卡哈马卡后，驻扎下来，派两位将领继续前进。瓦斯卡尔听闻消息，也将各地的兵力征集到首都。两支大军在库斯科近郊的基派潘平原展开最后决战。双方杀得难分难解，从日出一直战到日落，死伤惨重。由于阿塔瓦尔帕的部队骁勇善战，而瓦斯卡尔的士兵则是从邻近地区匆忙征集而来，仓促应战，又无作战经验。这场决定帝国归属的大战，以阿塔瓦尔帕一方获得胜利而告终。

战争发生在1532年春，仅比西班牙人登陆早几个月。当皮萨罗一行来到通贝斯城时，惊愕地发现这里变成一片废墟。从俘虏的酋长那儿，他了解到通贝斯毁于与普纳部落的长期激战。而印加王忙于争夺王位之战，无暇顾及臣民所遭受的重创。这个消息仿佛给皮萨罗带来一线曙光，尽管他的人手与印加大军相比实

瓦斯卡尔和阿达瓦尔帕争夺印加君主之位公元 16 世纪

在微不足道。

　　皮萨罗依靠不足两百的兵力，成功地俘虏并挟制了印加王。然而，殖民战争深化的过程却不是区区几百人的力量所能办到。西班牙人的胜利还得益于不同印第安民族之间的相互隔阂，利用了印加帝国内部的分裂势力。印加帝国是依靠不断的征服才得以建立起来的。而某些生性自由、不服管束的部族，早想摆脱印加的控制。因此，西班牙人的到来，在他们看来不啻是摆脱印加统治的一个天赐良机。皮萨罗得到了卡尼亚尔人等部落的大力支持，他甚至还得到瓦斯卡尔一派的支援，结果他拥有的协从力量足以和与之对抗的部分印加军队进行势均力敌的较量。印加帝国在它内部力量的撕扯下最终彻底瓦解。

　　至于那些被西班牙人利用的地方力量和印第安民族，之所以倒戈于殖民者，这其中也有着深刻的经济原因。

　　在印加帝国内部，社会、经济基层组织"艾柳"是以家族为单位、以血缘为纽带的。一个"艾柳"可能是一个较大的家族，而按相同的组织方法，逐层递升，就形成了部落、民族等更大的单位。每一个部族，都是被印加帝国所征服而归并到一起的一个单位。印加帝国的中央政权建立在这个巨大结构顶端的权力中心，而在社会生活中，实际的经济关系是以原有的部落内部互利互惠原则为基础展开的。在社会基层和地方经济中，"艾柳"始终是劳动组织、土地分配与产品皮萨罗抓住印加国王消费的最基层单位。"艾柳"中的互助原则也是整个社会和经济的基础，支配着生产的全过程。印加帝国的生产方式只不过借用了古老的部落生产方式，并扩大了它的模式和法则。印加帝国设立太阳田、印加田抽取税收的做法，可以被看作部落中百姓向地方神明和部落酋长纳贡的经济模式的延伸而为人们接受。同时，帝国在全国范围内协调资源，在必要时给地方以资助，这一举措又保障了部族单位的经济利益。这些做法，被征服民族一般都乐于接受。

然而，帝国的另一项经济措施，却严重破坏了地方经济和"艾柳"集团的内部利益。这就是移民制度。尽管这种做法并非起自印加王，但帝国却使它的使用程度大大增加。帝国多次采用大规模移民的办法，将大批劳动力迁移到指定区域从事生产，以使帝国的中央机构获得更大的经济利益。在帝国的后期，移民总数达到了前所未有的地步，而世袭的奴隶阶层"亚纳库纳"的人数也逐渐增加，他们的命运更是完全由帝国统治者所摆布。

部族中的部分人员被移民到别处，部族内部的劳动力减少，"艾柳"内部原先通过互帮互助得以维系的自足经济关系遭到破坏，部族的经济利益必然受到损失，这就破坏了帝国与地方之间的互惠原则。这个矛盾长期存在，逐渐深化，并因西班牙人的入侵而最终爆发。因而，在这场侵略战争中，一些印第安部落反而倒戈于欧洲入侵者，成为印加帝国的掘墓人。

总之，维持了百年兴盛的印加，在西班牙人入侵之时，正处于内外交困的境地，四面楚歌，腹背受敌，在这种情形下，帝国的灭亡势为必然。

高贵的长相

在印加帝国中，万人景仰的印加王究竟是什么形象、有着什么样的装束，大概是读者最感兴趣的。据说，来到印加的第一批欧洲人都不约而同地交口称赞印加王和印加贵族个个生得相貌堂堂。与普通土著相比，印加贵族的相貌明显高人一等。在蒙昧时代，人们会据此以为印加贵族天生高贵。然而从科学的角度来解释，这种现象只能归结为在印加的贵族谱系中，存在着较为优良的遗传关系。

然而有趣的是，印加贵族推崇的婚姻是王族内婚，选择的结婚对象多是近亲。而印加王的合法妻子与印加王的关系更为亲密，因为印加王只能和自己的亲姐妹成婚。印加王和许多印加贵族是近亲结婚的产物。按理说，这种情况不可能产生优良的遗传。

改良王族遗传状况的一个原因可能是王族在婚配上的特权。"窈窕淑女，君子好逑"，在印加全国，秀外慧中的优秀女子是贵族婚配的特权。印加贵族可以随意宠幸出身普通的民间美女，当然后者很少会获得相应的合法地位。新的优秀基因由此被引入并改良了印加王族的遗传状况。

此外，印加贵族对于自己的面貌，不仅十分关爱，而且还不遗余力地进行人工改造。他们的出众相貌，可说是三分天赐、七分人为。

锡潘"武士祭司"墓室出土的金耳饰

"双耳过肩"是中国人赞美的福相，但这样的形象至多出现于传说，现实生活中的人们只是借此夸张地表达了他们的欣羡之情。但在印加，这个词语丝毫不是文学想象，而是十足的名实相符。加人将大耳朵视为美丽、高贵的标志。印加贵族的醒目标志，是他们几乎人人有着一副触目惊心的大耳朵。这对耳朵令初次见面的西班牙人惊呼为"阿雷洪人"，意思就是"大耳朵人"。但这副"美丽"的耳朵，可不是得自天然，完全是人工雕饰的结果。

穿耳孔，是每一个印加贵族男子在成年仪式上都要经历的一道考验。他们用金针在耳朵上穿出一个硕大的孔洞，并佩带上代表成年的巨大金耳饰。此后，为使耳朵逐渐变大，金耳饰的重量还要不断加码。日复一日，在金耳饰重力的作用下，他们的耳朵自然就大起来了。通过这种人工的手术，印加人使天生普通的耳垂变得硕大无比，竟然能够容纳橘子般大小的圆环状耳饰。这时的耳垂早已不是耳垂了，变得类似于套索的一层薄皮。据说当时有好事者测量过某位印加人的断耳，这只变了形的耳朵，断裂后变成了宽若手指的长皮条，测量下来长度居然在20厘米之上。当然，印加王的耳朵为全国之最，他的金耳饰尤其沉重，耳朵被它拖拽得几乎垂到肩膀之上。

由数千片金叶子缀成的印加国王服装细节装饰契穆文化

在印加，剪发是文明人的标志。印加人把剃头的发明归功于传说中的第一代印加王。据说，此后印加王就以蓄短发为标志，印加王的头发长度近似一根手指。当时的印加人还不懂得用金属制造刀子、剪刀之类的工具。对他们而言，剪头发实在是一件困难的事情。用一把石制的刀片，一点一点地把头发割去、磨断，既费时又费力，皮肉之痛总是难免。

上述打扮，既是国王的装饰，也在贵族中普遍流行。普通人的打扮近似于此，只是不能佩戴耳饰，耳孔的大小也有限制，要小于国王的一半，不同地区和族属要戴上各地出产的植物，以示区别。对他们的头发剃剪后留下的长度、朝哪个方向梳理也各有规定。

除了不遗余力地进行"脱胎换骨"之外，贵族阶层还使用了大量表现身份地位的装饰品。印加王头上戴着一根形似发辫的装饰物，叫作"廖图"。国王的"廖图"色彩缤纷，又宽又厚，截面几乎成正方形，在头上盘上四五圈，仿佛花团簇拥。"廖图"也在全民中推广，但平民百姓佩带的"廖图"只是黑色的。

国王的衣着是出自太阳贞女之手的精工细作，全部是用最好的比古那羊毛织成，色彩绚丽，上面装点着大量的金制饰品和宝石。国王装束大致包括几个部分：身着一件紧身长衫，长及双膝，叫做"温库"；身上披一块有两条长斜条的方披巾作为斗篷，叫作"亚科利亚"；身背一种方形布袋，布袋缝在一根编织带子上，挎在臂下，带子编得很精致，宽约两指，像背带一样从左肩套到右肋。这种叫做"丘斯帕"的布袋用来盛装只有印加王及其亲属才可以享用的"库卡"。

"库卡"是一种植物，具有麻醉迷幻作用，传入西方后，学名叫做"古柯"，含有古柯碱，服用后能使人精神倍增，甚至不进饭食也能劳作不息。原先只有印加贵族能够享用"库卡"，有些地方酋长有时也能得到国王的赏赐。印加帝国灭亡后，"库卡"流人民间，印第安人普遍咀嚼这种草药。再后来，西班牙殖民者也开始上瘾，这个嗜好传回欧洲。臭名昭著的可卡因与古柯就有着亲缘关系。

印加王装束中最重要的一项是一挂颜色绯红的流苏，它的功用同王冠一样。流苏穗长四指，从一个太阳穴到另一个太阳穴，垂挂在两鬓之间的前额上。流苏的形状与"刘海"相似，扁长形，用当地最好的比古那羊毛织成。王储在通过成年仪式后，也获得了佩戴流苏的权利。与父王不同的是，王储的流苏是黄色的。王室血统的宗亲，即其他王子则头戴黄红两色的小流苏"派查"，垂于右鬓。

印加王还佩戴一种唯他独有的标志：两根"科雷肯克"鸟的羽毛。印加人认为，所有的印

印加国王用来装"库卡"的布袋

加王族后裔皆源自于一对夫妻，即第一代印加王和王后。而"科雷肯克"鸟则是天性高贵的灵性之鸟，普天之下也唯有两只，一雌一雄夫妻相伴。这两只神鸟生活于距库斯科 150 公里处的维尔卡努塔荒原雪山脚下的一片池塘中，居住于人迹罕至的冰雪之间。

印加的传说还对获取"科雷肯克"羽毛的困难程度极尽渲染之能事。他们说，遇见这对神鸟已属不易，更何况还要从它们身上摘取羽毛。而难上加难的是，印加王对佩戴的羽毛还有特殊要求。"科雷肯克"鸟大若鹰隼，羽毛黑白相间，用作印加王帽饰的羽毛必须分别从鸟的两翼摘取，以配成一对"姐妹"。这两根神圣的羽毛一并插在印加王的红色流苏上，显得英姿勃发。一位印加王一生只佩戴一对羽毛，直至新王继位再派人前去捕鸟取毛。如果没有命令就擅自捕捉

大鸟或伤害了它们，将被处以极刑。捕捉大鸟的动作也要十分小心谨慎，取下羽毛后就把鸟放归山林，态度极其虔诚恭敬。

当然，有关"科雷肯克"的传说，仅仅出自于印加人的想象。这种鸟类即使罕有，也不至于仅存两只。印加帝国灭亡后，许多普通人就开始竞相佩戴起这种羽毛。其实，有关"科雷肯克"的传说，只是印加人把等级观念引入服饰文化使用的高招。

皇太子的成长典仪

印加王的长子，命中注定要成为王储，是印加王位的必然继承人。他的人生之展开将是独一无二的，连他的亲兄弟也望尘莫及。他的成长过程被"设计"得精彩纷呈，尤其特别的是，他的人生要经历几次特殊的仪式，以鞭策他的成长、训练他的本领，使其能够具备担当王国统治者的能力。

皇太子在他的两周岁生日之际，要经历一个特殊的仪式。在两周岁生日这天，王族中要举行隆重的仪式，举国同庆。这个仪式主要包括断奶、理发和起名字三道程序。王子剃去两年来毫发未损的胎毛，理了一个印加男子的标准发型，并且获得了正式名字。这是皇太子为全社会接纳的一个典礼，宣告了他的社会人生就此开始。在这个国家中，这项典礼是皇太子独有的特权。因为谁也不可能像他那样生为王储，须由特别仪式来确定、强化他的特殊性质。

再长大一些，皇太子和为数众多的同族兄弟们，进入圣贤"阿毛塔"们管教的学校，学习文化知识，训练军事本领。他和所有同龄的

黄金男人坐像公元 500～1500 年基姆巴亚艺术

王族子弟一起，默默地为人生的另一重要时刻做着准备。当他长成了一个 16 岁的小伙子，这个重要的时刻就到来了，这就是"瓦拉库"。"瓦拉库"是印加王族

的武士考核，更确切地说，是王族青年的成年仪式。这是一个跨入成年的门槛，所有年满16岁的年轻王公都要参加考试。对任何参试者而言，这是一个面向成人世界的跨越。

在"瓦拉库"的整个过程中，皇太子和同龄人一样，毫不特殊。在为期一个月的考试中，他与兄弟们角逐较量，一同食宿，条件待遇绝不优越。根据考试规则，在考期内，太子和其他人一样衣衫褴褛。在公众场合，他也绝不避讳，大大方方地抛头露面。王室认为，王子有过这样的经历，易于体会百姓生活的艰难，能体察下情，与百姓同甘共苦。而当普通百姓在公开场合看到太子的寒酸打扮，也会因他曾经有过贫穷生活的体验而给予信任和爱戴。

体力的锻炼对太子也是有利的，因为新一代帝王必须具备军事作战的能力。据说，在历代国王中，第二代印加王辛奇·罗卡是同代人中的佼佼者。他力大无比，在投掷、搏斗、奔跑、角力等比赛中遥遥领先。勇猛善战、勇冠三军，理当是国王的一项美德，如果能领先于同龄人，更加无愧于国王身份。

有鲜花、鹦鹉和优雅女人装饰图案的陶瓷花瓶

但在这个国度中，太子的特殊身份，时刻都不会被忽视。他固然与众人一起全力以赴拼搏争胜，但等级秩序在一定时候必须被提及。在赛跑中，无论谁夺得第一、荣获队长之称，他所争得的旗帜则必须让给太子。这面领头的旗帜与王位权力一样，是皇太子的特权。在此细节上，国家秩序也再一次得到重申。无论谁领兵带队征服他方，军事首领的所得所获无不归帝国和印加王所有，绝对不能僭越，其宗旨无非是"普天之下，莫非王土，率土之滨，莫非王臣"。

一个月的考试结束，就要举行盛大的"毕业典礼"，这个仪式要经过穿耳、换鞋、戴围腰布三个程序，年轻的勇士们被授予成年的标志。

除此之外，他们还获得了一样非常美好的装饰：鲜花。但这些敬奉的美丽鲜花，有着特殊的意义。就像桂冠在希腊有胜利者的含义，香草美人的意象在中国用来喻指美德与品性一样，印加人也以鲜花寄寓感情。成功通过"瓦拉库"考验的战士们，头戴两种鲜花：一是黄、紫、红三色相间的"坎图特"，一是类似麝香石竹的黄色"奇瓦伊瓦"。好花还须绿叶扶，"万年青"草叶是必备的衬托。鲜花象征着淳厚善良、忠诚正直等各种美德，常青树叶则代表着这些美德将永存不衰。

最后到了整个仪式的高潮部分—太子殿下的"加冕"典礼。

如果咬文嚼字，印加人的典礼并不能称为"加冕"。"加冕"，顾名思义就是加戴冠冕，但印加王储获得的并不是一顶王冠，而是一挂黄色的流苏，悬挂在额头之上、两鬓之间。这个打扮所代表的身份和权利距印加王只有一步之遥。太子佩戴的黄色流苏与印加王的红色流苏，都是普天之下独一无二的。获得了它，王储的身份就得到了正式的政治确认。

随后，王储郑重地从一位长者手中接过一件器具，此物意义非同小可。这是一把"钺"，在印加人的语言中称为"昌皮"。印加的"钺"其实和他们的兵器"戟"非常相似'。用"钺"与"戟"来称呼它们，只是汉语词汇的巧妙对应，在印加必定找不到与中国完全相同的兵器。印加"钺"有着长约1.8米的长柄，其一端安装着双向利刃的一面是锋利的斧头，另一面则是钻凿石块的尖锥。如果在顶端再安装一个枪尖，就变成了一把印加"戟"。

王储为何要手持一把"钺"呢？与"戟"相比，"钺"的兵器功能并不完善，由此也为"钺"的特殊意义增加了佐证。在这里，"钺"的意义可能介于兵器与礼器之间。长者在把它交付到王储手中的同时，还要响亮地说道："奥卡库纳帕克。"这句话的意思是：让那些十恶不赦的不义之徒饱尝它的厉害。王储得到这

印加金制图弥——仪式用刀

很多民族都曾将武器当作礼器，"斧"不约而同地被不同民族视作王权的象征。在远古石器时代，生产工具的改进对人类的生存有很大影响，斧的发明一定在原始民中产生过极大震动。随着历史的演进，对"斧"的敬畏之情，可能促成了它向权力象征的演变，直到最后，"斧"彻底变成了一个文化符号。

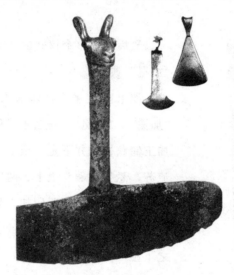

仪式用青铜图弥

"斧"与"钺"在形制上十分相似，"钺"可以被认为是"斧"的一种变形。这样就能理解"钺"在王储加冕仪式上不可替代的意义。礼器由武器变形而来的过程，在此也可见一斑。当文化意义全部取代了实际的使用价值，久经沙场的武器也就蜕变为别具意味的礼器了。

一个仁慈而又威严的未来国王诞生了。王储手持"昌皮"走到印加王的跟前，这是他第一次站到领受子民敬仰的位置。此刻全体臣民向王储跪拜行礼，就在这礼拜之中，王储的政治生命开始了。

从此，王储将出席父王的各个会议，也被委派担任各种职务。他亲自出征他乡，以期在老一辈将领的辅导下，获得军事指挥的直接经验。当他足以领兵带队之时，就独立指挥作战。征战的使命，将一直延续到他继位之后，直到把版图中由他纳入的部分完全收服。

"瓦拉库"考验

在印加王族中，每隔一两年就要举行一项重大的"考试"，这项考试的结果关系着应试者个人的尊严，也联系着其亲人家属的荣辱。这项"考试"是印加男子步入成人社会的必经关卡，时间一到，年轻的奥基（王族血统的男子）就整装待发，准备着为"瓦拉库"而战。

"瓦拉库"是印加王族的成年仪式。在通过"瓦拉库"考验、赢得"瓦拉库"称号之前，印加的男性还是没有地位的男孩子，而一旦获得了这项称号，就标志着他们已经变成了能够肩负使命的成熟男子。举办"瓦拉库"期间，印加举国欢庆，"瓦拉库"也是印加的一个重大节日。

奥基们一旦年满 16 岁，就面临着这项严峻的考验。整个考试由年迈的尊长主持，他们赢得应试者的敬畏，也在必要时候传授经验并提供帮助。小伙子们必须具备足够的耐力、勇气和智慧，经受长达一个月的磨炼和锻造，通过重重考验，最终成为名副其实的武士。

一开始小伙子们被禁闭一室，开始为期 6 天的斋戒。全部食物只是一罐清水和一把生"萨拉"（一种印第安粮食）。这项考试是模拟战场上缺食少粮的情况，考验他们是否能够忍受非常时期的饥渴。如果有人体力不支，或受不住饥饿的折磨要求增加食物，就会很快被淘汰出局。参赛者的父母兄弟往往也会自愿实行斋戒，希望借此祈求太阳神帮助参赛者。

通过斋戒后，紧接而来的是长跑比赛。小伙子们一出斋戒房，稍微吃些东西后，下一个项目就开始了。他们从瓦纳考里小山出发，到达库斯科城的堡垒，路程大约为 8 公里。到达的第 1 名将赢得人

印加人使用的装水陶罐

们的欢呼喝彩，他被指定为所有人的队长。比赛的前 10 名顺利地通过这项考试。如果有人还未从饥饿的虚弱中恢复过来，无法支撑跑完全程的，将被视作家族的耻辱。这时，参赛者的父母和亲属都站立在跑道两旁，鼓励孩子们坚持不懈地跑完全程。

彩绘人物纹马镫壶 莫契卡文化

翌日，真刀真枪的演习开始了。小伙子们分成两组，模拟一场真正的战斗。与实战不同的仅仅在于安全方面的考虑：他们的武器并不锋利，尖刃被特意弄钝，以免发生不幸。比赛双方，一方模拟攻打堡垒，一方则守卫堡垒，双方展开激烈交战。这一特定情境的安排，既锻炼了如何攻取其他部落的地盘，又演练了如何保卫自己的家园，可谓一举两得。为使所有的人都得到全面的锻炼，也为使考试更加公平，第二天攻守双方相互交换场地和角色。有时双方越战越勇，模拟的战况弄假成真，有人被袭受伤，甚至被杀身死。激烈交战中真假莫辨，体现了原始战争的酷烈遗风。

在以后的日子里，他们还要经受多种考验，如进行投掷比赛、参加射箭考

试，还有拳击、摔跤及其他与战争有关的武术格斗，从身体耐力到各种作战技能

军事堡垒公元 1400～1500 年

的较量，无所不包。

　　他们要像哨兵一样站岗放哨，连续 10 夜或 12 夜不睡觉。期间进行突然抽查，如果发现谁支持不住正在打盹，就严加斥责，并且加以体罚。考官用柳条鞭狠狠抽打他们裸露的双臂双腿。鞭打并不是目的，而是又一种考试手段。如果有人挨打时表情稍有变化，露出难以忍受的样子，或者缩手缩脚，就被责骂为胆怯、软弱，不配武士资格。因为要求十分严苛，这些龙子凤孙们大吃苦头。

　　印加人对勇气的要求也到了无以复加的地步。印加的"瓦拉库"考试中有这么一项考验：当鼻尖前舞动着长矛棍棒时，应试者要面不改色心不跳，甚至眼皮也不能眨一眨。具备这样的心理素质才能达到要求，博得考官们的赞赏。

其他的考核内容是：被要求自己动手制作打仗用的武器和行军用鞋。他们要亲手制造弓箭、长矛、投石器，还要制作防身用的盾牌等等。这几项考核，旨在使奥基们掌握独立生存和战斗的各项技艺，以应付战争时期的种种不测。

军事训练外，导师们还不忘进行"思想教育"，应试者们每天要聆听一位长者的谆谆教导。这些德高望重的前辈们，告诫小辈要铭记王族家史，不忘祖先光荣业绩，争取成就一番文治武功的新事业。他们还要求年轻人具有良好的道德、高尚的行为，无愧太阳神子孙之名。

如此这般，一个月之后，圆满完成考核的王族男子们将被授予"武士"标志。

黄金耳塞 契穆文化

印加王前来主持仪式，首先发表一通演说，祝贺他们获得殊荣，激励他们再接再厉，铭记太阳神父亲委派的职责，为百姓造福谋利，为国家建业立功。此后，颁赐嘉奖的仪式开始。首先，由印加王赐予第一个武士标志。他依次给每个人穿耳孔，用粗大的金针在他们耳上扎出一个孔，扎完后金针留在耳朵上。金制品可以医治伤口，防止化脓，加速痊愈。此后，青年们获得了和成年王公一样的标记——大耳孔，用来佩戴表示尊贵身份的金质耳饰。

其次，由地位仅次于国王的一位王公主持穿鞋仪式，给他们换上印加王和王公们平时穿着的精美毛鞋。最后，在腰间系戴上围腰布，这也是成年男子的装束。这三种标志是"瓦拉库"仪式的荣耀凭证。

事实上，"瓦拉库"脱胎于原始的成人仪式。尽管到了印加帝国的后期，"瓦拉库"最重要的标志是穿耳孔，用来佩戴王族标志金耳饰。但"瓦拉库"这个名字中留下了它原来的痕迹。"瓦卡库"一词来源于"围腰布"的名词"瓦拉"，最早恐怕是以颁发围腰布以示成年为目的。"瓦拉库"中还时常出现伤害对手生命的情况，也是原始成人仪式严酷面貌的遗留。

太阳贞女

在天主教中，有一些修女住在远离尘嚣的修道院，一心侍奉上帝。而印加帝国里也有一些少女过着类似的生活，与世隔绝，住在特定的神圣居所——太阳贞女宫里。与修女不同的是，印加的太阳贞女是经过层层选拔产生的，能够成为贞女的是百里挑一的出众女子。

印加首都库斯科有一个区的名称叫做"阿克利亚瓦西"，源自库斯科太阳贞女宫的名称，这个词的意思就是"入选少女的宫院"。印加境内除了库斯科，各个主要省份都建有贞女宫，宫殿都是以库斯科太阳贞女宫为蓝本。太阳贞女们过的是一种奇异的生活，对她们而言最为重要的品质，与其说是虔诚，不如说是神圣，她们必须守卫自己的圣洁性，就像她们必须小心翼翼地保护交由她们照管的"圣火"，绝不能让火种熄灭。

要进入库斯科太阳贞女宫，必须具备高贵的血统、出众的美貌及心灵手巧的素质，因为库斯科的太阳贞女全部是敬献给太阳神做妻子的。按照印加王族保持血统纯洁的一贯做法，有资格作太阳神之妻的女子，必须来自太阳的同一血统。在印加，印加王被视为太阳神的子孙，所以库斯科太阳贞女全都是来自印加王室的公主，并且还必须是印加王和自己姐妹婚配所生的女儿，不能带上丝毫外来血统。在印加人看来，太阳也是要生儿育女的，只有将太阳血统的女子许配太阳神，才能保证太阳的儿女都是神明的血统，而不会生出血统混杂的杂种人。印加王室奉行的这种奇特婚姻制度，后文专节再具体介绍。

选择太阳贞女，最为重要的是要求这些女子必须是处女。一般做法是，挑选工作早在女孩子年方妙龄时就进行，一旦被选中就要离家到贞女宫中学习、生活。库斯科的挑选更为严格，据说8岁以下就须入住宫中，开始全封闭的幽居生活，与外界完全隔绝，直到满头华发、人老珠黄才可出宫，一生中几十年的岁月就这样度过。她们中相当一部分人，可能平生通过贞女宫大门的次数只有一次，一旦走进了这扇门就再没有跨出过。她们对"人世"生活的印象，只有 8 岁之前的点滴记忆而已。库斯科通常有太阳贞女 1500 名，而全国各地的贞女们，合计起来数量就更多。一座座贞女宫年复一年不知禁闭了多少年轻鲜活的生命。

新入宫的年幼贞女们的"学业"由宫中一些成年女子负责，她们被尊称为"玛玛库纳"。这个名称的一般意思是"主妇"，在此即为贞女宫中的"应尽母亲职责的妇女"。"玛玛库纳"是太阳贞女一生的归宿之一，她们有的担任贞女宫的主管；有的成为新入宫者的老师，指教各种敬神仪式、手工技艺；有的负责守卫贞女宫的安全；有的掌管宫内"财政收支"。她们中的一部分老死宫中，多数则在晚年离宫回乡，受到乡人的极度尊敬。

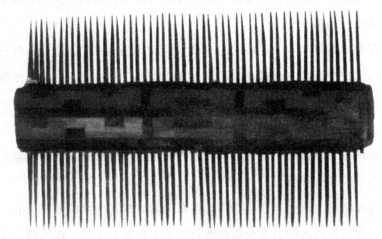

印加女人的梳子

贞女入宫后，就开始了专门的学习，她们所学的主要是纺织技术和如何制作精美的服饰。由于挑选的是特别心灵手巧的女孩子，织造的质量也就格外高，花纹色彩细腻精致。这些织物的用途非同一般。印加人真诚地认为太阳神妻子的身份是一事实，而不像今人那样抽象地理解宗教中的形式把戏。这些衣物被认为是贞女们为丈夫太阳神而做，她们是"实实在在"地担当贤妻的角色。妻子们全心全意地为这位天神丈夫的穿戴打扮着想，做起女工来非但不会虚应故事，而是精益求精。

到了每年的宗教节日，一部分衣物在祭祀太阳神时，被一把火奉献给了太阳

印加君主所穿的短袖束腰外衣

神，就好像太阳神真的穿上了妻子千针万线缝制的华服。祭祀后余下的衣物，送进王官，由印加王和王后享用。既然印加王是太阳神在人间的代表，衣物的转让自然是顺理成章。印加王头上戴的发辫状饰物"寥图"、王权标志红色流苏、长衫"温库"、所披的方形斗篷"亚科利亚"、盛放王族专用草药"库卡"的布袋"丘斯帕"……全部出自圣洁的太阳贞女之手。贞女们还负责为王室宗亲制作"帕查"——系在细绳上的黄红两色的小流苏，这种流苏与印加王所佩的红色流苏一样，用来表明非同寻常的身份——王族血统。

印加王在接受奉献时神色毕恭毕敬，态度虔诚谦虚。和他的臣民一样，印加王对出自太阳神妻子之手、敬奉太阳神的圣物也是诚心敬畏。这些本来可由人来随意"享受"的物，却成了受人顶礼膜拜的非物。不过，据记载，印加王的服装从来都是只穿一次。也就是说，贞女们精工细作，劳心劳力，好不容易完成的衣物，得到"垂幸"的机会只有一次。这也成了贞女宫中许多人命运的真实写照。首都库斯科的太阳贞女是太阳神的妻子，当然与印加王不可有染，但那些地方性贞女宫中的女子则个个是印加王的候选嫔妃。但她们中的一些，可能终身只见过丈夫一面，从此无缘面君。

每逢印加人的重大宗教节日"拉伊米"和"西图阿"，贞女们还要亲手捏制一种称为"桑库"的面食。这种美味的糕饼，要在典礼上奉献给太阳神。节日期间，她们所酿制的"阿卡"酒，专供印加王及其亲属饮用。

在夏至日举行的盛大的"拉伊米"节上，有一个神圣的取火仪式。祭司们采集到"圣火"后，就交给太阳贞女看护。这是太阳贞女的一项神圣职责，在接下来的一年中，她们必须格外小心地呵护这个火种，如果由于疏忽致使火种熄灭，那就闯了大祸。因为这个火种拜太阳所赐，是关系到帝国命运的圣物，它的熄灭是巨大灾难的征兆。

库斯科太阳贞女制作的服饰，严格控制在太阳一族之内，不能为非太阳血统的人所有。国王可用它来奖赏王族内部的成员。至于非王室血统的臣民，无论他们的功劳、业绩多么杰出，都不能越级得到赏赐，哪怕是其中最微薄的一份。

对王室外的功臣来说，他们还有机会得到一种"看上去"非常相似的奖品。奖品的来源是库斯科以外贞女们的劳动，她们缝制的衣饰从外表来看与库斯科太阳贞女的作品一模一样。但是，这里面有"质"的差异，对这些服饰的处置，尺度就放宽许多。印加王拿它转手做个人情，既可以分给王室血统的亲属，也可以赐给并非王亲的其他人，如低级贵族、领主、酋长、军队中的统领等等，这全由印加王的喜好决定。

这项奖励又与别的赏赐有所不同。除去官方性质外，其中还隐藏着私人话语。试想，印加王把自己的嫔妃、妻子们所缝制的衣服馈赠他人，岂不是表示了对某人超乎寻常的友谊或恩宠？所以，有幸得到这项恩赐的人，也视之为莫大的荣幸。这些特殊衣物的实用功能，更多地被象征意义所取代。

在印加征服史中，经常提到印加王把衣物赏赐给刚刚臣服的部落首领。真可谓"礼轻情谊重"，比起贵重的黄金白银，一件单薄的衣衫此时无疑是最为合适的礼物。它无言地表达了一个信息，这对归降的首领来说尤为重要：自此以后，你我之间不再敌对成仇，而是亲如一家了。

通过前面的介绍，贞女生活的全貌大致显露出来。我们得知：印加人对贞女的节操极度重视。她们被藏在深宅大院，与世隔绝。如果有人违犯禁令、发生私情，要受到严酷惩处。对于贞女个人，全社会给予很大尊重，无论在贞女宫中还是乡间，都享受很好的待遇。她们的劳动成果，制作的衣物服饰和其他用品，在为数很少的神圣场合使用。奉献给印加王的部分，在"人间"使用时又受到严格的规定。

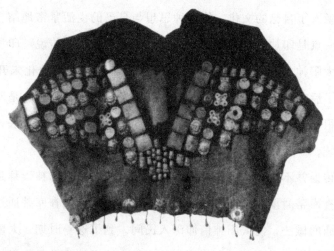

镶有金片的印加上衣

以首都内外为界，城内的太阳贞女为最高等级，她们为神所有，制造的产品只供印加王、王后和王族内部使用。为数最少的产品满足了帝国的最高消费。也只有这样，在产品分配上杜绝了争议。库斯科以外的贞女们，地位就低一些。她们的所有权也从神下降为人，成为印加王的嫔妃。她们制造的产品同样也下降为一般贵族所用。在经济机制中，也同样巧妙地符合了供求相当的规律。对普通人而言，美貌高贵的少女有如帝国中的其他珍奇，永远存在于普通老百姓的生活以外。

至高无上的神

在印加，最为广泛深入的宗教信仰是太阳神信仰，太阳神崇拜是印加的国教。传说中，当第一任国王曼科·卡帕克将印加引入文明时代，印加人就开始信奉太阳神了。印加人认为自己的民族较其他蒙昧民族高尚的一个重要标志，就是信奉崇高而正确的太阳神。

当然，现在人们已知道，对太阳的崇拜是许多原始民族共有的神话思维。太阳每天东升西落循环往复，由它造成了光明和黑暗的不断交替，这些令人无法捉摸的现象是导致太阳崇拜的直接原因。但印加人不仅仅单纯地崇拜太阳，他们还将这种信仰融入了自己的文化，使这种思想与自己的生活紧密地结合在一起。其中最重要的一点是印加人将印加王族视作太阳神的后裔。传说，印加的第一任国王和王后是太阳神的子女，太阳慷慨地将他们遣送到人间教化未开化的印加先民，并开创了后来的印加文明。这对统治者既是兄妹也是夫妻，是所有印加王族后裔的共同祖先。此后，历代印加王都自觉地延续兄妹通婚的做法，以保持纯正的太阳神血统。

当然，传说并不是事实，如果追溯历史，可以得知太阳神崇拜是在印加第九代统治者帕查库蒂时期才真正得到了面向全民的推广。帕查库蒂通过在全国各地建造太阳神庙的做法，使太阳神信仰深入民间。到了这一时期，太阳信仰才由简单的原始崇拜，演变成为政教合一的统治工具。这恐怕才是印加王族如此推崇太阳神崇拜的真正意义。

在太阳神信仰的影响下，印加人还将人间社会的情况比附自然天象，创造出一整套关于神的社会结构。这种社会关系图示在印加的最大庙宇——库斯科太阳神庙中有着完整的体现。印加的太阳神庙与我们熟知的庙宇、教堂等宗教场所不同，因为印加神庙不仅是人的精神寄所，它们也是太阳神在人间生活的宫殿，因而具有另一个名字"太阳宫"。

太阳神庙供奉的主神是太阳神因蒂，但在同一座神庙中还建有多座小型宫殿供奉其他的神。太阳神庙中，月亮是太阳神外的第一个住户。月亮是太阳神的姐妹和妻子，人们称为"玛玛基莉娅"，意思是月亮妈妈，她作为宇宙之母受到尊敬。金星、七颗昴星和其他众多星宿占据另外一室。金星名叫"查斯卡"，意为长着长卷发的（人），这个词语描绘了金星的光芒。金星紧跟太阳，是太阳的侍童。群星则是月亮的仆从，因而它们的住处毗临月亮的宫殿，以便随时听候调遣。闪电、雷鸣和霹雳是太阳的仆人"伊利亚帕"，它们与彩虹一起，获得了居住于太阳左右的资格。印加王族以彩虹作为标志和族徽。人们对被称作"奎五"的彩虹十分崇敬，因为担心彩虹的光芒会照坏牙齿，所以每当彩虹出现，人们就闭紧嘴巴，用手遮挡。

严格地说，上述诸位神明只是服侍太阳神的家眷和仆人，并不受到印加人的崇拜。即便是地位崇高的月亮妈妈，人们也不进行祭祀崇拜，不为她另建神庙。

奥兰达伊坦博太阳神庙下面的门廊

但在印加社会的后期，受到印加人崇拜的神明除了太阳神外，还有另外两位。

其中的一位是"帕查卡马克"神。与太阳神不同的是，帕查卡马克并不代表着一个具体实物或某一自然现象，他更多地带有精神化的性质，他的出现也反映出印加人认知的进步。

帕查卡马克与西方人的上帝有些相近。"帕查卡马克"这个词由"帕查"和"卡马克"组成。"帕查"的意思是宇宙和世界。而"卡马克"则由"卡马"一词演变而来，"卡马"一词有名词和动词两种用法，名词的意思是灵魂，动词的意思是赋予灵魂。"帕查卡马克"一称的意思即赋予世界和宇宙灵魂的神。帕查卡马克创造了整个世界，他赋予宇宙以生命，使万物生生不息。

印第安人对帕查卡马克极其尊敬，通常不敢直呼其名。在需要称呼他的时候，人们要行一个表示恭敬的大礼。整套礼节开始于一个类似鞠躬的动作：把肩膀收缩，低下头，身子弯曲起来。与此同时，眼睛的视线从天上望到地下。在行礼过程中，行礼的人双臂直举过肩，手指伸直，张开手掌，望空而吻。这是一个表示极度崇敬的礼节。印加人在一般的人际交往中行使吻礼，用以表达尊敬崇拜。而当人们面对"帕查卡马克"、太阳神或者印加王的时候，就必须做出上述包括吻礼在内的一整套繁复礼节，以示无比崇敬。

帕查卡马克神信仰比较太阳神信仰是一个进步，这个神似乎已经开始摆脱偶像的桎梏。印加人说他们从未见过帕查卡马克，不向他敬献祭物，也不为他建造神庙，尊他为不曾见面的神。

帕查卡马克神在印加的地位，可能经历了一个逐渐变化的过程。据印第安人说，蒂亚瓦纳科遗址中的神像就是帕查卡马克神。但据历史研究，直到第九代印加王帕查库蒂统治时，才把对帕查卡马克的信仰发扬光大。当时，帕查库蒂为挫败太阳神祭司集团企图限制印加王权力的阴谋，适时地提高了这位神的地位和权威。此后，帕查卡马克逐渐成为贵族间的神明。可能这位印加王觉得太阳神在民间的绝对权威不容动摇，因而并不急于将这位新神推广到民间。因而在印加境内，对帕查卡马克神既不筑神庙也不予祭祀。

印加的第三位神维拉科查，则是个十分人性化的神。如果印加的历史传说有一定的可信度，那么这位神明的著名显灵故事，也是一次王室内部争权夺利的事件。传说，当第8位印加王还是太子时，维拉科查神曾经出现在他的梦中，自称印加王的先祖，并告诫他警惕异族的叛乱。神明果然灵验，不日昌卡人就发动了大规模起义，由于太子早作准备而成功击退了昌卡人的叛乱。此事大大提升了他的威望，不久便取其父而代之，登上了印加王的宝座。为向神明表示感戴，新国王就自称维拉科

蒂亚瓦纳科的雕刻神像

查，并按梦中的记忆为维拉科查神塑造了一座偶像。

这位第8代印加王看来很懂得政治和宗教的关系，而他的儿子帕查库蒂更是子承父业，青出于蓝而胜于蓝。在维拉科查和帕查库蒂两代帝王的统治下，印加帝国走向了它的全面兴盛。

到印加文化的后期，在原有神话的基础上，出现了一个重组后的神话系统，并构造了一个完整的神话故事：创世神维拉科查，在的喀喀湖里创造出了世界和人。之后，他隐身海中，留下了儿子——万物之主帕查卡马克。在这个最晚的神话系统中，维拉科查成了万物的创造者，他不仅创造了世间万物、宇宙大地，也创造了太阳和月亮。维拉科查成为最具权威的大神。

然而有关这位神还有一个可怕的预言。据说第8位印加王曾留下预言：维拉科查神最终会回来终结印加王的统治。当时的人们不会想到，这个预言最后会以一种奇特的方式化作了现实。百年之后，当西班牙人出现时，他们的奇特装束和卷曲的胡子在当地土著中引起了恐慌，因为西班牙人的样子与那尊著名的偶像酷似，印加人宿命地认为他们就是回归的维拉科查神。这些"神"的到来使印加王朝走向了灭亡。

宗教仪式和祭司阶层

在印加人心目中最为神圣的、而在外人看来最为神秘的，莫过于印加的宗教仪式。

印加的祭祀仪式种类繁多，其中最为重要的是每年的4大祭祀活动，分别在春分、秋分、夏至、冬至4个特殊日子举行。这些隆重的祭祀活动，同时也是全国范围的重大节庆在这些宗教节日里，举国同庆。有关这4个宗教节日后面有专文介绍，这里先来了解一下印加祭祀仪式的概貌。

祭祀活动的重要一项是供奉祭品。印加人献给太阳神的供品品种繁多，主要分为两类：动物，各种家畜家禽；植物，谷物菜蔬瓜果等等。在多种祭品中，最珍贵的供品是雄性羊驼羔，稍微次等的是成年的公羊驼，有时也以不生育的母羊驼奉献神明。据说如果献上双生羊羔，最为灵验，因为羊驼体形较大，一般一胎一胎，多胎十分少见。祭品也常用家兔，家兔的饲养在印加较为普遍。祭品还包括动物脂肪、上等贵族享用的"库卡"叶和精致衣物。其他的如四时鲜花和一种特别的香蕉糖也不可或缺。祭祀活动并不烧香，而是将奉献的供品焚烧——尽，焚烧的烟尘升入天宇，他们认为这样供品就为太阳神悉数收到。

当国家发生非常事件，比如新王加冕、王储诞生、某次重大战争需要国王亲自出征，或者取得了至关重要的胜利，在为这些目的举行的祭祀中，需要使用一种特别的祭品——人牲。被选作牺牲的人，通常是一个儿童或一名美丽的少女。由于献祭的意义十分重大，关系到国家命运和印加王的吉凶祸福，因而需要使用特别的牺牲，"人"这种天地间最高级的生灵，就被抬上了祭台。

这种做法看似血腥残酷，但实际上活人祭祀在原始民族中十分普遍，不足为奇。况且与同时代的其他美洲民族相比，印加的情况也实属进步。印加人只在极少数的情况下使用人牲，而这种做法在印加的很多邻居中非常盛行，比如墨西哥的阿兹特克人就以大肆使用人牲而闻名。而且印加人在贡献牺牲后，从不举行分食尸体的人肉宴，而这种"野蛮"的风俗在美洲其他地区也是司空见惯的。

印加文明从整体上来说是较为成熟的农业文明，其时的其他美洲民族则以游牧见长，因而在对待人牲事件上自然看法不同。在印加，使用人牲可能是一种历史遗留。在印加文明的成熟阶段，已经形成了较为稳固的以农产品充当祭品的基本格局，人是作为偶尔使用的最高级别的祭品点缀其上。而在阿兹特

用于仪式献祭的银制羊驼像

克，人是祭祀中必不可少的供品，这种做法自然与该民族尚武善战、不断进行扩张战争有关。这一点，从印加王出征前使用人牲祭祀的习俗中也能得到证明。惊心动魄的活人献祭，不啻是战争中屠生的提前演绎。通过活人祭祀的强刺激，久事农耕的印加人才会被鼓动起嗜杀的决心，作为战士才能更勇猛地投入战斗。

祭祀过程中少不了酒。酒在印加是稀有的东西，除贵族外，普通人一年中只有在宗教节日上才有机会饮用。在宗教节日上，印加人使用一种由玉米酿制的烧酒。酒的使用也有一套程序。美酒最先要奉献给神明，执事的祭司先用手指蘸酒，然后仰望天空，同时把手指上的酒弹向空中，表示献给太阳，其后向空中行吻礼两三次。这是祭祀中的必要礼仪，也是印加人最为恭敬的礼节。完成上述仪式后，人们才可以开始畅饮。

在祭祀活动中，还有一项重要的宗教礼仪。

在印加，普通人不能进入神庙，只有祭司和贵族享有走进神庙的特权。库斯

科的太阳神庙只有印加王和他的家属能够进出，各地神庙也只对当地的贵族开放。当这些高贵的人物进入神庙，其中身份最为重要的一位，就会代表同来的人向神明致意，行一个宗教大礼。这个礼节中最关键的动作是将手伸到脸上做出拔眉毛的姿势。但这并不是一个实在的动作，有时只是虚拟，反正手中无论有无眉毛，都要把它向神庙中供奉的偶像吹去。这个礼节是专为神明所设，凡人无权受此大礼，就连被视作太阳化身的印加王也没资格受用。人们见到神的偶像或被认为是神明显灵的事物都要行此大礼。

在祭祀活动中，祭司自然是重要人物，印加祭司的重要职责就是掌管祭祀典礼。此外，他们还负责观测天象，传达神意，预测吉凶等等。每当天命下达，或者叩询上天，都需要祭司出场，为神明的意志充当代言。

在神圣的祭祀典礼上，祭司负责整个进程，一丝不苟地对待每个步骤，掌管祭祀过程中人、事、物的每个环节。祭司的本领和知识是分专业的，不经过多年的学习绝成不了一名祭司。一个合格的祭司，必须对本民族的宗教斋期和节日烂熟于胸，这些知识大

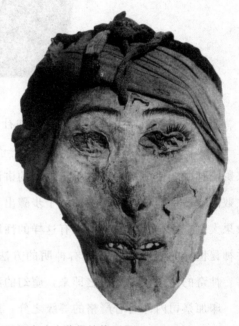

纳斯卡武士获得的战利品
——祭祀用的人头

而言之，包括记忆节日庆典的时间，明白各自所具的意义；小而言之，要对不同祭祀仪式头绪繁多的章程、规则成竹在胸，在细枝末节上也绝不含糊。

祭司、巫师在进行法事时，即当他们要与神灵沟通和交流之际，前面介绍过的拔眉毛吹向神灵的"假动作"必不可少。这个动作起到的作用，好比是向神明亮出自己的"特使"身份，表明自己负有神圣职责而来，且具备与神明世界交往的资格。如此申明后，才能获得神明的信任。印加祭司的这个动作，也表明了他们的行为与基督教的"祈祷"有着本质的不同。

宗教仪式用酒杯

　　基督徒习惯于向上帝祈求，在印加社会，祈祷却并非百试百灵的灵丹妙药，在一些关键场合，祭司们走的完全是另一个门径。他们的做法是通过一定的仪式来影响神明，使得神明能够听从他们的讲话，并做出回答。如果仪式最后证明是失败的，往往归咎于过程中的某个步骤出了毛病，不符合要求，致使仪式的神秘效果大打折扣。上述礼节就带有这样的性质，这其中的奥妙在于，祭司掌握着通往神秘世界的钥匙，懂得左右神明的方法，以正确的巫术仪式促使神明作出应答。神奇的咒语令神灵招之即来，魔幻的法术叩开了神秘的神明世界。

　　印加祭司内部有着严格的等级之分，京城库斯科的最高大祭司等级最高，各地区的大祭司位居其次，等级最低和最为普通的祭司是民间巫医和各村各社的法术师。不同等级的祭司掌管的事物有很大差别。最高大祭司掌管首都库斯科即国家行政中央的祭祀活动，由他承办的祭祀活动直接关系到整个国家的命运。各地的大祭司则掌管地方神庙的事物，操持地方性的祭祀典礼，为当地的领主和酋长服务。而地位最低的普通祭司则在民间进行小型的法术活动，被老百姓请去治疗各种疾病，以满足普通百姓的需求。

　　印加的政治体制是政教合一的。被称作"比利亚克·布穆"的最高大祭司地位仅次于印加王，可说是一人之下万人之上。这个位高权重的职务由印加王直接任命，而且必须由与印加王关系最近的同母兄弟或他的叔伯出任，如果没有上述人选，则退而求其次在其他嫡系血亲中挑选，总之必须保证其具备纯正的太阳血统。

　　"比利亚克·布穆"上任后就开始行使职权，任命下属的祭司职位。当然不同级别的祭司，对其出身也有不同的规定。首都库斯科太阳神庙中的所有祭司，全部由印加王室血统的成员担任，神庙中的其他事务性工作由别的拥有特权的印加人掌管。地方各省的神庙中，主管祭司由当地酋长的亲属出任；但主祭司这个相当于主教的角色，必须由库斯科派一名印加王族成员来承担。各省还有许多居住于贞女宫中的太阳贞女，这些女性成员的安排可以与祭司体制形成对应。

　　印加祭司是印加社会中的一个特权阶层，他们在经济上享有"太阳田"的贡赋，他们的活动也不受地方统治的管辖。各级祭司直接隶属于库斯科最高大祭司，各级祭司职务的任免由祭司系统内部决定。

民间泛灵思想

　　尽管印加文化已经绘制了条理清晰、系统完整的神系图谱，印加王族也不遗余力推广对太阳神的绝对信仰，希望这尊神明成为印加全民的唯一大神。但在印加民间人们始终保持着泛灵思想，认为神和灵无处不在，随时出现在生活的方方面面。

　　印加民间的泛灵思想，以"瓦卡"崇拜为典型代表。"瓦卡"这个词在16世纪的印加通用语言里有多种不同含义，最主要的含义是指代表神的"偶像"。在实际使用中，"瓦卡"通常用来称谓"圣地"，包括与神话传说有关的、历史上发生过重大事件的地方、墓地等等。史学家克里斯托瓦尔·德·莫利纳报道说，库斯科及其附近地区有334个被称为"瓦卡"的神圣地点，在这些"瓦卡"所在之处，用石块堆成粗略地表现人体形状的小丘，或者用石块雕琢成大致人形的"瓦卡"雕像。"瓦卡"也可以用来指称圣物：岩石、树木、洞穴等等在印第安人看来神奇的东西。献给太阳神的祭品，已经与神发生了密切的联系，也被称作"瓦卡"。

　　"瓦卡"也可以表示神圣领域以外的事情。同类物品中好得出众的东西是"瓦卡"，形象凶恶、令人恐惧的东西也是"瓦卡"。比如说，个头很大的蔬果是

"瓦卡"，畸形丑陋的六指是"瓦卡"。如果一个妇女生了双胞胎，人们把母亲与孩子都称为"瓦卡"。

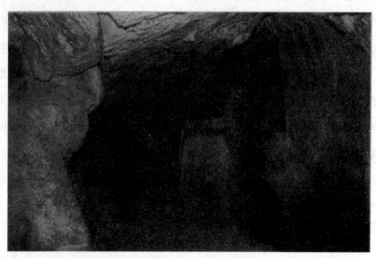

库斯科地区最大的瓦卡之一肯科

　　从"瓦卡"一词意义的转变中，可以体察到印加民间信仰发生的心理轨迹：人们把经验之外、超出常规的事件看作是神明显灵，甚至这些非同寻常的事物本身就是神明。

　　再举个例子来说明上述特点：印加的特产羊驼，是一种类似绵羊的动物，体形较绵羊大，一般是一胎只生一个羊羔，一次生出两只小羊驼十分稀奇，双生的羊羔就被称为"瓦卡"。当举行宗教祭祀奉献祭品的时候，双生的羊羔总是被首先敬献。人们认为双生的羊羔具有神性。一件事物在同类中特别突出，就是神的显示。人们惊呼"瓦卡"的同时，也深信它具有寻常事物不具有的神性。

　　在印加，影响最广泛的"瓦卡"是贯穿全境的安第斯山脉。大山与许多印加人的生活息息相关，是人们衣食住行的"靠山"，是印加人的"命脉"。印加人称安第斯群山为"瓦卡"；山峦中陡然而起的奇峰，也被称为"瓦卡"；山道中岩石壁立陡峭险峻之处，又叫做"瓦卡"……可见人们对山的敬意。当人们爬上山顶，感谢太阳神和帕查卡马克神的帮助，口诵"阿帕切克塔"，用手拔眉毛，然后吹向空中，最后把嘴里咀嚼的珍贵古柯叶吐出来作为供品。如果没有贵重物品，就在身边找一根小木棍或小茅草代替。连这些东西也找不到，就献上一块石头，至少要撒上一把泥土。长此以往，山顶上堆积起巨大的石堆，形成了沿途的

库斯科科里康察（金地）石墙中间镶嵌的梯形壁龛

一道人工风景。

　　在今天的人看来，印加人的生活充满着迷信色彩，他们的一举一动和思考事物的方式都离不开神话思维。比如印加人深信神会通过自己的身体传达预兆，眼皮跳动就是一个重要信号。如果跳动的是上眼皮，无论是左眼还是右眼，都预示着好事来临。再细分，左右上眼皮跳动代表的预兆还是有一些区别。左上眼皮意味着将会看到令人高兴的喜事，右上眼皮跳动则是个大吉兆，预示着将会看到大吉大利、大喜过望之事。但是，如果一个人的下眼皮轻轻一跳，他立即紧张不安起来。因为下眼皮跳动是凶兆，跳动的是哪只眼睛可要深究了。如果跳的是右眼，有些小灾小难将要发生，自己会不得不哭泣。尽管会碰上伤心痛苦的事，但还不太严重。但如果跳动的是左下眼皮，那可就大祸临头，预示着大灾大难将要发生。如果不幸碰上后一种预兆，人们便立刻放声大哭，仿佛已置身于灾祸中。

但万分侥幸的是，他们有另一种迷信可以使自己得到解脱：找来一根尖草叶，用唾液蘸湿后粘在跳动的下眼皮上，这样就破除了眼皮跳动预示的凶兆，消灾解难。

小羊驼

　　印加人也有关于日食和月食的迷信。日食现象在印加人中产生的恐慌非同寻常，因为太阳神是印加人的大神，太阳的突然消失不啻是太阳神直接降罪的旨意。印加人为此进行专门的祭典，向太阳神献上牲畜祭品，有时甚至动用人牲。印加王下令重惩帝国的罪犯，以告慰神灵。此后的很长一段时间，印加王和他的子民都会端正态度，谨慎行事，以防遭到天谴。

　　月食的发生，则被印加人认为是月亮母亲生病的迹象。如果遇到的是月偏食或月半食，印加人依据月面缺损的情况来揣测月亮病情的严重程度。如果发生月全食，月亮完全消失，到处一片黑暗，也就预示着月亮母亲陷于濒死之境。印加人以为，月亮一旦死去就会从天上落下把所有的人砸死，世界也就随之毁灭。为防止灾难的发生，在月食开始之际，人们就吹响大小号角，敲起大鼓小鼓，把能够找到的可以发出响声的东西敲得当当作响，来唤醒月亮。人们还把村里所有的狗集中到一起，用绳子捆绑起来狠狠棒打，打得犬吠不止，一片嘈杂。

供奉月亮女神的神圣所在

印加的神话说，狗曾因对月亮的忠心得到月亮的信任和好感。因而月亮听到狗叫声就会产生怜悯之心，从疾病的昏睡中苏醒过来。此时，年幼的孩子们也一同哭叫，大声呼唤着"玛玛·基利亚"，哀求月亮妈妈不要死，以免危及人间的生命。作为印加人共同母亲的月亮，一旦听到孩子的哭喊，也会眷顾到他们的安危而恢复生机。一时间哀声四起，人们大哭小叫，惊恐万状。月食过去后，人们便额手称庆，相互祝贺，衷心感谢月亮没有坠落到人间，并祝福她身体健康。

其他的一些自然现象也被印加人与神联系起来。如他们把被雷电击中的地方，视作不吉利的倒霉之地。太阳神的仆人闪电和霹雳，将人间的不祥之地做上了标志，以告诫人们避开这些龌龊的地方。印加人看到被雷电击中的房屋、土地或其他什么东西，都表现出厌恶恐惧。如果雷电打中了房子，他们就把房屋用石块和泥土封死，使任何人无法进入这所房子；如果霹雳击中了田野中的某块地方，他们就用石头设立标记，其他人看到了就会自觉避开。

当闪电降落到王宫之上，人们也采取同样的方法处置。据记载，印加王瓦伊纳·卡帕克的宫殿中有一间房屋不幸被雷电击中。人们认为这是国王的不祥之兆，因为他的父亲太阳神已经用闪电来告诫他了。毋庸置疑，这个房间很快就被石头和泥巴填埋。后来，在西班牙人殖民时期，房间被重新翻修。当地土著对此议论纷纷，说来奇怪，不到三年房间再次被闪电击中，这次整个房间燃烧了起来，片刻间就化为灰烬。

盛大的宗教庆典

　　印加人根据日月盈亏的规律，安排了众多的宗教节日，分布在每个月中。一年之中有 4 个节日最为重要，分别在春分、秋分、夏至、冬至四个日子举行。这 4 天是印加的大神——太阳神的活动中最有标志性的四个时刻，从中也反映出印加人对太阳运动规律的认知。

　　这 4 个节日在印加著名国王"改革者"帕查库蒂的统治时期得到确立，它们分别是：（1）玉米播种完毕后，祈求收成的"库斯基耶拉伊米"；（2）夏至日的隆重庆典"拉伊米"；（3）秋分日进行的"西图亚"；（4）王室中封授武士称号的庆典"瓦拉库"。（一说是在春分、夏至、秋分、冬至分别举行的"拉伊米"、"拉

印加人在"山鹰"城堡广场向太阳神敬献玉米酒

伊米·印蒂"、"西图亚"和"阿莫拉伊"。）夏至之时举行的"拉伊米"是全国最大的宗教节日，而秋分时节的"西图亚"，风俗人情也颇有特点。

　　在"拉伊米"到来之前，首先要进行为期三天的斋戒，库斯科全城炊烟不起。节日当天，印加王与全体朝臣、库斯科的全城居民共同参加庆典。各地的酋长也千里迢迢地赶到，或者派遣儿子、兄弟等亲属出席。

　　这个重大宗教节日由太阳之子印加王亲自主持。黎明前夕，全体人员在库斯

科的广场上集合，恭迎太阳升起。整个广场华服灿烂，每个人身着节日盛装，互相攀比炫耀。各地的酋长身着民族服装出场，从他们非同寻常的装束中，可以看出各地不同的图腾崇拜。所有人面向东方，翘首以盼，当太阳的第一缕光芒初现，众人面向太阳齐施大礼。行礼之后，国王首先站起身来，向太阳敬酒，所敬献的美酒倒进一只金制大缸，缸中有管槽通往库斯科太阳神庙，象征已经为太阳饮用。印加王把自己饮用的酒分赐其他王公，每个王室成员都从他的杯中分得一点，倒出的部分立即添满，这样一巡下来，所有人都得到一份。

羊驼

饮酒之后，人们前往太阳神庙，众人到一定界线时必须脱鞋，只有印加王与其家属有资格进入神庙，且走到宫殿时才脱鞋步行。在向神像朝拜行礼之后，开始依次向太阳神奉献礼品。这个程序完成后，人们回到广场上，宰杀牺牲的仪式紧接而至。宰杀的牺牲是最有神性的纯黑公羊驼羔，祭司的助手抓住羊羔四蹄，使它头冲东方，然后开膛破肚。祭司从左肋开膛，把它的内脏完全掏出，然后根据内脏来占卜庆典吉凶。他们观察内脏的各种情况，其中肺叶仍在跳动被视作最为吉利的兆头。如果征兆不吉，就换用公羊驼，如若再次失败，就在母羊驼身上再度进行。如此这番，一般总能取得希望的结果。若始终得不到吉兆，从此刻起人们都为即将来临的灾难忧心忡忡，认为是人世间的过错得罪了太阳神，神明必将降罪于人。

占卜过后，屠宰大批牲畜，供奉集体牺牲。收集所有的动物鲜血和心脏焚烧，奉献给太阳神。供奉牺牲所需的火都由当场取得的神圣火种引来，即必须由太阳神亲自赐予，这是仪式的一个重要步骤。最高祭司的手镯上，有一个类似凹镜的装置，大小如半个橘子，把手镯放在太阳之下，利用聚焦作用，点燃特别准备的棉花。得到的火种用来焚烧所有牺牲，也用来烧烤动物的肉作为食品。从火种中取出部分保留在太阳神庙和贞女宫中。如果不巧，庆典那天太阳没有露面，就改用钻木取火的方法引火，但由于这火不是得自天上，人们认为是太阳神拒绝赐火，因而也是厄运之兆。

被用作牺牲的牲畜，它们的肉当众烧烤，参加庆典的男女老少、贵族百姓都分得一份。分配的另一种食品是太阳贞女亲手制作的面食，克丘亚语称之为"桑库"。接下来大摆宴席，饭后开怀畅饮。在席间，上下级别、远近关系各异的人们互相敬酒，增进和沟通了彼此的感情。歌舞绕席，欢声入云，"拉伊米"庆祝一直延续9天。

莫契卡陶器（神灵和祭祀品）

秋分举行的"西图亚"则别具特色。印加人从每年冬至日开始新的一年，因此"西图亚"就成了一年中最后一个节日。与强调举国欢庆的"拉伊米"不同的是，这个节日更具民间性，对个人来说意义也更大。

在节日之前，所有人必须经过一天的戒食。翌日夜晚，各家各户认真地准备"桑库"，把面在锅里干烤，形成一种半生不熟的面团。面团中的一部分要加入5至10岁少年的鲜血，这鲜血必须从少年的眉心间取得。

天亮之前，人们洗澡净身，然后就捧过了"人血馒头"。人们用它擦洗头部、脸面、胸部和脊背，用力搓擦手臂、腿部。由于面团上带有少年郎的鲜血，它就具备了神奇的效用，可以驱灾避祸。人们用面团仔细搓洗身体的各个部位，一丝不苟地进行整个过程，生怕遗漏了什么地方，使得疾病和祸害得以藏身。印加人的思维简单朴实，因而在这项工作中，恐怕没有比面团更好的工具，可以令人如此放心。富有黏性的面团，从身体上滚过，与皮肤紧密接触，可以把任何平时难以去除的肮脏从身体上带下，还有肉眼看不见的、深藏在身体上的疾病和其他灾难。

从以上的仪式也可以看出，印加人把疾病、灾难这些无形的东西、抽象的概念，当作有形的实体来看待。驱灾除祸，就像实实在在地去掉脏东西一样，通过洗澡、用面团擦洗全身就可达到目的。

被称为印加之冠的萨克萨瓦曼神庙的山顶岩石

日出之时，"西图亚"的高潮来到了。一位印加王公身着太阳使者的华丽服装，手持长矛，从库斯科的萨克萨瓦曼堡出发，从山坡上跑到主广场的中央。另外4位王公早已等候在此，也以长矛装备。太阳使者用自己的长矛触碰了他们的武器，同时也把驱除邪恶的使命交给了他们。4位王公在通向4个方向的王室大道上奔跑，跑完1公里多的路程来到城外，把长矛传递给另外4个人。此后，以同样的接力方式，一直将长矛传递到离城30多公里之处。最后把长矛插到地上，仿佛是给灾难划定了界线，令它不得返回。

在传递长矛的接力长跑过程中，全城居民来到城门口，一边欢呼一边拍打全身，用手搓洗脸面身体，把身体上的病灾抖落下来，好让太阳使者驱除出城。

驱灾除恶的仪式在晚间继续进行，人们高举着稻草做成的火把，沿着全城各条街道跑出城外。血与火的洗礼，将白天黑夜的所有灾难涤荡干净。燃烧过的火把被投入小河，人们希望火把连同灾害一去不返。此后，如果有人在河里看到一枚火把，就会马上逃之夭夭，生怕沾染了好不容易赶走的灾难。

当然，在实际统治中，宗教节日、仪式庆典对国家政治功不可没。由印加王主持、王室成员作为太阳神使者的办法，也强化了王族的宗教特权。"拉伊米"的节日气氛有如中国的"乡饮酒"，年复一年、周而复始的太阳庆典，使君、臣、民的关系适时地得到协调与巩固。"拉伊米"上国泰民安，"西图亚"中除害消灾，得天时、地利、人和，印加人相信又一个好年景由此到来。

灭亡的宿命论

当美洲大陆两个最强大的帝国：阿兹特克和印加，在遇到为数很少的第一批欧洲入侵者时，均不可思议地迅速溃败。有人把美洲土著的失败归功于入侵者的武器先进和技术进步。其实，尽管西班牙人拥有火绳枪之类的近代武器，但在这方面，他们与印第安人相比，优势并不明显。

长途跋涉对行装有比较苛刻的要求，一支百余人的队伍也不可能携带威力强大的火炮。当时，西班牙人拥有的火器并不多，射速也较慢，对于有数万士兵的印第安大军来说，造成的杀伤非常有限。然而就是凭这样的装备，西班牙人还是轻而易举地获取了胜利。可以说，印第安人并不是被对手击败，而是由于自己的土崩瓦解，向对方拱手奉上了胜利果实。使印第安人自乱阵脚的，是他们的宗教神秘主义思维。在西班牙人到来之前，在印加和阿兹特克，乃至当时的整个美洲，都不约而同流传着相似的神话传说。这些传说预言了印第安人的世界即将灭亡，将被神奇的外来民族所吞并。

　　在印加人中流传着一个传说，人们称它是伟大君王维拉科查的预言。这位帝王从梦境得到了预兆，加之帝国的祭司和智慧贤者不断观察到彗星和其他事物显露的凶兆，最后郑重地预言：在印加帝国的繁荣统治持续一段时间之后，会有一些前所未见的人来到印加的国土，他们会废止太阳神信仰和偶像崇拜，并且夺取这个古老帝国。这位维拉科查印加王曾因感知神的启示而成功击退过昌卡人的叛乱，并在神的指示下沿用了神的名字"维拉科查"。这些神奇经历使印加人对他的预言更加迷信。

神人同形雕像公元前 500～公元 500 年拉多利塔艺术

为纪念在梦中显灵的维拉科查神，这位印加王命人在距离库斯科以南90公里的卡查村建造一座神庙，供奉维拉科查的偶像。根据他的描述，人们发现这位神灵的形象确实与普通的印第安人大不相同。印第安人脸上无须，衣着仅及膝盖。而维拉科查神则胡须满面，身上的长袍垂及脚面。奇怪的是，在没有任何参照的情况之下，这尊雕像被塑造得十分接近西班牙人的模样。后来，当西班牙人来到这里，亲眼见到了维拉科查的神像后，也把他认作一位西方人。不过西班牙人把他误认为使徒圣巴多罗买，因为神像手牵异兽，与圣巴多罗买捆绑魔鬼的形象十分符合。西班牙人看到神庙和神像后还猜测道，是不是使徒圣巴多罗买于他们之前已经来到秘鲁向异教徒传经布道。

在瓦伊纳·卡帕克当政之时，"大南海"（即太平洋）的第一位发现者巴尔沃亚的船只来到印加帝国沿海一带活动。当这个消息汇报到宫中时，瓦伊纳·卡帕

装饰有手捂腹部的兹格扎戈神像的项链坠公元

500～1500 **年基姆巴亚艺术**

克忧心忡忡，他为那个印加灭亡于外族的神谕所困扰。预言还明确指出：到第十二代印加王时，印加帝国将走向灭亡。按印加的帝王谱系，瓦伊纳·卡帕克是第十一代印加王，印加寿数将尽的阴云笼罩了整个帝国。

此外，在印加帝国的最后几年中，还发生了一系列异乎寻常的奇异事件，加重了人们的疑虑。比如多次爆发极其强烈的地震，闪电和霹雳击中了印加王的一座宫殿，海潮涨落出现异常，彗星不止一次地光顾天际。一次，正当人们在举行神圣的太阳庆典时，天空中忽然飞来了一只受伤的雄鹰。雄鹰遭到一群隼的攻击，跌落到正在举行祭祀的广场上。虽然受到了精心护理，伤势过重的鹰还是死了。印加人将鹰视作圣物，这个事件自然被看作极大的凶兆。占卜师们对此的解释是，帝国将要衰亡，国家和崇拜的偶像将被毁灭。另一次重大的凶兆是：在一个夜晚，月亮周围出现了三道圆环，由内而外相继呈血红色、墨绿色和一

克特萨尔科阿特尔雕像（局部）公元 1300～1521 年

层烟雾。按祭司的解释，血红色意味着印加王的后代将发生内讧和战争，必将血流成河；墨绿色显示了战争残杀将导致亡国的黑暗前景；最后，云烟预示着帝国现有的繁荣将化为乌有。

瓦伊纳·卡帕克在忐忑不安中度过了余生，最后在弥留之际，留下遗言："多年以前我们就从太阳神父亲的启示中获悉，他的子孙经历十二代国王之后，将有一些我们从未见过的新人来到这方，他们将占领我们所有的王国和其他许多地方，并入他们的帝国。""我命令你们服从他们，为他们效劳。"

在美洲各地，到处流传着仁慈之神即将回归的传说。人们认为，有一位善良的神灵被逼无奈离开了他的子民，但他临走时宣告，有朝一日他会回来重新接管

原来属于他的土地。在墨西哥阿兹特克人和玛雅人中，这位神名叫克特萨尔科阿特尔，他离开时向东而去。而在安第斯地区的传说中，维拉科查神离去时消失在西方的大海中。传说，克特萨尔科阿特尔会在阿兹特克历法 52 周期中的塞－阿卡特尔年返回。1519 年西班牙人出现在阿兹特克，这一年正是塞－阿卡特尔年，而他们也的确来自东方。在印加，西班牙人也正如预言所示那样，从西方进入帝国。因此，在西班牙人刚刚踏上美洲之际，很多印第安人真心诚意地将他们视作回归的诸神。阿兹特克人的统治者亲自将西班牙人迎上王座。而瓦伊纳·卡帕克的遗嘱，也将被印加后人奉行不违。

克特萨尔科阿特尔雕像（羽蛇神）

公元 600～900 年

　　印第安人将西班牙人看作神的另一个原因，则是他们认知的局限。许多印第安人前所未见的东西，都被当成了神圣的奇迹。因为印加没有马，西班牙人骑在战马上的样子，就被印第安人看作神话中半人半马、神人合体的怪物。当皮萨罗一行刚刚到达印加帝国的边境基多时，好战的基多人立即摆出了战斗的姿态。如果这时将西班牙人一举歼灭，以后的历史可能将会改写。可惜的是，一件突发的小事引起了印第安人的恐慌，使印加人失去了绝好的战机。当时，西班牙人中的一位因为过于惊慌而从马上摔了下来，印第安人看到后大吃一惊，以为是连成一体的生物突然分裂成两半，于是便按兵不动选择观望。

火药枪，则被当地人看作威力无比的霹雳、闪电和雷鸣"伊利亚帕"。西班牙人的面貌也不似人类，面留长须，衣服遮住全身，身下骑着怪兽，脚上所穿的鞋子在阳光下闪闪发光，有如银脚。他们能够阅读书籍和信件，则被看成是通过一片片白布毫无困难地相互交谈。单纯的印第安人真的相信出现在面前的这些陌生人就是神明。西班牙人到来的初期，印加人就把他们称为维拉科查。

阿兹特克的君主蒙特苏马，得知西班牙人到来的消息后，喟叹大势已去。他主动约见西班牙人，向他们献上花环与黄金，并亲自把对方的首领请上王座，表示欢迎西班牙人回到墨西哥城的家里。而印加人也像对待印加王一样对待西班牙人。他们用肩舆抬着6个最初到来的西班牙人，行程1000多公里，将他们从卡哈马卡送到首都库斯科和其他的地方，让他们观看印加的财宝。

和阿兹特克人一样，印加人的失败在于他们为神话思维混淆了视听，这使得他们在面对西班牙人时，处于心理的劣势。在西班牙人到来前，整个印加社会早已笼罩在深重的悲剧气氛中，他们的军队最终被印加灭亡的宿命论击败。

随着时间的推移，印加人终于认清了西班牙人的真实面目，然而此刻为时已晚。皮萨罗的军队已经长驱直入到达了首都库斯科，逼近了印加帝国的心脏。在皮萨罗的军队向库斯科推进时，还幸运地抓获了卡尔库奇马派往基斯基斯的使者。使者携带的使命是给基斯基斯带去有关侵略者的重要消息，那就是——西班牙人和印第安人一样，他们只是凡人。

国土观与世界观

印加人将自己的国家称为"塔万廷苏尤"，意思是"连接在一起的四个部分"，或者是"组成世界的四个部分"。这个称呼，不仅体现了印加人的地理观念，也反映出他们的世界观。

"库斯科"这个名称，在印加通用语言克丘亚语中，意思是"世界的中心"，如果将这个词以最具体直接的方式翻译过来，意思就是"大地的肚脐"。印加王族的后裔德拉维加推测说，印加帝国地形狭长，形状颇似人体，而库斯科城正好居于中间，和肚脐的位置非常接近，因而这个城市就被命名为"肚脐"。这种说法并不能准确反映出印加人在上述问题上的观念。因为德拉维加受过良好的西方式教育，他的理解方式已经与他的祖先有了差异。

根据德拉维加的记载，在印加的面积还不太大时，印加人就把领地分成了四个部分，这四个区域分别是东面的安蒂省、西面的孔蒂省、南面的科利亚省和北面的钦查省。随着征服地越来越多，新吞并得到的区域不断归并入原来的省份，这四个省份的面积也变得越来越大。

梯形门 公元 1400～1500 年 因卡艺术

印加国土中所有位于东面的区域都被归为安蒂省，称作安蒂苏尤。同理，西面的部分称作孔蒂苏尤，南面部分称为科利亚苏尤，北面部分称为钦查苏尤。到帝国面积最大时，东面的安蒂苏尤中横贯着整座安第斯山脉。从这条山脉的名称上就可以看到它与安蒂省有着密切的关系；西面的孔蒂苏尤相当于现今的整个秘鲁南部；南面的科利亚苏尤包括今天的智利、玻利维亚、阿根廷北部的狭长地带；北面的钦查苏尤，则包括了哥伦比亚南部，厄瓜多尔全境和秘鲁的北部地区。

另一个印加后裔、杰出的秘鲁作家瓜曼·波马·德·阿亚拉，在他的《新编年史》中绘制了一张印加时代的地图。由于作者十分推崇印加时代的信念，这张图的真实性就很可保证。参考一下这张地图，对了解印加人的世界观大有帮助。

可以看到，首都库斯科位于地图的正中，它的周围延伸出四个地区。两条对角线标明了印加帝国四个地区的界线。这张地图还提供了更多的信息：整个国家一分为二，分成阿南苏尤和乌林苏尤两个部分，"阿南"和"乌林"这两个词语的意思就是"上"和"下"，即上部和下部。每个半部，又被分成两个部分。在上半部中，分为钦查和安蒂苏尤，下半部则包括科利亚和孔蒂苏尤。在分成的四个部分中，依照北、南，东、西四个方向呈Ⅰ、Ⅱ、Ⅲ、Ⅳ的等级序列。

不容否认，这个图式是建立在以库斯科为大地中心的基点之上。这张地图显然不符合最基本的地理常识，但印加人在这里并不遵照事实行事。

这张地图反映出了印加人心物一体的世界观和宇宙观。瓜曼·波马·德·阿亚拉在写给西班牙国王长达千页的"信"中，指出欧洲人入侵西印度群岛后，"世界的弊病"在于"既没有神也没有国王，世界颠倒了"。大地四方划分所体现的神灵凡尘、君臣上下不容颠覆的等级秩序，是天人合一的文化信仰。主观臆测库斯科为太阳神指定的不可置疑的宇宙中心，则是泰然自若的文化信念。很多像瓜曼·波马·德·阿亚拉这样的印加后裔仍然希望能够沿用这套印加时代的理念，甚至希望用这种秩序观念来解释他们已知的整个世界。

值得注意的另一点是，印加人的国土观念是开放式的。四个地区的实际状况与它们的命名大有出入，有些地方早已越出四个省份的边界。当时，智利王国在科利亚省以南3000多公里，但仍被划分在这个地区。而基多王国也远离钦查省，处于再往北2000公里的地方，它同样属于钦查地区。这种向四方延伸的势力头远远没有结束，实际上地图的疆域并没有边界。与其说是全国分为安蒂、科利亚、孔蒂、钦查四个省份和区域，不如说只是借省份为名指定了四个可以无限延伸的方向。印加地图是对整个世界的定义，同时可以假定，印加人也把整个世界当作他们的土地。世界包括：从宇宙中心库斯科向四个方向进发，已经教化了和归顺了的土地，以及将来终归会被开化的土地。

宇宙四方、上下等级的秩序，使整个城市，乃至整个国家的统治井然有序。原始方位信仰的遗留，给出了国土规划的理想图景和合理格局，为国家的治理提供了实际的便利。

对这个问题，黄仁宇在《中国大历史》中曾有精辟的论断。黄仁宇认为中国大九州的划分，是一个充满智慧的政治蓝图。"九州"的规划实际上是一种间架性的设计，在人口统计和土地测量技术尚未完备之时，它能在一个区域广大的国家内，造成一种人为的政治区分。这种理想的方式使中央政权和上层领导人只凭一种抽象观念即可将全部人众组织起来。印加人的国家观念就这样给现实治理带来了意想不到的助益。

战无不胜的军队

印加帝国崛起的历史，是一部不断征服吞并其他部族的历史。"印加"民族早先只是安第斯山脉的一支印第安小部落，13世纪之时，部落联盟建立起来，印加帝国粗具雏形。1438年，第9位印加王帕查库蒂上任之时，一举击退昌卡部落的入侵。这一军事胜利，也扫除了印加人扩张推进的障碍。此后经过百年征战，印加人逐一征服安第斯中部地区的各个部落，建立起统一的帝国。

印加人在诸多征服战中屡屡得胜，几乎可以用"战无不胜"一词来形容他们的战绩。这其中最明显的原因，同时也是最重要的一点是，印加帝国拥有一支强大的军队。与印加交战失败的部落，在军事力量、社会军事化程度上，是无法与印加帝国同日而语的。

与政治，经济方面的情况一样，印加帝国在军事上也显示出一种集体主义的优势，其在秩序和组织上体现出来的成熟，颇令人惊异。这种成熟是当时其他美

象征军衔的织物图案

洲民族无法企及的。

印加军队编制如下：各级军衔按等级排列，从高到低依次为统帅、将军、统领、副统领、队长、分队长、小队长。印加帝国在军队中实行的等级管理，与它在社会管理上的方式相一致，其实也就是把社会管理中使用的"金字塔"式权力结构套用到军队中。

队长级别的低级军官中，有的管理10名普通士兵，有的掌管50名。队长们在和平时期承担的工作与"十户长"也差不太多，如管理手下士兵、照看土地田产、护卫王室宫院，以及掌管士兵衣食等等。队长以上的军官，即统领级别的军官，所率领的士兵达五百或一千名。将军则掌管三四千或者五千名士卒。最高级别的军官"统帅"，印加人称为"阿通·阿普"，意思就是"大统领"，统率一支军队，人数可达万名以上。

由这种等级制度来管理的印加军队，具备一种类似近代的组织管理形式。整支大军的最高指挥权由个别富有作战经验的王室成员掌握，印加王也多次出任统帅。军队中，由最高级别的军官——统帅和将军制订军纪军法、筹划作战方案。统领和副统领，尽管没有对全军的指挥权，但他们的职位也十分重要。因而，这些官职都由贵族担任，并以子继父业的方式代代相传。为嘉奖贵族的出生入死，同时也为了激励他们尽忠尽职，帝国赋予他们在和平时期免除赋税的特权。统领以下的官员，即队长级别的低级长官，则由普通百姓担任。队长与普通士兵相比仍享有一定的特权，其职务是终身制的，一经选定，不得剥夺。此外，他们与所有的士兵一样，享有在战争期间免除赋税的权利。印加军队中的高级军官由印加王亲自任命，低级军官则由统领和将军选拔。

印加士兵并非专职军人，根据"米塔"徭役制度，符合年龄要求的男子必须轮流参军，服役期满后就解甲归田。兵源来自全国各省，但从强悍好战部族中征兵的人数比例要高于其他地区。为确保士兵的战斗力，即使在和平时期各地也勤于训练，每月组织 2 至 3 次。因而，平时虽以农耕为主，印加男子作战起来技能也并不生疏。兵役制度能够保证充足的兵源，在帝国繁盛时期，印加大军的人数甚至多达 20 万人之众。

彩绘人物纹马镫壶（战争场面）莫契卡陶器

在印加大军中，各级军官的责任等同印加"权力金字塔"权力结构中的各级长官，严格做到对下级人员的监督和保护。如此严密的等级制度，必然能使庞大的队伍环环相扣，宛若一体。由和平时代延续而来的纪律习惯，也能保障所有兵士在战场上令行禁止、行动划一。

战士形象黄金酒杯契穆文化

除以上述办法构建的稳定秩序外，印加军队也预设了另外一种机制来激励整个军队的活力——军队是一个有出人头地机会的地方。一名出色的军人，完全可以凭借自己的能力平步青云，从位列下曹的军士起步，晋升为参与全军指挥的高级将领。

印加军队军纪严明，其美名远播四方。以士兵"开小差"事件为例，一旦有士兵开溜，他的监护人、上级军官——分队长、队长、统领会立即告发他。在印加，临阵脱逃罪不可赦，这是抛弃战友、欺骗上级、背叛印加王的行为，必以死刑严惩不贷。在严肃军纪制止掠夺上，印加军队也自有一套办法。西班牙人佩德罗·德谢萨·德雷昂这样描述印加军法："如果士兵在某个地区侮辱人或盗窃，立刻会受到严厉惩罚。印加君主在这方面执法极其严明，即使对自己的亲生儿子也严惩不贷，绝不姑息""因此，在随他到各处巡幸的人中，如果有谁胆敢闯入印第安人的禾田或家里，尽管没有造成多大损害，他也下令将其处死"。在此严

印加帝国历来以替天行道、教化蛮荒之名进行对外扩张，纪律严明的队伍自

哥伦比亚地区的战士形黄金垂饰（局部）

然也会使征服行为显得高尚。此外，以严明的纲纪组织起来的军队，能够有效地发挥集体作战的优势。在个人战斗力上，农民出身的印加战士与那些以猎杀为生的游牧民较量，显然处于劣势，但印加军队在战术上棋高一招。印加人惯以长期包围，断绝对方粮食饮水的方法，消磨对手的斗志，达到"不战而屈人之兵"的结果。这正是扬长避短的明智做法。

在这种战术的运用中，要求印加军士克制忍耐，采取静观其变的态度，等待对手主动投降。此外，印加军队素以温和平静著称，不任意侵犯对方的人身、财产，实际上这也是符合自身利益的经济办法。印加人认为"普天之下，莫非王土"，烧杀抢掠会给日后"接管"带来不便，也会白白造成浪费。

奥兰达伊坦博山坡上的建筑物"坦博"

印加帝国能够"完胜"，还有另一个重要原因——印加的军备意识，在当时的美洲可称最为先进。

印加全境遍布着一种被称为"坦博"的建筑物。"坦博"是由军用仓库、驻军房舍组成的一组庞大建筑。在印加王室大道上，每隔大约 15 公里的间距就有一座"坦博"。可能是出于战争的实际需要，"坦博"在山区中的密度还要高于平原地区。各处的"坦博"大约以军队行进一日路程为间隔排布。

"坦博"中的仓库专用于储备军需物资，其中的储备物由邻近村庄提供。人们把本村中、原先储备在王室粮仓中的各种收获物，按一定的数量比例运送而来。军用仓库中军需粮草、武器、衣服、鞋子等一应俱全，能满足军中不同等级人员的各种要求。如：其中有普通士兵使用的矛、戟、锤、斧，也有供贵族军官使用的铜银合金或黄金制作的各式武器。

"坦博"中备有充足的口粮、武器、衣服及其他一切必需物品。其中的宽阔宫室和房舍，足以容纳印加王本人、他的家眷及一支庞大的军队。一支 2 万或 3 万人的大军，如果在战争中需要更新武器或者更换军服，无须兴师动众，因为不出一个"坦博"就可以完全办到。

没有经济支持的国防是虚弱的，有如此丰裕的军事储备，才能支持一支无坚不摧的印加大军。但印加人绝不会想到的是，西班牙人入侵后，在其穷乏困顿之时，也正是利用了印加军备仓库中的储藏，迅速恢复了力量打败了印加大军。

征服扩张的经济动因

印加人始终相信，印加王肩负的使命就是传播太阳神信仰。开化蛮荒之地。因而必须不断征战征战，不断推进这项替天行道的正义大业。印加人标榜他们发起的战争是圣战，然而圣战的背后，有着不为人知的深刻原因。

印加，这个以扩张为生的民族，对征服战争有着巨大的渴求。考察印加战争的深层原因，研究者提出了一个颇具说服力的观点——经济是导致战争的真正原因。战争的根源在于印加帝国采用的王位继承制度，这种特殊的继承制中隐含着不可调解的经济矛盾。

众所周知，印加盛产黄金白银，印加王的富有，在当时的美洲各民族中闻名遐迩。印加首都库斯科的王宫，几乎全由金银铺盖，印加王的生活极其奢侈。但是如果我们得知，每位印加王的富有生活，都是"白手起家"自己建造的，这一切就更令人惊异。

每位新王继位，他所得到的只是印加王的头衔，而没有继承任何物质实利。因为老王过世后，他的一切将原封不动地保留下来。他的宫殿不再留给下任继续利用，实际上等于弃置不用，他的众多宫院中只有一所向外开放，其余的则永远关闭。他的财物除去葬礼所费，其余都按原样保留。故去印加王的原先住所并非无人居住，而是由长子以外的其他儿子继承，由他们负责维持先王（木乃伊）的"生活"。因为印加人持灵魂不死的观念，确信到了一定时候，先王的灵魂将会回归他的肉体，他的躯体那时就会复苏。出于这种观念，人们对待已故印加王的木乃伊如同对待活人，把他的用具原样保留，并定期送他的遗体出席国宴。总之，一切都与生前一致，人们等待着印加王在某一天突然醒来继续他的人间生活。

瓦哈卡人的黄金胸饰公元 900～1521 年

先王的遗产，他的长子是唯一无权分享的人，因此，这位新国王必须为自己的帝王生活准备一切。并且，由于历代先王的"生活"都在正常运转，他们的后代在继续消费。繁衍的自然法则又使这批人的数量逐日增加。面对这种情况，新任印加王支付庞大生活开支的办法只有一个：寻找新的资源——在一个农业社会里就是寻找新的耕地。既有的经济与消费的平衡不容打破，取得新资源的办法只有通过战争来占领新的、更广阔的土地。

印加王每征服一地，帝国每增加一个新的省份之后，土地开垦和耕地划分就是随后要进行的一项重要施政措施。在印加人的指导下，新征服地区的当地土著开始建造梯田，拓展可耕地的面积。各个村落分别进行缜密细致的丈量，所得数据统一合计，得出全省耕地面积的总和。其后，根据测量的总面积，把所有的土地按照帝国通行的一定比例，分为太阳田，印加田、公社田三部分。这样，帝国新的赋税来源就在新疆域形成了。

印加王增加财税收入的办法，还可以是在征服地区实行移民。如果当地人口

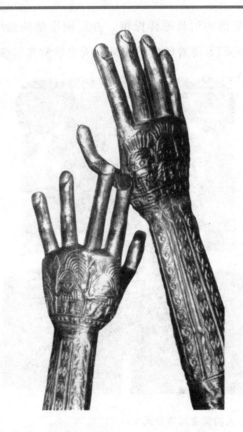

戴在一具印加贵族木乃伊手上的黄金手套

繁衍过多，人力资源相对耕地资源过剩，就把一半左右的人口迁往帝国其他省份；这些移民与原来地区、部族间以收获物彼此互助，资助地方经济，如科利亚地区就是如此；不过相反的情况更为常见。印加王在征服中发现有些地区地广人稀、土地肥沃，可以充分利用，就从别处迁徙人口，前来开发土地资源，增加帝国的岁入。

帝国后期，为满足越来越庞大的国库需求，统治者开始采用一种新的经济方法，这种办法显然能够及时缓解都城入不敷出的财政危机。科恰班巴谷地的例子尤为突出。

科恰班巴谷地是印加全境最为富饶的玉米产地之一，也是面积最大的一片宜农地。帝国政府先将原来居住在这片土地上的居民全部迁走，然后采取了一项重大措施使生产率得到极大提高。这项改革在瓦伊纳·卡帕克统治时期开始进行。这些被腾出的耕地先被划分成扇形，再将扇形分割成许多细长条的地块。这项工作在整个科恰班巴谷地进行，这里的每个山头每片梯田都被细致划分。

划分出的每条地块，指定给专门的耕种者耕种，这些人不是搬来定居的移民，而是从各地调来轮流服役的"米塔尤克"。这种办法显然最为经济，帝国只需在每片扇形田地中提供几行玉米支付服役者的口粮，其余的收获全部上缴国库。收获时，大批的粮食被送往帕利亚行政中心进行中转，最后被运往首都库斯科。

黄金手套细节装饰 公元 12～13 世纪 契穆文化

然而，这种对统治者而言更易获利的做法，却也引发了更为深层的矛盾。被抽调服役的劳动者被迫远离住地，不能为自己的部族经济单位服务，如此一来，便造成了中央政权与地方利益的冲突。而这一冲突，也只能通过开辟新领土获得新耕地来缓解。

总之，印加统治者面临的是一个越来越复杂的帝国。继承制中的先天缺憾迫使当权者急迫地寻求新的经济来源，这就促成了历代印加王开疆拓土的功绩。然而，这也造成了一个无法克服的恶性循环，因为新的征战势必进一步加重帝国的经济负担，这笔开销又不得不通过更多的攫取才能得到补偿。于是，太阳神的子孙们就不得不始终高唱"开化四夷"的神话高调，马不停蹄地从事征服新疆域的"圣战"。

高明的征服手段

印加帝国惯以武力征服的方式扩大版图。经历了一个世纪的征战后，帝国的疆域迅速扩展，到 16 世纪初，已拥有 200 多万平方公里的国土。此时，印加的国土比英国、法国、德国、意大利、西班牙等国面积的总和还要大。

印加人在战争上有一套特别的办法，确保他们屡战屡胜。首先，他们有从全国范围内调动兵力的高效体制，很短时间内就可以集合起一支庞大的军队。在帝国的全盛时期，印加军队的人数可达 20 万人之众。其次，印加军队行动迅猛，善于打先发制人的"闪电战"，令对手措手不及。其三，印加军队还擅长请君入瓮的战术，派出大军将对手团团围住，围而不攻，引而不发，把对方的庄稼粮食抢夺过来，使对手陷于饥饿，最后缴械投降。在双方对峙时，印加军队还给对方的妇孺小孩施以饭食，以此来瓦解对方的意志，兵不血刃就获取胜利。

为巩固统治，帝国在必要时坚决施以强硬手段。比如，在征服了勇猛好战、未脱野性的部族后，帝国就下令让这些部落

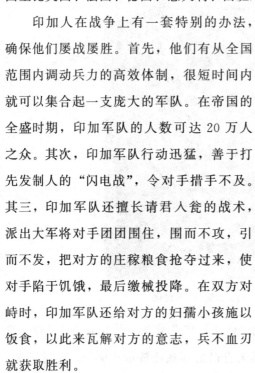

人形装饰匕首 公元 12～13 世纪契穆文化

集体迁移，成为移民"米特马克"。好战部落被安排与驯顺的民族为邻。印加王还特派一些驯化成功的代表、那些被赐姓印加的恭顺部族成员以身示范，来管教

桀骜不驯的新来者。

如果有犯上作乱分子，印加王就格杀毋论，绝不姑息手软。印加社会中一大批"雅纳库纳"的存在，就是帝国强权的证明。"雅纳库纳"是一个特殊的人群，这些人没有人身自由，是附属于主人的奴隶。印加人传说，"雅纳库纳"是某个被征服民族的后裔。这个民族曾发动起义反抗印加王的统治，起义最终被剿灭，数千名起义者被拘送雅纳库城集体处死。当时，善良的印加王后怜惜这几千人的生命，出面为他们说情，使他们免于死刑，改服劳役。此后，这个民族就以雅纳库城得名，被称为"雅纳库纳"。他们虽然免于一死，但终身陷于奴隶地位，无

莫契卡雕像：一只秃鹰正在啄食被绑在树桩上的囚犯
的眼珠

论男女都要承担沉重劳动。而且，和奴隶一样，雅纳库纳卑微的地位将由血统流传下去，后世出生的子孙也将成为雅纳库纳，世世代代背负着奴隶的命运。到印

加后期，雅纳库纳的人数已经很多。据调查，在印加灭亡 235 年之后，即 1570 年的时候，在秘鲁还有 47000 名雅纳库纳。

此外，印加人在制服外族的过程中，还运用了一个重要的手段。这个手段在原始民中十分有效，那就是控制他们的信仰。印加王在征服了一个民族后，所做的第一件大事就是向这些异教徒们传播太阳神信仰的纯正教义。同时，他们还着手进行一项重要的看似十分怪诞的措施。

印加政府一面大力宣扬他们的太阳神教义，另一方面却也着手安置异族的本地神明。印加王对各征服地原先的神明并没有采取废黜或毁灭的政策，相反，这些地方神明还会受到一项特殊的礼遇。

防御区 公元 1400～1500 年 因卡艺术

这些少数民族在归顺印加中央政府后，当地历来供奉的神像就被请往首都库斯科安家落户。护送人员由征服地出发，将神像不远万里运抵首都库斯科，并把它安置于一个大型的神庙之中，这个神庙就是集中供奉各地神灵的万神殿。无论被征服地与库斯科相距多远，这项任务都必须被严格执行，决不允许因遭遇困难而中途放弃。据说帝国在征服了最边远的地区，即位于帝国南北两端的奇利和基多时，负责运送神像的队伍从当地出发，花费了好几个月的时间才把巨大的神像送抵库斯科。运输队跋山涉水历经千辛万苦，走完了数千里的行程，才把这块巨大无比的石头拖到了目的地。

虽然看似滑稽，但是这项举措在印第安人社会中却是意义深远的。

在印加人的意识中，把地方神像请到库斯科的做法，无异于使这些神来到了印加王的身边，受到中央政府的严格控制。地方神明被搬到首都的意义，对印加政权而言，好比就是地方政权的某种抵押品。这样一来，即使那些被收服了的小民族有背叛印加的企图，还要考虑一下本族神明的安危。因为一旦行兵起义，他们的神灵就会受到印加人的折磨。顾虑于此，这些民族就不会轻举妄动了。

这种想法，在现代人的眼里显得荒诞不经。但在当时的社会，对那些以神话思维来认识世界的人来说，却是实实在在、性命攸关的。

原始思维的特征是物质与精神合一，人们认为"物"中有"物"的"灵"，并认为"物"与"灵"从来是一体的，并不作割裂的认识。因而，印第安人的头脑自然地把神明与偶像视作一体。印加政府之所以千里迢迢，花费极大的人力物力把地方神的偶像搬到京城，也是出于这样的考虑。

此外，印加政府还采用了挟制对方"人质"的做法，为控制外族加上了双保险。

在征服战争结束后，印加政府对地方政权表现出很大的宽容。中央政权并不插手具体管理事务，当地原有的权力关系得以保留。原来的"印第安酋长"仍然是该地区的统辖者，酋长的继承方式也依旧不变。即使中央政府要对地方政权进行调整，在废黜一个现任酋长后，也会安排他的合法继承人来承袭职位。但是，与此同时这些酋长领主们还必须遵循另一条法则。

在归顺印加后，一地的"印第安酋长"和他的家人立即被邀往首都库斯科。他们在首都学习印加通用语言，熟悉华丽繁复的宫廷礼仪，享受舒适的贵族生活，同时也要对帝国的各项政策法规进行熟悉了解。经过一番教化，酋长与家人将重新回到自己的领地继续以往的统治。然而，在这批同行者中将有一人不能踏上归程。

酋长的长子不能随同家人离京返乡。他将继续留在首都宫廷中与印加王及其他酋长继承人共同生活。印加政府规定，各地的领主继承人在继承领地前，都要在宫廷中进行培养，给予他们良好的教育。这些贵宾被印加王称为"米特马克"。

这个名称的意思就是移民或外来者，民间也以此称呼普通身份的移民。

军事堡垒 公元 1400～1500 年 因卡艺术

这其中隐藏着印加王的权术智慧：印加中央政府代替其父母来接管番国王储的教育，其中的意义不言而明。尤其是那些年纪尚幼的继承人，一旦进入帝国宫廷生活，学习印加的语言、风俗、礼仪，那么他们所养成的价值标准、思维习惯自然易与帝国一致。今后他们继承了父辈的职位后，就能和中央政府同心同德，维持帝国的统治。

当然，安排各地继承人进驻京城，还有一个更为明显的益处。那就是：把番国酋长的嗣子作为人质扣押在帝国首都，用以防止这些酋长另生异心。即使地方领主产生叛乱的念头，虑及嗣子的安危，自然也不敢轻举妄动。毕竟嗣子的继承人身份被当时的观念神化了，一般不能以他人取代。

印加帝国这个通过征服其他部族形成的庞大国家，国土纵贯整个南美洲，各地差别异常巨大。按理说，在这样的条件下中央政权要对各地进行有效管理，应是难乎其难，特别是一些部落遗风不改，好勇斗狠，难以驾驭。然而，在印加帝国鼎盛时期，反叛的危机消弭于无形，政局持续稳定，这足以称得上是一个奇迹。造成这个奇迹的原因固然是多方面的，但印加统治者以圆熟的政治手腕，扣押"人质"要挟各地，不能说不是一个重要原因。这些酋长继承人，即未来的地方领袖，从小长在印加王左右，被印加文化同化，也为帝国的长远安定打了保票。

"神质"与"人质"双管齐下，果然卓有成效，印加社会长期以来维持着国泰民安。西班牙人到来前，这里一派繁荣与稳定，令欧洲人赞叹印加帝国是黄金般的理想社会。

宏伟的巨石建筑

印加境内的建筑多以巨大的岩石砌造，在这些巨石建筑中，最具代表性也最为壮观的是那些特别宏伟的军事堡垒。

印加是一个军事强国，碉堡和瞭望塔之类鹉的建筑遍布全境。其中比较著名的，有离库斯科不远的拥有5重围墙的奥利扬台坦沃古堡，及沿海地区的砖砌堡垒帕拉蒙戈堡等等。在所有这些宏伟的军事建筑中，最为杰出的一座，当属库斯科的萨克萨瓦曼古堡，它被认为是美洲印第安人最伟大的军事工程之一。据传，印加首都库斯科早先被规划为一座巨兽之城。印加历史上的伟大帝王帕查库蒂与其继承人图帕克，将国都库斯科的街道设计建造成巨兽形状，而巨兽的头部就是著名的要塞萨克萨瓦曼堡。

萨克萨瓦曼堡建筑在库斯科城北的一座同名的小山之上，是俯瞰库斯科城的巨大防御体系。堡垒的响亮名字，意思是"帝国猎鹰"。它所据的山坡地形十分有利，面向城市的一面相当陡峭，可以保障堡垒的后方安全。因而在这个方向上，只建造了一道长度约400米的护墙。山坡的另一面是一片宽阔平地，堡垒从这一面迎击敌人。堡垒在这一面从下到上修建了三道护墙，沿着山坡逐层升高。每一层墙高18米，长达540米以上。这三道围墙呈半月形，与面向库斯科城一侧的墙合围。

和帝国的宫殿神庙一样，城堡的建筑材料都是山岩石块。但出于军事需要，在建造堡垒时所用的石料更为巨大。尤其是最外围的第一道围墙最为雄伟壮观，

卡斯马河谷中的昌基洛堡垒 查文艺术

所用的都是最庞大的石头，甚至可能不经割切，使用完整的独块岩石。有些砌造城堡围墙的石块，长、宽、高分别达到 8 米、4.2 米和 3.6 米，体积约 121 立方米之巨，重达 200 吨。如此巨型的岩石建筑令人叹为观止。不仅如此，印加人建造这些庞然大物遇到的困难非同寻常，因为他们一不懂得使用铁器，二未发明带轮子的交通工具，三是不会制造吊车、滑轮或其他高效的机械工具。他们完全以人力切割山岩，也全凭人力用粗大的缆绳将巨大的岩石拖运到目的地。石料的最近来源是穆伊纳，距离库斯科约 30 公里，更多的石料则是从 50 公里、70 公里或 80 公里以外运来，运送途中还要跋山涉水。此外，印加人也没有尺或其他的计量工具，无法事先测定石块与石块间的吻合程度，这给建筑工程带来更大的难度。有人推测印加人可能是凭肉眼观察并通过试错法来调整角度，为此不得不把一块巨石抬到另一块的上面，并多次抬起放下以进行调整。如此一来，可以说"建筑难，难于上青天了"。

但印加人却以他们的聪明才智巧妙地化解了上述难题。他们在接合石块时，不是用红土泥浆往石缝间一填了事。他们的巧智，同我们今天配钥匙的方法很相似。他们在砌合两块巨石时，先把它们叠压在一起，中间用杠棒垫隔，此时两块石料并未真正接触。然后，印加工匠用一根竖直的小木棒，在上下两个表面间前后左右来回移动。一旦木棒受阻不能移动，就是遇到了不吻合的部分，这时就用工具凿去其中一块岩石的突起部分。如此不断地修整，即使两块石料的接触面不能做到绝对平整，但至少你凸我凹地可以彼此吻合。一旦抽去杠棒，两块石料就可以结合得天衣无缝了。

实际上，这种工艺达到的效果有时比两块光滑的石面相互粘合起来还要好。两个平面叠压后可能会发生滑动，而这种工艺简直就是省力地预制了无数个榫铆结构。于是，无数硕大无朋的岩石互相交错拼合排列堆砌，组建成浑然一体的巨大建筑。从表面看，石块的大小和排列似乎并不规则，但其内部却是严丝合缝牢牢咬合。

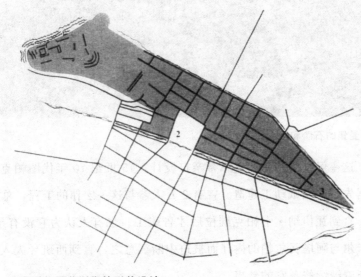

库斯科依照美洲狮的形状设计

萨克萨瓦曼堡三道围墙的中央部位，设有形似吊桥的大门，可以放下巨石堵死门洞。三层围墙两两之间有了到 8 米宽的间距，每层内用土石填平达到护墙高度。每道围墙上建有超过 80 厘米高的胸墙，遮掩士兵利于防守。

三道围墙后的狭长场地上建造着三座塔楼，这三座塔楼依据地形构成了一个三角形。中央的主塔楼筑成圆形，其基层呈辐射状，主塔楼内有个温泉，通过地下管道将水从远方引来。这个建筑物是印加王的行宫，供其登山后休憩。其他两个塔楼均呈正方形，是驻军的地方。古堡地下用石头砌成网状地道，曲折迂回形似迷宫。掌管萨克萨瓦曼堡的统领，必须是由印加王后所生的嫡系王公，印加王的亲叔伯或亲兄弟。进驻这座堡垒的士兵也要出身高贵，必须都是印加族人，其他部族的人不许进入这个意义重大的军事用地。

萨克萨瓦曼堡的石阶和巨大的挡土墙

　　传说，这座堡垒最早由帕查库蒂亲自设计，15世纪70年代图帕克·尤潘基在位时依据先王的图纸动工建造。曾有2万人参与这一宏伟的工程，总共花了50年的时间，直到瓦伊纳·卡帕克继位后才告竣工。也有人认为它没有最终建完，因为瓦斯卡尔与阿塔瓦尔帕的内讧而被迫中断。总之，直到西班牙人入侵时，这个帝国还怀着继续修葺它的梦想。

　　令人遗憾的是，这座庞大的军事建筑物从未起过它应有的作用。西班牙人似乎轻而易举地越过了这道屏障，直接抵达了由它守护的城市后方。这给萨克萨瓦曼堡带来了无法抹去的永久的无奈。

　　在印加的多个城堡中，还有一座建筑不可不提，那就是神秘的"马丘比丘"。

　　库斯科以北的乌鲁班巴河是世界上海拔最高的可航行湖泊，这里也是安第斯山脉中最难通行的地区。马丘比丘矗立于海拔6264米的维尔卡班巴山巅，俯瞰着乌鲁班巴河谷。这座城堡的原来名字早已不为人知，现在的名称是考古学家根据当地的一座小山命名的。

　　1911年6月，耶鲁大学的海勒姆·宾海姆教授终于证实了古老的传说，发现了隐蔽在植物中的马丘比丘。此后，耶鲁大学进行了发掘工程。

安第山中的马丘比丘

这座城堡居于悬崖峭壁之上，外部以石墙环绕，内部小径交错，类似迷宫。从城堡正门开始，一条阶梯沿山脊盘旋而上，贯穿全城，似乎是整座堡垒的主要街道。城中土地稀少不平，设计建造者惜土如金，采用了巧妙的办法将人工建筑和自然环境融为一体。

有的地方，人工雕琢的石料与巨大的岩石拼接，使建筑物和地形自然地衔接在一起。成片的房屋由狭窄的阶梯勾连，最窄的巷道只允许一个人侧身通过。沟渠将1公里外的山泉引进城堡，把断续的泉水连接起来，形成一条间有小瀑布和水池的小溪。城里有公共取水池和蓄水池，以水管将水输送到建筑物附近。马丘比丘全城的建筑全部是岩石结构。从整个城市来看，先是沿着山坡以台阶式的方法筑造平地，然后在地面上建造大批建筑物。全城建筑物的布局经过精心设计。这里虽遭受多次山洪地震，至今仍保持完整的面貌。

马丘比丘分为两个部分，南部是开垦出的农业区，北部则结合山地建造了市镇区域。市区的部分又由树林、城区和广场三部分组成。整个城市被一片由开阔地和广场连成的中轴地区分为两半，形成的高地和低地两个区域分别被称为"阿南"和"乌林"地区。

马丘比丘公主庭院前的台阶

城里的建筑物包括由库斯科进入马丘比丘的大门、掩蔽着重要墓地和安放圣石洞穴的"曲墙"、印加贵族和家人居住的"印加之屋"和庙宇集中的神殿区等重要建筑群。神殿区中12座殿字巍然矗立。"主神殿"坐北朝南，面向"神圣广场"。"神圣广场"的一面是"三窗殿"。传说印加人的祖先从其中的"富饶之窗"出发去建立帝国。在山口最远处，一个洼地上开辟出一块举行庆典仪式的宽阔场地。有一座特别的太阳天文台建造在一整块的花岗岩之上。

从马丘比丘的墓地中发掘出173具尸骨，其中女性人数为150人，而男性只有23人。可以设想，这个城市女性居多，至少最后遗留在城市中的居民大多为女性。考古学家据此推测马丘比丘是一个宗教场所，居住在此地的是担任太阳贞女的王室少女纽斯塔。

关于马丘比丘的猜想历来众说纷纭。该城的发现者宾海姆认为，它确实是印加文明的摇篮，印加人最早由此出发建立帝国。当西班牙人到来之后，许多身份高贵的纽斯塔们逃至此处，希望通过宗教的力量拯救帝国，乞求天神消灭西班牙人。而1572年，最后一位反抗西班牙人统治的印加人领袖图帕克·阿马鲁去世

从瓦纳考里山顶俯瞰马丘比丘

之后，这个城市也逐渐被人们遗忘，荒弃在山岭之中。另一种说法认为，马丘比丘的建筑样式具有印加王朝最后时期建筑物的典型特点，它的建造时期不会早于在西班牙人到来前的 100 年。也有人认为它是第 8 代印加王维拉科查建造的堡垒，用于军事目的，因为它的地理位置对于作战十分理想。还有人说它只是众多的国王行宫中的一座，这里视野开阔，便于登高望远。

然而人们最乐意接受的说法，是把这个城市看作印加帝国的最后乐园。人们传说，最后一位印加王——瓦斯卡尔和阿塔瓦尔帕的兄弟曼科·卡帕克，退守到无人知晓的马丘比丘城堡之中，为收复印加帝国殚精竭虑。位于群山之巅的马丘比丘，与太阳距离最近，印加王族在这里继续受到太阳神父亲的庇护，帝国昔日的辉煌与恢复帝国的梦想在这里延续下去。

神庙和宫殿

历史学家普雷斯科特曾经说过："用机械工艺来衡量一个民族文明的最准确的标准是他们的建筑技术。"时间侵蚀了过去时代的诸多事物，建筑物却往往因质地坚固，而在最大限度上保留了当年的原貌。印加时代的辉煌在那些至今巍然屹立的巨大建筑物中留下了不可磨灭的印记。大量神庙、王宫和贞女宫遗迹，体现出印加文明所崇尚的美学理念和精美绝伦的工艺造诣。

印加宫殿在建筑技艺上独树一帜，这种建筑方法似乎已经在演进中达到了技术顶峰。几个世纪后，印加时代的建筑方法在一些地方。尤其是库斯科城中被继续使用。这种经久不衰的建筑方法就是"叠石法"。

印加皇帝帕查库蒂在坦博马查伊泉的别墅

由于对印加建筑法的景仰，现代人的某些描述不自觉中有些夸大其词，比如我们常常看到这样的描述：印加建筑用巨大无比的石块砌造，石块间不使用任何粘合剂就能紧密衔接，并且，直到现在，这些石缝中还插不进一个薄薄的刀片。

但是考古学家已经发现，印加人有时也会借助"粘合剂"的帮助。印加人制造的"粘合剂"是土产泥浆"良卡克·阿尔帕"，形似红色的乳汁，用在石头中不留痕迹，造成了不用黏合物的假象。考古研究认为这种粘合剂可能包含着黏土、沥青等多种成分。为了增加王宫、神庙的神圣庄严气派，在建造这类建筑物时，印加工匠则在石块间浇洒熔化的铅、银或金来代替黏合物接合石缝。

印加的建筑工艺中可能还潜藏着另一件秘密武器。历来，人们对巨石建筑的建造过程存有疑虑。在不懂得使用铁器、其他技术条件也十分落后的情况下，印加人如何开采和砍削巨大无朋、坚硬无比的石料，使其符合自己的需要？这其中的谜团似乎比如何用人力运送它们还要显得难以理解。据说，印加人曾经掌握了一种软化岩石的办法，这种办法今天已经失传。根据西班牙埃菲社发自利马的报

帕查库蒂下令建造的皮萨克宫苑

道，1983 年 2 月 23 日秘鲁全国文化协会的专家们，在对库斯科附近的一个采石坑的考察中，发现了一种植物的许多枝叶残迹。而这种植物，也被当地的一种啄木鸟用来在岩石上筑巢垒窝。据考察，这种神奇的植物具有软化石头表面、降低岩石硬度的功能。印加人可能在它的帮助下，利用青铜合金以及各种石质工具，对硬度极大的中长石、玄武岩和闪绿石进行加工，把它们砍凿成各种适用的形状，或雕刻成各种浮雕。

印加"叠石"建筑法中还有另一个关键之处，即巧妙利用几何原理。如何使巨大石墙，以及用巨大石板建造的大门保持屹立不倒，确实是一个难题。但印加工匠们以一种简单的办法取得了巨大的成功，这种办法使印加时代的建筑至今坚实矗立。他们的办法类似于搭积木，在建造墙和门框时，从下往上逐渐缩小，宽阔的墙基能够承受无数石块的重压，而门楣比门槛要狭窄许多，类似的办法也曾被埃及人使用。这个微妙的细节几乎令人难以置信地却又十分确凿地保障了建筑物的牢固。

时间证明，这种古老的印加建筑方法可能是当地环境中最为理想的建筑方式。那些年代较近的西班牙建筑，有许多已经在多次地震中化为瓦砾，而印加时代的建筑物至今还在原地屹立。如果不是西班牙征服者出于对黄金的贪欲，对许多印加宫殿施行了巨大的人为破坏，我们这些今人可能仍然能有幸置身于 5 个世纪前的金碧辉煌中。

印加家庭建筑泥塑模型

　　有趣的是，无论印加官庙外观如何壮美，墙壁如何坚厚，这些建筑物却缺少一样重要的必备部分——屋顶。在哥伦布到达前的美洲，没有一个民族发明过拱形圆顶。因而，印加的华丽官庙只能拥有极其"寒酸"的屋顶：用茅草覆盖而成，一般堆造成人字形、尖锥形，有些类似于我们所熟悉的茅屋样式。甚至，有的庙宇从来就没有搭建过屋顶。有些建筑物遗存下来的墙顶很光滑，没有覆盖过茅草的痕迹。

　　印加王宫庙宇的建造方式，是当地建筑方法的集大成。印加地域内沿海与高原的自然条件有很大差别，两地的建筑也有明显不同。沿海地区的房屋多用生砖作建筑材料搭建而成，砖的表面还涂泥加固；山区地带的人们则充分利用当地的丰富岩石资源来建造房屋，以未经削凿的乱石块和以黏土垒砌房屋。各地的房合都以禾草束或苇草束盖成屋顶。在干旱少雨的沿海地区，屋顶被造成平坦形状；而在有较长雨季的高原地带，屋顶则建成人字形尖锥，坡面很陡。普通人的住房一般是单间的，几座房屋围绕一个公共的院落排列。可见，印加宫殿的建筑特色，在当地的普通建筑物中已有初步体现。由于首都库斯科位于高原地区，这里宫殿必然是在高原地区建筑物的基础上完善而来。

盛放石灰粉的人物形黄金长颈瓶公元

500～1500 年基姆巴亚艺术

印加王的宫殿遍布整个帝国的各个省份，每一座都占地很广。建筑物内部的房间有些十分宽敞，但大多数的房间则很小，彼此间并不相通。房间墙上没有安装窗户或用来通光的孔洞，与室外相通的只有门，一般借门洞采光。各个房间的房门一般都朝向一个位于建筑群中央的公共广场或院子。建筑物的外表虽然显得朴实无华，但它们的内部却装潢得华丽无比。

每一座太阳神庙和王宫的墙壁都以金箔镶贴装饰。王宫中，印加王的宝座"蒂亚纳"是一块大约30厘米高的完整金块，中间被塑成凹状便于入坐。金王座底部的基座是块巨大的正方形金板。宫殿内部的环境装饰着各类金银饰物，使用的各种器具也均以金银打造。譬如印加王洗澡使用的是黄金澡盆，洗澡用水是通过银制的地下管道输送而来。

全国神庙中最负盛名的，是人称"科里坎查"即"黄金胜地"的库斯科太阳神庙。神庙在市中心占据了一大片土地，周长约400步，由一道厚实的围墙护卫着内部院落，神庙包括一幢主建筑物、几座神殿和一些次要的建筑物。神庙中有一面半圆形的墙壁十分著名，这座弧形墙壁完全是由多块凿光的方形凹面石板拼砌而成，建造工艺十分高超。神庙的外墙上装饰着宽约80厘米的金带，金带被嵌入石壁。西班牙人入侵后，为寻求黄金掘地三尺，野蛮地拆墙毁壁，将许多神庙宫殿夷为平地。库斯科大神庙也难逃被毁的命运。16世纪时，西班牙人利用它的坚实地基，又在原址建起了圣多明各教堂。

库斯科太阳神庙内部富丽堂皇，主殿供奉着太阳神偶像，这个形象是拟人化的，被塑成一张向四面放射着无数金色光芒的人脸。偶像被雕刻在一个面积巨大的金盘上，金盘上装点着绿宝石等名贵珠宝。这个巨大的金盘被安放在神庙巨大的东门前，占据了整整一面墙壁。每天太阳升起，阳光直射金盘反射出耀眼光芒，就更增添了太阳神的威严。印加人之所以用黄金来塑造太阳神的偶像，不仅出于视觉效果近似的考虑，也出于印加人的理念。当时，人们认为"金子是太阳神的眼泪"。

太阳神殿后有几座附殿，其中最重要的一座用以供奉月神。印加人将月亮视作整个民族的母亲，她被看作太阳的妻子与姐妹。她的形象被描绘在一张几乎占据一面墙壁的银盘之上。月亮神殿中的所有物件都是银制的，人们以银子的纯洁光辉表现月亮的光芒。另外3座神殿，一座用来献给众多的星辰，它们是太阳与月亮的亲戚与仆从：一座安排给主管复仇的雷神和电神；另一座则安置印加王族的标志物——彩虹，人们用一道跨越墙壁的彩色拱门来象征彩虹。

神庙中用以宗教祭祀的所有器皿用具，全部都是金银质地。大殿的地板上摆放着 12 个巨大无比的银瓶，其中装满了供给太阳神食用的玉米粒。焚香所用的香炉、盛水的广口水瓶、地下水管与蓄水器，甚至神庙附属园圃里使用的农具，无一不是金银制造。

从上述描述中可以看到，有一样东西在印加的宫殿神庙中具有重大的意义，在这种场合显得必不可少。这就是形象逼真的金银雕塑。

印加王宫的各个房间放置着各种金银塑造的雕像，有面目不同情态各异的男女塑像，大小形象完全按实物比例制作的飞禽走兽和草木花卉……工匠在用这些雕像布置环境时，也尽量使之保持逼真的形态。比如在王宫的墙上垂挂金银的草木，虽然是制作完成后再嵌在墙壁中的，却仿佛自然生长在那里一样。墙上还摆放着蜥蜴、蝴蝶、老鼠、蛇蟒等各种动物，好像它们正在自由活动上下攀爬。为了达到上述效果，神庙和宫殿的墙壁在建造时就预留了许多凹穴与孔洞，能工巧

美洲虎黄金雕像穆伊斯卡

匠们可谓费尽心思。

位于库斯科附近尤开山谷中的尤开行宫建有一个特别的花园。这个花园除了种植种类繁多的天然植物，更"栽培"了许多金银花草。这些景物互映生辉，构成了一道美景。当地人喜爱的一种玉蜀黍，就被精心制作成金雕塑。人们用金子来表现黄金色彩的玉米穗，用银子打造成宽大的叶片。这些金银花草的穗须、叶片、花瓣的形态极其优美自然，置于真实的花草中足以乱真。

在库斯科大神庙中则有一个完全由金子打造的"黄金花园"。花园的整个地皮都以金子制成，上面"栽种"着各种金质植物。当西班牙士兵第一次见到它时，就有人情不自禁地伸手采摘，可见这些制品的逼真形态和诱人程度。园中还有 20 多头金制绵羊。羊羔和毛色金黄憨态可掬的骆马，身边那些用木棍驱赶牲畜的牧人当然也是不折不扣的"金身"。

印加的工匠们不遗余力地制造这些以假乱真的金银制品，是为了满足上层贵族的喜好。印加贵族如此喜好用金银打造的自然物，反映出他们对现世世界的迷恋和热衷。用黄金白银这些在印加人看来具有神性的金属来表现一切，似乎也在表达他们的祈祷——所有随时间衰败的东西可以在雕塑永久不变的形式中达到永恒。

库斯科的神庙城堡奥兰太坦博

结绳记事

　　历史学家曾经对一个现象颇感疑惑——与印加文明发达程度不太相称的是，这个民族居然没有发明文字。尽管最初到来的西班牙人详尽描绘了印加绳结的巨大功用，20世纪中叶的研究者们仍以科学家的苛刻眼光认定，安第斯地区的美洲印第安人从未创造过文字。在这一点上，印加文明似乎与美洲大陆另两个古老文明——玛雅和阿兹特克文明有着很大差距。印加人没有文字，甚至没有像玛雅人或阿兹特克人那样的简单图画文字。

　　众所周知，结绳记事是早期人类社会使用的记事方法，它出现在文字发明之前。印加绳结虽然是一种简单的记事方法，但它在这个帝国的复杂事务中，起到了非同寻常的实际效用。

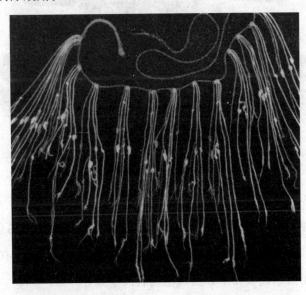

打结的主绳附系的子绳

　　被称为"基普"的印加绳结，不只是承担简单记录运算的工具。在这个国度中，"基普"为中央政权的统治提供了最为重要的依据。"基普"涉及到帝国的各项事务，通过"基普"进行的庞大的统计工作每天都在进行。各地的统计结果按"基普"的形式，通过各级政府逐层累加，渐次上递，最终汇总到帝国最高统治者印加王的手里。印加王通过"基普"的汇报来了解国家各个方面的情况，并据此来调控社会生产和经济税收。

"基普"这个词的意思就是"结"。它由一根用毛料或棉线编织成的粗大主绳与系在主绳上的许多细绳组成。一根主绳上的附属细绳数量可逾百，整个一串"基普"形似璎珞。细绳上以不同的方法打结，结的形状及数量代表着一定的数目。根据离主绳的远近确定位数，离主绳最远的结代表的数字是个位数，依次是十位、百位、千位，越靠近主绳的结位数越高。

印加人的黄金饰物

细绳有多种颜色，不同的颜色用来代表不同的事物。比如褐色代表马铃薯，白色代表银子，黄色代表金子，红色代表士兵，黑色表示时间。有时也用以表达抽象概念，如用白色代表和平，用红色代表战争等等。

"基普"主要用来对人口、种子、收成等事物进行统计。每个地区都设有叫做"基普卡马尤斯"的官员，专门负责计算和保管"基普"。他们的工作是及时向中央政府汇报当地的各种情况。一般有两位官员负责不同事务，一位负责汇报税收，包括统计原料数量、农业收成和纺织品的质量数量，向王室粮仓缴纳储藏品的情况等等；另一位官员则负责登记人口情况，上报出生和死亡人数、结婚人数、当兵的适龄人数及其他与人口有关的详细情况。人口与经济，是国家统治中最重要的两大因素，印加人以这样的办法，迅速而详尽地把与国计民生有关的重要信息上达首都。

　　"基普"的另一种功能相当于文字，印加人用它来记录历史事件，尽管绳结的表意功能远远不及象形文字，甚至不及最原始的图画文字。每一个较为重要的印加村社都设有编年史官，他负责记录村社发生的重大事件。在首都，通常由圣贤哲人"阿毛塔"负责记录帝国的历史，宣扬国王与先帝的丰功伟绩。印加的历史故事主要以口述的方式代代相传，但这些故事中关键性的事务要素则靠绳结辅助记忆。史官们用"基普"记录下事件的要素，给后人以提示。历史就这样保留了下来。尽管不同人讲述的历史在文学方面不一而同，但绳结记录的关键词却也能保证这些传说不会太大走样。

莫契卡时期带有直立壶嘴的陶罐（病人）

"基普"的表意效果不太理想，因而许多历史学家将它判断为辅助记忆和记载数据的工具，而不承认它是文字。考古发现，尽管印加社会已经把绳结的功用发挥到最大限度，但这种办法在前印加文明的莫契卡文化中已被使用，出土的陶器描绘了这种绳结符号。印加人可能沿用了这种古老的方法，但却没能彻底改造它的原始和简陋，也没能进一步发明出更有用的文字符号。

莫契卡时期带有直立壶嘴的陶罐（仪式用具）

众所周知，文明进步是与语言发展相协调的。然而，简单的"基普"怎么看都无法与印加文明的成熟程度相协调。"基普"的长处在于运算，而无法表达文字般的丰富意向。但是，有些记录反映出"基普"的功用似乎已超出了简单的记录。"基普卡马尤斯"似乎无须计算，对于再复杂的绳结只消一眼就能识别，并能利用绳结进行快速运算。最早来到的西班牙人，曾对印加人使用绳结的快捷程度，及这种原始记录方法在运算中达到的准确程度颇感诧异。可能，当时的人们在以具体化、同一化为特征的原始思维的帮助下，能够直接而准确地识认"基普"，并通过规律性的联想根据绳结回溯出整个事件。印加人对"基普"这种符号的依赖程度，绝不亚于我们使用语言。毕竟，"基普"承当了一个大国事务的所有统计运算，并在很大程度上起到了与书面文字近似的功用。

为保证"基普"能从各地快速传递到首都，印加王建立了一种有效的信息传送方式——接力邮递。首先，印加有着美洲最发达的道路系统，而在所有通往首都的大道上都建造了邮递驿站。同样的办法在墨西哥的阿兹特克民族中也被使用，但他们对此的重视程度明显不及印加人。这些邮递驿站由帝国统一建造，两座驿站间的距离一般是 8 公里，保证邮递员有足够的体力跑完全程。被称为"查斯基"的邮递员，事先驻扎在各个驿站中。他们是被精心挑选出来的飞毛腿，专门负责传递政府的急件。有些邮件是口信，更多的是用"基普"记录的信件。有时，信上附带着一根表示印加王身份的红色璎珞。

"查斯基"是服役制的。印加男孩长到一定年龄就被划到"可能的送信人"一类，被安排进行专门的训练。帝国再根据个人的奔跑速度和忠实可靠的程度而挑选出特定人员。"查斯基"们事先在驿站中等待和休息，前一站的邮件送到后，他们就快速跑动向前传递。每名邮差负责传递的路程不远，始终保证充足的体力。有时事情十分紧急，邮差在跑到下一个驿站前，远远地就大声喊叫，用喊声通报下一位送信人。就这样环环相接，政府间的来往信件就能以每天 240 公里的速度传递。

"查斯基"还负责向宫廷"快递"各种物品，比如沿海地区捕捞的活鱼、海滨热带的新鲜水果等各种珍品，通过邮政接力直接送往首都供印加王享用。据说从太平洋沿岸捕捉到的鱼，在"快递"到王宫时还是活的。

有趣的是，印加与阿兹特克在彼此隔绝的情况下，不约而同地实施了接力邮政这项重要制度。而欧洲国家意识到邮政的重要性，则已是多年以后了。印加道路系统和邮递制度使中央政权与地方之间保持信息畅通。这也是印加帝国在全国范围内快速调配生产资料、有效调控地方经济、并能迅速扑灭地方叛乱的重要保障。

事实上，印加帝国有无文字的问题，直至今日仍未盖棺定论。长期以来，一直流传着印加王族中曾使用过秘密文字的传说。不仅是乐于鼓吹帝国文明的印加后裔，殖民初期的一些西班牙人也有过关于印加秘密文字的记载。

克里斯托瓦尔·德·莫利纳报道说，他在库斯科太阳神庙附近的一个专门房屋中，看见过用文字记载的有关印加历史传说的粗布画页。萨米恩托·德·甘博亚也记录说，1570年在托莱多总督命令收集印加帝国文物资料时，曾发现过记载印加历史的大幅粗布。这些粗布被贴在板上，外面镶以金框，保存在太阳神庙附近的一间屋子里。人们说，帝国中除印加王和负责保管画页的专人可以接触这

肩上有两只狐狸的首领像 棉布 帕拉卡斯文化

些东西，其他人都无权接近这些文字记载，所以它们始终不为人知。总督托莱多本人也述说自己曾亲眼见过4幅有印加文字的布板。据他说，这些布上有印加统治者的画像，周围用类似文字的符号记载着神话传说。由于西班牙人对黄金极其贪婪、他们在掠夺了金制画框后，可能就毁坏了看似无用的布板。此后，印加人的秘密文字就销声匿迹了，再也没有证据可以证明它们曾经存在。

被印加人称为"基尔卡"的文字符号究竟是否存在，或许将是一个悬而不决的谜。与玛雅、阿兹特克等其他美洲文明相比，印加的知识所有权更为集中，只

被绝少数人掌握。印加统治者认为传授知识对黔首愚民并不适用，也会给国家治理带来麻烦。而在这个国度中，祭司阶层与知识阶层又发生脱离，各种专门的知识并不掌握在为数不少的祭司手中，而只归属于整个国家的文化精英"阿毛塔"们。印加王族内部使用的秘密文字必然也被局限于最小的范围，被奉为神圣的财富秘而不宣。所以，即便神秘文字在印加真的曾经存在过，在西班牙人消灭了印加社会的精英阶层后，这些无形的财产也就随之消失，成为永远不为人知的秘密。

"普通话"工程

在西班牙人把在"新世界"发现印加帝国的消息带到欧洲后，这个富有传奇色彩的专制政府如何成功地实行统治，开始成为人们关注的问题。

当时，对印加文化的传说，一直流传到相距遥远的中国。成书于明代天启三年即 1623 年的（《职方外纪》一书有以下记载："其土音各种不同，有一正音，可通万里之外。凡天下方言，过千里必须传译。其正音能达万里之外，唯中国与孛露（即：秘鲁，指印加）而已。"这段论述特别指出，在语言问题上，古代秘鲁与古代中国不谋而合地采取了相似的做法。

中国和印加都被视作极其成功的古代集权国家，而两者又都有统一语言的做法。这种趋同不是偶然的。可见，在当时社会中，语言统一为政治统一提供了有力保证。

中国幅员辽阔，在这片土地上，即使在同一个方言区，人们也各有乡音。印加的情况与此相似。再加上以征服立国的特殊性，其辖下民族众多语种不一，语言上的差异十分巨大。印加民族采用的对策是让臣服民族学习印加的母语，在全国推行印加"普通话"克丘亚语。

据说，统一语言的措施是由著名的印加王帕查库蒂开始实施。历史传说盛赞帕查库蒂的开明有为，他深知学识的重要，扩建修缮了建立在库斯科的印加贵族学校，增加执教的智慧贤者"阿毛塔"的数量，同时开始推行克丘亚语。如果从历史的视角出发，或许并不能将这项功绩完全看作个人英雄主义的行为。因为正

是从帕查库蒂开始，印加的势力越出了库斯科谷地，扩展到非克丘亚语种的地区。语言障碍使交流的需要变得急迫，这是促使语言政策出台的实际动力。

在库斯科贵族学校的4年制教学中。第一年教授的基础知识就是印加通用语言克丘亚语。学校面向本族的王公子弟，以及与王族一起生活的各地酋长继承人。克丘亚语由此成为这些未来酋长得心应手的第二种语言。更重要的是，通过语言训练还传授了逻辑化的思维方式，以及与思维方式有关的符合印加理想的性格与理性。

对于各地未来管理者的思维改造工作，还包括一个重要步骤：每当一个新的王国或者省份加入印加版图，这一地区的原先统治者及其家人随即来京小住，学习通用语言并感受印加法律的高尚合理。可见，历代印加王对语言与统治的密切关系始终了然于胸。印加学校在具体教学中也注意讲究方法，这些贵族子弟的语言教师往往也是精通各民族地方事务的专家。

克丘亚族妇女和孩子

印加帝国还通过向各省派遣语言教师向当地居民传授"普通话"。为促进教学，印加政权还采取了一定的鼓励措施，比如赋予教员以高于当地人的身份和特权。教师们还将得到一些实际利益，如在落户的省份和村镇中分得房屋、土地和产业。前往地方的教师一旦接受委任，就意味着告别首都生活在地方定居。教师的家人和子女也随同前往，印加王规定，教师的后人代代相继，将这项工作进行下去。

印加的官员委任制中有规定：地方领主、军队将领与子女，及在印加境内从事任何职业的印第安人，在工作交往中必须使用克丘亚语。在实际的人事安排中，只有那些熟练掌握通用语言的人，才能被赋予管理国家事务的权力和地位。印加官员在安排国家职务时，优先任用通用语讲得较好的人。

秘鲁坎帕人

在平民中，起到积极效果的机制则更微妙。来到首都库斯科或其他大城市生活的普通印第安人，尽管从事的是普通手工作业，也没有教师教授语法，几个月后却都能讲一口流利的首都语言。那些侍奉酋长领主的仆人们在首都生活了一段时间后，也都自然改变乡音，纷纷操起了克丘亚语。在百姓看来，首都语言就是贵族语言，当这些人回到家乡，他们的首都口音将使自己得到别人的尊重。那些曾在首都执事的人，回到家乡后再用通用语与当地的上层人物交往，会使自己的身份地位增色不少。这些成功人士的范例足以激起普通百姓学习首都语言的渴望，为通用语的普及推波助澜。

踏上这片土地的西班牙人也不得不赞叹印加语言工程带来的巨大便利。人们注意到，印加王只用为数很少的法官即能成功治理整个国家，而西班牙人派遣了300多名督办，总因人手不够而显捉襟见肘。或许正如一位西班牙人所说的，其中的主要原因在于帝国覆灭后语言复归混乱，人们无法沟通思想，也就难以管理。

有意思的是，在向印第安人传播基督教的过程中，某些开明教士的举措，也证明了印加普通话的巨大功用。这些开明教士"屈尊"学习了印第安人的通用语，并用这种土著语言向当地人传播福音，取得了意想不到的良好效果。传教士们确实感到印加普通话带来的便利，他们说使用这种语言不仅便于自己和土著人加深沟通了解，而且还能促使印第安人开发智力，增强理解力，进而通达事理，转变为较有教养的人。用印加的通用语传教，受到了人们的广泛欢迎，达到的效果要远远好于西班牙语。拾了印加普通话政策牙慧的西班牙传教士，似乎已经开始懂得印加语言政策的深刻意义。

人定胜天

有研究者认为，在西班牙人到达美洲之前，印第安农业刚刚能够维持当地人口的生存。尽管如此，我们也要承认在当时条件下能够解决所有人的吃饭问题，确实是一个了不起的成绩，而在这方面最为突出的是人口众多的农业大国印加。

首先要考虑到创造出灿烂农业文化的印加，却并不具备十分理想的自然条件。印加国家虽然幅员辽阔，但国土的主要部分为安第斯山脉占据。一马平川，良田万顷的美好图景对这里的山地民族而言太过陌生。

印加农业可说是在安第斯群山中见缝插针，农业集中地是安第斯山脉中的几块谷地，与周围少土寒冷的山地相比，山谷地区的农业条件相对良好，比较适宜耕作。在生存法则的作用下，这里自然吸引了为数众多的农业人口。事实上，这些备受青睐的山谷对农耕而言也并不是什么绝对的"风水宝地"。由于两旁山岩险峻山坡陡峭，杂处其中的山谷受山势影响，即深且窄。仅有的那么点宜耕地更显得弥足珍贵。不仅如此，山谷的气候条件也受到山区环境的很大限制，雨季时连续降水会造成水土流失，许多泥土被雨水冲刷带走，农业生产所依赖的土层遭受很大破坏，每到旱季谷地便干旱缺水。因此，居住在这里的印加农人既惧水患又怕旱灾，一年到头奔忙不停。

山谷中的马丘比丘

　　沿海居民虽然躲过了山地的恶劣条件，却不得不应付另一种极端恶劣的自然状况。印加沿海地区，从现今秘鲁沿海地区中部开始，沿安第斯山麓延伸到智利北部，是一片面积很大的沙漠地带。这里气候干燥，干旱少雨，有些地方终年没有降雨。在这片区域中，只有在乌鲁班巴河、阿普里马克河、卢林河、马腊尼翁河、里马克河及其他几条河流的河谷地带，才拥有适宜的土壤和水利条件。

　　尽管面临着如此恶劣的农业条件，印加民族仍然以他们独特的精神和智慧，克服种种困难，在农业生产上取得了很大成绩。印加民族栽培的农作物约有40种之多，其中有不少品种在当时的美洲大陆绝无仅有。在山区，适应高原环境的畜牧业也得到了发展。居住在现今秘鲁南部和玻利维亚山区地带的印加人，饲养由野生骆马和羊驼驯化而来的家养品种，这两种牲畜是高原地带的特产。最为突出的是，生存的动力驱使印加人不断开拓新的耕地，将农业生产区域从山谷低地一直推进到海拔 4000 米的高度。玻利维亚高原的广大草原地区当时就被人们开垦耕种。耕地面积的增加使更多的人口得到了妥善安置。

的的喀喀湖盆地的挖泥造田工程

取得这一成绩的重要原因，是印加人手中拥有着两件"法宝"。

印加地域多为山区，多石少土不宜耕作。这些贫瘠的岩石地带被神奇般地"点石成金"，因为印加人懂得向山岩讨农田的好办法——修建梯田。印加人在继承前辈的农业传统和耕作经验的基础上，进一步发展了这项技术。

虽然都是山石地形，不同山冈情况又有不同。有的山坡表面虽有厚实的泥土，但由于过于陡峭令人无法立足行走，更谈不上在土地上翻掘农作，因而即使有了泥土也无法耕种；有的山冈则为大大小小的石块占据，没有足够的土地可供耕种。印加人针对这些情况，努力把山冈改造成良田：先用石块在山冈上逐层砌盖出一定高度的"围墙"，并在各层"围墙"内填上平整的泥土。人们事先搬走山坡表面堆积的石块，并从其他地方挖掘适宜农作物的泥土，运送至新建的梯田。由下而上，逐层建造，从山脚到山顶，形成了有规律地逐渐收缩的形状。

印加人建造梯田所用的泥土，有的远道而来，有的就近取材。有时，人们为得到适合耕种的泥土，不辞辛苦地在山谷中深掘土地。泥土运去建造梯田后，留

印加人城市街道旁的石渠将山上清水引到城市居民门前

下来的凹地坑洞面积往往很大，通常一个凹坑的面积就有 1 英亩之多，深度达到 15 至 20 英尺。可能是出于保养地力的考虑，人们还在这些凹地的底部，特意施以有高效肥力的沙丁鱼。

建造梯田是针对多石少土的山地，而针对干旱少雨地区的措施则是建造水利设施。印加的水利建设尤其杰出，地下输水管道规模异常宏大。波克拉和孔蒂苏尤两地的水渠，长度分别达到 668 公里不回 640 公里。

印加的地下水渠不亚于任何宏伟的地表建筑。当时的人们没有铁器和工具，全凭人力来完成工程。遇到深溪，就追溯源头，阻断水流，遇到山岭时就劈山引水，整个工程排除万难才能得以完成。而水渠的建造又讲究尽善尽美，外部以宽大的石板覆盖，每块石板长约 1.5 米左右，宽度超过 1.25 米，六面经过打磨，石块与石块依次排放，互相黏合。在石板上再植以草被，以利坚固。水渠的源头一般是高山湖泊，或者是那些由于常年积雨形成的天然蓄水池。印加的地下水管从那些较大的湖泊水池处开始铺设，充分利用当地水利资源，沿途不断从一些小型湖泊池塘引水，不时补充水源。地下水道还设计暗沟和水闸向外排水，成功地解决了所经之处的用水问题。

农耕田景

　　尽管印加人虔诚地敬奉他们的太阳神，但上天的回赠却十分微薄。俗话说"民以食为天"，印加的自然条件对农业生产相当不利。

　　地理条件造成了气候的复杂多样。印加地形狭长，从北纬2度附近的太平洋沿岸，一直延伸到南纬37度地带。沿海的狭长砂土地区，雨量稀少，仅有几条小溪流过，水源十分匮乏，几近荒漠。安第斯高原山区地带则山势陡峭，山体主要为花岗岩，岩石纵横交错，海拔高度在雪线以上的地区终年积雪。相对而言，海拔2400到3400米的山谷盆地，高度适中，又有溪流滋养，是大自然予以印加人略显仁慈的恩赐。在上天的苛刻面前，人们利用梯田工程和水利灌溉，仍然把生存的地域推向了可能的极限。玻利维亚高原的草原地带，平均海拔达到4000米，印加人也加以开拓和利用。在安第斯地区，海拔5300米的高度之上，仍有人常年定居。

马丘比丘的梯田

"一山有四季，十里不同天"的山地气候，以及安第斯山区独特的地形地貌，使这一地区的土地条件和农业状况极不统一。安第斯地区的农业，也呈现出斑杂错落的面貌。相同的土地条件十分少见，不要说广袤良田，甚至毗邻地区之间，适宜生长的农作物也各不相同。

　　恶劣的自然环境迫使人们寻找应对方法，不同海拔高度、纬度地带的农人验证了不同作物的适应能力。整个印加境域内的农产品在植物种属图表上，画出了一条由热带作物向温带作物变化的曲线。甚至那些高原山顶的不毛之地，人们也加以利用，用来放牧骆马和羊驼。生存予人以化腐朽为神奇的能力，长时期的生产实践，使人们不仅适应了地理环境骤变的不利条件，并且还由此形成了本地的农业特色。人们从自己的村庄出发，长途跋涉后来到距离很远的其他生态区，在一年中的不同时间里，完成打鱼、园艺、农耕等不同工作。这样，人们以多样的方式谋生，同时也满足了自身多方面的需求。

　　整体而言，印加人口最集中的地区，是的的喀喀湖四周的高原地带。直到现在，这里仍然是人口最为密集之处。然而，此处也并非风水宝地，海拔相当之高，给居住在这里的人们造成了另一个重大难题——巨大的日夜温差。在人口稠密的高原地区，酷热的白天与寒冷的夜晚之间，温差达到摄氏 30 度，甚至更大。任何一年中都有 300 个晚上会发生霜冻的天气，是人们的最大忧虑。

　　印加的宗教节日中，有一个隆重的"库斯基耶拉伊米"典礼。玉米播种完毕开始发芽之时，典礼如期举行。人们向太阳神献上各种牺牲，心中只有一个愿望——向太阳神虔诚祈祷，让他们刚刚种下的玉米能够逃脱霜冻的伤害。

　　霜冻的前兆是天气晴朗。云层可以阻挡地面热量的散失，晴朗少云的夜晚尤其寒冷。当人们一看到晚上天气晴好万里无云时，就担心出现霜冻天气。人们点燃垃圾污物，产生大量的烟雾。各家各户都在各自庭院里燃烧各种废弃物品。印加人以为烟可以防止霜冻。

　　人们对严寒和霜冻，也有合理利用的一面。比如，科利亚省产出一种名叫"帕帕"的马铃薯，富含水分，很容易腐烂。人们把"帕帕"放在室外，先在地上铺茅草，把"帕帕"放在茅草上。经过几夜后，"帕帕"浸透冰雪。此时，再在"帕帕"上盖一层茅草，人在草上踩踏，把果实中的水分全部挤干，然后放在太阳下晒干。加工后的"帕帕"变成可以长期储藏的干爽"丘纽"。居住在安第斯地区的人们用上述方法加工各类蔬菜，特别是数千种薯类作物。对于肉类也如法炮制，制咸肉干。这种办法能使大部分作物分量减轻，便于运输，而且能够在高原环境中长期保存而不腐败。

印加地区的农业曾经发生过一次重大的变化。16 世纪欧洲人来到印加，引进了许多当地原先没有的作物品种，如大麦、甘蔗、葡萄、香蕉等。当时这些物种已经能够适应美洲的环境，也被证明富有营养价值。但奇怪的是，这些移植的品种在多年后有许多又重新失传。即使是那些保存下来的品种，在当地也没有获得像玉米、薯类等本土作物同样的重要地位。

的的喀喀湖

事实上，当地物种经由几千年的培育，已经能与当地的恶劣环境很好适应，因而不会发生退化现象。当地人在培养物种时，也在不断进行淘汰筛选，最终获得认可的，必定是那些容易种植且产量较高的优选品种。比如，在安第斯地区的各种植物中，块茎植物和块根植物以其适应优势而成为上选。研究者发现，玻利维亚高原的马铃薯品种最多，约有 13 种，它们最初起源于 60 多种野生茄属植物。的的喀喀湖周围的居民从野生马铃薯中挑选出上好品种培植驯化，最终培育成现代马铃薯。

不仅如此，印加民族在农业上还有其他突出贡献。他们种植的农作物达 40 余种，包括玉米、马铃薯、番薯、木薯、南瓜、番茄、花生、菜豆、辣椒等等。其中不少品种是印加地区独有的特产，在当时的美洲、甚至整个世界独一无二。

安孔女人的木乃伊包裹里的玉米．豆子、棉花和水果

　　印加的农业密集地、现今的秘鲁一玻利维亚地区，种植的作物品种就达 30 种以上。这一地区的土生植物主要是块根块茎作物，在各种薯类中马铃薯"帕帕"种植范围最广，此外还种植块根落葵属"乌留科"、块根酢浆草"奥卡"、块茎旱金莲"阿尼龙"，及其他一些块根植物。印加人种植的谷物类作物主要有两种：一种是"基诺亚谷"（又称"昆诺阿藜"），后来也被称为"秘鲁大米"；另一种是"卡尼亚瓦谷"。

　　安第斯山西坡和沿海河流盆地的农业，与高山地区明显不同。沿海农业进行人工灌溉，发展稍晚于高原。这里的主要农作物是玉米、豆类、木薯、甘薯、花生、南瓜和棉花。玉米是从印加的北邻传入，即从中美洲玛雅、阿兹特克地区传入。

　　在美洲最为普遍的农作物——玉米和马铃薯，也是印加最为重要的农产品。马铃薯和基诺亚谷是高原地区的重要作物，玉米则是沿海低地居民的主食。

　　此外，安第斯地区是当时美洲唯一发展畜牧业的地区。印加人把无法耕种的贫瘠土地用于放养牲畜。狗、骆马和羊驼在印加都已驯化为家畜。羊驼的主要用途是提供毛料用以纺织；骆马尽管步速不快，但在当地无疑是最重要的驮兽，它的皮、毛、骨、粪便也都具有一定的经济价值。印加人还饲养家兔、本地鸭等小型家畜，沿海地区则饲养海豚以供食用。

美洲驼

　　美洲印第安民族在这片大陆上缔造了与地球上其他地区完全不同的农业文明，他们培育的植物种类达到 100 多种，并且与东半球地区无一相同。直到今天，美国人食用的蔬菜果物中有一半是拜印第安人所赐。这其中，印加民族作出了不容小视的重要贡献。

劳动与分工

　　据说，印加百姓对待劳动的态度十分积极乐观，类似苦役的繁重劳动被他们视作欢庆。此中，印加人的信仰可能发挥了重要作用。

　　在印加民间有一种"大地母亲"信仰。大地母亲的形象在很多以农业为生的原始民族中普遍存在，仅在美洲就可以找到许多例子。比如位于今天厄瓜多尔境内的希瓦罗部落，就信奉敬爱的大地母亲"侬圭"。而印加的大地母亲"帕查妈妈"直到今天还被人们崇敬，有着长久不衰的生命力。

　　在印加文化的影响下，印加地域内普遍信仰太阳神。太阳神，也是农业文明社会共同信奉的神明。此外，人们还在太阳神和帕查妈妈之间建立了关联，认为是太阳神通过他的光芒使他的妻子"帕查妈妈"孕育果实。被太阳照耀到的大地肥沃富饶，获得了丰收的能力。在印加人的农耕生活中，处处可以发现这种信仰产生的作用。

莫契卡的陶器

每年开耕之前，要举行神圣的首耕仪式。印加王用一把金质木锹开掘土地，并亲手播下种子。这是印加全境一年中的第一次破工。仿佛这样一来，在今后一年中，各地的农业生产都能受到这次仪式的佑护。因为印加王被看作是太阳神在人间的化身，由他亲手开掘土地，就代表着太阳神亲临人间完成了这道程序。

库斯科城中有一块土地被认为是整个印加帝国奉献给太阳神的第一块梯田。这块梯田位处萨克萨瓦曼堡所在的山坡上，被称为"科尔坎帕塔"，只有王室身份的人才能来此耕种。王公贵族们在农耕中高唱颂歌，歌词大多根据"艾利"一词引申而来，每节诗行以"艾利"结束，并在歌唱中多次重复这个词语。人们一边歌唱一边劳作，忙得不亦乐乎。

印加人的农耕工具是一种叫做"塔克利亚"的木锹，这是印加民族的重要发明。"塔克利亚"的形制大致如下：一根长约1.8米的木棍，一端安装一个金属或硬木质地的弯曲尖头。离开尖头30厘米处，与木棍成直角装一横突。翻地时用脚踩踏横突，用身体重量加大动作力度，使木棍前端插入泥土，然后将尖头在地里旋转一下拔出来。这个工具可以深翻土地。妇女帮工时站在男子的对面，帮他们把掘起的草皮翻开，把草根翻转朝上，好让杂草自然枯死，不让野草影响田产。印加人不懂得使用耕畜，所有的农耕活动完全通过人力完成。况且，在高原地带的砂石土地中，只有当地特产的"塔克利亚"木镢才能发挥功用。

印加社会对农业耕种规定了一定秩序，首先耕种太阳田，然后是老、弱、病、残、孤、寡等无法自己谋生的穷人的田地。其后，各家各户自己耕种份地，在实际劳动中，也采取了相互协助的方法。最后，大家一齐耕种属于印加王的土地。农耕的秩序由一村之长统一安排并负责监督。耕种印加田的情形与上面描述的非常相近，全体集合后先举行祭祀仪式，耕作期间充满欢歌笑语，整个场面生气勃勃。

印加女人正用锄头收获土豆，印加男子在用踏科拉犁地

值得指出的是，印加社会把邻里互助当作一项法律，称为"兄弟互助法"，规定同村村民间要友爱互助，互相帮助完成耕种、收割、建筑等繁重劳动。实际上，这种办法在村社"艾柳"中早已存在，家族内部自然推崇兄弟互助。可以说，正是通过互帮互助互相支撑，老百姓才能愉快地完成各项繁重劳作。

在印加社会中，男女两性的地位差别很大。男性作为主要劳动力，有着较高的社会地位，受到普遍的尊敬；而女性则好比是男性的附庸，没有独立的地位。印加政府只掌控社会中的男丁，对妇女则视而不见。此外，印加的文化还刻意强调男女两性的差别，强化男尊女卑的倾向，印加男性将厕身女性群体视作耻辱。但在实际生活中，在具体的劳作中，印加男女的合作却也十分默契。在繁重的劳作中，印加妇女无私地奉献了自己的一份力量。

印加主妇们日常家务中的一项重要工作是纺线和织布，全国上下无论地位高低，所有的女性都在穿针引线忙个不停。主妇们平常纺锤不离手，她们使用的纺锤和同时代欧洲的纺锤相似，只是以芦竹为轴安上锭盘，纺锤上也没有螺纹槽。印加人在纺织方面还有一个特殊的地方，他们的服装是完整的一块布做成，无须裁剪。织出一块布只做一件衣服，因此妇女们要事先估计好布匹的大小以织出合适的布料。由于这种特殊的做法，印加妇女编织的布料有四个布边，形状不很规则。

描绘纺织情景的莫契卡陶碗

印加主妇还特别善于织补，尽管她们使用的工具是最为简陋的骨针。她们找来色泽一致、粗细相同的线后，便按布料纺织的经纬，以一定的密度在两个方向上，各缝上几十针打出基本框架，然后在这个"基础"上，把经线和纬线相互穿插起来缝，这样来来回回，直到把二十破洞缝补得与原来的纹理完全融合在一起，显得天衣无缝。

印加的社会组织大致为：年满25岁的男子成家独立后，成为一家之主，他们是国家税收、劳役的承担者。妇女们虽然也担负大量工作，但她们没有获得这

鸟类羽毛织成的束腰短袖外衣

个国家的"公民权"，她们被归入孩子、老人、病人、残疾一类，对她们免除赋税、劳役的要求。印加男子还有着强烈的大男子主义倾向，他们自诩具有突出的男人性格，喜好男人的事务、厌恶女人的工作。

男人事务或女人工作，在印加社会中到底怎么划分？如果说仅以劳动强度、工作方式作依据，显然并不全面。印加的赋税劳役中有一项工作，是生产供贵族穿戴的衣物"孔皮"。这种劳动强度不高、而对工艺要求较高的工作，不是让心细手巧的女人来干，却要求粗手大脚的男人承担。

再单一个例子，让我们来细究一下男女分工中的奥秘。这是一项被印加男子认为关系到自己男性荣耀的工作，简单地说，这项工作的内容是做鞋子。在王族男子的成年仪式中就有一个项目，要求应试者亲手制作出一双在战争中使用的鞋子。制作这种鞋子是男性的工作，绝不容女人来插手。同一种工作不同的人做，在印加有着不容僭越的绝对界限。

在印加语言中，为了表达同一个意思"纺线"，用了两个截然不同的词语。男人捻毛绳的方法叫作"米柳伊"，女人的纺线动作则叫"布卡"。不知情者，对

印加鞋子式样的陶瓷容器

印加男子错用了"布卡"，会被误解为讽刺他混迹于女人。

　　一代代人重复着"米柳伊"和"布卡"的劳动，在男女分工的协调配合下，印加人肩负起了沉重的劳作，将印加建设成了一个繁荣富庶的国家。

世界第一的集体婚礼

　　与其他民族相比，印加帝国的婚姻习俗别具特色。印加人的婚礼仪式强化了家长制的作风，这里的"家长"，不仅指单个家庭之中的家长，还指国家、社会这个大"家长"。

　　印加青年男女发生恋情，首先受到血统的限制，这是一般等级社会都要遵循的。印加社会不同等级之间的"通婚"，一般只对男性优惠。贵族男子可以娶普通百姓的女儿，当然这不是门当户对的"婚姻"。男子将非贵族血统的女子纳为妾，一个贵族男子往往拥有众多妻妾。女子高攀被人羡慕，相反，主动下嫁就自动降低了社会等级，为人不耻。尤其是王族血统的女子，在婚姻上只有三种选择：成为太阳贞女即嫁给太阳神，或者做印加王的妻子，不然就嫁给另一位纯粹王族血统的印加王公。这样才能保证神人兼具的地位。除此之外缔结的婚姻，被

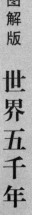

视为非法，无论对方是地位多高的贵族。

其次要受到地域的限制：所有人必须在自己所属的社区内选择配偶。婚姻的对象局限在家族亲属内部，不允许不同省份村社间相互通婚。印加帝国的版图是以不断征服其他印第安部落而得到扩大的，因而帝国疆域内民族众多。印加的婚姻制度维持了不同民族的各自独立。

再次，婚姻双方还要符合年龄要求：女方要达到 18 至 20 岁，男子要年过 24。印加帝国规定，男子 25 岁成年，开始承担劳役和赋税。男子年过 24 岁也就到了担负家庭责任的时候。

最后，还要征得父母同意。印加国家规定，不经父母承认的婚姻是无效的。

满足上述条件，才可以考虑婚礼。

印加人的婚礼是典型的集体婚礼，而且其规模之大可居世界之最。每隔 1 年或 2 年，在一个特定日子，印加王在库斯科城为自己家族中的青年男女主持婚礼。在这期间决定结婚的年轻人，都在这同一天"踏上红地毯"。印加王主持的仪式相当简单，这可能是由于需要证婚的人数过多。国王走到一对新人之间，眼睛望着男女双

抱孩人像 公元前 500～公元 500 年 乔雷拉艺术

方，拉起他们每人一只手，将他们的手放入对方的手中。然后把新娘、新郎交给他们的父母。这就是完整的"牵手"仪式。在王族婚礼的第二天，在全国的城镇中举行当地的集体婚礼，非王族的婚礼都在这一天内完成。但是承担主婚人角色的是当地的首领。

由于全国的婚礼都同时举行，每个家庭都有会有相关的亲戚结婚，结婚的日子就变成了全国性的庆典。在印加王或当地官员主持的集体婚礼之后，新人们在新郎的家里，与关系最近的亲戚们欢聚一堂，再在家庭内部举行隆重的婚礼庆祝。通常欢庆的气氛在全民参与下愈演愈烈，整个庆祝要延续上好几天。

婚礼之后，组建的新家庭就住进了由各村统一建造的房屋，新人们生活必需的衣物器皿由亲属供给。他们还会得到一份维持生活的规定数额的土地。一切安排好之后，新的生活就开始了。

印加人的婚礼比较其他民族而言，似乎在一家之长之上，更强调了国家之长的重要性。如此安排秩序是印加帝国的一贯做法。个人一生中最重要的事件，在集体婚礼仪式中，又一次受到了统一规划，应当属于个人的欢乐在大众化的场景中抹去了个性。新婚夫妻在完成由父母管制下的子女到一家之主的角色转化中，上了一堂集体主义的强化课。

无所不在的神灵

谈到印加的社会制度，历史学家们总免不了把它与欧洲中世纪相提并论，两者的相似之处是都实行了政教合一的统治制度。然而，印加人的文化与那些闯入他们国家的西班牙人却迥然不同。一方面，西班牙人将印第安人视作邪恶愚昧的异教徒，与印加文化格格不入；另一方面，西班牙人对印加社会表现出来的超常成熟则倍感惊奇。

西班牙人开始着手社会治理，整治这个人口众多、纷繁复杂的社会。在陷于各种案件、各种纠纷中时，他们不禁深感惊讶。他们看到自己派出上百官员也难以治理好这个复杂的社会。而印加王当年只需通过四位大臣，就把整个帝国管理得井井有条。西班牙人不得不承认，这个看似愚昧落后的社会，自有它完备、合理的管理智慧。

历来，在西方法庭上，证人出庭作证都要经过一道必要程序，即以向上帝发誓的方法来表示自己的清白和诚实。有趣的是，印加人是在西班牙人来到之后，才刚刚明白"发誓"是怎么样一回事。因为在印第安民族中，以前没有发誓的仪式或者类似发誓的做法。

这并不是说印加人对他们自己的神灵不虔诚、不敬畏。相反，可以说印加人的虔诚程度无以复加。

印加人不需要誓言。印加人对生活的理解是，他们的全部生活为神灵所掌

神话人物公元 1000～1470 年契穆艺术

握，没有一件事情不在神灵的管辖之下。对印加人来说，没有什么时间、空间是纯属于个人的私密，他们做过的每一件事，说过的每一句话，全都对神灵公开，因而也就没有什么需要用特殊的誓言方式来特别对待。西方人认为十分重要的发誓，在印加人生活中实在是多此一举。

在印加，作伪证的人，有可能被处以极刑。如果领会了印加社会的统治秘诀就会明白，在西方国家并不足道的小罪，在这个国度里何以成了砍头的大罪。

印加人面对一个特殊人物——介于神和人之间的印加王。在审理案件时，人们保证对印加王叙述真相。由于信仰关系，在大多数情况下，证人不敢随便撒谎。倘若说了谎，被清查出来之后，就是犯下了欺骗印加王的弥天大罪，要受到严厉制裁。

自然，酷刑是对国王权威的强化手段，对欺骗者处以严刑的目的就是维护国王的名誉。

严厉处罚欺君行为，不仅旨在申令不许欺骗国王，而且向人民宣告，印加王是无法欺骗的。而每一次清查欺君之罪，都是印加王具备神圣性质的不容置疑的证明。

印加人的认识水平，使神秘信仰成为社会治理的有效辅助机制。印加人以为，无论他面对着哪位法官，他说的话都为太阳神的人间代表、印加王本人所知，这是他们不敢说谎的主要原因。

除此之外，当地人的另一种习惯也使西班牙人感到不能理解。在取证时，按照西方惯例，只针对事件的一些方面提问。但印加人却认为这远远不够。印加的真实标准，还包括一个重要内容，就是不得隐瞒事件的任何方面。他们的做法是把知道的与事件有关的一切都原原本本地讲述出来，无论知道多少都如实禀报。一个证人，既不作为原告一方出场，也不代表被告的利益。他们把整个事情叙述一遍，对当事人双方有利的和不利的情节都毫不隐瞒，此时是非自有公断。

印加文明通过培养宗教信仰有效地规范了社会成员的行为。在宗教信仰的作用下，人们把遭遇到的疾病、死亡、自然灾害、农业歉收等对于个人或集体发生的各种灾难，看作是与犯罪有关的事件，并对此深信不疑。有时，当一场灾难来临，有人会主动坦白多年前犯下的罪行。他的罪行自然无人知晓，当年的案件由于时间久远也早已无人追究，继续隐瞒决不会暴露痕迹。罪犯不幸遭遇了灾难，以为是自己的行为最终招致神明的惩罚，便向印加王主动坦白，决心以死谢罪，并请求神明不要因他的罪过继续降灾于他的亲友。

在西班牙人统治时期，曾经发生过一件有趣的事情，也可以证实印加人的信仰对他们的道德和行为起到十分重要的作用。

一次，一位管家派两个印加人步行给西班牙主人送去 10 个甜瓜，并附带捎去一封信件。管家对印第安人说："这些甜瓜你们一个也不要吃，如果吃了，这封信会说出来的。"途中休息，其中一个印第安人怂恿另一个分吃一只甜瓜。但他们又很担心偷吃甜瓜的事会被信告诉主人。两个人思来想去，最后却采用了一个掩耳盗铃的办法。因为印第安人不知道文字，以为信件就和印加的信使一样，是通过传话的方式把信息带给另一个人。所以两个印第安人把信扔到墙壁后面，

神话人物（局部）

吃起了甜瓜，以为这样一来，信就看不见他们吃甜瓜，也就不会多嘴多舌了。最后当他们把信交到主人手里，主人还是惩罚了他们，因为信上清清楚楚写着带去的是 10 个甜瓜。

从这件小事中可以看出，印第安人始终习惯于他律，即外在的约束。在印加帝国时代，他们惧怕万能的神明洞察一切，因而行为检点；西班牙人的到来，终结了他们的信仰，就不再有什么东西能约束他们的身心。西班牙人的到来，终结了印加社会的宁静安详，也破坏了旧有的秩序。此时的社会也就到了人心不古、礼崩乐坏的时代。

阿拉伯哈里发王朝史

阿拉伯人的岛屿

在许多年以前，我们的先辈不知道阿拉伯在哪里，不知道它究竟有多远。生活在现代社会的人，就幸福得多，只需要在 Google Earth 中轻点鼠标即可将阿拉伯这块神秘的土地呈现在面前。这个世界上最大的半岛，位于亚洲西南部，北通"肥沃的新月地带"，南及浩瀚无垠的阿拉伯海，东至婀娜多姿的波斯湾，西邻波澜壮阔的红海。在远古时代，阿拉伯曾经与非洲大陆和伊朗高原连为一体。岁月流转，阿拉伯渐渐脱离它的母体，与非洲大陆和伊朗高原分离，形成了三面环海的半岛。在遥远的古代，瀚无际涯的大海是人们难以逾越的障碍。阿拉伯半岛几乎没有适宜船舶停靠的天然港湾，邻近的岛屿寥寥无几，周围水域却是暗礁密布，海上航行只是人们难以企及的梦想。在漫长的日子里，阿拉伯人只能望洋兴叹。因此，阿拉伯人常常将自己的故乡唤作"阿拉伯人的岛屿"。

赛拉特山不知在阿拉伯半岛的西侧沉睡了多少年，它北起阿喀巴湾东岸，南至也门，绵亘数千里；在它的南端，孤独而倔强的哈杜尔舒艾卜峰巍峨耸立。在红海与赛拉特山之间，有一条起伏不平的狭长地带，名为帖哈麦。赛拉特山和帖哈麦合在一起，就是希贾兹。在希贾兹，到处是干枯的荒原，了无生趣。然而，希贾兹偶有绿洲点缀，毕竟为半岛带来了些许希望。南部的塔伊夫和北部的叶斯里卜，犹如彩带上的明珠，给希贾兹带来了光明，它们见证了半岛的沧海桑田，它们尽享风流。

希贾兹以南的也门，沐浴着柔和的印度洋季风，雨水丰沛，空气湿润，洋溢着幸福的芬芳，难怪古希腊作家美其名曰"幸福的阿拉伯"。也门的东部，那里有著名的"香料海岸"哈达拉毛，透过缭绕的薄雾和夹杂着腥味的海风，人们似乎可以嗅到阵阵流香。在也门与阿曼之间，百岭逶迤，绵延千里。阿曼湾西侧的绿峰高耸入云，雄奇壮观。

赛拉特山和南部群山仿若城垣，将轻拂的海风拒于千里之外，让半岛内陆难享清凉与润泽。在半岛中央的纳季德高原，荒漠广布，处处是黑色熔岩。高原以

南是空旷无人之乡，那里红土遍地，沙纹荡漾，形同涟漪。纳季德高原以北是一望无垠的沙漠，风起的日子，漫漫黄沙，随风飞扬，飘忽不定；红白相间的流动沙丘奇伟瑰美，震撼人心。每逢冬春时节，纳季德高原暴雨滂沱，树影斑驳，茵茵绿草随处可见。雨季过后，草木凋零，浩瀚的旷野立时为凄凉笼罩，那些偶然在这里迷失方向的羔羊，只有绝望地等待生命的枯萎。荒原上星星点点的白骨，似乎控诉着那肆虐的狂风和无情的黄沙。

自遥远的古代，阿拉伯人就在阿拉伯半岛繁衍生息。由于干枯的地表和干旱的气候，阿拉伯半岛植被稀少，资源匮乏，生活在这里的阿拉伯人不得不在绿洲之间游走奔波，随季节变换辗转往复。这些逐水草而居的阿拉伯人就是贝都因人，他们与骆驼和羊群相依相伴，度过一个又一个春秋。骆驼是贝都因人的生命之舟，既可供人骑乘，亦可用于载货；它们的一生，是奉献的一生，它们把自己的一切都献给了贝都因人。贝都因人常常乘坐"沙漠之舟"进入沙漠深处，经过漫长的岁月，他们逐渐成为沙漠的主人。许多贝都因人终年在羊群中穿梭，他们不能进入大漠深处，因为羊群无法远离水源。牧养羊群的贝都因人时而游牧，时而定居，在沙漠边缘和农耕地区四周游荡徘徊。贝都因人常年漂泊在外，居无定所，然而，他们并非毫无目的地随意迁徙。他们大都拥有属于各自部落的水源和相对稳定的游牧范围，沿着较为固定的路线追逐水草。雨季与旱季交替之时，贝都因人携家带口在不同的驻地往来奔走。在恶劣的自然环境中，贝都因人历经艰险与磨难，他们常常命悬一线，挣扎在生与死的边缘。也正是这样的环境，造就了贝都因人顽强的生存能力，他们往往每天只需食几颗椰枣和饮少许驼乳既可维持生命。

阿拉伯半岛南部的沿海地带，是幸福的天堂。它享受着雨露的滋润和海风的爱抚，孕育出各种甘美的水果和蔬菜。也门以东的麦赫拉是乳香树的著名产地，阿曼一带则盛产水稻。生活在这一地区的阿拉伯人，过着无忧无虑的日子，他们不需要四处奔波，在春华秋实的交替中享受上天的恩赐。在贫瘠的半岛内陆，也有一部分阿拉伯人摆脱了颠沛流离的生活状态。他们在地下水源丰富的绿洲耕田种地，过着安详恬静的生活。在绿洲生息的阿拉伯人，将原产于美索不达米亚的枣椰树种在自己的家园，为枯寂荒凉的半岛增添了一丝生气。

在广袤的阿拉伯半岛，游牧的贝都因人与定居的阿拉伯人彼此并不孤立，他们往往因为生活窘迫而不得不面对面。由于自然环境和生产水平的限制，他们并不是总能自给自足，定居者和游牧的人需要互通有无。或许在某一个柔风拂面的清晨，贝都因人赶着自己的羊群来到沙丘旁，与在那里等候多时的定居者换取粮食。或许在一个骄阳似火的午后，贝都因人骑着战马，手持长矛，直闯定居者的家园，取自己所需，然后扬长而去。抢劫本是盗贼行径，但沙漠生活的特殊情况却使抢劫成为当地民族的风俗，被抢者只能默默承受这一切，或者等待机会用同样的方式，夺取自己需要的物品。游牧群体并没有固定的抢劫对象，抢可抢之人，抢所需之物。

在地寡人稀的绿洲，定居的阿拉伯人须向那些强大的游牧群体奉献自己的产品，以求得短暂的和平与安宁；那些强悍的游牧部落，则可自由驰骋，为所欲为。在野蛮的年代，赢弱者稍有不慎，就可能落得家毁人亡、妻离子散的悲惨境地。强者生生不息，在漫长的历史时期，主导着半岛的起落沉浮。

蒙昧之谷

在伊斯兰教产生之前的悠悠岁月中，阿拉伯人在无知的山谷繁衍生息。那时，阿拉伯人尚处于原始社会的野蛮状态，生活在氏族之中，许多具有血缘联系的氏族组成部落。每个部落都有自己的首领，名为"舍赫"。只有那些年高德劭、仗义疏财和骁勇善战的英雄，方有资格出任部落首领。在那个特殊的年代，部落首领也许并不是最幸福的人，他们没有特权，没有私利，不可以独断专行和随意惩处部落内部的其他成员。他们的职责只是根据传统习俗仲裁纠纷、保护水源和寻找牧场。古代阿拉伯人具有浓厚的平等观念，在众多方面将部落首领视为他们之中的普通一员。有时候与普通成员相比，首领需要承担更多的社会义务。在古代的阿拉伯社会，许多部落都有一套祖先遗留的传统习俗，用于规范阿拉伯人社会行为的基本准则。祖先留下来的传统高高在上，若有违例，罪不可恕。

生活在蒙昧时代的阿拉伯人，崇尚慷慨豪侠之风。然而，那时的阿拉伯人仅仅顺从和忠实于自己的部落，而往往将其他的部落视作仇敌。他们心目中的人类，只在部落范围之内存在。部落只是保护自己的成员，而对其他部落的成员往

往刀兵相见。如果一个阿拉伯人被别的部落攻击，便会被视为整个部落的奇耻大辱。这个部落的所有成员蜂拥而动，为受攻击者雪耻复仇，没有人去关心是非曲直，也没有人去在意孰对孰错。部落冲突双方视荣誉高比苍天，各自为维护各自部落的荣誉而战，从不示弱，致使仇杀行为旷日持久，代代延续。有时，阿拉伯人的慷慨之情令人感动，他们对于走进自己帐篷的异乡客热情相迎，解囊相助。相传，一个名叫哈帖木的阿拉伯青年在为他的父亲放牧的时候，宰杀三只骆驼款待路过的异乡人，致使他的父亲大发雷霆，将他逐出家门，然而他本人却因此而美名传扬，其慷慨之举在阿拉伯人的诗歌中久为传诵。阿拉伯人还常常以自己纯洁的血统和高贵的宗谱为骄傲，尤其珍视荣誉和人格。当他们的荣誉被损害时，立刻拔剑而起，牺牲生命也在所不惜，阿拉伯人的这种习俗直至今日仍依稀可见。

在蒙昧时代的阿拉伯社会，部落是温情的极限。各个部落往往在自己的特定领域之内活动，相互猜疑，彼此防范，保持互不相犯，就该感天谢地了。在缺乏交往的时代，各部落有时连语言都有明显的差异，词汇和语调不尽相同。相传，道斯部落的阿布·胡莱勒于628年谒见先知穆罕默德，先知穆罕默德的刀落在地上，于是命阿布·胡莱勒捡起，阿布·胡莱勒听后却东张西望，不知穆罕默德所云何意，直至穆罕默德再三重复才捡起刀子。阿布·胡莱勒告诉先知穆罕默德：你把刀子称作新克，而在我的部落，刀子称作木得亚。阿拉伯人的语言差异可见一斑。

然而，阿拉伯人具有卓越的语言天赋。"人的优美，在他的口才之中"，"智慧寓于三件事之中：法兰克人的头，中国人的手，阿拉伯人的舌头"，这些阿拉伯谚语广为流传。阿拉伯人酷爱诗歌，在蒙昧时代，诗歌几乎是唯一的文学形式。那时，每个部落都有自己的诗人，诗人熟知部落的宗谱和往日的荣辱，他们的职责是颂扬自己的部落、凭吊逝者和攻击敌人。铿锵有力的诗句足以唤醒和激励整个部落，诗人的才华象征着部落的强盛。部落之间的交锋不仅在于战场上的厮杀，诗人之间的唇枪舌剑、诅咒讥讽同样令人生畏。在阿拉伯人的《乐府诗集》中，我们看到这样的诗句："谁敢与我的部族抗衡，它有众多的人民，还有杰出的战士和诗人。"在欧卡兹集市期间，阿拉伯人常常举行诗歌竞赛，获胜者的诗句被铭刻于麦加克尔白神殿的墙壁之上，称作悬诗。其中有7篇悬诗流传至今，代表了蒙昧时代阿拉伯诗歌艺术的最高成就。诗歌不同于各个部落所操的日常用语，而是超越了部落的界限，成为广为人知和沟通各个部落的通用语言形式。

　　阿拉伯语，是世界上最美的语言之一。阿拉伯人没有辜负上天赐予他们的无与伦比的语言天赋，将阿拉伯语的美发挥到了极致。阿拉伯人喜欢诗歌，擅长诗歌。在那个缺乏真理的时代，阿拉伯各部落的诗人往往会聚集在欧卡兹集市，举行赛诗会。诗会观者甚多，场面壮观。诗人们抑扬顿挫的朗诵和着驼马嘶鸣，别有一番情调。那时的诗，有短诗（麦格图阿）和长诗（格绥达）之别。诗歌的内容丰富，或夸耀张扬部落的高贵谱系，称颂部落辉煌的征战，或表达对情侣的思念，对仇敌的怨恨。麦加克尔白神殿墙壁上的 7 首"悬诗"，被视为阿拉伯诗歌的精品，代表了伊斯兰教产生之前阿拉伯诗歌创作的最高峰。

　　在杳无际涯的沙漠和荒原中，由于生活资源匮乏，阿拉伯人的生活极度艰难。每每遇到天灾人祸，他们被迫离开祖居的家园，四处流浪，过着流离转徙的生活。在很久以前，阿拉伯人便自半岛向周围地区迁徙，历经艰辛，长途跋涉，来到两河流域、叙利亚和埃及一带。从那时开始，人口迁徙的浪潮接连不断，使得阿拉伯半岛的生态环境得以平衡。随着阿拉伯半岛南部的日渐衰落，分布在也门一带的大量定居者离乡背井，涌入北方。与此同时，半岛内陆的部落闻风而动。如潮水般涌出的阿拉伯人，扰乱了半岛周围定居地区的经济生活和社会秩序，给他们带来了不小的麻烦。当时，强大的拜占庭帝国和波斯帝国对此大为惊惧，殚精竭虑要遏制阿拉伯移民浪潮的冲击，相继册封加萨尼部落和莱赫米部落作为藩属，在叙利亚南部和幼发拉底河流域构筑起有力的屏障。阿拉伯半岛周围的政治格局，限制了阿拉伯人的流动。相对过剩的人口无路可走，拥挤在阿拉伯半岛极其有限的生存空间，挣扎于恶劣的环境和死亡的边缘。

　　在蒙昧时代，每天都有鲜活的生命在劫掠和仇杀中逝去。清晨骑着战马离家的勇士，到黄昏时分，他可能就已经以英雄的方式告别了这个世界，只留下一段哀婉动人的传说。在伊斯兰教诞生前夕，阿拉伯人的相互劫掠连绵不断，血族厮杀旷日持久。公元 5 世纪末，生活在半岛东北部的贝都因人巴克尔部落和塔格里布部落之间爆发了一场生死大战，此即著名的"白苏斯战争"，而引发这场战争的竟然只是一峰骆驼。白苏斯是巴克尔部落的成员，她的母驼被塔格里布部落的

首领刺伤，由此祸端顿生。巴克尔部落兴师问罪，塔格里布部落也不甘示弱，双方大动干戈，诗人们则竭尽所能地推波助澜。两个部落相互攻伐长达 40 余年，直至双方精疲力竭之时，方才结束厮杀。

6 世纪末至 7 世纪初，爆发了一场闻名遐迩的战争，即"达希斯和加卜拉战争"。对阵双方为阿布斯部落与祖布彦部落。这场战争起因于一次赛马活动。阿布斯部落的首领有一匹公马，名为达希斯，祖布彦部落的首领有一匹母马，名为加卜拉，两马赛跑，达希斯获胜，祖布彦部落不服，从而引发争端。"达希斯和加卜拉战争"绵延数十年之久，直到伊斯兰教诞生时仍未结束。这场战争中的著名人物安泰莱原本为奴隶，获得自由以后成为英勇的战士和杰出的诗人，他与情人阿卜莱相爱的诗句曾被悬记在麦加克尔白神殿之上，成为流芳百世的佳作。

575 年—590 年，贝都因人凯斯部落联合塔伊夫绿洲的定居者萨奇夫部落，与麦加的古莱西部落以及贝都因人基纳奈部落之间发生战争。相传，莱赫米国王努尔曼·孟迪尔欲派商队前往欧卡兹，并寻找阿拉伯人护送商队进入半岛，基纳奈部落的白拉兹与凯斯部落的乌尔韦为此发生争执，白拉兹杀死了乌尔韦，于是导致双方的战争。这场战争中由于双方曾经在所谓的"禁月"相互仇杀，并且践踏了麦加作为宗教圣地的尊严，被称作"罪恶的战争"。先知穆罕默德早年曾经作为古莱西部落的战士而一度介入这场战争。在希贾兹北部的叶斯里卜绿洲，阿拉伯人奥斯部落与哈兹拉只部落尽管出自同宗，都称自己是凯拉的后裔，却长期处于对立和仇杀的状态。在 617 年发生的"布阿斯之战"中，奥斯部落与哈兹拉只部落的所有氏族以及定居于叶斯里卜的犹太人纳迪尔部落、凯努卡部落、古莱宰部落和贝都因人朱海纳部落、穆宰纳部落都卷入厮杀，交战各方损失惨重。

阿拉伯人在蒙昧之谷过着贫困而血腥的生活。他们无法选择另外的生活方式，他们需要争夺有限的生存资源和必要的生存空间。没有牲畜，没有水源，没有牧场，阿拉伯人就失去了生存的希望，他们面临着饥饿的威胁直至整个部族灭绝的悲惨命运。频繁的劫掠和无情的仇杀淘汰着无路可走的过剩人口，成为当时特定的历史条件下阿拉伯半岛生态平衡赖以维持的必要方式。争夺中的胜利者得以繁衍生息；至于失败者，则将永远消失在苍茫的大漠。连绵不断的劫掠和旷日持久的厮杀，加剧了阿拉伯人内部的矛盾冲突。而正是这种日趋尖锐的矛盾冲突，推动半岛上的阿拉伯人走出蒙昧之谷，走近文明的边缘。

图解珍藏版

世界五千年

赵文博 编

第四卷

辽海出版社

守护麦加

在全世界穆斯林心目中，麦加是一个神圣的名字。每天，虔诚的穆斯林都要朝着麦加的方向礼拜数次，以表达对至仁至慈的安拉的无限敬畏。在先知穆罕默德传布启示之前，麦加深藏在希贾兹南部的一处狭窄的山谷之中，群山环抱，天气酷热，荒凉不毛。在麦加城内，克尔白是受人景仰的建筑。克尔白在阿拉伯语中意为立方体或方形房屋，我国清代学者刘智将其称为"天房"。

自远古以来，阿拉伯人将克尔白视作神灵之所在，朝拜克尔白的人从半岛各地络绎不绝地涌入麦加这个"没有庄稼的山谷"。相传，人类的始祖阿丹（亚当）和哈娃（夏娃）从天国来到尘世以后一度失散，后来在麦加的阿拉法特山重逢；克尔白相传就是在阿丹和哈娃的时代建立的。后来，由于山洪泛滥，克尔白一度遭到毁坏；而易卜拉欣和他的儿子伊斯马仪重建了克尔白。据《古兰经》记载，安拉"为易卜拉欣指定天房的地址"。"易卜拉欣和伊斯马仪树起天房的基础"，"为世人而创设的最古的清真寺，确是在麦加的那所吉祥的天房"。

麦加圣地

麦加的克尔白最初并不宏伟，而只是一处由石块堆砌而成的简单建筑，仅有四壁，既无屋顶也无门窗，作为圣迹的黑石（亦称玄石）嵌放在东南侧的墙角。克尔白内嵌放的黑石，直径约 30 厘米，呈光滑而不规则的椭圆形，上有红色斑点和黄色波纹。相传，黑石是易卜拉欣父子在重建克尔白之时采自麦加附近的阿布·古拜斯山。也有人说，黑石是易卜拉欣父子重建克尔白的时候天使哲布勒伊莱所赐之物。克尔白东北侧 10 余米处有一地下泉水，这就是著名的渗渗泉。相传，易卜拉欣携其妻哈哲尔和幼子伊斯马仪

图解版 世界五千年

阿拉伯哈里发王朝史

一一二九

离开埃及，来到麦加，易卜拉欣将哈哲尔母子安置在一处草棚，便前往耶路撒冷。哈哲尔为了寻找饮水，奔走于赛法和麦尔沃两座小丘之间，往返7趟，不见滴水。在悲怆绝望之时，她发现在所住草棚10余米处涌出清澈的泉水；然而，随着时光的流逝，泉水被沙石覆盖，查无影踪。后来，由于先知穆罕默德的祖父阿卜杜勒·穆塔里布的努力找寻，远古传说中的泉水重见天日，古莱西人欣喜若狂。伊斯兰教诞生以后，这些传说被赋予了神圣的宗教意义，克尔白、玄石、渗渗泉、阿拉法特山及赛法和麦尔沃两丘成为穆斯林在麦加举行朝觐仪式的重要场所。

麦加是古代阿拉伯人的宗教圣地，谁能控制麦加，谁就能够成为当时受尊重的显赫者，因此各部落竞相争夺对麦加的监护权。相传，在易卜拉欣和伊斯马仪重建克尔白之后，贝都因人朱尔胡姆部落移至麦加周围追逐水草，牧养牲畜，并且成为克尔白的监护者。大约在公元3世纪，贝都因人胡扎尔部落将朱尔胡姆部落赶出麦加周围的牧场，自己成为克尔白新的监护者。440年前后，古莱西部落击败胡扎尔部落，一举夺取麦加。古莱西人多为商贾，不事稼穑。古莱西部落初入麦加之时，其部落首领库赛伊重修克尔白，并建起议事厅。古莱西部落来到麦加以后，以经商为生，尤其注重朝圣贸易，不再逐水草而居，成为麦加谷地最早的定居人口。随着定居人口的不断增多，麦加逐渐发展成一个人口较为集中的城市。然而，当时麦加的朝圣贸易规模还非常有限，仍有一定数量的古莱西人没有摆脱游牧的生活状态。

沙漠中的驼队

古莱西人成为麦加的监护者以后，阿拉伯半岛周围的世界并不安宁。自6世纪初开始，拜占庭帝国与波斯帝国频繁交战，两河流域和叙利亚成为双方厮杀的主要战场，连接波斯湾沿岸与地中海世界的国际商路几近中断。与此同时，拜占庭帝国在埃及的统治急剧衰弱，无力继续控制红海水域，海盗随之四起。575年，波斯军队击败拜占庭帝国的盟友埃塞俄比亚人，攻占也门，切断埃及商船经红海进入印度洋的通道。希贾兹尽管坎坷难行，旅途艰辛，但是毕竟远离战乱，处于相对平静的状态。外部区域政治形势的变化，为阿拉伯人重新控制地中海与印度洋之间的过境贸易提供了契机，途经希贾兹的古代商路在历经数百年的衰落之后再度兴起。麦加具有得天独厚的地理条件，南通也门，北及叙利亚，并可向东沿鲁卜哈利沙漠边缘至幼发拉底河下游，向西经舒艾卜港穿越红海进入东非。聪明能干的古莱西人，与商路沿途的许多游牧群体有着良好的合作关系，因此在各条商路畅行无阻。天时地利和古莱西人的不懈努力改变了麦加的命运。

先知穆罕默德时代，麦加人以贸易为生。麦加是希贾兹的贸易中枢，每天都吸引着各方来客。来自拜占庭和来自东非等地的商人云集于此。古莱西部落的商旅驼队频繁地在定居地区与沙漠牧场之间往来穿梭。不辞辛劳的古莱西人有很多时间都是在旅途中度过的，他们的足迹遍及北起叙利亚、南至也门、东到幼发拉底河下游、西达埃塞俄比亚的广大地区。古莱西人年年冬夏两季出行。他们将印度洋沿岸的各种物产转运销往地中海世界，同时还从事定居地区与沙漠牧场之间的产品交易，两种贸易相辅相成，互为补充。

自从古莱西人成为麦加的监护者之后，其人口不断增多，至伊斯兰教诞生前夕，麦加的大部分人口都属于古莱西部落。他们生活在不同的氏族之中，实行以父系为主的婚姻制度。另外，麦加还有一定数量的外来人口，他们与古莱西部落并无血缘联系，是古莱西人的奴隶，或者以受保护者的身份依附于古莱西部落。先知穆罕默德时代，古莱西部落的富人穷奢极欲，贫者苦不堪言。富人排斥近戚贫人、欺凌孤儿弱者和拒绝履行传统义务的现象屡屡发生。地位低下的奴隶是凄凉而悲惨的生灵，他们在恐惧中求生，在战栗中死去。古莱西人控制的麦加酝酿着一场剧变，这将瓦解古莱西人的传统秩序，古莱西人的氏族部落制度将走到生命的尽头，麦加即将告别蒙昧时代进而迎来远大前程。

偶像的黄昏

面对生老病死，面对日升月落，古代阿拉伯人心中充满无限的困惑和惶恐。

于是他们保持着原始的信仰，相信万物有灵，或崇拜日月星辰，或崇拜山石树木。在阿拉伯半岛南部的农业区域，人们往往向天上的星辰顶礼膜拜。在古代阿拉伯人眼中，月神是万神之尊，而太阳神是月神的伴侣，而其他的闪闪繁星则是月神与太阳神的子嗣。为了表达对神灵的敬仰与崇拜，那时的阿拉伯人在其生活的地方建造了许多华丽的庙宇，设置祭坛，焚烧香料以飨诸神。

北方阿拉伯人总是沉浸在自己的过去之中，宗教观念淡薄。他们往往只是盲从传统的风习，尚无笃信神灵的意识。在希贾兹和纳季德，人们崇拜神灵的住所。广袤的旷野之中，荒原满目，零星点缀的泉水象征着生命之源，罕为人见的岩石则常被视作玄妙之物，枝繁叶茂的树木更是足以唤起人们无穷的遐想。因此，古代阿拉伯人崇拜奇异的泉水、岩石和植物。伊斯兰教诞生之前，欧萨、默那、拉特女神在阿拉伯半岛受到无比的尊崇。欧萨的祭坛位于麦加与塔伊夫之间纳赫拉的加卜加卜山洞之前，由三棵阿拉伯胶树组成。默那的祭坛位于麦加以北的古戴德，是一块黑石。拉特的祭坛位于塔伊夫附近的瓦吉山谷，是一块方形的白石。一些部落崇拜旺德、苏瓦尔、叶巫斯、叶欧格、奈斯尔 5 位神灵。相传，上述 5 位神灵原是阿丹时代的著名人物，死后被塑成偶像并受到崇拜。北方阿拉伯人还有崇拜动物的传统风习。

在阿拉伯半岛，麦加的渗渗泉极负盛名，克尔白的黑石更是人们朝拜的目标。然而，麦加的克尔白除嵌放黑石以外，还曾供奉易卜拉欣之像。后来，胡扎尔人在克尔白增设许多崇拜物，其中月神胡巴勒甚至被赋予人的形象。605 年古莱西人重修克尔白时，又在其内增加耶稣像和圣母玛丽亚像。

安拉作为神灵的概念由来已久。伊斯兰教诞生前夕，许多阿拉伯人部落将敬奉安拉作为宗教生活的重要内容。在古莱西人生活的麦加，安拉被视作造物主、最高的养育者、盟誓和契约的守护神、危急时刻的拯救之神。然而敬奉安拉并不排斥多神崇拜；安拉并没有被视作唯一的神灵，而仅仅在诸多的神灵中处于至高无上的地位。阿拉伯人往往将其他神灵视作安拉的子嗣，尤其是将著名的三女神欧萨、默那、拉特视作安拉的女儿。在阿拉伯人看来，至高无上的安拉与尘世的距离过于遥远，地位低于安拉的其他神灵才是真正驾驭尘世的超自然力量。

多灾多难的犹太人在罗马帝国前期，屡遭迫害，不得不离开巴勒斯坦，后来又迁往南方。正是他们为阿拉伯半岛带来了犹太教的火种。然而，犹太人习惯于聚群而居，轻易不与外界联系。犹太人隔绝排外的思想倾向极大地限制了犹太教的传播，希贾兹的阿拉伯人中改奉犹太教者寥若晨星。后来，罗马皇帝君士坦丁派遣基督徒西奥菲拉斯前往也门传教，并在佐法尔建立主教区。继西奥菲拉斯之后，圣徒菲米雍将基督教传人也门北部的纳季兰。纳季兰的基督徒曾经效仿麦加的克尔白建造一所教堂，名为"纳季兰的克尔白"。埃塞俄比亚人统治时期，基督教在也门广泛传播，声势日隆。在半岛内陆，基督教隐修士遍及各地，雅各派和聂斯脱里派的神学思想广为人知。但是，分布在半岛内陆的基督教隐修士毕竟人数较少，而且尚未组织起具有一定规模的宗教团体，因此社会影响微乎其微。

伊斯兰教诞生前夕，偶像崇拜已经出现了危机，多神信仰开始现出流于形式的衰落征兆，模糊的一神教思想初露端倪。先知穆罕默德早年时代，一些阿拉伯人不再满足于传统的多神崇拜，同时又不愿接受外族传人的犹太教和基督教，于是主张恢复和遵循易卜拉欣时代的信仰，并且采取苦修的形式，以求寻找拯救灵魂的正道。

与幸福无关

在宁静的贸易天国麦加，有一位声名显赫的人物，他就是哈希姆，其子阿卜杜勒·穆塔里布是麦加渗渗泉的掌管者，在古莱西部落中也是呼风唤雨之人。相传，阿卜杜勒·穆塔里布曾在克尔白许下心愿，如若育有十子，便仿效先人易卜拉欣，宰杀其中 1 子献祭于安拉，后经族人劝阻，改为宰杀 100 峰骆驼替代，赎回者便是阿卜杜拉。阿卜杜拉命运多舛，他出生以后，哈希姆氏族权势日衰，荣光不再。阿卜杜拉家境贫寒，自幼遍尝人间艰辛。年龄稍长，阿卜杜拉与古莱西部落祖赫拉氏族女子阿米娜喜结连理。然而，由于生活所迫，阿卜杜拉在婚后不久不得不出外谋生，远赴叙利亚贩运货物，返回途中不幸身染重病，客死他乡。阿卜杜拉所遗家产微薄，仅有 5 峰骆驼，少量山羊和 1 个名叫乌姆·赛勒玛的埃塞俄比亚女奴。

阿卜杜拉死后，其子在麦加降生，唤名穆罕默德（意为受到赞誉的人）。在当时的麦加，古莱西人常将刚出生的婴儿送到邻近的游牧部落抚养，让孩子在沙

漠的环境中度过童年，使孩子有强壮的身体、聪明的头脑和宽广的胸怀。先知穆罕默德出生以后，由萨阿德部落的女子海丽麦带至家中抚养，5岁时返回麦加。相传，在此期间，先知穆罕默德曾经被天使剖开胸膛，涤除邪魔。先知穆罕默德6岁时，与其母阿米娜前往叶斯里卜祭奠亡父阿卜杜拉。在返回麦加途中，阿米娜在阿布瓦身患重病，随即撒手人寰，留下孤苦伶仃的穆罕默德。后来，年幼的穆罕默德跟随祖父阿卜杜勒·穆塔里布生活。三年之后，年迈的阿卜杜勒·穆塔里布倏然辞世，穆罕默德再一次经受了失去亲人的痛苦。此后，穆罕默德被寄养在伯父阿布·塔里布家。阿布·塔里布对天资聪颖的穆罕默德宠爱有加，常常授之以生存本领。先知穆罕默德12岁时，曾跟随阿布·塔里布前往叙利亚经商。从此，这个有着与众不同的生活经历的少年开始步入真正的社会，历练人生。在经商之途，先知穆罕默德为秀美的山川、无垠的沙漠、富庶的城市、贫瘠的乡村、绵延不休的战火、一掷千金的富人和贫病交加的穷人深深震撼。相传，他曾经在这次叙利亚之行的途中，在叙利亚南部的贸易重镇布斯拉与基督教隐修士内希拉相遇，内希拉预言先知穆罕默德便是犹太人所期待的使者和基督徒所企盼的继耶稣之后的保惠师。

在艰难的人生旅程中，先知穆罕默德渐渐成长。相传，穆罕默德拥有非凡的本领，可观天象，预报风沙，还对当时附近的其他部落的宗教了如指掌。先知穆罕默德在各种部落战争中得到锻炼，以后开始在麦加的政治舞台上崭露头角。在先知穆罕默德25岁之时，受到古莱西部落诺法勒氏族的富孀赫蒂彻的青睐，并为她做事。随后，先知穆罕默德再次前往叙利亚经办商务，最终赢利而归。共同的工作和生活经历使25岁的穆罕默德与40岁的赫蒂彻走到了一起。婚后，先知穆罕默德生活状况渐趋好转，家境殷实，再无需为了生计而奔波劳碌。先知穆罕默德与赫蒂彻生有两男四女。《古兰经》曾经提及先知穆罕默德的早年经历："难道他没有发现你伶仃孤苦，而使你有所归宿？他曾发现你徘徊歧途，而把你引入正路；发现你家境寒苦，而使你衣食丰足。"这些启示乃是先知穆罕默德早年经历的真实写照。

在希拉山的冥思

　　麦加以北大约 10 公里处有座山，名唤希拉山，山的半腰有个狭窄的洞穴。先知穆罕默德在 40 岁前的若干年中，常于禁月（即后来伊斯兰历 9 月，亦称来埋丹月）期间到希拉山洞静居隐修，沉思冥想，寻求真正的信仰。年复一年，不舍昼夜。相传，在 610 年的一个夜晚，安拉的启示开始降临。当夜，先知穆罕默德正在希拉山洞内沉睡，天使哲布勒伊莱出现在他的面前，要他宣读如下启示："你应当宣读，你的主是最尊严的，他曾教人用笔写字，他曾教人知道自己所不知道的东西。"这个夜晚就是后来所谓的"高贵的夜晚"，后来的穆斯林则称这个夜晚为"受权之夜"，并在每年的这个夜晚举行纪念活动。不过，由于事出突然，穆罕默德惊出一身冷汗，醒来之后，即刻赶回家中。从"高贵的夜晚"起，先知穆罕默德开始了传布启示的生涯。在天使第二次要求先知穆罕默德传布启示之时，赫蒂彻当即表示信奉安拉，承认穆罕默德是先知。妻子的支持使先知穆罕默德信心倍增。

　　从 610 年至 622 年，先知穆罕默德在麦加以先知的名义传布启示。开始，穆罕默德在古莱西部落内部宣扬自己的主张，麦加时期的启示，首先是阐述独尊安拉的宗教信条，强调安拉是万物的本原和唯一真实的永恒存在。安拉一词在阿拉伯语中本意为特指的神灵，中国穆斯林多将安拉称作真主。前伊斯兰时代的阿拉伯人往往将安拉视为诸神之首，麦加时期的启示则认为安拉是唯一的神灵，其余诸神皆系蒙昧者的虚构，并非真实的存

希拉山洞口山石

在。《古兰经》称："你说，他是安拉，是独一的主；安拉是万物所仰赖的；他没有生产，也没有被生产；没有任何物可以做他的匹敌。"麦加时期的启示屡屡抨击多神崇拜的传统信仰，突出了安拉的独一性和至尊地位，明确了一神信仰的宗教观念。在强调安拉具有独一性的基础上，麦加时期的启示阐述了安拉的权威性。安拉的权威性，在于创造日月星辰和自然界的一切，赋予生命并且降临

死亡。

《古兰经》称："他凭真理创造了天地……他用精液创造了人……他创造了牲畜……他从云中降下雨水……他为你们而生产庄稼、油橄榄、椰枣、葡萄和各种果实……他为你们而制服了昼夜和日月……他在大地上安置许多山岳，以免大地动荡……"安拉的权威性，在于安拉无所不知，主宰尘世和天使的世界。"天地的国权归安拉所有，安拉对于万事是全能的。""他是宰制众仆的。他是至睿的，是彻知的。"麦加时期的启示，还阐述了安拉的仁慈性，说安拉恩泽于人类，赐福于芸芸众生，世人无时无刻不在享受着安拉的恩惠。《古兰经》又说："他创造了牲畜，你们可以其毛和皮御寒，可以其乳和肉充饥，还有许多益处。你们把牲畜赶回家或放出去吃草的时候，牲畜对于你们都有光彩。牲畜把你们的货物驮运到你们需经困难才能到达的地方去。你们的主确是至仁的，确是至慈的……安拉负有指示正道的责任。有些道路是偏邪的，假若他意欲，他必将你们全体引入正道……他制服海洋，以便你们渔取其中的鲜肉，做你们的食品；或采取其中的珠宝，做你们的装饰……如果你们要计算安拉的恩惠，你们是无法统计的。"《古兰经》中曾经提及安拉所特有的 99 种属性，其中出现次数最多的便是仁慈的属性；《古兰经》的 114 章皆以"奉至仁至慈的安拉之名"作为开端。另外需要说明的，是关于安拉的形象问题。根据麦加时期的启示，安拉乃是无始无终和无形无象的超自然的存在。

《古兰经》

安拉不仅创造万物，而且具有毁灭世界的力量；现实的世界是短暂的和终将毁灭的，短暂的现实世界毁灭之后，便是永久的彼岸世界。现实的世界毁灭之际，便是末日来临的时刻。那时，苍穹破裂，群星飘坠，日月相会，海水倒流，大地震荡，山岳消失。随着世界的毁灭，死者的灵魂将悉数复活。"此后，你们必定死亡。然后你们在复活日必定要复活。""当穹苍破裂的时候，当众星飘坠的时候，当海洋混合的时候，当坟墓被揭开的时候，每个人都知道自己前前后后所做的一切事情。"

灵魂复活是末日审判的条件，而末日审判则是灵魂复活的目的。"你们应当敬畏你们的主，你们应当畏惧那一日，父亲对于儿子毫无裨益，儿子对于父亲也毫无神益。""行一个小蚂蚁重的善事者，将见其善报；做一个小蚂蚁重的恶事者，将见其恶报。"复活的灵魂经过末日的审判，分别在天园或地狱找到自己的永久归宿。遵行天命的人将在天园之中享受优厚的报酬，而漠视天命者的最终结局则是在地狱之内遭受刑罚的折磨。"敬畏者必定要住在安全的地方——住在乐园之中，住在泉源之滨，穿着绫罗绸缎，相向而坐……将安全地索取各种水果。他们在乐园中，除初次的死亡外不再尝死的滋味。"地狱的情景则与天园形成鲜明的对比，是恐怖的去处。"不信道者，将一队一队地被赶入火狱"，"他们的上面，有层层的火，他们的下面，也有层层的火"。烈火整日烧灼着他们的肌肤，烧过一层以后，另换一层再烧。另外，在天园与地狱之间，有一个不定的空间，名为"高处"。"他们中间将有一个屏障。在那个（屏障）的高处将有许多男人，他们借双方的仪表而认识双方的人，他们喊叫乐园的居民说：'祝你们平安！'他们羡慕乐园，但不得进去。当他们的眼光转向火狱的居民的时候，他们说：'我们的主啊！求你不要使我们与不义的民众同住。'。"

安拉在创造人类之前，首先创造了天使的世界。天使作为安拉的创造物，按照安拉的旨意各司其职，其中最重要的四大天使是传授安拉启示的哲布勒伊莱、观察宇宙的米喀勒伊莱、掌管死亡的阿兹勒伊莱和在世界末日吹响号角的依斯勒伊莱，易卜利斯则是天使中的恶魔。天使数目繁多，遍布天上人间，但是不为世人所见。伊斯兰教虽然强调信奉天使的存在，但是绝无崇拜天使之意。天使如同世人一样，皆为受造之物，受崇拜者唯有安拉。另外，安拉要求众天使向人类的始祖阿丹叩头，只有易卜利斯抗命不遵，这说明先知的地位高于天使。

安拉曾经派遣众多的先知，引领世人皈信真理。"我在每个民族中，确已派遣一个使者，说'你们当崇拜安拉，当远离恶魔'"。"在你之前，我确已派遣许多使者，他们中有我已告诉你的，有我未告诉你的。"先知不同于天使，他们仅仅是肉体之躯的凡夫俗子，各有妻室儿女，不免于生老病死。因此，先知穆罕默德常将自己称作负有传布启示之使命的凡人。历代先知曾经多次显示奇迹，用以劝化世人。然而，奇迹的显示乃是出自安拉的意愿，并非证明先知具有超人的力量。"任何使者，不应昭示迹象，除非获得安拉的许可。"诸多的先知或以行为树立楷模，或以启示传布众生，其地位不尽相同。阿丹、努哈、易卜拉欣、穆萨、尔撒、穆罕默德是25位先知中最重要的先知，穆罕默德更因负有教化全人类的神圣使命而被称作"封印的先知"。

艰难时世

先知穆罕默德也不能仅仅通过冥然兀坐实现雄图大业，他的传教之路充满艰辛与磨难。突如其来的启示，赋予先知穆罕默德以劝化世人皈信真理的神圣使命，这意味着伊斯兰教的诞生。伊斯兰（al－Islām）系阿拉伯语音译，原意为"顺从"。意为信仰者应尊信安拉独一至上，主宰万物。信奉伊斯兰教者通称为"穆斯林"（Muslim），即顺从者。然而，在当时的麦加，他并无显赫的地位，人微言轻。因此，启示的传布在麦加时期经历了十分艰难的历程。最初，先知穆罕默德只是向他的家人讲述启示的内容。赫蒂彻对于他讲述的启示深信不疑，首先皈依伊斯兰教。不久，先知穆罕默德的义子栽德·哈里萨和他所抚养的堂弟阿里也加入了伊斯兰教皈依者的行列。在先知穆罕默德的家室之外，第一个皈依伊斯兰教的人是古莱西部落泰姆氏族的阿布·伯克尔。阿布·伯克尔是先知穆罕默德受命传布启示以前的挚友，两人素来过从甚密。或许由于阿布·伯克尔的影响，古莱西部落菲赫尔氏族的阿布·欧拜德、祖赫拉氏族的赛耳德·阿比·瓦嘎斯和阿卜杜勒·拉赫曼·奥夫、阿萨德氏族的祖拜尔·阿沃姆、泰姆氏族的泰勒哈·欧拜杜拉、麦赫朱姆氏族的阿尔卡姆相继皈依伊斯兰教。先知穆罕默德经常与阿布·伯克尔等人在阿尔卡姆的家中秘密聚会，史称"阿尔卡姆会"。后来的穆斯林将"阿尔卡姆会"尊称为"伊斯兰之家"。

先知穆罕默德在最初的 3 年中只是采取秘密的方式，在极其有限的范围内传布启示，皈依伊斯兰教者寥若晨星。大约在 612 年，先知穆罕默德颁布安拉的启示："你应当公开宣布你所奉的命令，而且避开以物配主者。"新的启示标志着先知穆罕默德开始改变最初的秘密传教方式，公开以安拉的名义要求世人放弃原有的信仰和皈依伊斯兰教。此后，他曾经将哈希姆氏族的成员邀至家中，向他们讲述安拉的启示，希望哈希姆氏族率先皈依伊斯兰教。虽经几次努力，但是收效甚微。尽管如此，毕竟有一些人接受了先知穆罕默德传布的启示，加入伊斯兰教皈依者的行列。

先知穆罕默德在麦加时期传布的启示，最初的内容只是强调安拉的威严，并未提及独尊安拉和末日审判的宗教思想。其实，阿拉伯人早已把安拉视作宇宙万物的创造者，崇拜安拉的宗教概念并非先知穆罕默德首次提出。在伊斯兰教诞生前夕，麦加以及叶斯里卜和塔伊夫等地开始出现追求一神崇拜的宗教思想，哈尼夫的主张和行为已经被人们所熟知。因此，先知穆罕默德在麦加传布启示的初期，显然无需向人们解释造物者安拉的存在，文献资料也没有提及对于崇拜安拉的抵制行为。在麦加，不信伊斯兰教的古莱西人并没有指责先知的言论。但是在后来的启示中，先知穆罕默德明确指出崇拜偶像而不崇拜安拉是可恶的行为，并且说到他们的祖先因为不崇拜安拉而在地狱中遭受惩罚，于是古莱西人开始对先知穆罕默德采取敌视的态度。显然，通过攻击偶像崇拜而倡导独尊安拉的宗教思想，是许多古莱西人抵制先知穆罕默德的首要原因。

古莱西人对灵魂复活和末日审判的内容非常反感，进而抵制先知穆罕默德。在当时的麦加以至阿拉伯半岛的许多地区，尚未形成灵魂不朽和彼岸世界的宗教意识，阿拉伯人往往将人的躯体视作生命的本原，死亡意味着肉体与灵魂的同时消失。根据先知穆罕默德所传布的启示，死者的躯体在地下经过长久的腐烂而其灵魂却在未来得以复活，这种观念在大多数人看来是匪夷所思和无法接受的。因此，许多古莱西人否认和攻击先知穆罕默德关于灵魂复活和末日审判的宗教宣传。他们认为灵魂复活和末日审判的启示纯属蛊惑人心的鬼话，声称这些启示来自先知穆罕默德的幻觉。

由于先知穆罕默德并不具有高贵的出身，也没有显赫的地位，他忽然自称是安拉的使者，许多古莱西人对此不以为然。有些古莱西人认为，先知穆罕默德只是一个伪先知，他所传布的启示并不是出自安拉的语言，而是假借安拉的名义编造的谎话。在他们看来，先知穆罕默德并不具备接受启示和引领世人的资格，他只不过是一个身世贫寒而微不足道的平常人。

抵制伊斯兰教的古莱西人大都是麦加社会上层的富商巨贾和权贵人物，在当时的麦加颇为显赫的麦赫朱姆氏族和舍姆斯氏族是抵制伊斯兰教的主要社会势力，对先知穆罕默德更是冷嘲热讽，恶语相加。麦赫朱姆氏族的首领韦立德·穆吉拉、阿布·贾赫勒和舍姆斯氏族的首领阿布·苏福彦是抵制伊斯兰教的核心人物，他们处处与先知穆罕默德作对，因为先知穆罕默德传布启示的行为危及到了他们的利益。不过，古莱西人抵制伊斯兰教的方式，大都局限于比较温和的、非暴力的攻击行为。其中，言辞的攻击是抵制伊斯兰教的首要方式。古莱西人阿布·贾赫勒、阿布·苏福彦、阿慕尔·阿绥等经常嘲讽和诽谤先知穆罕默德，指责他是冒充圣贤的骗子、占卜的巫师、精灵附体的诗人、被恶魔迷惑的疯子，声称他传布的启示不过是古代神话传说的翻版，并且煽动其他人辱骂和恐吓先知穆罕默德及其追随者。

先知穆罕默德的执著为他赢得了越来越多的支持者，一些权贵不得不采用收买和利诱的方式抵制伊斯兰教。古莱西人韦立德·穆吉拉等曾经多次与先知穆罕默德私下协商，向他许诺颇为可观的财富和相应的社会地位，劝说他在传布启示的时候取消攻击偶像崇拜的内容，乞求他在独尊安拉的信条方面做出让步，均遭先知穆罕默德的拒绝。古莱西的上层人士见收买不成，不惜采取暴力攻击的手段试图迫使先知穆罕默德就范。不过，暴力大都用来迫害与古莱西部落没有血缘联系的伊斯兰教皈依者。奴隶出身的比拉勒和阿米尔曾经由于追随先知穆罕默德而备受主人的残酷折磨，哈帕尔部落成员阿布·泽尔也曾由于皈依伊斯兰教而在麦加遭到古莱西人的袭击。然而，身为古莱西部落各个氏族成员的伊斯兰教皈依者，很少受到暴力攻击的威胁。血亲复仇的传统习俗，限制着氏族之间的暴力行为。古莱西人阿布·苏福彦等曾经要求哈希姆氏族的首领阿布·塔里布将先知穆罕默德交给他们处置。阿布·塔里布尽管并不信奉伊斯兰教，但是却将保护本族成员的安全视为己任，因而拒绝了阿布·苏福彦等人的无理要求。先知穆罕默德又逃过一劫。

尽管如此，毕竟古莱西人抵制日甚一日，先知穆罕默德及其追随者在麦加孤立无援，处境相当艰难。有十多名伊斯兰教皈依者不堪忍受折磨而弃家出走，西渡红海前往埃塞俄比亚，寻求那里的基督徒的庇护。之后，陆续有更多的伊斯兰教皈依者移居埃塞俄比亚。622 年先知穆罕默德迁往麦地那之后，这些逃亡的皈依者才回到他的身边。

反对伊斯兰教者自然不肯善罢甘休。616 年，抵制伊斯兰教的古莱西人组成联盟，共同制裁哈希姆氏族，企图迫使以阿布·塔里布为首领的哈希姆氏族放弃对先知穆罕默德的保护。因此，他们断绝与哈希姆氏族成员之间的通婚和贸易交往。古莱西部落其他氏族对哈希姆氏族的制裁持续了 3 年之久。在此期间，哈希

姆氏族被迫避于麦加一隅，处于极度窘困的境地。然而，哈希姆氏族顶住了制裁的压力，阿布·塔里布始终没有放弃对先知穆罕默德的保护。619年，制裁哈希姆氏族的联盟解体，抵制伊斯兰教的古莱西人策划的阴谋未能得逞。

620年，是先知穆罕默德难以忘怀的一年。在这一年内，他失去了两位最重要的亲人：他的妻子赫蒂彻撒手人寰；随后，一直保护他的伯父阿布·塔里布也不幸归西。先知穆罕默德感到更加孤独无助。哈希姆氏族的新首领阿布·拉哈布虽然是先知穆罕默德的叔父，却与抵制伊斯兰教的古莱西人交往甚密，对先知穆罕默德素怀敌意，屡屡恶语中伤穆罕默德。《古兰经》"麦加篇"曾将阿布·拉哈布称作"焰父"，诅咒他和他的妻子难逃火狱的惩罚。阿布·拉哈布拒绝保护先知穆罕默德，迫使先知穆罕默德一度出走塔伊夫，而后不得不求助于古莱西部落诺法勒氏族的暂时庇护。形势的骤变，使先知穆罕默德在麦加几乎身陷绝境，初兴的伊斯兰教面临夭折的危险。

尼罗河畔的宣礼

穆斯林在即将完成对叙利亚的征服的同时，开始了对埃及的征服。就是从那时候开始，直到千百年之后的今天，埃及成了穆斯林的世界；蒙着面纱的阿拉伯妇女美丽的身姿在尼罗河的柔波里荡漾，此起彼伏的宣礼之声，诉说着在这块土地上流传千年的往事。埃及是地中海沿岸重要的粮食产地，素有"拜占庭帝国的粮仓"之美誉，并且与阿拉伯半岛有着传统的贸易往来，是哈里发国家梦寐以求的猎取目标。与此同时，拜占庭帝国的军队虽然在叙利亚战场屡战屡败，但是它在埃及尚有较强的实力；拜占庭舰船常常从埃及的亚历山大里亚驶出，袭击叙利亚西部的沿海地带，是穆斯林的心腹之患。因此，只有征服埃及，才能保护穆斯林在叙利亚取得的胜利果实。然而，叙利亚的战事尚未完全结束，哈里发国家无暇开辟新的战场。因此，进攻埃及的军事行动，最初并非出自哈里发的意愿，而是出自阿慕尔·阿绥的个人野心。

阿慕尔·阿绥出身于古莱西部落舍姆斯氏族，即倭马亚氏族，足智多谋，勇猛善战，早年曾经多次跟随麦加商队进入埃及，深谙尼罗河流域的地理和风习。

在穆斯林征服叙利亚的过程中，阿慕尔·阿绥未能像哈立德·瓦里德那样出尽风头，也没有像阿布·欧拜德等人那样被委以重任。阿慕尔·阿绥与其他将领争雄心切，急欲开辟新的战场，建功立业。在638年欧默尔巡视耶路撒冷期间，才高志远的阿慕尔·阿绥请求哈里发允许他率军进攻古代法老

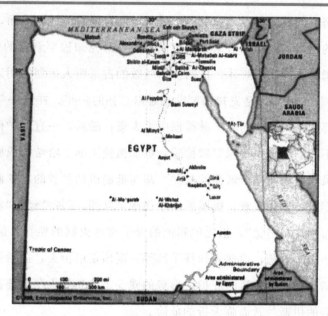

埃及地形图

曾经统治的地方。欧默尔似乎勉强同意了阿慕尔·阿绥的请求，但是表现得十分冷淡。或许，在哈里发看来，穆斯林远离故土去进攻埃及过于冒险了，因此告诫阿慕尔·阿绥：倘若他的军队在踏上埃及的土地之前接到撤军的命令，务必停止前进，如果此时穆斯林已经进入埃及境内，一切行动可由阿慕尔·阿绥自行决定。

　　639年底，穆阿威叶承袭其兄叶齐德·阿比·苏福彦的职位，出任叙利亚总督。阿慕尔·阿绥不肯屈居穆阿威叶之下，于是从凯撒利亚城下擅自撤军，在缺乏充足兵员的情况之下，率领3500余名骑兵，沿着地中海东岸的古代商路西进，越过阿里什，攻入埃及。640年1月，阿慕尔·阿绥首战告捷，攻占埃及东部门户菲尔马仪。2月，穆斯林再次击败拜占庭守军，夺取尼罗河东岸重镇比勒贝斯，威逼埃及腹地。随后，阿慕尔·阿绥绕过拜占庭帝国重兵防守的巴比伦堡，即古代的孟菲斯，挥师南下，进入上埃及的法尤姆地区，骚扰乡村，劫掠财物，伺机攻袭拜占庭守军。不久，先知穆罕默德曾经以天园相许诺的十大圣门弟子之一祖拜尔·阿沃姆，奉欧默尔之命，率领12000余人进入埃及，兵抵巴比伦堡附近的艾因·舍姆斯。于是，阿慕尔·阿绥率军离开法尤姆，返回尼罗河东岸，与祖拜尔·阿沃姆会师。

640 年 7 月，阿慕尔·阿绥指挥穆斯林军队将拜占庭军队诱至旷野并发起猛攻，一战即胜，夺取艾因·舍姆斯，进而完成了对巴比伦堡的包围。巴比伦堡是拜占庭帝国在埃及驻军的主要营地，城池固若金汤，易守难攻，穆斯林以骑兵为主，擅长野战，面对坚固的城池却无计可施。双方僵持数月，谁也没有贸然出击，还曾遣使议和。被围困在城内的埃及总督居鲁士派遣的议和使节目睹了穆斯林的风采，感触极深。他向居鲁士讲述了穆斯林的情形："我亲眼看到一群人，据他们中的每个人看来，宁愿死亡，不愿生存，宁愿显赫，不愿屈辱；在他们中的任何人看来，这个世界毫无吸引力。他们只坐在地上，他们在两膝上吃饭。他们的长官，像他们的一分子：下级与上级无差别，奴隶与主人难分辨。到礼拜的时候，任何人不缺席，大家盥洗完毕后，都毕恭毕敬地做礼拜。"居鲁士接受了穆斯林缴纳贡税的议和条件，欲弃城投降。但是，拜占庭皇帝希拉克略拒不批准，并且以通敌卖国的罪名放逐居鲁士。641 年 4 月，阿慕尔·阿绥下令攻城，进军的号角响彻云霄，穆斯林战士填平城下的壕沟，攀上城墙，一举夺取了巴比伦堡。

攻克巴比伦堡之后，穆斯林在埃及一往无前，开始全面扩大军事行动的范围。阿慕尔·阿绥率军向尼罗河三角洲发动一系列攻势，夺取尼丘和卡里乌姆，兵抵亚历山大里亚。亚历山大里亚号称地中海东部的一颗明珠，位于尼罗河的入海处，是当时埃及的首府，也是整个拜占庭帝国中仅次于首都君士坦丁堡的第二大城市。这里是拜占庭帝国的主要海军基地，停泊着大量的舰船。守卫这座城市的拜占庭驻军据称达 5 万之众，装备精良，训练有素。相比之下，穆斯林不仅在人数上处于明显的劣势，而且不谙水战，没有舰船，缺乏攻城机械。阿慕尔·阿绥虽然屯兵城下，却久攻不克，只好返回巴比伦堡。

然而，埃及的形势不久就出现了转机。拜占庭帝国皇帝希拉克略在君士坦丁堡绝尘而去，一命归天，其子君士坦斯二世继承拜占庭帝位，重新起用居鲁士出任亚历山大里亚主教和埃及总督。居鲁士官复原职以后，无意继续抵御穆斯林的攻势，于 641 年 11 月在巴比伦堡与阿慕尔·阿绥签订和约，向哈里发国家称臣纳贡。642 年 9 月，拜占庭皇帝君士坦斯二世批准上述和约，拜占庭军队从海路撤离埃及，阿慕尔·阿绥率军进入亚历山大里亚。亚历山大里亚是穆斯林征服的最大的城市，久居半岛的阿拉伯人从未见过城内如此精美的宫殿和教堂。阿慕尔

·阿绥在给欧默尔的捷报中写道:"我已经夺取了一座城市,我不加以描绘。我这样说就够了,城里有 4000 座别墅、4000 个澡堂、4 万个纳人丁税的犹太人、400 个皇家的娱乐场所。"然而,欧默尔似乎并不欣赏阿慕尔·阿绥,也不信任他。因此,埃及的战事刚刚结束,哈里发欧默尔便将阿卜杜拉·赛耳德派到这里,掌管尼罗河流域的税收。阿慕尔·阿绥对此极为不满,声称"我将成为紧握母牛角而让别人挤奶的角色",随后愤然离职。645 年底,亚美尼亚血统的拜占庭将领曼努埃尔率战船 300 艘攻占亚历山大里亚以及苏勒塔斯、比勒贝斯诸城,埃及告急。646 年初,阿慕尔·阿绥再度出任埃及总督,驱退入侵的拜占庭军队,平定尼罗河三角洲诸地的骚乱,并且将亚历山大里亚坚固的城墙夷为平地。

埃及以西是柏柏尔人生活的地区,其东部称作易弗里基叶,西部称作马格里布,均为拜占庭帝国的辖地,埃及的陷落,使拜占庭帝国丧失了据守这一地区的屏障。642 年底,阿慕尔·阿绥自亚历山大里亚移师西进,攻入彭塔波利斯,即昔兰尼加,占领伯尔克,降服柏柏尔人鲁瓦塔部落。接着,阿慕尔·阿绥遣部将欧格白·纳菲从伯尔克出发,向西攻至费赞。647 年,继阿慕尔·阿绥之后,出任埃及总督的阿卜杜拉·阿比·萨尔赫与努比亚人签订和约,保证了埃及暂时无战事。

通向美索不达米亚之路

从波斯湾南端直到死海,绵延着茫茫戈壁,没有道路也没有川流,荒凉而萧索。再往北,则完全是另一番景象:平原绿草丛生,布满了翠绿的树木;鲜花艳丽,鸟儿啁啾,带翅生灵嗡嗡鸣叫,这就是位于大马士革和底格里斯河之间绵延数千里的草原。在更远的北方,沙漠逐渐消失,小亚细亚的山谷连绵起伏。幼发拉底河流经巴比伦的整个地区,在其下游地区与底格里斯河汇合,而底格里斯河沿着山脉把伊拉克的阿拉伯地区与波斯地区截然分开。在这两河之间的地区便是著名的美索不达米亚。

幼发拉底河与底格里斯河在距离波斯湾很远的地方就开始互相靠拢;但是,并没有汇合到一起,而是保持着分离的状态,在相隔 240 公里左右的距离平行流动，平行流动的两河中间形成一个平原。这个地区到处都是山丘和古代灌溉引水渠遗留下来的土墩，处处散落着砖块和陶器的碎片，留下古老而苍凉的遗迹。然而，这片土地并非一块贫瘠的废地，它十分富饶。在底格里斯河上，在两条大河刚刚开始互相靠拢的地方就是麦达因，即"双城"（由塞琉西亚和泰西封两城构成），那时麦达因是波斯的首都。

伊拉克位于沙漠和波斯山脉之间，是文明和艺术的摇篮。早在 633 年初，穆斯林军队就已经踏上了这片美丽而富庶的土地。阿喀拉巴战役结束以后，叶麻麦被纳入哈里发国家的版图。分布在叶麻麦以东的阿拉伯人，是已改奉伊斯兰教的舍伊班部落成员；他们在其首领穆萨纳·哈里萨的率领下，将攻击的矛头转向东方，移入幼发拉底河西岸，占领卡提夫。633 年 3 月，哈立德·瓦里德完成了对叶麻麦的征服之后挥师东进，与穆萨纳·哈里萨会师，向幼发拉底河西岸尚且信奉异教的阿拉伯人发动攻势，一路所向披靡，无往不胜，希拉不战自降。随后，穆萨纳·哈里萨屯兵希拉，哈立德·瓦里德挥师北上，攻占幼发拉底河沿岸重镇安巴尔和艾因·塔姆尔，逼近贾巴勒·比什尔。此时，伊拉克的战事主要是来自半岛的穆斯林阿拉伯人与土著的异教阿拉伯人之间的冲突，波斯军队尚未介入双方的厮杀。哈立德·瓦里德的行军路线，只是在沿阿拉伯沙漠东侧至幼发拉底河之间的地带自南向北推进，并伺机退入沙漠深处，而无意攻克伊拉克腹地。

634 年夏，"安拉之剑"哈立德·瓦里德奉哈里发之命撤离伊拉克战场，率领数百名穆斯林勇士星夜驰援叙利亚前线。此时，波斯将领鲁斯塔姆乘虚而入，自伊拉克腹地调集重兵，逼近幼发拉底河。穆萨纳·哈里萨没有充足的兵员，又缺乏哈立德·瓦里德那样的军事才能，无力抵御波斯大军的攻势，只好放弃希拉诸城，退守沙漠，并遣使向哈里发告急，请求增援。不久，阿布·乌巴德率领援军抵达伊拉克边境，与穆萨纳·哈里萨会师。634 年底，穆斯林在希拉北侧越过幼发拉底河，与波斯军队发生激战。阿布·乌巴德及数千名穆斯林在幼发拉底河东岸殒身不恤。穆萨纳·哈里萨侥幸生还，率残部退守乌莱斯。635 年，更多的阿拉伯人从阿拉伯半岛东南部和纳季德高原相继抵达半岛东侧的沙漠边缘，穆斯林军队人数剧增。在伊拉克战场，波斯人的优势不再明显，不断涌入的阿拉伯人和波斯人逐渐形成对峙状态。

635 年 11 月，穆萨纳·哈里萨早已按捺不住，率领穆斯林战士发动进攻，

在幼发拉底河西岸的布瓦卜迎战波斯大军。波斯军兵分三路，以大象为先锋，每一头大象都有一队步兵在前面保护，喧闹而嘈杂。当时恰逢斋月，穆斯林应当斋戒；但由于有特殊情况，军队免除了斋戒的义务。穆萨纳·哈里萨骑着他钟爱的良驹在前线巡查。他对他的士兵说："今天，你们的勇气将会成为格言。保持死一样的沉寂，如果你们要相互讲话，就小声点；今天，我们谁也不许退缩。我不想为自己争什么荣誉，我只想为你们所有人争取。"他的讲话得到了士兵肯定的回应。然而，在穆斯林军队尚未准备好进攻的时候，波斯大军已经如潮水一般涌来。穆斯林的先锋部队几乎被冲垮了，所幸的是穆斯林很快稳住阵脚，奋力与波斯军队拼杀。

最后决战的时刻已经到了，穆斯林军队包围了敌人的侧翼，转而向中心冲击。波斯军队迅速溃退。

战场上的阿拉伯人与波斯人

对于穆斯林而言，这次胜利非同寻常，因为在某种程度上要归功于基督教部落的英勇。一群贝都因商人去卖马，他们的穿着跟穆斯林士兵一样，很偶然地，他们混到正在战斗的穆斯林军队中去了。这群贝都因商人中的一名年轻人冲进波斯军队的中心，杀了波斯军队的指挥官米赫兰，并骑上他华贵的战马往回飞奔，当他穿过欢呼的穆斯林军队的时候，大声喊道："我是台格里卜人，是我杀了他们的指挥官。"穆斯林军队虽然赢得了战斗，但损失同样惨重。穆萨纳哀悼一位在战场上受伤致死的兄弟时，哭道："升起巴克尔部落的旗帜吧，安拉会赞颂你的，我的兄弟；不要让我的堕落妨碍你！"基督教部落酋长有相似的遭遇。穆萨纳主持了为他兄弟和其他阵亡的士兵举行的葬礼，在悼词中，他说："他们的坚强使我感到欣慰；他们毫不退缩；现在他们战死沙场，是布瓦卜的烈士。"布瓦卜战役之后，穆斯林重新占领希拉、安巴尔和艾因·塔姆尔等地，并且越过幼发拉底河，逼近波斯帝国首都麦达因。波斯帝国往日将阿拉伯人视同草芥，如今却被他们杀得人仰马翻，朝野震动。波斯权贵鲁斯塔姆气急败坏，立即调重兵发动反攻，穆斯林遂退居幼发拉底河西岸。

在伊拉克的穆斯林本来就不多，经过几次交锋，穆斯林战士又有所损失，因此，穆萨纳可以调用的兵力少得可怜。于是，穆萨纳给欧默尔送去急报，称新的威胁全面来到。哈里发勇敢地面对这一危机："我以安拉的名义起誓，我将用阿拉伯国王之剑打败傲慢的波斯国王。"欧默尔决定攻下当时波斯的首都麦达因，为了这个宏伟的目标哈里发又征集了一支大军。于是，阿拉伯半岛再次回荡起征兵的号召。来自南方的部落集中到麦地那哈里发那里；而北方的部落为了节省时间，直接奔赴伊拉克。所有工作安排妥当以后，欧默尔动身前往麦加，履行一年一度的朝觐义务。自麦加回来以后，他来到麦地那城外的兵营处理军务。有人提议哈里发御驾亲征，平定伊拉克，但圣门弟子对此坚决反对。他们认为，如果欧默尔在战场上失利，后果不堪设想；要是坐镇麦地那，就算时运不济，他还可以将穆斯林战士一支又一支地输送到前线。哈里发欧默尔最后选择了留守麦地那，但是他一刻也没有停歇，努力为前线服务，有力地推动了哈里发国家的征服运动。

636年初，先知穆罕默德曾经以天园相许诺并誉为"雄狮"的著名圣门弟子赛耳德·阿比·瓦嘎斯，奉哈里发欧默尔之命，率领4000余名穆斯林战士自麦地那开赴伊拉克前线。这是哈里发派往伊拉克战场的"第一支真正的征服队伍"。"欧默尔没有留下一个重要的人，不论是部落首领、战士，还是诗人、演说家，直到拥有马匹和武器的所有人；他把他们都派到了伊拉克。"赛耳德·阿比·瓦嘎斯在经纳季德前往伊拉克时，沿途不断募集兵员，许多部落的战士纷纷前来应征。到达伊拉克时，赛耳德·阿比·瓦嘎斯的部众已达3万余人。赛耳德·阿比·瓦嘎斯将军队集结于幼发拉底河西岸的乌宰布一带，与鲁斯塔姆率领的波斯大军隔河对峙达数月之久。

与此同时，赛耳德与欧默尔保持着密切的联系。哈里发要求赛耳德时刻警惕，并要有耐心。欧默尔还交给赛耳德一个特殊的任务，那就是要在打败波斯之后，让叶兹德吉尔德带着他的人皈依伊斯兰教。肩负着这个使命，二十位仪表堂堂的阿拉伯勇士穿过平原，来到麦达因的城门外。勇士们被带往朝廷的路上，波斯人嘲笑阿拉伯人粗俗落后的装扮。阿拉伯人穿着有条纹的毛织品，手持简陋的武器，与这座辉煌华丽的帝国城市相对照，显得那么滑稽。然而，那些狂妄的波斯人却没有想到不幸很快就会降临到他们头上。"看啊！"他们叫喊，嘲笑，"看他们那些女人用的纺纱杆"——贝都因人挂在肩上的一种弩。当这群士兵进入城区时，良驹的嘶鸣与骑士们的英勇和野性使波斯国王和他那些无能的贵族们不寒而栗。叶兹德吉尔德让翻译问阿拉伯人为何敢于入侵他的王国，但并没有挑衅的意思。阿拉伯使者告诉他先知如何改变了半岛，以及伊斯兰教的恩赐和义务。"皈依伊斯兰教吧"，他们说，"那样你就与我们平等；要不然你们也可以进贡，接受我们的保护；如果这两个要求你都拒绝，你们王国的日子也就不多了"。国王轻蔑地回答："没用的，没有用！你们从一无所有的土地上历尽艰险前来，不就是因为饥饿么？来，我给你们点东西，你们就会满足地离开。"阿拉伯人坚定但很有礼貌地回答说："你说得没错，我们贫穷又饥饿；然而安拉会让我们富裕和满足的；你选择一战么？那我们就用宝剑来决定吧。"国王被激怒了。

铸有波斯国王叶兹德吉尔德头像的银币

若非波斯国王急不可耐，鲁斯塔姆也会像赛耳德一样继续按兵不动。阿拉伯军队跨过幼发拉底河进入美索不达米亚地区。波斯贵族的堡垒不断遭受攻击，大片土地已经荒芜。春去夏来，形势没有任何缓解的迹象。原来在当地游牧的人被赶出牧场，穆斯林在不断的侵袭中获得较为充足的食物供应，同时还惩罚了那些不忠诚的同盟军。当地的波斯人早已经难以忍受这种人命危浅，朝不保夕的生活。他们向波斯朝廷大肆叫嚷抱怨，宣称如果救援再推迟的话，他们就向阿拉伯穆斯林投降。波斯国王叶兹德吉尔德或许为他们的呼吁所感，对波斯统帅鲁斯塔姆暂不进攻的建议充耳不闻，坚持立即出兵，结果酿成了大祸。波斯的进攻正合阿拉伯人之意。长时间的按兵不动，阿拉伯人有些不耐烦了，尽管都被赛耳德压制下去，但还是有些许躁动。除了突袭和侦察以外，阿拉伯人没有其他的行动。

两军最终面对面了，鲁斯塔姆再也没有借口去推迟决战。637年夏，双方在幼发拉底河西岸的卡迪西亚展开激战。清晨，鲁斯塔姆戴上头盔，穿上双层铠甲，跨上战马。他未遭抵抗就来到了河西岸，把主力部队部署在那里，正中心冲着科迪斯要塞。30头战象中，18头在军队正中，剩下的分给两翼；而鲁斯塔姆就坐在摆在河边的镀金的宝座上观战。在通往麦达因的路上，每隔一段就站着一位传信使者，他们相互可以听得见彼此的呼喊，通过"接力"，这些使者一个接一个地把前线最新消息传达到麦达因，使叶兹德吉尔德对战况了如指掌。

阿拉伯士兵高声齐诵先知穆罕默德的启示："你应当鼓励信士们奋勇抗战，如果你们中有二十个坚忍的人，就能战胜二百个敌人；如果你们中有一百个人，就能战胜一千个不信道的人；安拉会让不信道者内心充满恐惧。安拉知道你们的坚忍，确实，安拉会与坚忍的人同在的。""人们的心灵更加明澈，眼睛更加明亮，他们意识到神圣的和平就要来临。"

晌礼之前，先知穆罕默德的这些启示已经传遍军队各部，却没有起到激励的作用。穆斯林的指挥官发出的进攻信号是"安拉至大"，军队应跟随连呼三次。第二次和第三次的时候军队应该准备好他们的武器和战马。第四声的时候，士兵全部向前冲锋。但穆斯林的秩序被波斯人打乱了，因为他们听到穆斯林第一次呼喊的时候就立即进军了；等得不耐烦的穆斯林勇士并没有等指挥官的第四次呼喊，就冲了出去。穆斯林与波斯军队短兵相接，显现出匪夷所思的勇猛。巴德尔战场上的景象在此重现。波斯象军开始冲击阿拉伯人的阵线。这些巨兽穿来窜去，像一座座移动的城堡，使阿拉伯人的马匹因受惊而四处逃窜。恐慌的气氛弥漫于穆斯林全军；波斯军借混乱之机，不断向前推进。形势十分严峻，赛耳德用尽了他最后的办法，他派阿西姆出去，要不惜一切代价制服那些大象。阿西姆立即领命，挑选了一队弓箭手，缓缓接近波斯军的大象。阿西姆等人首先将象轿上的波斯士兵拉下来，没有人驾驭的大象四处逃散，阿拉伯人的压力顿时得到了缓解。穆斯林军队重新占领了根据地，并稳住了阵脚。此时，夜幕开始降临，两军各自回营歇息，待到天明再战。

天亮时分，两军的战斗再次开始。正在那时，由卡卡率领的穆斯林援军有如神兵天降，出现在战场。卡卡将手下的1000人分成100人一连，每个连相隔一段距离。然后，卡卡向赛耳德和其他穆斯林军官敬礼，并让他们放心。随即，他召集其他人，跨上战马上阵杀敌。卡卡一马当先，猛冲进敌阵将波斯军队的指挥官巴赫曼砍倒在地。而后，穆斯林的连队全线出击，奋勇杀敌。波斯人看见自己的指挥官阵亡以后，显得十分沮丧，接二连三地在卡卡和他的部下手中败下阵来。因为头一天损毁的大象的装备并没有完全修复，所以波斯人今天没有了象军的支持，威力锐减。同时，波斯军队的战马也受到惊吓而逃走了，鲁斯塔姆本人也是被他的部下冒着生命危险救回去的，但是波斯的步兵坚守着阵地。而此时，又是入夜时分，双方却胜负未明。一天的战斗残酷而惨烈，穆斯林军队死伤达到2000人，波斯军队死伤高达10000人。整个晚上，阿拉伯人不停地呼喊着几个家族的名字，强调家族血统；波斯战营里也一样。双方都想通过这种方式来鼓舞士气，都在等待着一场生死决战。

在战场上厮杀的穆斯林军队

第三天清晨，双方军队都在执行一个令人悲痛的任务，就是把阵亡士兵的尸体搬离战场。在两军之间数公里的范围内，尸横遍野。穆斯林伤员由阿拉伯妇女照料，如果他们幸运，就能够存活下来；逝者的尸体被埋葬在战场后面的山谷里。阿拉伯妇女和孩子会很快在那儿的沙地里挖好墓穴，受伤的人也会被送到那里去治疗。

战斗进行了一天一夜，仍在继续。前一天留下的波斯人的尸体还在战场上没有掩埋，波斯军队由于过去一天的灾难已经变得异常颓废，但他们仍然对自己的象军寄予厚望。现在大象的装备都已修复，它们重新回到战场，每头大象都有一组骑兵和步兵保护。战斗即将打响之时，由哈西姆率领的叙利亚增援部队突然出现了。哈西姆的军队横扫平原，冲击敌阵，最后大胜而归。战争的形势又变得严峻起来，双方交替获胜，形势很不明朗。叶兹德吉尔德为了应对危机，把他的卫队也派遣到战场参与作战。象军依然是阿拉伯人的克星，它们再次化解了穆斯林军进攻的努力。在这千钧一发之际，赛耳德向卡卡求助。赛耳德现在知道大象最脆弱的地方是鼻子和眼睛。"专打这两个地方"，他说，"我们就会度过这道难关"。因此，卡卡和他的兄弟阿西姆带着一队人马去完成这一艰巨的任务。有两头巨象，是群象之首领，卡卡就将目标锁定在这两头象身上。他勇敢地跳下战马，冲上前去，把他的长矛刺进一头"大白象"的眼睛中。由于剧痛，大象痛苦地摇晃着脑袋，把驾驭大象的波斯士兵扔在地上，它的鼻子摆来摆去，将卡卡远远抛出。其他的象更惨，因为它们的双眼被刺，鼻子也被砍掉了。这些盲象愤怒地尖叫着，发疯似的往阿拉伯人一方冲撞。但阿拉伯战士的叫喊声和长矛又把它们赶回波斯人一边。于是，大象在两军之间来回奔跑，一会儿功夫，其他的大象也跟着跑。最终，这一群庞然大物，翘起长长的鼻子，边叫边跑，踩踏挡道的所有人，它们跳入河中，消失在大河的对岸。当时，两军停止喧哗，都注视着这神奇的一幕。但是，战端很快重启，他们又战斗到天黑，前景依然不明朗。

第三天晚上，两军都没有休息，双方进行了一场生与死的较量。夜幕降临之时，赛耳德担心波斯人从后方偷袭，就加派人手守住渡口。入夜时分，一些阿拉伯部落的首领召集各自部落的士兵去骚扰敌军，这使得两军士兵不得片刻休息。这场夜战开始的时候，赛耳德并不知情。赛耳德专心于礼拜，整个晚上都没有得到确切的消息。穆斯林军队与波斯军队一直战斗到天亮，他们敏捷地向敌人发起新一轮的进攻。波斯军队的阵形开始动摇，正在万分危急时刻，暴风乍起，鲁斯塔姆宝座的华盖暴露无遗，随后鲁斯塔姆连同宝座一起被掀入河里。可怜的王子根本没有时间逃跑，他只好蹲在一头骡子下面，以图躲过追捕。然而，一个阿拉伯士兵认出了这位有着皇家血统的波斯敌人，便把他拉了出

波斯王子鲁斯塔姆的陵墓

去，当场杀死了他。随后，这名士兵登上鲁斯塔姆的宝座，宣布波斯王子已经一命呜呼。

波斯军队得知统帅阵亡，哪有恋战之心，纷纷溃逃，穆斯林军队过于疲惫，无力继续去追击逃兵，以便扩大战果。

穆斯林在这次战役中的损失是史无前例的。数千生灵带着他们的遗憾或者满足离开这个让他们困惑的世界。战事一结束，阿拉伯妇女和孩子就拿着水壶和木棍，前去战场执行救助的任务。每位倒下的穆斯林，只要还一息尚存，他们都会精心照料，并用水滋润他们的双唇。

刚刚结束的卡迪西亚战役是决定伊拉克命运的转折点，但是穆斯林与波斯人的冲突并没有结束。穆斯林稍稍休整，便开始发动新的攻势，将战争的矛头直指泰西封。泰西封位于底格里斯河岸，与塞琉西亚隔河相望。穆斯林首先夺取塞琉西亚，继而涉水渡河，攻入泰西封，波斯皇帝叶兹德吉尔德逃往现在伊朗西北部山区。泰西封始建于希腊化时代，公元3世纪起成为波斯帝国首都，城中藏着无数的奇珍异宝。现在，它们成为征服者的战利品。来自阿拉伯的穆斯林在处置战利品时有些不知所措，这些来自贫瘠的阿拉伯半岛的人，哪里见过如此丰富繁多的财宝：许多阿拉伯人似乎只知银币，而不知黄金的价值，因此用自己手中的黄金去换取别人的银币；阿拉伯人此前对樟脑闻所未闻，入城后常将樟脑当作食盐，用于烹饪；宫殿内有一张巨大的绣金地毯，绘有精美的图案，可谓价值连城，征服者却将这张地毯割成数片，由众人分享。

哈里发欧默尔对穆斯林军队在伊拉克的表现非常满意，其喜悦之情溢于言表。但欧默尔是一个十分谨慎的人，他并不想在短时期内让穆斯林过分扩张，因此他严厉禁止穆斯林越过扎格罗斯山脉向东进攻的行为。波斯国王及其衰弱的部队，已经潜逃至波斯帝国的群山之中；底格里斯河两岸的居民关注着这力量悬殊的对峙，准备屈服于征服者。到了秋高气爽的日子，波斯人决定再次一搏。波斯国王叶兹德吉尔德在位于麦达因以北大约160公里处的胡勒万集结大量人马，以图发动反攻，收复失地。

　　贾鲁拉是通往胡勒万的重要关隘，那里还屯驻着为数众多的波斯军队。为了彻底击败叶兹德吉尔德，穆斯林军队开始向贾鲁拉进发。贾鲁拉是一个坚固的堡垒，环绕着一条深深的壕沟，堡垒的出口处设有防护网和铁钉。欧默尔授意赛耳德向前挺进，夺取该城。哈希姆和卡卡走在大部队的最前面，他们在贾鲁拉堡垒前安顿下来，伺机攻城。但是贾鲁拉还经常得到波斯军队的增援，士兵们大有与要塞共存亡之势。阿拉伯军队对此要塞也是志在必得，其后续部队一直源源不断地自麦达因调来。穆斯林围困贾鲁拉城长达80天，波斯守军度日如年。最后，在一次猛烈的突然袭击中，风暴遮天蔽日；波斯军队迷失方向，被卡卡追击到城垛，卡卡夺取了一个城门。这样，波斯军队被截断，由于腹背受敌，许多波斯人想逃跑，但被铁钉子挡住。叶兹德吉尔德闻讯后，带着他的残兵败将迅速逃往里海方向的赖伊。卡卡随后向胡勒万进军，并打败了盘踞在那里的波斯人，并留下勇猛的阿拉伯新兵驻守该地。这是穆斯林最北的一个要塞。637年底，穆斯林在贾鲁拉歼灭战中的胜利，使得扎格罗斯山以西各地尽属穆斯林，萨珊王朝收复伊拉克的希望化为泡影。

　　当穆斯林将贾鲁拉要塞牢牢掌握在自己手中的时候，伊拉克地区暂时恢复了往日的宁静。在辽阔的伊拉克平原，人们常常会看见许多虔诚的穆斯林做礼拜；宣礼之声在旷野回荡。这预示着此地已经江山易主，曾经不可一世的萨珊王朝退缩到伊朗高原。穆斯林与波斯人在扎格罗斯山脉的两侧蛰伏，各自暗暗蓄积力量，等待一个有利的时机的来临。641年，这个时机终于来了，波斯帝国末代皇帝叶兹德吉尔德三世集结兵力卷土重来，向穆斯林发动攻势。642年，穆斯林军队和波斯人在扎格罗斯山东侧哈马丹附近的尼哈温再次遭遇。在尼哈温的这次战役中，努尔曼·穆凯林统领的穆斯林军队约3万人，而波斯号称15万大军。穆

斯林统帅努尔曼·穆凯林在厮杀中战死，侯宰法·米赫珊继任统帅后，仍然一马当先，冲锋陷阵，毫不畏惧，率领穆斯林战士再度向波斯人发动猛烈的攻击。在穆斯林军队的打击之下，波斯军队四处溃逃。穆斯林军队在大败波斯人之后，几乎没有费太大的周折就占领了哈马丹。波斯皇帝叶兹德吉尔德三世只身逃走，叶兹德吉尔德的最后十年在漂泊流离中度过，尝尽了人间的艰辛。

自古天下兴亡事，几家欢乐几家愁，波斯帝国的轰然崩塌，让哈里发国家容颜焕发。穆斯林从来到伊拉克那一刻起，就不断吞噬萨珊王朝的土地。633年，在穆萨纳·哈里萨率领舍伊班部落攻击希拉诸城的同时，分布在阿拉伯半岛东南部的伊吉勒部落和祖赫勒部落离开祖居的家园，沿波斯湾北岸向伊拉克南部移动。636年，穆斯林将领欧特巴·加兹万率军夺取波斯湾北岸的重要港口乌布拉。638年，穆斯林将领阿布·穆萨率军攻占阿瓦士和苏斯塔尔诸城，降服胡泽斯坦。接着，穆斯林向法尔斯发起攻击。法尔斯是萨珊家族的故乡，穆斯林征服的进程十分艰难，许多重要城市得而复失。650年，穆斯林第二次占领法尔斯的首府伊斯太赫尔，终于结束了这一地区的战事。651年，穆斯林自伊拉克南部出发，经克尔曼攻入伊朗高原东部，占领内沙浦尔、纳萨、突斯、哈拉特、木鹿诸城。另一支穆斯林部队在夺取莱伊（今德黑兰附近）和伊斯法罕以后再度出击，攻占伊朗高原东北部重镇库米斯。652年，穆斯林攻占木鹿·卢泽，阿姆河以西皆被纳入哈里发国家的版图。

与叙利亚和埃及的征服战争相比，伊拉克的征服战争具有明显的差异，表现出部落迁徙的浓厚色彩。谋求生计的需要和寻找新家园的愿望，驱使阿拉伯人离开荒凉的故乡，涌向伊拉克的战场。伊朗高原是波斯人世世代代生活的家园。尽管萨珊王朝的军事力量由于尼哈温战役的失败而丧失殆尽，但是伊朗高原的土著贵族尚有相当的实力。他们各自为战，顽强抵抗着穆斯林的进攻。而且，伊朗高原的土著居民大都属于印欧族，不同于伊拉克、叙利亚和埃及的塞姆族被征服者，与来自半岛的阿拉伯人之间存在着明显的血缘界限。种族的差别加剧了伊朗高原的土著人口对于穆斯林征服者的敌视和反抗。此外，伊朗高原山脉纵横，地形复杂，其特有的自然条件削弱和限制着穆斯林征服者的攻势。哈里发国家在伊朗高原的征服经历了极其艰难而漫长的过程，许多地区由于土著势力屡屡反叛，得而复失。

君临天下

麦地那哈里发时代，是一个充满宗教激情的时代，是一个具有浓厚平等色彩的时代，是一个具有强烈民主倾向的时代。661年阿里仙去，这个伟大的时代宣告结束。倭马亚人穆阿威叶在叙利亚开始了伊斯兰史上的另一个时代，这就是倭马亚时代。倭马亚王朝定都大马士革，哈里发国家的重心由希贾兹转移到叙利亚，哈里发国家的政治制度也由共和制变为君主制。

倭马亚王朝开国之君穆阿威叶（661—680在位）出身于古莱西部落倭马亚氏族，是麦加富商阿布·苏福彦的次子。630年，穆阿威叶随其父皈依伊斯兰教之后，移居麦地那，深得先知穆罕默德的器重。穆阿威叶自633年随其兄叶齐德出征叙利亚，屡建战功，639年出任叙利亚总督，驻扎大马士革。哈里发奥斯曼离世以后，穆阿威叶成为倭马亚族中最有势力的政治人物。他盘踞叙利亚，以为奥斯曼复仇的名义，长期与阿里分庭抗礼，直至迫使阿里的长子哈桑在其父遇刺后放弃哈里发权位的要求，进而控制了整个伊斯兰世界。

穆阿威叶取得哈里发之位后，为寻求更多的支持者，改变麦地那时代神权至上的政治原则，着力淡化穆斯林与非穆斯林之间的差异和对立，实行非伊斯兰教化色彩的世俗统治。倭马亚王朝的支持者，主要是移居叙利亚的阿拉伯人和叙利亚信奉基督教的原住民。哈里发与大马士革的基督徒有密切的交往。在众多姬妾中，哈里发最宠幸的梅荪便是基督教雅各派信徒。当然，倭马亚王朝也不可能丢掉阿拉伯人所有的历史和文化传统。倭马亚王朝沿袭阿拉伯人的传统习俗，在大马士革设立贵族会议和部落代表会议，行使咨议会和监督的权力。表面上，穆阿威叶并没有以君主的面目出现在大马士革，在阿拉伯人眼中，他仿佛还是半岛古代的部落酋长。他时常利用星期五聚礼的机会，与席地而坐的穆斯林商讨国事，探讨各种问题。穆斯林几乎可以随意出入他的宫廷，向他倾诉自己的苦闷，请他排解部族之间的纠纷。然而，某种变化正在发生。

穆阿威叶掌管哈里发国家期间，伊斯兰世界的政权结构依然处于相对松散的状态。哈里发主要治理首都所在的区域，即叙利亚一带。在初步稳定政局之后，

穆阿威叶像

哈里发重启战端，致力于对拜占庭帝国的战争。早在 639 年出任叙利亚总督以后，穆阿威叶利用拜占庭帝国遗弃在叙利亚港口城市阿克等地的船坞，建立了伊斯兰世界的第一支海军，并于 649—650 年率领舰队出征，夺取拜占庭帝国的海军基地塞浦路斯和罗得岛。655 年，穆阿威叶率领穆斯林舰队自叙利亚和埃及的港口再度出征，在菲尼克斯附近海域与拜占庭皇帝君士坦斯二世率领的庞大舰队展开激战，史称"船桅之战"；穆斯林将自己的战船与拜占庭战船连在一起进行肉搏，摧毁了拜占庭舰队，从而控制了地中海东部水域。此后，穆阿威叶为了与阿里抗衡，一度与拜占庭帝国休战。668 年，穆阿威叶结束与拜占庭帝国的休战状态，恢复对陶鲁斯山以北地区的攻势。穆斯林将领法达莱率军越过陶鲁斯山，深入小亚细亚半岛腹地，在卡尔西顿安营扎寨，与君士坦丁堡隔水相望。冬季过去之后，穆斯林军队开始对拜占庭施加压力。法达莱与前来增援的穆阿威叶之子叶齐德联合出击，向君士坦丁堡发起猛攻。拜占庭帝国皇帝君士坦丁四世率守军拼死抵抗，穆斯林遇到了巨大的困难。穆斯林久攻不克，不得不于669年夏季撤回叙利亚。穆斯林在今后的数百年之间，都没有将君士坦丁堡收入囊中。1453年，奥斯曼土耳其人终于攻陷君士坦丁堡。674年，穆阿威叶再度重拳出击，遣大军占领马尔马拉海南岸重镇西齐克斯，威逼君士坦丁堡。穆斯林舰队在君士坦丁堡附近海域屡败拜占庭舰队，形成对君士坦丁堡的海陆夹击之势。拜占庭军队据险固守，借助著名的"希腊火"抵御穆斯林的海上攻势，方使君士坦丁堡幸免于陷落的厄运。

穆阿威叶在治理叙利亚和领导战争的同时，将其他区域交给大权在握的行省总督掌管，他与行省总督保持着近乎合作的关系，竭力避免冲突。穆阿威叶曾经宣称："用鞭子就可以的地方，我不用宝剑；用舌头就可以的地方，我不用鞭子。在我和同胞之间，即使只有一根头发在联系着，我也不让它断了。他们拉得紧，我就放松些；他们放松了，我就拉紧些。"穆阿威叶之出任哈里发，引起众多权贵的不满。或许出于缓解行省势力与倭马亚人之间的对立的考虑，穆阿威叶放弃了奥斯曼在位期间奉行的亲族政治原则。这一时期，倭马亚人大都闲居在遥远的希贾兹，远离哈里发国家的权力中心。

穆阿威叶重用曾经与其生死与共、功勋卓著的将领。阿慕尔·阿绥、穆吉拉·舒尔白和齐亚德·阿比是哈里发国家的股肱重臣，备受穆阿威叶的青睐，权倾一时。后人将阿慕尔·阿绥、穆吉拉·舒尔自、齐亚德·阿比与穆阿威叶一同誉为当时阿拉伯穆斯林中的四位天才政治家。阿慕尔·阿绥是穆阿威叶在与阿里抗衡期间的主要支持者，曾在绥芬之战中使穆阿威叶免遭败绩；他还于658年击败阿里的支持者，攻占尼罗河流域，继而出任埃及总督，可谓倭马亚王朝的开国元勋。663年，阿慕尔·阿绥在弗斯塔特走完自己战功赫赫的一生。继阿慕尔·阿绥之后，出身"辅士"的麦斯拉玛·穆哈拉德于667—682年间出任埃及总督，他是穆阿威叶在位期间官居行省总督要职的唯一"辅士"。穆吉拉·舒尔白出身于塔伊夫的萨奇夫部落，629年来到麦地那并皈依伊斯兰教，曾奉先知穆罕默德之命返回塔伊夫，捣毁萨奇夫部落崇拜的神像，因而名声大噪。麦地那哈里发时代，穆吉拉·舒尔白是穆斯林在伊拉克南部战场的重要将领，被欧默尔任命为巴林总督和巴士拉总督，奥斯曼即位后改任库法总督。穆阿威叶与阿里争斗期间，穆吉拉·舒尔白颇为谨慎，采取中立的态度，没有介入双方的冲突。当时的伊拉克形势极为严峻，是穆阿威叶的心腹大患。穆阿威叶成为哈里发后，任命穆吉拉·舒尔白为库法总督，委以治理伊拉克的重任。阿里遇难和哈桑隐退，使伊拉克阿拉伯人处于群龙无首的状态。征服时代移入伊拉克的诸多部落之间的积怨甚深，阿里的残部与哈瓦立及派时有冲突，而倭马亚人则被伊拉克的阿拉伯人视为共同的仇敌。穆吉拉·舒尔白此时出任库法总督，可谓临危受命。面对险恶的形势，他充分展示了自己的政治才能，利用来自塔伊夫的特殊身世，在伊拉克的阿拉伯人与倭马亚王朝对抗的关系中形似中立，以免成为众矢之的。在此基础上，他借助自己的同族萨奇夫部落的势力，唆使阿里的残部与哈瓦立及派相互残杀，同时以扎格罗斯山区的岁入为诱饵，笼络人心，初步缓和了伊拉克阿拉伯人与倭马亚王朝的对立情绪。齐亚德·阿比与穆吉拉·舒尔白是同乡，出身卑微，其母苏迈亚曾与穆阿威叶的父亲阿布·苏福彦姘居。齐亚德·阿比参加过伊拉克南部的征服战争，内战期间追随阿里反对穆阿威叶，在阿里死后仍拒绝支持穆阿威叶出任哈里发。663 年，穆阿威叶授意库法总督穆吉拉·舒尔白出面调解，将齐亚德·阿比招到大马士革，承认齐亚德·阿比是自己的兄弟，并出资 100 万第纳尔，诱使齐亚德归顺倭马亚王朝。664 年，穆阿威叶委派齐亚德·阿比出任巴士拉总督，取代倭马亚人阿卜杜拉·阿米尔。670 年穆吉拉·舒尔白死后，齐亚德·阿比兼任库法总督，统辖伊拉克及伊朗高原，成为倭马亚王朝在伊斯兰世界东部的权力象征。齐亚德·阿比与穆吉拉·舒尔白风格迥异，奉行恐怖政策，以残暴著称。他曾豢养亲兵数千人，专门"整治"那些不愿服从倭马亚王朝统治的阿拉伯人。齐亚德·阿比的政绩卓著，他先后在巴士拉和库法打破血缘群体的界限，按照地域的原则重新划分居住单位。并且建立相应的行政体系，有效地遏制了部落势力的政治影响，进一步稳定了伊拉克的社会秩序。671 年，齐亚德·阿比将库法和巴士拉的数万阿拉伯战士及其眷属迁往伊朗高原东部的呼罗珊。这一举措使伊拉克的紧张形势得到暂时的缓解，但是呼罗珊从此成为威胁倭马亚王朝统治的隐患所在。

先知穆罕默德以后，哈里发的权位继承问题长期困扰着穆斯林社会。麦地那时代末期，阿里与祖拜尔·阿沃姆、泰勒哈·阿卜杜拉以及与穆阿威叶之间的内战，埋葬了选举产生哈里发的制度，圣门弟子操纵哈里发人选的时代一去不返。

679年，穆阿威叶宣布废除选举产生哈里发的传统原则，指定其子叶齐德为自己的继承人，并下令穆斯林宣誓效忠于叶齐德，首开哈里发家族世袭的先河。穆阿威叶因此区别于麦地那时代诸哈里发，成为伊斯兰史上的第一位君王。

致命的阿拔斯派

倭马亚王朝后期，先知穆罕默德的叔父阿拔斯·阿卜杜勒·穆塔里布的后裔建立了一个政治宗派，这就是历史上著名的阿拔斯派。阿拔斯家族虽然是麦加古莱西部落的成员，但是最初并无显赫的地位。阿拔斯·阿卜杜勒·穆塔里布身为先知穆罕默德的叔父，却长期追随与伊斯兰教为敌的麦加保守势力。630年，穆斯林一举征服了麦加，此时阿拔斯·阿卜杜勒·穆塔里布才皈依了伊斯兰教。阿拔斯·阿卜杜勒·穆塔里布之子阿卜杜拉·阿拔斯是先知穆罕默德的堂弟和著名的圣门弟子，然而在麦地那哈里发时代，他慎行谨言，并没有卷入穆斯林内部的权力争夺，而是潜心注释《古兰经》和传述"圣训"，被誉为"经典诠释的宗师"。欧默尔和奥斯曼都非常器重阿卜杜拉·阿拔斯。倭马亚王朝建立后，阿拔斯家族与阿里家族过从甚密，与阿里家族一起开始涉足穆斯林内部的政治角逐。

穆罕默德·阿里系阿里之子，其母豪拉为哈尼法部落的贾法尔·哈奈菲叶之女，故而亦称其为伊本·哈奈菲叶，以区别于先知穆罕默德之女法蒂玛所生的哈桑和侯赛因。哈桑和侯赛因死后，穆罕默德·阿里是阿里唯一在世的嫡子，受到阿里家族追随者的拥戴。685年，阿里家族的追随者在库法发动起义，起义者极力尊崇穆罕默德·阿里作为宗教领袖"伊玛目"。穆罕默德·阿里和阿卜杜拉·阿拔斯因反对倭马亚王朝而在麦加锒铛入狱。后来，穆罕默德·阿里和阿卜杜拉·阿拔斯从麦加移至塔伊夫，以躲避倭马亚王朝的迫害。阿卜杜拉·阿拔斯死后，其子阿里·阿卜杜拉似乎与其父的政治观点并不完全相同，在当时群雄逐鹿的政治环境中，他倾向于支持倭马亚王朝。因此，阿里·阿卜杜拉在阿卜杜拉·阿拔斯死后不久，即携家眷离开塔伊夫，举家北迁，移居死海南岸的侯麦迈。阿里·阿卜杜拉在倭马亚王朝深得马立克的宠爱，春风得意，仕途亨通。韦里德即位后，阿里·阿卜杜拉的政治生命也走到了尽头，他逐渐失去哈里发的宠爱。不

久，他由于涉嫌宫廷谋杀而一度失去自由。阿里·阿卜杜拉之子穆罕默德·阿里也曾在韦里德朝供职，并且跟随韦里德征讨过拜占庭帝国。由此可见，阿拔斯家族虽曾与阿里的后裔联系密切，然而在很长时期内并没有反对倭马亚王朝，更无谋权篡位之意向，他们是倭马亚王朝的"顺民"。

公元 700 年，阿里家族的追随者所公认的最后一位领袖穆罕默德·阿里在塔伊夫病故，其后阿里家族成员之间出现了巨大的政治分歧。穆罕默德·阿里的追随者大都拥戴其子阿布·哈希姆作为新的伊玛目，这些人因此被称作哈希姆派。然而，阿里家族的其他成员拒绝承认阿布·哈希姆作为阿里家族的首领和伊玛目的地位，阿里家族的追随者趋于分裂。阿布·哈希姆还没来得及大展宏图，即为其政治理想付出了生命的代价。717 年，阿布·哈希姆在死海南部阿拔斯家族驻地侯麦迈中毒身亡。阿布·哈希姆没有子嗣，弥留之际他将阿里家族获取"信仰真谛"的凭证即所谓"黄色手卷"，以及哈希姆派成员的名单交给阿拔斯家族的穆罕默德·阿里，从而使穆罕默德·阿里承袭了伊玛目的称号和哈希姆派首领的权力。由于阿里家族的追随者四分五裂，哈希姆派对阿里家族逐渐失去信心，他们开始支持阿拔斯家族。阿布·哈希姆的权力移交，使穆罕默德·阿里成为哈希姆派拥戴的第一位来自阿拔斯家族的伊玛目。阿拔斯家族开始控制和利用哈希姆派作为自己的政治工具以图大业，旨在反对倭马亚王朝的阿拔斯派运动始露端倪。

自穆阿威叶建朝开始，倭马亚王朝一直经受着统治权力合法性的困扰。在伊斯兰世界，许多人认为只有圣族出身的人才有资格出任哈里发。然而，圣族到底指哪些人，在当时却并没有明确的规定。圣族一词源于先知穆罕默德传布的启示，《古兰经》提及圣族数次，意指天房的居民和克尔白的监护者。而在倭马亚王朝看来，圣族即麦加的古莱西人，凡出身古莱西部落者皆有出任哈里发的资格。什叶派则认为，圣族应指先知穆罕默德的家族，阿里及其后裔是圣族唯一的政治代表，其他人出任哈里发皆为僭夺权位的非法行为。因此，680 年穆阿威叶死后，阿里家族的支持者恭迎阿里次子侯赛因前往库法出任哈里发。卡尔巴拉惨案导致阿里的追随者与倭马亚王朝势不两立。684 年，所谓"悔罪者"在库法暴动，首开什叶派武装起义的先河。685 年，阿里家族的支持者在库法发动起义，进一步阐述了"归权先知家族"的政治原则，这也成为什叶派反对倭马亚王朝的

行动纲领。阿拔斯派运动兴起以后，沿袭了阿里家族支持者"归权先知家族"的政治原则，采取神学宣传的活动形式。在717—747年间，阿拔斯派运动的基本内容是所谓的"达尔瓦"。

"达尔瓦"，意为布道或传布真理。阿拔斯派通过达尔瓦的形式，指责倭马亚哈里发抛弃先知穆罕默德的教诲和背离伊斯兰教的准则，抨击倭马亚王朝的统治是伊斯兰世界罪恶的渊薮和内战的根源。阿拔斯派声称，倭马亚王朝实行世俗统治而非神权政体，伊斯兰教已经遭到倭马亚人的歪曲，必须恢复先知穆罕默德时代的信仰，重建伊斯兰教的神权政体，实现穆斯林人人平等的社会原则，尤其需要重新确立先知穆罕默德家族在伊斯兰世界的核心地位和神圣权力。倭马亚时代，先知穆罕默德家族主要包括阿里后裔和阿拔斯后裔两支；倭马亚人虽然属于古莱西部落，却非出自先知穆罕默德所在的哈希姆氏族。因此，阿拔斯派的达尔瓦尽管在形式上属宗教范畴的神学宣传，但同时又包含了深刻的现实内容。"归权先知家族"的原则，不仅意味着对倭马亚人出任哈里发的合法性的否定，而且为阿拔斯派与什叶派联合反对倭马亚王朝提供了必要的政治基础。正是由于倡导"归权先知家族"的原则，阿拔斯派方才在什叶派的沃土中逐渐发展壮大起来。

穆罕默德·阿里时期，阿拔斯派运动非常神秘，伊玛目隐居在死海南岸的侯麦迈，与世隔绝，仅与哈希姆派的个别首领秘密接触，其真实身份鲜为人知。哈希姆派成为阿拔斯家族的政治工具，其成员主要是分布在库法的阿拉伯人。库法是伊斯兰世界的名城，在穆斯林的政治生活中占有举足轻重的地位。早在麦地那哈里发时代末期，库法的阿拉伯人便开始追随阿里，与出身倭马亚家族的哈里发奥斯曼为敌。倭马亚时代，在库法有许多阿拉伯人追随阿里家族，他们是当时的主要政治反对派。然而，阿里家族的追随者并没有形成统一的政治组织，他们分别支持法蒂玛系的哈桑后裔、侯赛因后裔和阿布·哈希姆及其继承人穆罕默德·阿里。阿布·哈希姆虽是阿里之孙，但系庶出，并非先知穆罕默德以及法蒂玛父女二人的直系后裔，其追随者在什叶派中影响甚微。至于阿拔斯家族的穆罕默德·阿里，虽然其祖辈与先知穆罕默德同出一宗，却不属于阿里的后裔。

什叶派与阿拔斯派固然皆有"归权先知家族"的政治要求，但是，穆罕默德·巴基尔和栽德·阿里的追随者极力强调唯有阿里家族中法蒂玛系的成员才是先知穆罕默德的直系后裔，具备出任哈里发的合法资格。他们不仅反对倭马亚王

朝，而且排斥包括哈希姆派和阿拔斯派在内的其他政治势力继承哈里发权位的要求，歧视非阿拉伯血统的穆斯林。穆罕默德·阿里曾经告诫哈希姆派成员："当心库法人……不要指望他们的帮助。""不要从库法人中吸收过多的支持者。"显然，阿拔斯派和哈希姆派与什叶派法蒂玛系的追随者之间存在着深刻的政治分歧。尽管库法具有反对倭马亚王朝的政治传统和社会基础，但是什叶派的分裂使阿拔斯派运动在库法的发展受到了极大的限制。阿拔斯人在库法无力左右什叶派法蒂玛系的追随者，更无法聚合反对倭马亚王朝的诸多势力。阿拔斯派需要开辟新的活动空间。于是，他们把目光转向遥远的东方，转向呼罗珊。

呼罗珊本意为"东方的土地"，指伊朗高原东部直至阿姆河左岸的广大地区。麦地那哈里发时代后期，阿拉伯人自库法和巴士拉挥师东进，征服了呼罗珊这块东方的土地。倭马亚时代，伊拉克地区政治风云变幻，局势动荡不安，大批阿拉伯人离开伊拉克，涌向呼罗珊，将呼罗珊变成为阿拉伯人在东方的家园。从此，伊拉克地区宁静了许多。然而，东迁的阿拉伯人远离了繁华的大马士革，远离了美丽的美索不达米亚，在遥远的东方，他们不断蓄积力量；在将来的某一天，他们终将成为倭马亚王朝挥之不去的噩梦。

自库法东移的阿拉伯人数量较少，移入呼罗珊的阿拉伯人主要来自巴士拉。这些来到新家园的阿拉伯人无疑对倭马亚王朝的统治普遍存在着不满情绪，但他们也不支持阿里家族，什叶派在他们中的政治影响十分有限。相传，穆罕默德·阿里曾说："我们要去争取呼罗珊人的支持，那里有着强悍而无偏见的战士。我的希望寄托在太阳升起的地方。""他们没有阿拉伯贵族的私欲，也没有介入宗派之间的权力角逐……他们正遭受着统治者的盘剥和欺辱，企盼着拯救者的来临。"因此，当阿拔斯人在库法举步维艰的时候，穆罕默德·阿里慧眼独具，选择了呼罗珊作为他实现政治宏愿的大本营。

库法的阿拉伯人在公元 8 世纪初开始东移。718 年，库法的哈希姆派首领布凯尔·麦罕到达里海南岸的朱尔占地区，进行秘密宣传活动。次年，移居木鹿的阿拉伯人胡扎尔部落首领苏莱曼·卡希尔接受达尔瓦的思想，把阿拔斯派运动的火种播撒在雄壮的伊朗高原。729—736 年，布凯尔·麦罕委派哈希姆派成员希达什潜入木鹿，领导呼罗珊的阿拔斯派运动。

达尔瓦在呼罗珊的影响与日俱增，传布范围逐渐扩大，穆罕默德·阿里开始与哈希姆派在呼罗珊的成员频繁接触，加强侯麦迈与呼罗珊之间的直接联系，并且在呼罗珊建立起初具规模的秘密组织。伊玛目的使者，包括12名纳奇卡和58名达伊斯，活动在木鹿以及纳萨、阿比沃德、巴勒黑等地，达尔瓦的影响遍及胡扎尔、塔米姆、泰伊、舍伊班、哈尼法、巴吉拉等阿拉伯人部落，呼罗珊随之逐渐取代库法而成为阿拔斯派运动的重心所在。与此同时，穆罕默德·阿里还与什叶派保持着一定的距离，他严格禁止自己的追随者介入什叶派发动的起义，规定纳奇卡和达伊斯必须提防什叶派法蒂玛系的破坏。达尔瓦的东移预示着一个新的时代的来临，它不仅意味着阿拔斯人活动空间的改变，而且体现了阿拔斯派与什叶派日渐分离的发展趋向，原本植根于什叶派土壤的阿拔斯派开始脱离其母体，而自成体系，独树一帜。

最后的贵族

在倭马亚时代，阿拉伯血统的穆斯林高高在上，而非阿拉伯血统的穆斯林通常低人一等，大多数人生活在社会最底层，并不那么幸福。倭马亚王朝沿袭麦地那哈里发时代旧制，遵循欧默尔的著名设想，即奉行阿拉伯人与伊斯兰教合而为一的政治原则，歧视非阿拉伯血统的穆斯林。因此，皈依伊斯兰教的非阿拉伯人在现实生活中也很难与阿拉伯穆斯林平起平坐。717年苏莱曼死后，欧默尔二世（717—720在位）即位，非阿拉伯血统的穆斯林迎来了他们的春天。欧默尔二世是倭马亚时代最为虔诚和开明的哈里发，奉行信仰至上的原则，在穆斯林内部广施仁政，安抚什叶派和哈瓦立及派，取消自穆阿威叶开始在星期五聚礼的呼图白中诅咒阿里的言辞。欧默尔二世着力实行税制改革，规定非阿拉伯血统的穆斯林只需承担天课作为当然的义务，免缴人丁税，旨在消除阿拉伯穆斯林与非阿拉伯血统的穆斯林之间的差异，鼓励被征服地区的土著居民改宗伊斯兰教。世事难两全，欧默尔二世在美名流传的同时，也使哈里发国家的岁入总额明显减少，导致财政拮据，这也注定了他的政策将难以为继。果然，当叶齐德二世（720—724在位）即哈里发之位后，立即废止了欧默尔二世所推行的税制，依旧向非阿拉伯血统的穆斯林课以重税，属于非阿拉伯血统的穆斯林的春天转瞬即逝。

麦地那哈里发时代，欧默尔曾提出一个著名的设想，即穆斯林即阿拉伯人，阿拉伯人即穆斯林。欧默尔的设想与当时麦地那哈里发国家阿拉伯人是穆斯林的主体的历史环境是相适应的。时至倭马亚时代，情形已不同于前。伊斯兰教的传播范围早已不再局限于阿拉伯半岛，那些被征服的土著居民相继皈依伊斯兰教。新加入穆斯林行列的非阿拉伯人甚至开始涉足哈里发国家的政治生活。至倭马亚王朝后期，波斯人和柏柏尔人等被征服民族中的伊斯兰教皈依者在数量上已经超过了阿拉伯血统的穆斯林，形成了广泛的社会势力。他们当然不肯长期屈居阿拉伯人之下，其不满情绪和反抗倾向日渐强烈。阿拉伯人与伊斯兰教合而为一的原则和阿拉伯穆斯林统治非阿拉伯血统异教人口的制度逐渐丧失其赖以存在的社会基础，倭马亚王朝陷于无法克服的矛盾之中。

至哈里发希沙姆（724—743 在位）时代，哈里发国家尚能维持表面的稳定。然而，此间发生的一系列事件，已经预示着倭马亚王朝在不可逆转地走向覆亡。在伊斯兰世界的北部，那些生活在俄罗斯南部草原的哈扎尔人，常常越过高加索山，进犯哈里发国家的北部边疆。哈里发国家的著名将领麦斯莱麦曾让拜占庭人闻风丧胆，却在与哈扎尔人的交手中一命归天。继麦斯莱麦之后，哈里发麦尔旺·哈克木的嫡孙麦尔旺·穆罕默德勇挑抵御哈扎尔人入侵的重担。他在亚美尼亚土著势力的支持下，经过长达 12 年的艰苦征战，终于将哈扎尔人驱赶到高加索山的北侧，并且于 738 年一度攻入伏尔加河流域，为哈里发国家赢得了尊严与安全。在与哈扎尔人交战的过程中，麦尔旺·穆罕默德兵权在握，权力甚大。哈扎尔人被赶走以后，麦尔旺·穆罕默德功高盖主，于是将目光转向叙利亚，开始觊觎哈里发的宝座。在伊斯兰世界的西部，柏柏尔人曾经与阿拉伯人有着兄弟般的友谊，曾经共同御敌，并肩作战，驰骋于伊比利亚半岛。然而，一旦对外战事停止，柏柏尔人便将攻击的矛头指向以统治者自居的阿拉伯人。哈瓦立及派自伊拉克传入马格里布地区后，柏柏尔人与阿拉伯人之间的对立更加严重。740 年，追随哈瓦立及派的柏柏尔人发动反叛，声势浩大，让留守当地的阿拉伯人吃尽了苦头。驻守马格里布的阿拉伯战士屡遭败绩，溃不成军，纷纷逃往伊比利亚半岛。742 年，哈里发倾尽全力，自叙利亚派遣重兵进入马格里布，击败反叛的柏柏尔人。但是，叙利亚的军事力量却因此趋于枯竭。在伊斯兰世界的东部边陲，阿姆河右岸的突厥王公屡屡反叛，布哈拉和撒马尔罕频频告急。倭马亚王朝不得不将两万余名阿拉伯战士迁往呼罗珊，以加强东部的防务。突厥王公的反叛得到平息，但是呼罗珊地区与倭马亚王朝之间的矛盾却因此加剧。

743年希沙姆死后，哈里发国家忽然变得动荡不安，倭马亚王朝面临来自各方的严峻挑战。倭马亚人相互倾轧，哈里发频繁更替。韦里德二世（743—744在位）在位仅仅一年便死于内讧，叶齐德三世（744在位）在位仅仅半年亦暴病身亡。744年底，驱逐哈扎尔人有功的著名将领麦尔旺·穆罕默德见有机可乘，便自亚美尼亚进军叙利亚，击败叶齐德三世的弟弟易卜拉欣（744在位），在大马士革即位，是为麦尔旺二世（744—750在位）。此时，倭马亚王朝众叛亲离，四面楚歌，往日辉煌的基业只剩下断壁残垣。麦尔旺二世尽管不乏盛世之君的统治才能，却已无力回天。

时间的刻度

倭马亚时代，那些圣门弟子难以抵挡时间的利刃，相继离开人世，再传弟子成为伊斯兰文化的主要传承者，伊斯兰世界的文化中心由原来的麦地那和麦加转移到巴士拉和库法。再传弟子中仍有不少阿拉伯人，但是有些在伊斯兰世界闻名遐迩的学者并不具有阿拉伯血统，阿拉伯血统的再传弟子的影响力显然不如其先辈。随着伊斯兰教的广泛传播和再传弟子中异族穆斯林的增多，非阿拉伯风格的文化在伊斯兰世界影响力大盛。许多犹太人和基督徒改奉伊斯兰教以后，往往根据《圣经》中的传说诠释《古兰经》中的某些启示，从而形成"基督教式与以色列式"的经注学。犹太血统的穆斯林阿卜杜拉－赛兰在诠释《古兰经》中关于安拉创世的启示时写道：安拉于礼拜日开始创造宇宙万物，礼拜日和礼拜一造化地面，礼拜二和礼拜三造化粮食和山岩，礼拜四和礼拜五造化诸天，到了礼拜五的最后一个时辰，才忙着把阿丹造化出来，末日天地的毁灭，就是发生在造化阿丹的这个时辰。诸如此类的《古兰经》诠释比比皆是，不胜枚举，且在穆斯林中传播甚广，影响极大。希腊哲学博大精深，是西方古典文化的精髓。倭马亚时代，许多穆斯林学者对希腊哲学颇有研究，试图借鉴希腊哲学的逻辑推导和理性思辨的原则论证伊斯兰教信仰，探讨诸如安拉的本体与其属性的关系、安拉前定与自

由意志以及宇宙论、认识论等神学命题和哲学命题，进而形成伊斯兰教特有的宗教哲学体系，即教义学。另外，拉丁语及希腊语与阿拉伯语的法学术语颇多相似，体现了地中海古典世界的法学思想和法律概念对于伊斯兰教法的广泛影响；基督教中关于救世主的概念，则应是什叶派伊斯兰教之马赫迪思想的原型。

　　伊斯兰教诞生初期，炽热的宗教情感和几近疯狂的战争让阿拉伯人似乎忘却了自己的诗歌传统。在那个崇尚英雄的时代，诗人渐渐淡出人们的视线。倭马亚王朝建立后，诗人和诗歌创作再次迎来了春天。在希贾兹的两座圣城，歌舞升平，缱绻缠绵的情诗蔚然成风。麦加人欧默尔·阿比·拉比尔（644—720）家境殷实，相貌俊美，一生放浪形骸，徜徉在情场欲海自得其乐。其诗作在形式上打破了古体诗的传统限制，语言清新明快，长于叙事，富于激情，被西方人称作"阿拉伯的奥维德"。麦地那人贾米勒（？—701）钟爱卜赛娜，却是有缘无分。贾米勒眼见心爱之人嫁作他人妇，内心极度痛苦，于是将这无尽的哀怨倾注在诗歌之中。贾米勒的长诗极尽缠绵，怆恻凄凉，情调哀婉，后来被谱写成曲，在民间广为传唱。阿拉伯"文学三杰"阿赫泰勒（640—710）、法拉兹德格（640—728）和贾里尔（？—729）常以政治斗争为素材，创作出许多旷古绝伦的精美诗篇。阿赫泰勒原系塔格里布部落的基督教徒，后来移居大马士革，成为哈里发的宫廷诗人。阿赫泰勒倾力赞颂倭马亚家族的高贵血统和辉煌政绩。其诗作选材广泛，想象丰富，观察敏锐，细腻生动。巴士拉人法拉兹德格少年随父学诗，青年时崭露头角，常以刻薄的语言讥诮达官贵人，后入大马士革，为哈里发歌功颂德。其诗语言丰富，气势宏大，旷达不羁。贾里尔出生于叶麻麦的贝都因家庭，天资聪颖，自幼擅长赋诗，后来移居巴士拉，曾在大马士革效力于倭马亚哈里发。其诗古色古香，继承了传统阿拉伯诗歌的风格，对沙漠旷野和游牧生活的细腻刻画，极具特色，他还常常作诗颂扬贝都因人的侠肝义胆，辞藻华美，风格婉约。

　　倭马亚时代，人们宗教情感淡薄，娱乐成风；在希贾兹的两座圣城，歌手云集。麦加的黑人歌手赛义德·米斯哲哈曾经在叙利亚和伊拉克学习拜占庭音乐和波斯音乐，将阿拉伯诗歌谱成曲调，可谓伊斯兰音乐的开山祖师。继赛义德·米斯哲哈之后，伊斯兰乐坛出现几位著名歌手。突厥血统的伊本·苏拉吉，曾经师从赛义德·米斯哲哈学习音乐，相传他将波斯琵琶引入希贾兹，并首先使用乐鞭指挥演奏。盖立德有柏柏尔血统，曾师从伊本·苏拉吉学习音乐，后来声名鹊起，成为远近闻名的歌手。麦尔巴德有黑人血统，曾在大马士革的宫廷演唱，备受哈里发的恩宠。阿拉伯人原有的乐器，主要是手鼓、长笛、芦管和皮面琵琶。倭马亚时代，波斯的板面琵琶和木制竖笛等许多乐器相继传人。倭马亚王朝的哈里发和达官贵人大都效仿波斯风习，经常举办歌舞晚会。

倭马亚时代的著名建筑阿姆拉宫，内有众多出自非穆斯林之手的精美壁画。阿拔斯王朝的哈里发穆尔太绥姆在836年营建萨马拉时，下令用裸体人像和狩猎场面的壁画装饰新都的内宫。穆台瓦基勒在位期间，哈里发聘请的拜占庭画匠甚至将基督教堂和僧侣的图案画在萨马拉的内宫墙壁。但是，经训的规定毕竟限制了穆斯林绘制图像的行为，伊斯兰教的清真寺始终不允许使用任何有生命的形象装饰殿堂。

阿姆拉宫遗址

穆斯林不能在绘画方面尽情发展，他们把艺术理想寄托在书法上，在书法领域尽情展露自己的才华。许多穆斯林崇尚书法艺术，誊抄《古兰经》蔚然成风。他们不断汲取异族和异教的绘画技巧，将自然的美感融汇于书法艺术之中，使书法艺术达到炉火纯青的境界。麦地那时代，库法体阿拉伯文成为流行时尚。这种书体，古朴方正，棱角清晰，线条粗犷，近似于汉字中的篆书。奥斯曼在位期间确定版本的《古兰经》，便用库法体誊抄。倭马亚时代，纳斯赫体阿拉伯文逐渐取代库法体，风行伊斯兰世界。该体盘曲流畅，矫若惊龙，近似汉字中的行书。

迪瓦尼体字间聚散分明，字形委婉多姿，近似汉字中的楷书，主要用于公文的书写。苏勒斯体又称三分体，宛若几何图案，字形复杂，字体雍容华贵，飘若浮云，近似汉字中的草书，多用于装饰性的文字书写。

过去那些生活在阿拉伯半岛的贝都因人，终日在沙漠与绿洲之间奔走，最初并无严格意义的建筑可言。流动的帐篷就是他们的宅居，浩瀚的旷野就是他们的庙宇，无垠的沙丘就是他们的坟茔。

倭马亚时代，阿拉伯人初别自己的故土，还没有完全适应定居的生活，对沙漠生活尚存丝丝依恋。哈里发似乎并不喜欢喧嚣浮华的大马士革，而是偏爱阒静之处。他们大都隐居在叙利亚沙漠的边缘地带，并建造了众多行宫。这些行宫或在罗马要塞的废墟上重建，或者仿照拜占庭和波斯的建筑风格新筑。马立克曾在

库法体阿拉伯文

叙利亚沙漠的西南侧建造穆瓦盖尔宫（即荣誉宫），其子韦里德二世在穆瓦盖尔宫附近的罗马要塞遗址建造穆斯塔勒宫（即堡宫）和阿兹拉格宫（即蓝宫）。著名的穆沙塔宫（即冬宫）位于上述行宫附近，是贝都因人沙漠建筑的杰作。整个建筑呈正方形，围墙环绕四周，围墙两侧筑有塔楼，正门两侧亦各有塔楼，巨大的水池位于庭院中央，主殿和寝宫依次排列在水池的后面。寝宫两侧各有筒形穹隆，采用波斯风格的尖形弓架结构。主殿内墙有许多壁龛和侧柱，与后来清真寺的殿内装饰如出一辙。阿木赖宫位于死海北端，建于韦里德一世在位期间，用红色石灰石做建筑材料，包括主殿和辅厅。主殿的顶部亦有筒形穹隆，外面的光线由筒形穹隆的窗口射入殿内。辅厅的屋顶各呈筒形穹隆、十字穹隆和三角穹隆，内设浴室和排水设备。主殿的正面墙壁画有哈里发的肖像，侧面墙壁是6个异族君王的画像，其中包括恺撒、波斯皇帝胡斯洛、埃塞俄比亚的阿克苏姆国王尼加斯、西班牙的西哥特国王罗德里克。其余墙壁以及辅厅也有许多精美的壁画，包括竞技、狩猎的场面和裸体女人的肖像，波斯的艺术风格和拜占庭的绘画技巧在壁画中体现得淋漓尽致。

宗教建筑历来是经典建筑艺术的精华。清真寺建筑风格的演变过程，是阿拉伯人传统文化风格与被征服地区异族异教艺术、文化风尚渐趋融会的缩影。清真寺在阿拉伯语中称作"麦斯只德"，意为礼拜的场所，殿堂和浴室是清真寺的基本要素。根据《古兰经》，麦加的克尔白应是最古老的清真寺。麦地那的先知清真寺始建于 622 年，代表早期伊斯兰时代朴实无华的建筑风格。先知清真寺最初是一处长 50 余米、宽 40 余米的长方形院落，院内用石块铺地，院墙用土坯砌成，礼拜殿用枣椰树干做梁柱，用枣椰树枝和泥巴盖顶，并无任何装饰。先知穆罕默德曾经将一棵枣椰树的根部固定在殿内前部的地上作为讲台（敏白尔），后来改用柽柳木制成讲台，并且设置三级阶梯。伴随着哈里发国家的扩张，先知清真寺的建筑风格逐渐传人被阿拉伯人征服的广大地区。在伊拉克，始建于 638 年前后的巴士拉清真寺和库法清真寺，均为长方形的露天院落，院落的四周最初是芦苇编制的篱笆，后来改用土坯砌墙，茅草盖顶。在北非，弗斯塔特的阿慕尔清真寺始建于 642 年，凯鲁万的欧格白清真寺始建于 670 年，其建筑风格也与麦地那的先知清真寺大体相近。

米哈拉卜

倭马亚时代，在被征服地区异族异教艺术风尚的影响下，清真寺的建筑风格发生变化。穆斯林模仿基督教堂的供坛，在麦地那的先知清真寺殿内正墙增设凹壁（米哈拉卜），用来指示礼拜的朝向，其他各地的清真寺于是竞相效法。穆斯林还模仿叙利亚原有的望楼和基督教堂的高塔。在清真寺的院墙增设宣礼塔（米宰纳）。伊拉克总督齐亚德·阿比曾在巴士拉清真寺增设 7 座宣礼塔，埃及总督麦斯莱麦·穆哈拉德于 672 年在弗斯塔特的阿慕尔清真寺四角增设 4 座宣礼塔，

韦里德一世在位期间的希贾兹总督欧默尔也曾在麦地那的先知清真寺增设宣礼塔。叙利亚的宣礼塔往往采用石块建造，呈四方形；埃及的宣礼塔多由泥砖砌成，建筑风格与亚历山大里亚的著名灯塔颇为相似；在伊拉克，建于阿拔斯时代的萨马拉清真寺，其宣礼塔模仿巴别塔，分为 7 级，代表日月和金、木、水、火、土五大行星。

圆顶清真寺

　　马立克在位期间，为与阿卜杜拉·祖拜尔及其控制的希贾兹两座圣城分庭抗礼，在耶路撒冷建造了闻名于世的萨赫莱清真寺，又称磐石上的圆顶寺。该寺呈八角形，每边长约 20 米，高 9.5 米，墙壁用石块砌成，上面为一巨大的圆顶，由许多方柱和圆柱支撑。据说，萨赫莱清真寺的圆顶，系模仿布斯拉的大教堂和耶路撒冷的圣陵教堂建造。圆顶的表面和八角檐梁镶嵌着彩色的瓷砖，并且刻有精美的库法体《古兰经》经文。圆顶之下陈放着所谓的圣石，长宽各约 10 米。相传，先知穆罕默德于 621 年的一个夜晚踏此圣石登霄，遨游天园。该寺建成以后，巨型圆顶和镶嵌细工的建筑风格被穆斯林广为效仿，成为后世清真寺的重要特征。阿克萨清真寺又称远寺，建于韦里德一世在位期间，是耶路撒冷的另一座著名的清真寺。该寺殿内有大理石圆柱 53 根，方柱 49 根，规模宏大，气势雄伟。韦里德一世还曾在大马士革基督教圣约翰大教堂的原址，建造倭马亚清真寺。哈里发征集拜占庭、埃及、波斯、印度等地的工匠设计建造，历时数年，耗资 1200 万迪尔罕。该寺的正面是高 10 余米的罗马式拱门，拱门两侧各有圆柱，柱顶呈皇冠形状；门内是正方形的露天院落，以瓷砖铺地，庭院的四壁是彩色的镶嵌画；主殿用石块砌成，长 136 米，宽 37 米，殿内墙壁和圆柱均用大理石和金银镶嵌，顶部呈圆形，正墙有 4 个半圆形大理石凹壁。穆斯林保留了圣约翰大教堂南侧原有的两座方形尖塔，并在北侧增设更高的宣礼塔。耶路撒冷的萨赫莱清真寺、阿克萨清真寺和大马士革的倭马亚清真寺，明显不同于麦地那的先知清真寺以及巴士拉、库法、弗斯塔特、凯鲁万等地最初建造的清真寺，体现了阿拉伯人的建筑风格与异族异教艺术风尚的完美结合。

倭马亚清真寺

在时间中不断轮回的人类，总拥有自己对过去的记忆，穆斯林自然不例外。在伊斯兰世界，穆斯林一直在对自己的记忆进行某种体认，这就形成了他们的历史学。伊斯兰世界的历史学起源于圣训研究，最早研究历史的穆斯林都是造诣极深的圣训学家，最初的历史著作仅仅追寻阿拉伯人的历史，考证"圣训"中提及的诸多内容，如阿拉伯人的谱系、前伊斯兰时代的传说、先知穆罕默德的生平、历次战争始末。阿拔斯时代以前穆斯林编写的历史著作大多失传已久，只有断章残编散见于后世的著述之中。波斯血统的也门人瓦赫卜·穆奈比（？—728）原奉犹太教，后来改宗伊斯兰教并成为著名的圣训学家，对先知穆罕默德的生平经历颇有研究，但其著作大都散佚，未能传世；所著《希米叶尔诸王史》一书虽然侥幸留存至今，内容却多有失实之处，不足凭信。

住在库法的屠夫

阿拔斯王朝初兴之时，政局动荡，阿布·阿拔斯挥舞着带血的屠刀，极力铲除异己，消除政治隐患。阿布·阿拔斯（750—754 在位）在库法登基时自称赛法哈（意为屠夫），即位不久便对倭马亚人实行斩尽杀绝的恐怖政策，意在摧毁旧王朝的残余势力。但是这位屠夫仅仅在位四年，便匆匆离开人世，将一个处于风雨飘摇之中的国家留给了他的弟弟曼苏尔。

750 年 6 月，倭马亚家族 80 余人应阿布·阿拔斯的叔父阿卜杜拉·阿里的邀请，来到巴勒斯坦的阿布·弗特鲁斯城中赴宴。这些社会名流何曾想到，这是阿拔斯派摆下的鸿门宴。席间，他们几乎全部遇害，只有希沙姆的嫡孙阿卜杜勒·拉赫曼戏剧性地逃离宴席，潜往马格里布，后来在西班牙割据自立。倭马亚王朝的历代哈里发虽已不在人世，但他们的陵寝遭到破坏，尸体尽受凌辱。希沙姆的尸体尚未腐烂，被掘墓者鞭笞之后，焚为灰烬。由于欧默尔二世素有圣徒的美誉，阿拔斯派并没有掘其墓穴，辱其尸体。

在政治舞台上，没有长久的朋友，只有永远的利益。与阿拔斯派曾经患难与共的什叶派现在成了阿拔斯派最大的敌人。倭马亚时代后期，什叶派曾经与阿拔斯派在"归权先知家族"的政治基础之上结成联盟，共同反对倭马亚王朝的统治。当倭马亚王朝这个共同的敌人不再存在之时，什叶派和阿拔斯派的矛盾便暴露无遗。什叶派之目标在于建立由阿里的后裔统治的国家，对阿拔斯家族的新统治强烈不满。自阿拔斯王朝建立开始，什叶派便将阿拔斯人视作非法的篡位者，企图拥戴阿里的后裔取代阿拔斯家族的哈里发，从而成为威胁阿拔斯王朝的政治隐患。鸟尽弓藏，兔死狗烹，是政治斗争之中最常见不过的事。阿布·阿拔斯即位以后，对曾经的同盟者采取严厉的镇压措施。750 年 2 月，阿拔斯王朝处死了库法的哈希姆派首领阿布·萨拉玛。曼苏尔（754—775 在位）在位期间，阿拔斯王朝继续追捕和迫害阿里家族的成员，尤其是在麦地那将阿里的长子哈桑的后裔悉数囚禁，导致什叶派与阿拔斯哈里发之间的关系不断恶化。

在倭马亚时代，库法曾经是什叶派的活动舞台。但是，在阿拔斯王朝初期，什叶派在库法已经不再拥有自由，他们的活动一切尽在阿拔斯哈里发的严密监控之下。于是，什叶派选择了另外两座城市，即麦地那和巴士拉作为新的根据地。哈桑的曾孙穆罕默德·阿卜杜拉和易卜拉欣·阿卜杜拉兄弟两人约定，分别在麦地那和巴士拉同时发动起义。762 年，穆罕默德·阿卜杜拉在麦地那释放被囚禁的哈桑后裔，由著名教法学家马立克·艾奈斯主持宗教仪式，解除阿里家族成员效忠阿拔斯哈里发的誓言，公开谴责曼苏尔的统治。穆罕默德·阿卜杜拉的追随者 300 余人效仿先知穆罕默德曾经采用的战术，在麦地那绿洲的外围挖掘壕沟，抵御阿拔斯军队的进攻。然而先知创造的神话没有在此重现，麦地那的什叶派所发动的起义失败了。穆罕默德·阿卜杜拉被阿拔斯王朝处死，尸体悬挂在麦地那示众。

也是在这一年，易卜拉欣·阿卜杜拉在巴士拉发动起义，声势浩大，追随者一度达数万之众。但是，易卜拉欣·阿卜杜拉在关键时刻犹豫不决，未能及时进攻兵力空虚的库法，错失良机，使阿拔斯王朝的哈里发得以喘息。阿拔斯王朝很快从叙利亚和希贾兹调集重兵向巴士拉的什叶派发动反攻。763 年 2 月，易卜拉欣·阿卜杜拉及其追随者与伊萨·穆萨率领的阿拔斯王朝军队在库法以南的巴哈姆拉发生激战；易卜拉欣·阿卜杜拉兵败身亡，其首级被送交哈里发。至此，什叶派对阿拔斯派没有造成大的威胁，阿拔斯王朝的统治暂时稳固下来。

阿布·阿拔斯在位期间，哈里发国家在形式上已实现一统。然而，在冷兵器时代，兵强马壮者往往控制着一个国家的实际权力。阿拔斯王朝之初，阿布·穆斯林作为阿拔斯王朝的开国元勋，出任呼罗珊总督，驻节木鹿，统辖扎格罗斯山以东的广大地区，具有极强的势力。他位高权重，号令一方，屡屡染指宫廷事务，干涉朝政，甚至以自己的名义发行钱币。曼苏尔在即位以前曾经在木鹿亲眼目睹阿布·穆斯林的势力，并且告诫阿布·阿拔斯："如果你听任阿布·穆斯林为所欲为，你将失去哈里发的权位，臣民也将不再遵从你的命令。"751 年，阿布·穆斯林遣部将齐亚德进兵阿姆河右岸，在怛罗斯击败唐朝安西节度使高仙芝部，俘唐军 2 万人。753 年，阿布·穆斯林亲自护送朝觐队伍赶赴麦加，其政治势力达到顶峰。

在扎格罗斯山脉以西地区，阿布·阿拔斯信任家族成员，大量赐封阿拔斯派

成员出任要职，借助于血缘的纽带确保哈里发对各地的控制。阿布·阿拔斯的叔父阿卜杜拉·阿里是扎布河战役中击败麦尔旺二世的英雄，阿拔斯王朝建立后出任叙利亚总督。阿布·阿拔斯的另外3位叔父萨利赫·阿里、达乌德·阿里和苏莱曼·阿里分别出任埃及总督、库法总督和巴士拉总督，曼苏尔在即位之前曾经出任贾吉拉和阿塞拜疆总督。另外，一些名望甚高的阿拉伯家族，如穆哈拉布家族、古太自家族、凯斯尔家族、乌凯勒家族，其成员亦被哈里发委以重任，成为制约和抗衡阿布·穆斯林及呼罗珊人的政治势力。

阿拔斯王朝的军队

然而，在政治的漩涡中，亲情与友情永远都是那么苍白乏力。754年6月阿布·阿拔斯死后，曼苏尔、阿卜杜拉·阿里和阿布·穆斯林三人形成鼎足之势，而他们各自都对金光闪耀的哈里发宝座表现出浓厚的兴趣，阿拔斯王朝面临严峻的政治危机。

帝国斜阳

当一个国家的统治者与其臣属互不信任之时，这个国家可能就走到了危险的边缘。辉煌的哈伦时代在留给艾敏和麦蒙数不尽的财富之时，也让他们的贪婪之心不断地膨胀。艾敏出任哈里发之后，无法容忍与人共治天下，于是一场兄弟相残的悲剧再次上演。艾敏与麦蒙之间的战争，将一个生龙活虎的阿拔斯王朝带入了混乱动荡的境地。长期的内战破坏了哈里发国家的政治基础。伴随着艾敏在权力争夺中的失败，作为阿拔斯王朝前期集权统治的军事支柱，呼罗珊籍的阿拉伯人和阿拉伯化的波斯人一蹶不振。而来自伊斯兰世界边缘地带的外籍新军应运而生，突厥人以及亚美尼亚人、哈扎尔人、斯拉夫人、柏柏尔人开始登上哈里发国家的政治舞台。

伊斯兰教产生之前，突厥人大都分布在阿尔泰山一带，牧养牲畜，逐水草而居。倭马亚时代，穆斯林勇士越过阿姆河，占领粟特和费尔干纳，伊斯兰教随之传入突厥人生活的地方。此后，突厥人常将其孩童作为贡赋献给哈里发国家，这些小孩在陌生的伊斯兰世界里成长，渐渐融入新世界的生活。曼苏尔在位期间，突厥士兵的身影偶或出现在阿拔斯王朝的军队中。然而，阿拔斯王朝前期，哈里发国家的兵源主要来自阿拉伯人和阿拉伯化的波斯人，突厥士兵为数尚少，影响力有限，无力涉足政坛。艾敏和麦蒙内战之后，阿拉伯人和阿拉伯化的波斯人力量大不如前，而突厥士兵人数猛增，其势力急剧膨胀。麦蒙的弟弟阿布·易司哈格为突厥妇女玛里达所生，具有突厥血统。他既不信任阿拉伯人，也不喜欢波斯人，却对突厥人情有独钟。他通过伊朗东部的土著王公萨曼家族，从中亚各地购买突厥奴隶，组建新军。817年，他在平息伊拉克反叛势力的过程中，首次使用了突厥士兵组成的新军，战绩赫赫。至833年，阿布·易司哈格麾下的突厥士兵已经达到4000人。麦蒙死后，阿布·易司哈格最终被突厥新军将领推上了哈里发的宝座，他就是阿拔斯王朝著名的穆尔台绥姆（833—842在位）。

穆尔台绥姆坐上哈里发之位以后，继续扩大新军的规模，突厥人及其他血统的外籍士兵增至7万人。834年，突厥将领阿什纳斯出任埃及总督，哈扎尔将领伊塔赫出任也门总督，标志着来自伊斯兰世界边缘地带的外籍势力开始进入哈里发国家的政治高层。曾经声名显赫的那些波斯血统的将领，如今已得不到重用，处境凄凉。波斯血统的著名将领阿夫辛尽管屡建战功，却因涉嫌宫廷阴谋，欲立麦蒙之子登基，被穆尔台绥姆打入地牢，活活饿死。836年，穆尔台绥姆将哈里发的宫廷从巴格达迁至萨马拉。萨马拉位于巴格达西北120公里，地处底格里斯河东岸，正式名称是"苏拉·曼·拉阿"，阿拉伯语意为"见者喜悦"，由阿什纳斯主持营建，外籍新军大都驻扎在这里。当时的巴格达人曾对新都的名称有过幽默的解释：外籍士兵来到巴格达后，和平之城变成了骚乱之城，他们移驻新都，巴格达恢复了往日的安宁，令人皆大欢喜。在此后的半个世纪中，穆尔台绥姆和他的7位继承人均在萨马拉临朝，并在这里建造了精美华丽的宫殿和清真寺。巴尔库瓦拉宫模仿古代波斯的建筑风格，其设计与泰西封的萨珊王朝宫殿颇为相似。萨马拉清真寺耗资1500万迪尔罕，采用砖木结构，规模宏大，可容纳万人同时礼拜，庭院中心水流淙淙，细泉涌动，景色别致，宣礼塔模仿巴别塔，呈螺旋形圆柱体，分为7级，高52米，至今犹存。

外籍新军的兴起，一时间让哈里发如鱼得水。穆尔台绥姆借助于外籍新军的势力，强化了哈里发的政权，成为继麦蒙之后阿拔斯王朝的又一盛世之君。佐特人祖居印度，后来迁至伊拉克南部的沼泽地带。麦蒙在位期间，佐特人频繁骚乱，劫掠商队，甚至切断巴格达与巴士拉之间的交通。穆尔台绥姆即位后，遣军征讨伊拉克南部地区，平息佐特人的骚乱，并将佐特人放逐到陶鲁斯山南侧的西里西亚。后来，佐特人流落于欧洲各地，四处流浪，这就是总能带给人们无限遐思的吉普赛人。

阿拔斯王朝初期，胡拉米派在阿姆河右岸的粟特地区揭竿而起，但很快被哈里发镇压。此后，胡拉米派传入北方的阿塞拜疆。816年，胡拉米派首领巴贝克在阿塞拜疆再度起事，要求平分土地、取消捐税、铲除暴虐、实现人间平等。起义声势浩大，参加者多达30万人，皆身着红色作为标志，故称"红衣军"。他们与拜占庭帝国缔结盟约，共同攻击阿拉伯人，几乎控制阿塞拜疆全境，并且波及亚美尼亚和里海南岸各地。820—827年，麦蒙多次派兵征讨，却都铩羽而归。穆尔台绥姆即位后，遣阿夫辛带兵征讨，战火绵延三年方休。837年，阿夫辛攻克红衣军的最后据点巴兹，起义者领袖巴贝克逃往亚美尼亚，被土著贵族捕获。838年，巴贝克被阿夫辛肢解处死。巴贝克起义平定后，穆尔台绥姆出兵征讨拜占庭帝国，攻陷并洗劫了拜占庭边境重镇阿摩利。战争的胜利，使这位哈里发在伊斯兰世界声威大震。

万物有度，过犹不及，至瓦西克（842—847在位）在位时期，外籍新军的政治势力不断扩展，已经威胁到哈里发的地位。穆塔瓦基勒（847—861在位）即位以后，极力削弱外籍新军的政治影响。在塔希尔家族的支持下，穆塔瓦基勒处死了权倾一时的哈扎尔将领伊塔赫，罢免手握重兵的突厥将领瓦绥夫。同时，

穆塔瓦基勒在伊拉克和叙利亚等地募集兵员，组建阿拉伯新军，旨在抗衡外籍新军。穆塔瓦基勒还委派其子穆恩台绥尔、穆阿亚德和穆尔台兹分别统辖埃及、叙利亚和呼罗珊诸地，加强对地方势力的控制，使哈里发得以维持较为充足的岁入来源。859 年，穆塔瓦基勒耗资 200 万第纳尔，在萨马拉附近另建新都贾法里亚，试图将外籍新军的势力排除于宫廷政治之外。穆塔瓦基勒的做法导致外籍新军的强烈不满，哈里发虽然远离了原来的都城，但还是没有逃脱外籍势力的追杀。861 年，穆塔瓦基勒在新都贾法里亚被外籍将领谋杀。

此后，哈里发国家权力的天平进一步向外籍新军倾斜。869 年，赞吉发动起义，波斯血统的哈瓦立及派传教师阿里·穆罕默德是起义的首领，数十万人加入了起义者的行列。他们洗劫巴士拉，攻陷瓦西兑，直逼巴格达。这次起义发生在伊斯兰世界的核心地区，对阿拔斯王朝威胁甚大。在穆瓦法克的领导下，哈里发国家倾尽全力，经过长达 11 年的艰苦征战，于 883 年攻陷赞吉的大本营穆赫塔拉，斩杀阿里·穆罕默德。在此期间，穆瓦法克统辖军务，独揽朝政，声名和权势如日中天，外籍将领相形见绌，哈里发亦黯然失色。

公元 892 年，阿拔斯王朝的哈里发离开萨马拉，移都巴格达，外籍将领的政治势力已不如从前，维齐尔成为哈里发国家的核心人物。穆格台迪尔是最后一位领有伊拉克、叙利亚、埃及和伊朗西部诸地的阿拔斯王朝哈里发。932 年，穆尼斯在伊拉克北部的摩苏尔发动兵变，攻打首都，穆格台迪尔仓促迎战，魂断巴格达城下。10 世纪中叶，哈里发所领有的疆域只剩下伊拉克中部一带。936 年，哈里发拉迪（934—940 在位）正式赐封瓦西兑守将穆罕默德·拉伊克"总艾米尔"的称号，赋予他兼领艾米尔（军事统帅）解释的军事权力与维齐尔的行政权力。"总艾米尔"的设置，标志着哈里发国家教俗合一权力体制的结束。此后历任哈里发仅仅被视作伊斯兰世界的宗教领袖，其原有的世俗权力丧失殆尽。拉迪成为阿拔斯王朝"最后的哈里发"。

在群山脚下

在一千多年前，绵亘的群山与汹涌的河流常常令人类束手无策。阿拔斯时代，伊斯兰世界疆域辽阔，哈里发国家的政治生活受自然环境影响极大。尽管驿政体系不断完善，然而，遥远的距离和纵横的峦壑仍然阻碍着哈里发各地之间的交流。据地理学家伊本·胡尔达兹比赫（？—912）记载，在阿拔斯时代，自巴格达向西经大马士革和弗斯塔特至马格里布的首府凯鲁万沿途共有 105 个驿站，自巴格达向东经莱伊和内沙浦尔至呼罗珊的首府木鹿沿途亦有 66 个驿站；驿站间隔的距离通常是 24—36 公里，以普通的速度行走约需 1 天的时间。775 年，曼苏尔在麦加附近病逝，死讯在 20 天后才传到 1500 公里外的巴格达。785 年，马赫迪在巴格达病逝，其子哈迪获悉哈里发的死讯并从里海南岸的朱尔占返回首都用了 20 余天时间。哈里发在巴格达颁布的命令，即使驿差昼夜兼程，也得 15 天后才能传送到呼罗珊总督的驻地。813 年，麦蒙在木鹿宣布指定阿里·里达作为哈里发的继承人，这个消息直至三个月后才传到巴格达。

由于距离的遥远，巴格达的统治者对许多地区常感鞭长莫及。自然区域的明显差异，更使统一的哈里发国家难以长久地维持下去。在阿拉伯半岛，阿拔斯王朝的权力仅仅局限于希贾兹的两座圣城和也门一带，贝都因人主宰着广袤的沙漠和荒原。在亚美尼亚和阿塞拜疆，山脉纵横，土著势力各自为政，哈里发的统治往往徒具虚名。甚至在伊拉克与叙利亚等伊斯兰世界的核心地带，亦因方圆数百公里的沙漠相隔而无法形成统一的区域。在东方的呼罗珊，自然区域的差异及其影响极为明显；绿洲城市内沙浦尔、木鹿、哈拉特、巴勒黑是阿拔斯王朝统治呼罗珊的中心所在，土著社会势力则在层峦叠嶂，千山万壑的庇护下得以延续。在西方的马格里布，只有狭长的沿海平原处于哈里发的控制之下，辽阔的内陆依旧是柏柏尔人的世界；他们虽然改奉伊斯兰教，却长期抵制阿拔斯王朝的政治权力。因此，哈里发国家权力的中心是人口稠密的城市和定居的农业区域，哈里发统治的实际范围在沙漠的边缘，在群山脚下。

在伊斯兰文明兴起的早期阶段，谁对伊斯兰教更忠诚，谁的信仰更虔诚，谁就更有可能登上政治舞台的中心。那时的伊斯兰世界，需要伊斯兰信仰来维系。为数众多的异教臣民的存在，让阿拉伯人可以齐心协力，一致对外。大量的异教臣民为阿拉伯人实行民族统治提供了现实的条件，阿拉伯人之间的利益冲突暂时被屏蔽。麦地那时代和倭马亚时代，哈里发国家奉行阿拉伯人与伊斯兰教合而为一的原则，非阿拉伯人尚无缘介入伊斯兰世界的权力角逐。阿拔斯王朝前期，非阿拉伯血统的穆斯林初次登上伊斯兰世界的政治舞台，一度叱咤风云。但是，哈里发国家的伊斯兰教化此时远未完成，非穆斯林人数颇多，伊拉克人和呼罗珊人是阿拔斯王朝倚重的统治支柱，宗教矛盾依然制约着哈里发国家的政治生活。9世纪以后，异教叛乱的记载逐渐不再见于史籍，信仰的差异趋于淡化。那些在群山之外的土著势力，相继皈依伊斯兰教，进而涉足伊斯兰政坛，与那些曾经不可一世的伊拉克人和呼罗珊人展开激烈的权力角逐。穆斯林内部的民族对抗和教派差异有如绵绵山脉，此起彼伏。"肥沃的新月地带"不再是哈里发国家的核心区域，伊斯兰世界形成群雄逐鹿的局面。

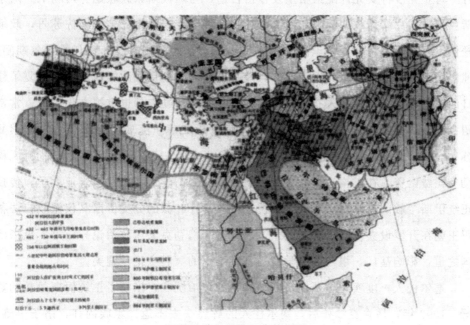

伊斯兰世界群雄逐鹿的局面

希望，在别处

阿拔斯王朝统治后期，由穆斯林所构建的帝国大厦，自伊斯兰世界的东西两端，向哈里发国家的腹地开始崩塌。由于民族矛盾与教派冲突错综交织，伊斯兰世界一时间狼烟四起，群雄并立。正值阿拔斯王朝苟延残喘之际，白益家族异军突起，犹如一柄利剑，刺向哈里发国家的心脏。而与此同时，伊斯兰文化在哈里发国家的边缘地带薪火相传，一个又一个的王朝续写着属于伊斯兰的华章。

阿勒卜·阿尔斯兰之子马立克沙当政期间（1072—1092），塞尔柱人的势力达到顶峰。马立克沙统治的领土东起中亚东端、西至叙利亚和小亚细亚半岛、北起亚美尼亚、南至阿拉伯海。1091年，马立克沙离开伊斯法罕，迁都巴格达。在星期五聚礼的呼图白中，在祝福巴格达的哈里发的同时，还祝福塞尔柱人的苏丹。马立克沙将女儿许配给哈里发穆格台迪，与阿拔斯家族联姻。阿勒卜·阿尔斯兰和马立克沙当政期间，波斯人尼扎姆·穆勒克出任维齐尔，辅佐苏丹，政绩颇佳。尼扎姆·穆勒克学识渊博，信仰虔诚。在1063—1092年出任维齐尔期间，他整顿朝纲，推行新政，发展生产，改善交通，使饱受战乱的西亚诸地恢复了往日的繁荣景象。塞尔柱人有尚武传统，尼扎姆·穆勒克却也重视文化事业，常常招贤纳士，奖励学术。在他的庇护和赞助下，安萨里完成了神学名著《圣学复苏》，欧默尔·赫亚姆完成了文学佳作《鲁拜集》。1065—1067年，尼扎姆·穆勒克耗费巨资，在巴格达创办正统伊斯兰教的最高学府——尼采米亚大学，传授正统伊斯兰教的神学思想和教义学说，以抗衡什叶派的分支伊斯马仪派政权法蒂玛王朝在开罗设立的爱资哈尔大学。尼扎姆·穆勒克著《政治论》一书，纵谈治国之道，影响甚广，堪与西方学者马基雅维里的《君主论》媲美。

塞尔柱人一度实现了西亚伊斯兰世界的政治统一，恢复了正统伊斯兰教的尊严。1092年，马立克沙死后，塞尔柱人的辉煌一去不返。家族内讧，诸子争雄，让塞尔柱苏丹国很快陷入四分五裂。马立克沙之次子桑贾尔继承大统，以大塞尔柱苏丹的名义领有呼罗珊。1157年，桑贾尔死于木鹿。此后，大塞尔柱王朝急剧衰落，所辖领地被来自中亚的另一突厥人政权花拉子谟沙王朝吞并。

阿拔斯哈里发国家曾有过长达百年的辉煌时代。自 9 世纪中叶起，伊斯兰世界群雄并立，阿拔斯王朝的辖地日渐缩小，外籍将领横行无忌，巴格达哈里发不得不将世俗权力拱手让出。白益王公统治期间，伊斯兰世界仿佛成为什叶派穆斯林的天下，巴格达哈里发仅有的宗教权威荡然无存。塞尔柱人入主西亚以后，巴格达哈里发并没有摆脱窘困的境遇。阿拔斯王朝的根基已经坍塌，巴格达哈里发软弱无力，任人摆布，苟且偷生。12 世纪后期，塞尔柱苏丹国解体，凌驾于巴格达哈里发之上的大塞尔柱王朝苏丹权势日渐式微。与此同时，萨拉丁在开罗建立阿尤布王朝，恢复正统伊斯兰教在西部诸地的统治地位，尊崇巴格达哈里发作为宗教领袖。形势的变化使日暮途穷的阿拔斯王朝似乎看到了一线希望。

阿拔斯王朝在位时间最长的哈里发纳绥尔（1180—1225 在位）曾经做过最后的尝试，企图恢复哈里发的威严，重振阿拔斯王朝的雄风。他将希望寄托于新兴穆斯林势力，怂恿花拉子谟沙王朝的塔卡什自中亚西进。1194 年，塔卡什的军队击败大塞尔柱王朝的末代苏丹图格里勒，结束了塞尔柱人在巴格达的统治。然而，纳绥尔并没有扭转乾坤，他的努力付诸东流。1196 年，塔卡什成为新的苏丹，行使塞尔柱人原有的一切权力，哈里发仍然只是苏丹的掌中玩物。1200 年

萨马拉清真寺

塔卡什死后，其子阿拉乌丁出任苏丹。阿拉乌丁击败古尔王朝、西喀喇汗王朝和西辽，建立起庞大的帝国，定都撒马尔罕。1217 年，阿拉乌丁召开宗教会议，试图废止阿拔斯王朝的宗教权力，另立阿里家族的后裔阿拉·穆尔克为新的哈里发。纳绥尔在绝望之际，把目光转向遥远的东方，幻想得到蒙古人的帮助。然而，纳绥尔的这一做法无异于引狼入室，使伊斯兰世界遭受了空前的浩劫。

尽管如此，阿拔斯王朝还是以文化的方式留给后人无尽的财富。阿拔斯时代，伊斯兰世界的建筑艺术日臻成熟，达到了前所未有的高峰。巴格达的绿圆顶

宫、萨马拉的巴尔库瓦拉宫、科尔多瓦的阿萨哈拉宫以及萨马拉清真寺、科尔多瓦清真寺、非斯的卡拉维因清真寺、弗斯塔特的伊本·土伦清真寺、开罗的爱兹哈尔清真寺，皆可称作伊斯兰建筑艺术的瑰宝。

爱兹哈尔清真寺

自公元9世纪末期开始，历史学家的视野逐渐从阿拉伯人的历史扩展到其他穆斯林民族的历史，开始探寻伊斯兰世界周边地区各民族的历史，历史著作的编纂进入崭新的阶段。泰伯里（838—923）本名穆罕默德·贾里尔，出生于里海南岸的泰伯里斯坦。他长期游历伊朗、伊拉克、叙利亚、埃及和阿拉伯半岛各地，深谙东方古代历史文化和典章制度，善于甄别史料的真伪，长于驾驭史实的脉络。所著《历代先知和帝王史》独辟蹊径，突破以往历史著述的狭隘界限，改变前辈仅仅着眼于先知穆罕默德生平和战争始末的编纂传统，将当时穆斯林所知的世界视为一个整体，是伊斯兰世界的第一部规模宏大的通史巨著。该书卷帙浩繁，原稿长达6万余页，现存版本分为13册，7500余页，由上下两编组成。上编从创世开始，记录自阿丹和易卜拉欣等传说时代诸位先知的经历，至查希里叶时代的阿拉伯人以及波斯人、罗马人、犹太人等诸民族的古代社会状况。下编自先知穆罕默德的生平经历开始，记述哈里发国家的演变过程，至914年结束。该书采用追溯传述线索的传统方法，详细考证各种史料，取材精审，是伊斯兰编年史的典范。

麦斯欧迪（？—956）全名阿布·哈桑·阿里·侯赛因·麦斯欧迪，生于巴格达。他博闻强记，游历甚广，足迹遍及叙利亚、埃及、巴勒斯坦、阿塞拜疆、伊朗、中亚、南亚和东非诸地。所著《黄金草原与珠玑宝藏》，亦译作《金牧场》，原有 30 册之多，但大都佚失，只有 4 卷本的摘要流传至今。第一卷包括远古时代，记述埃及、巴比伦、亚述、巴勒斯坦、印度、中国、希腊、罗马、拜占庭的历史和宗教，所录史料颇为珍贵，其中有一章提及中国唐朝末年的黄巢大起义。第二卷记述伊斯兰教诞生前夕的阿拉伯半岛及其周边地区的历史，以及先知穆罕默德生平和麦地那哈里发国家的兴衰。第三卷记述倭马亚王朝和阿拔斯王朝初期的历史。第四卷始于麦蒙即位，止于 947 年，该书在伊斯兰世界首创纪事本末的编纂体例，虽然通篇形似零散琐碎，有如满盘珠玑，却慧眼独识，极富神韵。麦斯欧迪在伊斯兰世界被誉为"史学的伊玛目"，西方学者则将麦斯欧迪称作"阿拉伯的希罗多德"，在中国则相当于太史公司马迁。伊本·阿西尔（1160—1234）本名阿布·哈桑·阿里·穆罕默德·谢巴尼，生于伊拉克北部。所著《历史大全》，上自创世开始，下至 1231 年结束，记述波斯和拜占庭的历史、查希里叶时代的阿拉伯社会、先知穆罕默德的生平、伊斯兰教的传播、哈里发国家的兴衰。其中关于西班牙和马格里布的内容颇为珍贵，引用史料翔实可靠，备受后人推崇。该书撷取前人著述的精华，补其所缺，弃其所短，史料准确，文笔流畅，是罕有的史学名著。伊本·阿西尔所处的时代，正值十字军东侵和蒙古西征，作者目睹伊斯兰世界遭受的空前浩劫，故而对此记述颇多。伊本·阿西尔被西方学者称作"十字军战史家"，《历史大全》中关于蒙古西征的记述则为法国学者多桑所著的《蒙古史》屡屡选录。

《历代先知和帝王史》插图

在伊斯兰世界，人们早已开始追问人类存在的理由和意义，伊斯兰世界的哲学或由此开端。伊斯兰世界的哲学通常包括经院哲学、苏非哲学和世俗哲学。经院哲学所探讨的内容集中在安拉的本体及其属性等教义学命题，苏非哲学的核心思想是探讨俗人与安拉的关系。伊斯兰世俗哲学更类似于西方意义上的哲学，不过也脱胎于伊斯兰教的神学，其目的在于论证伊斯兰教的合理性。它承袭柏拉图、亚里士多德、毕达哥拉斯和新柏拉图主义的传统，崇尚理性，强调思辨。相对于经院哲学和苏非哲学而言，伊斯兰世俗哲学较多论及宇宙观和认识论方面的命题。

伊本·阿西尔《历史大全》插图

　　法拉比（874—950）是阿拔斯时代的另一著名哲学家，其本名为阿布·奈斯尔—穆罕默德·泰尔罕·法拉比，生于中亚的法拉布附近，他的父亲是波斯人，母亲是突厥人。法拉比不仅深得希腊哲学精髓，还受苏非主义神秘思想的影响。法拉比将安拉视为永恒不变的第一存在。在他看来，宇宙现象始于安拉的"流溢"，万物的形式蕴涵于安拉的本体之中；"流溢"过程的起点是作为最高精神的安拉，终点是人的精神；自安拉"流溢"的外部世界包括土、水、火、空气诸种物质，运动和变化是物质的特性。法拉比认为，人具有认识外部世界的能力，感官的认识与理性的认识具有内在的联系；认识开始于感官的认识，最终上升到理性的认识，从而达到认识的目的。法拉比还认为，人的灵魂并非独立于肉体的存在，而是与肉体具有密切的联系；人死后，其灵魂回归永恒的宇宙灵魂。法拉比深谙亚里士多德的著作，被誉为继亚里士多德之后的"第二导师"和"伊斯兰东方最伟大的哲学权威"。伊本·西那（980—1037）在西方世界拥有很高的声誉，西方人称之为阿维森纳，其全名阿布·阿里·侯赛因·阿卜杜拉·西那，生于中亚的布哈拉。伊本·西那认为，安拉作为创造者，首先创造"原初理性"，继而"流溢"天地万物。伊本·西那认为，"一般"具有3种存在形式："一般"作为理念，存在于安拉的本体，先于个别事物而存在；"一般"作为个别事物的本质，与个别事物同存；"一般"作为概念，后于个别事物而存在。换言之，安拉的理念先于个别事物，人的理性后于个别事物。伊本·西那主张"双重真理论"，即建立在启示基础上的信仰与建立在理性基础上的哲学并不相悖，皆为真理。肯迪、法拉比和伊本·西那等哲学家所阐述的伊斯兰世俗哲学，试图借助古希腊哲学思想来论证伊斯兰教的信仰。肯迪率先将亚里士多德的学说和新柏拉图主义引入伊斯兰世界，伊本·西那则最终完成了希腊哲学与伊斯兰教的融和过程。

随着时代的变迁，一种新的哲学思潮在伊斯兰世界的西端悄然兴起。12世纪出现在西班牙的伊斯兰世俗哲学，并不强调希腊哲学与伊斯兰教的和谐，却极力实现哲学与宗教的分离。这种怪异言论很难为穆斯林所接受，但是在欧洲却产生了极其广泛的影响。著名哲学家伊本·巴哲（1082—1138）全名阿布·伯克尔·穆罕默德·叶赫亚·巴哲，西方人称之为阿维帕格，生于西班牙的萨拉戈萨，长期在塞维利亚和马格里布的非斯从事著述。伊本·巴哲认为，安拉的能动理性"流溢"天地万物，物质处于永恒运动的状态，理性是物质存在的最高形式。伊本·巴哲强调科学和哲学是认识自然界的唯一途径，是沟通人与安拉的能动理性之间的桥梁；人通过灵魂认识世界，认识的过程是由个别到一般、由特称到全称、由物质的世界到理念的世界。伊本·巴哲认为，人只有具备理性思维的能力，只有掌握科学和哲学，才能成为真正意义的人。

伊本·图菲利（1100—1185）也是伊斯兰世界西部地区的著名哲学家，其全名阿布·伯克尔·穆罕默德·阿卜杜勒·马立克·穆罕默德·图菲利，西方

法拉比

人称之为亚勒巴瑟，生于西班牙的格拉纳达，后移居马格里布的马拉喀什。他认为，安拉的理念是世界的本原，天地万物皆系安拉理念的"流溢"；人的认识包括直观认识和理性认识，人可以在不借助天启的条件下，通过直观认识的不断积累，实现理性认识，最终获得对于宇宙和安拉的全部认识。伊本·鲁世德（1126—1198）全名穆罕默德·艾哈迈德·穆罕默德·鲁世德，西方人称之为阿维罗伊，生于西班牙的科尔多瓦，后来在马拉喀什、塞维利亚和科尔多瓦等地著述和讲学。他在伊本·巴哲和伊本·图菲利的基础上，推进了伊斯兰哲学的世俗化。他承认安拉是无始之最高存在和世界的第一推动者，同时强调物质和运动及其固有规律的永恒性，强调物质与其外在形式的统一性和不可分割性，尤其否认"无中生有"和"先有而后无"的传统神学观念。他认为，灵魂并非独立于肉体的存在，而是与肉体不可分离，灵魂将随肉体的死亡而消失。伊本·鲁世德发展了伊本·西那的"双重真理论"，强调哲学与宗教的不悖性和理性与天启的不悖性，认为宗教的真理来源于天启，具有象征性和寓意的形式，是对世人的训诫和约束世人行为的规范，而哲学的真理来自理性和思辨，是真理的最高形式。他甚至认为，哲学的论证高于宗教的信条，声称"相信宗教的人不应当惧怕哲学的不同论断"。

白塔尼（850—929）全名穆罕默德·贾比尔·希南·哈拉尼，西方人称之为阿尔巴特尼乌斯，是继花拉子密之后伊斯兰世界又一杰出的天文学家。白塔尼生于美索不达米亚北部的哈兰，原为萨比教徒，后改奉伊斯兰教，曾在拉卡的天文台观测天象长达40余年。他在希腊天文学理论的基础之上，根据长期的天体观测，运用精确的数学计算和严密的逻辑推理，著《恒星表》（亦称《萨比天文历表》）。他改进了天体运行的计算方法，所得数值的精确度超过前人。他在天文学领域的突出贡献，是发现了地球的近日点运动，即地球运行的轨道呈经常变化的椭圆。白塔尼还在《恒星表》中引用《古兰经》关于太阳和月亮按其轨道运行的经文，依照天文观测的事实予以解释，进而证明安拉创造天地万物的伟大。如同《花拉子密历表》一样，白塔尼的《恒星表》也被译成拉丁文，对欧洲的天文学影响甚大，曾经被哥白尼和拉普拉斯等人多次引用。

阿布·瓦法（940—998）生于呼罗珊的布兹占，曾在巴格达从事天文学研究和天象观测，主持建造用于观测星体的象限仪台。他将三角学的正切函数和余切函数应用于天象的观测，最早发现月球运行的"二均差"，即月球的中心差和出差在朔望和上下弦以及弦望之间皆有盈缩的偏差。他的这一发现，曾被误认为是600年后文艺复兴时期丹麦天文学家第谷·布拉赫的功绩。阿布·瓦法还对地球呈球体形状的传统观点进行了科学论证，提出地球绕太阳运行的假说，进而纠正了托勒密"地球中心说"的错误理论。比鲁尼（973—1048）全名阿布·拉哈尼·穆罕默德·艾哈迈德·比鲁尼，生于中亚的花拉子模，曾在伽兹尼王朝苏丹马哈茂德和麦斯欧德的庇护下从事学术研究，著述颇丰。所著《麦斯欧德的天文学与占星学原理》，总结了穆斯林在天文学领域的研究成果，论证了地球自转的理论和地球绕太阳公转的学说，并且对地球的经度和纬度加以精密的测量，堪称伊斯兰世界的天文学百科全书。欧默尔－赫亚姆（1040—1123）生于呼罗珊的内沙浦尔，曾在塞尔柱苏丹马立克沙的庇护下主持天象观测。他参与编订的太阳历称作"哲拉里历"，根据这种历法，平年为365天，闰年增设1日即366天，每128年中设闰年31次。当时在基督教欧洲流行的格里哥利历每积3330年便相差1日，"哲拉里历"则积5000年方差1日。伊本·海赛姆（965—1039）生于巴士拉，曾在开罗的科学馆从事研究，在光学领域颇有建树。他研究了人眼的构造和功能，否定了古希腊学者关于人借助于眼球发出的光线观察物体的传统理论，阐述了视觉产生于光线冲击的学说，论证了物体光线的反射定律和折射定律。伊本·海赛姆以其卓越的学识，成为古希腊学者欧几里得与近代学者

天文学家

开普勒之间 1800 余年中光学领域最重要的人物，曾被誉为"光学之父"。

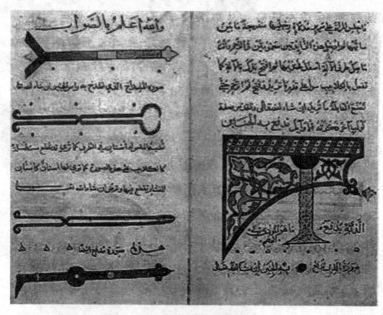

外科学手稿

　　伊斯兰世界的医学理论，源于古希腊、波斯和印度。穆斯林学者通过对一些医学典籍的翻译和研究，将其他地区的医学理论移植过来。因此，穆斯林学者并没有从根本上触动古代医学的理论体系，却在长期的医学实践过程中极大地推动了诊疗技术的发展。穆塔瓦基勒在位期间，哈里发的宫廷御医阿里·赛海勒·拉班·泰伯里根据希腊和印度的医学理论，撰写了《智慧的乐园》一书，这是伊斯兰世界最早的医学纲要。拉齐（865—925）全名阿布·伯克尔·穆罕默德·宰克里亚·拉齐，生于伊朗西部的莱伊，曾在萨曼王朝和阿拔斯王朝哈里发的庇护下行医，并从事著述。所著《曼苏尔医书》、《医学集成》和《天花与麻疹》，皆被译成拉丁文，在基督教欧洲长期被视为经典医学作品。《曼苏尔医书》论及解剖学、生理学、皮肤病、热病、毒物、诊断和治疗各个方面，颇有见地。《医学集成》系统阐述了希腊、波斯、印度的医学理论和伊斯兰世界的医学成就，堪称医学领域的百科全书。《天花与麻疹》是有史以来关于天花、麻疹两种疾病的第一部专门性著作，在传染病的诊断和治疗方面影响甚大。伊本·西那（980—1073）不仅在哲学领域颇负盛名，而且精通医学，所著《医典》一书广泛继承了古代世界的医学遗产，全面总结了穆斯林学者在医学实践过程中取得的丰硕成果。伊本一西那首次将疾病划分为内科、外科、脑科、胸科、精神科、眼科和妇产科，系统论述各种疾病的病理症状和诊断治疗方法，强调养生、药物和手术兼施并用。《医典》一书代表了古典伊斯兰世界医学领域的最高成就，伊本·西那被后人誉为"医学之王"。

外科手术

1219年，成吉思汗统率蒙古大军一路高歌猛进，攻入中亚，阿拉乌丁兵败身亡，撒马尔罕和布哈拉尽遭蹂躏，哈拉特顿时成为废墟。1253年，成吉思汗的孙子旭烈兀再度西征，蒙古铁骑如潮水一般涌向西方。一时间伊斯兰世界哀鸿遍野，一片凄凉。1258年，旭烈兀攻陷巴格达，哈里发穆斯台尔绥木（1242—1258在位）被装入袋中，马踏而死。至此，阿拔斯王朝终于油尽灯枯，犹如长河中的一缕烟尘，永远消失在历史的暗角。

1258年，蒙古人终结了哈里发国家的历史。然而，昌隆的文化将一个时代和那个时代的真义薪火相传，有如荒原上的一抹新绿，又恰似黑暗中的一丝微光，给人类带来希望。多少风云，多少豪情，都在漫漫历史长河中湮没；岁月无情，却带不走历史上那一串串熟悉的名字。在伊斯兰世界，那些信奉伊斯兰教的阿拉伯人、波斯人和突厥人等在生活的磨砺中共同创造了一种光彩夺目的文化，这就是兼容并蓄的伊斯兰文化。伊斯兰文化融会希腊文化与罗马文化、波斯文化与印度文化，仿若涓涓细流汇聚成滔滔江河，绵延数百年，一直到今天。

蒙古帝国王朝史

踏蹄绿野：马背上的民族

在亚欧内大陆上，从东部的兴安岭往西，一直延伸到欧洲的多瑙河沿岸，是一片横亘1.5万平方公里的大草原。生活在这块广阔草原上的游牧儿郎，过着无忧无虑的生活。但是，人类观念的改变，也改变了他们的淳朴品性，他们也开始参与到无休止的战争中来，建立了一个又一个的政权。在这众多的政权中，有一个在13世纪曾经震撼整个世界的帝国，它就是蒙古族建立的蒙古帝国。

作为一个草原民族，蒙古族也有和农耕民族及其他草原民族相似的传说，这些传说大都记载了他们祖先的光荣历史。

族群的起源：关于蒙古人的传说

每一个民族都是从不可思议的传说和神话中走出来的，这不是因为他们喜欢故弄玄虚，而是因为对自然以及作为自然化身的神灵的热爱。

中国直到现在还流传着伏羲造人和女娲补天的原始故事，他们就是中国的亚当和夏娃。

法国神话研究专家卢斯文说：神话不是历史，而是自然史。而法国科学作家丰特奈尔甚至称之为"早期的物理学"。的确，神话传说是一部人类热爱自然的历史。

人类具有追寻自身起源的传统，在科技和研究手段不发达的年代，人们创造了民间神话来说明自己的来源。我们根据历史文献和朱耀廷等史学研究前辈的研究成果，可以大致勾勒出蒙古人起源的概貌。

作为一个北方的古老民族，蒙古族的起源，汉文史籍缺载。冯承钧先生所译《多桑蒙古史》说："蒙古人不知文字，口传其祖先与其历史事迹。"在蒙古族的口传历史中，认为自己来源于在天地分开之后，太阳所生的两个女儿中的一个。这个女儿嫁到北方，生了一个儿子，取名为"蒙高乐"，意为"蒙古族"。

马背上的民话

传说之"苍狼配白鹿"

但是，在蒙古人自己编写的《元朝秘史》中，蒙古人的起源却是一对神奇的动物。

《元朝秘史》开篇记载道：

"当初元朝的人祖，是天生一个苍色的狼，与一个惨白的鹿相配了。同渡过腾吉斯名字的水，来到斡难名字的河源头不儿罕名字的山前住着，产了一个人，名字唤作巴塔赤罕。"

这里所说的巴塔赤罕就是成吉思汗的始祖，他的父母是苍狼和白鹿，他们距成吉思汗已是21代。

以苍狼作为自己的祖先，并不是蒙古人的专利，早先居住在蒙古草原的乌孙人和突厥人也有"狼生"的传说。关于乌孙人的传说在《魏书·高车传》中有记载：相传匈奴单于生了两个女儿，姿容艳丽，无人可比，于是国人皆以为天仙。单于认为自己两个女儿不可配与凡人，应送与天神为妻，于是在草原上筑了一个高台，把二女放在高台之上，敬请天神来迎娶。四年之后，仍没有天神来娶单于的两个女儿，这时却有一狼昼夜守在高台之下嗥呼。长时不去。于是，小女儿认为此狼乃天神，遂下台随狼而去，不久生下后代。据说她的后代唱歌时，声音也像狼嗥。

《周书·突厥传》记载了突厥以狼为图腾的传说：突厥的祖先是从匈奴族分

离出来的，建国后，却被邻国所灭，全族男女几乎尽被杀绝，只留下了一个十岁的男孩。邻国士兵见其太小，砍去其手足，弃于草泽后离去。男孩被砍掉手足后，有一只母狼怜其不能寻食，就常叼来一些肉食喂他。久而久之，男孩长大了，并与母狼培养起了感情，结果双方交合，使母狼怀上身孕，不久生下十个男孩，其中一个名叫阿史那的，最具领导力，登上了突厥人的王位。从此，突厥人就以狼作为自己的祖先加以崇拜。

可见，蒙古人以苍狼作为自己的祖先，大概是吸收了乌孙、突厥等草原游牧氏族这类传说，引为己用而已。

传说之"东胡的后裔"

这则传说，波斯史学家拉施特在他的著作《史集》中有记载，而蒙古族内部也有自己的传述：

大约距今三千年左右（公元前700年左右），北方草原上的各部落间，发生了一场震天动地的鏖战，一连打了七七四十九天。结果，蒙古部落被突厥部落打得大败，突厥人对他们进行了大屠杀，最后只剩下两男两女，这两对青年，在一天夜里借着月光，逃进了一座深山。这座山悬崖峭壁，高耸入云；山上的林木十分茂密，连吃饱的大蛇也难以通过。

这两对逃难的青年四处攀寻，终于越过了天险，找到了草地和清泉，于是他们在这里住了下来，并给这座山起名为"额尔古涅·昆"。后来，四个年轻人结成了两对夫妻，建立了两个帐篷，猎取野猪、麋鹿，驯养野马、山羊。几年后，他们就有了成群的马儿和羊儿，积蓄了许多财富，还生养了几个儿女。

传说这两户人家，一户叫捏古思，另一户叫乞颜。过了若干年，捏古思和乞颜两族的人户越来越多，额尔古涅·昆山已经不能容纳这么多人了。于是他们就打算离开这里，向外发展。但是，他们出山的路四处都是草木，行走困难，而且那么多的马、牛、羊也带不走，怎么能翻出这座险峻的山岭呢？他们试用了各种办法，最后终于发现了一处铁矿，便决定化铁出山，返回祖先的故土。

《多桑蒙古史》记述说：据说成吉思汗诞生之二千年前，蒙古人为鞑靼地域之其他民族所灭，仅遗男女各二人，遁走一地，四面皆山，山名额儿格涅坤，犹言险崖也。其地肥沃，避难二人之后裔名曰帖古思与乞颜者，后人繁盛，分为部

落。因地限山中，悬崖屹立，不足以容，乃谋出山。先是其民常采铁矿于其中之一山，至是遂积多木，篝火矿穴。以七十韝煽火，铁矿既熔，因辟一道。

额尔古涅·昆山被开通了，人们狂欢起来！于是，乞颜氏和捏古思氏离开了狭窄的土地，回到了他们祖先生活过的地方。捕鱼儿海、阔涟湖畔的辽阔草原上都布遍了他们的人。这个草原就是现在的呼伦贝尔大草原。据说，成吉思汗就是乞颜氏族的后裔。

为纪念此事，成吉思汗及其后来的蒙古君主，每逢除夕都诏令内廷打铁，以隆重的礼仪以谢天恩。这就是蒙古民族的起源。

黑车白帐，逐水草而居：古代蒙古部落的社会生活

《中亚：马背上的文化》一书中写道：

"草原的气候，变化快，灾害多、山崩，泥石流泛滥；雪崩，暴风雪袭击，风灾等等。这些灾变，似乎无法抗拒，往往造成部落散亡，甚而导致游牧国家的瓦解、衰亡。游牧人长期生活在气候恶劣的环境中，为了生存，逐渐培养起不向任何艰难低头的顽强精神。不论处于任何险恶的环境，都能设法调整部族的生存空间，从而也磨砺了生存意志。"

蒙古人在8世纪至10世纪时的社会发展情况，《旧唐书·室韦传》载：他们学会了驯养动物，有猪有狗，养大之后宰而食之，其皮用来制作衣服；他们还知道经营原始农业，削木为犁，不加金刃，以人为牵力进行耕种，不用牛拉；兵器则有弓箭木苦矢，人们尤善射，时聚而猎，事毕而散；其国无君长，大首领十七人；婚嫁则男先佣女家，三岁后分以产，与妇共载鼓舞而还，夫死不再嫁。

9世纪中叶以后，大批室韦——鞑靼人迁到大漠南北各地，这里广阔无垠的良好草原，为畜牧业的发展提供了优越条件。分布在哈剌温山至阿尔泰山的草原地区诸部落，包括蒙古、克烈、乃蛮、塔塔儿、蔑儿乞等部，被称为"有毡帐的百姓"，即草原游牧民。《蒙鞑备录》载："其为生涯，只是饮马乳以塞饥渴，凡一牝马之乳可饱三人。出入只是饮马乳，或宰羊为粮。故彼国中有一马者必有六七羊，谓如有百马者，必有六七百羊群也。"由此可见，这些部落一般以羊肉为主粮，马则很少杀来吃，因为马不仅为他们提供马乳，还要作为代步和作战的重

要工具，这些人以牛马之粪做燃料，其衣袍和毡帐也主要用牲畜皮毛制作。

　　游牧民的生活方式是"黑车白帐，随水草放牧"。在不同季节，为了适应放牧的需要，他们必须经常移换牧地，选择水草丰美的地方作夏营地，寻找可避风寒的谷地作冬营地。对于马和羊，牧场的要求也不一样，马群一般换着山地而营，羊群则临涧而驻。但是，这种游牧也不是随意进行的，每个部落都必须在一定的地域内，按照一定的路线迁移，他们居住在用木架、毡和皮构成的帐幕中，在迁移时，他们将拆下的毡帐及家庭用具装在马或牛拉的车上。

古代蒙古部落的社会生活

　　游牧民在宿营地驻屯时，将车子围成一圈，毡帐扎在圈内，蒙语称之为"古列延"，一般是部落酋长住在圆圈中心，其他家族按地位，从内向外分布。这种驻屯方式存在的时间很长，在蒙古建国以前很长时间内，直到后来的蒙古国成立，这种"古列延"都存在。

　　放牧和狩猎是男子的事情，妇女则挤奶，捅马乳，制作乳酪，剪羊毛织线，制衣服等。蒙古妇女在游牧经济中占有十分重要的地位，她们在打仗时，青壮年妇女往往随军出征，管理行李和钱财，同时搭建毡帐，运送粮草辎重等物。

　　在蒙古草原游牧部落之北，属于森林地带。在这里居住着兀良哈、八剌忽、斡亦剌等部落，他们被称为"林木中的百姓"或"森林部落"。林木中百姓主要从事狩猎，也进行采集和捕鱼。这些人居住在森林中，没有屋室和帐篷，居住在用木头和桦树皮搭盖的棚子中，在割取桦树皮时，他们喝饮桦树上流出的甜汁。他们驯养野牛、野羊和白鹿，食用其肉和乳，还把野牛和白鹿用作驮运。他们从不放牧牛羊，把牧羊看成是可耻的事情，在转移营地时，林木中百姓用牛、鹿驮运衣物，但从不超出森林的范围。在大地冰封的冬天，他们使用一种名为"察纳"的滑雪板，系在脚下来追逐猎物，所获的猎物则放在雪橇上运送回家。

以上的游牧部落和森林部落的区分只是大致而言。在当时，有的森林部落正向草原游牧部落转化，他们过着半游牧半狩猎的生活。另外，在邻近汉族、契丹族和女真族的农业地区的部落中，如汪古部，则开始了定居生活，并出现了粗放农业。

拉过风箱的黄金家族

翻开历史的长卷，在漫长的古代社会，家庭统治成为中外历史上的一个共同特点和鲜明特色。从某种意义上来说，一个民族的历史，就是此民族中各个时代、各个家族兴衰的历史，一个国家的历史就是占统治地位家族的盛衰历史。这是一个历史现象，一个古代社会无法改变的历史现象。家族的兴衰荣辱成为民族、国家历史发展的主流和核心。就是到了 21 世纪的今天，许多君主立宪制的国家，仍然存在着君主，并且还在代代相传，虽然他们已不再掌握实权，但整个皇亲家族在社会生活中仍然占据重要地位。历史上出现过许多著名的家族，对世界历史的发展起过重要的影响，蒙古的黄金家族就是其中著名的一支。

"黄金家族"：神奇、富贵、显耀与坚强

中国人"家""国"并称，即称为"国家"。在古代，"国"的意义是由"家"演变而来的，实际上，古代中国的统治，也就是"家"对"国"的统治。

因此，中国人"家"的观念极其浓重，家庭伦理是"君臣"伦理的基础，封建帝王之所以把"孝"与"忠"相提并论，就是因为二者是同一的。这种观念有

其优点，即养成了"孝顺"的美德，但其弊端，如有人所说的那样："人以家族为重，以国为轻，甚或置国度外，惟见其家，不知有国，而戚族之依赖投靠，官吏之贪墨枉私，其原皆是出焉。"

蒙古人建立了中国第一个少数民族统一的政权，大元帝国的疆域在中国历史上是空前绝后的。成吉思汗的黄金家族在蒙古族统一中国的历史进程中发挥了重要的作用并产生了重大的影响。了解黄金家族的历史对于了解人类历史上版图最大的王朝——蒙元王朝有重要意义。

在蒙古人的眼里，黄金家族是上天所赐，是吉祥的象征，是不可战胜的。然而"黄金家族"名称的由来却充满神奇色彩。在现有的史书中，只见称"黄金家族"，并未对其来历做详细的阐述，还给后人留下了一个谜。

"黄金家族"一词，远远超过了两汉刘氏家族，盛唐李氏家族的声名，给中国和世界带来了震撼。仅仅从"黄金"两个字我们就可以猜测出这个家族的显耀，富贵和坚强。

黄金家族是一个代名词，代表着一代天骄成吉思汗的祖辈和后代。

前面提到的传说中显示蒙古人的祖先是东胡，他们曾与匈奴人发生过大的流血冲突，但被打败，四散奔走，形成几种名称不同的部族。

许多部落都自称"曾拉过风箱"，那是因为化铁出山的传说之故。成吉思汗的黄金家族尤其时刻铭记那段往事，因此每年的除夕之夜，都会拉风箱打铁以纪念。

"黄金家族"的庞大队伍

"黄金家族"的最伟大的核心诞生了，这个家族及其后裔并称孛儿只斤氏。

也速该的次子叫拙术·合撒儿。"拙术"是名字，"合撒儿"是猛兽的意思，因为他是一个非常勇猛的人。据说他肩与胸宽，但腰很细，侧卧着，能让一条狗从肋下穿过。他大部分时间与成吉思汗齐心协力，表现得十分英勇，因而成吉思汗十分看重他，授予他很高的官位和封号。

第三个儿子是哈赤温，他有许多儿子，继位人是额勒只带，此人威望很高，窝阔台、蒙哥、忽必烈都十分尊重他。他的封地主要在东方。

第四子为帖木格，他以好建宫院而著名。而且他妻子的母亲与月仑兀真是同

族人，成吉思汗特别喜欢他。他十分忠于忽必烈，曾击溃阿里不哥的军队。他的后人也积极支持忽必烈，只是到了他的曾孙起来反叛忽必烈，被处死。

第五子为别勒古台，一直跟随成吉思汗左右，他的儿子爪都后来曾背叛忽必烈，忽必烈念其有功，只是剥夺了其军权，派人软禁起来，寿终正寝。

此外月仑兀真还收养了四个儿子，蒙古人称他们为"四俊"。四个养子中失吉忽秃忽出身于塔塔儿，被任命为断事官，权高位重；古出拾自蔑儿乞营盘；阔阔出是泰赤乌生下的小孩，他们不忘养育之恩，为成吉思汗立下了汗马功劳；博尔忽，不仅作战勇敢，身兼"四俊"、"四杰"的荣誉称号，而且曾经救过窝阔台和拖雷的命，成吉思汗格外器重他，称其"俺之友"。这四人都被封为千户。

成吉思汗有后妃500人，有的是按蒙古婚礼娶来，但大部分是他征服各国、各部落时掳掠而来。皇后孛儿帖，与月仑兀真来自同一部落，在后妃中最长，最受尊敬，是威望极高的四个儿子和五个女儿的母亲。

她的长子术赤是孛儿帖被掳到蔑儿乞部后怀上的，但成吉思汗将术赤当作亲生儿子看待，钦察草原的所有君主和宗王是他的后裔。第二个儿子是察合台。此人性情暴躁，作战勇猛，残酷野蛮，他的封地从西域到阿姆河口，相当于西征时征服的花剌子模领土。三子窝阔台，封地从西域到蒙古高原，他继承了汗位，深得成吉思汗喜爱。四子拖雷，大部分时间跟随在成吉思汗左右，深得喜爱，作为守灶的幼子被分封在蒙古高原。

成吉思汗的四个儿子聪慧、勇敢、英武，成吉思汗为他们每人建立了一个国家，称他们为"四曲律"，"曲律"是对卓越的人杰、骏马的称呼。这四人也成为黄金家族的四大支柱。

二皇后忽兰哈敦是蔑儿乞人，为成吉思汗生了一个儿子，名叫阔列坚，成吉思汗让这个儿子取得了与上述四个儿子同等的地位。阔列坚的后人曾同海都勾结。企图推翻忽必烈，被忽必烈处死。

三皇后也速干，塔塔儿人，生了一个儿子，早年夭折。

四皇后哈敦，长得并不美，但因是金帝之女，受到尊敬，未生儿女。

五皇后也遂，是也速干的姐姐。

成吉思汗还有三个儿子，早年去世，无子女。

成吉思汗的皇妃、儿子、兄弟、女儿、女婿、孙子、义弟等构成了一个庞大的黄金家族。

一代天骄：成吉思汗

13 世纪是成吉思汗及其子孙后代震撼世界的时代。

成吉思汗统一蒙古高原，前后用了 20 多年（1181—1206 年）；灭西夏、西征又费时 22 年（1205—1227 年）；此后窝阔台汗、蒙哥汗、忽必烈（元世祖）等蒙古贵族，摧毁了许多封建王国，征服了亚洲的绝大部分地区和半个欧洲，逐步建立了一个疆域辽阔、人口众多的空前庞大的蒙古帝国。

波斯学者拉施特在他主持编写的《史集》中这样描述道：

成吉思汗

"由于永恒的意志，按照长生天的明智，世界的君主、征服世界的舞台上的豪杰、世界霸权逐鹿场所的卓越骑士成吉思汗，以神速的进攻插足于五权象征的马镫中，伸开了攻击桀骜不驯之徒的巨掌，他的钢矛上的火花，像阵刮过的风，消灭了国内的恶人，他打开堡门的棒槌的打击，以及他那染血的剑的击斫，把暴乱者的一切打个翻天覆地。由于他那利剑的击斫，上应天命，故他无往不胜，他不管对谁发出指示，人们都服从他的诚恳动人的指令。他使顽抗者丧失生命、财产，毫不留情。"

由于成吉思汗战无不胜的奇迹，使古今中外研究这位"蒙古战神"的专家、学者不断涌现，甚至有人认为成吉思汗不是中国人，而是来自外国的征服者。在日本大正末年，有一个叫小谷部一郎的人写了一本《成吉思汗是源义经》的书，认为元太祖成吉思汗是日本镰仓幕府开创者源赖朝（1147—1199 年）的异母弟源义经（1159—1189 年）死后转世。而还有一个日本学者撰文认为成吉思汗根本就是来自日本岛上的一个武士！

孟子曰："天将降大任于斯人也，必先苦其心志，劳其筋骨，饿其体肤，空乏其身，行拂乱其所为，所以动心忍性，增益其所不能……"

铁木真生于战乱，九岁丧父，孤儿寡母，历尽艰辛……殆乎"天将降大任于斯人也"！

常言道：时势造英雄，而他则属英雄造时势！

铁木真的部落不断扩大，势力开始强大起来，终于在答里台等人的支持下，由一个孤儿一跃成为乞颜部可汗。

统一蒙古：草原战国的终结

人类历史，是"从分散到整体"的历史，"大一统"精神，正是其内在规律的体现。

世界的发展已经表明，统一（并不是单纯指政治上的统一）为大势所趋。

不难理解，为什么分裂总是伴随着烧杀抢劫和罪恶，而统一则与繁荣昌盛是同义语。

成吉思汗的成长和创立帝国的过程至为艰难而又波澜壮阔。我们根据历史文献和前辈著名历史学家如朱耀廷先生等研究和著述等提供的线索，约略地可以勾勒出这个过程的大致轮廓。

在苦难中成长起来

月仑兀真共生了四个儿子，一个女儿。除铁木真外，其他三个儿子分别是：合撒儿、哈赤温、帖木格。女儿帖木仑。

铁木真九岁那年，父亲也速该领着他去月仑兀真的娘家斡勒忽讷部落求亲。但在途中遇到了翁吉刺部落的德薛禅，德薛禅极力劝说也速该让铁木真娶自己的女儿。也速该来到德薛禅家，看到他的女儿孛儿帖生得十分漂亮，很是喜欢，便决定结为亲家。孛儿帖十岁，比铁木真大一岁。在德薛禅的要求下，铁木真暂时留下，也速该独自一个人回去准备定礼。

在返回途中，行得饥渴，正遇到一群塔塔儿人在置办筵席，就下马与他们一同宴饮。但塔塔儿人却认得他的，说："也速该乞颜来了。"想起过去两族的冤仇，塔塔儿人暗地里在给也速该的饭菜里下了毒。也速该回家的路上就觉得身体不适，走了三天到家后愈发地病重了。临终前，他对身边的察刺合老人的儿子蒙力克说："我领着儿子铁木真去相亲，却不想回来的时候被塔塔儿人毒害。我快不行了，看在你嫂嫂平日里照顾你们的份儿上，请快将铁木真领回来吧。"说着就咽气了。蒙力克依言将铁木真从德薛禅那里领了回来。

也速该死后，留下月仑兀真孤儿寡母，备受族里人的轻视。突出的一个事件是在一起祭祖仪式中遭到不平待遇。那年春天，俺巴孩的两个夫人举行祭祀祖宗的仪式，月仑兀真母子事先不知消息去晚了，竟没有他们的茶饭。月仑兀真悲愤地说："也速该死了，难道我的儿子还怕长不大吗？"两夫人说："也没有请你们，你们愿意行礼就行吧，有什么茶饭就吃吧！"月仑兀真当时感慨道："要是俺巴孩还活着的话绝不会这样。"

也速该的死，直接导致了部族的人纷纷叛离，为首的是塔儿忽台乞邻秃黑和脱朵延吉儿帖。他们撇下了月仑兀真和铁木真等孤儿寡母，投奔了泰赤乌部。从此，他们开始了艰难的日子。但坚强的月仑兀真没有向命运低头，她靠采野果、挖草根养活着几个儿子。铁木真他们也很孝顺母亲，帮衬母亲，用针做成鱼钩钓鱼，编织渔网捕鱼，来奉养母亲。

那个抛弃月仑兀真母子而去的塔儿忽台乞邻秃黑等担心铁木真等长大，羽翼

图解版

世界五千年

蒙古帝国王朝史

一二〇四

丰满后报被遗弃之仇，回过头来追杀铁木真兄弟。铁木真在逃亡中被俘获。塔儿忽台乞邻秃黑令人给铁木真带上枷锁。但铁木真趁着黑夜用枷锁打倒了看守，逃了出来，潜入斡难河中。塔儿忽台乞邻秃黑的族人、善良的锁儿罕失剌和他的两个儿子沈白和赤老温把铁木真救了出来，烧掉了枷锁，把他藏在家中的羊毛车里。塔儿忽台乞邻秃黑来搜查时，已经把车门内的羊毛都掀了出来，眼看就要搜到掩藏铁木真的车尾处。锁儿罕失剌机智地说："似这般热天气，羊毛里若躲着人，哪里会受得了？"搜查的人见说的有道理，就下车了。待搜查的人走远后，锁氏父子立即给铁木真准备了马匹和食物，叫他快去寻找母亲和兄弟去。

最后，铁木真在斡难河的一个支流河边的一座小山附近终于找到母亲月仑兀真和弟弟们。他们去了不儿罕山桑沽儿河流域，在那里的青海子安营扎寨，靠捕猎土拨鼠和野鼠生活。

铁木真18岁那年，去了9岁那年定亲的岳父德薛禅那里与他的女儿孛儿帖正是成亲。婚后，铁木真一家迁徙到了克鲁伦河源头的大肯特山。为了使自己能够有一个后盾，铁木真拿着孛儿帖本来送给公婆的见面礼——一件黑貂鼠皮袄找到了当年与父亲也速该有着兄弟之谊的克烈部大汗脱斡邻汗（即王罕）。铁木真说："过去，您与我父亲情谊甚深，您就如同我的父亲一般。现在，我把我妻子见公婆的礼物拿来献给父亲您。"脱斡邻汗收了貂鼠皮袄，大为欢喜。说："你那些离散的百姓我帮你重新给你聚合起来，让他们重新回到你身边。这件事我记住了。"

一日，为躲避塔儿忽台乞邻秃黑的追杀，铁木真等骑马逃到了不儿罕山上去了。可这次来的却不是塔儿忽台乞邻秃黑，而是蔑儿乞人，说是为了报月仑兀真被抢的仇怨而来。铁木真的妻子孛儿帖由家中的老保姆用一头花牛拉着的黑车藏匿着到河边避难，却被蔑儿乞人抢了去。铁木真得知消息后，立即与弟弟合撒儿和异母弟别勒古台前往义父脱斡邻汗处求援。脱斡邻汗没有忘记过去的许诺，他与铁木真的义兄札木合联合出兵，协助铁木真打败了蔑儿乞人，掳掠了大部分蔑儿乞百姓，在一个月夜，铁木真在奔逃的蔑儿乞百姓众人中找到了自己的妻子孛儿帖和那个老保姆。

想当年，越王勾践卑身事吴，卧薪尝胆，显示出"大丈夫能刚能柔"的英雄本色。而铁木真也正在等待着机会，成为山里的虎，海中的龙。

这次大战蔑儿乞人的战争使铁木真的实力大大增强,《多桑蒙古史》载,铁木真纠集数部与塔儿忽台乞邻秃黑所在的泰赤乌人大战,"胜之,是为其得志之起点"。自此,铁木真的名声大振,大大小小数十个部落纷纷归附,连札木合麾下的一些小部落的人也投奔了铁木真。这些部落的代表阿勒坛、忽察儿、撒察别乞等人盟誓拥立铁木真为汗,号"成吉思"。

铁木真分官设职,乞颜部政权已具雏形。

十三翼战争

铁木真被举为可汗,控制着克鲁伦河上游一带部分地区。他按照草原上的礼节,及时派使者将自己为可汗的消息通报了克烈部的义父王罕和义兄札木合。

《元朝秘史》载,脱斡邻汗得知消息高兴地对来使说:"帖木真做了皇帝。很好啊。你们那里的百姓没有皇帝该如何生活啊!"不过,他担心将来铁木真坐大,会改变铁木真认自己为义父确立的役属关系,因此特地嘱咐说:"你们不可将原来商定的意思破坏了。"

但当札木合知道这个事情后,情绪甚为激烈。他将自己的部众归附铁木真迁怒于拥铁木真为汗的阿勒坛和忽察儿,对来使说:"你们对阿勒坛和忽察儿说,因为他们的离间,破坏了我和铁木真安答的关系,当初我们在一起时,你们怎么不立他做皇帝?现在怎么又想起立他做了皇帝?"札木合实际上是在表达对铁木真的不满。

一件流血事件,导致了铁木真和札木合的一场战争

后来，发生了一件流血事件，导致了铁木真和札木合的一场战争。事件的经过是这样的：札木合的弟弟给察尔抢了铁木真结拜弟兄拙赤答儿马剌的马群，拙赤答儿马剌趁着夜色，射断了给察尔的脊梁骨，把马群夺了回来。就是这样一个事件，使铁木真与札木合的关系决裂了。札木合正在因铁木真的势力渐大而忧心无计可施，便以这个事件为借口，向铁木真发动了战争。

当时，札木合率领领地内十三个部族军队并联合泰赤乌共三万人向铁木真的营地杀来。当时，铁木真正在桑沽儿河一带打猎，尽管有人将消息通知了他，但时间却很紧迫，他仓促地组织了十三支力量，也是三万人，在克鲁伦河一带迎战札木合。札木合来势汹汹，一直把铁木真逼到了斡难河哲列捏狭地。札木合打退了铁木真，回过头去在铁木真的领地内将过去曾经拥立铁木真的部族大小首领都掳了来，残忍地用七十口大锅烹煮了。又割掉一个曾经叛离札木合者的头用马尾巴拖着示众，告知人们这就是叛离的下场。

这次战争表面上看是札木合胜利了，可是他却输了道义。他的暴行更引起了众叛亲离之举。各部族的人"慕义来降"，纷纷归附铁木真。这些人中有兀鲁兀族的主儿扯歹、忙忽族的忽亦勒，还有晃豁坛族的蒙力克父子。主儿扯歹就是《元史》中的术赤台，忽亦勒即畏答儿，二人后来成为成吉思汗的"二勇"，与"四杰"、"四狗"并列。蒙力克父子的归附，又使铁木真在精神方面获得了部众的支持。铁木真大悦，在斡难河河边林地里大宴宾客和部族众人。

穷途末路的札木合

札木合从乃蛮部逃出来后，身边仅有很少的几个那可儿。他们没过多久就粮尽水竭，但札木合还是摆出一副可汗的架子，动辄打骂自己的那可儿，于是他们乘隙将他绑了起来，献给了铁木真。

札木合知道铁木真不会饶他，于是说："我们幼年时，曾在豁儿豁纳主不儿结为安答，一起吃着不可消化的食物，一同说着不可忘记的话，一道睡一床被子。因为旁人的挑唆，我们中途分道扬镳（暗指孛儿帖），相互说了过分的话。回想起我们以前的誓言，我实在没有脸与安答相见。如今安答不计前嫌，仍然愿意以我为伴，但我在应该与你做伴的时候离开了你。如今安答已将整个国家统一了，把一切外邦都统一了，汗位已经属于你了，我与你做伴还有什么用处呢？你如果不杀死我，只会使你黑夜做噩梦，白天扰你忧心，就像虱子在衣领上，针刺在底襟上。我诡计太多，异想天开，做了许多不可饶恕的错事。我此生此世，与安答的交谊、名声，自日出之地至日落之处，人人皆知。安答有贤明的母亲，生来俊杰，有才干的诸弟，豪强的伙伴，73匹骏马的勇士，所以我被安答所胜，而我却自幼被父母遗弃，没有兄弟，妻妾又好说闲言碎语，没有可以信赖的伙伴，所以被有长生天保佑的安答所胜。如蒙安答恩赐，请让我速死，这样你也可以安心。赐死的时候，请不要让我流血而死。死后将我的骸骨葬于高地，我必将永远佑护你的子子孙孙。我与安答是同族异源之人，我死后我的族人托安答予以照料。"札木合这一番话，既表明了他对自己失败的悔恨和无奈，也体现了他作为一个草原英雄，不求苟且性命的悲壮心情。

札木合请求不要让他流血而死，按蒙古人的习俗，认为血液是一个人的灵魂之家，死时不让血流出来，就是为了让精魂不散，得以安寝。

铁木真满足了札木合的要求，札木合被装入袋中处以绞刑。不久阿勒坛、忽察儿也被抓获，同样处以绞刑。铁木真都以蒙古王族之礼厚葬了他们，这也是铁木真笼络人心的高明之处。

一个崭新的时代就要在蒙古草原开始了，铁木真和他的黄金家族成员踌躇满志地准备着……

如日中天：斡难河源的大汗

为了统一人们付出了一切可以付出的和本来不能付出的东西，为的就是以后不再付出。

无论谁成了最高统治者，他们都不在乎，他们在乎的是有人领导他们团结起来，不再在骨肉相残的血与火中谋生。

即使铁木真不是统一大业的完成者，也会有人去完成，中国历史上一样有"成吉思汗"，这个射雕英雄。

即位称汗

铁木真既征服了漠北草原诸部落，成为唯一强大的力量。俗话说："非有尊位，无以称成功；非有官爵，无以酬有功"，于是在虎儿年的春天（1206年），铁木真从阿尔泰山回到了乞颜部的根基之地——斡难河源，准备建立一个统一的蒙古帝国。

1206年春，斡难河源铁木真的大帐前，九脚白旄之旌旗迎风飘展。归附铁木真的各部首脑和铁木真帐下的各级重要官员举行了一次具有历史意义的忽里勒台大会，共尊铁木真为蒙古大汗，上号"成吉思"。

忽里勒台大会确定了铁木真至高无上的地位，其所征服的地区统一在他"大蒙古国"之下。大蒙古国的建立，使"蒙古"开始由一个部落的名称扩展而成为一个民族的名称。

成吉思汗自此开始，就率领他的骑兵，南伐西征，几乎踏遍了大半个世界，建立了一个规模空前绝后的大帝国。

分封功臣

成吉思汗接受了太阳汗的掌印官塔塔统阿的建议，在他的辅佐下，一套新的统治制度逐渐形成。首先对宗室和功臣大举分封，并进一步完善千户制度，任命了95位千户、封赏了88位功臣。他几乎对每一个对他有恩的人都讲述了事件的来龙去脉，和为什么要封赏他们的理由。其基本人事阵容如下：

一，顾问：蒙力克。蒙力克初为也速该心腹家臣，又是也速该托孤之臣，其父察剌合老人也为成吉思汗一家而死，蒙力克后来又为字儿帖续夫。分封时，成吉思汗对他说："出生，生在一起；长大，长在一起。你有福分吉庆之人的恩庇护功难以指数！当王罕、桑昆父子要用奸计骗我去的时候，如果不是你蒙力克父亲的劝阻，恐怕我就会落在打漩的水里，正发红的火里。我深感你的恩德，即使到了你的子子孙孙，我怎么也不会忘记的！为了你的功劳，现在让你坐在这座位的头一个，每年每月都要给你赏赐，请你讨论国事，直到你的子孙后代，也享有这种权利！"

二，四谏官：卓忽难（月忽难）、阔阔搠思、迭该、豁儿赤（兀孙）。成吉思汗下旨：木华黎、博尔术等人，要与卓忽难、阔阔搠思两个人商量行事，未曾商议时，不要去做。四谏官要把所看见的不隐讳，把所听见的不隐匿。为了尊重谏官，成吉思汗又下令，因为在蒙古人的制度中，以别乞为重，命兀孙老人为别

乞，穿白色（纯洁）的衣服，骑白色的骟马，坐在众人之上，议论年月，加以尊重。可见成吉思汗此时已注意到了直谏之臣的重要作用。

三，大断事官：失吉忽秃忽。失吉忽秃忽是成吉思汗的母亲月仑兀真的养子，在征服塔塔儿的战争中捡到收养的。极具才能。

四，掌印官：塔塔统阿。塔塔统阿本是畏兀儿人，通其本国文字。乃蛮部太阳汗在世时尊他为师傅，掌管金印、钱谷粮饷。乃蛮部被灭后，塔塔统阿怀印离去，被擒而降。成吉思汗问他之后，知道了印玺的重要，便留在左右，从此所有文书都用印，又命他创制蒙古文字，用来教皇子。

五，95千户：成吉思汗把漠北各部族编成 95 个千户，战时可以出兵 95000 人。千户实际是生活单位和战斗单位的合成体，又是经济组织、军事组织兼政治组织。这些千户，凡是曾经做过敌人的部族，拆散而分别编入各千户，而立过功的部族，则基本上保持原来氏族的完整。

六，四万户：木华黎、博尔术、豁儿赤、纳牙阿。博尔术任右手万户（亦称西方万户，因蒙古帐篷坐北朝南，西方为右手，东方为左手），管辖西面直至阿尔泰山一带的百姓；木华黎为左手万户，辖地直至兴安岭。后来成吉思汗又任命木华黎为国王，子孙可以世袭其统。纳牙阿为中军万户，因其对大汗忠心耿耿，不忍背弃自己的大汗；豁儿赤老人能预知征兆，又与成吉思汗同甘共苦过，管理霍尔的恩河的林木中百姓之地，自由扎营而居。

七，侍卫万人：号为大中军、怯薛军。由十个护卫千户率领。

成吉思汗的分封，并不按尊卑等级，而是根据各人的忠勇来定，"二勇"之一的主儿扯歹受封时，成吉思汗为了表明对他的恩赏和器重，竟把自己一个妃子、札合敢不的女儿亦巴合赏赐给了主儿扯歹。"四杰"中的博尔术和木华黎，两人一个出身贵族，一个是奴隶，但成吉思汗仍让他们当了万户长官，地位齐尊。另一杰博尔忽，也是月仑兀真的四养子之一，是在战争中捡到的孤儿；赤老温则因其父锁儿罕任了千户长，才未列入 88 功臣名单，但他得到的尊宠并不低于这 88 人。

对于自己的兄弟和儿子这些"黄金家族"成员，成吉思汗分封的原则是"亲而不尊，尊而不亲"，当时，成吉思汗的军队共有 129000 人，其中 28000 人分给了他的母亲、诸弟、子侄。

逐鹿中原的先声：征夏伐金

不久之前，金国的皇帝还享受着作为藩属和奴仆的蒙古人贡奉的美女和佳肴，现在，给他的礼物却是刀枪与死亡。

新陈代谢的规律提供了所有的证据，这不仅仅是民族复仇，这更多的意义上，是新的事物代替旧的事物。

初征西夏

蒙古国的建立，使长期纷争不息的漠北草原结束了混战局面。但与此同时。成吉思汗领导下的蒙古贵族又把规模越来越大的战争推向了它的四邻。成吉思汗个人杰出的军事领导才能和草原游牧民族强烈的掠夺欲望，加上毗邻各国的长期萎靡不振，似乎注定要把刚刚诞生的蒙古国推向急剧膨胀扩张的道路。随着蒙古军铁骑所到之处，蒙古国的边界也随之一步步向外扩展，直至占领大半个欧亚大陆。成吉思汗的一生是征战杀伐的一生，他自称汗始，直至他去世，差不多把所有的精力都投入了对外征服和扩张。这一系列对外征服战争，可以说是从攻打西夏开始的。

西夏作为党项人所建政权，与辽、宋、金多次发生战争，仍顽强地生存发展，并不断扩大自己的版图，先后将河套以南、黄河以西的广大领土纳入了自己的范畴。作为一个深受汉文化影响的民族国家，西夏不仅农业、畜牧业发达，在文化方面也取得了很大的成就，有自己的文字西夏文。在宁夏、甘肃一带就发现了许多用西夏文印制的书籍。西夏经过近二百年的发展，其国力已相当强盛，尤其河套地区，更成了西夏的江南，物产丰饶。西夏的富庶为它自身的存在带来了隐患，那就是它因此而成为成吉思汗领导的蒙古骑兵攻掠的目标，仅仅22年的时间，就国破祚断，成为历史的故谈。

选择西夏作为对外征服的突破口，是成吉思汗军事智慧的又一次闪烁。在当时，金、西夏虽然都与蒙古国接壤。但长期以来，金一直是中原上邦，漠北诸部之主，金国仍然具有强大的实力，西夏在当时比金朝要稍弱，成吉思汗为了谨慎起见，避开了强敌，选择了西夏。此外，成吉思汗选择西夏为首攻方向的另一原

成吉思汗征夏伐金

因还在于他抓住了西夏的把柄，其一是借口西夏曾收纳了王罕之子桑昆。实际上桑昆在西夏没混多久，也并未收到接待，只是在此掠夺度日。其二是在成吉思汗攻打乃蛮部太阳汗时，从太阳汗的文书中发现了他和西夏桓宗李纯祐的书信，约夏桓宗共同出兵攻打蒙古军队。但当时夏桓宗没有应允，他不愿介入漠北草原的争端，而是致力于国内的整治。尽管夏桓宗没有与乃蛮联合，成吉思汗却以此为由，举兵来犯，这就是当时弱肉强食的社会规律。到乃蛮灭亡，成吉思汗的势力日益壮大后，夏桓宗这才警觉，但他仍没有主动进攻，而是在边界屯驻了大量骑兵，倚险设防。从战略上看，夏桓宗的选择并非错误，但这种保守滞后的策略，对于士气日壮、迅捷如旋风的蒙古骑兵而言，则显得有些被动。正是由于以上原因，成吉思汗在还未称汗之前，就发动了对西夏的第一次进攻。

1205 年，王罕之子桑昆窜至西夏，成吉思汗便以西夏接纳其仇人之子为由，包围了西夏边塞上的力吉里城和乞邻古古撒城。直到两个月后，才艰难地攻下这两座小城。成吉思汗明白蒙古军队当时的攻城水平并不出色，若再进行几次这样的战争，他的军队便会受到巨大损失，于是掠劫了一批人口和牲畜，就撤走了。

攻金缘起

俗话说:"两雄不并立。"当两个势力相当的王国为了称霸时,通常的途径只有一条,那就是胜者为王,败者称臣,这是人类历史几千年来的发展规律,而成吉思汗逼迫西夏称臣后,雄心膨胀的他一发而不可收拾,又把征伐的矛头指向了有着世仇的金朝。

成吉思汗伐金的直接导火线是金朝卫王永济的即位。1208年,金章宗纵欲过度,抱病而死。章宗晚年时,金朝国力已衰,内部争权夺利的斗争激烈异常,章宗为了保住自己的皇位,嫉贤妒能,先后杀死了在皇族中较有才能的郑王永蹈、赵王永中,但他自己直到晚年也未得一子。章宗为了不放弃实权,并没有在另外几个兄弟中挑选继承人,而是看中了"金玉其外,败絮其中"的卫王永济。这位皇族王子虽长了一张好脸孔,"美髯髯,天资俭约,不好华饰",实际上却是一个懦弱无能之人。蒙古到净州向金朝纳贡时,成吉思汗曾见过前来接受贡品的卫王永济。成吉思汗因为了解这个人的本性,自然不把他放在眼中,拒绝向他行臣子跪拜之礼。心胸狭窄的永济趁机向金章宗进谗言要杀成吉思汗,从此两人结下了怨仇。当卫王永济即位时,金朝派使者向成吉思汗下了诏书,并要成吉思汗跪拜接受新主。成吉思汗问使者:"新君为谁?"金使者说:"卫王也。"成吉思汗一听,竟当着金朝使臣的面,向南方口吐唾沫说:"我以为中原皇帝只有天上人才可以做,怎么像他这样庸懦之人也能做呢?我干吗要对他跪拜?"说罢上马离去,把金朝使臣晾在那里。金使把此事报告给金帝永济,永济大怒,企图趁成吉思汗再次入贡时加害于他,但成吉思汗得知了这一消息,便断绝了和金朝的外交关系。其实金朝即使不是卫王永济即位,成吉思汗也会找其他借口进行攻伐。作为一个雄才大略的伟大帝王,成吉思汗无论如何是不会永远向人称臣纳贡,满足于当一个草原的皇帝的。逐鹿中原,争夺中原霸主地位,是成吉思汗心中酝酿已久的计划。随着他的事业进一步的发展,他的这一目标逐渐明朗清晰,那就是做整个世界的帝王,而不再是中原的皇帝了,这一目标促成了他后来的七年西征。西征是成吉思汗征战生涯的顶峰,使蒙古骑兵的威名远扬,但也从此埋下了"黄祸"的根源。

成吉思汗针对当时所面临的形势,极富创意地构想了如下几个策略:

一，稳定后方。他派兵肃清了西北侧翼乃蛮和蔑儿乞的残部，使远征军有一个安宁的后方，解除了后顾之忧。

二，进行策反。首先，他招降了为金朝守卫界壕的汪古部。汪古部的全体归顺，使金朝一支重要的边防力量反过来成为扰边的急先锋、入关的好向导，进出之间，形势大变。其次，成吉思汗还鼓动金朝统治地区的广大契丹人反金，他以与契丹人族源相同为标榜，号称要助其报灭国之仇（因辽灭于金），这样一来在很大程度上孤立了金朝统治集团，使其家宅不宁，后院起火。

三，整军经武。他从蒙古诸部中大规模地征召人马从军，壮大自己的阵营。当时由于统一，蒙古草原上经济有所发展，自备军器马匹的战士怀着掠夺的希望从四面八方汇集到大汗的帐下。

四，封锁消息。成吉思汗封锁各种有关蒙古汗国招兵买马的情报和消息，使他的一系列准备活动显得扑朔迷离，令金朝统治者既猜疑又迷惑，事实证明，他们终于还是被蒙在了鼓里。

成吉思汗做好了一切准备工作后，就等着大举南伐了。而金朝在卫王永济的领导下，组成了一个较弱无能的中央政府，对外沉浸在与南宋签订的"嘉定和议"的外交胜利的喜悦中，对内则压榨百姓，使得官逼民反，而统治阶层内部又相互倾轧。当金国北边守将纳哈买探得蒙古正忙于制造箭木盾，以图南下伐金时，急忙向朝廷密报，但昏聩的卫王永济反而以"擅生边隙"的罪名将其投入监牢，对蒙古的举动完全置之脑后。在昏庸的皇帝领导下的无能的政府，这样的国家不亡，更待何时？成吉思汗正是看到了这关键的一点，才敢以十余万之兵，去攻击兵力比他多十倍的金朝。

野狐岭之战

1211 年 2 月，成吉思汗在克鲁伦河畔聚合将士，誓师伐金。《多桑蒙古史》载，成吉思汗临出师前，登上一座高山，向天祈助。他将束缚帽子的带子解开，置于脑后，解开衣服的扣子，跪了下来。对蒙古人最崇拜的至上之神长生天拜祈："长生之天在上，阿勒坛汗辱杀我的父辈别儿罕、俺巴孩二人，假若您允许我复仇，请助我一臂之力；并命地下之人类以及善恶诸神都来一起辅助我吧。"阿勒坛指金朝皇帝，系蒙古人对金朝皇帝的称呼。

为了保证必胜，争取尽快打败敌人，成吉思汗几乎倾其全部军队，95个千户只留两千人马驻守根基之地，他的四个儿子、几个弟弟也都随军参战。

蒙古军队均为骑兵，每人身披铠甲，带着皮兜、弓箭、斧头、大刀和长矛，备用战马数匹。军队后面跟随着大量的牲畜。急行军的战士每人携带少量的肉和乳酪。

卫王永济即位后，沉浸在骄奢淫逸的生活中，在接到蒙古军入侵的消息后，竟然不相信，还拘捕了前来报信的人。直到确准了，才仓促地派招讨使与成吉思汗议和，但遭到成吉思汗的拒绝。

卫王永济无奈，急忙下令，派兵遣将，命西京留守胡沙虎、完颜胡沙、独吉千家奴等三员大将拒敌。为了防御蒙古军，金朝在北部边疆修筑了军事防御工事——乌沙堡。

当年七月，蒙古军先锋哲别、耶律阿海领兵寻找金军营垒以求速战，先攻占乌月营，九月又取得乌沙堡，金朝花费半年多时间苦心经营的防线，在蒙古铁骑的冲击下，瞬间崩溃。

蒙古军队乘胜占领了离西京很近的白登城，大举进攻西京。7天后，胡沙虎弃城而逃。蒙古军以精兵三千追击其至离中都以北不远的昌平州。各路大军攻克多个城池。金朝设在西北的军事设施相继失守，金兵已损折大半。而蒙古军则势如破竹，乘胜而下，终于在位于西京以东不远处的野狐岭（今河北得胜口）和金兵相遇。那里由招讨使完颜九斤和完颜万奴驻守，完颜胡沙率重兵为后援。

金朝统治者大概意识到野狐岭之战将关系其国家的存亡，一再增援军队。在野狐岭前，蒙古、金双方排开阵势，展开激战，人数处于劣势的蒙古军队处于不利地位。这时，四杰之首木华黎对成吉思汗献计说："彼众我寡，弗致死力战，未易破也。"于是成吉思汗以其为前锋，率领一支敢死部队，打马挥枪，大吼一声，冲入敌阵。面对亡命的蒙古军，金兵乱了阵脚，成吉思汗趁机率领大军随后冲入敌阵，大败金军。一场恶战，不到一天，数十万金兵就败在十万蒙古骑兵手下，金军作鸟兽散，一路狂奔，逃至会河堡。

金军的后续部队统帅完颜胡沙被迫退至宣平县。当宣平县的豪强地主请求以土兵为前锋，利用有利的地势与蒙古军决战时，完颜胡沙畏怯之至，只是一味打听去宣德有多远，逃跑活命之心由此可见。到了第二天，蒙古军随后追上，完颜胡沙被迫应战，但战至中途，他又只身逃往宣德，可怜十几万军队悉数被成吉思汗歼灭。成吉思汗又乘胜前进，攻取宣德。金朝的边防行省几乎全部落于蒙古军之手，从此无险可守，蒙古可以长驱直入了。

野狐岭之役，对于蒙古和金朝双方而言，都极具关键性。在这次战役中，金朝的精锐部队消灭大半，国势从此日衰，一蹶不振；而蒙古军队士气高涨，成吉思汗看出了金朝内穷外竭的衰象，更加不会轻易放过这个世仇之国。他这时充分发挥了骑兵野战和远袭的特点，接连不断地打击金朝，使其灭亡已为时不远了。

中都之变

野狐岭之战，蒙军大获全胜，成吉思汗暂时引军移至西京。因中流矢，退出长城。1212年，成吉思汗再次会集大军，由野狐岭入长城，与金军在怀来（今河北怀来东）决战，金军再次失利，蒙古军乘胜直指居庸关。至此，金军的精锐部队尽遭毁灭，北边重镇多数落人蒙古军之手，完全处于被动挨打局面。

蒙古军的凶猛进攻，使卫王永济如热锅上的蚂蚁，想不出有效的御敌之策。金朝处于内外交困的局面。石抹明安、刘伯林、郭宝玉、严实、史秉直、史天泽父子等一批汉族将领等纷纷投附蒙古，这些人的归附，为蒙古军战斗力的进一步提高起到了重要作用，他们在后来的灭金战争中，也都发挥了重要作用。

俗话说："福无双至，祸不单行。"此时，金朝因连续几年大旱，导致陕西、河东等地饥荒严重，米价为之涌贵，路陈饿殍。女真贵族却不顾民生，仍旧横征暴敛，终于引起多处汉族人民的起义，山东红袄军起义就是其一。

1213年七月，成吉思汗三伐金朝，金军左丞完颜纲、元帅右都监术虎高琪大败，退守居庸关，铸铁为门，置重兵防守。成吉思汗避实击虚，留部将与金兵对峙，自己亲领精兵，绕道夜袭紫荆关，金军从梦中惊醒，仓促应战，大败而逃。

1213年八月，当蒙古军再次进逼中都时，卫王永济不但不以军事为重，还让人随他前去围猎，如此昏庸之君，使臣子尽皆心寒。此时任中都城守卫副帅的胡沙虎利用文臣武将对卫王永济的不满，率领军队冲入皇宫，发动兵变，逼卫王永济退位，改称监国都元帅。之后胡沙虎又杀死掌握重兵的尚书左丞完颜纲，以自己的心腹死党代替，边防守将也为他的部下取代。到九月。胡沙虎立完颜王殉为帝（即金宣宗），杀死卫王永济，控制了一切大权，官封太师、尚书令、都元帅、监修国史、泽王、中都路和鲁忽土世袭猛安等职，一时权倾天下，位极人臣。

胡沙虎在蒙古军的进攻下也束手无策，只能以死令威逼部下作战。元帅右都监术虎高琪守卫中都，又一次失败。由于胡沙虎战前曾说过如果再战无功，就要以军法论处。术虎高琪惧怕受到惩罚，便先下手为强，率领军队进入中都，杀死了胡沙虎。金宣宗受胡沙虎挟持，本是被逼无奈，见术虎高琪杀死了胡沙虎，不仅没有加罪，反而任命他为左副元帅。

宣宗南迁

由于成吉思汗接受契丹降将石抹明安等的建议，以招降代屠杀，金朝中原州郡豪强地主纷纷归附蒙古。金朝中央不仅丧师丢地，而且日益失去民心。1214年三四月间，成吉思汗集大军于中都城下，驻营于中都北郊以西之大口。蒙古诸将请求乘胜一举攻下中都，但成吉思汗表现出了军事家深邃的思维和锐利的眼光，他知道中都城墙坚实，蒙古骑兵在攻坚战中很难发挥出自己的长处，一旦猛攻，会得不偿失，决定暂时留下中都一座孤城。而蒙古军诸将当时力主攻占中都，也主要是想夺取金银财物，并没有打算长期占领，因为在以往的攻城掠地战斗中，也都是攻占之后即放弃，带走抢掠的财物即可满足。成吉思汗针对将士的这一心理，没有进攻中都，而是以强大的实力为后盾，派使臣进入中都，要求金宣宗纳款求和。

使者对金章宗说："你山东、河北的郡县现在都归我所有了，你现在守着的也就是一个燕京而已。上天不照顾你，我再让你处于险境，上天会怎么看我呢？我现在就还师，但你就不能犒劳一下我的将士，平息一下他们的愤怒吗？"对此，金朝内部却发生了分歧。丞相高琪认为这是蒙古军人困马乏之后不得不采取的策略，主张"当决一战"。但大臣完颜福兴却说不可。他说："我军身在都城，但家属却分散在各地，很难估计人心向背。如果战败了，各自散了；如果战胜了，他们也因为思亲而去。莫不如遣使议和，等他们走了以后再研究更好的计策。"

此时金朝缺兵少马，士气低落，中都城内的宣宗君臣一片慌乱，虽想整军保都，无奈积弊难愈。束手无策的宣宗采纳了完颜福兴的意见，决定与蒙古议和。

当时，宣宗派平章政事、都元帅完颜承晖（完颜福兴）为议和使者，将已被杀死的卫王永济之女岐国公主送给成吉思汗，附带金帛、童男女各五百、马三千一起，恭送成吉思汗出居庸关。

被蒙古军吓怕了的金朝君臣犹如惊弓之鸟，金宣宗以中都兵力不足、财用匮乏为借口，企图迁都南京（开封）。迁都之议一出，金朝内部的抗战派坚决反对，他们以左丞相徒单镒为首。徒单镒提出迁都南京将导致亡国，被宣宗拒绝，徒单镒忧郁而死。太学生赵昉等人又上书极力劝阻，但金宣宗心意已决，托词道："军国大事，决议已定，不能中止。"然后又虚情假意地劝慰了太学生一番，于1214 年五月，率领后宫妃嫔，南逃而去。中都则留下太子完颜守忠镇守，又封完颜承晖为右丞相、定国公、都元帅辅佐完颜守忠。

中都沦陷

宣宗南迁。让成吉思汗极为震怒，决定攻中都。他派三木哈拔都、石抹明安率军与新近投诚的契丹人矽答一起合围中都。

南迁途中的金宣宗得知后蒙古军复围中都后，恐太子完颜守忠有失，将其召回。一时间，中都城军民人心惶惶，有了一种被抛弃的感觉，斗志立解。

蒙古军攻中都，中都城内发生饥馑，完颜福兴告急于金宣宗。宣宗派统将永锡和乌古仑庆寿驰军援助，又命李英以重兵护送从大名运粮食往中都，被蒙古军在霸州截获，李英战死。永锡和乌古仑庆寿得知后，感觉粮食无望，都溃逃了。中都陷入内外不通，弹尽粮绝的境地。《史集》记载，由于中都粮尽援绝，"当地居民饥饿过度而吃人肉或死掉。"到处都是死尸饿殍。完颜福兴服药自尽，以谢不能终保都城之罪。蒙古军队进入中都。

石抹明安差人将蒙古军队占领中都的捷报传给了在桓州避暑的成吉思汗，成吉思汗大喜，即派失吉忽秃忽等三人到中都劳师，清点金朝皇家国库中所藏。中都府库的财产运走后，中都城遭到了劫掠，官吏和民众死者甚众，有的人为避免被虐杀，甚至从城楼上跳下自杀。宫室尽为蒙古军所焚，大火月余不灭。一座名城被毁坏殆尽。由此可以看出，成吉思汗这一阶段的伐金目标，始终是以大规模的烧杀劫掠为目标的。

1216 年春，成吉思汗带着大量战利品——包括俘获的工匠——回到了位于克鲁伦河的大斡儿朵。第二年，因为花剌子模的挑衅，成吉思汗便将经略中原的战事全权委托给木华黎，他自己则率蒙古军主力转向了蒙古草原以西的世界，开始了令世人震惊的西征。此时，金朝已衰败到不可收拾的地步。成吉思汗主力一走，却给了金朝最后一丝生存的希望，使它得以苟延残喘了二十多年。

战神不想休息：世界征服者的西征

亚欧大陆从地理上看分明是一整块陆地，但是历史的发展却恰恰相反，一个东方，一个西方，"老死不相往来"，最后交往了，又带来了鸦片、炮火和至今然存在甚至更加激烈的竞争。

蒙古人的西征，打破了几千年的隔阂，实现一次全面的东西对话。

西征序曲：灭西辽

如果说 13 世纪有什么令整个世界震惊的大事，让许多民族和国家卷入其中的话，那只能是成吉思汗及其子孙领导的三次西征——席卷欧亚大陆的狂飙。由于蒙古铁骑的纵横冲突，使被征伐的欧亚各国一个个成了蒙古骑兵的手下败将，不得不纳款称臣。成吉思汗在欧洲中世纪的口碑传说中，成了类似"上帝之鞭"的匈奴单于（君王）阿提拉似的人物；《泰晤士世界历史地图集》评价蒙古帝国另外两位大汗时说："如果说 1241 年大汗窝阔台的死拯救了基督教欧洲，那么 1259 年大汗蒙哥的死则拯救了穆斯林亚洲。"成吉思汗及其后人之所以能受到这种姑且不论其褒贬的评价，是与他们对西辽、花剌子模、西亚，以及俄罗斯、波兰、匈牙利乃至德国的打击分不开的。而成吉思汗作为蒙古帝国创始人，他的首次西征更是具有开创意义。

当成吉思汗决定西征之后，把进军的矛头首先指向了西辽（又称哈剌契丹），从而揭开了蒙古人气势雄壮的西征序幕。

西辽是辽国皇族耶律大石于 1132 年建立的中亚国家。经过几十年的征服，西辽逐渐成为中亚盟主，花剌子模等都依附于它。耶律大石号"古儿汗"。史载，他善骑射，对汉文化有极深的造诣，曾想恢复辽国，未果。耶律大石死后不久，西辽统治集团内部就不断发生争权夺利的斗争。到 13 世纪初，直鲁古为西辽皇

帝时，国力已经衰微，花剌子模日益强盛，不愿再臣服于它，撒麻耳干等也转向了花剌子模。之后花剌子模宣布独立，西辽势力更加衰竭，与耶律大石立国时相比，简直天壤之别。

西征西辽

　　前面讲到成吉思汗统一蒙古草原时，所有他的敌手中只有一个逃出了他的掌握，这就是乃蛮部太阳汗的儿子屈出律（古出鲁克）。屈出律在他父亲已死和乃蛮百姓被收降后，他奔往别失八里一带，在那里东游西荡。不久他前往西辽首都虎思斡耳朵，由他的一个随从冒他之名去见西辽的古儿汗直鲁古，他自己则在帐外等候，被古儿汗之妻古儿别速碰见。她见此人与常人气质不同，便带他进宫询问，方知他是太阳汗之子，就劝古儿汗收留了他。但也有人说屈出律是被俘后献给古儿汗，古儿汗因自己国势日衰，诸子又难有作为，于是收留了屈出律。

　　屈出律投靠西辽后，不久就娶了古儿汗的女儿浑忽为妻。浑忽是个权力欲强盛的女人，在她的怂恿下，屈出律瞄上了古儿汗的汗位。当时西辽在国际上的处境十分不利，花剌子模正在其西方崛起，而东方诸侯也造反，寻求，成吉思汗的庇护，以在大蒙古国的卵翼下免遭古儿汗的残害，如畏兀儿的亦都护等。古儿汗直鲁古对此却不在意，专事娱乐狩猎，不理朝政。屈出律看到有机可乘，就产生了拥兵篡权的野心。屈出律先是诱使古儿汗的统将数人跟从自己，又在岳父面前尽施甜言蜜语，请求古儿汗答应他去招募太阳汗旧部为西辽所用。古儿汗不觉是阴谋，不仅答应了他的请求，还赐给他"屈出律汗"的称号。屈出律达到自己的要求后，像弓矢一样飞驰而去，不久他汇拢了乃蛮旧部，连遭到成吉思汗打击的篾儿乞残余力量也投靠了他。

势力大增的屈出律开始得意忘形，竟然对自己的恩人进行阴谋活动，率领自己的士卒抢掠和蹂躏古儿汗的国土。古儿汗年迈体衰，无力抵抗。后来，屈出律听到花剌子模向西辽进攻的消息，便和它勾结，秘密签订协议，共同进攻西辽，由花剌子模从西方攻打，他自己则由东方同时夹攻，所占领土归各自所有。古儿汗东西受敌，开始是领兵去攻打花剌子模，回师时却暴敛百姓，使他的队伍四散回家。屈出律抓住时机，像闪电般地袭击古儿汗，古儿汗被俘。

古儿汗被俘之后，屈出律仍让他做名义上的君王，但实权全在自己掌握中。古儿汗死后，屈出律成了西辽最高统治者。

屈出律在打败古儿汗时，娶了一个西辽少女为妻。她深为屈出律宠爱，并在她的劝说下屈出律放弃原先信仰的基督教，皈依了佛教。他改信佛教后，拼命地打压其他教派。当他领兵进入忽炭时，为了显示自己的权威，屈出律召集忽炭的伊斯兰教教长阿剌丁·穆罕默德，与他讨论宗教信仰的问题，阿剌丁毫不费力地驳倒了屈出律的污言秽语，大声疾呼："闭上你的鸟嘴，你这信仰的敌人，你这该死的屈出律！"

阿剌丁的严词厉语刺痛了狂妄无知的屈出律。他恼羞成怒，下令逮捕这位伊斯兰教教长。一连好几天，阿剌丁·穆罕默德被剥光了衣服，加上脚镣，没有饮食，经受着非人的折磨。屈出律曾多次派人劝降于他，但阿剌丁没有屈服。最后屈出律让人把他钉死在他创立于忽炭的学院门上！屈出律的暴行引起了各地人民的强烈不满，他们在心中祈祷着，希望真主派一个救世之神来解救他们。

成吉思汗对于自己的宿敌在西辽掌权称汗十分不满，时刻都准备出兵讨伐消灭他。1218 年，他派遣一军，由大将哲别率领，前来攻打屈出律。

从某种程度上讲，蒙古军征伐西辽，算不上一次严格意义上的战争。蒙古军队被中亚的城市居民当作解放者而受到了隆重的欢迎，八剌沙衮、喀什噶尔、忽炭等城邦都自动来归附蒙古军队。八剌沙衮的曷思麦里由于熟悉当地的情况，成吉思汗就任命他为哲别大军的先锋。哲别还传令：人们可以信仰自己的宗教，遵守自己的教规。蒙古人的这种信教自由政策很快受到热烈欢迎。

蒙古军队的追击使屈出律急惶惶有如丧家之犬，无处安身。逃到巴达克山边境时，被那里的猎人发现。而与此同时，蒙古人也从另一边赶上来。由于山谷崎岖不平，行走困难，蒙古军队和猎人达成了协议，说："这些人是屈出律和他的部下，是从我们掌中逃出来的，如果你们捉住屈出律，把他交给我们，我们就不再向你们索要别的东西了。"于是猎户就围住屈出律和他的部下，俘获了他们。蒙古人把屈出律斩首后，带了他的人头离去，而巴达克山的猎人则得到了无数的珠宝金钱作为战利品，满载而归。

屈出律被杀死后，哲别下令把他悬首示众。西辽灭亡。

蒙古商队血洒花剌子模

花剌子模是一个新近成立的政治集团，该帝国深受伊斯兰教影响。它占有的地区东至河中、西至伊拉克、北至锡尔河、南至印度，既有游牧地区，又有文化发达的农业绿洲地带，物产丰富，是一个中世纪比较强盛的国家。1200 年，花剌子模新的国王摩诃末即位，他与西辽既斗争又合作，先是利用西辽的协助，纵横捭阖，打败了古耳人的入侵，迫其称臣纳贡；继而杀西辽前来索贡的使者，大败西辽讨军，终使花剌子模获得了独立。

古代中亚各地的联系和交通，似乎要比我们今天一般人想像中的要密切得多。当蒙古军队在 1215 年攻占中都的消息传到摩诃末耳中时，野心勃勃的摩诃末吃惊不小。如果成吉思汗的势力膨胀，势必会影响到他的扩张，因此，为了打听传说中的蒙古人的实力，摩诃末选派了巴哈丁·拉济率领一个使团前往中都去见成吉思汗。巴哈丁等人到达中都后，目睹了中都在蒙古军队攻占后遭到杀掠的残迹，知道了蒙古军有极强的战斗力，也不乏野蛮残忍。但让巴哈丁意外的是，"野蛮残忍"的蒙古军最高统帅成吉思汗却友好地接待了他的使团。在第二次接见使者时，成吉思汗要求他们回去告知花剌子模国王，他承认摩诃末是西方的统治者，而他自己则是东方的统治者。在他们之间应当订一个和平友好的协议，允许双方的商人自由通商。也许在 1215 年时，成吉思汗并没有心去攻打花剌子模，因为在他的感观中，花剌子模是个比金朝还要强大的国家。而在当时，随着蒙古势力的扩张，蒙古贵族对金银、丝绸等从中原掠夺来的奢侈品已不再感到满足，他们还希望得到更多的西方商人带来的玉石珍宝、织锦及其他奢侈品。由于蒙古贵族自己不善于经商，他们需要其他民族或国家的商人为自己提供这些商品。因此，成吉思汗为了保护这些商人，曾颁布一道扎撒：凡进入他的国土内的商人，应一律发给凭照，而值得汗受纳的货物，应连同物主一起遣送给汗。

作为对花剌子模使团的回访，成吉思汗也派了一个使团到河中去。蒙古使团的三位首领有两个是河中人，另一个是花剌子模人马合木。另外，成吉思汗又下令从他的儿子，那颜、将官的侍从中各派两三个人，每人携带一笔资金，随同马合木等三位使者同去花剌子模采办货物，这些人总共有 450 人。

450 个商人在讹答剌城被花剌子模的守边将士拦住。讹答剌城是摩诃末之母秃儿罕可敦的娘家，其守将是亦纳勒术。据说在蒙古的商队中有人认识亦纳勒术，这人在和他交谈时，表达了对成吉思汗景仰之情，引起他的不满，于是拘捕了这 450 人，又报告了摩诃末。摩诃末没经过深思就命令杀死这些商人，没收其财物。但在花剌子模人执行屠杀时，有一个商人逃了出来，把同伴的遭遇告诉了成吉思汗。成吉思汗闻讯，悲愤交加，以致无法平静下来。在这种狂热中，他登上一座山头，摘掉帽子，解开系带放在脑后，跪地求天，助其复仇。成吉思汗绝食祈祷三昼夜，才下山来。

成吉思汗虽然悲愤已极，但仍然克制了自己，再次派出了巴合剌等三名使臣去向摩诃末提出抗议，并要求他把亦纳勒术交出来。摩诃末虽然此时已经后悔，想交出杀人的亦纳勒术，但他的母亲秃儿罕可敦不答应，因为亦纳勒术是她的亲侄子，摩诃末无奈，只好对成吉思汗的要求置之不理。蒙古使臣追问目紧，摩诃末心下烦恼，索性杀死了巴合剌，又剃去了另两位使者的胡须。成吉思汗见自己的克制再一次遭到摩诃末的蔑视，忍无可忍，终于领兵出发了。

西征军的铁蹄已经震踏草原，像飓风般席卷而来了，等待富饶宽广的中亚强国——花剌子模的命运将会是什么？

汗位继承人之争

出征花剌子模，是成吉思汗征战生涯中新的一幕。在此以前，他很少离开蒙古本土，尽管他曾和金朝在中都作过战，但也没有超出多远的范围。而现在他要攻打的是一个他完全陌生的伊斯兰教占统治地位的世界，因此一种忧虑和不安在

他的周围的人中显露出来，那就是汗位的继承人问题。

他的宠妃也遂率先将这个窗户纸捅破了。西征的大军出发前，她问成吉思汗："皇帝此次跋山涉水，远去征战，若一日倘有不测，你的四个儿子中由谁做主，可要先让我们心里有个数啊！"成吉思汗说："也遂说的是啊。这等话，我的兄弟和儿子们谁也不曾提起过，也倒也没在意。"于是，他当众问长子术赤："你是我的长子，你有什么看法？"

术赤还没来得及说话，察合台却霍地站起来大叫着说："父亲问拙赤（术赤），您是要把大汗的位置委付给他吗？他是篾儿乞带来的种，我怎么能听他的！"术赤听见这话，气愤已极，立即揪住察合台的衣领，说："父亲从来没有对我特殊看待，你敢这样乱讲？你除了刚硬以外，还有什么技能？我跟你比射箭，你如果赢了我，我就将大拇指头剁下来；我跟你比摔跤，你如果赢了我，我就永远在摔倒的地方不起来！"说话间，兄弟俩互拽了衣领撕扯着，打得不可开交。博尔术、木华黎等赶紧上前劝解，成吉思汗坐着默不作声。众将也不好说话。这时成吉思汗的老部下阔阔搠思出来打圆场，批评察合台说："察合台，你急什么？你父汗本来对你报有厚望。当你未生时，天下扰攘，互助攻劫，人不安生，所以你贤明的母亲不幸被掳，你说出这样的话，岂不伤你母亲的心？你父初立国时，与你母亲一同辛苦，将你们兄弟养大，望你们成人。你的母亲有如太阳般光明，大海一样深厚，你母亲这样贤明，你怎么能这样说话呢？"术赤和察合台听到这话后，都安静了下来。

阔阔搠思一席话，使术赤和察和台的矛盾暂时缓和下来。成吉思汗这才开口说："怎么能对术赤那样说？他是我诸子中最大的，你们今后不可乱说他。"察合台回应地对父亲说："我和术赤的力气技能什么的也不用争了，我们两人年龄最长，愿与父亲并出气力，若是谁逃避了，就杀了谁。"他接着推荐说："窝阔台敦厚，可以教育和培养。"成吉思汗再次询问术赤的意见。赤术说："察合台已经说了，我们两个要同心协力，还是让窝阔台继承吧！，'或许察合台是不想使自己父亲夺来的天下由蔑儿乞人的后代继承；而术赤因为对自己的出生也一直存在疑问，感到即便以后做了大汗也难以服众，因此也同意了察合台的提议。

然而成吉思汗由此意识到了诸子相仇在他死后将会引起可怕的纠纷，于是对兄弟俩说："你们两人不一定要伙在一起，天下地面辽阔得很，会让你们每人都拥有自己的封地。你们自己说过的话，一定要牢记，不能违反了，否则招人耻笑。以前，阿勒坛、忽察儿就违反了他们自己说的话，后来怎样了呢？现在他们的子孙还在，以此为鉴吧。"

两兄弟的意见明确了，成吉思汗又问被推荐的窝阔台本人是什么看法。窝阔台说："蒙父亲恩教，我也不能说不能干，我会尽力谨慎地去做。只恐后世子孙不才，不能承继大业。这就是我的想法。"成吉思汗赞同地表示："窝阔台既这样说，就这样吧！"接着把征询的目光投向了最小的儿子拖雷。拖雷说："父亲指名了，我没有意见。我跟随着他，提醒他别忘掉该记住的事儿，他睡着了时及时叫醒他，有征战时就和他一起去战斗。"成吉思汗见拖雷这番决心，说："好！"

听了四个儿子的表态，成吉思汗才放下这门心事，规定诸王中各指定一人继承王位，还说如果窝阔台的子孙没有治国的才具，就由另一系的子孙继承汗位。也许是历史的巧合，窝阔台死后，其子贵由即位称汗，但贵由死时，却无后继嗣，只好由拖雷之子蒙哥接替了汗位。

西征前成吉思汗诸子关于汗位继承人之争，促使他要在自己的有生之年尽可能多地占领广阔的领土，为自己的后代留下各自可以尽情享受的财富。花剌子模成为他伐金之后的首选目标。

西征之一：占领河中地区

1219 年春，成吉思汗命其弟帖木格留守，由忽兰夫人陪同，亲率诸子诸将踏上了为期 7 年的西征之路。

当摩诃末得知蒙古军队压境的消息后，惊慌失措，匆忙召集诸将讨论对策。在会上，有的人主张放弃河中，退守阿姆河口；有的主张退到哥疾宁，如不利则再退往印度；也有的主张集中军队于忽章河岸，以逸待劳，击败蒙古军。结果摩诃末一种也未采纳，而是将军队分散驻守在河中各城，而他自己却退往巴里黑。虽然他有 40 万军队，但这个消极防御的战略给蒙古军制造了各个击破的机会。成吉思汗如何会放过这一天赐良机？摩诃末之子札兰丁看出了其父的错误，主张集中兵力，全力抗击蒙古大军，将其拒之于国门之外，却被摩诃末粗暴地拒绝了。

蒙古军队进攻的第一个目标是杀害商人、夺取财物的罪魁祸首讹答剌城。这

是一座历史名城，也是花剌子模的边疆重镇。九月，蒙古军队兵临城下。

成吉思汗制定了兵分为四的战术：第一路军由察合台、窝阔台二子率领，留攻讹答剌城；第二路军由长子术赤从右翼进攻毡的；第三路由阿剌黑等人率领，从左翼攻打别纳客忒；第四路则由成吉思汗和拖雷领主力，越过沙漠，直攻布哈拉，以断绝摩诃末与河中的交通，阻止受围各城的增援。

蒙古军分排已毕，陆续出发，察合台和窝阔台领导的军队则四面散开，开始围攻讹答剌城。

此时的讹答剌城内外城包括子城守备甚严，城堡、外垒、城墙等都已加固，大量军用物资也已集中，粮食储备充足。摩诃末令大将亦纳勒术（哈只儿汗）领兵五万防守，力量不可谓不强，摩诃末后来又派哈剌察领一万军马增援，哈只儿汗感到底气很足。但城内外相持五个月后，城内军民的志气开始消沉。哈剌察遂建议投降蒙古。但是，哈只儿汗知道这场灾难因他而起，自己屠杀了蒙古商团，得罪了蒙古人，不会得到轻饶。因此，便以要报效摩诃末为名义，拒绝了哈剌察的意见。哈剌察见无法说服哈只儿汗，就领了自己的士卒离开讹答剌城，企图逃命。但当晚即被蒙古军俘获，交给了察合台和窝阔台。两位王子对这个不忠不义之徒进行一番严厉谴责后，下令杀死了他和他的同伴。

蒙古军攻下讹答剌外城后，将居民驱逐到郊外，对城内尽情地劫掠。哈只儿汗率残部退守子城，进行最后的反抗。又相持了一个月，哈只儿汗的部下伤亡几尽，最后只剩下他和两个随从，子城陷落。哈只儿汗与蒙古军展开了巷战。因察合台和窝阔台下令要捉活的，所以，哈只儿汗得以坚持到最后。他和随从二人被逼至屋顶，两名随从很快就被杀死。此时，哈只儿汗的箭囊里已经没有箭了，就接过墙上妇女扔过来的砖头投掷蒙古军。最后，终因寡不敌众，在扑倒了几个人之后，被生擒，捆绑之后送到立营于撒马尔罕的成吉思汗。成吉思汗令人把银子熔化了，灌进哈只儿汗的眼睛和耳朵里，为那些冤死的商人们报了仇。

蒙古军将讹答剌城夷为平地，驱掳着留下来的市民，向布哈拉行进而去。

我们再来看由术赤率领的第二路军的进展。术赤的军队抵达离毡的城不远的昔格纳黑，派遣伊斯兰教徒哈散哈只前去劝那里的居民开门出降。哈散哈只曾经到蒙古经商，并担任过成吉思汗的官吏，与这里的居民很熟。但城内居民听到他要求他们投降的动员之后打开城门，一群人涌了出来，杀死了他。哈散哈只之死，加速了昔格纳黑的毁灭。术赤当即命令大军攻城，直到攻下之前，不准停止。七天之后，攻占该城。为了杀死所有的花剌子模昔格纳黑城军民，术赤下令关闭城门，仅仅为替一人报仇，就把全城所有人的名字从生命簿上一笔勾销。

攻下昔格纳黑后，逼临毡的城。守卫毡的城的是忽都鲁汗，此人胆小如鼠，早就听说蒙古军的残忍，便抛下全城居民，他和军队先后偷偷逃走了。蒙古军得知这一消息后，便派使者进城欲安抚百姓，劝他们放弃反抗。城内居民正陷入无组织的混乱状态，正在不知所从之际，见蒙古使者来了，居民更加骚乱，一部分居民想杀掉使者，使者当即举了昔格纳黑的例子，说明如果他们反抗的话，绝没有好下场。又谎称可以将蒙古军引走，不入毡的城。居民这才放他出城。术赤听了使者的报告后，被激起一股无名之火，下令进攻。毡的城居民以为自己的城墙高耸，不会那么轻易进来。但他们在城头上看见蒙古军架了梯子，爬上城墙，毫无困难地进了城。由于城中居民没有抗拒，术赤便饶了他们，只杀了曾经辱骂蒙古使者的几个人。蒙古军在城内抢劫了九天后扬长而去，前往进攻邻近的养吉干，结果又顺利攻占。术赤率部驻于忽章河下游以北的哈剌忽木地方，至此，锡尔河下游诸城尽被蒙古军占领。

由阿剌黑、速亦克秃和塔儿孩所率第三路军只有五千人，进攻别纳客式。该城守卫军与蒙古军交战三天后，请降。起初蒙古军答应不屠杀他们，却将城内所有人都驱赶到城外，命令军人单独列队，全部杀了他们，有的死于刀下，有的死于箭下。而其余的人把工匠分配给各级将领，年轻力壮的则被强制编入军队，让他们去攻城。

蒙古军又进抵忽毡。忽毡的守将帖木儿灭里是一员骁勇的将领，他领军在此进行了西征中罕见的顽强抵抗。他率精兵一千人在锡尔河中的一个小岛上修建了堡垒，并据守在那里。小岛距离两河岸都较远，矢石均不能及，不可能立即攻下此城。于是，蒙古军就强迫当地土著居民五万人，十人一组，百人一队，在蒙古军官的监督下，从三程远的山中往来运送石头，填河造路。帖木儿灭里曾造甲板船12艘，这时他拿出来派上了用场。他在船上面盖上毡子，再用醋浸过的黏土涂在船上，以防御火器的进攻。每天发出六艘战船靠近两岸，从事先留出的孔隙内放箭射蒙古军。蒙古军还在夜里多次遭到帖木儿灭里的袭击，蒙古军损失惨重。

但帖木儿灭里因粮草兵器渐渐用完了，眼看支持不下去，于夜里用 70 条船载了将士和必要辎重，自己率精锐兵驾着甲板船，点起火把，沿着河水流向而去。蒙古军见他们要逃走，在别纳克忒附近拉了铁索横在河上，但帖木儿灭里砍断了这些铁索，船队陆续顺流而下。但两岸蒙古追兵不绝。帖木儿灭里得到消息说，术赤在毡的附近的锡尔河夹岸处设置了重兵，在两岸布下弓弩，并把船串联起来，搭了一座桥，以阻断河水通道。帖木儿灭里遂弃舟骑马陆行。见蒙古军追来，他让辎重先行，自己拒敌，且停且战。如此行进了好几天，部卒大减，不得不放弃辎重，再后来，部卒都牺牲了，帖木儿灭里单骑飞奔。三个蒙古骑兵紧追不舍，形势危急。此时，帖木儿灭里发现箭囊里只有三支箭了，其中一支还没有箭头。他取了一支箭，把离他最近的骑兵的眼睛射瞎了，然后指斥另外两名骑兵说："我还有两支箭，想活命的话，赶紧退走！"两骑兵掉头就逃走了。帖木儿灭里后来到花剌子模，投往札兰丁，直至札兰丁战死。

帖木儿灭里的英勇抗敌，使征服者意识到自己并不是不可战胜者，而被征服者也并不都是懦夫软汉。

前三路军队都频频奏捷，那么成吉思汗和幼子拖雷率领的蒙古军主力又进展如何呢？

成吉思汗大军从讹答剌城出发后，直取布哈拉城。他们渡过锡尔河，首先到达泽尔努赫城。该城居民见蒙古大军兵临城下，惊慌失措，躲进城堡，紧闭城门。由于这里的居民没有反抗，成吉思汗便派答失蛮为使进城劝降，城中守卒威胁他，答失蛮高声说："我也是穆斯林，是穆斯林的儿子。我是奉成吉思汗之命，救你们免遭灭亡之灾的。蒙古大汗的大军已经离这里不远了同，你们若抵抗的话，堡垒和房屋顿时将被夷为平地，血流将淹没土地。投降的话，身家财产就可保全。"城内居民认为答失蛮说的是真话。于是派代表备了馈礼去见成吉思汗。成吉思汗让所有的人都出城，仅毁其城墙和护城河，青壮年征发为军，余下的人则听其还家，获得了自由。后来，人们称达泽尔努赫为"幸运之城"。事实上这座城也是够幸运的，因为不论在此前还是此后，蒙古军西征战争中，几乎没有一个城不遭到杀戮抢劫的。而达泽尔努赫却是个例外。

1220 年三月，成吉思汗大军抵达布哈拉。由于布哈拉位于花剌子模的新都撒马尔罕和旧都玉龙杰赤中间，成吉思汗自领中军进攻布哈拉，在于避实击虚，从中间突破，该城攻下后就可以使摩诃末无法救援被围诸城。这样的部署果然奏效，摩诃末只能一心应付成吉思汗的主力军，其他地方则鞭长莫及。在布哈拉，摩诃末派出了自己的亲信和富有作战经验的将领指挥作战，但布哈拉的诸位将领和两万守军却辜负了他的厚望，蒙古大军刚刚到来，便在当天晚上弃城而逃，蒙古军把他们追杀干净后，占领了布哈拉。

布哈拉，意为"学问的中心"。在河中地区，除了首都外，是中世纪时代最重要的宗教与文化中心。但蒙古军进城后，这里却遭到了残酷的洗劫。成吉思汗率人直入大礼拜寺，在那里设庆功宴，召来城中歌伎入寺歌舞佐酒。他又踏上讲坛的台阶，大声说："野草已经没有了，赶快拿东西来喂我的马！"于是用装《古兰经》的书椟作槽，在庭院中喂起马来。城中有声望的伊斯兰教长老、学者和医生们，则被召来给他们喂马、执行杂役。城中一些士卒、伊斯兰教士企图反抗，全部遭到屠杀。蒙古军在抢掠、勒索之后，纵火烧屋，好几天才熄灭，残忍的蒙古士兵还到处杀害无辜百姓。成吉思汗对市民们宣布："我是上帝之鞭！呵，可怜的人们，你们犯了大罪孽。如若不然，上帝怎么会派我们来惩罚你们呢？"多年以后，幸免于难的布哈拉人回忆这段经历时说："他们来了，他们掘地挖宝，他们纵火焚烧，他们杀人，他们抢掠，然后他们离去了。"布哈拉被完全毁坏了，许多年后，它才逐渐恢复，重新成为宗教和文化中心。

离开布哈拉，成吉思汗进围花剌子模首都撒马尔罕，察合台与窝阔台自讹答剌率军来会师。据史家记述，摩诃末布置了超过十万人的军队守卫首都。城内守军加固城防，大部分人认为长期坚守不会有问题。

成吉思汗经过侦察了解了摩诃末的防守策略后，首先剪除撒马尔罕四周的重要之地，断绝了它们可能对首都的支援，从而形成对撒马尔罕的包围之势。又役使俘获的花剌子模人，把他们十人编为一队，各个举起旗帜，造成蒙古军队众多的架势，以图在气势上压倒城的守军。当成吉思汗的各路大军陆续取胜后，便汇聚到撒马尔罕城下，这时虚怯狂傲的摩诃末却退缩了，慌忙离开了都城，退到阿姆河以南。

被围在城内的花剌子模军队此时也畏敌如虎，不敢出战。只有一支由市民自发组成的小股勇士出城进击蒙古军，城内的守军却未出来配合支援，结果出城的市民被蒙古军全部歼灭，使城民的斗志大为丧失。第五天，居民决定投降。夜里，退至内堡的突厥人阿勒卜率千人欲突围出走，追从摩诃末。但第二天早上，蒙古军包围了内堡，至黄昏时，攻破内堡。勇士千人退守礼拜寺，力抗不降，被蒙古军纵火全部烧死。蒙古军人城后，立即毁其城池，驱居民出城，然后纵兵抢掠，杀掉在城中藏匿的居民。只有法官、教正及其亲从得到了保护，而三万降卒则被成吉思汗下令全部屠杀。又从居民中搜出三万工匠，分赐给诸子和亲属，征发三万壮丁随军作战，其余的人缴纳赎金后。才得一命。

撒马尔罕的沦陷，标志着河中征服的完成，成吉思汗的西征也告一段落了，至此他才撤军至南山休养兵马。

西征之二：花剌子模之亡

摩诃末屯军于阿姆河南岸卡利甫一带，其沮丧之情已经波及到臣民。他召集诸将讨论对策，但他和他的母后及康里将领们的矛盾使他无法组织有效的抵抗。据说成吉思汗采用一降者的离间计，伪作康里诸将致成吉思汗信，表示愿意反戈投诚，又故意将此信落入摩诃末之手，于是花剌子模君臣之间相互猜疑。而事实上，康里诸将也确实不服摩诃末的指挥，他们随时都想杀死他。这为以后的事实所证明。

摩诃末君臣还未讨论出结果，蒙古军前锋哲别的军队已经攻来，摩诃末吓得面如土色，在札兰丁的奋力抗击下，才保住一时平安。不久速不台的军队又到，使早已丧魂失魄的花剌子模人夜奔巴里黑。前面已经说过，康里诸将时常想谋害摩诃末，这次他们找到了机会，设下一个陷阱等待摩诃末。但摩诃末得到了密报，离开了原先住的帐幕，到黎明时，他看到自己的帐幕的毳毛子（猪毛被子）已被射穿了。摩诃末心里暗自庆幸的同时，不敢耽搁，忙忙逃到了你沙不儿，强迫该地居民为他筑防御工事，使人们的恐惧情绪更加浓烈了。

蒙古军进入巴里黑城后，城中上层贵人派代表迎接蒙古军，表示投降。蒙古军保留了巴里黑城，因为要追赶摩诃末，他们来不及抢掠，只要了一名向导就继续追击。当蒙古军到达匝维城时，城里居民拒绝提供粮草，并在蒙古军走远后，在城头擂鼓辱骂蒙古军。蒙古军觉得没抢掠他们已经够客气了。听到辱骂后大怒，便返回来用云梯攻城。第三天城破，将能找到的城民全部杀掉，又将不便携带的东西毁坏，这才离去，坚定执行了成吉思汗颁布"把那些流露出不屈服和反抗情绪者一律消灭掉"的命令。

蒙古军在追击摩诃末的途中，有许多伊斯兰教和异教军人自动投降，并为他们充当向导。在他们的配合下，蒙古军很快就到达了著名的刺夷城，在这长途追杀过程中，他们安抚自动投降者，无情杀戮反抗者，遇见好马和好牲畜时，就顺手赶走。

当刺夷城被占的消息传到在哥疾宁的摩诃末耳中时，他好不容易召集的三万军队四散奔逃，使原想坚守的摩诃末在万般无奈之下，带着诸子和亲信，跑到哥疾宁西面的哈伦堡去避难。在逃亡途中，他们遇到了蒙古军队，幸好蒙古军并不知摩诃末就在其中，才使他逃得一命，到了哈伦堡后，摩诃末来不及喘息，又立即逃命，怎么也甩不掉蒙古军，天天都在逃命。在走投无路的情况下，摩诃末逃到里海中的岛上。为了防止消息走漏，又秘密地转移到另一个岛上，狼狈程度，绝不亚于当年金军攻打逃往海上的南宋高宗赵构。

当摩诃末逃亡海岛时，蒙古军也追到了岛上，但没有找到，于是返回哈伦堡，断绝城中水源，使其不战而降。摩诃末之母秃儿罕可敦及其嫔妃都被送给了成吉思汗，他留在城中的儿子也全部被杀。此时，摩诃末已经得了严重的肋膜炎，生命垂危。他自知不久于人世，召集札兰丁、斡思剌黑沙、阿黑沙来到自己床前，交代自己的遗嘱。他认为只有勇猛过人、才智无双的札兰丁才能光复故国，因此，废除了曾立斡思剌黑沙为太子的旧诏，改立札兰丁为王位继承人。他亲自给札兰丁系上腰刀，并叮嘱在场的儿子们全力维护札兰丁，对他忠诚。之后没几天，曾灭国众多、斥地广阔的摩诃末无声无息地死于海岛上，连一件入殓的体面衣服也没有，仓促间只是用他的衬衫裹了裹葬了。一代君主的命运竟至于斯！

作为大国之君，摩诃末在其早年应该不失为一个英雄人物。他使花剌子模从西辽的统治下获得了独立，又将自己的国家发展为一个巨大的帝国，如果不是蒙古的崛起，他的事业或许是另一番前景。但是，历史毕竟不能假设，摩诃末的不幸在于他和成吉思汗处于同一个时代。"两雄争斗智者胜"，摩诃末不仅国内矛盾重重，他自己又先骄后怯，不能采取正确意见，只知被动防守，放弃一座座城池，最后连首都也失于敌手。历史的选择只是对那些勇而有谋之人垂青，而成吉思汗作为一个伟大的军事政治家，其内部团结，士气旺盛，因而注定要成为事业

的成功者。

安葬了父亲摩诃末，札兰丁兄弟三人取海道潜入仍被花剌子模控制的玉龙杰赤，人们见诸王子回来，全城欢喜。不久便汇聚了数万军队集于三王子麾下。这时，被废掉的斡思剌黑沙暗地里笼络军中首领，答应满足他们的野心，以支持他谋权篡位。但札兰丁性情坚决，决不肯大权旁落。斡思剌黑沙见不能如愿，便密谋杀害札兰丁。札兰丁得知后，被迫向呼罗珊方向逃离。帖木儿灭里亦率领三百名骑兵，跟随其后。札兰丁击溃了驻守达奈撒的七百蒙古军，与帖木儿灭里一起逃往你沙不儿。

成吉思汗命术赤、察合台、窝阔台三子率大军向玉龙杰赤开来。斡思剌黑沙见大势不妙，亦与弟弟阿黑沙驰奔呼罗珊方向。蒙古军追至你沙不儿附近的哈连答儿堡，不知道这二王子藏身其中，堡主掩护二人逃脱。蒙古军于是放弃了哈连答儿，继续追击。在一个叫维失忒的小村子，斡思剌黑沙兄弟曾将蒙古军打退，二人于是很骄傲，没有多加防备，被另一股蒙古军大败，二人殒命。蒙古兵用长矛刺穿他们的首级巡行示众。

札兰丁兄弟三人出奔后，玉龙杰赤城内顿时失去领袖，几乎陷入瘫痪。后来众人推举秃儿罕可敦的哥哥忽马儿为统帅，领导军民守城。蒙古军尚未围攻该城时，曾有一队蒙古游骑突至城门，好像是要抢夺牲畜。城内不知是计，出动了大批步兵骑兵追赶，但遭到蒙古伏兵的突然袭击，这是蒙古军惯用的战术伎俩。玉龙杰赤军队因此损失惨重，余者赶紧撤回城内，蒙古军乘隙亦紧随而入。但因人数太少，马上又退了出来。

术赤三兄弟抵达后，术赤派人向居民宣布说："我的父亲成吉思汗已经将玉龙杰赤封给了我，我保证你们的城市完好无缺，绝不加害你们。"一些明了大势的人主张投降，并拿出老国王在海岛上传来的手谕为根据，老国王曾经告诉他们，为了爱护他们，如果力不能敌，最好的办法就是投降。但遭到大部分市民的拒绝。

于是，蒙古军退而着手准备攻城的器具。这期间多次威逼利诱，均未奏效。蒙古军曾为取得横跨阿姆河两岸的桥梁，发兵三千，均被歼灭。使守军士气更旺。在攻坚战中，术赤和察合台又经常发生矛盾，号令不一，军队纪律松弛，情绪涣散。守城军队利用这一点，屡次大败蒙古军队。持续了六个月，玉龙杰赤依然不克。

成吉思汗得知此情，大为震怒。改命窝阔台领导攻城部队。窝阔台调解术赤和察合台之间的矛盾，重新申明纪律，使蒙古军士气重新振作起来。蒙古军架起长梯，进入城内，所到之处，喷洒石油，纵火焚烧。城外很大的地方都找不到石头，不能供炮击，蒙古军就砍伐桑木，用水浸湿，以供投射之用。但花剌子模人仍然坚持抵抗，展开英勇的巷战，连妇女和小孩都参加了战斗。

玉龙杰赤末日来临了，经过七天激烈的战斗，城中守民才投降，蒙古军彻底占领玉龙杰赤城。于是，它成了蒙古军手掌中的玩物，练习屠杀的靶子。按照惯例，蒙军把为数超过十万的工艺匠人和其他人分开，妇孺掠为奴婢，驱掠而去；然后，把余下的人分给军队，让每名军士屠杀 24 人。蒙古军杀掠之后，又决阿姆河堤，放水灌城，使藏在城中的居民也企部淹死。

往昔繁华的花剌子模旧都，"这斗士的中心，游女的汇集地，福运曾降临其门，鸾凤曾以它为巢，现在则变成豺狼的邸宅，枭出没之处；屋宇内的欢乐消失殆尽，城堡一片凄凉，园林如此之凋落，大家会认为，'余便彼等之园化作此两国'的诗句，恰为其惨景的写照。在它的园林、乐场上，那支描写'人世若梦'的秀笔，录下这些诗句：多少骑士在吾人四周下马，用清水掺和美酒；然后，在清晨中，噩运把他们撮走——这就是命运，幻化无常。"这就是志费尼在几十年以后根据当时的惨景写下的蒙古军征服之后的玉龙杰赤。

西征之三："蒸发"了的札兰丁

成吉思汗令哲别、速不台追杀摩诃末，三个儿子围攻玉龙杰赤以后，他自己和幼子拖雷则把进攻的目光投向了呼罗珊地区。当哲别、速不台追击摩诃末时，他们曾在呼罗珊地区如旋风般席卷而来，因为重任在身，他们对该地区并没有进行像布哈拉、玉龙杰赤等城那样的大屠杀。这使当地居民误以为蒙古军会像空中闪电般，一闪即逝的，但他们根本不会想到的是，一场灭顶之灾即将降临到他们世世代代生息休养的家园。

到达巴里黑时，城中首领前来求降，但仍没有免除被屠戮的命运。原来，成吉思汗得报说札兰丁驻兵于哥疾宁。他本打算马上去进击札兰丁，但转念一想，留下此城和居民会成为札兰丁逃跑的后路。于是，便以检查户口为名，将城内居民赶到城外，全部杀死。然后入城烧掠，将堡垒夷为平地之后而去。

成吉思汗如此解决了巴里黑后，命幼子拖雷领一支人马征服呼罗珊诸州，而他自己则去追击札兰丁。1221 年二月，拖雷领军到达马鲁城下。该城守将早在蒙古军到达之前望风而逃，原先追从摩诃末的马鲁长官抹智儿木勒克重新回到马鲁。杀了马鲁城主降派首领，曾重创蒙古军，颇有些作为。当拖雷大军如湖水般涌来后，抹智儿木勒克杀死了蒙古劝降使者，又打败了一支蒙古军，使拖雷大怒，命军队大举进攻。抹智儿木勒克一见形势不好，又乞求投降。对抹智儿木勒克的反复无常，拖雷假意答允其求降，却让他领了亲信官员来见自己，结果抹智儿木勒克不以为诈，以致他和他的部属全部被杀。蒙古军进城后，把市民统统赶到郊外，只留了大约四百个工匠和少数儿童男女为奴，其余均被杀光了。蒙古人拷问城中富豪，逼迫他们指出财务所藏之处。又掘了花剌子模前国王辛札儿的坟墓，发觉殉宝。据史载，这场令人发指的屠城事件过后，有个叫也速丁的人和好几个人一起，花了十三天统计这次灾难中死去的人数，结果是超过了一百三十万人，还不算没有发现尸体的人。

成吉思汗和拖雷分开出兵后，进入呼罗珊地区时，听到了札兰丁途经你沙不儿逃往哥疾宁封地的消息。札兰丁虽然始终没有确立自己在花剌子模王国的绝对权威，但他凭着自己的胆略和智谋，获得了下层百姓的支持。成吉思汗深知，如果这一心腹之患不除，他在中亚的统治永远也不可能确立。

此时，札兰丁已率花剌子模精锐据守其旧封地哥疾宁。成吉思汗命失吉忽秃忽牵制札兰丁，自己则率军进攻塔里寒山寨。在前往哥疾宁的途中攻打一个叫做范延的城堡时发生了一件意外的事。察合台的一个儿子被守军射死。成吉思汗十分钟爱这个孙子，悲愤交加，下令疾攻，范延堡陷落，成吉思汗不赦一人，不取一物，全部杀光，城堡被夷为平地。成吉思汗就是要让这个不幸之地变为废墟，以解其失去孙子的愤恨。据说那里荒芜到一百年后仍无人迹。

牵制札兰丁的失吉忽秃忽却在哥疾宁附近的八鲁湾连连失利，几次被札兰丁击败。失吉忽秃忽为了迷惑敌人，命令士兵用毡子等物做成假人缚在马背上。在对阵时，花剌子模军队见蒙古军人也不少，有些惊慌。幸亏札兰丁英勇无畏，他对将士们喊："我们的军队人多，让我们摆开队伍，从左右二方面包抄过去将他们围起来！"蒙古军冲到他们跟前后，札兰丁沉着应战，下令用弓箭射敌，并向敌军发动反攻，企图包围蒙古军。失吉忽秃忽见势不好，赶紧指挥军队后退，结果全军溃不成形，损失惨重。八鲁湾之战使蒙古军遭到了西征以来最大的失败。

接到蒙古军败讯后，成吉思汗对于这个在征伐塔塔儿之战时拣来的"弟弟"犯下的错误，怒而不形于色，教导他引以为戒。他亲引大军南攻哥疾宁。此时，其他队伍陆续前来会合，拖雷在扫荡呼罗珊后东返，窝阔台与察合台水淹玉龙杰赤后。也直趋阿姆河南，与中军会师。

可是，札兰丁大败失吉忽秃忽后，他们却因战利品一匹骏马的归属问题发生争执，终致以往的矛盾激化，产生分裂，大部分部众叛离。札兰丁无奈，急返哥疾宁，却得到消息说，成吉思汗大军为了雪耻而来了。札兰丁急奔申河而去。

成吉思汗途中经过巴鲁安战场时，失吉忽秃忽仔细地讲了战争的经过，成吉思汗观察后，力责其布阵选择地点的错误。及抵哥疾宁，获知札兰丁已于十五天离开了，遂引军追至申河。来不及离开的札兰丁只有奋力抗敌。成吉思汗将军队布阵成偃月形，进围札兰丁少数军队。从黎明开始发动进攻，先后击破札兰丁的右翼和左翼兵力。札兰丁率仅余的七百人，英勇突围，数次突围没有成功。因为蒙古军想生擒札兰丁，没有发射箭矢。到了中午，札兰丁见突围不成，就换了一匹健壮的马，作最后的冲击，迫使蒙古军后退。此时，只见札兰丁忽然调转马头，脱去铠甲，背着盾牌，高举黑旗，纵身从二十尺高的山崖跃马跳下，游水而去。

成吉思汗来到河边，看到远去的札兰丁，指给他的儿子们看，说："你们真该向他学习啊！"

据史载，札兰丁后来和重新归聚他的几千人去了印度，而成吉思汗也曾派人渡过申河追寻，但无功而返。

后来成吉思汗听说札兰丁重渡申河回来，便派次子察合台搜寻，但没有结果。又派人过河进入印度打听札兰丁的消息，也没有找到他的下落。

由于气候不良，蒙古士兵有许多人生了病，加之听说西夏有变，遂决意东归蒙古。任命花剌子模人牙剌瓦赤及其子麻速忽治理西域各城。当这一切均安排好后，成吉思汗便领军班师蒙古草原了。途中原打算取道吐蕃而行，但走了几天，发现所经之途山岳起伏，山林遍布，很难通行。于是，改道赴波斯之来路。

三年多的烽火，把花剌子模烧得满目疮痍。但是，因为蒙古人都夺而不守，

他们走后，这些地方又被敌人占有，因此札兰丁得以几年以后从印度重返波斯本部，发起了一次短暂的复国运动。成吉思汗的西征击溃了花剌子模，但他还没有完成最后的征服。给予花剌子模最后一记重击的任务，则是在他的儿子窝阔台任大汗的时代才完成的。

"上帝之鞭"的消逝

拿破仑被西方誉为"战争之神"，而成吉思汗则是东方的"战争之神"。拿破仑是在科西嘉岛上耗尽了有足够爆发力的余生，而成吉思汗则在马上征伐一生，最终死于马上。

成吉思汗在西征时，被称作"上帝之鞭"，命运好像注定了他无法离开战争，当他西征回到蒙古草原后，成吉思汗仍不能安下心来颐养天年。因为金国未灭，西夏蠢动，使他不得安枕。木华黎作为南征统帅，在他西征班师之前已经病逝，改派他的儿子孛鲁继续攻打金国；对于西夏，他不能容忍昔日手下败将无视他的权威，因而决定亲征，于是在1226年，65岁的成吉思汗又一次踏上了征程。

在进军途中，当成吉思汗领兵抵达阿儿不合时，坠马受伤，并引起高烧。也遂夫人召集诸王和众将商议进军之事。众人认为，西夏是有城池的国家。不能移动，都赞成先回蒙古草原，等成吉思汗的身体好了，再来攻取。成吉思汗听了大臣们的意见却认为："这样，西夏必定以为我们畏怯才回去了。我们先派一使臣去，在使臣回来以前，就在这里休养。使者回来后再作定夺。"蒙古使者见了西夏君臣时，西夏大将阿沙敢不口出狂言："你们要来便来。我们有的是地盘，有的是骆驼和勇士，只要你们来，我们就和你们决战。"

但西夏注定不是蒙古人的对手，阿沙敢不的话则加速了自己的灭亡。

听到使者回报的成吉思汗气得浑身发抖，他不顾刚痊愈的身体，说："哼，你们听他们的大话，我怎么可以退兵呢？就是死，也要让他们死得如愿，去和他们决战，长生天知道我的决心！"随即传旨："把西夏那些傲慢不逊的都杀了，投降之人可以自由捕掳！"

经过蒙古军的不断征伐，西夏都城中兴府已成孤城一座，夏献宗李德旺在忧惧交加中死去，由其侄南平王李睍继位。

这时在六盘山驻军的成吉思汗派人劝降，西夏君臣犹豫不决，恰逢 1227 年 6 月中兴府发生强烈地震，城内遭到不可挽回的损失，再也无力抗争了，李睍遣使向成吉思汗乞降，但因地震毁坏，他要求给一个月的时间准备，得到成吉思汗的同意。成吉思汗负气出征，坠马受伤使他 60 多岁的身体抵抗力极差，在六盘山他染上了重病，于是想起了自己的汗位继承人问题，这也是他一直放心不下的大事。在西征前，术赤就和察合台争吵过。他自从攻打下玉龙杰赤以后，就长期逗留在那一带，成吉思汗几次召见他都装病拒绝，这一切成吉思汗当然也十分清楚，但又无可奈何。

在抵达清水县时，成吉思汗预感自己将不久于人世，将驻军于附近的窝阔台和拖雷召来，和他们一起吃了一顿饭。成吉思汗命在帐中的诸将等暂避，秘密地对窝阔台和拖雷两兄弟说："我快要死了，靠长生天的帮助，我为你们建立了一个辽阔的帝国，从这个帝国的中心出发到达每一个地方都要一年的时间。如果你们不想让这个帝国分解的话，一定要同心御敌，一心一意地为你们自己和亲朋好友富贵而战。你们中要有一个人继承我的大位，我死后就由窝阔台继承，不得违背我的遗命。察合台没有在身边，你们不能让他生出乱心来。"

蒙古帝国王朝史

在生命中的最后几天，都是由拖雷在身边守候。临终前，他交代了灭金的策略安排。他说："金朝的精兵在潼关，潼关南据连山，北靠大河，难以一下攻破。若能借道于宋，宋金世仇，必能同意，那时即出兵唐、邓，直捣开封。这时，金朝必从潼关征兵。潼关数十万兵千里赴援，必然人马疲弊，虽然赶来却不能作战，攻破开封就不成问题了。"后来窝阔台灭金时，基本上是遵循这一方略。

成吉思汗同时嘱咐说自己死后秘不发表，等西夏君臣如期出城来谒见的时候，把他们连同城中的居民都杀掉。

1227 年七月十二，66 岁的成吉思汗死于清水县之西江，在位共计 22 年。

成吉思汗诸子和众将护送大汗的灵柩前往克鲁伦河源的大斡儿朵。为了不让人们知道成吉思汗已死的秘密，他们将一路上遇到的人畜全部杀死了。当灵柩送到克鲁伦河后，拖雷等才向全国各地发讣告。灵柩陆续陈列于他的主要后妃的帐幕之中，各亲王、公主及将领都从各地赶来吊唁。远道的甚至过了三个月才赶到。

成吉思汗被葬在斡难河、克鲁伦河和秃剌河三水发源处的不儿罕合勒敦诸山中的一山中。据传说，过去成吉思汗曾经到过这个地方，在一棵孤树下休息，沉思良久，站起来说"将来想葬在这里"，因此他的儿子们就遵此意将他葬在了这里。但这个地点是秘密的，下葬后，周围树木丛生，成为密林，已经不能辨认出坟墓在哪棵树下了。如今人们知道的成吉思汗陵只是一个衣冠冢而已。

由于蒙古人的宗教信仰中，认为人死后也和在生一样，死去的大汗也要有人侍奉，便在诸将的女儿中挑选了四十个容色可爱、性格温和的少女，与良马一道，在宗教信仰的精神支柱下，怀着美好的梦幻，入墓葬中陪伴死去的大汗之灵了。

草原战胜耕地

"幼子守产"的改变与"忽里勒台"的
推行相互碰撞：汗位之争

一个出类拔萃的领袖，为了后继有人，无不呕心沥血、殚精竭虑，精心挑选接班人。

然而，每一个"家天下"都逃不脱"再而衰，三而竭"的历史命运。"祖宗如此英雄。子孙如此不肖"的叹息，一次次回响在历史的天空。

秦皇、汉武、唐宗、宋祖解决不了的难题，天骄也同样捉襟见肘了。

1227 年，灭国四十，震撼世界的一代天骄成吉思汗在出征西夏，壮志未酬之时溘然长逝。他留给他的后嗣们的是一个横跨亚洲北部，已初步成形的大蒙古国。对于一代开国之君，究竟自己的大汗宝座由谁来继承的问题曾让这位叱咤风云的蒙古英雄颇费踌躇。尽管成吉思汗生前反复教导诸子要团结，内讧的苗头还是很早就显露了出来。

察合台因为在西征前与术赤发生过争执，因而主动和汗位继承人窝阔台结为一党，拖雷则不计较术赤的血统，和大哥关系亲密，两党对立从此形成，成为日后蒙古宫廷斗争的主线。两党的成员，为夺取至高无上的汗位宝座，展开了激烈竞争，甚至不惜相互残杀，演出一幕又一幕宫廷政变。

蒙古草原上自古流行"幼子守产"的习俗。一个蒙古家庭，正妻所生的儿子中只有最小的儿子能自始至终和父母生活在一起，并在父母去世之后继承他们的全部家产。成吉思汗的小儿子拖雷长年跟随父亲东征西讨，具有卓越的军事才能，如果以他作继承人，既合乎幼子守产的习惯，又能使自己的军事伟业继续下去，两全其美。但是成吉思汗认为在蒙古帝国初具规模后，帝国更需要一位具有多方面才干的政治家，而不是一位军事统帅。相比之下，窝阔台虽军事才能不及拖雷，但足智多谋，深谋远虑，武勇有能，更像一位运筹帷幄，决胜千里的政治家。成吉思汗选择窝阔台作继承人无疑更有利于蒙古帝国的发展。

但是在"幼子守产"习俗的影响下，成吉思汗感到必须给拖雷一些补偿，所以他虽然把汗位传给了窝阔台，但依旧把斡难河、克鲁伦河和土拉河上游的黄金家族的祖产和发祥地交给了拖雷，并把全部 12，9 万军士中的 10，1 万交给拖雷。拖雷一系手握重兵，为其日后争夺汗位创造了条件。

成吉思汗选三子不选幼子为继承人本身是对蒙古旧俗的一大革新，但这位叱咤风云的军事统帅毕竟"只识弯弓射大雕"，他虽然打破了幼子守业的习俗，却把另一个可能直接对汗位顺利交接产生重大影响的传统保留了下来，这就是"忽里勒台"。忽里勒台原来是部落或者部落联盟的首领参加的一种议事会议制度，也就是部落议事会，是蒙古族在社会进化过程中军事民主制的一种残余。早期的忽里勒台主要用来商议推举首领、决定征战等有关诸部的重大问题。这种会议形式在成吉思汗时期演化成为蒙古宗王大会，重要大臣同时与会。成吉思汗在遗训中恰恰保留了忽里勒台选举大汗的权力。由蒙古宗王共同推选德高望重的黄金家族成员出任蒙古帝国的大汗，在理论上可以使所有人都服从会议决定，心悦诚服地接受新的领袖，但实际上这恰恰给子孙们争夺汗位提供了一个合法的途径和手段，为蒙古帝国的内讧乃至分裂埋下了祸根。金戈铁马、摧城拔寨的草原英豪成吉思汗毕竟不是高超的政治家。

窝阔台的选立与拖雷之死

虽然在西征之前，窝阔台就已经被确认为汗位继承人，但他的权威始终受到大哥术赤的挑战。在西征当中成吉思汗曾命术赤前往征服俄罗斯、保加尔诸公国，术赤因不满成吉思汗在汗位继承上的安排，擅自离师回到自己在额尔齐斯河上游的留守地。成吉思汗大为震怒，曾表示"如果看见他的面，我要把他宰了"。西征完毕之后，术赤依旧拒绝赴和林面见父汗，只是送去一些牲口表示歉意，并声称自己生了病。不久，一个从术赤营地跑出来的人报告说他亲眼看见术赤在某个山头打猎，并没有生病。成吉思汗大为恼火，下令聚集兵马，准备亲自去讨伐逆子。这时传来术赤病死的消息，成吉思汗才罢兵，并感到对不起这个长期受冷落，总受不公平待遇的儿子。

术赤的早亡使汗位之争暂时平息下来。1227 年成吉思汗在出征西夏期间在六盘山病逝，幼子拖雷按照幼子守产的旧俗暂时摄政，全面管理蒙古帝国。按理，成吉思汗既然已经在生前确定了汗位继承人，监国摄政的拖雷就应该及早召集忽里勒台，在大会上正式推举窝阔台为大汗，履行一下法定的程序。但是直到1229 年春天，在汗位虚悬了两年后拖雷才召集忽里勒台，使人不得不怀疑监国摄政并且手握重兵的拖雷在这两年当中是不是做了有利于自己的布置。

幼子继承的风俗在以往还没有被破坏过，所以很多人在忽里勒台上依旧推选拖雷当大汗。但察合台系宗王和窝阔台系宗王都以成吉思汗已经选定窝阔台为继承人为由，反对改立拖雷为大汗。两方争执不下，以致使大汗迟迟选不出来。这时，耶律楚材见势不妙，为避免家族内讧，急忙劝说拖雷让出汗位，支持窝阔台为大汗。拖雷仍想拖延，耶律楚材苦口婆心力劝拖雷，终于使他回心转意，转向支持窝阔台。拖雷此举赢得普遍赞扬，窝阔台终于历尽周折，登上大汗宝座。

拖雷为避免一场宫廷内讧，主动退让，是顾全大局之举，但不等于他就此放弃了争夺汗位。窝阔台对这个小弟弟同样不放心，特别是在灭金战争中拖雷显示出卓越的军事才能，他总领西路军自凤翔渡渭水至宝鸡，破武林关趋兴元，然后假道南宋，沿汉水东下，突然出现在敌人背后的邓州，直捣金朝国都开封，取得钧州三峰山之战的决定性胜利，彻底消灭金军主力部队，使拖雷威名大振，声望日隆。窝阔台对此表面赞赏实则更加嫉恨，不久就解除了他的兵权，携他一同班师回蒙古草原。在回师途中，拖雷突然莫名其妙地死去，年仅 39 岁。

人们对于拖雷的死因有两种说法。一种是说他随窝阔台出征金朝归来，志得意满，变得从早到晚贪杯好酒，结果得了一场大病，两三天就死了。这种说法并不可信。蒙古人好酒贪杯是出了名的，而且酒量都比较大。以拖雷 39 岁正当壮年的身体状况不可能因醉酒致死。

另一种说法是在回归蒙古草原的路上窝阔台突然害了一场大病，奄奄一息。萨满巫师说只能用亲人替死才能治好他的病。窝阔台问："我跟前有谁？"这时拖雷正侍奉在床前，忙说蒙古国的人民不能没有大汗来管理，让我去替哥哥死吧。于是巫师端来一碗水，念起咒语，把窝阔台的疾病洗涤到碗中。拖雷端起碗一饮而尽，喝完后对窝阔台说："我死以后，我的妻儿就交给哥哥照顾了。"过了几天，窝阔台的病果然好了，拖雷却撒手逝去，回归长生天了。

这种说法充满了神秘色彩，巫师咒水杀人的事显然不可信。但当时的蒙古人确实酷信萨满教巫师的神术，有了病时确实是去找巫师来治疗，蒙古大汗也不例外。拖雷替兄喝咒水，祈祷替兄向长生天赎罪也符合萨满教的宗教仪规。但窝阔台从奄奄一息状态几天内就痊愈康复如初却颇让人怀疑，巫师是绝不可能有起死回生的神力的。所以，唯一的可能就是窝阔台在装神弄鬼地装病。他利用巫师与他合作演了一台戏。暗中在咒水中放了毒药。拖雷饮咒水时没有丝毫防备，中毒于几天后死去。拖雷死后窝阔台封锁消息，直到返回蒙古草原后才予以宣布，这种举动只能说明他心里有鬼。拖雷临死前说的几句话无异于在乞求窝阔台手下留情，不要再加害他的妻儿。

拖雷的妻子唆鲁和帖尼量一位非常聪明干练的女性，在她听到拖雷的死讯后曾哭闹道："我那心上人，他为谁牺牲自己？他为谁而死？"可见，她是知道拖雷的真正死因的。但是，这位能干的女性并没有就此沉沦下去，她苦心抚育四个儿子长大成人，并且注意收揽人心。她经常请客送礼，犒劳军士，赢得了各方面的爱戴，使人心都归向于她。在贵由未即位之前的汗位虚悬时期，宫中很多后妃诸王都横征暴敛，她却严格约束诸子和手下人不得违反法令，不授人以把柄。但是对窝阔台毒杀自己丈夫的行为唆鲁和帖尼是不会善罢甘休的。有种种迹象似乎表明，窝阔台也是被唆鲁和帖尼以牙还牙，投毒致死的。

唆鲁和帖尼有个同父异母的姐妹亦八哈，是贵族怯台之妻，亦八哈之子是个厨师。按照唆鲁和帖尼的安排，亦八哈每年都要带着儿子从她的驻地前去侍候窝阔台，为他安排宴席，并在席间为他斟酒。在窝阔台即位后的第十三个年头，亦八哈像往年一样携子来充当窝阔台的上酒人。夜里，窝阔台因为酗酒过度而在睡梦中死去。到凌晨时，他的嫔妃、大臣都指控亦八哈和她的儿子，说他们是上酒人，肯定在酒中下毒毒死了大汗。但窝阔台的奶兄弟按赤台和一位大臣说："这是什么蠢话？亦八哈的儿子是老上酒的宝儿赤（厨师），合罕（指窝阔台）则经常酗酒。为何我们要诽谤合罕，称他死于他人之手？他的大限已到。不要再说这些话。"于是人们这才解除了疑虑。

虽然关于窝阔台的死因大多数史料都称他是饮酒过度而死，但唆鲁和帖尼特意让她的外甥去充当上酒人，而且一干十多年，确实无法排除她故意让他长期潜伏，在得到窝阔台的充分信任后再下手毒杀他的可能性。欧洲使者普朗迦宾在和林也曾听到类似一个故事，但暗杀者变成了窝阔台的一个婶子。这至少说明窝阔台系的诸王大臣中有人怀疑窝阔台是被拖雷系的人毒死的。按赤台不准当时的嫔妃大臣怀疑一是无证据在手，二来大概他清楚拖雷的死因，窝阔台被人以其人之道还治其人之身也算是报应。如果再追根究底，二系诸王冤冤相报，黄金家族内势必会发生严重内讧。为蒙古国的大计，既然窝阔台已死，那就一切都掩盖掉算了。

乃马真后专权和母子失和

窝阔台去世后，鉴于应参加忽里勒台选汗大会的诸王大臣短时间内无法到齐，在察合台及诸王的支持下，皇后乃马真临朝统治，暂时总理全国大政。乃马真后原为蔑儿乞部酋长塔亦儿兀孙之妻，成吉思汗平灭蔑儿乞部时被擒，赏赐给窝阔台为妻。

乃马真首先向窝阔台的几位亲信大臣下了手，因为这些大臣直接影响她掌握朝政大权。丞相镇海被迫逃到阔端王子处。中亚河中行省长官牙剌瓦赤也投奔了阔端。麻速忽投奔了拔都。名臣耶律楚材几遭毒手，终于含恨而死。

在打击和残害大臣的同时，乃马真后竭力引用她的亲信。最后得到她宠信的是个名叫法蒂玛的女人。法蒂玛生于伊斯兰教圣地麦地那，蒙古军西征波斯之徒思城时被掠到和林。乃马真后对她言听计从，在镇海下台后她就在乃马真后的纵容下参与机密，控制朝政，凌驾于大臣之上。西域商人奥都拉合蛮在她的引用下得到重用。乃马真后甚至授给他御宝印纸，使之任意填写，任其肆无忌惮地敲诈人民。诸王也趁机滥发诏旨牌符，横征暴敛。蒙古帝国在乃马真后肆无忌惮地蓄意破坏之下被拖到了崩溃的边缘。

乃马真后专权达 5 年之久。但她也很清楚，等诸宗王陆续到齐后，肯定要选出一个新大汗，自己再想掌权几乎不可能。唯一的办法就是树立一个傀儡大汗，由自己在幕后操纵。以前窝阔台最钟爱的儿子是三子阔出。但阔出在 1236 年已死，窝阔台遂移爱于阔出之子失烈门，把失烈门养于宫中，准备让失烈门继承汗位。乃马真后为控制政权，不愿立失烈门为汗，转而选择了她的儿子贵由。贵由平时多病，乃马真后觉得可以借机以替儿分忧为名掌握朝政。为此她在诸王当中广泛争取支持，宣称，失烈门年龄尚小，无力担当起大汗重任，而他的儿子贵由则英武决断，堪当此任。诸王中很大一部分都被他争取了过去。

但是拔都作为诸宗王之长，因为和贵由有仇，当他听说忽里勒台与会者准备推选贵由为大汗时坚决拒绝赴会。很多诸王因为他是长兄，坚持等拔都到和林以后再召开忽里勒台，致使会期一再向后拖延。最后，当大家看到拔都态度坚决，只派大将速不台和几个兄弟代表他来赴会，本人坚决不肯来时，众人只得自行召开忽里勒台。在选汗大会上因为乃马真后事先做了细致的工作，贵由顺利当选，是为元定宗。

乃马真后选立贵由的目的本来是为了控制他，让他作傀儡大汗，但贵由却不甘就范。他执政后，首先取消了在乃马真后摄政时诸王滥发的赋税豁免令。然后追认窝阔台时发布的一切诏令，并将窝阔台在位时颁布的全部文件重新签署生效。因为争夺权力，贵由开始和母后乃马真发生摩擦。为收回掌握在母后手中的权力，贵由决定首先除掉法蒂玛。这时恰好王弟阔端生病，于是贵由暗中指使师傅合答的侍从失剌状告法蒂玛用巫蛊之术加害阔端。失剌原来是阿拉伯哈里发阿里的后人，对法蒂玛很了解，他的揭发使法蒂玛无法为自己辩解。阔端原本体弱多病，不久病情加重，终于不治而死。贵由借机逼着母亲交出法蒂玛，将她处死。她的主要党羽奥都拉合蛮不久也被处死。乃马真皇后因为夺权不成，又遭儿子厌弃，不久抑郁而死。

贵由汗生性刚愎自用，暴戾无常。他虽然纠正了乃马真皇后执政时的很多劣政，恢复了镇海、牙剌瓦赤等人的职务，但为了显示自己的大汗权威，也干了许多严重有损于自己统治的事情。在以往的汗位争夺斗争中，察合台系诸王一直是窝阔台系诸王的忠实盟友，贵由汗即位之时，察合台早已去世多年，他的孙子合剌旭烈即汗位已经 5 年。贵由刚愎自用，未加考虑就决定用自己的好朋友，察合台的第五子也速蒙哥代替合剌旭烈任察合台汗国大汗。贵由此举原本仅仅是为了显示自己的大汗权威，但却使察合台系诸王由此分裂，严重削弱了窝阔台、察合台两系同盟的力量。合剌旭烈等人为报复贵由，转而投入术赤、拖雷系诸王的阵营，给日后的汗位争夺战带来严重影响。可以说，贵由的这一重大失误已经注定了窝阔台系诸王掌握大汗权力的终结。

贵由与拔都

拔都，术赤次子。因为长兄撒里答自己觉得在智慧、才干上都不如二弟，所以主动避让，凡事以拔都为先。术赤死后，拔都继承了术赤的全部领地和财产。在进行第二次西征时，拔都作为长兄，理所当然地做了西征军的统帅。察合台、窝阔台、拖雷的子孙们随从西征。长辈们之间的仇恨，在这些成吉思汗家族的第三代子孙中也继承了下来。在西征进行过程中，拔都和贵由曾发生了一次激烈的冲突。

在钦察草原上进行的一次宴会中，身为统帅的拔都自以为年长，所以先喝了一二杯。贵由和察合台之孙不里以为这是把他们看成低一等的人，他们开口辱骂了拔都。贵由指责拔都是带弓箭的妇人。不里仗着贵由的威势，也说："拔都和我一样，如何他比我先饮？"甚至公然辱骂拔都是有髯的妇人，并用脚后跟顺势把拔都踢翻了。大将野里知吉带的儿子合儿合孙也跟在贵由之后为虎作伥，声言要给拔都带个木尾巴。他们甚至声称要用柴棒打他。后来，这三个人擅自离开了西征队伍返回了蒙古。

拔都把这种擅自离队和对他的辱骂行为报告给叔父窝阔台。窝阔台对儿子贵由这种不顾大体的行为非常恼怒，决定把他流放到边远之地来为拔都出气。但是窝阔台这么做并不是出于真心，他只是为了避免事态扩大使自己处于不利地位才被迫使出苦肉计。所以在有人求情后他马上顺水推舟，改流放为口头警告，责令他回到西征军中向堂兄拔都道歉。对不里，则交给察合台去处置了事。合儿合孙以普通一员将官竟敢公然辱骂亲王，按札撒的规定应当处斩，但窝阔台借口"若杀了他，人必说我偏心"不予处置，责令同贵由一起回西征军中效力，实际上等于救了他一条命。因为既然大汗都已赦免了他，拔都自然没理由再杀他。拔都对于窝阔台这种阳奉阴违的表现大为不满，也就更加气恨贵由、不里等人，兄弟之间从此结下深仇大恨。

窝阔台死后，诸王准备召开忽里勒台选举新大汗，拔都因为对窝阔台很不满，借口自己患了中风，推辞不赴大会，而是集中精力经理自己的金帐汗国，做与窝阔台系控制的蒙古中央决裂的准备。因为他是长兄，长兄不到会忽里勒台根本无法召开，致使选汗工作一拖再拖。在拔都坚决不肯前往的情况下，乃马真后主持忽里勒台，强行通过了选贵由为新大汗的决议。拔都的敌对态度，使贵由对他更为怨恨和疑惧。为防止可能发生的政变，贵由在登基大典上要求向他劝进的诸王发誓保证以后把汗位永远保留在他的家族内。这还不够，以后他又采取了进一步的行动。

在即位的第二年，贵由突然借口他的封地叶密立的空气和水土适合于他养病和休息，宣布"西巡"，实际上是要领兵去进攻拔都，所以他同时命令大将野里知吉带领兵西行，表面上是去征波斯地区，实际上是为配合贵由合击拔都。拖雷之妻唆鲁和帖尼发觉贵由的动机不纯，急忙派人向拔都通报了消息。拔都整军迎接，警惕地等待着贵由的到来。但是，贵由在走到距别失八里约一里路程的地方时突然死去。关于贵由之死，有人说他是病死的；有人说他因和别人喝酒斗殴而死；有人说他是被拔都的间谍毒死的。但每种说法都缺乏充分的证据，至今仍各持己见，莫衷一是。

蒙哥登基汗位转移

贵由死去时年仅43岁，这使得窝阔台系中只剩下一帮孤儿寡妇，没有一个有能力治理国家的新的大汗人选。这时领兵东迎贵由的拔都刚刚走到今伊塞克湖畔的阿拉套山附近，在得知贵由的死讯后，没有继续东进，而是驻留在该地休养人马。他按照蒙古的旧俗，派人去请贵由之妻海迷失暂时摄政。这样。窝阔台系的命运就寄托在她的身上了。海迷失和乃马真后一样，权利欲极强。可她没有乃马真后那样的手腕和魄力，所以在朝政上一无所为，只会利用西域商人通过预收租税来压榨百姓们。她的两个儿子，忽察和脑忽，年轻任性，各据一方，互不相服，一时间蒙古国中竟然出现了三个君主。这时阔出之子失烈门年龄已大，因为贵由夺去了本该属于他的大汗宝座，因而他和海迷失母子关系很僵。原来作为窝阔台系亲密盟友的察合台系诸王中，合剌旭烈和察合台之妻已投入到术赤、拖雷一派的阵营中；也速蒙哥因为借贵由的势力夺去了侄子的汗位，在察合台系诸王中带来很坏影响，很多人厌恶他的行为，并不支持他。种种迹象表明：汗位争夺战的天平已经显著地向拖雷一系倾斜。

术赤系的领袖拔都此时注意力全在经理他的金帐汗国，无意争夺大汗之位，全力支持拖雷一系。拖雷系中，在唆鲁和帖尼的苦心经营下，四个儿子已长大成人。尤其是长子蒙哥，曾参加了第二次西征，在军中颇有威信。贵由死后，原来归拖雷继承的10，1万大军因为大汗之位空缺而完全归属旧主，即拖雷的后人调遣。唆鲁和帖尼才智过人，在诸子年幼时颇能收揽人心，使诸军将士都愿为之效命。拖雷系和术赤系的力量远胜对手。如今他们在父辈的亲密关系基础上结成联盟，里应外合，夺取政权已成定局。

这时停驻在阿拉套地区的拔都以长兄身份向诸王发出邀请，召诸王到他的驻地商议选举新大汗之事。窝阔台系诸王认为选举新大汗应该在和林召开的忽里勒台上进行，所以拒绝赴会。机智的唆鲁和帖尼赶快派长子蒙哥去面见拔都。正式商议新大汗人选问题的大会召开后，作为窝阔台系秘密观察员的大将阿勒赤带首先提议说："窝阔台汗曾经决定以其孙失烈门为继位人，并且曾经定约，只要此系中尚存一块肉，就不能奉成吉思汗家族其他系的宗王为大汗。"忽必烈当即反对："这话说得很对。窝阔台汗的遗命当然不能违犯，可是当初立贵由为汗，就是乃马真后和你们违背大汗的意旨干出来的。还有，按照成吉思汗的法令，王族中有罪者，必须经过严格审理后才能定罪，但是你们却擅自杀害了成吉思汗的女儿，我们的好姑姑按塔仑。你们犯下这么大的错误，还有什么资格占据大汗宝座呢？"窝阔台和察合台系中仅有几个人为了观察会议的动向才参加大会，人单势孤，在忽必烈义正辞严的发言后，他们也就不敢再发言了。

大将忙哥撒儿在会上首先推举蒙哥。但是很多宗王认为拔都是黄金家族中最年长的，而且又有西征大功，应当做大汗继承人。拔都以蒙古帝国的前途为念，列举了自己很多的不足，表示无意竞争汗位。诸王于是请他推举一人，大家一定都拥戴他。第二天开会时拔都推举蒙哥，并列举了蒙哥的很多优点，认为他了解成吉思汗的札撒，有治大国的才能。大会决定到来年春天在斡难河源召开忽里勒台，使整个家族的人都正式拥戴蒙哥为新大汗。

窝阔台系的王子们听说大会推举蒙哥后非常恼怒，遣使告诉拔都，会议未在成吉思汗故地召开，而且诸王也并没有全到齐，他们不能服从会上的决定。拔都于是请他们来年参加正式的选汗大会，并致信说治理一个从东到西的大帝国，不是一个孩提之辈的力量所能及，蒙哥即位后会照顾到窝阔台系的利益。但是窝阔台系诸王拒不服从，双方使者往来不断，到年底也未达成一致意见。

为防不测，拔都命三弟别儿哥率大军保护蒙哥回到和林，并负责筹备忽里勒台。唆鲁和帖尼也积极活动，施小恩小惠收拢人心，邀请亲友参加忽里勒台。她还施展怀柔手段，向敌对诸王派遣使者，表达他的诚意和关怀，希望他们改变态度并如期赴会。但是窝阔台和察合台系诸王依旧拒绝赴会，致使会期一改再改。别儿哥向拔都请示，拔都回答很干脆："拥蒙哥登基。胆敢违反法令者，斩！"于是，与会诸王单方面举行了忽里勒台，蒙哥登上汗位。窝阔台系的统治至此结束。

蒙哥虽然已登上汗位，但窝阔台和察合台二系的势力依然存在，他们并不甘心就此失去至尊地位，蓄谋在蒙哥登基庆典时发动兵变，诛杀蒙哥，夺回汗位。但是却不慎被骒夫克薛杰发现。

克薛杰是一个康里人，在蒙古宫廷中服务。在蒙哥登基庆典时他为了找一头丢失的母骆驼，误闯人失烈门和贵由子脑忽的营地，在那里看到很多军队保护的车辆。其中一辆车坏了，赶车的幼童以为克薛杰是自己的人，招呼他帮着修车。克薛杰发现车里载有很多兵器，问做什么用，赶车人说："每辆车装的都一样，你怎么问我呢？"克薛杰连忙打听，才知道是失烈门和脑忽、忽察三王准备以赴登基大会为名，乘蒙哥和诸王酒醉后杀掉他们。克薛杰一气赶了三天三夜的路，向蒙哥告发了这件事。蒙哥急忙命忙哥撒儿带兵包围三王，把他们带回。为示恩遇，蒙哥让他们前二天一起参加饮宴，在第三天才把他们拘捕，将其军队遣回各自驻地。

蒙哥下令处死了三王的附和者70多人。合儿合孙因为当年辱骂拔都，被处死，其父野里知吉带因配合贵由袭击拔都，被蒙哥派人从波斯地区抓回，以石子填塞其口，杀死。察合台之孙不里被送往拔都处，拔都不肯原谅这位当年以下犯上的侄子，下令处死。失烈门及贵由之子脑忽、忽察被禁锢终身。为达到强枝弱干的目的，蒙哥把窝阔台汗国分成许多小块。窝阔台的六子合丹贬谪别失八里；七子蔑里迁于额尔齐斯河一带；嫡孙海都迁于海押立；脱脱迁于叶密立，等等。

对于察合台汗也速蒙哥，蒙哥下令取消他的大汗资格，令合剌旭烈和其妻兀鲁忽乃前往执行，合剌旭烈重新出任大汗。后来合剌旭烈死于路途中，兀鲁忽乃独自回到察合台汗国处死了也速蒙哥，并临朝称制十余年。

经过蒙哥的严厉打击，窝阔台和察合台两系的主要臣属几乎都被处决，两系的力量遭到决定性打击，从此一蹶不振。蒙古帝国大汗之位在几经周折后终于落入了拖雷一系的手中。

后来的定居者赶走先下马的人们：灭金朝

成吉思汗掳掠中都的硝烟尚未散尽，窝阔台驱赶着蒙古铁骑再度兵临。"岂人主之子孙则不善哉？"千古奇问至今警策后人。

暴风雨前的寂静

100多年前，新兴的女真民族摧垮了腐败的北宋政权。初入汉地，他们不知道该怎么做，一时间手足无措，只能利用降臣代为治理。但长期利用降臣治国终究太丢自己的脸面，于是他们开始向汉人学习，进而踢开降臣，开始现炒现卖，利用他们半懂不懂，一知半解的汉化知识来治理中原。但是他们大概根本想不到正是这半生不熟的知识把他们迅速引向堕落。他们学到了太多的不该学的东西。

历史上的北宋政权是少有的几个实行高薪养廉的政权，这使它成为历史上腐败贪污丑闻发生频率最低的政权，但也因此造成了官员士子竞相侈靡的坏习惯。而女真政权在入主中原后优秀的文化尚未学到多少，偏偏也受了传染，很快娱情声色，上下苟安，竞尚豪奢，不思进取，朝政一天不如一天。统治集团内部争权夺利，政变迭起。当蒙古大军侵入境内时，他们要么纳币乞和，要么弃城逃跑，很快丢掉大片土地，国都也被迫迁到了汴梁。蒙古人暂时停止了侵金活动后，他们不思抓紧时间整饰军备、收复失地，反而又以为高枕无忧，继续过着腐朽豪华的生活。即使其中有人知道这是暴风雨之前的寂静，也因为丧失了振兴朝纲的信心而颓丧消极，靠肆意玩乐打发着最后的"黄金时光"。

金朝军队的核心力量原来是猛安谋克。但自从猛安谋克户进入中原后逐渐改变了原来的生活习惯，跳下了战马，改为从事农业。金朝政府为调和与汉人的矛盾，准许他们与汉民通婚，这使原本靠渔猎游牧生活来维持作战能力的女真军人们更加远离游牧生活，被农耕力田吸引，再不愿意重新过漂泊不定的游牧生活，战斗力急剧下降。

成吉思汗侵金朝

　　在女真本族军队无法依靠后，金政府不得不招募大批异族丁壮充当边军，称"乣军"。可这恰恰成了后来蒙军大举入侵的一个条件。

　　蒙古侵金始于1211年。当年成吉思汗在充分了解了金朝的情况后以报祖先受辱被杀之仇为名亲自指挥大军南下攻金。1211年秋，先锋哲别破边墙上的乌沙堡，连取三州。蒙古大军在野狐岭大破30万金兵，"金人精锐尽没于此"。1213年，成吉思汗以蒙古军队惯用的大范围迂回包抄战术袭取居庸关。直捣中都。金主被迫献公主求和。1214年5月，金宣宗迁都汴京。当年乱军叛乱，成吉思汗围城打援，进占中都。为防止蒙古军的进一步侵略，苟安一隅的金统治者完全放弃了河北地区，兵力集中分布于潼关、黄河一线，意在苟安于河南。

　　因为金朝放弃河北，致使河北地区呈现权力真空状态。一批汉族地主为求自保，纷纷招兵买马，各据一方。木华黎受命经略中原时采纳了招降纳叛的建议，大批汉族军阀投靠蒙古。史天倪、史天泽、王恂、石天应等人都是在这时投靠蒙古的，其中史天泽后来还充当了灭南宋的主要将领。红袄军领袖严实也在这时背宋降蒙，使蒙古军兵不血刃占据了山东。汉族武装的加盟大大增加了蒙古军的力量，胜利的天平进一步向蒙古方面倾斜。

1227 年 7 月，成吉思汗病逝于灭西夏的征战途中。临终前，他仍然念念不忘灭金，亲自制定了灭金的战略大计："金精兵在潼关，南据连山，北限大河，难以遽破。若假道于宋，宋、金世仇，必能许我，则下唐、邓，直捣大梁。金急，必征兵潼关。然以数万之众，千里赴援，人马疲惫，虽至弗能成，破之必矣。"

成吉思汗一生事业的核心都在于军事征伐，在长年的战争中他总结出一整套军事战略、战术，而且通过言传身教培养出一大批身经百战，谋、勇兼备的将领和统帅。成吉思汗的护卫军本身就是军事实习学校，各军统将基本由护卫军中的佼佼者出任。其他高级将领的护卫队也具有培养后备军将的任务。这种"亲兵储将法"使蒙古军队作战时的战略战术精华统统保存了下来。在继之蒙古大汗窝阔台的灭金行动中得到充分体现。

战幕初起势即明

1229 年，窝阔台在克鲁伦河边举行的忽里勒台选汗大会上正式被拥戴为大汗。他秉承成吉思汗的遗志，令察合台坐镇西方，即无后顾之忧，窝阔台乃可一意伐金。金朝曾借吊唁成吉思汗和祝贺窝阔台登汗位之机意欲讲和，但被窝阔台斥回。

金朝与蒙古讲和不成，遂作了防务上的调整，对秦陇黄河一线增加了兵力，抽调了部分兵马入潼关协同防守陕西。同年 8 月，金将移剌蒲阿和武仙主动出击潞州，大败蒙古援兵塔思部，攻占潞州。后来蒙古军重兵来攻，武仙等退出潞州，还守卫州。窝阔台亲统大军杀入山西，取大同天成堡，渡黄河入陕西，连破诸山砦栅 60 余所，进围重镇凤翔。凤翔是秦陇防线上关键的一环，如果失守则陕西不保。金哀宗急诏完颜合达和移剌蒲阿驰援。但二人畏惧蒙古军威势，逗留不进。后在金主强令下才出潼关西行，在华阴县遇到蒙古军队，双方恶战一天，当晚蒙古军主力赶到，合达急忙收兵逃回潼关，不再救援凤翔。在蒙古军队的猛烈攻击下，凤翔终于失陷。

凤翔失守，金蒙战争大局已定。蒙古由此打开了南下实现战略大迂回的路线。1231 年 5 月，窝阔台在官山九十九泉驻夏，召集诸王众将商讨灭金大计。

在拖雷的建议下，大会决定实行战略大迁回，南北夹击，实现成吉思汗"联宋灭金"的计划。蒙古军队兵分三路：东路军由斡陈率领，出山东攻济南西进；中路由窝阔台亲统，由凤翔回师山西，再南攻河中府，进兵洛阳；西路军由拖雷统率，自凤翔渡渭水过宝鸡，入小潼关，入宋境沿汉水而下，达唐、邓再北攻汴京。

孤军千里大迁回

拖雷率领的西路军是这次战役的主力，他属下的军队也最多，共计5万人。速不台、野里知吉带等西征名将率西征旧部编入此次战斗序列，成为西路军的核心力量。

早在围攻凤翔的时候，蒙古方面就已经派使节出使南宋，与南宋四川守将联系，试探有无假道于宋的可能。同时蒙军又频繁进入南宋境内骚扰，企图以军事压力达到假道借粮的目的。四川制置使桂如渊在南宋中央的授意下与蒙军会谈，同意了蒙军的要求。南宋政府之所以不顾屈辱，不考虑蒙军行动会造成的破坏，目的仅有一个：假手蒙古，消灭"世仇"金朝。这种想法事先完全被成吉思汗估计到了。

但是双方对议和合作的理解是不一样的。南宋与蒙古议和是一种远交近攻对付金朝的策略，和好指的是双方在反对共同的敌人时某种程度上的合作。但蒙古方面却不这么认为。蒙古人从不与任何民族讲和，除非它们首先投降。南宋使者前来议和在蒙古人眼中就是归降的表示。既然归降，那必须在蒙古军队出兵征伐时借粮助军，以表忠诚。这一次桂如渊遣使与蒙古使节会谈，在拖雷眼中就是完全同意了他的要求。所以他在1231年9月便提兵越过大散关，连破凤州、天水、西和，进占汉中府。宋朝军民饱受蒙古军的蹂躏，满怀激愤，在10月间杀死了蒙古使节速不罕。杀害使者历来被蒙古人认为是最严重的挑衅，拖雷指责南宋食言背盟，提兵杀人四川，破广元、阆中、南充。如入无人之境。桂如渊被迫输粮于蒙军，并派百人充当向导引蒙军东进。拖雷因急于实现原定战略意图，也就暂时放弃了对四川的进攻，迅速挥师东进，抵达陕西安康。安康紧靠汉水，走水路可以顺流而下，直抵襄樊。但由于出师仓促，蒙古军没有足够的水上交通工具，所以他们还是利用自己机动性强的优势，由旱路沿江而下。沿江南宋军队按兵不

动，蒙古军一路顺畅，直抵均州。

1232年1月，蒙军开始渡汉水。金朝将领有人主张乘蒙军渡江未毕之机截江而战，打蒙军一个措手不及，但主帅移剌蒲阿否定了这个建议。正当金将在争论是截江与战，还是放之渡而后战时，拖雷大军已安然渡过汉水。金军见势不妙，连夜进军，在邓州西南60里的禹山布下重重防线，等待蒙古军。

与拖雷大军成功渡过汉水的同时，窝阔台中路军也在历时数月的艰苦攻坚战后攻克河中府。河中府背靠关陕，南阻黄河，地势险要，是金朝在黄河以北地区剩下的唯一一个战略据点。河中失守，黄河天险已不足恃，河南屏障尽失，蒙军渡黄河南下只是时间问题了。西路军千里跃进，迂回任务已经完成。中路军攻占河中，渡黄河指日可待。两军南北呼应，已经形成腹背夹攻的形势。金朝灭亡之日不远了。

蒙古军队攻击敌阵的一大原则就是想尽一切办法使敌方阵脚大乱，寻找突破口。所以拖雷面对屯扎在禹山的20多万金兵，没有从正面发起进攻，而是散如雁翅，分三路从不同方向派骑兵骚扰金兵，金军阵营一度动摇，但很快稳住了阵脚。见金军阵营稳固，蒙古军又故意后退，诱敌出击。金军统帅显然已熟悉蒙古军的这种战术，依旧固守阵营，不予追击。在这种情况下，拖雷果断决定与金兵脱离接触，留下一部牵制禹山之敌，另一部绕过禹山，间道向北，直扑汴京，以求达到围魏救赵的效果。金军20万人屯驻禹山数日后粮饷不继，被迫回师邓州就粮。蒙古军队乘机邀击，劫掠金军辎重而去。

1232年正月，金军发现蒙古游骑已抄掠后方，扑向汴京，急忙北撤。蒙古军队不时骚扰，紧紧尾随其后，使金兵食不得暇，又不得休息，极度疲乏。当走到钧州附近时又天降大雪，无法行军，只得驻营三日。此时中路蒙古军乘金军主力南调，河防空虚之机，涉冰渡过黄河，攻克郑州。金主无措，急诏南方大军火速还师保卫京城。金军统帅十分惊慌，立即拔营后撤，但为时已晚。这时的蒙古军已经集中，中路军援兵也陆续和西路军会合，摆开了决战的架势。他们正面拦截，迫使金军在钧州三峰山摆开阵势。蒙军旋即包围了三峰山。

金军这时尚有10多万大军，数量上占绝对优势。但在南调北撤过程中长途跋涉，疲惫不堪，又迭遭蒙古军骚扰，战斗力急剧下降。蒙古军虽然在数量上处于劣势，但在突破金军南北防线后士气旺盛。偏巧天公作美，大雪不断，金军僵冻无人色，几不成军。而来自北方蒙古草原的蒙军则习惯于在暴风雪中生活，几天的大雪对士兵和战马没有造成丝毫损伤。金军在邓州时就已粮饷不继，如今已经多日无粮，根本没有力量做战。在这种情况下，拖雷下令放开通往钧州的道路。饥寒交迫的金兵见状争先恐后逃命，战斗队形彻底散乱，统帅根本无力驾驭。蒙古军纵军追击，彻底消灭了这支军队，并乘胜攻占钧州。

三峰山一战，蒙军以寡敌众，全歼金军，创下了战争史上的奇迹。三峰山一战对当时政局产生了极大的影响。对金朝而言，全国主力部队基本都投入了钧州一役，是一次赌博性的战役。这次大败使主力几乎全部被歼，再无精兵可用。此战之后金朝不过是苟延时日而已，灭亡已不可避免。

齿助亡唇不知寒

金哀宗逃到归德后，蒙古大军很快追至。金将官奴诈降，乘夜率军持火器劫蒙古军营，击溃蒙军，炸死蒙古主将，归德解围。金哀宗认为归德无险可守，决意迁往蔡州。官奴自劫营成功后日渐骄横，坚决反对南迁，金主不忍被臣下左右，遣人刺杀了官奴，致使忠孝军士叛主散去。忠孝军是金朝军队中最为勇敢干练的一支部队，在抗蒙斗争中屡立大功。这次金主未加考虑就刺杀了忠孝军主将，大失人心，更无几人愿为他拼死沙场。

哀宗至蔡州后，蒙古追兵尚远。哀宗遂以完颜忽斜虎为尚书左丞，负责全城防务。蔡州地处淮水支流汝水之上，南与宋境相接，根本无险可守。要守住蔡州城几乎是不可能的。何况蒙古大军铺天盖地般杀来，城破只待时日。而蒙古军队因为长久作战，军力也有所减弱，将校不适应中原气候，得病的很多。河南地区在蒙金战争中遭到严重破坏，要实现"因粮于敌"非常困难，蒙军的后勤补给出现了很大困难。蒙古统治者这时看到单凭自己的力量要消灭金朝并不容易，于是转而向南宋求援。1232年王檝受命出使南宋，许以灭金后南宋可以收复河南失地的优厚条件。宋理宗为一时小利所诱。忘记了唇亡齿寒的道理，不顾有识大臣的警告，派孟珙率领宋军配合蒙军进攻蔡州。

1233年蒙军在大将塔察儿的率领下扑向蔡州。宋将孟珙也率军运送30万石米赶到。得到30万石米的补给使蒙军完全没有了后顾之忧，全力投入攻城战斗。蒙军一面筑长垒作久围之计，一面又决开城西的练江，引水灌城。金军被围四月

有余，城中乏粮，军士居民以人畜骨髓充饥，甚至斩杀败兵全队食其肉。蒙、宋军为瓦解金兵斗志，展开心理战，故意在白昼于城外欢饮娱乐，有酒有肉，歌声此起彼落。金兵大为气馁，无意再战。1234 年 1 月 9 日，蒙军从西城杀人城内，双方展开巷战。

哀宗看到蔡州已不能守，自己不愿蒙亡国之君的骂名，推说自己肌体肥重，不能上马作战，无法率军士杀敌，将皇位传给元帅完颜承麟。正当完颜承麟受禅之时，宋军攻下南城，蒙军攻破西城。完颜承麟急忙出外迎敌，当日战死，成为中国历史上在位时间最短的一位皇帝，从他受玉玺到战死，一共不足 24 小时。哀宗也于当日自缢于幽兰轩中。大将忽斜虎等自杀殉国。历时 119 年的金朝最终灭亡。

5 月，宋理宗以灭金事备礼祭告太庙，感谢祖先的保佑，灭国大仇终于报了，靖康之耻终于可雪了。但令宋室君臣意想不到的是前门才拒虎，后门又进狼。刚才还是盟友的蒙古转眼间就向河南境内的宋军发起了攻击。

周期侵略？偶然征服？
——蒙古人重走祖先路

如果草原常常足以供养牲畜，使游牧民族的人们由此而过上温饱富足的生活，那么游牧民族和农耕民族之间的接触也许会仅仅限于和平友好的交往。但是，造化小儿常捉弄游牧的人们，使他们遭受的苦难往往比农耕的百姓还要多，还要甚。于是，两种文明之间的往来便发生了超越和平友好的范畴，游牧者为了生存而不得不向农耕地的边缘寻求活路，其手段通常是借助骑兵侵略农耕地区。

从远古至 18 世纪，亚欧内大陆上的骑马民族的移动——侵入或迁移——几乎都是从北到南，即从草原地区到农耕地区，这就向我们提出了一个新的问题：游牧民族的侵入定向如何？还是让我们以实例来解答吧：公元前 3 世纪的时候，匈奴强盛，使西汉统治者采取了几十年的和亲屈辱政策。汉武帝、光武帝时的两次大规模北伐，使匈奴人由一而二，北匈奴开始了西迁。被称为"上帝的鞭子"的阿提拉成了匈奴人的骄傲；公元 5 世纪时，突厥开始崛起，称雄于漠北草原，但在唐朝时，也分为东西两支，西支也被迫西迁：公元 10 世纪的北方霸主契丹辽，在入主中原 200 多年后，在女真贵族的打击下，其残部在耶律大石的率领下，向西迁徙，建立了西辽。从匈奴、突厥、契丹这三个民族的南移西迁来看，我们是不是可以得出这样的结论，即游牧民族的侵入定向，往往是在南侵（失败）之后再西迁？

游牧生活使从匈奴人至蒙古人时代的游牧民族在和定居民族相对抗时，往往处于显然的优势。骑马的游牧者所具有的流动性，使他们在胜利时可以占据城邦，失败时也可以立即逃走；定居的人们则因为自身的局限，每当游牧民族入侵时则处于被动挨打的地位。如果事有凑巧，南部邻国发生了宫廷政变或士卒哗变等使边防空虚的事，游牧者们便可征服一个城、一个省乃至一个国家。因此，除非南部的政权十分强大，北方的游牧者们便会作出周期性的举动——南侵；一旦他们遇到了比他们更加强大的南部政权的军事力量的反击，他们便只有进行另一种迁徙——西征，以求寻得新的生存空间。于是，中国北方草原上的游牧民族的南侵西征，成了一种周期性的侵略和一种非周期性的征伐。

但是，蒙古人在南侵以后，并未遇到比他们更强大的军事势力的反击，他们本可以专心经营南部的农耕地区的；但事实却不是如此，蒙古人在南侵之后，又进行了西征，并由此获得了"世界征服者"的称号。他们的这种举动，在事实上使他们重新走上了他们以前的游牧民族祖先已经走过的道路，即在南侵之后，重新西征。

魔鬼叩响地狱之门：哲别、速不台狂飙扫荡东欧

西方人，特别是欧洲人，无论他们属于哪一个民族，都无一例外地坚持对西方文明的自信，这是因为，他们的历史建立在被认为无与伦比的古希腊与古罗马的辉煌。至今，他们仍然在这片记忆的废墟上构筑自高自大的楼台。可惜的是，其中的某一个环节出现了故障，使这座楼台显得不堪一击。因为，13 世纪的历史被来自蒙古高原的英雄们改写过了。

成吉思汗西征时，兵分四路进行，在攻占撒马尔罕城后，遣大将哲别、速不台二人领兵追击花剌子模国王摩诃末。两人率骑兵到了剌夷和哈马丹，失去了摩

诃末的踪迹，这时传来了他在里海一个小岛上死去的消息。他们的任务本该告一段落的，但他们并没有停止进军的步伐，而是继续向西驰进，变成了一种侦察性的长途行军。

为什么哲别、速不台二人会继续西进呢？原来成吉思汗在攻打蔑儿乞部时，其首领脱脱之子忽都逃往了钦察，哲别和速不台想趁此机会除去这一心腹之患，于是遣使对钦察国王说："你为什么要藏起被我射伤了的麋鹿（借指忽都）？赶快还给我们，不然的话，你们就会遭殃了。"而钦察国王则回答说："即使受了惊的鸟雀，树林都会怜悯它而收纳它，难道我还不如草木吗？"于是，哲别和速不台以钦察人包庇忽都为借口，在奏明成吉思汗后，率兵向钦察宣战，开始了对东欧的征掠。

1220年冬，蒙古军队进入阿塞拜疆境内。阿塞拜疆的统治者称"阿答毕"，即国王，首都帖必力思。这时阿塞拜疆的阿答毕名叫月即伯，人称突厥王。他昏聩无能，贪恋酒色，听到蒙军进攻的消息时，就像花剌子模国王摩诃末一样，带了一些亲信、妃嫔跑到别处去了，又让城中的贵族、官吏与蒙军讲和。于是这些人趁机大肆敲诈勒索，从城中居民那里掠夺了大量货币、财物献给蒙军，在成吉思汗的旨意下，帖必力思才免遭攻打和屠杀。

蒙古军队狂飙扫荡东欧

如果说阿塞拜疆人是破财消灾的话，那谷儿只（格鲁吉亚）人则是自讨苦吃了。蒙古军队这一次的远征，并没有明确的作战目标，更确切地说只是为了掠夺财富。因此，当蒙古军在寻找驻冬的营地时，便道路过谷儿只却没有入侵的意图。但谷儿只人却派军来迎击他们了，于是双方在梯弗利思展开激战。由于谷儿只地区的突厥人和曲儿忒人信仰的是伊斯兰教，但大部分居民——谷儿只人——信仰基督教，突厥人和曲儿忒人所受的宗教迫害十分严重，于是，他们利用蒙古军队进攻谷儿只人之际，前去投靠蒙古军，希望借机报仇，又掠夺敌人的财富。哲别、速不台将这些人编成前锋军，杀人谷儿只境内，谷儿只人大败，梯弗利思危急。但由于谷儿只境内丛林茂密，骑兵行进十分困难，便没有继续深入，在对谷儿只人的战役中，哲别、速不台巧妙地利用了当地的民族和宗教矛盾取得了胜利，而这正是被征服者自己的悲哀。

1221 年春，蒙军再次进攻帖必力思，当地贵族又献重金厚礼乞降，于是蒙军心满意足地前往蔑刺合城。城主为一女王，但不住在城中，因此虽有一部分居民同蒙军作战，但他们群龙无首，各自为战，又加上大部分居民并未投入抵御战争，因此很快城破宅亡，蒙军进行了屠杀掳掠。长期的和平生活和宗教信仰的支持使居民们丧失了自卫和反抗的勇气，在蒙古人的进攻和屠杀之下，竟无几人敢于起而抗之，据说当时有一蒙古女兵进入城中一间民宅。尽杀宅中之人。俘虏们以为其人是一男子，不敢与之对抗；等发现是个女人之后，才有一个胆子稍壮一点的人持刀杀死了这个蒙古女兵。

这里的守军不再是一支气势如虹的军队，而仅是一群惊弓之鸟。他们被残酷的征战弄得如此的惊慌，如此的恐惧，如此的心胆俱碎。蒙古军不可战胜的神话在处处战场上蔓延，守军的斗志已土崩瓦解。面对一个女兵都手足无措，几万铁骑在这里又有什么不能干出来？

蒙古再次征服谷儿只人之后，企图通过设里汪地区寻找一条越过太和岭（高加索山）的通道，因为要进军饮察，必须翻越太和岭。哲别、速不台打听到了由设里汪境内的打耳班城可以越过太和岭。为了使打耳班城俯首听命，他们先攻下了设里汪的首都舍马哈，屠杀了大量居民，接着派人与设里汪城讲和，设里汪城主派了 10 名使者前去见哲别和速不台，但蒙军借故杀了其中一个，并威胁其余 9 人说："只要你们将通过打耳班的道路指引给我们，我们就饶恕你们，否则我们就把你们杀掉！"打耳班的使臣为了活命，告诉了蒙军一条秘道，使蒙古军队顺利越过了太和岭，直扑阿速与钦察部驻地。

阿速部分布在太和岭北麓，其活动范围在现在亚美尼亚及俄罗斯一带，阿速部左邻就是钦察人。为了进攻这个主要敌人，必须先除去它的右翼，但当他们越过太和岭后，阿速部就和钦察部联合起来抵抗蒙军，一时间双方激战多时，相持不下。哲别、速不台采取分化瓦解、各个击破的方针，派使者去见钦察部首领，进行反间活动，对他说："我们和你们是同一部落的人，出自同一氏族，而阿兰人是我们的异己，让我们缔结互不侵犯的协定吧，你们想要金子、衣服，我们给你们，你们将阿兰人给我们留下吧！"愚蠢而又贪婪的钦察首领听信了蒙古使者的话，与蒙古人单独停战讲和，于是蒙古军队得以集中兵力攻打阿速人。阿速人遭到了空前浩劫。正当钦察人想前来向蒙古军队邀赏时，迎接他们的却是蒙古铁骑的征伐。这时他们后悔已经来不及了，蒙古军趁他们瓜分财物的时候，突然向他们袭来，见一个杀一个，无数钦察人成了刀下之鬼，侥幸活命的钦察人被迫西迁伏尔加河和第聂伯河之间。

蒙军占领了钦察草原，在那里过冬后，于1223年继续进击钦察人，到达克里米亚半岛。钦察人集合了所有的军队迎敌，但其主帅临阵逃脱，使钦察军队再一次惨败，被迫逃往第聂伯河方向，并向斡罗斯（俄罗斯）的王公们求援。

斡罗斯原先的基辅公国在11世纪中叶的时候就开始解体，到12世纪时，出现了诸侯割据的局面：基辅、斯摩棱斯克、诺夫歌罗德、里亚赞等十几个公国之争相互争斗不息，到13世纪时，斡罗斯公国逐渐吞并其他小公国，成为一个实力强大的盟主。当钦察人向斡罗斯的王公求救时，他们也知道唇亡齿寒，难以独全的道理，于是先把内部矛盾搁置一边，组织了一支联军与钦察人共同抗击蒙古军。

但是斡罗斯联军有一个致命的弱点，即它虽然有庞大的军队，但缺乏一个权威的核心，每个大公，甚至每一个封建贵族都可以各自为战，随意决定其军队的进退行止。蒙古军队追踪钦察人而来，发现了斡罗斯大公们的联军缺陷后，主动向后撤军诱敌。斡罗斯人和钦察人以为他们害怕而退走了，便尾随而来，双方在迦勒迦河进行了大决战，即历史上著名的迦勒迦河大战。

斡罗斯联军名义上的首领是基辅大公，但实际的组织者是加里奇大公姆斯梯斯拉夫。后者是斡罗斯诸王公中最英勇善战之人，当然不甘心在这次战役中听从基辅大公的调遣，于是在这关系他们生死存亡的时刻，两人却因为意见不一而失和了。基辅大公按兵不动，加里奇大公则率军与钦察人共同进击蒙军。在战斗中，钦察人不支后退，加里奇大公也遭惨败，基辅大公则自以为是作壁上观。迦勒迦河之战的结果，使斡罗斯联军6位大公阵亡，士卒伤亡无数，加里奇大公仅以身免。

正当基辅大公在一旁幸灾乐祸的时候，却遭到了一记闷棍。原来这时蒙古军队乘胜包围了他的军队，围攻了三天三夜后，迫使他不得不乞降。但蒙古军在受降后，又将投降的斡罗斯将士全部杀死。

迦勒迦河大战后，蒙古军长驱直入斡罗斯地方，在那里进行了野蛮的烧杀掠夺。1223年底，渡过伏尔加河，经里海、成海北部的草原地区，回到了他们出发的地方。蒙古人的第一次西征，至此接近了尾声，之后哲别于路上病逝，由速不台领军回师，配合成吉思汗进攻西夏。

第一次西征并不以建立政权、在西方确立蒙古人的统治为目的，所以它仅是一次粗浅的尝试。它挺进的纵深，打击的烈度，统治的效果，都无法与第二、第三次西征同日而语，但这次西征是一次侦察，为以后蒙军轻车熟路地进攻打下了基础。这次西征开启了一张大幕，敲响了开场锣鼓，它宣告：蒙古人要在西方演大戏了！

两种竞争体制的斗争：二次西征花剌子模

马克斯·韦伯以《新教伦理与资本主义精神》一书为西方人顾影自怜提供了理论依据。但事实上证明他是完全错误的。实际上，中国历史上民族之间的交往、冲突，其主要因素之一就是商业。

夏丏尊先生说："中国人是天生的好商人，即使不经商的官僚、兵卒、学者、教师也都含有商人性质的。"

在成吉思汗大举西征之前，花剌子模也是个刚刚进入巅峰状态的国家，极富侵略性，领土在不断扩张之中。当时称雄中亚的西辽在其打击下日渐衰弱，所以蒙古军西征时才会顺利灭亡西辽。与之相类似，新兴的蒙古帝国同样是一个处于上升状态的政权，对周边邻邦构成了极大的威胁。这两套竞争性体制的对抗以花刺子模的彻底失败而告终。

成吉思汗东归后，花刺子模太子札兰丁从印度回到波斯，图谋复兴。当他由帖卜力思前往谷儿只时，那里的国王以及叙利亚、亚美尼亚等地的首领害怕他的侵掠和夺取政权，联合起来反抗他。但札兰丁利用联军内部的不和，劝走了钦察人和谷儿只人，然后趁谷儿只人不备，杀死了他们的首领，夺取了他们的军队。札兰丁又从其弟嘉泰丁手中夺取了亦思法杭、伊刺克阿只迷等地，于是花刺子模旧将与波斯各地的诸侯皆奉其为主。1225 年，札兰丁攻占桃里寺城，获得了阿塞拜疆全境；又于次年占领了梯弗利思。已经灭亡的花刺子模帝国出现了复兴的迹象。但是札兰丁在胜利面前失去了冷静的头脑。他没有去联合伊斯兰教诸国抵抗蒙军必将到来的入侵，而是为了报父祖旧怨去进攻哈里发国家，这使他的力量受到了牵制，又增加了不应增加的敌人。1230 年，被札兰丁侵略的起刺特、鲁迷两国的国王连兵攻打札兰丁，札兰丁败退桃里寺城，元气大伤。

就在札兰丁被起刺特、鲁迷打败的时候，蒙古帝国新即位的大汗窝阔台已得到札兰丁兴起的消息，于是派出了绰儿马罕再次进攻花刺子模。札兰丁得知蒙军进攻的消息后，把妻室托付给宰相苦思丁·由勒都思，自己弃桃里寺城，前往帖卜力思，并不顾自己与鲁迷、叙利亚等国的争端，向他们派出了急使，但是这些国家均痛恨札兰丁的残忍和霸道无理，都拒绝出兵支援他，他的希望完全破灭了。

尽管蒙军大军压境，札兰丁仍表现出了坚定的意志，他先逃往木干草原，在这里停留了 5 天后，又逃到他的宰相驻地。由于小人的挑拨，札兰丁杀死了他这位得力助手，自己则前往迪牙别乞儿（今土耳其东部）的山中。为了侦探蒙古军的动向，札兰丁派了不忽汗承担这一重要任务。但粗心大意的不忽汗仅仅听到别人说蒙古人已经离开的消息时，就把这个消息告诉了札兰丁，札兰丁得知后欣喜不已，放松了警戒。但三天后的一个晚上，正当札兰丁和他的将士睡得香甜的时候，蒙古军队追上来了。放哨的侍卫急忙间没叫醒札兰丁，只好用凉水浇醒了他。札兰丁留下一个和他相貌相近的人，和他换了服饰后，领人逃走，而他的替身则一直掩护，直到札兰丁等人逃远后，他和他率领的士兵才全部死在蒙军刀下。

札兰丁逃跑后，他的军队陆续离散，最后他成了真正的"孤家寡人"。这一天他来到一个叫合客儿的山中，由于连日奔波劳累，便倒在一颗大树下睡着了。一些农民看到他后，看中了他身上的衣服，便把他绑了起来，剖开他的肚子杀了他，并穿走了他的衣服前去阿木忒城。阿木忒的领主们知道事情真相后，处死了农夫，将札兰丁的尸体运往阿木忒，安葬了他。

灭札兰丁后，蒙古军继续留在波斯西北部，统帅绰儿马罕驻营于木干草原和阿兰一带，不时四处攻掠。1233 年，蒙古军兵临桃里寺城，城内贵族以重金纳降得免劫掠。1236 年，又进兵谷儿只，女王鲁速丹逃走，梯弗利斯诸侯附降于蒙古。3 年后，蒙军又攻入亚美尼亚。

1241 年绰儿马罕死，由拜住耶颜继续领兵。到 1246 年，小亚美尼亚、起刺特、阿米德、毛夕里王、大马士革王等先后向蒙古军队称臣纳贡，蒙古骑兵取得了比第一次西征更加骄人的战绩。

千年王国到来了吗：拔都横扫欧亚

历史现象的千变万化是令人无法捉摸的，也许正是因为这一特点才使得它如此吸引人。从某种意义上说，只有历史才是最现实的，也是最真实的。

1235 年春，蒙古灭金后，窝阔台汗召诸王集会，议定征讨钦察、斡罗斯等未服诸国，进行第二次大规模西征，西征军队由四系诸王的长子统率，万户以下各级那颜也遣长子从征。参加出征的有术赤系的拔都、斡鲁答、别儿哥、昔班；察合台系诸子拜答儿、孙不里；窝阔台系的贵由、合丹、孙海都；拖雷系的蒙哥、拨绰，以及成吉思汗庶子阔列坚等。由于这支西征军以各系长子和各级那颜的长子领兵出征，故又称"长子西征"，其统帅为拔都，老将速不台是事实上的军事总指挥。

1236 年春，蒙古诸王各率其军队在不里阿耳境内会集，共有 15 万大军。速不台统领先锋军攻占不里阿耳。但不里阿耳诸部酋长降而复叛，速不台二次征讨，城破后，屠其民，掠其财，然后一把火烧了不里阿耳城。

1236 年冬，拖雷长子蒙哥率军逼近亦的勒河下游的钦察部。居住在札牙黑、亦的勒两河之间至黑伯里山的钦察人首领忽鲁速蛮先遣使纳款乞降，等蒙古军到后，其子班都察奉命归顺了蒙古人。但另一个钦察人首领八赤蛮却不肯投降，而是率领军队出没于河流下游的密林中，不时攻袭蒙古军，抢到辎重之后就立即逃窜。由于八赤蛮所居密林难以进攻，他又经常转移居住之地，所以蒙古军费了九牛二虎之力还是一无所获。对于八赤蛮这一顽敌，蒙古军终于下定决心，派大兵围剿。在 1237 年春天的时候，蒙哥在速不台的配合下，击败八赤蛮，以大军包围了森林，再进行搜捕。蒙古军搜到一个地方时，见到有营幕的遗迹，就从附近抓来一个生病而未能逃走的老妇人，才得知八赤蛮刚刚离开此地，退到了亦的勒河口附近的里海上的一个岛上。蒙古军跟踪追至海边，从浅水之处登上海岛。八赤蛮没有防备，措手不及，部下尽数被杀，八赤蛮被俘。蒙哥劝降不成，随即把他斩首。

拔都横扫欧亚

蒙古诸王既得里海及太和岭以北诸地后，在 1237 年秋再次召开忽里勒台，决定共同进兵斡罗思。当年哲别和速不台孤军深入，用火与剑扫荡了高加索地区，并在迦拉迦河一战中击败数倍于己的斡罗思联军，震惊了欧洲。人们纷纷议论，以为是自己的罪恶招致了上帝的不满。上帝又派来一位类似"上帝之鞭"——匈奴人阿提拉式的人物来惩罚自己。在哲别的狂飙突进结束后，欧洲人并没有及时做好迎击新的侵略的准备，反而又投入到与教皇的无休止的内讧中去了。

当蒙古军队在同年冬天经过摩尔多瓦公国时，顺便灭了这个小国，随后进入也烈赞境。蒙哥遣使谕也烈赞王罗荡和阔里吉，令他们献出人民财产的十分之一为贡。罗荡和阔里吉二王拒绝纳贡，并派人向弗拉基米尔大公求援，但弗拉基米尔大公借口需要军队防守边境，不肯发兵救援。罗荡、阔里吉兵少，不能与蒙古军对阵作战，于是分兵把守可罗木纳城和也烈赞城。蒙古军进围也烈赞城，昼夜进攻。到第七天时，也烈赞城攻破，阔里吉与其妃嫔尽数被杀，城中军民也无一幸免。1238年初，蒙军分兵四路，一个多月内连破可罗木纳、莫斯科、罗思托夫、苏兹答剌等十余城。

1238年2月，蒙军进围弗拉基米尔大公的弗拉基米尔城，把抓获的大公之子弗拉基米尔推到阵前招降，大公把守城重任交给他的另外两个儿子弗谢沃洛德和密赤思老，自己却领兵驻扎在莫洛加的支流锡季河之上，等待他的两个兄弟乞瓦公和诺夫哥罗德公的援兵，因为他们应允给他援助。但他的两个兄弟尚未到达时，蒙古军就展开了攻城战，他们派出一支军队进取苏兹答剌，攻下该地后，把抓来的俘虏编成军队作为先锋，与攻打弗拉基米尔城的蒙军配合攻城。大公的诸妃见城将破，逃到教堂躲避，按照当时的习俗，剃去头顶之发后等待死神的降临，仅仅5天，即2月8日，蒙军就攻下弗拉基米尔城，纵兵杀掠，大公的两个儿子都被杀死。大公的妃子率领从眷属、主教以及城中的显贵全部在主教堂的乐座中避难。当蒙古军围住教堂后，对着里面喊话，答应出降者可以免死，但无一人回答应声，于是蒙军恼羞成怒，一把火把教堂烧了，可惜大公那些美丽的妃嫔和城中的贵人尽被烧死。

蒙军继续向南，攻取钦察草原西部地区。钦察部的一个酋长忽滩战败后，率领所部四千余户迁入匈牙利境内。

当时斡罗斯南部的诸王公们虽外有强敌，但仍然相互争权夺利，纷争不已，不能团结对敌。乞瓦王雅罗思老见其兄弗拉基米尔大公满门尽绝，在蒙古军退走后，即赴弗拉基米尔，宣布继承其兄的大公之位，兼并其地。而契尔尼科夫王米开勒也趁机进取乞瓦，兄弟二人间出现了裂痕。就在二人为了大公之位争斗不休时，这年冬天，蒙军从亦的勒河出发，长驱直入斡罗斯南部，攻占了别列雅思拉夫、契尔尼科夫二城，之后进围乞瓦。乞瓦以前曾做过三百多年的斡罗斯都城，由于靠近第聂伯河及黑海，凭借其优越的地理位置，与东罗马帝国进行贸易，因

而十分富庶。蒙军遣使进城劝降，但遭到拒绝，使者也被杀死。契尔尼科夫王此时也在乞瓦城，见状吓得逃离此城到了波兰，乞瓦城军民在德米特尔率领下进行抵抗。

1240 年秋，拔都亲率大军，集中全力围攻乞瓦城。拔都的大军包围基辅城后，尽管乞瓦城内军民奋力抵抗，但是在蒙军的猛攻之下，很快就城破失陷。德米特尔将军受伤被捕，拔都很欣赏他的忠勇，饶了他的性命。

蒙军攻占乞瓦后，继续西进，攻入伽里赤国，其国王丹尼勒闻讯逃入匈牙利，蒙军不费吹灰之力就占领境内大部分地区，接着进侵波兰。

当时的波兰，其北部与尚未信奉基督教的普鲁士相交界；东部和伽里赤国相邻，南隔喀尔巴迁山与匈牙利为邻；西接卜兰登不儿和西里西亚两地。西里西亚虽没有并人波兰，但已成为它的藩属国。

1241 年初，蒙军涉水渡过维思秃剌河，进至克拉科夫城郊，大掠而去。克拉科夫守城长官兀洛的迷儿率领一支精锐部队随后紧追，在波剌涅兹附近狠狠打击了敌人，蒙军损失惨重。等蒙军发现敌人并不多时，复又回击，但他们所俘获的男女则乘乱逃进了附近茂密的森林，蒙军只好带了不能逃走的财物、牲畜回了营。

蒙军不甘心败退，不久又发兵进攻波兰。3 月 18 日，蒙、波两军战于昔德洛夫附近，波兰军由于指挥不一，军队中有许多是临时征调来的百姓，根本没有什么战斗力，因此战争开始不久，就被打得大败，主将阵亡，士卒大部分死去。

蒙军纵火烧掉了克拉科夫，进入西里西亚。当时奥得河上的桥梁均被拆掉，蒙军就在剌迪博儿附近乘筏渡水而过，攻其都城弗洛茨拉夫。西里西亚侯亨利二世退守里格尼志，集兵 3 万备战，包括波兰军、日耳曼十字军和条顿骑士团。1241 年 4 月 9 日，亨利二世、诸王侯、基督教长等，在举行弥撒仪式后，率大军出城迎敌，两军在奈思河灌溉平原摆下阵势。波兰第一军请首先出战，蒙军前锋伪装不敌而退，波兰军以为获胜，随后紧追。当时波兰军的装备十分落后，步兵尤多，且无盔甲，赤裸上身作战，最后进了蒙军的埋伏圈，无一生还。蒙军乘胜杀回，波兰联军大败，亨利二世被射死马下。据说这一次波兰军死伤惨重。蒙古军为了统计敌人死亡的数字，竟每杀一人时就割下一只耳朵，最后竟得了九大皮囊耳朵！

　　蒙军在奈思河平原战役中获胜后，以亨利二世之首级巡示里格尼志，但城内居民誓死不降，蒙军无奈，焚掠附近之地后，又向莫拉维亚前进，波希米亚王遣其骁将雅罗斯拉夫来援。雅罗斯拉夫是一员有勇有谋的战将，他见敌众我寡，便严令不许与敌人在野外作战，只须谨慎防守斡勒木志城和卜林城。蒙军到后，并不急着围攻，而是射杀城墙上的守军，于是雅罗斯拉夫下令以假人摆在城墙上，蒙军果然中计，一时间箭射如云，假人身上落满了箭，城内守军不费吹灰之力获得了许多作战物资。蒙军见中计，不再攻城，而是以部分军队在城下防敌兵求援，另派一部分军队在附近劫掠，以激怒敌军，但雅罗斯拉夫不为所动。蒙军见敌人坚守不战，放松了警惕，雅罗斯拉夫在一个夜晚领兵偷袭，蒙军猝不及防，被打得大败，伤亡甚众，主将拜答儿也死于乱军中。蒙军失去主将后，把所有俘虏杀死，解了斡勒木志城之围，与进兵匈牙利的拔都合军。由此可看出，蒙军西征所向披靡固然有骑兵厉害的因素，同时与所到之处的对方将领不得力是分不开的，一旦对方有了优秀的将领组织有效的抵抗，蒙军就未必能如此得意地在欧亚大陆驰骋。

　　在拜答儿进攻波兰时，拔都领了蒙军主力侵入匈牙利。匈牙利国王为别剌四世，在位已有 5 年。拔都初到时，先遣使谕降，被拒绝。当时的匈牙利虽国土广大，但已四分五裂，诸侯均不受国王辖制。由于别剌四世曾接纳了钦察部逃来的一个首领忽滩汗，这些钦察人在匈境内为非作歹，引起了匈牙利贵族和平民的不满。1241 年，当蒙古兵到达时，别剌四世急召各地主教、贵族们至首都布达城（与佩斯相连，故今称布达佩斯城）商讨对策。众人认为是钦察人带来的灾祸，坚决主张拘捕忽滩汗等人，并四处征兵。3 月 12 日，蒙军尽杀匈牙利守边将士，然后兵分三路侵入：昔班从北面波兰侵入；合丹自东面摩尔达维亚攻入；拔都自率一军从伽里赤直侵匈牙利国都。3 月中旬，蒙军在佩斯城附近大败匈军，于是匈牙利人民更迁怒于忽滩汗等钦察人，忽滩汗得知后，率亲兵自卫，但终于不支，全部被杀。

　　忽滩汗一死，匈牙利所受祸患更加严重了，和忽滩汗关系紧密的库蛮人随蒙军一同与匈牙利人作战。他们每杀一匈牙利人，便说："为忽滩汗报仇！"于是匈牙利都城内一片混乱。4 月份时，匈军才稍有集合，共约 6 万人马，别剌四世领兵在萨约河与蒙军会战。速不台在下游结筏潜渡，绕到匈牙利军的背后，拔都则率军夺桥，把匈军围住并大败之。

匈军失利后，别剌四世突围逃走，他的军队被杀死无数，蒙军乘胜攻下佩斯城。尽屠其民，然后纵火丽去。夏秋雨季，蒙军在多瑙河驻扎。这年8月，一支蒙军进至维也纳附近的诺伊斯达，遇到奥地利公、波希米亚王、司怜惕公、巴的侯等人的联军，被迫退还。1242年初，窝阔台汗的死讯传来，拔都率军东还，留下合丹亲王继续追击别剌四世。

别剌四世先逃往奥地利，后又逃到克罗地亚，合丹亲王随后追至，别剌又急避入亚德里亚海的海岛中。合丹的军队沿途纵杀俘虏，劫掠所过诸城。由于追杀不到别剌四世，只好引军东还，与拔都合军。在即将退出匈牙利境内时，蒙军晓谕俘虏和其他外国人，说蒙古诸王许赦其死，让他们各自回家，于是无数俘虏离军而去，但没走多远，蒙古军队却随后赶到，把他们全部杀死。

蒙军在里格尼志大败波兰军的时候，德国诸侯震惊不已。在蒙军进攻匈牙利。匈牙利国王遣使求援的时候，德皇因和教皇发生政教之争，难以分兵出援，只能派兵驻守边境。这样，蒙古骑兵在东欧纵横驰骋，却没有遭到过激烈的抵抗，从而使欧洲人后来患上了所谓的"恐黄症"。在欧洲人眼中，蒙古人的到来预示着世界末日的来临，上帝的世纪末的审判即将开始，千年王国的领袖——魔鬼撒旦登基之日在即。这使很多欧洲人特别是教士们纷纷自杀。以逃避上帝的审判。蒙古西征所留下的可怕的记忆后来为帝国主义分子所利用，炮制出所谓"黄祸论"，至今阴魂未散。

蒙古人占领匈牙利的时间颇短，但是，斡罗斯南部草原和斡罗斯本土却沦为蒙古人的藩属长达几个世纪。这些征服的受益者是拔都。在术赤征服钦察草原后，拔都又有了进一步的扩展，使其势力又伸到了黑海北边位于伏尔加河河东的广大地区。长子西征之后，拔都在钦察草原及其邻近地区建立了一个大帝国，即钦察汗国（又称作金帐汗国）。

地中海面临冲击：世界王子的西征

好战的斯巴达人的眼里没有人，只有战士和懦夫，而他们的使命，就是消灭懦夫，为此，他们可以杀死自己的骨肉。

但是斯巴达人的军营是无法与无边无际的大漠草原相比的。在这座巨大的熔炉中，太阳之火把人的血肉铸成了钢筋铁骨。

1248年，定宗贵由死，3年后，拖雷汗的长子蒙哥即位，称为宪宗。当蒙哥的地位巩固后，他的注意力转向征服世界上最遥远的东方和西方，希望重走祖父成吉思汗的征服之路。因此，他把兄弟忽必烈派往东部地区；派另一弟旭烈兀西征，由此开始了蒙古帝国的第三次西征运动。

在成吉思汗系诸王所部军队中，每十人抽出2人，以近亲统率从旭烈兀西征，西域四部也由旭烈兀统辖，这样，旭烈兀西征军队有10万之众。另外，拔都、察合台等也有代表随军出征。为了增强军队战斗力，蒙哥汗还遣人去汉地招来1000名汉军，他们都是炮手、火焰放射手、弩手等技术兵。这支组合各地精兵的军队在当时是十分强大的。

军队召集后，蒙哥汗派出急使，宣布保留和林和别失八里之间的所有草地和牧场，并在深流险川上搭起牢固的桥梁。在后勤供应上，则命波斯官吏为西征大军每人准备一塔合儿面粉和一皮囊酒作为军粮，并要保证西征军每到一站的食品、成群的马匹。

1253年10月，世界王子旭烈兀率领全军出发，一路缓慢前进。到达阿力麻里时，察合台汗国的王妃兀鲁忽乃出来欢迎旭烈兀，并为他们设宴洗尘。西征大军继续出发，所经过的地区不断有各地长官领兵前来从征。

木剌夷原意为"迷途者"，是亦思马因人的别称，成吉思汗西征时，木剌夷曾纳款称臣，但此后仍宣布独立。它的国王阿剌丁刚愎自用，不知外事。他的儿子鲁克赖丁却深得人心，阿剌丁嫉妒儿子，使父子间的关系恶化，后鲁克赖丁趁其父醉酒，派人杀死了他。由于阿剌丁长期不理政务，使蒙军到了木剌夷境内时，鲁克赖丁一时间难以抵御。

1256年，旭烈兀西征大军进入波斯。由于附近的秃温城拒不投降，旭烈兀派怯的不花领了军队攻占了该城，城内所有男女老少被赶到旷野，全部被屠杀。

旭烈兀经过徙思，到达哈不衫。在这里，他下令从国库中拨出专款重修哈不衫城，兴修灌溉渠道和清真寺。同时，他与拜住的大军建立直接指挥体系，又派贝克帖木克赴木剌夷谕降。但木剌夷拥有重兵，凭险据守，未可即下，于是旭烈兀采取逐步消耗的策略。

蒙古王子的西征

　　木剌夷新君鲁克赖丁见蒙古大军压境，自己无力自保，便派其弟沙罕沙带着一批使臣去见旭烈兀，表示投诚。旭烈兀回信说："只要履行两项条件，则你父的罪行便可得宥：一是毁掉所有堡垒，一是阁下亲自来降。"为了满足蒙古人的要求，鲁克赖丁克拆毁了若干堡寨，并把部分要塞削平，旭烈兀则命令蒙军退出木剌夷边境。但鲁克赖丁对于出谒一事请求延长一年，企图等待良机。

　　旭烈兀决心以武力征服。11月9日，旭烈兀进抵麦门司堡，时值寒冬，粮草不足，有人主张先退兵。因此旭烈兀再次派使谕降，鲁克剌丁知道无力抵抗，先派人出城准备投降事宜，然后在11月20日时，亲自领着众大臣来见旭烈兀，麦门底司堡之战蒙军不战而胜。

　　鲁克赖丁投降后，旭烈兀并没有杀害他，而是宽厚地让他一同为自己的军队谕降木剌夷其他城堡，使蒙军进展顺利。旭烈兀攻破木剌夷国后，大军集结在哈马丹附近进行整训。1256年春，拜住将军从阿塞拜疆境内前来接受旭烈兀的指挥。两人在哈马丹进一步研究了进攻报达之事。次年9月，蒙军开始向报达进发。

　　报达是伊斯兰教国家，在8世纪中叶时，由阿拔斯建立了阿拔斯王朝。由于他的家族以黑色为尊，所以又称为"黑衣大食"，后来它的首都由巴士拉迁往巴格达，于是中国史书也以巴格达为其国名，称为报达。报达国土广大，曾经地跨亚非欧三大洲，同世界各国有广泛的贸易往来，阿拉伯商人也闻名世界。到1241年，即窝阔台汗去世的那年，木思塔辛即报达王位。他为人厚道，但缺乏果断，左右为了获得宠幸，竞相进谗佞之言，各大臣之间相互倾轧，国内开始出现混乱的局面。

旭烈兀进攻报达之前，遣使向其国王劝降，但木思塔辛修书拒绝，蒙古使者也受到报达人的咒骂和侮辱。旭烈兀大为愤怒，对报达使者说："既然你们的君主不愿投降，那就让他立即准备战斗！"在报答使者离开时，旭烈兀又郑重说道："长生天神选择了成吉思汗和他的家族，并将东方到西方的全部土地赐给了我们。凡是俯首听命地从内心和言词与我们一条心的人，他的领地、财产、妻子、儿子和生命就能保全，而蓄意反对我们的人，他们就不能享有这一切。你们的君王被虚荣心冲昏了头脑，听不进好心的劝告，就必须准备作战，我的军队即将开赴报达地区。"

木思塔辛得到使臣回信后，召集众臣商讨对策，有人主张以重礼贿赂敌人以保全国家，也有人主张抗战。木思塔辛的缺点这时完全暴露出来，他先是主和，命令宰相去准备骆驼、马、珍宝等，准备投降；但听了主战派的意见后，他又停止运送货物，并傲慢地说："鼓起勇气，别怕蒙古人的威胁利诱，因为尽管他们走运和有力量，但他们要反对阿拔斯家族，除了头脑里的热烈幻想和手里的空气，他们什么也没有。"而他的大将苏黎曼沙对此不以为然，说："如果我们再不振作，就会看见敌人进迫报达都门，将与不少城市一样，免不了遭受屠城的命运，我们的妻妾也将落入蒙古蛮种之手，不如乘现在四面未受敌之时，征调一支大军前去袭击敌军，也许有狄胜的希望。即使不能取胜，却也有了敢死的英名！"对此，木思塔辛的宰相十分焦急，他知道报达国力已经下降，因此想极力促成和议，这就使木思塔辛在和与战中决断不下，直到这年5月份他才下令征集军队，由苏黎曼沙指挥。报达军召集后，木思塔辛又拖欠军饷，本来旺盛的斗志又冷却下来。

旭烈兀得知报达有了军事准备后，从西域增调军队来进攻巴格达城。他把军队分成了左、中、右三翼，同时向巴格达城开进。12月底，蒙古三路大军到达

底格里斯河时，与报达的1，2万军人相遇，双方在此展开了激战，拜住挖开底格里斯河堤，水淹敌军，主帅艾伯格只身逃回巴格达城。

木思塔辛见艾伯格惨败而回，立即下令修缮城墙，在街道上布置障碍，号召全城居民保卫都城。不久，蒙军三路部队对巴格达形成了包围之势，在底格里斯河西岸构筑工事，安置好了炮机、炮石、火油。1月30日，旭烈兀下令各路军队同时进攻，阿只迷门的城墙在战争刚开始时就被旭烈兀的军队摧毁。木思塔辛一见形势不妙，就派宰相领了其他大臣，带着礼物去见旭烈兀，请求投降，旭烈兀假装答应，同时下令加紧攻城。

2月10日，木思塔辛见败局已定，率领诸子诸臣3000余人出城乞降。旭烈兀没有杀他，而是让他召出城中军民。然后逐一杀死，蒙军进城后，开始挨家挨户掠夺和屠杀，最后来到了王宫。旭烈兀向木思塔辛要了库房的钥匙，把他所有的财物都没收，赐给了自己的将领。之后他又登记木思塔辛的后妃，一共得到700人。木思塔辛哀求保留他的后妃，旭烈兀给了他100人，其余的自己收作了妻妾。由于城中死人太多，以致在冬天也散发出难闻的恶臭，旭烈兀就离开了巴格达城，而木思塔辛因为自己葬送了国家，在旭烈兀离开的当天晚上，结束了自己的生命。至此，黑衣大食王朝延续了37代，历经508年，宣告灭亡。

报达的陷落，大大的震动了叙利亚诸国。此时叙利亚大部分处于艾育伯朝统治之下，国王纳昔尔。叙利亚沿海地带北部为安都公国，南部为耶路撒冷王国。这时，安都公领先一步和蒙古结了盟，并参加了旭烈兀对叙利亚的进攻。

旭烈兀大军于1259年9月进入叙利亚，攻下哲吉莱特城、牙发儿斤城、阿米德等地，收降了许多部族，抵幼发拉底河，渡河后进向阿勒波。纳昔尔集军于大马士革之北的伯儿哲，闻蒙军杀至，召集众将商讨对策，其宰相奴丁主张纳款投降；而大将贝巴儿则力主抗战。将相冲突的结果，是纳昔尔偷偷地领了妻子儿女逃到大马士革，并将他们送往埃及避难。等他回伯儿哲军营时，叙利亚军队早已士气沮丧，一片混乱。

就在叙利亚上下一片惊慌的时候，旭烈兀大军进入阿勒颇，当地居民逃往大马士革，而大马士革居民又逃往埃及。当时鼠疫严重，许多人死于道上，大马士革城则受害尤为严重，蒙军先攻打色勒米牙特村，并派一军进攻阿勒颇城。城中守将严令死守，但一部分军队违令出战，最后被旭烈兀诱至城外，惨遭败绩。由于阿勒颇城壁坚固，器械也充足，蒙军花了一周时间，才攻下此城，全城居民尽被屠杀，只有少数人被抓为战俘，编人军队当炮灰。阿勒颇失陷后，叙利亚诸城多不战而降。纳昔尔弃大马士革逃向埃及。旭烈兀派出一支军队去攻打纳不鲁思，歼灭城中全部守军，随后追击纳昔尔至阿利失。

纳昔尔离开大马士革后，城中长官遣使向旭烈兀投诚。3月1日，先锋怯的不花进城，宣布安民告示，并不许侵害居民生命财产。但是，大马士革的子城尚未降服，怯的不花于21日开始围攻子城，以20余具火炮猛攻，直到4月6日才破城。历时两个月的大马士革之战至此方告结束，旭烈兀占领了全部叙利亚。这样，蒙古帝国控制了从中国到西亚，从印度到地中海的重要商道。

旭烈兀西征的结果，是建立了旭烈兀王朝。后元世祖忽必烈封其为"伊利汗"，旭烈兀因此被称为"世界王子"或"世界国王"。

大元皇帝的创业之始

1219年9月23日，一位叱咤风云的蒙古族领袖诞生了。他是成吉思汗的孙子，他的父亲是成吉思汗的小儿子拖雷。他就是大元皇帝忽必烈。

开府金莲川，组建智囊团

平原君、孟尝君、信陵君、春申君，世称战国"四君子"。他们蓄士养贤，食客三千，进则为国争城掠地，退即为家谋求平安。

忽必烈，可谓蒙古"一君子"，他尊儒学，修孔庙，纳贤才，办学校，俨然是中原儒士的保护神。他似乎明白："以汉治汉，以夷治夷。"

1251年蒙哥即位，二弟忽必烈受命主管漠南汉地军政，这使他具备了广泛接触中原地区儒士的条件。1252年，金元之际的著名诗人元好问与张德辉一起前往金莲川（今内蒙古闪电河地区），朝见已正式开府治政的忽必烈，并恳请他接受"儒教大宗师"的尊号，忽必烈欣然接受。张德辉请他代为奏请蒙哥，请求恢复窝阔台时期实行的儒户蠲免兵役赋税的优待。忽必烈当即应允，并责成有关

机构立即执行。1252 年 6 月，忽必烈下令修缮燕京孔庙，使残破的文庙建筑焕然一新。1254 年，全真教士冯志亨等希图占夺孔庙的地产及周围田产。忽必烈亲自审理此案，表示要为燕京的儒生做主，俨然是一位儒士们的保护神。他的尊重儒士的名声很快在汉人中传布开来。他们交相引荐，纷纷投附到忽必烈的藩府中来。

　　商挺，元好问的好友，被忽必烈征聘为郎中，受命辅助杨惟中治理关中。刘肃和商挺原来都是军阀严实的手下，1251 年投入忽必烈府中，被委任为邢州商榷使。和姚枢、窦默同为北方第一代程朱理学大宗师的许衡，经姚枢与窦默推荐，忽必烈任命他为京兆提学，主管汉地的教育工作。在他的努力下，一时间郡县几乎都建立了学校。潞州人郝经，元好问故交，受召入府后忽必烈向他咨询经国安民之道，深得忽必烈赏识，从此留侍王府，参与机务。拖雷的封地真定的名士董文柄、董文用、董文忠三兄弟和李冶等此时也成为忽必烈的座上宾。

忽必烈改国号为大元

　　不仅汉族儒士纷纷投入忽必烈府中，而且有大批对汉文化有很深造诣的少数民族知识分子，如畏兀儿人廉希宪、廉希贤兄弟，河西人高智耀，赛典赤·赡思丁，武将阿里海牙等人也都得到了忽必烈的重用。靠聚兵自保起家的汉族军阀史天泽、张柔，刘黑马以及杨惟中、贾居贞等干练的官僚也受到忽必烈的倾心擢用。

中原汉地的儒士们把希望寄托在忽必烈身上，把他作为中国之主来看待。"今日能用士，而能行中国之道，则中国之主也"。至于他是否是汉族人，已经不算什么问题了。汉族知识分子视忽必烈为可以保护汉文化的新主人，纷纷投靠他，最终形成了一个完整的智囊团——金莲川幕府。

金莲川幕府的出现，显示了以忽必烈为首的蒙古贵族革新派已经初步与汉族地主阶级上层知识分子和官僚武将相结合，为稳固蒙古在北方的统治，进而建立元朝，奠定了坚实的社会基础和准备了必需的官员。在人员和思想上进行汉化改革的条件已基本具备，忽必烈开始着手进行政治上的实践。

13世纪初的蒙古刚刚跨入文明时代的门槛，较之中原汉族，在社会发展水平上是远远落后的。这时的蒙古族还只习惯于单纯的、采用游牧方式的畜牧经济，不懂得对定居农业利用和保护的重要性。同时他们也不具备管理中原高度发达的封建社会所必需的政治素养和文化水平。蒙古贵族们把广大草原地区分封瓜分使用，对华北、中原地区以及中亚河中地区等城郭定居农业区则视为黄金家族的公有财产，由大汗分设燕京、阿姆河等处行尚书省，委任官吏，会同近处诸宗王贵族的代表共同治理。在燕京等处行省的统治下，又遍布着窝阔台和蒙哥分封给诸王功臣的大大小小的"汤沐邑"，汤沐邑所占民户占了当时政府在籍民户总数的七成以上。这种汤沐邑和各地的汉人军阀都是各据一方，拥有全权的小王国。

以平阳为例，它是拔都的汤沐邑。拔都把它划分成很多小块分给诸王、嫔妃和儿子们。以至于一个州县被分割成五六十块，甚至一个村庄也被分割成几半。诸王、后妃们各自在自己的封地内任官置守，生杀予夺，任意为之。形成一大批事实上的小王国。拔都的汗国远在钦察草原，为便于运输，规定当地本来应输纳的土产麻布折成黄金缴纳。纳税人几经周折，在遭到层层盘剥后，所输纳的物品几乎相当于原来麻布价值的10倍。百姓无力负担，王官就绳捆械击，痛苦不堪。

长时期的战争破坏和政治混乱，使金元之际的北部中国受到严重的摧残。蒙古统治者把落后的奴隶制度强加给汉地农民，甚至建议毁农田为牧地。中一原地区在金朝驱奴制一度流行的基础上，奴隶因素益趋大盛。

蒙哥即位后，颇有革除弊政的势头。但是他和他的先人一样，仍然以漠北的和林作为蒙古帝国的统治中心，把汉地视为蒙古国的东南一隅，根本没有看到汉地潜在的雄厚经济力量对他稳固控制漠北的巨大作用。所以，在中原汉地的治理上，他依旧使用了窝阔台晚期以来主管财赋的旧班底，任他们继续贪赃枉法，搜刮百姓，中饱私囊。牙剌瓦赤、不只儿等人有一次一天便滥杀了28人。有一个犯盗马罪的人本来已受杖开释，恰逢有人进献环刀，他们便又把盗马人追回，手斩以试刀。草菅人命到了无以复加的程度。1251年，忽必烈受命总理漠南汉地军政，中原百姓终于盼到日出了。

大元皇帝忽必烈

忽必烈受命主管汉地之初非常高兴，为此大宴群臣。对此，姚枢当即提醒忽必烈："今天下土地之广，人民之殷，财赋之阜，有如汉地乎？军民吾尽有之，天子何为？异时廷臣问之，必悔见夺，不若惟手兵权，供亿之需取之有司，则事顺理安。"忽必烈欣然接受，于是奏闻蒙哥，得到批准。此事关系到忽必烈地位的稳固，事后1256年阿兰答儿钩考，即因蒙哥怀疑忽必烈所致。如果没有姚枢的真知灼见，忽必烈的结局恐难预料。

同年，旧臣刘秉忠回到漠北，向忽必烈上书数千言，汇报了汉地的情况。他指出原来汉地户数超过百万，但自从窝阔台时期开始，因为差役过多，加以军马调发，使臣烦忧，官吏榨取，老百姓已经无法承受，纷纷流亡南方，致使中原汉地户口锐减。此外，他还提到了高利贷、包办课税、官吏擅权、生杀随意等丑恶现象，全面地揭露了害民最甚的几项弊政，对忽必烈触动很大。此时已深慕汉文化的忽必烈决定在汉地搞几个用汉法治理的试点，取得经验，以便进一步推广。同时也扩大他的影响和势力。

正好这时邢州的封主答剌罕向忽必烈反映初封时邢州尚有民万户，现在只剩下六七百户，希望忽必烈能选良吏抚治。忽必烈马上派脱兀脱、张耕为安抚使，刘肃为商榷使前往邢州。脱兀脱不识就理，到邢州后居然勾结被罢黜的旧臣阻挠新政。赵良弼驰告，忽必烈将其罢免。张耕、刘肃等人兴办铁冶以足公用，印制楮币以活跃商业，整顿驿传，修建官舍，申严法纪，文书钱谷，奉命惟谨。于是流民复归，户口增加 10 倍，"邢乃大治"。邢州的实验取得了明显成效，更坚定了忽必烈任用儒生，采行汉法的信心和决心。

1253 年，蒙哥大封同姓，让忽必烈在河南、陕西中择一作为封地。忽必烈根据谋士的意见，选择了天府陆海的关中地区。在得到关中封地后，忽必烈下令在京兆（今西安一带）城内筑宅第的诸将迁出城，并把他们分遣到兴元诸州去戍守。随即任命孛兰、杨惟中为宣抚使，商梃为郎中，姚枢为劝农使，前往治理关中。关陇地区的情况大为改观。1253 年忽必烈还曾下令设立京兆交钞提举司，印制并发行纸币，逐渐地控制了中原汉地的金融大权。掌握了汉地的财政命脉。

忽必烈治理三地总的方法是"选人以居职，颁俸以养廉，去污以清政，劝农桑以富民"。通过三地的治理，使忽必烈的声望大大提高，同时也使他对儒臣更加信任，也为他进一步在中原推行汉法取得了经验，增强了信心。

1254 年，忽必烈南征大理回来，驻扎于滦河上游桓州与抚州之间的草地。1256 年，他命刘秉忠卜地于桓州东、滦水北的龙岗，兴建开平城，作为经营中原的根据地。开平地处大草原的南缘，北连朔漠，便于与和林汗廷保持联系；南则便于就近控制华北和中原。经贾居贞、谢仲温 3 年的努力，开平城竣工。忽必烈在采用汉法、夺取权力的道路上又向前跨出了一大步。

蒙哥大汗掣肘忽必烈：阿兰答儿钩考

改革，的确是一个迷人的字眼，也是一项惊心动魄的事业。吴起改革，楚国强盛一时，但终究逃不脱被乱箭射死的命运；商鞅变法，为秦国奠定统一基业，但是最终竟被车裂；王安石，被列宁称之为中国中世纪的改革家，最后也忧郁而死。

忽必烈重用汉儒，推行汉法，也被解除兵权，只好在家养病休息。"虎落平原被犬欺"，一个小小的阿兰答儿，弄得一代政治家，"计不知所出"。他退让了，他在等待着东山再起。

忽必烈依靠汉人儒士治理汉地、整饬吏治的行动及其势力与声望的发展，不免侵犯了习惯于随意勒索乃至掠夺的蒙古和色目贵族的利益。他们向蒙哥大汗进谗言说忽必烈得中原人心，图谋难测以及藩府人员多擅权为奸利事。所谓"得中土心"确实是事实。当时汉地知识分子对忽必烈寄予很大希望，视之为"中国之主"，甘心为他效力。这对蒙哥确实是很大的威胁。至于和藩府有关联的汉地官员克扣本应解缴汗廷的赋税而私自运往忽必烈幕府的事情也确实存在。其实忽必烈与蒙哥在财权上的争夺由来已久。当时在蒙哥手下服务的侍臣已被忽必烈收买，偷着把汗廷国库中的钱财送给忽必烈使崩。而"自谓遵祖宗之法，不蹈袭他国所为"的蒙哥对忽必烈用汉人行汉法的行为本来就很不满，兄弟俩在治国方针上存在根本的分歧。现在忽必烈势力的发展又已经开始威胁自身的统治地位，蒙哥再也不能保持沉默，他开始反击了。

首先，蒙哥以忽必烈刚刚劳师远征大理，又得了脚病为南，下令让他在家中休息，解除了他的兵权。然后蒙哥于1257年春派遣亲信大臣阿兰答儿、刘太平、囊加台、脱因等以检查王府诸臣是否有擅权为奸利事的名义，前往陕西、河南钩考钱谷（钩考，即审计。钩考钱谷指对财政工作进行审计检查）。蒙哥还特意任命阿兰答儿为行省丞相，刘太平为参知政事，即行省副丞相，授以相当权力，以免忽必烈手下汉臣拒绝合作。阿兰答儿等到任后搜罗酷吏组成钩考局，召集陕西宣抚司、河南经略司大小官吏，发布142条条例。对他们进行钩校括索。阿兰答儿等人大肆罗织罪名，广开告讦之风，公然宣称俟钩考完毕，除万户史天泽、刘

黑马两个功勋宿将需报请蒙哥亲自处理外，其他人都可以不经请示立即处死。致使大批官吏遇害，陕西宣抚司仅死于酷刑之中者就有20多人。阿兰答儿等人的主要目的在于夺回忽必烈控制地区的民政、财赋大权，打击他的政治力量和改革计划。

当时蒙哥与忽必烈兄弟之间危机日迫，忽必烈对此极为忧虑，计无所出。姚枢建议他说："事难与较，远将受祸，莫若尽王邸妃主自归朝廷，为久居谋，疑将自释"。对于这一韬光养晦之计忽必烈听后深感为难。次日，姚枢又一次向他提出这一建议，并表示"臣过此更无良策"。忽必烈这才勉强听从。这年冬天，想通过战争来提高自己威望的蒙哥准备亲征南宋，渡漠而南，行至河西。忽必烈尽携家室前往觐见。见面前，忽必烈派使臣通知蒙哥。蒙哥听到消息后极为紧张，怀疑忽必烈居心叵测，恐有异图。忽必烈再派使臣，蒙哥令其留下家属辎重，单身来见。兄弟俩见面后都非常尴尬。蒙哥最后动了手足之情，不再要求忽必烈解释什么。蒙哥下令停止钩考，以示对忽必烈的宽大。作为报偿，忽必烈交出河南、陕西、邢州等地的全部权力，撤回派出的藩府人员，撤销安抚、经略、宣抚三司及所属机构。

这场兄弟之间的权力和政治路线的斗争暂时以蒙哥的全面胜利而宣告结束。表面上忽必烈处于劣势，被迫大大后退。但是他并没有放弃控制中原汉地的雄心壮志，而是暂时以退为进，耐心等待着，寻找着东山再起的机会。

南征大理：忽必烈对政治地理的深刻理解

忽必烈养马六盘山，过草地，爬雪山，横渡大渡河、金沙江，千里跃进大理，把云南纳入中国版图，可算战功赫赫。南征的成功，构成了对南宋的包围之势，这是蒙古人战略上的一次大大的胜利。

自幼不以武功见重于亲族的忽必烈一生中亲自指挥的战斗并不多。他的军事才能也因此而主要体现在战略上，而不是战术上。出兵大理，从侧背形成对南宋的包围，以便一举灭宋的战略构想就是他向蒙哥提出来的，并亲自付之于实践。

大理国的前身是唐玄宗时建立的南诏。在唐末五代时期，南诏彝族蒙氏衰微，政权逐渐为郑氏所取代。公元937年，白族人段思平取得政权，建都大理，是为大理国的开始。赵匡胤建立北宋后，满足于中原和江南土地，宣称"自大渡河之外非我所有也"，放弃了把云南地区归并宋朝版图的努力，使大理国得以继续存在。大理国的统治区域，包括今云南全省、贵州、广西西部，四川西部以及缅甸、泰国、老挝的一些地方。境内的主要民族为彝族、白族、纳西族、哈尼族、阿昌族等。到13世纪中叶，大理国王段兴智大权旁落，权臣高祥、高和兄弟代摄国政，内部矛盾日益激化，很多原本属于臣属的弱小民族纷纷起来摆脱了大理国的统治。大理国处于分崩离析状态。

忽必烈大军远征大理

忽必烈之所以要向蒙哥建议远征大理，主要是基于蒙宋战争长期处于拉锯状态，蒙军无力突入南宋要害地区的形势考虑的。当时的南宋凭借长江天险，在东起江淮，西到四川地区的千里战线上设置了几道防线，宛如一字长蛇，首尾可以相互照应。蒙军兵力有限，无力在千里战线上同时展开进攻，又不习水战，这就使蒙军寻找新的突破口成为现实的需要。早在成吉思汗兴兵伐金时期，金国降臣郭宝玉曾献取中原之策，"西南诸蕃，勇悍可用，宜先取之，藉以图金，必得志焉"。后来因为拖雷采用了千里迂回金国背后，从金国的软腹部，唐、邓地区北上破金的策略取得成功，郭宝玉的建议未被采用。在窝阔台对宋长期用兵未取得突破的条件下，绕从长江上游进兵，先取西南诸蕃，然后借助少数民族的人力物力，对南宋实行战略大包抄的战略计划，不仅必要而且可能。大理国作为南宋的西南邻邦，首先攻取这一战略要地，无异于从侧背洞开了通向南宋腹地，进而对之实行南北夹击的门户。忽必烈正是基于这一考虑，才于1252年夏天在觐见蒙哥时提出了这个建议。蒙哥同意，并委派忽必烈亲征大理，名将速不台之子兀良合台总督军事。

1253年夏，忽必烈率师驻六盘山牧兵养马，以待秋高马肥再行进军。参加忽必烈这次远征的，除了诸王抄合、也只烈等所率蒙古精锐骑兵外，还有投降蒙古的汉将董文用、董文忠以及郑鼎所率本部军马。忽必烈还特别选择了善于谋略，富有政治才能的姚枢、刘秉忠、张文谦等汉族知识分子随行参谋。这些参谋们力陈赵匡胤遣曹彬取南唐，不戮一人而得天下的历史经验，建议忽必烈采用怀柔政策，不要多杀人。忽必烈表示同意。这年暮秋，忽必烈从蒙古起兵南下。这时的蒙古国虽然已经控制了河西走廊、青海和甘肃部分藏民聚居区，但要进取大理，也绝非易事。因为这是一次史无前例的远征，蒙古军队要通过吐蕃诸部落控制的草地雪山、大渡河、金沙江等复杂地理条件的地区，还要同这里"一天有四季，十里不同天"的特殊气候条件作斗争，是一次真正全天候的艰苦行军。

1253年8月，忽必烈率军抵达甘肃临洮。当地吐蕃赵氏早已归附蒙古，被封为同知临洮府事。赵氏全力支持忽必烈远征，特派赵重喜随军出征。临近的叠州安抚使也是赵氏族人，所以忽必烈在这一二百公里的藏区内行军非常顺利。这时，先期派往大理进行招降活动的蒙古使臣玉律术、王群侯等带回了因道路阻滞，招谕未成的消息。于是，忽必烈指挥大军，开始了前无古人的转战川滇黔的大进军。

蒙古大军离开临洮后首先到达了白龙江支流包座河畔的塔拉。忽必烈决定分兵三路进军蜀边。西路军由兀良合台率领，沿达拉沟西进至松潘草地，并通过草地进入吐蕃境内，再从吐蕃东下进入云南。这条路上基本是水草丰美的大草原。蒙军由此线通行很容易解决给养，而且路上绝少遇到阻挡，进军比较顺利。但是松潘草地因为降水量很大，年复一年，形成了大片沼泽地带，而且上覆草皮，不易分辨，很容易陷进去，所以在行军当中造成很多非战斗减员。当年秋季，兀良

合台进入云南境内，位于金沙江畔的摩些诸部酋长纷纷投降。西路军兵不血刃遂济金沙江，直逼大理国北境之丽江。在丽江兀良合台充分发挥了炮兵的威力，依靠巨炮击破依山枕江，修在半空中的城寨，进而直取大理都城北面的屏障龙首关（今云南上关）。

中路军由忽必烈亲领，经松潘草地沿大渡河西岸草原南下，随地招降牧区部落。沿途藏族部众先后归降。9月，忽必烈抵达满陀城。这时，西路军驰告摩些部落迎降，兀良合台亟待忽必烈入滇主持大政，以资号召。于是，忽必烈决定把辎重留在满陀城，迅速轻装南进，于11月进至金沙江。因为忽必烈所选择的行军路线在松潘草地与宋军巴蜀西境哨所之间，又要经过大渡河河谷地带，沿途山势崎岖，悬崖绝壁不断，行进非常困难。战马只能牵行，士兵必须攀岩前进，每天不能行三二十里。忽必烈经常要靠汉将郑鼎背着前进。董文炳的随从46骑中，到吐蕃境时仅剩下2人，其余全部坠崖身亡。忽—必烈抵金沙江后，下令宰杀牛羊，用牛羊皮制成革囊。又砍木为筏，乘革囊和木筏渡过波涛汹涌，水流湍急的金沙江，期间又有很多兵士因驾驭不灵革囊、木筏而被卷入漩涡，葬身鱼腹。渡过金沙江后，大理丽江北胜府的摩些蛮主高俊率部众归降。忽必烈随即挥师南进。

东路军由诸王抄合、也只烈率领，从塔拉取道川西北草原进入南宋松、茂州境内。东路军在宋境内未遇到丝毫抵抗，径直出岷江故道经成都，进入与宋境相邻的大理白族聚居区，然后经雅州渡大渡河南下与中、西两路会师。至此，南征大军已全部杀人大理。

蒙军取道路途艰险的吐蕃，虽然在战略上仅是进攻大理前的假道，但在实际上它本身就是一次与征服大理有同等地位的规模很大的军事行动。当时，吐蕃处于自唐末以来一直就未再能统一，各部首领各自为政、互相攻伐的四分五裂状态。忽必烈进军吐蕃，穿雪山过草地，一路攻城拔寨，迫使分裂割据的吐蕃封建主服从于蒙古的统一治理。阔端与萨班"凉州会面"之后忽必烈又利用西藏宗教领袖八思巴的影响彻底实现了对吐蕃地区的控制，第一次把西藏正式纳入中国版图，对于奠定中国现有领土的基本格局有着重要意义。

大理国在拒绝了蒙古使臣的招降后也加强了对边界的防御。权臣高祥亲自率军在金沙江一线屯戍。但是由于蒙古西路军大军直扑龙首关，完全打乱了大理国重点防御北面巴蜀方向进兵的战略部署，迫使高祥领兵撤退回大理都城，势图固守京城，疲敝蒙军，然后待机破敌。

忽必烈率中路军与兀良合台部会师后，又一次遣使赴大理城内面见国王段兴智和权臣高祥。高祥自不量力，处决了使者。杀害使者是蒙古人最不能容忍的侮辱，忽必烈暴怒之下挥全军围城，很快攻下大理都城东门锁钥之龙首关。都城东面屏障已失，高祥仍抱着侥幸心理，率全军出城，背城与蒙军决战。大理军队出城逆击，正好适应了蒙军机动性、冲击性强的战术特点。在三路蒙军的合力进攻下，大理军队惨败。高祥逃归城后，自知无力守城，挟国王段兴智出逃。段兴智后来甩掉高祥，逃入善阐城（今云南昆明市）。高祥逃至姚安时被蒙军追上杀死。忽必烈攻破大理城后，曾因使节被杀而欲屠杀全城百姓复仇。参谋张文谦等苦劝，忽必烈回心转意，命姚枢裂帛为旗，写上止杀的命令，传示城内各街巷，大理城民始得免一场浩劫。

1254 年，忽必烈留下兀良合台率军戍守大理，并继续征服大理境内尚未臣服的部落，任命刘时中为宣抚使治理大理民政，然后率军班师北返，经吐蕃境，回到关中封地。

1254 年秋，兀良合台引兵东进，进攻大理国附都善阐。善阐城临滇池，三面皆水，既险且坚，易守难攻。兀良合台调精锐探马赤军猛攻善阐，并使用威力巨大的石炮轰击，摧毁了北门，并以火攻之，都未能攻下。兀良合台改而虚张声势，擂鼓进军，但忽进忽退，并不攻城，使城内不知所为。蒙军连续 7 天进而不攻，城内军民疲乏不堪，战斗意志逐渐消退。兀良合台趁机遣儿子阿术于夜间潜师入城，终于攻克了善阐城。大理国王段兴智城破后被俘。1255 年，兀良合台遣送段兴智与其叔父去蒙古觐见蒙哥汗。蒙哥采用怀柔政策，赐金符令段兴智和叔父段福回大理协助兀良合台安抚大理并继续征服尚未归附的部族。1256 年，大理全境归附，段兴智献上全境地图。蒙哥大喜，重新赐给他"摩诃罗嵯"的称号，（梵语 Mahārāja 的音译，"大王"之意，系大理国王原有称号）令其继续管理云南各族。以后兀良合台在大理国境内设置了 19 个万户府，万户以下又设千户、百户，分管其地，确立了对云南的军事统治，为后来建立云南行省奠定了基础。

蒙古用武力征服了大理，为蒙古军队迂回包抄，从长江以南进攻南宋开辟了新的战场，使南宋处于腹背受敌的境地，原有战略防御部署被打乱，陷入一片混乱之中。

1256年，蒙哥召集忽里勒台会议，商议大举攻宋之策。在诸王也孙哥、驸马帖里干等人的支持下，蒙哥决定发动全面攻宋战争。为了夺回一度被忽必烈掌握的中原控制权，蒙哥决定亲征。蒙哥的具体安排是：幼弟阿里不哥、自己的儿子玉龙答失留守漠北和林。诸王塔察儿率东路军进攻荆襄；西路军由蒙哥亲率，重点攻巴蜀；留驻云南的兀良合台率军北上，经广西、长沙，与东、西两路南下东进的大军会合，对南宋形成三面夹击之势。如三路得手，蒙军将会师鄂州再顺长江东下，直趋临安，灭亡南宋王朝。不久前被解除了兵权的忽必烈依旧被勒令留家中休养。

1258年，蒙哥自率大军进攻四川。忽必烈则仍以患脚疾为由，被闲置家中养病，安闲度日。近侍、康里部人燕真提醒他说："主上素有疑志，今乘舆远涉危难之地，殿下以皇弟独处安全，可乎？"忽必烈听从燕真劝告，遣使赴蒙哥行在，请求允许他带兵出征。当时，东路军塔察儿奉命攻掠安徽怀远、阜阳等地受阻，被蒙哥召到四川行在之所，解除了指挥权。蒙哥决定分兵与忽必烈，令其代塔察儿统率东路军，继续攻击荆襄地区。

1258年11月，忽必烈自开平启程南下。次年2月，忽必烈会诸王于邢州，把兵权接收过来。隐士杜瑛建议他先控制襄樊，再沿江东下，持其侧背，撇开宋军江淮防线，直接从江浙进军，以取临安。忽必烈大为赞叹此计之妙。忽必烈幕府中的谋士刘秉忠、张文谦等建议要严明军纪，不可嗜杀，忽必烈予以采纳。在进兵之前，忽必烈先以赵璧为江淮荆湖经略使，命杨惟中、郝经等人宣抚江淮，并遣人赴军前整饬军纪，军士有犯法者立斩不赦，诸将受命不得妄杀，不得焚人室庐，所获民众悉数放归。

1258年2月，大汗蒙哥率军进迫合州城下。南宋合州守将王坚据险固守钓鱼城，蒙军屡攻无效，损将伤兵，士气大减。进入盛夏，宋境内空前酷热，军中疫病流行，并出现霍乱传染，军医无力医治，士兵大批死亡。7月，蒙哥在攻城过程中为流矢所伤，病死于钓鱼城下。大汗归天，蒙军仓皇北撤。

7月12日，忽必烈率军行至蔡州，进抵淮河北岸，从被俘的南宋侦察兵口中得知了蒙哥病死于合州钓鱼城下的消息。忽必烈认为这是谣言，依旧率军南进。8月，忽必烈率主力渡过淮河，攻破大胜关，杀入淮南五关中地势最为险要的虎头关。五关即为蒙军所据，南宋淮西防线崩溃。不久蒙军又攻破台山寨，与宋军大战于挂车岭，达于蕲州。忽必烈决定由黄陂阳逻堡渡过长江。

9月初，忽必烈的异母弟木哥从合州送来蒙哥死去的讣闻，并请他北还继承汗位，但忽必烈声称："我前时受先皇敕命，东西并举，今已越淮南下，岂可无功即还？况兀良合台已平交趾，正好约他夹击，即便不能灭宋，也要让他丧胆！"九月初三，忽必烈登香炉山指挥渡江作战。

阳逻堡东接蕲黄，西抵汉沔，南渡江至鄂，北拒五关，是宋军长江防线上的要害之处。南宋水军有兵10万，战舰2000艘驻扎于此，水陆军容甚盛，形成截江之势。忽必烈连夜命张文谦等准备舟楫，准备夺取阳逻堡，强渡长江。董文炳率其弟文用、文忠，与敢死军士数百人冲锋在前，载艨艟鼓櫂急趋，呼喊奋力前进，直扑南岸。宋军面对强敌，士气大减，连战连败，损将失船，江上防线很快被突破。蒙古军队纷纷渡过长江，董文用以轻舟渡江回黄陂，向忽必烈告捷。驻扎在香炉山上的忽必烈闻捷报后迅速策马下山，命诸军不解甲不下马，乘胜进军。又令别将间道直趋鄂州。

忽必烈突破长江防线后，马上命将进围鄂州（今武昌）；同时遣大将霸都鲁率水军攻击岳阳，接应北上的兀良合台军。忽必烈本人也从阳逻堡渡过长江，驻节于南岸的浒黄洲，亲自督师攻鄂州。南宋朝野震惊，内侍董宋臣甚至请宋理宗迁都宁波避敌。在舆论的强大压力下宋理宗表示要奋勇抗敌，不迁都逃跑。

九月初六，忽必烈派王冲道等3人前往鄂州招降。行至东门时宋军箭如雨下。王冲道避箭时坠马被俘。蒙军发起进攻，不料反中宋军诱敌深入之计，被重重包围，大将巩彦晖负伤被俘，后解往江州，不屈而死。这时，南宋派往四川增援合州的吕文德部，带着蒙哥已死，蒙军北撤的胜利消息返回鄂州，军民大受鼓舞，城守益坚。一夜，忽必烈听到宋军欢呼鼓噪之声，连忙下令进人战备状态。偏将谢仲温以绳为担架，抬着脚疾复发的忽必烈避去，终夜不敢入睡。鄂州攻守，处于僵持状态。

鄂州攻防战相持了3个多月，这时忽必烈得到了后方留守和林的幼弟阿里不哥图谋夺取汗位的消息。阿兰答儿发兵于漠北诸部，并到漠南征发蒙古和诸州军队；脱里赤也括兵于漠南，离燕京不远。忽必烈长妻察必闻讯后急忙派使者用微

言暗语报告了这一消息："大鱼小鱼之头被断，汝与阿里不哥之外，尚有谁存？汝能来归否？"这个消息对忽必烈来说无异于晴天霹雳，急忙召集群臣商议。谋士郝经分析了蒙宋双方的攻宋态势的变化，指出东路军失去西路军的策应，已成孤军之势，如果宋军趁机"遏截于江、黄津渡、邀遮于大城关中，塞汉东之石门，限郢、复之湖泺"，阻断归路，蒙古军有欲归难得的危险。

正当忽必烈进退两难又后院起火的时候，南宋奸相贾似道秘密派人前往蒙营议和，提出双方划长江为界，每年输给蒙古银、绢各 20 万的条件。忽必烈当时仅为一军统帅，无权签订全面的和约，为及时北返对付阿里不哥的挑战，他个人先答应了贾似道的要求，并表示要请示蒙古中央，暂时把贾似道的议和要求搁置了下来，维持着不战不和的局面。11 月 28 日，忽必烈声言进攻临安，留大将霸都鲁等率诸军继续围攻鄂州，并派军以偏师接应兀良合台军。闰十一月初二，忽必烈派张文谦告谕围城诸将，预定于 6 天后陆续撤过长江，驻扎以待后命。鄂州围遂解。

要耕地还是要草原：忽必烈与阿里不哥之争

蒙古人崛起草原，称雄于耕地，他们企图把耕地变为草原。

由农业经济倒退到畜牧经济，犹如把走出森林走向草地的古人类重新赶上树去，他们得到的回答总是：绝不可能。

"从蒙古帝国建立之初开始，其内部就存在着尖锐的矛盾和紧张的关系，而且它一直未能从这些矛盾和冲突中解脱出来。蒙古帝国的制度是一种力图使游牧军事政权与典型的、从定居社会中衍生出来的行政管理制度结合起来的制度。这种制度建立在两个截然对立的要素之上，一个要素是保守的蒙古传统；另一个是渊源于成吉思汗的'蒙古世界秩序'意识。由于蒙古帝国大量使用非蒙古族官员——回纥人、阿拉伯人、伊朗人、汉人等等，使成吉思汗的'蒙古世界秩序'意识由此得到增强。但是这些定居民族的更高级的文化却对成吉思汗的后裔们产生了日益增长的影响。"（加文·汉布里《中亚史纲要》）蒙古人如果接受那些被他们征服的民族的文化，同化于突厥、伊朗或汉族臣民，这实际上就意味着蒙古人作为统治民族的灭亡。所以，在蒙古贵族当中，有很多人坚决反对仿照任何一种

农业封建政权来建立自己的国家，他们既不愿意在沙漠中的绿洲上定居，也不愿在农业城郭地带落户。察合台和窝阔台系诸王是这股保守势力的主要成员。忽必烈的幼弟阿里不哥长期居住在漠北草原，身边又有一群一保守的贵族大臣，故同样也沦为保守派。忽必烈主管漠南汉地后采取的一系列措施引起了保守派的强烈不满。蒙哥死后忽必烈与阿里不哥在汗位争夺斗争中所表现出来的野心，充分说明了蒙古帝国在前途问题上面临着艰难的抉择。

阿里不哥是拖雷幼子。蒙哥南征时他受命驻守和林，拥有支配同库之权、中央政府管辖权以及君权所具有的人力、物力，在政治上处于优越地位。蒙哥死后，按照蒙古幼子守产的习俗，阿里不哥是未来的选汗会议——忽里勒台的组织者和主持者。在得到蒙哥的死讯后，阿里不哥在蒙哥的遗孀忽都台以及蒙哥之子阿速台、玉龙答失、昔里吉等以及贵族阿兰答儿、脱里赤等的支持下，一面遣使于诸王贵族，约会前往鄂嫩河、克鲁伦河谷地区为蒙哥发丧，并筹备召开忽里勒台选汗大会；一面又采取措施以防止忽必烈可能的反抗。

忽必烈返回燕京后，假传蒙哥遗命，把脱里赤已签发的军队全部遣散，并急召霸都鲁等率军北还。一场新的汗位争夺斗争又开始了。

阿里不哥为引诱忽必烈及其党赴其在阿尔泰山蒙哥的大斡耳朵中召开的会葬大会，派脱里赤前去邀请忽必烈及其军中诸王，诸王答言："俟将所部军队送还驻地后，然后赴会。"脱里赤信以为真，派人回报阿里不哥，他本人则随忽必烈前往开平。其实这时的忽必烈已经开始酝酿抢先召开一个忽里勒台选汗大会了。

在蒙古诸王中，忽必烈所得到的支持远比阿里不哥广泛。东道诸王塔察儿、也孙哥、爪都、忽剌忽儿以及西道诸王合丹、阿只吉，名将兀良合台等人都积极拥护忽必烈。

塔察儿是成吉思汗之弟铁木哥斡赤斤的嫡孙，在东道诸王中实力最强。成吉思汗分封时曾分给铁木哥斡赤斤5000军队。这5000人由于繁衍而变成了一支庞大的军队，因而使塔察儿在东道诸王中有举足轻重的作用。在南征时因为塔察儿所率东路军屡战无功，蒙哥汗曾严厉斥责，并免去了他的统帅职务，这使塔察儿对蒙哥十分不满。忽必烈趁机拉拢，派人送给他酒肉饮食，塔察儿欣然归附忽必烈。

也孙哥是成吉思汗之弟合撒儿之子，在东道诸王中辈分最高，忽必烈是他的侄辈，因此在诸王中他的地位很高。也孙哥支持忽必烈，对其他诸王的向背有着很大的影响。

经过忽必烈及其支持者短暂而紧张的准备，1260年3月1日，忽必烈在开平自行召开了忽里勒台。塔察儿在忽必烈的幕僚廉希宪事先的运动下，率先推戴忽必烈做大汗，其他诸王群声附和，合力劝进。忽必烈在假意推辞了一番后，接受推戴。在匆匆经过例行的选举仪式后，忽必烈于3月24日即位为蒙古大汗。

但是无论忽必烈在选汗形式上如何用心，也难以掩盖这个突然举行的推选，如果不说是一个骗局，那显然具有同盟举兵的性质。忽里勒台既不在斡难河源故地举行，也没有规定一个必要的时间和适当的通知方法让西道诸王中的重要领袖人物如伊利汗旭烈兀、金帐汗别儿哥来行使选举的权力。这就在事实上把他们摆在既成事实面前，迫使他们承认忽必烈的合法地位。但是，忽必烈首先打破了忽里勒台的选汗程序的做法，使蒙古人潜意识中的无政府思想重新膨胀，很多拥兵一方者以此为借口纷纷自行其是，酿成严重后果，并最终导致了蒙古帝国的分裂。

忽必烈即位于开平后，马上派遣代表团赴和林，至阿里不哥处做友好的通知，并争取他的归附。阿里不哥当然不肯顺从。1260年5月，他也匆匆纠合了一批保守的诸王亲贵，召开忽里勒台，即大汗位于阿尔泰山的驻夏地，拥护阿里不哥的人有蒙哥的遗孀及诸子阿速台、玉龙答失和昔里吉，窝阔台系和察合台系诸王的大多数。这样，在蒙古帝国内就出现了两个大汗。一场武装争夺汗位的斗争已经不可避免了。

阿里不哥首先采取了行动，试图先声夺人，占据有利地位。他一面命令阿兰答儿发兵于漠北，出河西走廊，企图与屯扎在六盘山的浑都海部会合；一面命旭烈兀之子出木哈儿、术赤之孙合剌察儿领兵出和林，越过大漠进犯开平、燕京。忽必烈也针锋相对，亲自率师北征。先锋也孙哥与阿里不哥军相遇后三战三捷。阿里不哥被迫退往谦谦州。

9月，阿兰答儿领兵南下与浑都海军会合后东进，并派人到陇蜀地区联络当地驻军一同反叛。一时之间"河右大震，甘凉骚动"。不少人主张退守兴元，放弃四川，撤出驻川蒙汉诸军，全力应付阿里不哥的挑战。忽必烈不予采纳，转而命合丹，合必赤与汪良臣分兵三路讨伐阿兰答儿军。双方在甘州东面的山丹附近

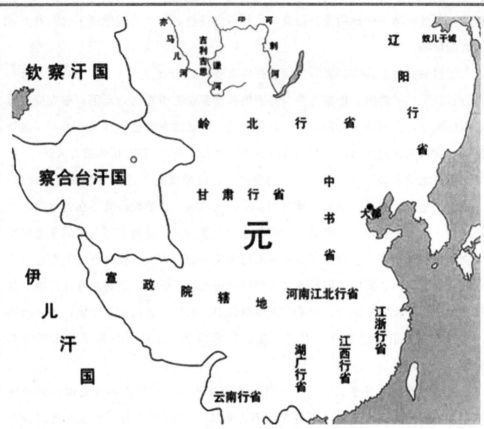

之耀碑谷展开一场激烈的战斗。既阵，忽然狂风大作，扬起沙尘。汪良臣令军民下马，以短兵突击敌军左阵，绕出阵后，又突其右阵杀出。八椿直捣前阵，合丹勒精骑邀击其归路。敌军大败，阿兰答儿、浑都海被斩杀。忽必烈军大获全胜，西土悉平。漠南财赋之地已被牢牢地掌握在忽必烈手中。廉希宪采取一系列措施，安定了四川，制止了从四川撤退的建议，由是四川遂安，降民日渐增加。

忽必烈于1260年秋季亲自领兵往讨和林。阿里不哥自知不敌，放弃和林，逃往吉利吉思。忽必烈在和林以南，今三音诺颜地区的翁金河上设立驻冬总部，派兵切断了阿里不哥的后勤补给线。阿里不哥退至谦谦州的遍布森林的山中，即今叶尼塞河上游以北地区。当地地穷荒微，阴寒少水，草薄土瘠，沙石遍地，地理条件极为不利，粮草兵械无从所出。忽必烈占据和林后，切断阿里不哥的补给线，使阿里不哥进一步陷入缺兵少粮的境地，形势很不妙。

为解决后勤补给问题，阿里不哥命阿鲁忽前往主持察合台汗国的事务，征集兵械粮饷，以充接济，同时令其防守西面阿姆河的边境，防止旭烈兀东援忽必烈，但事与愿违，阿鲁忽在离去之后，如箭离弦，把察合台氏族的成员及其拥护者聚集在自己周围，招集骑兵近15万。他驱逐了当时主政的兀鲁忽乃王妃，派兵占据了原属蒙古大汗直辖的河中地区和突厥斯坦。察合台汗国的势力陡增，阿里不哥再也无力驾驭。

士马饥疲的阿里不哥唯恐忽必烈乘危来击，于是派使者向忽必烈求饶，自称颇为后悔当初的行为，情愿奉兄为主。等马匹肥壮后一定前去觐见。忽必烈中计，轻信了阿里不哥的誓言，留下也孙哥屯驻于和林地区，自己返回开平，并遣余军各归驻所。

1261年9月，阿里不哥经过休整补充后，再次举兵。他伪装率众归降，对也孙哥发起突然袭击。也孙哥丧失警惕，未加防备，军队溃败。阿里不哥挥师南下，矛头直指忽必烈的漠南驻地。消息传来，忽必烈连忙率军迎敌。11月，双方大战于昔木土脑儿附近。诸王合丹等斩杀阿里不哥大将火儿赤及其兵丁3000人，塔察儿与合必赤等复分兵奋击，大破敌军，追亡逐北50余单。阿里不哥再次失败。忽必烈相信阿里不哥此后一定一蹶不振，所以没有进行追赶。10天后，阿里不哥听说敌人已退，又来袭击。忽必烈军在戈壁一个叫额列惕的地方遭到意外打击。双方激战至夜，不分胜负，各自收兵后退。这年冬天，双方仍在沙漠边缘对峙。

阿里不哥因为粮草和兵械不足，遣使3人前往察合台汗国征发牧畜、兵械、财货。这时羽翼已丰的阿鲁忽不忍心看着大批财物被人掠去，乃找借口囚禁并杀死了3个使节，随后派人与忽必烈联系，倒向忽必烈一边。阿里不哥未料到后院起火，盛怒之下决定发兵西征阿鲁忽。忽必烈趁机收复和林。但不久传来李璮在山东叛乱的消息，忽必烈只得迅速南还。

阿里不哥的前锋哈剌不花与阿鲁忽相遇于布哈拉城。哈剌不花战败被杀。哈剌不花是蒙古名将，阿鲁忽在战败他之后过分自信，骄傲自满，遣散了军队。不久，阿里不哥另一员大将阿速台率第二军赶到，偷袭了阿鲁忽的驻地阿力麻里，并占领阿鲁忽本人的领地。阿鲁忽仓皇逃往河中撒马尔罕地区。阿里不哥进驻伊犁河流域后，不适应那里半定居的生活方式，顽固坚持游牧生活，纵兵残杀定居居民。他的暴虐行为使他手下的将领们都感到愤怒，以至于众叛亲离，一部分军队投降了忽必烈。蒙哥的遗孀忽都台皇后也转而反对他，这使阿里不哥大为沮丧。逃亡于撒马尔罕的阿鲁忽趁机重整旗鼓，反攻阿里不哥。兵残饷乏的阿里不哥大败，因为害怕察合台汗国的人民报复他的血腥屠杀，阿里不哥终于在众叛亲离的情况下不得已于 1264 年 7 月向忽必烈投降。

忽必烈与阿里不哥之间的斗争，由于双方在社会基础和政治路线上各有不同，因而其性质也超出了旧有的黄金家族内部单纯的汗位争夺。忽必烈的胜利，使他摆脱了守旧势力的牵制，放手改革蒙古贵族坚持的草原落后的政治统治方式，变通祖制，采行汉法。从这个意义上讲，这场斗争是革新派对守旧派的胜利，是具有进步作用的。

忽必烈与阿里不哥之间的斗争

但是，战败了守旧的漠北阿里不哥分裂势力，不等于就此可以一劳永逸地消除分裂的根源了。蒙古帝国地域广大，在其控制的东西方广大地区内，有两个文化中心。一个是中国中原黄河流域的汉文化中心；一个是中亚河中地区和波斯地区的继承了古伊朗文明的伊斯兰文化中心。蒙古人在进入到这些以农业和城市文明为特征的高级文明地区后，都受到了当地的影响而产生仰慕之心，并逐渐接受了当地文明或者被其同化。但是在黄金家族中，除了拖雷系的阿里不哥之外，察合台和窝阔台两系诸王同样十分保守，他们不但反对实行汉法，也反对同化于穆斯林居民。蒙古人和以前进入中亚的契丹人原本都是游牧民族，但蒙古人却没有像西辽那样建立名教大国，甚至没有采取西突厥人那种统治中亚的方式。他们顽固坚持游牧生活方式，既不愿在塔里木盆地的绿洲上定居，也不想在中亚的河中农耕地区落户。他们宁愿把城乡变成牧场，也不愿把冬夏驻地变为都市。而察合台汗国和窝阔台汗国境内又恰恰有大片草原可供两系诸王随时体验游牧生活的乐趣，这就更使他们不愿放弃旧的生活方式。这样我们也就不难理解为什么察合台偏偏在富庶的伊犁河谷地的阿力麻里附近圈占大片土地种植牧草了。蒙古人这么做是适合于他们生产、畜牧的，因为大片无人居住的地带是畜牧的主要条件。同样，生活在钦察草原上的金帐汗们坚持其旧在经济形态和生活方式的原因也在于钦察草原为他们提供了客观条件，尽管他们在文化上主动皈依了伊斯兰教。（金帐汗国第二代大汗别儿哥时就已主动进行伊斯兰化的社会改革。）

在蒙哥汗统治时期，蒙古帝国虽然表面上仍维持着统一的局面，但其内部实际上已经酝酿着分裂。分裂的主要原因固然是窝阔台系和察合台系诸王在宫廷斗争中遭到镇压，心怀不满而进行反抗，但他们顽固坚持游牧传统，反对进入文明地区则是更深刻的社会根源。

利用忽必烈与阿里不哥争斗的机会，西道蒙古诸王趁机恢复领地，招纳旧部，抢夺大汗直辖领地。金帐、察合台、窝阔台三大汗国势力大涨，对忽必烈构成极大的威胁。金帐汗国术赤氏诸王原本与拖雷系诸王关系很融洽，蒙哥登上大汗宝座全赖拔都鼎力支持。但忽必烈为夺取先机，在术赤系诸王未到场的情况下召开忽里勒台，逼迫他们接受既成事实，这对于术赤氏诸王的尊严是一大污辱。为此，金帐汗们记恨在心，在以后的斗争中转而支持守旧派势力与忽必烈作战。

海都，窝阔台第五子合失的儿子，据说是一个非常刚毅的人，非常聪明和能干。他逐渐纠合了一批部众，在忽必烈与阿里不哥的争斗过程中，他积极支持阿里不哥。面对忽必烈这样汉化的蒙古人，海都依旧坚持其祖先固有的游牧生活方式。阿里不哥失败之后，忽必烈几次召他入朝，海都都托辞马瘦，予以拒绝。

为牵制海都，忽必烈命察合台的曾孙八剌回察合台汗国总理汗国大政，从侧背打击海都。八剌回国后的确兴兵与海都作战，且取得了几次胜利。但海都因得

到金帐汗忙哥帖木儿的支持，又击败了八剌。八剌被迫退往河中。后在八剌的好友钦察的调解下，八剌正式背叛了忽必烈而与海都结盟。1268 年，海都正式举兵反叛东犯，忽必烈起兵迎击，击败海都。海都远遁两千余里。

1269 年春，海都、八剌、忙哥帖木儿等中亚、西北地区的诸王在塔拉斯召开忽里勒台。与会者宣誓要保持蒙古传统的游牧风俗和习惯。会后，他们遣使者到元廷，质问忽必烈说："我朝旧俗与汉法不同，你现在久居汉地，建造都邑城郭，采用汉地的各种制度，是何居心？"他们给忽必烈扣上反传统的帽子，认为这是对成吉思汗的背叛，不配再做蒙古帝国的大汗。海都等人公然以维护蒙古旧习俗的正统自居，这就使海都成为漠北蒙古诸王贵族保守势力的总后台。塔拉斯大会的召开，正式标志着蒙古帝国走上了分裂的道路。金帐、察合台和窝阔台汗国的统治者不再承认忽必烈这个叛逆者的全蒙古帝国大汗的地位，公开与之争夺正统地位。伊利汗国的旭烈兀汗虽然支持忽必烈，但其国远在西亚，忽必烈根本无力直接控制，其走上自我发展的道路不可避免。至此，忽必烈希望成为蒙古大帝国大汗的梦想彻底破灭。蒙古帝国已经分裂成几大块。东道诸王自成一系，把持岭北和漠北；西道蒙古诸王则建立了金帐、察合台、窝阔台和伊利四大汗国。蒙古帝国仅仅是一个名义上的空架子了。

为保障西北边陲的安宁，忽必烈不得不调发大批军队建城屯田于军事要地，并派皇子北平王那木罕出镇阿力麻里。但到 1274 年，他的代理人依旧被海都从喀什噶尔、叶尔羌和和阗驱逐。1276 年，海都又侵入库车、吐鲁番地区。忽必烈不得不派那木罕再度出镇西北，并以功臣木华黎的后人，中书省右丞相安童随同那木罕出镇，共同处理军政要务。那木罕驻扎阿力麻里表明忽必烈作出了最大的努力，以使西部地区接受他的统治，并保持在他的君权之下的蒙古帝国在政治上的统一。

但是忽必烈错误的人员安排葬送了这个机会。受命随那木罕一道出镇西北的蒙古宗王还有蒙哥之子昔里吉、阿里不哥之子明里帖木儿和药木忽儿等。这几个人不久前还在帮助阿里不哥与忽必烈作战，虽然在失败后表示臣服于忽必烈，但心里一直不服气，一直在伺机联络海都叛乱，夺回帝位。

性格暴躁的脱黑帖木儿首先起事。他利用昔里吉希冀做大汗的心理，煽动昔里吉一同谋反。二人于夜间劫掳了那木罕和安童，将他们作为人质交给了金帐汗忙哥帖木儿和海都。海都利用他们的叛乱挥军驰往漠北，胜利地进入和林，并在那里夺取了蒙哥汗的大御帐。忽必烈鉴于征伐南宋的战事大局已定，毫不迟疑地调回他最优秀的将军伯颜。伯颜率军与昔里吉战于鄂尔浑河上。双方经过激战，昔里吉战败，被迫退往额尔齐斯河上游。元将刘国杰也击败脱黑帖木儿部，尽夺其辎重。让忽必烈庆幸的是，这些叛王在初战失败后不思进取，反而陷入内讧状态。脱黑帖木儿不满于昔里吉，转而宣布撒里蛮为大汗。但药木忽儿仍支持昔里吉。脱黑帖木儿后来被他的军队抛弃，为昔里吉所擒，不久被杀。撒里蛮失去拥护者，只得投奔昔里吉。昔里吉把他送给金帐汗国火你赤。但撒里蛮不久被其部属救回，他立即集合了一支军队来攻打昔里吉。这次被军队抛弃的是昔里吉和药木忽儿，他们被擒获。药木忽儿后来被铁木哥斡赤斤后王乃颜劫走，撒里蛮于是带着昔里吉投降了忽必烈。一场叛乱始告平息。

海都联合昔里吉等反叛没有成功，转而寻找新的盟友。这一次他的盟友是占据着蒙古东部和在满洲的蒙古东道诸王。塔察儿的孙子乃颜成为这次反叛的领导人。这次是成吉思汗弟弟们的后裔反对成吉思汗的子孙。这些成吉思汗的侄孙们据有满洲及其相毗连的东蒙地区，他们可以下趋到开平和北京，而他们的同盟者海都则可以进兵和林。因此，对于忽必烈来说形势较上一次更为严峻，他可能陷入被两面包围的境地。

这时已72岁的忽必烈不得不重新鼓起青年时候的勇气。他命伯颜去镇守和林以防范海都，他本人则携博尔术之孙玉昔帖木儿以迅雷不及掩耳之势，亲征乃颜。忽必烈军与乃颜叛军相会于辽河附近。乃颜未料到身患足疾，不能行走的忽必烈会如此迅速地御驾亲征，因此未做足够的军事准备就仓促迎战。经过一场被马可·波罗称为"这个时代最危险、最难决胜负和最艰苦"的战斗，乃颜兵败被擒。忽必烈用杀死亲王的方法，不流血而置之于死地，用毛毡将他闷死了。击败乃颜后忽必烈为安定人心，班师回到上都驻所。次年，皇孙铁穆耳和玉昔帖木儿击败哈丹于贵烈河附近，所有满洲地区和东蒙地区全部收复。哈丹逃入高丽，不久被诛杀。

虽然与乃颜联兵共举又未获成功，但海都依旧没有屈服。忽必烈在1293年不得不再一次亲征漠北，逼迫海都退出和林。1294年忽必烈辞世，这时的海都依旧控制着杭爱山以西的蒙古和突厥斯坦。忽必烈的继承人元成宗铁穆耳利用海都错误干涉金帐汗国内部事务，导致金帐汗脱脱蒙哥发兵攻打海都的机会，派大将床兀儿逾阿尔泰山几次击败海都。海都处于三面被包围夹击的境地。1303 年，海都因在帖坚古一战中受重伤不治而死。海都死后，窝阔台汗国的领地被察合台汗都哇吞并。都哇号召中亚诸王放弃武力与元成宗约和。至此，历时近半个世纪的中亚诸王叛乱宣告结束。诸汗国的大汗重新尊奉元朝皇帝为全蒙古帝国的大汗。但这时蒙古帝国的分裂已成定局，各汗国早已走上自我发展的道路。全蒙古帝国的大汗不过是个虚幻的称号而已。元朝皇帝们只能借此来满足一下自己的虚荣，恢复大帝国统一的帝国幻梦，他们连想也不敢想了。

忽必烈统一中国

"大哉乾元"与两都体制

北京，虎踞龙盘，形势雄伟，东控辽东，西拥太行，南制江淮，北连朔漠，以燕山为屏障，有雄关作通途，历经元、明、清三代，终成中国一大古都。

1260 年 3 月 24 日，忽必烈在自行召开了忽里勒台之后，在诸王众臣的拥戴下，正式即位为大汗，成为蒙古帝国第五位大汗。在其于 4 月 6 日颁布的由王鄂起草的诏书中，忽必烈向全国臣民宣布：

朕惟祖宗肇造区宇，奄有四方，武功迭兴，文治多缺，五十余年于此矣。盖时有先后，事有缓急，天下大业，非一圣一朝所能兼备也。……受当临御之始，宜新弘远之规，祖述变通，正在今日；务施实德，不尚虚文，虽承平未易遽臻，而饥渴所当先务。呜呼！历数攸归，钦应上天之命；勋亲思托，敢忘列祖之规？……

这份诏书既是对蒙古建国以来施政的总结，又是对未来治国方略的说明。从 1206 年成吉思汗统一蒙古诸部开始，50 余年，征战不断，武功显赫，确实是前无古人的。可以马上取天下，却不可马上治天下，特别是不能以草原游牧民的一套规矩来治理中原汉地。这个道理要想让"只识弯弓射大雕"的蒙古贵族都认识到却不是件容易事。所以 50 余年，依旧"文治多缺"。现在，忽必烈要开始确定国家文治的长远大计，列祖传统规矩当然不能丢，可也要根据形势变化，"祖述变通"，采取新的统治办法。

自成吉思汗以来，蒙古人一直以 12 生肖纪年，从未建过年号。忽必烈改革旧制，按中原旧有封建格式来建立自己的政权机构所跨出的第一步就是于 5 月 19 日按中原王朝传统做法，建元"中统"。"中统"意思就是"中原正统"，以表示自己承继的是中原的皇统。

忽必烈

"中统建元"是忽必烈在全国范围内推行汉化改革的肇始，但因当时忽必烈的主要精力不得不投入到与幼弟阿里不哥的王权争夺战中，以后又发生了山东军阀李璮的叛乱。这使得忽必烈的改革步伐迈得并不稳，一直到平叛后，他才得以集中全部精力用于调整自己的政治路线，有步骤地着手新王朝的建设工作。1264年，忽必烈下诏改年号为至元。到 1269 年，中央各级政权机构已基本健全。1271 年 11 月，在进攻南宋的战争节节胜利的形势下，忽必烈在谋臣刘秉忠、王鄂等人的协助下，正式改大蒙古国国号为"大元"，取《易经》"大哉乾元"之义。忽必烈在他发布的《建国号诏》中宣称：

诞膺景命，奄四海以宅尊；必有美名，绍百王而纪统。肇从隆古，匪独我家。且唐之为言荡也，尧以之而著称，虞之为言乐也，舜因之而作号。驯至禹兴而汤造，互名夏大以殷中。世降以还，事殊非古。……

我太祖圣武皇帝，握乾符而起朔土，以神武而膺帝国，回震天声，大恢土宇，舆图之广，历古所无。顷者，耆宿诣庭，奏章申请，谓既成于大业，宜早定于鸿名。在古制以为然，于朕心乎何有。可建号曰"大元"，盖取《易经》"乾元"之义。

这份诏书说明了元朝的政权性质。它明确地把元朝视为中国历代王朝的继承，尧舜禹汤秦汉隋唐的延续，即所谓"绍百王而纪统"。它又把从元太祖到忽必烈自己的统一事业视为"历古所无"的大业，而且是任何一个古代君主无法比拟的。所以用"蒙古"这个民族称号已经不足以表示新王朝的含义，元，谓大也，"大不足以尽之，而谓之元者，大之至也"。因此，改称"大元"，同时也是全国大统一的标志。

元朝的建号使忽必烈推行汉法更加坚定不移，而且也为他统一全国减少了民族隔阂的阻力。经过一番不懈的努力，忽必烈的汉化改革终于初具规模，建立起一套汉蒙杂糅的封建中央集权的政治体制。

忽必烈的汉法，并未完全抛弃蒙古旧制。从一开始他就声明要"稽列圣之洪规，讲前代之定制"。前者既继承成吉思汗以来的祖制，后者才是要改行中原王朝的汉制仪文，如何将这二者相结合，既建立一套忽必烈所希望的草原文明与农耕文明都适用的文化共通体制，是新王朝能否稳定下来的关键。

郝经于 1260 年 8 月，向忽必烈进呈了《立政议》一疏，其中明确指出新政权的建设必须以"国朝之成法，援唐宋之故典，参辽金之遗制，设官分职，立政安民，成一代王法"。郝经在这一文件中列举了几个历史经验，如魏孝文帝迁都洛阳，改行汉法，天下称之为贤君，以此来敦促忽必烈加紧汉化改革。他也深知忽必烈是不肯彻底放弃蒙古旧俗的，所以违心地建议忽必烈"缘饰以文，附会汉法"。然而，即便是"附会汉法"的那些变革也遭到了守旧派亲王贵族的反对。西北藩王海都等人更是气势汹汹地遣使入朝，责问忽必烈改行汉法出于什么动机。为了给忽必烈打气，忽必烈周围的汉族谋臣们纷纷上书，鼓励他坚定不移地改革下去。

采行汉法，首先需要把蒙古大汗变成一个名副其实的中原皇帝。建元中统，仅仅是表面文章，重要的是严密的皇帝制度的建立。忽必烈依据"祖述变通"原则，杂糅汉、蒙制度，创立了一套中央集权的新制度，中原皇帝向来重视礼制建设，其中首当其冲的是祭祀。忽必烈为此也命人设计修建了太庙，并于1266年10月对祖宗世系、先帝谥号和祭祀仪式等作出了严格的规定。为维护皇帝的尊严，忽必烈又引入了中原的避讳制度，严禁臣民像以前那样直呼皇帝的名字，官员的奏章文书更要注意回避御名庙讳，违反者严惩不贷。此外，忽必烈对御用品的称谓、质的、玺印制度、臣子印符等都按中原旧制做了明确的规定。

制礼作乐还只是体现正统地位的形式问题，治理汉地重要的还是要靠行之有效的中央和地方的政权机构。忽必烈采行的汉法，主要指的就是他们。成吉思汗初创蒙古帝国时采用的是间接统治定居农耕地区的方式，最主要的官员是断事官，总理军民庶政，设官非常简陋。忽必烈开平践祚后，在汉人儒臣的帮助下，开始了新的政权建设。1260年4月，忽必烈设中书省，作为中央最高行政机关。中书省名义上的最高长官是中书令，由皇太子真金兼任。中书省设左、右丞相，丞相下设平章政事等职务，统称"宰执大臣"。

1263年5月，忽必烈为有效控制军队，特设枢密院，总领全国军政。与中书省一样，枢密院的最高长官枢密使也由太子真金兼领。所以它的实际负责人是枢密副使。忽必烈鉴于军阀尽专兵民之权的弊端，采取断然措施，把军政和民政截然分开，中书省和枢密院不相统摄，军官的选拔和任免赏罚不通过中书省的吏部，而是由枢密院自行制定有关规定和具体实施。

1268年7月，忽必烈设立了监察机构御史台，设有御史大夫、中丞、侍御史等官职。作为中央监察机构，御史台负责纠察百官的不法行为，肩负着肃正风纪的重任。至此，中央行政、军事、监察三权分立的局面正式形成。这是忽必烈和儒士参谋们在对唐、宋、金朝的政治制度仔细研究之后所确定的总体制度格局。

元朝的军事活动很频繁，这就需要有专门的财政机关负责筹集军饷和物资。1266年忽必烈设立制国用使司，以后改立为尚书省，专理财政，并曾一度把中书六部改为尚书六部，使财政权极为突出，甚至凌驾于一般民政之上。忽必烈晚年专任善于经商的西域色目人主管尚书省，这与汉族知识分子"君子喻于义，小人喻于利"的观念极不适应，以致引起色目人和汉人的激烈斗争。忽必烈则趁机居中调和，控制汉人和色目官员，体现了他的权力制衡思想。

在地方上，忽必烈最重要的行动是行中书省的设立，行中书省，简称"行省"。行省制度的建立是忽必烈的一大创造。它本身是中书省临时因事而设的派出机构。但是估计当时人谁也不会想到，一个临时设置的行省，竟然奇迹般生长起来，一直划着弧线穿越到现在，这条时间之线达 800 年之久。行省的官员配置与中书省基本相同，品级也一样。行省之下的路、府、州、县等地方行政建置统一归相应的行省管辖。可见，行省实际上是中央政权的延伸。它掌握着地方上的一切重大权力。除行省之外，任何地方政权都没有什么独立的行政权力。

通过不懈的努力，忽必烈确立了具有中原汉制特点的中央集权体制，整个官僚机构得以正常运转。但是，改行汉法只是忽必烈建政纲领的一个方面，在另一方面，他还强调要继承旧传统。在所有的汉地征服者中，蒙古人的同化程度是最浅的。蒙古的分封诸王勋贵与中原王朝的官僚政治传统是根本不相容的，而蒙古人与汉族人在数量和文化水平上的差异，又加重了这种不相容性。为维护蒙古人的统治民族地位，忽必烈改行汉法是有限度的。行汉法绝不是行汉化。全盘汉化就有使自己完全湮灭在汉族人的海洋中去的危险。早期女真人入主中原时，大批猛安、谋克户迁居中土，与汉人杂居。海陵王完颜亮迁都北京后，内迁者更多，他们很快开始与汉人融合，丧失了骑马作战的战斗力，安土重迁，不愿再参加作战。金世宗曾为此大力提倡恢复女真族的旧风俗、旧文化。深谙前朝历史的忽必烈对金世宗的做法非常欣赏，视之为自己的政治楷模。所以，忽必烈在施政中把利用民族矛盾，保证民族特权与改行汉法一样看重，作为加强与稳定民族特权统治的两根杠杆。他甚至故意制造民族隔阂，挑起民族矛盾，人为地把人划分为四等，奉行蒙古人至上主义。所以，在他所创立的一整套政治制度中保留了大量蒙古旧有的制度。

如蒙古旧制中的斡耳朵制，投下分封制以及忽里勒台议事制度，每年皇帝往返于两都之间，在草原驻夏时接受蒙古亲王、贵族的朝觐等等，都几乎被原封不动地保留了下来。忽必烈仅仅为维护中央集权的统治才对它们进行了微不足道的调整，尽可能地维护了王亲贵族的民族特权。这样，忽必烈梦想已久的蒙、汉杂糅的文化共通体制终于建立起来了。蒙、汉杂糅的政治制度虽然是蹩脚的制度，但其中也不乏结合的较好的成果。忽必烈的两都体制便是其中之一。

成吉思汗建立蒙古帝国时依然保持着游牧民族逐水草而迁徙的习俗，以大汗的斡耳朵为中心，国家大事都在斡耳朵内协商解决。到窝阔台时期，他在漠北鄂尔浑河畔修建了和林城，因为鄂尔浑河流域是黄金家族的发祥地。和林城从此成为帝国统治的中心。忽必烈受命主执漠南汉地事务后，为了安置不习惯迁徙生活的汉族幕僚，也为了便于管理中原军务和民政，特意挑选了桓州东、滦河北岸的龙冈，建设了一座新城，这就是开平。忽必烈即大汗之位便是在开平进行的。但是随着时间的推移，蒙古帝国的边界线进一步南移，汉地的地位越来越突出，定都开平很难再有效控制汉地，新王朝的政治重心有必要进一步转移。

燕京东控辽东，西拥太行，背靠大山雄关，挟关山之险而凭临中夏，自古以来就是华北通往辽东和蒙古的必经之地，同时也是中原王朝抵御北方游牧民族入侵的军事重镇。春秋时期的燕国即定都于今北京房山地区。石敬瑭出卖了幽云十六州后，辽将燕京定为五都之一，作为经营汉地的重心，与北宋政权长期争衡于华北平原。金灭辽后，海陵王完颜亮为实现"立马吴山第一峰"的征南大志，于1153年再一次把都城定在此地，当时称中都。从此，北京开始成为一代王朝京师。

金元之际，燕京在蒙古铁骑的践踏之下遭到严重破坏，"可怜一片繁华地，空见春风长绿蒿"。忽必烈决意迁都后，于1264年首先开始修复琼华岛，即今北海公园。琼华岛始建于金大定年间，是国内保存最完整的现存最古老的一座皇家园林。忽必烈在修复琼华岛时，还特意重建了琼华岛山顶的广寒殿。

1266年12月，忽必烈正式下令大规模开始两都的建设，重点在于燕京的建筑。刘秉忠、张柔、段天祐等负责修建工作。

因为蒙古人向来厌恶被火烧过的地方，金中都城破坏也十分严重，不值得再利用，所以刘秉忠完全抛弃了金中都旧址，而另选东北以琼华岛为中心的湖区及其四周的空旷地作为新址。这片地区人户很少，搬迁量不大。而且琼华岛所在的湖泊水源来自玉泉山，水量充足，足以供应宫苑用水的需要，又富有湖光水色之美景。新都的兴建进展非常迅速，1272年3月15日，宫城竣工。1287年全部工程告竣。忽必烈命名新都为"大都"，西方人称之为"汗八里"，即"大汗之城"。

大都城的布局是根据《考工记》所称"左祖右社，面朝背市"的原则设计的。城门与宫殿的名称多取自《易经》，这也是忽必烈"仪文制度，遵用汉法"的重要标志。皇城居全城的正南而略偏西的地方，周围环绕着约20里的萧墙。萧墙周围密植参天大树，更增加了皇城的威严和气派，皇城的正门是南向的灵星门，灵星门外至丽正门之间是宽阔的宫廷广场。广场左、右两侧有千步廊，但实际上只有700步。在皇城正门前方设置广场，是建筑设计上的一大创造，别具匠心。以后明代在建设北京时也保留了这一设计特点。

　　在大力兴建大都城的同时，忽必烈对旧都开平也进行了增修，作为上都。上都城北枕龙冈，南临滦河，东西都是广阔的草原。金莲川在开平城南，原名曷里浒东川。每年夏季，川上开遍金黄色的七瓣花草，极目望去，一片金浪起伏，金世宗完颜雍于大定年间因此取金枝玉叶相连之意，改其名为金莲川。金莲川地处燕北高原上，大陆性气候特征明显，冬夏昼夜温差很大，是游牧民族理想的驻夏避暑场所，所以忽必烈主执漠南汉地后马上选中这一地区作为幕府驻地。因为幕府中的汉人对游牧生活很不习惯，忽必烈为积极吸取汉文化精华和有效控制漠南汉地，特派刘秉忠选定金莲川以北的一块空地，建筑了开平城。

　　开平城地势低平，东南部是所谓水沼错落的龙池，无法排干积水。刘秉忠为此曾请忽必烈祭告龙王，借得土地。据说忽必烈祭告后的当天夜里雷声大作，地动山摇，巨龙飞腾而去，次日人们即用土填水筑成了城基。忽必烈重新增修后的开平城皇城大略呈正方形，周长5600米。皇城西北面又各有一个外城。外城和皇城加在一起，依旧呈正方形，边长2200米，周长8800米。宫城在皇城正中略偏北的地方，内中最主要的建筑是新建的大安阁。大安阁于取材金故都汴京的熙春阁。大安阁共三层，高222尺，周长约46步，上层设释迦牟尼像；中层为皇帝更衣室，忽必烈特意在此放置了一箱衣物，供子孙赡养，以使他们勤俭治国，力戒骄奢；下层是大殿，供皇帝会见百官和宴饮。

　　为了保持蒙古人传统习俗，忽必烈在开平城外还建造了蒙古帐幕式的宫殿失剌斡耳朵，这座宫殿可以随时拆迁，人们常称之为行宫。在开平附近，还专门设有供皇帝打猎的猎场。为促进开平的繁荣，忽必烈采取了很多手段，诸如减免商税，来吸引商旅往来和鼓励平民定居城内。

　　并建两都是蒙古游牧风俗和汉地城郭文明结合的产物，是忽必烈谋求建立的文化共通体制的一个成果。蒙古大汗在漠北生活时，他的斡耳朵经常要随水草天

气而迁徙：春天他们在和林以北地区射猎；夏季迁到月儿灭怯土之草地避暑；秋天和冬天也在不同地方生活。普通的宗王也至少有冬季避寒、夏季避暑的两个场所。忽必烈继位之后，依然保持着春秋田猎，冬夏避寒趋凉的习惯，与以前的唯一不同是他的冬夏驻地变成了城郭，而不再是临时搭建的官帐。自两都建成后，忽必烈每年2～8月或3～9月在上都度过，其他时间则住在大都。

忽必烈在上都除了例行的政事和游猎外，还有一些特殊的民族仪式和活动。如夏秋两季举行的蒙古传统的祭天仪、不定时的忽里勒台议事会议、大规模的诈马宴等等。忽必烈通过这些活动来维系蒙古诸王和贵族之间的团结，镇抚草原诸王贵戚。这样，上都就起到了作为全国政治、经济、文化中心的大都所无法起到的作用。后者用来团结中原人心、联系江南人士，以表明自己尊重中原传统制度；前者则是蒙古本位主义的体现，是维护蒙古国俗旧制，镇抚草原诸王贵族的据点。从这个意义上说，忽必烈的两都体制还是成功的。

但是，从以后的彤势发展，特别是从海都叛乱以后的西北局势来看，忽必烈彻底放弃和林城无疑或许是短视和不明智的举措。和林，地处漠北草原的中心，向西可以直接控扼阿尔泰山以西地区，直接监控窝阔台汗国和术赤系金帐汗国；向东则直接与东道诸王的封地相连。如果忽必烈把和林作为上都，定期巡行漠北，在和林地区必然要布置大批卫戍部队和野战部队，那么西北诸王是难以发展成大规模的反叛势力的。因为稍有苗头，政府军就可以及时将其扼杀于无形当中。而忽必烈所选择的上都开平，地处漠南，仅仅可以监控东道蒙古诸王，联系和东道诸王的感情。西北诸王要想朝见天子，必须不远万里穿越大漠才能抵达开平，困于道路险远，他们自然不愿成行，久而久之，必然是与元朝中央越发疏远，直至走上独立发展的道路，海都叛乱开始后，叛军几度杀入漠北，进入和林，威胁漠南，迫使忽必烈不得不几次兴兵北征，收回和林，最后还是要在阿尔泰山一线部署大批军队来防御西北诸王叛军的进攻。可是这时的叛军早已成了气候，兵强马壮，再想剿杀已经非常困难。致使忽必烈终其一生也未能实现西北地区的和平，抱憾而去。倘若当年忽必烈定和林为上都，或实行类似辽国的多都城制度，定期巡幸和林，联络与西道诸王的感情，他的帝国梦是不会那么快就破碎的。

长生天的最后福祉：灭宋

在宋以前，如果问一个小孩子将来想做什么，他会干脆利落地回答："做将军！"但到了宋代，小孩子的理想就已变成了"当状元"了。

有人说：宋代是中国汉民族由"尚武"向"重文"的转折点。但是这个"转折"实在是要命的，遇到了强悍的习于游牧、以掠夺为乐事的草原民族则不免覆亡的命运。

"靖康耻"：金灭北宋

1127年，女真大军如霹雳闪电，攻破北宋都城汴京，俘虏宋徽宗和宋钦宗。北宋正式退出历史舞台。康王赵构率众南逃杭州，建立起了南宋王朝，赵构即位为宋高宗。亡国之恨，失亲之苦，并没有使南宋统治集团卧薪尝胆，希冀有所作为。声色犬马，灯红酒绿，却令他们醉生梦死，飘飘欲仙。

赵构和他的子孙们，一个个平庸无能，昏聩无道、荒淫无耻。"上梁不正下梁歪"。皇帝如此，权臣自然有过之而无不及。秦桧、史弥远、史嵩之、贾似道等权贵把持朝政，争权夺利，结党营私，互相倾轧；对皇帝献媚讨好，巴结奉承；对下或包庇重用，或打击陷害。忠臣良将，动辄得咎，宦官外戚，直上青云。

而此时的蒙古政权，内部统一，同心协力，一派生机勃勃，蒸蒸日上的景象。成吉思汗跨着蒙古战马，手持无敌神弓，带领着他的铁骑，横扫中原，征讨西夏，剿辽败金，掠夺了无数金银财富，强占了多少俊妇美女。通过东征西讨，南伐北略，他的军队训练充分，经验丰富，兵源充沛，反应神速，当时其他统治集团的军队不能望其项背。

而南宋统治下的江南大地，个体经济充分发展。人们安土重迁，思想保守，重文轻武。个体经济的发展，人口流动的减少，平时只见劳动工具，不知武器为何物；久居一地，人们相互关系融洽，往往是"君子动口不动手"，于是慢慢地就变得"手无缚鸡之力"了；这样，南宋军队先天不足，很难与蒙古铁骑一争雌雄。但是，死亡虽然是绝对的，但必须经历一个过程。蒙古灭亡南宋耗时43年，

其间风花雪月，难以尽述，兹择其要者略叙之。

蒙古与南宋早期关系：由三角外交到直线外交

蒙古、南宋和金朝并存时期，蒙、宋关系是三角外交的关系；蒙古消灭金朝之后，两国的关系变成直线外交关系。

北宋灭亡，南宋建立后的 80 年，即 1206 年，金朝的南北两面发生了两件重大事件：南宋对金正式宣战，成吉思汗称汗。

南宋统治者在北迁 80 年之后才想起收复故地，未免太迟钝了一点。懦弱的南宋统治集团已是窥见金朝在蒙古的不断打击之下，饥荒连年，国势衰微，才斗胆北伐。宋人不管意识到没有，蒙古人已经成为他们对抗金朝的潜在伙伴。可惜南宋的攻势很快被金人挫败，但是金人怕蒙古人乘虚而入，只好适可而止。这样蒙古、金朝、宋朝的三角关系形成。

成吉思汗称汗 5 年，即 1211 年，他亲率大军劫掠金朝大都。这件事引起南宋朝野强烈反响。苟且偷安的权贵们弹冠相庆，盲目乐观，以为自此可以高枕无忧，于是上恬下嬉，萎靡偏安之风一时甚嚣尘上。但是不少有识之士却深为忧虑：不可一世的金朝，在蒙古人面前居然如此不堪一击，何况宋人。靖康之耻历历在目，亡国之恨背若芒刺，不能不引起高度警惕。但是南宋没有弄清楚这次洗劫是蒙古人灭亡金朝的重大前奏，所以只是严防边境而已。

1214 年，金朝经受不了蒙古人的猛烈打击，被迫由大都（北京）迁都汴梁（开封）。女真政治和经济重心的南移，南宋也被迫改变了其外交策略，决定继续维持宋金友好关系，企图利用金朝来阻止蒙古人南下。但是南宋拒绝向女真人纳"岁币"，于是金朝发动了侵宋战争。

金朝的军事入侵，激起了宋人的抗金热情，南宋也迅速改变其外交策略，决定联蒙抗金。宋使苟梦玉历经艰险，长途跋涉，在西域铁门关觐见成吉思汗，蒙宋联盟始成。女真人为渊驱鱼，失去了自己的盟军，从此陷入两面受敌的境地。

陕南、川东和陇东一带，地理上称之为"蜀口"，历来为兵家必争之地。1229 年，蒙古骑兵曾窜入"蜀口"，攻占文、阶二州。这是蒙宋的第一次军事冲突，史称"丁亥之变"，使当地居民损失惨重。1230 年，蒙古大汗窝阔台遣使至宋假道伐金，宋廷害怕唇亡齿寒，委婉回绝。1231 年夏，蒙军制订了出宝鸡，

经凤县、略阳、兴元，沿汉水东下，从唐、邓地区北上伐金的计划。蒙军统帅拖雷等大举入侵，威胁利诱宋军统帅桂如渊让开大路，输送粮草，提供向导，蒙军武力借道，极大地损坏蒙宋关系，但是金人未灭，宋廷忍辱屈膝，两国联兵取金反而由此推上高峰。

1232 年，拖雷大军进入河南，三峰山一役歼灭金军主力，金朝统治处于风雨飘摇之中。女真人为了免于灭顶之灾，进行垂死挣扎。蒙古灭金的最后几战遭到了金人的殊死抵抗，打得异常艰难，归德、洛阳、汴京久攻不克。战事迁延不决，蒙军兵源匮乏，粮食不济，形势特别不利。

为此，蒙古遣使赴宋，商议联合灭金。宋人积极响应，出兵出粮，极大地震惊了金人。女真人素来轻视南宋，但是深感自己末日几近，在存亡关头也只得低声下气，向南宋伸手乞援，反复陈说唇亡齿寒之理。但是，此时的南宋已经彻底放弃了金朝这块抵当蒙古的盾牌，沉醉于蒙古的甜言蜜语之中。1233 年 10 月，宋派孟珙、江海率军 2 万，输米 30 万石，次年与蒙军一起攻克蔡州。金哀宗完颜守绪自杀，金朝灭亡。

金朝的覆灭改变了蒙、金、宋三角外交格局，南宋面对的是新兴的蒙古帝国，不知宋人此时是欣喜若狂，还是胆战心惊！此时此景，宋人只好借助"夷狄无百年之运"的话来聊以自慰了。

窝阔台三路征宋

金朝灭亡，蒙宋之间的确经历了短暂和平共处时期。但是蒙古人要消灭南宋，毋庸置疑。最核心的问题是领土之争。蒙古联合宋人出兵灭金之时约定：灭金后河南归还宋朝，但是当时并未讲清楚是河南全境还是部分，并且当时宋只是与伐金元帅交涉，并不是蒙古中央政府，这种约定缺乏应有的权威性。因此，金朝灭亡之后，河南的归属问题尚未最后达成协议。南宋占有河南唐、邓、息、蔡等州，相当于河南的 1/2；蒙古占有陈、蔡西北地区。

1235 年春，蒙宋全面武装对峙开始。窝阔台下令三路征宋，阿术为率领东路大军，意在牵制东部宋军。皇三子和皇二子率领的中、西两路大军，意在突破长江上游防线，抢夺巴蜀大地，占领荆襄要冲。

巴蜀之地，位居形胜：陆有剑门之峥嵘，水拥三峡之险峻；东扼长江之首，足为吴楚咽喉；北达秦岭，沟通秦陇，西南高原环绕，为走云南去西藏的必经之路。欲取江南，必争巴蜀，自古而然。蒙、宋两军，争巴守蜀，战火蒸腾。

西路大军经凤州入河池破沔州。沔州乃西陲之门户。于是蒙军大举出击，围四川战区司令赵彦呐于青野原。宋军拼死相救，赵氏突围而出。宋军援兵长驱驰援，蒙军铁骑被迫后撤。蜀门既闭，蒙军转而攻打秦、巩二州。总兵汪世显率众迎降，遂为入蜀尖兵。汪系金朝旧将，时为金将，时为宋臣。其师皆当地之民，熟知地形地貌；秦、巩实为入蜀补给佳地，致使蒙军如虎添翼。蒙军势如破竹，攻城掠地，成都被劫一空。南宋金州（陕西安康）守将攻击长安，威胁后方，蒙军匆忙退出。此役首开北方少数民族占据四川之先例。

西路军占领四川大半的同时，中路直扑荆襄。荆襄地区，南带长江，北扼唐、邓；溯汉江而上，直抵关中盆地；西锁长江三峡，自古有门户之称；东通江淮，南控荆楚，为吴越屏障，是两广长城。蒙宋大军在这"水陆交通第一冲"、"天下咽喉"展开了一场激战。

蒙军沿拖雷攻金旧路，走金州、光化，沿汉江南下，邓、唐三州金人降将杀宋守降蒙。荆襄外围防线顷刻间土崩瓦解。蒙军趁得胜之盛势，拔枣阳，克郢州，兵临襄阳城外。宋军拼力固守，蒙军不习水战，终被击退。蒙军所过州县，人口、牛马财物俱被席卷而去。

1236年春，蒙军卷土重来。宋军襄阳守兵内讧不断，甚至置强敌于不顾发生火并，蒙军轻取襄阳城。京湖战区司令部被迫迁往江陵。

蒙军直逼江陵，编筏造船，气焰十分嚣张。南宋急诏孟珙驰援。孟珙乃南宋名将，其时驻守黄州。他不负众望，屡克蒙军。蒙军主将、皇太子阔出死于战阵，蒙军败退，长江沿岸压力减轻。

1239年秋，蒙古中路军一部，避开宋军正面江淮防线，袭人淮西，以利北攻江淮防线，南下寻找渡口，东进扫荡淮阳。10月，蒙军连拔光、舒诸城，打通京、淮战场联系，缴获宋军大批战舰，进而攻打黄州。宋军守将战事不利，转而以求和拖延时间。继而，孟珙鄂州回师，截获蒙古渡船百余艘。蒙军屡战皆北，孟珙偷袭成功，捷报不断传来。蒙军无功北撤。

蒙军黄州失利，改攻安丰，策应东路蒙军。宋军将领杜杲据城坚守。蒙军炮火连天，毁墙破门，其势速猛异常；杜杲兵来将挡，水来沙堆，研制各种新型守城武器，针锋相对。蒙军攻城 3 个月不克，敢死队损兵折将。安丰依旧在宋军手中。正在此时，南京援军相继赶到，蒙军伤亡惨重，只得一走了之。安丰大战 3 个月，歼敌 1.7 万余人，大灭蒙军气焰，确保了南京战区的安全，意义重大。

战场上的受挫，外交手段又成了窝阔台的征宋方略。"战和"并用是蒙古对付南宋的惯用伎俩。蒙古军队利用这一和平时间，进行了充分的备战工作，而宋廷则沉醉在和平的气氛之中。谈判尚在进行，蒙古铁骑已经再度来临。1238 年秋，蒙军号称 80 万众，在大帅察罕的率领下，直取庐州（合肥）。蒙军来势凶猛，攻势数倍于前，大有志在必得之势。"冤家路窄"，蒙军又一次巧碰原安徽守将杜杲。察罕机关算尽，无奈庐州城周若金汤，只得丢下 2.6 万具蒙军尸体，撤军而去。宋军乘机收复局部失地。1239 年，收复樊城，重占襄阳，南宋充分认识到这一地区的重大战略价值。

1239 年秋，塔海率号称 80 万的大军进攻东川地区。汪世显凭借自身地形之利，偷袭宋军，直抵巫山，大有过三峡问津中游之意。南宋震惊，京湖战区司令孟珙火急率师增援四川，防截阻追相结合，秭归激战，蒙军受挫，撤兵北归。孟珙在这一带设置纵深防御体系，到南宋覆灭，夔门始终未破。

窝阔台全面出击，兵力分散，水战不力，关山险隘等等，失败应该说是顺理成章的。

南宋统治集团在胜利面前，根本不去居安思危，医治战争创伤，反而只顾眼前利益，沉湎于纸醉金迷的腐朽生活，而且，争权夺利，排挤忠良，自毁长城——孟珙等一代名将均不得志而死。等待着他们的，自然是灭亡。

蒙哥屯兵坚城

1251 年，拖雷长子蒙哥登上了汗位宝座。他屯兵积粮，以守为主，守战结合为大规模灭宋作充分准备。不久又派忽必烈灭大理，实现包围南宋的战略构想。

1256 年，蒙哥兵分三路会攻南宋。东路军进攻荆襄；蒙哥亲率西路军攻打巴蜀；大理驻军北上进攻湖南，作为策应。驻守巴蜀蒙军，根据蒙哥命令，积极向宋军发动攻势，重占成都，蒙军控制了川西地区。

1258 年，蒙哥率 4 万人马，号称 10 万，从六盘山出发，经散关，入汉中，

取金牛道，抵利州城。旋即渡嘉陵江，攻苦竹隘。攻下苦竹隘后，蒙军挥师东进，年底，集中兵力攻打重庆。蒙宋军队在钓鱼城进行了一场殊死的争夺战。

钓鱼城距离重庆70公里，位于嘉陵江、涪江、渠江三江交汇之处，前面控制三江扇形地区，后面凭依绵延华蓥山系，即可阻止蒙军长驱直入，遮蔽重庆，也可联结渠江，组成封锁夔峡的防线。钓鱼城坐落钓鱼山上，山势险峻，四周峭壁，三面临江，易守难攻。守将王坚，原系名将孟珙部下，战功卓著。经过王坚的一番治理，钓鱼城成为了一座城防坚固，粮草丰盛，柴米充足，布置合理的城池，具备长期坚守和独立作战能力。

1259年初，蒙哥派使劝降，王坚严词拒绝，并派人抓回归至峡口的蒙军使者，公开处决。2月，蒙哥合围钓鱼城，切断外界联系。一场钓鱼城攻坚战开始。

蒙哥首先夺取船只，攻陷外堡，封锁嘉陵江面。然后开始全面攻城。蒙军四面攻打，轮翻进击，敢死队拼命强攻，攻城炮轰响不停。王坚率领宋军凭借险峻地势，高昂士气，从容防守。蒙军苦战数月，伤亡惨重。王坚白天防守，夜间偷袭，蒙军疲于奔命，狼狈不堪。5月下旬，吕文德率师入川，解合州之围，数克蒙军。宋将刘整等率军攻破蒙军第二道防线，吕文德入师重庆。宋军在进军救援钓鱼城时，遭到蒙军水军正面阻击，陆军两岸夹击，溃散而逃，只得固守重庆。王坚继续凭借孤城抗击蒙军。

蒙军围攻5个多月，多次派人劝降，均遭坚决拒绝。蒙军将领汪德臣亲率锐师攻城，单骑寻王坚喊话，被城上击中而死，蒙军锐气大挫。其年四川酷热，久旱不雨，蒙军流行瘟疫，引发霍乱，军士大批死亡，军心十分涣散。蒙哥竟下令用酒对付霍乱，结果不仅未能控制疫情，反而严重削弱蒙军士气。

6月底，蒙哥染病，7月上旬死于重庆北温泉。蒙哥一死，士气更加低落，无奈留部分蒙军驻守四川，其余撤回六盘山。蒙军撤走，战局缓和，9月，南宋小朝庭宣布合州解围，王坚升任宁远军节度使。钓鱼城战役结束。

钓鱼城战役在世界战争史上创造了以山城设防击败蒙古铁骑的奇迹。蒙古大汗的阵亡，直接打乱了它灭亡南宋的战略计划，南宋王朝也暂时得以免遭亡国之祸。蒙哥之死，加速了蒙古诸王贵族内部的权力之争，为忽必烈君临北中国提供了历史的契机。忽必烈即位后便大刀阔斧地开始了他的汉化改革。因此，台湾学者姚从吾先生认为蒙哥在钓鱼城下之死，不但对中国历史是一个奇迹，即便对世界史而言也是一件值得注意的大事。

刘整降蒙，南宋自毁长城

一个人的力量的确是十分之微不足道的，但是每逢关键时刻，一个人却显现出非凡的作用。楚汉相争，那个曾受胯下之辱的韩信；三国纷争，那个高卧隆中的孔明；明末的袁崇焕……南宋可否有一个刘整？

蒙古撤军后，南宋小朝廷居安不思危，又回到了文恬武嬉，不思进取的状态，奸相贾似道继续推行民族投降政策，对和平时期的主战派大肆打击和迫害。一批妥协投降的无能之辈却登上了军政高位，备受重用。

为解决因为浪费无度所带来的财政困难，贾似道别出心裁，制定所谓"公田法"，按官品规定占用限额，强令土地拥有者把 1/3 的土地捐献给政府，由政府来收缴这些土地上的租赋，充为国家财政收入。结果怨声载道，大地主依旧保有相当数量的土地，广大贫苦农民则家破人亡，流落四方。南宋小朝廷这种贪婪的掠夺，不过是为了满足自己的私欲，真正投入到军事建设中的开支很少。在这帮昏聩无能之辈的统治下，政治极端腐败，南宋的覆亡被大大地加速了。

1260 年 4 月，忽必烈遣翰林学士郝经为国使出使南宋，要求南宋按照贾似道的承诺割地、纳币。当时贾似道正在使其门客编造匡救宋室之功，鄂州破敌的故事，郝经的到来使他深感不妙。为防止泄露自己谎报战功和擅许割地、纳币之事，贾似道秘密地把郝经软禁在真州（今江苏仪征）。当宋理宗风闻其事时，他又编造谎言，称郝经使宋是蒙古的计谋，进行搪塞而加以掩盖。郝经被囚禁后，忽必烈多次致书遣使宋理宗和贾似道，要求迅速送郝经回蒙古。贾似道隐匿不报。郝经被囚，遂成为以后忽必烈大举伐宋的一个原因。

南宋文武大臣在贾似道的"榜样"作用之下，也纷纷邀功请赏，互相排挤倾轧，终于酿成了刘整降蒙的恶性事件。

刘整，陕西西安人。金亡后投奔南宋，隶于大将孟珙麾下。1254 年入蜀，成为四川战区四位主力将领之一。在四川的抗蒙战斗中曾屡立大功，升任泸州知府。但他作为金朝降将使许多南方将领隶于自己麾下，招致吕文德的嫉恨。吕文德多次阻挠刘整的治军筹划，有功也不为他上报。吕文德后来又与四川战区司令俞兴相勾结，图谋加害刘整。刘整被逼无奈，决定向已改国号为元朝的忽必烈政府投降。

1261年夏，刘整遣密使向元成都路军政长官刘黑马送款投降。泸州为蜀之要冲，刘整手里握此要津，又管辖着潼川路15郡军民，而且是屡立战功的南宋名将，他的突然投降颇令元朝众将怀疑，认为他是诈降。但刘黑马、刘元振父子却力排众议，认为他降元是真心。于是刘元振前往泸州受降。刘整开门迎接，泸州要地遂落入元朝手中。

刘整降元后，俞兴急忙移檄讨伐。在成都军将失里答的援助下，刘整出城迎击宋军。宋军在前后夹击之下溃败。俞兴丧师后，吕文德奉命征讨。他改变作战方针，步步为营，坚壁合围，逐渐向泸州逼近。刘整孤立无援，难以拒守，于1262年初奉命撤离泸州，应召入朝，觐见忽必烈。

刘整驻蜀多年，熟知巴蜀的防线布置，他的降元使南宋不得不仓促调整防御部署。而且刘整本人深晓用兵韬略，对征讨南宋有独到的见解。后来忽必烈正是接受了他的建议才覆灭了南宋，统一了中国。南宋统治者排挤良将直臣，自毁卫国长城，灭亡之时不远了。

平南宋复归一统

1267年，忽必烈由于推行汉法，取得了北方汉人儒士和地主的大力支持，从而有效地巩固了统治之后，以宋廷拘囚郝经为理由，大举南下，准备一举灭亡南宋，统一中国。

要灭南宋，首先要选择正确的战略主突方向。窝阔台、蒙哥二代大汗在征宋时都把巴蜀作为主攻地点，准备破蜀后沿长江而下。可惜都没有成功。从1259年忽必烈领东路军攻击鄂州时起，就先后有杜瑛、商挺、郭侃、刘整等汉人参谋人员提出把主攻方向转移到荆襄地区。襄阳地区自古便是兵家必争之地，战略地位十分重要。所以，刘整在降元后反复向忽必烈建议先取荆襄。他认为"攻蜀不若攻襄，无襄则无淮，无淮则江南唾手下也"。刘整原本是尽知南宋虚实的南宋骁将，他的建议自然深得忽必烈重视。

从当时的实际情况来看，南宋的防线宛如一字长蛇，首在淮东，凭深流巨寝，可扼精兵突骑；淮西则驻有重兵，以资建康屏蔽；尾在四川，凭崇山峻岭，削弱元朝骑兵之特长。相比之下，襄阳地区则是千里长蛇的中腹，击之容易奏效。元军若取襄阳，则可斩断长蛇，突破中段，进而沿汉水而下，饮马长江。这样既可割断长江上下游的交通，使四川成为孤地；又可顺流东下，直捣建康，分割两淮与江南的联系。因此，忽必烈完全接受了刘整的建议，在灭宋战争中基本上是根据他的建议行军的。

1267 年 8 月，忽必烈命阿术、刘整进攻襄樊，揭开了长达 6 年的襄樊争夺战的战幕。当时，襄樊号称城坚池深，兵储可支 10 年。襄阳与樊城唇齿相依，广大军民斗志昂扬，决心与来犯元军决一死战。为消磨敌人的士气，也出于慎重的考虑，刘整和阿术没有采取急切的攻坚之法，而决定长期围困，逐渐缩小包围，最后才以攻坚与招降双管齐下攻击襄樊。

在战斗的前几年，元军首先采用了筑堡垒、造舰船、练水军、绝援襄粮道等方法，使宋军处于孤立元援的地位。1268 年春，元军首先围攻樊城，在赤滩圃击败宋将张世杰部。夏贵、范文虎两次从水上援救，也都没有成功。年底，原襄阳守将吕文德病死于江州，其弟吕文焕以襄阳守将继续坚守。

1270 年初，宋廷以李庭芝为京湖战区司令，督师进援襄樊。当时援襄失败的范文虎总领禁军，听说李庭芝兵到，因忌其战功，暗中牵制。1271 年汉江水溢，元军加紧丁对襄樊的包围，范文虎不得已出师救援，但在灌子滩战斗中临阵脱逃，宋军大败，战舰及物资全被元军俘获。李庭芝不能有所作为，多次请求调动，均未获准。南宋内有误围之相臣，外无御敌之将帅，襄樊被围困的命运已无法挽回了。

1272 年春，元军开始对樊城发动总攻，襄樊形势更加严重。因为被围困已达 5 年，城内盐薪、布帛严重缺乏。李庭芝移司令部于郢州，得知襄阳城北有条清泥河，于是决定组织一支敢死队，进行一次冒死冲击元军防线人援襄阳的尝试。1271 年冬，李庭芝招募骁勇善战的民兵 3000 人。由总管张顺、张贵率领，前往清泥河上游各支流创立便寨，建造楼船，进行人援襄阳的准备工作。1272 年 5 月 24 日夜，他们顺流入汉江，以红灯为号，张贵在前，张顺殿后，乘风破浪，突入重围。他们奋勇斩断元军所设铁链，转战 120 里，杀死和溺杀的元军不计其数。元军为其威势所吓，不敢与战。援军终于于次日黎明抵达襄阳。困守襄阳的军民受到极大鼓舞。但张顺因在当夜所带火炮用尽，人马力竭，身中四枪六箭，阵亡于汉江水战之中。

张贵入襄后，吕文焕极力挽留他共守襄阳。张贵企图与郢州守军配合，以南北夹击之法突袭元水军。可惜手下一名亲随把此消息秘报给元军，使计划无法实行。张贵为争取时间，提前乘夜举炮鼓噪开船。元将阿术将计就计，突袭捣虚，命数千水军乔装守军在襄阳下流龙尾洲一带以逸待劳。张贵果然中计，见假宋军时喜跃而进，遭到出其不意地打击，伤亡极为惨重。张贵全身负伤数十处，力不能支，被元军俘获，不屈而死。元军以 4 名降卒运其尸体到襄阳城下，以示援绝，促吕文焕投降。吕文焕尽斩 4 卒，合葬张贵于张顺墓地，立双庙以祀之。二张援襄虽败，但这一传奇式的军事行动，对延缓元军进攻樊城起了一定作用。

1273 年正月，元军采用张弘范建议。命熟悉水性的士兵潜入水中，断木沉索，樊烧襄阳与樊城之间的浮桥，樊城势孤力绝。元将阿里海牙用西域炮猛轰樊城，终于攻破樊城。守将范天顺、牛富竭力抵抗。不屈而死。樊城陷落，襄阳的失守就指日可待了。

襄樊防御战已进行了五年多，吕文焕秉节守御，但长期不得救援，意志日渐消沉。樊城失陷后，襄阳如齿丧唇，陷入内无力自守，外无兵入援的困境。1273 年 2 月，元军用炮击中襄阳谯楼，声震如雷，城中军心摇动，诸将纷纷逾城降元。吕文焕见大势已去，无奈于当月献城投降。至此，历时 6 年之久的襄樊战役宣告结束。

襄樊的失守破坏了南宋的战略防御体系，而且使之丧失了苟安江南的屏障。至此，元宋 30 余年对峙的僵局被打破，元宋战局发生根本性变化，元军取得了战略上的优势。而且元军在襄樊之战中大胆锻炼水军，针锋相对地实施"夺彼所长"的方针，终于打破了宋军战术上的优势，取得了水上作战的经验，也锻炼了攻坚作战的能力。

宋军在襄樊被占领后，慌了手脚，急忙调整部署，把防线收缩到长江一线，力图阻止元军沿汉水进入长江。元军也进行了针锋相对地部署。1274 年 6 月，忽必烈命伯颜分两道伐宋：一道进犯淮西淮东，阻止淮东宋军西援；一道由伯颜亲率，沿汉水而下，直趋临安。

1274 年年底，元军绕道坚城阳逻堡以西的青山矶，渡过长江，夜袭江南宋营。宋军以为元军主力在上游渡江，匆忙移军。伯颜则乘机遣步骑兵数万人攻取阳逻堡，进而顺利横渡长江。元军渡江后，伯颜南攻武昌，阿术北攻汉阳，形成武汉一带大江南北皆元军旗帜的形势，为夹岸东下创造了条件。

当时，水师是宋军主力，不歼灭长江上的宋朝水军，要顺利进军夺取临安是不可能的。元军渡江后，以善于野战的步骑兵沿长江两岸东下，与水师相互应援，形成破竹之势。1275年2月丁家洲一战，伯颜既成功的运用了当年史天泽在川江上所创三面夹击的水上战术，又以步骑兵击溃护岸宋军，并声言火攻，疲敝敌人，进而夹江岸竖火炮弓弩攻具并力进攻宋军，水上元军则乘风直进，插入宋水军战阵，将对方分割，使其丧失统一指挥的能力。宋军主帅孙虎臣望风先遁，元军乘胜追杀数十里，又一次取得水上歼灭战的胜利。

元军在进攻焦山时还成功采用了火攻，再现了当年周郎赤壁火烧曹军的情景。1275年7月，宋将张世杰、李庭芝集中号称数十万的水陆军，上万艘战船，列阵于焦山江面，欲利用此处江面较窄便于阻击水军的优势，与元军决战，以图挽回败局。元将阿术亲登石公山远眺，发现宋军战船十艘为舫，连以铁索，于是决定采用火攻。元军乘舟自两翼夹击宋军，火箭、火舟齐发，阿术居中指挥，合力奋杀。宋军战船相连，与当年曹操水军无异，难以机动，一时间被烧得烟焰蔽江，溃不成军。元军缴获宋军战舰七百余艘，宋将张世杰突路逃遁，又遭截杀，死伤惨重。经此一战，宋军水师主力大部被歼灭，南宋王朝摇摇欲坠。

元军在全力打击宋军水师的同时，还向长江沿岸诸城发起进攻。沿江诸郡都是吕氏的亲属或旧部，也是贾似道重用、包庇过的将领。元军以吕文焕为先锋，这些人纷纷献城投降，元军很快荡平长江沿岸宋军据点。

1274年7月，宋度宗死，幼子赵♯♯156即位，朝政仍为贾似道把持。丁家洲大败后，贾似道畏罪逃到扬州，上书请迁都逃跑。谢太后不许。元遣使向他索要郝经，他连忙将郝经送还。谢太后不久接受新任宰相陈宜中的建议，罢贾似道，贬循州。在押解途中被狱卒气恨杀死。南宋大势已去，神仙也无力回天了。

1275年3月，元军占领建康。建康地处长江下游南岸，虎踞龙盘，是拱卫临安的要害之地。元军因沿途战事消耗很大，决定在建康地区停驻休整。忽必烈汲取历史上北军经略江南的经验教训，认为盛夏酷热，不利于用兵，就待秋凉马壮之时再举。他利用当时北方发生宗王叛乱的机会，以商讨对付叛王的大计为名

调伯颜上都（今内蒙古多伦附近）汇报军情，共商灭宋大计。经过一番筹划后，伯颜领受了直趋临安的命令于10月下旬返回镇江前线。

　　根据江浙一带的地势，忽必烈分兵三路，水陆并进，期会临安。西路由，阿剌罕统领，自建康出广德，直趋独松关（今浙江余杭县），充分发挥步骑兵行动敏捷，善于野战的特点快速推进，仅一个多月就击败沿途守军，迫近临安，动摇了宋廷的抵御信心，使之陷入一片混乱、束手无策的困境。东路由董文炳率水陆军号称数十万，出江阴，向海盐、澉浦进发。东路以水师顺江入海，遏阻钱塘江口，既能阻止宋水军增援临安，又可堵截宋海上逃遁的路线，置宋廷于困兽之地。这是忽必烈接受当年金兀术只从陆上攻临安，致使宋高宗赵构从海上逃走的教训后采取的有效措施。中路由伯颜自率，自镇江直向苏州挺进。

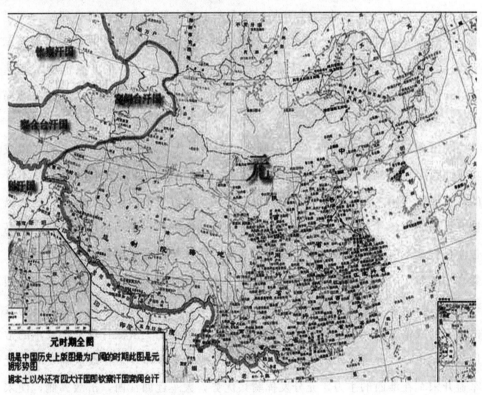

元时期全图
明是中国历史上版图是最为广阔的时期此图是元朝形势图
除本土以外还有四大汗国即钦察汗国察阔台汗

统一王朝，建都大都（今北京）

　　元军三路会合于临安城下后，伯颜没有下令直接攻城，而是采用不战而屈人之兵的招降手段，迫使宋廷遣文天祥再到元营议和。在文天祥被扣留后，谢太后无奈，只得派人奉国玺至城外皋亭山请降。至此，南宋王朝最终灭亡。

南宋虽亡，战争基本结束，但益王赵昰、广王赵昺被驸马都尉杨镇挟持出逃闽、广地区做最后挣扎；四川也有几个主要城市的守将在负隅顽抗。这样，元军还必须派兵去扫灭南宋的残余势力。因此，零星的战斗又持续了3年。

1276年5月，益王于福州称帝，陈宜中、张世杰和后来从元营中逃出来的文天祥辅佐小皇帝继续抵抗元军。7月，坚守在扬州的李庭芝应诏南下，率7000军队自泰州人海。不料扬州留守将领朱焕献城投降，李庭芝被围泰州，被捕牺牲。9月，元军入广西，力战破桂林，转入江西地区。在此抵抗的文天祥、张世杰被迫退走漳州。1278年6月，元将张弘范率军南下，沿海诸州先后失陷。12月，文天祥被捕于广东海丰。文天祥拒不投降，被押到大都，于1283年被杀。

1279年正月，张弘范率军将宋将张世杰围困于广东厓山。双方在海中击战，宋军大败。张世杰率16舟夺港而去。陆秀夫走至帝所居舟中，诸舟环结，不得出走。陆秀夫先将妻子沉之入海，然后背负帝投海而死。余舟800艘，尽为元军所获。7日后尸体浮出水面，赵昺及其印玺被找到。出逃之张世杰也不幸遇飓风，死于海上。至此，南宋的残余被彻底消灭。自唐末以来约380余年的分裂局面最终结束，中国重新得到统一。

蒙古灭宋的战争历时43年，窝阔台、蒙哥二代大汗费尽心机都未能取得成功，而忽必烈却能一举成功，统一中国，这和他正确的战略战术运用是分不开的。在战争开始之初，忽必烈仔细分析了前代征南方失败的原因，在四川地区已被严重削弱的条件下，果断选择了中央突破的战略方针，成功的攻取襄樊，饮马长江，打乱了南宋的防御体系，取得了战略上的优势。在战术上，忽必烈继承了蒙古军队惯用的三条作战原则：迂回包围、侧背突袭和诸兵种协同作战。忽必烈在蒙哥时期亲率大军，远程奔袭，千里挺进云南，灭大理，攻交趾，形成三面合击南宋的战略态势，这一成功战例正式迂回包围的典型。从侧背攻击是蒙军的常用战法，也是《孙子兵法》"奇、正相合"原则的具体体现。在攻取临安时，元军避开宋军在淮西的主力，充分发挥骑兵优势，大军迂回江西，击敌翼侧，使宋廷措手不及，来不及调动十几万军队，坐受被俘。而元军之所以能够正面突破襄樊，很大程度上在于各军、兵种之协同作战明确而奏效。在襄阳战斗中，步、骑、水、炮兵协同作战，极大地震慑了宋军，体现了协同作战战法的先进性。

但武备的强大仅仅是物质因素，重要的还在于人心的向背。元朝是新兴政权，各方面都处于上升阶段。忽必烈改行汉法，深得汉地百姓拥护。反观南宋却是统治集团极端腐败，内部互相排挤倾轧，滥刮民脂民膏，早为人民所厌弃，其失败也是必然。但是，元朝统治者大概永远无法理解，灭宋战争竟成为他们尊仰的长生天的最后福祉。以后元人发动的历次对外侵略扩张战争都以失败告终，大概长生天同样也要考虑人心的向背吧。

战起鸭绿江：东征高丽

高丽的不幸：大元帝国蓝色构想的第一剑

蒙古人征服了草原，蒙古人征服了耕地，他们攻占亚细亚，……但是还想去领略一下浩渺神秘的海洋的风情，于是高丽成了他们的第一个桥头堡。

从1211年起，成吉思汗着手征服中国北部。当时中国北部和"满洲"一带仍置于女真族——金国的支配之下。金帝国无法镇压各地发生的贵族叛乱和部落暴动，正迅速日趋崩溃。

以崔氏为首的高丽统治者对中国发生这种动乱只是持观望态度。他们也许没有意识到，成吉思汗的目标是征服世界，在征服中国北部后，下一个目标就是一江之隔的高丽。大祸即将临头，而这一帮只知吃喝玩乐的贵族们却浑然不觉。

终于，大陆的风云开始越过鸭绿江涌入高丽。

1216年，据于咸平（今开原）、东京（今辽阳）、澄州（今海城）一带的契丹贵族反蒙自立。不久，在蒙古大军的威逼之下，这部分契丹人，渡过鸭绿江，进入高丽。契丹族为逃避蒙古的屠杀，进入高丽后四处抢掠，给高丽人民带来严重骚扰。高丽人民自发组织起来，将这些契丹人驱逐到鸭绿江之西，但这些契丹人又遭到蒙军队追击，不得不重新东渡进入高丽。

1218年，蒙古军以追击契丹叛部为名进入高丽，包围了江东城，因为契丹军队龟缩在这座城里。对于境外两个民族跑到自己国家来打仗，高丽统治者采取了支持蒙古的政策。一方面是由于契丹军队在高丽的胡作非为引起高丽人民的不

满；更重要的是高丽统治者认识到自己的实力不足以与蒙古军队对抗，如能借此机会讨好蒙古，可暂时保得高丽的安定。结果，高丽出兵出粮协助蒙军，江东城很快就被攻破了，契丹武装也被消灭了。

在这次战役中，蒙古元帅哈真和高丽军元帅赵冲、金就砺约为兄弟，哈真还表示，蒙古和高丽应结为兄弟之邦。蒙古和高丽之间的外交关系即从这时开始建立。但随着蒙古势力在北方的迅速发展扩大，蒙古最高统治者只不过是暂时运用远交近攻的策略而已，根本不打算和高丽平等相处。

1221年，成吉思汗的弟弟斡赤斤派使者著古与去高丽，开出了一张数目惊人，无所不包的索贡单：獭皮1万领、细绸3000匹，棉1万斤，墨1000只，笔100管，纸10万张……。蒙古使者傲慢骄横，将高丽人视同臣仆。高丽统治者还受得委屈，而广大人民却异常愤怒。1225年，著古与在返国途中被高丽边疆人民杀死。蒙古迅速作出反应，以此为借口，与高丽断绝了国交。

东征高丽

至此，表面上友好的关系破裂了；而幕后那隐藏着的刀光剑影迅速移至台前。这一意外事件却使蒙古统治者陷于两难境地：发动战争，顺理成章，可当时蒙古正处于同金、西夏作战的紧要阶段，无法抽出兵力去打高丽；更何况打高丽要经过金国，谈何容易！不打高丽吧，使者被白白地杀死了，又于心不甘。恰巧在1227年夏，成吉思汗病逝于灭西夏的征战中，高丽朝廷又平安了几年。

到了1231年，蒙古军队已占了金朝大部分江山，金朝的灭亡指日可待。中国东北一带大体上已确立了蒙古的奴役体系。这时，蒙古皇帝窝阔台决定兴师复仇。8月，咸新镇（今义州）被蒙古军队占领。蒙古军队随即攻打铁山，将该处的高丽人全部杀光。这是蒙古军队的一个野蛮传统，不管在什么地方，是不允许任何与其为敌的人继续活下去的。这种做法在他们的所有对外战争中都是照行不误的。

蒙古军入侵的消息刚一传来，正踞在马山进行活动的农民军便向高丽朝廷的实权人物崔瑀报告，并提议以5000名精兵参加保卫祖国的战斗。高丽的防御军由于战术失误，在洞仙驿遭到了蒙军的袭击，但由于防御军中的马山农民勇士的勇敢战斗，蒙军的攻击受到挫折。高丽的防御军由此大受鼓舞，改变了过去的混乱状态，经过整顿后，打到了安州。但当时的无能将官指挥连连出错，在与蒙军的战斗中，一败再败。这年11月，蒙军的先锋部队打到了开京附近，其他的部分军队进攻到户州、忠州等重要城镇。崔瑀见无法抵挡蒙军的攻势，只得选择任何人都想得到也做得到的办法——投降。他接受了蒙古的全部苛刻要求，与蒙古军达成和议。蒙军于次年正月撤退。在撤退前，蒙军统帅撒礼塔在开京北部各州县设置了72名达鲁花赤，以便直接控制高丽行政和榨取高丽人民。

"师出有名"的报复战争

伊索寓言里那个狼和小羊的故事大概人人都耳熟能详。狼为了吃那只小平，便编造出各种理由，甚至扯上了不在现场的小羊的爸爸。

蒙古借口高丽迁都海岛、不来进贡等归降不诚无罪讨伐高丽，最终达到了将其置于附属国地位的目的。

蒙古达鲁花赤的驻留直接威胁到当时高丽执政者崔氏的政治基础。假如高丽王室和蒙古的外来势力相结合，崔氏的私人政治体系将无法继续存在。因为在历史上，国内政治势力依靠国外势力来铲除自己的政治对手的事例是屡不见鲜的。尽管崔璃也意识到这一点，但他没有勇气与蒙古对抗，遂决定从高丽王室身上想办法。他在蒙古派的达鲁花赤还没完全抵达开京以下各主要都市之前，即 1232 年 7 月，决定迁都江华岛。但王室犹豫不决，崔氏看到事情已没有退路，决定与蒙古公开决裂，便将已经到来的达鲁花赤全部杀死，强迫王室迁都。

为了维持像在开京时一样豪华安全的生活，崔氏一派和王室在江华岛修筑了华美的宫殿，又建起了双重城墙，为了确保从"三南"地方（指忠清南北道、全罗南北道和庆尚南北道）运输榨取物资所需的海上交通，又将大量战船集中于该地。

迁都只能缓得一时，终究挨不过最后。1232 年 12 月，蒙古开始了报复战争。

这次出征"师出有名"，责备高丽迁都海岛，不来进贡等归降不诚五罪。高丽王王皞和崔瑀竭力为自己辩解。面对蒙古军的再次入侵，崔氏一派的态度是不和不战。如果求和，蒙古方面肯定会提出更苛刻的条件，贡物肯定会比以前更多，而派来的达鲁花赤会比以前更加严密的控制着高丽的朝政，这都直接危害了崔氏的自身利益，自然他是不愿干的；如果开战，高丽军队军纪败坏，战斗力极其低下，根本就不是强大的蒙古骑兵的对手，这在第一次抗战中已经被证实。就这样，他们以十分模糊的态度对待这次入侵，只是设法寻找对维持自己政权的有利条件：如果求和的条件不苛刻，就求和；实在不行，不妨打上几仗。

蒙古军队的统帅仍是撒礼塔，这次主要是复仇，并不真正想征服高丽，而且蒙古军队正在紧张地同金国打仗，故而派出的军队并不太多。当他率军南下至龙仁时，被当地的民兵金允候一箭射死。蒙古军队死了统帅，陷于混乱，不得不撤兵回国。

1235 年，蒙古已经灭掉了金国，解除了蒙古与高丽之间的障碍，于是又一次派遣唐古、洪福源率军入侵高丽。这一次讨伐的主要目标是江华岛。蒙军从前两次讨伐中吸取了教训，知道无法消灭各地自发组织的民兵，只有抓住高丽国王，才能威慑高丽的军民，使得他们失去战斗的主心骨，不攻自破。此即擒贼先擒王，射人先射马的道理。

蒙古军队来势汹汹，开始连连打退高丽军民的进攻，占领了龙冈、成从等十余城。但蒙古军队远道而来，又同各地的高丽军民打仗过多，实力消耗不少，无力再发起猛烈的攻势。而各地的高丽军民同仇敌忾，兵源粮食补给源源不断，越战越勇，有力的牵制了蒙古军队，导致蒙古军队力量过于分散，没有能力再去进攻江华岛。蒙古军队的企图破产了，陷于进退两难的境地。

就在这个时候，动摇不定的高丽朝廷不敢继续战斗下去，既怕民兵的力量强大起来，又怕把蒙军逼得无退路，会导致更大规模的蒙军入侵。王睆上表请降，但又不亲自赴蒙古朝见，只派使者带着投降书去朝见窝阔台。蒙古则一再催促高丽王将都城重新迁至陆上，并履约朝见，可是高丽王心中害怕，拖延不行。

1240年，蒙军又攻克了昌州、朔州等地。王睆无奈，只得送出假冒的儿子到和林充当人质，换取苟安一时。

但蒙古是要把高丽作为剥削和奴役的对象，一旦国内缺什么，就肆意向高丽勒索，缺钱要钱，缺物要物，甚至缺奴婢便到高丽掠人卖为奴婢，给高丽人民带来了深重的灾难。

在1247年至1259年的13年间，蒙古以高丽"岁贡不入"，4次遣军侵入，肆行杀掠。特别是1254年的札剌儿台军，据《高丽史》载："所掳男女，无虑二十万六千八百余人，杀戮者不可胜计。所经州县，皆为煨烬"。蒙古军将掠来的高丽人"罗列人肆"卖为奴婢，惨苦之状，目不忍睹。

1258年，崔氏一派的第四代执政者崔立宜被反对派打倒，以此为契机，王室便答应了蒙古的要求，上陆投降了。可从江华岛完全迁都到开京是此后又经过10年才实现。1259年王睆派太子人质，答应将都城迁回开京，蒙古统治者也改变了过去的策略，不再坚持国王亲自朝见的条件，与高丽重归于好。

1260年，王睆死，刚刚登上汗位的忽必烈送太子回国，嗣为高丽国王（即高丽元宗）。同时答应高丽可以恢复旧日疆土，并保障高丽王氏家族的安全，不过却要求高丽要"永为东藩"。

至此，蒙古才真正停止了对高丽的入侵，两国进入"宗主"和"藩邦"和平共处的阶段。

这种局面的出现有深刻的原因。忽必烈是个极富谋略的大汗，要率大兵南下统一全国，必须有一个稳固的后方，高丽对此有着关键的作用，因此高丽只能与之和，不能与之战。忽必烈想的办法是通过扶持高丽国王使其对蒙古感恩戴德，并通过联婚加强高丽对蒙古的依附关系。

从1269年开始。高丽元宗为了依靠元朝势力巩固自己的统治地位，同时借以表明自己"恪守臣职"，避免元朝再次出兵干涉内政，几次上书忽必烈，为儿子请婚。后王又来元朝作为人质。由于高丽国王的一再请求，加上忽必烈也打算通过联姻来笼络高丽统治集团，使他们"效忠"于元朝，所以欣然答应了高丽的要求。

1274 年，忽必烈将其女儿忽都鲁揭里迷失公主许配给年已 38 岁的王椹。同年，元宗死，王椹回国继承王位，是为高丽忠烈王。这样，王椹便具有了高丽国王和元朝驸马的双重身份。

王椹以后的几位高丽国王，也大多和元皇室通婚。忠宣王王璋，娶了忽必烈的曾孙女宝塔实怜公主；王璋之子忠肃王王焘先娶营王也先帖木耳之女亦怜真八剌为妃，后来又娶了魏王阿木哥之女金童公主。连续几代高丽国王都聘娶元公主，因而高丽国王和元朝皇帝又往往是外甥和舅爷的关系。

前边已经说过，高丽是在蒙古大军连年入侵，国王、百官被迫迁往江华岛，社会生产力遭到严重摧残的形势下不得不向其投降。议和之后，高丽成了元帝国之"东藩"，不但要"纳质、助军、输粮、设驿、供户籍数、置达鲁花赤"，而且那些朝廷使臣，派驻高丽的元将领，达鲁花赤往往对高丽大臣乃至国王颐使气指，发号施令。由于高丽与元朝的力量对比极为悬殊，高丽统治集团只得忍受这种屈从地位。自忠烈王与元皇室联姻后，王成了世祖皇帝的驸马。其地位和蒙古亲王相等。这无疑使忠烈王的地位提高了许多。忠烈王以后的几位国王也都是驸马、皇亲。这种联姻虽然改变不了元与高丽的"宗主"和"藩邦"的根本关系，但只要国王非庸碌之辈，想有所作为的话，他们就可凭借皇亲国戚的特殊地位，为高丽争取一些自主权。

忠烈王王椹成为驸马后，那些驻高丽的达鲁花赤以及到高丽的元朝使者，不得不对他另眼相看了。这可从他们的座次表现出来。

据郑麟趾《高丽史》记载，在王椹成为驸马之前，达鲁花赤和元朝派来的使者与高丽国王相见时，都是东西对坐，即所谓"分庭抗礼"。1274 年王椹以驸马的身份继承王位，随后，王设宴招待元宣诏使。席上，"诏使以王驸马推王面南，诏使东向，达鲁花赤西向坐"。1281 年，王椹与元派任的征东行中书右丞忻都及洪茶丘议事。"王南面，忻都等东面。事大以来，王与使者东西相对，今忻都不敢抗礼，国人大悦"。席位座次虽是小事，却反映了政治地位。

元朝不仅通过与高丽国王联姻，扶持国王来加强对高丽的控制，而且在高丽设行中书省，将它作为元朝的一个地方机构，以强化它对元朝的依附关系。1283年，元朝正式在高丽设置征东行中书省，以王与蒙古将军阿塔海共领行省事。1299年，元成宗命阔里吉思为高丽征东行省平章事，但阔里吉思骄横贪暴，对高丽内政横加干预，引起高丽人民的极大愤慨。1301年，成宗被迫撤销了行省的建置。

天照大神击败长生天

——忽必烈兵败日本记

矛盾转手：长生天的诡计

忽必烈消灭了南宋，共得降兵 20 万。这是一团烈焰腾腾的炭火：杀，不行；养，也不行……

怎么办？

公元 13 世纪 70 年代初，忽必烈的大军浩浩荡荡南下，一路势不可挡，连克南宋无数城池，俘虏了几十万南宋士卒，好不威风。偏安一方的南宋小朝廷的灭亡指日可待。

这是天大的喜事啊。长生天的传达人忽必烈定会抚刀仰天长笑。

但事实恰与此相反，这位帝王非但不笑，反而在深宫内紧锁双眉，背剪双手，踱来踱去，显然在考虑什么问题。猛地，他站定了，叫道："传王思廉。"王思廉是忽必烈的文学侍臣，平常给忽必烈讲解《资治通鉴》，很受宠信。不一会儿。王思廉来了，忽必烈让他讲解历代将领和君王关于处理降兵的事例。王思廉不知忽必烈是何用意，但还是绞尽脑汁地将历史上有关事例一一列举讲述。忽必烈眼前出现一幕幕历史剧：

公元前 3 世纪，在黄土高原上，爆发了一场昏天黑地的战争。双方的将领是赵国那个善于纸上谈兵的赵括和秦国那个威震四方的名将白起。结局是很显然的。赵军全军覆没，俘虏 40 万士卒。为了消灭赵国的有生力量和避免这些赵兵受降后哗变，白起下令将这 40 万降兵活埋，竟未留下一个活口。

在同一个世纪，力拔山兮气盖世的西楚霸王项羽率江东子弟军在华北平原的钜鹿一举击溃秦军，主将章邯投降，20 万投降的秦军被杀，钜鹿登时变成人间地狱，尸积成山，血流成河，惨不忍睹，秦朝再无与起义军抗衡的实力，迅速土崩瓦解。

把南方降兵都杀掉么？忽必烈显然不会这样做。蒙古人虽说勇猛无比，但此时正处于打江山的关键时刻，倘若滥杀降兵，必会招致汉人不满与蒙古人作对。这是忽必烈所不愿意看到的。因为他还要征服世界，没有稳定的国内统治，怎能干成大事？

把他们都收留么？这显然也不是好办法。这 20 万南宋降兵一旦全部为元军，那么汉人就占元军相当大的比例了，一旦哗变，后果不堪设想。况且，忽必烈自恃蒙古骑兵天下无敌，收了这么多的汉兵，又有何用呢？

然而这个问题很快就解决了。它是通过战争来解决的。

1274 年正月，忽必烈对日本发动了远征。3.2 万的军队中，除去高丽人外，大部分是投降的汉军。

东征日本

忽必烈的想法是显而易见的：发动对外战争，掠夺土地和财富，实现他征服世界的野心，这是忽必烈的最大愿望。倘若这次远征日本旗开得胜，那是最好不过；倘若失败了，可以再派兵，经过这几次折腾，降兵不就处理得差不多了么？

忽必烈不愧是一代枭雄，其谋略之深令时人只能望其项背。这一手借刀杀人、一石二鸟之计令人叹服。后来的清朝摄政王多尔衮率满洲八旗军入关后，第一件事便是挑动投降的吴三桂领大部汉军攻打农民起义军，自己则坐收渔翁之利。这种手法与忽必烈如出一辙，毫无两样。

上天的"杰作"：神风的魔力

蓝色的大海，似乎瞬间变了脸：狂风大作，浊浪滔天，山崩石摧，船毁人亡，这就是台风。

神就是这样，这样就是神。神并不可怕，可怕的是"人"。"人定胜天"，人不定，岂能胜？

忽必烈发动对外战争惯用的手法是先礼后兵。即先派出使臣到对方国家去摸清虚实，往往以对方臣服遣使来朝为条件，答应则好，否则就动武。对日本也不例外。自 1266～1274 年的 8 年中，忽必烈先生后遣使 5 次。可见其耐心还是有的，大凡大奸大雄都具备这一点，在干一件大事前，总为自己准备充足的理由，使自己在未来的战斗中处于有利的地位。

1266 年 8 月，忽必烈命兵部侍郎郝德为国信使，礼部侍郎殷弘为副使，持国书出使日本。国书中写道：

"大蒙古国皇帝奉书日本国王。朕惟自古小国之君，境土相接，尚务讲信修睦。……朕即位之初，以高丽无辜之民久瘁锋镝，即令罢兵还其疆域，反其旄倪。……尚恐王国知之未审，故特遣使持书，布告朕志，冀自今以往，通问结好，以相亲睦。以至用兵，夫孰所好。王其图之。"

由上述记载，可以看出忽必烈的手腕。当时"蒙古帝国"主动要求与日本通往来，并以高丽的处境比况，示意日本使令作为附庸，礼洽和胁逼并用，显然失掉平等相待之谊。国书中使用"奉"字，国名使用"日本"，如从表面看，似乎

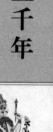

是很尊重对方。然而国书中末尾又出现"以至用兵"的词句，无疑含寓有威胁。总的看来，国书对日本的态度是软硬兼施，恩威并济，就看日本如何对待了。日本方面也并不好惹，识破了忽必烈的用心，采取了折中的态度，不予明确的表态，元使臣毫无结果而归。

此后，忽必烈屡遣使臣要求与日本建交，但国书中多次使用"用兵"、"加兵"一类具有威胁性的言词，超出了修睦范围，日本人并不买账，以致未能实现建交。这其中也有使臣本人办事不得力的缘故。1273年初，日本派人送蒙古使臣回国，国信使赵良弼无功而还，知道必遭忽必烈痛斥，便伙同随行官员耍小聪明，将12名日本人带到大都，冒称日本使者。官场上瞒上不瞒下，尽管他们并没有带来日本政府对蒙古诏书的任何答复，但忽必烈不知实情，还是十分信任赵良弼，当年又派他出使日本，但赵滞留于太宰府多时，根本就没有到达国都，更不用说见日本统治者了。又一次不得结果而归。此后虽然又有几次使臣去日本劝谕遣使来朝，但由于使臣态度傲慢，镰仓幕府采取坚决态度，拒绝答复。

到了这个时候，忽必烈即使再有耐性，也不能再忍了，于是着手开始侵日的准备。忽必烈在征服高丽时早已想到进一步征服日本了。现在，高丽完全可以成为进军日本的前方基地了。1271年，忽必烈下令在高丽设立屯田，准备建立粮食后勤基地。

1274年10月3日，东征日本的元军正式出发。

元军从高丽合浦（今镇海湾马山附近）出航，驶向对马岛。6日，元军在对马岛登陆，经过激烈的战斗，全歼日本守护军，占领对马岛。14日，过对马海峡，占领壹岐岛。16日，元军逼近肥前沿海岛屿及其西北沿海一带，肥前日本守军进行顽强对抗。但元军没有在肥前登陆，而是转向了博多湾。

日本朝廷和幕府对元军向其发动的东征毫无察觉。因为当时幕府将军北条时宗一方面认为元朝在国书中说"用兵"，只不过是吓吓而已，不会动真；另一方面他为人刚愎自用，认为即使元军来犯，也不足为患，哪料到元军来得如此之快。朝廷和幕府对这次战争没有进行战前动员和准备，而且信息非常闭塞，对马岛失陷16天后方知此事，所以一时无法指挥抗战。

10月19日，元军在博多湾登陆，占领今津地带。在这次登陆作战中，元军发挥了铁火炮的威力，重创日军。

铁火炮可以说是忽必烈这次派兵征伐日本的一张王牌，因为他考虑到日本是个岛国，蒙古骑兵发挥不了作用，因此绞尽脑汁地想运用新型的武器。由现在出土和传世的实物表明，我国金属管形射击器——火铳的创制和使用就是从元代开始的。蒙古人在灭亡南宋建立元朝后，为了巩固自己的统治和继续进行对外战争，极为重视军器制造业的发展。为加强管理全国各地的兵器制造，朝廷在大都设立的军器管理机构，多次升格。而且对军匠的管理极为重视，当时的大都还集中了全国各行业的能工巧匠，开设了许多规模大部门多的手工业作坊。它们彼此配合，互相协作，为火器的发展提供了极为便利的条件。故而这次在侵日战争中用上了威力无比的火器。

日本有许多史籍，记载了元军同日军作战的情况。其中《八幡愚童训》记载说，（蒙）元军登陆部队同日军作战时，元军"飞铁炮，火光闪闪，声震如雷，使人肝胆俱裂，跟昏耳聋，茫然不知所措"。《太平记》中也有元军使铁火炮同日军作战的描写："击鼓之后，兵刀相接，抛射出球形铁炮，沿山坡而下，形如车轮，声震如霹雳，光闪似雷电，一次可发射2～3个弹丸，日本兵被烧死者多人，城上仓库着火，本应扑灭，但无暇顾及。"

由于有火器的帮助，10月20日早晨，元军分两路在博多湾西部的百道原和东部的箱崎登陆。西路登陆部队上岸后，打退日军的抵抗，推进到鹿原、赤坂一线。东路登陆部队在博多湾东部的箱崎方向登陆，占领岸边松林，从背后夹击同百道原元军作战的日本武士。该地守军抵挡不住元军凌厉的攻势，开始向东南方撤退。这就使同百道原作战的日军腹背受敌，被迫向太宰府水城方向退却。元军以威震欧亚的密集战法和火炮武器，穷追仅靠骑兵弓矢作战的日军。在追击过程中，元军副帅刘复亨中箭受伤，追击势头有所减弱，加之天色已晚，元军遂停止进攻。

元军统帅忻都召集将领讨论这两天的军事行动。经过一天的奋战，元军虽然登陆成功并占领了某些地域，但伤亡不少，兵疲粮尽，统帅受伤，加之对日军的英勇抗战，颇有惧意，对日军作战部队的数量又估计过高，以为数倍于己，从而失去了取胜的信心。其实，这正是日本团结一致自发抗战的效用。日本人民的顽强拼搏，奋力抵抗自不必说，而且元军每到一处，都有当地的民众自发组织起来抗战，想来侵日的军队充其量不过3万多人，而日本国的民众何止是这个数目的十倍百倍？自然元军觉得到处都是作战部队，不免胆战心惊了。加上日本并不是想像中的那么富裕，遍地是玛瑙、琥珀，士兵们也逐渐丧失了斗志。只有高丽军将领金方庆看到当时的战争形势对元军有利，主张坚持苦战，攻取太宰府，保住阵地，以待元军。忻都否定了金方庆的意见，认为"小敌之坚，大敌之擒，等疲兵入境，非完计也"（《高丽史·金方庆传》），遂决定全军撤回船上，翌日班师。

倘若元军就此平安地撤回去，这次远征还不能说是完全的失败，因为元军的船舰和兵力并无较大的损失，顶多是无功而还罢了。况且忽必烈也不真正想通过这次战争来征服日本，只不过给日本来个下马威就行了。只可惜天有不测风云，就在忻都决定班师的前一天晚上，博多湾出现了极为罕见的台风暴雨。

日本群岛四周临海，除东北部海岸外，均被来自热带太平洋的暖流（即人们通常所说的黑潮）所环绕，气候受到海洋的调节，形成较为温和湿润的海洋性季风气候。在每年8月、9月、10月间，日本西部和南部常遭台风袭击，就是这股黑潮影响所致。

博多湾恰处于日本的西部，位于黑潮运动范围之内，每年的7—10月。都有台风暴雨袭击，哪知历史是这样具有偶然性，正当忻都准备回国的最后时刻，台风这个丧门星找上了元军。

当时，元军的战船在博多湾口停泊。夜间，滚滚浓云罩在地上，一时天昏地暗，本来还能依稀辨清方向现在则什么也看不见，似乎是一下子掉进了十八层地狱。车轮般的旋风，从海面腾起，顿时白浪翻腾，啸声大作。泊在湾口的船舰剧烈地颠起来，系在岸上的铁索被扯断，无数船舰被巨浪吞没。有些眼疾手快的赶忙将船驶向博多湾深处，想寻找避风的安全地带，但元军不熟悉地形，又伸手不见五指，哪里找得到什么避风处？往往驶到半途，不是自相碰撞而翻，就是被浪头打沉。江面上只听得水手兵卒的呼救声和叫骂声同风的呼啸声搅和在一起，实是悲惨之至。半夜间，台风渐渐停息，又猛降暴雨，忻都不敢留恋，生怕日军乘此袭击，赶忙下令冒雨撤军回国。回国后查点人数，死亡兵卒达1，35万余人，为出兵总数的1/3多。中国元军对日本的第一次远征就此草草结束，日本史书则称为"文永之役"。

日本对突如其来的台风使元军狼狈逃跑十分惊喜。朝野上下认为这是天照大神赐神风来保佑日本，在全国范围内展开了大规模的祈神活动。此后，神风在日本就意味着上天保佑日本获得胜利。二战中日本的"神风特攻——自杀飞机"之名就来源于此。

天不亡日本：神风再现

人们经常愤怒地说："历史绝不会重演。"但是我们却经常感叹："历史有惊人的相似。"

文永之役后，日本幕府吸取了教训，重整兵马，巩固国防。为防御元军再次来袭，幕府将军北条时宗大力加强备战，增加日本西部的防御兵力，并费时5年，在博多湾沿岸西起今津，东至箱崎10余公里的地带，修筑了一条高约6尺，厚约1丈的石坝。幕府还命太宰府西守护所少贰准备舵工、水手和船只，大力加强水军，以便迎击元军于海上，进而转入反攻，准备进击敌军。同时下达"异国征伐令"，准备入侵高丽。这个征伐令后来虽未执行，但日本部分武士经常侵扰高丽南部沿海。高丽王不得不敦请忽必烈发兵进攻日本，以保边境安全。

元世祖忽必烈第一次发兵东征，旨在凭武力威胁日本朝廷和幕府，使之与元朝通好，并不想占领日本。忻都等元军统帅利用忽必烈的这种心理，说元军在日本国土上打败了日军，以这种战绩，掩饰了元军遭风暴袭击而败退的实情。因此，元世祖认为日本在这次受打击后，会与元通好。于是派礼部侍郎杜世忠、兵部郎中何文著等携国书出使日本，以建立友好关系。然而刚愎自用的北条时宗认为这是对他的极大侮辱：你元朝大败而归，还有脸以胜利者的姿态要求我与你通好？随即下令将元使一行30余人，在镰仓的龙口处以斩刑。

1279年，元灭南宋，统一了中国。这时，忽必烈注意到杜世忠等出使日本已4年有余，仍毫无音信，不免奇怪。南宋降将范文虎请以自己的名义，再派使者去日本，结果又遭杀害。忽必烈的刚愎自用尤甚于北条时宗，满以为日本会威慑于元军的强大而遣使通好，哪料到北条时宗不吃这一套，反而几次杀掉元使臣。忽必烈如何咽下这一口气？反正国内已经统一了，没有后顾之忧，他可以全力对付日本，决心征服日本，不再像第一次那样心慈手软了。

元军第二次远征日本的作战部署是兵分两路，一路是东路军，包括蒙古族军，汉族军和高丽军共4万人，战船900艘，由忻都、洪茶丘和金方庆率领，取道高丽，过对马海峡，进攻日本。这一路的进军路线同第一次一模一样，军队组成和船舰数目也和上次相同。因此军队指挥亦和上次基本相同，所不同的是这次兵力比上次多了8000余人。另一路是江南军，兵力10万人，战舰3500艘，由南宋降将范文虎统率，从庆元（今浙江宁波市）起航。渡海直趋日本。这一路军队的派出，很大程度上由于南宋灭亡，一方面南宋降兵大部分参加了这次侵日，可使忽必烈达到一箭双雕之目的，另一方面，元军夺得南宋与日本联系的海上战线，为元军远征日本提供了合适的海上路线。

两路元军由右丞相、著名宿将阿剌罕任总指挥，预定于1281年6月15日在壹岐岛会师。而且元军为长期远征起见，还准备了农具，计划登陆后实行屯田。

1281年5月3日，东路军从合浦起航，开往巨济岛。5月21日，直驶对马岛登陆，受到守岛日军的坚决抵抗。26日，东路军攻入壹岐岛。根据作战部署，应在此等候同江南军会师。但是，东路军统帅自恃有上次战争的经验，又想争夺头功，因而无视壹岐会师的规定，在对日本海防缺乏侦察和研究的情况下。贸然率军从壹岐出发，驶向博多湾。此次远征主力为南军，东路军只不过是起导向作用，可忻都贸然进军，喧宾夺主，破坏了进军计划。忻都进军是在对日军的海防一无所知的情况下进行的，上次已在博多湾受台风袭击，因不熟悉地形，导致惨败，可这次仍不熟悉地形，也不知道对方已经有了坚固的海防，就草草进兵。后来的事实证明，正是忻都独立进军，打乱了会师计划，使得元军步步受挫，决定了元军失败的结局。

6月6日，元军舰队驶入博多湾后，发现今天的博多湾已非昔时的毫无驻防的港口，只见沿海滩头筑有又厚又高的石坝，元军无法登陆。忻都派出侦察部队，侦知志贺岛与能古岛防御薄弱，也没有石坝，遂令舰船靠近志贺岛锚泊。当夜，日军小部队乘小舟偷袭元军。纵火烧船，给元军造成一些损失。

6月7日晨，洪茶丘率军登陆，占领志贺岛。志贺岛狭长，退潮时，露出的海滩可直通陆地。元军力图夺占海滩，以便从侧后进攻博多湾守军。元军久居大陆，擅长集团进攻，在狭长地带作战很难发挥这一特长，日军则惯于运用一人一骑的战斗方式，比较适宜于狭长地带的作战。而且元军多使用长兵器，日军则多使用短兵器。以己之短攻对方之长，故而元军损失很大。据日本史书记载，元军被杀千余人。这个数字可能有些夸大，但元军在日军的顽强抵抗下，未能前进一步，则是毫无疑问的。

　　时值盛夏，元军的蔬菜、淡水供应困难，士兵长期在海上生活和战斗，疲惫不堪，疫病流行，病死者已多达3000余人。在这种情况下，抢占博多湾的计划显然难于实现，忻都只好于6月15日从志贺岛撤退，驶向壹岐岛，准备与范文虎率领的江南军会师。

　　然而江南军也未能按原定计划于6月15日，到达壹岐岛。主帅阿刺罕又老病复发，死在军中。接替职务的左丞相阿塔海则尚未到职，无人指挥。

　　就在两军无人指挥的空当中，范文虎冒了出来。范文虎是个志大才疏的庸碌之辈，他很想借此东征机会大立战功，博得个封妻荫子，但以前受蒙古人阿刺罕制约，不能自作主张，阿刺罕一死，范文虎马上暗中操纵亲信，仿效赵匡胤黄袍加身的方法，使军士推他为统帅。他也毫无客气之举，马上答应，随即派先遣舰队前往壹岐岛，与东路军联系。

元军二次东征

　　7月，两路大军会合。两路指挥官与大部分军队进屯鹰岛，一部分军队仍屯于平户岛，计划分数路进取太宰府。但各路指挥官内部矛盾重重，洪茶丘与高丽军统帅金方庆仇怨甚深，范文虎是南宋降将，被诸将所轻视，结果意见分歧，指挥不能协调。就在主力军开往鹰岛的途中，先头部队受到日军攻击，战斗一昼夜，日军撤走。两路大军会师，军势大振，本应立即进攻太宰府，但两路统帅均迟疑不决，在海上停留了一天。然而就是这一天，改变了14万元军远征日本的结局——台风又来了。

有位哲人说过："历史往往会出现两次，第一次以正剧出现，第二次则以闹剧出现。"倘若说元军第一次远征时受台风所袭是出于无知的理由，还可以原谅的话，那么第二次是绝对不能原谅的了。因为：其一，元军第一次受袭后，应该总结教训，弄清台风出现的原因以及台风出现的规律，以避免第二次重蹈覆辙；然而元军将领非但不弄清台风究竟是怎么回事，反而在第一次出事地点附近故意停留，这不是把14万将士的生命当儿戏么？其二，就在海上停留的当天，已经出现了台风前兆，有些将领觉察到天气的变化，向忻都、范文虎等统帅提出应采取防范措施，然而得不到采纳，又导致战船几乎全部覆没。如果说第一次远征是败在台风这个因素，那么第二次失败则完全是元军将领自身的原因了。

8月1日，台风袭来。这一次比上次更为厉害。《元史通俗演义》是这样描述的：

"俄觉天昏地暗，四面阴霾，那车轮般的旋风，从海面腾起，顿时白浪翻腾，啸声大作。各舟摇荡无主，一班舵工水手，齐声呼噪，舟内的将士，东倒西歪，有眩晕的，有呕吐的，就是轻举妄动的范文虎，也觉支持不定。当下各舟乱驶，随风飘漾，万户厉德彪，招讨王国佐，水手总管陆文政等，统是逃命要紧，不管什么军令，竟带着民船数十艘，乘风而去。"

当时，只有江南军张禧等部见天气恶劣，将战船疏开锚泊，避免了战船在台风来袭时互相碰撞，所以损失不大。而其他的战船多"缚舰为城"，紧靠在一起，因而"震撼击撞，舟坏且尽。军士号呼溺死海中如麻"。

台风过后，张禧向得救的范文虎建议，据他了解，江南军士卒未溺死者尚有半数，且都年轻力壮，如果将他们组织起来，强行登陆，背水一战，或可取胜。范文虎早已成为惊弓之鸟，生怕日军乘此隙来进攻，哪还敢主动出击？置张禧的建议不顾，准备了坚固结实的好船，打算一逃了之。这时，平户岛尚有被救起的4000士卒无船可乘，范文虎下令弃之不顾。张禧心中不忍，将船上的75匹战马放在岛上，载 4000 人回国。

除了在台风中溺死的五六万人外，还有四五万被遗留在海岛上。这些人愤恨主帅独自逃跑，便推议张百户为统帅，称他为张总管，听其发号施令。这些士卒正准备伐木做船时，日军前来进攻，他们已经疲惫之极，哪有力气再同日军拼杀？又死了大半，剩下的两万人全部成为俘虏。这些俘虏被日本称为"唐人"，全部成为奴婢。

就这样，14 万出征军队，回来的只有 1/5。大张旗鼓的第二次远征，再次以惨败而告终。这一年是日本天皇弘安四年，日本史上称为"弘安之役"。

遗憾在热带：元朝军队南征缅越

战线向南方延伸：远征安南

那是一片神奇的土地，那里有茂密的热带丛林，有挺拔的椰树槟榔，有崇山峻岭，有沼泽海洋。在那里，法国佬苦战 8 年攻不下一座关隘；在那里，美国兵夹着尾巴无趣返家乡。

锋芒初试未果

1252 年，忽必烈征服大理，蒙古帝国的领土延伸到了安南边界。1257 年，大将兀良合台接到命令攻占安南，然后展开钳形攻势，北上攻打南宋。战略意图是显而易见的：既要侵占安南，又要利用安南作为出其不意的进攻南宋后方的基地。

当时，蒙古帝国的铁蹄已踏遍太平洋沿岸至黑海之滨，其攻势如摧枯拉朽，不少小国闻风而降。蒙哥以在世界各地节节胜利的强大帝国的不可一世的态度派遣使者来诱劝安南陈朝皇帝投降。陈朝皇帝不肯就范，下令将蒙古使者囚禁，命名将陈国峻率领大部水军和陆军北上到边界严密布防。

兀良合台得知使者被囚，便沿红河流域南下侵入安南。战争正式爆发。

1258 年 1 月 17 日，蒙古军队到达平厉源。在这里，陈太宗直接指挥了水陆两军建立了抵抗防线。但在蒙古军队的凌厉攻势下，防线迅速崩溃。安南军队撤退至扶鲁，但扶鲁桥被蒙军占领；安军不得不再退至裂芦河，可蒙古军队乘胜追击，渡过裂芦河。安南军只好三退至首都升龙。

蒙古军队一路势如破竹，不可阻挡。安南军队为避其锋芒，决定战略撤退，升龙的官员和百姓全部撤离，并将粮食和有价值的珠宝财物一齐带走。蒙古军队兵不血刃，不费一军一卒开进了京城升龙。进城后，才发现这是一座空城。蒙古军队找来找去，只能在大监狱里头找到他们派来的使者，而且其中有一名不堪虐待而亡。因为粮食早已运走，蒙军又深入腹地，加上安南军队的实力还在，使得蒙古军的速战速胜和以战养战的战略战术破产。蒙古一军队在攻占升龙的数天后，陷入了进退不得的困境。

1 月 29 日，安南军队从天幕溯红河而上，开始反攻。蒙军困在升龙城内，内无粮草，外无援兵，已毫无斗志。一战下来，被群情激奋的安南军队赶出京城，沿着红河向西北方向逃窜。蒙军刚刚撤至归化，又遭到民兵出其不意的狙击，损失惨重，更是如丧家之犬，惊慌失措，一溜烟逃回云南，进犯时的狂傲神态已被抛到九霄云外了。安南军民把他们称作"佛贼"。

蒙古帝国王朝史

忽必烈

蒙古军队第一次入侵安南以惨败而告终，准备从安南北上进攻长江以南的计划随之破产。后来的陈仁宗写诗云："白发老头兵，常谈元丰事。""元丰事"

即是指元丰七年（1258年）的辉煌战绩。

第一次侵安战争后，蒙安之间暂时处于和缓时期。但对安南来说，外来侵略的危机只是被打退，而不是被消灭，蒙军可能随时来犯。对蒙古帝国来说，对外扩张是其本能之事，攻占安南只是迟早之事，所以说战争的阴影仍然笼罩在蒙安边境的上空。

当时，蒙古帝国正集中力量来征服南宋。以完成其吞并中国的计划。1260年，忽必烈即位，1271年改国号为元。在这种情况下，忽必烈没有对安南发动新的武装进攻，但仍加紧施加压力，企图迫使陈朝屈服。在20多年中，元朝不断派遣使者到安南来。这些使者往往以蒙古大帝国上等人自居，态度傲慢，时而威胁，时而引诱，提出更加露骨的要挟。对安南来说，这是一个十分紧张、十分复杂的斗争时期。

1279年，元朝统一了全中国，建立中国有史以来版图最大的大陆帝国。自此，越南、缅甸、印度尼西亚等国变成了元朝的主要侵略目标。

为了寻找发动侵略战争的借口，元朝在外交关系中日益采用欺压、恫吓的手段。1279年的年底，元朝囚禁了陈朝使者。战争危机已经迫在眉睫。陈朝和全体军民一方面秣马厉兵，另一方面想尽一切办法来拖延时间。

1281年，陈仁宗派遣了向元朝求好的使团，忽必烈一方面想通过培植安南内部亲信来征服安南，另一方面从外部压力着手使其屈服。于是忽必烈玩弄手腕，收买了陈遗爱，封他为安南国王，成立了一个傀儡朝廷，并派1000元军护送他回国。元朝的目的显而易见：利用这个傀儡皇帝，并施加外交和军事压力，迫使陈朝投降。这样，陈朝必须采取紧急措施了。陈仁宗派兵打垮了护送陈遗爱的元军，活捉了这个卖国贼，把他押回京城治罪。

对元朝来说，盼望已久的侵越战争即将爆发；而对安南来说，推迟战争的斗争到此即将结束。

1282年底，由唆都指挥的一支元军受命从海路进攻占婆，即占城，然后攻打安南的南部，与从北方南下的大军配合。为避免重蹈第一次侵安战争因缺粮惨败的教训，元朝命令陈朝皇帝给攻打占婆的远征军供应粮食，并让远军队的实力还在，使得蒙古军的速战速胜和以战养战的战略战术破产。蒙古军队在攻占升龙的数天后，陷入了进退不得的困境。

1月29日，安南军队从天幕溯红河而上，开始反攻。蒙军困在升龙城内，内无粮草，外无援兵，已毫无斗志。一战下来，被群情激奋的安南军队赶出京城，沿着红河向西北方向逃窜。蒙军刚刚撤至归化，又遭到民兵出其不意的狙击，损失惨重，更是如丧家之犬，惊慌失措，一溜烟逃回云南，进犯时的狂傲神态已被抛到九霄云外了。安南军民把他们称作"佛贼"。

蒙古军队第一次入侵安南以惨败而告终，准备从安南北上进攻长江以南的计划随之破产。后来的陈仁宗写诗云："白发老头兵，常谈元丰事。""元丰事"即是指元丰七年（1258年）的辉煌战绩。

第一次侵安战争后，蒙安之间暂时处于和缓时期。但对安南来说，外来侵略的危机只是被打退，而不是被消灭，蒙军可能随时来犯。对蒙古帝国来说，对外扩张是其本能之事，攻占安南只是迟早之事，所以说战争的阴影仍然笼罩在蒙安边境的上空。

当时，蒙古帝国正集中力量来征服南宋。以完成其吞并中国的计划。1260年，忽必烈即位，1271年改国号为元。在这种情况下，忽必烈没有对安南发动新的武装进攻，但仍加紧施加压力，企图迫使陈朝屈服。在20多年中，元朝不断派遣使者到安南来。这些使者往往以蒙古大帝国上等人自居，态度傲慢，时而威胁，时而引诱，提出更加露骨的要挟。对安南来说，这是一个十分紧张、十分复杂的斗争时期。

1279年，元朝统一了全中国，建立中国有史以来版图最大的大陆帝国。自此，越南、缅甸、印度尼西亚等国变成了元朝的主要侵略目标。

为了寻找发动侵略战争的借口，元朝在外交关系中日益采用欺压、恫吓的手段。1279年的年底，元朝囚禁了陈朝使者。战争危机已经迫在眉睫。陈朝和全体军民一方面秣马厉兵，另一方面想尽一切办法来拖延时间。

1281年，陈仁宗派遣了向元朝求好的使团，忽必烈一方面想通过培植安南内部亲信来征服安南，另一方面从外部压力着手使其屈服。于是忽必烈玩弄手腕，收买了陈遗爱，封他为安南国王，成立了一个傀儡朝廷，并派1000元军护送他回国。元朝的目的显而易见：利用这个傀儡皇帝，并施加外交和军事压力，迫使陈朝投降。这样，陈朝必须采取紧急措施了。陈仁宗派兵打垮了护送陈遗爱的元军，活捉了这个卖国贼，把他押回京城治罪。

对元朝来说，盼望已久的侵越战争即将爆发；而对安南来说，推迟战争的斗争到此即将结束。

1282年底，由唆都指挥的一支元军受命从海路进攻占婆，即占城，然后攻打安南的南部，与从北方南下的大军配合。为避免重蹈第一次侵安战争因缺粮惨败的教训，元朝命令陈朝皇帝给攻打占婆的远征军供应粮食，并让远征军通过安南国土。陈朝从自身利益考虑，不仅拒绝元朝的要求，而且还派兵和战船帮助占婆战斗。唆都只得把军队撤到占婆北部，长期驻扎在越里、乌里地区，等待援兵和参加第二次侵安战争。

第二次远征

1285年初，各路元军开始越过边界。元以忽必烈的儿子脱欢为远征军的总指挥，受封为镇南王。并派遣左丞唐兀＃＃173率兵去占城与右丞唆都的军队会合。元军分三路南下，仅从北方南下的两路就达几十万人。许多曾经参加过征服南宋和习惯于在中国南方作战的高级将领都在脱欢的麾下。

陈朝见元朝军队来势凶猛，只得使缓兵之计，派遣善忠大夫阮德舆和朝请郎阮文翰持书信进见镇南王脱欢，信中言词甚为恭敬，说道："今见邕州营站桥梁，往往相接，实深惊惧，辜昭仰忠诚，少加矜恤。"又派使者持书信进元朝廷，乞求保护安南生灵免遭涂炭之苦。元朝正值乘胜追击之机，哪里肯应？摆在前面的道路只能是背水一战了。

由脱欢率领的主力军气势汹汹的从广西猛攻谅山地区。陈仁宗的堂兄陈国峻提兵在这一拊背扼喉之地进行了几次阻击战。随后陈国峻计划逐步撤退到万劫。在这里，陈国峻集中了20多万兵力，在元军的背后部署了一道阻击的防线。脱欢急率主力回头，力图消灭安南主力。一场激战后，陈国峻率军后撤，据守红河防线，与脱欢军队相持。

就在红河相持之前，脱欢收到陈朝皇帝的乞求信，信中说："您率大军入境，是因为我朝廷中出了叛乱贼臣；百姓由此受到伤害，则是由于太子做错事引起的，并不是我们国家犯了什么过错。我恳请您收回大军。我国必将贡献更多的金银财宝，再不会像从前那样不愿服从了。"

可才过得几天，元军抓得俘虏，从他们口中得知陈仁宗已调动各地军队及船只千余艘，积极帮助陈国峻抗战。脱欢闻讯大怒，即率军攻打红河防线。安南军死伤甚众，还被元军夺去了二十余艘船。陈国峻率军沿江撤退，并沿江布置木栅，一见元军渡河，就发炮求战。可一到晚上，又派使者请求元军稍稍撤退一点。元军毫不理会，继续进兵。再次攻占了升龙城。但和上次一样，只剩一座空城，宫殿里和街道中看不见人影，仓库里空空如也。找来找去，只能在宫室里发现那些屡次上给元朝的投降书。

安南军队一败再败，陈仁宗只得下诏退位，皇太子继位，年号为绍宝，并且在安南全国发布诏令："凡国内郡县，假有外寇至，当死战，或力不敌，许于山泽逃窜，不得迎降。"同时，安南朝廷上下继续严加准备。各个险要的关隘俱有储放兵甲的仓库。陈国峻及范殿前带领陆军和水师重新在万劫江口屯聚。

与此同时，元军也加紧了攻势。由纳速丁率领的元军从云南攻入安南。在南部战场，唆都的军队从占婆出发进攻义安地区。尽管安南军队进行了顽强的抵抗，但仍无法阻挡元军的凌厉攻势，唆都的军队一直打到清化，安南将领陈键率1万余人投降元军。

在元军水陆大军的攻势下，安南军队不得不从三条战线上全面撤退，以保全有生力量。元军此时已经占领了京城和北部广大地区，陈氏朝廷全部退到天长和长安。脱欢从升龙调动大军攻打天长，同时命令清化的唆都进攻长安，形成两面夹击，企图一举消灭安南。陈国峻围魏救赵，派遣一部分军队突围，从天长撤退到东北地区的海防、广宁等路，诱敌尾追。等唆都的军队离开清化进到长安时，则南下迅速占领清化作为基地，与长安的军队形成夹击唆都之势。这一战扭转了局势，唆都费了好大气力刚刚到达长安，又接到命令回军去攻打清化。元军的夹击之势被瓦解了，包围消灭安南军队主力的计划失败。

两军相持到了夏季。元军多从北方而来，本来就不适应南方的湿润气候，更无法忍受炎热酷暑。生病的越来越多，粮草接济无法跟上，人马困乏。经过一段时间的占领后，元军的基本弱点越来越充分地暴露了出来。而安南由于进行有计划的战略撤退，不仅保存和发展了抗敌力量，而且还逐步置元军于势穷力蹙的境地，主动创造了反攻时机。

1285年5月，安南抗元斗争进入战略反攻阶段。陈国峻从清化率军北上。切断唆都和脱欢之间的联系，然后对升龙以南的元军防守的据点出其不意的发起

猛烈的进攻。元军在红河上的防御体系被彻底粉碎。安南军队乘胜包围了升龙城，并且发动了猛烈进攻。

镇南王脱欢早有退兵之心，加上升龙是一座空城，占据长久并无多大用处，遂撤出升龙，驻扎在红河北岸，随后决定撤退回国，以免遭到全军覆没的危险。但安南军队继续猛烈进攻，并在元军逃跑的路上布置了埋伏。元军在裒江和万劫河等地连续遭到伏击，败兵四处逃散，脱欢本人则钻在铜管里，让士兵抬着，才免于一死，逃回国内。保卫脱欢的元将李恒中箭身亡。

其他各路元军同样很悲惨。纳速刺丁率残兵逃回云南。唆都从清化渡海，沿着红河而上，打算进入升龙，但到达西结时，大部分军队已被消灭，唆都当场身亡。

第三次远征

两次进攻小小的越国，都遭到惨重的失败，使不可一世的忽必烈恼羞成怒。他下令取消早已准备好的第三次侵略日本的计划，集中力量来侵略安南。他紧急调动了一支庞大远征军。据史书记载，这次进攻调动了 50 万大军，仅集中攻打万劫一处的军队就多达 30 万人。这一次，除步兵和骑兵之外，元朝注意加强了水兵和组织了一支运粮船队。镇南王脱欢再一次当了安南远征军的总指挥。其目的有二：一方面立功赎罪，一方面为了给他老子挽回面子。

1287 年 12 月，元军由脱欢率领，分兵三路从三个方面第三次进犯安南。两路是从广西、云南来的步兵和骑兵，此外还增加了一支水兵，从海路沿着白藤江进犯。

由脱欢指挥的主力军进抵谅山地区。由奥鲁赤指挥的元军从云南沿着红河南下。由乌马儿和樊楫率领的水军跟着由张文虎负责的粮船从钦州（广东）经海路一同向白藤江口进发。在第一、二路方面，脱欢和奥鲁赤一路打了不少胜仗。一方面由于元军准备得较为充分，另一方面也有陈国峻安排前线官兵逐步撤至内地以保全力量的缘故。而第三路乌马儿在打败安南军队副将陈庆余水军的狙击后，主观轻敌，指挥战船先行，沿着白藤江迅速向万劫前进。以便跟脱欢会师，把粮船扔在后面。粮船失去战船掩护，刚一到达云屯，就遭到安南伏兵的迎头痛击，被全部消灭。元军的粮食和器械一部分沉入海底，一部分落入安南军手中。

云屯大捷无疑是给乘胜前进的其他两路军以当头棒喝，它从一开始就破坏了元军的后勤计划，使其在粮食方面遭到了无法克服的困难。

脱欢在万劫驻扎了一段时间，为避免出现第二次远征的境况，他想把这一地区建设成为一个重要的军事基地。他布置一部分元军留在这里，分兵把守险要地方，并建立营房贮存粮食。建立了稳定的根据地后，脱欢带兵向升龙前进。安南军一面阻击敌人，一面继续撤退。

1288年2月，陈朝朝廷和军队第三次撤出京城，退到红河下游地区。脱欢指挥水陆两军紧紧尾追，希望捉到陈朝皇帝和军队指挥部，迅速结束战争。但他的企图再次落空。这次水陆大军倾巢出动，不仅没有破获安南的指挥机关，反而不断遭到安南民兵的袭击，死伤不少。脱欢只好回兵升龙，不久，缺粮危机又成为数十万元军的严重威胁。

脱欢很着急，派乌马儿迎接粮船，到达安邦海口时，才知道粮船早已被消灭。

这个时候，各地的乡丁与分散的军队密切配合，不断袭击元军的营寨和基地。对于这些分散的武装力量，元军束手无策。出动大量军队吧，根本不值得；出动少量军队，又往往被分割包围，逐个消灭。况且还有安南朝廷的主力军在一旁虎视眈眈，元军不敢远离基地，否则又没有吃的了。

1288年3月，他下令焚毁京城升龙，把军队撤到万劫。但他花费很多气力建立起来的万劫基地也不再是安全地带了。粮磬人，减，士气低落，又遭到安南军民的不断袭击。在这种情况下，众元军将领商议："万劫并无险要地方可守，又无充裕的粮食供应，况且天气又逐渐转热，难以作长久之计，不如全部撤退。"脱欢无奈，只得分兵两路，从水路和陆路撤退回国。派乌马儿和樊楫率领水兵先行，命程鹏飞、塔出率兵护送。自己则率大部陆军随后撤退。

脱欢的撤退行动应该是考虑得十分周详的，但还是被陈国峻识破。陈国峻决定将白藤江作为一个埋伏阵地，消灭乌马儿和樊楫的水军。

4月初，元军开始撤退，岸上有骑兵护送。安南军民破坏了桥梁，连续狙击敌人，迫使元军的骑兵返回万劫。乌马儿的战船鱼贯而行，小心翼翼进入白藤江。

4月9日晨，元军战船开始进入白藤江。安南军一队战船奉令迎击敌人，随

后假装败退，乌马儿下令追赶。当时，潮水正在下落。当元军战船进入埋伏阵地，安南军出其不意的猛烈进攻元军战船，两岸伏兵迅速出击，将早已准备好的点着火的木柴投掷到战船上，登时火浪冲天，热浪逼人。元军死的死，逃的逃，遭到毁灭性的打击，乌马儿、樊楫等水师将领被俘，安南军夺得400余只战船。数不清的元军被埋葬在白藤江江底。

元朝第三次远征安南又一次失败了。

元朝远征安南失败

三次必败的远征

总观元朝（蒙古）三次远征安南，无一不是率领大军有准备气势汹汹而来，但都垂头丧气而归。疆域辽阔，兵强马壮的庞大元帝国竟然不敌地方狭小，国力薄弱的小小安南，何故？

乍一看来，大元帝国的铁骑踏遍欧亚大陆无敌手，阴沟里翻船，撞在安南手里，只不过是一种偶然，疏忽而已。倘若能进一步分析双方的各种主客观情况，就会发现大元帝国在安南的翻船实属必然，并非偶然。

元朝统治者发动战争的目的在于满足蒙古贵族的贪婪欲望，实现其让世界都成为蒙古人的牧场的野心。这种欲望和野心在元统一中国后更加膨胀起来，忽必

烈本人又是一位穷兵黩武，好大喜功的帝王。同时他自己也很清楚明白，如果他不能给他的蒙古贵族带来更多的土地和财富，他的统治就不能稳固。元朝在建立之初，阶级矛盾和民族矛盾就已经很尖锐了，特别是民族矛盾，各地汉人的抗元斗争此起彼伏，接连不断。为转移国内人民的视线，忽必烈也需要发动对外侵略扩张战争。从发动战争的目的看，这场侵安南战争是一场非正义的战争。这种战争的性质决定了它失败的必然性。当然不是说任何一场非正义战争都只有失败一种结果，也有的非正义战争凭借暂时的优势取得一时的胜利，但从最终结果和最终趋势来说，非正义战争必将失败。世界历史上的无数战争例子都说明了这一点。自古以来，正义必胜。元军逆天意而行，自然逃不了失败的厄运。

其次，自然地理环境给元军作战造成极其不利的影响。安南4/5为山地和高原。北部和西北部为高山、高原盘踞。西部为长山山脉，长1000多公里，纵贯南北，构成越南地形的骨干，西坡形成西原高原，面积为3，7万多半方公里，地势险要。中北部的红河三角洲，面积约为1，5万平方公里。地势低平，河网密布。这样一种山地高原河流错综交织的复杂地形，是久战北方平原的元朝士兵所不能适应的。

蒙古贵族之所以能迅速统一北方蒙古高原，进而南下灭宋，与其强大的军事实力是分不开的。其军事实力一个重要的依靠便是马匹。蒙古的骑兵对于各国的步兵来说，在当时应该是一支现代化的部队，它的威力不亚于现代化的装甲兵和坦克。据《黑鞑事略》记载："其阵利野战，不见利不进。动静之间，知敌强弱，面骑环绕，可裹万众；千骑分张，可盈百里。摧坚陷阵，全藉前锋。""敌分立分，敌合立合。故其驰突也，来如天坠，去如电逝，谓之鸦兵散星阵。""其破敌则登高眺远，先相地势，察敌情伪，专务乘机。"

那么，蒙古骑兵在对安南的战争中发挥了多大的作用呢？

安南的地形较为复杂，山地高原河流互相交织在一起，很少有一马平川的大平原。这与蒙古高原上一望无际的大草原和平坦的华北平原及长江中下游平原迥然不同，蒙古骑兵可以在这里一口气驰骋数百里而毫无障碍，但在安南顶多只能跑个数十里就得停下来了。因为前面遇到的不是山就是水。天高任鸟飞，海阔凭鱼跃。骑马在中原有驰骋的广阔天地，而在安南，只能是望山望水而长叹了。

毫无疑问，所向披靡的蒙古骑兵在这里受到了致命的约束。昔日的战斗力风光不再，至多只剩下三四成的威风了。

另外一个不可忽视的因素是气候。安南属热带季风气候，气温高，湿度大，风雨多，旱、雨季明显，大部分地区5～10月为雨季，11月至次年4月为旱季。元军士兵多来自北方寒冷干旱地带，刚好与安南的气候相反。所以元军出兵多在下半年，正值安南为冬天旱季的时候，而一到来年四五月份，天气渐渐炎热起来，又是绵绵阴雨，加上丛林中的蚊子、毒蛇及其他一些毒虫骚扰，北方的士兵和战马又如何忍受得了？每每到春夏之交双方交战到关键时刻，元军总是瘟病流行，不得不撤师回国，接连三次都是如此。

再次，元军在战略战术上犯严重错误。元军劳师动众，远道而来，一个至关重要的问题就是粮食问题。元军将领也意识到这一点。起初，他们的设想是进行速战速决，从安南城镇手中夺取粮食，即"以战养战"。这也是元军驰骋南北的一贯做法，但实践上却根本行不通。安南抗元总指挥陈国峻是个极富谋略的将领，他也认识到粮食在战争中的重要地位。他下令安南军民果断放弃许多大城市，包括首都升龙，同时将城中的粮食转移。元军尽管占领了不少城池，但未能获得粮食；相反，元军又要派兵把守夺得的城池，分散了兵力，给安南军队以可乘之机。这样，元军"以战养战"的目的破产了。在第三次入侵，脱欢吸取了前两次的教训，派遣军队从国内运送粮食，并有大量水军护送。但水军护送不得力，致使元军粮食在云屯大战全部被截获。这一战打乱了元军的全部作战计划，脱欢只好在万劫重建粮食基地，但为时已晚，元军第三次栽在粮食问题上。一着棋错，全盘皆输，这是元军在粮食问题上的惨痛教训。

元军还犯了一个错误就是未能正确的收买人心。论理说，元军在攻打安南之前，早已誉满欧亚，安南朝廷内部已有不少宗室和将领准备投降，可元军失去了这样一个绝好的机会，迷信武力可以解决一切。尽管收买了一个陈遗爱，但没发挥多大作用，后来又投降了一个陈键，可惜在途中被安南游击队给杀死。总之，元军还是没有意识到培养内部亲元派，从内部瓦解对方的抗元阵营。相反，所到之处，只管烧杀掠抢，残害百姓，这只能更加激起安南人民的仇恨，更紧密团结在朝廷的周围进行抗元斗争。元军兵力最多时候不过50万人，而安南军队和民众的总和不知比这个数目多出多少倍！元军在明处，而安南军民在暗处，自然是元军防不胜防了。

第三次远征失败后，忽必烈非常恼怒，责令脱欢镇守扬州，并命他终生不许进朝廷面见父皇。

1292 年，陈朝皇帝派遣大臣陶子奇来进贡，元朝朝廷上下认为陈朝皇帝不亲自来朝见，其心不忠诚，于是扣留了陶子奇，令刘国杰与诸侯王亦吉里率水陆大军再次分进往征安南。一场大战又即将爆发。恰好在这个时候，忽必烈病死，这次远征中途也就取消了。

1293 年，元成宗即位，下诏不再征伐安南，并遣送陶子奇回国。自此，以后，相当长的时间内，两国之间再没有爆发大规模的战争。

无功而返：远征占城

历史学家报告：中外历史，形异理同，没有永久的王朝，没有不败的将军。自从出兵日本归来，蒙古人一直运交华盖。在雄狮面前，他们坚不可摧，所向无敌；在脱兔面前，他们却弱不禁风，不堪一击。

元以前同占城的交往

占城古称日南、林邑、占婆，故地在今越南中部。其名称最早见于《汉书·武帝纪第六》："（元鼎六年）遂定越地，以为南海、苍梧、郁林、合浦、交趾、九真、日南、珠崖、儋耳郡。"可见，汉武帝在平定南方设置的九郡中，其中就有日南郡。

《梁书·列传第四十八·诸夷》详细的记载了林邑国的地理状况：

"林邑国者，本汉日南郡象林县，古越裳之界也。伏波将军马援开汉南境，置此县。其地纵广可六百里，城击海百二十里，去日南界四百余里，北接九德郡。其南界，水步道二百余里，有西国夷亦称王，马援植两铜柱表汉界处也。其国有金山，石皆赤色，其中生金。金夜则出飞，状如萤火。又出王毒瑁，贝齿、吉贝、沉木香。吉贝者，树名也。其华成时如鹅毛。柚其绪纺之以作布，洁白与布不殊，亦染成五色，织为斑布也。沉木者，土人斫断之，积以岁年，朽烂而心节独在，置水中则沉，故名曰沉香。次不沉不浮者，曰香也。"

由记载可以看出，林邑国是个盛产珍贵香木和矿产的宝地。所以历代中国君王都麒麟这个富饶地方。据《北史》记载：

"隋文帝既平陈，乃遣使献方物，后朝贡乃绝。时天下无事，群臣言林邑多奇宝者。仁寿末，上遣大将军刘方为州道行军总管，率……步骑万余，及犯罪者数千人击之……方班师，梵志复其故地，遣使谢罪，于是朝贡不绝。"

此后，占城对中国历代君王十分恭敬。不断进献奇异珍宝，也讨得两边相安无事。

总的看来，在元以前，占城和中原王朝的关系以友好为主，很少发生战争，两方的贸易往来和官方往来都络绎不绝。可在元朝却发生了一段不愉快的插曲。

元朝对占城的战争

元朝灭亡南宋后，占城国王曾派遣使者至元朝奉表称臣，并贡献宝物犀象。元朝封占城国王为郡王。1280 年，忽必烈命唆都在占城设行省，其时占城王子补的在朝廷掌权，心中暗暗不服。元朝派万户何子志、千户皇甫杰出使泰国，宣慰使尤永贤、亚兰等人出使马八儿国，他们坐船经过占城，被占城王子补的扣留。忽必烈大怒，准备派兵征伐。

这年 11 月，占城行省的将领率兵从广州航行到占城港。这个港口北部同南海连接，旁边还有其他 5 个小港口，东南边是山，西边则靠着木城。元官军沿着海岸驻军。占城兵则驻扎木城。元廷几次派使者前往招安，都无功而返。

次年正月，占城行省传令军中，准备在 15 日半夜攻城。安抚使陈仲达、总管刘金、总把栗全率领水军 1600 人从水路进攻木城北面；总把张斌、百户赵达攻木城东面沙；行省将领率 3000 人分三路进攻木城的南面。

战船在天刚亮的时候到达木城岸边，被海浪大风击碎了十七八艘。占城兵打开木城南门，旗旌飘扬，战鼓雷鸣，出来了 1 万士兵，其中有几十个坐在象背上的，他们也分三路抗击元军。两军随即交战，弓箭和石头铺天盖地。从早上杀到中午，未分胜负。元将唆都急红了眼，亲自带领数百名敢死军，奋勇直进，其他各路军队不敢怠慢，也跟着冲上前去，一时士气大振，占城兵的战船被冲得七零八乱。恰巧东面和北面二路水军从侧面杀过来，三路水军乘势掩杀。占城兵无法抵御，全线崩溃，被杀死及被溺的兵卒，共有数千'人。元军攻占了木城。

占城国王赶忙离开行宫，烧掉储粮仓库，临走时，还杀死扣留的元朝使臣，同他的臣子仓皇逃入山中。

19日，占城国王派遣报答者来乞降。元军答应其投降，并免掉一切过错。21日，元军开进大州城。占城国王又派使博思兀鲁班来告知："国王和太子随后就亲自来投降。"23日，占城国王派舅爷宝脱秃花等一行30余人来进见，献上国王的书信、杂布200匹、大银3锭、小银57锭、碎银一瓮，又献上金叶九节标枪，说："国王本想亲自来谢罪，但身体不舒适，未能动身，所以先派小臣拿此枪来，表示谢罪的诚意。太子补的大概在三日后进见。"行省官员拒不收这些东西，宝脱秃花说："你们不收，是认为这些东西不够意思吧。"元朝官员推辞不掉，只得收下了。

过了些天，宝脱秃花又使占城国王的四儿子利世麻八都八德刺和五子利印德刺求见，说："先前我们有10万兵马，才敢冒死和你们打仗。现在我们打败了，军马都走散了。听那些残兵败将说，补的在乱军中战死。国王脸部中箭，稍微好了一点，内心有愧，不敢来见，所以先派两个皇子前来谢罪。"元行省官员怀疑此二人并非真的皇子，让他们返回，并以探望国王身体为理由，派千户林子全、总把栗全、李德坚等人一起去瞧瞧占城国王是否真的病了。林子全等人进山以后，国王拒绝接见。宝脱秃花对林子全等人说："我们国王迟迟不肯亲自出山投降，我劝告他，他不但不听，反而扬言要杀我，请你回去告知省官，派人来捉他，如果不派人来，我就抓住他送到你们那儿。"林子全等人听了十分高兴，便返回元营。当天，占城国王又杀掉扣留的元使者何子志和皇甫杰等人。

2月8日，宝脱秃花又到元营，说道："我的祖父、伯伯和叔叔都是占城国王，可到我哥哥当国王时，被那个狼心狗肺的杀掉并夺走王位，又砍去了我左右手的两根大拇指。我真怨恨他们啊。真希望能够抓住他们父子献给你们。"

13日，居住占城的唐人曾延等前来元营告知："占城国王逃到大州西北的鸦侯山，屯集3000兵马，并召集其他各郡的兵马，目前还未到来。过些时候就准备和元朝官军决一死战了。他恐怕唐人泄露这些军事秘密，将要把他们全部杀光。我们是逃出来的。"

15日，宝脱秃花同占城朝廷宰相报孙达儿和撮及大师等5名官员来投降。元行省官员将曾延等唐人引见给他们。宝脱秃花一见曾延等人，大惊失色，立即驳斥说："这些唐人都是奸细，请将他们抓起来。国王的军队全部逃散，怎么能

再打仗呢？"又对元行省官员说："现在没有归附的州郡总共有12个，每一州郡派一人招降就可以了。州是水路，请行省官员、陈安抚及在下各派一人乘船去招降。陆路方面则请行省官员和陈安抚亲自去攻城捉拿国王父子。"省官听从了他的言语，对曾延等人的劝告置之不理。

16日，元军派万户张禺页率军去攻打占城国王所在地方。19日，大军到达木城20里外之地。占城军队已经挖好了壕沟，摆满了粗大的木头。元军引兵深入，转战至木城下，山林丛密，无法前进，四面都是堡砦，唆都恐防有诈，急令退军。刚刚退还数里，斜刺里冲出无数占城军马，来截旧路，唆都猝不及防，几乎死在乱军之中，亏得元军拼死力战，才得以走脱。检点军马，已是一半伤亡。

3月6日，唆都见无法攻下占城，遂奉命领军北进安南。

缅甸史书失真：元朝对缅甸的战争

善战的元朝军队一般不会以多取胜，而是以精取胜，以巧取胜。最初元军征缅甸派了700精锐部队，对抗缅军4万人，何等的不成比例，况且缅军还有象队骑兵参战！可最后，竟闹得缅军象马自相残杀，遭到惨败。

缅国蒲甘王朝建国于9世纪中叶。至13世纪中叶，国势已趋衰落。缅王那罗提诃波帝搜刮民脂民膏，大建宝塔，穷奢极欲。据说，在开始建造弥伽罗塔（蒲甘）时，有民谣云："宝塔建成，国化灰尘。"反映了人民对沉重劳役的不满。事实上，蒲甘王朝已到崩溃的前夕。

1273年2月，忽必烈派遣勘马剌失里、乞脱因等出使缅国。可这些使臣一去不返，据缅史记载说，因为他们入宫见缅王时不肯脱靴，被缅王下令杀死了。

1277年，千额（云南盈江县城，元朝于此设镇西路）总管阿禾内附后，缅王大怒，发兵犯扰千额，阿禾遂向元廷告急。当时，大理路蒙古千户忽都、大理路总管信苴日及总把千户脱罗脱孩奉命征伐永昌西部地区未降的部族。阿禾告急后，忽都和信苴日率兵700前去援助阿禾。缅军以4万兵卒迎击元军，两军在河边相遇。他们采用了兵卒、骑兵和象队综合作战的办法：骑兵排头，象队其次，步兵最后；象队披盔甲，背负战楼，两边挟着大竹桶，里边放着枪矛，乘象者就用这些枪矛击刺对方。忽都见硬闯不行，便下令："敌众我寡，首先护卫河北面的军队。"忽都亲率281名骑兵为一队。信苴日率233名骑兵依傍河边为一队，脱罗脱孩率187名骑兵依山为一队。双方激战多时，缅军往后败走，元军紧追不舍，打乱缅军的象队，扰乱缅军的阵脚，象马自相蹂躏，兵卒死伤无数。元军虽然负伤较多，但只有一名蒙古士兵惹怒了大象被一脚踩死，其余没有战死的。

这年10月，云南行省命云南诸路宣慰使都元帅纳速剌丁率各路军马3840余人征讨缅国，进至江头城，招降其附近掸族诸部落。因天热还师，并未深入缅境。

1283年，忽必烈以缅王不降，去使不返为借口，命宗王相吾答儿、右丞太卜，参知政事也罕的斤等统率大军攻缅。这年11月，相吾答儿命也罕的斤从阿昔江到达镇西阿禾江，造了200艘船，顺江而下到达江头城，先断了缅军的水路。自己则率军从骠甸到达其都城，与太卜军会合。随即下令各路军马水陆并进，一举攻破江头城。

忽必烈再遣使人缅谕降，仍没有得到答复，于是进驻太公城。缅王闻讯，弃蒲甘城，南奔其庶子不速速古里的封地昔里怯答剌（今卑谬），同时急命大臣向元军求和，请求降旨允许悔过，元廷即遣镇西平缅宣抚司达鲁花赤兼招讨使怯烈出使缅国。

1287年，缅国王室发生内讧，不速速古里囚系了缅王，并杀害了元朝云南王派出的官员阿难答等人。缅国内乱大起。云南王忽哥赤乘机率军深入缅境，缅军以诱敌深入之战术，使元军战败，死亡7000余人。事发后，缅国又遣使向元廷谢罪纳款，三年一贡。但这时，缅国已经四分五裂，不速速古里在与诸兄弟攻战中被打死，各地贵族和掸族诸部落统治者纷纷自立，大多数迫于元朝的利诱和威势，臣服元廷，贡纳产物，元各置宣慰司统治。蒲甘王朝从此分裂成若干掸邦。

缅王的另一个儿子立普哇拿阿迪提牙回到蒲甘，继位为缅王。但真正权力被木连城长官阿散哥也兄弟控制着。阿散哥也的父亲原是缅国东面的掸族酋长，后迁居缅国，与缅国一豪族的女儿结婚，生下了阿散哥也兄弟三人。他们受到缅王的重用，赐给他们重镇木连城。在蒲甘王朝败乱中，阿散哥也三兄弟乘机占据缅国北部的广大地区，蒲甘的缅王成为他们三兄弟操纵政权的傀儡。

1298年，缅国再次发生内乱，阿散哥也兄弟调发兵马攻下蒲甘城，擒住缅

王及世子信合八的等皇族宗室，将他们囚禁在木连城，又立缅王的另一个儿子邹聂为傀儡国王。阿散哥也兄弟以新立国王的名义向元廷上书，报告废旧主立新主的原因，数落了旧国王的三条罪状：一是劫走登笼国（即从缅国分裂出去的得楞国，今自古）使臣贡给元朝的礼物，并据为己有；二是违抗元廷的旨意，勾结八百媳妇国引兵来掠杀甘当等族百姓（即缅国东面的掸族部落）；三是欲杀朝廷命官阿散哥也。阿散哥也兄弟立了这三条罪名，颇费心机，以表示他们发动宫廷政变是出于维持元朝的权威，从而取得元廷对这次废立国王行动的承认。

但到 1299 年 8 月，太公城总管向云南行省报告了这一事件的情况，竟与阿散哥也兄弟所说大相径庭。据称，事情真相是阿散哥也兄弟起兵 3 万攻占蒲甘，指责缅王“自归大元之后，使我多负劳费”，故执杀缅王及其世子、妻妾、父师（即国师）、臣仆百余人，随国信使出缅留在蒲甘的百余人也被害。与此同时，缅王的儿子窟麻剌八也逃到云南，向行省官员讼冤，要求元廷出兵援救。据他向云南行省报告，由于缅王向元朝请兵平定国内叛变的部落，这些部落更加恼恨，与朝廷作对，阿散哥也的弟弟也参与其事。缅王原来打算让阿散哥也领兵平定叛乱，后来发觉他有叛变之心，立即把他抓起来投进监狱。于是阿散哥也的弟弟领兵进占蒲甘，抓住缅王，锁住双腿投入猪圈之中。

元朝对缅甸的战争

根据元朝得到的报告和缅史记载分析，这是掸族统治者和缅国王室之间的一次激烈政治权力之争。当时缅王的势力已很衰微，在得到元朝的封号后，立即召集臣僚听诏，意欲借此重振王室权威，压制掸族势力。然而蒲甘王朝此时已无实力，最终被阿散哥也兄弟击败了。

元朝得到这些报告后，考虑再三，决定出兵征讨阿散哥也兄弟。1301 年 1 月，元军侵入缅国，团团围住阿散哥也兄弟的巢穴木连城，木连城守军进行激烈的抵抗。1302 年 2 月，元军已经打得阿散哥也溃不成军，阿散哥也以金银礼物贿赂元军将领，上自宗王阔阔、平章政事薛超兀儿、忙兀都鲁迷失下至将校、幕官都重重的收了一笔贿赂，于是撤军回国。缅史记载则为此事遮掩，说元军帮缅人修筑水利工程，开墩兑运河，阿散哥也赠送的礼物，乃是对他们帮助缅人消除水患的感谢。元军撤出后，阿散哥也兄弟立即先后入朝，贡纳物品，并忏悔杀国王的罪过。元成宗下诏免除他们的罪过。常年的远征，也使得元廷上下怨声载道，为避免再次出兵缅国，元成宗承认了阿散哥也兄弟在缅国的统治权。

狂风过后已黄昏：野性的最后一搏

真金之死：一个彻底汉化者的悲剧

爱子之心人皆有之，动物尚有舐犊之情，何况于人乎？忽必烈推行汉法，接受汉治，铸造了一位全盘汉化的太子真金。但是，当真金的步子超过他的想像时，他就不能容忍了。大元皇帝因而不得不承受丧子之苦，汉人也只得"老老实实"充当下等人。

真金，皇后察必所生的第二个儿子，因为兄长朵儿只幼年夭折，他就成了事实上的嫡长子。忽必烈早年在藩府中广泛招纳汉族知识分子时也曾特意让儿童时代的真金跟随理学大师姚枢、窦默学习《孝经》，以后又选派王恂、李德辉充任赞善，陪伴他学习。王恂为了教真金学好汉族文化，特意采摘辽、金史事几千条汇编成书，作为真金学习的教材。通过王恂的教导，从小便在儒学熏陶下的真金

全盘接受了汉族文化。

1262年真金被封为燕王，同时兼任中书令。次年又兼任枢密使。这两个职务虽然只是虚衔，但当两府官员给他送去一些文件时，真金都在王恂的指导下亲手实践，学习治理国家的办法。1273年忽必烈接受汉臣们的建议，册立真金为皇太子，以固国本。真金因为从小在汉族文化的熏陶中长大，所以长大后倾心于汉文化，主张进一步采行汉法，对汉人儒臣非常信任。这时已被忽必烈抛弃的汉儒们总算又找到一个靠山，纷纷聚集到真金周围，希望他能在将来进一步推进汉化改革，实现他们"以夏变夷"的目的。

1279年10月，忽必烈在太一道天师李居寿的建议下，允许真金亲政。董文忠乘机劝忽必烈改变以往中书省和枢密院的重要事情先向忽必烈汇报再报告给真金的惯例，因为忽必烈在作出决策后真金即使有不同意见也不便再讲出来。忽必烈同意，下诏中书省、枢密院及百司之事，都要先报告给太子处置，然后再向皇帝汇报。从此，太子真金开始直接掌理朝政。汉儒们的希望更大了。

1282年4月，中央政府全面改组。勋臣之后和礼霍孙被任命为中书省右丞相。在真金的支持下，和礼霍孙大胆更新庶政。与此同时，真金起用了大批熟知汉族文化的旧臣，尚在人世的幕府旧臣如张文谦、商挺等人重新得到重用。另有一批由真金招募来的汉族官员也分布在朝廷中的很多关键岗位上。在这些汉人官员的帮助下，真金开始按照汉族的治国治吏办法改良吏治。他撤掉了阿合马滥设的官府中的80％以上，并颁布了有关回避制度等等。1284年10月，真金开始与和礼霍孙讨论恢复科举的问题。

对于真金的这些举措，年迈保守的忽必烈起初碍于父子情面，未加直接反对，只是在一旁冷眼旁观。但是当他看到真金的施政方针越来越背离自己的保守路线，特别是准备恢复他极为反对的科举制度时，忽必烈终于忍无可忍，他开始反击了。

1284年11月，忽必烈突然下令改组中书省，将真金委任的官员全部免职，任命刚刚从海都处被释放回来的安童为右丞相。声言可以在短期内迅速稳定中统钞币值的卢世荣被任命为右丞，并实际主执中书省政务。

卢世荣是河北大名府的商人，为增加税收，他把当时非常盈利的盐业、冶铁业、京城酿酒业以及海上航运业统统收归官营，产品实行官方专卖。然后用其收入购买粮米，在粮价上涨时再售出，从中盈利，同时也起到平抑物价的作用。在增加课税收入的同时，他也提出了一些减免赋役、惠民生计的措施。为遏制因为中统钞贬值带来的物价飞涨问题，卢世荣决定听任民间使用金银等硬通货贸易，并准备铸造铜币发行。应该说，卢世荣的这些计划都是出于好意，也未必没有取得实效的可能。但因为他所任用的人很多曾经是阿合马的党羽，难免有些营私舞弊的事发生。加之他的汉人兼商人的身份，在冥冥中已提前昭示了他的悲剧结局。汉人儒臣不论是从传统的义利之争还是从对阿合马一党的仇恨上，都无法容忍卢世荣位居他们之上。而又因为他是汉人而很少有愿意帮助他的。这就预示着一场倒卢风暴迟早要发生。

果然，1285 年 4 月，监察御史陈天祥首先发难，上书弹劾卢世荣贪赃，而且任职百余日尚无丝毫实效，不足以任相位。陈天祥的弹劾明显有悖常理，要求卢世荣在 100 多天内就扭转经济不景气的情况是强人所难，不可能做到。但是在汉臣的强大压力下，卢世荣还是被罗织罪名，论罪下狱，并于同年 10 月被用酷刑处死，成为权力斗争的牺牲品。

寄厚望于真金身上的汉儒们时刻希望他能尽快即皇帝位，以便把汉法改革进行下去。但是他们太心急了，一个愚蠢的汉人居然在真金与忽必烈因为政治路线的不同而父子关系日趋紧张时上了一道极不合时宜的表章。

1284 年底，南台御史上表，认为忽必烈年事已高，请求他禅位于真金，自己去做太上皇养老。同时请刚刚正位为皇后的南必不要干预政事。这个奏章无异于逼忽必烈退位，真金作为受益人难逃主使之嫌，甚至可以定为有意叛乱。一旦忽必烈见到表章，真金的太子位置，甚至性命都难保。所以真金知道情况后心情极度紧张。

好在御史台的都事尚文乘其他御史都不在时把这份奏章秘密地藏了起来。但是这件事最后还是让阿合马的党羽答即古阿散侦听到了。答即古阿散为构谗言于忽必烈，加害真金，千方百计地利用自己受命审计诸司开支的机会，逼迫尚文交出表章。尚文在安童、御史大夫玉昔帖木儿的支持下坚决拒绝交出。答即古阿散随即向忽必烈报告，忽必烈极为恼怒，命大宗正薛彻干亲自去索取。真金、安童、玉昔帖木儿都束手无策，坐以待毙。这时机智的尚文从旧案中搜集到很多答即古阿散的罪状，于是建议安童和玉昔帖木儿变被动为主动，首先告答即古阿散

等人贪赃枉法，使他们自顾不暇，从而挽救太子。安童和玉昔帖木儿依计行事，抢先面见忽必烈告状。忽必烈大怒，指着两人的鼻子大骂他们也有罪。安童连忙承认自己有失职之罪，但答即古阿散之流名列"黑簿"，同样有重罪在身，不宜再用他们审计诸司开支，以免戕害无辜之人。忽必烈稍稍平息了怒火。接着答即古阿散等人确实被查出有贪污和贿赂罪，忽必烈于是撤销了他们主执的清查机关，停止审计，并于12月将他们依法处死。长时间处于精神紧张状态的真金也于此时最终崩溃，患重病抑郁恐慌而死，年仅43岁。

真金一死，汉人儒臣们最终失去靠山，金莲川幕府的旧臣也死亡殆尽，汉臣们再也无力抗争，只能任人宰割了。

成败伏因：忽必烈的晚年政治

韩信因为得到萧何的鼎力推荐，终于登坛拜将；也因为萧何的精心策划，被吕后推上了断头台。

蒙古族建立的大元朝因忽必烈而强盛，也因忽必烈而衰微。创业难，守业更难；战争难，太平更难。

真金之死，对已70多岁，老迈体弱的忽必烈是一个沉重打击。尽管他与真金在政治路线上有矛盾，但毕竟父子情深。在真金之前，三儿子忙哥剌已经壮年早逝。如今忽必烈再一次白发人送黑发人，他心中的痛苦可想而知。从中年时起就患了严重的脚病的忽必烈已经几十年不能下地行走，只能依靠乘舆。到了晚年，他的健康状况更趋恶化，在病魔的打击下，他的心情长期郁郁不快，思想上日趋保守也是理所当然。这也是造成他政治日坏的重要原因之一。

尽管如此，忽必烈依旧有充足的精力去再找一个善于理财的奴才为他搜刮并牵制汉人。这次他选中了桑哥。桑哥，畏兀儿人，一说为吐蕃人，原本是一个喇嘛教大师的翻译，早年曾师从胆巴国师，学习喇嘛教。至元年间，忽必烈任命他为总制院使，管理全国宗教事务和西藏地区政务。和礼霍孙主管中书省时桑哥曾公开与他在大堂上殴斗，抢来卖油盈利的权力，其气焰之嚣张可见一斑。后来，他又推荐卢世荣取代和礼霍孙入掌中书省。1288年11月，桑哥升任尚书右丞相兼总制院使。次年，总制院改名为宣政院，仍由桑哥兼领。1289年，对任命官员颁发宣敕的权力也由中书省转移到尚书省，政府权力全部落入桑哥手中。

忽必烈的晚年生活

桑哥当政后，他首先把矛头对准了中书省。利用奉旨钩考中书省开支的机会，他罗织罪名将参政郭佑、杨居宽残酷处死。郭、杨二人原来是太子真金超迁提拔的新一代汉人儒臣。当时金莲川幕府旧臣中只有董文用一人硕果仅存。真定董氏与忽必烈关系密切，桑哥暂时还不敢对他下手，所以杨居宽等新一代汉臣就成为首要打击对象。杨、郭二人无罪被杀，说明在真金死后，汉人儒臣不过是席上鱼肉，只有任人宰割的份，毫无还手之力了。

在大肆打击汉人儒臣的同时，桑哥与阿合马一样，大肆搜刮民脂民膏，增加税种，滥施刑罚，致使天下骚然。江南一带受害最深，平民之家卖妻卖女也交不齐苛捐杂税。在忽必烈的纵容包庇之下，桑哥的专横程度远远超过了阿合马。他甚至公然卖官鬻爵，培植党羽。一批奸邪之辈为讨好桑哥建议为他立碑颂德，而忽必烈居然对这种滑稽无耻的建议表示同意，并亲自命翰林学士阎复捉笔！

桑哥的肆意枉为不仅激起了汉族人的强烈反抗，连蒙古贵族近侍也对他深表不满，纷纷向忽必烈告发。忽必烈眼看众怒难犯，又开始玩弄伎俩，把桑哥当成替罪羊一脚踢开了。一天，忽必烈向桑哥索要几粒珍珠，桑哥以无珠表示回绝。这时波斯人木八剌沙正得宠，又与桑哥有仇，于是他向忽必烈告发说："桑哥家中有珍珠宝石甚多，我曾在他家看到过。"忽必烈于是派木八剌沙到他家中搜查，结果发现了满满两箱珍珠宝石。忽必烈大怒，指着这些珍宝问桑哥："你家中有这么多珍珠，却不愿意献给我几颗，你这些珠宝从何而来？"桑哥说出这些人的姓名，都是官府中把持一方之政的官吏。忽必烈又问："这些人为什么不把珠宝献给我？肯定是你把劣质的都给了我，而把珍奇的都私自留下了。"桑哥连忙回答说："这些确实是他们送我的，皇帝您如果下令，我马上都还给他们。"忽必烈大怒，下令将桑哥满口塞满污秽之物，把他杀死。桑哥的内弟要束木等也先后被处决。但忽必烈仍要再找几个替罪羊代他搜刮财富，所以桑哥的余党沙不丁、乌马儿等人被无罪赦免了。

真金死后，皇太子的位置一直空缺，迟迟未作出决定。忽必烈的 4 个嫡子已有 3 个先他而去，只剩下幼子那木罕。按照蒙古幼子守产的习俗，那木罕拥有皇位继承权是天经地义的。那木罕本人也长期觊觎皇位。但是他在出镇阿力麻里抵御西北诸王时不幸被叛乱的昔里吉等人绑架，并押在金帐汗国多年才被放归。让一个长期被囚禁的皇子即位，其他蒙古汗国怎么可能承认他是全蒙古帝国的大汗呢？所以忽必烈犹豫多年也没有下定决心。

在蒙古帝国中，妇女的地位是很高的。乃马真、海迷失、察必都曾在政治上发挥了巨大作用。真金的遗孀阔阔真也不例外，她也在为把皇权保留在自己的儿孙手中而积极活动。阔阔真贤惠恭谨，深得忽必烈夫妇喜爱。在她的活动下，忽必烈在保持了数年的沉默后终于开始有所举动。1291 年真金的旧臣完泽任中书右丞相是这些举措的预兆。1292 年，忽必烈封真金的长子甘麻刺为晋王，代替那木罕出镇漠北，以防那木罕有不利的行动。1293 年 6 月。忽必烈正式立真金三子铁穆耳为皇太孙，确立了铁穆耳的继承人地位。铁穆耳是元代比较有作为的一个皇帝，但他极嗜酒。忽必烈曾经 3 次因此责打他也没能纠正他这个毛病。后来铁穆耳终因饮酒过度于 42 岁时壮年早逝。

忽必烈的一生与唐太宗李世民颇有些类似。两人都是次子；都曾经征战沙场，为创立大元或大唐基业立下赫赫战功；也都曾经为争取皇位而与其亲兄弟刀兵相见，骨肉相残。忽必烈因为抱负高远，所以长期以来有意仿效李世民的为人

处事。有一次，他听王思廉讲《资治通鉴》，在听到唐太宗要杀魏征而长孙皇后进谏一事时，忽必烈特意让王思廉讲给察必皇后听，让皇后也受教育。可到了晚年，忽必烈可就无法再和李世民相比了。李世民在爱妻长孙皇后逝世后，长期独居一室，不近妃嫔。忽必烈则在察必后去世不久就册立年轻的南必为后，而且常常通过南必传达诏令，自己长期不见外朝相臣和百官，这就给南必干政创造了条件。而与他厌倦政事相应，内侍乱政随即发生，这几乎成为历史上的规律。与前朝不同的是，元朝干政的近侍不是宦官而是怯薛军士。怯薛人员当时既是侍卫，又可以出任地方要职，活动范围远远大于宦官，则他们破坏朝政的能量也远大于宦官。从忽必烈朝开始，怯薛近侍在元代历朝都发生过干政乱政的事情，终元一代也没有好转。反而到元顺帝时期把真正的宦官内侍也吸引出来干政乱政，两股力量合在一起，最终把元朝毁掉了。

1294年2月19日午夜，忽必烈病逝于大都，享年80岁，在位共35年。其遗体后来运往漠北黄金家族发祥地起辇谷祖陵。皇孙铁穆耳即位，是为元成宗。5日，成宗追谥忽必烈为"圣德神功文武皇帝"，庙号"世祖"，蒙语尊称他为"薛禅皇帝"，即"贤者"。虽说完全是一片溢美之词，不足以作为盖棺论定的评价，但对于一位回归天国的人，称赞他几句也是人之常情，我们就不必再教条地追究了。

忽必烈留下的传统

研究历史的人，总是"横看成岭侧成峰，远近高低各不同"，他们要"指点江山，激扬文字"，他们在指手画脚，说长道短……这也难怪，他们虽然面对的是过去，但是他们却生活在现在，而着眼之处却是将来。过去的东西对现在产生什么样的影响，来得似乎应该明白些，但是对于将来却更加扑朔迷离。

一代天骄成吉思汗开创的蒙古帝国传到忽必烈手中时有了很大改变。较之一般蒙古贵族的高明之处在于忽必烈继承了成吉思汗的开拓精神和草原民族的恢弘气度的同时，又以蒙古统治者至高无上的身份，在为我所用的思想指导下，收揽各族、各方面的人才，特别是大胆进行了汉法改革，适应了治理中原汉地的需要，他本人也因此而荣获"儒教大宗师"的美名。但忽必烈终归是成吉思汗的子孙，他不得不考虑，如何维护蒙古族的民族特权。这种个人民族和治国方略穿插在一起的关系，迄忽必烈_生，也未中断。因此也就造就了一个蒙、汉杂糅的四不像的政治体制。忽必烈试图通过这个亘古未有的新体制向两方面讨好。但是蒙古人的封疆裂土，广分"投下"和中原汉族政权的官僚政治传统根本不能相容，而蒙古人和汉族人在数量上和文化水平上的差异又大大加重了这种不相容性，从而也就使两方面的斗争长期延续，直到元王朝灭亡。

事实上即便是忽必烈本人也常感到左右为难。作为蒙古人，他要"保持蒙古的语言，提倡蒙古新字，不愿意像拓跋宏那样的全面汉化，在军事方面蒙古人的服务又不可或缺，而他在维持大可汗的地位时更不得不拉拢蒙古人。他所赐'先朝皇后'以下各王子贵族的金帛，数目丰厚，终生未除，也就是这种妥协政策下的产物"。但是既然汉族人是他统治下的臣民的大多数，他也就不得不向他们表示一些让步。他放弃了以征伐为目的的战争，把军事行动作为政治斗争的手段，在攻南宋时不再亲临前线，而是主要依靠汉人去替他打天下。他原来拟用史天泽为帅，但史天泽以年老为辞，这才改用不嗜杀的伯颜。蒙哥攻宋时的战法也被他完全丢弃。总之，他用的是南方的办法对付南方。

这种向两面讨好的办法结果只能是两方面都被他得罪了。"蒙古人认为他汉化过度，中国人则认为尚不够"。结果海都联络了50多个王子立誓不改变成吉思汗的传统，沦为臭老九的儒士们则对他至死不肯恢复科举制而愤愤不平。"历史上找不出一个同时管理草原文化与中国精耕细作而产生的文化之共通体制，因之忽必烈到处妥协，他留下的传统也没有真实的力量"。

但是忽必烈的子孙们似乎并没有意识到这位祖宗的难处。他们可不愿意左右为难，更愿意选择一种非常明确的制度。这样，派系斗争就成了元王朝历史上的通病。其中一派以草原的蒙古利益为依归，以察合台汗国的传统为代表；另一派则是以中原汉地为基础的皇帝们对通常称之为"儒家化"方式治理国家的关心，即想用官僚治理的方式来达到它在中央集权下实现经济统治的目的。这种分歧引起了政治领导阶层在治理中原汉地的方法和目的上的根本的不可调和的分裂。这就使两派集团为利益上的冲突而展开了残酷的厮杀和争夺皇位。1328年后者发动政变，把元武宗海山的2个儿子——和世㻋和图帖木儿推上皇位（即明宗和文宗）。而明宗的两个儿子即位后，懿璘质班在位2个月就死掉了。这位后来被尊为宁宗的小皇帝的死让人极为怀疑。大概正是因为这个原因，前者，姑且可称为保守派，觉得说话时底气不足，所以他们同意宁宗的哥哥妥欢贴睦尔即位。可这时已到了元末，作为最后一位元朝皇帝，妥欢贴睦尔于1368年被明军赶出了北京。大元朝终于在忽必烈留下的传统的作用下灰飞烟灭。

应该说，忽必烈的子孙当中是有几个想真心实现全盘汉化的。但是注重实际的蒙古人始终无法领会汉族思想家们所树立的治国原理。双方心理和社会习惯上的隔阂之大几乎没办法弥补。汉族人因为蒙古人不通文墨而不屑与之为伍，二者自然也就无法精诚合作。而造成这种结果的源头又要回到忽必烈那里。忽必烈的太子真金从小在汉儒们的包围中长大，对汉族文化非常精通，除了肉体之外，根本找不出一丝一毫像蒙古人的地方。可正当真金太子要大展宏图时，忽必烈偏偏把他逼上了死路。从此以后，蒙古王族中再难找到一个真正精通汉文化的人。

正是因为忽必烈创造的四不像的行政体制使元代表现出一种双重性格。黄仁宇先生对此曾有一段精彩的描述。一方面它继承了隋唐宋的开放性特点，能够"继续引用现有技术上的长处，维持造船业，提倡海运，促进国际贸易，修筑经过山东高地的运河，使用火器，以互相交换的配置利用中国和波斯的工程师去设计炮弩，以驿马传递消息，加强东西文化的交流，用郭守敬和贾鲁讲求水利、测验日食、改订新历，一方面已开始显示其保守性。有如开始第三帝国（指明、清两代）之重农政策，禁蒙古人航海经商，在华北组织管理人民之'社'，将人民区分为'军户'与'民户'，注重职业之遗传，提倡道学，文官考试时以'朱注'为主，如此都替朱明王朝的保守性奠立了基础"。从这一点上，似乎可以说忽必烈成了中国由盛转衰的加速器。

游牧人在放弃游牧习惯变成定居者后就不会再回到游牧生涯去了。忽必烈虽然力求维护蒙古人的特权，维持蒙古铁骑的威力，但他既然要对汉人进行统治和牵制就必须派蒙古人去充当地方政府的首脑，就必须派出大量蒙古铁骑去驻扎于军事要地以监视汉人，而这些蒙古人无疑必须暂时放弃游牧生活，学习和汉人相处。而当他们尝到了定居生活的甜头时，他们就不愿再回到草原了。这和回纥人有些类似。回纥人曾游牧于鄂尔浑河地区，拥有自己的草原帝国。在9世纪中叶，他们被乞儿吉思人赶到了甘肃，后来又移至塔里木盆地的绿洲上。在那里他们学会了定居生活。当契丹人建立了辽帝国后曾建议回纥人（这时已称为畏兀儿

人）回到草原上，但被拒绝。因为生活于丝绸之路必经的绿洲上可以给他们带来繁荣和富足，所以他们不愿再去大草原上过冒险的游牧生活。"无心插柳柳成阴"，忽必烈为维护本民族统治把蒙古人派到中原监视汉人，却无意中使他们放弃了草原生活。所以当他们于几十年后被赶出长城时，重操旧业是那么拙劣，乃至不知所措。他们已经无法再适应于祖先的草原。蒙古铁骑失去旧日威力，从而也成全了明初的汉族将军出师漠北，连战连捷的战绩。只是到 15 世纪末和 16 世纪初，在达延汗时期，他们才在鄂尔多斯和察哈尔地区恢复了生机，重新威胁到汉人的政权，迫使明王朝转入防御状态。

忽必烈无意中创下的另一个奇迹是把契丹人、女真人推向了汉人的阵营，从而大大加速了他们的融合。应该说这是忽必烈人为地划分四等人的一个客观效果。契丹人、女真人和北方汉族人同时被称为汉人，使这两个民族必须放弃与汉族的昔日仇怨，必须站在一个战壕里并肩战斗，才能抵挡住蒙古人和色目人的政治压力。结果，不久前还水火不容，兵戎相见的汉族人和女真人握手言和，共同生活、学习、通婚、繁衍。最后，契丹人和女真人完全混融在中原汉人里面。欧洲人称他们为"远东的法兰克人"，因为高卢的法兰克人到查理大帝时已经和进入这一地区的罗马人完全融为一体。

如果说忽必烈促进了北方民族的大融合和部分蒙古人放弃游牧生活是无心插柳，那么使中国农民进入北方草原则无疑是有心栽花，而且花栽活了，开得很鲜艳。蒙古人侵入中原，把农田变成了草地，只是单方向的移动，相反方向的移动同样存在，这就是中原农民北上开垦草原，使耕地伸延而草原退缩。至元十一年七月，忽必烈即将南方善于农耕的 81 名生券军人调往漠北蒙古草原和林地区屯田。至元十六年二月，忽必烈又征发江南嘉定地区的新附南宋降兵 1000 多人到漠北脱里地区北部屯田。而伯颜伐宋时奉忽必烈之命调发的 30 万户江南工匠中必然也有被派往漠北的，只是我们无法确知它的具体数目而已。忽必烈这么做的初衷仅仅是为了使已经逐渐城市化的和林在粮米器械的供应上不至于因为被草原团团包围而发生困难。因为靠草原上的游牧民生产的剩余产品是不可能养活和林的城市居民的。但是这一举动却使中原农民北进蒙古草原的步伐得以延续，没有中断。

从汉代起，汉政府为了有效抵御匈奴人的入侵就已在长城以北的阿拉善、鄂尔多斯、绥远和察哈尔等地移民屯田，建立了一批军事堡垒。这种因军事需要而出现的小城市宛如茫茫无际的草原大海中的几个小岛。隋唐时期，这种以戍边为目的的北进草原运动继续在进行。宋代因为丢掉了燕云 16 州，势力无法达到长城地区，对草原的拓垦一度停滞。成吉思汗南侵使这种开垦转了个 180。的大弯，原有成绩一扫而光，北方耕地反而被变成了草原。忽必烈调江南军士到漠北屯田，不仅恢复了中原农民对草原的拓垦，而且直接进到漠北地区，成绩一下子翻了几倍，和林也因此维持了它的城市化进程。到了清代，蒙古人被征服，中原农民开始全面挺进草原，迫使草原不断地后退。到处建立起中原式的小型农垦区。在这种和平的、无声的侵入下，蒙古牧人只得一步步的向北退却，直到农民们发现草原的贫瘠土壤不再适合耕作时为止。在这种北进运动中，忽必烈的主动引进是开创性的，史无前例的。而他所留下的这个传统也促进了农民的进一步深入。

面对忽必烈所留下的这诸多传统，我们不得不说：他解决了一些旧的问题，却又创造了一些汉族人不可能制造出来的新问题。和历史上的众多英雄人物一样，忽必烈同样是一个充满了矛盾的历史宠儿。这也可以说成是他力图左右逢源、两面讨好却又都得罪了的结果吧？

安拉统治基督：金帐汗国

"带弓箭的妇人"所建立的国家

13 世纪的东欧平原上，分布着许多独立的小国家。这些零散的政治单位不可避免地陷入到连绵不断的战争当中。而它西面的匈牙利、波兰，西北面的立陶宛、条顿骑士团、圣剑骑士团以及东南里海沿岸的钦察人则把广阔的东欧平原作为争夺对象，蚕食、踩蹋着俄罗斯和乌克兰。在这些上帝的子民们做无谓的牺牲时，上帝却休息了几天，结果撒旦诞生了。

1220 年，奉成吉思汗之命追击花剌子模国王的哲别和速不台用火和剑扫荡了伊朗北部地区，进而向高加索进军，占领大城市，摧毁了格鲁吉亚，进军亚速和钦察，并在迦拉迦河大会战中以3万蒙古军队击溃10万俄罗斯联军，俄军全军覆没，诸封建王公几乎全部被杀。这次大会战震惊了全欧洲。哲别、速不台用兵东欧事实上是一次侦察性的攻击，目的在于收集欧洲的情报，为下一步进攻作准备，所以在洗劫了钦察草原之后他们就回师了。迦拉迦河战役对蒙古来说只是一次无关紧要的战役，但对于俄罗斯人而言，这次战斗却是15年后将要到来的总攻击的前兆。但是蒙古军队突然降临又很快消失让俄罗斯人非常惊讶。他们无法解释这件事，转而求助上帝，认为是他们的罪孽招来了索不相识的多神教徒，是上帝在惩罚他们的罪责。在魔鬼消失之后，他们没有吸取教训，做好抗击新的侵略的准备，而是重新投入到永无休止的毫无意义的战争中去了。

在哲别和速不台远征东欧之后，成吉思汗把鄂毕河以西地区分封给长子术赤，这片土地最主要的部分是钦察草原和花剌子模。但是直到术赤死时整个钦察草原也只是他名义上的封地，因为大部分草原并没有被征服。为了征服钦察人，忽里勒台大会上两次讨论过远征问题。1235年，蒙古诸王在大会上决定要远征伏尔加河以西地区，西征大军由四系诸王的儿子们组成，术赤的儿子拔都为统帅，老将速不台为副将，察合台的儿子拜答儿；窝阔台的儿子贵由、合丹；拖雷的儿子蒙哥、不者克等人随军出征，史称"长子西征"。西征大军很快占领不里阿耳、钦察草原、克里木、高加索等地，兵锋直指俄罗斯，进展之迅速令人叹为观止。罗斯诸公国相继被征服。1240年乌克兰地区的中心城市基辅陷落。至此，几乎全部俄罗斯都成了蒙古属下的纳贡国。

西征大军随即进兵波兰、匈牙利。1241年，由波兰人和德意志人组成的联军在西里西亚的利格尼茨战役中被蒙古大军全歼；1241年4月，蒙古军队在匈牙利的莫希再次取得压倒优势的胜利。同年8月，一支蒙古军队甚至抵达了维也纳城近郊的纽思塔特，如果不是蒙军最终放弃了攻击，这座世界著名的音乐之城可能在美妙悦耳的音乐尚未奏响之前就被从地球上抹掉了。一贯骄傲的欧洲人在一系列的失败面前也不得不承认他们的军队、他们的战略、战术素养远不及蒙古人。西方历史学家伯里曾说道："直到最近，欧洲的历史才开始懂得，1241年春天那支蹂躏了波兰，占领了匈牙利的蒙古军队之所以赢得胜利，绝非仅仅由于数量上占压倒优势，而是因为制定了一个完美无缺的战略。……从维斯瓦河下游到特兰瓦西尼亚的军事部署中，指挥官的意图得到了何等准确而又有效地执行，这是令人十分惊异的。这样一个战役完全超出当时任何一个军队的作战能力，超出了任何一位欧洲指挥官的预见力。在欧洲，上自弗里德里希二世，下至一般将军，大战略上与速不台比较，没有一个人不显得幼稚和浅薄的。还有一点值得注意：蒙古人是充分地了解了匈牙利的政策形势和波兰的状况后才发动这场战争的。他们用了组织得很好的暗探系统获取了情报。而匈牙利人和基督教诸国，却像一群幼稚的野蛮人，对自己的敌人一无所知。"

令欧洲人感到庆幸的是由于窝阔台突然于1241年11月去世，拔都作为成吉思汗诸孙中资历较老的一位王子，要想对即将召开的选择新大汗的忽里勒台大会发生影响，他必须亲自前往哈剌和林。于是他停止了对欧洲的进攻，率军经亚得里亚海沿岸，取道罗马尼亚回到俄罗斯地区。当西征大军回到钦察草原时，贵由已经登上了汗位。在征服钦察草原诸部时，拔都和贵由曾发生矛盾。在一次宴会上，拔都自认为年长，先喝了几杯酒。贵由对此大为不满，咒骂拔都是"带弓箭的妇人"。二人发生争执，贵由抄起一根柴棒猛击拔都前胸，拔都跳开，后来在众人的劝说下二人才没有动武。事后，拔都把贵由很不光彩地遣回了和林。窝阔台获悉后严厉地批评了贵由，并致信拔都要二人和好。但二人仇怨已经深深埋下。贵由已经继承汗位，拔都若回和林无异于自投罗网。于是拔都在伏尔加河畔停了下来，在距离阿斯特拉罕约105公里的萨莱建帐立国，在他辽阔的领地上建立了自己的政权。因为拔都及其继承者平时总是在一顶巨大而精美的金黄色亚麻布帐篷中处理政务，所以当时的罗斯人称之为金帐汗国。

金帐汗国的统治区域东起鄂毕河，西抵多瑙河流域，南达高加索山脉和咸海一带，北部边界在理论上直抵北冰洋沿岸。按照蒙古旧俗，拔都把汗国内大片地区分给他的13个兄弟和他们的亲属作为世袭领地，他本人则留在了钦察草原上。因为汗国的重心在里海北岸的钦察草原地区，所以历史上也称之为钦察汗国。金帐汗国因为距离蒙古草原极为遥远，所以它和蒙古帝国中央以及后来的元朝政府仅仅保持着名义上的隶属关系，事实上是一个独立的国家。

同化：游牧民族的劫数

拔都做过一件别人看来非常荒唐但他却认为十分公正的事，就是俄罗斯一个公爵被指控盗取蒙古马匹而遭处死，拔都竟下令公爵的弟弟娶寡嫂为妻，寡嫂不从，则被强制将两人放在一张床上令其交媾成婚。拔都是依据蒙古之法律处理这件事的。但拔都驾崩后，情形便变了，金帐汗国的臣民抛弃了萨满教而皈依了伊斯兰教。

随拔都西征的蒙古军队仅仅 4000 名，加上他们随行的家属也不过几万人。西征军的主体是胁从的其他民族的士兵。在钦察草原上，钦察人无疑占据绝对多数。随着时间的推移，蒙古人与钦察人互相杂居、通婚，"土地战胜了他们种族与天性的禀赋，他们都成了钦察人"。到 14 世纪时，金帐汗国中开始形成的文学语言不是蒙古语而是突厥语，这种语言带有明显的钦察语和乌古思语成分。到 15 世纪，金帐汗国诸汗的公文敕令也都用中亚突厥语言或者当地钦察语写成。在宗教信仰上，蒙古民族信奉的原始萨满教也逐渐被伊斯兰教所取代。

萨满教是一种原始的多神教，大汗拔都和他的父、祖一样，都是虔诚的萨满教徒。但是出于草原英豪的粗犷豪迈和宽容的性格，拔都并不强求别人也信奉萨满教，他的兄弟别儿哥就是穆斯林，而他的儿子撒里答则是基督教聂斯脱里派信徒。

在这种开放性的宗教政策下，人们在拔都的营列和部落里随处可见到清真寺，伊斯兰教徒可以自由活动。

但是拔都对异教的宽容也是有限度的。在别国使臣和臣服者谒见他时，拔都明确要求他们尊重自己的信仰，要求他们按萨满教的教规和蒙古人的习俗行事，否则他会认为是对他的侮辱。萨满教有一种特有的火净礼。它要求人们从燃烧着的两个火堆中间走过，如果穿行的人心怀不轨，火神会处罚他。在拔都的大帐中，罗斯大公米哈伊尔·弗谢沃洛多维奇·契尔尼戈夫斯基和贵族费多尔因为拒绝从两堆火中间走过而丢掉了脑袋。

和萨满教盛行相表里，拔都在处理日常事务上依旧遵循蒙古习俗，按蒙古习惯法——札撒判案。俄罗斯切尔涅格伦公爵安德鲁因为被指控盗取蒙古马匹出境贩卖而被处死。他的弟弟携同寡嫂前往面见拔都，请求不要没收他们的土地和财产。拔都按照蒙古的收继婚风俗，命令他的弟弟娶寡嫂为妻。但是他的寡嫂坚决拒绝违背基督教教规嫁给小叔。拔都认为这是对札撒的蔑视，虽然他们二人都极力拒绝，他仍然下令把他们两人放到一张床上，强行令他们交媾成婚。

萨满教在拔都统治期间依然盛行于蒙古人当中，但到 1255 年拔都去世时形势发生了逆转。拔都死后，他的两个儿子撒里答和兀拉赤尚未正式继位就先后莫名其妙地死去。1257 年，别儿哥登上汗位。别儿哥是第一位公开宣称自己是穆斯林的蒙古大汗。据说在他周围有 3 万名穆斯林警卫军和大批伊斯兰教神学家。他们都严格执行伊斯兰禁酒教规，滴酒不沾。在别儿哥统治期间，他大力推行伊斯兰教，要求蒙古民众皈依安拉，放弃萨满教。

从表面上看，别儿哥皈依伊斯兰教信仰似乎有很大的偶然性。花剌子模汗阿布尔迦齐的《突厥世系》一书中记载，有一天别儿哥在前往萨莱城的途中遇到一支从布哈拉来的商队。别儿哥从商队中叫出来两个人，向他们询问关于伊斯兰教教义的戒律的事。这两个布哈拉人为他十分清楚地讲解了一番，并规劝他入教。于是别儿哥以极其真挚虔诚的态度信仰了伊斯兰教。此后，他又派人召来幼弟秃花帖木儿，向他吐露了这一秘密，于是秃花帖木儿也信仰了伊斯兰教。自此以后，别儿哥公开宣布了他的信仰，并且不停地到处追捕和迫害异教徒。

阿布尔伽齐的记述过分重视了布哈拉教徒的影响力。诚然，在金帐汗国的统治区域内有许多文化十分发达的大城市，如布哈拉、玉龙杰赤、不里阿耳等等，这些文化中心的定居者大都信仰伊斯兰教。随着工商业的恢复与发展，伊斯兰教商人、手工业者源源不断地进入金帐汗国，对于金帐汗国的伊斯兰教化发挥了一定影响。但是，这绝不是别儿哥大力推行改宗伊斯兰教的唯一原因。别儿哥有他政策上的考虑。在金帐汗国的经济生活中，穆斯林商人占有重要地位，金帐诸汗们从建国之始就非常重视恢复通往东方的商路，从中渔利。而穆斯林教规很严，如果因为宗教信仰的差异引起蒙古人与穆斯林商人的矛盾，后果将是很危险的。当时金帐汗国的统治重心钦察草原的众多部落中，很多已经皈依伊斯兰教，蒙古胁从西征的各族士兵很多也已是穆斯林，而蒙古本族军队及家属不过万余人，被异族同化是早晚的事。相反，如果顽固坚持旧信仰则会给统治带来很大麻烦。别儿哥主动皈依伊斯兰教，顺应当地文化发展潮流，无疑是一项伟大的改革。这和北魏孝文帝拓跋宏主动迁都洛阳实行汉化改革接受汉族先进文化有异曲同工之妙。

为了表示对真主的虔诚和尊崇，表示对伊斯兰教权的尊重，自尊心很强的别儿哥接受了在谒见主执他人教的布哈拉司教巴赫尔昔之前在哈纳合门前等待 3 天的要求。别儿哥从政治考虑出发，能够克制自己大汗的尊严被压抑，是非常英明和有远见的。从下面这则故事我们可以看出别儿哥如何巧妙地利用了伊斯兰教来为自己的统治服务。

伊利汗国的阿八哈汗即位后，和金帐汗国的争端暂时平息。别儿哥希望在伊利汗国首都帖必力思建造大清真寺，阿八哈表示同意。于是金帐汗国人在清真寺上刻上了别儿哥的名字，用他的名字命名该寺。需知，当时伊利汗国的臣民绝大多数都是穆斯林，而伊利大汗尚未皈依伊斯兰教。伊利汗国的臣民在别儿哥清真寺举行宗教活动会不自觉的感受到他们合法的大汗是别儿哥而不是阿八哈。别儿哥在心理战中首先赢了一着。

别儿哥利用伊斯兰教加强统治的策略被后世继承，脱脱蒙哥即位前仍笃信多神教，即位后则宣布改宗伊斯兰教；脱脱终生信仰佛教，但他即位后依旧推行保护伊斯兰教的政策。在别儿哥之后真正迷信伊斯兰教并对传播伊斯兰教发挥了巨大作用的是月即别汗。

月即别汗本人笃信伊斯兰教，他也竭力想在短时间内实现彻底的伊斯兰教化。为此，他采取了极为强硬的手段。他不仅下令处死了在蒙古民众中发挥着重大作用的萨满，而且还下令杀死佛教喇嘛，甚至对拒绝入教的人发动战争，武力强迫他们入教，否则就杀死、歼灭他们。在月即别和他的儿子札尼别统治期间，金帐汗国完全成了一个成熟的伊斯兰国家，伊斯兰教规戒律也逐渐开始取代蒙古人的"札撒"。金帐汗国之皈依伊斯兰教，对俄罗斯人而言无疑是一个福音。因为从此俄罗斯人和蒙古人因为宗教信仰以及文化方面的巨大区别而相互分开了，从而避免了将来同化的可能性。

月即别笃信伊斯兰教，他的儿子札尼别更是标准的穆斯林。札尼别对伊斯兰教的推崇甚至到了可以被别人利用的地步。当时统治阿塞拜疆的迈力克·阿失哈夫狂暴贪婪，致使大批穆斯林纷纷移居外地避难。其中一个叫哈地·穆由丁的阿訇移居到萨莱。有一天，札尼别到礼拜寺听穆由丁布道。穆由丁见到札尼别也来听布道，就在布道完毕后，尽情描述了一番迈力克的暴行恶迹。在他极具蛊惑力的演讲下，札尼别和在场的人都听得热泪盈眶。当时穆由丁对札尼别说："如果你不为我们向这个迈力克复仇，当心我们将在最后审判之日对你发出一片抱怨之声。"这话深深打动了札尼别。于是他集结军队征服了阿塞拜疆，杀死了迈力克，为他的穆斯林兄弟报了仇。

不过一个民族宗教信仰的改变并不是在短时期内可以完成的。即便是在月即别汗以武力强行推行伊斯兰教时，在蒙古基层民众当中萨满教的影响也是很明显的。而对基层民事纠纷的处理，札撒也并没有被伊斯兰教规彻底取代。摩洛哥旅行家伊本·拔图塔在14世纪30年代游历金帐汗国文化最发达的花剌子模州首府玉龙杰赤时，在总督会客室中见到伊斯兰教法典执行者"哈的"和札撒执行官"札鲁花赤"同时坐在一起。总督根据案件的性质分别把它们交给"哈的"或"札鲁花赤"判决。玉龙杰赤在未被蒙古人征服之前已经是伊斯兰教的文化中心，可直到伊斯兰教已经成为金帐汗国的官方思想体系时，在这里仍能见到征服者用札撒处理民事纠纷，可见在基层伊斯兰教的一统地位尚未巩固，传统习俗依然有很大市场。但历史规律终究要发挥威力，到15世纪以后，伊斯兰教终于贯彻到最基层，这些长生天的子孙们最终还是投身异教，被钦察人同化了。

统治：一个崇尚商业的民族

金帐汗国的商业发达以城市的发达为标志，据说当时汗国境内的萨莱城一个上午骑马行进才能从城市的一角抵达另一角。金帐汗国成为当时欧亚贸易的安全而又有效的中转站。

在金帐汗国的国土上有一条重要的国际商路：这条商路从黑海沿岸的阿扎科开始，向东越过伏尔加河，横穿钦察草原，抵达蒙古和中国；或者转向东南进入中亚花剌子模地区，再经新疆进入中国或南下抵达印度。这条商路联结欧亚，是东西方交通与贸易的必经之地。拔都清楚地认识到保持贸易的重要性。他知道国库可以从商业中得到大笔收入，所以他特别注意提高商业、手工业及其相联系的城市生活。为此，穆斯林商人在金帐汗国境内受到拔都和他的继承者们的特别优待，他们可以自由自在的生活。金帐汗国政府授予商人们种种特权，他们带着玺书可以到处任意游览，考察市场，谁也不敢触犯他们。西征造就了一个横跨欧亚的大帝国，也为国际贸易的发展提供了一个相对和平安定的环境。黑海的港口与13世纪和14世纪初期蒙古统治下的东亚市场相连，草原地区或北部森林地区出产的粮食、牛马、奴隶、皮毛、木材和鱼虾以及中国或和中亚生产的奢侈品，都

是由船只或商队运送到拜占廷、埃及、叙利亚和意大利等地的。作为交换，珍宝、贵金属、香水、水果以及非洲牲畜也源源不断地运往中亚和中国。在金帐汗国时代，亚欧贸易达到空前的繁荣。

与商业恢复与发展相联系，金帐汗国的城市生活也迅速发展起来。位于伏尔加河畔的萨莱、新萨莱和阿斯特拉罕，花剌子模地区的玉龙杰赤，库马河畔的马札儿，顿河河口的阿扎科以及克里木半岛上的卡法、吉拉姆、速答黑等城市都是著名的手工业和商业中心。

但是蒙古人毕竟习惯了游牧生活，而且在伏尔加河流域、乌克兰地区有着大片草原可供他们生活，要求他们进入城市和农村生活是不可能的。所以金帐汗国不仅是一个定居的社会，同样还是个游牧社会。在大规模的西征结束后，拔都把大片土地分给了兄弟和贵族们。与他们的祖先所不同的是，会帐汗国的游牧人民生活水平有了长足进步，这使他们可以腾出很多精力来发展他们的艺术创造力，美化自己的生活。"他们用白毛毡覆盖屋尖顶，常常还用石灰浆、白土与骨粉将毛毡浸透，使白毡闪烁发亮。……靠近尖顶的毡子，他们饰以各种各样美丽的绘画。在门前他们也挂上用五颜六色的线织成的各种毡子。他们制成各色毡子或别的东西，织上葡萄、树木、飞禽与走兽等图案"。

在金帐汗国境内，西北部的俄罗斯地区处在分裂状态，有很多小公国，统称罗斯诸公国。为了巩固在俄罗斯地区的统治，蒙古人开创了一种"间接统治"的制度，俄罗斯人通过定期向蒙古人缴纳规定的贡赋和表面上保持对蒙古大汗的忠诚，得以保留自己的封建政权，进而完全保持了他们在宗教和文化上的特点。

在金帐汗的统治下，罗斯诸国人民要缴纳名目繁多的沉重赋税，诸如葡萄园税、谷仓税、打谷场税、向臣民摊派的灌溉沟渠的实物税等等，数不胜数。为了使征税有所依据，从拔都时开始就进行了第一次人口登记。1257年，别儿哥汗进行了一次全国范围内的人口登记。但对于修道院长、修道士、神父等东正教神职人员并没有登记，因为他们可以免税。大汗们十分正确地把教会看成了一种政治力量，通过向他们施恩，利用他们为自己服务。僧侣们为大汗举行公众祈祷，在群众中灌输必须服从大汗统治的奴才思想。也正因如此，伊斯兰教的狂热信徒月即别汗才没有把传教的武装带到罗斯诸国，使俄罗斯得以维持东正教的信仰，没有被纳入到伊斯兰世界中去。

除了缴税之外，罗斯诸国还要缴纳贡物，一般都是该国的特产，如莫尔多瓦的贡物是粮食、蜂蜜、蜡和毛皮。为帝国内的大批驿站提供大车、饲料和充当向导是普通居民的通常赋役。同样，这些贡役教会也是不用负担的。

罗斯王公们每年还要缴纳大量贡税金，数额因人而异，像瓦西里大公要缴7000卢布，而尼热哥罗德王公仅需缴纳1500卢布。有时还要缴纳特种贡税，直接向贵族征收。此外他们还需不定期的经常给金帐诸汗、汗妃及其亲信近臣送去贵重的礼物。这些成了王公们向大汗争宠的途径，他们有时主动增加贡税额，多送重礼，以图换取全俄罗斯大公的称号。

在拔都西征之前，弗拉基米尔大公威信极高。在被征服之后弗拉基米尔大公亚历山大在短时期内重新提高了该公国的地位。所以金帐汗国在寻找代理人时，把代理人册封为"弗拉基米尔及全俄罗斯大公"。罗斯王公们为获得这一称号展开了激烈竞争，互相倾轧。金帐大汗们则高高在上，俨然一副仲裁者的面孔。罗斯王公们内部互相争斗，不能统一起来反抗蒙古人的统治，金帐大汗们正可以借机分而治之，甚至故意挑拨，加剧他们的内讧，巩固自己的统治。亚历山大的儿子们争夺政权的事件，很能说明金帐汗国与罗斯诸翻的关系。

亚历山大的长子德米特里·亚历山大罗维奇继承了弗拉基米尔大公的位子，他的弟弟安德烈起来反对他。于是安德烈去贿赂大汗，取得了即大公位的敕令。为了夺得大公之位，他甚至要求大汗派军队帮助他。大汗乐得看他们鹬蚌相争，同意了他的要求。后来安德烈在贵族谢苗等败类的帮助下虽然夺得大公之位，但也给自己树了一大批敌人，争斗持续了很多年。大汗们则坐收渔翁之利。挑拨离间，分而治之，各个击破本来是金朝政府对付蒙古草原诸部的方法。如今，饱受其苦的蒙古人也用这种方法来对待罗斯人了。

衰亡：游牧优势的丧失

蒙古人的强势统治平衡没有支撑多少时间，金帐汗国最终分裂成若干小汗国。其中一个重要原因就是从游牧转向农耕那最要命的时刻——游牧优势丧失但农耕优势还没有形成时被更强劲的民族打败了。

成吉思汗生前非常担心自己的子孙不团结，但在他死后，他的子孙还是忘记了他的叮咛，内讧蜂起。而金帐汗与伊利汗之间的冲突则把成吉思汗家族征服世界的基础——家族团结彻底地破坏了。

1256年，旭烈兀西征，在两年多的时间内占领了伊朗全境和报达，建立了伊利汗国。整个外高加索都并人伊利汗国版图。金帐汗国的军队也积极参加了这次西征，但是却没有得到一块土地。战后不久，两国就因为阿塞拜疆的归属发生了激烈冲突。阿塞拜疆有库腊河下游丰美的木甘草原及适于夏天放牧的覆盖着丰美青草的哈拉塔赫山坡。在该地还有很多享有盛名的富庶的手工业，尤其是纺织工业。金帐汗国别儿哥汗千方百计想占有这一地区，他以自己的军队曾参加过西征为由要求将阿塞拜疆划归给他，作为他的战利品和报酬。双方谈判没有任何结果。于是别儿哥以旭烈兀同情基督教，残杀自己的穆斯林兄弟（别儿哥已皈依伊斯兰教）为由发动了对伊利汗国的战争。两个蒙古国家的军事冲突断断续续地进行了整整一个世纪。1263年，别儿哥在捷列克战役中大败旭烈兀，但是直到他去世为止，他再也没有能够向他的最终目标迈出一步。

由于两国长期不和，别儿哥与蒙古的敌人，埃及马木鲁克王朝建立同盟关系，从两面夹击伊利汗国。但是无论采用什么方式，金帐汗国始终未能夺得阿塞拜疆。长期的战争严重削弱了金帐汗国的实力。由于长年对外作战，促使一些权臣登上历史舞台，引起汗国内严重的内讧。别儿哥的宠臣那海因在作战中成功地以万户长身份指挥了蒙古军队，逐渐擢居国家首要地位。在别儿哥之子忙哥帖木儿即位后，那海声望日重。秃拉不花在位时期，忙哥帖木儿的10个儿子为夺取汗位发生严重冲突，宫廷政变随时可能发生，那海积极参加了这场内讧，是他的阴谋煽动，使秃拉不花弟兄们不和。最后脱脱夺取了汗位，考虑到只有成吉思汗氏族出身的人才能做大汗，那海放弃称汗的打算，而是独揽大权，成为无限权力的主宰者。虽然脱脱经过顽强的军事斗争后于1299年杀死了那海，但金帐汗国的元气无法恢复如初了。

对伊利汗国的战争却仍在继续，金帐汗国始终未取得明显的优势，即使在伊利汗国最后一位蒙古统治者不赛因汗死去之后，金帐月即别汗也没有任何建树。到1357年，伊利汗国完全处于分崩离析状态，阿塞拜疆由伊利汗国旧将迈力克掌握。金帐札尼别汗趁机率30万大军越过高加索山，攻克大不里士。但这次胜利对恢复金帐汗国的元气也没有能够起到多大作用。也许是因为害怕瘟疫的缘故，札尼别很快退回了钦察草原。阿塞拜疆很快又落入了伊利汗国旧将兀洼思汗手中。

札尼别夺取阿塞拜疆只是一次孤立的胜利，这次胜利预兆着金帐汗国步入衰落时期的开始。1348 年，流行欧洲的黑死病（鼠疫）袭击了金帐汗国。黑死病所到之处，留下一片又一片废墟。此后不久，金帐汗国又陷入长达 20 多年的无政府状态，术赤的后裔们为争夺汗位相互斗争不已。正当术赤后裔们在激烈争吵的时候，谁也没有料到原本是肘腋之患的罗斯诸国如今已经变成心腹大患了。

拔都西征摧毁的主要是罗斯东部诸公国，金帐汗时对西部诸国的入侵、杀戮、征收重税使这些地区长期恢复不过来，居民大量西迁，这反而造成了 13 世纪与 14 世纪之交年轻的特维尔和莫斯科城及其邻近地区显著的繁荣。14 世纪前 25 年里，特维尔和莫斯科为争夺弗拉基米尔大公国展开了激烈斗争。金帐汗按照老办法，依旧采取扶一个打一个的方针，派乔尔汉率军攻入特维尔，并处决了特维尔王公亚历山大。1332 年，月即别汗授予伊凡一世全俄罗斯大公的称号。月即别的随意封赠产生了灾难性的后果，它使莫斯科大公们可以在金帐汗的认可下巩固其政权，从而导致了莫斯科公国对于俄罗斯人的敌人的持久扩张。1359 年，季米特里继承大公之位。莫斯科公国进入极盛时期。他大力加强莫斯科的防御能力，并力图征服其他公国，使全俄罗斯都服从自己的意志。而此时的金帐汗国的内讧却日益加剧，仅 1360～1380 年间就换了 14 个大汗。当时真正掌权的是马买，他实际统治着金帐汗国的大部分地区。

为了教训一下越来越不驯服的莫斯科人，马买派遣大将别吉赤进攻该城。1378 年 8 月 11 日，蒙古骑兵与罗斯军队相遇于沃扎河河岸。蒙军过分轻敌，渡过河大呼大喊地杀向罗斯人。罗斯军乘蒙军渡河后立足不稳之机从左、右、前三面合击蒙军。蒙古军队前有敌军后有大河，终于支持不住，趁着浓雾逃跑了。沃扎河之战是蒙古铁骑的第一次失败，它使罗斯人深信蒙古人是可以战胜的。

马买对这次失败十分恼怒，他决定重新采用武力征服的方式恢复对罗斯诸国的宗主地位。他发出威胁："我们要像拔都进代那样地向罗斯王公进军，全力进攻罗斯人。我们将再也看不到基督教，我们将焚毁上帝的教堂。他们将流血，他们的法律将毁灭。"

但此时的金帐汗国已经衰弱和穷困，军力也大减，为凑齐一支大军，马买不得不雇佣热那亚人、希腊人、亚速人等等，凑齐 20 万大军。1380 年夏季，马买率领 20 万杂牌军渡过伏尔加河，开始游牧于沃罗涅日河河口附近。这时也已经很强大的立陶宛王雅盖洛想趁机侵占一部分罗斯领土，于是派人与马买结成军事联盟，约定于 9 月 1 日与蒙古军队会合，一起进军莫斯科。

为了防止立陶宛与马买的军队会合，季米特里决定立即主动出兵迎击蒙古人。俄军于 8 月 26 日主动向奥卡河进发。为占据有利地形，季米特里下令全军渡过顿河，进驻库利科沃原野。库利科沃原野位于涅普里亚德河、斯莫尔卡河、库尔察河注入顿河所割裂的土地之间，岗峦起伏、沟壑纵横。在原野中间延伸着一片沼泽地。这一地形使蒙古人惯常使用的以大批骑兵从两侧迁回包抄的战术无法采用，沟汊纵横和小树林极大限制了骑兵作用的发挥。蒙古军队必须采用他们不习惯却是罗斯军队擅长的正面进攻。9 月 8 日黎明，在与蒙军先头部队小规模冲突后，罗斯军队全部渡过顿河，在原野上展开战斗队形，以逸待劳，等待马买的到来。季米特里亲自前往先锋团指挥作战。这种身先士卒的精神极大鼓舞了罗斯士兵。

中午 12 时，蒙古军队抵达库利科沃。刚愎自用的马买在有利地形都被敌人占据后依然自恃兵多下令进攻。蒙古军队虽然处在不利地形，但依靠兵多的优势仍然突破了罗斯军队的中心，并迅速冲向左翼，击败罗斯"左手团"，进而突破俄军防线，冲向俄军后方，准备包围俄军全歼之。

突然，战场上刮起了逆风。陶醉于即将取得的胜利中的蒙古军队根本没有料到罗斯人的后备生力军趁着风势冲向原野。突然的打击使蒙军支持不住，纷纷后退。罗斯军队乘机反攻，蒙军大败。罗斯军队尾随追击，并占领了马买军的宿营地。库利科沃战役罗斯军队取得了彻底的胜利。季米特里因此获得了顿河王的称号。雅盖洛不敢交战，返回立陶宛。

库利科沃战役振奋了罗斯人民的精神，产生了迅速摆脱金帐汗桎梏的愿望。蒙古军队不可战胜的观念消失了。罗斯人以损失 6 万人的惨重代价换来了对金帐汗国作战的第一次胜利。库利科沃战役说明蒙古人的军事力量已经严重衰退了。虽然脱脱迷失、也迪古等蒙古统治者曾先后兵临莫斯科，迫使莫斯科公国恢复每年向金帐汗国的进贡，但莫斯科公国迅速崛起的势头已无法阻挡。14 世纪末，新兴的帖木儿帝国军队也开始侵入金帐汗国。在内外两面的共同打击下，到 15

世纪，金帐汗国最终崩溃，分裂成喀山、克里木、阿斯特拉罕和西伯利亚等小汗国。这些小汗国以后在俄罗斯人向南、向东的不断地领土扩张中先后沦为俄罗斯人的统治对象，其中克里木汗国一直存在到 18 世纪末。

对于蒙古政权在东欧平原上的统治在历史上的意义的理解，俄罗斯历史学家的见解在很大程度上是直接在金帐政权下生活过的罗斯人当时对蒙古人的见解的回声。近代编年史家们强调的大多是战败民族头上的灾难和罗斯王公贵族所蒙受的耻辱。即便是金帐汗的善政他们也视之为口蜜腹剑。事实上，著名史学家塞尔格耶维奇评价蒙古人对罗斯诸国的统治使俄罗斯人的生活发生了深刻变化才是公允的。他写道："诸汗作了使罗斯在政治上联合起来的最早的尝试，与汗的自身利益正相反，诸汗使王公听命于他们所爱戴的大公。"虽然金帐诸汗主观上未必想这么做，但客观上的功绩也是应该承认的。

忘记了萨满的人们：伊利汗国

"恩封"的帝国

伊利汗国是蒙哥大汗的三弟旭烈兀西征后东归时建立的国家，定都帖必力思。忽必烈为了在王位争夺中赢得一票，曾将阿姆河以西直至叙利亚和埃及的土地"送"给了旭烈兀，并赠了一个意思为"多族人民的统治者伊利汗"的称号。于是，旭烈兀的国家便叫伊利汗国了。

1229 年，窝阔台派绰儿马罕率军追击花剌子模王子札兰丁，重新占领大片西亚土地，但对伊朗地区尚未彻底解决。一个是立国于马萨德兰地区的木剌夷国；一个是建都于报达（今巴格达）的黑衣大食王国。这两个国家还保持独立。1251 年，蒙哥大汗即位，他遵奉成吉思汗的遗训，为扩大疆域，决定派三弟旭烈兀率军远征波斯，在该地建立统一的蒙古政权。

木剌夷国是伊斯兰教什叶派的一支——亦思马因派建立的国家。亦思马因派属于极端的宗教派别，他们对异己者不是通过政治斗争，而是专门通过恐怖主义手段——暗杀来铲除。12世纪中叶，教主哈散复又声称伊斯兰教再兴之日已经临近，宣布解除若干戒条，公然在斋月中欢饮宴乐，于是善良的穆斯林不齿于他们的卑鄙行径，在蒙古大军征伐后没有人去支援他们。蒙古大军像潮水一般汹涌而来，很快把这些以暗杀为业的恐怖主义分子扫荡得一干二净。旭烈兀随即挥师沿着著名的呼罗珊大路蜿蜒前进，同时送出最后通牒给哈里发，要求他献出报达投降，并自动拆毁首都的外城。

这时的黑衣大食哈里发谟斯塔辛仅仅保有伊斯兰教领袖和伊斯兰世界名义上的宗主地位，实则软弱无能，辖区也仅有伊拉克阿拉比一地。面对来袭的蒙古大军，他不是积极抵抗，而是派人警告旭烈兀："如果杀害哈里发，全宇宙就要陷于紊乱，太阳就不露面，雨水就要停止，草木就不再生长。"这种愚蠢的警告当然毫无作用，蒙古军队很快占领报达城，并处死了哈里发。1260年，蒙军又攻克大马士革，征服了叙利亚，这样蒙古帝国就牢牢地控制了从中国到西亚，从印度到地中海的最重要商路。

旭烈兀继续进攻小亚细亚，地中海诸国大为震惊。东罗马帝国与西欧基督教国家纷纷派使节与旭烈兀联络，试图与之结盟，共讨伊斯兰国家。正当旭烈兀准备进兵埃及时，突然传来蒙哥大汗去世的消息。旭烈兀遂命怯的不花镇守叙利亚，自己带领部队东归。

旭烈兀虽率军东归，但他并没有回蒙古草原参与争夺汗位的斗争，而是留在西亚忙于巩固他的统治。他下令将从报达和木剌夷国所获取的大量财富和珍宝统统送往阿塞拜疆，并在帖必力思修建宫廷，铸造货币，定都建国。

忽必烈在与阿里不哥的争权斗争中为谋求旭烈兀的支持，遣使向旭烈兀宣布自阿姆河以西直到叙利亚和埃及的土地全部交给旭烈兀统治，并赠号为"伊利汗"。因此，他的国家也被称为伊利汗国。伊利汗国的领土从印度边界延伸至地中海，北部与金帐汗国和察合台汗国相邻，西南则是埃及马木鲁克王朝，在西北是东罗马帝国（即拜占廷帝国）的残余领地。伊利汗国在这片广袤的土地上统治了近一个世纪之久。

旭烈兀东归后，大将怯的不花继续向南进攻，并在巴尼亚司城活擒叙利亚国王纳昔尔。在旭烈兀从叙利亚返回时曾派遣蒙古急使前往埃及，要求埃及投降。埃及苏丹忽秃思拒绝归顺，并组织了1，2万人的军队抵抗怯的不花大军的进攻。

1260 年 6 月，蒙、埃军队在纳不鲁思和拜桑两地之间的阿音札鲁特平原展开大会战。怯的不花军首先突破埃军左翼，但不久因轻敌冒进中了埃及军队的埋伏，全线溃退。埃军统帅贝巴尔思乘胜追击，取得全胜。怯的不花拒绝部下让他撤退的建议，孤身一人与埃军作战，最后马失前蹄被活捉。怯的不花拒绝投降，不屈而死。

阿音札鲁特战役是蒙古军队在西征当中首次惨败给穆斯林世界。埃军胜利后继续北进，占领叙利亚全境，俘虏了怯的不花的妻子、子女和亲族，杀死了各地区的官员、都督。旭烈兀迫于形势，派额里该率军保护留在叙利亚地区的蒙古人撤到鲁木。以后旭烈兀虽然想出兵埃及和叙利亚收复失地，为怯的不花复仇，但由于蒙哥汗的去世以及旭烈兀和金帐汗国的亲族们之间的意见分歧，情况和时间都不允许他实现出兵之举。因此取消了出征。贝巴尔思则因为阿音札鲁特之战的胜利，后来被选为埃及苏丹。埃及成为伊利汗国的一个心腹大患。

"恩封"的帝国伊利汗国

阿塞拜疆地区曾经是金帐汗国的领土，金帐汗不忍丢掉木甘草原和哈拉塔赫水草风美的山坡，竭力想夺回这些地盘，哪怕只是失兰湾、阿兰和格鲁吉亚也好。两个蒙古汗系——术赤系和旭烈兀系在西征后不久就因为阿塞拜疆问题发生内讧。金帐汗别儿哥以自己的部队曾参加过征服伊朗和占领报达为理由，要求将阿塞拜疆作为他的那份战利品。关于这个问题的谈判没有也不可能取得任何结果。旭烈兀对他的这位堂兄在蒙哥大汗身边效劳时就不断派遣急使向他发号施令的做法原本已经很不满，现在别儿哥又公然索要土地，于是旭烈兀针锋相对地把都城定在阿塞拜疆地区的大不里士，表明了自己的态度，并公开扬言："虽说他是兄长，但他却毫不谦逊，感到惭愧，反而对我威胁、强迫，那我就再也不尊重他了。"

别儿哥获悉后马上以他毁灭了伊斯兰教徒的所有城市，不分敌友打倒了伊斯兰君王家族和未经商议就消灭了哈里发，严重侮辱了自己的宗教信仰为理由，派大将那海率领 3 万骑兵作为先头部队去攻打旭烈兀，自己亲率大军随后出发。1262 年，旭烈兀率军在希尔汪省一战中击败别儿哥，但不久别儿哥即在库腊河大战中大败侄子阿八哈部。两个蒙古国家因领土纠纷而引发的军事冲突由此展开，战争断断续续地进行了整整一个世纪，直到伊利汗国灭亡才告终止。

库腊河之战的结果严重影响了两国贸易关系。旭烈兀为发泄战败的愤怒，下令将在帖必力思经商的金帐汗国商人全部处死，并将他们的财产全部没收。别儿哥以牙还牙，也大肆杀戮伊利汗国商人，两国贸易几乎全部中断。两个蒙古汗国的内讧严重削弱了蒙古帝国对外大规模扩张赖以维持的基础——黄金家族的内部团结，同时也为他们的敌人提供了渔利的机会。为了取得对伊利汗国作战的战略上的优势，金帐汗国开始发展同埃及的关系。埃及马木鲁克王朝苏丹贝巴儿思马上对金帐汗国的结盟意愿做出积极回应。埃及迫切关心的正是离它较远的金帐汗国在与伊朗伊利汗国之间的敌对关系能否继续加剧。因为伊利汗国与埃及之间有世仇，两国的边境线在美索不达米亚，强大的伊利汗国无疑对埃及是一重大威胁。还有什么手段比让两位蒙古汗国互相争斗，自己冷眼旁观更有效、更能保护埃及不受侵犯呢？基于这一考虑，埃及很快和金帐汗国达成共识，两国结成同盟，从南、北两面形成对伊利汗国的夹击之势。在军事上的失败和外交陷入困境的双重打击下，旭烈兀郁郁寡欢，于 1265 年 2 月病逝于绰合图河畔。

阿八哈拓地与扩张

阿八哈这个伊利汗国的第二代君主，通过与基督教世界联络使国家走出了外交困境，接着他便把眼光投向叙利亚和埃及，因为那里是忽必烈曾"赠"给他们的土地。

旭烈兀死后，诸王、大臣奉其子阿八哈嗣位。为表示对大汗忽必烈的尊重，阿八哈直到忽必烈于1270年遣使传旨命他继承父位时才正式举行登基大典，此前他都是端坐在椅子上治理国家。阿八哈降旨全国：凡旭烈兀汗制定的一切法律和他所颁布的各种诏令，都要坚决遵守和履行，严禁更改歪曲。强者不得欺凌弱者，全体各族人民都要尊重父祖的习俗、规矩。

阿八哈登基后首先要解决的问题就是如何走出外交困境，于是他首先选择了拜占廷帝国作为突破口。当初，旭烈兀曾向拜占廷皇帝米哈伊尔，帕烈斡罗格求婚，帕烈斡罗格答应把公主玛利亚嫁给他。帖斡朵思修道院长奉命护送公主赴伊朗。但一行刚到凯撒里亚，旭烈兀已经死去。送亲使团并未停止前进，仍然东行到汗所。阿八哈于是按照蒙古人收继婚的风俗将玛利亚娶为妃子，蒙古人称她为特斯皮娜。因为与拜占廷皇室结成姻戚，阿八哈就在金帐汗国与埃及之间竖了一堵墙。虽然拜占廷皇帝帕烈斡罗格因为惧怕金帐汗国的威势，同时把私生女嫁与金帐汗国大将那海，它毕竟可以在金帐与伊利两汗国发生冲突时起到一定的调解作用。更重要的是，拜占廷帝国作为一个东正教国家，与伊斯兰教的埃及是势不两立的，而且阿八哈可以通过和拜占廷的关系进而取得与欧洲基督教国家的联系。

旭烈兀的母亲和妻子都是克烈部王罕的后人，克烈部是信奉聂思脱里派基督教的部落，旭烈兀大军中也有很多聂思脱里派教徒，其于这层关系，旭烈兀在西征途中对基督徒很注意保护。这使得在十字军东征未能取得预期效果的基督教世界相信可以与蒙古人联合起来共同对付伊斯兰教国家，重新夺回"圣地"耶路撒冷。安都公爵博希孟德六世就曾率领军队参加旭烈兀对叙利亚的进攻。

拔都东征，大军横扫东欧，曾进抵亚得里亚海岸，眼看就要进入意大利地区，直捣教皇老巢。基督教世界在惨遭打击后迫切希望能找到可以抗衡金帐汗国的政治力量。阿八哈谋求与西方联盟正合他们的心意，两方一拍即合，以罗马教皇、十字军及西欧国家为一方，以伊利汗国为一方，双方正式结成同盟。伊利汗国利用罗马教皇阻止了匈牙利与金帐汗国的结盟，使金帐汗国不能全力南顾。十字军进攻的对象是穆斯林，金帐汗国皈依伊斯兰教后实力强大，欧洲自然不敢进攻它，那么唯一的一个敌人就是尚占据着"圣地"耶路撒冷的埃及马木鲁克王朝。这就迫使埃及在与伊利汗国的对抗中不得不采取守势。1267年，教皇克烈门特四世致信阿八哈，告诉他法国和那瓦尔王国准备进攻伊斯兰教徒，恢复圣地，并对阿八哈愿以军队帮助拉丁民族表示感谢。

阿八哈也曾两度遣使赴欧洲，表明愿以军队配合天主教国家进攻穆斯林。英王爱德华一世、法王腓力三世、教皇格利高历十世和约翰二十一世。都曾致信阿八哈表示谢意。阿八哈与西欧国家和十字军的结盟完全解除了埃及的威胁，使自己可以全力北向抵抗金帐汗国对阿塞拜疆地区的侵略。在有余力的时候甚至还能向叙利亚和埃及进攻，谋求为怯的不花时期的失败复仇并争得地中海出海口，建立与欧洲的直接联系。通过阿八哈的不懈努力，伊儿汗国最终形成了北守南攻的外交战略态势，并很快收到了效果。

1265 年，金帐汗国趁阿八哈登基未久，国内矛盾未平息的时机又一次大举南犯。阿八哈派亲王玉疏木忒渡过库儿河，在阿克苏水与敌那海军激战，那海被射伤眼睛，退走设里汪。别儿哥亲率骑兵 30 万杀来，阿八哈带着军队渡过库儿河，下令将渡口阻断，拆毁一切桥梁，在河南岸扎下大营。两军隔河相互射箭，相持了 14 天。别儿哥无法渡河，欲溯流而上，在梯弗里斯渡河。但不久病死道中，大军于是回撤护送他的灵柩归葬萨莱。阿八哈在库儿河岸修筑了一道防线，派兵戍守。对金帐汗国采取守势的构想就此实现了。

对金帐汗国采取守势无疑是明智的，金帐与伊利两汗国同属蒙古系统，军队素质和作战战略战术基本相同，彼此都很了解。况且金帐汗国早于伊利汗国立国约 30 多年，各方面都已走上正轨，国力也较伊利强一些。伊利汗国立国未久，国内尚有很多遗留问题有待解决，需要有一段较为安定的时期来稳定内部。况且对金帐汗国采取守势，置之于侵略者的地位，有利于争取其他蒙古汗国的同情和支持。如库腊河兵败后忽必烈就曾表示要派 3 万骑兵去支援旭烈兀。而与埃及相比，伊利汗国的蒙古铁骑无疑是占据优势的，所以对埃及采取攻势即可以打击埃及与金帐汗国的联盟，又可以敲山震虎，慑服国内有叛乱意图的部族。

在稳定了北部边界后，阿八哈正欲南下主动发起对埃及的进攻，他的东北边境又出了问题。1265 年，忽必烈为诱使察合台之子八剌帮助他反击窝阔台之孙海都的叛乱而把河中地区赐给他。但八剌在昔浑河畔设伏击溃海都与金帐汗国的联军后并没有按忽必烈的设想继续与海都为敌，而是在钦察的斡旋下与之媾和，并决定由八剌在翌年春渡过阿姆河率军进攻伊朗，夺取阿八哈的某些领土，以扩

图解版

世界五千年

蒙古帝国王朝史

大八剌军队的牧场、土地和畜群，海都承诺出兵帮助他。

1267年，八剌秘密致信在阿八哈身边效命的侄子捏克迭儿，要他暗中协助自己侵略伊利汗国的呼罗珊地区。捏古迭儿于是率兵向呼罗珊急进，打算与八剌会合。但在大将失列门的追击下他不知所措，骑马跑进格鲁吉亚的山里，在森林中迷了路。捏克迭儿被迫向阿八哈投降。阿八哈赦免了他，但把他的军队分解编入其他部队的序列中。八剌奸计败露，依然我行我素，遣使通牒阿八哈的弟弟，镇守呼罗珊的秃卜申，要他把巴忒吉思地区腾出来交给他。秃卜申义正辞严地回绝了他。八剌恼羞成怒，率军直扑呼罗珊。海都按协议假意派钦察、禾忽率本部军队随同出征，暗中却告诫二人找借口返回，以免被伊儿汗国"高山也抵挡不住的大军"击溃。

阿八哈欲擒故纵，在率军迎击过程中佯装退却，停驻在赫拉特附近，给敌人制造了一个不堪一击的假象。当八剌见到一望无际的军队时才知中计，但为时已晚。在大会战中，八剌军击溃伊利汗国军的左翼，但伊利汗国军队在名将速不台从容镇定地指挥下，很快扭转颓势，击溃八剌军的右翼和中军，八剌在作战时从马上摔了下来受了重伤，险些被俘。阿八哈为巩固在呼罗珊的统治，又继续进兵花剌子模和河中地区。不久，八剌因病死去，他的军队、财产后来被海都吞并。

在北部边境终于平静下来之后，阿八哈把视线移向叙利亚和埃及。1281年，阿八哈利用埃及发生内乱的有利时机，以叙利亚人入侵鲁木地区为理由，进兵叙利亚。9月29日，伊利汗国先头部队在希米思与埃及军队发生遭遇战。阿八哈右翼军击溃了埃及军队的左翼，并乘胜追击到了希米思城下。阿八哈军队自以为已取得胜利，松懈了下来。埃及军队突然集中扑向中军。宗王忙哥帖木儿还是个少年，没有见过激战，改由帖克捏和朵拉带代替指挥。这两人畏缩后退，军队随之溃散逃跑，马木鲁克王朝的军队跟随追击，阿八哈军损失惨重。埃及军队的胜利最终遏制了蒙古军向埃及和非洲的扩张。以后阿合马执政后伊利汗国陷入内乱，国力削弱，对埃及的进攻虽然仍发生多次，但规模和进攻力度都大大减低了。战后不久，阿八哈汗在从报达回师帖必力思途中于哈马丹城去世，伊利汗国随之陷入内乱。

放弃传统：伊利汗国的改革

"改革"二字现在几乎人人都可以挂在嘴边上。但是否都能真正理解此二字的意思那又另当别论。既为"改"，那么就要有变化；既为"革"，那么就需除掉一些东西，特别的内容补充进来，使之更趋合理。

阿八哈汗死去时，其弟帖古迭儿首先赶到现场。其子阿鲁浑随后才带着为数不多的人赶到。在阿鲁浑到来之前，经过帖古迭儿策动，弘吉剌台等大臣以王位不能一日有空缺为由推举帖古迭儿为国君。帖古迭儿即位前早已受洗，是个基督徒。即位后他为赢得伊朗旧贵族和下层伊斯兰教众的支持，宣布自己早已皈依真主，是个穆斯林，并改名为阿合马。

阿合马醉心于伊斯兰教托钵僧的伴有音乐、舞蹈的狂热跳神，很少管理国事。由他的母亲忽推哈敦同阿昔黑一同主宰各地事务。但忽推哈敦是倾向于立阿鲁浑的，而支持阿合马的失克秃儿等人却未被重用，这就使阿合马在登基不久就失掉了人心。不久，阿鲁浑起兵叛乱，阿合马率 10 万大军前往呼罗珊征讨他。在可疾云，阿鲁浑被击败，被迫逃往天然要塞卡拉特，依·纳第尔，这个要塞的西 H 至今仍然叫达尔班德·依·阿鲁浑。在阿合马的强大攻势下，阿鲁浑被迫出降，被阿合马软禁。

但阿合马低估了宗教信仰的威力，这时军队的高级将领们依然迷信萨满教或佛教，因为二者都属于崇拜偶像的多神教。他们对于阿合马皈依伊斯兰教，视自己为异教徒大为不满，于是起兵反叛，把阿鲁浑救了出来。全体宗王召开大会，经大臣不花的积极游说，一致推选阿鲁浑继承汗位，并下令逮捕阿合马。阿合马出逃被捕获后，按照蒙古方式将他的脊梁击断处死。阿鲁浑为避免引起大的内讧，下令不得欺侮阿合马的臣属。不花因为拥戴阿鲁浑即位，被委以重任，拥有广泛的权力。阿鲁浑死后，汗位由其弟乞合都继承。乞合都在位期间曾发生伊朗历史上一次重大事件：纸币法的引进。

乞合都生性慷慨，奢侈浪费，很快使国库空虚。在丞相字罗的帮助下，乞合都决定引进中国纸币发行法。1294 年 7 月，他下令在都城帖必力思印制纸币，并下令拒绝使用纸币者立即处死，伪造纸币和私用金银铸币贸易者并处死刑。他

在全国设立钞库，负责发行及破币兑换事务。他所制纸币为长方形，上面印有 8 个汉字，中间圈内印币值。其下为他的喇嘛教名：亦怜真'朵儿只（藏语"大宝金刚"的意思）。这套发行制度和纸币形状，基本上是从元朝照搬过去的。但是商人们拒绝使用这种纸币。他们采用罢市的消极办法，致使人们在市场上买不到东西。城市居民于是大批离开城市，城里由于无人居住完全荒废了，商队也不再从城市经过，市场完全瘫痪。纸币在使用了两个月后被迫废止。重新启用硬币。纸币法虽然没有推广开，但当时的波斯、阿拉伯人却因此认识了世界上最早实行的中国纸币制度以及中国的雕版印刷技术，从经济、文化交流方面来看，乞合都的改革不无作用。

在纸币法改革失败之后，乞合都在一次宴会上酒醉后公然侮辱了他的堂兄拜都，并下令殴打他。拜都为了报复，起兵叛乱，在 1295 年推翻并处死了乞合都。拜都登上汗位。阿鲁浑之子合赞以追究谋杀乞合都之叛臣的名义起兵争位，于同年 10 月杀拜都，遂以阿鲁浑嫡子、合法继承人的身份即伊利汗位。合赞汗是伊利汗国历史上一位伟大的政治家，他根据形势的需要进行了一系列有着重大影响的改革。

为了解决因宗教异同而引起的蒙古人与当地贵族和平民的矛盾与冲突，同时使金帐汗国丧失以宗教"圣战"理由侵略阿塞拜疆地区的根据，合赞汗果断决定他本人及其全部军队集体皈依伊斯兰教，忘掉他们的萨满，并将伊斯兰教定为国教。推行伊斯兰教阻力很大，许多蒙古贵族强烈迷信偶像崇拜和佛教，合赞汗不得不采取破坏庙宇和其他偶像祠宇的极端措施。有一次可敦与贵族们请求他把他父亲所建的偶像祠宇改建成宫宇形式保留下来。因为在祠宇的墙上有父汗阿鲁浑的像，现在由于风吹雨打将要损毁了，因此最好把它改建成宫宇，以纪念他的父亲。合赞汗不同意这一点，因为这样一来作为一个正统的伊斯兰教徒就破坏了教规与伊斯兰教教诫。如果需要建造宫殿，那也必须建造在别处。通过不懈的努力，伊斯兰教终于在伊利汗国的蒙古人当中推广开来。

为进一步取得伊斯兰教众在政治上的支持，合赞汗对信仰伊斯兰教的法官、学者和阿訇的后裔们实行免征税役的优待。试图通过这些穆斯林上层来影响基层教民，巩固自己的统治。

合赞汗特别注意推行伊斯兰国家传统的土地国有制和军事封土制度。蒙古军队是合赞汗统治的支柱，但是长期以来驻守在各州的军队根本无法得到汗廷拨给他们的足额的薪饷、粮食和其他军需品。为保障军需供应，合赞汗在扩大国有土地的基础上，除了王室和教会势力占有大量土地外，还对军队实行了采邑制度。不仅把土地封给军事贵族，也封给一般士兵。采邑是从各地区的封地、草原、耕地及荒地中划出一部分靠近并适合于军队使用的部分，按照每1000人一伍分发下去，交给军队使用。对于这些土地、伊利汗国政府做出如下规定：

首先，在属于封地的地方，原有当地的农民可以依旧从事农耕，农耕收入应认真交给军队，并且不增不减地把应缴纳给政府的税赋缴纳给军队。军人不得占有私人业主、清真寺院的地产，不得占有这些地产上的收入。其余土地则使用俘虏、奴隶耕种。如果采邑内的荒地已有人开垦耕种，可用收获物的1/10作为报酬交给主人，收回土地，然后交给战俘和奴隶们耕种。

其次，实行采邑制30年前逃走的，未登记入其他州的人口登记册和税册中的农民，无论原来依附于任何人，均应返回原地。如果士兵们发现有其他州的农民，士兵们应将这些人遣返。任何州，任何人都不得收留其他州的农民或把他们转迁到别的村落，必须遣返。每个村子的农民只能在本村耕作，即使在同～采邑内的不同村落间迁移也不允许。军人的权力仅限于收取赋税，不得让农民从事其他任何劳役。军人们对采邑上的农民应当好好地保护。

再次，军人们不得侵占与自己的村子相邻村子的土地，不得借口"这是我们的营地"而耕种邻村的土地，不得禁止邻村使用水源，不得限制邻村居民放牧。

最后，取得采邑的每一个军人要向国家粮库缴纳50曼的谷物。获得采邑的军卒要登记入册，如果使土地荒芜将受到惩处。随意出卖或转让将被处以死刑。如果军人战死或病死，应由他的一个儿子或亲属成为他的继承人，并将采邑转交给他。若无亲属则将采邑交给他的一个旧奴。接受采邑者要履行士兵的义务。享受采邑的军卒，平时劳动生产，战时出征打仗。

由于蒙古汗国之间连年的战争，获胜者往往把他们俘虏的敌方士兵卖给网拉伯商人，从而使大批蒙古青年沦为当地阿拉伯人的奴隶。许多贫困的蒙古人也出买了自己的孩子，这大大降低了蒙古人的威望。为此，合赞汗下令："不管有多少年轻人从蒙古人那里被带走，都要用现金赎回来为君王效劳。"这样，在两年内赎回了1万余人。为了巩固自己的统治，合赞汗以这些人为班底组成了一支可以机动作战的御林军。这些军队直接隶属于大汗，是伊利汗国历史上较大的装备精良的一支军队。它极大地帮助了合赞汗改革措施的推行。

更为难能可贵的是，作为骑在马背上纵横天下的蒙古族统治者，合赞汗还尊重当地的农业居民，并为发展当地的农业生产作出重要贡献。他鼓励农民开垦荒地，第一年免税；第二年视耕作难易程度免税 1/3～2/3；允许划出一部分税额用来购买种子、耕具、耕牛分给无力耕种的农民。合赞汗重视水利建设，主张开凿灌溉渠。以他的名字命名的合赞渠利用幼发拉底河水可以灌溉无水的沙漠，把它变成肥沃的农业区。为鼓励农民垦荒，他专门下令：凡能修整和耕种荒芜的农田者，将获得土地所有权，并可以世袭相传，可以买卖、转让，在纳税时可以优惠。合赞汗恢复和发展农业生产的措施取得了良好的效果。在高加索地区，种植了大量的蔬菜和果树，原来光秃秃的山岭也开始为青草覆盖变成牧场。

伊利汗国控制着中东地区最重要的商路，但由于战争影响和汗国内经常发生政治变动，盗匪横行，严重影响了东西方过境贸易的进行，工商业趋于凋敝。合赞汗为促进工商业的恢复与发展采取了一系列的措施。

伊利汗国内各州的度量衡很不统一，甚至一个村庄里就同时有两三种不同的度量单位。这不仅给商业买卖中带来很大不便，而且也不利于各地按统一标准征收税赋。为统一度量衡，合赞汗下令全国货币和货物的重量单位，谷物度量单位和长度单位都必须与首都帖必力思的度量衡保持一致。制作全国通用的度量衡器具，凡使用未经核审的度量器或伪造审核印记者都将被处死。度量衡标准化为商业发展提供了很大的方便。

在合赞汗一系列措施的鼓励下，伊利汗国的商业迅速得到恢复。帖必力思全城四围在合赞汗时代从 6000 步迅速扩展到 2，5 万步。帖必力思发展成为一个最繁荣、最具有世界主义特点的、中世纪后期的世界性贸易集散地。

合赞汗去世后，他的弟弟合尔班答即位，通称完者都。完者都是阿鲁浑第三个儿子，即位前他曾接受过基督教的洗礼，教名为尼古拉。但为了统治的需要，根据合赞汗的先例，他宣布皈依伊斯兰教什叶派。完者都生性多疑，在他即位之前，他就以堂兄阿拉佛郎觊觎王位，有可能发生叛乱为理由把他处死了。这使他刚一上台就失掉了相当一部分人心。后来，法忽鲁丁起兵叛乱，伊利汗国从此陷入严重的内讧当中。为平定叛乱，完者都派了 1 万大军进攻赫拉特，赫拉特伪

降，完者都的部队受骗进驻该城，伏兵四起，1万大军全军覆没。法忽鲁丁重新占领了赫拉特。完者都不久死去。

完者都的继承者是他年仅12岁的儿子不赛因。完者都死后，权臣舍云治故意拖延时间，不准不赛因回京城，想使诸将依附自己。诸将于是利用另一权臣出班来牵制舍云治，奉出班为都元帅。舍云治没有办法，被迫送不赛因回京城即位。出班因为有拥立大功，被元朝政府授予"开府仪同三司翊国公"的荣衔。出班掌握了伊利汗国的大权后引起很多地方军事首领的不满，大贵族之间的争执越来越多，王朝迅速走向衰落。1319年曾发生了一次反对出班摄政的阴谋事件，但被出班挫败了。叛乱头目被用酷刑处死。其中有阿八哈的孙女，她被不赛因下令用马践踏而死。不赛因到21岁时对出班的专权擅政也很不安，但是又无法与他公开决裂。出班也感到自己的地位越来越不稳，于是起兵叛乱，想再换一个傀儡为自己支配。可是，出班的党羽遗弃了他。1335年，金帐汗国月即别汗再次兴兵侵略阿塞拜疆地区，不赛因亲临战场迎敌，途中病逝于哈拉巴格。

不赛因是全伊利汗国承认的最后一个大汗。他死后，札剌亦儿氏族在阿塞拜疆和伊拉克建立了自己的国家。凯尔特朝占据了东方。呼罗珊落入萨尔巴德朝手中，伊利汗国彻底分裂了。1353年12月14日，最后一个伊利汗图格帖木儿被起义军杀死于古儿干。伊利汗国最终覆灭。

夹缝中求生存的察合台汗国

察合台和他的汗国

比较其他汗国，察合台汗国委实地窝囊了一些。东西北面都是蒙古其他汗国，而南面的印度留给察合台汗国的是酷热的气候和关于大象可怖的回忆。这些都使汗国无法举起扩张之帜，相反，为了生存往往还要伸出橄榄枝才能幸免于被吞并。

中亚是一片浩瀚无垠的沙漠和草原，它在地理上最显著的特征是几乎完全隔绝了来自海洋的影响。这一特点使中亚降水量稀少，由于缺乏雨水，这里大部分地区异常干燥。沿锡尔河与天山一线，中亚北部地区虽然有部分地区比较干旱，但大部分地区则很湿润，从而提供了广袤的牧场供游牧民族生活。而这一线的南部地区却非常干燥，大部分地区都是沙漠。这里的居民大多被限制在绿洲和大河流域。由于水利技术的熟练应用，这里从很古时候起就有了精耕细作的农业。伊朗文明和伊斯兰教的影响早已成为中亚南部地区城市和绿洲的文化特色。除了一些富庶城市的诱惑之外，这里对游牧民族没有什么吸引力。

中亚地区另一显著特点是高山林立，一条东北——西南走向的山链将中亚劈为两半。在山链以西是伊斯兰教文化区，山链以东除了中国维吾尔人以外则强烈地受到西藏佛教和中原汉族文化影响。

察合台

独特的自然地理条件把中亚大地分割成一些独立的绿洲与谷地，相互间或有终年积雪的高山，或有干旱不毛的沙漠戈壁隔开，在中世纪的条件下穿越非常困难。所以在这些绿洲上建立的国家规模都很小，民族成分相对单一。统治这些绿洲国家的王朝虽然长期内争不已，但王族却很少被替代。它们对外随时准备根据国际形势的变化归降某个大国做附庸，以保存王统，但也随时准备摆脱附庸地位而独立自主。在生产力没有达到一定水平时这种政治格局很难被打破。所以在中亚历史上没有出现过统治时间上百年、疆域横跨几个大绿洲的国家。即使外来征服者依据其本土雄厚的人力、物力、财力征服了中亚，也都很快丧失了这一地区，重新回到四分五裂的状态。

因为这些征服者在中亚当时的经济条件下，无法在他们的帝国内构建统一的国内市场，帝国中央与地方之间的联系仅仅建立在军事征服基础上的政治隶属和赋税榨取，而各个基层政权之间缺乏横向的联系。而中亚的任何一块大绿洲也都没有能力供养一支足以长期威慑附庸国俯首听命的军队。因此，不论是亚历山大帝国、唐朝、阿拉伯帝国、西辽还是一代天骄成吉思汗建立的蒙古帝国以及本章所要介绍的察合台汗国都不得不向这里严酷的地理和历史条件臣服。察合台汗国在短短百余年的统治时间内，先后有 32 位君主君临中亚地区，足以说明这一地区历史条件的复杂性。

在成吉思汗分封子孙时，河中地区、喀什噶里亚、七河地区以及塔里木盆地和准噶尔盆地大部地区被分封给次子察合台。天山北部的草原为察合台汗国提供了肥沃的牧场、充足的马匹和战士，这使察合台系的黄金家族后裔更为长期地保持了蒙古的游牧传统。只要他们控制了天山草原，他们就很少对河中地区和喀什的绿洲产生兴趣，这些农耕文明地区只是在作为赋税来源时才会得到察合台大汗们的重视。察合台汗国东、西、北三面都是蒙古系的其他汗国，而且汗国内的农耕地区起先还是由蒙古帝国大汗直辖。这种局面使它无法再从事于开疆拓土。在夹缝中的察合台汗国要想扩充领土的希望只有一路可通：这就是侵略南方的印度。但是察合台汗国对印度的几次军事行动都以失败告终。被俘虏的蒙古贵族们被抛在象足之下践踏而死。蒙古人对于印度，对于它的气候和对于那里的大象都留下了恐怖的回忆。这就彻底断绝了察合台大汗们拓展领土的希望。

此外，蒙古帝国把城郭农耕地区和草原由汗庭和察合台等西北诸王分领的做法以及草原和牧民又分别属于各支宗王的政治制度割断了历史长期形成的草原与城郭农耕地区之间的政治经济联系，使坐镇草原，极力从定居人民那里掠夺财富的西北诸王，与代表万里之外的蒙古大汗和中央政府戍守城郭农耕地区的朝廷命官之间发生了尖锐的矛盾。而西北诸王之间也为争夺牧场、属民和侵吞中央辖地而相互争斗。这些矛盾和斗争交织在一起，使蒙古帝国时代的中亚地区呈现出一种多元的政治格局。这就使得元代前期的中亚政局动荡不定。察合台诸汗们在这种政治局面下不得不集中精力探求保存汗国的途径与方法，根本无力对外扩张。

甚至为保存自己而不得不向昔日的敌人摇动橄榄枝，与印度结盟。夹缝中求生存，不断地对外作战构成了察合台汗国历史上的主要特点。

察合台直接管辖的地区仅仅是伊犁河流域，在那里他和他的家族过着游牧生活。察合台靠宰相来治理他的领地。著名的宰相有瓦济尔、哈巴什等人。瓦济尔的身世可以代表一些被蒙古人掠到中亚的汉族知识分子的遭遇。他的真名不详，瓦济尔是"大臣"的意思。据说他原来是察合台手下一个汉族医生的仆人，后来又成了大臣忽速黑的牧奴。他知文识字，善于书记，因为熟悉成吉思汗时的故事为忽速黑赏识，推荐给察合台。不久受到重用，逐渐擢居相位，位于诸大臣之上，可以随时陈述意见，甚至可以处罚察合台的亲属。哈巴什是穆斯林，深得察合台赏识。成吉思汗把花剌子模国王摩诃末的两个女儿赏给察合台时，他特意把其中一个给了哈巴什，足见他的地位之高。

察合台汗国内的河中等农耕地区是中亚最富庶的地方，也是黄金家族的共同财产。所有这些地方的收益都按照蒙古人各取份子的古老习俗由家族成员分享。窝阔台汗特意在这里设河中行省治理河中地区。对于中央直辖河中地位的做法察合台是不满的。在窝阔台汗在位时，察合台曾发出一道令旨将河中地区的一个郡改授他人。行省长官牙剌瓦赤坚决反对，将此事报告给窝阔台。窝阔台下旨严厉斥责了察合台的越轨行为。察合台被迫表示不了解情况。窝阔台也作出让步，把该郡赐给了察合台。

察合台在汗国内严格按"札撒"办事，与当地伊斯兰教民众不可避免地发生了冲突。按照"札撒"的规定，人们不得在白天进入河水中沐浴，不准公开杀羊，不准按照穆斯林方式宰杀牲畜，穆斯林因此被迫吃腐烂的肉。为此。穆斯林史学家谈到他时诅咒他是"一个专横的人，残忍而且凶暴无礼，又是一个干坏事的人"。

汗位争夺：一个永远不解的结

察合台汗国自己的事情自己也是说了不算的。按察合台遗命即位的合剌旭烈当了5年的大汗，却生生地被新当选的蒙古大汗贵由给撸了下来，另任命了别人。

在 1241 年窝阔台去世后不久，察合台也离开人世。其妻也速伦和大臣哈巴什遵照他的遗命立长孙合剌旭烈为大汗。也速伦代幼汗摄政。1246 年，贵由登上蒙古大汗之位。为了显示大汗的权威，他以察合台有儿子健在，不该让孙子继位为由，把在忽里勒台选汗大会上支持他的也速蒙哥任命为察合台汗国大汗，废黜了已在位 5 年的合剌旭烈。身为蒙古帝国的属国，合剌旭烈只得接受这个安排。

也速蒙哥是一个酒色之徒，他在蓄意斥退汗国旧臣哈巴什后，把汗国完全委托给一个西辽人巴哈丁。巴哈丁在宗教学和世俗科学上有很深造诣，汗国被他治理得井井有条，哈巴什也是在他的保护下才得以保住性命。

贵由在位 3 年即病死，蒙古统治上层再度爆发争权斗争。以也速蒙哥为首的察合台系诸王支持贵由的后人继位。最后斗争由于拔都以老王兄的身份干预选汗大会，拖雷系蒙哥登上大汗之位。蒙哥即位后对反对者进行了残酷打击。他下令要合剌旭烈及其妻兀鲁忽乃回察合台汗国取代也速蒙哥。合剌旭烈在回汗国途中死于阿尔泰，其妻兀鲁忽乃只身回国。她把也速蒙哥捕获后押解到金帐汗国，交拔都处死。但她错误地处决了巴哈丁。随后她以女主称制，掌权达 10 年之久。

兀鲁忽乃和她的父、祖一样，虽然对中亚河中地区的伊斯兰教文化很仰慕，但却并不想接受它。他们既不愿在绿洲上定居，也不想改宗伊斯兰教。因为拔都对蒙哥夺权起了至关重要的作用，原属察合台汗国的河中地区被划入金帐汗国的版图，金帐汗别儿哥甚至还亲自到布哈拉城视察。

但是，对于被占领区的先进文化是主动接受还是顽固坚持游牧生活方式的争论在蒙古上层已经出现。蒙哥侵宋时死于四川地区后，这场关于要草原还是要耕地的争论以忽必烈和阿里不哥弟兄俩的兵戎相见而全面展开。对于两弟兄的斗争，西域察合台汗国的向背无疑具有重要意义。忽必烈首先派阿必失哈与合丹兄弟前往接管察合台汗国的事务。可惜他们在走到唐古特边境时被阿里不哥抓获。

不久，阿里不哥兵败，军队给养发生困难。河中、呼罗珊地区城郭林立、农业发达、人口众多、物产丰饶，若引以为援，则可以与忽必烈长期抗衡。主掌察合台汗国的兀鲁忽乃女主虽然支持阿里不哥，但毕竟无法靠她去夺取河中地区。为了得到一支有力的同盟军，阿里不哥以大汗的身份命令阿鲁忽前往察合台汗国主政。他给阿鲁忽的命令是让他夺取河中一带为自己提供给养，同时在阿姆河沿岸布防，防止旭烈兀支援忽必烈。这是"蒙古大汗"第一次承认察合台汗国大汗享有对河中地区的实际控制权。

阿鲁忽是察合台的孙子，追随阿里不哥很久了，已被视为心腹。接受命令后他马上赶到喀什噶尔，把察合台系氏族成员及其拥护者招集到自己周围，征集得骑兵约15万。兀鲁忽乃被迫退出阿力麻里，逃往阿里不哥处。阿鲁忽随即派大将聂古伯率铁骑5000，由哈巴什之子苏来曼陪同前往撒马尔罕、布哈拉等地。聂古伯到河中后尽杀金帐汗别儿哥的臣属，处决了拥护别儿哥的中亚最有声望的苏斐派长老赛甫丁，掠夺了大批财富。原来由蒙古帝国中央派驻撒马尔罕和布哈拉的著名大臣丞相大夫和不花太师先后归降阿鲁忽。军事首脑蔑吉勒等大将也率全军向阿鲁忽投诚了。

察合台汗国在以前的中亚政治舞台上并不占主要地位，自阿鲁忽即汗位后才开始成为中亚一支可观的政治势力。阿里不哥把原属于大汗直辖的河中地区奉送给阿鲁忽原来是为解燃眉之急的权宜之计，而阿鲁忽则利用蒙古亲王之间的内讧使河中诸将帅茫然不知所从之际，借助阿里不哥的"帮助"占据了河中城郭农耕之地，使察合台汗国迅速强大起来。但是他的强大也播下了后来反抗阿里不哥控制的种子。

阿鲁忽背叛阿里不哥的导火线是他拘捕了阿里不哥征集军需的使臣。按蒙古旧制，诸王在大汗出征时要从自己的属民中抽出10%～20%随从出征，阿里不哥让阿鲁忽占领河中一带就是要利用那里充足的人力、物力继续战争。就在聂古伯在河中大肆掠夺财富时，阿里不哥派出的使团到了察合台汗国。使臣命令每10头牛征2头为税，还要征集大量钱财、军队和武器。当3个使臣征集到一定数量时，阿鲁忽留住他们，要他们等其他使臣征集任务完成后一起出发。阿鲁忽这样做不仅是贪求这一大批财富，同时也是为表示他是河中和突厥斯坦的新主人。当其他使臣征集任务完成后，阿鲁忽借使臣对他有不恭敬言辞之机，将使臣和财物全部扣留。虽然阿鲁忽在夺取了属于大汗的对河中地区的统治权后，实际上已经开始一步步走向与阿里不哥决裂的道路，但事情发展如此迅速，如此突然，也是他始料不及的。于是他召集大臣会议，寻找对策。臣下建议既然已经反叛了阿里不哥，唯一的办法就是与他彻底决裂，与忽必烈合作。于是阿鲁忽处死了阿里不哥的使臣，把财富据为己有，极大地增加了自己的力量。

忽必烈在得到阿鲁忽支持他的消息后，马上降旨把从阿姆河到阿尔泰山之间的土地全部交给阿鲁忽管理，承认了他对河中地区的统治权。这样，忽必烈的势力就从东向西连成一线，取得了对阿里不哥的战略优势。

阿里不哥对于阿鲁忽的背叛行为极为恼怒，立即前去进攻他。阿鲁忽先退后进，于1262年冬季在伊犁河流域击败阿里不哥的军队，名将哈剌不花在此战役中被击毙。阿鲁忽因这一仗的胜利得意洋洋，忘乎所以。他返回自己的领地后遣散军队，不加防备，结果被阿里不哥突袭，阿鲁忽慌乱中逃往伊塞克湖地区。1263年4月，他的军队在阿克苏地区再次被击败，被迫退往和田。阿里不哥击败阿鲁忽之后，对他的部众和居民大肆屠杀泄愤，引起众将领强烈不满，绝大部分背叛他而去。阿里不哥众叛亲离，不久又遇饥荒，人员畜马大批倒毙，陷入绝境。这时，阿鲁忽乘机回到撒马尔罕，在那里收集部众，向阿里不哥发起进攻。阿里不哥派兀鲁忽乃前去求和，阿鲁忽按照蒙古兄死弟继的旧俗收兀鲁忽乃为妻，并重新委派牙剌瓦赤之子麻速忽负责治理河中撒马尔罕和布哈拉地区，河中地区的经济很快复兴起来，察合台汗国的势力重新振兴。不久，阿里不哥向忽必烈投诚，一场汗位继承斗争就此结束，阿鲁忽可以全身心投入本国的治理了。

汗位斗争的变种：中亚政局的多元化

五个汗国加上元朝的搅和，使中亚地区充满了不稳定因素。此时，元朝政府为了控制各汗国，今天把此地割给他，明天又把这块地划给你，而争夺土地的汗国为了占有的目的竞相交战，废墟到处可见，商路为之阻断。

汗位继承斗争虽告结束，但是要草原还是要耕地的斗争并没有结束。这种斗争在中亚察合台系和窝阔台系诸王之间再度展开。在中亚地区，率先进入中亚南部农耕文明地带的蒙古部族逐渐与当地人同化，转入定居生活，并开始转而信仰伊斯兰教。而锡尔河——天山一线以北的蒙古部族则依旧坚持游牧生活方式。由此引发天山南北的蒙古部众相互鄙视，有如寇仇，成为导致中亚地区政局长期动荡的重要原因。贵由死后，窝阔台系诸王一直对失去大汗宝座耿耿于怀。海都作为窝阔台的嫡孙此时借阿里不哥失败之机乘机起兵向阿鲁忽开战，扩张地盘。此时的察合台汗国因为河中地区和金帐汗国发生武装冲突，海都则乘机联合金帐汗国别儿哥汗击败阿鲁忽军，把阿力麻里据为己有。海都的出现使中亚政局越发走向多元化局面。

1265年，阿鲁忽去世。其妻兀鲁忽乃未经忽必烈同意，擅自册立前夫合剌旭烈之子木八剌沙为大汗。木八剌沙是察合台汗国诸汗中第一个公开宣布皈依伊斯兰教的君主。为了取得伊斯兰教众和伊斯兰化的蒙古部族的支持，他把大汗驻地移到了中亚南部的安格连河流域，紧靠名城忽毡。但是，此时反对伊斯兰化的蒙古部族还很多，势力也占绝对优势，他们为报复木八剌沙的行动，起兵洗劫了中亚布哈拉等穆斯林聚居的城镇。察合台汗国陷入内讧当中。

木八剌沙擅自即位严重损害了忽必烈的大汗权威，为把察合台汗国紧紧控制在自己手里，取得对海都势力的优势，忽必烈派察合台另一个孙子八剌前去取代木八剌沙。八剌到察合台汗国后诈称收集自己的零散部众，利用蒙古游牧部族对木八剌沙改宗伊斯兰教的不满，招集了大批军队。随即他突然起兵驱逐了木八剌沙，自己做了大汗。

八剌取得汗位后，立即开始侵吞大汗直辖的中亚属地。他首先把兵锋指向忽炭，击败元将火你赤的6000骑兵，同时派3万人迎击忽必烈军主力，火你赤被迫退回内地，忽炭被八剌占领。为了利用八剌同海都作战，忽必烈只能容忍这一现实，承认忽炭归入察合台汗国。八剌为收回被海都占据的阿力麻里等地，同海都发生冲突，在锡尔河大败海都军。海都求助于金帐汗国。金帐汗忙哥帖木儿出兵5万助海都，击败八剌。八剌退守河中。为避免两线作战，海都委托八剌的朋友钦察进行调解。在钦察的周旋下，八剌与海都合好。并结为义兄弟。1269年春天，在海都的支持下，由术赤、窝阔台、察合台三系的宗王参加的忽里勒台大会在塔拉斯召开。这次大会恢复了察合台系和窝阔台系后裔们之间的结盟，共同反对在中国和伊朗的拖雷系后裔。所有与会宗王都结成义兄弟，并且推海都为宗主。根据协定，河中地区的2/3划归八剌所有，其余1/3归海都和忙哥帖木儿。他们决定坚持游牧生活，决不住进城市和乡村。为解决八剌所得牧地太少的问题，会上决定由八剌领兵去夺取伊利汗国呼罗珊地区，海都承诺出兵协助。

八剌为了装备自己的军队居然残酷地洗劫了属于自己所有的布哈拉和撒马尔罕，这引起了年高德劭的河中地区行政长官麻速忽的强烈抗议，最后八剌不得不放弃这种竭泽而渔的愚蠢做法。1270年，八剌率军渡过阿姆河南进，以祖父曾战死在阿富汗地区为理由，要求伊利汗国的呼罗珊长官退出该地，让他占据这一地区。海都按协议派钦察和察八忒率本部随行。但海都并不想让八剌真的强大起来，他密令钦察等人找借口撤回来。后来钦察以在酒宴上遭到八剌部下的侮辱为由首先撤回，其他人也先后带兵逃回，只剩下八剌率本部人马前往呼罗珊。

八剌军开始进展很顺利，一直推进到你沙不尔地区。但伊利汗国大汗阿八哈远欲擒故纵，引诱八剌军进攻赫拉特地区。当八剌陷入重围，看到排山倒海般的敌军压过来时才发现上当，但为时已晚。八剌军被彻底击溃，他本人也从马上跌下来，徒步逃跑，最后一个卫士把马让给他，他才得以逃回布哈拉。赫拉特之战使八剌威信大降，原来追随他的诸王纷纷离他而去。为取得河中地区蒙古部族的支持，八剌宣布改信伊斯兰教，并改名加秃丁。他曾派人向海都诉说自己的失败是由于钦察等人的临阵脱逃，但海都反而责备他不得人心。这时八剌才发现他已经被昔日的盟友抛弃了，自己中了海都的借刀杀人之计。由于力量削弱，众叛亲离，八剌由以前与海都平起平坐的义兄弟沦为他的附庸。后来，海都乘八剌衰弱病危之机领兵包围了八剌的营帐，八剌惊怖而死，他的军队和部众遂为海都所吞并。

八剌死后，海都为控制察合台汗国，先后扶植了两个傀儡。察合台汗国的宗王对此不满，很多人起兵反叛，但先后被海都击败。从1271年八剌去世到1274年八剌之子都哇即位之间的几年内，察合台汗国没有一个强有力的君主。伊利汗阿八哈乘机对八剌入侵呼罗珊进行报复，先后派兵侵入河中和花剌子模，洗劫了布哈拉、玉龙杰赤和希瓦。有5万多人被俘虏到伊利汗国卖为奴隶。都哇即位后组织了反攻，将伊利汗国军队赶出阿富汗，甚至还占领哥疾宁，并以哥疾宁为基地派兵远征印度，侵入旁遮普省。从印度返回后，都哇吸取了前几任汗王的教训，在与伊利汗国和印度为敌，急需盟友的情况下，一心投靠海都，成为中亚地区与忽必烈及其后继元朝皇帝作对的一支主要力量。

1294年，元世祖忽必烈逝世。他的孙子铁穆耳继位，庙号元成宗。海都与都哇继续与元朝作战，双方互有胜负。1301年，海都与都哇在帖列古一战中大败，都哇膝部中箭致残，海都也受了重伤，于次年死去。

海都生前曾有意让嫡长子斡罗思做自己的继承人，并已经委付给他大批军队。都哇却不愿意给自己树立一个新的强硬对手，于是他选择了海都庶出长子，软弱、多病的察八儿做继位人。在都哇一手安排的海都的葬礼上，都哇公开提出让当时住在塔拉斯的察八儿即位。不久都哇又于1303年在窝阔台家族的领地哈密为察八儿主执了即位仪式。都哇的这种做法引起以斡罗思为首的窝阔台系诸王的强烈不满，他们公开起兵反对都哇和察八儿。海都宠爱的女儿忽秃仑察罕曾有组织军队、管理国家的愿望，都哇和察八儿都讥讽她说："你只配和针线剪子打交道，国家和兀鲁思与你有何相干？"她为此非常气恼，于是她在斡罗思和察八儿之间挑起不和，使窝阔台汗国处于严重内乱状态。事实上，都哇所希望的正是窝阔台家族内部的纷争和不和，这有利于他各个击破，也使察八儿不得不更加依赖他。现在，称雄一时的窝阔台汗国已到了崩溃的边缘。

长年的军事对峙使都哇认识到在军事上他们根本无力消灭对方。元朝皇帝作为成吉思汗大位的继承人的合法性已经被大多数黄金家族的成员所承认。向元朝称藩的伊利汗国和金帐汗国也已立国几十年。察合台汗国的最好前景也只能是拥兵一方，以承认当时元成宗的大汗地位为条件，换取元朝不再对西北用兵，同时谋求与金帐、伊利汗两国讲和，摆脱征战不已的困难局面，已经成为摆在都哇面前的迫在眉睫的事。于是都哇暗中派出使臣去面见驻守在边境的忽必烈的孙子阿难答，通过他向成宗表达了愿意臣服之意。元成宗得知后非常高兴，下旨将突厥斯坦和河中地区全部划归察合台汗国。当年阿鲁忽曾趁阿里不哥叛乱使中亚诸将帅彷徨不知所从之际夺取了河中地区。但海都兴起后又将这一地区割占了1/3。元成宗很聪明地利用了察合台汗国与窝阔台汗国关于这片领地的纠纷，许诺让都哇占有这片土地，不仅达到了与都哇停战的目的，还进一步挑拨了都哇与窝阔台汗国的关系，一箭双雕。

都哇在得知了元成宗的态度后，便公开向察八儿提出领土要求，要求他归还呼罗珊和河中地区，如果察八儿愿意，应该去夺回他曾祖父窝阔台曾经拥有过的和林地区。对此察八儿显然无法接受。如是，则窝阔台后裔诸王只能局限于哈密、霍博等地。哈剌和林并不是窝阔台的份地，而是蒙古帝国的首府。窝阔台仅仅是因为拥有蒙古大汗的头衔才得以作为营地。察八儿作为窝阔台汗国大汗，本应该聚兵与都哇对抗，但因为他厌弃自己的亲族和过去在海都部下占据高位的诸贵族，对他们什么都不谈，全部保密，招致全族兄弟和诸贵族的反感和仇恨。结果他们反而追随都哇，策划起反对察八儿的阴谋。

1303 年秋天，察八儿在都哇的胁迫下同意与元朝议和。都哇、察八儿、阿里不哥之子明里铁木儿等诸王聚会，一致同意与元朝议和。次年，都哇又派使臣陪同元成宗的使臣及察八儿的使臣前往伊利汗国，诏告元与都哇、察八儿之间的约和之外，元成宗又要求伊利汗和金帐汗也依例约和。伊利汗完者都和金帐汗脱脱在举行会晤之后同意议和。蒙古各王系之间的战争至此宣告结束。

都哇请和之后，元朝与察合台汗国的关系有了很大改善，双方使节相望于途。以后都哇又在元朝军队的帮助下打败察八儿，最终灭掉了窝阔台汗国。这样，整个中亚就处在察合台汗国的控制之下，以往中亚的多元政治格局至此演化为一元政治局面。

1307 年，都哇死于脑炎和白喉。其子宽阔即位。宽阔在位期间，察合台汗国与元朝保持着友好关系。1309 年，宽阔在移往冬营地时跌伤致死。宽阔死后，由于兄弟也先不花远在哥疾宁，其余兄弟均尚年幼，汗位被塔里忽夺去。塔里忽是都哇的侄子，其母帖里干是个穆斯林，于是塔里忽皈依伊斯兰教。他在即位之后，尽力想在蒙古人当中传播伊斯兰教，结果引起了游牧贵族的强烈反对。都哇在位 20 余年，功绩卓著，在蒙古贵族中享有崇高的威望。塔里忽并非都哇系诸王，这使他继承汗位的合法性受到挑战。与塔里忽同一家族的月鲁率先公开反对他即位为汗。月鲁曾说过：“怎么能撇开都哇诸子，其他人取而代之做兀鲁思之王呢？有清水时，怎能许可用坑灰代净呢？”于是，反对塔里忽推广伊斯兰教的诸王大臣竟立月鲁为汗以取代塔里忽。塔里忽闻讯立即率军镇压，月鲁兵败被杀。在月鲁起兵的同时，驻牧于拔汗那的诸王忻都和斡鲁黑也起兵反对塔里忽即汗位。塔里忽占胜月鲁之后，乘胜向拔汗那进攻，逐走忻都和斡鲁黑。以后塔里忽又连续击败几支叛军。随着这一连串的胜利，塔里忽的势力日益发展，看来已经控制了局势，使支持都哇家族的诸王将帅陷于困境，都哇家族似乎要垮台了。但事态随着怯别的登场，又变得急转直下。

“庆父不死，鲁难未已”。塔里忽从诸王将帅的反抗中得到启发，深感都哇家族的存在对他的政权是个极大的威胁。他在与手下大臣商议对策时决定彻底铲除都哇家族。但这么机密的决定却被手下人泄露给都哇的幼子怯别。怯别在得到这个消息后，极度惊恐，他跑到兀赞那里寻找对策。兀赞对塔里忽的决定极为愤慨，毫不犹豫地站到了都哇家族一边。他与怯别定计，由兀赞率 100 贴身护骑，怯别和他的兄长也不干率 200 骑，利用塔里忽次日举行饮宴的机会进行突袭。按照预定计划，兀赞借故从宴席上脱身，怯别从四面纵火焚烧塔里忽的大帐，乘其营帐人员手忙脚乱之际，兀赞率兵与怯别会合，把塔里忽及其诸子等全部斩杀。塔里忽被杀后，他的将领和军队全部归附了怯别。这次成功的政变发生在 1309 年。

1309 年，怯别召集忽里勒台大会。大会采纳怯别的建议，决定由也先不花即汗位。也先不花闻讯喜出望外，很快返回汗国宫廷。怯别等人按蒙古传统为也先不花举行了隆重的即位仪式。怯别因为有拥戴大功，被也先不花派去统治河中的“天马之城”费尔干纳、渴石等地。以后怯别遂在河中扎根，放弃游牧生活定居下来，并潜心研究伊斯兰教，为以后在汗国内全面推广伊斯兰教奠定了基础。

1318 年也先不花去世，怯别即汗位。同其兄也先不花完全过着游牧生活不同，怯别开始把注意力转向河中和阿富汗。或许是担心河中地区被伊儿汗国长期占领，他把首都迁到了布哈拉西南部的那黑沙不城。这样一来察合台汗国的政治中心就由七河地区和准噶尔盆地转移到了河中地区。在河中地区，原来的蒙古游牧贵族已经同化于伊朗——伊斯兰文化传统，迅速地突厥化了。怯别汗也已经在事实上皈依真主。在伊利汗国合赞汗进行的全面社会改革的影响下，怯别汗也非常重视和保护农业，澄清吏治，维护国家的安定与和平。在和平环境下，中亚的商路恢复通行，过境贸易非常活跃，中亚丝绸之路重视了昔日的繁华忙碌景象。为了征税和管辖方便，他把农耕城郭地带划分为若干个行政单位，委派官吏治理；而对于蒙古部族首领——已定居生活的突厥化蒙古贵族则保留他们分享统治的利益，实行采邑制度，由贵族首领治理自己的采邑；对于游牧贵族则保持他们自己的生活习惯，不予改动，这也是符合当时保守势力尚很强大的现实的明智举措。

怯别还是中亚地区第一个铸造钱币的大汗。当时在中亚各个地区的统治者都有自己的铸币机构，各地铸币的币值、形制、质量很不统一，不利于商业的发展。怯别借鉴伊利汗国和金帐汗国的货币制度，铸造了全国通用的金属币。他所铸的钱币是银币，大的称“第纳尔”，约重 8，532 克；小的称“迪勒木”，约重 1，422 克。1 个第纳尔与 6 个迪勒木等值。怯别铸造全国通用的钱币极大的便利了商品买卖。至今仍有很多中亚、西亚穆斯林国家的货币称为“第纳尔”。

怯别死后，其弟燕只吉台、都来帖木儿、答儿麻失里相继为汗。他们 3 个人为取得对伊儿汗国的战略优势。都曾想与印度的德里苏丹结成联盟，但都没有成功。答儿麻失里原来是个喇嘛教徒，在即位后他仿效其兄怯别，正式宣布皈依伊斯兰教，并改名为阿拉丁，与西方阿拉伯世界建立了广泛的联系。但他走到了一个极端，长年居住在河中地区，不再按照蒙古的传统定期召集忽里勒台大会，而且几乎完全忽视了汗国东部的游牧部众。答儿麻失里皈依真主，促进了蒙古人突厥化（即定居化）的进程，但也增强了那些导致察合台汗国分裂的因素。他本人长年不到东部巡视，自然要引起那些坚持游牧传统的蒙古贵族的反对。1334 年，不赞指责答儿麻失里违反了"札撒"，起兵反叛，杀死了他。此后，汗国进入汗位频繁更迭时期。这些大汗逆历史潮流而动，把汗廷驻地移回东部地区，并且大肆迫害伊斯兰教徒，从而引起东部与西部蒙古贵族的长期内乱。此时的东部在大汗控制之下，而西部河中地区则开始了长达 30 多年的无政府状态。

游牧民族的劫数：察合台汗国的分裂

蒙古人建立的汗国很类同四不像的东西，他们对中世纪的历史影响至深，但他们自身却如同龙卷风般迅速消失了。

合赞是察合台汗国分裂前的最后一位大汗。他即位后努力想恢复汗王的权威。当时跟随成吉思汗进入中亚的四大蒙古部落已经突厥化，它们的首领在中亚各自占据了一些地区作为采邑，他们的势力在汗位争夺斗争中日益壮大。合赞为恢复大汗权威，采取恐怖政策来对这些军阀进行打击。他处死了大批贵族，以至于贵族、大臣们每天早晨赴宫廷时都在衣内裹上尸布，以备突然被杀，出门前还要向妻子儿女道别，恐怕不能回来。而且朝臣们必须每日上朝，以至于他们把能够安全回家看成大喜事。即使负责大汗日常宿卫事务的近卫军将领也是如此。但是诸侯大臣势力的发展已非合赞的恐怖政策所能抑制了。

巴鲁拉思部的合札罕首先起兵反叛，但合赞首先得到消息。他于是先发制人，发兵击败合札罕，并射瞎他一只眼睛。但合赞并没有乘胜追击，贻误了战机。不久，合札罕乘合赞的军队在驻冬时遭到大雪灾打击、马匹丧失殆尽的机会，东山再起，大败合赞，并杀死了他。

合赞死后，汗国正式分裂。合札罕家族控制了河中地区。但他迫于只有成吉思汗家族的人才能称大汗的惯例，自己不敢称汗，而是扶植了一个傀儡。合札罕控制的汗名义上是整个汗国的汗，但他的势力从来未能到达东部，所以他控制的汗只是西部汗。

合札罕及其家族先后废立了五个汗。河中的各家贵族不满于合札罕家族控制大汗，他们自己也纷纷选立自己的汗，西部地区陷入一片混乱。河中诸贵族各据一地，混战不休，最终导致了由东部汗前来收拾残局。

元亡以后，察合台汗国东部被称为蒙兀儿斯坦，即"蒙古人的土地"，以区别已基本伊斯兰化的西部地区。它的大致范围包括今新疆焉耆县以西的整个南疆，一直延伸到阿富汗地区。向北抵额尔齐斯河和额敏河流域，包括巴尔喀什湖及其以东以南，即今哈萨克斯坦的大部分地区。当时控制蒙兀儿斯坦南部的是秃忽剌家族。秃忽剌家族的卜剌只为了恢复国家秩序，拥立了一个所谓都哇的孙子秃忽鲁帖木儿继承汗位。秃忽鲁帖木儿在卜剌只的支持下逐渐消灭了东部的割据势力，统一了蒙兀儿斯坦。

在统一东部之后，他随即把兵锋指向河中地区，决意削平西部群雄。当时的西部权臣迷里忽辛在阿姆河一带集结兵力，准备迎战。但他手下的一部分人马突然背叛，迫使他不得不溃退。秃忽鲁帖木儿的大军前进到兴都库什山，次年大军折回攻克撒马尔罕，控制了整个河中。当地贵族迫于压力纷纷举手归降，察合台汗国重新统一。

伊斯兰教的影响是无法抗拒的，大概在 1353 年左右，秃忽鲁帖木儿本人也皈依了真主，成为东部地区第一个信仰伊斯兰教的大汗。在他的统治期间，伊斯兰教在塔里木盆地的绿洲居民中迅速传播开。

但是察合台汗国的统一并没有延续多长时间。在秃忽鲁帖木儿去世之后，秃忽剌家族发动政变，毒杀了他们所能杀害的他的全部后裔。东部地区重新陷入群雄并起，各占一方的状态。到 1487 年东部最后一个大汗羽奴思去世之后，蒙兀儿斯坦也彻底分裂了。以后察合台汗国的土地西部归了后来兴起的帖木儿帝国，东部一部分归顺明朝，一部分演变为叶尔羌汗国并于 1680 年被纳入准噶尔汗国的版图，察合台汗国最终退出了历史舞台。

前所未见的广有土地财货之强大君主：大陆帝国的真正含义

现代人视野中的先贤的生存方式是毫无温情可言的，对于那些处于蒙昧状态的"夷狄"，人们的这种印象更加确凿无疑。按照逻辑推理，这样落后的人只能被碾在历史沉重滚动的车轮之下，绝不可能成为驾驭这驾历史马车的主人。但时间的演进恰恰给那些坚信如是说的人们开了一个天大的玩笑，时间——也就是历史，让它成为黄土地的主宰者。

落后的民族并不会有自知之明地自动退出历史的竞技场，他们会以可怕的执著，用长矛和弓箭开拓出生存的血路。为了食物，为了女人，他们声嘶力竭地呼喊着，搏斗着。与生俱来的对死亡的恐惧使他们有一种令人难以相信的英雄气概，靠这种精神，他们抢过了自命不凡而又胆小如鼠的进步者的武器和宝座，改变了时针的方向。

长生天和他的子民们，就这样在亚洲大地上记载下匪夷所思的传说。不久之后，元帝国，披着同样的肤色，在黄土地上擎天而起。结果大大有悖后人的简单推理，蒙古人凭血肉之躯征服了一个又一个因为久远的文明历史而沾沾自喜的民族，把他们置于自己的屠刀之下，用鲜血和残肢断臂，将原来分崩离析的大陆联结在一起，从而使历代以无厌的领土欲闻名的大帝没有实现的梦想变成了现实，亚洲大陆为同一种声音笼罩了。

这就是大陆帝国。成吉思汗和他勇敢的子孙用人本身的体能证明了一个奇迹的存在。这是一个旷古未有的奇迹，因为"大陆帝国"这种称谓本身就带有一种诱人的色彩。

冷兵器时代：骑兵是最有威力的

人类历史上最宏大、最激烈、最残酷的第二次世界大战的硝烟早已散尽，虽然战败的德国法西斯遭到世人的唾弃，但德国人首创的"闪电"战术受到后人的

肯定，军事家更是对此津津乐道。当人们震撼于古德里安势如破竹，横扫欧洲大陆的机械化铁甲钢兵的时候，很少有人会想到机械化部队的"闪电"战术的鼻祖是13世纪的蒙古人。

战争是以剑代笔的政治，自从有了人类社会，战争就是它的影子，直到今天。从某种意义上来说，人类的进步，文明的前进，都是经受了战争的洗礼和影响。

有战争就要有兵器，兵器是战争的一个重要组成部分，影响着战争的胜负，在某些时候甚至是决定战争胜负的关键。谁是冷兵器时代的霸主？众说纷纭。

但有一点大家都承认，冷兵器时代的霸主必须能给兵器历史带来划时代的变革，它带来的影响必须不仅仅是战术上的变化，还直接影响着战略方针。有了这样一个公认的标准，我们就可以把搜索的目光渐渐收拢。最后，目光的焦点集中在一个有着悠久历史但仍然有朝气的兵种——骑兵，换句话说，如果单纯从兵器的角度来看，目光的焦点是人类最早而又最忠实的朋友——马。

有了马，就有了战车；有了马，就有了骑马的士兵，骑兵的出现和大规模的运用于战争中，其带来的影响远远超出一般人的想像。正像有人指出的那样，"在冷兵器时代的条件下，全军的骑兵化就是全军'机械化'"，马匹作为战斗武器"充分发挥了骑兵类似坦克部队那样巨大的冲击威力和机械化部队那样远距离快速机动的能力"。

稍有历史知识的人对"胡服骑射"都不陌生。人们对赵武灵王的大胆、果断、革新、虚心赞叹不已的时候，是否想到这是一种无奈的选择。赵武灵王与匈奴为邻，对北方游牧民族骑马的凶悍，勇猛早就耳闻目睹，为了生存，他不得不放弃战车，学习匈奴人的胡服骑射，并且开始注意发展骑兵队伍。胡服骑射虽然未改变赵国的命运，但它给中原农耕民族带来了警示经验。

然而，一切依旧，农耕民族更相信长矛和战车。

汉高祖刘邦的皇位尚未坐热，北方边境告急的消息接二连三传来。满脑子被胜利装满了的刘邦根本没将北方游牧民族放在眼里，结果战胜了不可一世的霸王项羽的刘邦连同他的大军，被匈奴冒顿单于的40万骑兵包围在白登山上。面对着强大的匈奴骑兵，刘邦无计可施，只得被迫献女求和。

"略输文采"的汉武帝，凭借着几代的发展和积累，大举北伐，大将卫青，霍去病以其人之道还治其人之身，依靠强大的骑兵，千里跃进，深入腹地，大败匈奴。但以农业为基础的中央政权，为了装备一支强大的骑兵，花费的代价太大了，汉武帝最后出现了财政危机，临死之前被迫下了一道轮台诏，表示要停止战争，注意发展生产。

汉帝国已经初尝了骑兵的甜头，但农耕民族政治、经济的局限使得这一刚刚露头的趋势夭折了。

唐代开创了中国历史上前所未有的大帝国。也许正应了"唐人略有胡气"，唐代的小规模骑兵大有发展，李靖攻东突厥之战，李靖攻吐谷浑之战，苏定方攻西突厥，李愬雪夜入蔡州等都是骑兵作战史上的光辉范例。毋庸置疑，离不开骑兵的游牧民族，在对中原的进攻中，骑兵的运用和发挥日趋成熟。

历史的车轮缓缓地进入了 13 世纪，中国乃至世界都在发生剧烈变化，正是此时，成吉思汗的蒙古军队将骑兵战术发挥到最高超、最完美的境界，向世人展示了"在冷兵器时代，骑兵是最有威力的"。

英国军事理论家利德尔·喻特在所著的《战略论》一书中指出："在中世纪里，战略最好的例证并不出在西方，而是来自东方。公元 13 世纪，对于西方战略的发展来说，是一个卓有成效的时代。其所以显出光辉，是因为蒙古人给欧洲的骑兵们充当了教师，使他们在战略方面得到有益的教训，蒙古人所进行的各次战争，无论在作战的规模和艺术方面，在突然性和机动性方面，还是在战略和战术上采取了间接路线的行动方面，不仅不会逊色于历史上任何战争，甚至还要超越这些战争。"

蒙古民族是游牧民族，马匹既是其生产资料和生活资料，又是交通和作战工具。蒙古军队没有步兵，皆为骑兵，动辄几十万军骑冲杀，所向无敌。蒙古人一人有数马，一为主骑，其余为从骑，轮换骑乘。蒙古高原的地理环境使得蒙古马体质结实粗壮，头部粗重，胸廓深长，关节处肌腱发达，马腿极短，能耐苦劳，还不畏寒冷，能够适应粗放式的饲养和管理，成熟以后有比较好的耐力和爆发力。但是要将普通的蒙古马训练成一匹合格的战马，还要费一番心血去调教。成吉思汗下令规定初生一两年的马匹要在草原上进行调教训练，3 年后，方可正式用作战马。训练好的战马千暴而无一嘶，蒙古骑士上马不换，下马不系，马匹也不会逃逸，完全能满足作战的需要。在作战的时候，成吉思汗还要求将士爱惜马

力，不要无节制地追敌或行猎。这样的蒙古战马强壮有力，柔顺无性，能耐风寒而久岁月，从而建立了一支强大的骑兵队伍。蒙古骑兵对于当时各国步兵而言，应该是一支现代化的部队，它的威力不亚于现代化的装甲兵和坦克。

有优良的马匹，还不能称得上有优秀的骑兵，还必须有优秀的骑士。蒙古人的客观生存环境决定了他们是天生的优秀骑手。

成吉思汗的时代，蒙古草原的经济以放牧和狩猎为主，因此蒙古男子个个都是好骑手，连妇女、儿童也擅长骑射。据史料记载，忽必烈 11 岁的时候与 8 岁的弟弟旭烈兀就能骑马狩猎，有所收获，受到成吉思汗的赞许。

这种旦旦逐猎，年年游牧的生活，既锻炼了蒙古人强壮的体质，又磨炼了他们坚强的意志，也培养了他们高超的骑射技术。以农耕为主的中原民族无法与他们相比，以手工业、商业为主的城市居民也无法与他们相比，各国统治者临时招集未经训练的军队，以及那些以纨绔子弟、乌合之众为主的雇佣军更是无法与他们相比。骑兵是蒙古军队的基础，是蒙古军队的核心，正是蒙古骑兵用自己的鲜血和生命为成吉思汗及其子孙创造了一个又一个辉煌的战绩。

巍巍阴山，自西向东，绵亘千里。这座千仞高的山脉以南是一马平川的黄土高原，受着阴山的屏蔽；山脉以北则是一望无垠的戈壁滩。就是这样一块贫瘠、荒凉、干旱、寒冷的大沙碛抚育出一个又一个逐水草而居的游牧部落，也造就了一批又一批娴于骑射、长于格斗、善于搏斗的塞外子弟。他们从大沙碛崛起，把马鞭指向南方，越过绵绵阴山，牧马中原，逐鹿中原，农业文明所散发出的沁人馨香，具有难以抗拒的诱惑。

从某种意义上来说，中国的古代历史，是一部南北对抗争斗的历史，中国的古代军事史，是一部游牧民族与农耕民族的战争史。但在蒙古人统一中国之前，北方游牧民族从严格意义上来说，从来没有真正入主中原，更谈不上统一中国。有了元朝的大一统，女真人才步其后尘，入关统治中国 200 余年。

蒙古人的成功给后人带来了许多谜，也带来了许多思考。

蒙古人拥有的政治、经济、文化、军事条件，历史上许多游牧民族都拥有，可这些部落和民族并没有像成吉思汗领导的蒙古人那样建立起辉煌的功业。从与成吉思汗同时代的草原诸部情况来看，札木合、王罕、太阳汗都有这样的条件，甚至林中百姓和屈出律也有这样的条件，但他们一个个身死国灭，家破族亡，成为一代天骄最后成功的铺垫。

对于成吉思汗的成功，蒙古人的成功，无论是同时代的人，还是后代的政治家、军事家都有过探索和研究。时势造英雄，成吉思汗领导的蒙古人获得巨大成功，是主观因素和客观因素共同的合力和结果。虽然众说纷纭，各方都有不同的侧重点，但对于一点，大家都是承认的，那就是一直为后人津津乐道、赞叹不已的蒙古骑兵。

南下的游牧民族几乎都有骑兵，但只有蒙古人的骑兵成功了，创造了辉煌和奇迹，将骑兵的威力发挥到极限，达到了冷兵器时代的巅峰。这与蒙古骑兵的特点和成吉思汗杰出的指挥艺术息息相关。

马的基本特点是飞速奔驰，因此骑兵的基本特长就是具有极高的前进速度。再具体一些就是骑兵能较好地实现正面突击，迂回包抄，远程奔袭，追散击乱，扰乱敌阵，降敌士气等各种战斗功能，其机动性强，行动十分方便轻捷，受地形、气候的影响是最低的。

战国时期著名的军事家孙膑曾经对骑兵的优势和作用进行了概括："用骑有十利：一曰迎敌始主；二曰乘虚背敌；三曰追散击乱；四曰迎敌击后，使敌奔走；五曰遮其粮食，绝其军道；六曰败其方津，发其桥梁；七曰掩其不备，卒击其未振族；八曰攻其懈怠，出其不意；九曰烧其积累，虚其市里；十曰掠其田野，系累其子弟。此十者，骑战之利也。夫骑者，能离能合，能散能集，百里为期，千里而赴，出入无间，故曰离合之兵也。"

成吉思汗作战时，注重集中优势兵力，迅速在一点突破乱阵，一线插入，由点及面，然后纵深全方位发展，通常在对手没有反应过来时，便迅速包围，击溃或歼灭。在千里西征花剌子模时，蒙古铁骑旋风般集中了全部或大部兵力攻破城市后，然后迅速转移他处，即使有时一时攻打不下，也一般迅速移师，不因一城一池的得失而影响了部队的机动性，从而对整个战局产生负面影响。

在追击花剌子模国王之子札兰丁时，蒙古人的骑兵披星戴月，昼夜奔驰，以惊人的速度将札兰丁准备后撤入印度的部队包围，几乎全歼了这支花剌子模的最后有生力量，一代英雄札兰丁做梦也没有想到蒙古人来得如此迅速，望着惊慌失措、溃不成军的部队，他长叹回天无力，孤身跳入印度河南逃而去。

有比较才能有更清楚的认识。亚历山大大帝的远征军花了7年的时间（公元前 334～公元前 327 年）从马其顿攻到印度河，而成吉思汗从蒙古高原杀到印度河，连行军加征服，只用了两年时间（1219～1221 年），一个重要的原因就是蒙古人全是骑兵。而蒙古人的行军路线丝毫不比亚历山大远征军容易和轻松。

仅仅依靠骑兵的速度和冲击力是不够的。1140 年，岳飞在郾城大战中用步兵大败金兵的"拐子马"，给蒙古人上了生动的一课。

蒙古族从由野蛮走向文明的道路上，十分注意吸收前代一切有益的经验教训。成吉思汗对蒙古骑兵的运用进行了改革和创新。在游牧民族的骑兵中分重甲骑兵和轻甲骑兵。重甲骑兵一般占全军的 40％，主要用于冲锋陷阵，依赖其坚硬的金属盔甲冲击对方阵脚，但其极不灵活。成吉思汗将重甲骑兵的甲胄由金属甲改为皮甲，顿时显得十分灵活多致，部队的快速机动性大大提高。成吉思汗反对一味用重甲骑兵冲击敌人主力的笨拙办法，而是充分发挥骑兵迅速、灵活的特点，采取迂回包抄、突然袭击、由点入切、侧面穿插、诱敌深入的作战方针。穷追不舍等各种巧妙的战术，以快打慢，以更快打快，通过节省时间和军队的最优组合赢得一时一地的绝对优势，充分发挥集中优势兵力歼敌的策略，迫使对手只能以一部分兵力与蒙古全部或主力打一场速决战，从而不断削弱对方直至将其消灭；同时也避免了蒙古军主力与对方主力硬碰硬的决战，因为这可能是破敌一千，自损八百的结果。这种结果对蒙古人而言就是失败，因为蒙古人禁不起大量人员的阵亡。

成吉思汗在总结前人经验的基础上，创造许多战术和阵法，一直为后代军事家称道。其中最有名的就是大鱼鳞阵，这是他综合鱼鳞、鹤翼、长蛇等阵式，特别是吸收辽代契丹人的骑兵作战经验而构想出来的。

大鱼鳞阵的基本结构是这样的：数人或数十人的精锐小股骑兵在队伍最前方进行侦察和警戒；一般相距几里，甚至几十里，同时也进行试探和扰乱迷惑；随后是大前卫，大前卫之后是左前卫和右前卫；在其后是左翼和右翼，最后是统帅所在的主力军，再后是后卫部队或者称其为战术预备队。由于骑兵速度快，机动性强，彼此呼应方便，因而这种在宽广的正面呈弧形进攻十分有效——前卫的若干部队搜索前进，一旦某支部队与敌人接触或者发现敌人弱点所在，全军立即迅速跟进，歼敌于瞬间。

纵观蒙古骑兵的战争史，很少发现在行军中有被突袭的战例，这都应归功于这种阵法。

在西征花剌子模时，成吉思汗将20万大军按大鱼鳞阵的方式布置在一条极长的战线上，全军正面宽度长达3日路程，绵延数百里，可谓所向披靡，摧枯拉朽，无人可挡。按一般兵家常识，应集中兵力，不应连营百里或行军队伍拉开百里，这对于以步兵为主的部队必败无疑，但蒙古军全是骑兵，这样的阵势是他们最有效进攻的阵形。后世的军事家对此应无可厚非，蒙古人的骄傲战绩证明了这种队形的可行性。

骑兵作战需要有稳定的后勤保障，以实现其快速，机动作战。由于蒙古人习惯于游牧生活，在作战期间，饮马乳以解饥渴，宰牛羊以为军粮，只要有牧场能供应马匹和畜群的水草，蒙古军队就可以自给。即使一时缺马乳、羊肉，还可以射猎补充，因此可以屯数十万之师而不举烟火。到了敌境，还可以大肆劫掠，这样一来，对别的武装力量很成问题的后勤保障，对于蒙古人不成问题。他们充分做到了一千多年前孙武推崇的"因粮于敌"，与现代战争中讲求"无后方作战"不谋而合。这样大大减少了蒙古军队作战的困难，增强了军队的机动性，因此蒙古骑兵的进军速度十分惊人，一天能行军数百里乃至千里，如此电闪雷击，在很大程度上保证了蒙古骑兵的作战胜利。

骑兵有一个很大的弱点就是不善攻坚。蒙古骑兵一般不轻易攻坚，但不是不攻，而是以各种方式诱敌出城出关，在野战中利用骑兵优势克敌之短，将不善于野战的对手歼灭于作为预设阵地的开阔地带。在运动中调动敌人，消灭敌人。这些战术思想对后世影响很大。毛泽东的军事思想就吸收了这其中的精华。

有这样一支天下无敌的骑兵，我们就不应该对蒙古人统一中国，征服半个世界，对蒙古战马长饮黄河、长江、珠江，进而吞饮阿姆河、印度河，最后蹄溅多瑙河感到有什么惊异了。

从某种意义上来说，元朝的统一是游牧民族的胜利，农耕民族的失败，是北方部落的胜利，中原王朝的失败，是游牧经济战胜了农耕经济，是骑兵战胜了步兵。

蒙古人的成功告诉我们，骑兵在冷兵器时代是最有威力的。我们是否可以大胆的认为，中原王朝的失败，是小农经济的失败，落后战胜先进是小农经济的悲哀？

国富并不等于兵强，这是蒙古骑兵用实际行动证明的。经济上先进，军事上往往比较强大；经济落后，军事力量一般比较衰弱。因此，中国人常说落后就要挨打，就会受人欺侮，任人宰割。但蒙古贵族得天下的历史告诉我们，国富不一定兵强，经济上的富国不一定是军事上的强国。穷国可以打败富国，小国可以打败大国，弱国可以打败强国。军事斗争有自己的发展规律，独特的发展规律。

马匹改变了战场，骑兵改变了战争，蒙古骑兵则改变了历史。

与其说蒙古人统一了中国，建立了元朝，不如说蒙古骑兵开创了大元帝国。

与其说蒙古人征服了整个世界，震惊了整个世界，不如说蒙古铁骑改变了世界。

与其说蒙古人在欧洲刮过了一场猛烈的"黄色旋风"，不如说蒙古战马给欧洲带去了"上帝之鞭"。

蒙古帝国×版图：舆图之广，历古所无

蒙古帝国究竟有多大？直到今天，这个数字仍然是"X"。且不谈蒙古铁蹄最远所之处，仅忽必烈子孙治下的地方，就几乎占据大半个东亚。今天，我们有近1000万平方公里的土地，这只是其中的一小部分。那么，其余的土地都哪里去了？

自成吉思汗以后，汗位继承者窝阔台、贵由、蒙哥秉承其遗志，无一例外地接连发动大规模征服战争，铁蹄所向，势如破竹，刀弓所指，迎刃而解。蒙哥死后，武力征服的联合体瓦解了，分为四大汗国。在察合台领地基础上建立起来的察合台汗国，领土包括阿尔泰山和河中地区。1264年忽必烈正式册封的旭烈兀统治伊利汗国，拥有东起阿姆河，西至地中海，北自高加索，南抵印度洋的广袤领地。对欧洲平原统治达两个多世纪的金帐汗国是1236年"长子西征"的结果，统帅拔都将征服领土纳为自己的"兀鲁思"，这片地区包括，东起额尔齐斯河，西到第聂伯河，东北抵不里阿耳，南达克里木半岛和高加索地带，东方则囊括了花剌子模以及锡尔河下游。以上三大汗国的势力范围，与亚洲北部，西部大体吻合。如果考虑到察合台汗国后来的发展，即14世纪帖木儿汗国的兴起，南亚次大陆也一度被纳入蒙古帝国的版图。加上忽必烈及其子孙统治下的元帝国，除了

大洋上小米碎石般的小岛，可以说，蒙古人成了整个亚洲的主人。

由于其他三大汗国的统治下，今天（甚至征服战争以前）绝大部分在其他国家的版图之内，我们不能，也没有根据将整个蒙古帝国视为中国的前身，倒是四大汗国中的另一个汗国，也就是元帝国，承担了这样的角色。元帝国与其他三个汗国的不同之处在于，它统治了高度发达的华夏族人民和他们的土地，并且顺应了历史的潮流，从蒙古人蒙昧状态中走出了重要的一步。应该说，蒙古人统治的元帝国只是广义的大陆帝国的一个组成部分，但是基于其存在的特殊意义，以及与汉民族的牵扯不断的关系，就将它视作大陆帝国的一个缩影。与历史上向来以强大而昌盛的朝代相比，它被称为"大陆帝国"也是当之无愧的。

1279 年，即元朝至元十六年，元朝军队在压山大败张世杰水师，消灭了南宋的残余势力，逼得南宋丞相陆秀夫与卫王赵昺投海自尽。元朝结束了自唐末藩镇割据以下长达 400 多年之久的分裂局面，成为多民族的大一统国家，而它的疆域，可谓"前无古人，后无来者"。

在灭亡南宋，完成大体统一的同时，忽必烈还把兵锋指向四周一些政权。1269 年 10 月，派头辇哥兵攻高丽，把平壤等 50 余城纳入辽阳行省，1283 年，又在朝鲜半岛设置征东行中书省，正式列进中原王朝的领土之内。对远隔重洋的日本列岛，忽必烈也不愿放弃，1266～1273 年，先后 6 次遣使到日本，要求当地统治者纳贡称臣，遭拒绝后，忍无可忍，1274 年、1281 年两次派大军讨日，怎奈天不遂人愿，台风骤起，船沉入亡，忽必烈才不得不作罢。1281 年，设安南宣慰司治理印度支那半岛。1283 年，出兵缅甸，缅甸国遣便服罪纳贡，自比藩属。就连远在印度尼西亚的爪哇岛，也一度被元军占领。阴山以北，原为蒙古人的统治重心，后来则成为元中央政府辖下的一个行政区；1312 年，仁宗改和林等处行中书省为岭北等处行中书省，辖东起大兴安岭、嫩江、松花江流域，南临戈壁滩，西达阿尔泰山、额尔齐斯河，北抵四伯利亚北部乃至极地区域。这样一来，统一后的元帝国版图之广，真可谓旷古所无，从这个意义上说，称之为"大陆帝国"也是当之无愧的。无论在哪个方向，元朝的势力都超过了汉、唐帝国，甚至包括其后的明、清。如果以今天中国的领土格局与之比较，更是不可同日而语。元代统一的意义，就在于为现在定下了一个粗糙的模型，此后的 600 年间不断精雕细琢，才最终成为今日的形状。对今日影响最大的方面，应该说是表现在阴山以北地区、吐蕃地区、南沙海域的统治，因为这些地方，是从元朝开始，才最终成为强大的中央政权下的行政区，既不是若即若离的藩属，也不是鞭长莫及的"不管"地带。元朝统一的最大意义，也许就表现在这里。

因其俗而柔其人：西藏，第一次属于中国

唐高宗以后，吐蕃势力日渐壮大，向青海高原等地进攻，把原来居住的吐谷浑人赶到了甘肃、宁夏一带。786年，吐蕃向唐发动强大攻势，一度占领盐、夏诸州和北庭、西州，对唐王朝形成了严重的威胁。五代十国，天下分崩离析，赵宋一统，仍然不能挽其颓势，因此对吐蕃是避之犹恐不及，安敢加之刀兵？

早在灭西夏的战争中，成吉思汗就曾分兵西南，攻占了积石、西宁、洮、河、阶、文等藏区诸州。1235年，窝阔台派次子阔端经略西夏，阔端用了近20年时间，使乌思藏等地归附蒙古。1253年，忽必烈征大理时，又顺路收服了许多藏族部落。经过多年的努力，吐蕃大部地区臣服于元帝国。

元朝建立后，忽必烈把扶植一支宗教势力作为重要的统治手段，长期生活在他旁边的萨斯迦派首领八思巴备受重视。即位后，忽必烈封八思巴为国师，任命其弟萨斯迦寺恰纳多吉作为全吐蕃的统治者，6年后，八思巴又升号帝师大宝法王，连元世祖本人也不惜"屈万乘之尊，尽师敬之节"。八思巴之后，他的后人也向为历代皇帝礼重，每朝都置帝师一职，在新君即位时，要特别颁发"珠字诏书"声明保护帝师的权利。帝师不仅可以提名地方官吏，还能在皇帝的名义下发布法旨，不仅是全国最高宗教领袖，也是全吐蕃地区的统领者。所谓"帝师之命与诏敕并行于西土"，可见帝师的地位、权势之高。

蒙古人明智之处就在于此，对吐蕃，他们没有采取强硬的措施，而是让藏人按照自己的方式生活下去，与在其他许多地方的征服相比，显得十分理智。蒙古人明白这一点，如果得不到宗教领袖的支持，他们就无法在气候恶劣、地广人稀的高原立足。任用帝师进行统治，就是出于这种考虑。

不过，并不是说尾大不掉，皇帝的实际权力被帝师取代了。实际上，帝师无论如何尊崇，他的名誉、地位都是元朝皇帝所给，既然能给，也能夺回。因此，帝师也是皇帝任命的一个特殊官员，不可能仅对皇帝，而皇帝也不是只依靠帝师这个系统。为了更大限度地巩固蒙古人在高原的影响，和其他地区一样，设立行

政区势在必行。

忽必烈在建元之始就考虑到了这一点，因此于1264年设总制院，"掌释教僧徒及吐蕃之境而隶治之"，由国师八思巴总领院事，而真正掌握实权的则是院使，以朝廷大臣充任。1289年，当时担任尚书右丞相兼总制院使的桑哥认为"事体甚重，宜有以崇异之，奏改为宣政院"。唐朝皇帝接见吐蕃使臣的地方是宣政殿，"宣政院"名称便源起于此。

宣政院与作为最高行政机构的中书省、最高军事管理机构的枢密院、最高监察机构的御史台并为4个主要中央机构，凡事直接奏报皇帝，无须经由中书省。"军民通摄、僧俗并用"是宣政院的用人、行政原则，也是其政教合一统治政策的重要表现。帝师是名义上的最高长官，真正处理事务的却是皇帝直接任免的院使，这些人唯皇帝之命是从，帝师空有其位，却不能发挥应由他履行的职能的权力。这样，既能笼络帝师——吐蕃宗教领袖，又能防止其位尊震主，元朝治理吐蕃的政策，显得高明得体。

吐蕃的地方行政建制是"郡县土番之地，设官分职"。宣政院相当于一个行省（但不隶属于中书省），其下有三道，即吐蕃等处宣慰使司都元帅府、吐蕃等路宣慰使司都元帅府、乌思藏纳里速古鲁孙等三路宣慰使司都元帅府。宣慰司下，又有元帅府、宣抚司、安抚司、招讨司、万户府、千户所等，藏汉杂居之地，则置路、府、州、县，与内地一致。三道宣慰司统治吐蕃的全部土地，其万户以上的官员，都由宣政院使或帝师举荐，由皇帝批准，人事任免权为皇帝操纵，就如同在官员与君主之间系上了一根绳子，一般情况下，地方官吏不敢轻举妄动，皇帝中央集权的目的就达到了。

不仅如此，元朝还在吐蕃地区派驻军队镇戍，其中既有蒙古军、探马赤军，也有汉军、新附军，同时置元帅府、万户府等掌管，有的驻军元帅府集军政之权，兼管吐蕃民政。军队的进驻，不只是巩固统治的意义，而是与宣政院的设置一样，表明青藏高原正式成为中国领土的一部分，自元以后，明、清、中华民国乃至今天，都从没有再放弃对这一地区的领有权，元朝的贡献，也就不言自明。

但元朝的统治深度并未就此而止，清查户口、缴纳赋税，作为中央政权下的一个行政区，吐蕃并不例外。1247年阔端治藏时就提出了各地藏族酋长要编籍所属民户的要求，还规定了赋额。忽必烈即位不久，就派总制院院使答失蛮率领官员到藏地调查户口，同时择地设立驿站，稍后又派籍户官员正式清查户口、土地。20年后，又进行第二次户口清查，划分站赤。共设大站28处，小站7处，以后又逐渐增加。驿站的重要性在元代尤为突出，以前，驿道只是供传达政令、军令或民间通信而置，而元代则不然，驿站是其对各地进行统治的一个重要的途径，不仅用于政令、军令传达，还有一个重要方面，那就是征取赋税，由驿道运往中央，一旦地方有灾，则经驿道供给赈济物资。因此大臣被派到此处处理大事，一般都把"治邮传"为要务，一旦站驿断绝，吐蕃与中央联系被切断，后果就不可思议了。

到了明洪武年间，政府在西藏设立了乌斯藏都指挥使司代替元代的宣政院管理藏族地区，同时，沿用扶植宗教势力的政策，以上层僧侣充任宣慰使、宣抚使、安抚使等职，通过他们进行统治。明末清初，格鲁派首领达赖五世和班禅四世借助蒙古固始汗的兵力，推翻了噶举派的统治而代之以黄教，当时明朝气数已尽，达赖五世和班禅四世联名派使节到沈阳觐见皇太极，此后双方联系不断，西藏也列入清朝的版图，虽然一度发生过叛乱，大部分时间是平静的。雍正年间，在西藏设立了两个驻藏大臣，标志着西藏与中央政权的关系进一步加强。但是清廷也不得不延续元朝的统治原则，达赖、班禅作为政教合一的藏地领袖，取代了元代的帝师和明代的噶举派僧侣贵族。直到今天，这个原则仍在一定意义上被继承着。

"滇池檄西南，疆理亦中州"：西南宾服与云南行省的设置

云南，是我国少数民族类别最多的一个省，在古代，部族分隔，相互间争夺土地物产，不仅不相统领，而且怨仇日甚。到唐代，这种混乱的局面才稍有改观，乌蛮贵族建立了蒙舍、越析等6诏，其中蒙舍诏又称南诏，势力渐大。先后统一了其他5诏。南诏与唐王朝还建立了一种似是而非的隶属关系。

9世纪后半期，南诏改国名为大礼，不久转入郑姓手中，更名大长和国，后来政权又为段氏所得，正式定名为大理国。北宋的命运不比李唐王朝好多少，在"守内虚外"政策的指导下，鉴于唐代的弊端。索性自动放弃对越诸郡的领有权，以大渡河为界，借天然屏障阻挡大理的进攻，"鸡犬之声相闻，民至老死不相往来"。以后，偶尔有贡献方物的举动，却没有正式的经常性联系，更不用说建立

统治。把西南地区作为领土管理，元代功不可没，在这个意义上，无论李唐还是赵宋，都无法望其项背。

也许从史料上还看不到蒙古人对云南的着意要求，但在 1253 年冬，奉什旨进攻南宋的忽必烈以"假途灭虢"之计，未费多少气力，就攻灭了大理国，割据西南达 300 年之久的段氏王族沦为阶下囚。大理成为蒙古军队攻击南宋的基地，自此，南宋在陆地上，陷入了四面楚歌的重围之中。

灭亡大理后，忽必烈率大军北还，派大将兀良合台留下来经略新夺之地5 城 4 郡 8 府 37 部等无不款服。兀良合台先后在此设置了近 20 个万户，刀尸及万户以下的千户由当地酋长充任，其上的大元帅、都元帅任之以蒙古人，与吐蕃毫无二致。段氏并没有完全丧失昔日的权势，蒙古人也不得不继续通过他们进行统治。

元朝建立，忽必烈对西南边陲也日加重视，先后设置大理国总管、大理元帅府进行管理，以皇子忽哥赤为云南王，以藩王和中央政权机构进行双重统治。1274 年，赛典赤·赡思丁受命以中书省平章政事衔治理云南，同时，云南正式建立行省，治所在中庆（今昆明）。大理段氏虽被任命为大理国总管，但势力却被限制在王畿地区，节制万户以下土官的权力被削夺了。地方上，万户、千户的军事权力也被夺去，郡县制建立起来，共有府 37 个、散府 8 个、州 60 个、县 50 个、甸部寨 61 个，而且郡县行政官员都由朝廷直接任免。特别僻远的地方，还可以任用一些土官，因为内地的蒙汉官员视任云南边疆为流放，谁也不愿到这个穷困不堪而又遍藏隐患的地方为官。为此，元朝后期不得不在官衔利禄上做文章，以资勉励。

元廷还先后开通了云南同四川、湖广等省的驿路，从中庆为起点，北行经乌蒙部可至四川宜宾，还有一路可达川陕，以后逐年增设站赤，使"西南瘴疠地"不再是令人闻名色变的瘟疫之乡，而是交通发达、物产富饶的边陲重地。随着元帝国统治的深入，原来许多未附部族也先后臣服，如：罗罗斯、白衣、和泥、大车里等，云南行省的辖地扩大到缅甸、泰国和老挝的境内。

与内地行省相比，云南行省既有藩王的飞扬跋扈，又有段氏阳奉阴违的残留势力，统治既不安定，也不够巩固，但无论如何，云南毕竟作为一个行省存在元朝的疆域之内，为明、清时代云南与中央关系的进一步密切打下了不可缺少的基础。彻底改变了以前数百年的状况，"唐名节镇，宋假王号，是皆正朔不切，车书不一，牢笼伏籍，羁縻不绝而已"，即不加正朔，便不能说归于中央统治，只是到了元代，云南的历史才被庄重地改写。

"祖宗根本之地"：亲王出镇与行省制双管齐下

岭北地区，即蒙古高原为中心的广大地域，是蒙古族源起兴盛之地，也历来为少数民族兴衰之处。时光流逝如梭，一个个民族兴起、衰亡，如一颗颗流星，转瞬而逝，但塞北仍保持着草绿的颜色。

只有到了元朝，长城以北地区，才名正言顺地成为中央王朝治下之地。元帝国在北方建立了辽阳行省、甘肃行省、岭北行省，包括了原来被长城分隔开的塞外不毛之地。尤其是岭北行省的设置，标志着蒙古大漠甚至更北的土地，都是中国的，至少曾经是！

岭北为蒙古"祖宗根本之地"，成吉思汗时就分封了诸王，他们的后代仍旧统治各自的世袭封地。为了对诸王进行牵制，忽必烈先后派人出镇岭北，统领诸王之兵。1260年，以第四子那木罕为北平王出镇，不久，派真金太子的长子甘麻剌到北方镇防，1294年，又派铁穆耳持真金太子宝抚军北方，诸王、诸军都受其节制。

以后的皇帝，也要派重要的人物出镇，因为能否控制"根本之地"，是在蒙古人心中政权合法与否的标准。亲王出镇与行省并行，双重管理，与吐蕃、云南的统治措施异曲同工。行省境内各行政区的管理，也从实际情况出发，有严格规定。路之下，不置州（郡）县而仍旧以千户、百户作为基层行政单位，这是蒙古旧制使然。诸王、贵族的领民和领地，蒙古语称之为"爱马"，汉文称为"投下"，这些自然由诸王、贵族管理。领地内，各置王傅府或断事官、司马等，掌本部政刑财赋。土地和百姓的领主有很大权力，但他们必须服从元朝皇帝，王位的承袭，部内官属的设置，只有得到皇帝的批准才有效。

岭北行省以南，即漠南地区，包括阴山以北原属金、西夏的地区，也居住着大量蒙古人。在这些地区，元朝政府设置宣尉司或路，后来就形成了漠南蒙古。汪古部领地为中书省直辖，辽、金之时，都设有州县，统治的根基较深，元朝在此置净州、集宁、德宁、大同等路和砂井总管府、丰州、天山县。弘吉剌部本来

游牧于克鲁伦河下游到额尔古纳河，后随成吉思汗南下，成吉思汗将老哈河、西拉木伦河流域及东北的一些土地分给弘吉剌部，兀鲁、忙兀、亦乞烈思、札剌亦儿也迁到这一带，统称为漠南"五投下"。元朝在此设应昌、全宁等路进行管理。

尽管明朝仍旧采取固守长城的下下之策，使草原与耕地之间再次分开，但是元代打破了的长城已不再像以前那样固不可毁，由于各种原因，蒙古人没有延续其他骑马民族的老路，在明军的进攻下，全身而退，受汉人文化的影响也较小，不过，元朝统一的意义却至为深远，塞北地区也从历史上看，被正式纳入华夏文化圈，如果没有这一创举，历史也许就不是现在这副面貌了。

"一日新雨霁，微茫见流求"：开拓海疆

元帝国建立，忽必烈统一了大陆，完成了"大陆帝国"的构想后，又萌发了向海上扩张的念头，东征日本，南征爪哇便是为此，澎湖与台湾的重要地位，自然更加突出。在此之前，台湾在中原人的眼中，还是陌生的，因此《元史·瑠求传》说："瑠求在外夷最小而险者也。汉唐以来，史所不载，近代诸蕃市船，不闻至其国。"

元世祖忽必烈却把目光放在这个位置上，1291年，他接受了副万户杨祥的建议，决定派几千人人台招降。儒生吴光斗闻讯上奏，自称生长于福建，熟悉海道利病。分析了两种意见后，忽必烈下令，以杨祥为宣慰使，吴光斗为礼部员外郎，阮鉴为兵部员外郎，往使瑠求。同时，为就近招抚瑠求，在大陆与台湾之间，设立澎湖巡检司，这是中原王朝政府第一次在台湾、澎湖地区建立行政机构。行使正式的统治职能，意义不言而喻。元朝派了6000人前往瑠求，还郑重其事发了诏书，说："收复江南已十七年，海外诸番，罔不臣属。唯瑠求迩在闽境，未曾归附，议者请即加兵，朕维祖宗立法，凡不庭之国，先遣使诏渝，来则安堵如故。否则必致征讨。今止用兵，命杨祥、阮鉴往渝谕国，果能慕义来朝，存尔国祀，保尔黎庶；若不效顺，自恃险阻，舟师奄及，恐贻后悔，尔其慎择之。"

杨祥一行在1292年农历三月二十九日自汀路尾澳舟行，望见海中有岛，以为是瑠求，便命士兵200余人登岸，结果为土著杀死3人，便掉转船头返回。杨祥坚持认为所到之处即是瑠求，而吴光斗则表示反对，双方产生严重分歧，不

久，吴光斗失踪，有人怀疑为杨祥所害，引发了一场官司。这次出使，也就莫名其妙地结束了，忽必烈也没有等到瑠求纳降的声音。

1297年，福建行省平章政事高兴再次上奏提起台湾之事，说"泉州与瑠求相近，或招或取，易得其情……不必他调兵力"。元成宗接纳了他的意见，下令改福建省为平海等处行中书省，治所由福州改到泉州。9月，高兴便派行省都镇抚张浩、福州新军万户张进再略瑠求，擒其130余人而还，不久，又将这些人放回，令他们"归谕其国，使之效顺"，仍然没有结果。

尽管瑠求与大陆的驻军置官统治还有差距，但元朝毕竟已在澎湖设立巡检司，兼管瑠求，而且把福建行省改为平海等处行中书省，所谓"平海"，就是针对瑠求和南海诸岛而言。万里石塘，千里长沙，也就明确标在帝国版图之内。如果没有元帝国的开拓，海上之民的归附恐怕要等更长时间。明、清两代，继承元代留下的基业，进一步加强了大陆与南海地域的联系。

以轻驭重：蒙古统治华夏秘诀

蒙古是一个新近兴起的民族，人数很少，相对于经过几千年繁衍的汉族地区来说，简直连一个零头也比不上。成吉思汗统一各部后，人口仅仅100多万，即使全民皆兵，也没有两宋的军队多。但就是这么一些人，就能在如此广袤的大地上建立如此强大的统治，简直匪夷所思。这样的比较给我们提出了这样一个百思不得解的问题，蒙古人是如何进行统治的？

少数民族在汉族地区建立统治并不是前无古人的，恰恰相反，这样的政权很多，秦以西戎而统一六国，匈奴、鲜卑、羯、氐、羌等"五胡"也先后在北方称雄，成为统治民族，契丹、女真自不必说。可是它们的统治之术与元代有很大程度的不同，最重要的区别是在"汉法"的认识上。它们先后都走到与汉文化融合的道路上，只不过速度有快慢而已，秦朝如果不是这样，很难确立在全国的地位，因为到了后来，他已经成为华夏族的成员。十六国时期也是如此。其中为了保持统治民族的特权，在一定程度上有民族歧视、民族压迫的倾向，如后赵石勒大杀汉人。不过，就连石勒这个嗜杀如命的人也不得不利用汉人进行统治，他对张宾的信任是人所共知的，对人称赞说张宾是"我之子房"。以后的前秦苻氏，后秦姚氏，以及鲜卑慕容氏汉化的程度都很深，兴办学校，推广儒家思想教育，重视农耕，正是积极性之所在。在灭亡之后，这些民族也被融入华夏族主体之中，契丹、女真以及党项诸族，在失去统治地位后，也是这样的命运，关键就在于深入推行"汉法"，被汉族同化，我们可以看到一些他们在文化上留下的遗痕，但作为标志去找这样的民族，却成了永远也不可能的事。

元朝在灭亡之后，退回大漠，与明朝隔长城而拒，似乎并没有受到打击，全身而退。明朝以防备蒙古族为要务，枕戈待旦，每一代都不敢有丝毫放松。与蒙古人相先后的契丹、女真人湮没无闻了，而蒙古族作为一个民族却完整地存在着，直到今天。说这是因为统治时间短所致，是实情，却非真正的理由。

蒙古人拒绝汉化，使自己保存了下来，但付出的代价也是沉重的，仅仅统治90多年，就狼狈退出中原历史的舞台。继之而起的满族，却吸收了它的经验和教训，不仅使自己作为一个民族得以存在，还维持了近300年的统治，而它的人口，要比蒙古人还要少。

不过，蒙古人改变了他们前代的命运，改弦更张，以寡治众，以轻驭重，殊属不易。虽然享国日短，有许多措施，却不得不令人叹服，当然，这并不是赞许他们的所有统治政策，确切地说，了解这些，对于解开他们能统治另一个世界最大民族的谜是有帮助的。

"守成者必用儒臣"：对汉人不得不用，却又不敢重用

以少数民族入主中原的统治者都有一种奇怪的防范心理。

因此，推行"汉法"便走走停停。

清朝顺治让满族人牵制汉族功臣，康熙更定下祖制，不许汉人封王。

蒙古族攻城掠地不在话下，只要一声号令，万马奔腾，人人死战，所向披靡，无不破竹而下。他们的生活方式以游牧为主，兼有狩猎，在征服漠北和中亚一带时，所过辟为牧场，原无不可，但是攻下汉族地区后，却一筹莫展。就连忽必烈本人也不得不承认："武功迭兴，文治多缺。"他们以为"汉人无补于国"，应当"悉空其人以为牧地"，即把汉人杀掉或掠为奴隶，把农田变为牧地。这样

无疑会遭到汉人的殊死抵抗，即使他们攻下一城一地，只要主力撤退，汉人武装就会乘虚而入，夺回去。蒙古兵员有限，不可能每占一城就留大量士兵防守。如果避免出现这样的情况，只能采取釜底抽薪之术，不激起汉人的反抗，就万事大吉，而要达到这个目的。只有以"汉"治"汉"。耶律楚材引用汉初陆贾对高祖刘邦的话劝说成吉思汗说："天下虽得之马上，不可以马上治。"又说："治弓尚须用弓匠，为天下者岂可不用治天下匠耶？"在他的引导下，蒙古历代统治者逐渐扭转了态度，重视汉族士人在维护统治中不可替代的作用。窝阔台以孔子第五十一世孙元措袭封衍圣公，敕修孔子庙，引荐儒学有识之士，甚至还举行科举进行选拔。另外，采用各种方式拉笼手握武装力量的汉族割据势力，让他们代行统治，而又不让他们壮大。张柔、史天倪等就是这个时候进入蒙古统治集团的。

态度最有决定意义的变化是在忽必烈身上发生的，他不但继承太宗、宪宗的任用汉人的措施，而且大规模地任用汉人，"独喜儒士"是他最具特色的性格。更深刻的是，他接受了刘秉忠、姚枢等人的行"汉法"的劝告，许诺说："我虽未能即行汝言，安知异日不能之。"当他问海云禅师"佛法中有安天下之法否"时，得到的答案却是"求天下大贤硕儒，问以古今治乱兴亡之事"，无疑已坚定了他的信念。

要治"汉地"，必行"汉法"，而行"汉法"，必用汉人。"汉地"之重要，姚枢说得明明白白："今天下土地之广，人民之殷，财赋之阜，有如汉地者乎？"忽必烈的政策调整，自然事顺理安。

汉人不但支持他推行"汉法"，巩固了在中原的影响，同时也成为他的主要支持者。在他们的帮助下，忽必烈扩大了自己的势力，才得以在汗位战争中战胜阿里不哥；因为用汉人的力量，他才能先灭大理，再据江南。如果没有汉人，这些将无从谈起，更何况是建起元帝国的庞然大厦！说是汉人帮助忽必烈打败了汉人，完成了统一，这丝毫不过分。史天泽、张弘范等人在元代承担了与他们一样的责任。拉笼、分化汉族的上层，也就是地主阶级，利用他们进行统治，一切都水到渠成，对汉人来说，实际上也只是换了一个皇帝而已。如果还有能活下去的机会，就很少有人为了反抗"异族"压迫之耻而揭竿起义，元朝的统治便得以巩固。

统一完成后，"李埴之乱"在忽必烈心中造成的阴影扩散开来，他的"汉法"

改革便立即停止，色目人在统治集团中的地位代替了汉人。色目人阿里别、阿合马、宝合丁、麦术丁、别鲁丁先后位居要职，取代了汉儒。到1267年，中书省显要之位只有廉希宪一人为儒，而他也不是汉人。汉人与色目人互相牵制，蒙古人的统治在这种势力均衡中得到巩固。

攻灭南宋后，忽必烈就不用再担心了，利用这样的时机，他首先解除了汉族将领的兵权。汉人老臣非死则黜，到后来，他甚至放心地说："朕左右复无汉人。"当然，汉人不会退出统治集团，不过已经很难得到信任和重用了。

色目人在这种权力空隙中势力越来越大，阿合马、桑哥等人都位极人臣，不可一世，这架政治天平倾斜了。于是，忽必烈又起用了一批汉族儒士与之相抗。他命侍御史程钜夫到江南访贤，使叶李、万一鹗、张伯淳、胡梦魁、余恁、曾冲子、凌时中、孔洙等20余人被吸收到统治集团内，形成了一支与色目人相抗衡的力量。

汉人不得干预军政，成为定制。"李璮之乱"后，忽必烈再三严禁民间私藏兵器，从1279年起，就连汉军在平时也不能执有兵器。1284年，禁止汉人持弓箭，甚至连庙宇中也不能供奉真刀真枪。第二年，下令收集汉族地区的弓箭武器分三等处理，下等毁之，中等赐给蒙古人，上等贮之行省、行院等军械库中。1313年，汉人、南人在上都宿卫时也不能持有弓箭了。这样一来，汉族，确切地说包括与汉人相近的契丹、女真人，都被置于刀俎之上，成为任蒙古人、色目人宰割的鱼肉。因为他们手中没有可以反抗、可以杀敌的武器，杀人的武器完全握在蒙古人、色目人手中。

元人叶子奇说："天下汉平之时，台臣省要官皆北人为之，汉人、南人其得为者，万中无一二，不过州县卑秩，盖亦仅有而绝无者也。"不但显要之职很少用汉人、南人，就连州县这样的卑微的职位，也较少有他们的份，尤以南人为最。蒙古之法，取士用人，唯论"根脚"，"其所与图大政为将一为相者，皆根脚人也"。所谓"根脚人"，无疑主要是指蒙古、色目的贵族。随着统治的巩固，汉人的重要性不再那么明显了，蒙古人觉得只要夺了天下，就能有办法巩固它，实在不得已，再用几个汉人。仁宗、英宗、文宗时曾任用了一些汉官以缓和矛盾，但所用之人既少，又没有位居显要，根本扭转不了局势。耶律楚材对窝阔台所说的"守成者必用儒臣''虽然被蒙古统治者表面上接受，但实际上真正信奉儒学的汉人、南人却处在被压制的地位上。

创新模式：元帝国的中央集权

一些历史学家把中央集权看成是中国历史的进步标志，另一些人则极力反对。

他们谁是谁非对历史并不重要，因为统治者在乎的是能否保住自己的长久统治，根本不会在做什么之前却问一句：我这样做会不会阻碍历史的发展。对当事人来说，是非本无所谓。

政归中书，天纲独揽

元帝国建立后，在许多政策上确实继承了以前的统治者处心积虑创造出来的成果，其中最关键的一个问题是接受了中央集权的精神。蒙古族本来分为许许多多部落，部落以酋长为首，有很大的自决权，后来统一完成。建立了大蒙古帝国，这一点却没有太大改变。忽必烈行"汉法"的重要意义，在于没有以诸王分封的旧制来治理中夏之区，而是在历代的基础上，进一步加强中央集权，以上驭下，维持国家的稳定，使地方势力，包括最下层的人民无法与其对抗。在以前的基础上，元代的一个具有建设性的贡献是建立了行省制度。

中央设中书省，最早是在窝阔台汗的时候。不久被废，忽必烈称汗后，于1260年复置，同时又设燕京行中书省作为其分支机构，1262年，两者合一。

中书省负责总理全国政务，下分左三部：吏部、户部、礼部；右三部：兵部、刑部、工部。最高长官中书令，根据元代的定制，一般都由皇太子兼领，其下右丞相、左丞相各1人，平章政事4人，右、左丞各1人，参知政事2人。六部中、各设尚书3人，侍郎2人。

行省，本来是蒙古统治者在某些地方设立的临时性军政机构，统一大业告成后，这些机构就被固定下来，作为地方的最高行政单位，隶属于中书省。纵观中国历史，有很多行政机构就是由临时性转向常设性的，这是帝王维护其一人统治的常用手法。因为常设官不仅容易拉帮结伙，形成很大势力，弄不好，还会危及中央统治，造成尾大不掉的局面。"使职差遣"是历代任官的重要手段，后来的

钦差大臣，与此是一个意义。皇帝处至尊之位，与下面的关系何止千里，但要了解下情，限制地方官吏，不时派人巡视，代行管理之权就是非此不可的了。元廷一开始所置十道宣抚使便是为此。后来，随着统一完成，政策也要定型以便于管理，行中书省才转为常设。

全国的土地除诸王分封之地如察合台后王封地的天山南北、宣政院直辖的西藏外，分别设中书省和岭北、辽阳、河南、陕西、四川、甘肃、云南、江浙、江西、湖广等行省，行省的官员配置与中书省基本一致，品级也相当，有丞相1名，平章政事2名，右丞、左丞、参知政事各1名。行省的职责范围很广，不仅"统郡县，镇边鄙，与都省为表里"，而且"凡钱粮、兵甲、屯种、漕运、军国重事，无不领之"。

行中书省之下，又设有路、府、州、县。路这一级设有总管府，达鲁花赤和总管作为长官，同知、治中、判官、推官为辅助官员。自行省到州县，无论丞相还是各级达鲁赤，都作为最高长官。达鲁花赤一职，按蒙古的定制，只能由蒙古人担任，有时可以是色目人。1316年，元廷甚至下达了这样的一个诏令，凡汉人担任达鲁花赤之职，发现后不但夺去官职，而且永不叙用。元廷所以为此，无非是保持地方上最高权力的控制，他们通过这样的手段，再加之任用色目人，牵制汉人。其实，实际问题的处理如果没有汉人的帮助往往是不可能的，因此用之而牵制之，就显得十分高明。

中央除中书省管行政外，又继承宋代之制，置枢密院掌兵权，御史台管人事监察。1266年，设立制国用司，掌管财政，但不久就废弃了。此外，还有各种专门机构，分别管理一方面或几方面的事务，如掌文字、修国史的翰林兼国史院、掌农桑、水利的大司农司，掌工艺的将作院，掌驿站传递的通政院，掌天文历法的太史院，掌提调学制和道教事务的集贤院，掌全国佛教以及西藏地区军政的宣政院，掌蒙古人、色目人刑法的大宗正府，管理基督教事务的崇福司等等。有许多机构是延续以前统治者的，有的则是根据元帝国的实际情况而设置的。当这样一套行政机构完备之后，元廷在全国上下方方面面的统治就被确立了。就如形成了一张弥天大网，将天下各族人都罩于这张坚硬无比的大网之下，特别是占绝大多数的汉人，成了蒙古统治者的网中之鱼。

内外相维，以制轻重

军队在国家中的地位向来是以政权的最主要的维持机器和在危难之机发挥特殊作用为其标志的，在夺取土地、财富、人口以及政权的过程中是无法替代的，即使在和平年代里，无论是出于维护社会安定的需要还是抵御外敌、镇压反叛的需要，也是不可缺少的。自古及今，位至九鼎者无不凭借军队实现自己的梦想，成吉思汗及其子孙，正是用马蹄和刀箭成了最大的征服者。蒙古人所看重的，一是胯下的马，一是手中弓，有一种凌人的气势，在战场上纵横驰骋，所向披靡，由于这种传统，使得这个民族自崛起之日就表现出了一种军事性的特点。蒙古人本身的社会组织就是一种军事组织。十人为一牌，以上依次以百、千、万为单位，分别由牌子头、百户长、千户长、万户长进行统辖管理，"上马则备战斗，下马则屯聚牧养"。既是军事单位，同时也是生产单位。

蒙
古
帝
国
王
朝
史

后来，蒙古人征服的地方多了，统治的人也多了，不再单纯靠本民族的人力，而是充分发挥各被征服民族的人力，借这些人的手，去征服其他民族。征服西亚、中亚一带后，即有色目人的军队，征服金、西夏，就有包括党项人、女真人、汉人的汉军。此后还有灭南宋的新附军。随着这些武装力量的利用，对蒙古人本身的要求也就比以前宽松。战争时不是全军出动而是用部分"签发"的方式调动武装。所谓"签发"，实际就是命令某些部队出征。后来成为一种制度。窝阔台时规定：每一牌子签军一名，由年龄在 20 岁以上、30 岁以下的男子充任。贵由汗时，曾规定每牌签发一人参加征战。在征服或统一战争中，这种签军制度也推广到了各个地方。"既平中原，发民为卒，是为汉军"，把刚刚收服的汉族地区的人民签发为军，帮助攻打其他汉族地区，这是蒙古人以少胜多的重要手段，虽然他们本民族的人口增长并不快，但是武装力量的增长却是飞速的，如滚雷一样，也难怪蒙古人最后能够完成统一大业。汉军的作用十分重要，其成分主要有金朝降军、降蒙宋军，汉地地主武装以及占据中原后签发的军队。汉军人数很多，是元世祖与南宋进行征战的主要力量，仅他签发的汉军，就至少在 30 万人以上。

新附军又称南军，当时的人胡祗遹曾说，南宋败亡之机，宋军降元者，"兵卒百万"，即使有所夸大，也足见其数定然不小，否则不会有范文虎一人将 10 万新附军远征日本全军覆没之事。为安顿这些人，元朝统治者下了一番工夫，不过一开始，还如以前一样，借助这些降兵去攻打别国。元世祖后期征伐不断，与其前代的想法是一脉相承的。不过在他这里表现得有理论特色，以"汉法治汉地"，其实从军事上看，是以汉人治汉地。

除了蒙古军、汉军、新附军这三种主要的军事力量外，还有一支武装，也特别重要，那就是探马赤军。《元史》中说："蒙古军士，则初有蒙古军、探马赤军。蒙古军皆国人，探马赤军则诸部族也。"其实也是蒙古军的一支。最早是为了保障大的战争的顺利进行，从军队中抽出一些剽悍勇猛的士兵，作为攻坚力量，探马赤一词的本意，依杨纳先生的考证，就是先锋的意思。因为探马赤军担当最艰苦的作战任务，又被称为"重役军"。这支力量是蒙古军精华所在，向来为大汗所重用，在军事行动中的表现也特别突出。灭金之后，探马赤军分别驻扎于大名、真定、太原、平阳、济南、东平等军事重地，亡宋，又以之与蒙古军共戍中原，牵制汉军。这样一来，元帝国的武装大体就分成了四部分：蒙古军、探马赤军、汉军、新附军。它们的成分不同，作用也不一样。元帝国就是利用其间的差别靠它们完成了统一和统治。

蒙古军在长期的战争中损失很大，在灭宋之后，除一小部分留下中原镇戍外，大部分撤回大漠休养。元帝国的用意是使之恢复，壮大，以保持对中原居高临下的态势，同时也利用它与诸王的力量相对峙，保持"祖宗根本之地"的稳定。探马赤军战时冲锋陷阵，平时驻守地方，以代表蒙古人对全国各地占领，由于其人数不多，无法面面俱到，只能在几个军事要地建立基地驻扎，监督地方军队。这些基地始称蒙古军都元帅府，后改称为蒙古军都万户府。世祖统一南宋后，在1284年，设了山东河北、四川、陕西、河南淮北四个都万户府，由蒙古军、探马赤军把全国置于蒙古人控制之下。

对于汉军，忽必烈时规定"汉军戍南土"，也就是靠长江以北的汉人控制江南的"南人"，相对而言，蒙古人对早已归附的江北人更为信任，以"汉人"戍"南土"，是其统治政策中的明智之举。元廷在南宋先后设置了数十个镇守万户府，划地而治，使江南广大地区置于中央的军事网络之中。对于新附军，要确保其对蒙古人没有二志，然后分派到其他军队之中，以蒙古、色目、汉人将领统领，利用对外战争，逐渐消耗之，同时还可达到元帝国统治者开疆拓土的目的，可谓一箭双雕。这些宋军，如果遣散，很容易为人利用，重新集结起来，与元廷作对，如同纵虎归山，所以，元统治者绝不放松对它的管理。经过几次战争，新附军力量被削弱，而其他未参加征服战争的人，则从事屯耕或工役，有很多人被派往边疆，垦荒屯田，离开旧土，失其根本，不足为患，同时还可以起到巩固边地的作用。

元代统治者并没人继承宋代的募兵制，为了巩固兵源，同时也是推广本族军民一体的组织形式，制定了军户制。即由专门的军人家庭提供兵源，这既使政府有了稳定的兵源，又便于管理。

凡被签发为军，便被立为军籍。也就是成为军户，军户也有蒙古、探马赤、汉、南四种不同类型。蒙古军户是指漠南等地的蒙古人的社会组织形式。这些蒙古人绝大部分被著为军户，其中还包括编入其中的色目人户。而留在漠北的蒙古人，因循旧俗仍以军民一体的牌、百户、千户、万户的组织体系进行管理。漠南蒙古五部中部分人和后来被编人探马赤军的各族军士，都立为探马赤户，作为探马赤军的来源。汉军军户正式立籍，是在蒙古灭金占据中原之后，在进行大规模人口普查之余，便将军、民分开，各立户籍。史大泽是这一建议的提出者，他分析当时的情况："时兵民未分，赋役互重，复遇征伐，则趋办一时，中外骚屑，殆不聊生。"而后提议："军则中户充籍，其征赋差贫富为定额。"军户是从中等人户中签发的，这些人有力量自备武器，粮食，既可减轻国家负担，还能够稳定兵源，这一条建议不能不说合于时务。据统计，元初签发的军户已达民户的 1/6以上，以后还有增加。新附军户是在平定江南后确定的。南宋军队在战争中死伤不多，多数逃散，元廷怕这些惊弓之鸟惹是生非，多次"差官分头招诱"南宋军队，集中起来后进行划分，体力好有作战能力的继续当兵，不能作战的则发给牛具、粮食，屯田种养。继续当兵的军人，称新附军，其家庭，即称为新附军户。它与前三者不同之处在于它是对旧军队改造的结果，而不是从民户中签发的。

军户划分的意义就在于能为国家提供一支可以信赖的武装力量。这些人相对而言，享受了一定待遇，一般来说对朝廷不会有强烈的反叛之心，即使有，因为有专门机构管理，也便于制止。而且，通过军户制，将汉族人分裂开来，使之一部分成为坚决维护元朝统治的主力，其余人则成为民族、阶级压迫下的生产者。以汉制汉，是蒙古人成功统一、统治中国的一条秘诀，从这个意义上讲，在汉

军、新附军中实行军户制的作用远远大于在蒙古军、探马赤军中的作用。保持军户的稳定性十分重要，因此元廷规定："天下既平，尝为军者，定人尺籍伍符，不可更易。"如果有人太穷，则令其"贫富相资"，或者"休息一岁"，但不能摆脱军籍。

整个元朝的军队从军队的作用来划分又可分为地方镇戍军和中央侍卫亲军两大部分，前者为镇戍，后者为宿卫。镇戍军"视地之轻重而为之多寡"，驻地重要则多，否则少。蒙古、探马赤、汉军、南军交叉驻防，由汉人、南人来弥补蒙古人之不足，而由蒙古人对汉人、南人进行监督，以轻驭重。这些镇戍军由行省长官管理，绝大多数为蒙古人或色目人。宿卫军除怯薛外又有增加，元末时共有34卫，其主要任务是捍卫大都、上都等地，或者作为中央军镇压反叛。宿卫制与镇戍制互相倚重，确保了蒙古人在全国上上下下的统治，这种体系与按民族划分的军制联系起来，更加显出优势。如果不是这样，很难想像元帝国以极少的人数统治几十倍于它的汉族会持续下去。这是一个奇迹，但更应该说是一个事实。

科役繁重，破家荡产

元代的赋税制度基本上是在前代的基础上改造而成的。一个很重要的特点是南方和北方实行不同的赋税制度。北方，赋税有税粮与科差两项，窝阔台在位时确立了华北地区的赋税体系，忽必烈时使之更加完善。税粮分为地税与丁税两种。丁税，即人头税，是以人数为依据的税项，元代规定是每丁两石；地税即土地税，以土地数量或收入数量为依据征收。并不是说每户丁税、地税都要缴纳，各色户计根据自己的不同情况，交其中一种，官吏、商贾纳丁税，工匠、僧户、道户、也里可温户、儒户等交地税。诸户中地位较高的军户、站户占地4顷以内可以免税，超过4顷的要纳地税。民户大多数交缴丁税。开始规定地税是每亩旱地3升，水田5升，后一律改为3升。科差有丝料、包银两项，按户征收，诸色中规定数额不一，但比之前代，十分沉重。

南方的赋税制度承南宋旧制，征收夏、秋两税，所征大部分是粮食，有时也折合成银两。与北方比，南方税收完全是地税，按土地的不同等级征收，从一升到数斗不等。夏税征的是布、绢、丝等，是次要的，秋税征粮，才是主要的。实行两税，税额实际上比南宋多了一半。这还不说，除了税赋外，人们还要负担

"杂泛差役"，主要指朝廷为建城、治河、运输而需要的人力、物力。"科役繁重、破家荡产"，这是当时百姓生活的写照，甚至当时还流传下来更令人胆战心惊的文字"古者役民岁不过三日，今则无期限，惟遇事役之耳"。"夫粮之多者，或此处供役而他处亦供役；或今岁被差而来岁复被差"。时人刘嵩发出了这样的感叹："徭役家家急，科征处处煎；田庐久焚落，衣履极穷穿。"仅仅科差、劳役一项，就使百姓沦落到这个地步，更何况他们受的剥削远不止此！

盐课收入是元廷的一项重要财赋来源。忽必烈统治后期，盐课总数达到200万锭以上，相当于国家每年钞币收入的一半，因此时人说："经国之费，盐税为重。"此外，对于金、银、铜、铁、硝、茶的生产、销售，元廷也分别设立机构管理，征收赋税，在增加税收上，可谓无孔不入。

地方官吏们最善于借手中权力敲诈勒索，他们不仅要完成朝廷规定的任务以获得上司的信任与赏识，还要中饱私囊，满足自己的贪欲，这就使本来已十分沉重的负担令百姓更加难以承受。但是，不承受也要承受，交不出钱粮，就会被逮捕入狱，严刑拷打。而且，元代有明确的法律条文规定怎样处置那些完不成任务的百姓。重压之下"鞭笞盈道"不说，有的人不得不卖儿卖女。百姓被压制在生与死的之间，蒙古统治者也许认为这样更有利于他们的统治，可是这恰恰是其统治的致命缺陷之处。在短期内的统治能保持，却无法长久保持。

分而治之：元帝国的基层统治

统治者是最聪明的，他们大脑运转速度要比一般人快千倍、万倍，因为他们要以一个人来对付天下之人，非挖空心思不可。权术，就是君王维护统治的法宝。其中的妙诀，不外乎四个字——"分而治之"。拉一批，打一批，一个人可以时付无数人，而他自己也许手都不用动。

诸色人等，等行立社

金代统治灭北宋而得的北方，把农村的一些聚居区称为"村"或"社"，以此为基层设施。这与前代有所区别，以前一般是里长制。元代基层统治机构的设立是在世祖的时候，1270年，颁布了一项诏令，规定以自然村落为基础编定

"社"、"凡五十家立为一社"，不管"是何诸色人等，并行人社"。

全社中的百姓推举"年高通晓农事有兼丁者"立为社长。社长的责任是监督属下的百姓，其中心任务则是"劝课农桑"，因此选举社长时必须把是否"通晓农事"作为一条标准。《元史·食货志》也把社制称为"农桑之制"。

当然，社制的意义绝不止于劝农耕种，推进农业的发展，作为一项基层制度，它与统治者的最终极的目的有着必然的联系。法律规定，社长不仅监督生产、管理社内的"义仓"，还要维持风纪，百姓的言语行动无不受其监督。"若有不务本业、游手好闲、不遵父母兄长教令、凶徒恶党之人"，社长有教训的权利和义务，如果不改，要告之提点官，审问属实，在其门前写上这类断语，该人改正，才能除去。

后来，社又成了国家征集役夫、收取赋税的最基层机构。因为社长对社内的每家人口、男女比例等情况知道的最为确切，只要给社长施加压力，会借社长之手达到国家的目的。社长一般都是当地的汉人地主，给他们一些权力，利用他们完成统治职能，即联合了他们一同统治，加强了元朝统治的阶级基础，这也是其对汉人分化而治的一项手段。

社长与其他地主为保护自己的利益，宁可在元朝统治下生存，也不愿意农民起义的风暴搞得玉石俱焚，因此他们也会千方百计地制止一切可能滋生战火的苗头，对社内百姓的控制会不遗余力。这样，社就又有了防范、压制人民反抗的职能。元朝法律明确规定，严禁社内民众"非理动作聚集"，否则会被视为有"异志"。农村居住相对分散，经过社制这样的划分，就如在每个自然村落间筑了一道围墙，农民相互联络进而联合直来进行反抗的机会被减少到最少。相对来说，城镇中人口密集众多，虽然有大量军队，也防不胜防，因此，社制在城镇中又推行起来。

城关的坊里制其实与农村的村社制是一样的。城内划分为若干片，片的名称为"隅"，如西北隅、东南隅等，隅下设坊，并且置有坊司、坊官管理。坊下设里或社，由里长、社长领导。城市中的社制当然谈不上"劝农桑"的职能，防范民众反抗是最重要的任务。

这样一来，社制又具有了以前各代保甲制的职能。社长一职的设立意义并不在于他本身能对社内民众有多大威力，确切地说，是帝国国家机器的强大威力在

他的身上体现出来，社长只要把任何异常现象如实上报，帝国统治就可保无虞。社长是最低的基层机构的首长，其上有都，置主首若干名，都之上有乡，乡设乡长或里正，乡直属于县，基层行政设施与国家正式行政机构结合起来，使自上而下，全国各地，无处能够逃脱帝国的统治。大网之下复有更细、更密的网，重重专制之网牢牢地控制了天下生灵的命脉，汉人则是最主要的被统治者。

"诸色户计"：分其民而治之

元帝国进行兵、民分别立籍，也就是从总体上将人们分为两大块，即军户、民户，不仅便于统治，一定程度上也有利于生产。划分户籍，将庞大的汉族这个主体肢解开来，这样进行统治就方便得多了。分立军、民户后，军户下又有蒙古军户、探马赤军户、汉军户、新附军户之分，民户下还要分得更细，对蒙古人来说，最直接、最容易的划分方法无非是以职业，在我国古代，早就有这种划分，如魏晋南北朝时就有专门的兵户，其他工匠、商人、农民在户籍里的权利义务关系也有明确规定，但如元代这么清楚，却前所未有。

蒙古人在占据中原后进行了 3 次户口统计，统一后，又在江南进行人口普查。在编定户籍的同时，就根据职业分工或其他因素，划定户籍。元朝的户籍种类繁多，主要有军户、站户、匠户、民户、僧户、道户、也里可温户、答失蛮户、儒户、阴阳户、医卜户、商贾户、盐户、窑冶户、翰脱户、船户等等。其中军户、站户、民户、匠户是 4 种基本户计，不仅人数多，分布面积也广，在国家的统治，生产中起着举足轻重的作用。这么多的户计，是在汉人与南人中划分的，蒙古人与色目人远没有这么复杂，他们一般只有军户站户。各色户计职能不同，其权利义务关系有各自的规定。站户是指在站赤系统内服役的人户，占地 4 顷以内的可以免税，但他们要提供对驿站的一切负担，4 顷以上要仍旧纳税。匠户是在征服过程中俘获的有工艺特长的人，灭南宋后，又把江南一些个体手工业者划入匠户，为皇室、贵族从事工艺制度。灶户，又称盐户，是以煎盐为生的人户，他们要依规定缴纳额盐，支取工资或粮食，其他赋役可宽免或优待。民户，是户计中的主体，指一般从事农业生产的人户，民户负担的差役赋税最为繁重，朝廷所得的财物，绝大多数是从他们身上榨取的。其他户计各有专司，与以上几种相比，显得次要一些。

诸色户计的划定，使元朝的统治由表及里，由上而下贯彻下来。经过划分，元朝人们，主要是汉族人，被分割成不相干涉，各自独立的小部分，蒙古人则借此实现了分而治之的目的。各户计有专门的官员管理，相对而言，脉络清晰，稍有风吹草动，元朝统治者就能知道，防范与镇压都得心应手。说诸色户计是其统治政策的一项重要内容，并不为过。

从"自家骨肉"到"蛮子"：

因为至今还没有发现元廷关于四等人制的明文规定，有人曾以为蒙古、色目、汉人、南人的划分是后来人的臆测，但从当时的政策上还是不难看到泾渭分明的民族界限。其所以没有明文的规定，是因为忽必烈早期力主推行的汉法，后期逐渐停止，对汉人起了疑忌之心，但又不能不利用汉人，所以嘴上不说，实质上却已发生了变化。其后的统治者出于这种考虑，也不便提出刺激汉族人的四等制。但民族压迫，在元代的统治政策中确实是一条重要线索。

早在金代，就有了按民族划分等级的做法，在任用掌兵权、钱谷的官员时，规定了女真、渤海、契丹、汉儿的四个等级。汉儿即汉人，也是处于最下等。女真为首，维护其特权，当然，在金代这种制度仅表现在个别的方面。元代则成为一种统治思路贯穿于各个方面了。四等之首蒙古人是"自家骨肉"，包括与皇室出于同一祖先的尼伦蒙古人，如兀鲁、忙兀、泰赤乌等 20 个部落；还有被称为迭儿勒斤的蒙古人，如弘吉剌、兀良合等 10 多个部落，此外塔塔儿、蔑儿乞、克烈等部也被视为"自家骨肉"。色目人，包括钦察、唐兀、阿速、康里、畏吾儿、乃蛮、乞失迷儿等 31 种，后来规定除汉人、南人、高丽人以外的西域诸族均为色目人。汉人又称汉儿、乞塔、札忽歹，笼统地指淮河以北原来金统治下的汉族、女真族、契丹人，以及云南，四川等地的居民。南人，又称"蛮子"、"新附人"或"囊加歹"，指江南原南宋境内的各族人。四等人以蒙古人、色目人为尊，汉人、南人为贱。汉人、南人绝大部分为汉族人，被一分为二。分而治之，是蒙古人统治的一项要义。

元朝在各方面都贯彻四等人划分的精神。在行政体系中，汉人、南人处于被排斥的地位。中央、地方官吏，"其长则蒙古为之，而汉人、南人贰焉"。地方最高长官达鲁花赤必须由蒙古人或出身高贵的色目人担任，汉人、南人不得担任。

一些艰苦的地区因蒙古人不愿前往任职而以汉人为达鲁花赤，盖不得已而为之。中央政府中最高行政机构中书省中丞相之职，一般必须是蒙古勋旧，元初有汉族人如史天泽和契丹人耶律铸为相，后来就基本不以汉人为相！而且平章政事一职也不授予汉人、南人。作为监察机构的御史台长官御史大夫，也是"非国姓不以授"，"国姓"即蒙古姓。元末汉人贺唯一为御史大夫，是在顺帝赐其蒙古名"太平"之后才得到任命的。军事上对汉人、南人的防范更加严格。最高军事机构枢密院中只有元初的史天泽、赵璧、张易做过副使，阿合马一案发生后，忽必烈严令以后大都枢密院留员，绝不用汉人。实际上，自此之后，再也没有汉人、南人当过副使，更不用说是正职。

，法律上的不平等表现的尤为明显。1272 年，忽必烈听到汉族人聚众与恃强凌弱的蒙古人对峙，继而发生冲突的事情后，预感到汉人的反抗欲望正在滋长，这样下去，势必危及蒙古人在全国的统治。于是他下令，"禁止汉人聚众与蒙古人斗殴"，甚至规定，"蒙古人与汉人争，殴汉人，汉人勿不报，许诉于有司"，这分明是告诫汉人，如果打不还手，还能得到同情，如果还手，不仅没有诉之官府的权利，还要遭到无情的镇压。以残酷的刑罚和强大的国家机器做后盾，来压制汉人，确保蒙古人的尊贵地位和特权。蒙古人因为争斗或醉酒打死汉人，只判罚出征，或者杖 57 下，付给死者家属以烧埋银两就万事大吉。汉人打死蒙古人，情况就截然相反，不论对错，有理无理，一律处以极刑，而且把家产没收。在蒙古人与汉人之间发生刑事纠纷是如此，其他方面的法律条文中也能看到汉族人所受的歧视。元朝法律规定凡盗窃犯都要刺字，或刺臂，或刺项，但这只是对汉人、南人而言，蒙古人不受此刑，若审理案件的官员将蒙古人刺字，还要被革职。色目人犯盗窃罪，也不受刺字之刑。由此可见，汉人、南人的地位较色目人也十分低下，更何况是与蒙古人相比。审理不同民族人的犯罪的案子也有不同的机构。一般的司法机关只审理汉人与南人。蒙古官吏犯罪，由蒙古人审理，四怯薛、诸王、附马、蒙古、色目等人犯有奸盗、诈伪等罪，由大宗正府审理，而且必须由蒙古人对罪犯进行判决与执刑，普通司法机关无权过问。这也是蒙古人、色目人特权的一个重要表现。

上帝子民的反映：罗马教廷与蒙古帝国之关系

一个比教皇逊位更重要的事件

英诺森三世在鼓动十字军东征时竟使基督徒们相信蒙古人确实是上帝假手来承惩罚他们的罪过的。他们甚至相信蒙古人就是《圣经》所记载的反对基督降生的民族，他们从最东边的地方杀来，为的是消灭基督教。于是这些被洗脑的欧洲骑士们奋勇地参战了。

1198年，英诺森三世在未满38岁时荣幸地登上了教廷宝座。从此，他和他的继承者们开始与那位被誉为"世界奇才"的皇帝弗里德里希二世展开了不懈的角逐。1198年，年仅4岁的弗里德里希二世承袭了西西里王国，教皇成了他的监护人。当时西西里已被西征的阿拉伯人征服，宫廷里染上了丈量东方的色彩，包围着他的多是博学的阿拉伯人，他们都极力用自己的观点去影响他。结果，他成了有着伊斯兰教观点的基督徒，同时成了一个有基督教见解的穆斯林。这双重教导的不幸后果，使他在信仰至上的13世纪的欧洲产生了一种令人不能容忍的想法：所有的宗教都是欺骗的。他坦率地谈出自己的见解，这使他的监护人极为恼怒。

当德皇亨利六世去世后，弗里德里希二世准备继位，使他成为德国和西西里王国的共同元首。英诺森三世坚决要求他放弃西西里并在德国镇压异教徒。教皇的理由是他的力量太强大了。弗里德里希拒绝从命。新任教皇决定开除他的教籍，并以公开信的方式宣布了他的恶德、叛教和各种罪行。弗里德里希针锋相对，公开号召欧洲诸侯组成同盟，对抗教皇试图成为全欧洲绝对统治者的野心。为反衬出教皇的无能，他进行了一次滑稽的十字军东征。他来到时称素丹的埃及，与素丹哈里发进行了会晤。由于两人对基督教都持有怀疑态度，因此会晤气氛融洽，最后达成了对双方都有好处的协议。哈里发同意将耶路撒冷交给他。教皇组织了 5 次十字军东征都未夺回圣城，弗里德里希却通过一次私人交涉式的远征兵不血刃地夺回圣地，令人惊叹不已。之后，他回到意大利，将教皇的军队从西西里赶了出去。

1235 年，蒙古军队再举西征。拔都在横扫俄罗斯和乌克兰地区后，兵锋西指，侵入波兰、匈牙利，在里格尼茨大败波兰和普鲁士骑士团联军。蒙古大军势如破竹的进攻，震惊了欧洲，教皇对这些"撒旦"何时从地狱中跑了出来一无所知，于是只能把蒙古军队的突然降临看成了上帝有意对他们的惩罚而无可奈何。

在教皇的鼓吹下，基督教徒们都相信蒙古人确实是上帝假手来惩罚他们的罪过的。他们甚至相信蒙古人就是《圣经》中所记载的反对基督降生的民族，他们从最东边的地方杀来，为的是消灭基督教。当时欧洲军队的支柱是少数身披重甲的骑士，他们是职业军人，以及少数穷困的临时招募的乡民。蒙古军队根本不把这些手持长矛、长剑的欧洲骑士放在眼里。也正是因为蒙古军队的有力打击，欧洲最后一批骑士们才退出历史舞台，让位于正规的皇家军队。

1243 年 6 月 25 日，英诺森四世当选为教皇。这位新教皇终于开始关心基督教世界的根本利益。1245 年初，他在法国里昂召集宗教大会，集中讨论如何防止蒙古侵略的问题。大会决定派遣教士充当使者出使蒙古，劝说蒙古人停止杀戮基督教徒和侵犯欧洲，并劝说蒙古人改信基督正教。这个任务落到了圣·方济各会教士普朗迦宾身上。13 世纪蒙古的崛起开创了一个历史上前所未有的庞大帝国，从太平洋沿岸直到黑海之滨，欧亚大陆大部分落入蒙古帝国之手。商人、使者只要持有蒙古帝国下发的乘驿牌子就可以畅通无阻。所谓"适千里者如在户庭，之万里者如出邻家"。统一的帝国使以往异常艰险的丝绸之路变得安全顺畅。这使得普朗迦宾的出使非常顺利。

教皇致蒙古大汗的两封信和大汗的回信

教皇的圣战之军实在抵不过强猛的蒙古骑兵。教皇不得不来软的，索性给蒙古大汗写了两封信，妄图用上帝的权威震慑和感召蒙古人。但是，教皇哪里知道蒙古人是执了上帝的鞭子的，上帝在长生天这里不过是一个可怜的奴仆！

1245 年，普朗迦宾等人携带教皇致蒙古大汗的两封信，从里昂出发。1246年 7 月，他们抵达和林附近的失拉斡耳朵，在那里参加了贵由汗的即位大典。贵由后来热情接见了普朗迦宾，并派镇海等人向他们了解了教皇来信的内容和罗马教廷、欧洲各国的情况。11 月，普朗迦宾带着贵由给教皇的复信启程回国，于1247 年秋返回里昂向教皇赴命。贵由汗写给教皇的信的波斯文原件和拉丁文译本现在还能看到，内容不难了解。但教皇写给蒙古大汗的信却早已不存。《道森出使记》中所附的教皇的二封信显然不是原件。但就西方学者根据教廷档案所做的严谨的研究来看，这两封信的内容是可信的，与原件出入不会太大。鉴于这几封信是罗马教廷在历史上与中国政府的第一次官方国书往来，其资料价值弥足珍贵，本文在此予以全文誊录，以飨读者。

教皇英诺森四世致蒙古皇帝的两道敕令

（注：原文称"蒙古"为"鞑靼"）

一

　　天父上帝，怀着难以形容的慈爱心情注视着人类的不幸命运——人类由于第一代男人的罪恶而堕落了——并且由于他极端伟大的慈爱精神，渴望仁慈地把人类拯救过来——由于魔鬼因嫉妒而提了一个狡猾的建议，使人类堕落了——因此大发慈悲，从天堂的崇高宝座派遣他的独生子耶稣降临下界尘土，作为他的代表——他的独生子，是由于圣灵的作用，在一个优先挑选出来的童贞女的子宫中受孕。并在那里穿上人类肉体之衣，然后从那里经由他母亲的贞节的关闭之门进入人世，以一种人人可见的形象显示了他自己。生来就具有理智的人性，适合于以永恒真理作为其最最精选的食粮来取得营养，但是，由于人性被束缚于致命的镣铐之中，作为对罪恶的一种惩罚，以致它的能力大为削弱，因此它必须使用从可见事物得出推论的方法，来努力了解理智食粮的不可见事物。由于耶稣下凡，人类的造物主成为可见的了——他长着同我们一样的肉体，虽然他的本性并非没有变化——这是为了，由于他是可见的，他就可以召唤追随于可见事物之后的不可见事物回到他自己身上，以他的有益教导来塑造人们，并以他的教导向人们指出达到完美境地的途径：遵循他的神圣生活方式的典范和他的福音教导，他不惜屈尊忍受在残酷的十字架上死去的痛苦，是为了通过他的现世生命因受刑而结束，他就可以使永久死亡的刑罚从此结束——这种刑罚，是世世代代的人类由于他们第一代祖先的罪恶而蒙受的——并使人们可以及时地从他死亡的苦味圣餐杯中喝到永生的甜露。在我们和上帝之间的中保耶稣，应该既有短暂的生命，也有永恒的全福，以便由于有短暂的生命，他就可以同那些注定要死亡的人们一样。由于有永恒的全福，他就可以把我们从死亡过渡到永生。

因此，他为了替人类赎罪，献出自身作为牺牲，而且，他击败了不使人类得救的敌人，把人类从奴役的耻辱中抢救出来，使之享受自由的光荣，并为人类打开了天堂祖国的大门。然后，他从死亡中复活，升入天堂，他把他的教皇留在世上，并且在教皇由于三重职业的证据而证明了他对人类的恒久不变的爱以后，把保护人类灵魂的责任托付给教皇。希望教皇留心地注视着人类的得救——为了人类的得救，他曾经降低了他崇高的尊严；他把天国的钥匙交给教皇，有了这把钥匙，教皇和他的继任者们就有了向一切人打开和关闭天国之门的权力。我们虽不配当此重任，由于上帝的安排，现已继任教皇之职，因此，我们在履行由于我们的职务而肩负的一切其他责任以前，把我们敏锐的注意力集中到拯救你们和其他人的问题上，在这个问题上我们特别倾注我们的心意，以勤奋的热情和热情的勤奋孜孜不倦地始终注视着这个问题，以便我们能够在上帝慈悲的帮助下，把那些误入歧途的人们引导到真理之路，并为上帝赢得一切的人。但是，由于我们不能在同一个时间内亲自来到各个不同的地方——因为这是我们人类状况的本性所不许可的——因此，为了使我们不显得在任何方面忽视那些远离我们的人们，我们派遣谨慎小心的人到他们那里去，作为我们的代表，通过他们，我们便可履行我们教皇对他们的天职。正是因为这个缘故，我们认为把我们钟爱的儿子葡萄牙人劳伦斯修士及其方济各会的同伴们派到你处是合适的，他们即是致送这封信的人，他们有非凡的宗教精神，德行高洁，精通《圣经》知识，因此，你们如果遵循他们的有益教导，就可以承认上帝的真正儿子耶稣基督，并通过皈依基督教，以崇拜他的光荣名字。因此，我们劝告你们全体人民，请求并真诚地恳求你，出于对上帝和对我们的敬畏，和善地接待这些修士，并以体贴的方式对待他们，就好像接待我们一样，并且在关于他们代表我们向你讲的那些事情上，以不虚伪的诚实态度对待他们。我们并且请求你们，除在关于上述对你们有益的事情上同他们商谈外，并给予他们一份护照和他们在来回旅途中所需的其他必需品，以便在他们愿意时，即可回到我们身边来。我们认为把上面提到的几位修士派到你处是合适的，他们是我们从其他人中特别挑选出来的，经过多年的证明，他们是一贯遵守并精通《圣经》的，因为，鉴于他们遵循我们的救世主的谦恭精神。我们相信，他们对你将会有较大帮助——如果我们想到对你更为有益和你更可以接受的高级教士或其他能力强的人，那我们就会派那些人前去你处了。

1245 年 3 月 5 日于里昂

二

鉴于不仅是人类，而且甚至无理性的动物，不，甚至组成这个世界的各个分子，都被某种天然法则按照天上神灵的榜样结合在一起，造物主上帝将所有这些分成为万千群体，使之处于和平秩序的持久稳定之中，因而，我们被迫以强硬措辞表示我们对你的狂暴行为的惊讶，就并非没有道理的了——我们听说，你侵略了许多既属于基督教徒又属于其他人的国家，踩躏它们，使之满目荒凉。而且，你以一种仍未减退的狂暴精神，不仅没有停止把你的毁灭之手伸向更为遥远的国度，而且打破自然联系的纽带，不分性别和年龄：一概不予饶恕，你挥舞着惩罚之剑，不分青红皂白地向全人类进攻。因此，我们遵循和平之王的榜样，并渴望所有人类都应在敬畏上帝之中和谐地联合起来共同生活，兹特劝告、请求并真诚地恳求你们全体人民：从今以后，完全停止这种袭击，特别是停止迫害基督教徒，而且，在犯了如此之多和如此严重的罪过之后，你们应通过适当的忏悔来平息上帝的愤怒——你们的所作所为，严重地激起了上帝的愤怒，这是毫无疑问的。你们更不应由于下列事实而受到鼓励，去犯更进一步的野蛮罪行，这就是：当你们挥舞强权之剑进攻其他人类时，全能的上帝迄今曾容许许多民族在你们面前纷纷败亡；这是因为有的时候上帝在现世会暂时不惩罚骄傲的人，因此，如果这些人不自行贬抑，在上帝面前低首下心地表示卑下，那么，上帝不仅可能不再延缓在今生对他们的惩罚，而且可能在来世格外加重其恶报。因此，我们认为把

我们钟爱的儿子约翰·普朗迦宾及其同伴，即致送这封信的人，派到你处是合适的。他们有非凡的宗教精神，德行高洁，精通《圣经》知识。请你出于对上帝的敬畏，和善地接待他们，尊敬地对待他们，就好像接待我们一样，并且在他们代表我们向你讲的那些事情上诚实地同他们商谈。当你就上述事务特别是与和平有关的事务同他们进行了有益地讨论时，请通过这几位修士使我们充分地知道，究竟是什么东西驱使你去毁灭其他民族，你未来的意图是什么，并请给予他们一份护照和他们在来回旅途中所需的其他必需品。以便在他们愿意时，即可回到我们身边来。

1245 年 3 月 13 日于里昂

从英诺森四世两封信的字面上来看，第一封信应是由劳伦斯教士递送的，内容在于劝说蒙古人改信基督教。但是他在信中大肆宣传上帝的力量，试图让蒙古人因害怕上帝而改变信仰的说教方式明显是愚蠢的，这种原罪理论对欧洲或许有效，但对刚刚把上帝的子民打得落花流水的人怎么会害怕上帝？由普朗迦宾致送的第二封信意在斥责蒙古人对基督教国家的侵略和屠杀，劝诫其停止这种行为。但是和第一封信一样，上帝的威慑力对蒙古人是不存在的。所以这两封信的结果也就可以预见了，此外，基督教徒向来忌讳"13"这个数字，认为它是不祥的。可英诺森四世偏偏选择 13 日来写这第二封信，其结果也就恰恰为教徒们的忌讳增添了一条证据。现在让我们看一看贵由汗是怎么来教训这位愚蠢的教皇的。

贵由汗致教皇英诺森四世的信

我们，长生天气力里，

大兀鲁思之汗（"兀鲁思"："人民"、"领地"、"分地"），我们的命令：

这是送给大教皇的一份译本，以便他可从穆斯林语中得悉并了解信的内容。在皇帝国土举行大会时，你提出的表示拥护我们的请求书，已从你的使者处获悉。

如果你的使者返抵你处，送上他自己的报告，你，大教皇，和所有的君主们一道，应立即前来为我们服役。那时，我将公布札撒的一切命令。

你又说，你曾向上帝祈求和祈祷，希望我接受洗礼。我不懂你的这个祈祷。

你还对我说了其他的话："你夺取了马札儿（即匈牙利）人和基督教徒的一切土地，使我十分惊讶。告诉我们，他们的过错是什么。"我也不懂你的这些话。长生天杀死并消灭了这些地方的人民，因为他们既不忠于成吉思汗，也不忠于合罕（蒙古人认为，成吉思汗和合罕都是奉派来传布长生天的命令的。"合罕"："可汗"的变音，这里指窝阔台汗）；又不遵守长生天的命令。像你所说的话一样，他们也是粗鲁无耻的，他们'是傲慢的，他们杀死了我们的使者。任何人，怎能违犯长生天的命令，依靠他自己的力量捉人或杀人呢？

虽然你又说，我应该成为一个虔诚的聂思脱里派基督徒，崇拜上帝，并成为一个苦行修道者。但是你怎么知道长生天赦免谁？你对谁真正表示慈悲呢？你怎么知道你说的这些话是得到长生天批准的呢？自日出之处至日落之处，一切土地都已被我降服。谁能违反长生天的命令完成这样的事业呢？

现在你应该真心诚意地说："我愿意降服并为你服役。"你本人，位居一切君主之首，应立即前来为我们服役并侍奉我们！那时我将承认你的降服。

如果你不遵守长生天的命令，如果你不理睬我的命令，我将认为你是我的敌人。同样地，我将使你懂得这句话的意思。如果你不遵照我的命令行事，其后果只有长生天知道。

（回历）644 年 6 月末（即公元 1264 年 11 月）

皇帝之玺

长生天气力里，大蒙古兀鲁思全体之汗圣旨。敕旨所至，臣民敬肃遵奉。

贵由汗在这封信中毫不客气地批驳了教皇对他的指责，并把普朗迦宾的出使看成是教皇纳降的表示。教皇试图以他股掌中玩弄的上帝的意旨来威吓蒙古人，这种手段连弗里德里希二世都吓不住，更不用说是连战连捷的长生天的信徒了。上帝在长生天这里变成了可怜的奴仆，只有服役的资格了。罗马教廷本来是想通过与强大的蒙古统治者建立友好关系来解除武装侵略的威胁，但是因为愚蠢的教皇不得要领的二封信，反而招致了对方更大的威胁。

刺探情报：教皇使团的使命

教皇玩起"攘外必先安内"的法子。为了消灭东正教势力，他派使团看看蒙古这里有没有"鸡蛋的裂缝"，企图寻求一个蒙古盟友，帮助他抗衡德国皇帝，梦想在金帐汗国的统治下获得对俄罗斯的统治榫，从而将东正教势力挤垮。

1245 年 4 月，普郎迦宾使团出使蒙古时首先访问了金帐汗国。1247 年初，英诺森四世又派遣以多米尼克教团僧侣阿斯札林为首的教士使团往见金帐汗拔都。教皇派这些传教士的目的在于寻求蒙古盟友来帮助他抗衡德皇腓特烈二世和萨拉森人，而且还希望在金帐汗国统治下的俄罗斯地区获得大权，从而把与之对抗的东正教势力进一步挤压到一块狭小的生存空间内，为最终消灭东正教势力做准备。可见，上帝的权威仅仅是教皇的一个工具，他的实际目的有着极为强烈的政治色彩。

13 世纪的法国的地中海政策因为本国内外贸易的发展而趋于积极。法国国王路易九世在随着与东方贸易的扩大的同时成了向地中海扩张的典型代表。当他认真地计算了十字军东征事业会对法兰西王国有多少好处后，他马上扮演了一个教皇权威的捍卫者的角色，表示自己笃信上帝，信奉天主教思想，被教会誉为"圣者"。在取得了教会的信任后，他在教皇的支持下，穿着很为朴素的朝圣者服装，发动了第七次十字军东征。但是这位圣王这一次的打算是空中楼阁，13 世纪初的历史局势，已经不利于十字军运动的发展。这使他和他的骑士们在进攻埃及的途中长期滞留在塞浦路斯岛上。正当他一筹莫展时，有一位蒙古使者来到他的军营，给他带来了福音。这位使者叫大卫（David），他奉新任驻波斯统帅野里知吉带的命令携带书信来见法国国王，信中表示贵由汗将会保护基督教徒，并帮助十字军反对伊斯兰教徒，收复圣地耶路撒冷。路易九世大喜过望，为和蒙古人尽快结成反穆斯林的同盟，他马上派遣教士安德烈带着丰厚的礼物，随大卫东行，出使蒙古汗廷。

安德烈抵达和林时，贵由汗已经死去，贵由的妃子海迷失热情地接待了来使，但是对于皈依上帝依旧不感兴趣，在她给路易九世的回信中仍旧是劝谕他迅速纳降服役的套话。但路易九世并不失望，因为使团得到了蒙古大汗并不歧视基督教、对各种宗教都平等对待、而且蒙古人中有很多聂思脱里派基督教徒的好消息。基于这个想法，路易九世又一次派遣使者出使蒙古。

这一次受命出使的是原籍为佛兰德的鲁布鲁克。他受路易九世和教皇英诺森四世的共同派遣出使蒙古，目的依旧是促使蒙古与之结盟共同抗御穆斯林。在

1253年底，鲁布鲁克一行抵达和林之南的冬季驻营地，受到蒙哥的接见。但是不管他们怎么解释，蒙哥依旧把他们当成求和乞降的使臣。在大汗的营帐里，他们发现蒙古宗王贵族对各种宗教都可以接受，同样都给予礼遇，并不迷信其中之一，仅仅利用它们告天祝寿而已。

经蒙哥允许，鲁布鲁克一行人在和林居住了两个月。在这两个月中，他们掌握了大量蒙古人的风土人情和非常有价值的政治、经济情报。一次，蒙哥甚至组织了一次由基督教徒、萨拉森人、聂思脱里派、道教徒参加的辩论，鲁布鲁克以机智和口才取得了胜利。1254年6月末，蒙哥交给他一封信，命他回国转交给法国国王。在信中蒙哥把大卫斥责为骗子，冒称蒙古使者；希望法国国王认清形势，尽早向他臣服，以免兵戎相见。

蒙哥的信并没有什么新意，但他曾准备派遣使者随同鲁布鲁克回国面见法国国王路易九世，因为鲁布鲁克表示山高路远而且战争阻塞了道路，他无法保证使者的安全而作罢。这使得中国第一次向欧洲派遣使节又推迟了20余年。

在和蒙古汗廷几次交涉都未能得到停止侵略欧洲的承诺时，在东欧又发生一件令教皇极为震惊的事情。金帐汗提议和匈牙利国王通婚，结为儿女亲家。在他举兵西征时只要匈牙利以国人的1/4从征即可从战争掠夺的财富、人口、土地中分得1/5。而且不以宗藩之礼相待，不用对金帐汗国纳贡，保证不再侵入匈牙利，等等。这时英诺森四世已死，新任教皇亚历山大四世考虑到金帐汗别儿哥已经皈依伊斯兰教，对欧洲随时有发动武装传教的"圣战"的危险，急忙致信匈牙利国王别剌四世，恩威并施，制止了别剌的结盟念头。1260年亚历山大四世又致信波尔多大主教，鼓励他联合一切基督教国家的兵力反抗蒙古人的侵略；如果有与蒙古人联合者，必须用重罪处罚他。以后亚历山大四世又采取了一系列措施，调动各国力量做好了防御新的侵略的准备，形势十分紧张。

帝国对欧洲的兴趣和密使西行

1275年。两名中国的基督徒作为忽必烈到欧洲收集情报和探听欧洲动向的密使启程赴欧。两位西行者因战事滞留在伊利汗国，其中一位竟在那里做了"东方教会大总管"，乐不思蜀；而另一位则重新受到有关方面的派遣继续西行，他就是出生于北京的拉班·扫马。

　　正当教皇面对着蒙古人随时可能再次发动的大规模西征而惶惶不可终日时，在地中海之滨传来了蒙古王子旭烈兀准备皈依基督，联合十字军共同打击穆斯林的好消息。

　　旭烈兀是一位深受聂思脱里派基督教影响的佛教徒，他的元妃脱古思可敦也是基督教徒。脱古思可敦在她的大帐的门外常年设立一座教堂，人们时常听到钟鸣。因为这层关系，旭烈兀在西征非常注意保护基督徒。当时西亚地区是聂思脱里派基督教盛行的中心，教徒众多。在阿拉伯人武力传播伊斯兰教时，他们受到很大打击，备受歧视。阿拉伯人规定他们必须用蓝色缠头，额前不许留发，进入公共浴场时必须系一个铃铛。穿鞋要一只脚穿白色鞋，一只脚穿黑鞋，以便与穆斯林相区别，免得受他们玷污。此外他们被禁止骑马，只许骑驴；不许执兵器；说话不能比穆斯林声音高；教堂外表必须和普通民房一样……如今旭烈兀西征打垮了骑在他们头上的阿拉伯人，他们非常感激旭烈兀，纷纷充当他的内应，攻略穆斯林的城市。在西亚地中海沿岸的十字军殖民者也对旭烈兀的进军非常高兴，他们目睹伊斯兰教势力的迅速瓦解，都希望能从中获得利益。其中有些骑士团基于和旭烈兀近似的信仰，还在旭烈兀攻打叙利亚时出兵辅助，充当向导。

　　1260年，旭烈兀手下大将怯的不花在进攻埃及时于阿音扎鲁特战役中惨败，怯的不花战死，蒙古军队几乎全军覆没。这使旭烈兀萌生了进一步和欧洲人合作，联合进攻埃及人的念头。当时一个匈牙利人约翰充当了联系人。约翰向教皇亚历山大四世报告了旭烈兀想与十字军联合的打算，并添油加醋地说他准备接受洗礼，皈依基督。教皇对此大为赞赏，并表示基督军队将公然辅助，使旭烈兀征服伊斯兰诸国的力量大增。但又表示约翰的话缺乏证据，希望旭烈兀能把自己的打算秘密告知耶路撒冷大主教，以资证实。旭烈兀对欧洲基督教世界态度的改变，让教皇大为欣慰。从此罗马教廷把谋求解除蒙古武装侵略的交涉重点，改为企图利用蒙古的力量共同对付伊斯兰教势力。而以伊朗、伊拉克为中心的伊利汗国正处在东西方之间，又是聂思脱里派基督教的中心，这一特殊的地理位置使得旭烈兀以后的伊利汗国在元朝和基督教欧洲国家的交往中，扮演了重要的角色。

　　在伊利汗旭烈兀改变了对欧洲的态度时，他的哥哥，大元朝皇帝忽必烈也改弦易辙了。1260年，威尼斯商人尼哥罗和他的弟弟马菲奥从君士坦丁堡启程到

黑海沿岸经商。因为金帐汗别儿哥与伊利汗旭烈兀发生战争，归途不安全，二人索性东行，在布哈拉城遇到旭烈兀派去朝见忽必烈的使臣。二人受邀随该使臣一同来到中国。忽必烈在接见他们时详细询问了欧洲各国的情况，并决定派使臣出使罗马教廷。在给教皇的信中，忽必烈正式提出请教皇派遣通晓经典教理的传教士100名来华传教，如能证明基督教比其他宗教优越，他和所有臣民都将信奉它。忽必烈同时希望尼哥罗兄弟去圣地耶路撒冷的耶稣墓前的长明灯里取回一点圣油作纪念。和以前蒙古大汗在给教皇复信中的强硬口气相比，忽必烈在对欧洲和基督教的态度上明显有了改变。

1275年，两名中国聂思脱里派基督徒——畏兀儿人拉班·扫马和汪古部人马可作为忽必烈到欧洲收集情报和探听欧洲各国动向的密使以到圣城耶路撒冷朝圣的名义启程赴欧洲。1275年，两人携忽必烈的驿传玺书，启程西行。他们经山西、敦煌、和阗、阿塞拜疆，抵达伊利汗国首都帖必力思。聂思托里派基督教大总管马屯哈在帖必力思遇到因战乱滞留在那里的扫马和马可，因为他们来自大汗身边，地位和身份特殊，又兼通蒙语、土耳其语，很适合做传教工作，遂于1280年任命马可为"契丹城市和汪古部大主教"，扫马为巡察总监。不久马屯哈病逝，马可被各地主教一致推选为"东方教会大总管"，称"稚伯拉哈三世"。

这时的伊儿汗阿鲁浑继承了父祖的传统政策，希望能与基督教欧洲联合，共同对付埃及马木鲁克王朝，为与欧洲结盟，他决定派拉班·扫马作为伊儿汗国和教会的使节，出使欧洲。尚未完成秘密使命的扫马这次如愿以偿了。

扫马使团于1287年3月从巴格达出发，沿古商路北上行至黑海，然后乘船到达君士坦丁堡，在那里受到拜占廷皇帝安德罗尼古斯二世的盛情款待。然后又乘船抵达意大利南端的那不勒斯港。当他们从那布勒斯陆行至罗马时，教皇鄂诺鲁四世已经去世，新任教皇尚未选出，一位红衣主教接待了他们。该主教告诉他们，需待新主教选出之后才能答复他们的要求。扫马一行遂继续西行，到了法国巴黎，向法国国王菲利普呈交了阿鲁浑汗的国书和礼物。美男子菲利普热情接待了他们，答应出兵帮助伊利汗国夺取耶路撒冷，并愿意遣使携带他的回信去面见阿鲁浑。以后扫马一行又来到法国西南部的加斯科涅，在那里拜见了英王爱德华一世。爱德华一世获悉阿鲁浑约请欧洲各国共同收复失地，非常高兴，厚赠了使者。同年12月他们回到热那亚过冬，并等待罗马教廷的消息。

1288年春天，曾经接待过扫马的那位红衣主教当选为教皇，即尼古拉斯四世。他隆重接待了扫马使团，对阿鲁浑汗优礼基督教和准备约请欧洲各国共同从"异教徒"手中夺回圣地，扩大基督教领地的举动表示感谢。

1288年4月，扫马一行带着教皇和各国国王赠送的大批礼物和信件，离开罗马经热那亚顺原路返回，阿鲁浑对扫马顺利完成出使任务很高兴，给予嘉奖。扫马出使欧洲后由于种种原因，一直没能回到中国，于1294年在巴格达城逝世。马可也于1317年死于帖必力思。

因为扫马带去的阿鲁浑的信中明确表示在圣地从阿拉伯人手中收复后他将在圣城接受洗礼，投身于上帝的怀抱。这使罗马教廷和欧洲各国权贵喜出望外。他们就此改变了以前对蒙古人的看法，企图和蒙古人一同去进攻穆斯林，扩大自己的领地。罗马教皇甚至梦想使蒙古统治者全部皈依基督教，将教廷势力扩展到东方各国。但因为种种原因，阿鲁浑始终未能发动一场新的十字军远征，于1291年死去。同年，圣·让达克和法兰西人在巴勒斯坦的最后一块殖民据点被埃及人突袭而陷落。最后一批十字军被赶下了大海。

为了尽快和元朝政府建立友好关系，最方便最有效的办法就是派遣使节前往中国，通过兼为传教士的使节来扩大宗教影响，进而谋求政治利益。在扫马的鼓动下，尼古拉斯四世于1289年派遣教士约翰—蒙德戈维诺取道波斯和印度来到中国。他携带的致阿鲁浑、忽必烈的国书在旅途中相继呈递。到达中国后，蒙德戈维诺积极传教，发展教徒。当时在大都卫戍部队中有1万多名来自钦察草原的雇佣军，在蒙德戈维诺的积极活动下，其中有6000多人接受了洗礼，成为上帝的信徒。鉴于他的优异成绩，教皇克里孟特五世正式任命他为北京和东方总主教。他在中国传教达34年，直到被尼古拉斯接任。从此，中国的基督教开始在聂思脱里派之外和罗马教廷建立了联系。

当时罗马教廷在察合台汗国阿力麻里也建了一个主教区。李嘉德、佛兰西斯、巴斯喀尔等著名教士都曾在这里传教。阿力麻里主教区隶属北京总主教，这和察哈台汗国始终保持着对元朝的藩属关系是一致的。

1339年，教皇本都十二世又派遣马黎诺里特使携带教皇书信和礼物来华。他在途经阿力麻里时正赶上察哈台汗国阿里算端大力推行伊斯兰教，凡接受过洗礼的基督教徒都必须改宗伊斯兰教，违令者杀无赦。巴斯喀尔等来自欧洲的天主

教僧侣拒绝服从这一命令，结果都被捆绑，游街示众，然后被穆斯林殴打侮辱、唾面詈骂，割去耳鼻、切断手足，最后斩首。马黎诺里在阿力麻里暂时停下来，乘阿里算端下台的机会，重新组织了基督教会，然后才离开察哈台汗国东行，于1342年到达北京。

格鲁塞在总结蒙古人统一的功绩时曾经写过一段很漂亮的文字，这段文字在评价中国和罗马教廷在宗教和政治上的交往对东西方的贡献同样适用："蒙古人几乎将亚洲全部联合起来，开辟了洲际的通路，便利了中国和波斯的接触。以及基督教和远东的接触。中国的绘画和波斯的绘画彼此相互认识并交流。马可·波罗得知了释迦牟尼这个名字，北京有了天主教的总主教。将环绕禁苑的墙垣吹倒，并将树木连根拔起的风暴，却将鲜花的种子从一个花园传播到了另一个花园。"

诚然，东西方文化的交流决不能完全归功于教廷和元政府的官方往来，但二者之间关系的缓和与发展却是东西方人员往来的催化剂。而且最让罗马教廷想不到的是它在努力扩张天主教的影响，努力通过改善同蒙古人的关系来换取基督教国家的和平，进而提高罗马教廷在诸教徒中的威信，加强教皇的权威的时候却也在不知不觉中引来了打击甚至灭亡它的种子。

1241年蒙古人在匈牙利绍约河战斗中首次使用了他们的新式武器：火枪。这种火器的传人把欧洲人赖以抒发浪漫情怀的骑士们彻底丢进了历史的垃圾堆，欧洲君主们在寻找新的军队兵源时即丢掉了传统的职业化，又放弃了骑士阶层倍加欣赏的战斗队形，代之以一整套全新的军事制度。从此欧洲君主们有了更有效的对抗教皇军队的力量。既然教皇在蒙古铁骑面前被证明是无能的，那君主们的军队就可以名正言顺的自我发展，无需教士们来指手画脚。爱德华一世为英国配备的国家民兵不仅使他有了更进一步独立的资本，而且甚至对14世纪的百年战争发生了不可低估的影响。教士们带回的东方印刷术使世界上出现了大量的《圣经》，人们再也用不着非要听教士们牵强附会的讲解了，人们可以自己研讨它，一大批各式各样的新教派随之鹊起，教皇们甚至不知道应该先去消灭哪一种"异端"。一本教科书更加便宜了，阅读的知识迅速传播开。书籍大量增加，而且读起来更清楚，理解起来更容易，书籍不再是一种装饰华丽的玩物或学者的珍藏，学者们开始为普通人的阅读而写书了。愚蠢的教士们垄断知识的时代一去不复返了。欧洲人的理智从教士的阴影中摆脱出来，科学的研究和理性的思索重新萌生。教皇依靠上帝的光环统治世界的想法再也没有市场。

总之，蒙古人和罗马教廷关系的改善把东西方都向近代化大大推进了一步，人文主义因素在东、西方都在潜滋暗长，世界进一步缩小了。

诸神之争：兼容并蓄的宗教宽容

宗教，不管我们曾经怎样以无神论的决断对其大加鞭挞或者冷眼旁观，它在历史以至于现在的影响还是无法立即抹杀的。自人类产生之时，如同一个刚刚出世的婴儿，试图解释周围各种各样新奇的事物，而知识的空洞又使他们无法如愿以偿时，一种在现代人眼中十分荒诞的思维方式便开始运作。但一旦人们满足于自己的思维习惯并把它奉为唯一真理，就被赋予了仇恨与残忍的力量。这是由这类思维的单调性决定的。孔夫子说："非我族类，其心必异。"对于宗教信徒，则是："非我教类，其心必异。"

在中国，由于其多种信仰的传统，同时占据主流地位的孔孟之学向来带有无神论的色彩，"天人合一"的观念使"天"与"人"之间形成了妙不可言的默契，世上既无需道貌岸然的神职人员，也无需琐碎的宗教礼节，人们不必求助他人，只要使自己的行为符合社会道德规范，就可以达到"顺天行事"的境界。正因为如此，中国人对所谓的"异教徒"的仇恨要轻得多。中华文化以其博大的胸怀接纳了多种宗教，在漫长的历史过程将它们消化，融入自己的血液之中。

当其他大帝在狂热的富有宗教偏见的情绪下攻城掠地，推行其自以为是的主张时，大陆帝国以一种前所未见的姿态向几乎所有到达亚洲的宗教和本土宗教敞开了胸怀。在帝国的熔炉里，各教派相互之间与生俱来的仇视之情淡化了，仿佛显出了它们的本来色彩——温馨和希望。

"佛是戎神，正所应奉"

几百年前，宗教裁判所的十字架上，还滴着与他们所信奉的救世主一样的殷

宗教仪式主持者

殷鲜血。中国人是例外，他们从未以拒绝一种新的思维和理解为人生宗旨，而是以博大胸怀对所有人说：

"欢迎你，朋友！"

除了中国本土宗教道教外，在世界三大宗教中，佛教是传入我国最早的，自从西汉以来，佛教通过"丝绸之路"，不断向中土输入，两千年来潜移默化，对华夏文明的发展的作用不能低估，直至今天，我们许多生活习惯中还有它的痕迹。

成吉思汗是带着"长生天"的信仰开始其戎马生涯的，但他对宗教却没有对战争、土地、妇女那么执著，他认为"和尚、也里可温、先生、答失蛮，不拣那什么差发休当者，告天俺每根底祝寿有者"。所有的教徒都是替他向上天祷告的人，因而"对所有宗教的眷顾是一视同仁"。

韩儒林认为，"蒙古统治者最先接触的佛教，似为中原汉地的禅宗"，其标志是1214年蒙古军队攻下宁远，俘获了13岁的禅僧海云。5年后，成吉思汗诏令：命海云及其师中观统汉地僧人，免其差发。窝阔台汗之后，乃马真后曾召请藏僧萨班喇嘛为次子阔端治病，阔端病愈后即皈依佛教，从此藏传佛教与元廷结下了不解之缘。1242年，海云禅师北上和林，面谒忽必烈，使忽必烈不仅接受了佛教，还从他那里得知"汉法"经国致用之术，刘秉忠就是这时被引荐的。

与此同时，西藏的宗教势力也在寻找靠山。最先被蒙古人奉为"国师"的是海云，蒙哥时，以克什米尔僧人那摩为"国师"，后来又封藏僧噶举派大喇嘛噶玛拔希为"国师"，表现出了对汉地、西域、吐蕃佛教一视同仁的态度。

在蒙哥汗末年，1258 年，针对佛、道斗争的情况，举行一次大规模宗教辩论，结果道教失败，蒙哥下令："如约行罚，遣使者脱欢将道者樊应志等十七人，诣龙光寺削发为僧，焚伪经四十五部，天下佛寺为道流所居者二百三十七区。至是悉命归之。"一度飞扬跋扈的道教受到打击，佛教地位提高。西藏的宗教领袖们正是利用这样的一个个机会，接近蒙古统治者，取得其信任的。阔端与萨班的亲近关系开拓了藏传佛教到蒙古汗庭之路，萨迦派与蒙古人的关系远非其他几派能比。1251 年，忽必烈迎接萨班，萨班以年老多病辞谢，举其侄八思巴代替。在六盘山八思巴觐见了忽必烈。一番对话使忽必烈对八思巴和藏传佛教产生了浓厚的兴趣，促使其转而倾向藏传佛教，而不是汉地佛教。

忽必烈向八思巴道："师之佛法，比叔如何？"

八思巴答："师之佛法如大海水，吾所得者以指点水于舌而已。"

结果，"问答见称"，忽必烈喜曰："师虽年少，种姓不凡，愿为朕留，当求戒法，寻礼为师。"

八思巴被尊为上师，后受命创立了蒙古文字，即"八思巴文"，更得忽必烈宠幸，当忽必烈即大汗位时，八思巴便被封为"国师"，"授以玉印，任中原法王，统天下教门"。藏传佛教被正式确定为元朝的国教，而八思巴则成为元朝教祖。1270 年，忽必烈再次接受了八思巴的"灌顶"，将其封号升为"帝师"，全名为"皇天之下、大地之上、西天佛子、化身佛陀、创制文字、辅治国政、五明班智达八思巴帝师"。萨迦教派八思巴一系自此主掌元代佛教，世俗势力与宗教势力达成了权力分割的协议。

帝师地位之高，皇帝以下无人能及，百官朝见，为帝师在皇帝身旁设专座，王公大臣见必俯伏作礼，死后追赠封号，还为其修建舍利塔，种种优待，不一而足。除帝师外，其他藏僧也受到礼遇，使吐蕃宗教势力成为元廷统治的积极维护者。即位后 4 年，忽必烈颁布《珍珠诏书》，明确规定了藏僧的特殊权利：

"对依律而行的僧人，无论军官、军人、守城官、达鲁花赤、金字使者皆不准欺凌，不准摊派兵差、赋税和劳役，……僧人之佛殿及僧会，金字使者不可住宿，不可索取饮食及乌拉差役。寺庙所有之土地、河流和水磨等，无论如何不可夺占、收取，不可强迫售卖……"

元武宗时甚至规定，打骂藏僧者，要处以截手断舌的酷刑，相反，藏僧违法，往往不会被追究。元朝皇帝为了让佛教徒替他们向上天祈福，同时也为了收买这些人的心，使之心悦诚服，用丰富的物质利益来满足精神领袖的物质需求，大量的赏赐令人瞠目惊心。忽必烈第二次接受灌顶，就赏赐给帝师八思巴白银1000大锭，绸缎5，9万匹。还有每次见面时所送的礼品以及哈达、银币，仅礼品就有金100多锭，银1000锭，绸缎4万多匹。以后历代皇帝的赏赐有增无减，国家为此耗费了巨额财富，时人说"今国家财赋，半入西番"，张养浩更说"国家经费，三分为率，僧居二焉"，赏赐之巨，可想而知。

元廷对藏传佛教至为优待，同时也支持其他一些教派，藏传一系地位虽高，但在中土影响毕竟太小，禅宗的势力始终占主导地位，其中临济宗影响最广，海云禅师就是这一派的。曹洞宗僧侣福裕先后受到贵由、蒙哥二汗的赏识，忽必烈即位后还曾命他"总教门事"，后为嵩山少林寺住持。福裕之师万松与海云是当时地位最高的两个汉地僧人，耶律楚材是万松的嗣法弟子，"以儒治国，以佛治心"是其名言。刘秉忠则是海云的再传弟子。后来忽必烈转而"崇教抑禅"，天台宗等势力上升。

元廷对佛教的鼓励使僧尼泛滥，仅 1291 年统计，全国就有寺庙 42300 多所，僧尼 21 万余人。佛教势力的膨胀带来了许多不良后果，这是蒙古统治者始料不及的。元朝设立了专门的佛教管理机关宣政院，后来又设了都功德使司，专门管理醮祠佛事，常由丞相兼领，地方上也有行宣政院、僧录司、僧正司等机构专理佛教事宜。这样，佛教的宗教性与政治联结起来，上层僧侣往往与政府官员一样，在权力与欲望的诱惑下，僧侣凡心大起，不仅追慕名利，贪图富贵，而且吃荤饮酒、玩弄妇女、大大败坏了六根清净的佛教徒的美名。寺院经济也如同肿瘤一样，成为元朝一代的不治之症，寺院的住持，往往又是大地主，尽管元廷颁布了"民间田宅，僧、道不得为邻"、"禁僧、道买民田，违者坐罪，没其直"等禁令，仍不能改变，寺院土地，"大者田至万亿，少者犹数百千"，具体数字，无须列举，亦能知佛寺势力之大。

元代诗人陈高这样描述道："缥缈浮图宫，俨若王者居；列传三二千，僮仆数百余。饮食被纨素，安坐谈空虚；秋来人租税，鞭扑耕田夫。不恤终岁苦，征求尽锱铢，野人不敢怒，润涕长歇虚欠！"言辞慷慨，一针见血，佛教势力成为统治集团重要成员，对人民的压迫也极尽能事。但令人难以相信的是，也正是由于佛教，人民的反抗才被一种强烈的信仰支配变得更有力量。元末农民起义一般认为是白莲教传播的结果。开始，怀着对各教派一视同仁的态度，白莲教也为元朝承认，不久，统治者看到它内在的危险性，便加以禁止。但这阻止不了这个民间宗教的传播，元廷千方百计控制人民，防范人民的努力随着红巾大旗的揭起而付诸东流。

历史对蒙古人开了这样一个玩笑：他们奉仰佛教，但正是佛教，使之灭亡。

道法天下与佛道之争

佛是"戎神"。都被顺利接受，道教是土神，是建立在上古以来的创世神话基础上的体系，善人接受就更积极。儒生，是无神论者，但他们往往既是佛教

徒，也是道教徒。在人们心目中，孔子、太上老君、释迦牟尼是亲兄弟。

在中国人的思维历史上，道教的地位是十分特殊的，它是中国大地土生土长可以称之为宗教的认识体系，道教从春秋战国时的老、庄学说上发展而来，由一种学说变为宗教信仰体系，弥补了儒学无神论造成的意念的真空，设计了一个斑驳陆离的神话世界，不是没有根由的。林语堂先生的总结十分精妙，他说：

人类还有更深一层的天性，儒家思想还未能触及。严格的儒学是太正统，太讲情理，太正确了。人有一种隐藏着的欲望：放荡不羁，然而儒教却不允许。那些喜欢披发赤脚而行的人于是都转向了道教。我们曾经强调指出，孔教的人生观是积极的、而道教的人生观则是消极的。道教是伟大的否定，而儒教则是伟大的肯定。儒学宣扬礼教和社会等级，为人类文化与人类约束辩护；道教却强调返归自然，不崇尚人类文化与人类约束……儒家学说还有其他缺陷。它太现实主义了，使人没有多少玄虚和遐想的余地，而中国人又是那样富有孩子般的想像力。……总之，道教为人们提供了儒教所未能提供的虚幻美妙的孩童世界。

他认为"儒教基本是都市哲学，而道教乃乡村哲学"，"道家是中国人思想的浪漫派，儒家是经典派"。

道教最初的影响，如果把属于它的思想来源的学说算进去，可以追溯到西汉初的"黄老无为而治"的统治政策，汉武帝采纳董仲舒"罢黜百家，独尊儒术"的意见，却十分器重方术，东汉以后谶纬盛行，而魏晋之机，玄学滥觞，都与道教的兴起有很大关系。魏晋南北朝的大动荡、大变革时代为各种思潮的传播创造了得天独厚的环境，道教在这时得到了很大发展。到隋唐时，道教又遇到了千载难逢的好机会，道士们没有恪守老庄"出世"的主张，频频向统治者献媚卖乖，使道教地位有所提高，基本上与佛教并列。李唐王朝建立后，因为与太上老君同姓的缘故，对道教大加推崇。625年，高祖李渊诏令规定，三教之中道教为第一，儒教为第二，佛教为第三。637年，太宗李世民又宣布尊崇道教，玄宗李隆基更为虔诚，称"朕志求道要，缅想真仙"。道教对世风影响也很大，文人如李白、孟浩然、储光羲、陈子昂，都对道教一往情深。这种风气延续到宋代，有名的昏君宋徽宗自称"道君皇帝"，便是一证，实际终北宋之世，道教地位都是很高的。

宋金时期，道教的发展到了另一个高潮，最值得一提的是全真道的产生。全真道祖师王喆（1112～1170年），原名王中孚，字允卿，陕西咸阳人，曾中过武举，后来迷上了道教，自称遇到两个仙人"密付口诀，又饮以神水"，改名王喆，号重阳，自此疯疯癫癫，四处讨饭为生。外出多年后回家。结庐村外，称"活死人墓"，村里人以其行为怪诞，呼之"王害风"。

全真道在王重阳的七大弟子手下发扬光大，七子中以丹阳真人马钰为首，其后是长真真人谭处端，长生真人刘处玄，长春真人丘处机，玉阳真人王处～，广宁真人郝大通，最后是马钰之妻清净散人孙不二。在全真七子手中，全真道迅速在北方传播，不久便成了风靡北方的一大宗派。

王重阳创立了全真道，期望有一天能够看到"四海教风为一家"的盛况，可惜他生前未见，七子含辛茹苦，力行传教，犹不能达到这个目的，不久，七子去其四，另外三子也不得不把目光转向统治者，想从上层找到靠山。1187年、1188年，王处一与丘处机先后觐见金世宗，怎奈金世宗问的不过是房中御女之术，与全真道义相违，未能得到青睐。章宗即位，又把势力增长的全真道视为黄巾一流，于1190年下诏禁止。这样一来，不仅没有得到支持，反而遭到压制，如果不是章宗不久改变了主意，全真道的日子不会好过。

　　尽管后来金朝支持了全真道，但丘处机等人已经注意到了北方虎视眈眈的蒙古铁骑，便改变了心思。他预料到蒙古人的未来不会简单，相比之下，女真人不过是在苟延残喘而已。他仿佛听到了成吉思汗的震天吼声，便断然拒绝了宣宗、宁宗的两次召请，率领一班弟子，不远千里到大漠拜见这位草原上的英雄。精诚所至，金石为开，丘处机感动了蒙古大汗，全真道"不嗜杀人""敬天爱民"、"清心寡欲"的说教使成吉思汗在潜意识里忏悔了，他答应丘处机不妄杀人，而且把这个长春子尊称为"丘神仙"，下诏规定丘处机的弟子门人都可免除差发赋税。后来又颁发了虎符和玺书，让丘处机管理"天下所有的出家善人"。

　　全真道得到了蒙古统治者的支持，获得了发展的良机，在强大的政治保护伞下，道教在北方兴盛起来，与以前相比，"诸方道侣云集，……京人翕然归慕，若户晓家谕，教门四辟，百倍往昔"，可谓盛状空前。此后，北方"玄风大振，化洽诸方，学徒所在，随立宫观，往古来今，未有如此之盛也"，形成了"设教者独全真家"的局面。王重阳"四海教风为一家"的设想眼见就要变为现实。

　　在丘处机等人的带动下，其门人弟子大力宣扬，又有蒙古统治者的首肯，使道教在蒙古族内部也流布开来。草原上，和林有道院，上都的官观更多，如崇真万寿宫、长春宫、寿宁宫等，在漠南诸地也建有大量道观，道教的宣教渗入到蒙古人的生活之中。在汉地，道教的势力急剧膨胀，道士一改"清静寡欲"的性格，在各地大兴土木，并且利用其先下手为强所取得的先声夺人的优势。又仰仗统治者的支持，打击、压抑佛教，侵占佛寺的庙宇田产，据为己有，大兴土木，在各地建筑宫殿，其富丽堂皇者，可与皇宫相比。

　　为何全真道首先得到蒙古统治者的支持，究其原因，首先，应该归功于全真道道士丘处机看到蒙古发展大势，向其首先抛出了媚眼，当时蒙古人只有似是而非的宗教——萨满教，多神体系及其本身的理论缺陷不能填补蒙古人想像力的真空，而博大精深的道教令成吉思汗等人耳目一新，使他迅速接受了，其他宗教，成吉思汗还没有过多的接触。道教轻而易举得到了统治者的欢心。其次，是全真道理论本身，自其开创祖师王重阳开始，就鼓吹"三教同祖"，排他性并不强烈，既不妨碍蒙古人对本族宗教的信仰，也不会阻止他们接受其他宗教。同时，丘处机没有道士那种自命清高的心态，他敢于低下头去向权力屈服，与某些道士相比，还是有胆量的。

但随着蒙古人对其他宗教的接触，特别是佛教在蒙古族内的影响增大，势必引起它们相互之间的利益争夺，这种争夺往往表现在理论争辩上，其实质则是为了取得对对方的优势。这样一来，蒙古统治者只好利用和平手段来解决它们之间的争斗，于是就出现了道士与僧人和基督徒的辩论。

第一次是廷前小辩论，发生在蒙哥汗5年（1254年），起因是少林寺长老福裕在和林见到全真道刚刚编定散发的《老子八十一化图》，其中有"谤仙佛门"之语。便通过学士安藏状告阿里不哥。阿里不哥又奏陈蒙哥汗。于是蒙哥便召集了福裕及全真掌教李志常于大内万安阁下"对面穷考，按图征诘"。

李志常明知理在彼而不在己，只好推说不知，福裕则得理不饶人，谴责道："汝既不知，何以掌教？"李志常默然无以对，福裕的攻击更为尖锐，说："道士欺负国家，敢为不轨。""道士欺漫朝廷辽远，倚著钱财壮盛，广买臣下，取媚人情。"在他看来，道教似乎已同于不法之徒。福裕在攻击道教理论后，话锋一转，便提出道士抢占寺庙土地问题，要求偿还，李志常无奈，只好吐还。很明显，这次小辩论以全真道失败告终，道士退回所占土地、庙宇不说，还被迫烧毁伪经经板。虽然蒙哥没有深究，经过这次辩论，全真道的声望与政治地位受到很大打击。

佛、道之争并未就此而止，1258年，又发生了一次大规模辩论。佛教一方，以福裕为首，全真一方，以张志敬为首，前者还有八思巴国师、西番国师、河西国僧、外五路僧、大理国僧等各地佛教领袖，300多人，后者200多人，除对立双方之外，还有持中间立场的儒士窦默、姚枢等200余人，作为裁判和公证。辩论以双方各出17名代表主辩，规定处罚办法为："僧家无据，留发戴冠；道士负义，剃头为释。"辩论结果如上次一样，道士惨败，樊志应等17名道士被遣送龙光寺为僧，45部伪经被焚毁，237所寺庙归还与佛教。

这次打击比上次后果更加严重，忽必烈虽然口头上表明对各种宗教一视同仁的态度，但是与以前诸汗比，更倾向于藏传佛教，即位后即封八思巴为"国师"，藏传佛教被定为国教，道教不可能与之分庭抗礼，只好退居其次了。

几次打击使全真道由盛而衰，忽必烈的宗教政策明显向佛教倾斜，对道教也由过去一味扶持全真改变为诸派均重。他对太一教、正一教先后表示了支持态

度，尤其是正一教，因为征南宋时张宗演之父张可大预言忽必烈"后二十年天下当混一"而受到礼遇。张宗演受命领江南道教事，赐名为"演道灵应冲和真人"，佩二品银印，而且还获得了"天师"的称号。以后的张与棣、张与材、张嗣成、张正言以及后来分离的龙虎宗支派——玄教领袖张留孙等，都受到元廷的宠信。玄教的发展更加迅速，其势力超过了北方的全真教，俨然成了道教中的主流。但玄教对于道教本身发展，尤其是理论上，建树却不多，北方全真道由盛转衰，道教主流便集中于正一——玄教一系，而玄教在这方面并未很好担起重任，迎合统治者固然得了很多好处，于道教本身却无特别大的贡献，理论的缺乏使之丧失了信仰市场，因此元代中后期，道教便从宋金元初的高潮急转直下，走向衰落，自此以后，包括明、清，再也没有像唐、宋、元那样辉煌过。

伊斯兰教在中国

从某种意义上说，人是生活在思维中，而不是生活在面包中。一个人吃饱了饭，只能增加一点气力，但如果决定为某一思想而努力，往往不惜一切代价。

在各宗教中，伊斯兰教在中国的发展基本上可以以元代作为一个里程碑，因为它与中国一个主要少数民族——回族的形成相联系，与另外两大外来宗教相比，它产生的时间较晚，与佛教比，传入中国的时间更迟，在历代受重视的程度更不如后者，对华夏文化的影响也不能与之相比，但比基督教，则有很大的优势，其影响，大约仅在佛、道之下。后来随着回族的形成，便纳入中华宗教体系之中。

伊斯兰教产生于 7 世纪中叶，创始人为穆罕默德，以《古兰经》为其根本经典，这一宗教形成后，迅速成为阿拉伯人及其征服民族的信仰，以"安拉"的"启示"建立的政教合一的国家，与东方、西方相比，都有不同。

成吉思汗及其子孙征服了中亚、西亚的许多伊斯兰地区，把这些地方纳入自己统治之下，土地上的居民也成为蒙古人的臣仆。隔绝了千百年，仅仅依赖细如丝绸的一条通道交流有无的东西方之间没有了隔阂，大量穆斯林涌入中原，散居各地，与其他民族杂处。蒙哥汗时，就有大批中亚穆斯林随军到中土，许多人开始接触蒙古统治，渐渐渗入到统治集团内。

在元代较有影响的一件事是"李璮之变"引发的忽必烈态度的转变。1266年，元朝设置制国用使司，掌管财政，色目人阿合马掌握了大权，成为一时权臣；同时另外一个穆斯林亦黑迭儿丁被任命为茶迭儿局总管府达鲁花赤。管理诸色人匠营造等事，兼领监宫殿。1268年，忽必烈下诏规定罢免诸路女真、契丹、汉人为达鲁花赤者，伊斯兰教信徒如色目人则保留这项权力。从此，色目人便超过汉人，成为位居第二的统治集团成员。以后蒙古统治者对色目人一直重用，直到元文宗以后。

元代三大伊斯兰教寺之一青州真教寺

　　随着色目人政治地位的提高，伊斯兰教在中国的传播较以前更为迅速，如赛典赤·赡思丁受命治理云南行省时，便在那里兴建清真寺，伊斯兰教在那里传布开来。阿难答对伊斯兰教别有一番感情，受封安西王后，在其辖地内大兴伊斯兰教，所部士卒，穆斯林占据大半，如果夺权成功，伊斯兰教在中国的影响恐怕要更大、更深。其他地方的穆斯林也有不少，在佛、道大兴庙宇道观的同时，穆斯林也在各地兴建清真寺，比较著名的如广州之怀圣寺、泉州之清净寺、长安之清教寺，其他如杭州、和林、定州等地的礼拜寺也很有名，在岭北蒙古族"祖宗根本之地"，也有穆斯林的活动，和林城就有两座清真寺，后人还在今内蒙古额济纳旗以东发现了元代的清真寺遗址和阿拉伯文残碑。元人孙贯文在《重建礼拜寺记碑跋》一文中说："今近而京城，远而诸路，其寺万余，俱西向以行拜天之礼。"为伊斯兰教的广泛传播又提供了一条有力的佐证。

元朝政府对伊斯兰教的重视，不仅有对色目人重用的实际行动，也有统治者的诺言。成吉思汗的攻金大军中，就有许多信仰伊斯兰教的畏兀儿人，西征时，他还曾命令穆斯林教士为军人讲解教义，他提出的"对所有宗教的眷顾是一视同仁"的政策后来成为祖制。

古兰经

不过，元朝对伊斯兰教的重视远不如佛道，最突出的表现是，佛、道两教都有人被以宗教领袖任为"国师""帝师"或"天师""神仙"，而伊斯兰教没有这样的领袖，重用的色目人也并非由于他们的宗教，另外，对于佛、道元廷专门设立了机构管理。佛教，有宣政院，任同中书省、枢密院、御史台。道教，有集贤院。伊斯兰教则由地方官兼管，未设专门机构。这一点，可以这样解释，那就是伊斯兰教在元代的地位不能与佛、道并论，同时，基督教也设了崇福司进行管理，而基督教在元代的地位并不高于伊斯兰教，这就应当归结于伊斯兰教本身了。与其他三教不同，伊斯兰教徒似乎并不务心于弘扬自己的教义，推广信仰，呈现了一种"独善其身"的特点，元廷只要管理这些穆斯林，而无须对其传教活动进行规范，政策上也就不用搞得那么复杂了。

伊斯兰教徒在定居中国后，与中国本土的封建制度相结合，产生了教坊制。前者的产生与探马赤军有直接关系。探马赤军中有一部分是从中亚来的穆斯林，

探马赤军"上马则备战斗，下马则屯牧耕作"的制度改变了穆斯林原来的生活方式。元朝统一后，忽必烈下令："探马赤军，随地入社，与编民等。"这些穆斯林便定居下来，或者成为农民，或者成为地主，他们聚居的地方，就称为"教坊"，亦称"寺坊"，是一个独立的宗教组织单位，坊内有一座清真寺，以阿訇为教长，进行内部管理，与里社制相比，只是多了一层宗教色彩。

明清之际，当时著名的穆斯林如王岱舆、刘智等都是"学通四教""长攻儒者之学"的学者，他们"会同东西"，提倡"义以穆为主"，"文以礼为用"，使儒学与伊斯兰教互为表里。经过这些人的努力，具有中国特色的伊斯兰教—凯拉姆体系形成了，这就是中国的伊斯兰教。

也里可温：上帝福音在中国

善良的基督的预言中包含了整个世界，却忽略东方的一个最大的国家。在他死后近1000年，福音书才送到那里。

基督教产生于公元1世纪的巴勒斯坦，自被罗马帝国定为国教以后，便成为整个欧洲的精神统治工具，教会的势力凌驾于世俗皇权之上，是欧洲的特点。由于相距中国较远，它产生后并未马上传人中土，现在一般认为，在唐代基督教才开始渗入东亚。当时传人的是其聂斯脱里一派，因为主张违背了"三位一体"的传统教义，于431年被判为"异端"，这一派被排斥出欧洲，却在波斯找到了落脚点，又利用"丝绸之路"之便，传入中国，时称"大秦景教"、"大秦教"或"景教"，唐王朝的开放态度给景教流行中国提供了契机，李唐政权对它不仅没有压制，反而给以支持。高宗时封阿罗本为镇国大法主以尊其位，玄宗、肃宗、代宗也不止一次作出礼遇基督徒的行动。统治者的支持使基督教的在华传播有了靠山，唐代形成了这样的局面："法流十道，国富元休，寺满百城，家殷景福。"说明基督教传播已初具规模。

唐武宗崇道灭佛，对大秦、穆护、祆三教，也采取了压制措施，武宗诏书中这样说："我高祖太宗，以武定祸乱，以文理华夏，执此二柄，是以经纬。岂可以区区西方之教，与我抗衡哉？"景教受此打击，本来就基础不牢又与中国传统格格不入，便一蹶不振了。但是它并没有灭绝，新疆等地仍在继续流传，对于一些少数民族的影响很大，蒙古人中的某些部落，便慢慢信奉了基督教，如克烈部、乃蛮部、汪古部即是。

对基督教在蒙古族内有重要促进作用的是鲁不鲁克的出使行动，蒙哥接见了这位使者，并阐明了他的宽容政策。贵由汗对基督教的优待也是人所共知的，蒙哥的态度较他更加开放，教士们被允许到宫帐中去为大汗和后妃祝福、祈祷，而且在1254年的宗教大辩论中取得了对中国本土宗教道教的胜利。《出使蒙古记》是这样记载的：

"我对道人说：'我们心里坚决相信、亲口声称：上帝是存在的，而且只有一个上帝，他是一个完全统一的个体。你相信什么?'他回答说：'只有蠢人才说只有一个上帝，而有智慧的人则说有许多上帝。在你们国家里，不是有强大的君主，而在这里不是有最高君主蒙哥汗吗？上帝的情况，亦复如此。在不同的地区，有不同的上帝。'对此，我回答说：'你提出的是一个坏的例证或比喻，从人辩论到上帝。因为，按照这样的说法，任何有权力的人在他自己的国家里都可以被称为上帝。'"

结果道士们理屈，败于下风，基督教与伊斯兰教这两种外来宗教获胜。从这次辩论的结果可以看到，基督教在蒙古统治者心目中的地位提高了。基督教向来有一种传教布道的神圣感，在他们的努力下，基督教在蒙古统治区域内迅速传播，其速度远远超过伊斯兰教。

元代的基督教分为二支，一支是流行于西北的聂斯脱里派，也就是唐代传人的景教，另外一支是由教廷所派使节传人的天主教，又称"十字教"，或称"也里可温教"。元廷对基督教持宽容态度，把基督传教士列为色目人，与回族人同等，地位较高，有的基督徒还被委以重任。基督徒试图靠统治者的支持击败佛、道、伊斯兰诸教，大力发展自己的势力，但元朝基本上奉行"一视同仁"的态度，使其野心未能得逞。当他们看到无法与地位巩固的佛教与道教比高量下时，便把斗争矛头指向与其处于平等地位的伊斯兰教。虽然在1254年，鲁不鲁克"因为伊斯兰教徒同我们一致承认唯一的上帝，所以他们将站在我们一边反对道人"制订了联合伊斯兰教徒对付道士的计划，但在元朝统治时期，两派的斗争却从未间断，与其说是教义之争，不如说是利益之争，因为哪一派取得上风，都决定在元朝的政治和经济地位。

曾经领崇福司事的基督徒爱薛曾在忽必烈面前诋毁伊斯兰教，以《古兰经》中"尽杀所有多神教徒"一句话激怒了忽必烈，若不是阿合马、巴哈丁和达失蛮、哈密丁等人的劝谏，伊斯兰教必然会受到压制。但这场斗争还是以基督教取得胜利结束，阿合马死后，爱薛擢升秘书监，领崇福使，迁翰林学士承旨，兼修国史，中央有了与佛、道一样的基督教专门管理机构，同时，基督教又取得了"依僧例给粮"的优待。仁宗时，爱薛位至秦国公。武宗时，阿难答、伯颜以伊斯兰教壮大势力，爱薛即加以抵制。后来，基督教皇利用皇室内部权力之争，又获得了一些好处，文宗图帖睦尔实行了抑伊斯兰教兴基督教的措施，"又命也里可温于显懿庄圣皇后神御殿作佛事"。其实，这一结果是穆斯林与基督徒在政治角逐中押了不同的宝所致的，穆斯林支持了文宗的敌人王禅、倒刺沙，文宗得势必然要报复，下令凡回族人"不与其事者，其他业勿惧；有因而煽惑其人者，罪之"。经过这次政变，回族人的势力受到一定打击，而基督教则乘机抬头，似有超过前者之势。谋害明宗的凶手也里牙便是基督徒，本来应受重用，但文宗却"内怀愧慊，则杀也里牙以杜口"，说明文宗并非真正对基督教感兴趣，而是把它当作一争权工具而已，这样一来，基督教实际上并没有更稳定的靠山，从实力上看，与伊斯兰教还是不能比的，更何况是佛、道。

基督教利用元朝兼容并蓄的宗教宽容政策确实风光了一阵子，但令人不解的是元朝灭亡后，它也随之销声匿迹了，这足以说明它在中国还没有扎下根基。道教是中国本土宗教，佛教经近千年演变，已成了中国的佛教，伊斯兰教中国化开始较晚，但因为有稳定的信徒——回族人，而回族人在元廷中的地位又是人所共知的，因而基础较为巩固。只有基督教，传人中国晚不说，又不肯接受儒家的传统，走上中国化之路，在中国很难推广，相比之下，信奉者不多，其教徒又不能像伊斯兰教那样从中、西亚源源不断涌入，因此，只有利用元廷的特殊政策之便有所发展，到了理学至上的明代，就行不通了，于是乎便只有作昙花一现而已。

在以上四大宗教中，基督教的命运恐怕最为不好，归根结底，是因为它没有在中国找到出路，也就是说，未能适应中国的国情，而佛教与伊斯兰教，都或早或迟找到了与中国传统联结的契机，基督教则没有，因而它在中国正式立足的时间，也被推迟到了鸦片战争以后，带着一股火药味在神州大地上蔓延开来。

多面体的长生天：萨满的失落

蒙古人是"偶像崇拜者"，这与"图腾"崇拜有一定联系，他们与其他信仰的执著狂不一样，长生天可以转化为任何一个神的名称，或者是安拉，或者是基督，还可能是释迦牟尼。

在喇嘛教传入蒙古地区之前，萨满教是主流宗教，或者称"国教"。是土生土长的一种宗教思想体系，由于蒙古族本身所处的社会发展阶段限制，萨满教还保留着原始巫术的某些特征。其宗教仪式，就是一种巫术。

萨满是神职人员，其工作在于勾通人世与天神的意旨，这种勾通，是通过一定的仪式实现的。由他们主持的氏族或部落的祭祀，如祭天地、星神、山神、火神、猎神、畜牧神、祖先和部落独特的祭神，以杀牲、念咒语、跳神求得天神的保佑和赐福。这种宗教活动同时还用来治病与占卜，也有固定的仪式。这一点与原始部族的巫术极为相似，由此，可以看到萨满教的原始性。

萨满教有自己的对自然界、动物世界和灵魂世界的解释，但是这一套理论十分粗糙，与其他几个源远流长的宗教相比，就显得黯然失色。因此，在信仰方面，萨满教理论上的不完整性还没有形成排他性特点，它的神祇体系很容易被别的宗教改编。于是蒙古人改信基督教、伊斯兰教的就有很多，当喇嘛教传入后，慢慢就取代了萨满教的地位，以至于人们不知道蒙古人是否还有自己的宗教。

忽必烈往往亲自参加基督教、伊斯兰教的主要宗教节目的活动，他说：人类各阶级敬仰和崇拜四个大先知。基督教徒，把耶稣作为他们的神；萨拉逊（指穆斯林）人，把穆罕默德看成他们的神；犹太人，把摩西当成他们的神；而佛教徒，则把释迦牟尼当作他们的偶像中最为杰出的神来崇拜。

但是，忽必烈也说了实话，他没有改信基督教、伊斯兰教，却把自己变成了佛教徒。他看中的不是堂而皇之的理论和深奥的教义，而是与萨满教有相似之处，即保留着巫术，他称之为"法术"，这些法术能够创造奇迹，当佛教徒运用法术时，能够把恶劣的天气赶跑，能够向天神祈求，为大汗和人们求得好处。忽必烈阐明了自己信佛教（其实是喇嘛教）而不改信其他教的理由，他的话是对基督教徒说的，"那些佛教徒，凭借他们高深莫测的法术，施行神奇的魔力，很容

图解版

世界五千年

蒙古帝国王朝史

一四九一

易就把我置于死地"。他还做过这种承诺，如果基督教徒能够打败佛教徒，使他们认输，他就接受洗礼，而且在全国推广基督教。但是这次辩论没有举行。

元朝的宗教宽容政策扩大了统治集团，使各族人以不同的身份走到蒙古人为核心的利益共同体中，在巩固元朝统治这一点上，他们是一致的。但统治集团的扩大，并不意味着统治会巩固，也许正是由于这个原因，才使元朝的辉煌昙花一现。

这些靠迷信获取统治者信任和荣华富贵的不学无术者，不事生产，却从国库中索取大量的财富。他们不但不能维持统治的巩固，反而成了国家的蛀虫，他们与其他贵族一样，消耗着下层人们用鲜血和汗水换来的产品。统治者为满足他们的需求，不仅不择手段搜刮，而且对僧道为非作歹的行为还加以袒护。有官府为靠山，这些人更加嚣张，与官吏一起，压榨百姓，侮辱妇女，圈占田地，抢劫财富，弄得民不聊生，人们忍无可忍、走投无路之时。必然要反抗。烽火连绵，到元朝后期，已成燎原之势，元朝的统治毕竟不能靠神职人员的咒语维持，几年之后，大陆帝国的大厦便在农民起义的大火中化作一片瓦砾。

富甲天下：对"元朝经济落后说"的诠释

如果说元代有些缺陷是事实，毕竟蒙古人在社会发展阶段上较汉人落后，他们的游牧生产方式对中国传统农业生产产生了一定的冲击，在生产中，还有"驱口"之类的带有奴隶性质的劳动者，手工业者被掳至主要城市，成为官府的奴隶，其他还有许多措施表明，确实带有一定的落后性。有人说，元代社会是向奴隶制的倒退，变耕地为牧场，严重破坏了中国的经济发展，使之出现了一种退步的趋势。

元代经济真的退步而不是保持以前的状况（或者是进步）了吗？解决这一问题，有利于澄清很久以来人们的疑问，对于正确树立对这个"大陆帝国"的看法，也是关键的。

"一举两得"：农业、牧业兼重

第一次社会大分工一定落后于第二次社会大分工？哪位专家也没这么说，但确实有人先入为主地这么想。如果那样，今天生活中人们最爱吃的东西怕永远也见不到了。

在蒙古汗国染指中原之始，统治者们还不知该适应新的生产方式，于是便有人提出，要把所有耕地变为牧场，窝阔台汗时期的别迭等人就是这样的主张，但在耶律楚材的抵制下，废耕地为草原的行动没有广泛开展。即使如此，"占民田为牧地"的事情仍层出不穷，蒙古人"冒占膏腴之地，以牧马供军为名"，"王公大人之家，或占民田近于千顷，不耕不稼，谓之草场，专放孳畜"，而且以国家的名义在全国建立了14道牧场，水草丰美之地，俱据为牧地。畜牧业是蒙古人根本生产方式，是不可能放弃的。

早在木华黎经略中原之时，他就接受了汉人史天倪的劝告，"不嗜戕杀，恣民耕稼"，严格军纪，禁止掳掠，"敢有剽房者，以军法从事"。贵由汗、蒙哥汗期间，对农业生产的重视程度又有所提高，到忽必烈这里，他下决心"行汉法"，对中原之"本业"便不能不放在他政策的首先考虑的地位。"行中国之道"才能为"中国之主"，这里所指的"中国之道"，就包括了农业这一生产方式。对农业的重视，表现在多方面，有些措施，连以前的朝代也自叹弗及。

首先，忽必烈几次下诏，颁布禁止诸王贵族改农田为牧场或者因为狩猎而践踏庄稼的法令，他治理漠南时，就派了廉希宪等人到关中等地核查，压制蒙古豪势。1262年，申令蒙古军队归还冒占田地，给无地农民垦种，1261年，敕令怀、孟等州被占牧地，"听民耕垦"，1273年，山东临邑牧地约20余万亩，"悉归于民"，他这种重视土地的态度，比现在一些只知"发展"，乱占耕地的短视之人还要高明一些，修建新都北京时，尽量不占农田，而且把附近的一些牧地"分给农之无田者"。即位后，他又颁布了诏令，把重农作为一项国制：

"国以民为本，民以衣食为本，衣食以农桑为本。"

从中央开始，树立了重农的观念，这是其推行汉化政策的一个重要表现。

其次，把鼓励农业生产提上日程。忽必烈刚刚即位，便在全国设十路宣抚司，宣抚司择通晓农事的人充任劝农官。1261 年，设置劝农司，以著名汉儒姚燧为大司农，另有 8 位农业专家为劝农使，分赴各地督察生产。1270 年，又置司农司，以中书左丞张文谦专掌农田水利之事。1289 年，又在粮谷之仓的江南设立了行大司农司和营田司，掌管江南农业生产。在中央设立专门鼓励农业生产的机构，在以前的朝代里是没有的。同时，忽必烈还定下了这样的制度，把户口是否增加、田野是否垦种作为衡量地方官合格与否的标志。

为指导全国农业生产，忽必烈还下令编写了中国历史上第一部官修农书《农桑辑要》，王磐在序中说：

元朝时候农业进一步发展

"圣天子……诏立大司农司，不治他事，而专以劝课农桑为务，行之五、六年，功效大著，民间垦辟种艺之业，增前数倍。农司诸公，又虑夫田里之人，虽能勤身从事，而播殖之宜，蚕缲之节，或未得其术，则力劳而功寡，获约而不丰矣。于是遍求古今所有农家之书，披阅参考，删其繁重，撮其切要，纂成一书……以颁天下。"

《四库全书》评价它"博采诸书，更益以试验之法"，因而"详而不芜，简而有要"，说它是集当时中国农学发展大成之作，并非言过其实。该书大至天时气节、寒暑时宜，小到插秧锄草均有叙述，不仅有中国本土的农作物，还介绍了最新引进的一些新品种，对指导农民具有重要意义。

再次，大力发展屯田，兴修水利。"屯田"自古以来为封建国家增加粮食生产、安置游民的传统方式，大致可分"军屯""民屯"两种，"军电"相当于现在的军队农场，"民屯"相当于一般国营农场。元代也从其前朝统治那里继承了这种途径，实行大规模屯田，屯田遍及全国各地，既安置了流浪失所的人们，巩固统治，又使国内富足。

忽必烈重农政策在其他方面还有反映，无须一一列举，但他并没有从汉文化中继承一味重视农业生产而忽略其他各业的传统。作为一个蒙古人，他既没有坚持牧业第一这一极端，同时也没有矫枉过正，走向单纯重视农业，废弃畜牧业这一极端，他的后代继续他的原则，英宗明确说道：

"兵以牛马为重，民以稼穑为本，朕迟留，盖欲马得刍牧，民得刈获，一举两得，何计乎寒？"

英宗是力行汉法的明主，犹没有顾此失彼，而是"一举两得"，农业与牧业兼顾。在这一经济政策下，与农业发展的同时，元朝的畜牧业生产水平也得到了进一步提高，政府在某些方面的措施也足以表明这一点。

元朝政府保持畜牧业生产的政策，主要有以下几方面：

一、维护牧民财产权。《元史·刑法志》有这样的规定："诸盗驼马牛驴骡，一陪九，盗骆驼者，初犯为首九十七，徒二年半，为从八十七，徒二年，再犯加等；三犯不分首从，一百七，出军。盗马者，初犯为首八十七，徒二年，为从七十七，徒一年半；再犯加等，罪止一百七，出军。盗牛者，初犯为首七十七，徒一年半，为从六十七，徒一年；再犯加等，罪止一百七，出军……"对盗窃不同的牲畜有不同的处罚，条文详细，不厌其烦，其用意无非在于保护蒙古人的财产。

二、救济灾害。游牧民族所受自然条件的限制比农业民族更多，畜牧业生产在自然灾害的威胁面前往往无能为力，一次瘟疫、一次"白灾"，就可能令牧民家破人亡，流离失所。保障牧业生产，就要与自然灾害作斗争。元廷在这方面也有专门的法令条文，对受灾地区，"依例赈给"，使那里的生产得以恢复。在史书中有很多实例，如仁宗年间，对岭北灾区"转米数万石以饷饥民，不足则益以牛羊"。1289年，对畏兀儿合木里灾区，"命甘肃发米千石赈之"。1319年，对吐蕃拨发了大量粮食财物。赈灾的重要性，自不必多说。

三、减轻牧业税收。对农业，元廷的税率呈逐渐加重的趋势，对畜牧业则不然，非重反轻。窝阔台汗时规定："蒙古民有马百者输牡马一，牛百者输牛牛一，羊百者输羊羊一，为永制。"税率是一百分之一，与农业税收相比，简直微不足道。后来又规定，不到30头的免抽规定，保护了小牧主的利益。

四、其他具体措施。比较重要的是在少水的草地上打井供水，解决天旱缺水这一严重问题，窝阔台时在岭北天水处筑井，世祖时派1500人到漠北"浚井"，英宗时调"左右翊车赴北浚井"……元代比较有名的"马政"，就是一项具体措施，在中央设置专门机构指导养马，教育牧民养马之术，禁止私杀马牛。"禁宰年少马匹"就列入法令，同时，羊羔、母羊也在禁杀之列，这并非出于禁忌，而是为了畜牧业本身的发展。

从以上元政府对农业、畜牧业的政策中不难衡量出英宗"一举两得"这句话的分量，确实如此。

"民用以足"：元代农、牧产业发展实况

中国是一个农业国，不只是由地理环境决定的，也是中国人超凡的繁殖速度决定的。不管遭到多大的损失，人口的增长比经济增长要快得多。

元代奉行农牧并重，力求"一举两得"，确实作出了许多努力，但我们仍不免怀有疑问，后果如何，蒙古帝王真正达到了目的吗？也许有的人总认为畜牧业这种生产方式落后，元廷重视它，本身就是落后性的表现，其后果也必然是严重的。这些，都是想当然而然，并不是实情。

元朝农业发展是在战乱所造成的废墟上开始的，时人对那片惨状的描写令人触目惊心："民以饥馑奔窜，地著务农，日减月削，先畴畎亩，抛弃荒芜，灌莽荆棘，何暇开辟。中原膏腴之地，不耕者十三四，种植者例以无力，又皆灭裂卤莽……"当务之急，是恢复，还谈不上发展！面对这一困难，元朝政府制定了前述政策，几十年以后，取得了人民安定，"民用以足"的效果，各地官员将垦荒屯田作为主要政绩，频频向大都送去捷报，这样的例子，不胜枚举。农业恢复

了，发展了，粮食增加了，官府的存粮自然随之增多。当时的著作中记载了一个人的亲眼所见："河仓暨京师仓并无廒房，皆作露囤，不一二夏，举皆陈腐臭败，以致牛马不食……又以农忙无力搬取，贱取其本而弃之如粪土。"如果粮食不足，视之珠玉犹恐不得，何况粪土？江南粮食产量急增，不仅向北方源源接济，大运河向北延伸，主要目的就是为此，同时，有的农民、商人也做起出口生意，把稻米贩到占城等地。元政府虽有规定："米粮军器等，不得私贩下海，违者舶商、船主、纲首、事头、火长各杖一百七，船物没官。"饶是如此严厉，犹不能禁绝。

粮食生产增加还只是一个方面，元代农桑并举，所谓"衣食以农桑为本"，就是把桑提到粮食生产一致的地位上，这与古来历代政策是相承的，南北朝、隋唐都规定必须种几亩桑田、麻田，不是为了"食"，而是为了"衣"，二者同样重要。元朝命令地方州县，"务要田畴开辟，桑床增盛"，1269年，诏"诸路劝课农桑"，1270年颁布14条农桑之制，1273年颁《农桑辑要》一书，都是"农"与"桑"同提并论，王祯《农书》中还强调"民生济用，莫先于桑"。农民种粮同时，必须种桑，政府专设提调农桑官进行检查。桑树与庄稼一样，受到保护。过了一些年，出现了"新桑遍野"的盛况，1286年，统计数字为桑树果树共3309万多棵，不可谓不盛。

另外，除了《农桑辑要》一部官修农书之外，元朝还出现了许多私修农书，史书有载的有王祯的《农书》，鲁明善的《农桑衣食撮要》、罗文振《农桑撮要》、范好谦《栽桑图说》、俞宗本《种树书》、刘宏《农事机要》、桂见山《经世民事录》、汪汝懋《山居四要》、陆泳《田家五行拾遗》、延益《务本直言》。整个元代，从其正式称为元朝开始，不足百年，而农书却出了十一二部之多，不用说，是元朝农业的发展为农学的进步提供了天然土壤，农业与农书二者相互促进，农书又反过来指导了农业的发展。在这些农书中，除《农桑辑要》外，王祯的《农书》和鲁明善《农桑衣食撮要》对当时和后世影响最大，在中国农学史上也占有重要地位。

元代的畜牧业生产同样，也取得了令人瞩目的成绩，战乱之后，在稳定的环境中，漠北漠南又呈现出"风吹草低见牛羊"的繁荣景象。元诗中不乏歌颂的句子："青烟湿山道，牛羊下斜曛"，"连天暗丰草，不复见林木，行人烟际来，牛羊雨中牧"，在富足的物质满足深处，诗人用他们敏感的目光，看到了人生的内涵，形诸文字，描绘出了一幅幅生动、优美的生活画卷。

全国各地水草之乡，畜牧业都发展起来，岭北"咸安乐富庶，忘战斗转徙之苦久矣"，西北地区"昌盛逾前"，凉州"畜牧甲天下"，吐蕃、云南"墟落之间，牛马成群"，甚至连台湾，也"山羊之孳生，数万为群"，"牧牛羊散食峪间"。

畜牧业的发展同样推动了元朝经济的繁荣，由于农牧兼重，使这个朝代的经济显得更加完善。畜牧业为农业、手工业、商业的发展提供了有利条件。先看对农业。与今天不同，当时农业生产离不开耕牛，鲁明善在《农桑衣食撮要》中说："牛者，农之本……家有一牛，可代七人之力，"如果没有牛或其他畜力，利用原始农具的农民可要大吃苦头了。畜力从何而来，至少有一部分是从畜牧业中来的。元朝政府为了鼓励农耕，"官给牛具"、"给牛屯田"、"置牛种农具"、"官给田土、牛种、农器"，这些牛显然来自于牧业，也许是官牧场，也许是私人牧场。对手工业，畜牧业的贡献也不可忽视，至少，有一部分手工业是建立在畜牧业生产基础之上的，如皮类，用于军事和日常生活的产品有很多，甲胄、战袄、丝弦、裘、帽等。牲畜的毛是纺织业的原料之一，被制成毡毯、地毯或服装，舒适耐用。元代许多手工业部门就与畜牧业息息相关。蒙古人有重商业的传统，他们拿牲畜或者其他特有的手工艺制品换取所需的物品，同时也满足了其他生产部门人们的需要，丰富了市场，繁荣了商业，丰富了人民的生活。在当时，可谓有功而无过。

百技效能：手工业

对于英语中"china"一词的解释，语言学家有多种看法，但最主要的是以下两种：一种是"China"的拉丁文词根意为"秦人"，也就是说，称中国人用的是2000年前对秦朝人的称呼；一种是"China"一词的首字母不大写，便是"瓷器"的意思。外国人用瓷器来称呼中国。这里，不管先知瓷器而后知中国，抑或先知中国而后知瓷器，意义都一样，中国是与"瓷器"联系在一起的。

元代官工匠制度的确立历来被当作它阻碍了手工业发展的一条证据，这样讲，合情合理。蒙古人四出征讨，所过之处，不留遗生，但对有一技之长的手工业者都给了活路，把他们集中起来，让他们为蒙古人服务。元朝统一后，由官府

经营、管理手工业的制度便随之确立。据记载，元初人匠籍的工匠有 42 万，分别列在系官匠户和民匠两种户籍里，其中系官工匠分别隶属于工部、将作院、大都留守司等中央机构和地方官府。这些官工匠从官府领取原料，为官府生产手工业品，获得粮食、衣物、盐等必需品，有的还可领到类似工资的少量货币。民匠的自由要多一些，但和以前朝代比，还是有许多限制，这不利于发挥他们的生产积极性。

但上述事实并不能说明元代手工业一无是处，没有发展，从实际情况看，也远不是这样，元代手工业呈现的是一种百花齐放的局面，不仅发展，而且已趋于繁荣。从几个比较重要的手工业部门中便可窥知一二。

纺织业，在中国具有悠久的传统，也是与农业相辅相成的重要部门，历来农桑并重，作为家庭副业，在国民经济中发挥着重要作用。纺织品，在满足人民的生活需要的同时，还有类似于"货币"的职能，封建帝王赏赐臣民，除了黄金、白银等物外，往往也有布帛，就是元代，也不乏赏赐"币帛"的例子。纺织品的重要性可见一斑。

元代，纺织业的发展是手工业进步的重要内容。在全国有许多丝织业中心，各家各户也以此为糊口副业。许多北方城市的丝织业也发展起来，如河北正定的金锦丝罗、涿州的金锦丝绢，北京制作金锦绸绢。丝织品的种类更加繁多，有绸、缎、绫、罗、绢、纱、绉、纺等等，著名的产品有苏缎、京缎、湖绉、杭纺、拷绸、蜀锦、潞绸、府绸等，分工精细，仅蜀锦一类，就有 42 种。另外，在这一行业中，已出现了早期的手工作坊，许多大商人出资收购机产，把零星的小生产者集中在一起，于是便出现了专门为他们从事生产的"机户"，明代的资本主义萌芽，在元代就可以找到它的原始形态。

除传统的丝绸业之外，随着棉花种植的推广，棉纺织业作为手工业部门，也产生了。谈起棉纺织，不能不论及一个重要人物，那就是黄道婆。陶宗仪《南村辍耕录》专门有一条记载她的事迹：

"闽广多种木棉，纺绩为布名曰吉贝。松江府东去五十里许曰乌泥泾……国初时有一妪名黄道婆者自崖州来，乃教以做造捍弹纺织之具，至于错纱配色综线挈花各有其法，以故织成被褥带巾兑，其上折枝、田凤、棋局，字样粲然，若写。人既受教，竞相作为，转货他郡，家既就殷，未几，妪卒，莫不感恩，洒泣而共葬之，又为立祠，岁时享之。"

人们淡忘了黄道婆，但她所带来的先进技术却永远保留下来，"乌泥泾被"远近闻名，松江府成为全国棉纺织业的中心，时称"衣被天下"，仅乌泥泾，就有纺织业 1000 多家。以后，棉纺织技术更加完善，工具也日益先进，王祯《农书》有专门记载。除松江之外，许多地方也发展起来，如福州的棉布就"运销蛮子全境"。

"中国"这个名称，在外国人眼中与"瓷器"是同义的，瓷器可以作为中国的一个象征，制瓷业在手工业生产中所占的比重也不是其他行业能比的。

元代的名窑在宋代基础上又有增加，山西、河北等省形成了具有自己特色的"均窑"系统。此外，景德镇的枢府窑、湖田窑也很有名气。铜红釉、钴蓝釉是元代的新技术的结果。隋唐以前的主要色彩，除白、黑、青外，就是酱色釉，一般是以铁作为着色剂，宋代出现了红釉，但仍是以铁为着色剂，而元代则以铜代替了铁，使瓷器的色彩千变万化，多种多样。釉里红也是元代首创，其制作方法是先以铜红釉在瓷坯上绘成图章，外罩一层透明的釉，然后烧制，色彩光艳，滑润，十分美丽。青花，则是以钴蓝釉在瓷坯上绘制花纹，外涂透明釉，经长时间高温烧成，这是元代名瓷的代表，风格典雅，令人爱不释手。

矿业，在古代也是手工业的生产部门，以前主要指盐业、铁业，这两种产业关系到封建社会的国计民生，因而备受重视，有些朝代，为了把握住国民经济的命脉，推行盐铁官营政策，元代也有这种倾向。不过，在元代，矿冶业已不只铁冶业和煮盐业，许多金属如金、银、铜、铅、锡、水银的开采规模也得到扩大，产量提高。拿铁一项对比，南宋时的官营冶铁业每年产量不足 300 万斤，而元代则接近 600 万斤，发展不能说不快，如果加上民间生产，这个数字要庞大得多。尽管元代官营手工业是其政策一大特点，但政府面面俱到的管理力不从心，基本上还是民间采矿唱主角，只是私人开采要经国家许可，而且要向政府缴纳一定数额的产品和赋税。官营矿业生产效率低，时置时废，大多数产品，便由民间生产，官府也"听民煽冶，官为抽分"，坐收其利，何乐不为？

冶炼技术提高很快，镔铁、峒刀、大理刀都产生于此时。冶铁炉温度高，鼓风设施也由水力取代人力，有立轮式与卧轮式水排机，"煽冶甚速，过于人力"。

以上是几个重要的手工业生产部门，在经济中占有突出地位，除它们而外，还有其他一些行业也值得一提。酿酒技术应该说可上溯到夏商以前，商人嗜酒如命，"酒池肉林"，言纣王穷奢极欲，同时也是说当时酒的产量已很多。但有一种酿酒技术却自元代才有，用这种技术烧制的酒，称为"烧酒"，李时珍《本草纲目》中说："烧酒非古法也，自元时始创其法。"至于其具体制作方法，在忽思慧《饮膳正要》、朱震享《本草衍义补遗》等后人著作中都有所述及，大体上是将酒醪加热蒸馏，使酒变得更纯净，味道更美。

元代的印刷术，也应提及。印刷史上很重要的是在毕昇泥活字印刷法基础上，王祯发明了更加易于刻制、保存、使用的木活字和提高排字效率的。"转轮排字盘"。套色印刷是元代印刷术进步的另一标志，逐色套印，把活字印刷术提高到另一个阶段。当然，手工业种类繁多，不能一一列及，但至少有一点是各业共同特点，那就是都在发展。

马可·波罗眼里的"商业繁盛"

不只是近代以后的西方人，包括土生土长的中国人，都用不以为然的口吻对中国下定义曰："小农社会"。仿佛就因为中国人看中了粮食，就应该落后似的。

一位学者认为，对中国古代的抑商应辩证看待：抑商偏重于伦理方面及社会影响，而经济思想和政策上，则体现为重商、恤商。这才是合理的解释。

前面已经叙述过，元代的商业政策与前代有很大不同，至少在蒙古统治者的心目中没有贱商的观念，相反，从很多措施上可以看到，政府不仅重视商业，还保护商业，因而元代商品经济得到长足发展，举国上下呈现出一片繁华景象。

马可·波罗的眼睛

马可·波罗通过他自己的眼睛，向人们展示了他见到元帝国的繁盛，而这种繁盛，正是突出地表现在商业上。

大都，是元帝国的政治、文化、交通中心，同时也是帝国的经济中心，其商业之发达，可以名列世界著名的大都市前列。尽管是新建城市，但由于得天独厚的条件，商贾云集，各国商人都以在此地经营为荣，国内商人也为其巨大的市场

　　马可·波罗称大都为"商业繁盛之城"，"无数商人和其他旅客为朝廷所吸引，不断地来来往往，络绎不绝"，他以一个不恰当的数字来反映商人之多，城中城郊有2，5万名娼妓，如此之众，尚远远不能满足商人们的需要。"凡世界上最为稀奇珍贵的东西，都能在这座城市找到，特别是印度的商品，如宝石、珍珠、药材和香料……这里出售的商品数量，比其他任何地方都多。根据登记表明，用马车和驮马载运生丝到京城的，每日不下一千辆次"。

商业的繁华

　　《马可·波罗游记》中对中国城市的描述用墨最多的，要数原来作为南宋首都的杭州城。宋人诗曰："钱塘自古繁华"，"参差十万人家"，其他的记载更是不胜列举，马可，波罗对这个古都的重视，显然要高于其他的商业城市。在第76章中，把杭州称为"雄伟壮丽的京师市"，"这个名字是'天城'的意思，因为，这座城市的庄严和秀丽，堪为世界其他城市之冠。这里名胜古迹非常之多，使人们想像自己仿佛生活在天堂，所以有'天城'之名"。他用了许多文字描述了杭州的布局和人们的生活，十分生动。他叙述了运河岸上一座"容量很大的石砌的仓库，供从印度和其他东方来的商人储存货物及财产之用。如果从市场着眼的话，这些仓库的位置是很适中的。每个市场，一周3天。都有4万到5万人来赶集，人们把每一种大家想得到的物品提供给市场。"

与杭州齐名，"苏杭"并举，都有"人间天堂"的美称，马可·波罗还在那里任过职，自然更加熟悉。他称："苏州城漂亮得惊人，方圆三十二公里。……这里人口众多，稠密得令人吃惊。然而，民性善良怯懦，他们只从事工商业，在这方面，的确显得相当能干。""有十六个富庶的大城市和城镇，属于苏州的管辖范围。这里商业和工艺十分繁荣兴盛。苏州的名字，就是指'地上的城市'，正如京师的名字，是指'天上的城市'一样……"。

除了这3个重要城市，《马可·波罗游记》中对很多城市作了介绍，除了风土人情之外，主要内容就是手工业、商业。离苏州不远的吴州，有"许多商人和手工艺人。这地方出产的绸缎质量最优良，行销金省各地"；镇江城的人们也靠"经营工商业谋生，广有财富"；九江是南北交通枢纽，位置重要，马可，波罗在介绍了它附近的长江"航线长度及支流之多"，一转笔，便道"再想想，供给各地的货物的数量和价值不可胜数，也就不足为奇了"。有一段时期，他在此看到的船只就"不下一万五千余艘"；淮安府也"是一座美丽而富饶的城市……是大批商品的集散地。通过大河（指黄河）将货物运销各地"；宝应州的居民"靠工商业维持生活，丝产量很高，并且织成金线织物。生活必需品极为丰富"；扬州，"这里的工商业发达，盛产鱼类"；真州是一个产盐重地，"大汗从这种海盐所收入的税款，数额之巨，简直令人不可相信"；南京，"大部分人经营商业……大汗从该省收取的税收，主要来源于对商人的珍贵商品所课的税"。马可·波罗所列举的城市，大多是以商业或手工业闻名，作为时代的见证人，他的话要比我们的某些论证更有说服力。

除了中原、江南地区外，东北、西北、西南的商业发展也很迅速，上郡的商业，仅次于大都，东北的辽阳、西北的宁夏，都是重要商业中心，畏兀儿地处中西交通必由之路，位置优越，商业发达。东西之隔被彻底扫荡，海上又开拓出一条条新航路，正是国内商品经济发展向外围的延伸。

"钞虚"——元代的通货膨胀

纸币的产生，无疑是商品经济发展的必然结果，纸远比金银轻便，因而便于携带远行，携带巨额的纸币，也不见得多重，金银则累赘得多。中国在世界历史上，一直走在前列（当然是明清以前），经济发展亦复如此，因此是世界上第一个使用纸币的国家。西汉年间，曾一度试用上林苑养的白鹿之皮作为货币，但其贵重，不下金银，未能久行，但这可以算作纸币的雏形。唐代出现了正式的纸币——"飞钱"，宋代，又有了"交子"、"会子"，还出现类似银行承担汇兑业务的"交子务"、"会子务"。不过，在当时还只限于少数商业发达地区，而且主要用于生意之间。宋徽宗穷奢极欲，大敛民财，曾在纸币上做过文章，但试行不久，便即尝到"自焚"的后果，北有宋江，南有方腊，起义烽火，燎原天下。以后诸帝虽有动作，但纸币最终没有作为流通中的主要货币。纸币作为正式货币流通全国，则是元代才开始的。

凡事开头难，发行纸币之初，就在统治阶级内部也意见纷纷。有支持的，如刘秉忠，他认为"官用楮币，俾子孙世守之；若用钱，四海且将不靖"，把用纸币与否与国家兴亡联系起来，可谓义正辞严。相反，耶律楚材则痛陈纸币之为祸匪浅，"民力困竭，国用匮乏，当为借鉴"。许衡的分析更显得有理有据："夫以数钱纸墨之资，得以易天下百倍之货。印造既易，生生无穷，源源不竭。此世人所谓神仙指瓦砾为黄金之术……无义为甚。"他道出了政府实行"钞法"的实质，但是却没有看到商品经济发展的大趋势。

刘秉忠所谓"祖宗成宪"，是指早在成吉思汗时就印行纸币而以后诸汗都以此来聚敛民财这一事实。1227年，"印置会子，权行一方，民获贸迁之利"；1236年，"诏印造交钞行之"；1253年，设立交钞提举司，"印钞以佐经用"。规模不断扩大，在此基础上，忽必烈确定了"钞法"，在全国推广纸币。有元一代，共有5种纸钞，分别是世祖时印行的"中统丝钞（又名通行交钞，以示为全国通行之用）"、"中统元宝宝钞"、"至元通行宝钞"、武宗时的"至大银钞"、顺帝时的"至正交钞"。从实质上看，这是政府垄断国家经济命脉的一种措施，以毫无价值的纸片换取人民手中财富，说起来名正言顺，既有利，又容易做。

由是元朝统治地区，纸币都能通行，马可·波罗甚至把是否用元朝的纸币看作是服从蒙古政权统治与否的标志。他的游记中写道："镇江是蛮子省的一个城市。居民是佛教徒，属于大汗的臣民，使用他的纸币……"既然这样，不承认官方纸币也不行了。这个外国人对纸币很感兴趣，他说："臣民位置虽高，不敢拒绝使用，盖拒用者罪至死也"，"各人皆乐用此币，盖大汗国中商人所至之处。用此纸币以给费用，以购商物，以取其售物之售价，竟与纯金无别"。在元朝的影响下，各国纷纷仿效，如伊利汗国。印度、高丽、日本，都曾印行过纸币，究其原因，无不是从元朝借鉴而去的，至于行而不通，应归于时机不到。

开始，元朝统治者对纸币的发行量十分慎重，耶律楚材建议"印造交钞，不过万锭"，未免小气，事实上初期发行总量确实不大，基本原则是"印造支发，岁有经数"，时人论曰"印造有数，俭而不溢，得权其轻重，令内外相制……"但是后来，随着开支逐渐加大，统治者的胆子也越来越大，逐年递增，致使一开而无法收拾，印钞过多，出现了"物重钞轻''的现象。至元20年以后，钞币泛滥，致令至元宝钞一文不值，于是武宗实行改革，印"至大银钞"以代之，结果"新旧恣用，曾未再期，其弊滋甚"，反而加重了通货膨胀的灾难。顺帝时政权岌岌可危，朝中无钱，便大印纸币，行之不久，物价腾飞，与元初相比，上涨了6万～7万倍，使天下出现了"人吃人，钞买钞"的惨相。

这一历史观象，当时称为"钞虚"，即纸币贬值，物价上涨，通俗说法，便是现在的"通货膨胀"。元行"钞法"，其弊极大，造成的恐慌，波及500年之后。清道光年间，有一官员许楣便写了《钞币论》一书，专论"钞法"得失，找出了"钞虚"的根本原因。

"自古开国之君，量天下土地山泽之所入以制用，其始常宽然有余，至其后嗣非藏不肖也，然水旱耗之，兵革耗之，宗禄庆典及诸意外冗费耗之，用度稍不足矣，势不得不于常赋之外，殊求于民。而行钞之世，则殊求之外，惟以增钞为事。然不增则国用不足，增则天下之钞固已足用，而多出则钞轻而国用仍不足，宋、金、元之末，流弊皆坐也。"

分析得入情入理，揭示了"钞虚"的内在原因。

"钞虚"对元代的灭亡有一定责任，但最本质原因还要早归于统治者的腐败，钞票本身很难说有什么不对之处，即使有，也不可断然否定，因为它对于经济发展的积极作用已被历史和现实所证明。如果看元初政策，实在是历史的一大进步。纸币的推广具有重要的意义，它本身是商品经济发展的结果，适应了这一需要，它反过来又促进了商品经济的发展。元代商业之盛。纸币也有一份功劳。

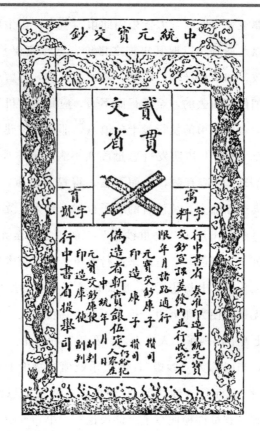

元代纸币

"蛮商夷贾""辐辏云集":
中国历史上对外贸易的鼎盛阶段

蒙古人是重商主义者,这也是其他少数民族的特点。因为他们所居之处,往往不利用农耕,资源也相对缺乏。要想得到粮食、食盐和工具,就必须发展贸易。

元朝大开门户,广采博收,这种气量空前绝后;元帝国因此成为世界上的贸易大国。

海上丝路

汉代,中国与日本贸易往来频繁,与同大秦在陆上的交往相呼应。罗马人还试图从海上打开通路，与中国进行海上贸易，海上丝绸之路正在不断开拓。魏晋南北朝，就出现了"舟舶继路，商使交属"的繁荣局面。隋唐盛世，帝王心怀天下，对海外贸易很重视，这时，海上的"丝绸之路"终于畅通无阻。从广州出发，经东南亚、印度洋抵达波斯湾，沿途把天竺、波斯、大食等地连在一起，商旅相通，盛况空前。中亚、西亚的许多商人，慕名到中国参观、做生意，有的还带着浓郁的异族气息定居了下来。唐朝政府为了管理对外贸易，还专门在广州设市舶司，负责一应事务。广州、泉州、扬州3个城市，就是在海外贸易中发展起来的，直至今天，它们还承担着这样的使命。

五代战乱交加，对海外贸易有很大影响，但地处东南沿海的政权如吴越、闽、南汉的统治者还是明智的，或"因海舶通信"，加强与外国的联系，或"招来海中蛮秦商贾"。或以"陶器、铜、铁，泛于番国，取金、贝而还"，南汉政权通过海外贸易，聚集了大量财富。

宋代海外贸易更远远超过前代，外国人"利于互市赐予"，打着"朝贡"的幌子。到中国来"交聘"。宋代的官府还派人带足货物，到海外贸易，私人贸易更甚于前。沿海地区港口林立，海洋之上，商船不绝，非汉唐能比。

往来互市，各从所欲

统一战争的战火刚刚熄灭，忽必烈就起用降元的原南宋福建安抚沿海都制置使兼提举市舶蒲寿庚，他闻知这个人善于管理对外贸易，便命他主持对外贸易事务，招纳外国商人到中国来做生意。之后不久，便设市舶司于著名港口泉州、宁波、上海等地，分派人管理。元廷发布的诏令表明了对海外贸易所持的积极立场："每岁招集舶商于番邦博易珠翠番货等物，及次年回帆，依例抽解，然后听其货卖，""诸番国列居东南岛屿者，皆有慕义之心，可因番舶人宣布朕意。诚能来朝，朕将宠礼之。其往来互市，各从所欲。"欢迎外国商人来华贸易，"各从所欲"，可以说是十分宽松的。

元朝政府还制定了其他许多措施，以促进海上贸易的发展，对于在海外贸易中表现出色的政府官员和商人，非升则赏。对商人给予优待，"商贾市舶""所在州县，并予免除杂役"，法令明文规定："舶商船只过番经纪者，只是抽取课税，行省属下衙门，不得差占，有妨舶商经纪，永为定例，以示招徕安集之意。"又有诏令"听海商贸易,归征其税"。为保护海商安全,在海上设置巡防弓手和海站,如泉州到杭州,就设有海站 15 个,每站置有救急船 5 艘,水兵 200 人,防御海道。贸易所征之税很低,开始时规定,细货征 1/10,粗货征 1/15,后来因为物价等原因上调一倍,即使如此,也是很低的,从事海外贸易,有巨利可图。法令还明令保护外国商人的利益,如严禁管理海外贸易的官员勒索,对有困难的外商,官府要尽力支援。元朝末年发生的一次海难中就可以看到元朝政府的态度,事情发生在元顺帝至正年间:

"日本商百余人遇风漂入高丽,高丽拣其货,表请没入其人以为奴。铁木儿塔识持不可,曰:'天子一视同仁,岂宜乘人之险以为利,宜资其还。'已而,日本果上表称谢。"

蒙古人杀人不眨眼,战争中向来以残暴著称,这一回却摆出"一视同仁"的姿态,坚决不做"乘人之险以为利"的事情,可谓奇矣、怪矣。这不能说他们变得温柔了,只能证明,他们重视海外贸易,在这一利益上,不会任性使气,为所欲为。

有人说元朝重视海外贸易不过是元帝国为显示其国力,为使四方咸来朝拜而如此,其实不然,如果仔细分析这些措施,不难看出,蒙古统治者确实有重商的精神。

"官本船法"与"舶商"

元朝鼓励民间贸易,为招徕外商也花了不小的力气,开始,官府自己也加入到来来往往的商船队里凑热闹,以牟取利益。其具体方法是,由政府建造海船,发给本钱,而后选派人员到国外做生意。1284 年规定:"官自具船给本,选人入番,贸易诸货,其所获之息,以十分为率,官取其七,所易人得其三。"也就是说,三七分成,官府为了确保独占权,才作了这样的规定:"凡权势之家,皆不得用己钱入番为贾,犯者罪之,仍籍其家产之半。""禁私泛海者,拘其先所蓄宝货,官买之;匿者,许告,没其财,半给告者。"这似乎和鼓励海外贸易的政策相对立,实际上,当时是官方与民间齐头并进,只是为了保证其特殊权益,才有所限制,但不久就开禁,转而鼓励商人下海。

官府资金雄厚,做起大宗生意来驾轻就熟,还占有政治上的优势,因此获利颇多，对于增加国库收入是有利的，但是贵族官僚往往以权谋私，致令大多数利润被他们中饱私囊，已经不是政府设官本船法的本意了。

但官府毕竟是官府，亲自经商，不是其从海外贸易中得利的主要来源，靠的是其政治上的地位。元代因袭宋代的市舶司制度，但设置的地方比宋代多得多。统一不久，便在泉州、宁波、上海、澉浦4个地方设市舶司，以后又增加了广州、温州、杭州3处。1293年，温州市舶司并入庆元（宁波）市舶司，杭州市舶事务由当地税务机关兼管。后来还有一些变动。1293年，元朝政府参照两宋旧制，制定了23条市舶法规，对舶货抽分办法、舶船出海手续、禁运物资等方面事务都有详细规定。尽管元代商税不高，后来才"细货" 2/10，"粗货" 2/15，但所谓"薄利多收"，政府得到的好处，还是比以前多。元朝中期，仅抽分和市舶税所得，每年就有数10万锭，1289年，仅江淮行省一地，就上缴市舶司所收的珍珠400多斤，黄金3400多两。难怪当时的人们称之为"军国之资"，也难怪元朝政府对海外贸易如此重视。

民间有专门从事海外贸易的商人，在元代他们有特定的称呼——"舶商户"或"舶商"。这些人有胆有识，敢于冒险，视滔天巨浪如平地，往来中外之间，用辛劳和生命换来巨额财富。有一个商人，自己就有"海舶八十艘"，足以与官府媲美，嘉定富豪沈氏，是因"下番买卖"而成巨富的。定海县的夏仲贤，在海外奔波数年之后，钱谷满庄，当时人称"定海之言富者归夏氏"，其他起家贩舶之间，累资巨万者不可胜数。朱清与张瑄这两大富商是当时以从事海外贸易而暴富者中的代表人物。除了富商大贾之外，还有一些本，小利薄的中小商人，也见缝插针，由少积多，逐渐富足。有些小商人自己没有足够力量，便搭乘大商人的海船，称为"人伴"，互相作保。私人海上贸易推波助澜，有时甚至可以取代"官本船"，成为特定时期、特定地点海上贸易活动的主要力量。元朝诗人作有《舶上谣》三首，叙述舶商的辛苦和发迹：

> 朱张死去十年过，海寇凋零海贾多。南风六月到岸酒，花股篙丁奈乐何。
> 琉球真腊接阇婆，日本辰韩貊倭。番船去时遗矿石，年年到处海无波。
> 薰陆朝椒腽肭齐，明珠象齿骇鸡犀。世间莫作珍奇看，解使英雄尽低头。

元代海外贸易繁盛的情形，毕现读者的眼前。

元朝政府并不是始终坚持鼓励海外贸易政策的，由于政治上——而不是其他因素，先后四禁四开。第一次"禁海"发生在1293年，"禁商泛海"，但不到一年就取消了禁令，"诏有司勿拘海舶，听其自便"。1303年，再次"禁商下海"，同时还取消了各地的市舶机构。5年后又重开市舶，恢复了原来的各市舶衙门。1311年又罢弃了这些机构，但3年不到，便因为"禁止以来，香货药物销用渐少，价值陡增，民用阙乏"，重新设立市舶司，还修订、颁布了新的市舶法则；英宗时，1320年，最后一次"罢市舶司，禁贾人下番"，2年后，却在广州、泉州、庆元三个港口设市舶司，此后便再未禁止。

元代海外贸易可以说在整个封建社会中已趋于鼎盛，明代郑和下西洋的壮举，不过是其尾声而已。明朝皇帝的野心不能与蒙古大汗相提并论，好在还没有清朝人那么怯懦，使得宋元以来蒸蒸日上的贸易得以维持。至于有多大发展，似乎并不重要，因为后来的事实表明，倘若明朝把元代这样的精神贯彻在各方面政策中，除了其政治的腐败那一面，在雄厚的物质基础和深邃的文化底蕴上完成向资本主义社会的飞跃是很自然的事情。可惜这种结果只能基于对历史的感慨和惋惜，或者是在无奈的回忆中才能出现。

启蒙时代：对元代科学技术发展的新定义

在中国科技史上，元代起了承前启后的作用，也许一般人还没有认识到。历史学家为了叙事方便，往往把宋代与同时并存的辽、夏、金以及先并存又取而代之的元朝放在一起，无论阐述哪方面的问题，都是如此。为了回避一个难以克服的问题——由于时间上的重叠而造成对同一内容的划分，宋元之间尤其模糊，因为无法确定一个人是"宋人"抑或"元人"，元朝许多重要人物都处于两朝之间，对他们"国籍"的界定着实是一件麻烦事。解决这一问题的最好办法，便是把它们放在一起思考。而从事实上看，正是由于这种"血缘"关系，使宋元两朝科技文化具有共同的性质。

宋代科学文化的发展在前代基础上达到了一个新阶段，以"四大发明"为标志，许多学科都有所突破，当时的科技成就，足以与西方文艺复兴前后相比，有些方面甚至还要大大超前。因此，有的外国学者把宋代称为中国的启蒙时代。

元代科学技术得到发展

宋代与"文艺复兴"时代有相似之处。宋以前，佛、道盛行，许多文人都是亦儒亦道、亦儒亦佛，前者如李白，后者如王维。儒学与佛、道根本不同之处在于，儒学基本上是唯物的，即使没有否认鬼神的存在，却也没有鼓吹信神的说教，在儒学理论中，"天"是抽象的，不是人格化的天神。佛、道正与此相反，它们不但奉神，而且建立了一个庞大的天神体系，这些神，都是与世间人物相对应的。同时，佛、道的宗教仪式保留着大量巫术或迷信，它们的盛行，对社会的发展有百害而无一利。"理学"作为儒学的新形态，虽有佛、道的某些思想成分，但它毕竟是儒学。它没有奉神，与"文艺复兴"一样，找回了"人"自己的天堂。从这一点上，宋代可以看作中国史上的"启蒙时代"。

可惜的是，两者还不能相提并论。

"理学"，尽管有"五子"、陆、朱等人的发展，又揉进了老、庄、易、释、阴阳的许多观念，还是改变不了它的儒学本色，其经国治用、修身齐家的理论，与孔孟之说毫无二致。比传统儒学糟糕的是，它过分强调伦理纲常的作用。实质

上，"理学"是向传统的回归，回到"儒学"的世界观中去。这一点，倒可以称为"复兴"。

而"文艺复兴"，虽然打着"复兴"古希腊古罗马的灿烂文明的旗号，有些文学艺术的题材，也是有"复古"色彩的，但是在实际上，却是一次全新的创造，无论科学、技术、文学、艺术，都取得了里程碑似的进步，近代文明，就是从这一时期的基础上发展起来的。这不是"复兴"，而是"新生"。

从这样的意义上说宋代是"启蒙时代"，似乎不妥。

但是如果从科学技术文化艺术的发展程度上看，称之为"启蒙时代"，仍然不过分。而且，正如"指南针"的发明所表明的意义那样，中国人已试图从陆地走向海洋。元朝，人们便着手实现"蓝色梦想"，许多人也抱着西方人一个世纪以后才有的"寻找新大陆"的想法，在海上漂泊。这正是"指南针"的内在含义。

元朝人有比宋朝人更远大的理想、更宽广的胸怀。如果以此划分，它应该独立出来，大书特书。不过，就其意义，元朝仍是中国的"启蒙时代"，它所进行的，仍然是把科学、海洋的概念介绍给中国人。

万象争新：元代科技发展概貌

中国现代的科学技术都是从西方"借""鉴"来的吗？正确答案应该是"NO"。

"巧思绝人"，郭守敬与天文历法

郭守敬（1231～1316年）字若思，今河北邢台人。受家学影响，精通水利、算学，又受学刘秉忠，精通天文、地理。由于他天分高，学得精，便被推荐给忽必烈，在元代主持水利、天文、历法等方面的工作。

元代立国不久，就面临着修改历法的问题，宋代制定的历法本来草率，加之使用时间长，出现不少错误。忽必烈便把这项任务交给了郭守敬。郭守敬以一个科学家特有的思维方式提出，要制定新历，必须先制造精密的天文仪器经过实地测量后，才能得到正确的结果。在他的主持下，一批"臻于精妙"，"盖有古人所未及者"的天文测量仪器制造出来了，一时间大都内外，无不叹服。

简仪是其中主要的一种，是在浑天仪的基础上改造而成。主要构件有：四游环，由两个环并列组成，上刻有周天刻度，能绕极轴转动，它的上面有两根直矩，直矩中间夹有横关一根，横关中间有一孔，小孔穿着窥衡的中轴，此外还有定极环、立运环、阴纬环等组成部分。其工作原理是转动赤经双环和窥衡，可以观测空中任何方位的天体，并从环面的刻度上读出天体的赤纬数值。这件仪器比西方同类仪器至

郭守敬

少早 300 多年，足见到元代天文学仍处于世界领先水平。

仰仪是一个半球面仪器，半球的圆面上刻着东、西、南、北四方位以及十二个时辰的名称，另一面刻有赤道坐标。功用是借助太阳在半球面上的投影确定太阳在天空的位置。与之相似，圭表是观测太阳的正午影长来确定春分、秋分、夏至、冬至时间的仪器。除了以上几种，郭守敬又主持制造了定影像的仪器景符，测量星星、月亮影长的仪器几等。有了这些仪器，他就可以进行大规模的天文测量活动了。

为了测量，在元朝的领土内设立了 27 所观测台或观测站。最北的观测所为北海测量所，地处北纬 64°5′，也就是说，在北极圈以外不远的地方。最南的南海测量所地处南沙一带。测量活动取得了丰富的成果。如测出黄赤交角为 23°33′34″，比现在的观测值仅仅差 1′36″，在当时世界上是最精确的。他利用 28 宿的星体定位法，又新测出 1000 多颗星，而欧洲在近代之初总共只认识 1000 多颗。

在测量的新结果的基础上，一部新的历书《授时历》出现了。"授时"是"敬授民时"的简单说法，反映了这一历书编定的宗旨是为了给生产生活提供准确的时令、节气的信息。新历书在许多方面都有突破，确定一年为 365，2425 日，比地球绕太阳公转周期的所用时间仅差 26 秒。1582 年制订的世界通行历法

郭守敬发明的测量仪器

《公历》与它所认定的一年时间值一致，但是要晚 300 年！

除了天文、历法，郭守敬还主持过通惠河的开凿和其他一些水利工程，不过，确定他在世界科技史上地位的，还是天文、历法方面的成就。1970 年，国际天文学会以他的名字命名月球上一座环形山，1977 年，中科院紫金山天文台又以他的名字命名一颗新发现的小行星……

一统天下：元代地理观念

元帝国有"大陆帝国"之称，与它的领土广阔是分不开的，东至朝鲜、北到西伯利亚、西到中亚、'南到南沙，亚洲的大半是在元朝皇帝的统治之下，如果算上名义上臣属于元帝国的伊利汗国、钦察汗国，几乎包括了整个亚洲。地域如此广阔，统治者的眼光放得更宽、更广，因为他们想要得到的不仅是陆地，还有海洋。怎奈骑兵的长鞭不能代替乘风破浪的战船，"蓝色梦想"破灭了。但是陆地，他们再也不想放弃，于是，把所占领土地固定下来——从文字上——的工程启动了。

1286 年，忽必烈命令札马剌丁、虞应龙编纂一部全国性大志书，5 年后，这部 755 卷的志书修成了，名为《大一统志》，"大一统"，忽必烈为志书赐的名就反映了他的心情，他为自己完成了 300 年帝王只能想像的统一大业而自豪！他以为，他的统一成就会继续下去，万世不易。1303 年，又有岳铉等人增补，篇幅扩大到 1300 卷，篇幅浩瀚，前无古人。

河源探索。黄河源头何在？这是自古令人困惑的一件事，忽必烈统一天下，不能容忍这种现象的继续存在。1280 年，他下诏说："黄河之人中国，夏后氏导之（指夏禹治水一事），知自积石矣，汉唐所不能悉其源。今为吾地，朕欲极其源之所出，营一城，浑番贾互市，规置航传。凡物贡水行达京师，古无有也，朕为之，以永后来无穷利益。"探讨河源所在，是为了开拓航道，促进东西贸易，也就是让元廷统治下的地方"地尽其利"，充分实现其统治职能。诏令颁下，以女真人都实为招讨使，带领随从从河州出发，先后 3 次西行，到青藏高原的崇山峻岭中寻找黄河源头。最后，把河源定在星宿海。1315 年，潘昂霄把这次探源的经历记载了下来，写成《河源志》。关于河源，《元史·地理志》中载："河源在中州西南，直四川马湖蛮部之正西三千余里，云南丽江宣抚司之西北一千五百余里，帝师撒思加地之西南二千余里。水从地涌出如井，其井百余，东北流百余里，汇为大泽，日火敦脑儿。""火敦脑儿"即星宿海。河源的探出使人们对"母亲河"有了更详细的了解，她无限的潜力源源不断地为儿女提供更多的便利。

朱思本增补了河源的许多知识，这当然不是他的主要成就，在中国地图史上，可以找到他的名字，而且刻在一块丰碑之上。本来，他是南方正一教的道士，后奉命至大都，他对地理学特别是地图学有浓厚兴趣，利用代天子祭名山大川职务之便。亲自到各地考察，当朝廷把绘地图的任务交给他时，他便驾轻就熟地工作起来。除了足迹遍及全国，他还博览群籍，丰富知识。1311～1320 年，用了近 10 年时间，终于绘成了《舆地图》，这幅地图不仅在地图史上有里程碑的地位，对明、清两代的领土图绘制产生了决定性影响，在政治上也有特殊意义，它可以作为历史上我国对某些地方拥有领土权的铁证。

李泽民也是一位著名地理学家，绘有《声教广被图》，不仅详细地给出了元朝统治疆域，对临界的外国也绘出来，甚至非洲也以一个近似于三角的形状出现在他的地图中。这样画出非洲，除了他以外，还有 1453 年一位西方人，这说明，他至少要早 100 多年。

元人的眼光并没有停留在国内，丘处机《长春真人西游记》，就述及到中亚、

印度一带；元人的眼光也没有停留在陆上，这时期涌现了许多不怕危险的海外旅行家，其中最有名的是汪大渊，1337～1339年，他两次泛舟远航，抵达了红海附近和非洲。1349年他写作了《岛夷志略》一书，介绍了他经历过的国家地区，共99个，重要地名220个，是当时了解东南亚、南亚、西亚、东非和太平洋、印度洋的最全面的地理著作。除他而外，陈大震著有《南海志》，周达观著有《真腊风土记》也介绍了东南亚、南亚的地理、人情。

以前，各部正史中虽对海外有所介绍，但不外乎臆测，真正亲身经历所得，除了《大唐西域记》外，恐怕极少，而放眼海外的著作就更谈不上了。元朝的“蓝色梦想”也可以看作这种海洋意识的表现。如果给元代地理观念下定义，用“大一统”一言以蔽之是最好的说法。当然，“大一统”，不止是陆地，还包括蓝色的领土——海洋。

数学与宋元“四大家”

宋元时期，数学得到长足发展，有人称之为“中国古典数学的最高成就”时期，其主要表现是珠算盘的广泛应用，天元术、四元术、“0”和十进小数表示法、杨辉三角、高阶等差级数研究与应用等。

珠算的原始形态是“算筹”，在南北朝时，珠算的制造与使用方法就出现了并开始在生活中应用，宋元时期，随着商品经济的发展，应用更加广泛。为了便于学、用，宋代数学家杨辉编了32句歌诀，不会者，只要懂了歌诀，便能应用自如。元代算盘的普及，史籍中历历可见。如陶宗仪说：“凡纳婢仆，初来时日擂盘珠，言不拔自动；稍久日算盘珠，言拔则动。”以算盘喻婢仆，可见应用之广。

天元术，是“四大家”之一、元人李冶所创。天元术，实际是用“元”代表未知数的一元多次方程的求解方法。四元术，是在天元术的基础上推广的四个未知数以内的方程组，分别标以天、地、人、物四元。这一难题的解决最早见于元人朱世杰的著作中，可代表元代数学发展的成就。在方程求解过程中，出现的“0”这个数字与十进小数表示法，通常被看成是宋元数学发展的主要标志。

宋人杨辉的“三角”是开方法的简易表示，元人朱世杰在他的基础上又增加了难度和复杂程度。西方对开方法研究的突破性进展是在19世纪初，由英国数学家霍纳研究出来的，一般称为"霍纳法"，与杨辉的步骤完全一样，但要晚600多年！

对高阶等差级数研究有重要贡献的是宋朝的沈括、杨辉和元朝的朱世杰。而元人郭守敬很快把它应用到天文学计算上，并有所创新，创造了招差法，这一举动又比西方最早介绍这个概念的格里高利与牛顿早400年！

宋元数学"四大家"除了上述的杨辉、李冶、朱世杰外，还有宋元间人秦九韶，他著有《数书九章》，对高次方程的解法做了初步探讨，为李冶创造天元术提供了基础。

以上仅仅是其中几个例子，且不论早于西方多少年，只要承认，到元朝，中国的数学，不落后于他们，就可以粉碎各种谣言和诬蔑。

其他

元朝兴修了许多水利工程，或为灌溉农田，或为防治水害，或为便利交通，尽管元朝享国年短，在这方面并未荒废。

学者们把水利学作为一个专门学问加以研究，从理论上、实用上提出了不少超越前人的见解。

王祯写了一部《农书》，名为"农书"，其实也包含着水利学思想。书中专门设有《灌溉篇》，提出了"灌溉之事，为农务之大本，国家之远利"的论断，农为国之本，而水利为农业之"大本"，可见其重要性。色目人瞻思以及汉人周文英、李好文等，都有建树。

贾鲁治河，是元朝除修运河以外的另一项大工程。贾鲁受命之后，根据黄河泛滥的规律和宋、金的经验教训，制定了"疏""浚""塞"三法综合运用的治河策略，用了近一年时间，终于治服了黄河，使黄淮人民免受河害。

我国医学史上有金元"四大家"之说。刘完素，认为温热是人得病的主要原因，主张以凉药为处方进行治疗，人们称他这一派的医学是"寒凉派"。张从正，善于用汗、吐、下三种方法为人治病，人称"攻下派"。李杲，擅长以健脾胃的"补"法治疗，人称"补土派"。朱震亨，从"寒凉派"的理论入手，侧重于以"补阴"为主要治疗手段，人称"养阴派"。

"四大家"中刘、张活动于金朝，李、朱主要生活在元朝。四人各有著作传世，刘完素有《素问玄机原病式》、《伤寒直格》，张从正有《儒门事亲》，李杲有《内外伤辨惑论》、《脾胃论》，朱震亨有《格致余论》、《局方发挥》。

除了"四大家"，元朝比较著名的医学家还有危亦林、滑寿等。危亦林以外科闻名。他在麻醉和骨折复位手术方面贡献很大，他结合自己的实践和祖传秘方，写作了《世医得效方》19卷。书中有世界上最早的全身麻醉手术的记录。他的骨折复位手术原理与现代整复手术是一致的。滑寿在针灸学方面成就突出，著有《十四经发挥》，对针灸学的原理和实践作了较为系统的论述。

元朝印刷术的创新在于王祯发明的木活字与转轮排字法。北宋毕昇发明了泥活字，揭开了印刷史上新的一页，意义至关重大。但泥活字本身易碎，烧制时易变形，因此不是十分理想，后来用锡制活字，不易毁坏，但是印刷效果不佳，锡质地柔软，也容易变形。王祯在印《农书》的过程中，探索出用木做材料造字模的途径，木活字应运而生。用木材为料，易刻，着墨性好，而且成本极低，有利于活字印刷术的推广。

原来排字，工人在杂乱无章的字模盒中找字，又烦又累，效率极低，为减轻工人负担，王祯发明了转轮盘，将活字按韵编好，放在转艕上，工人转动转轮，便可找到所要的活字，省力节时，工作效率迅速提高。

世界上第一种金属管火炮——火铳，是在元朝产生的。

阿拉伯人在得到火药制造技术后发明了一种巨石炮，传到元朝，在旷日持久的襄樊大战中一炮定乾坤，显示了极大的威力。元世祖见火器在战争中有可为，便调集了众多工匠，研制新武器。工匠们从宋代的突火枪身上得到启发，将火药做成弹丸，放在炮筒内，由火药喷出，落地爆炸。这种火药在元代中后期战争中发挥过不小的威力。

马上民族开始由"冷"兵器向"热"兵器的转变。在当时的世界上，它是武器装备最精良，战术最先进的国家。但是，它虽然取得了对境外民族居高临下的优势地位，对领土上的居民的统治却失败了。时隔不久，它所发明的最先进的武器就成了自戕的工具。

中外科技交流："拿来"与"送去"

"拿来！"如果对别人说这句话，别人不但不给，恐怕还要回报以白眼。但是中国人应有勇气说这两个字，因为送出去的太多了。可惜的是许多人扭扭捏捏，不好意思，仿佛"拿"了别人什么，就欠了八辈子人情债似的。

鲁迅先生有一篇名为《拿来主义》的杂文，开宗明义二个字"拿来"！不是索取，也不是窃取，更不是用可怜来换取的施舍，是自己放开手来"拿"，光明正大。元朝人就是这样做的，送出，让别人来拿，自己也放开手，尽情地挑选对自己有利的东西。

元朝人重视海外贸易，用丝绸、瓷器换取金银、香料等他们缺少的东西。对西方来说，通过马可·波罗的眼睛，中国是个天堂，处在世界社会发展的制高点上，无论生产、生活、科技、文化各方面，都保持着不同程度的领先地位。"瓷文化"对外国人有着不可抗拒的诱惑力。"瓷文化"中包括科学技术。

送去

"四大发明"虽然在宋代就已经完备，但真正使它们在世界史上发挥作用，功劳却不得不归功于蒙古人。西征打通了被阻滞很久的"丝绸之路"，而且把绝域变为中西交通的要道。"四大发明"就是从此传到西方的。

其实，中国对西方科技的贡献远远不止"四大发明"，几乎每方面，都对西方科学家起过启发作用。

历法，中亚人也从中国历法中学过不少东西。阿拉伯著名天文学家、数学家卡西精通中国历法，他协助蒙古天文学家兀鲁伯编写的《兀鲁伯星表》中有很大一部分借鉴了中国天文学的成就。

数学，中国的_卜进位制记数法、四则运算法、分数记法及运算，先传到印度，又传人了阿拉伯。中国的"盈不足术"首先提出了盈亏类计算问题，在元朝传到阿拉伯，又传到欧洲，被西方人称为："契丹算法"。意大利数学家菲波纳西在《算术书》中把中国数学系统介绍到西方，在欧洲是第一人。

地图绘制，早在3世纪的中国，裴秀就发明了网络制图学。而西方在很长一段时间中，由于受宗教控制，坚持把世界画成一个圆圈，根本不懂坐标定位。直到中国的网络制图法传到西方后，才改变了这种传统。使制图学科学化。意大利人马里努·萨努图首先借鉴网络法，绘制的地图精确、明白。这种制图法使航海图趋向于实用，对于指导、促进西方航海与开辟新大陆有一定功劳。

孙思邈的《千金方》，元代被译成波斯文，在中、西亚广泛流传。拉施德丁1313年主编了一部中国医学百科全书，对中国医学各种学科、技术作了全面介绍，西方人从此窥知了中国医学的奥秘。

"拿来!"

元朝文化中有一股浓厚的"胡风"，蒙古族是少数民族，由于其汉化不彻底，很大程度上保留了这个民族原来的风俗习惯，这是容易理解的。不管怎么说，蒙古族是中华民族的一支，而有些文化中，却有一种"域外"的味道，这种味道并不是来自于蒙古人，而是来自其他国家和地区。其中，最重要的是安拉统治下的世界——阿拉伯。

阿拉伯天文历法知识从蒙古汗国时就向中原渗透，元帝国建立后，对天文更加重视，由色目人主持天文观测。忽必烈还招集大批天文学家，协助修订历法。波斯人扎马剌丁编定的万年历得到了元官方的正式承认，他依据另一个阿拉伯的著名天文学家纳速剌丁·札西的方法制造了地球仪、浑天仪、天球仪等多种仪器，使元朝天文观测体系更完备。明朝对的天文历法也很看重，这是继承元代的政策。

数学，元朝处于世界领先地位，成就辉煌，中国数学家秦九韶、李治和意大利的菲波纳西、德国的内摩拉里、摩洛哥的哈桑·马拉喀什并称为13世纪5大数学家。但中国人并没有骄傲自大心理，而是虚心地学习、吸收当时能传到中国的西方数学知识。

欧几里得的《几何原理》是随着阿拉伯数学一同传到中国的。秦九韶在欧氏几何学的启发下，在《数书九章》中提出了与现代一次同余式理论相似的"大衍求一术"的命题，其算法与欧几里得算法一致。同时，欧氏几何全书在元代也出现从阿拉伯文转译的译本，蒙哥汗当时就能读懂欧氏几何学，可见元人对西方数学的重视。

李治的书中首先出现了"0"，这显然与阿拉伯数学有一定关系。球面割圆术与球面三角法等先进的数学知识对于推动中国数学发展完善以及天文、历法方面的影响都不可轻视。郭守敬从爱薛那里接受了这两项技术，把天文测量的精确度提高到新的水平，保持了在世界上的领先地位。

元朝引进了不少阿拉伯的医学知识，而且设立专门的管理机构进行管理、推广。阿拉伯医术的应用很广，不仅在蒙古贵族中盛行，许多阿拉伯人还到民间行医，在当时被看作是"奇术"。元朝没有以中医为唯一正宗排斥其他的医疗传统，对于促进中国与阿拉伯医学交流，互补所短有重要意义。国外的贡品中有相当一部分是药物，元朝统治者概收不拒，重之如金银，而且还曾派人到海外征集良医名药，集之于大都，为贵族服务。

元朝人对阿拉伯医学还进行了系统的介绍，一些阿拉伯医学典籍被翻译为汉文。元末成书的《大元本草》中，收录了许多的中土不产的外国药材。由此可见，阿拉伯医学已获得元朝汉人医学家的承认。他们敢于"拿来"，把外国的东西变成自己的东西。用现在的话说，"科学是没有国籍的"。

阿拉伯人带着具有宗教色彩的建筑技术来到中国，伊斯兰的标志没有消失，也出现在中土建筑物之上。它给始终按着一种美学思维创造雷同产品的中国建筑学注入了活力。今天，供我们游览观光，缅怀古人的地方，不只是亭台楼阁，假山怪石之类的如出一辙的中国"特色"，还有别树一帜的"域外"风情。清真寺和穆斯林墓葬的建筑物便体现这种风情。泉州城有伊斯兰建筑多种，最早的一座建于1009年，距今已有900多年的历史。广州的怀圣寺、杭州的穆斯林侨民街都以伊斯兰风格著称。北京的牛街，在宋、元之间形成，至今仍是穆斯林聚居地。

伊斯兰建筑技术与风格不仅用于穆斯林本身，元大都的建设也从中汲取了一些新思路。大都营建的工程指挥是阿拉伯人也黑迭儿与其子马合马沙，对宫城的布局、建筑、园圃进行了全面规划，阿拉伯的建筑如"崇楼阿阁"，也在中国的天子脚下建立起来。阿合阿沙曾当过专管建筑工程的最高机构——工部的长官，不仅在元大都建设中，而且在其他一些建筑中也运用了阿拉伯的技术。

阿拉伯人对音乐的领悟也与中国人不一样，他们的演奏工具以箜篌、火不思、胡琴、光隆笙等为主。箜篌很早就传入中国，唐代诗人李贺还作有《箜篌引》，但元代箜篌是从阿拉伯传入的，形状与波斯的竖琴，在元代的官方宴会中经常使用。

火不思是一种三弦琴，与胡琴相似，是阿拉伯人最常用的乐器之一。

兴隆笙本来是欧洲流行的乐器。有声无律，由阿拉伯人作为贡品进献兀廷，元朝乐师郑秀考正音律并加以改造，使之成为元朝宴乐中的必不可缺的重要乐器。

元朝还在宫中设有乐队，演奏阿拉伯音乐。1312年又设有专管阿拉伯乐工的管勾司，1316年改为常和署。

欧洲音乐也和基督教的"福音"一起传到中国，宗教乐曲在大都城中传唱，成宗皇帝对儿童歌咏队背唱的圣歌到了如痴如迷的程度。他并不信仰基督教，也许他从基督教的音乐中听出了与中土不同的美的神韵。

元朝人在"拿"国外的东西时，从来没有考虑是否会影响他们的"颜面"，从不认为"拿"了别人的东西，要么欠人情，要么就有"剽窃"的嫌疑。这种精神，也可以看成是"启蒙"。元朝人能够把自己放在整个世界中考虑，已初步形成了全球观念，注意在世界的文明体系中确定中国文明的地位，"拿来"与"送去"并重，便可以证明。

元朝人的眼光面向世界。秦汉之时有"九州之外，又有大九州"的想入非非的说法，大九州是"小"九州的扩大，其中心，仍是"小"九州，也就是中州盛地。中国，顾名思义，是"中央之国"，也就是天下的中心。以后随着国外交往的加强，这种观点得到修正，但是仍然搞不清中国外面是何等模样。元朝不仅用各种手段接触了三大洲的土地，而且用精确的地图描绘出了他们的"世界观"。

元朝人的眼光面向海洋。日本，秦汉时代还被当作是神仙住的地方，后来，又被看成是太阳休息的处所。唐代中国人到过那块岛上，费了九牛二虎之力，但对这个地方仍有一种神秘感。元朝，神秘色彩彻底消失了，忽必烈要占有这太平洋上的一叶扁舟。东南亚、南亚的群岛、半岛，就是他建立蓝色帝国的地方，他没有成功，但他已把目光转移到了海上。为生存而斗争的人们，也沿着一条蓝色的思路，奔波着、斗争着……

元朝与宋代一样，都是启蒙时代，它的最大的启蒙成就，就是给中国人带来一种新的"世界观"。如果沿着这条思路走下去，没有盲目自大的心理作怪，历史，也许会换一些人，换一种方式来写。那样，我们的命运要好得多。

图解版

世界五千年

蒙古帝国王朝史

一四八二

"黄祸论"：一个祸及中国的理论

"黄祸论"的来历及含义

1905年3月30日，《东方杂志》上发表了署名谷音的《辨黄祸之说》，对"黄祸论"的起源发表了自己的见解。文中说："白人所谓黄祸之说，不知其起于何时。说者谓成吉思汗以铁骑蹂躏欧洲，西欧妇孺亦尝震惊于黄人之大创，而黄祸之说以起。然事远年荒。无从究诘。"

"睡狮论"与"黄祸论"

说到"黄祸论"，我们不能不提起另一个闻名世界的对中国的看法——"睡狮论"。1816年，经过了再次失败的拿破仑在圣赫勒拿岛上安度余生，读书成了拿破仑最主要的生活内容。他从一本名为《马嘎尔尼航行中国记》的书中了解了中国的一些情况，这本书出自英国第一位赴华特使马嘎尔尼所乘坐的舰艇"狮子"号大副安德森之手，出版于1795年，书中通过在中国的所见所闻向读者揭示了中国这个东方巨人所蕴藏着的巨大潜力。

一天，圣赫勒拿岛上来了一位特殊的客人，此人是英国派往中国的使者阿美士德，阿美士德因为在北京拒绝向清朝皇帝行三跪九叩的大礼，被认为是"对上不恭，傲慢无礼"，所以清政府勒令他在抵京的当日就离去。拿破仑与阿美士德在交谈中当然提到了中国的情况，这个曾经令整个欧洲发抖的伟人感慨地说："中国一旦觉醒，世界就会震动。"根据史料记载，当时在圣赫勒拿岛上，拿破仑与被东印度公司招来岛上垦殖的中国工人有所接触，拿破仑对他们并不很友好，但是却在临终前吩咐自己周围的人："我身边的中国人，不要忘记他们……"

19世纪初，欧洲正在蓬勃发展的关头，拿破仑就站在西方的立场上，以其一代伟人的高瞻远瞩注意到了他从未去过的中国。仔细分析他的话，其中既有对中国这个东方巨人所蕴藏力量的赞美，也有一种西方人的叵测的恐惧心理。可以这样说，从拿破仑的"睡狮论"中，外国人看到的更多的是对东方的恐惧，从这种意义上说，"睡狮论"为后来"黄祸论"的形成和发展埋下了一个伏笔。后来在"黄祸论"喧嚣日上的时候，若是拿破仑地下有知，该又是怎么说呢？

"黄祸论"的含义

德国学者海因茨·哥尔维策尔在《黄祸论》一书中说："'黄祸'确实是一个陈旧的口号，另一方面它也是一个不能脱离正在继续进行的世界史和世界政治发展背景的说法，认真地考察一下，必定会使人接触到重大的历史主题！过去人们把'黄祸'理解为中国人或日本人或者两者一起对白种人的威胁。对于造成危害的方式则有不同的理解。有的理解为白种人国家的工人害怕中国苦力的竞争，害怕那些生活水平保持在最低限度的廉价劳动力抢去他们的饭碗。有的说，日本工业生产的成就使欧美经济感到恐慌。至于远东工业化所引起的更加普遍的疑惧，在上文中已经谈过。再其次，人们所设想的未来情景也包括很大部分黄种民族在政治上的完全解放，他们由于人数数量上的优势，能够把欧洲人和美国人赶出东亚，夺得亚洲甚至世界的霸权。与此有关的想法就是，不仅黄种工人而且黄种农民和移民也将移居到迄今为白人所控制的地区来。"

从"黄祸论"的狂热鼓吹者的理论中，我们不难总结出这一理论的几重含义：首先，当然是军事上的"黄祸"，这种起源于成吉思汗西征给欧洲人带来的阴影恐怕是"黄祸论"最早最原始的含义。1904 年，美国传教士 A·J·勃罗温在他的《旧中国的新力量》一书中就曾心惊肉跳地说："某个新的成吉思汗或帖木儿也许就会出现，并且手握现代战争的武器，指挥着这数不尽的千百万群众，到处紧盯住那些我们称之为列强的侏儒，这绝不是不可能的！"黄祸"将导致没有一个人能预见其结局的大规模战争，将导致世界地图的惊人改造。提出所谓"真正的黄祸论"的是英国皇家地理学会会员，伦敦英日协会理事会副主席 A·戴奥西在《新远东》一书中写道："这个威胁着西方文明的祸患，是按照西方的方法武装、装备和训练起来的难以胜数的中国群众可能侵入欧洲，这些人由于为数众多，将压倒一切反抗的力量，并使所到之处尽成废墟。"

在历史上成吉思汗的蒙古铁骑横扫欧洲，20 世纪初中国开展的轰轰烈烈的义和团运动对帝国主义的反抗和后来开展起来的，在军事训练和军事装备上向西

方学习，建立近代军事制度的种种努力，日俄战争中以"日本为代表的黄种人彻底击溃了白种人的代表俄国人"的事实等等都为那些疯狂叫嚣"军事上的黄祸"的"先知们"提供了充足的证据和理由，从而使"军事上的黄祸论"成了"黄祸论"的最基本的含义。

其次，是经济上的"黄祸论"。这种观点的核心，就是认为中国人的竞争迟早会使整个西方世界的经济平衡和工业平衡受到影响。这种观点的萌芽是在19世纪70年代的美国，如美国旧金山市的代表皮克斯利就在国会作证指出："把我们的大陆及其广阔的地区、我们大陆上的全部矿产资源、农业资源以及机械方面的工作都向这个民族（中国人）的移民开放，简直是把一度光临过欧洲的那种野蛮人的灾难（指蒙古的西征）请到我们这里来。"当然，经济上的"黄祸论"最"杰出"的代表和鼓吹者还应该数 A·戴奥西，他指出："新日本巨大的工业发展和它同西方进行的在很多场合取得了成功的竞争——这种竞争不仅在日本本国，而且也在迄今被认为是实际上为欧美产品保留下来的市场上进行——提供了一个实例，它告诉我们，一旦远东彻底觉醒后会干些什么。"他认为，虽然中国是一个"行动迟缓的国家"，但是中国拥有一些可以想像得到的有利条件——有非常廉价、聪明、易于指挥的劳工，受过科学训练的管理方法，丰富的自然资源和原材料，便利的水陆交通，所以中国的新兴工业将进行"价廉物美的生产"，从而比西方更加有利，这些优越的条件足以使整个西方工业在中国新兴工业的冲击下丧失竞争性，从而导致千百万的欧美工人失业，千百座现代化的工厂落入黄种人手里。这种经济上的"黄祸论"于是就构成了"黄祸论"的第二种含义。

再次，就是所谓道德上的"黄祸论"，是反动到顶的彻头彻尾的种族歧视论和极端狭隘的民族主义相混合的产物。以美国人詹姆斯·梅德隆为代表的近代种族主义者抛出的这种建立在种族歧视基础上的"黄祸论"竟然是以将人种划分为优劣程度不同的12个"群体"为主要内容。这些贴着"博物学家和人种学家"标签的鼓吹者大肆吹嘘他们所属的"高加索人种"，认为"在历史上，一切宗教都起源于高加索人种，所有伟大的君主立宪政体都是高加索人的，共和国是高加索人的，全部伟大的科学都起源于高加索人种，一切发明都是高加索人的……没有一个种族能培育出像高加索这样一些值得纪念的大名鼎鼎的人物。"在他们的眼里，蒙古种族"有一部时间久得发霉的历史"，"留着他们的辫子作为他们服从

和退化的标记，遵循着传统和祖先的根深蒂固的惯例，以禁欲主义的漠不关心的态度来对待一切欲望和环境，为的是能得到足够的东西来满足他们身体方面的迫切需要。他们毫不关心外面的世界，不关心外面世界的战争、进步、文学以及这个世界为自由进行的斗争；他们使自己沉迷在自满和旧传统之中，把这个华夏之邦以外的一切人都看作是野蛮人……他们已经定型化了，固定化了，发展到了顶点……进步已经终止。他们的脑容量在几千年以前就已经达到最高的限度。要改变他们，那就是毁灭他们和他们的独特的文明。"梅德隆诬蔑中国人"在脑容量方面是一个比白种人低劣的种族"，所以"为了保持社会的和谐一致，阻止他们的移民，或许是最好的办法"。

两幅著名的《黄祸图》

在"黄祸论"的发展历史上，有两幅所谓的《黄祸图》，集中反映了当时"黄祸论"鼓吹者的观点。

第一张当然是德皇威廉二世的《黄祸图》，它是画家克纳科弗斯根据德皇的铅笔草图描绘的寓意而画成的一幅画。此画在 1895 年画成，原画作为"保持友谊的小礼物"被送往圣彼得堡。另外，根据德皇的命令，该画还被雕刻制版，印制了若干张，分送给其他欧洲国家的君主，把德皇威廉二世关于"黄祸"的"精辟见解"传播到了欧洲各国。1904 年，A·戴奥西在《新远东》一书中，对威廉二世的《黄祸图》进行了详细的讲解，集中反映了当时的欧洲各国对"黄祸"的主流看法。

"在一个高耸的断崖的顶上，站立着一个天使长，可能是米迦勒，他是那个德国米迦勒……正如德皇在一次著名的演说中所宣布的，已经把他的盾牌牢牢地树立在中国的土地上。天使长手中拿着一把发出火焰的宝剑，正在告诫一群欧洲主要国家的女性化身，并且用另一只手指着正在逼近的祸患；在那个祸患同她们之间有一河之隔，画上没有明确表明这是一条什么河，但据推测大概是多瑙河，这条河拐了一个大弯，流过了下面的山谷。德国高大而健美……她身体微向前倾，热心地倾听着天使长所发出的武装起来的召唤。她身上披着铠甲，但没有戴手套，——她的拳头还没有铁甲保护——宝剑出鞘，紧握盾牌，显然是'跃跃欲试'。有人必定已谈到'胶州'。

图解版
世界五千年

蒙古帝国王朝史

一四八六

"俄国身穿西徐亚的鳞甲，为了避免被误认为是一个犰狳或是一个穿山甲，在她的头上和背上披了一条合适的熊皮。她拿者哥萨克长矛，以动人的友好态度倚扶在德国的肩上，这个景象使手持尖矛、头戴共和国自由帽的法国如此激怒，以致她根本不去朝他们的方向再看一眼，而宁愿注视着那个祸患……一个男性祸患。

"在第二排，胸甲上饰有双头鹰纹章的奥地利看来没有拿武器，这是这位帝王艺术家对于他所最信任的同盟国的军队的一种可怜的恭维；也许这是个轻微的暗示，想使那支成分驳杂的力量有效地加强并且普遍予以改善。……在这一群人物中，奥国的态度最为特殊。她抓着大不列颠的不坚定的手腕，摸摸她的冷血的脉搏是否还在跳动，并且显然正在劝告她下定决心来参加联盟。

"大不列颠踌躇不决；她的美丽的脸……表现出沉思的神态。大家知道，她对于那个祸患是十分了解的；她在过去曾经同它做过很多生意，因此，很自然地，她感到不愿用她的矛去刺一个重要的老顾客。所以奥国就被委托来说服她；十分奇怪的是，奥国（她获得了'欧洲的中国'的绰号）实际上在远东几乎没有什么利益。……意大利站在大不列颠的旁边，光着头，穿着一件罗马式胸甲，她的剑插在鞘里，挂在身边。……值得注意的，是美国不在这群人里面。显然，在这个时候，她仍然还穿着那件门罗主义的长袍，这种长袍的样式已经如此古老，以致她不能想穿着那样的衣服出现在这些装束时新的淑女们的面前。在天上，十字架在这群人的头上闪耀发光，它的光辉组成了一个圣安德鲁的斜十字形，这是俄国的标记，是俄国的守护神之一的殉教的器具。

"至于那个祸患呢？他正坐着一条龙，在一团火焰的光辉中拨开一片暴风云向前逼近；那是一条不会被人弄错的远东的龙，那片暴风云是从一座正在焚烧着的城市的火焰中升起的。……奇怪的是，黄祸本人在外表上并不凶猛。他踟跌而坐，双手合掌，相貌温和，正在安然地沉思静观，这个祸患连小孩都可以同他在一块儿玩！的确，他的身上有些东西使人禁不住想起引人喜爱的地藏菩萨来，那个温和的地藏菩萨，日本人分派给他的职务是做小孩子们来世灵魂的游伴。"

在这幅画的边上，德皇用他自己特有的粗犷而清楚的笔法写着"欧洲各民族，联合起来保卫你们的信仰和你们的家园"的语句，虽然画是他人代作的，可是照样还签上了德皇本人的名字"Ｉ·Ｒ·威廉"，并且用很小的字体注着"克纳科弗斯根据德皇和普鲁士国王威廉二世陛下的草图绘于 1895 年"。

　　第二张《黄祸图》也被收集在《新远东》一书中，是日本画家久保米仙根据 A·戴奥西的意见"特地为本书而绘制的 12 幅画中的一幅的复制品"，众所周知，A·戴奥西所说的"黄祸论"与其他人最大的不同点就是，他倡导的是所谓"真正的黄祸论"，是指以中国、日本为代表的黄种人在经济上可能对西方的威胁。这幅名叫《真正的黄祸图：中国觉醒了———一种预见》的画正是体现了戴氏的这一观点。画上所描述的当然是在中国。在带有浓厚中国色彩的建筑内外到处是忙碌的中国工人，这些工人神情专注，姿态各异。有的留着长辫，有的头戴瓜皮小帽或毡帽，他们中的多数人正在忙于把产品装箱打包。装箱的，锯木板的，钉箱子的，整理包装条的，往装钉好的箱子上贴标签的，各司其职，忙个不停。画面的远处，耸立着两座高高的烟囱，象征着西方近代工业已经被引入中国，烟囱下的中国式建筑当然就是工厂了。在画面的右后方，是一所奇怪的房子，房檐屋顶的式样当然是典型中国式建筑风格，而房子的窗户和门却带有明显的西洋味道。这座"中西合璧"的建筑物看来一定是工厂的职能管理部门了，门上还贴着"四季发财"的字样。最引人注目的是在这间"管理室"的台阶上，竟然站着一个外国人！……从神态上看，这名外国人神情自若，目光专注，他非常认真地仔细观察着中国工人们劳动时的一举一动，从背在后面的双手、悠闲的姿势和似乎面带满意之色的表情来看，他对工人们忙碌的工作是非常满意的，当然这种满意中恐怕也包含了他对自己"教导有方"的陶醉。勤奋、驯服、聪明、熟练的中国工人，西方的近代工厂和管理人员，生产出来的大量商品货物，这几者的结合就是"经济黄祸"，就是 A·戴奥西眼中所谓的"真正的黄祸"。

近现代的"黄祸论"及其鼻祖

　　从"黄祸论"发展的历史过程将会看到，除了在成吉思汗时代和从地广人稀的俄罗斯逃到中国而被中国的众多人口惊呆了的巴枯宁的说法以外，其他时期的"黄祸论"有一个共同特点，就是这种理论和当时的国际政治、经济、军事、外交背景有着密切的关系。

　　根据学术界大多数人的结论，"黄祸论"之所以形成一股社会思潮，其发展

应该分为以下几个阶段：

起源和先导

"黄祸论"最早起源于 19 世纪后半叶的七八十年代，叫嚣得最凶的两个国家是俄国和美国。

在俄国，"黄祸论"的最早也是最有名的鼓吹者是无政府主义的鼻祖巴枯宁。巴枯宁（1814～1876 年），出生于俄国特维尔省的一个贵族家庭。1840 年侨居国外，因参加 1848 年欧洲革命，被德国萨克森邦当局逮捕；1851 年引渡给沙皇政府，流放西伯利亚，曾向沙皇写过《忏悔书》。1861 年他逃离西伯利亚，经日本、美国到英国；1868 年加入第一国际，建立秘密宗派组织"社会民主同盟"，在国际内部搞分裂。1872 年被国际海牙代表大会开除。1873 年，巴枯宁写了一本题为《国家制度和无政府主义》的小册子，其中这样写道：

"有些人估计中国有 4 亿人口，另一些人估计有 6 亿人口，他们十分拥挤地居住在帝国境内，于是现在越来越多的人以不可阻挡之势大批向外移民，有些人迁往澳大利亚，另一些人渡过太平洋，迁往加利福尼亚，还有大批的人最后可能向北方和西北方移动。然后呢？然后，转眼之间，西伯利亚，从鞑靼海峡到乌拉尔山脉直至里海的整个地区就将不再是俄国的了……中国人的侵入——他们不仅将充塞整个西伯利亚（包括我们的中亚西亚新领土），而且还将越过乌拉尔，直抵伏尔加河边！

"这就是来自东方的几乎是不可避免地威胁着我们的危险。轻视中国人是错误的。中国人是可怕的，这是由于他们的庞大人数，由于他们的过度繁殖率使他们几乎不可能继续在中国境内生活下去……此外，应该指出，近年来他们开始熟悉掌握最新式的武器和欧洲人的纪律，这是欧洲国家文明的成果和最新成就。只需把这种纪律和对新武器、新战术的熟悉掌握同中国人的原始的野蛮、没有人道观念、没有爱好自由的本能、奴隶般服从的习惯等特点结合起来，再考虑到中国的庞大人口不得不寻找一条出路，你就可以了解来自东方威胁着我们的危险是多么巨大！"

实际上，巴枯宁之所以写这本书，与他在逃亡道路上的见闻不无关系。他到过中国，从浩瀚无边，人烟稀少的西伯利亚大草原来到中国的巴枯宁一下子就被在中国所见到的潮水般的人流所震惊了；而东渡日本时，当时的日本正处在明治维新的前夜。回到欧洲后，巴枯宁通过各种渠道对在日本进行的轰轰烈烈的维新改革有所了解，被日本国内上下出现的一派欣欣向荣的景象所震惊。他不由自己问道：如果日本这样发展和强大下去，如果这种情况发生在中国，那么中国的强大和发展，特别是庞大的人口对欧洲来说意味着什么呢？结果巴枯宁被自己的问题吓了一大跳，这个联想丰富的无政府主义者把对日本维新向上的恐惧账算在了中国身上，于是他不仅得出了中国是"来自东方的几乎是不可避免地威胁着我们的危险"。而且他还向沙皇进言："如果真的要从事征服，为什么不从中国开始呢？中国是非常富饶的，而且从各方面来看，它比之于印度更容易为我们所达到，因为没有任何人和任何东西把它同俄国分隔开来。只要能够，就走上前去把它拿到手吧！"

无独有偶，在巴枯宁疯狂叫嚣的差不多同时，处在另一块大陆上的美国也掀起了一场声势浩大的反华排华运动，其核心论点就是中国人对美国具有"危险性"，是美国人的"威胁"。这一时期美国反华排华的基地是位于西海岸的加利福尼亚。

从公元 1840 年第一次鸦片战争起，是华侨史上苦力贸易的扩大时期，许多西方殖民统治者开始了以贩卖华工代替贩卖黑奴的勾当，使大批中国人，包括妇女和儿童流往美洲的古巴、美国、秘鲁和非洲的南非，华工大量输出。到第二次世界大战前夕，全世界华侨总数已经达到了 1000 万人，其分布和活动范围从亚洲一直到美洲、欧洲、大洋洲和非洲。这些中华儿女以自己的勤劳和智慧，为当地的社会经济发展作出了卓越的贡献。

然而，早在 19 世纪四五十年代，随着美国西部的开拓，大量华工前往美国，反华苗头就已经出现。19 世纪 70 年代中期，主要是由于加利福尼亚金矿生产的不景气，使得当地的劳动力出现了暂时的过剩现象，限制华工和排斥华人成了一股全国性的潮流。1876 年 7 月，美国联邦国会参众两院分别通过决议，成立一个联合特别委员会前往西海岸对"中国移民问题"进行调查。该委员会由 3 名众议员和 3 名参议员共同组成，并于同年 10 月～11 月在旧金山展开活动，先后听取了 100 多名证人对"中国移民问题"发表的看法和意见。这些证人提供的证词最后汇集成了一部长达 1200 多页的文件——《调查中国移民问题的联合特别委员会报告书》。

11 月 18 日，加利福尼亚律师詹姆斯·德梅隆在就中国移民问题作证时以"一个博物学家和人种学家"自居，把人类划分为四种不同的群体和 12 类，并且认为一种比一种"优越"。他认为，高加索人是最仁慈、文明、优秀的人种，而所有的欧洲民族都是高加索人种的后裔。在他看来，包括中国人在内的蒙古种族虽然有五千年的文明，但是却是"一部时间久得发霉的历史"，所以已经终止进步和发展，如果把美国向他们的移民开放，那么"在几年内我们就要遭到蹂躏"。

具有讽刺意味的是，这些人在大肆宣扬"种族优越论"的同时，也对勤奋刻苦和曾创造了灿烂文明的中国人充满了恐惧，因此梅德隆说："白种人将会感到，他们不能同刻苦耐劳而又节俭的中国佬相竞争，这些中国佬不须赡养家庭，不须教育儿女，不须缴纳赋税，不须捐钱给上帝，他们冷酷自私，几乎没有同情心或慈悲心；他们一心一意在赚钱……像一群忙忙碌碌的蚂蚁一样，两手空空来到我国，搬走了所有他们能搬走的东西，使我国贫穷下去，使他们自己的国家富足起来……在争取生存的伟大斗争中，如果让中国佬自由而平等地从事竞争，每一次他们都要占上风……如果听任他们不受限制地移民进来，那么到那时他们就会控制整个太平洋沿岸各州。"

1882 年，美国通过了移民史上具有划时代意义的"排华法案"（ChineseExclusion Act of 1882），从而标志着"黄祸论"已经不仅停留在政客、学者们的口中，而是具体落实到了行动上，成为美国社会的一种奇特现象。

皮尔逊对"黄祸论"的"弘扬"

19 世纪 90 年代初期"黄祸论"得到进一步阐扬，主要的滋生地是欧洲大陆，代表人物是英国的皮尔逊。

英国历史学家、在澳大利亚的维多利亚担任殖民官员多年的查里。亨利·皮尔逊（1830～1894 年）在著名的牛津大学任教多年，在历史学这门科学领域中算不上是什么一流人物，但是他着手研究的问题可以说是他的大多数同僚们所未涉及到的，他最后成了"黄祸论"的先驱中最有名的代表人物。1893 年，他发表了《民族生活与民族性》一书，反复论述有色人种，特别是中国人的"可怕"。由于他所谈论的不仅是黄种人，而且还有其他有色人种，所以有人称为广义的

"黄祸论"，其核心观点包括以下几个方面：

1. 赞扬澳大利亚的排华政策。他认为，澳大利亚的排华是"自我保护的本能"，因为"中国以它一年的剩余人口就能把我们淹没"。

2. 认为中国的"扩张"是对世界的威胁。他认为，像中国这样的民族，拥有这样巨大的自然资源，"迟早会溢出他们的边界，扩张到新领土上去，升且把较弱小的种族淹没掉"。皮尔逊还把新加坡、马来亚、印尼、安南（今越南）、暹罗（今泰国）、尼泊尔、朝鲜等地都纳入中国将来有可能去"扩张夺取"的范围，甚至南美大陆也被他列入了将要被中国和印度"夺取"的目标。

3. 中国人口向外"扩张"不可避免，地球上的"有色带子"将会增加。他认为，由于"低等种族人口的增殖，要比高等种族为快"，所以"似乎很难怀疑下面这一点：始终围绕于地球南北回归线之间的黑色和黄色带子，将要扩大其区域，并日益加深其颜色……由于中国各省渐有人满之患，一直在帝国（指中国）境内进行的那种人口大移动势将结束，那些必须建立新家园的人们很自然地要移居到拥有荒地的外国去"。

4. 白种人在亚、非、拉各地的统治"必将结束"。皮尔逊哀叹道："这样的一天将要到来，而且也许不是很遥远了：那时，欧洲的观察家环顾四周，将看到整个地球被一条由黑种人和黄种人构成的绵延不断的地带围绕起来……那时，中国佬和印度各民族、中美洲和南美洲各国（那时将是印第安人占优势）、可能还有刚果河流域和赞比西河流域的非洲各民族（处于外国统治者中的一个占优势的种族的控制之下），都将有海军舰队派驻在欧洲的海面，被邀请参加各种国际会议，在文明世界发生争吵时作为同盟者而受到欢迎……在那样的一天到来之前，我们还是死了为好。"

5. 有色人种充满了"危险"，中国的近代化更是包含着"危险"。认为中国"已经采用了轮船以及欧洲的火炮和军队组织；它已经接受了电报；它正要兴办铁路；它有足够的信用，可以利用外国资本来实现他所需要的变革。它的三面都是它可以轻而易举占领的国家。对于这些国家它往往有一些过去的权利要求……只要有普通的治国之才，采取欧洲的进步措施而又不触犯人民的风俗习惯和成见，就可以把中国缔造成为没有一个欧洲强国敢于轻视的国家"。

6. 有色人种，特别是中国的发展在道德上和经济利益上对英国的"危害"。

他认为如果中国"拥有自己的煤矿出产的廉价燃料，有铁路和轮船的廉价运输，将建成技术学校以发展自己的工业……它就可能从英国和德国手中夺去对世界市场的控制权，特别是在整个亚洲"。

日本成了"黄祸"的后起之秀

19世纪90年代中后期，"黄祸论"发展达到高潮阶段。在这一时期，通过明治维新后强盛起来的日本开始以咄咄逼人的姿态出现在世界政治舞台上，日本的兴起震惊了整个西方世界，于是"黄祸"之说在欧洲大陆甚嚣尘上。西方人跟中看到的中国虽然是甲午战争的失败者，可是西方人害怕的不仅是同样黄皮肤黑眼珠的日本人这个"黄祸"，而且更害怕东方巨人中国从失败的耻辱中吸取教训，从而真正觉醒。在此期间中国兴起的以"扶清灭洋"为口号的反帝爱国运动——义和团运动又恰恰成了"黄祸论"者最有力、最直接的证据。这些人无视八国联军对中国的侵略，无视《辛丑条约》即将签订，清政府即将沦为帝国主义者控制中国的事实，开始大力鼓吹"黄祸论"，使得——这一思潮在西方世界掀起了高潮。在当时的所有"黄祸论"者当中，恐怕没有一个人像德国皇帝威廉二世产生那样巨大的影响。

威廉二世所说的"黄祸"虽然主要是指日本，但是基本问题之一是要夺取中国。中国学者忻剑飞在他所著的《世界的中国观》一书中指出："由于威廉二世的重要政治身份和他所具有的影响，'黄祸论'从此走出了理论和某些具体问题的范围，而在某种程度上成为西方政治和外交上的战略和策略。"威廉二世建议沙皇"捍卫十字架和古老的基督教欧洲文化以抵抗蒙古人和佛教的入侵"。

威廉二世还向沙皇描述了这样一种可能："日本正在成为一个不安分的家伙，这种局势需要维持和平的列强的一切镇定和决心……（如果）2000,万～3000万受过训练的中国人，由六个日本师团加以协助，由优秀、勇敢而仇恨基督教的日本军官指挥，这个前景观察起来是不能不让人焦虑的，而且这并不是不可能的。事实上，这就是我在几年前所描绘的那个'黄祸'正在成为。现实……不应当容许中国人在他们的军队中任用日本人！日本人一定会唤起中国人的希望，并煽动他们对白种人的普遍仇恨，而且在你必须对付日本人在沿海地区的冒险行动时，会对你的后方构成一个严重的危险。"德皇还得意洋洋地说："现在他们的

（指英国）报纸上已经第一次使用了从我的画上取来的'黄祸'这个术语，而《黄祸图》现在正在成为事实。"

然而，对威廉二世的《黄祸图》，许多人却不以为然，甚至认为这是政客们的一出闹剧。俄国文豪列夫·托尔斯泰就发表了他本人对《黄祸图》的如下评论：

"我们时代最可笑的人物之一，身为演说家、诗人、音乐家、剧作家、艺术家特别是爱国者的威廉皇帝，近来画了一幅画，描绘出所有的欧洲国家持剑站在海岸上，按照天使长米迦勒的指示，注视着高坐塞远处的佛像和孔子像。照威廉的本意，这是要表明欧洲各国应该联合起来，在从那一边逼临的祸患面前保卫自己。从他那种粗鄙的、异端的、爱国主义的观点——这种观点已经落后于时代1800 年——来说，他是完全对的。把基督教给忘掉了的欧洲各国，曾经以自己的爱国主义的名义越来越激怒这些爱好和平的国家，并且教给了它们爱国主义和战争，现在更大大地激怒了它们；真的，如果日本和中国像我们忘记了基督的教导那样，把释迦和孔子的教导忘得一干二净，那么它们很快就能学会杀人的艺术（它们学这些事是学得很快的，日本就是一个证明）。它们都无所畏惧、敏捷灵巧、健壮有力、人口众多，不可避免地很快即将像欧洲各国改变着非洲那样来改变欧洲各国，如果欧洲不发明出某些比枪炮和爱迪生的发明更强有力的东西的话。'学生不能高过先生，凡学成了的不过和先生一样'。"

在这一时期，日本人也在加利福尼亚遇到了和中国人同样的命运。根据美国学者 W·克鲁德森在《日本移民》一书中的描述，1898 年以前，日本人迁居美国的人数很少，还在日本实行禁止移居国外的法令时，就已经有零星的海员和学生从日本来到了北美。1869 年，加利福尼亚的报纸报道了州内月一小块"日本养蚕者殖民地"的消息。直到 1897 年，日本移民人数还是有限的。而从 1898 年～1907 年，人数在不断增长。他们当中只有一部分人直接来自日本本土；取道夏威夷、墨西哥和加拿大入境的人数相当多。从这些人的成分来看，其中仍然包括学生，但占绝大多数的还是工人、商人和农民。到了这个时候，加利福尼亚的白人居民也开始感到日本人是一种"威胁"。1900 年，在旧金山举行的一次群众大会上公开要求对日本人下驱逐令。

"黄祸论"的消退

20世纪初期"黄祸论"不大有市场了。在这一时期，所发生的最著名的事件是日俄战争的爆发。1904年2月8日午夜，日本不宣而战，突然袭击了停泊在旅顺口的俄国太平洋舰队。次年1月，日军攻占了旅顺口，又在3月占领了沈阳和铁岭。5月，俄国从波罗的海调来增援的第二太平洋舰队。在对马海峡被埋伏等候的日军舰队击溃。日俄双方于9月在美国朴茨茅斯签订和约结束了战争。有人认为，日本在日俄战争中的胜利是在近代史上有色人种对白种人的"第一次胜利"。这种说法显然是偏袒了日本，并且明显地用种族主义色彩来掩盖了这场非正义战争的真正性质。但是在当时，谈论"黄祸"的报刊文章的确因此而剧增。这些议论在理论上并没有超出以往那些"黄祸论"鼻祖的观点，但是在波及的范围和广度上则是前所未有的，不仅在欧美、在俄国，甚至在中国和日本都引起了广泛的议论和反响。1905年，《旧金山纪事报》开展了一场声势浩大的运动，目标当然主要是针对日本移民的，同年还成立了专门的组织机构"排亚团"。旧金山教育当局也指示为中国和日本留学生成立专门的学校。1907年，美国先禁止想要从夏威夷、墨西哥和加拿大进入美国的日本或朝鲜工人入境，后来，又和日本政府达成协议，使入境的移民数量大幅度减少。

令人出乎意料的是这场由日俄战争引发的大讨论的最终结果却是"黄祸论"的逐渐消退。忻剑飞在分析这其中的原因时指出："因为人们已不仅仅从种族、肤色，更从历史、现状看到世界舞台上各种错综复杂的交锋和关系，有其更为深刻的原因。随着全世界人民，特别是东方的觉醒，'黄祸论'所赖以存身的西方对东方的压迫和侵略，渐渐在道义上和理论上失去了支持。当然，要从根本上改变这一持续了好几百年的历史现象（如果真从成吉思汗西征时算起的话）还远非一日之功。到20世纪第一个10年以后，即中国辛亥革命以后，尽管还可以零星地听到几声'黄祸论'，但毕竟已是强弩之末了。"

"白祸论"与中国人眼里的"黄祸论"

提出"白祸论"的竟是一个美国传教士——顾立克，他仿佛充当了西方的

"叛逆",着实不易啊!他坦言:白种人来到亚洲的行为是"今天正加于黄种人头上的实际灾难";"白祸"要摧毁久已建立起来的贸易关系,要使千万工人陷于贫困,要使东方的财富转移到西方的保险箱中去;日本人被白种人"弄得德性败坏"。

顾立克和他的"白祸论"

早在 1887 年,一名来自美国的传教士西德尼·顾立克(1860～1945 年)就踏上了日本的土地。他在日本前前后后总共生活了 20 多年,传播基督教并且在当地给向往西方文化的上流社会子弟讲授神学。在他后来发表的著作中,他提出了一个与"黄祸"相对的独特的概念——"白祸",并列举了大量事实来说明西方人对东方民族的侵略和剥削。他的观点被后来的学者们称为"白祸论"。虽然其中也不乏对黄种民族的误解和贬低,但是在当时欧美盛行"黄祸论"的时候,顾立克发表这种与众不同的观点的确是一件不容易的事。而且反过来说,也可以从中反映出当时的一些实际情况,所以值得专门作一介绍。顾立克的主要观点如下:

1. 世界上真正的祸患来自"自祸"。1905 年,顾立克在《东洋之白祸》一书中指出:白种人来到亚洲,他们所使用的方法、他们的军队和他们的通商其实是"今天正加于黄种人头上的实际灾难"。他反问道:"欧洲各国不是正在明确地计划要瓜分中国吗?"而且他还认为,日俄战争的根本原因是"白祸",欧洲的外交家们喜爱谈论"远东和平",但是其实他们自己就是"旅顺口和满洲平原的战争所造成的混乱和破坏的原因"。

2. "白祸"并不仅限于政治、军事方面,同样也在远东表现在商业和工业上。它要"摧毁久已建立起来的贸易关系,要使千百万工人陷于贫困,要使东方的财富转移到西方的保险箱中去"。

3. "白祸"破坏了亚洲的道德。顾立克指出,白种人在远东的出现显然破坏了道德。在东方,特别是日本就被白种人"弄得德性败坏",白种人所显示出来的不道德的生活和自私自利的精神不仅危害了东方人,而且还"对于基督教的传教工作"造成了"最严重的障碍"。

4. 中国人的排外是正常的。在列举了以上事实后,顾立克问道:"由这些事实来看，中国人对于白种人出现在他们的国家并且势力日益增长感到惊慌，难道有什么奇怪吗?"正因为如此，他也认为义和团的暴动也是合理的，因为中国的百姓认为，解决"白祸"最可取的办法就是驱逐白种人。

5. 顾立克也承认有"黄祸"的存在。但是他强调这种"黄祸"根本不像"外交家们所畏惧的或杂志上所描述的那种'黄祸'"，'黄祸'和'白祸'是相互关联的。如果"让事态照目前的趋势发展下去而不加以抑制；让瓜分中国一事真正实现；让白种人在中国所有的主要据点都取得控制权；让他们发展铁路、银行、矿山和工厂……那么就真正会引起一场'黄祸'……到那时出现的灾难和流血，义和团骚动与之相比就会显得不算一回事"。

顾立克举了许多例子来说明白人对中国人的残酷剥削和压迫，然后断言：除非白种人这样对待亚洲人的问题得到解决，否则"报复的日子、'黄祸'的日子是一定要来临的"。他向各国列强政府提出了显得幼稚可笑的建议：首先，由美国和英国政府发布命令，要他们的人民本着有礼貌和善于体谅的态度来对待亚洲人；其次，白种人必须放弃他们对有色种族的歧视政策，不再把亚洲看作是一个"合法的军事和商业扩张的场合"。如果不是这样，那么"白种人就会继续是世界和平和福利的一种祸患"。

不仅仅是顾立克持这样的观点，法国作家阿那托尔·法朗士在他的推理小说《在白色的石头上》里也写道："不是黄种人来找白种人……'白祸'制造了'黄祸'。"德国学者海因茨·哥尔维策尔也在他的专著《黄祸论》中写道："考察一下 1904～1905 年日俄战争以前欧美和中日两国的政治军事关系，就很难说什么'全体白人都受到威胁'。恰恰相反！西方的商业精神和后来的帝国主义冲开了闭关自守的远东世界，一再地把自己的意志强加于它。"

中国人眼中的"黄祸论"

20 世纪初，"黄祸论"在中国也引起了反响，中国革命的伟大先行者孙中山先生，中国新文化运动的旗手鲁迅先生都对此进行了批驳。当时清政府的一些高级官员如汪大燮等人也发表了自己的看法。当时的中国正处在资产阶级革命的前夜，革命派和立宪派在许多问题上存在着争论，当时的报纸杂志上发表的对"黄祸论"的看法也反映了中国社会政治派别的各种不同的政治立场。

孙中山先生于 1904 年所写的《中国问题的真解决》一文中，批驳了当时在国际上正掀起一个新高潮的"黄祸论"，他说："这种论调似乎很动听，然而一加考察，就会发现，不论从任何观点去衡量，它都是站不住脚的。这个问题除了道德的一面，即一国是否应该希望另一国衰亡之外，还有其政治的一面。中国人的本性就是一个勤劳的、和平的、守法的民族，而绝不是好侵略的种族；如果他们确曾进行过战争，那只是为了自卫。只有当中国人被某一外国加以适当训练并被利用来作为满足该国本身野心的工具时，中国人才会成为对世界和平的威胁。如果中国人能够自主，他们即会证明是世界上最爱好和平的民族。再就经济的观点来看，中国的觉醒以及开明的政府之建立，不但对中国人而且对全世界都有好处。全国即可开放对外贸易，铁路即可修建，天然资源即可开发，人民即可日渐富裕，他们的生活水准即可逐步提高，对外国货物的需求即可加多，而国际商务即可较现在增加百倍。能说这是灾祸吗？国家与国家的关系，正像个人与个人的关系。从经济上看，一个人有一个穷苦愚昧的邻居还能比他有一个富裕聪明的邻居合算吗？由此看来，上述的论调立即破产，我们可以确有把握地说，'黄祸'毕竟还可以变成黄福。"

1908 年，鲁迅先生在《破恶声论》一文中，也谈到所谓的"黄祸"问题，他照例以其犀利的笔锋，讽刺了当时国内的一些因"黄祸论"而"自豪"的人。文章中说："……故总度今日佳兵之士，自屈于强暴久，因渐成奴子之性，忘本来而处侵略者最下，人云亦云、不持自见者上也。间亦有不隶二类，而偶反其未为人类前之性者，吾尝一二见于诗歌，其大旨在援德皇威廉二世'黄祸'之说以自豪，厉声而嗥，欲毁伦敦而覆罗马，巴黎一地则以供淫游焉。倡黄祸者虽拟黄人以兽，顾其烈则未至于此矣。今兹敢告华士壮者曰：勇健有力，果毅不怯斗，固人生宜有事，特此则以自臧，而非用以博噬无辜之国。使其自树其固，有馀勇焉，则当如波兰武士贝谟之辅匈加利，英吉利诗人裴伦之助希腊，为自繇张其元气，颠仆压制，去诸两间，凡有危邻，成与扶掖，先起友国，次及其他，令人士间自繇具足，眈眈晰种失其臣奴，则黄祸始以实现。若夫今日，其可收艳羡强暴之心，而说自卫之要矣。乌乎，吾华士亦一受侵略之国也，而不自省也乎。"

1906 年，《外交报》上转载了路透社记者采访清廷驻英公使汪大燮的访谈录，英国《金融时报》后来发表了访谈的全文，其中谈到了"黄祸"问题。在接受采访时，汪大燮向记者透露了中国当时直隶、湖北的军队不仅"训练纯熟，器械精良"，且带兵的将领都是毕业于日本陆军学校的事实。记者追问道，既然如此，那么将来中日之间的关系将会"更加亲密"，这样一来，"黄种之人，岂不大增权力耶？"汪大燮听记者这样问，于是反问记者，你这样说，不就是指的"黄祸"吗？然后他解释说，中国和日本之间的关系虽然很好，但是"联盟之局，固尚难以成立"。认为中国既然已经"日渐进步"，和英国、美国、日本之间的关系当然也就越来越友好，所以又何必只把眼光放在联盟上。那些提倡"黄祸"的人，主要是不了解中国的国情，中国人心气平和，对他国没有贪欲，而且中国"富于矿产，宜于农牧，谋生之道，无待外求"，哪里会形成什么"黄祸"呢？说罢哈哈大笑。

这一时期，中国国内许多报刊也对"黄祸"问题发表了各种不同的见解，一时间，仁者见仁，智者见智，综合其主要观点，包括以下几个方面：

1. 驳斥"黄祸"的说法，认为与中国的具体情况根本不符。1908年，《外交报》第五号中就刊登了一篇题为《读西人黄祸说感言》的文章，作者首先叙述了在德皇的煽动下，"黄祸之说"在欧美国家的流行，然后指出，西方人所说的"黄祸"，其实根本不应当归算在中国人的头上，因为在当时，日本已经"一跃而为地球之一等国"，开始在太平洋上和美国争夺霸权。从当时中国的国情来看，根本就看不出有振兴的动向，即使"黄祸论"者对"黄祸"的担心成为事实，也毕竟需要一个发展阶段，中国的强盛需要依靠老百姓的支持，但是当时的中国政府和民众之间缺乏相互的谅解和配合，所以希望中国政府能够从"黄祸论"的说法中体会到西方列强对中国民意的顾忌，增强国家的信心，在外交中不要再"畏首畏尾"，而是"朝野上下，同心同德"。

2. 多数人认为"黄祸"是西方侵略者加在亚洲身上的一种"莫须有"的罪名，是用来离间亚欧间的正常关系，促使西方列强联合起来侵略亚洲的一种借口。认为在当时处在危险境地的是亚洲各国，而不是什么"欧洲处在黄祸的威胁之下"。

3. 认为在日俄战争之后，欧美人口中的"黄祸"其实并不是专指日本，而是指中国和日本如果联合起来形成的一种力量，其实中国的社会情况根本不像西方人所说的那么简单，西方人对中国国内政局和民情国情的了解"大约十之中无

一二中者焉",西方之所以鼓吹"黄祸论",也许是专门说给日本人听的,让日本人为了避"黄祸"之嫌,从而不敢和中国发展友好关系,这样就会使西方国家能够顺利实现瓜分中国的阴谋。

4. 也有人振振有词,认为中国的确是"兵祸"的起源,而且举出来的道理也令人啼笑皆非。1904 年 3 月 21 日,《中外日报》上就发表了一篇题为《论黄祸》的文章,说是由于中国过于专制,国家"财政空虚,兵力衰弱,外交挫折",所以当权者为了能保住自己一时的名位,经常是不顾一切,而那些大臣们也没有丝毫爱国之心,老百姓就根本不知道"国事"到底是什么玩意儿了。在这样的情况下,中国时时存在着被瓜分的可能性,面对这种局面,那些想瓜分中国的国家都担心由于自己国家的兵力不足而在瓜分中国的过程中落在其他国家后面,所以大力扩充军备,这就是为什么说"祸之出于中国"的原因。所以只要中国振兴了,国力强盛了,列强也就没有什么可瓜分的目标了,那么天下就太平了。这种说法简直荒唐可笑,恐怕是作者的一种诡辩论。

5. 竟然认为"黄祸论"使中国看到了振兴的希望。1907 年 2 月 7 日,《东方杂志》上节录了几个月前《岭东日报》上发表的一篇题为《历史上黄白二种之竞争》的文章,认为黄种人和白种人都是源于中亚,虽然目前"白人文化武力,万非黄人所及",但是最后究竟谁胜谁负,现在谈论还为时过早。认为自古以来,黄种人都占优势地位,即使是在黄种人内部的征战中,那些"为中国所逐"的游牧民族"流离奔窜"到"白人之区"后,便"如疾风骤雨,凌厉无前",把欧洲国家打得落花流水,如匈奴、柔然等都是如此,打败了属于亚利安族的印度,属于白种人的哥特、罗马;就连"先灭于唐,后逐于元"的突厥人,逃到"黑海之间"后,竟然"屡破东罗马,遂灭其国,迁都于其地,雄视欧亚。突厥为黄种,而东罗马则固白种也"。所以认为:"黄人之天然武力,实胜于白人。"然而现在之所以出现白人强于黄人的局面,完全是因为"专制与立宪,奴隶与自由"的制度原因,所以作者主张"使黄种而进以立宪自由,其势力岂复减于白人哉"? 近来日俄战争的结果就证明了这一点,中国的希望就在于此。言下之意,中国振兴后,成为"黄祸"也未尝不可。

从"黄祸论"到"文明冲突论"

"文明冲突论"是一种和稀泥的理论吗？关键是从亨廷顿的"经典之作"里关于中国的篇幅中，我们仿佛又听到了"黄祸论"的声音！

"黄祸论"沉渣泛起

第一次世界大战的爆发标志着"黄祸论"的暂时偃旗息鼓，忙于战争的欧美国家此时的眼光被迫放在了他们自己内部划分势力范围的征战中，哪里还顾得上鼓吹什么"黄祸"。而且在这次战争中，中国和日本都站在了美英法等国一方，向德国和奥匈帝国宣战，成了协约国的盟友，虽然在整个战争中，中国并没有向战场派过一兵一卒，可是大量的黄皮肤黑眼珠的中国民工还是来到了欧洲战场，以自己辛勤的劳动支援着前线的战争，为同盟国取得战争的最后胜利作出了贡献。从那时起，赤裸裸的以种族歧视为特征的"黄祸论"较少看到了。

20世纪50年代，"黄祸"的言论又一次出现在世界上，直接当事人有两个——法国前总理达拉弟和苏联领导人赫鲁晓夫。根据赫鲁晓夫回忆录的续集《最后的遗言》的描述，赫鲁晓夫在访问法国期间出席了法国政府为他举行的招待会，并在会上结识了达拉弟。后来，达拉弟访问了中国，并在结束对华访问后经莫斯科回国，赫鲁晓夫接见了他。

"我现在刚从中国回来，"达拉弟对赫鲁晓夫说，"我周游了那个国家，看到了你们正在为中国人做的各种令人眼花缭乱的事情。你们有没有想过，在加强他们经济力量的同时，你们可能正在给自己带来危险？"接着达拉弟又问："你们不担心'黄祸'吗？整个欧洲——实际上是整个世界——都在谈论'黄祸'。你们难道没有同样感到威胁？"

听了达拉弟的话，到底赫鲁晓夫的心中是怎么想的，是"于我心有戚戚焉"呢，还是别的什么看法，我们恐怕永远无法再去追问当事人了，可是在赫鲁晓夫自己的著作中，他当然把自己描述成了一个很公正的人，"坦率地说，他提出的问题使我吃了一惊，但我还是严厉地驳斥他说：'我告诉你，达拉弟先生，我们是不这么看问题的。我们不按肤色看人。我们不管他们的皮肤是黄色的、白色

的、黑色的还是棕色的。对我们来说，唯一的区别是阶级区别。中国是一个社会主义国家，因此，中国人是我们的阶级兄弟。我们帮助他们对我们有直接的好处——因为这样做对我们有利，而且为了阶级的团结，我们也必须保持兄弟般的友好关系。'"

那么，赫鲁晓夫难道真的像他所标榜的那样坚决不同意"黄祸"的说法吗？不是！就在回忆录中关于这次谈话的描述之后，赫鲁晓夫又写了这样一段话："从那以后我多次回想了我们的那次谈话。当然，他当时谈'黄祸'，我把他给顶回去了，这是很对的。但是我现在不禁在想：假若达拉弟老先生活的时间长些，看到我们同中国的关系所发生的变化，听到自从我同他会见以后我自己说过的某些话，他一定会放声大笑的。他一定会说，他，一个资产阶级领导人，对于两个共产党领导人——毛泽东和我本人——之间正在发生的事情所做的分析是对的。"谜底终于揭穿了！一句话，在赫鲁晓夫看来，达拉弟所说的"黄祸论"是对的！

其实，狐狸的尾巴早就露出来过。1959 年 9 月，赫鲁晓夫应邀出访美国，苏美两国首脑的这次会谈气氛融洽，相互吹捧，最后导致了著名的"戴维营精神"的产生，标志着苏美两国关系的缓和。然而谁能想到，就是在这样一个时候，在这样一个特殊的场合，赫鲁晓夫竟然开口谈起了"黄祸"，他心有余悸地对艾森豪威尔说，中国的人口迟早会成为世界的一个"爆炸性问题"，仅靠中国自己的土地和土地上所产的粮食肯定"养不活"中国"密密麻麻"的人口，将来恐怕会给世界造成祸患，这对全世界来说都是个"可怕的梦魇"。当然，在自己后来厚厚的两大本回忆录中，赫鲁晓夫只字未提自己这番高论，倒是美国人比他坦率得多。

亨廷顿和他的"文明冲突论"

1993 年，美国《外交季刊》夏季号上刊登了美国哈佛大学约翰·奥林战略研究所所长塞缪尔·亨廷顿的一篇题为《世界各种文明的对立与斗争》的长文，作者在文章中阐明的核心思想是：新世界的基本矛盾将不再出于意识形态或经济状况的差别，人类今后最大的分歧和冲突将主要来源于不同文明的差异。亨廷顿的文章在国际上引起了强烈的反响，他的观点被称为"文明冲突论"，开始在国际政治理论界广为流行。其主要内容包括以下几个方面：

1. 文明群体间的对立和斗争将是现代世界冲突发展的新阶段。他认为，自从现代国际政治体系随着威斯特法利亚和约建立起来后，在那一个半世纪中，西方世界的矛盾主要发生在王侯皇帝之间、绝对君主制和立宪君主制之间，最重要的一点就是扩大统治版图。而从法国大革命开始，冲突的主要对立面又从王侯之间转到了国家之间，这种19世纪形成的模式一直延续到第一次世界大战结束。在这以后，受俄国革命及反对它的势力的影响，国家间的矛盾又让位于意识形态之间的矛盾：先是在共产主义、法西斯与纳粹主义和自由民主派之间，在冷战时期又表现为两个超级大国的对抗，而这些矛盾都属于"西方文明内部的矛盾"，可是如果发生下一场世界大战，就将是不同文明之间的一场战争。

2. "三个世界"的划分已经"失去了意义"，应该把国家按照它所属的文明群体来划分，它以客观的共同要素——语言、历史、宗教、习俗、规章制度以及人民主观的自我认同来界定，人类历史更广阔的范畴是不同文明的历史。

3. 世界将在很大程度上由七八种主要文明群体的相互作用而演变，这些文明是：西方文明、儒教文明、日本文明、伊斯兰文明、印度文明、斯拉夫东正教文明、拉丁美洲文明以及可能还有非洲文明，未来的最重要的冲突将在这些文明分界的文化断层线上展开。这些断层线正在取代冷战中的政治和意识形态的分界线，成为危机冲突的爆发点，其中西方和伊斯兰文明的断层线上发生的冲突已经有1300年的历史。在微观层次上，不同文明断层上相邻的集团会时常强烈地争夺领土和控制对方的权力；在宏观的层次上，不同文明背景的国家在相对的军事和经济力量上展开竞争，在国际组织和"第三种力量"的控制上进行斗争，并竞相标榜其特殊的政治和宗教价值观念。

4. 各文明之间冲突的原因主要在以下几个方面：

（1）各文明之间的分歧是基本分歧，涉及到历史、语言、文化、传统和宗教等方面，这些分歧是世代留下来的，不会很快消失。宗教分歧最严重。

（2）越来越"小"的世界使不同文明的人民增加了交往，加深了各种文明群体的自觉意识，对不同文明歧异的觉察以及对同一文明群体的认同。

（3）经济的现代化和社会变革削弱了民族国家的认同意识，而宗教，特别是原教旨主义填补了这个真空。

（4）文明自觉意识的提高由于以下几种情况而得到加强：西方权力达到高峰

使非西方文明中产生了归根现象——日本的"亚洲化"、印度的"印度教化"和尼赫鲁影响的终结、西方社会主义和民族主义思潮的失败、中东的"重新伊斯兰教化"、俄罗斯出现的西化与俄罗斯化的论争等。

5. 与政治、经济的性质特点相比，文化上的分歧更不易改变、妥协和解决。

6. 经济地区主义的势头在增强。地区性经济集团的重要性今后仍有继续上升的趋势，一方面，经济地区主义的成功会加强人们对自己从属的文明群体的从属意识。另一方面，经济地区主义只有根植于共同文明的土壤上才能成功。如欧共体就是建立在欧洲文化和西方基督教的共同基础上的，北美自由贸易区的成功要依靠现在正交汇在一起的墨西哥、加拿大和美国文化。而相对来说，日本想在东亚建立一个类似的经济实体方面会有困难，因为日本是一个独特的社会和文明。

7. 西方国家把它的一套民主自由价值观宣传成为普遍的价值观以维持其军事上的绝对优势和经济上的利益，从而引起了其他文明的逆反心理，许多政府和集团将更多地试图以宗教和文化上的认同来动员群众的支持。

8. 冲突和暴力也会在属于同一文明的国家和集团中爆发，但这种冲突很可能不那么激烈，不像属于不同文明的双方那样容易扩大，而属于同一文明的成员在可能发生暴力冲突情况下会减少这种可能性，例如俄罗斯和乌克兰之间虽然在克里米亚问题、黑海舰队归属问题、核武器问题等方面有很大的分歧，但是并没有酿成战争。

9. 非西方文明集团正在"企图现代化，但不要西方化"，它们将继续取得财富、技术、技能、机械以及武器以完成现代化。他们试图把现代化与其传统文化与价值观结合起来。他们的经济、军事力量和西方相比将相对增长。所以西方要更深刻地了解其他文明背后的哲理以及在那些文明中生活的人民如何看待其自身利益，确认人们辨认出西方与其他文明集团有何共同点。作者最后还指出："在可预见的将来，不会有普遍文明的一统天下，而会是一个不同文明集团共存的世界。每一种文明都要学会与其他文明共存。"

"文明冲突论"问世之后，国际政治理论界是仁者见仁，智者见智，或反对、或赞成、或毁誉各半。许多学者认为，以"文明种类"作为划分世界上各个国家和地区的标准其实并不是亨廷顿的创新，早在他之前的一些历史学家，如阿诺德

·汤因比在他的名著《历史研究》中，就确认了世界上 21 种重要的文明群体，并指出其中只有 6 种仍存在于当代世界上。亨廷顿的理论之所以引起了轰动，只不过是因为他提出"文明冲突论"的时机恰恰迎合了西方当前的政治需要。

在亨廷顿的"文明冲突论"中，除了上述观点之外，还有一个引人注目之处，就是他的这篇"经典之作"中有很大一部分篇幅谈到了中国，然而就是在这些段落的字里行间，明眼人却从中仿佛又听到了"黄祸论"的声音。在"文明冲突论"中，对亚洲、中国以及被看作与他们密切相关的儒教和伊斯兰教的论述主要包括以下几个方面：

1. 在亨廷顿认为"世界将在很大程度上由七八种主要文明群体的相互作用而演变"的观点所指的那些文明中，属于亚洲的文明就占了 4 种之多：儒教文明、日本文明、伊斯兰文明和印度文明。由此可见亚洲在亨廷顿所描述的未来社会中所扮演的角色之重要。在印度次大陆，印度人和穆斯林的历史性冲突不仅反映在如今印度和巴基斯坦间的对抗，也反映在印度国内这两大教派间的宗教斗争。而在东亚，中国和多数邻国都有领土纠纷。

2. 东西方之间的观念差别太大。从表面上看西方文明已经渗透到了世界各地，但是西方的个人主义、自由主义、宪法主义、人权、平等、自由、法制、民主制、自由市场、政教分离等观念在诸如伊斯兰、儒教、日本、印度、佛教或东正教文化中没有多少影响，西方宣传这些思想的努力反而引起了反对"人权帝国主义"和重新肯定本地原有价值观念的反响。

3. 伊斯兰文明是西方的"不可避免的"威胁。西方和伊斯兰的对抗具有漫长的历史，是属于两种文明的对抗，是不大可能缓解的，却有可能会更恶化。在欧亚大陆上，不同文明之间的斗争非常残酷，以极端的形式——种族清洗在进行着，"伊斯兰的边界线上到处在流血"。

4. 亚洲国家出现了"集团化"的现象。未来的东亚经济"主要集团"很可能会以中国为中心形成，而在事实上，这个集团正在形成之中。这是因为中国内地和香港、台湾，以及新加坡等其他亚洲国家的"华裔社团的共同文化"显然促进了它们之间经济关系的迅速发展。尽管日本在主导着这一地区，但是以中国为基础的亚洲经济正在迅速出现，成为一个工业、商业、金融的新中心。这个"战略地区"拥有可观的技术和制造能力（台湾），杰出的企业管理、推销和服务人

蒙古帝国王朝史

才（香港），完善的通信网络（新加坡），有巨额的资金（以上三地），还有巨大的土地、资源和劳力的储备。

    5. 认为当前的冲突核心将是西方与儒教——伊斯兰国家间的矛盾，这也是亨廷顿的"文明冲突论"所得出的最核心的结论。在他看来，与西方国家裁减军备的趋势相反，以中国为首的一些亚洲国家正在"以相当大的规模"扩大军事力量，不仅中国有了核武器，而且巴基斯坦、印度、朝鲜、伊朗、伊拉克、利比亚和阿尔及利亚也在"企图拥有核武器"以及"进攻性和防御性化学、生物、放射性武器"。亨廷顿专门用超过描写其他任何一个国家的篇幅来强调中国对西方的"威胁"，他认为："中国军事力量的不断扩张和它发展军事力量的潜在手段是非西方国家与西方抗衡的核心力量。在可观的经济发展的背景下，中国正在迅速增加其军事预算，并积极推动其各兵种的现代化进程。"然后他列举了中国从苏联购买武器，发展远程导弹，进行核试验，加大核武器当量和远程投放能力，获取空中加油技术，正在购买航空母舰，向伊朗、利比亚、伊拉克、阿尔及利业、巴基斯坦出口军火、武器技术，甚至尖端的导弹技术、核技术和制造毒气的技术，从巴基斯坦非法获取美国武器技术等所谓的"事实"，还诬蔑中国的扩军行动和坚持在南海的主权"触发了东亚多边的军备竞赛"。同时，亨廷顿也把朝鲜列入了"武器扩散"的行列。根据上述"证据"，亨廷顿认为，通过这些交易和联系，在儒教和伊斯兰之间建立起了一种"儒教——伊斯兰军事联系"，建立这种联系的目的"是为了使成员国获得与西方军事力量抗衡所需的军事能力"，从而导致在儒教——伊斯兰国家与西方国家之间展开了一场新的军备竞赛。

    出于对亚洲，特别是对所谓的"儒教——伊斯兰联盟"的担心和恐惧，亨氏向西方国家提出建议：短期而言，要促进西方文明内部更大的合作和团结，特别是欧美之间；把和西方文明接近的东欧和拉美结合进来；促进和维持与俄国和日本的关系；防止局部的、各种文明集团间的冲突升级成为不同文明集团间的大战；限制儒教和伊斯兰教国家的军力扩张；减缓西方军力削减幅度并在东亚和西南亚维持西方军事优势；利用儒教国家与伊斯兰国家的分歧和矛盾；支持同情西方价值观和利益的其他文明集团；加强反映西方利益和价值观并使其合法化的国际机构，促进非西方国家参与其中。从长期看，西方必须维持必要的经济和军事力量来保护自己的利益，还要了解其他文明的特点、哲理和利益观，来和它们共存于这个世界。

以上就是"文明冲突论"的代表作《世界各种文明的对立与斗争》中有关亚洲，特别是中国的论断，看到这里，如果还有谁对字里行间流露出来的陈腐的"黄祸论"的臭气置若罔闻的话，那简直是太弱智了。

"黄祸论"阴魂不散："中国威胁论"

有人"在总结了人类历史上所有大国崛起的历史之后"得出结论：每个大国的崛起都会给整个国际政治格局带来"破坏性"的变化。

这些人是在担心中国的崛起会破坏世界哩！正是那些曾把世界搅得一团糟的人，如今却提出中国威胁他们了，进而扬言要"遏制中国"！

阴魂爬出坟墓的前前后后

从 20 世纪 7D 年代末 80 年代初起，全世界的目光就不约而同地投向了太平洋西岸的中国，在那里，一个东方古国正在发生着的一切简直就像是一个神话，一个新时代的天方夜谭。面对着中国正在出现的变化，许多西方人的心情是复杂的，著名学者保罗·肯尼迪曾以一部《大国的兴衰》轰动国际政治理论界，不论是从他的著作中还是仔细考察一下近代以来的国际关系史，的确可以发现这样一个现象：从 17 世纪起，西班牙、荷兰、瑞典等曾经在欧洲盛极一时的国家开始衰落，而英国、法国、普鲁士则上升成为欧洲大陆的主宰，等到了本世纪初，在大国的行列中又加入了两个并非欧洲国家的发达国家，即美国和日本，而最值得注意的是，这些在过去几百年中崛起的大国，无一例外是靠战争和掠夺他国来完成资本原始积累的过程，进而"发家致富"的。那么一个推论也因此产生了，现在既然崛起的大国是中国，伴随着中国崛起而带给人类的，不也就将是战争和掠夺吗？于是一时间，许多所谓的"预言"也开始在整个国际社会蔓延开来。其中影响最大，最受西方重视，也是对中国伤害最大的，就是所谓的"中国威胁论"。

1994 年 6 月 10 日，美国《芝加哥论坛报》刊登了著名作家罗斯·特里尔（此人曾于 1964 年首次访华，写过多部关于中国的著作）的文章，他在文章中写道："中华人民共和国是当今世界上野心最大的大国，也是在不断加强其军事力量的唯一国家。它同其邻国中大约 6 个有边界争端，它对其中大多数使用过武力。苏联瓦解对中国对外政策产生了双重影响，即大力以民族主义取代马克思主义作为公众的主要价值观；使北京有野心填补由于苏联的瓦解而产生的权力真空。"作者以带有煽动口吻的语调说："请忘掉北京关于它是第三世界的一部分的说法吧。中国把自己同世界上的主要大国相比。但是这个世界上人口最多的国家有朝一日可能成为世界上最强大的国家。北京共产党人的'我们决不会错'的民族主义使这种前景令人感到不安。"他随后得出的结论是："如果说同苏联的冷战结束了，同中国的另一场冷战正在酝酿之中。"1994 年 10 月 4 日，伦敦国际战略研究所在《1994—1995 军事力量对比》报告的中国部分指出：中国"在南中国海的所作所为仍使东南亚各国惊恐不安"。同年 12 月 9 日，德国《法兰克福汇报》刊登了艾哈德·豪博尔德的一篇报道，题为《亚洲观望中国》，公然向亚洲国家宣传中国的"威胁"。他在文章中指出：亚太国家对中国"不断增强的经济和军事实力的担忧仍是很大的"。还引用澳大利亚政府最新的一份战略性文件说："亚洲的相对和平可能维持不了多久。"作者专门提出了南沙问题，认为中国"终有一天会要求实现它自己提出的领土要求"。1994 年底，英国《经济学家》在《1995 年世界形势展望》专辑上刊登了署名布赖恩·比达姆的一篇文章，题为《新大国，旧威胁》，认为"为塑造共产主义崩溃后的世界面貌而展开的第二轮竞争现在就要开始……西方必须认识到自己今后的安全所面临的主要潜在挑战"，"对于民主国家来说，21 世纪争夺国际势力的主要潜在竞争者是俄罗斯、中国和穆斯林世界的一些新兴的势力中心"。与此同时，许多西方政界人士也纷纷发表各种言论，开始为"中国威胁论"煽风点火。

1995 年，西方军界被美国报纸披露的一则消息震惊了。据报道，美国海军于 1995 年初秘密进行了一次电脑模拟海战对抗演习。在这次演习中，美国的假想敌是中国军队，这场演习是根据美国国防部长威廉·佩里的命令而进行的一系列电子对抗演习的一部分。演习是在位于罗得岛的美国海军学院内进行的，总共有 8 名海军将军、40 名海军军官和一大批军事作战分析人员在现场观看了这场特殊演习的整个过程。随着演习的正式开始，50 名美国海军官兵操纵着电脑，把交战双方的作战能力、武器配备、参战部队人数、气候条件、交战海区状况、战斗员士气等各种因素输入电脑，由电脑来模拟这次海上作战的全过程。这次假想作战的背景是：2010 年，中国海军在太平洋和美国第七舰队在海上遭遇，双方发生军事冲突，从而导致了一场现代化的海战。根据参加这次电子模拟作战的人员后来叙述，在作战过程中，中国军队用巡航导弹击沉了美国的航空母舰，中国还利用反卫星武器摧毁了用来引导美军武器瞄准系统的卫星。美国军队的权威杂志《国防新闻》援引一名参加了电脑模拟作战操作过程的人员的话说，在这场假想战争中，美国海军舰艇并没有靠近中国军队，因为在美国军舰上的作战射击系统投入战斗运转之前，中国军队就利用各种精确制导的巡航导弹完全击沉了这些美国舰船。"中国海军在模拟战中表现出了一种'变革性'提高的作战能力"。后来一名美军军官如是说。

正是这样一场看似"偶然披露"的演习，对当时已出现的"中国威胁论"起了推波助澜的作用。促使许多西方人开始思索这样一个问题：如中国在经济上的强大最终转化为军事力量，那么西方将如何应付这一切？应该说，1995 年 7 月 29 日，英国出版的《经济学家》杂志以"围堵中国"作为封面故事。以专题报道的形式指出，中国是"一股潜在的大乱源"，主张美国应当与欧洲和亚洲国家一起，采取"统一阵线"来围堵中国。该杂志认为，中国拥有世界上最快速的经济增长，单纯就权力政治角度来说，一个庞大且持续繁荣的国家，"常常喜欢运用其影响力左右它国"。指出虽然美国主管东亚事务的助理国务卿洛德说过美国的政策"是涉入而不是围堵"，但"这两者并不矛盾，经济上的涉入加上战略上的围堵才是完整的"。因为"单靠经济涉入并不足以劝阻中国停止威胁邻国，而所谓的战略围堵，也并不是要像当年对付苏联那样用核武器威慑中国，而是要使世界认清中国是一股不稳定的力量，迫使中国放弃使用军事力量来解决争端"。《经济学家》杂志还放言建议，为了确保围堵政策能够成功，美国不能让美日之间的贸易摩擦来损害美日联盟；东南亚国家应"正视现实情势"，让美军继续驻守亚洲；欧洲国家也应该放弃过去喜欢冷眼旁观美国与中国的争端，在其中坐收渔翁之利以趁机从中国捞取商业合同的做法，而是应该和美国站在一起。

《经济学家》提出"围堵中国"的观点发表仅仅两天后，美国《时代》周刊就发表了专栏作家查理斯·克劳塞默的专稿《为什么我们必须围堵中国》，作者在文章中认为，围堵政策并不是冷战时期的发明，当年拿破仑战争结束后，"维也纳会议"就设计了一套方法来围堵法国。而本世纪初，因为围堵德国政策的失败，导致两次世界大战的浩劫。他声称当前中国的军事力量迅速膨胀，已经威胁到了亚洲邻国的安全，美国应该以当年围堵苏联的决心，趁早对中国实行围堵。他诬蔑中国"纯粹是以共产主义为夺权借口的典型独裁体制"，"犹如19世纪的德国，发展强大后就必然向外扩张"。而8月26、27日的《纽约时报》则更是明目张胆地发表系列文章，以"民族孤立主义使中国成为世界祸患"和"中国的真正威胁"为题，公开叫嚣美国要"保卫台湾"，并和其他亚洲国家一起围堵中国。